Computer-
architektur

Für Suzanne, Barbara, Marvin, Bram und der Erinnerung an Sweetie π

Andrew S. Tanenbaum
James Goodman

Computer-architektur

■ Strukturen ■ Konzepte ■ Grundlagen

Pearson Studium

Bibliografische Information Der Deutschen Bibliothek

Die Deutsche Bibliothek verzeichnet diese Publikation in der Deutschen Nationalbibliografie; detaillierte bibliografische Daten sind im Internet über <http://dnb.ddb.de> abrufbar.

Umwelthinweis:
Dieses Buch wurde auf chlorfrei gebleichtem Papier gedruckt.
Die Einschrumpffolie – zum Schutz vor Verschmutzung – ist aus umweltverträglichem und recyclingfähigem PE-Material.

10 9 8 7 6 5 4

04 03

ISBN 3-8273-7016-7

Einbandgestaltung: Thomas Jarzina, Dyadesign, Düsseldorf
Titelabbildung: IFA Bilderteam, Düsseldorf
Lektorat: Rolf Pakendorf, rpakendorf@pearson.de
Herstellung: Claudia Bäurle, cbaeurle@pearson.de
Übersetzung: Angelika Shafir
Satz: text&form, Fürstenfeldbruck
Druck und Verarbeitung: Kösel, Kempten/Allgäu (www.KoeselBuch.de)
Printed in Germany

Inhaltsverzeichnis

Vorwort

Die ersten drei Auflagen dieses Buchs basierten auf der Vorstellung, daß sich ein Computer als Hierarchie betrachten läßt, deren Ebenen jeweils eine genau definierte Funktion erfüllen. Dieses grundlegende Konzept ist heute genauso gültig wie bei der Erstauflage dieses Buchs. Deshalb wurde es auch in dieser vierten Auflage beibehalten. Wie in den ersten drei Auflagen werden die Ebene der digitalen Logik, die Ebene der Mikroarchitektur, die ISA-Ebene (Instruction Set Architecture), die Ebene der Betriebssystemmaschine und die Ebene der Assemblersprache ausführlich behandelt (allerdings mit entsprechend neuen Begriffen, die den technologischen Fortschritt widerspiegeln).

Trotz der Beibehaltung dieser Grundstruktur weist die vierte Auflage viele kleine und große Änderungen auf, die sich zwangsläufig durch den schnellen Wandel in der Computer-Industrie ergaben. So wurden alle Codebeispiele nicht mehr in Pascal, sondern in Java geschrieben, was die Beliebtheit von Java in der Computer-Welt widergibt. Als Beispielmaschinen verwenden wir in dieser Auflage Intel Pentium II, Sun UltraSPARC II und Sun picoJava II, ein kostengünstiger Java-Chip für eingebettete Systeme.

Seit der dritten Auflage hat sich auch der Einsatz von Multiprozessorsystemen und Parallelrechnern enorm verbreitet, so daß das Kapitel über Parallelrechnerarchitekturen völlig überarbeitet und erweitert wurde. Zu den neuen Themen zählen COWs (Clusters of Workstations).

Der Umfang dieses Buchs hat mit den Jahren zugenommen, jedoch nicht in dem Maße wie andere beliebte Bücher zu diesem Thema. Solche Erweiterungen sind natürlich unvermeidbar, weil sich die zugrundeliegenden Technologien ständig ändern. Das kann bedeuten, daß das Buch beispielsweise in einem Semester nicht ganz durchgearbeitet werden kann. Mögliche Aufteilungen wären: Behandlung der Kapitel 1, 2 und 3 sowie des ersten Teils von Kapitel 4 (bis einschließlich Abschnitt 4.4) und Kapitel 5 als absolutes Minimum. Soweit noch Zeit verbleibt, kann der Rest von Kapitel 4 mit Teilen von Kapitel 6, 7 und 8 durchgearbeitet werden. Dies hängt natürlich von der Entscheidung des Dozenten ab.

Was hat sich in den einzelnen Kapiteln seit der dritten Auflage geändert? Kapitel 1 enthält immer noch eine Übersicht über die Geschichte von Rechnerarchitekturen, wobei erläutert wird, wie wir auf den heutigen Stand der Technik gekommen sind, und welche Höhepunkte wir auf unserem Weg hierhin erlebt haben. Die drei in diesem Buch durchgängig verwendeten Rechnerwelten (Intel Pentium II, Sun UltraSPARC II und Sun picoJava II) werden in Kapitel 1 vorgestellt.

In Kapitel 2 wurde das Material über Ein-/Ausgabegeräte aktualisiert. Behandelt werden RAID-Platten, CD-Recordables, DVDs, Farbdrucker und viele andere moderne Geräte.

Kapitel 3 (die Ebene der digitalen Logik) wurde einer Überarbeitung unterzogen und behandelt jetzt Rechnerbusse und moderne E/A-Chips. Die Neuerungen betreffen insbesondere den PCI-Bus und den USB-Bus. Die drei neuen Beispielarchitekturen werden hier auf Chipebene beschrieben.

Kapitel 4 (die Mikroarchitekturebene) wurde völlig umgeschrieben. Die Verwendung eines ausführlichen Beispiels einer mikroprogrammierten Maschine zur Verdeutlichung des Konzepts der Datenwegkontrolle wurde beibehalten; die Beispielmaschine ist jetzt aber eine Untermenge der Java Virtual Machine (JVM). Die zugrundeliegende Mikroarchitektur wurde entsprechend geändert. Das Design wird mehrmals Veränderungen unterzogen, um Möglichkeiten aufzuzeigen, zwischen Preis und Leistung Kompromisse zu finden. Das letzte Beispiel (Mic-4) basiert auf einer siebenstufigen Pipeline und dient als Einführung in die Funktionsweise wichtiger moderner Computer (z.B. Pentium II). Ein neuer Abschnitt behandelt Leistungsverbesserungen mit Schwerpunkt auf neueren Techniken, z.B. Caching, Sprungvorhersage, (superskalare) Ausführung außer der Reihe, spekulative Ausführung und Prädikation. Unsere drei Beispielarchitekturen werden hier auf der Mikroarchitekturebene erläutert.

Kapitel 5 (die ISA-Ebene) behandelt das, was viele »Maschinensprache« nennen. Auch zu diesem Thema werden unsere drei Beispielarchitekturen herangezogen.

Kapitel 6 (die Ebene der Betriebssystemmaschine) beinhaltet Beispiele für Pentium II (Windows NT) und UltraSPARC II (Unix). Der Pentium II weist viele Merkmale auf, deren nähere Betrachtung sich lohnt, während Unix nach wie vor ein zuverlässiges Arbeitspferd vor allem an Universitäten ist und aufgrund seines einfachen, eleganten Designs eine ausführliche Behandlung verdient.

Kapitel 7 (die Ebene der Assemblersprache) wurde auf den neuesten Stand gebracht und enthält jetzt Beispiele auf der Grundlage der drei neuen Architekturen und neue Abschnitte über dynamisches Linking.

Kapitel 8 (Parallelrechnerarchitekturen) wurde vollständig umgeschrieben. Es behandelt detailliert Multiprozessorsysteme (UMA, NUMA und COMA) und Multicomputersysteme (MPP und COW).

Das Literaturverzeichnis wurde auf den neuesten Stand gebracht. Mehr als zwei Drittel der hier angegebenen Quellen sind erst nach der dritten Auflage dieses Buchs erschienen. Die Anhänge sind gleich geblieben, weil sich bei Binärzahlen und Gleitkommazahlen nicht viel geändert hat.

Entsprechend den überarbeiteten und neu hinzugekommenen Teilen dieses Buchs hat sich natürlich auch das Lösungsheft geändert, das vom gleichen Verlag *nur* für Fakultätsmitarbeiter kostenlos erhältlich ist.

Zu diesem Buch gibt es eine Web-Site, von der alle Abbildungen dieses Buchs im PostScript-Format heruntergeladen werden können. Sie können ausgedruckt werden, um beispielsweise Overhead-Folien herzustellen. Darüber hinaus befinden sich an der Web-Site ein Simulator und verschiedene Software-Werkzeuge. Die Adresse lautet:

http://www.cs.vu.nl/~ast/sco4/

Der Simulator und die Software-Werkzeuge wurden von Ray Ontko produziert. Der Autor bedankt sich an dieser Stelle bei Ray für seine hervorragenden, hilfreichen Programme.

Viele haben (Teile) dieses Manuskripts gelesen und mir bei diesem Buch geholfen. Mein besonderer Dank gilt Henri Bal, Alan Charlesworth, Stan Eisenstat, Kourosh Gharachorloo, Marcus Goncalves, Karen Panetta Lentz, Timothy Mattson, Harlan McGhan, Miles Murdocca, Kevin Normoyle, Mike O'Connor, Mitsunori Ogihara, Ray Ontko, Aske Plaat, William Potwin II, Nagarajan Prabhakaran, James H. Pugsley, Ronald N. Schroeder, Ryan Shoemaker, Charles Silio Jr. und Dale Skrien. Auch meine Studenten haben dabei geholfen, den Text von Fehlern zu befreien, besonders Adriaan Bon, Laura de Vries, Dolf Loth und Guido van 't Noordende.

Jim Goodman gebührt Dank für seine hilfreichen Beiträge, insbesondere für die Kapitel 4 und 5. Er hatte die Idee, die Java Virtual Machine als eine unserer Beispielarchitekturen zu verwenden. Ich verdanke ihm viele Denkanstöße für Konzepte, die sich an Fortgeschrittene wenden. Das Buch konnte mit seiner Hilfe wesentlich verbessert werden.

Schließlich danke ich Suzanne für ihre Nachsicht, als ich Stunden vor meinem Pentium verbrachte. Gegenüber meinem alten 386er ist er eine Riesenverbesserung, wie ich meine; für sie ist da kein Unterschied. Außerdem danke ich Barbara und Marvin dafür, daß sie liebe Kinder waren, und Bram danke ich dafür, daß er immer ruhig war, wenn ich zu schreiben versuchte.

Andrew S. Tanenbaum

1

Einleitung

Ein digitaler Computer ist eine Maschine, die Probleme für Personen dadurch lösen kann, daß sie Instruktionen[1] ausführt, die sie von ihnen erhalten hat. Eine Reihe von Instruktionen, die beschreiben, wie eine bestimmte Aufgabe auszuführen ist, nennt man **Programm**. Die elektronischen Schaltungen eines Computers können eine begrenzte Menge einfacher Instruktionen erkennen, in die alle Programme konvertiert werden müssen, ehe sie ausgeführt werden können. Diese grundlegenden Instruktionen sind selten komplizierter als beispielsweise:

- Addiere 2 Zahlen.
- Prüfe eine Zahl, um festzustellen, ob sie Null ist.
- Kopiere einen Datenteil von einem Speicherbereich des Computers in einen anderen.

Insgesamt betrachtet, bilden die primitiven Instruktionen eines Computers eine Sprache, in der sich Personen mit dem Computer unterhalten können. Eine solche Sprache nennt man **Maschinensprache** (Machine Language). Personen, die einen neuen Computer entwerfen, müssen entscheiden, welche primitiven Instruktionen in seine Maschinensprache einzubeziehen sind. Normalerweise versuchen sie, die primitiven Instruktionen so einfach wie möglich zu halten. Sie sollen mit der beabsichtigten Nutzung des Computers und mit den Leistungsanforderungen vereinbar sein, damit sich die Komplexität und die Kosten der erforderlichen Elektronik reduzieren lassen. Da die meisten Maschinensprachen derart einfach sind, lassen sie sich von Personen nur mit Schwierigkeiten benutzen.

Dies hat im Laufe der Zeit zur Strukturierung von Computern als Reihe von Abstraktionen geführt. Dabei baut jede Abstraktion auf der jeweils darunterliegenden auf. Auf diese Weise kann die Komplexität gemeistert werden, und Computersysteme lassen sich systematisch und organisiert entwickeln. Wir nennen diese Methode **strukturierte Computerorganisation** (Structured Computer Organization). Im nächsten Abschnitt wird die Bedeutung dieses Begriffs erklärt. Anschließend werden einige historische Entwicklungen sowie der Stand der Technik und wichtige Beispiele beschrieben.

---

1 Anm. der Übersetzerin: Wir richten uns hinsichtlich der Terminologie nach dem Autor und übersetzen: »Instruction« mit »Instruktion«, »Command« mit »Befehl« und »Statement« mit »Anweisung«.

1.1 Strukturierte Computerorganisation

Wie oben festgestellt, besteht zwischen dem, was für Menschen, und dem, was für Computer bequem ist, ein Riesenunterschied. Leute möchten *X*, während der Computer nur *Y* schafft. Das führt zu einem Problem. Ziel dieses Buchs ist es, die Lösung dieses Problems zu beschreiben.

1.1.1 Sprachen, Ebenen und virtuelle Maschinen

Das Problem kann auf zweierlei Weise angegangen werden. Beide Methoden betreffen das Design einer neuen Instruktionsmenge, die sich von Menschen leichter als die eingebauten Maschineninstruktionen benutzen läßt. Insgesamt bilden diese neuen Instruktionen auch eine Sprache, die wir L1 nennen, ebenso wie die eingebauten Maschineninstruktionen eine Sprache bilden, die wir L0 nennen. Die beiden Ansätze unterscheiden sich in der Ausführung der in L1 geschriebenen Programme von einem Computer, der doch nur Programme ausführen kann, die in seiner Maschinensprache – L0 – geschrieben wurden.

Bei der ersten Methode, ein in L1 geschriebenes Programm auszuführen, wird jede in ihm enthaltene Instruktion zuerst durch eine entsprechende Folge von Instruktionen in L0 ersetzt. Das daraus resultierende Programm besteht gänzlich aus L0-Instruktionen. Der Computer führt dann statt des alten L1-Programms das neue L0-Programm aus. Diese Technik heißt **Übersetzung** (Translation).

Bei der zweiten Methode wird ein Programm in L0 geschrieben, das in L1 geschriebene Programme als Eingabedaten übernimmt und sie ausführt, indem alle Instruktionen nacheinander geprüft und direkt als entsprechende Folge von L0-Instruktionen ausgeführt werden. Diese Technik, bei der zunächst kein neues Programm in L0 erzeugt werden muß, heißt **Interpretation**, und das ausführende Programm wird **Interpreter** genannt.

Übersetzung und Interpretation ähneln sich. Bei beiden Methoden werden die in L1 geschriebenen Instruktionen letztlich abgearbeitet, indem entsprechende Folgen von L0-Instruktionen ausgeführt werden. Der Unterschied ist, daß bei der Übersetzung zuerst das gesamte L1-Programm in ein L0-Programm konvertiert, das L1-Programm weggeworfen und das neue L0-Programm in den Computerspeicher geladen und ausgeführt wird. Zur Ausführungszeit läuft das neu generierte L0-Programm im Computer und steuert diesen.

Bei der Interpretation wird jede L1-Anweisung nach der Prüfung und Dekodierung unmittelbar ausgeführt. Es wird kein übersetztes Programm generiert. Hier hat der Interpreter die Kontrolle über den Computer. Für den Computer ist das L1-Programm nichts als eine Ansammlung von Daten. In der Praxis werden beide Methoden und vermehrt auch eine Kombination von beiden angewandt.

Bequemer als das Konzept der Übersetzung und Interpretation ist die Vorstellung, wir hätten es mit einem hypothetischen Computer oder einer **virtuellen Maschine** (Virtual Machine) zu tun, deren Maschinensprache L1 ist. Wir nennen diese virtuelle Maschine M1 (und die virtuelle Maschine, die L0 entspricht, M0). Könnte man eine solche Maschine kostengünstig genug produzieren, bestünde für L1 oder eine Maschine, die L1-Programme ausführt, überhaupt keine Notwendigkeit. Man könnte ganz einfach ihre Programme in L1 schreiben und sie vom Computer direkt ausführen lassen. Man könnte aber trotzdem Programme für die virtuelle Maschine schreiben, deren Sprache L1 ist, auch wenn es zu teuer oder zu kompliziert wäre, sie mit elektronischen Schaltungen zu bauen. Diese Programme können von einem in L1 geschriebenen Programm interpretiert oder übersetzt werden, das selbst direkt vom vorhandenen Computer ausgeführt werden kann. Anders ausgedrückt: Die Menschen können Programme für virtuelle Maschinen so schreiben, als würden solche Maschinen wirklich existieren.

Um die Übersetzung oder Interpretation praktikabel zu machen, dürfen sich die Sprachen L0 und L1 nicht »zu sehr« unterscheiden. Diese Einschränkung bedeutet meist, daß L1 zwar besser ist als L0, für die meisten Anwendungen aber immer noch weit vom Ideal entfernt ist. Angesichts dessen, wofür L1 ursprünglich erstellt wurde, nämlich den Programmierer von der Bürde zu entlasten, Algorithmen in einer Sprache auszudrücken, die sich für Maschinen besser als für Menschen eignet, ist dieses Ergebnis sicherlich entmutigend. Die Lage ist aber nicht hoffnungslos.

Man könnte eine wieder andere Instruktionsmenge erfinden, die menschenfreundlicher und weniger maschinenorientiert ist als L1. Diese dritte Menge bildet ebenfalls eine Sprache, die wir L2 nennen und deren virtuelle Maschine M2 heißen möge. Menschen können Programme so in L2 schreiben, als würde eine virtuelle Maschine mit L2 als Maschinensprache wirklich existieren. Solche Programme können entweder in L1 übersetzt oder von einem in L1 geschriebenen Interpreter ausgeführt werden.

Die Erfindung einer ganzen Reihe von Sprachen, von denen jede ein bißchen bequemer ist als ihre jeweilige Vorgängerin, kann man endlos fortsetzen, bis man endlich eine geeignete erreicht hat. Jede Sprache benutzt ihre Vorgängerin als Grundlage, so daß wir einen Computer, der diese Technik nutzt, als Reihe von **Schichten** (Layers) oder **Ebenen** (Levels) betrachten können, die aufeinander aufbauen (siehe Abbildung 1.1). Die unterste Sprache bzw. Ebene ist die einfachste und die höchste die ausgefeilteste.

Zwischen einer Sprache und einer virtuellen Maschine besteht ein wichtiger Zusammenhang. Jede Maschine hat eine Maschinensprache, die sich aus all den Instruktionen zusammensetzt, die die Maschine ausführen kann. Eine Maschine definiert also eine Sprache. Gleichermaßen definiert eine Sprache auch eine Maschine, nämlich die Maschine, die alle in dieser Sprache geschriebenen Programme ausführen kann. Selbstverständlich kann die von einer bestimmten Sprache definierte Maschine außerordentlich kompliziert und bei der unmittelbaren Entwicklung aus elektronischen Schaltungen immens teuer sein. Wir können sie uns aber dennoch vorstellen. Eine Maschine mit C++ oder COBOL als Maschinensprache wäre tatsächlich komplex, ließe sich mit der heutigen Technologie aber leicht realisieren. Andererseits gibt es gute Gründe, warum solche Computer nicht gebaut werden: Sie wären im Vergleich zu anderen Techniken viel zu teuer.

Einen Computer mit *n* Ebenen kann man sich als *n* verschiedene virtuelle Maschinen mit je einer anderen Maschinensprache vorstellen. Wir benutzen die Begriffe »Ebene« und »virtuelle Maschine« gleichberechtigt nebeneinander. Nur die in Sprache L0 geschriebenen Programme können direkt mit elektronischen Schaltungen ohne Übersetzung oder Interpretation ausgeführt werden. Die in L1, L2, ..., L*n* geschriebenen Programme müssen entweder von einem Interpreter, der auf einer niedrigeren Ebene läuft, interpretiert oder aber in eine andere Sprache entsprechend der niedrigeren Ebene übersetzt werden.

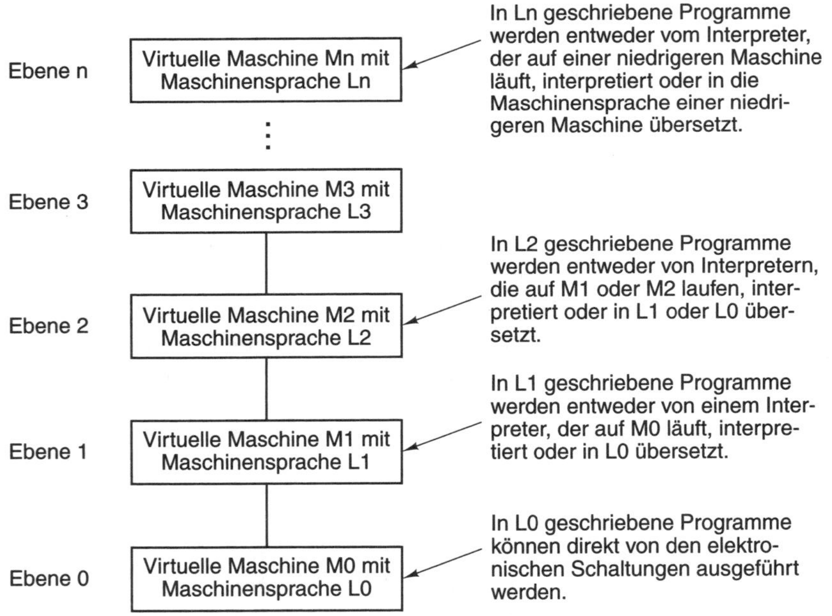

Abb. 1.1: Struktur einer aus mehreren Ebenen bestehenden Maschine

Ein Mensch, dessen Aufgabe es ist, Programme für die virtuelle Maschinenebene *n* zu schreiben, muß die zugrundeliegenden Interpreter und Übersetzer nicht kennen. Die Maschinenstruktur stellt sicher, daß diese Programme auf irgendeine Weise ausgeführt werden. Es ist absolut belanglos, ob diese Programme Schritt für Schritt von einem Interpreter ausgeführt werden, der seinerseits von einem anderen Interpreter ausgeführt wird, oder ob dies ein Elektronikblock tut. In beiden Fällen ist das Ergebnis gleich: Die Programme werden ausgeführt.

Die meisten Programmierer, die mit einer Maschine aus n Ebenen arbeiten, interessieren sich nur für die oberste Ebene. Das ist diejenige, die der Maschinensprache ganz unten am wenigsten ähnelt. Personen, die wissen wollen, wie ein Computer wirklich funktioniert, müssen sich aber mit allen Ebenen befassen. Wer daran interessiert ist, neue Computer oder neue Ebenen (d.h. neue virtuelle Maschinen) zu entwickeln, muß alle Ebenen – und nicht nur die erste – kennen. Die Konzepte und Techniken für die Entwicklung von Maschinen als eine Reihe von Ebenen und die Details dieser Ebenen selbst bilden das Hauptthema dieses Buchs.

1.1.2 Moderne mehrschichtige Maschinen

Die meisten modernen Computer bestehen aus zwei oder mehr Ebenen. Wie Abbildung 1.2 zeigt, gibt es auch Maschinen mit bis zu sechs Ebenen. Die Ebene 0 ganz unten ist die wahre Hardware der Maschine. Ihre Schaltungen führen die Maschinenspracheprogramme der Ebene 1 aus. Der Vollständigkeit halber sei erwähnt, daß es unter unserer Ebene 0 noch eine gibt. Diese (in Abbildung 1.2 nicht dargestellte) Ebene fällt in das Hoheitsgebiet der Elektrotechnik und liegt damit außerhalb der Themen dieses Buchs. Sie heißt **Geräteebene** (Device Level). Auf ihr sieht der Designer die einzelnen Transistoren – die Primitiven der untersten Ebene aus Sicht des Computer-Designers. Fragt einer, was sich im Innern von Transistoren abspielt, berührt er das Gebiet der Festkörperphysik.

Auf der untersten der von uns betrachteten Ebenen – der **Ebene der digitalen Logik** (Digital Logic Level) – heißen die uns interessierenden Objekte **Gates**. Diese Gates werden zwar aus analogen Komponenten gebaut, wie etwa Transistoren, können aber präzise als digitale Geräte modelliert werden. Jedes Gate hat einen oder mehrere digitale Eingänge (die Signale stellen 0 oder 1 dar), und jedes berechnet aus diesen Eingängen mittels einer einfachen Funktion, beispielsweise AND oder OR, eine Ausgabe. Jedes Gate setzt sich mindestens aus einer Handvoll Transistoren zusammen. Aus einer kleinen Anzahl von Gates kann ein 1-Bit-Speicher gebildet werden, der eine 0 oder eine 1 speichern kann. Mehrere 1-Bit-Speicher (z.B. 16, 32 oder 64) können zu Registern gruppiert werden. Jedes **Register** kann von einer einzigen bis zu einer bestimmten maximalen Anzahl Binärzahlen aufnehmen. Gates lassen sich auch so kombinieren, daß man mit ihnen direkt die Hauptrechenmaschine bilden kann. Gates und die digitale Logikebene werden in Kapitel 3 beschrieben.

Als nächstes kommt die **Mikroarchitekturebene** (Microarchitecture Level). Auf dieser Ebene befindet sich eine Gruppe von (normalerweise) 8 bis 32 Registern, die einen lokalen Speicher und eine Schaltung bilden, die man **ALU** (**Arithmetic Logic Unit** – arithmetisch logische Einheit) nennt. Die ALU kann einfache arithmetische Operationen durchführen. Die Register sind mit der ALU verbunden; dies ist der **Datenweg** (Data Path), über den die Daten fließen. Als grundlegende Operation wählt der Datenweg eines oder zwei Register.

Dann läßt er die ALU damit arbeiten, z.B. eine Addition der beiden Register durchführen, um schließlich das Ergebnis in einem dieser Register zu speichern.

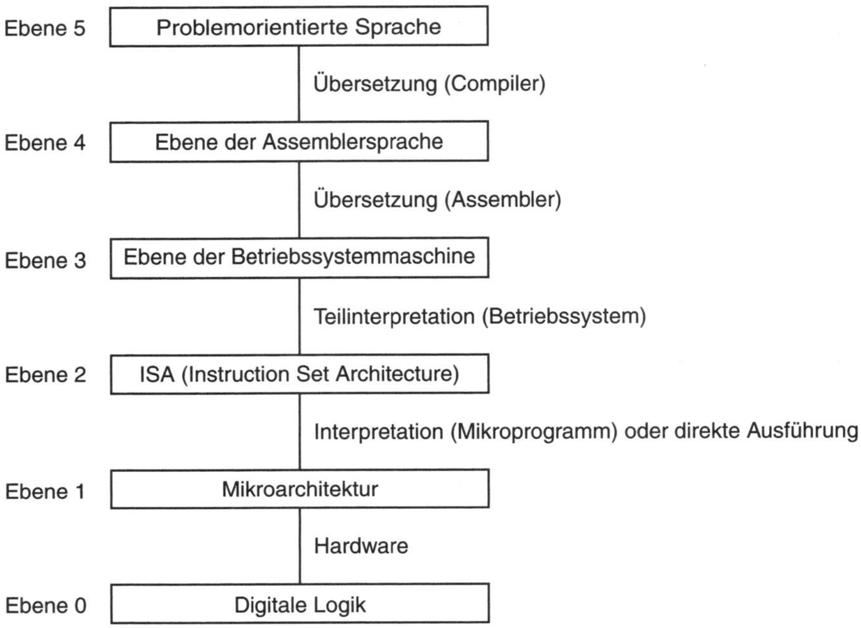

Abb. 1.2: Struktur eines Computers mit sechs Ebenen; wie die einzelnen Ebenen unterstützt werden, steht rechts unter der jeweiligen Ebene (mit dem Namen des unterstützenden Programms)

Bei manchen Maschinen wird die Operation des Datenwegs von einem Programm gesteuert, das man **Mikroprogramm** (Microprogram) nennt. Bei anderen Maschinen wird der Datenweg direkt von der Hardware gesteuert. In den früheren Auflagen dieses Buchs nannten wir diese die »Mikroprogrammierebene«, weil es sich in der Vergangenheit fast immer um einen Software-Interpreter handelte. Da der Datenweg heute vielfach durch die Hardware gesteuert wird, haben wir die Bezeichnung entsprechend geändert, um dieser Entwicklung Rechnung zu tragen.

Bei Maschinen mit Steuerung des Datenwegs durch die Software ist das Mikroprogramm ein Interpreter für die Anweisungen auf Ebene 2. Nacheinander liest es Instruktionen ein, prüft sie und führt sie aus, wobei es dafür den Datenweg verwendet. Eine ADD-Instruktion würde beispielsweise eingelesen, und ihre Operanden würden gesucht und in die Register gebracht werden. Dann würde die Summe durch die ALU berechnet werden, und schließlich würde das Ergebnis an die passende Stelle zurückgeführt werden. Bei Maschinen mit festverdrahteter Steuerung des Datenwegs würden die gleichen Schritte ausgeführt werden, jedoch ohne ein ausdrücklich gespeichertes Programm zur Kontrolle der Interpretation von Instruktionen der Ebene 2.

Die Ebene 2 nennen wir **ISA**-Ebene (ISA = Instruction Set Architecture). Jeder Computer-Hersteller veröffentlicht ein Handbuch für jeden von ihm verkauften Computer mit dem Titel »Leitfaden der Maschinensprache« oder »Betriebsprinzipien des Computers Modell Western Wombat 100X« oder etwas ähnliches. Diese Handbücher behandeln die ISA-Ebene und nicht die zugrundeliegenden Ebenen. Die darin enthaltene Beschreibung der Instruktionsmenge der Maschine betrifft in Wirklichkeit die Instruktionen, die vom Mikroprogramm oder von Hardware-Schaltungen interpretativ ausgeführt werden. Stellt ein Hersteller für einen seiner Computer zwei Interpreter zur Verfügung, um zwei verschiedene ISA-Ebenen zu interpretieren, müßte er für beide ein eigenes Handbuch bereitstellen.

Die nächste ist normalerweise eine hybride Ebene. Die meisten Instruktionen in ihrer Sprache befinden sich auch auf der ISA-Ebene. (Es gibt keinen Grund, warum eine Instruktion einer Ebene nicht auch auf anderen Ebenen vorhanden sein sollte.) Außerdem gibt es dort eine Reihe neuer Instruktionen, eine andere Speicherorganisation, die Möglichkeit, zwei oder mehr Programme gleichzeitig auszuführen, und verschiedene andere Merkmale. Auf Ebene 3 gibt es mehr Variationen als auf Ebene 1 oder 2.

Die auf Ebene 3 neu hinzukommenden Merkmale werden von einem Interpreter ausgeführt, der auf Ebene 2 läuft. Historisch ist dies das Betriebssystem. Diese Anweisungen der Ebene 3, die mit denen der Ebene 2 identisch sind, werden direkt vom Mikroprogramm (bzw. von der festverdrahteten Steuerung) und nicht vom Betriebssystem ausgeführt. Anders ausgedrückt, einige Anweisungen der Ebene 3 werden vom Betriebssystem und andere direkt vom Mikroprogramm interpretiert. Das ist mit »hybrid« gemeint. Wir nennen dies die **Ebene der Betriebssystemmaschine** (Operating System Machine Level).

Zwischen den Ebenen 3 und 4 besteht ein fundamentaler Bruch. Die drei untersten Ebenen sind nicht für die direkte Nutzung durch den Allerweltsprogrammierer ausgelegt. Sie dienen primär der Ausführung von Interpretern und Übersetzern, die zur Unterstützung der höheren Ebenen benötigt werden. Diese Interpreter und Übersetzer werden von **Systemprogrammierern** (Systems Programmers) geschrieben. Sie spezialisieren sich auf die Entwicklung und Implementierung neuer virtueller Maschinen. Die Ebenen ab 4 und höher dienen Anwendungsprogrammierern, die ein Problem zu lösen haben.

Eine weitere Änderung, die auf Ebene 4 stattfindet, ist die Unterstützung der höheren Ebenen. Die Ebenen 2 und 3 werden immer interpretiert. Die Ebenen 4, 5 und höher werden normalerweise – aber nicht immer – durch Übersetzung unterstützt.

Ein weiterer Unterschied zwischen den ersten drei Ebenen und den Ebenen von 4 aufwärts ist das Aussehen der bereitgestellten Sprache. Die Maschinensprachen der Ebenen 1, 2 und 3 sind numerisch. Die in diesen Sprachen geschriebenen Programme bestehen aus langen Zahlenreihen, die für die Maschine gut und für den Menschen schlecht verständlich sind. Ab Ebene 4 enthalten die Sprachen Wörter und Abkürzungen, die dem Menschen etwas sagen.

Ebene 4, diejenige der Assemblersprache, ist eigentlich die symbolische Form einer der zugrundeliegenden Sprachen. Diese Ebene bietet die Möglichkeit, Programme für die Ebenen 1, 2 und 3 im Vergleich zu den Sprachen der virtuellen Maschine etwas angenehmer zu gestalten. Programme in Assemblersprache werden zuerst in die Sprache der Ebene 1, 2 oder 3 übersetzt und dann von der geeigneten virtuellen oder physischen Maschine interpretiert. Das Programm, das die Übersetzung ausführt, ist ein **Assembler**.

Ebene 5 befaßt sich normalerweise mit einer Sprache, die zur Verwendung durch Anwendungsprogrammierer ausgelegt wurde, die bestimmte Probleme lösen müssen. Das sind die sogenannten **Hochsprachen** (High-level Languages). Davon gibt es praktisch Hunderte. Ein paar bekannte sind Basic, C, C++, Java, LISP und Prolog. Die in diesen Sprachen geschriebenen Programme werden allgemein von Übersetzern in die Ebene 3 oder 4 übersetzt. Diese Übersetzer nennt man **Compiler**, obwohl die Programme gelegentlich auch interpretiert werden. Beispielsweise werden in Java geschriebene Programme oft interpretiert.

In manchen Fällen umfaßt die Ebene 5 einen Interpreter für einen bestimmten Anwendungsbereich, z.B. symbolische Mathematik. Dadurch werden Daten und Operationen zur Lösung von Problemen in diesem Bereich, d.h. für Personen, die sich in diesem Bereich gut auskennen, in leicht verständlicher Form bereitgestellt.

Insgesamt betrachtet werden Computer in mehreren Ebenen ausgelegt, die auf der jeweils vorhergehenden Ebene aufbauen. Jede Ebene stellt eine bestimmte Abstraktion mit unterschiedlichen Objekten und Operationen dar. Durch diese Art der Entwicklung und Analyse von Computern sind wir vorübergehend in der Lage, irrelevante Details zu ignorieren und somit ein komplexes Thema verständlicher darzulegen.

Die auf jeder Ebene verfügbaren Datentypen, Operationen und Merkmale nennt man **Architektur** (Architecture). Die Architektur betrifft die Aspekte, die für den Benutzer der jeweiligen Ebene sichtbar sind. Merkmale, die der Programmierer sieht, z.B. die verfügbare Speichermenge, sind Teil von ihr. Implementierungsaspekte, etwa welche Chiptechnik zur Speicherimplementierung verwendet wird, sind nicht Teil der Architektur. Der Bereich der Forschung, wie die für Programmierer sichtbaren Teile eines Computersystems ausgelegt werden sollen, heißt **Computer-Architektur** (Computer Architecture). Im praktischen Umfeld bedeuten Computer-Architektur und Computer-Organisation das gleiche.

1.1.3 Evolution mehrschichtiger Maschinen

Um einen Überblick über mehrschichtige Maschinen zu erhalten, beschreiben wir kurz ihre historische Entwicklung, also wie sich Anzahl und Art der Ebenen im Lauf der Jahre entwickelt haben. Programme, die in der echten Maschinensprache eines Computers (Ebene 1) geschrieben wurden, können direkt ohne Interpreter oder Übersetzer von den elektronischen Schaltungen des Computers (Ebene 0) ausgeführt werden. Diese elektronischen Schaltungen bilden in Verbindung mit dem Speicher und Ein-/Ausgabegeräten die **Hardware** des Computers. Hardware setzt sich aus greifbaren Objekten zusammen – integrierte Schaltungen, gedruckte Schaltkarten (PCBs – Printed Circuit Boards), Kabel, Netzteile, Speicher und Drucker – und nicht aus abstrakten Ideen, Algorithmen oder Instruktionen.

Demgegenüber besteht **Software** aus **Algorithmen** (ausführliche Instruktionen, wie etwas auszuführen ist) und die Darstellungen derselben – Programme. Programme können auf Festplatte, Diskette, CD-ROM oder einem anderen Medium gespeichert werden. Das Wesentliche der Software ist aber die Instruktionsmenge, die das Programm bildet, und nicht die physischen Medien, auf denen sie aufgezeichnet wird.

Bei den allerersten Computern war die Grenze zwischen Hardware und Software glasklar. Mit der Zeit ist sie aber verwischt, vor allem aufgrund von Hinzufügen, Entfernen und Verschmelzen von Ebenen im Zuge der Weiterentwicklung von Computern. Heute kann man Hard- und Software oft kaum unterscheiden. Das führt uns zu einem der Hauptthemen dieses Buchs:

Hardware und Software sind logisch äquivalent.

Eine durch Software ausgeführte Operation kann auch direkt in die Hardware eingebaut werden, vorzugsweise nachdem sie ausreichend bekannt ist. Karen Panetta Lentz sagte einmal: »Hardware ist nur versteinerte Software.« Selbstverständlich trifft auch das Gegenteil zu: Jede von der Hardware ausgeführte Instruktion kann auch durch Software simuliert werden. Welche Funktionen in der Hardware und welche in der Software implementiert werden, wird anhand von Faktoren wie Kosten, Geschwindigkeit, Zuverlässigkeit und erwartete Häufigkeit von Änderungen entschieden. Die Tatsache, daß X in die Hardware gesteckt und Y explizit programmiert werden muß, basiert auf einigen wenigen, festen Regeln. Diese Entscheidungen bzw. Regeln ändern sich im Zuge neuer Technologien und Einsatzbereiche von Computern.

Die Erfindung der Mikroprogrammierung

Die ersten digitalen Computer in den vierziger Jahren hatten nur zwei Ebenen: die ISA-Ebene, auf der die gesamte Programmierung erfolgte, und die digitale logische Ebene, die diese Programme ausführte. Die Schaltungen der digitalen logischen Ebene waren kompliziert, kaum zu verstehen, noch schwieriger zu bauen und unzuverlässig.

1951 kam ein Forscher an der Universität von Cambridge, Maurice Wilkes, auf die Idee, einen Computer mit drei Ebenen zu entwickeln, um die Hardware stark zu vereinfachen (Wilkes, 1951). Diese Maschine sollte einen eingebauten, nicht austauschbaren Interpreter (das Mikroprogramm) erhalten, um Programme auf ISA-Ebene interpretativ auszuführen. Da die Hardware dann nur Mikroprogramme mit einer begrenzten Instruktionsmenge, nicht aber Programme auf der ISA-Ebene ausführen sollte, die einen viel größeren Anweisungsvorrat haben, konnte man mit weniger elektronischen Schaltungen auskommen. Da elektronische Schaltungen damals aus Vakuumröhren hergestellt wurden, versprach diese Vereinfachung geringere Röhrenanzahl und höhere Zuverlässigkeit.

Einige dieser dreischichtigen Maschinen wurden in den fünfziger und weitere in den sechziger Jahren gebaut. 1970 hatte sich das Konzept, die ISA-Ebene durch ein Mikroprogramm statt direkt durch die Elektronik interpretieren zu lassen, durchgesetzt.

Die Erfindung des Betriebssystems

Zu jener Zeit waren die meisten Computer »offene Läden«, was bedeutete, daß der Programmierer die Maschine persönlich bedienen mußte. Neben jeder Maschine lag ein Eintragungsbogen. Wollte ein Programmierer ein Programm ausführen, trug er[1] sich für einen Zeitraum, sagen wir Mittwoch früh von 3 Uhr bis 5 Uhr (viele Programmierer zogen es vor, zu Zeiten zu arbeiten, in denen im Maschinenraum Ruhe herrschte) ein. Zum entsprechenden Zeitpunkt begab sich der Programmierer mit einem Stapel 80spaltiger Lochkarten (das damalige Eingabemedium) in der einen und einem gespitzten Bleistift in der anderen Hand in den Maschinenraum. Während er sich dem Computer näherte, bugsierte er/sie den noch arbeitenden Programmierer sanft Richtung Tür und übernahm den Computer.

Wollte der Programmierer ein FORTRAN-Programm ausführen, mußte er folgende Schritte ausführen:

1. Er ging zum Schrank, in dem alle Programme aufbewahrt wurden, nahm einen großen grünen Stapel mit der Beschriftung FORTRAN-Compiler heraus, legte ihn in den Kartenleser und drückte den Startknopf.
2. Er legte sein FORTRAN-Programm in den Kartenleser ein und drückte die Weitertaste. Das Programm wurde eingelesen.
3. Wenn der Computer anhielt, las er sein FORTRAN-Programm ein zweites Mal. Einige Compiler setzten nur einen, viele aber zwei und mehr Durchläufe voraus. Bei jedem Durchlauf mußte ein riesiger Kartenstapel eingelesen werden.

---

1 »Er« möchte der Autor im gesamten Buch als »er oder sie« verstanden wissen.

4. Langsam näherte sich die Übersetzung ihrem Ende – ein Zeitpunkt, an dem die meisten Programmierer oft nervös wurden. Falls nämlich der Compiler einen Fehler im Programm finden würde, mußte dieser korrigiert und der gesamte Prozeß von vorn ausgeführt werden. Hatte das Programm keine Fehler, stanzte der Compiler das in Maschinensprache übersetzte Programm auf Karten.
5. Der Programmierer legte das Maschinenspracheprogramm und den Subroutinen-Stapel in den Kartenleser und las beides ein.
6. Die Ausführung des Programms begann. Meist funktionierte es nicht richtig und hielt unerwartet irgendwo mittendrin an. Im allgemeinen fummelte der Programmierer mit allen Konsolschaltern und starrte eine Weile auf die Konsollampen. Hatte er Glück, erkannte er das Problem, korrigierte den Fehler und lief wieder zum Schrank mit dem großen grünen FORTRAN-Compiler, um von vorn zu beginnen. Der weniger Glückliche druckte den Speicherinhalt aus, um einen **Core-Dump** zu produzieren, und nahm den Ausdruck zur Fehlersuche mit nach Hause, um sich eingehend mit dem Problem zu beschäftigen.

Mit geringen Variationen war diese Prozedur in vielen Rechenzentren jahrelang die Normalität. Sie zwang die Programmierer, die Betriebsweise der Maschine zu kennen und zu verstehen, was es zu tun galt, wenn sich einer der häufigen Abstürze ereignete. Die Maschine stand häufig untätig da, während die Leute Kartenstapel herumtrugen oder sich am Kopf kratzten und überlegten, warum ihre Programme nicht richtig liefen.

Etwa 1960 versuchten Programmierer, die Zeitvergeudung zu reduzieren, indem sie die Arbeit des Bedieners automatisierten. Daraus entstand ein Programm namens **Betriebssystem** (Operating System), das die ganze Zeit im Computer verblieb. Der Programmierer lieferte bestimmte Steuerkarten zusammen mit dem Programm; beides wurde vom Betriebssystem gelesen und ausgeführt. Abbildung 1.3 zeigt einen einfachen Stapel für eines der ersten bekannten Betriebssysteme – FMS (FORTRAN Monitor System) auf einer IBM 709.

Das Betriebssystem las die Karte *JOB ein und benutzte die darauf befindliche Information für Buchhaltungszwecke. (Das Sternchen wurde zur Identifizierung von Steuerkarten benutzt, damit man sie nicht mit Programm- und Datenkarten verwechselte.) Später las es die Karte *FORTRAN, eine Anweisung zum Laden des FORTRAN-Compilers von einem Magnetband. Anschließend las der Compiler das FORTRAN-Programm ein und kompilierte es. War der Compiler damit fertig, gab er die Steuerung wieder an das Betriebssystem ab, das dann die Karte *DATA einlas. Sie enthielt eine Anweisung zur Ausführung des übersetzten Programms, wobei die Karten nach der Karte *DATA als Daten benutzt wurden.

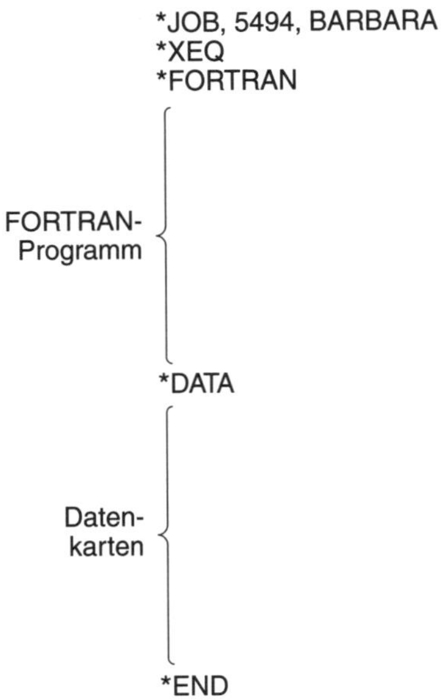

Abb. 1.3: Einfache Aufgabe für das FMS-Betriebssystem

Das Betriebssystem wurde zwar zur Automatisierung des Operators (daher die englische Bezeichnung) entwickelt, war aber auch der erste Schritt in der Entwicklung einer neuen virtuellen Maschine. Man könnte die *FORTRAN-Karte als virtuelle Instruktion »Kompiliere das Programm« betrachten. Die *DATA-Karte wäre dann die virtuelle Instruktion »Führe das Programm aus«. Mit nur zwei Instruktionen kann man das kaum eine Ebene nennen; es war aber der erste Schritt in diese Richtung.

In den Folgejahren wurden Betriebssysteme ständig verbessert. Neue Instruktionen und Merkmale wurden auf der ISA-Ebene hinzugefügt, bis sie sich als tatsächlich neue Ebene darstellte. Einige Instruktionen dieser neuen Ebene waren mit denen der traditionellen ISA-Ebene identisch, andere wiederum unterschieden sich völlig, insbesondere die Ein-/Ausgabeinstruktionen. Die neuen Instruktionen wurden damals **Betriebssystemmakros** (Operating System Macros *oder* Supervisor Calls) genannt. **Systemaufruf** (System Call) ist der heute geläufige Begriff.

Betriebssysteme entwickelten sich auch in anderer Hinsicht gut. Die frühen Varianten lasen Kartenstapel und gaben Ausdrucke auf dem Zeilendrucker aus. Dies nannte man **Batch-System**. Normalerweise lag zwischen dem Zeitpunkt der Übergabe des Systems und demjenigen, zu dem die Ergebnisse vorlagen, eine Wartezeit von mehreren Stunden. Die Entwicklung von Software war unter diesen Umständen recht schwierig.

Anfang der sechziger Jahre entwickelten Forscher am Dartmouth College des MIT und an anderen Orten Betriebssysteme, die es (mehreren) Programmierern gestatteten, direkt mit dem Computer zu kommunizieren. Bei diesen

Systemen waren entfernte Terminals über Telefonleitungen mit dem Zentralrechner verbunden. Die CPU wurde von vielen Benutzern gemeinsam genutzt. Ein Programmierer konnte in einem Programm etwas tippen und erhielt die Ergebnisse fast sofort – im Büro, in der Garage, zu Hause oder wo immer das Terminal stand. Diese Systeme hießen damals und heißen heute noch **Timesharing-Systeme**.

Unser Interesse an Betriebssystemen begrenzt sich auf die Teile, die Instruktionen und Merkmale interpretieren, die sich auf Ebene 3 und nicht auf Ebene 4 befinden, und weniger auf Timesharing-Aspekte. Obwohl es hier nicht besonders betont wird, bedenke man, daß Betriebssysteme mehr tun als nur Merkmale interpretieren, die auf der ISA-Ebene hinzugefügt wurden.

Verlagerung von Funktionen in den Mikrocode

Nachdem sich die Mikroprogrammierung (etwa 1970) durchgesetzt hatte, erkannten die Entwickler, daß sie allein durch Erweiterung des Mikroprogramms neue Instruktionen hinzufügen konnten. Anders ausgedrückt, »Hardware« (neue Maschineninstruktionen) ließ sich durch Programmierung hinzufügen. Diese Erkenntnis führte zu einer Explosion der Maschineninstruktionen. Die Entwickler konkurrierten miteinander um die Produktion größerer und besserer Instruktionsvorräte. Viele dieser Instruktionen waren unnötig, weil sich ihre Wirkung leicht mit bestehenden erreichen ließ. Meist waren sie aber einfach etwas schneller. Viele Maschinen hatten beispielsweise die Instruktion `INC` (INCrement), die Eins zu einer Zahl addierte. Da diese Maschinen auch eine allgemeine `ADD`-Instruktion hatten, war eine spezielle Instruktion zum Addieren von 1 (oder 720 oder irgendeine Zahl) nicht nötig. `INC` war meist aber ein bißchen schneller als `ADD`, also gehörte sie dazu.

Aus dem gleichen Grund wurde das Mikroprogramm um viele andere Instruktionen erweitert, z.B.:

1. Instruktionen für die Multiplikation und Division von Ganzzahlen.
2. Instruktionen für die Gleitkomma-Arithmetik.
3. Instruktionen zum Aufrufen und Zurückgeben von Prozeduren.
4. Instruktionen zur Beschleunigung von Schleifen.
5. Instruktionen zur Handhabung von Zeichenketten.

Nachdem die Maschinenentwickler sahen, wie leicht es war, neue Instruktionen hinzuzufügen, begannen sie, sich auch nach anderen Merkmalen umzusehen, um ihre Mikroprogramme zu erweitern. Es folgen ein paar Beispiele:

1. Merkmale zur Beschleunigung von Berechnungen mit Arrays (Indizierung und indirekte Adressierung).
2. Merkmale zum Verschieben von Programmen im Speicher nach Beginn der Ausführung (Umladung).

3. Interrupt-Systeme, um dem Computer zu signalisieren, daß eine Ein- oder Ausgabeoperation beendet wurde.
4. Die Möglichkeit, in einer kleinen Zahl von Instruktionen ein Programm zu unterbrechen und ein anderes zu starten (Prozeßumschaltung).

Daneben wurden im Lauf der Jahre viele andere Merkmale hinzugefügt, die vorwiegend die Geschwindigkeit einer bestimmten Aktion steigerten.

Beseitigung der Mikroprogrammierung

Mikroprogramme wurden in den goldenen Jahren der Mikroprogrammierung (Sechziger und Siebziger) immer größer. Mit zunehmendem Umfang wurden sie leider auch langsamer. Schließlich erkannten einige Wissenschaftler, daß Maschinen beschleunigt werden konnten, wenn man das Mikroprogramm abschafft, den Instruktionsvorrat abspeckt und die verbleibenden Instruktionen direkt ausführen läßt (d.h. Hardware-Steuerung des Datenwegs). In gewissem Sinn hat sich damit der Kreis der Computer-Entwicklung geschlossen. Man war wieder dort angekommen, wo Wilkes vormals die Mikroprogrammierung erfand.

Mit diesem Überblick soll aufgezeigt werden, daß die Grenze zwischen Hardware und Software willkürlich verläuft und sich ständig ändert. Die Software von heute ist möglicherweise die Hardware von morgen, und umgekehrt. Auch die Grenzen zwischen den verschiedenen Ebenen sind fließend. Aus Sicht des Programmierers ist es unwichtig, wie eine Instruktion letztendlich implementiert wird (außer vielleicht hinsichtlich ihrer Geschwindigkeit). Wer auf der ISA-Ebene programmiert, kann die dortige Multiplizierinstruktion benutzen, als wäre sie eine Hardware-Instruktion, ohne sich darüber Gedanken zu machen oder zu wissen, daß er es mit einer Hardware-Instruktion zu tun hat. Die Hardware des einen ist die Software des anderen. Wir kommen an späterer Stelle auf dieses Thema zurück.

1.2 Meilensteine der Computer-Architektur

Die Evolution des modernen digitalen Computers brachte Hunderte von verschiedenen Varianten hervor. Die meisten sind längst vergessen, und nur wenige hatten eine einschneidende Wirkung auf moderne Konzepte. In diesem Abschnitt werden die wichtigsten historischen Entwicklungen beschrieben, um einen Überblick darüber zu vermitteln, wie wir dahin gelangten, wo wir heute sind. Selbstverständlich werden nur die Höhepunkte berührt und wichtige Meilensteine nicht erwähnt. Abbildung 1.4 nennt einige der Maschinen, die Meilensteine gesetzt haben und in diesem Abschnitt behandelt werden. Slater (1987) bietet historisches Material über einige, die das Computer-Zeitalter begründet haben. Kurze Biographien und schöne Farbfotos der Begründer des Computer-Zeitalters von Louis Fabian Bachrach findet der Leser in Morgans Bildband (1997).

Jahr	Bezeichnung	Entwickelt von	Anmerkung
1834	Analytical Engine	Babbage	Erster Versuch, einen digitalen Computer zu bauen
1936	Z1	Zuse	Erste funktionierende Relais-Rechenmaschine
1943	COLOSSUS	Britische Regierung	Erster elektronischer Computer
1944	Mark I	Aiken	Erster amerikanischer Allzweck-Computer
1946	ENIAC I	Eckert und Mauchley	Beginn der modernen Computer-Geschichte
1949	EDSAC	Wilkes	Erster Computer mit gespeichertem Programm
1951	Whirlwind I	M.I.T.	Erster Echtzeit-Computer
1952	IAS	Von Neumann	Die meisten heutigen Maschinen weisen dieses Design auf
1960	PDP-1	DEC	Erster Minicomputer (50 verkauft)
1961	1401	IBM	Sehr beliebter Rechner bei kleinen Firmen
1962	7094	IBM	Beherrschte Anfang der Sechziger die wissenschaftliche Rechenwelt
1963	B5000	Burroughs	Erste für eine Hochsprache entwickelte Maschine
1964	360	IBM	Erste als Familie ausgelegte Produktlinie
1964	6600	CDC	Erster wissenschaftlicher Supercomputer
1965	PDP-8	DEC	Erster Massenmarkt-Minicomputer (50000 verkauft)
1970	PDP-11	DEC	Vorherrschender Minicomputer der siebziger Jahre
1974	8080	Intel	Erster 8-Bit-Allzweck-Computer auf einem Chip
1974	CRAY-1	Cray	Erster Vektor-Supercomputer
1978	VAX	DEC	Erster 32-Bit-Superminicomputer
1981	IBM PC	IBM	Beginn der modernen Personalcomputer-Ära
1985	MIPS	MIPS	Erste kommerzielle RISC-Maschine
1987	SPARC	Sun	Erste auf SPARC basierte RISC-Workstation
1990	RS6000	IBM	Erste superskalare Maschine

Abb. 1.4: Meilensteine in der Entwicklung des modernen digitalen Computers

1.2.1 Mechanische Computer (1642–1945)

Die erste funktionierende Rechenmaschine wurde von dem französischen Wissenschaftler Blaise Pascal (1623–1662) gebaut, dem zu Ehren eine Programmiersprache Pascal benannt wurde. Pascal baute dieses Gerät 1642 im Alter von 19 Jahren, um seinem Vater, einem Steuereintreiber für die französische Regierung, zu helfen. Es war rein mechanisch, hatte ein Räderwerk und wurde mit einer Handkurbel betrieben.

Pascals Maschine konnte nur addieren und subtrahieren. Dreißig Jahre später baute der große deutsche Mathematiker Gottfried Wilhelm Leibniz (1646–1716) eine andere mechanische Maschine, die auch multiplizieren und dividieren konnte. Das Gerät von Leibniz entsprach dem klassischen Taschenrechner mit vier Funktionen, der drei Jahrhunderte später entwickelt wurde.

Über einen Zeitraum von 150 Jahren passierte nicht viel, bis der Mathematikprofessor der Universität von Cambridge und Erfinder des Geschwindigkeitsmessers Charles Babbage (1792–1871) seine **Difference Engine** (Differenzmaschine) entwickelte und baute. Dieses mechanische Gerät, das wie das von Pascal nur addieren und subtrahieren konnte, diente der Berechnung von Zahlentabellen für die Schiffsnavigation. Die Maschine führte einen einzigen Algorithmus aus – die Methode finiter Differenzen mit Hilfe von Polynomen. Das interessanteste Merkmal der Differenzmaschine war ihre Ausgabemethode: Sie stanzte die Ergebnisse mit stählernen Prägestempeln auf eine Kupferplatte. Damit deutete sie die viel späteren Medien an, die man ein einziges Mal beschreiben konnte, z.B. Lochkarten und CD-ROM.

Die Differenzmaschine funktionierte zwar gut, langweilte Babbage aber bald, weil sie nur einen Algorithmus ausführen konnte. Er steckte viel Zeit und einen Großteil des Familienvermögens (ganz zu Schweigen von 17000 Pfund an Regierungsgeldern) in das Design und die Konstruktion eines Folgegeräts namens **Analytical Engine**, das alle Algorithmen berechnen sollte. Die Analytical Engine hatte vier Komponenten: Säulen (Speicher), Mühle (Recheneinheit), Eingabeeinheit (Kartenleser) und Regal (gestanzte und gedruckte Ausgabe). Die Säulen (Speicher) faßten 1000 Wörter aus 50stelligen Zahlen, die zur Aufnahme von Variablen und Ergebnissen benutzt wurden. Die Recheneinheit konnte Operanden aus dem Speicher entgegennehmen und addieren, subtrahieren, multiplizieren oder dividieren und das Ergebnis an den Speicher zurückgeben. Wie die Differenzmaschine war sie gänzlich mechanisch.

Der große Vorteil der Analytical Engine war ihr universeller Charakter. Sie las Instruktionen von Lochkarten und führte sie aus. Einige Instruktionen befahlen der Maschine, zwei Zahlen aus dem Speicher zu holen, sie zur Recheneinheit zu befördern, um eine Operation (z.B. Addieren) auszuführen, und die Ergebnisse wieder dem Speicher zurückzugeben. Mit anderen Instruktionen konnte man eine Zahl prüfen und entsprechend einer Bedingung verzweigen, je nachdem, ob die Zahl positiv oder negativ war. Durch Einstanzen eines anderen Programms auf die Eingabekarten konnte die Analytical Engine verschiedene Berechnungen ausführen, was die Differenzmaschine nicht schaffte.

Die Analytical Engine war in einer einfachen Assemblersprache programmierbar, also brauchte sie eine Software. Um diese Software zu produzieren, stellte Babbage eine junge Frau namens Ada Augusta Lovelace – die Tochter des berühmten englischen Dichters Lord Byron – ein. Ada Lovelace war damit die erste Computer-Programmiererin der Welt. Ihr zu Ehren wurde eine moderne Programmiersprache Ada benannt.

Wie vielen modernen Entwicklern gelang es Babbage leider nie, die Hardware ganz von Fehlern zu befreien. Das Problem war, daß Tausende von Zahnrädern und Getriebe nötig waren, um ein gewisses Maß an Präzision zu erreichen, die von der Technik des neunzehnten Jahrhunderts nicht geboten wurde. Dennoch war er mit seiner Idee seiner Zeit weit voraus. Die meisten modernen Computer weisen heute noch eine Struktur auf, die derjenigen der Analytical Engine ähnelt. Man kann Babbage deshalb ruhigen Gewissens den (Groß)vater des modernen digitalen Computers nennen.

Die nächste größere Entwicklung folgte Ende der dreißiger Jahre unseres Jahrhunderts, als der deutsche Baumaschinenstudent Konrad Zuse eine Reihe von automatischen Rechenmaschinen mittels elektromagnetischer Relais baute. Nach Kriegsbeginn konnte er keine Regierungsmittel erhalten, weil die Regierungsbürokraten damit rechneten, den Krieg so schnell zu gewinnen, daß die neue Maschine erst fertig sein würde, wenn alles vorbei war. Zuse wußte nichts von Babbages Arbeit, und seine Maschinen wurden durch die Bombenangriffe auf Berlin durch die Alliierten 1944 zerstört. Aus diesem Grund hatte seine Arbeit keinen Einfluß auf spätere Maschinen. Er war aber einer der Pioniere auf diesem Gebiet.

Einige Zeit später arbeiteten John Atanasoff am Iowa State College und George Stibbitz in den Bell Laboratories an der Entwicklung von Rechenmaschinen. Atanasoffs Maschine war für die damalige Zeit erstaunlich fortschrittlich. Sie benutzte Binärarithmetik und hatte Kondensatoren als Speicher, die periodisch aufgefrischt wurden, damit die Ladung nicht auslief, was man »Jogging the Memory« nannte, was im Englischen »Ausrichten«, aber auch »dem Gedächtnis nachhelfen« bedeutet. Moderne dynamische Speicherchips (RAM) funktionieren auf genau die gleiche Weise. Leider wurde die Maschine nie in Betrieb genommen. Irgendwie war Atanasoff wie Babbage: ein Visionär, der sich letztlich der unangemessenen Hardware-Technik seiner Zeit geschlagen geben mußte.

Der Computer von Stibbitz war zwar primitiver als der von Atanasoff, funktionierte aber. Stibbitz stellte sie anläßlich einer Tagung am Dartmouth College 1940 der Öffentlichkeit vor. Unter den Teilnehmern befand sich John Mauchley, ein unbekannter Physikprofessor der Universität von Pennsylvania. Die Computer-Welt sollte von Mauchley noch hören.

Während Zuse, Stibbitz und Atanasoff an der Entwicklung automatischer Rechenmaschinen arbeiteten, quälte sich ein junger Mann namens Howard Aiken mit langweiligen numerischen Berechnungen im Rahmen seiner Doktorarbeit an der Harvard-Universität. Nach deren Beendigung erkannte er, wie hilfreich es wäre, solche Berechnungen mit einer Maschine durchführen zu können. Er stöberte in der Bibliothek, fand Babbages Arbeiten und entschloß sich, aus Relais den Allzweck-Computer zu bauen, der Babbage aus Zahnrädern nicht gelang.

Aikens erste Maschine, die Mark I, wurde 1944 fertiggestellt. Sie hatte 72 Wörter mit je 23stelligen Zahlen und eine Anweisungszeit von 6 Sekunden. Zur Ein- und Ausgabe wurden gelochte Papierbänder verwendet. Bis zur Fertigstellung von Mark II, Aikens Nachfolgermodell, waren Relais-Computer überholt. Das elektronische Zeitalter hatte begonnen.

1.2.2 Die erste Generation – Vakuumröhren (1945–1955)

Angeregt wurde der elektronische Computer durch den Zweiten Weltkrieg. In den ersten Kriegsjahren wurde ein britisches Schiff nach dem anderen von deutschen U-Booten versenkt. Über Funk erteilten die deutschen Admirale in Berlin Befehle an die U-Boote, die von den Briten abgehört wurden. Ärgerlich daran war, daß die Nachrichten mit einem Gerät namens **ENIGMA**, dessen Vorläufer vom Amateurerfinder und früheren US-Präsidenten Thomas Jefferson entwickelt wurde, verschlüsselt waren.

Schon zu Beginn des Kriegs gelang es dem britischen Geheimdienst, vom polnischen Geheimdienst eine ENIGMA-Maschine zu bekommen, die diese den Deutschen gestohlen hatten. Um eine verschlüsselte Nachricht zu knakken, waren aber immense Berechnungen vonnöten, und das in möglichst kurzer Zeit. Die britische Regierung richtete ein streng geheimes Labor ein, das sie mit dem Bau eines elektronischen Computers beauftragte. Der berühmte britische Mathematiker Alan Turing half bei der Entwicklung dieser Maschine namens **COLOSSUS**. Die COLOSSUS wurde 1943 in Betrieb genommen. Da die britische Regierung aber praktisch jeden Aspekt des Projekts 30 Jahre als Militärgeheimnis unter Verschluß hielt, war die Maschine von Anfang an eine Einbahnstraße. Sie wird hier nur erwähnt, weil sie der erste elektronische, digitale Computer der Welt war.

Abgesehen davon, daß Zuses Maschinen zerstört und die COLOSSUS gebaut wurde, wirkte sich der Krieg auch auf die Rechenwelt in den USA aus. Die Armee brauchte Reichweitentabellen zur Ausrichtung von schwerem Geschütz. Zur Produktion dieser Tabellen mit handbetriebenen Rechnern wurden Hunderte von Frauen eingestellt (weil man dachte, daß Frauen genauer arbeiten als Männer). Trotzdem war der Prozeß sehr zeitaufwendig und fehleranfällig.

John Mauchley, dem die Arbeiten von Atanasoff und Stibbitz bekannt waren, erkannte das Interesse der Armee an mechanischen Rechenmaschinen. Wie viele Computer-Wissenschaftler nach ihm beantragte er bei der Armee Mittel zur Konstruktion eines elektronischen Computers. Sein Angebot wurde 1943 angenommen, und Mauchley und einer seiner Studenten, J. Presper Eckert, nahmen die Entwicklungsarbeiten an einem elektronischen Computer auf, den sie **ENIAC** (**Electronic Numerical Integrator And Computer**) nannten. Er bestand aus 18000 Vakuumröhren und 1500 Relais, wog 30 Tonnen und verbrauchte 140 kW Strom. Architektonisch bestand die Maschine aus 20 Registern, die je eine zehnstellige Dezimalzahl aufnehmen konnten. (Ein Dezimalregister ist ein sehr kleiner Speicher, der zwischen einer und einer bestimmten Höchstzahl an Dezimalziffern aufnehmen kann, ähnlich dem Kilometerzähler, der verfolgt, welche Strecke ein Auto im Lauf seiner Lebenszeit zurückgelegt hat.) Der ENIAC wurde durch Einstellen von bis zu 6000 mehrstelligen Schaltern und Anschluß unzähliger Buchsen mit einem wahrhaften Wald an Steckbrückenkabeln programmiert.

Die Maschine wurde erst 1946 fertig, als es für ihren ursprünglichen Zweck bereits zu spät war. Da der Krieg vorbei war, wurden Mauchley und Eckert mit der Organisation eines Kongreß beauftragt, um ihre Kollegen über ihre Forschungsergebnisse zu informieren. Diese Sommerschule war der Anfang eines explosionsartigen Interesses am Bau großer digitaler Computer.

Nach diesem historischen Sommerkongreß schickten sich viele Wissenschaftler an, elektronische Computer zu bauen. Als ersten betriebsfähigen entwickelte Maurice Wilkes den EDSAC (1949) an der Universität von Cambridge. Ihm folgten JOHNIAC von der Rand Corporation, ILLIAC an der Universität von Illinois, MANIAC am Los Alamos Laboratory und WEIZAC am Weizmann-Institut in Israel.

Eckert und Mauchley begannen bald schon mit der Entwicklung eines Nachfolgers, dem **EDVAC** (**Electronic Discrete Variable Automatic Computer**). Dieses Projekt war aber zum Sterben verurteilt, als die beiden die Universität von Pennsylvania verließen und in Philadelphia (das Silicon Valley war damals noch nicht erfunden) eine Firma – die Eckert-Mauchley Computer Corporation – gründeten. Nach einer Reihe von Fusionen entstand daraus die Unisys Corporation.

An dieser Stelle ein Einschub aus rechtlicher Sicht: Eckert und Mauchley meldeten ein Patent mit dem Anspruch der Erfindung des digitalen Computers an. Rückblickend hätte es sich gewiß gelohnt, über ein solches Patent zu verfügen. Nach jahrelangem Rechtsstreit urteilte das Gericht, das Ekkert/Mauchley-Patent sei ungültig und John Atanasoff der Erfinder des digitalen Computers, obwohl er ihn nie patentieren ließ.

Während Eckert und Mauchley am EDVAC arbeiteten, ging ein Mitglied des ENIAC-Projekts, John von Neumann, an das Princeton Institute of Advanced Studies und entwickelte seine eigene Version des EDVAC, die **IAS-Maschine**. Von Neumann war ein Genie vom Rang des Leonardo da Vinci. Er beherrschte viele Sprachen, war Experte in Physik und Mathematik und merkte sich alles, was er je hörte, sah oder las. Er konnte wörtlich aus Büchern zitieren, die er

Jahre zuvor gelesen hatte. Als er anfing, sich für Computer zu interessieren, war er schon einer der renommiertesten Mathematiker der Welt.

Was ihm sofort auffiel, war die Tatsache, daß die Programmierung von Computern mit Unmengen von Schaltern und Kabeln langsam, mühsam und unflexibel war. Er erkannte, daß man das Programm mit den Daten im Speicher des Computers in digitaler Form darstellen konnte, und er erkannte, daß man die schwerfällige, serielle Dezimalarithmetik des ENIAC, bei der jede Ziffer mit zehn Vakuumröhren (1 On und 9 Off) dargestellt wird, durch parallele Binärarithmetik ablösen kann.

Sein erster Entwurf ist heute als die **von-Neumann-Maschine** bekannt. Diese Maschine wurde im EDSAC, dem ersten Computer mit gespeichertem Programm, benutzt und ist heute, über ein halbes Jahrhundert später, immer noch die Grundlage fast aller digitalen Computer. Dieses Design und die IAS-Maschine, die unter der Mitwirkung von Herman Goldstine entwickelt wurde, hatten einen derart starken Einfluß, daß sie eine kurze Beschreibung wert ist. Die Architektur ist in Abbildung 1.5 dargestellt.

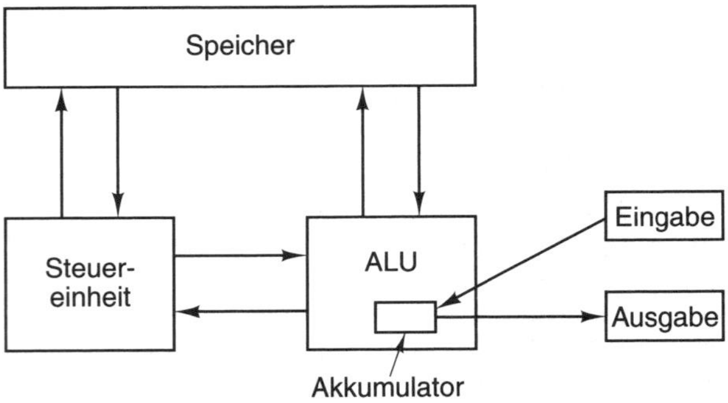

Abb. 1.5: Die ursprüngliche von-Neumann-Maschine

Die von-Neumann-Maschine bestand aus fünf grundlegenden Teilen: Speicher, arithmetische Logikeinheit, Steuereinheit, Eingabegerät und Ausgabegerät. Der Speicher bestand aus 4096 Wörtern. Ein Wort faßte 40 Bits von je 0 oder 1. Jedes Wort umfaßte entweder zwei 20-Bit-Instruktionen oder eine 40-Bit-Ganzzahl mit Vorzeichen. In den Instruktionen waren 8 Bits für die Identifizierung des Instruktionstyps und 12 Bits für die Spezifikation eines der 4096 Speicherwörter reserviert.

In der arithmetischen Logikeinheit befand sich ein spezielles, internes 40-Bit-Register, der **Akkumulator**. Eine typische Anweisung addierte ein Speicherwort zum Akkumulator oder speicherte den Inhalt des Akkumulators im Speicher. Die Maschine verfügte über keine Gleitkommaarithmetik, weil laut von Neumann jeder Mathematiker fähig sein sollte, den Dezimalpunkt (eigentlich den Binärpunkt) im Kopf zu überschlagen.

Etwa zu der Zeit, als von Neumann die IAS-Maschine entwickelte, arbeiteten Wissenschaftler am M.I.T. ebenfalls an einem Computer. Im Gegensatz zu IAS, ENIAC und anderen derartiger Maschinen, die lange Wortlängen hatten und für das Verarbeiten großer Zahlenmengen (Number Crunching) gedacht waren, hatte Whirlwind I, die Erfindung des M.I.T.-Teams, ein 16-Bit-Wort und zielte auf Echtzeitsteuerung ab. Dieses Projekt führte zur Erfindung des magnetischen Kernspeichers durch Jay Forrester und letztendlich zum ersten kommerziellen Minicomputer.

Zu dieser Zeit war IBM eine kleine Firma, die mit der Fertigung von Kartenlochern und mechanischen Kartensortiermaschinen befaßt war. Ein Teil von Aikens Forschungsmitteln stammte zwar von IBM, die Firma war aber nicht sonderlich an Computern interessiert. IBM produzierte ihren ersten Computer (701) erst 1953, lange nachdem sich das Eckert-Mauchley-Unternehmen mit seinem UNIVAC-Computer an vorderster Position auf dem kommerziellen Markt etabliert hatte. Die 701 hatte 2048 36-Bit-Wörter mit zwei Instruktionen pro Wort. Sie war der erste einer Reihe von wissenschaftlichen Computern, die ein Jahrzehnt danach die Branche beherrschen sollten. Drei Jahre später folgte Modell 704 mit einem Kernspeicher von 4 Kbyte, 36-Bit-Befehlen und Gleitkomma-Hardware. 1958 begann IBM mit der Produktion ihrer letzten Vakuumröhrenmaschine (Modell 709), bei der es sich im Grunde um einen aufgemotzten 704-Rechner handelte.

1.2.3 Die zweite Generation – Transistoren (1955–1965)

Der Transistor wurde 1948 von John Bardeen, Walter Brattain und William Shockley an den Bell Laboratories entdeckt. 1956 erhielten die Erfinder dafür den Physik-Nobelpreis. Innerhalb von zehn Jahren revolutionierte der Transistor den Computer, und 1950 waren Vakuumröhren-Computer überholt. Der erste, mit Transistoren bestückte Computer wurde am Lincoln Laboratory des M.I.T. entwickelt – eine 16-Bit-Maschine nach Art von Whirlwind I. Sie trug den Namen **TX-0** (Transistorized eXperimental computer 0) und diente lediglich als Testgerät einer besseren TX-2.

Die TX-2 kam nie zu größerer Bedeutung, aber einer der Konstrukteure, Kenneth Olsen, gründete 1957 eine Firma, die er Digital Equipment Corporation (DEC) nannte. Er begann mit der Entwicklung einer kommerziellen Maschine, die der TX-0 sehr ähnelte: PDP-1. Die Fertigstellung dauerte vier Jahre, weil die Investoren, mit deren Geld DEC vorwiegend arbeitete, der Meinung waren, es gäbe keinen Markt für Computer. In dieser Zeit fertigte und vertrieb DEC kleine Schaltkarten.

Als die PDP-1 schließlich 1961 auf den Markt kam, wies sie 4 Kbyte an 18-Bit-Wörtern und eine Zykluszeit von 5 µs[1] auf. Das entsprach der halben Leistung

1 Metrische Präfixe: milli = 10^{-3}, mikro (µ) = 10^{-6}, nano = 10^{-9}, kilo = 10^{3}, mega = 10^{6}, giga = 10^{9}

des IBM-Computers 7090, dem Nachfolger von Modell 709, dem zur damaligen Zeit schnellsten Computer der Welt. Die PDP-1 kostete $ 120000, ein 7090-Rechner kostete Millionen. DEC verkaufte Dutzende von PDP-1. Die Minicomputer-Industrie war geboren.

Eine der ersten PDP-1 wurde dem M.I.T. zur Verfügung gestellt, wo die Maschine schnell die Aufmerksamkeit einiger der jungen Genies erregte, die das M.I.T. so reichlich hervorbrachte. Eine der zahlreichen Innovationen an der PDP-1 war eine visuelle Anzeige und die Möglichkeit, irgendwo auf dem Bildschirm 512 mal 512 Punkte darzustellen. Innerhalb kürzester Zeit hatten einige Studenten die PDP-1 für Kriegsspiele im All umprogrammiert. Die Welt hatte ihr erstes Videospiel.

Ein paar Jahre später führte DEC die PDP-8 ein, eine gegenüber der PDP-1 wesentlich billigere ($ 16000) 12-Bit-Maschine. Die PDP-8 wies eine wichtige Neuerung auf: einen einzelnen Bus, den Omnibus (siehe Abbildung 1.6). Ein **Bus** ist eine Sammlung paralleler Drähte, die zur Verbindung von Komponenten eines Computers benutzt werden. Diese Architektur stellte einen entscheidenden Wendepunkt gegenüber der speicherzentrierten IAS-Maschine dar und wird seither in fast allen kleinen Computern realisiert. Mit 50000 verkauften PDP-8 etablierte sich DEC als Marktführer im Minicomputer-Geschäft.

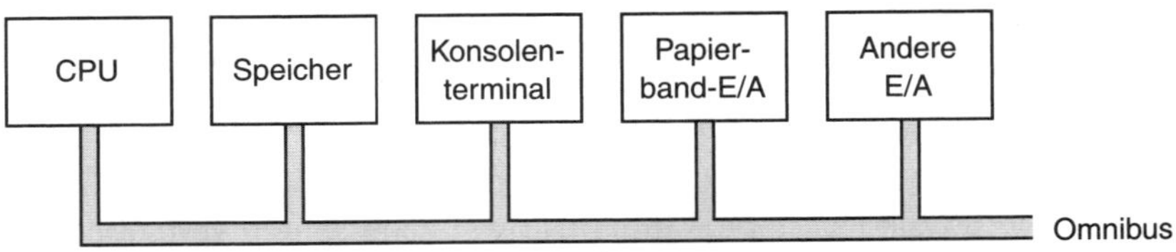

Abb. 1.6: Der Omnibus der PDP-8

Zwischenzeitlich reagierte IBM auf den Transistor mit der Produktion eines mit Transistoren bestückten Modells 709, dem oben erwähnten Modell 7090 und später 7094. Modell 7094 wies eine Zykluszeit von 2 µs und Kernspeicher mit 32 Kbyte an 36-Bit-Wörtern auf. Die Modelle 7090 und 7094 kennzeichneten das Ende der Maschinen vom Typ ENIAC, beherrschten aber die wissenschaftliche Computer-Szene in den sechziger Jahren.

In dieser Zeit profilierte sich IBM mit dem 7094-Computer im wissenschaftlichen Anwendungsbereich. Mit einem kleinen Computer (1401) für den kommerziellen Bereich machte die Firma ein Vermögen. Dieser Computer konnte fast so schnell Magnetbänder lesen und beschreiben, Karten lesen und stanzen und drucken wie der 7094, aber zu einem Bruchteil des Preises. Der 1401 war im wissenschaftlichen Bereich eine Katastrophe, für den kommerziellen Bereich aber perfekt.

Der Computer 1401 war insofern ungewöhnlich, als er keine Register und auch keine feste Wortlänge hatte. Er hatte einen Speicher mit 4 Kbyte an 8-Bit-Bytes (4 Kbyte[1]). Jedes Byte enthielt ein 6-Bit-Zeichen, ein Verwaltungsbit und ein Bit zur Kennzeichnung des Wortendes. Eine MOVE-Instruktion hatte z.B. eine Quell- und eine Zieladresse und verschob so lange Bytes von der Quelle zum Ziel, bis sie auf ein auf 1 gesetztes Wortende-Bit stieß.

1964 führte eine neu gegründete Firma, die Control Data Corporation (CDC), den Computer 6600 ein, der um fast eine Größenordnung schneller als das mächtige Modell 7094 war. In bezug auf Number Crunching war sie für viele Liebe auf den ersten Blick. Die hohe Geschwindigkeit dieses Computers kam dadurch zustande, daß sich im Innern der CPU eine parallele Maschine befand. Sie hatte mehrere Funktionseinheiten für Addition, andere für Multiplikation und wieder andere für Division, und alle liefen sie parallel. Um diesen Computer optimal zu nutzen, war zwar sorgfältige Programmierung vonnöten, doch mit einigem Aufwand ließ sich die gleichzeitige Ausführung von zehn Instruktionen realisieren.

Als ob das noch nicht genug war, barg die 6600-Maschine mehrere kleine Computer, die ihr hilfreich zur Seite standen, so nach dem Motto »Schneewittchen und die sieben vertikal Herausgeforderten«. Was das alles bedeutete? Die CPU konnte ihre gesamte Zeit fürs Number Crunching aufwenden, während alle Details der Aufgabenverwaltung und Ein-/Ausgabe von den kleineren Computern besorgt wurden. Rückblickend war der 6600-Computer seiner Zeit um Jahrzehnte voraus. Viele Grundkonzepte moderner Computer führen geradewegs zurück zum 6600.

Seymour Cray, der Entwickler des 6600-Computers, war so legendär wie von Neumann. Er widmete sein ganzes Leben der Entwicklung immer schnellerer Maschinen, die man heute **Supercomputer** nennt, darunter 6600, 7600 und Cray-1. Außerdem erfand er den heute berühmten Algorithmus für den Kauf von Autos: Du gehst zum Händler gleich neben deiner Wohnung, zeigst auf das Auto gleich neben der Tür und sagst: »Ich nehme dieses hier.« Bei diesem Algorithmus wird am wenigsten Zeit für unwichtige Dinge (wie Autos kaufen) vergeudet, so daß mehr Zeit für Wichtiges (wie Supercomputer entwickeln) bleibt.

In dieser Zeit kamen viele andere Computer auf den Markt, von denen sich aber nur einer aus einem völlig anderen Grund abhebt: Burroughs B5000. Die Entwickler von Maschinen wie PDP-1, 7094 und 6600 konzentrierten sich voll auf die Hardware, um sie billiger (DEC) oder schneller (IBM und CDC) zu machen. Software war fast völlig irrelevant. Die B5000-Entwickler schlugen eine andere Richtung ein. Sie entwickelten eine Maschine speziell mit der Absicht, sie in ALGOL 60, einer Vorgängersprache von Pascal, programmieren zu las-

1 1 Kbyte = 2^{10} = 1024 Bytes, 1 Mbyte = 2^{20} = 1.048.576 Bytes

sen. Ihre Hardware wies viele Merkmale auf, die die Aufgabe des Compilers vereinfachen sollte. Das Konzept, daß Software auch zählt, war geboren. Leider hat man es genauso schnell wieder vergessen.

1.2.4 Die dritte Generation – integrierte Schaltungen (1965–1980)

Die Entdeckung der in Silikon integrierten Schaltung durch Robert Noyce im Jahr 1958 ermöglichte es, Dutzende von Transistoren auf einen einzigen Chip zu packen. Dadurch konnten kleinere, schnellere und billigere Computer gebaut werden. Einige wichtigere Computer dieser Generation werden in den folgenden Abschnitten beschrieben.

1964 war IBM die führende Computerfirma mit einem großen Problem in bezug auf die beiden besonders erfolgreichen Rechner 7094 und 1401: Sie waren so inkompatibel wie sie nur sein konnten. Beim einen handelte es sich um einen Hochgeschwindigkeitsrechner mit paralleler Binärarithmetik auf 36-Bit-Registern. Der andere war ein glorifizierter Ein-/Ausgabeprozessor mit serieller Dezimalarithmetik und Speicherung von Wörtern mit variabler Länge. Viele Großkunden von IBM hatten beide, und es gefiel ihnen gar nicht, zwei getrennte Programmierabteilungen mit nichts Gemeinsamem unterhalten zu müssen.

Als die Zeit kam, diese beiden Serien abzulösen, tat IBM einen radikalen Schritt. Man führte mit System/360 eine einzige Produktlinie auf der Grundlage integrierter Schaltungen für wissenschaftliche *und* kommerzielle Rechenumgebungen ein. System/360 wies viele Innovationen auf, von denen eine besonders hervorstach: Es handelte sich um eine Familie mit etwa einem halben Dutzend Rechnern mit der gleichen Assemblersprache, die sich nur hinsichtlich Größe und Leistung unterschieden. Ein Unternehmen konnte also seinen 1401 durch ein System/360, Modell 30, und einen 7094 durch ein System/360, Modell 75, ablösen. Modell 75 war größer und schneller (und teurer); die dafür geschriebene Software konnte aber prinzipiell auch auf einem anderen Modell eingesetzt werden. In der Praxis lief dies so ab, daß die für ein kleines Modell geschriebene Software problemlos auf einem größeren Modell lief, das jeweilige Programm für das kleinere Modell aber meist zu umfangreich war. Dennoch war das im Vergleich zur 7094- und 1401-Situation eine enorme Verbesserung. Das Konzept von Rechnerfamilien wurde bald allgemein akzeptiert, und innerhalb weniger Jahre boten die meisten Computer-Hersteller Rechnerfamilien über eine große Preis- und Leistungsspanne an. Einige Merkmale der ersten 360-Familie sind in Abb. 1.7 aufgeführt. Weitere Modelle wurden später eingeführt.

Merkmal	Modell 30	Modell 40	Modell 50	Modell 65
Relative Leistung	1	3,5	10	21
Zykluszeit (ns)	1000	625	500	250
Maximaler Speicher (Kbyte)	64	256	256	512
Pro Zyklus eingelesene Bytes	1	2	4	16
Maximale Anzahl von Datenkanälen	3	3	4	6

Abb. 1.7: Die erste 360-Produktlinie von IBM

Eine weitere Neuerung des 360-Rechners war der **Mehrprogrammbetrieb** (Multiprogramming). Dabei befanden sich mehrere Programme gleichzeitig im Speicher. Während eines auf Ein- und Ausgaben wartete, konnte das andere rechnen.

System/360 war auch der erste Rechner, der andere Computer emulieren (simulieren) konnte. Die kleineren Modelle emulierten den 1401, die größeren den 7094, so daß Kunden weiterhin ihre alten Binärprogramme unverändert ausführen konnten, während sie auf 360 umstellten. Einige Modelle führten 1401-Programme viel schneller als der 1401 aus, was dazu führte, daß viele Kunden ihre Programme nie konvertierten.

Eine Emulation war auf dem 360 einfach auszuführen, weil alle anfänglichen und die meisten späteren Modelle auf Mikroprogrammierung basierten. IBM mußte lediglich drei Mikroprogramme – für den jeweiligen Befehlssatz von 360, 1401 und 7094 – schreiben. Diese Flexibilität war einer der Hauptgründe für die Einführung der Mikroprogrammierung.

System/360 löste das Dilemma »parallel binär/seriell dezimal« durch einen Kompromiß: Die Maschine hatte 16 32-Bit-Register für binäre Arithmetik, aber – wie der 1401 – einen byteorientierten Speicher und serielle Instruktionen zum Verschieben von Datensätzen mit variabler Größe im Speicher.

Ein weiteres hervorstechendes Merkmal des 360 war der (für damalige Begriffe) riesige Adreßraum von 2^{24} Bytes (16 Mbyte). Bei den damaligen Speicherpreisen von mehreren Dollar pro Byte erschienen 16 Mbyte schier grenzenlos. Leider wurde die 360-Serie später von den Serien 370, 4300, 3080 und 3090 abgelöst, die alle die gleiche Architektur aufwiesen. Mitte der achtziger Jahre erwies sich die 16-Mbyte-Grenze als echtes Problem. IBM mußte die Kompatibilität teilweise aufgeben, als die Umstellung auf 32-Bit-Adressen erfolgte, die für die Adressierung des neuen 2^{32}-Byte-Speicher nötig war.

Rückblickend mag man sich fragen, warum IBM keine 32-Bit-Adressen hatte, da man ja ohnehin mit 32-Bit-Wörtern und -Registern arbeitete, damals aber konnte sich niemand einen Rechner mit 16 Mbyte vorstellen. IBM deswegen Vorwürfe machen zu wollen, käme etwa den Vorwürfen gegenüber einem Hersteller von modernen PCs gleich, daß er nur 48-Bit-Adressen unterstützt. In ein paar Jahren brauchen PCs vielleicht Speicher von weit über 4 Gbyte, was dann 32-Bit-Adressen inakzeptabel machen würde.

Mit der Einführung der Serie PDP-11, einem 16-Bit-Nachfolger des PDP-8, durch DEC tat auch die Minicomputer-Welt große Schritte hin zur dritten Generation. Auf vielerlei Art und Weise waren die PDP-11- und PDP-8-Serien wie kleinere Brüder der 360- und 7094-Serie. Sowohl der 360 als auch der PDP-11 hatten wortorientierte Register und einen byteorientierten Speicher, und beide wiesen ein breitgefächertes Preis-Leistungs-Verhältnis auf. PDP-11 war besonders an Universitäten sehr erfolgreich und brachte DEC einen Wettbewerbsvorsprung gegenüber anderen Minicomputer-Herstellern.

1.2.5 Die vierte Generation – VLSI-Integration (1980 – ?)

In den achtziger Jahren bot **VLSI (Very Large Scale Integration)** die Möglichkeit, zuerst etliche Tausende, dann Hunderttausende und schließlich Millionen von Transistoren auf einen einzigen Chip zu packen. Diese Entwicklung führte zu kleineren und schnelleren Computern. Vor dem PDP-1 waren Computer so groß und teuer, daß sich Unternehmen und Universitäten für deren Betrieb sogenannte **Rechenzentren** einrichten mußten. Mit dem Aufkommen des Minicomputers war es erstmals möglich, einzelne Abteilungen unabhängig mit Computern auszustatten. Bis 1980 waren die Preise derart gesunken, daß sich ein Privatmensch einen eigenen Computer leisten konnte. Die Ära des Personalcomputers (PC) hatte begonnen.

Personalcomputer wurden völlig anders als Großrechner eingesetzt. Sie wurden für Textverarbeitung, Tabellenkalkulation und zahlreiche interaktive Anwendungen benutzt, mit denen Großrechner nicht gut umgehen konnten.

Die ersten Personalcomputer wurden als Bausatz verkauft. Ein Bausatz umfaßte eine gedruckte Schaltung (PCB – Printed Circuit Board), eine Reihe von Chips – darunter meist ein Intel 8080 –, einige Kabel, ein Netzteil und vielleicht ein 8-Zoll-Diskettenlaufwerk. Dem Käufer wurde es überlassen, diese Teile zu einem Computer zusammenzubauen. Software war nicht dabei. Die mußte man sich nach Bedarf selbst schreiben. Später wurde das Betriebssystem CP/M von Gary Kildall auf 8080-Computern populär. Dabei handelte es sich um ein Betriebssystem, das von Diskette aus ausgeführt wurde, ein Dateisystem hatte und Befehle entgegennahm, die der Benutzer auf der Tastatur eintippte.

Ein weiterer Personalcomputer aus der Frühzeit war der Apple und später der Apple II, die von Steve Jobs und Steve Wozniak in der sprichwörtlichen Garage gebaut wurden. Diese Maschine war besonders bei Heimanwendern und an Schulen beliebt und machte Apple über Nacht zu einem wichtigen Konkurrenten.

Nach reiflichen Überlegungen und langer Beobachtung der Konkurrenz entschloß sich IBM als die herrschende Macht auf dem damaligen Computer-

Markt, in das PC-Geschäft einzusteigen. Statt die gesamte Maschine von Grund auf ausschließlich mit IBM-Teilen neu zu entwickeln, was viel zu lange gedauert hätte, unternahm IBM etwas recht Untypisches: Das Unternehmen gab einem seiner leitenden Mitarbeiter, Philip Estridge, einen Sack voll Geld und die Anweisung, sich von den Bürokraten im Stammhaus in Armonk, NY, weit zu entfernen und erst wieder zurückzukommen, wenn er einen funktionierenden Personalcomputer hatte. Estridge schlug in Boca Raton in Florida sein Quartier auf, wählte den Intel 8088 als seine CPU und baute den IBM-Personalcomputer aus bereits am Markt erhältlichen Teilen. Er wurde 1981 eingeführt und wurde sofort der bestverkaufte PC aller Zeiten.

IBM unternahm noch einen untypischen Schritt, den man später aber bereuen sollte. Statt das Design der Maschine – wie für das Unternehmen üblich – absolut geheim zu halten (oder zumindest durch eine Mauer von Patenten zu schützen), veröffentlichte es sämtliche Pläne, auch die Schaltdiagramme, in einem Buch, das jeder für 49 Dollar im Handel erwerben konnte. Damit sollte anderen Unternehmen die Möglichkeit geboten werden, Steckkarten für den IBM-PC herzustellen, um die Flexibilität und Verbreitung des Geräts zu steigern. Da das Design somit vollständig öffentlich und alle Teile leicht von kommerziellen Anbietern erhältlich waren, stellten zahlreiche andere Unternehmen zum Leidwesen von IBM **Klone** des PC her – meist preisgünstiger als das Original von IBM. So begann eine ganz neue Industrie.

Obwohl andere Firmen Personalcomputer mit CPU herstellten, die nicht von Intel stammten, darunter Commodore, Apple, Amiga und Atari, war die Triebkraft der IBM-PC-Industrie so groß, daß alle anderen wie von einer Dampfwalze überrollt wurden. Die wenigen Überlebenden belegten Nischenmärkte, z.B. Workstations für Konstruktionsanwendungen oder Supercomputer.

Die ursprüngliche Version des IBM-PCs war mit dem von der damals winzigen Firma Microsoft Corporation zugelieferten Betriebssystem MS-DOS ausgestattet. Da Intel zunehmend leistungsstärkere CPUs produzierte, war es IBM und Microsoft möglich, einen Nachfolger für MS-DOS namens OS/2 zu entwickeln. Dieses Betriebssystem hatte eine mit dem Apple Macintosh vergleichbare grafische Benutzeroberfläche. Gleichlaufend entwickelte Microsoft sein eigenes Betriebssystem Windows, das auf MS-DOS aufsetzte, für den Fall, daß OS/2 nicht erfolgreich sein sollte. Kurz: OS/2 war nicht erfolgreich, IBM und Microsoft hatten einen äußerst heftigen Streit, und Microsoft machte aus Windows einen Riesenerfolg. Wie die winzige Intel und die noch winzigere Microsoft es schafften, IBM – eines der größten, reichsten und mächtigsten Unternehmen in der Geschichte – zu entthronen, ist eine Geschichte, die zweifellos bis ins kleinste Detail in den Wirtschaftsfakultäten aller Welt reiflich diskutiert wird.

Mitte der achtziger Jahre faßte eine neue Entwicklung namens RISC Fuß, die die komplizierten CISC-Architekturen durch viel einfachere (und schnellere) ablöste. In den neunziger Jahren tauchten erstmals superskalare CPUs auf. Diese Maschinen konnten mehrere Instruktionen gleichzeitig ausführen, und dies oft in einer anderen Reihenfolge, als sie im Programm auftauchten. Die CISC-, RISC- und superskalaren Konzepte werden in Kapitel 2 vorgestellt und ausführlich in allen weiteren Teilen des Buchs behandelt.

1.3 Der Computer-Zoo

Im vorigen Abschnitt wurde die Geschichte von Computer-Systemen kurz behandelt. In diesem Abschnitt betrachten wir die Gegenwart und werfen einen Blick in die Zukunft. Personalcomputer sind zwar die bekanntesten Computer, aber nicht die einzigen.

1.3.1 Technologische und wirtschaftliche Kräfte

Die Computer-Industrie entwickelt sich wie keine andere. Die vorherrschende treibende Kraft ist die Fähigkeit der Chiphersteller, jedes Jahr immer mehr Transistoren auf einen Chip zu packen. Mehr Transistoren (winzige elektronische Schalter) bedeuten größere Speicher und stärkere Prozessoren.

Das Tempo des technologischen Fortschritts läßt sich mit dem **Mooreschen Gesetz** – benannt nach Gordon Moore, Mitbegründer und Vorsitzender von Intel, der es 1965 formulierte – modellieren. Moore stellte fest, daß jede neue Generation von Speicherchips drei Jahre nach der vorherigen eingeführt wird. Da jede neue Generation gegenüber ihrer Vorläuferin das Vierfache an Speicher aufweist, stellte er fest, daß die Anzahl der Transistoren auf einem Chip in einem konstanten Verhältnis stieg. Folglich sagte er voraus, daß sich dieses Wachstum über die nächsten Jahrzehnte hinweg fortsetzen würde. Heute wird das Mooresche Gesetz oft so formuliert, daß sich die Anzahl der Transistoren alle 18 Monate verdoppelt. Dies entspricht einer Steigerung der Transistorenzahl von etwa 60% pro Jahr. Die Größen der Speicherchips und ihre Einführungszeiten (siehe Abb. 1.8) bestätigen die Gültigkeit des Mooreschen Gesetzes.

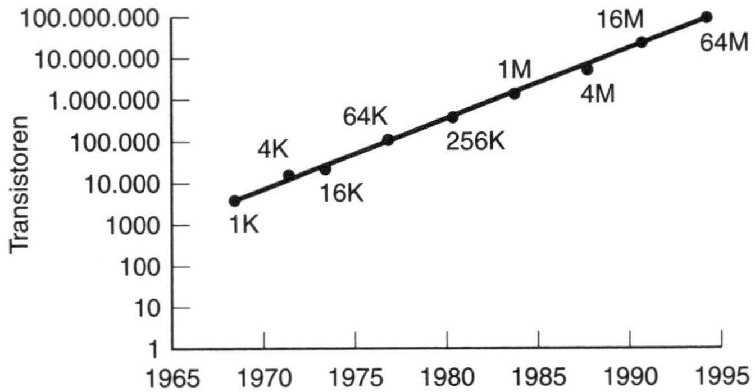

Abb. 1.8: Gemäß dem Mooreschen Gesetz steigt die Anzahl der Transistoren, die auf einen Chip gepackt werden können, um 60% jährlich. Die Datenpunkte in diesem Bild sind Speichergrößen in Bits

Selbstverständlich ist das Mooresche Gesetz kein Gesetz im naturwissenschaftlichen Sinne, sondern eine empirische Beobachtung der Geschwindigkeit, in der sich die Festkörperphysik und die Verfahrenstechnik weiterentwickeln, und die Annahme, daß sie künftig im gleichen Rhythmus verläuft. Viele Branchenkenner gehen davon aus, daß das Mooresche Gesetz bis weit in das 21. Jahrhundert, möglicherweise bis 2020, seine Gültigkeit behält. An diesem Punkt werden Transistoren dann aus zu wenigen Atomen bestehen, um noch zuverlässig zu sein. Vielleicht werden es Fortschritte im Quantenrechnen bis dann aber ermöglichen, 1 Bit durch Nutzung des Spins eines einzigen Elektrons zu speichern.

Das Mooresche Gesetz hat etwas geschaffen, das manche Ökonomen einen Engelskreis nennen: Technologische Fortschritte (Transistoren/Chip) führen zu besseren Produkten und niedrigeren Preisen. Niedrigere Preise führen zu neuen Anwendungen (keiner hat Videospiele für Computer hergestellt, als Computer 10 Millionen Dollar pro Stück kosteten). Neue Anwendungen öffnen neue Märkte, und neue Firmen schießen aus dem Boden, um diese Märkte zu nutzen. Die Fülle dieser Firmen führt zu Wettbewerb, der seinerseits eine Marktnachfrage nach besseren Technologien schafft, die andere Firmen nicht bieten. Der Kreis schließt sich somit.

Ein weiterer Faktor, der technologische Verbesserungen vorantreibt, ist in Nathans erstem Software-Gesetz (nach Nathan Myhrvold, einem Top-Manager von Microsoft) beschrieben. Nathans Gesetz besagt: »Software ist ein Gas. Es dehnt sich aus und füllt den Behälter, in dem es sich befindet.« Damals in den achtziger Jahren wurde Textverarbeitung mit Programmen wie troff bewältigt. troff beansprucht nur wenige Kbyte an Speicherplatz. Moderne Textverarbeitungsprogramme schlucken leicht mehrere Mbyte. Künftige werden sich zweifellos im Gbyte-Bereich bewegen. Software, die laufend neue Merkmale erwirbt, schafft eine ständige Nachfrage nach schnelleren Prozessoren, größeren Speichern und mehr Ein-/Ausgabekapazität.

Riesige Zugewinne wurden aber nicht nur bei der Ausstattung von Chips mit immer mehr Transistoren erzielt, sondern auch in anderen Computer-Techniken. Der IBM PC/XT wurde beispielsweise 1982 mit einer Festplatte von 10 Mbyte eingeführt. Die Weiterentwicklung von Platten läßt sich aber nicht so leicht messen oder vergleichen, weil mehrere Parameter (Kapazität, Datenrate, Preis usw.) zu berücksichtigen sind. Im Grunde kann man aber mit jeder Methode belegen, daß sich die Kapazitäten bisher um mindestens 50% pro Jahr erhöhten.

Ein weiterer Bereich mit spektakulären Fortschritten sind Telekommunikation und Netzwerke. In weniger als zwei Jahrzehnten sind wir von 300 Bit/s-Modems über analoge Modems mit 56 Kbps, ISDN-Telefonleitungen mit 2×64 Kbps und Glasfasernetzen mit weit über 1 Gbit/s übergegangen. Transatlantische Glasfasertelefonkabel, z.B. das TAT-12/13, kosten etwa 700 Millionen Dollar, überdauern zehn Jahre und können 300000 Gespräche gleichzeitig übertragen. Das entspricht weniger als einem Cent für ein zehnminütiges interkontinentales Gespräch. In Testanlagen haben sich optische Kommunikationssysteme mit einer Geschwindigkeit von 1 Tbit/s (10^{12} Bits/s) über Entfernungen von über 100 km ohne Verstärker als machbar erwiesen. Das exponentielle Wachstum des Internets bedarf hier keines Kommentars.

1.3.2 Das Computer-Spektrum

Richard Hamming, früher Wissenschaftler an den Bell Laboratories, hatte einmal beobachtet, daß eine Änderung in der Größenordnung der Menge eine Änderung in der Qualität herbeiführt. Das würde bedeuten, daß ein Rennwagen, der 1000 km/Stunde in der Wüste von Nevada schafft, eine völlig andere Maschine ist als ein normales Auto, das 100 km/Stunde auf einer Autobahn fährt. Ein Wolkenkratzer mit 100 Stockwerken wäre dann viel mehr als ein vergrößertes zehnstöckiges Wohnhaus. Bei Computern würden wir nicht über einen Faktor von 10, sondern von einer Million im Verlauf von drei Jahrzehnten sprechen.

Die durch das Mooresche Gesetz erreichten Fortschritte lassen sich unterschiedlich nutzen. Eine Möglichkeit wäre es, immer leistungsstärkere Computer zum gleichen Preis herzustellen. Eine weitere wäre es, den gleichen Computer zu einem ständig niedrigeren Preis zu produzieren. Die Computer-Industrie hat beide und weitere Möglichkeiten in vielen heute erhältlichen Computern umgesetzt. Eine grobe Klassifizierung der heutigen Computer ist in Abb. 1.9 aufgeführt.

Typ	**Preis ($)**	**Anwendungsbeispiel**
Wegwerfcomputer	1	Glückwunschkarten
Eingebettete Computer	10	Uhren, Autos, Geräte
Spielecomputer	100	Heimvideospiele
Personalcomputer	1000	Desktop- oder tragbarer Computer
Server	10.000	Netzserver
Sammlung von Workstations	100.000	Abteilungsrechner (Minisupercomputer)
Großrechner (Mainframe)	1 Million	Stapeldatenverarbeitung in einer Bank
Supercomputer	10 Millionen	Flächendeckende Wettervorhersage

Abb. 1.9: Das heute verfügbare Computer-Spektrum; die aufgeführten Preise gelten lediglich als grober Vergleichshinweis

Am unteren Ende finden wir einzelne Chips, die in Glückwunschkarten eingeklebt werden, um Geburtstagswünsche, Hochzeitsmärsche oder ähnlich nervige Liedchen auszuplärren. Dem Autor ist bis jetzt noch keine Beileidskarte in die Hand gefallen, die einen Trauermarsch spielt. Diese Idee wird sich nun aber mit diesem Buch verbreiten, so daß man bald darauf hoffen darf. Für jeden, der mit Großrechnern zum Preis von mehreren Millionen Dollar aufgewachsen ist, sind Wegwerfcomputer so sinnvoll wie Wegwerfflugzeuge. Wegwerfcomputer sind aber nun mal da, und es wird sie zweifellos auch künftig geben. (Wie wär's mit sprechenden Abfalltüten, die einen daran erinnern, Aludosen umweltgerecht zu entsorgen?)

Auf der nächsten Stufe der Leiter stehen Computer, die in Telefonen, Fernsehern, Mikrowellenherden, CD-Spielern, Spielzeugen und Tausenden anderer Geräte eingebettet sind. In wenigen Jahren wird alles Elektrische einen Computer enthalten. Die Anzahl der eingebetteten Computer wird in der Größenordnung von Milliarden gemessen, wogegen die Zahl aller anderen Computer zusammen verschwindend klein ist. Diese Computer haben einen Prozessor, weniger als ein Mbyte an Speicher und eine gewisse E/A-Ffähigkeit. Alles sitzt auf einem Chip, der ein paar Dollar kostet.

Auf der nächsthöheren Stufe stehen Videospielgeräte. Das sind normale Computer mit spezieller Grafikfähigkeit, aber begrenzter Software und fast keiner Erweiterungsmöglichkeit. In diese Preisklasse fallen auch Personal Organizer, tragbare digitale Assistenten und ähnliche Palmtops sowie Netzcomputer und Web-Terminals. Diese Computer haben gemeinsam, daß sie mit einem Prozessor, einem Speicher von ein paar Mbyte, einer Anzeigeeinheit (möglicherweise ein Fernseher), ansonsten nicht viel mehr, ausgestattet sind. Aus diesem Grund sind sie so billig.

Als nächstes kommen die Personalcomputer, an die die meisten denken, wenn sie das Wort »Computer« hören. Dazu zählen Desktop- und Notebook-Modelle. Sie haben normalerweise einen Speicher von vielen Mbyte, eine Festplatte mit ein paar Gbyte, ein CD-ROM-Laufwerk, ein Modem, eine Soundkarte und weitere Peripheriegeräte. Sie verfügen über ausgefeilte Betriebssysteme, viele Erweiterungsoptionen und eine Riesenauswahl an kommerzieller Software. Die einen haben eine Intel-CPU und werden meist »Personalcomputer« genannt, während andere eine andere CPU aufweisen und »Workstations« genannt werden. Vom Konzept her unterscheiden sich die beiden Typen aber kaum.

Aufgemotzte Personalcomputer oder Workstations werden häufig als Server für lokale Netzwerke (vorwiegend innerhalb einer Firma) und für das Internet verwendet. In der üblichen Konfiguration haben diese Maschinen einen einzelnen oder mehrere Prozessoren, einen Speicher von bis zu einigen Gbyte, viele Gbyte an Festplattenkapazität und Vernetzungsmöglichkeiten in Hochgeschwindigkeit. Einige davon verarbeiten Dutzende oder Hunderte von ankommenden Verbindungen gleichzeitig.

Eine Stufe über den kleinen Mehrprozessor-Servern sind Systeme angesiedelt, die **NOW** (Networks of Workstations) oder **COW** (Clusters of Workstations) genannt werden. Sie bestehen aus Standard-PCs oder Workstations, sind an Netze mit Gbit/s-Kapazitäten angeschlossen und führen spezielle Software aus, die es ermöglicht, alle verbundenen Maschinen gemeinsam an einer Problemlösung arbeiten zu lassen, vorwiegend in Wissenschaft und Ingenieurwesen. Sie lassen sich leicht von einer Handvoll Rechnern auf Tausende aufrüsten. Aufgrund ihres niedrigen Komponentenpreises können sich einzelne Abteilungen einer Firma solche Systeme leisten, die man ruhig »Minisupercomputer« nennen darf.

Auf der nächsten Stufe unserer Klassifizierung befinden sich die Großrechner. Das sind raumfüllende Rechner, die auf die sechziger Jahre zurückgehen. Meist sind sie direkte Nachfahren der IBM-Großrechner, Modell 360. Größtenteils sind sie nicht viel schneller als leistungsstarke Server, haben aber normalerweise mehr E/A-Kapazität und sind mit großen Plattenfarmen für Datenvolumen von einem Tbyte (1 Tbyte = 10^{12} Bytes) und mehr ausgestattet. Die meisten wurden vor vielen Jahren zu enormen Preisen angeschafft. Aufgrund der immensen Investitionen in Software, Daten, Betriebsprozeduren und Personalaufwand werden sie aber weiter betrieben. Viele Unternehmen finden es kostengünstiger, ein paar Millionen Dollar nach vielen Jahren für einen neuen auszugeben, als alle vorhandenen Anwendungen auf kleinere Maschinen umschreiben zu lassen.

Das ist die Computer-Klasse, die das berühmte Jahr-2000-Problem verursacht hat. In den sechziger und siebziger Jahren schrieben COBOL-Programmierer die Jahreszahl in zwei Dezimalziffern (um Speicher zu sparen). Sie konnten sich wahrscheinlich nicht vorstellen, daß ihre Software drei bis vier Jahrzehnte überdauern würde. Viele Unternehmen haben diesen Fehler übernommen, indem sie einfach zwei weitere Ziffern an das Jahr anhängten. Der Autor erlaubt sich an dieser Stelle die Voraussage, daß die Zivilisation in der uns bekannten Form am 31. Dezember 9999 um Mitternacht endet, wenn 8000 Jahre alte COBOL-Programme allesamt gleichzeitig abstürzen.

Oberhalb der Großrechner folgen die echten Supercomputer. Sie verfügen über enorm schnelle CPUs, viele Gbyte an Arbeitsspeicher, sehr schnelle Platten und Netze. In den letzten Jahren haben sich die Supercomputer zu parallelen Maschinen entwickelt, die sich kaum vom COW-Design unterscheiden, im Vergleich zu diesen aber viel mehr und viel schnellere Komponenten aufweisen. Supercomputer werden zur Lösung rechenintensiver Probleme in Wissenschaft und Ingenieurwesen genutzt, z.B. zur Simulation von kollidierenden Galaxien, zur Synthetisierung neuartiger Medikamente oder zum Modellieren des Luftstroms rund um eine Flugzeugtragfläche.

1.4 Beispiele von Computer-Familien

Dieser Abschnitt bietet eine kurze Einführung in die drei Computer, die wir durchgängig im gesamten Buch als Beispiele verwenden: Pentium II, UltraSPARC II und picoJava II.

1.4.1 Einführung in Pentium II

1968 gründeten Robert Noyce, Entdecker der integrierten Silikonschaltungen, Gordon Moore, Vater des berühmten gleichnamigen Gesetzes, und Arthur Rock, ein Wagniskapitalanleger aus San Francisco, die Firma Intel Corporation, um Speicherchips herzustellen. Im ersten Geschäftsjahr verkaufte Intel Chips im Wert von nur $ 3.000, aber das Geschäft hat sich bekanntlich später gut entwickelt.

Ende der sechziger Jahre waren Taschenrechner schwerfällige elektromechanische Maschinen in der Größe eines modernen Laserdruckers mit einem Gewicht von 20 kg. Im September 1969 erteilte die japanische Firma Busicom Intel einen Auftrag für die Fertigung von 12 kundenspezifische Chips für einen geplanten elektronischen Rechner. Intel-Ingenieur Ted Hoff, dem dieses Projekt übertragen wurde, sah sich den Plan an und erkannte, daß er eine 4-Bit Allzweck-CPU auf einen einzigen Chip packen konnte, der das gleiche bewirkte, nur einfacher und billiger. Damit war 1970 die erste Einchip-CPU – die 2300 Transistoren starke 4004 – geboren (Faggin u.a., 1996).

An dieser Stelle lohnt sich der Einschub, daß weder Intel noch Busicom eine Ahnung hatten, was sie damit schufen. Als Intel den Versuch, die 4004 in andere Projekte einzubinden, für lohnenswert erachtete, bot sie der Busicom an, alle Rechte an dem neuen Chip von Busicom zurückzukaufen und ihr den für die Entwicklung des Chips gezahlten Betrag von $ 60.000 zu erstatten. Intels Angebot wurde ohne Zögern angenommen. Unmittelbar danach begann die Arbeit an einer 8-Bit-Version des Chips, und die 8008-CPU wurde 1972 eingeführt.

Intel erwartete keine große Nachfrage nach dem 8008-Chip und fertigte ihn deshalb in kleinen Mengen. Zu jedermanns Erstaunen war das Interesse sehr groß. Folglich schickte sich Intel an, einen neuen CPU-Chip zu entwerfen, der die 8008-Speichergrenze von 16 Kbyte (aufgrund der auf dem Chip vorhandenen Pinzahl) umging. Dieses Design ergab die 8080, eine kleine Allzweck-CPU, die 1974 eingeführt wurde. Ähnlich wie PDP-8 eroberte dieses Produkt den Markt im Sturm und erwies sich als Massenartikel. Im Unterschied zu DEC verkaufte Intel aber nicht Tausende, sondern Millionen.

Als echte 16-Bit-CPU auf einem Chip kam 1978 die 8086 auf den Markt. Das 8086-Design war mit dem 8080-Design vergleichbar, aber nicht voll kompatibel. Die 8086 wurde von der 8088 abgelöst, die die gleiche Architektur aufwies und die gleichen Programme ausführte, anstelle eines 8-Bit-Busses aber einen 16-Bit-Bus hatte, so daß sie langsamer und billiger als die 8086 war. Als IBM den 8088-Chip als CPU für den ursprünglichen IBM-PC wählte, entwickelte sich dieser Chip quasi über Nacht zum marktweiten PC-Industriestandard.

Weder der 8088- noch der 8086-Chip konnten mehr als ein Mbyte an Speicher adressieren. Ende der achtziger Jahre erwies sich dies als schwerwiegendes Problem. In der Folge entwickelte Intel mit dem 80286 einen Chip, der mit dem 8086 aufwärtskompatibel war. Der Instruktionsvorrat war im wesentlichen mit dem des 8086- und 8088-Chips identisch. Seltsam war, daß sich die Speicherorganisation gerade wegen der Abwärtskompatibilität mit den älteren Chips stark unterschied. Der 80286-Chip wurde im IBM PC/AT und in den PS/2-Modellen des mittleren Leistungsbereichs eingesetzt. Wie beim 8088 war dieser Chip ein großer Erfolg, vor allem, weil man ihn als schnelleren 8088 betrachtete.

Der nächste logische Schritt war eine echte 32-Bit-CPU auf einem Chip, was mit der Einführung des 80386 im Jahr 1985 gelang. Wie der 80286 war dieser Chip mehr oder weniger kompatibel mit allen zurückliegenden bis zum 8080. Die Abwärtskompatibilität war ein Segen für alle, denen ihre alte Software wichtig war, aber eine Plage für diejenigen, die sich eine einfache, saubere, moderne Architektur wünschten, die nicht mit den Fehlern und Technologien der Vergangenheit behaftet ist.

Vier Jahre später kam der 80486 heraus. Diese Version war viel schneller als der 80386-Chip, hatte eine Gleitkommaeinheit und einen auf dem Chip integrierten Cache-Speicher von 8 Kbyte. Ein **Cache-Speicher** (Cache Memory) wird benutzt, um die am häufigsten benutzten Speicherwörter in bzw. nahe der CPU aufzubewahren, so daß (langsame) Zugriffe auf den Arbeitsspeicher vermieden werden. Der 80486 unterstützte mehrere Prozessoren, was es Herstellern ermöglichte, Systeme mit mehreren CPUs zu bauen.

An diesem Punkt lernte Intel auf unsanfte Art und Weise (Niederlage bei einem Gerichtsverfahren wegen Verletzung des Warenzeichenrechts), daß man Zahlen (wie 80486) nicht als Warenzeichen schützen kann. Folglich erhielt die nächste Generation einen Namen: Pentium (nach dem griechischen Wort für Fünf). Im Gegensatz zum 80486 mit nur einer internen Pipeline wies der Pentium zwei auf, was ihn doppelt so schnell machte. (Pipelines werden ausführlich in Kapitel 2 behandelt.)

Als die nächste Generation aufkam, wurden die Leute, die den Sexium (Sex ist Lateinisch und bedeutet Sechs) erwarteten, enttäuscht. Die Bezeichnung »Pentium« war inzwischen so bekannt, daß die Marketing-Abteilung auf seiner Weiterverwendung bestand. Der neue Chip wurde Pentium Pro genannt. Trotz der kleinen Namensänderung stellte dieser Prozessor gegenüber seinem Vorläufer einen einschneidenden Bruch mit der Vergangenheit dar. Statt zwei oder mehr Pipelines hatte der Pentium Pro einen gänzlich anderen internen Aufbau und konnte bis zu fünf Instruktionen gleichzeitig ausführen.

Als weitere Neuerung wies der Pentium Pro einen aus zwei Ebenen bestehenden Cache-Speicher auf. Der Prozessorchip selbst hatte einen Speicher von 8 Kbyte für häufig benutzte Instruktionen und einen weiteren Speicher von 8 Kbyte für häufig benutzte Daten. In der gleichen Vertiefung der Karte (nicht aber auf dem Chip selbst) befand sich ein zweiter Cache mit einer Kapazität von 256 Kbyte.

Der nächste neue Intel-Prozessor war der Pentium II – im wesentlichen ein Pentium Pro mit speziellen Multimedia-Erweiterungen (mit der Bezeichnung **MMX** – Multimedia Extension). Diese Instruktionen dienten der Beschleunigung der für die Verarbeitung von Audio und Video nötigen Berechnungen, so daß sich die Installation spezieller Multimedia-Coprozessoren erübrigte. Diese Instruktionen waren auch in späteren Pentium-Versionen vorhanden, nicht aber im Pentium Pro. Der Pentium II vereinte also die Stärken des Pentium Pro mit Multimedia.

Anfang 1998 führte Intel eine neue Produktlinie mit der Bezeichnung **Celeron** ein. Dabei handelt es sich grundsätzlich um eine preisgünstige, schwächere Ausführung des Pentium II für PCs im unteren Leistungsbereich. Da der Celeron die gleiche Architektur wie der Pentium II hat, wird das Modell nicht weiter behandelt. Im Juni 1998 führte Intel eine spezielle Version des Pentium II für den oberen Leistungsbereich ein. Dieser Prozessor – **Xeon** – hat einen größeren Cache, einen schnelleren Bus und eine bessere Mehrprozessor-Unterstützung, ist ansonsten aber ein normaler Pentium II, so daß wir auch dieses Gerät nicht weiter erläutern. Die Intel-Familie ist in Abb. 1.10 aufgeführt.

Chip	**Datum**	**MHz**	**Transistoren**	**Speicher**	**Anmerkungen**
4004	4/1971	0,108	2.300	640	Erster Mikroprozessor auf einem Chip
8008	4/1972	0,108	3.500	16 Kbyte	Erster 8-Bit-Mikroprozessor
8080	4/1974	2	6.000	64 Kbyte	Erste universelle CPU auf einem Chip
8086	6/1978	5–10	29.000	1 Mbyte	Erste 16-Bit-CPU auf einem Chip
8088	6/1979	5–8	29.000	1 Mbyte	Im IBM-PC benutzt
80286	2/1982	8–12	134.000	16 Mbyte	Speicherschutz vorhanden
80386	10/1985	16–33	275.000	4 Gbyte	Erste 32-Bit-CPU
80486	4/1989	25–100	1,2 M	4 Gbyte	Eingebauter 8K-Cache-Speicher
Pentium	3/1993	60–233	3,1 M	4 Gbyte	Zwei Pipelines; spätere Modelle mit MMX
Pentium Pro	3/1995	150–200	5,5 M	4 Gbyte	Zwei eingebaute Cache-Ebenen
Pentium II	5/1997	233–400	7,5 M	4 Gbyte	Pentium Pro plus MMX

Abb. 1.10: Die Intel-CPU-Familie; die Taktgeschwindigkeiten sind in MHz angegeben (1 MHz = 1 Million Zyklen/s)

Alle Intel-Chips sind mit ihren Vorgängern abwärts bis zum 8086 kompatibel. Das heißt, daß ein Pentium II 8086-Programme ohne Änderungen ausführen kann. Diese Kompatibilität war bei Intel immer eine Designvorgabe, damit die Benutzer ihre vorhandene Software weiterverwenden können. Natürlich ist der Pentium II 250 Mal komplexer als der 8086, kann also einige Dinge tun, die der 8086 nicht ausführen konnte. Diese stückchenweise Erweiterung hat zu einer Architektur geführt, die sicherlich eleganter geworden wäre, wenn man den Architekten des Pentium II 7,5 Millionen Transistoren und Instruktionen in die Hand gegeben hätte, um das Ding von Grund auf neu zu bauen.

Interessant ist dabei, daß das Mooresche Gesetz lange Zeit mit der Anzahl von Bits in einem Speicher in Verbindung gebracht wurde, obwohl es sich auch auf CPU-Chips anwenden läßt. Durch die in Abb. 1.10 aufgeführten Transistormengen im Vergleich zum Datum der Einführung der einzelnen Chips im semilogarithmischen Maßstab zeichnet man auf, daß das Mooresche Gesetz auch hier greift. Abb. 1.11 zeigt ein solches Diagramm.

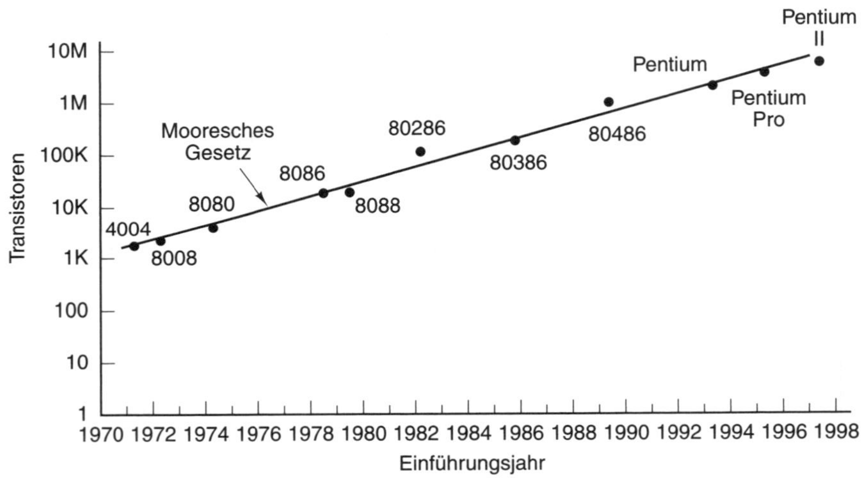

Abb. 1.11: Anwendung vom Mooreschen Gesetz auf CPU-Chips

1.4.2 Einführung in UltraSPARC II

In den siebziger Jahren war Unix an Universitäten beliebt, aber kein Personalcomputer konnte Unix ausführen. Folglich mußten Unix-Liebhaber auf (meist überlastete) Timesharing-Minicomputer, wie PDP-11 und VAX, zurückgreifen. 1981 führte die Verärgerung eines deutschen Studenten an der Stanford-Universität darüber, daß er sich ständig in das Rechenzentrum begeben mußte, um mit Unix arbeiten zu können, zu einem Durchbruch. Andreas Bechtolsheim, besagter Student, entschloß sich, das Problem selbst zu lösen. Er entwickelte eine Unix-Workstation aus kommerziell erhältlichen Teilen und nannte sie Sun-1 (Stanford University Network).

Bechtolsheim erregte die Aufmerksamkeit von Vinod Khosla, einem 27jährigen Inder mit dem brennenden Wunsch, mit 30 Millionär zu sein. Khosla überzeugte Bechtolsheim, für die Herstellung und den Vertrieb von Sun-Workstations eine Firma zu gründen. Dann stellte er Scott McNealy, ebenfalls Stanford-Student, als Fertigungsleiter ein. Zum Schreiben der Software wurde Bill Joy, der wichtigste Mitentwickler von Berkeley Unix, eingestellt. Die vier gründeten 1982 die Firma Sun Microsystems.

Suns erstes Produkt, die Sun-1, wurde von einer Motorola-CPU 68020 gesteuert. Sie war sofort ein Erfolg, und die Nachfolgermodelle Sun-2 und Sun-3 – auch mit einer Motorola-CPU – waren ebenso erfolgreich. Im Gegensatz zu anderen Personalcomputern jener Zeit waren diese Maschinen viel leistungsstärker (daher die Bezeichnung »Workstation«) und von Anfang an für die Vernetzung ausgelegt. Jede Sun-Workstation war mit einem Ethernet-Anschluß und TCP/IP-Software für den Anschluß an das ARPANET, dem Vorläufer des Internets, ausgestattet.

Schon 1987 verkaufte Sun Systeme im Wert von einer halben Milliarde Dollar pro Jahr und begann, auf der Grundlage eines revolutionären neuen Designs von der Universität von Kalifornien Berkeley (RISC II) eine eigene CPU zu entwickeln. Diese CPU wurde als **SPARC** (**Scalable Processor ARChitecture**) bezeichnet und bildete die Basis für die Workstation Sun-4. Innerhalb kürzester Zeit wurden alle Sun-Produkte mit der SPARC-CPU ausgestattet.

Im Gegensatz zu vielen anderen Computer-Firmen fertigte Sun den SPARC-CPU-Chip nicht selbst, sondern ließ ihn in Lizenz von mehreren Halbleiterherstellern produzieren, in der Hoffnung, daß sie gegenseitig konkurrieren würden, so daß die Leistung steigt und der Preis fällt. Die Anbieter produzierten eine Reihe verschiedener Chips auf der Grundlage verschiedener Technologien, die mit unterschiedlichen Takten liefen und zu verschiedenen Preisen erhältlich waren. Zu diesen Chips zählten MicroSPARC, HyperSPARC, SuperSPARC und TurboSPARC. Die CPUs unterschieden sich zwar geringfügig, waren aber alle binär kompatibel und unterstützten die gleichen Anwendungen, ohne daß Änderungen notwendig waren.

Sun strebte mit SPARC immer eine offene Architektur an, mit vielen Teile- und Systemanbietern, um eine Industrie aufzubauen, die mit der inzwischen von Intel-CPU beherrschten PC-Szene konkurrieren konnte. Um das Vertrauen von Firmen zu gewinnen, die zwar an SPARC interessiert waren, aber nicht in ein von einem Mitbewerber kontrolliertes Produkt investieren wollten, schuf Sun mit der SPARC International ein Industrie-Konsortium zur Verwaltung der Weiterentwicklung der SPARC-Architektur. Deshalb ist es wichtig, zwischen der SPARC-Architektur – einer Spezifikation des Instruktionsvorrats und anderer für den Programmierer sichtbaren Merkmale – und einer bestimmten Implementierung dieser Architektur zu unterscheiden. In diesem Buch wird sowohl die ursprüngliche SPARC-Architektur als auch ein spezifischer SPARC-Chip für Sun-Workstations (Kapitel 3 und 4) behandelt.

Die erste SPARC-Maschine war ein mit 36 MHz getakteter 32-Bit-Rechner. Die CPU mit der Bezeichnung **IU** (**Integer Unit**) war schlank und rank, mit nur drei wichtigen Instruktionsformaten und insgesamt lediglich 55 Instruktionen. Eine Gleitkommaeinheit erhöhte diesen Vorrat um 14. Diese historische Entwicklung läßt sich mit der Intel-Linie vergleichen, die mit 8- und 16-Bit-

Chips (8088, 8086, 80286) begann und mit dem 80386 schließlich in einem 32-Bit-Chip gipfelte.

Der erste Bruch der SPARC-Architektur mit der Vergangenheit ereignete sich 1995 mit der Entwicklung von Version 9, einer vollen 64-Bit-Architektur mit 64-Bit-Adressen und 64-Bit-Registern. 1995 wurde die UltraSPARC I als erste Sun-Workstation mit der V9-Architektur eingeführt (Tremblay und O'Connor, 1996). Die reine 64-Bit-Maschine war auch voll binär kompatibel mit den vorhandenen 32-Bit-Systemen.

Mit der UltraSPARC wollte man einen völlig neuen Weg einschlagen. Während die bisherigen Maschinen für die Abarbeitung alphanumerischer Daten und die Ausführung von Textverarbeitungs- und Tabellenkalkulationsprogrammen ausgelegt waren, wurde die UltraSPARC von Anfang an für Grafik, Audio und Video, d.h. generell für Multimedia, entwickelt. Neben der 64-Bit-Architektur gab es weitere Innovationen, wie 23 neue Instruktionen für multimediale Aufgaben, z.B. für die Kompression von Echtzeitvideo. Diese Instruktionen wurden **VIS (Visual Instruction Set)** genannt und zielten auf die Bereitstellung allgemeiner Multimedia-Fähigkeiten ab, analog zu Intels MMX-Instruktionen.

Die UltraSPARC zielte auf Anwendungen im oberen Leistungsbereich ab, z.B. große Web-Server mit mehreren Prozessoren, Dutzenden von CPUs und Speichern mit bis zu 2 Tbyte (1 Tbyte (Terabyte) = 10^{12} Byte). Am anderen Ende des Spektrums sind kleine Versionen für Notebooks angesiedelt.

Der UltraSPARC I folgten UltraSPARC II und UltraSPARC III. Diese Modelle unterscheiden sich vorwiegend durch die Taktgeschwindigkeit, aber auch durch einige neue Merkmale. In diesem Buch wird die UltraSPARC II (V9, 64 Bits) als repräsentatives Beispiel für die gesamte SPARC-Architektur herangezogen.

1.4.3 Einführung in picoJava II

Die Programmiersprache C wurde von Dennis Ritchie an den Bell Laboratories eigens für das Unix-Betriebssystem entwickelt. Angesichts des sparsamen Designs und der Beliebtheit von Unix erwies sich C bald als vorherrschende Programmiersprache in der Welt der Systemprogrammierung. Einige Jahre danach erweiterte Bjarne Stroustrup, ebenfalls an den Bell Laboratories, die Sprache um einige Konzepte aus der Welt der objektorientierten Programmierung. Daraus entstand C++, eine gleichermaßen erfolgreiche Programmiersprache.

Mitte der neunziger Jahre untersuchten Forscher bei Sun Microsystems Möglichkeiten für Benutzer, binäre Programme über das Internet herunterzuladen und sie als Teil von Webseiten auszuführen. C++ gefiel ihnen gut, außer, daß die Sprache nicht sicher war. Ein neu geladenes binäres C++-Programm konnte also leicht den Rechner, auf dem es eben gelandet ist, ausspionieren oder anderweitig stören. Eine Lösung sah man in der Erfindung einer neuen Programmiersprache. Sie wurde **Java** genannt, basierte auf C++, aber ohne die Sicherheitsprobleme derselben. Java ist eine typensichere, objektorientierte Sprache, die immer mehr für verschiedene Anwendungen benutzt wird. Sie ist beliebt und elegant; deshalb wird sie in diesem Buch für Programmierbeispiele benutzt.

Da Java eben nichts anderes als eine Programmiersprache ist, kann man Compiler dafür schreiben, die sich auf Pentium, SPARC und anderen Architekturen kompilieren lassen. Solche Compiler gibt es. Als wichtigstes Ziel verfolgte Sun mit der Einführung von Java aber den Austausch von ausführbaren Java-Programmen zwischen Computern im Internet, ohne sie verändern zu müssen. Wurde ein für eine SPARC-Maschine kompiliertes Java-Programm über das Internet auf einen Pentium geladen, konnte es entgegen des ursprünglichen Ziels nicht ausgeführt werden.

Um Binärprogramme für alle Maschinen portabel zu machen, definierte Sun eine virtuelle Maschinenarchitektur namens **JVM** (**Java Virtual Machine**). Diese Maschine hat einen Speicher aus 32-Bit-Wörtern und 226 Instruktionen, die sie ausführen kann. Viele dieser Instruktionen sind recht komplex und erfordern oft mehrere Speicherzyklen.

Um Java-Programme portabel zu machen, schrieb Sun einen Compiler, der Java in JVM kompiliert. Außerdem wurde ein JVM-Interpreter entwickelt, der binäre Java-Programme ausführen kann. Dieser Interpreter wurde in C geschrieben. Er kann also auf jeder Maschine mit einem C-Compiler kompiliert und ausgeführt werden. Das ist fast jeder Rechner der Welt. Damit ein Benutzer auf seinem Rechner binäre Java-Programme ausführen kann, muß er lediglich den Quellcode für den JVM-Interpreter beschaffen und ihn lokal kompilieren. Noch einfacher ist es, sich eine vorkompilierte Binärversion des JVM-Interpreters für die betreffende Plattform (z.B. Pentium II und Windows 98, SPARC und Unix usw.) zu beschaffen. Heute enthalten die meisten Internet-Browser einen JVM-Interpreter, so daß jeder **Applets** – kleine binäre Java-Programme in Webseiten, die meist Animation und Sound beinhalten – ausführen kann.

Die Interpretation von JVM-Programmen (oder irgendwelchen Programmen) geht langsam vonstatten. Eine andere Methode zur Ausführung eines Applets oder eines neu erhaltenen JVM-Programms besteht darin, das Programm zuerst für die betreffende Maschine manuell zu kompilieren und dann das kompilierte Programm auszuführen. Diese Strategie setzt voraus, daß der Browser einen Compiler zur Übersetzung von der JVM in Maschinensprache enthält und in der Lage ist, diese Aufgabe nach Bedarf durchzuführen. Solche Compiler gibt es heute; man nennt sie **JIT** (**Just In Time**). Sie sind aber umfangreich und verursachen eine Verzögerung zwischen der Ankunft des JVM-Programms und seiner Ausführung, während das JVM-Programm in Maschinensprache kompiliert wird.

Zusätzlich zu Software-Implementierungen der JVM-Maschine (JVM-Interpreter und JIT-Compiler) haben Sun und andere Firmen verschiedene JVM-Chips entwickelt. Dabei handelt es sich um CPU-Komponenten, die binäre JVM-Programme direkt ausführen, ohne daß dafür eine Software-Schicht für die Interpretation bzw. die JIT-Kompilation erforderlich wäre. Die ersten derartigen Architekturen – picoJava I (O'Connor und Tremblay, 1997) und picoJava II (McGhan und O'Connor, 1998) – zielten auf integrierte Systeme ab. Dieser Markt verlangt leistungsstarke, flexible und besonders preisgünstige Chips (normalerweise mit einem Preis von weit unter $50), die in intelligente Karten, Fernseher, Telefone und andere Geräte eingebettet werden, die mit der Außenwelt kommunizieren möchten oder sollen. Sun-Lizenznehmer können eigene Chips nach dem picoJava-Design fertigen und in gewissem Umfang anpassen, z.B. durch Hinzufügen oder Entfernen der Gleitkommaeinheit, Verändern der Cache-Größe usw.

Java-Chips in eingebetteten Systemen haben den Vorteil, daß ein Gerät während des Betriebs seine Funktionalität ändern kann. Nehmen wir beispielsweise einen Manager mit einem auf Java basierten Handy, der plötzlich irgendwo unterwegs ein Fax auf dem winzigen Display des Geräts lesen muß. Er ruft seinen Handy-Netzbetreiber an und läßt sich das Fax als Applet in sein Handy laden. Leistungsanforderungen sprechen gegen die Interpretation von Java-Applets, und mangels Speicher im Telefon ist die JIT-Kompilation unmöglich. Das ist eine Situation, in der ein JVM-Chip nützliche Dienste leisten kann.

PicoJava II ist kein Chip im üblichen Sinn (man kann ihn nicht im Laden kaufen). Er bildet vielmehr die Grundlage für verschiedene Chips, z.B. in der microJava-701-CPU und verschiedenen anderen Chips von Sun. Wir benutzen das picoJava-II-Design als durchgehendes Beispiel in diesem Buch, weil es sich von den Pentium-II- und UltraSPARC-CPU stark unterscheidet und einem anderen Anwendungsbereich dient. Dieser Chip ist für unsere Zwecke besonders interessant, weil in Kapitel 4 ein Design für die Implementierung einer Untermenge der JVM mittels Mikroprogrammierung vorgestellt wird. Anschließend können wir unser mikroprogrammiertes Design einem echten Hardware-Design gegenüberstellen.

Das picoJava-II-Design bietet zwei Optionen: eine Cache- und eine Gleitkommaeinheit, die jeder Chiphersteller nach Bedarf integrieren oder entfernen kann. Der Einfachheit halber betrachten wir picoJava II mehr als realen Chip, denn als Design eines Chips. Soweit es eine Rolle spielt (was selten der Fall ist), erwähnen wir den Sun-Chip microJava 701, der das picoJava-II-Design implementiert. Soweit microJava 701 nicht ausdrücklich erwähnt wird, ist das Material dennoch darauf und auf alle anderen Java-Chips von anderen Anbietern auf der Grundlage dieses Designs anwendbar.

Mit Hilfe von Pentium II, UltraSPARC II und picoJava II als durchgehende Beispiele können wir drei verschiedene CPU-Arten untersuchen. Dabei handelt es sich um eine konventionelle CISC-Architektur mit moderner superskalarer Technologie, einer echten RISC-Architektur mit superskalarer Technologie und einem dedizierten Java-Chip für eingebettete Systeme. Diese drei Prozessoren unterscheiden sich erheblich, so daß das jeweilige Design und die möglichen Kompromisse bei der Auslegung für verschiedene Benutzergruppen genauer untersucht werden können.

1.5 Überblick über den Rest des Buchs

Dieses Buch behandelt mehrschichtige Computer (das heißt, nahezu alle modernen Computer) und deren Architektur. Geprüft werden vier Ebenen im Detail, das heißt die digitale logische Ebene, die Mikroarchitekturebene, die ISA-Ebene und die Ebene der Betriebssystemmaschine. Zu den grundlegenden, untersuchten Fragen zählen das Gesamtdesign der jeweiligen Ebene (und warum sie auf die oder jene Art entwickelt wurde), die benutzten Instruktionen und die verfügbaren Daten, die Speicherorganisation und -adressierung und die Methode, wie die jeweilige Ebene implementiert wird. Das Forschungsfeld dieser und ähnlicher Themen ist die eingangs erwähnte Computer-Organisation bzw. Computer-Architektur.

Wir befassen uns vorrangig mit Konzepten und weniger mit Einzelheiten oder formaler Mathematik. Aus diesem Grund wurden einige der in diesem Buch enthaltenen Beispiele stark vereinfacht.

Um einen Einblick zu gewinnen, wie die in diesem Buch dargestellten Prinzipien in der Praxis angewandt werden, benutzen wir Pentium II, UltraSPARC II und picoJava II als durchgängige Beispiele in allen Kapiteln. Wir haben uns für diese Beispielarchitekturen aus mehreren Gründen entschieden. Erstens sind sie heute weit verbreitet, so daß viele Leser zu mindestens einer davon Zugang haben. Zweitens ist jede eine einzigartige Architektur, die eine Grundlage für Vergleiche bietet und zur Frage nach brauchbaren Alternativen anregt. Bücher, die sich nur mit einer Architektur befassen, erwecken beim Leser oft den Eindruck eines »echten Maschinendesigns«, was angesichts der vielen Kompromisse und willkürlichen Entscheidungen, die Designer gezwungenermaßen treffen müssen, natürlich unsinnig ist. Der Leser wird angeregt, diese und alle weiteren Computer kritisch zu studieren, und soll verstehen, warum die Dinge so sind, wie sie sind, und was man hätte anders machen können.

Von Anfang an sollte klar sein, daß dieses Buch nicht die Programmierung von Chips für Pentium II, UltraSPARC II oder picoJava II behandelt. Diese Maschinen werden lediglich zum Zwecke der Anschaulichkeit verwendet, wobei auch kein Anspruch auf Vollständigkeit erhoben wird. Lesern, die sich für eine dieser Architekturen besonders interessieren, wird die entsprechende Herstellerdokumentation empfohlen.

Kapitel 2 ist eine Einführung in die grundlegenden Bestandteile eines Computers – Prozessoren, Speicher und Ein-/Ausgabegeräte. Es liefert eine Übersicht über die Systemarchitektur und eine Einführung in die weiteren Kapitel.

Die Kapitel 3, 4, 5 und 6 befassen sich jeweils mit einer bestimmten der in Abb. 1.2 dargestellten Ebenen. Wir gehen von unten nach oben vor, weil Maschinen traditionell auf diese Weise entwickelt werden. Das Design von Ebene k wird größtenteils von den Eigenschaften der Ebene $k - 1$ bestimmt. Deshalb kann man eine bestimmte Ebene nur verstehen, wenn man sich bereits mit den darunterliegenden Ebenen befaßt hat. Außerdem ist es ohnehin vernünftig, den Stoff von den einfacheren unteren zu den komplizierteren oberen Ebenen zu lernen, und nicht umgekehrt.

Kapitel 3 behandelt die digitale logische Ebene – die echte Hardware einer Maschine. Zu den behandelten Themen zählen Gates und ihr Zusammenbau zu brauchbaren Schaltungen, boolesche Algebra, ein Werkzeug zur Analyse von digitalen Schaltungen, und Computer-Busse, insbesondere der beliebte PCI-Bus. In diesem Kapitel werden zahlreiche Beispiele aus der Industrie, einschließlich der drei durchgängigen Beispielarchitekturen, angeführt.

Kapitel 4 ist eine Einführung in die Mikroarchitekturebene und ihre Steuerung. Da diese Ebene die Aufgabe hat, Instruktionen der Ebene 2 für die darüberliegende Schicht zu interpretieren, konzentrieren wir uns auf dieses Thema und erläutern es mit Hilfe von Beispielen. Außerdem wird die Mikroarchitekturebene einiger echter Maschinen behandelt.

Kapitel 5 befaßt sich mit der ISA-Ebene, die von den meisten Computer-Anbietern als Maschinensprache angepriesen wird. Wir betrachten hier unsere Beispielmaschinen im Detail.

In Kapitel 6 werden Instruktionen, Speicherorganisation und Steuermechanismen auf der Ebene der Betriebssystemmaschine behandelt. Die hier verwendeten Beispiele sind Windows NT (beliebt auf Pentium-II-Serversystemen im oberen Leistungsbereich) und Unix auf der UltraSPARC II.

Kapitel 7 handelt von der Ebene der Assemblersprache. Es deckt sowohl die Sprache als auch den Prozeß ab. Außerdem wird in diesem Kapitel das Thema »Linking« behandelt.

Als heute zunehmend bedeutungsvolles Thema werden in Kapitel 8 Parallelrechner behandelt. Einige haben mehrere CPUs, die einen Speicher gemeinsam nutzen. Andere haben mehrere CPUs ohne gemeinsamen Speicher. Einige sind Supercomputer und wieder andere sind COW-Systeme.

Kapitel 9 enthält eine thematisch gegliederte Zusammenstellung von weiterführender Literatur und ein alphabetisches Literaturverzeichnis. Das ist das wichtigste Kapitel dieses Buchs. Dem Leser wird empfohlen, reichlich davon Gebrauch zu machen.

1.6 Aufgaben

1. Erklären Sie jeden der folgenden Begriffe:

   a. Übersetzer

   b. Interpreter

   c. Virtuelle Maschine

2. Welcher Unterschied besteht zwischen Interpretation und Übersetzung?

3. Ist es vorstellbar, daß ein Computer eine Ausgabe für die Mikroarchitekturebene, statt für die ISA-Ebene erzeugt? Erläutern Sie die Vor- und Nachteile dieses Vorschlags.

4. Können Sie sich einen mehrschichtigen Computer vorstellen, bei dem die Geräteebene und die digitale logische Ebene nicht die niedrigsten Ebenen sind? Erläutern Sie Ihre Antwort.

5. Stellen Sie sich einen Computer mit identischen Interpretern auf den Ebenen 1, 2 und 3 vor. Ein Interpreter braucht n Instruktionen, um eine Instruktion zu holen, zu prüfen und auszuführen. Die Ausführung eines Befehls der Ebene 1 dauert k Nanosekunden. Wie lange braucht ein Befehl auf den Ebenen 2, 3 und 4?

6. Stellen Sie sich einen mehrschichtigen Computer vor, bei dem sich alle Ebenen unterscheiden. Jede Ebene hat Instruktionen, die m mal leistungsstärker sind als diejenigen auf der darunterliegenden Ebene. Das heißt: Eine Instruktion der Ebene r kann die Arbeit von $r - 1$ Instruktionen der Ebene m erledigen. Ein Programm der Ebene 1 braucht k Sekunden, um abzulaufen. Wie lange braucht ein gleichwertiges Programm auf den Ebenen 2, 3 und 4 unter der Annahme, daß r Instruktionen der Ebene n notwendig sind, um eine einzelne Instruktion $r + 1$ zu interpretieren?

7. Einige Instruktionen auf der Ebene der Betriebssystemmaschine sind mit Instruktionen der ISA-Sprache identisch. Diese Instruktionen werden nicht vom Betriebssystem, sondern direkt vom Mikroprogramm ausgeführt. Warum glauben Sie, ist dies der Fall? Legen Sie Ihrer Antwort Ihre Problemlösung von Punkt 6 zugrunde.

8. In welchem Sinn sind Hardware und Software a) gleichwertig, b) nicht gleichwertig?

9. Eine der Folgen des von-Neumann-Konzepts, das Programm im Speicher zu speichern, ist die, daß Programme genauso wie Daten geändert werden können. Können Sie sich ein Beispiel vorstellen, bei dem dies nützlich wäre? (*Hinweis*: Denken Sie an Arithmetik mit Arrays.)

10. Das Leistungsverhältnis des 360-Modells 75 ist das 50fache von 360-Modell 30; dennoch ist die Zykluszeit nur fünfmal so schnell. Wie erklären Sie sich diese Diskrepanz?

11. In den Abbildungen 1.5 und 1.6 werden zwei grundlegende Systemdesigns vorgestellt. Beschreiben Sie, wie die Ein-/Ausgabe bei jedem System aussehen könnte. Welches System hat das Potential für eine bessere Gesamtleistung?

12. Zu einer bestimmten Zeit hatte ein Transistor auf einem Mikroprozessor einen Durchmesser von einem Mikron. Wie groß würde ein Transistor laut dem Mooreschen Gesetz im nächstjährigen Modell sein?

2

Aufbau von Computer-Systemen

Ein Digitalrechner besteht aus einem Verbundsystem von Prozessoren, Speichern und Geräten für die Ein- und Ausgabe. Dieses Kapital führt in diese Komponenten und ihre Verbindungen zueinander ein und liefert den Hintergrund für die eingehende Untersuchung bestimmter Ebenen in den fünf folgenden Kapiteln. Prozessoren, Speicher und die Ein- und Ausgabe sind grundlegende Konzepte, die auf jeder Ebene vorhanden sind. Wir beginnen unsere Untersuchung von Computer-Architekturen daher damit, daß wir diese drei Elemente nacheinander betrachten.

2.1 Prozessoren

Abb. 2.1 zeigt den Aufbau eines einfachen busorientierten Computers. Die **CPU** (**Central Processing Unit** – zentrale Recheneinheit) ist das »Gehirn« des Computers. Sie führt in den Hauptspeicher geladene Programme aus. Die CPU ruft die Instruktionen (Anweisungen) der Programme ab, prüft sie und führt sie nacheinander aus. Die Komponenten sind über einen **Bus** miteinander verbunden. Er besteht aus mehreren parallel verlaufenden Leitungen für die Übertragung von Adressen, Daten und Steuersignalen. Busse können außerhalb der CPU liegen und verbinden diese mit dem Speicher und den E/A-Geräten; es gibt sie aber auch innerhalb der CPU, wie wir später noch sehen werden.

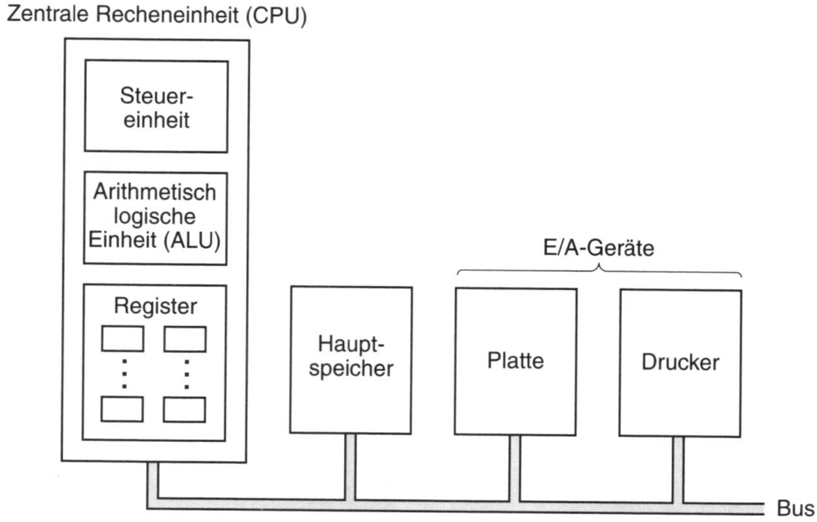

Abb. 2.1: Aufbau eines einfachen Computers mit einer CPU und zwei E/A-Geräten

Die CPU setzt sich aus mehreren, klar voneinander unterschiedenen Teilen zusammen. Das Steuerwerk (Steuereinheit – Control Unit) ist dafür zuständig, Instruktionen aus dem Hauptspeicher abzurufen und deren Typ zu bestimmen. Das Rechenwerk (arithmetisch logische Einheit – Arithmetic Logic Unit) führt Operationen aus, wie Addition und boolesche AND-Verknüpfung, die für die Ausführung der Instruktionen gebraucht werden.

Die CPU verfügt außerdem über einen kleinen, sehr schnellen Speicher, in dem Zwischenergebnisse und bestimmte Steuerdaten gehalten werden. Dieser Speicher besteht aus mehreren Registern von bestimmter Größe und Funktion. Gewöhnlich sind alle Register gleich groß. Jedes Register kann einen Wert aufnehmen, dessen Maximum von der Größe des Registers abhängt. Register können mit sehr großer Geschwindigkeit beschrieben und ausgelesen werden, wenn sie sich innerhalb der CPU befinden.

Das wichtigste Register ist der **Befehlszähler** (Program Counter – PC). Er zeigt auf die nächste Instruktion, die zur Ausführung abzurufen ist. Die Bezeichnung »Befehlszähler« ist etwas irreführend, denn mit *Zählen* hat es eigentlich nichts zu tun. Der Begriff ist heute aber allgemein gebräuchlich. Ebenfalls sehr wichtig ist das **Instruktionsregister** (Instruction Register – IR), das die Instruktion enthält, die gerade ausgeführt wird. Die meisten Computer verfügen außerdem noch über weitere Register, die teilweise allgemeinen und teilweise speziellen Zwecken dienen.

2.1.1 Aufbau der CPU

Abb. 2.2 zeigt etwas detaillierter den inneren Aufbau eines Teils einer klassischen von-Neumann-CPU. Dieser Teil heißt **Datenweg** (Data Path) und besteht aus den Registern (üblicherweise 1 bis 32), der **ALU** (Arithmetic Logic Unit – Rechenwerk) und mehreren Bussen, die diese Teile miteinander verbinden. Die Register versorgen zwei ALU-Eingaberegister, die in der Abbildung mit *A* und *B* bezeichnet sind. Diese Register halten die ALU-Eingabe, während diese rechnet. Der Datenpfad ist sehr wichtig bei allen Maschinen. Deshalb wird er durchgängig in allen Kapiteln dieses Buchs behandelt.

Die ALU selbst führt Additionen, Subtraktionen und andere einfache Operationen mit den ihr zugeführten Eingaben aus und liefert so im Ausgaberegister ein Ergebnis. Dieses Ausgaberegister kann seinerseits wieder in einem Register gespeichert werden. Später kann das Register auf Wunsch in den Speicher geschrieben (d.h. abgelegt) werden. Nicht alle Designs verfügen über das *A*-, *B*- und Ausgaberegister. Im Beispiel wird eine Addition gezeigt.

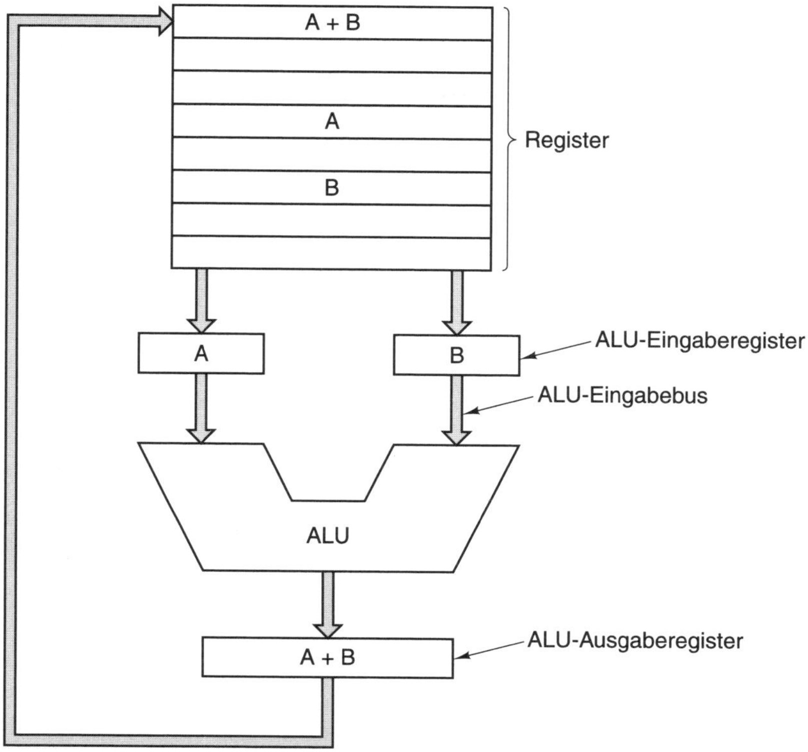

Abb. 2.2: Datenweg einer typischen von-Neumann-Maschine

Die meisten Instruktionen lassen sich in zwei Kategorien aufteilen: Register-Speicher und Register-Register. Mit Register-Speicher-Instruktionen können Speicherwörter in Register übernommen werden, wo sie sich beispielsweise als ALU-Eingaben verwenden lassen. (»Wörter« sind die Dateneinheiten, die zwischen Speicher und Registern bewegt werden. Ein Wort kann beispielsweise eine Ganzzahl [Integer] sein. Der Speicheraufbau wird weiter unten in diesem Kapitel behandelt.) Mit anderen Register-Speicher-Instruktionen lassen sich Register wieder in den Speicher schreiben.

Der zweite Typ sind die Register-Register-Instruktionen. Eine typische Register-Register-Instruktion ruft zwei Operanden aus den Registern ab, bringt sie in die ALU-Eingaberegister, führt mit ihnen eine Operation durch (z.B. eine Addition oder eine boolesche AND-Verknüpfung) und speichert das Ergebnis wieder in einem Register. Der Vorgang, bei dem zwei Operanden durch die ALU geschleust werden und das Ergebnis gespeichert wird, heißt **Datenwegzyklus** (Data Path Cycle); er bildet die Basis der meisten CPUs. Durch ihn wird in hohem Maße die Leistung der Maschine bestimmt. Je schneller der Datenwegzyklus, um so schneller die Maschine.

2.1.2 Ausführung von Instruktionen

Die CPU führt jede Instruktion als Abfolge kleiner Schritte aus. Grob gesagt, sind diese Schritte im einzelnen:

1. Hole die nächste Instruktion aus dem Speicher in das Instruktionsregister.
2. Ändere den Befehlszähler, damit er auf die nächste Instruktion zeigt.
3. Bestimme den Typ der gerade eingelesenen Instruktion.
4. Wenn die Instruktion ein Wort im Speicher benutzt, bestimme die Position des Worts.
5. Lies bei Bedarf das Wort in ein CPU-Register ein.
6. Führe die Instruktion aus.
7. Gehe zu Schritt 1 und beginne die Ausführung der nächsten Instruktion.

Diese Abfolge von Schritten wird auch als **Abruf-/Dekodier-/Ausführungszyklus** (Fetch-Decode-Execute Cycle) bezeichnet. Sie liegt der Arbeitsweise aller Computer zugrunde.

Diese Beschreibung der Abläufe in einer CPU ähnelt stark einem in Englisch geschriebenen Programm. Abb. 2.3 zeigt dieses Programm, umgeschrieben als Java-Methode (d.h. als Prozedur), die wir *Interpret* nennen. Die damit interpretierte Maschine verfügt über zwei Register, die für die Benutzerprogramme sichtbar sind: den Befehlszähler (`PC`) für die Adresse der als nächstes einzulesenden Instruktion und den Akkumulator (`AC`) für das Sammeln arithmetischer Ergebnisse. Ferner hat sie interne Register zum Aufnehmen der momentan ausgeführten Instruktion (`instr`), des Typs der laufenden Instruktion (`instr_type`), der Adresse des Operanden der Instruktion (`data_loc`) und des momentanen Operanden selbst (`data`). Es wird davon ausgegangen, daß Instruktionen eine einzige Speicheradresse enthalten. Die adressierte Speicherstelle enthält den Operanden, z.B. das zum Akkumulator hinzuzuaddierende Datenelement.

Daß man ein Programm schreiben kann, das die Funktionen einer CPU imitiert, zeigt bereits, daß Programme nicht unbedingt von einer »Hardware«-CPU ausgeführt werden müssen, also einem Kästchen voller Elektronik. Ein Programm läßt sich auch dadurch ausführen, daß ein anderes Programm dessen Instruktionen abruft, prüft und ausführt. Ein Programm (wie das in Abb. 2.3), das die Instruktionen eines anderen Programms abruft, prüft und ausführt, heißt **Interpreter**, wie schon in Kapitel 1 erwähnt.

Diese Entsprechung von Hardware-Prozessoren und Interpretern hat wichtige Auswirkungen auf den Aufbau eines Computers und das Design eines Computer-Systems. Nach der Spezifikation der Maschinensprache *L* (von Englisch »Language«) für einen neuen Computer kann das Entwicklungsteam darüber befinden, ob ein Hardware-Prozessor gebaut wird, der die Programme in *L* direkt ausführt, oder ob statt dessen besser ein Interpreter geschrieben werden soll, der Programme in L interpretiert. Entscheidet sich das Team für einen Interpreter, muß es auch für eine Hardware-Maschine sorgen, die den Interpreter ausführen kann. Außerdem sind auch gewisse Hybridkonstruktionen möglich, bei denen ein Teil durch die Hardware ausgeführt und ein Teil durch die Software interpretiert wird.

```
public class Interp {
  static int PC;              // Programmzähler enthält Adresse von next instr
  static int AC;              // Akkumulator, ein Register für Arithmetik
  static int instr;           // Register zum Speichern der aktuellen Instruktion
  static int instr_type;      // Instruktionstyp (Opcode)
  static int data_loc;        // Adresse der Daten oder -1, falls keine Daten
  static int data;            // Nimmt den aktuellen Operanden auf
  static boolean run_bit = true;  // Ein Bit, das ausgeschaltet werden kann, um die
               Maschine anzuhalten
  public static void interpret(int memory[ ], int starting_address) {
    // Diese Prozedur interpretiert Programme für eine einfache Maschine, wobei die
    // Instruktionen einen Speicheroperanden haben. Die Maschine hat ein Register AC
    // (Akkumulator) für Arithmetik. Die ADD-Instruktion fügt z.B. eine Ganzzahl im
    // Speicher zum AC hinzu. Der Interpreter läuft weiter, bis das Ausführungsbit von
    // der HALT-Instruktion ausgeschaltet wird.
    // Der Zustand eines auf dieser Maschine laufenden Prozesses besteht aus dem
    // Speicher, dem Programmzähler, dem Ausführungsbit und dem AC. Die
    // Eingabeparameter setzen sich aus dem Speicherbild und der Anfangsadresse
    // zusammen.
    PC = starting_address;
    while (run_bit) {
      instr = memory[PC];          // Hole die nächste Instruktion für instr
      PC = PC + 1;                 // Erhöhe den Programmzähler
      instr_type = get_instr_type(instr);       // Bestimme den Instruktionstyp
      data_loc = find_data(instr, instr_type);  // Suche Daten (-1 falls keine)
      if (data_loc >= 0)  // Falls data_loc ist -1, kein Operand vorhanden
        data = memory[data_loc];          // Hole die Daten
      execute(instr_type, data);          // Führe die Instruktion aus
    }
  }
  private static int get_instr_type(int addr) { ... }
  private static int find_data(int instr, int type) { ... }
  private static void execute(int type, int data){ ... }
}
```

Abb. 2.3: Ein in Java geschriebener Interpreter für einen einfachen Computer

Ein Interpreter zerlegt die Instruktionen seiner Zielmaschine in kleine Schritte. Daher kann die Maschine, auf der der Interpreter läuft, viel einfacher und billiger als ein Hardware-Prozessor für die Zielmaschine sein. Solche Einsparungen spielen besonders dann eine wichtige Rolle, wenn die Zielmaschine über eine große Zahl von Instruktionen verfügt, die komplex sind und mit vielen Optionen arbeiten. Die Einsparungen sind im wesentlichen eine Folge davon, daß Hardware durch Software (den Interpreter) ersetzt wird.

Die ersten Computer verfügten über kleine, einfache Instruktionssätze. Doch das Streben nach leistungsfähigeren Computern führte unter anderem auch zu leistungsstärkeren Einzelinstruktionen. Schon recht früh wurde erkannt, daß komplexere Instruktionen oft eine schnellere Programmausführung zur Folge haben, auch wenn die einzelnen Instruktionen etwas mehr Zeit für ihre Ausführung benötigen. Gleitkommabefehle und die direkte Unterstützung des Zugriffs auf Feldelemente sind Beispiele für komplexe Instruktionen. Manchmal genügte schon die Feststellung, daß die beiden gleichen Instruktionen oft aufeinanderfolgten, so daß eine einzige Instruktion die Arbeit von beiden leisten konnte.

Die komplexeren Instruktionen waren besser, weil Operationen manchmal überlappend bzw. parallel auf verschiedener Hardware ausgeführt werden konnten. Bei teuren Hochleistungsrechnern ließen sich die Kosten für diese zusätzliche Hardware gut rechtfertigen. So kam es, daß teure Hochleistungsrechner über viel mehr Instruktionen als die billigeren verfügten. Doch steigende Kosten für die Software-Entwicklung und die Forderung nach Instruktionskompatibilität führten zu der Notwendigkeit, komplexe Instruktionen auch in billigeren Computern zu implementieren, bei denen es mehr auf niedrige Kosten als auf hohe Geschwindigkeit ankam.

Ende der fünfziger Jahre hatte IBM (damals das dominierende Computer-Unternehmen) erkannt, daß es sowohl für IBM als auch für ihre Kunden viele Vorteile hatte, wenn man nur eine einzige Familie von Rechnern unterstützt, die alle die gleichen Instruktionen ausführen konnten. IBM führte den Begriff Architektur ein, um diesem Maß an Kompatibilität einen Namen zu geben. Jetzt konnte eine neue Computerfamilie eine einzige Architektur aufweisen, jedoch in vielen verschiedenen Implementierungen angeboten werden, die alle das gleiche Programm ausführen konnten und sich nur in Preis und Geschwindigkeit voneinander unterschieden. Doch wie baut man eine billige Maschine, die all die komplizierten Instruktionen der teuren Hochleistungsrechner ausführen kann?

Die Antwort sah man in der Interpretation. Diese erstmals von Wilkes (1951) angedeutete Technik ermöglichte die Konstruktion einfacher und billiger Computer, die dennoch eine große Zahl von Instruktionen ausführen konnten. Das Ergebnis war die IBM System/360-Architektur – eine Familie kompatibler Computer, die in Preis und Fähigkeiten nahezu zwei Größenordnungen umspannte. Nur in den teuersten Modellen kam eine direkte Hardware-Implementierung (d.h. ohne Interpretation) zur Anwendung.

Einfache Computer mit interpretierten Instruktionen hatten noch weitere Vorteile. Die wichtigsten waren:

1. Die Möglichkeit, falsch implementierte Instruktionen im Feld zu korrigieren und sogar Designmängel in der Basis-Hardware auszugleichen.

2. Die Möglichkeit, zu minimalen Kosten auch nach Auslieferung der Maschine neue Instruktionen aufzunehmen.
3. Ein strukturiertes Design, das effizientes Entwickeln, Testen und Dokumentieren komplexer Instruktionen erlaubte.

Als der Computer-Markt in den siebziger Jahren einen gewaltigen Aufschwung erfuhr und die Rechenfähigkeiten schnell wuchsen, kam die Nachfrage nach billigen Rechnern insbesondere den Computer-Designs mit Interpretern zugute. Die Auslegung von Hardware und Interpreter auf einen speziellen Instruktionssatz stellte sich als kostengünstiges Designprinzip für Prozessoren heraus. Mit der schnellen Weiterentwicklung der Halbleitertechnik kam den Kostenvorteilen mehr Gewicht zu als den Möglichkeiten höherer Geschwindigkeit, und Architekturen auf Interpreter-Basis setzten sich als konventionelles Computer-Design durch. Fast alle in den siebziger Jahren neu entwickelten Computer, von Minicomputern bis Mainframes, basierten auf der Interpretation.

Ende der siebziger Jahre war der Einsatz einfacher Prozessoren, die mit Interpretern arbeiteten, mit Ausnahme der teuersten und leistungsstärksten Modelle wie die Cray-1 und die Cyber-Serie von Control Data, weit verbreitet. Durch Interpreter konnten die mit komplexen Befehlen verbundenen höheren Kosten vermieden werden, und die Architekturen loteten immer komplexere Instruktionen aus, insbesondere die Möglichkeiten, die zu verwendenden Operanden zu spezifizieren.

Dieser Trend erreichte seinen Höhepunkt mit dem VAX-Computer der Digital Equipment Corporation, der über mehrere hundert Instruktionen und mehr als 200 verschiedene Möglichkeiten zur Bestimmung der in einer Instruktion zu verwendenden Operanden verfügte. Leider war die VAX-Architektur von Anfang an als Interpreter-Implementierung konzipiert, und man hatte sich wenig um die Implementierung eines Hochleistungsmodells gekümmert. Diese Einstellung führte zur Einbeziehung einer sehr großen Zahl von Instruktionen mit geringem Wert, die sich nur mit Schwierigkeiten direkt ausführen ließen. Dieser Mangel erwies sich letztlich als tödlich für die VAX und beinahe auch für DEC (Compaq kaufte DEC 1998).

Die ersten 8-Bit-Mikroprozessoren waren zwar einfache Maschinen mit einfachen Instruktionssätzen, bis Ende der siebziger Jahre war man aber sogar bei den Mikroprozessoren auf Interpreter-basierte Designs übergegangen. In dieser Zeit bestand eine der größten Herausforderungen für die Entwickler von Mikroprozessoren darin, die durch integrierte Schaltungen ermöglichte wachsende Komplexität zu bewältigen. Ein Hauptvorteil des auf Interpreter basierten Ansatzes war, daß man einen einfachen Prozessor entwickeln konnte, wobei die Komplexität hauptsächlich auf den Speicher beschränkt blieb, der den Interpreter aufnahm. So ließ sich ein komplexes Hardware-Design in ein komplexes Software-Design umwandeln.

Der Erfolg des Motorola 68000, der über einen großen interpretierten Instruktionssatz verfügte, und der gleichzeitige Mißerfolg des Zilog Z8000 (mit einem ebenso großen Instruktionssatz, aber ohne Interpreter) stellte die Vorteile des Interpreter-Ansatzes unter Beweis, wenn es darum ging, einen neuen Mikroprozessor so schnell wie möglich auf den Markt zu bringen. Dieser Erfolg war um so überraschender, als Zilog ja einen Vorsprung hatte (der Z80, Vorgänger des Z8000, war weitaus populärer als der Vorgänger des 68000, der 6800). Es kamen hier natürlich auch noch andere Faktoren ins Spiel, nicht zuletzt der Umstand, daß Motorola bereits eine lange Geschichte als Chiphersteller hinter sich hatte und Exxon (Eigentümerin von Zilog) eigentlich eine Ölgesellschaft und kein Chiphersteller war.

Ein weiterer Faktor, der zu jener Zeit dem Interpretationsansatz zugute kam, war die Existenz schneller Nur-Lese-Speicher, auch als **Steuerspeicher** (Control Store) bezeichnet, die den Interpreter aufnehmen. Angenommen, der Interpreter benötigte für einen typischen 68000-Befehl zehn sogenannte **Mikroinstruktionen** (Micro Instructions) zu je 100 ns sowie zwei Referenzen auf den Hauptspeicher zu je 500 ns, so betrug die gesamte Ausführungszeit dann 2000 ns. Das ist nur um den Faktor Zwei langsamer, als es bei direkter Ausführung möglich wäre. Ohne den Steuerspeicher hätte der Befehl aber 6000 ns beansprucht. Eine Verlangsamung um das Sechsfache ist erheblich schwerer zu schlucken.

2.1.3 RISC kontra CISC

Ende der siebziger Jahre experimentierte man viel mit sehr komplexen Instruktionen, was durch den Interpreter ermöglicht wurde. Die Entwickler versuchten, die »semantische Lücke« zwischen den Fähigkeiten der Maschinen und den Anforderungen von Hochsprachen zu schließen. Kaum jemand dachte daran, einfachere Maschinen zu entwickeln – so wie heute nicht viel Forschungsarbeit in die Entwicklung weniger leistungsstarker Betriebssysteme, Netzwerke, Textverarbeitungen usw. gesteckt wird (was man vielleicht bedauern muß).

Eine Gruppe, die dem herrschenden Trend nicht folgte und statt dessen versuchte, einige Ideen von Seymour Cray in einen Hochleistungsrechner einzubringen, wurde von John Cocke bei IBM geleitet. Ihre Arbeit führte zu einem experimentellen Minicomputer mit der Bezeichnung **801**. IBM brachte diese Maschine zwar nie auf den Markt, und die Ergebnisse wurden erst Jahre später veröffentlicht (Radin, 1982); es sprach sich aber herum, und auch andere begannen, ähnliche Architekturen zu untersuchen.

1980 begann eine Gruppe an der Berkeley-Universität unter der Leitung von David Patterson und Carlo Séquin mit der Entwicklung von VLSI-CPU-Chips, die ohne Interpretation auskamen (Patterson, 1985; Patterson und Séquin, 1982). Sie prägten den Ausdruck **RISC** für dieses Konzept und nannten ihren CPU-Chip RISC I, dem kurz darauf RISC II folgte. Ein Jahr später entwickelte und verfertigte John Hennessy an der Stanford-Universität einen etwas anderen Chip mit der Bezeichnung **MIPS** (Hennessy, 1984). Diese Chips mauserten sich zu kommerziell wichtigen Produkten – den SPARC bzw. den MIPS.

Diese neuen Prozessoren unterschieden sich deutlich von den damaligen kommerziellen Prozessoren. Da die neuen CPUs nicht abwärtskompatibel zu bisherigen Produkten sein mußten, konnten die Entwickler neue Befehlssätze wählen, mit denen sich die Gesamtsystemleistung maximieren ließ. Lag der ursprüngliche Schwerpunkt auf einfachen Instruktionen, die schnell ausgeführt werden konnten, so erkannte man bald, daß der Schlüssel zu hoher Rechnerleistung in der Entwicklung von Instruktionen lag, die schnell **ausgegeben** (gestartet) werden konnten. Es kam weniger darauf an, wieviel Zeit eine Instruktion in Anspruch nahm, als vielmehr, wie viele davon pro Sekunde gestartet werden konnten.

Als diese einfachen Prozessoren entwickelt wurden, ließ vor allem eine Eigenschaft aufhorchen – die relativ geringe Zahl von verfügbaren Instruktionen, in der Regel um die 50. Das war weit weniger als die 200 bis 300 Instruktionen der etablierten Rechner, wie die DEC VAX und die mächtigen Großrechner von IBM. Schließlich steht die Kurzbezeichnung **RISC** ja auch für **Reduced Instruction Set Computer** (Computer mit reduziertem Befehlsvorrat) – im Gegensatz zu **CISC**, was für **Complex Instruction Set Computer** (Computer mit uneingeschränktem Befehlsvorrat) steht. Letzteres war ein kaum verhüllter Hinweis auf die VAX, die damals die Informatikfachbereiche der Universitäten beherrschte. Heute hält kaum jemand die Größe des Befehlsvorrats für besonders wichtig, doch jetzt müssen wir eben mit diesen Bezeichnungen leben.

Kurz: Es entflammte sich ein Religionskrieg, in dem die RISC-Verfechter die etablierte Ordnung (VAX, Intel, IBM-Großrechner) angriffen. Sie behaupteten, der beste Weg, einen Computer zu konstruieren, läge darin, über eine kleine Zahl einfacher Instruktionen zu verfügen, die in einem einzigen Zyklus des in Abb. 2.2 gezeigten Datenwegs abgearbeitet werden können: nämlich zwei Register abrufen, sie irgendwie kombinieren (z.B. Addition oder AND-Verknüpfung) und das Ergebnis wieder in ein Register schreiben. Sie argumentierten wie folgt: Selbst wenn eine RISC-Maschine vier oder fünf Instruktionen braucht, um zu tun, was eine CISC-Maschine mit einer einzigen Instruktion schafft, gewinnt trotzdem RISC, da die RISC-Instruktionen zehnmal schneller sind (weil sie nicht interpretiert werden). Es ist zudem einen Hinweis wert, daß die Geschwindigkeit von Hauptspeichern seinerzeit mit der Geschwindigkeit der Nur-Lesen-Steuerspeicher gleichgezogen hatte. Das Interpretieren verlor damit erheblich an Attraktivität, und es sprach immer mehr für RISC-Maschinen.

Man sollte glauben, daß RISC-Maschinen (wie die DEC Alpha) angesichts der Leistungsvorteile der RISC-Technologie die CISC-Maschinen (wie den Intel Pentium) auf dem Markt plattgewalzt haben müßten. Doch nichts dergleichen ist geschehen. Warum nicht?

Erstens ist da die Frage nach der Abwärtskompatibilität und nach den Milliarden, die von den Unternehmen bereits in die Software für Intel-CPUs investiert wurden. Zweitens war Intel überraschenderweise in der Lage, die einschlägigen Ideen auch in eine CISC-Architektur einzubringen. Angefangen beim 486, enthalten Intel-CPUs einen RISC-Kern, der die einfachsten (und typischerweise auch häufigsten) Instruktionen in einem einzigen Datenwegzyklus ausführt, während die komplexeren Instruktionen in der üblichen CISC-Weise interpretiert werden. Unter dem Strich sind häufige Instruktionen also schnell und weniger häufige Instruktionen langsam. Dieser Hybridansatz ist zwar weniger schnell als ein reines RISC-Design, liefert aber immer noch eine konkurrenzfähige Gesamtperformance, wobei alte Software ohne Modifikationen weiter benutzt werden kann.

2.1.4 Designprinzipien moderner Computer

Nachdem seit der Einführung der ersten RISC-Maschinen mehr als ein Jahrzehnt vergangen ist, werden bestimmte Designprinzipien heute angesichts des aktuellen Stands der Hardware-Technik als guter Weg zur Entwicklung von Computern akzeptiert. Sollte eine größere Veränderung in der Technologie eintreten (beispielsweise ein neuer Fertigungsprozeß, der die Speicherzykluszeit plötzlich zehnmal schneller macht als die CPU-Zykluszeit), kann alles wieder ganz anders aussehen. Die Computer-Entwickler sollten daher immer ein Auge auf technologische Veränderungen haben, die sich auf das Gleichgewicht zwischen den Komponenten auswirken könnten.

Nichtsdestoweniger gibt es einen Bestand an Designprinzipien, auch als **RISC-Designprinzipien** bezeichnet, um deren Einhaltung sich die Architekten von Mehrzweck-CPUs nach Möglichkeit bemühen. Externe Randbedingungen, wie die Forderung nach Abwärtskompatibilität zu einer bereits bestehenden Architektur, verlangen nicht selten Kompromisse. Diese Prinzipien sind aber Ziele, die von den meisten Designern angestrebt werden. Im folgenden wollen wir die wichtigsten behandeln.

Alle Instruktionen werden direkt von der Hardware ausgeführt

Alle gängigen Instruktionen werden direkt von der Hardware ausgeführt. Sie werden nicht mit Mikroinstruktionen interpretiert. Die Ausschaltung einer Interpretationsebene liefert bei den meisten Instruktionen hohe Geschwindigkeit. Bei Computern mit CISC-Befehlssatz können komplexere Instruktionen in kleinere Teile aufgebrochen werden, die dann als Abfolge von Mikroinstruktionen ausgeführt werden. Dieser zusätzliche Schritt verlangsamt die Maschine, was man bei weniger häufig vorkommenden Instruktionen aber in Kauf nehmen kann.

Maximieren der Rate, mit der Instruktionen ausgegeben werden

Moderne Computer bedienen sich mancher Tricks, um ihre Leistung zu maximieren. Einer der häufigsten ist es, möglichst viele Instruktionen pro Sekunde auszugeben. Wenn man 500 Millionen Instruktionen pro Sekunde starten kann, hat man immerhin einen 500-MIPS-Prozessor gebaut, ungeachtet dessen, wie lange die Ausführung dieser Instruktionen dauert. (**MIPS** steht für Millionen Instruktionen pro Sekunde. Der MIPS-Prozessor hat seinen Namen als Wortspiel von diesem Akronym.) Dieses Prinzip legt nahe, daß Parallelität bei der Verbesserung des Leistungsverhaltens eine wichtige Rolle spielen kann, da man nur dann eine große Zahl von langsamen Instruktionen in kurzer Zeit starten kann, wenn mehrere davon gleichzeitig ausgeführt werden.

Instruktionen werden zwar immer in der vom Programm vorgegebenen Reihenfolge aufgenommen, aber nicht immer in dieser Reihenfolge gestartet (weil möglicherweise eine benötigte Ressource gerade besetzt ist). Gewiß müssen sie nicht in der Programmreihenfolge abgeschlossen werden. Wenn Instruktion 1 ein Register setzt und Instruktion 2 dieses Register benutzt, ist selbstverständlich sorgfältig darauf zu achten, daß Instruktion 2 das Register erst ausliest, wenn es den korrekten Wert enthält. Dies zu gewährleisten, erfordert einen erheblichen Verwaltungsaufwand (Overhead), ermöglicht aber auch Leistungszuwächse durch gleichzeitige Abarbeitung mehrerer Instruktionen.

Die Befehle müssen leicht zu dekodieren sein

Eine kritische Grenze für die Rate, mit der Instruktionen gestartet werden können, setzt die Dekodierung der einzelnen Instruktionen, um die von ihnen benötigten Ressourcen zu bestimmen. Alles, was diesen Vorgang unterstützt, ist dienlich. Dazu gehört, die Instruktionen regelgerecht auszulegen und ihnen eine feste Länge mit möglichst wenigen Feldern zu geben. Je weniger verschiedene Formate es für die Instruktionen gibt, um so besser.

Nur Lade- und Speichervorgänge sollen auf den Speicher verweisen

Zu den einfachsten Möglichkeiten, Operationen in Einzelschritte aufzulösen, gehört die Forderung, daß die Operanden für die meisten Instruktionen aus Registern kommen und dort wieder abgelegt werden. Operanden aus dem Speicher in Register zu verschieben, ist ein Vorgang, der in separaten Instruktionen erfolgen kann. Da Speicherzugriffe viel Zeit beanspruchen können und die Verzögerungen unvorhersehbar sind, eignen sich die entsprechenden Instruktionen besonders gut für das Überlappen mit anderen Instruktionen, wenn sie weiter nichts tun, als Operanden zwischen Registern und dem Speicher zu bewegen. Dies bedeutet, daß nur `LOAD`- und `STORE`-Instruktionen auf den Speicher verweisen sollten.

Stelle Register in Hülle und Fülle bereit

Da Speicherzugriffe relativ zeitaufwendig sind, sollten viele Register (mindestens 32) bereitgestellt werden, damit ein einmal abgerufenes Wort in einem Register gehalten werden kann, bis es nicht mehr benötigt wird. Nicht genug Register zu haben und ihre Inhalte in den Speicher umzulagern, nur um sie später wieder zu laden, ist nicht wünschenswert und sollte möglichst vermieden werden. Das erreicht man am besten durch die Definition einer großen Zahl von Registern, die von einem Befehl direkt angesprochen werden können.

2.1.5 Parallelität auf Instruktionsebene

Die Computer-Architekten streben ständig danach, die Leistung der von ihnen entwickelten Maschinen zu steigern. Ein Weg, die Chips zu beschleunigen, besteht in der Erhöhung der Taktfrequenz. Doch bei jedem neuen Design gibt es eine Grenze dafür, was zur jeweiligen Zeit durch schiere Gewalt gerade noch möglich ist. Daher greifen die meisten Computer-Architekten zur Parallelität (lassen also zwei oder mehr Dinge gleichzeitig tun) als Weg, um bei gegebener Taktfrequenz noch mehr Leistung aus ihrem Design herauszuholen.

Parallelität erscheint in zwei Hauptformen: auf Instruktionsebene und auf Prozessorebene. Im ersten Fall wird die Parallelität innerhalb der einzelnen Instruktionen genutzt, um mehr Instruktionen pro Sekunde aus der Maschine herauszuholen. Im zweiten Fall arbeiten mehrere CPUs zusammen am gleichen Problem. Beide Ansätze haben ihre Vorzüge. Im vorliegenden Abschnitt wollen wir die Parallelität auf Instruktionsebene betrachten. Der nächste Abschnitt befaßt sich mit der Parallelität auf Prozessorebene.

Pipelining (Fließbandverarbeitung)

Seit vielen Jahren ist bekannt, daß das Abrufen von Instruktionen aus dem Speicher einen entscheidenden Engpaß für die Geschwindigkeit der Instruktionsausführung darstellt. Um dieses Problem zu lindern, verfügten schon Computer wie der IBM Stretch (1959) über die Fähigkeit, Instruktionen bereits vorab aus dem Speicher abzurufen, damit sie bei Bedarf zur Verfügung stehen. Diese Instruktionen wurden in einem Registersatz mit der Bezeichnung **Vorauslesepuffer** (Prefetch Buffer) gespeichert. Sobald eine Instruktion benötigt wurde, konnte sie gewöhnlich aus dem Vorauslesepuffer abgerufen werden, und es mußte nicht mehr auf den Abschluß eines Speicherlesevorgangs gewartet werden.

Das Vorauslesen spaltet die Instruktionsausführung in zwei Teile auf: Abruf und eigentliche Ausführung. Das Konzept der **Pipeline** (Fließband) führt diese Strategie noch wesentlich weiter. Die Instruktionsausführung wird dabei nicht nur in zwei, sondern in viele Teile aufgegliedert, die jeweils von einem dafür bestimmten Stück Hardware abgewickelt werden und alle parallel ablaufen können.

Abb. 2.4(a) zeigt eine Pipeline mit fünf Einheiten oder **Stufen** (Stages). Stufe 1 ruft die Instruktion aus dem Speicher ab und stellt sie in einen Puffer, bis sie gebraucht wird. Stufe 2 dekodiert die Instruktion und bestimmt dabei den Typ und die benötigten Operanden. Stufe 3 sucht die Operanden und ruft sie entweder aus Registern oder aus dem Speicher ab. Stufe 4 führt die eigentliche Abarbeitung der Instruktion aus, die normalerweise darin besteht, die Operanden durch den Datenweg in Abb. 2.2 zu schleusen. Schließlich schreibt Stufe 5 das Ergebnis in das dafür vorgesehene Register.

In Abb. 2.4(b) sehen wir, wie die Pipeline als Funktion der Zeit arbeitet. In Taktzyklus 1 arbeitet die Stufe S1 an Instruktion 1 – sie ruft sie aus dem Speicher ab. In Zyklus 2 dekodiert die Stufe S2 die Instruktion 1, während Stufe S1 bereits Instruktion 2 abruft. In Zyklus 3 ruft die Stufe S3 die Operanden für Instruktion 1 ab, die Stufe S2 dekodiert Instruktion 2, und die Stufe S1 ruft die dritte Instruktion ab. In Zyklus 4 führt die Stufe S4 die Instruktion 1 aus, S3 ruft die Operanden für Instruktion 2 ab, S3 dekodiert Instruktion 3, und S1 ruft Instruktion 4 ab. Schließlich schreibt in Zyklus 5 die Stufe S5 das Ergebnis von Instruktion 1 zurück, während die anderen Stufen an den darauffolgenden Instruktionen arbeiten.

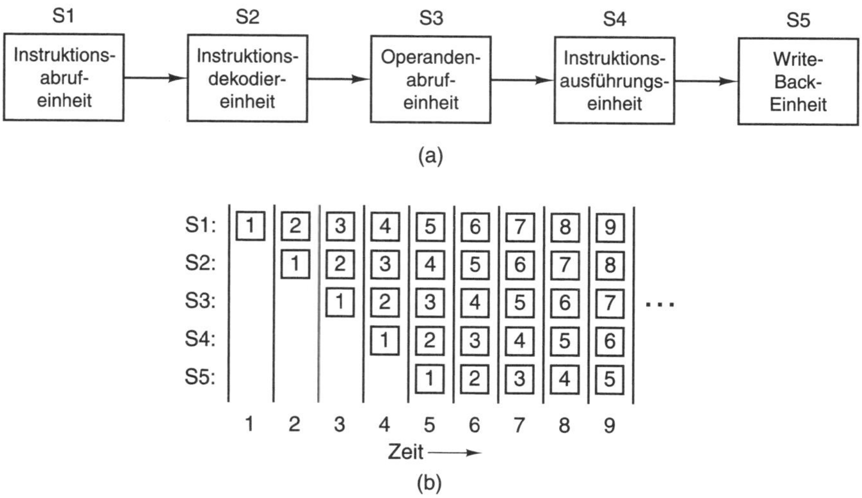

Abb. 2.4: (a) Eine fünfstufige Pipeline; (b) der Status jeder Stufe als Funktion der Zeit. Es sind neun Taktzyklen dargestellt.

Betrachten wir eine Analogie, um das Konzept des Pipelining zu verdeutlichen. Stellen Sie sich eine Großbäckerei vor, in der das Kuchenbacken und das versandfertige Verpacken der Kuchen voneinander getrennt ablaufen.

Nehmen wir an, die Versandabteilung hat ein langes Fließband, an dem in bestimmten Abständen fünf Arbeiter (Verarbeitungseinheiten) stehen. Alle 10 Sekunden (Taktfrequenz) legt Arbeiter 1 eine leere Kuchenschachtel auf das Fließband. Die Schachtel wandert zu Arbeiter 2, der einen Kuchen hineinlegt. Etwas später kommt die Schachtel an der Station von Arbeiter 3 an, wo sie geschlossen und versiegelt wird. Sie wandert weiter zu Arbeiter 4, der ein Etikett auf die Schachtel klebt. Schließlich nimmt Arbeiter 5 die Schachtel vom Fließband und legt sie in einen großen Behälter zwecks späterem Versand an einen Supermarkt. Das Computer-Pipelining arbeitet prinzipiell auf die gleiche Weise – jede Instruktion (Kuchen) durchläuft mehrere Verarbeitungsschritte, bis sie am anderen Ende fertig wieder zum Vorschein kommt.

Gehen wir zurück zu unserer Pipeline in Abb. 2.4, und nehmen wir an, daß die Zykluszeit dieser Maschine 2 ns beträgt. Dann dauert es also 10 ns, bis eine Instruktion die gesamte fünfstufige Pipeline durchlaufen hat. Auf den ersten Blick möchte man meinen, daß die Maschine mit 100 MIPS laufen kann, wenn eine Instruktion 10 ns beansprucht, doch in Wirklichkeit leistet sie viel mehr. In jedem Taktzyklus von 2 ns wird eine neue Instruktion vervollständigt, so daß die tatsächliche Verarbeitungsrate 500 MIPS und nicht 100 MIPS beträgt.

Das Pipelining ermöglicht einen Kompromiß zwischen der **Latenzzeit** (der Zeit, die für die Abarbeitung einer Instruktion erforderlich ist) und der **Prozessorbandbreite** (über wie viele MIPS die CPU verfügt). Bei einer Zykluszeit von T (von Englisch Time) ns und n Stufen in der Pipeline beträgt die Latenzzeit nT ns, und die Bandbreite beträgt $1000/T$ MIPS (da wir die Zeit in Nanosekunden messen, könnten wir natürlich die CPU-Bandbreite in BIPS oder GIPS messen, aber das macht niemand, und so wollen wir es auch nicht tun).

Superskalare Architekturen

Wenn eine Pipeline gut ist, sind zwei Pipelines sicherlich noch besser. Abb. 2.5 zeigt ein mögliches Design für eine CPU mit zwei Pipelines auf der Basis von Abb. 2.4. Hier ruft eine Instruktionsabrufeinheit gleich ein Instruktionspaar ab und plaziert jede Instruktion in eine eigene Pipeline, die zwecks paralleler Verarbeitung auch über eine eigene ALU verfügt. Damit der Parallelbetrieb möglich ist, dürfen die beiden Instruktionen nicht in einen Konflikt über die Nutzung der Ressourcen (d.h. der Register) geraten. Sie dürfen auch nicht von dem Ergebnis der jeweils anderen abhängen. Wie bei einer einzigen Pipeline muß entweder der Compiler dafür sorgen, daß dies jederzeit gewährleistet ist (d.h., die Hardware führt keine Prüfung durch und liefert falsche Ergebnisse, wenn die Instruktionen nicht kompatibel sind), oder Konflikte werden erkannt und mittels zusätzlicher Hardware bei der Ausführung eliminiert.

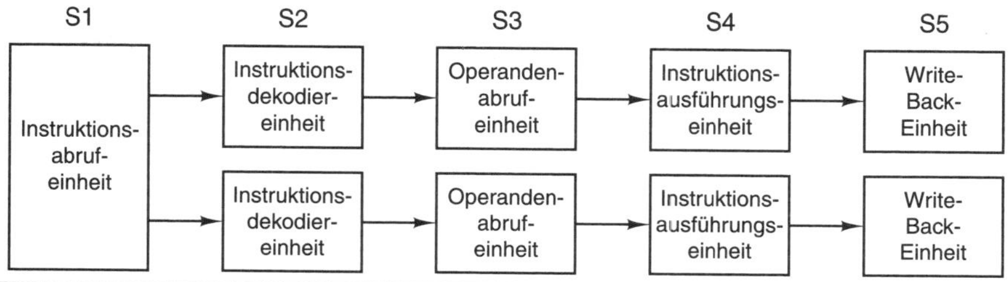

Abb. 2.5: Zwei fünfstufige Pipelines mit einer gemeinsamen Instruktionsabrufeinheit

Zwar werden – einzelne oder doppelte – Pipelines meist bei RISC-Maschinen verwendet, Intel begann aber ab dem 486 damit, Pipelines in ihre CPU einzubauen (der 386 und seine Vorgänger hatten keine). Der 486 hatte eine Pipeline, und der Pentium verfügt über zwei fünfstufige Pipelines, die ungefähr so wie in Abb. 2.5 aufgebaut sind. Allerdings sieht die Aufteilung der Arbeit zwischen den Stufen 2 und 3 (Decode-1 und Decode-2) geringfügig anders aus als in unserem Beispiel. Die als **u-Pipeline** bezeichnete Haupt-Pipeline kann jede beliebige Pentium-Instruktion ausführen. Die zweite Pipeline, die **v-Pipeline**, führt nur einfache Integer-Instruktionen (und die einfache Gleitkomma-Instruktion `FXCH`) aus.

Anhand komplexer Regeln wird bestimmt, ob ein Instruktionspaar genügend einfach und außerdem kompatibel ist, damit es parallel abgearbeitet werden kann. Wenn die Instruktionen des Paars nicht genügend einfach oder inkompatibel sind, wird nur die erste (in der u-Pipeline) ausgeführt. Die zweite Instruktion wird gehalten und mit der nächsten gepaart. Die Instruktionen werden immer der Reihe nach ausgeführt. So können Pentium-spezifische Compiler, die kompatible Paare bilden, schnellere Programme als ältere Compiler produzieren. Wie Messungen zeigen, ist bei gleicher Taktfrequenz ein Pentium, der für ihn optimierten Code ausführt, bei Integer-Programmen genau doppelt so schnell wie ein 486 (Pountain, 1993). Dieser Vorteil ist allein der zweiten Pipeline zuzuschreiben.

Denkbar wäre zwar, auf vier Pipelines überzugehen, dies würde aber zu unnötiger Vervielfachung von Hardware führen (Informatiker halten anders als Volkskundler nichts von ungeraden Zahlen wie drei). Statt dessen geht man bei CPUs des oberen Leistungsbereichs anders vor. Die Grundidee dabei ist, nur mit einer einzigen Pipeline zu arbeiten, dieser jedoch mehrere Funktionseinheiten zur Verfügung zu stellen, wie in Abb. 2.6 gezeigt. Der Pentium II hat beispielsweise eine Struktur, die der in diesem Bild ähnelt. Ausführlicher wird dies in Kapitel 4 behandelt. Für diesen Ansatz wurde 1987 der Begriff **superskalare Architektur** (Superscalar Architecture) geprägt (Agerwala und Cocke, 1987). Die Wurzeln gehen jedoch mehr als 30 Jahre auf den Computer CDC 6600 zurück. Der 6600 rief alle 100 ns eine Instruktion ab und gab sie an eine von zehn Funktionseinheiten zur parallelen Abarbeitung weiter, während die CPU die nächste Instruktion holte.

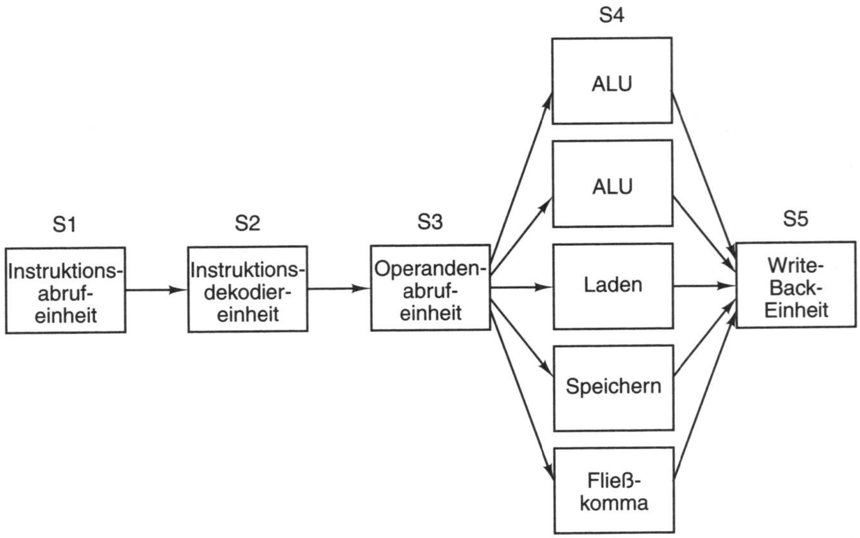

Abb. 2.6: Ein superskalarer Prozessor mit fünf Funktionseinheiten

Dem Konzept eines superskalaren Prozessors liegt der Umstand zugrunde, daß die Stufe S3 Instruktionen wesentlich schneller starten kann, als Stufe S4 sie ausführen kann. Wenn S3 alle 10 ns eine Instruktion starten würde und alle Funktionseinheiten ihre Arbeit in 10 ns erledigen könnten, dann wäre immer nur jeweils eine Einheit beschäftigt, und die ganze Idee wäre hinfällig. In der Realität brauchen die meisten Funktionseinheiten in Stufe 4 aber wesentlich mehr als einen Taktzyklus für die Instruktionsausführung. Dies gilt insbesondere für diejenigen, die auf den Speicher zugreifen oder Gleitkommaberechnungen durchführen. Wie in Abb. 2.6 zu sehen ist, kann es in Stufe S4 mehrere ALUs geben.

2.1.6 Parallelität auf Prozessorebene

Die Nachfrage nach immer schnelleren Computern scheint unersättlich zu sein. Astronomen wollen simulieren, was in der ersten Mikrosekunde nach dem »großen Knall« geschah, Wirtschaftswissenschaftler wollen die Weltwirtschaft in einem Modell abbilden, und Jugendliche wollen mit ihren virtuellen Freunden über das Internet interaktive, multimediale 3D-Spiele spielen. Die CPUs werden zwar immer schneller; doch schließlich werden sie auf die Lichtgeschwindigkeit stoßen, die bei Kupferdraht oder Glasfaserleitungen wohl immer bei 20 cm/ns stehenbleiben wird, ungeachtet dessen, wie findig die Ingenieure bei Intel sind. Schnellere Chips produzieren auch mehr Wärme, deren Ableitung ein Problem ist.

Parallelität auf Instruktionsebene hilft schon etwas, doch Pipelining und superskalarer Betrieb bewirken selten mehr als einen Beschleunigungsfaktor von fünf oder zehn. Um einen Zuwachs von 50, 100 und mehr zu erzielen, gibt es nur die Möglichkeit, Computer mit mehreren CPUs zu entwickeln. Wir wollen uns daher jetzt ansehen, wie diese organisiert sind.

Matrizenrechner

Viele Probleme in Physik und Technik haben mit Gruppierungen, Matrizen und Anordnungen – in Englisch kurz »Arrays« – zu tun oder weisen eine in hohem Maße regelmäßig beschaffene Struktur auf. Oft werden gleichartige Berechnungen zur selben Zeit auf viele verschiedene Datenmengen angewendet. Die Regelmäßigkeit und Struktur solcher Programme macht sie besonders geeignet für das Beschleunigen durch parallele Abarbeitung. Bei der Ausführung umfangreicher wissenschaftlicher Programme kommen zwei Methoden zum Einsatz. Beide Schemata ähneln sich einander in den meisten Aspekten bemerkenswert, das eine wird aber merkwürdigerweise als Erweiterung eines Einzelprozessors angesehen, während das andere als Parallelrechner betrachtet wird.

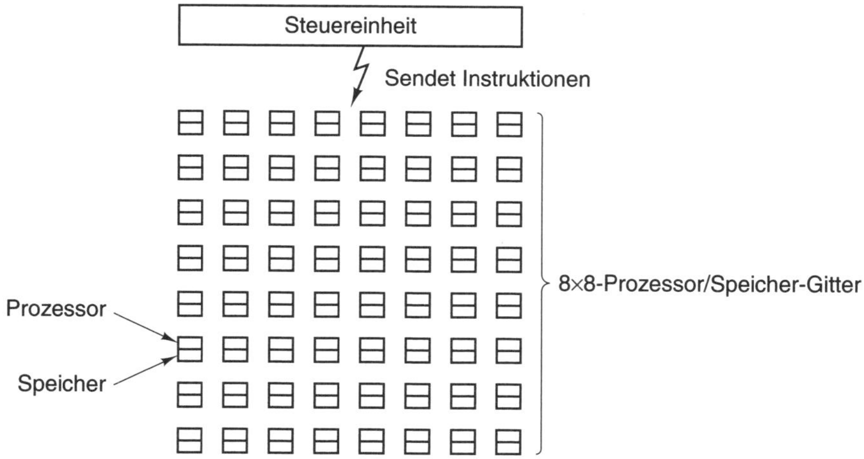

Abb. 2.7: Ein Matrizenrechner vom Typ der ILLIAC IV

Ein **Matrizenrechner** (Array Computer) besteht aus einer großen Zahl identischer Prozessoren, die die gleiche Instruktionsabfolge auf verschiedene Datenmengen anwenden. Der erste Matrizenrechner der Welt war der ILLIAC IV an der Universität von Illinois, dessen Aufbau in Abb. 2.7 zu sehen ist (Bouknight u.a., 1972). Die ursprüngliche Absicht war, eine Maschine zu bauen, die aus vier Quadranten besteht, wobei jeder Quadrant ein quadratisches Gitter aus 8 × 8-Prozessor- und Speicherelementen enthält. Je eine Steuereinheit pro Quadrant gab die Instruktionen aus, die dann im Gleichschritt von allen Prozessoren ausgeführt wurden, wobei jeder Prozessor die in der Initialisierungsphase geladenen Daten aus dem eigenen Speicher bearbeitete. Wegen vierfacher Kostenüberschreitung wurde überhaupt nur ein Quadrant jemals konstruiert, doch dieser erreichte eine Leistung von 50 Megaflops (Millionen

Gleitkommaoperationen in der Sekunde). Wäre die Maschine fertiggebaut worden, und hätte sie ihr ursprüngliches Leistungsziel (1 Gigaflop) in der ursprünglich vorgesehenen Zeit erreicht, hätte sie die Rechenleistung der ganzen Welt mit einem Schlag verdoppelt.

Für den Programmierer ist ein **Vektorprozessor** (Vector Processor) einem Matrizenrechner sehr ähnlich. Wie der Matrizenrechner führt er eine Abfolge von Operationen an Paaren von Datenelementen höchst effizient aus. Doch anders als beim Matrizenrechner werden alle Additionsoperationen in einem Addierer mit massivem Pipelining ausgeführt. Cray Research produzierte viele Vektorprozessoren. Das fing 1974 mit der Cray-1 an und wurde bis zu den aktuellen Modellen fortgesetzt. (Cray Research gehört jetzt zu SGI.)

Sowohl Matrizen- als auch Vektorprozessoren arbeiten mit Datenfeldern. Beide führen einzelne Instruktionen aus, die beispielsweise die Elemente von zwei Vektoren paarweise addieren. Während der Matrizenrechner dabei aber so viele Addierglieder hat, wie es Elemente im Vektor gibt, arbeitet der Vektorprozessor nach dem Prinzip eines **Vektorregisters** (Vector Register), das aus einem Satz konventioneller Register besteht, die mit einer einzigen Instruktion aus dem Speicher ausgelesen werden. Tatsächlich lädt die Instruktion sie hintereinander aus dem Speicher. Eine Vektoraddierinstruktion führt dann die paarweise Addition der Elemente zweier solcher Vektoren durch, indem sie sie aus den beiden Vektorregistern einem Addierer mit Pipeline-Betrieb zuführt. Das Ergebnis aus dem Addierer ist ein weiterer Vektor, der entweder in einem Vektorregister gespeichert oder unmittelbar als Operand für eine weitere Vektoroperation verwendet werden kann.

Es werden immer noch Matrizenrechner produziert, doch besetzen sie lediglich einen sich weiter verkleinernden Nischenmarkt, da sie wirklich sinnvoll nur solche Aufgaben bearbeiten können, bei denen dieselbe Berechnung gleichzeitig an vielen Datenmengen ausgeführt werden muß. Matrizenprozessoren können bestimmte Datenoperationen effizienter ausführen als Vektorrechner, sie erfordern aber sehr viel mehr Hardware und sind berüchtigt für ihre schwierige Programmierung. Vektorprozessoren lassen sich andererseits zu einem konventionellen Prozessor hinzufügen. Dann können die **vektorisierbaren** Programmteile mit hoher Geschwindigkeit von der Vektoreinheit ausgeführt werden, während der Rest des Programms über einen konventionellen Einzelprozessor läuft.

Mehrprozessorsysteme

Die verarbeitenden Elemente in einem Matrizenprozessor sind keine unabhängigen CPUs, denn alle teilen sich eine einzige Steuereinheit. Das erste hier beschriebene Parallelsystem mit mehreren vollständigen CPUs ist das **Mehrprozessorsystem** (Multiprocessor) mit mehr als einer CPU, die auf einen gemeinsamen Speicher zugreifen – etwa wie eine Gruppe von Menschen in einem Raum, die alle dieselbe Wandtafel benutzen. Jede CPU kann alle Teile des

Speichers beschreiben oder lesen. Daher ist Koordination in der Software erforderlich, damit sie einander nicht in die Quere kommen.

Es sind verschiedene Implementierungen möglich. Die einfachste besteht aus einem einzelnen Bus, an den mehrere CPUs und ein Speicher angeschlossen sind. Abb. 2.8(a) zeigt ein solches busbasiertes Mehrprozessorsystem, wie es von vielen Unternehmen produziert wird.

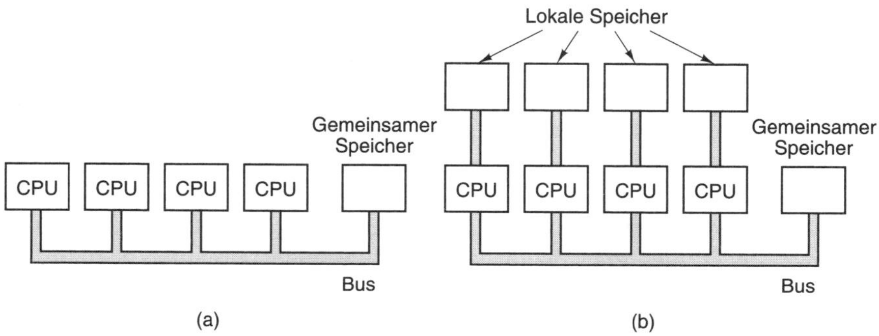

Abb. 2.8: (a) Ein Mehrprozessorsystem mit einzelnem Bus; (b) ein Mehrrechnersystem mit lokalen Speichern

Man kann sich leicht vorstellen, daß es zu Konflikten kommen muß, wenn eine größere Zahl schneller Prozessoren ständig versucht, über den gleichen Bus auf den Speicher zuzugreifen. Die Entwickler von Mehrprozessorsystemen haben sich daher verschiedene Schemata einfallen lassen, um diese Zugriffskonkurrenz zu vermindern und die Systemleistung zu steigern. Ein in Abbildung 2.8(b) dargestelltes Design gibt jedem Prozessor einen eigenen lokalen Speicher, auf den die anderen nicht zugreifen können. Dieser Speicher läßt sich für Programmcode und Daten verwenden, die nicht geteilt werden müssen. Der Zugriff auf diesen privaten Speicher erfolgt nicht über den Zentralbus, was den Busverkehr erheblich reduziert. Es sind auch andere Schemata denkbar, wie beispielsweise die Zwischenlagerung in einem Pufferspeicher (Caching).

Mehrprozessorsysteme haben gegenüber anderen Typen von Parallelrechnern den Vorteil, daß sich mit dem Programmiermodell eines einzigen gemeinsamen Speichers leicht arbeiten läßt. Man stelle sich beispielsweise ein Programm vor, das auf einer mit einem Mikroskop hergestellten Fotografie von Körpergewebe nach Krebszellen suchen soll. Die digitalisierte Fotografie könnte im gemeinsamen Speicher gehalten werden, und jedem Prozessor wird ein bestimmter Bereich der Fotografie für die Suche zugeordnet. Da jeder Prozessor Zugang zum gesamten Speicher hat, entstehen durch Zellen, die im zugeteilten Bereich beginnen, aber über die Grenze zum nächsten Bereich hinausgehen, keine Probleme.

Mehrrechnersysteme

Es ist relativ einfach, Mehrprozessorsysteme mit einer vergleichsweise geringen Zahl von Prozessoren (≤ 64) zu bauen, hingegen sind große Systeme erstaunlich schwierig zu konstruieren. Die Schwierigkeit ist dabei, all die Prozessoren mit dem Speicher zu verbinden. Um das Problem zu umgehen, verzichten viele Entwickler einfach auf das Konzept eines gemeinsamen Speichers und bauen statt dessen Systeme, die aus vielen miteinander verbundenen Computern bestehen – sogenannte **Mehrrechnersysteme** (Multicomputers).

Die CPUs in einem Mehrrechnersystem kommunizieren, indem sie einander Meldungen zusenden – so wie bei E-Mail, nur viel schneller. Bei großen Systemen ist es nicht praktikabel, jeden Computer mit jedem anderen zu verbinden. Daher arbeitet man mit Topologien wie 2D- und 3D-Gittern, Bäumen und Ringen. Meldungen von einem Computer müssen daher oft durch einen oder mehrere andere dazwischenliegende Computer oder Schalter (Switch) laufen, um von der Quelle zum Ziel zu gelangen. Dennoch können ohne größere Schwierigkeiten Geschwindigkeiten in der Größenordnung von wenigen Mikrosekunden für die Meldungsweitergabe erzielt werden. Es wurden bereits Mehrrechnersysteme mit fast 10000 CPUs gebaut und in Betrieb genommen.

Da Mehrprozessorsysteme sich einfacher programmieren und Mehrrechnersysteme einfacher bauen lassen, wurde viel Forschungsaufwand in die Entwicklung von Hybridsystemen gesteckt, um die guten Eigenschaften beider Typen miteinander zu verbinden. Solche Rechner versuchen, den Eindruck eines gemeinsamen Speichers zu erwecken, ohne den Aufwand zu treiben, den die tatsächliche Konstruktion eines solchen fordern würde.

2.2 Primäre Speicher

Der **Speicher** (Memory) ist der Teil des Computers, in dem die Programme und Daten gehalten werden. Manche Informatiker (besonders britische) ziehen den Ausdruck »Store« oder »Storage« vor; allerdings wird »Storage« zunehmend zur Bezeichnung des Plattenspeichers verwendet. Ohne einen Speicher, der von den Prozessoren gelesen oder beschrieben werden kann, gäbe es keine Digitalrechner mit gespeicherten Programmen.

2.2.1 Bits

Die Grundeinheit des Speichers ist die binäre Ziffer, genannt **Bit**. Ein Bit enthält entweder eine 0 oder eine 1. Es ist die einfachste mögliche Einheit. (Ein Gerät, das nur zur Speicherung von Nullen fähig ist, könnte nicht die Grundlage eines Speichersystems bilden – es sind mindestens zwei Werte erforderlich.)

Viele sagen, Computer arbeiten mit Binärarithmetik, weil sie »effizient« sei. Was sie eigentlich meinen (auch wenn sie es sich selten klarmachen), ist dies:

Digitale Daten können gespeichert werden, wenn zwischen verschiedenen Werten einer kontinuierlichen physikalischen Menge, wie Spannung oder Stromstärke, unterschieden wird. Je mehr Werte dabei voneinander unterschieden werden müssen, um so weniger scharf ist die Trennung zwischen benachbarten Werten, und um so unzuverlässiger ist der Speicher. Beim binären Zahlensystem müssen sich nur zwei Werte voneinander unterscheiden lassen. Daher bietet es die zuverlässigste Methode für die Kodierung digitaler Daten. Wer mit Binärzahlen nicht vertraut ist, findet in Anhang A eine ausführliche Übersicht.

Bei einigen Computern, wie beispielsweise den IBM-Großrechnern, betont die Werbung, daß sie neben der binären auch dezimale Arithmetik beherrschen. Erreicht wird dies dadurch, daß für die Speicherung einer Dezimalzahl eben 4 Bits benutzt werden. Dabei kommt ein Code mit der Bezeichnung **BCD** (**Binary Coded Decimal**) zur Anwendung. Vier Bits ermöglichen 16 Kombinationen, die für die zehn Zahlen von 0 bis 9 verwendet werden. Sechs Kombinationen bleiben ungenutzt. Die Zahl 1944 ist nachfolgend dezimal und rein binär dargestellt, wobei in beiden Fällen 16 Bits benutzt werden:

Dezimal: 0001 1001 0100 0100   Binär: 0000011110011000

Sechzehn Bits im Dezimalformat können die Zahlen von 0 bis 9999 speichern, was nur 10000 Kombinationen entspricht, während eine reine 16-Bit-Binärzahl 65536 verschiedene Kombinationen speichern kann. Aus diesem Grund sagt man, daß die Binärdarstellung effizienter sei.

Was würde aber geschehen, wenn ein begabter junger Elektroingenieur ein enorm zuverlässiges, elektronisches Gerät erfände, das die Zahlen von 0 bis 9 unmittelbar speichern kann, indem der Bereich von 0 bis 10 Volt in 10 Intervalle unterteilt wird? Vier dieser Geräte könnten jede Dezimalzahl von 0 bis 9999 speichern und 10000 Kombinationen bereitstellen. Es ließen sich damit auch Binärzahlen speichern, wobei man lediglich 0 und 1 benutzt. In diesem Fall würden die vier Geräte nur 16 Kombinationen speichern. Offensichtlich wäre das Dezimalsystem bei solchen Geräten viel effizienter als das binäre.

2.2.2 Speicheradressen

Speicher bestehen aus einer Reihe von **Zellen** (oder **Speicherstellen** bzw. **Lokationen**), von denen jede eine Information aufnehmen kann. Jede Zelle hat eine Nummer – ihre **Adresse**, auf die das Computerprogramm Bezug nehmen kann. Hat ein Speicher n Zellen, verfügt er über die Adressen 0 bis $n - 1$. Alle Zellen in einem Speicher enthalten die gleiche Bitanzahl. Besteht eine Zelle aus k Bits, kann sie eine von 2^k verschiedenen Bitkombinationen aufnehmen. Abb. 2.9 zeigt drei verschiedene Anordnungen eines 96-Bit-Speichers. Man beachte, daß benachbarte Zellen (definitionsgemäß) aufeinanderfolgende Adressen haben.

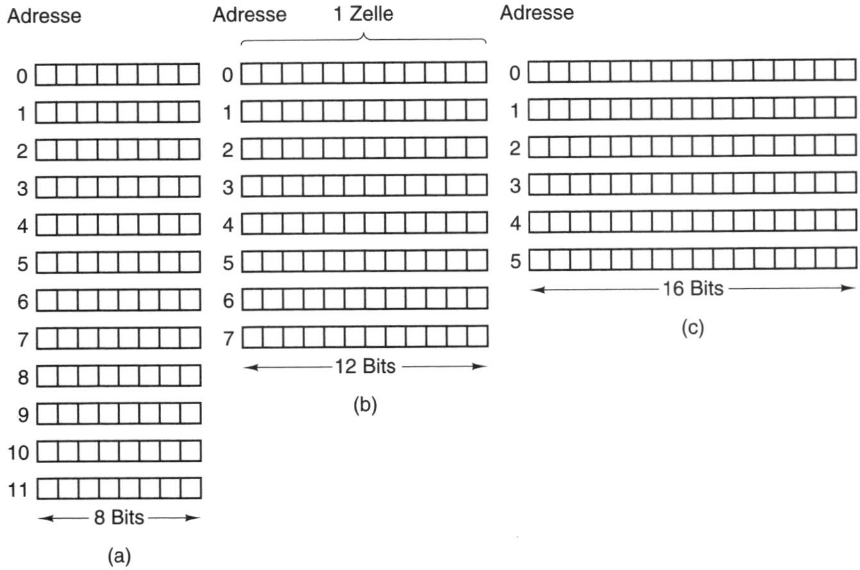

Abb. 2.9: Drei Arten, wie ein 96-Bit-Speicher organisiert werden kann

Bei Computern, die das binäre Zahlensystem (samt oktaler oder hexadezimaler Schreibweise für die Binärzahlen) benutzen, werden auch die Speicheradressen als Binärzahlen ausgedrückt. Hat eine Adresse m Bits, beträgt die Höchstzahl der direkt adressierbaren Zellen 2^m. So würde beispielsweise eine Adresse, die auf den in Abb. 2.9(a) dargestellten Speicher verweisen soll, mindestens 4 Bits erfordern, um alle Zahlen von 0 bis 11 auszudrücken. Für Abb. 2.9(b) und 2.9(c) würde allerdings eine 3-Bit-Adresse ausreichen. Die Anzahl der Bits in der Adresse hat also einen direkten Bezug zur maximalen Anzahl von direkt adressierbaren Zellen im Speicher und hängt nicht von der Anzahl der Bits pro Zelle ab. Ein Speicher mit 2^{12} Zellen zu je 8 Bit und ein Speicher mit 2^{12} Zellen zu je 64 Bits würden beide 12-Bit-Adressen erfordern.

Die Anzahl der Bits je Zelle für einige kommerzielle Computer ist in Abb. 2.10 darstellt.

Die Bedeutung einer Zelle besteht darin, daß sie die kleinste adressierbare Einheit ist. In den letzten Jahren ist bei fast allen Computer-Herstellern die 8-Bit-Zelle, genannt **Byte**, zum Standard geworden. Bytes wiederum werden zu **Wörtern** gruppiert. Ein Computer mit einem 32-Bit-Wort hat 4 Byte/Wort und einer mit einem 64-Bit-Wort hat 8 Byte/Wort. Die Bedeutung eines Worts besteht darin, daß die meisten Instruktionen mit ganzen Wörtern arbeiten, beispielsweise bei der Addition zweier Wörter. Daher hat eine 32-Bit-Maschine 32-Bit-Register und Instruktionen, die 32-Bit-Wörter verarbeiten, während eine 64-Bit-Maschine über 64-Bit-Register sowie Instruktionen zum Verarbeiten von 64-Bit-Wörtern hat.

Computer	Bits/Zelle
Burroughs B1700	1
IBM PC	8
DEC PDP–8	12
IBM 1130	16
DEC PDP–15	18
XDS 940	24
Electrologica X8	27
XDS Sigma 9	32
Honeywell 6180	36
CDC 3600	48
CDC Cyber	60

Abb. 2.10: Anzahl Bits pro Zelle bei einigen historisch interessanten, kommerziellen Rechnern

2.2.3 Byteanordnung

Die Bytes in einem Wort können von links nach rechts oder von rechts nach links durchnumeriert werden. Auf den ersten Blick mag die jeweilige Wahl unwichtig erscheinen. Wie wir aber gleich sehen werden, hat dies beträchtliche Auswirkungen. Abbildung 2.11(a) zeigt einen Teil des Speichers eines 32-Bit-Computers, dessen Bytes von links nach rechts gezählt werden, wie bei der SPARC oder bei IBM-Großrechnern. Abbildung 2.11(b) dagegen zeigt die analoge Darstellung eines 32-Bit-Computers mit der Zählung von rechts nach links, wie es bei der Intel-Familie der Fall ist. Das erste System, bei dem die Zählung am »großen« (höherwertigen) Ende beginnt, wird im angelsächsischen Bereich als »big endian« Computer im Gegensatz zum »little endian« Computer in Abb. 2.1(b) bezeichnet. Diese Begriffe gehen auf Jonathan Swift zurück, in dessen »Gullivers Reisen« Politiker karikiert werden, die Kriege über die Kontroverse führten, ob Eier am spitzen oder runden Ende aufgeschlagen werden sollten. Erstmals wurden diese Begriffe in der Computer-Architektur in einem amüsanten Artikel von Cohen (1981) verwendet.

Man muß verstehen, daß sowohl im »big-endian«- als auch im »little-endian«-System eine 32-Bit-Ganzzahl mit dem numerischen Wert von beispielsweise 6 durch die Bits 110 in den drei rechten (niederwertigen) Bits eines Worts und Nullen in den linken 29 Bits dargestellt werden. Im »big-endian«-System befinden sich diese Bits in Byte 3 (bzw. 7 oder 11 usw.), während sie im »little-endian«-System in Byte 0 (oder 4, 8 usw.) stehen. In beiden Fällen hat das Wort, das diese Ganzzahl enthält, die Adresse 0.

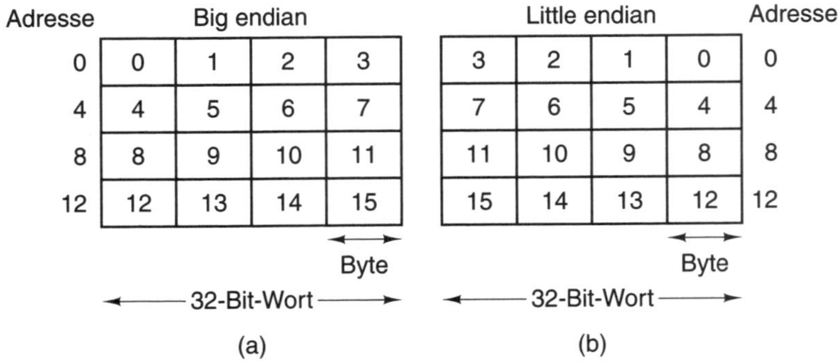

Abb. 2.11: (a) Beispiel eines »big-endian«- und (b) eines »little-endian«-Speichers

Wenn Computer nur Ganzzahlen speichern würden, gäbe es keine Probleme. Viele Anwendungen erfordern aber eine Kombination aus Ganzzahlen, Zeichenketten und anderen Datentypen. Nehmen wir beispielsweise einen einfachen Personaldatensatz mit einer Zeichenkette (Name der Arbeitskraft) und zwei Ganzzahlen (Alter und Abteilungsnummer). Die Zeichenkette wird mit 1-Bytes oder mehreren 0-Bytes abgeschlossen, um ein Datenwort auszufüllen. Abb. 2.12(a) zeigt die »big-endian«-Darstellung für Jim Smith, 21 Jahre alt, Abteilung 260 ($1 \times 256 + 4 = 260$), während die entsprechende »little-endian«-Darstellung in Abb. 2.12(b) zu sehen ist.

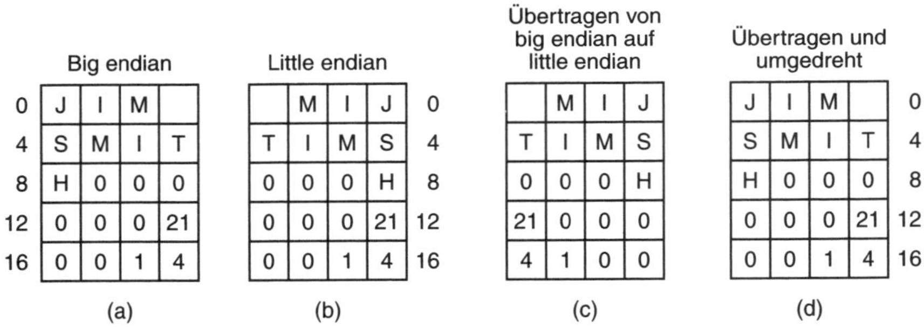

Abb. 2.12: (a) Ein Personaldatensatz für eine »big-endian«-Maschine; (b) der gleiche Datensatz in einer »little-endian«-Maschine; (c) das Ergebnis der Übertragung dieses Datensatzes von einer »big-endian«- auf eine »little-endian«-Maschine; (d) das Ergebnis eines Byte-Swapping von (c).

Beide Darstellungen sind ganz in Ordnung und intern stimmig. Die Probleme setzen erst ein, wenn eine Maschine versucht, der anderen den Datensatz über ein Netz zuzuschicken. Nehmen wir einmal an, daß die »big-endian«-Maschine der »little endian« den Datensatz sendet, und zwar Byte für Byte, wobei sie mit Byte 0 beginnt und Byte 19 aufhört. (Wir wollen optimistisch sein und annehmen, daß die Bits in den Bytes bei der Übertragung nicht umgedreht werden, denn es gibt schon so genug Probleme.) Somit wandert das Byte 0 der

»big-endian«-Maschine in den »little-endian«-Speicher bei Byte 0 usw., wie in Abb. 2.12(c) gezeigt.

Wenn die »little-endian«-Maschine den Namen ausdruckt, klappt das vorzüglich; das Alter kommt aber als 21×2^{24} heraus, und die Abteilungsnummer ist ebenfalls durcheinander geraten. Der Grund dafür ist, daß bei der Übertragung die Reihenfolge der Zeichen in einem Wort umgedreht wurde, was ja auch so sein soll. Leider wurden auch die Bytes in eine Ganzzahl umgedreht, und das durfte nicht sein.

Als Lösung könnte man die Software die Bytes in einem Wort umdrehen lassen, nachdem die Kopie erfolgt ist. Das Ergebnis wäre dann die Darstellung in Abb. 2.12(d). Jetzt stimmen die beiden Ganzzahlwerte; die Zeichenkette wurde aber in »MIJTIMS« umgewandelt, und das »H« hängt irgendwo mittendrin. Die Umkehrung der Zeichenkette findet statt, weil der Computer beim Lesen erst das Byte 0 (ein Leerzeichen), dann Byte 1 (M) usw. liest.

Hier gibt es keine einfache Lösung. Ein funktionierendes, jedoch ineffizientes Verfahren besteht darin, vor jeden Datensatz einen Header einzufügen, der die Art der nachfolgenden Daten (Zeichenkette, Ganzzahl usw.) und deren Länge angibt. Dann kann der Empfänger immerhin die erforderlichen Konvertierungen vornehmen. Jedenfalls sollte nun klar sein, daß der Mangel an einem einheitlichen Standard für die Byteanordnung beim Datenaustausch zwischen verschiedenen Maschinen ein größeres Ärgernis darstellt.

2.2.4 Fehlerkorrekturcodes

Computer-Speicher können aufgrund von Spannungsspitzen in der Stromleitung oder aus anderen Gründen gelegentlich Fehler machen. Als Schutz vor solchen Fehlern setzen die meisten Speicher Codes für die Fehlererkennung und -korrektur ein. Bei diesen Codes werden auf bestimmte Weise jedem Speicherwort zusätzliche Bits hinzugefügt. Beim Lesen eines Worts aus dem Speicher werden diese Zusatzbits geprüft, um festzustellen, ob ein Fehler aufgetreten ist.

Wenn man verstehen will, wie sich Fehler behandeln lassen, muß man sich einmal genau ansehen, was ein Fehler eigentlich ist. Angenommen, ein Speicherwort besteht aus m Datenbits, denen wir r redundante Prüfbits hinzufügen. Die Gesamtlänge wäre dann n (wobei $n = m + r$). Eine n-Bit-Einheit mit m Daten- und r Prüfbits wird auch als n-Bit-**Codewort** bezeichnet.

Mit zwei beliebigen Codewörtern, z.B. 10001001 und 10110001, kann man dann bestimmen, wie viele entsprechende Bits sich voneinander unterscheiden. In diesem Fall sind es drei. Um festzustellen, wie viele Bits sich voneinander unterscheiden, braucht man nur ein bitweises, boolesches EXCLUSIVE OR der beiden Codewörter durchzuführen und die Anzahl der 1-Bits im Ergebnis zu zählen. Die Anzahl der Bitstellen, in denen die beiden Codewörter sich voneinander unterscheiden, wird **Hamming-Abstand** (Hamming Distance) genannt (Hamming, 1950). Wenn zwei Codewörter einen Hamming-

Abstand von d auseinanderliegen, bedeutet dies, daß d Einzelbitfehler erforderlich sind, um das eine in das andere Wort zu konvertieren. Beispielsweise haben die Codewörter 11110001 und 00110000 einen Hamming-Abstand von 3, weil drei Einzelbitfehler nötig sind, damit aus dem einen das andere Wort wird.

Bei einem m-Bit-Speicherwort sind alle 2^m Bitmuster zulässig. Aufgrund der Art, wie die Prüfbits berechnet werden, sind aber nur 2^m der 2^n Codewörter zulässig. Taucht bei einer Speicherleseoperation ein ungültiges Codewort auf, weiß der Computer, daß ein Speicherfehler aufgetreten ist. Mit dem Algorithmus zur Berechnung der Prüfbits ist es möglich, eine vollständige Liste der zulässigen Codewörter zusammenzustellen und aus dieser Liste die beiden Codewörter herauszusuchen, deren Hamming-Abstand minimal ist. Dieser Abstand ist der Hamming-Abstand des vollständigen Codes.

Die Eigenschaften eines Codes für Fehlererkennung und -korrektur hängen von dessen Hamming-Abstand ab. Um d Einzelbitfehler erkennen zu können, benötigt man einen Code mit einem Abstand von $d + 1$, weil es bei einem solchen Code nicht möglich ist, daß d Einzelbitfehler ein gültiges Codewort in ein anderes gültiges Codewort verwandeln können. Entsprechend ist für die Korrektur von d Einzelbitfehlern ein Code mit einem Abstand von $2d + 1$ erforderlich, weil dann die zulässigen Codewörter so weit voneinander entfernt sind, daß das ursprüngliche Codewort auch bei d Änderungen immer noch näher als irgendein anderes Codewort ist und daher eindeutig bestimmt werden kann.

Als einfaches Beispiel eines Fehlererkennungscodes betrachten wir einen Code, bei dem den Daten ein einzelnes **Paritätsbit** (Parity Bit) angehängt wird. Das Paritätsbit wird so gewählt, daß die Anzahl der 1-Bits im Codewort gerade (oder ungerade) ist. Ein solcher Code hat den Abstand 2, da jeder Einzelbitfehler ein Codewort mit der falschen Parität erzeugt. Anders ausgedrückt: Es sind zwei Einzelbitfehler erforderlich, um von einem gültigen Codewort zu einem anderen gültigen Codewort zu gelangen. Mit diesem Code lassen sich Einzelfehler erkennen. Sobald ein Wort mit der falschen Parität aus dem Speicher gelesen wird, wird ein Fehlerzustand signalisiert. Das Programm kann nicht weiterlaufen, aber wenigstens werden auch keine falschen Ergebnisse berechnet.

Als einfaches Beispiel eines Fehlerkorrekturcodes betrachten wir einen Code mit nur vier gültigen Codewörtern:

0000000000, 0000011111, 1111100000 und 1111111111

Dieser Code hat den Abstand 5, was bedeutet, daß er Doppelfehler korrigieren kann. Wenn das Codewort 0000000111 ankommt, weiß der Empfänger, daß das Original 0000011111 gewesen sein muß (wenn nicht mehr als zwei Fehler aufgetreten sind). Wenn aber ein dreifacher Fehler aus 0000000000 den Wert 0000000111 gemacht hat, wird der Fehler nicht korrigiert.

Angenommen, wir möchten einen Code mit m Datenbits und r Prüfbits entwickeln, mit dem alle Einzelbitfehler korrigiert werden können. Zu jedem der 2^m gültigen Speicherwörter gibt es n ungültige Codewörter mit einem Abstand von 1. Man bildet sie, indem man systematisch jedes der n Bits im daraus geformten n-Bit-Codewort invertiert. So erfordert jedes der 2^m gültigen Speicherwörter $n + 1$ Bitmuster (für die n möglichen Fehler und das korrekte Muster). Da die Gesamtzahl der Bitmuster 2^n ist, gilt $(n + 1)\ 2^m \leq 2^n$. Durch Verwendung von $n = m + r$ erhalten wir eine Bedingung von $(m + r + 1) \leq 2^r$. Bei gegebenem m setzt dies die Grenze für die Zahl der Prüfbits herab, die zur Korrektur von Einzelfehlern erforderlich sind. Abb. 2.13 zeigt die Anzahl an Prüfbits, die für verschiedene Speicherwortgrößen benötigt werden.

Wortgröße	**Prüfbits**	**Gesamtgröße**	**Overhead in %**
8	4	12	50
16	5	21	31
32	6	38	19
64	7	71	11
128	8	136	6
256	9	265	4
512	10	522	2

Abb. 2.13: Anzahl der erforderlichen Prüfbits für einen Code, der einen Einzelfehler korrigieren kann

Diese theoretisch niedrigere Grenze kann tatsächlich mit einer Methode erzielt werden, die wir Richard Hamming (1950) verdanken. Bevor wir Hammings Algorithmus zeigen, betrachten wir eine einfache grafische Darstellung, die das Konzept eines Fehlerkorrekturcodes für 4-Bit-Speicherwörter illustriert. Das Venn-Diagramm in Abb. 2.14(a) zeigt drei Kreise *A*, *B* und *C*, die zusammen sieben Mengen bilden. Als Beispiel kodieren wir das 4-Bit-Speicherwort 1100 in den Mengen *AB*, *ABC*, *AC* und *BC* mit einem Bit je Menge (in alphabetischer Reihenfolge). Abb. 2.14(a) zeigt diese Kodierung.

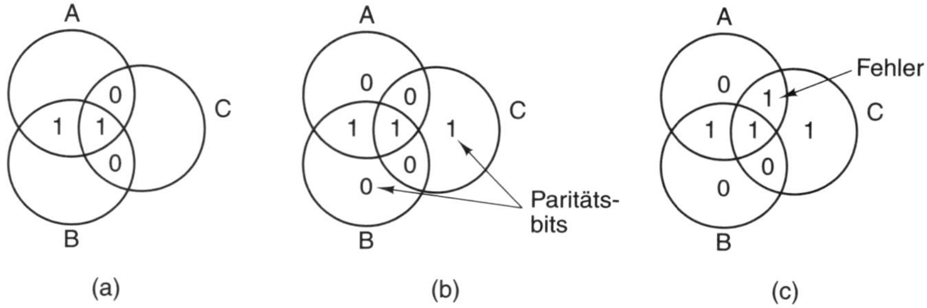

Abb. 2.14: (a) Kodierung von 1100; (b) gerade Parität hinzugefügt; (c) Fehler in AC

Als nächstes fügen wir jeder der drei leeren Mengen ein Paritätsbit hinzu, um gerade Parität zu erzeugen, wie in Abb. 2.14(b) illustriert. Der Definition zufolge ist jetzt die Summe der Bits in jedem der drei Kreise *A*, *B* und *C* eine gerade Zahl. In Kreis *A* haben wir die vier Zahlen 0, 0, 1 und 1, die zusammen 2, also eine gerade Zahl, ergeben. In Kreis B haben wir die Zahlen 1, 1, 0 und 0, die zusammen 2, also ebenfalls eine gerade Zahl, ergeben. Das gleiche gilt für Kreis *C*. Bei diesem Beispiel sind die Ergebnisse in allen Kreisen gleich, in anderen Beispielen wären aber auch Summen von 0 und 4 möglich. Dieses Bild entspricht einem Codewort mit 4 Datenbits und 3 Paritätsbits.

Nehmen wir nun an, daß das Bit in der *AC*-Menge umkippt und von 0 auf 1 wechselt, wie in Abb. 2.14(c) dargestellt. Der Computer erkennt jetzt, daß die Kreise *A* und *C* eine falsche (ungerade Parität) aufweisen. Die einzige Einzelbit-Veränderung, die sie korrigiert, ist die Korrektur von *AC* zurück auf 0, womit der Fehler behoben wäre. Auf diese Weise kann der Computer Einzelbit-Speicherfehler automatisch reparieren.

Jetzt betrachten wir, wie Hammings Algorithmus zur Entwicklung eines Fehlerkorrekturcodes für Speicherwörter beliebiger Größe herangezogen werden kann. In einem Hamming-Code werden einem m-Bit-Wort r Paritätsbits hinzugefügt, und es entsteht ein neues Wort mit der Länge $m + r$ Bits. Die Bits werden mit 1 (nicht 0) beginnend durchgezählt, wobei Bit 1 das höherwertige Bit (ganz links) ist. Alle Bits, deren Bitnummer eine Potenz von 2 ist, sind Paritätsbits; die übrigen werden für die eigentlichen Daten verwendet. Bei einem 16-Bit-Wort kommen also 5 Paritätsbits hinzu. Die Bits 1, 2, 4, 8 und 16 sind Paritätsbits, der Rest sind Datenbits. Alles in allem hat das Speicherwort 21 Bits (16 Daten, 5 Parität). Wir arbeiten in diesem Beispiel (willkürlich) mit gerader Parität.

Jedes Paritätsbit prüft bestimmte Bitpositionen. Das Paritätsbit wird so gesetzt, daß die Gesamtzahl von Einsen in den geprüften Positionen gerade ist. Die von den Paritätsbits geprüften Positionen sind

Bit 1 prüft die Bits 1, 3, 5, 7, 9, 11, 13, 15, 17, 19, 21.

Bit 2 prüft die Bits 2, 3, 6, 7, 10, 11, 14, 15, 18, 19.

Bit 4 prüft die Bits 4, 5, 6, 7, 12, 13, 14, 15, 20, 21.

Bit 8 prüft die Bits 8, 9, 10, 11, 12, 13, 14, 15.

Bit 16 prüft die Bits 16, 17, 18, 19, 20, 21.

Generell wird Bit b von den Bits b_1, b_2, ..., b_i dergestalt geprüft, daß $b_1 + b_2 + ... + b_i = b$ gilt. So wird beispielsweise Bit 5 von den Bits 1 und 4 geprüft, weil $1 + 4 = 5$. Bit 6 wird von den Bits 2 und 4 geprüft, weil $2 + 4 = 6$, usw.

Abb. 2.15 zeigt den Aufbau eines Hamming-Codes für das 16-Bit-Speicherwort 1111000010101110. Das 21-Bit-Codewort ist 001011100000101101110. Um zu sehen, wie die Fehlerkorrektur abläuft, sehen wir uns einmal an, was geschähe, wenn Bit 5 durch einen Spannungsstoß in der Stromversorgung invertiert würde. Das neue Codewort wäre dann 001001100000101101110 statt 001011100000101101110. Die 5 Paritätsbits werden geprüft und erbringen die folgenden Ergebnisse:

Paritätsbit 1 falsch (1, 3, 5, 7, 9, 11, 13, 15, 17, 19, 21 enthalten fünf Einsen)

Paritätsbit 2 richtig (2, 3, 6, 7, 10, 11, 14, 15, 18, 19 enthalten sechs Einsen)

Paritätsbit 4 falsch (4, 5, 6, 7, 12, 13, 14, 15, 20, 21 enthalten fünf Einsen)

Paritätsbit 8 richtig (8, 9, 10, 11, 12, 13, 14, 15 enthalten zwei Einsen)

Paritätsbit 16 richtig (16, 17, 18, 19, 20, 21 enthalten vier Einsen)

Die Gesamtzahl der Einsen in den Bits 1, 3, 5, 7, 9, 11, 13, 15, 17, 19 und 21 sollte eine gerade Zahl sein, da wir mit gerader Parität arbeiten. Das falsche Bit muß eines der Bits sein, die von Paritätsbit 1 geprüft werden, nämlich Bit 1, 3, 5, 7, 9, 11, 13, 15, 17, 19 oder 21. Paritätsbit 4 ist falsch, was bedeutet, daß eines der Bits 4, 5, 6, 7, 12, 13, 14, 15, 20 oder 21 falsch sein muß. Der Fehler muß bei einem der Bits liegen, die in beiden Listen enthalten sind, also 5, 7, 13, 15 oder 21. Da Bit 2 richtig ist, scheiden Bits 7 und 15 aus. Bit 8 ist ebenfalls richtig, so daß Bit 13 ausscheidet. Schließlich ist Bit 16 korrekt, was Bit 21 eliminiert. Es kommt also nur noch Bit 5 als Fehler in Frage. Da es als 1 gelesen wurde, muß es eine 0 gewesen sein. So werden Fehler korrigiert.

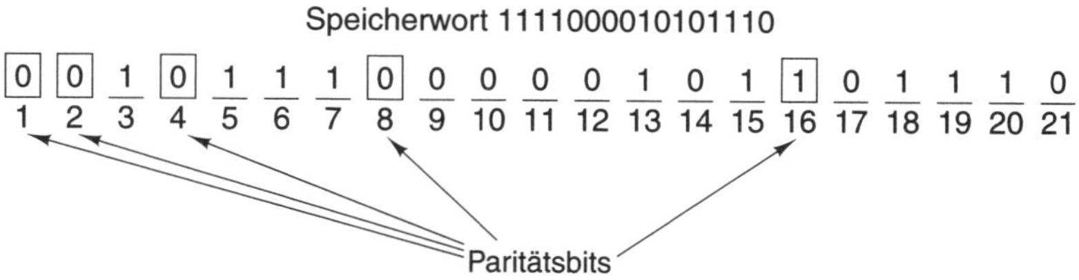

Abb. 2.15: Aufbau des Hamming-Codes für das Speicherwort 1111000010101110 durch Hinzufügen von 5 Prüfbits zu den 16 Datenbits

Eine einfache Methode zum Auffinden des falschen Bits besteht darin, zunächst alle Paritätsbits zu berechnen. Wenn alle richtig sind, gab es keinen (oder mehr als einen) Fehler. Dann addiert man alle falschen Paritätsbits, indem man 1 für Bit 1, 2 für Bit 2, 4 für Bit 4 usw. zählt. Die sich ergebende Summe ist die Position des falschen Bits. Sind beispielsweise die Paritätsbits 1 und 4 falsch, während 2, 8 und 16 richtig sind, muß Bit 5 (1 + 4) invertiert worden sein.

2.2.5 Cache-Speicher

Bisher waren CPUs immer schneller als der Speicher. Mit jeder Speicherverbesserung ging auch eine CPU-Verbesserung einher, so daß das Ungleichgewicht erhalten blieb. Tatsächlich wurden die CPUs aber sogar noch schneller, da immer mehr Schaltungen auf einem Chip untergebracht werden konnten und die CPU-Entwickler diese neuen Möglichkeiten für Pipelining und superskalaren Betrieb nutzen. Die Speicherentwickler nutzen neue Technologien gewöhnlich vorrangig, um die Kapazität ihrer Chips und nicht die Geschwindigkeit zu erhöhen. Das Ungleichgewicht wird sich in Zukunft also eher noch verstärken. Es bedeutet in der Praxis, daß die CPU nach Ausgabe einer Speicherabfrage erst einmal etliche CPU-Zyklen abwarten muß, bevor sie das benötigte Wort erhält. Je langsamer der Speicher ist, um so mehr Zyklen muß die CPU warten.

Wie bereits angedeutet, kann man dieses Problem auf zweierlei Arten lösen. Am einfachsten ist es, Speicherlesevorgänge (READs) zu starten, sobald sie auftreten, jedoch mit der Abarbeitung fortzufahren und die CPU anzuhalten, wenn eine Instruktion das Speicherwort benötigt, bevor es angekommen ist. Je langsamer der Speicher, um so öfter wird dieses Problem auftreten, und um so größer ist der Zeitverlust, wenn es auftritt. Beträgt die Speicherverzögerung beispielsweise 10 Zyklen, ist es sehr wahrscheinlich, daß eine der nächsten 10 Instruktionen das zu lesende Wort benötigt.

Die zweite Lösung sind Maschinen, die nicht anhalten, sondern von den Compilern verlangen, keinen Code zu erzeugen, der Wörter benutzt, bevor sie angekommen sind. Leider ist das leichter gesagt als getan. Oft gibt es nach einem `LOAD` nichts zu tun; daher muß der Compiler `NOP`-Instruktionen (NOP = No Operation) einfügen, die nichts weiter tun, als einen Schlitz zu belegen und Zeit zu verschwenden. Bei dieser Vorgehensweise wird der Hardware- durch einen Software-Stillstand ersetzt, die Leistungsverschlechterung ist aber die gleiche.

Eigentlich hat dieses Problem nichts mit Technik, sondern mit Wirtschaftlichkeit zu tun. Die Ingenieure können durchaus Speicher bauen, die so schnell wie CPUs sind. Um bei voller Geschwindigkeit zu laufen, müßten sie sich aber auf dem CPU-Chip befinden (weil der Weg über den Bus zum Speicher sehr langsam ist). Bestückt man einen CPU-Chip mit einem großen Speicher, wird er größer und teurer. Aber auch wenn es auf die Kosten nicht ankäme, gibt es Grenzen für die Größe eines CPU-Chips. So muß man letztlich zwischen einem kleinen schnellen und einem großen langsamen Speicher wählen. Wir hätten aber gern einen großen, schnellen Speicher zu geringen Kosten.

Erfreulicherweise sind Techniken bekannt, wie man einen kleinen schnellen Speicher so mit einem großen langsamen Speicher kombinieren kann, daß man (fast) die Geschwindigkeit des schnellen und die Kapazität des großen Speichers zu angemessenem Preis erzielt. Der kleine schnelle Speicher heißt **Cache** (von Französisch *cacher* – verstecken). Im folgenden wird kurz beschrieben, wie Cache-Speicher eingesetzt werden und wie sie funktionieren. Kapitel 4 enthält eine ausführlichere Beschreibung.

Der Cache-Speicher beruht auf dem Grundkonzept, daß die am häufigsten gebrauchten Speicherwörter im Cache stehen sollten. Wenn die CPU ein Wort benötigt, wird dort zuerst nachgesehen. Nur wenn sie hier das Wort nicht findet, geht sie an den Hauptspeicher. Steht ein merklicher Anteil der benötigten

Wörter im Cache, ergibt sich eine erheblich reduzierte durchschnittliche Zugriffszeit.

Über Erfolg oder Mißerfolg entscheidet demnach, welches Bruchstück der Wörter im Cache vorhanden ist. Es ist längst bekannt, daß Programme nicht beliebig auf ihre Speicher zugreifen. Zeigt eine bestimmte Speicherreferenz auf Adresse A, wird die nächste Speicherreferenz höchstwahrscheinlich in der Nähe von A liegen. Das Programm selbst ist ein einfaches Beispiel dafür. Außer bei Sprüngen und Prozeduraufrufen werden Instruktionen aus aufeinanderfolgenden Speicherstellen geholt. Zudem geht der größte Teil der Abarbeitungszeit von Programmen auf das Konto von Schleifen, in denen wiederholt eine begrenzte Zahl von Instruktionen ausgeführt wird. Entsprechend wird ein Programm, das Matrizen abarbeitet, immer wieder auf dieselbe Matrix verweisen, bevor auf etwas anderes übergegangen wird.

Der Umstand, daß die innerhalb eines kürzeren Zeitintervalls eintretenden Speicherreferenzen die Tendenz aufweisen, sich nur auf einen kleinen Teil des gesamten Speicherraums zu beziehen, wird auch das **Lokalitätsprinzip** (Locality Principle) genannt. Alle Cache-Speicher basieren auf dieser Eigenschaft. Dabei werden prinzipiell beim Verweis auf ein Wort nicht nur dieses Wort, sondern auch einige seiner Nachbarn vom großen langsamen Speicher in den Cache geholt. Wird es beim nächsten Mal gebraucht, kann schnell darauf zugegriffen werden. Abb. 2.16 zeigt eine übliche Anordnung von CPU, Cache und Hauptspeicher. Wird ein Wort in einem kurzen Zeitintervall k mal gelesen oder geschrieben, benötigt der Computer eine Referenz auf den langsamen Speicher und $k - 1$ Referenzen auf den schnellen Speicher. Je größer k, um so besser die Gesamtleistung.

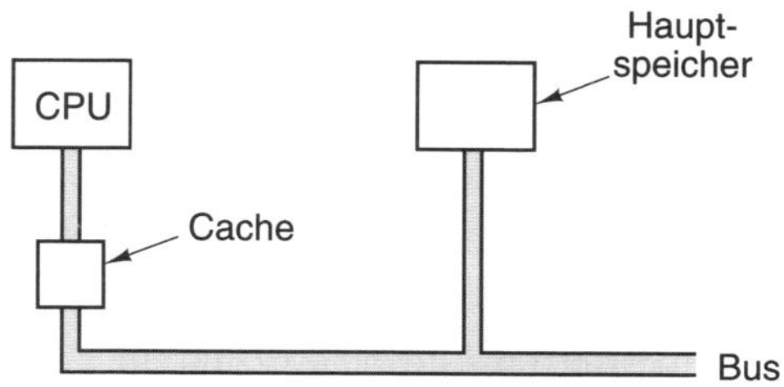

Abb. 2.16: Der Cache befindet sich logisch zwischen CPU und Hauptspeicher. Es gibt aber mehrere physische Positionen, an denen er sich befindet könnte

Wir können diese Berechnung formalisieren, indem wir die Cache-Zugriffszeit c, die Hauptspeicher-Zugriffszeit m und die **Trefferquote** (Hit Ratio) h einführen. Letzere ist der Anteil aller Referenzen, die aus dem Cache befriedigt werden können. Für unser kleines Beispiel im vorhergehenden Absatz gilt: $h = (k - 1)/k$. Einige Verfasser definieren auch die **Fehlschlagrate** (Miss Ratio), die $1 - h$ beträgt.

Mit diesen Definitionen können wir die mittlere Zugriffszeit wie folgt berechnen:

$$\text{mittlere Zugriffszeit} = c + (1 - h)\, m$$

Wenn $h \to 1$, dann können alle Referenzen aus dem Cache bedient werden, und die Zugriffszeit nähert sich c an. Bei $h \to 0$ ist aber jedesmal eine Referenz auf den Speicher erforderlich, und die Zugriffszeit beträgt $c + m$, zuerst die Zeit c zur (erfolglosen) Prüfung des Cache und dann die Zeit m, um auf den Speicher zuzugreifen. Bei manchen Systemen kann parallel zur Suche im Cache auch eine Speicherreferenz gestartet werden. Tritt ein Cache-Fehlschlag ein, ist der Speicherzyklus schon im Gang. Diese Strategie setzt aber voraus, daß der Speicherzyklus bei einem Cache-Treffer sofort gestoppt werden kann, was eine solche Implementierung verkompliziert.

Mit dem Lokalitätsprinzip als Leitlinie werden Haupt- und Cache-Speicher in Blöcke fester Größe unterteilt. In Zusammenhang mit Cache nennt man diese Blöcke gemeinhin **Cache-Zeilen** (Cache Lines). Bei einem Cache-Fehlschlag wird die gesamte Cache-Zeile aus dem Hauptspeicher geladen, nicht nur das benötigte Wort. Bei einer Zeilengröße von 64 Byte wird bei einer Referenz auf die Speicheradresse 260 die ganze Zeile, bestehend aus Byte 256 bis 319, in eine Cache-Zeile geladen. Mit etwas Glück werden kurz danach auch einige der anderen Wörter in der Cache-Zeile benötigt. Dieser Vorgang ist effizienter als der Abruf einzelner Wörter, denn es geht schneller, k Wörter in einem Durchgang als ein Wort k Male abzurufen. Außerdem ist weniger Verwaltungsaufwand (Overhead) erforderlich, wenn Cache-Einträge aus mehr als nur einem Wort bestehen, weil es dann ja weniger Einträge gibt.

Das Cache-Design ist bei Hochleistungs-CPUs ein Thema von zunehmender Bedeutung. Ein Aspekt ist die Cache-Größe. Je größer der Cache, um so mehr leistet er, aber um so teurer ist er auch. Ein zweiter Aspekt ist die Größe einer Cache-Zeile. Ein 16-KByte-Cache kann in 1K Zeilen zu je 16 Byte, 2K Zeilen zu je 8 Byte und weitere Kombinationen aufgeteilt werden. Ein weiterer Aspekt ist die Organisation des Cache, d.h. die Frage, wie der Cache darüber auf dem laufenden bleibt, welche Speicherwörter er gerade enthält.

Ein vierter Designaspekt hat damit zu tun, ob Instruktionen und Daten in demselben Cache oder in verschiedenen gehalten werden sollen. Bei einem **gemeinsamen Cache** (Unified Cache; Instruktionen und Daten liegen im selben Cache) ist das Design einfacher, und das Gleichgewicht zwischen Instruktions- und Datenaufrufen wird automatisch gewahrt. Trotzdem geht heute die Tendenz in Richtung auf einen **geteilten Cache** (Split-Cache), bei dem die Instruktionen in den einen Cache und die Daten in den anderen geholt werden. Dieses Design wird auch als **Harvard-Architektur** bezeichnet und geht zurück auf Howard Aikens Mark-III-Computer, der über unterschiedliche Speicher für Instruktionen und Daten verfügte. Was die Entwickler in diese Richtung drängt, ist die breite Verwendung von Pipeline-CPUs. Die Instruktionsleseeinheit muß zur gleichen Zeit auf Instruktionen zugreifen, in der die Operandenleseeinheit auf Daten zugreifen muß. Der geteilte Cache erlaubt parallel

Zugriffe dieser Art, was bei einem gemeinsamen Cache nicht möglich wäre. Außerdem werden Instruktionen bei der Ausführung normalerweise nicht modifiziert. Deshalb muß der Inhalt des Instruktions-Cache nie in den Speicher zurückgeschrieben werden.

Ein fünfter Aspekt ist die Anzahl der Cache-Speicher. Nicht ungewöhnlich sind heute Chips mit einem internen Primär-Cache und einem externen, aber im gleichen Gehäuse befindlichen Sekundär-Cache, sowie mit einem dritten, noch ein bißchen weiter entfernten.

2.2.6 Speicherbaueinheiten und -typen

Von den frühen Tagen des Halbleiter-RAMs bis Anfang der neunziger Jahre wurden Speicher als einzelne Chips produziert, gekauft und installiert. Die Speicherdichte stieg von 1Kbit auf 1Mbit und mehr. Jeder Chip war aber eine separate Komponente. Die ersten PCs hatten oft Sockel, in die zusätzliche Speicherchips eingesteckt werden konnten, wenn der Käufer sie brauchte.

Derzeit bedient man sich einer anderen Anordnung. Mehrere Chips, üblicherweise 8 oder 16, werden auf eine kleine Leiterplatte montiert und als Baugruppe verkauft. Abhängig davon, ob sie nur auf einer oder aber auf beiden Seiten der Leiterplatte einen Kontaktstreifen aufweisen, werden sie als **SIMM** (**Single Inline Memory Module**) oder **DIMM** (**Dual Inline Memory Module**) bezeichnet. Abb. 2.17 zeigt das Beispiel eines SIMM.

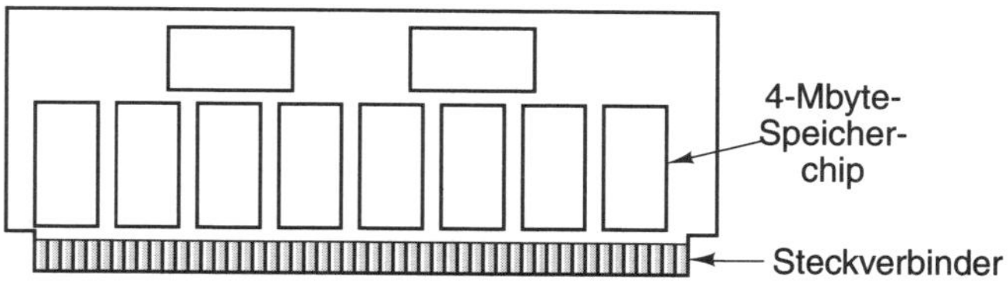

Abb. 2.17: Ein SIMM von 32 Mbyte; zwei der Chips steuern den SIMM

Eine übliche SIMM-Konfiguration hat beispielsweise acht Chips mit je 32 Mbit (4 Mbyte) auf dem SIMM. Das Modul verfügt dann über insgesamt 32 Mbyte. Viele Computer haben Platz für vier Module, so daß sich eine Gesamtkapazität von 128 Mbyte ergibt, wenn man 32-Mbyte-SIMM verwendet. Bei Bedarf können sie später auch durch 64-Mbyte- oder größere SIMMs ersetzt werden.

Die ersten SIMMs hatten 30 Steckverbinder und konnten jeweils 8 Bits gleichzeitig abgeben. Die übrigen Steckverbinder dienten zur Adressierung und Kontrolle. Spätere SIMMs wiesen 72 Steckverbinder auf und lieferten jeweils 32 Bits gleichzeitig. Für Maschinen mit einer CPU wie der Pentium, die gleichzeitig 64 Bit erwarten, wurden SIMMs mit 72 Steckverbindern paarweise angeordnet, wobei jedes je eine Hälfte der benötigten Bits lieferte. Derzeit sind DIMMs die standardmäßige Bestückungsart. Ein DIMM verfügt an jeder Seite über je 84 – insgesamt also 168 – vergoldete Steckverbinder und kann gleichzeitig 64 Datenbits liefern. In Notebook-Computern kommt ein kleineres DIMM mit der Bezeichnung **SO-DIMM (Small Outline DIMM)** zum Einsatz. SIMMs und DIMMs können auch über ein zusätzliches Paritätsbit bzw. Fehlerkorrektur verfügen. Da die durchschnittliche Fehlerrate bei einem Modul bei zehn Jahren liegt, wird bei gewöhnlichen Computern meist auf Fehlererkennung und -korrektur verzichtet.

2.3 Sekundäre Speicher

Wie groß der Hauptspeicher auch sein mag, er ist immer zu klein. Die Benutzer wollen ständig mehr Daten speichern, als der Hauptspeicher aufnehmen kann, hauptsächlich weil die Menschen mit den wachsenden technischen Möglichkeiten zunehmend auch Dinge speichern wollen, die zuvor noch ganz und gar im Bereich der Science-fiction lagen. So könnte man sich vorstellen, daß die »Library of Congress« eines Tages den Plan faßt, all ihre Bestände zu digitalisieren und als Konsumartikel zu verkaufen (»Das gesamte Wissen der Menschheit für nur 49 Dollar!«). Bei grob gerechnet 50 Millionen Büchern mit je 1 Mbyte an Text und 1 Mbyte an komprimierten Bildern müßte man 10^{14} Byte oder 100 Tbyte archivieren. Die Archivierung aller 50000 Filme, die je gedreht wurden, liegt etwa in der gleichen Größenordnung. Soviel Daten passen in kein RAM, jedenfalls nicht in den nächsten Jahrzehnten.

2.3.1 Speicherhierarchien

Die traditionelle Lösung zum Speichern großer Datenmengen ist eine Speicherhierarchie, wie sie in Abb. 2.18 dargestellt wird. An der Spitze stehen die CPU-Register, auf die mit voller CPU-Geschwindigkeit zugegriffen wird. Dann folgt der Cache-Speicher, der sich heute in der Größenordnung von 32 Kbyte bis zu einigen Mbyte bewegt. Als nächstes kommt der Hauptspeicher mit einer Größe von 16 Mbyte für Einstiegssysteme bis zu mehreren Dutzend Gbyte im oberen Leistungsspektrum. Es folgen die Magnetplatten, die derzeitigen Arbeitspferde für die permanente Datenablage. Schließlich haben wir noch das Magnetband und optische Speichermedien für die Archivablage.

Je weiter wir uns in der Hierarchie abwärts bewegen, um so größer werden drei Hauptparameter. Erstens vergrößert sich die Zugriffszeit. Auf CPU-Register wird in wenigen Nanosekunden zugegriffen. Cache-Speicher brauchen schon ein kleines Mehrfaches der Zugriffszeit von CPU-Registern. Hauptspeicherzugriffe dauern normalerweise mehrere Dutzend Nanosekunden. Dann kommt eine große Lücke, da der Festplattenzugriff mindestens 10 ms in Anspruch nimmt; und bei Band- oder optischen Platten kann der Zugriff in Sekunden gemessen werden, wenn die Medien erst geholt und in ein Laufwerk gesteckt werden müssen.

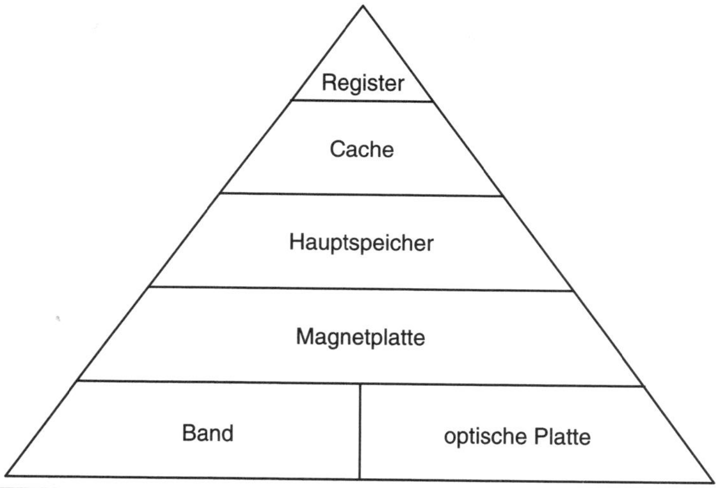

Abb. 2.18: Speicherhierarchie mit fünf Ebenen

Zweitens nimmt die Speicherkapazität zu, je tiefer wir in der Hierarchie gehen. CPU-Register sind für vielleicht 128 Byte gut, Cache-Speicher für einige Mbyte, Hauptspeicher für Dutzende bis Tausende von Mbyte, Magnetplatten für einige Gbyte bis zu Dutzenden von Gbyte. Magnetbänder und optische Platten sind gewöhnlich nicht an den Rechner gebunden, so daß die mit ihnen erreichbare Kapazität nur vom Geldbeutel des Besitzers begrenzt wird.

Drittens nimmt die Anzahl der Bits zu, die man für jeden ausgegebenen Dollar erhält. Die Tagespreise ändern sich zwar ständig, doch wird der Hauptspeicher in Dollar pro Mbyte, der Festplattenspeicher in Pennies pro Mbyte und Magnetbänder in Dollar pro Gbyte oder einem noch kleineren Verhältniswert gemessen.

Register, Cache- und Hauptspeicher haben wir bereits behandelt. In den folgenden Abschnitten untersuchen wir Magnetfestplatten und danach optische Platten. Magnetbänder werden hier nicht einbezogen, weil sie abgesehen von Datensicherungen selten verwendet werden und es ohnehin nicht viel über sie zu sagen gibt.

2.3.2 Magnetplatten

Eine Magnetplatte besteht aus einer oder mehreren runden Aluminium- oder Glasscheiben mit magnetisierbarer Oberfläche. Ursprünglich hatten diese Scheiben einen Durchmesser von bis zu 50 cm, während er heute üblicherweise zwischen 3 und 12 cm liegt. Festplatten für Notebook-Computer liegen bereits unter 3 cm und schrumpfen weiter. Ein Festplattenkopf mit einer Induktionsspule schwebt knapp über der Oberfläche auf einem Luftkissen (bei Disketten hingegen berührt der Kopf die Oberfläche). Wenn positive oder negative Ladung durch den Kopf fließt, magnetisiert er die Fläche direkt unter ihm und richtet dadurch die Magnetpartikel abhängig von der Polarität des Ansteuerungsstroms nach links bzw. rechts aus. Läuft unter dem Kopf ein magnetisierter Bereich vorbei, wird eine positive oder negative Ladung induziert. Dadurch ist es möglich, die zuvor gespeicherten Bits wieder zu lesen. Während die Magnetscheibe also unter dem Kopf rotiert, kann ein Bitstrom geschrieben und später wieder gelesen werden. Abb. 2.19 zeigt die Geometrie einer Plattenspur.

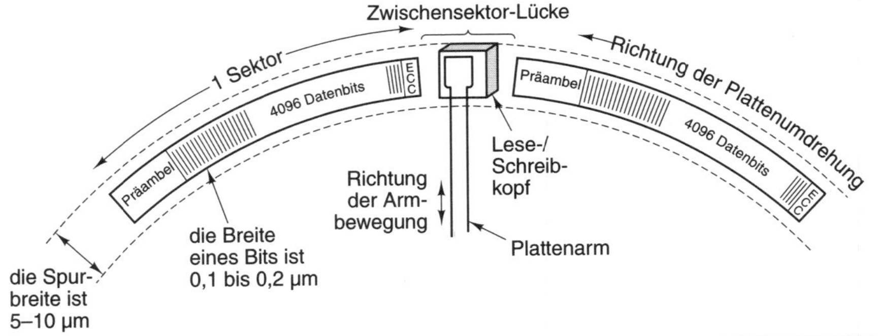

Abb. 2.19: Ausschnitt einer Plattenspur; hier sind zwei Sektoren dargestellt

Die kreisförmige Abfolge von Bits, die geschrieben werden, während die Platte eine volle Umdrehung zurücklegt, wird **Spur** (Track) genannt. Jede Spur ist in **Sektoren** (Sectors) mit fester Länge unterteilt. Ein Sektor enthält üblicherweise 512 Datenbytes, denen eine **Präambel** (Preamble) vorausgeht, die die Synchronisation des Kopfs vor einem Lese- oder Schreibvorgang erlaubt. Den Daten folgt ein Fehlerkorrekturcode (Error-Correcting Code – ECC). Dies kann ein Hamming-Code sein, üblicher ist es jedoch ein **Reed-Solomon-Code**, der mehrere Fehler korrigieren kann. Zwischen aufeinanderfolgenden Sektoren befindet sich eine kleine **Zwischensektor-Lücke** (Intersector Gap). Manche Hersteller geben die Kapazität ihrer Festplatten im unformatierten Zustand an (als ob jede Spur nur Daten enthielte). Ehrlicher ist die Angabe der formatierten Kapazität, bei der die Präambeln, ECC und Lücken nicht als Daten mitgezählt werden. Die formatierte Kapazität ist meist etwa 15 Prozent geringer als die unformatierte.

Alle Platten verfügen über bewegliche Arme, die sich zu verschiedenen radialen Abständen von der Spindel, um die sich die Platte dreht, hin und zurück bewegen können. Bei jedem radialen Abstand kann eine andere Spur beschrieben werden. Die Spuren bilden also konzentrische Kreise um die Spindel. Die Breite einer Spur hängt davon ab, wie groß der Kopf ist, und mit welcher Präzision er radial plaziert werden kann. Bei der heutigen Technologie weisen Platten zwischen 800 und 2000 Spuren pro Zentimeter auf, wobei die Spurbreite zwischen 5 und 10 Mikron (1 Mikron = 1/1000 mm) beträgt. Es sei noch einmal darauf hingewiesen, daß eine Spur keine in die Oberfläche gezogene tatsächliche Furche ist, sondern nur ein Ring magnetisierten Materials mit kleinen Schutzzonen als Abgrenzung zu der weiter innen und weiter außen liegenden Spur.

Die lineare Bitdichte entlang der Spur unterscheidet sich von der radialen. Sie hängt hauptsächlich von der Oberflächenreinheit und der Luftqualität ab. Heutige Festplatten erreichen Dichten von 50000 bis 100000 Bits/cm. Ein Bit ist in radialer Richtung etwa 50 mal so groß wie entlang des Spurumfangs. Um eine hohe Oberflächen- und Luftqualität zu erreichen, werden die meisten Festplatten werkseitig versiegelt, um das Eindringen von Staubpartikeln zu verhindern. Man nennt solche Festplatten auch **Winchester-Platten**. Die ersten Platten dieser Art (entwickelt von IBM) hatten 30 Mbyte versiegelte, feste und 30 Mbyte auswechselbare Kapazität. Vermutlich erinnerten diese 30/30-Platten an das Winchester-Gewehr 30–30, das in der Eroberung des amerikanischen Westens eine so große Rolle spielte, und die Bezeichnung »Winchester« blieb haften.

Die meisten Festplatten bestehen aus mehreren vertikal übereinander angebrachten Scheiben, wie in Abb. 2.20 dargestellt. Für jede Fläche sind ein eigener Arm und Kopf vorgesehen. Alle Arme sind mechanisch gekoppelt und bewegen sich daher gleichzeitig in eine jeweilige radiale Position. Ein Spurensatz bei einer gegebenen radialen Position wird als **Zylinder** bezeichnet.

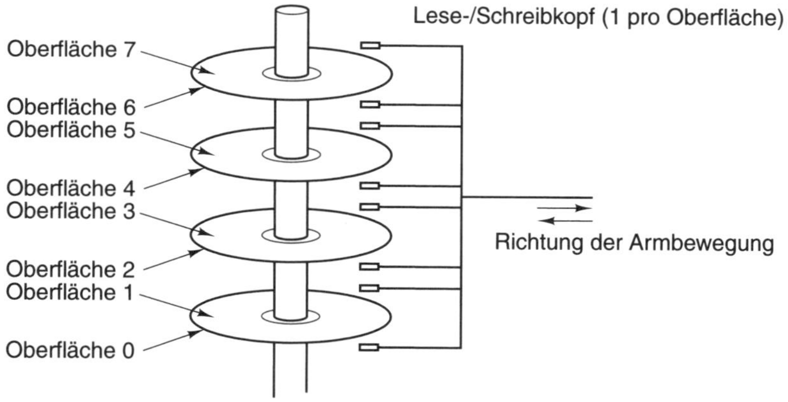

Abb. 2.20: Eine Festplatte mit vier Scheiben

Die Plattenleistung hängt von verschiedenen Faktoren ab. Um einen Sektor zu lesen oder zu beschreiben, muß der Arm zunächst in die richtige radiale Position gebracht werden. Dieser Vorgang wird **Positionierung** (Seek) genannt. Die mittlere Suchzeit (zwischen beliebigen Spuren) liegt im Bereich von 5 bis 15 ms, während Positionierungen zwischen aufeinanderfolgenden Spuren heute teilweise weniger als 1 ms in Anspruch nehmen. Ist der Kopf radial positioniert, gibt es eine als **Drehverzug** (Rotational Delay) bezeichnete Verzögerung, weil nun gewartet werden muß, bis der gewünschte Sektor unter dem Kopf rotiert. Die meisten Festplatten drehen sich in 3600, 5400 oder 7200

Umdrehungen **pro Minute** (UpM), so daß der durchschnittliche Drehverzug (eine halbe Umdrehung) 4 bis 8 ms beträgt. Im oberen Leistungsbereich gibt es auch Platten mit 10800 UpM (180 Umdrehungen/Sekunde). Die Transferzeit hängt von der linearen Speicherdichte und der Umdrehungsgeschwindigkeit ab. Bei gängigen Durchsatzwerten von 5 bis 20 Mbyte/s benötigt ein 512-Byte-Sektor zwischen 25 und 100 µs. Daher wird die Transferzeit in erster Linie von der Suchzeit und vom Drehverzug bestimmt. Über die ganze Festplatte verstreute Sektoren zu lesen, ist also deutlich ineffizienter.

Hier ist der Hinweis angebracht, daß wegen der Präambeln, EEC, Sektorenlücken, Suchzeiten und Drehverzögerungen ein großer Unterschied zwischen der maximalen Stoßgeschwindigkeit (Burst Rate) einer Festplatte und ihrer maximalen Dauergeschwindigkeit (Sustained Rate) besteht. Die maximale Stoßgeschwindigkeit ist als die Übertragungsrate in dem Augenblick definiert, in dem der Kopf über dem ersten Datenbit steht. Der Computer muß in der Lage sein, die einlaufenden Daten mit dieser Geschwindigkeit zu bewältigen. Das Laufwerk kann diese Geschwindigkeit aber nur einen Sektor lang halten. Bei manchen Anwendungen, z.B. bei Multimedia-Applikationen, kommt es auf die durchschnittliche Dauergeschwindigkeit im Verlauf mehrerer Sekunden an. Dabei müssen auch die erforderlichen Positionierungen und Drehverzögerungen berücksichtigt werden.

Wenn Platten sich mit 60 bis 120 UpM drehen, werden sie heiß und dehnen sich aus, wodurch sich ihre physische Geometrie verändert. Manche Laufwerke müssen ihre Positionierungsmechanismen periodisch neu kalibrieren, um dieser Ausdehnung Rechnung zu tragen. Dabei werden die Köpfe vollständig ein- oder ausgefahren. Solche Nacheichungen können sich bei Multimedia-Anwendungen höchst ungünstig auswirken, denn diese erwarten einen mehr oder weniger konstanten Bitstrom bei maximaler Dauergeschwindigkeit. Um solchen Anwendungen zu entsprechen, produzieren einige Hersteller spezielle **audiovisuelle Festplattenlaufwerke**, die ohne diese thermischen Nacheichungen auskommen.

Ein wenig Gedankenarbeit und die gute alte Formel $c = 2\pi r$ für den Kreisumfang zeigen, daß die äußeren Spuren länger als die inneren sind. Da alle Magnetfestplatten unabhängig von der Position der Köpfe mit konstanter Winkelgeschwindigkeit rotieren, ergibt sich ein Problem. Bei älteren Laufwerken arbeiteten die Hersteller bei der innersten Spur mit der maximal möglichen linearen Speicherdichte und mit geringeren linearen Speicherdichten auf den weiter außen befindlichen Spuren. Wenn eine Festplatte beispielsweise 18 Sektoren pro Spur hatte, besetzte jeder Sektor 20 Bogengrad, unabhängig davon, auf welchem Zylinder er lag.

Heute geht man anders vor. Die Zylinder sind in Zonen (üblicherweise 10 bis 30 pro Laufwerk) unterteilt, und in jeder Zone wird die Anzahl der Sektoren pro Spur erhöht, je weiter außen die Spur liegt. Das erschwert es einerseits, die Daten zu verfolgen, erhöht andererseits aber die Festplattenkapazität, die als wichtiger angesehen wird. Alle Sektoren sind dabei gleich groß. Glücklicherweise ändern sich manche Dinge im Leben nie.

Zu jedem Festplattenlaufwerk gehört ein **Festplatten-Controller** (Disk Controller) – eine Leiterplatte voller Chips, die das Laufwerk steuern. Manche Controller enthalten sogar eine komplette CPU. Zu den Aufgaben des Controllers gehört die Annahme von Befehlen von der Software, z.B. `READ`, `WRITE` und `FORMAT` (das Schreiben all der Präambeln), die Steuerung der Armbewegung, das Erkennen und Korrigieren von Fehlern sowie die Umwandlung von 8-Bit-Bytes aus dem Speicher in einen seriellen Bitstrom und umgekehrt. Manche Controller beherrschen auch das Puffern mehrerer Sektoren, indem sie gelesene Sektoren für einen möglicherweise späteren Gebrauch zwischenspeichern, sowie die Umlagerung fehlerhafter Sektoren. Die letztere Funktion hat ihre Ursache im Vorhandensein von Sektoren mit fehlerhaften (permanent magnetisierten) Stellen. Wenn der Controller einen fehlerhaften Sektor erkennt, ersetzt er ihn durch einen freien Sektor, der auf jedem Zylinder oder jeder Zone ausschließlich zu diesem Zweck vorgesehen ist.

2.3.3 Disketten

Als die Personalcomputer aufkamen, brauchte man eine Möglichkeit, Software zu verteilen. Die Lösung fand man in der **Diskette** (Floppy Disk). Dies ist ein kleines austauschbares Medium, und die Bezeichnung »Floppy« (schlapp, wabbelig) geht darauf zurück, daß die ersten biegsam waren. Die Diskette wurde von IBM eigentlich erfunden, damit die Servicetechniker Wartungsdaten über ihre Großrechner aufzeichnen konnten. Doch die Hersteller von Personalcomputern übernahmen sie schnell als bequemes Medium für den Verkauf von Software.

Die prinzipiellen Eigenschaften entsprechen denen der gerade beschriebenen Festplatten. Während bei der Festplatte jedoch der Kopf knapp über der Oberfläche auf einem Kissen aus sich schnell bewegender Luft schwebt, wird die Magnetscheibe in der Diskette vom Kopf berührt. Daher kommt es hier vergleichsweise schnell zu einem Verschleiß an Medium und Kopf. Um ihn zu reduzieren, wird der Kopf bei Personalcomputern abgehoben und die Umdrehung angehalten, wenn das Laufwerk nicht liest oder schreibt. Beim nächsten Schreib- oder Lesevorgang gibt es daher erst einmal eine Verzögerung von etwa einer halben Sekunde, bis der Diskettenmotor hochgefahren ist.

Zwei Größen gibt es: 5,25 und 3,5 Zoll und für beide eine »Low-Density«- (LD) und »High-Density«-Version (HD). 3,5-Zoll-Disketten stecken in einer festen Schutzhülle und zählen daher eigentlich nicht zur »schlappen« Gattung. Da die 3,5-Zoll-Disketten mehr Daten aufnehmen können und besser geschützt sind, haben sie die älteren 5,25-Zoll-Disketten fast vollständig abgelöst. Abb. 2.21 zeigt die wichtigsten Parameter aller vier Typen.

Parameter	**LD 5,25 Zoll**	**HL 5,25 Zoll**	**LD 3,5 Zoll**	**HD 3,5 Zoll**
Größe (Zoll)	5,25	5,25	3,5	3,5
Kapazität (Byte)	360 Kbyte	1,2 Mbyte	720 Kbyte	1,44 Mbyte
Spuren	40	80	80	80
Sektoren/Spur	9	15	9	18
Köpfe	2	2	2	2
Umdrehungen/Minute	300	360	300	300
Datenrate (Kbps)	250	500	250	500
Typ	biegsam	biegsam	fest	fest

Abb. 2.21: Eigenschaften der vier Diskettentypen

2.3.4 IDE-Festplatten

Die Festplatten in modernen Personalcomputern entwickelten sich aus der Festplatte, wie sie im IBM-PC-XT verwendet wurde. Es handelte sich dabei um eine 10-Mbyte-Festplatte der Firma Seagate, die von einem Xebec-Disk-Controller auf einer Steckkarte gesteuert wurde. Die Seagate-Festplatte hatte 4 Köpfe, 306 Zylinder und 17 Sektoren pro Spur. Der Controller konnte zwei Festplatten steuern. Das Betriebssystem las und beschrieb die Festplatte, indem es Parameter in bestimmte CPU-Register lud und dann das **BIOS** (**Basic Input Output System**) aufrief, das im eingebauten Festwertspeicher (Read-only Memory) des PC untergebracht war. Das BIOS gab sodann die Maschineninstruktionen zum Laden der Register des Festplatten-Controllers aus, und diese leiteten die Übertragung ein.

Die Technik entwickelte sich schnell weiter. Befand sich der Controller zunächst auf einer separaten Leiterplatte, so wurde er Mitte der achtziger Jahre bei den **IDE**-Laufwerken (**Integrated Drive Electronics**) in die Festplattenlaufwerke integriert. Aus Gründen der Abwärtskompatibilität wurden die BIOS-Aufrufkonventionen jedoch nicht geändert. Die Sektoren wurden durch Angabe von Kopf-, Zylinder- und Sektornummer angesprochen, wobei die Kopf- und Zylindernummern bei 0 und die der Sektoren bei 1 begannen. Dies geht möglicherweise auf einen Fehler des ursprünglichen BIOS-Programmierers zurück, der sein Meisterwerk in 8088-Assembler schrieb. Bei 4 Bits für den Kopf, 6 Bits für den Sektor und 10 Bits für den Zylinder ergaben sich maximal 16 Köpfe, 63 Sektoren und 1024 Zylinder, was insgesamt 1.032.192 Sektoren bedeutete. Ein solches maximales Laufwerk hatte eine Kapazität von 528 Mbyte, was damals nahezu unendlich schien, heute sicher nicht. (Was würden Sie von einem neuen Computer halten, der Laufwerke mit mehr als einem Tbyte nicht ansprechen kann?)

Es dauerte nicht lange, bis Laufwerke mit mehr als 528 Mbyte, aber auch mit falscher Geometrie erschienen (z.B. 4 Köpfe, 32 Sektoren, 2000 Zylinder). Das Betriebssystem konnte sie wegen der längst vorgegebenen BIOS-Aufrufkonventionen beim besten Willen nicht ansprechen. Daher begannen die Festplatten-Controller zu mogeln, indem sie eine BIOS-konforme Geometrie vorgaukelten, insgeheim aber die virtuelle Geometrie auf die tatsächliche abbildeten. Das funktionierte, führte aber zu Chaos bei Betriebssystemen, die bei der Plazierung von Daten sorgsam vorgingen, um die Suchzeiten zu minimieren.

Die IDE-Platten wurden zu **EIDE**-Platten (**Extended IDE**) weiterentwickelt, die auch eine zweite Adressiermethode mit der Bezeichnung **LBA** (**Logical Block Addressing** – logische Blockadressierung) unterstützen. Dabei werden lediglich die Sektoren von 0 bis maximal $2^{24} - 1$ durchgezählt. Bei diesem Verfahren muß der Controller die LBA-Adressen in Kopf-, Sektor- und Zylinderadressen umsetzen, die 528-Mbyte-Grenze wird aber überwunden. EIDE-Laufwerke und -Controller weisen auch noch weitere Verbesserungen auf, wie die Ansteuerung von vier Laufwerken statt zwei, einen höheren Durchsatz und die Ansteuerung von CD-ROM-Laufwerken.

IDE- und EIDE-Festplatten gab es ursprünglich nur für Systeme auf Intel-Basis, weil die Schnittstelle eine exakte Kopie des IBM-PC-Bus ist. Inzwischen werden sie aufgrund ihres günstigen Preises aber auch in einigen anderen Computern genutzt.

2.3.5 SCSI-Festplatten

SCSI-Festplatten unterscheiden sich nicht von IDE-Festplatten, was die Organisation der Zylinder, Spuren und Sektoren angeht, sie weisen aber eine andere Schnittstelle und einen viel höheren Durchsatz auf. SCSI geht auf Howard Shugart, den Erfinder der Diskette, zurück. Sein Unternehmen brachte 1979 die SASI-Festplatte (Shugart Associates System Interface) auf den Markt. Nach einigen Modifikationen und vielen Auseinandersetzungen standardisierte ANSI 1986 das System und benannte es in **SCSI** (**Small Computer System Interface**) um. SCSI wird »skasi« ausgesprochen. 1994 veröffentlichte ANSI einen aktualisierten Standard mit der Bezeichnung SCSI-2, der heute den ursprünglichen SCSI-1 weitgehend ersetzt hat. An SCSI-3 wird derzeit noch gearbeitet, einige Teile dieses Standards sind jedoch bereits fertig. Manche Anbieter haben diese Teile implementiert, um SCSI-3-Konformität behaupten zu können.

Wegen des hohen Durchsatzes der SCSI-Festplatten sind sie der Standard in den meisten Unix-Workstations von Sun, HP, SGI und anderen Anbietern. Sie sind auch Standard in Macintosh-Computern und üblich in Intel-PCs des oberen Leistungsbereichs, insbesondere bei Netzservern. Abb. 2.22 zeigt die Parameter einiger üblicher Konfigurationen.

Bezeichnung	Datenbits	Bus MHz	Mbyte/s
SCSI 1	8	5	5
SCSI 2	8	5	5
Fast SCSI 2	8	10	10
Fast & Wide SCSI 2	16	10	20
Ultra SCSI	16	20	40

Abb. 2.22: Einige übliche Parameter für SCSI-Festplatten

SCSI ist mehr als nur eine Festplattenschnittstelle. Es ist ein Bus, an den ein SCSI-Controller und bis zu sieben Geräte angeschlossen werden können. Dabei kann es sich um eine oder mehrere SCSI-Festplatten, CD-ROM-Laufwerke, CD-Recorder, Scanner, Bandlaufwerke und andere SCSI-Peripheriegeräte handeln. Jedes SCSI-Gerät hat eine eindeutige Nummer von 0 bis 7 (oder 15 bei »Wide SCSI«). Jedes Gerät verfügt über zwei Anschlüsse – einen Ein- und einen Ausgang. Der Ausgang eines Geräts wird mit dem Eingang des nächsten Geräts in Reihe wie eine Kette billiger Christbaumlämpchen verbunden. Das letzte Gerät in der Kette muß abgeschlossen werden, um zu verhindern, daß Reflexionen vom Ende des SCSI-Bus die anderen Daten auf dem Bus stören. Üblicherweise befindet sich der Controller auf einer Steckkarte und bildet den Beginn der Kabelkette, doch ist diese Konfiguration nicht zwingend vorgeschrieben.

Das gängigste Kabel für 8-Bit-SCSI hat 50 Leitungen, von denen 25 Erdleitungen sind, die eins-zu-eins mit den anderen 25 Kabeln gepaart werden. Von diesen 25 Leitungen sind 8 für Daten, 1 für die Parität, 9 für die Steuerung und der Rest für die Stromversorgung oder zur späteren Verwendung reserviert. Die 16-Bit- und 32-Bit-Geräte erfordern ein zweites Kabel für die zusätzlichen Signale. Die Kabel können mehrere Meter lang sein, so daß sich auch externe Festplatten, Scanner usw. anschließen lassen.

SCSI-Controller und -Peripheriegeräte können als Initiator oder Ziel fungieren. Gewöhnlich agiert der Controller als Initiator und gibt Befehle an Laufwerke und andere Peripheriegeräte aus, die als Ziele agieren. Diese Befehle sind Blöcke von bis zu 16 Byte, die dem Ziel ihre Aufgabe mitteilen. Befehle und Reaktionen treten in Phasen auf, wobei verschiedene Steuersignale die Phasen kennzeichnen und über den Buszugriff entscheiden, wenn mehrere Geräte gleichzeitig den Bus benutzen wollen. Diese Konkurrenzbereinigung (Arbitration) ist wichtig, denn SCSI erlaubt es allen Geräten, gleichzeitig zu laufen, was potentiell die Systemleistung in Umgebungen erheblich verbessert, bei denen mehrere Prozesse gleichzeitig aktiv sind (wie Unix oder Windows NT). IDE und EIDE lassen dagegen nur jeweils ein aktives Gerät zu.

2.3.6 RAID

In den letzten zehn Jahren hat sich die CPU-Geschwindigkeit mit etwa einer Verdoppelung alle 18 Monate exponentiell gesteigert. Für die Geschwindigkeit der Festplatten gilt dies jedoch nicht. In den siebziger Jahren betrug die mittlere Suchzeit von Minicomputer-Platten 50 bis 100 ms. Heute beträgt sie 10 ms. In den meisten Bereichen der technischen Industrie (wie Automobil- oder Flugzeugbau) wäre eine Geschwindigkeitssteigerung um einen Faktor von 5 oder 10 in zwei Jahrzehnten eine Sensation, in der Computerbranche ist sie eher peinlich. Der Abstand zwischen der Performance von CPU und Festplatten wurde aber im Laufe der Zeit immer größer.

Wie wir gesehen haben, setzt man zur Steigerung der CPU-Leistung zunehmend Parallelverarbeitung ein. Im Laufe der Jahre sind folgerichtig manche auf die Idee gekommen, daß parallele Ein- und Ausgabe ebenfalls effizienter sein könnte. In einem 1988 erschienenen Artikel schlagen Patterson u.a. sechs genau festgelegte Plattenarchitekturen vor, die zur Steigerung der Festplattenleistung und Zuverlässigkeit oder beidem verwendet werden könnten (Patterson u.a., 1988). Diese Ideen wurden von der Industrie rasch aufgegriffen und führten zu einer neuen Klasse von E/A-Geräten mit der Bezeichnung **RAID**. Patterson u.a. definierten RAID als **Redundant Array of Inexpensive Disks** (redundante Anordnung billiger Festplatten), doch die Industrie definierte das I um in »independent« (unabhängig) – etwa, um teure Platten verwenden zu können? Und da auch ein Übeltäter benötigt wurde (wie bei RISC kontra CISC, was ebenfalls auf Patterson zurückgeht), fand man ihn in der **SLED (Single Large Expensive Disk)** (große und teure Einzelfestplatte).

Das Grundkonzept hinter einem RAID ist es, neben dem Computer, in der Regel einem großen Server, einen Kasten voller Festplatten aufzustellen, den Festplatten-Controller durch einen RAID-Controller zu ersetzen, die Daten auf den RAID herüberzukopieren und dann wie normal weiterzuarbeiten. Mit anderen Worten: Das RAID sollte dem Betriebssystem wie eine SLED erscheinen, dabei jedoch eine höhere Leistung und Zuverlässigkeit aufweisen. Da SCSI-Festplatten sich durch hohe Leistung und niedrigen Preis auszeichnen und außerdem bis zu sieben Laufwerke an einem Controller möglich sind (und sogar 15 bei »Wide SCSI«), ist es ganz natürlich, daß die meisten RAIDs aus einem RAID-SCSI-Controller und einem Kasten mit SCSI-Festplatten bestehen, die dem Betriebssystem als eine einzige große Festplatte erscheinen. Auf diese Weise sind für die Verwendung des RAID keine Software-Modifikationen erforderlich, was für viele Systemadministratoren ein wesentliches Verkaufsargument ist.

Die RAIDs erscheinen der Software jedoch nicht nur als eine einzige Festplatte. Sie haben außerdem die Eigenschaft, daß die Daten so über die Einzellaufwerke verteilt sind, daß Parallelbetrieb möglich ist. Patterson u.a. definierten dazu verschiedene Methoden, die als RAID Level 0 bis RAID Level 5 bekannt sind. Daneben gibt es noch einige untergeordnete Ebenen, die wir hier nicht berücksichtigen. Der Begriff »Level« (Ebene) ist allerdings nicht ganz glücklich gewählt, denn mit einer Hierarchie hat es nichts zu tun – es handelt sich lediglich um sechs verschiedene Arten der Architektur.

RAID Level 0 ist in Abb. 2.23(a) dargestellt. Die vom RAID simulierte virtuelle Einzelfestplatte wird als in Streifen von k Sektoren unterteilt betrachtet, wobei die Sektoren 0 bis $k - 1$ als Streifen 0, die Sektoren k bis $2k - 1$ als Streifen 1 usw. definiert sind. Bei $k = 1$ hat jeder Streifen einen Sektor, bei $k = 2$ hat er zwei Sektoren usw. Bei RAID Level 0 werden aufeinanderfolgende Streifen auf die Laufwerke so verteilt, wie es in Abb. 2.23 für ein RAID mit vier Festplattenlaufwerken dargestellt ist. Diese Art der Datenverteilung über mehrere Laufwerke wird als **Striping** bezeichnet. Wenn die Software beispielsweise einen Befehl ausgibt, einen aus vier aufeinanderfolgenden Streifen bestehenden Datenblock zu lesen, der an einer beliebigen Streifengrenze beginnt, teilt der RAID-Controller diesen Befehl in vier separate Befehle auf – einen für jede der vier Festplatten – und läßt sie parallel laufen. So erhalten wir parallele Ein- und Ausgabe, ohne daß die Software etwas davon merkt.

RAID Level 0 arbeitet am besten bei großen Datenabfragen – je größer, um so besser. Hat eine Abfrage ein größeres Volumen als die Anzahl der Festplatte mal Streifengröße, erhalten manche Laufwerke mehrere Abfragen. Wenn sie die erste Abfrage erledigt haben, können sie gleich die zweite bearbeiten. Es ist Sache des Controllers, die Abfrage aufzuteilen, die entsprechenden Befehle an die jeweiligen Laufwerke in der richtigen Abfolge zu schicken und dann die Ergebnisse im Speicher korrekt zusammenzusetzen. Daraus ergibt sich ein hervorragendes Leistungsverhalten bei unproblematischer Implementierung.

RAID Level 0 arbeitet am schlechtesten mit Betriebssystemen, die standardmäßig immer nur einen Datensektor nach dem anderen abfragen. Die Ergebnisse sind dann zwar korrekt, es gibt aber keine Parallelität und somit keinen Leistungszuwachs. Ein weiterer Nachteil dieser Architektur ist es, daß die Zuverlässigkeit schlechter als bei einer SLED sein kann. Besteht ein RAID aus vier Festplatten, von denen jede einen mittleren Ausfallabstand von 20000 Stunden aufweist, dann kommt es einmal alle 5000 Stunden zu einem Laufwerksausfall, und alle Daten sind vollständig verloren. Unter diesen Umständen wäre eine SLED mit einem mittleren Ausfallabstand von 20000 Stunden also viermal so zuverlässig. Da dieses Design keine Redundanz enthält, ist es eigentlich auch kein echtes RAID.

Die nächste Möglichkeit, das in Abb. 2.23(b) gezeigte RAID Level 1, ist ein echtes RAID. Es werden dabei alle vier Festplatten dupliziert. Somit gibt es vier Primär- und vier Backup-Festplatten. Bei einem Schreibvorgang wird jeder Streifen zweimal geschrieben. Bei einem Lesevorgang können beide Kopien benutzt werden, so daß die Belastung auf mehrere Laufwerke verteilt wird. Die Schreibleistung ist also nicht besser als bei einem Einzellaufwerk, doch die Leseleistung kann doppelt so groß sein. Die Fehlertoleranz ist ausgezeichnet – wenn ein Laufwerk versagt, wird statt dessen einfach die Kopie benutzt. Bei der Wiederherstellung (Recovery) wird ein neues Laufwerk installiert und eine exakte Kopie des Backup-Laufwerks erstellt.

Anders als Level 0 und 1, die mit Sektorstreifen umgehen, arbeitet RAID Level 2 auf Wortbasis, und sogar das Byte ist als Basis möglich. Jedes Byte auf der virtuellen Einzelplatte kann man sich als Paar von 4-Bit-Nibbles (Halbbytes) denken, denen man je einen Hamming-Code hinzufügt, um so ein 7-Bit-Wort zu bilden, wobei die Bits 1, 2 und 4 Paritätsbits sind. Dann stelle man sich vor, die sieben Laufwerke in Abb. 2.23(c) seien hinsichtlich Arm- und Rotationsposition synchronisiert. Jetzt wäre es möglich, das mit Hamming-Code versehene 7-Bit-Wort auf die sieben Laufwerke so zu verteilen, daß auf jedes Laufwerk ein Bit entfällt.

Nach diesem Schema arbeitete der Thinking-Machines-Computer CM-2. Er nahm 32-Bit-Datenwörter, fügte 6 Paritätsbits ein und bildete daraus ein 38-Bit-Hamming-Wort samt einem Extrabit für die Wortparität. Dann verteilte er jedes Wort auf 39 Festplattenlaufwerke. Der Gesamtdurchsatz war gewaltig, denn in einer Sektorzeit konnte er das Datenvolumen von 32 Sektoren schreiben. Es gab auch keine Schwierigkeiten, wenn ein Laufwerk einmal ausfiel, denn es ging dann ja nur ein Bit in jedem gelesenen 39-Bit-Wort verloren, und das konnte der Hamming-Code mühelos verkraften.

Andererseits erfordert dieses Verfahren die Synchronisation der Umdrehungen aller Laufwerke, und es ist auch nur bei einer großen Zahl von Laufwerken sinnvoll (auch bei 32 Daten- und 6 Paritätslaufwerken beträgt der Verwaltungsaufwand [Overhead] noch 19 Prozent). Außerdem wird dem Controller viel abverlangt, denn er muß in jeder Bitzeit eine Hamming-Prüfsumme bilden.

Der in Abb. 2.23(d) dargestellte RAID Level 3 ist eine vereinfachte Version von RAID Level 2. Für jedes Datenwort wird ein einzelnes Paritätsbit berechnet und auf ein Paritätslaufwerk geschrieben. Wie bei RAID Level 2 müssen die Laufwerke exakt synchronisiert sein, da die einzelnen Datenwörter über mehrere Laufwerke verteilt werden.

Im ersten Moment könnte es scheinen, daß ein einzelnes Paritätsbit nur Fehlererkennung, nicht aber Fehlerkorrektur ermöglicht. Für beliebige unerkannte Fehler trifft dies auch zu. Doch im Fall eines ausfallenden Laufwerks ist vollständige 1-Bit-Fehlerkorrektur gegeben, da die Position des fehlerhaften Bits bekannt ist. Wenn ein Laufwerk ausfällt, nimmt der Controller einfach an, daß seine Bits lauter Nullen seien. Wenn ein Wort dann einen Paritätsfehler aufweist, muß das Bit aus dem toten Laufwerk also eine 1 sein, und es wird entsprechend korrigiert. Zwar bieten die RAID Level 2 und 3 sehr hohe Datenraten; die Anzahl der separaten Ein-/Ausgabe-Anforderungen pro Sekunde, die sie bewältigen können, ist aber nicht größer als bei einem Einzellaufwerk.

Die RAID Level 4 und 5 arbeiten wieder mit Streifen und nicht mit einzelnen Wörtern samt Parität und erfordern auch keine synchronisierten Laufwerke. RAID Level 4 (siehe Abb. 2.23(e)) entspricht RAID Level 0, wobei die Parität Streifen für Streifen auf ein zusätzliches Laufwerk geschrieben wird. Ist jeder Streifen beispielsweise k Byte lang, werden alle Streifen per EXCLUSIVE OR miteinander verknüpft, was einen Paritätsstreifen mit der Länge von *k* Byte ergibt. Fällt ein Laufwerk aus, können die verlorengegangenen Bytes wieder aus dem Paritätslaufwerk errechnet werden.

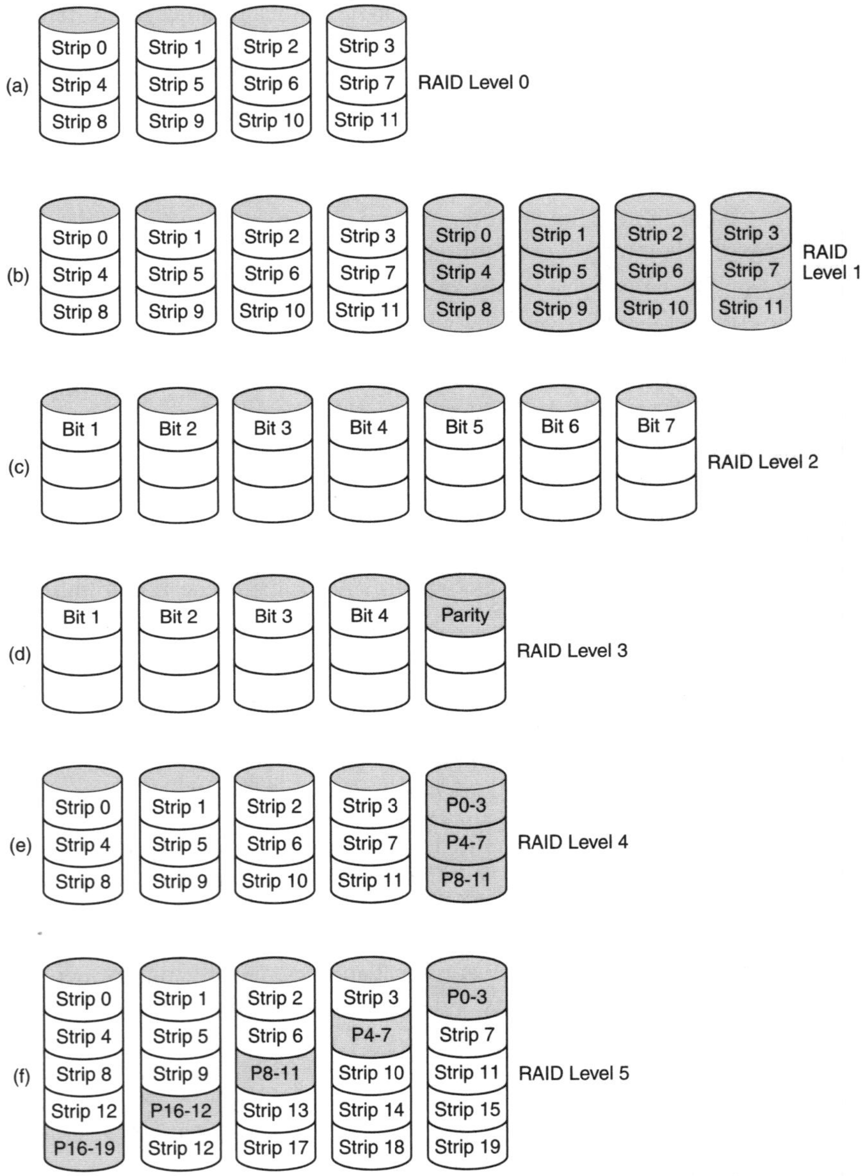

Abb. 2.23: RAID Level 0 bis 5; Backup- und Paritätslaufwerke sind schattiert dargestellt

Dieses Design bietet Schutz beim Verlust eines Laufwerks, doch die Leistung ist bei kleinen Aktualisierungen ungünstig. Wenn nämlich ein Sektor geändert wird, müssen alle Laufwerke gelesen werden, um die Parität neu berechnen zu können, die dann zurückgeschrieben werden muß. Alternativ können die alten Benutzerdaten und die alten Paritätsdaten gelesen und daraus die neue Parität errechnet werden. Aber auch bei dieser Optimierung erfordert eine kleine Aktualisierung immer noch zwei Lese- und zwei Schreibvorgänge.

Als Folge seiner hohen Last kann das Paritätslaufwerk zu einem Flaschenhals werden. Dieser Engpaß wird in RAID Level 5 dadurch umgangen, daß die Paritätsbits gleichmäßig nacheinander gemäß dem Round-Robin-Verfahren auf alle Laufwerke verteilt werden wie in Abb. 2.23(f). Beim Ausfall eines Laufwerks ist die Inhaltsrekonstruktion dieses Laufwerks jedoch ein komplexer Vorgang.

2.3.7 CD-ROM

In den letzten Jahren wurden optische (im Gegensatz zu den magnetischen) Platten verfügbar. Sie weisen viel höhere Speicherdichten als konventionelle Magnetfestplatten auf. Optische Platten wurden ursprünglich zur Aufzeichnung von Fernsehprogrammen entwickelt, doch noch besser lassen sie sich als Speichergeräte für Computer einsetzen. Wegen ihrer potentiell gewaltigen Kapazität wurde viel Forschungsaufwand in optische Platten gesteckt, und ihre Entwicklung machte unglaubliche Fortschritte.

Die optischen Platten der ersten Generation wurden vom niederländischen Elektronikkonzern Philips zur Speicherung von Filmen erfunden. Sie hatten einen Durchmesser von 30 cm und wurden unter der Bezeichnung Laser-Vision vermarktet. Doch außer in Japan konnten sie nicht Fuß fassen.

1980 entwickelte Philips zusammen mit Sony die CD (Compact Disc), die schnell die Schallplatten aus Vinyl mit 33⅓ UpM verdrängte. Die genauen technischen Details für die CD wurden im offiziellen Internationalen Standard IS 10149 veröffentlicht, der wegen seiner Umschlagfarbe auch allgemein **Red Book** genannt wurde. (Internationale Standards werden von der International Organization for Standardization herausgegeben – dem internationalen Gegenstück zu nationalen Normengremien wie ANSI, DIN usw. Jeder Standard hat eine IS-Nummer.) Die Veröffentlichung der Platten- und Laufwerksspezifikationen als internationaler Standard hat den Zweck, daß die CDs verschiedener Musikgesellschaften und die Abspielgeräte verschiedener Elektronikhersteller problemlos zusammenarbeiten. Alle CDs haben einen Durchmesser von 120 mm, sind 1,2 mm dick und haben ein 15 mm großes Loch in der Mitte. Die Audio-CD war das erste digitale Speichermedium auf dem Massenmarkt. Sie soll 100 Jahre halten. Prüfen Sie bitte im Jahr 2080, ob die erste CD-Serie diese Zeit heil überdauert hat.

Bei der Vorbereitung einer CD werden mit einem Hochleistungslaser Löcher von 0,8 Mikron Durchmesser in eine beschichtete Glas-Masterdisk gebrannt. Von diesem Master wird eine Form hergestellt, die Erhebungen aufweist, wo die Laserlöcher waren. In diese Form wird geschmolzenes Polykarbonatharz eingespritzt, und so entsteht eine CD mit dem gleichen Lochmuster wie im

Glasmaster. Danach wird auf das Polykarbonat eine sehr dünne Schicht aus reflektierendem Aluminium sowie eine Schutzschicht aus Lack und schließlich noch ein Etikett aufgebracht. Die Vertiefungen im Polykarbonatsubstrat werden **Pits** und die nicht gebrannten Flächen zwischen den Pits **Lands** genannt.

Beim Abspielen wirft eine Laserdiode mit niedriger Spannung Infrarotlicht mit einer Wellenlänge von 0,78 Mikron auf die sich vorbeibewegenden Pits und Lands. Der Laser befindet sich dabei auf der Polykarbonatseite, so daß die Pits dem Laser als Erhebungen in der ansonsten ebenen Oberfläche entgegenragen. Da die Pits eine Höhe von einem Viertel der Wellenlänge des Laserlichts haben, ist das von den Pits reflektierte Licht eine halbe Wellenlänge außer Phase zu dem von der umgebenden Oberfläche reflektierten Licht. Daher kommt es zu einer Auslöschung dieser beiden Lichtanteile, und es geht weniger Licht zurück zum Photodetektor des Abspielgeräts als das Licht, das von der umgebenden Fläche zurückgeworfen wird. So kann das Gerät Pits von Lands unterscheiden. Obwohl es am einfachsten erscheint, ein Pit zur Aufzeichnung einer 0 und ein Land für eine 1 zu verwenden, ist es zuverlässiger, einen Pit/Land- oder Land/Pit-Übergang für die 0 und die Abwesenheit eines solchen Übergangs als 1 zu definieren. Man entschied sich daher für letzteres Schema.

Die Pits und Lands werden, beginnend in der Nähe des Mittelochs, 32 mm weit in Richtung des Außenrands in einer einzigen nach außen fortlaufenden Spirale geschrieben. Diese Spirale macht 22188 Umdrehungen um die Scheibe (rund 600 pro mm). Könnte man sie aufwickeln, wäre sie 5,6 km lang. Abb. 2.24 zeigt die Spirale.

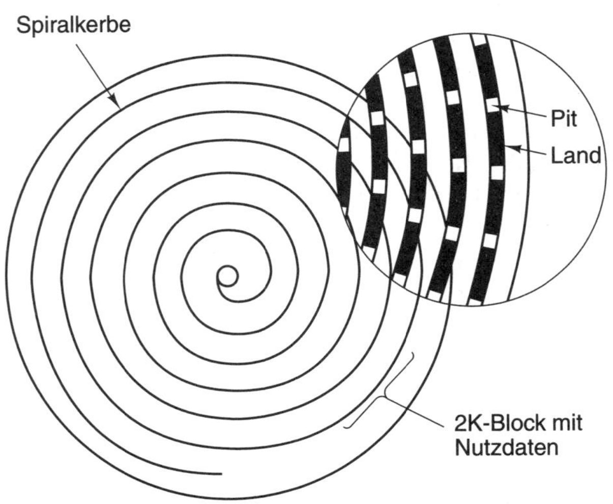

Abb. 2.24: Aufzeichnungsstruktur einer Compact Disc oder CD-ROM

Damit die Musik gleichmäßig schnell abgespielt wird, müssen die Pits und Lands mit konstanter linearer Geschwindigkeit vorbeiströmen. Aus diesem Grund muß die Drehzahl der CD kontinuierlich verringert werden, während der Lesekopf sich von innen nach außen über die CD bewegt. An der Innenseite beträgt die Drehzahl 530 UpM, um die gewünschte Strömungsgeschwindigkeit von 120 cm/s zu erzielen. An der Außenseite muß sie auf 200 UpM sinken, damit sich die gleiche lineare Geschwindigkeit am Kopf ergibt. Ein Laufwerk mit konstanter linearer Geschwindigkeit unterscheidet sich beträchtlich von einem Festplattenlaufwerk, das unabhängig von der jeweiligen Position des Lesekopfs mit konstanter Winkelgeschwindigkeit arbeitet. Außerdem sind 530 UpM weit von den 3600 bis 7200 UpM entfernt, mit denen sich die meisten Magnetplatten drehen.

1984 erkannten Philips und Sony das Potential der CD für die Speicherung von Computer-Daten und veröffentlichten das **Yellow Book** mit der Definition eines exakten Standards für das, was wir heute **CD-ROM** (**Compact Disc – Read Only Memory**) nennen. Um auf der Welle des damals bereits etablierten Markts für Audio-CDs reiten zu können, sollten CD-ROMs die gleiche Größe wie Audio-CDs aufweisen, zu ihnen mechanisch und optisch kompatibel sein und mit den gleichen Polykarbonat-Spritzgußmaschinen produziert werden können. Als Konsequenz dieser Entscheidung wurden langsame Motoren mit variabler Geschwindigkeit benötigt. Andererseits konnten die Produktionskosten für eine CD-ROM auch bei niedrigeren Stückzahlen deutlich unter einem Dollar bleiben.

Das Yellow Book definierte die Formatierung der Computer-Daten. Außerdem wurden die Fehlerkorrekturfähigkeiten des Systems verbessert – ein entscheidender Schritt, denn Musikfreunde können den gelegentlichen Ausfall eines Bits leicht verkraften, Computer-Freunde reagieren in einem solchen Fall aber schnell sauer. Das Grundformat bei einer CD-ROM besteht in der Kodierung eines jeden Bytes zu einem 14-Bit-Symbol. Wie wir weiter oben gesehen haben, reichen 14 Bits aus, um ein Byte aus 8 Bits und zwei weiteren Bits nach Hamming zu kodieren. In Wirklichkeit wird ein noch wirkungsvolleres Kodiersystem verwendet. In der Hardware erfolgt die Umsetzung von 14 auf 8 durch Verweistabellen.

Eine Ebene weiter bildet eine Gruppe von 42 aufeinanderfolgenden Symbolen einen **Frame** (Datenübertragungsblock) von 588 Bits. Jeder Frame enthält 192 Datenbits (24 Byte). Die übrigen 396 Bits dienen der Fehlerkorrektur und Steuerung. So weit ist das Schema für Audio-CD und CD-ROM identisch.

Neu im Yellow Book ist die Gruppierung von 98 Frames zu einem CD-ROM-Sektor, wie in Abb. 2.25 dargestellt. Jeder CD-ROM-Sektor beginnt mit einer 16-Byte-Präambel. Die ersten 12 davon sind 00FFFFFFFFFFFFFFFFFFFF00 (hexadezimal). Mit ihrer Hilfe erkennt das Abspielgerät den Start eines CD-ROM-Sektors. Die nächsten 3 Bytes enthalten die Sektornummer, denn die Kopfpositionierung auf einer CD-ROM mit ihrer einzigen Datenspirale ist viel schwieriger als bei einer Magnetplatte mit ihren einheitlichen konzentrischen

Spuren. Bei der Positionierung berechnet die Laufwerk-Software den ungefähren Ort, bewegt den Kopf dorthin und sucht dann nach einer Präambel, um zu sehen, wie gut die Schätzung war. Das letzte Byte in der Präambel enthält den Modus.

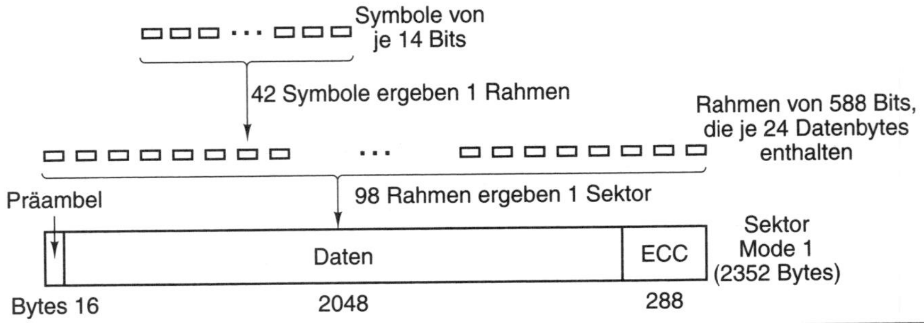

Abb. 2.25: Logisches Datenlayout auf einer CD-ROM

Das Yellow Book definiert zwei Modi. Modus 1 arbeitet mit der in Abb. 2.25 dargestellten Auslegung mit 16-Byte-Präambel, 2048 Datenbytes und einem Fehlerkorrekturcode von 288 Byte (ein querverzahnter Reed-Solomon-Code). In Modus 2 werden die Daten- und Fehlerkorrekturfelder (Error Correction Code – ECC) für Anwendungen, die wie Audio oder Video keine Fehlerkorrektur benötigen (oder sich die Zeit dafür nicht leisten können), zu einem 2336-Byte-Datenfeld kombiniert. Um hohe Zuverlässigkeit zu erzielen, werden also drei separate Fehlerkorrekturmethoden eingesetzt – innerhalb eines Symbols, eines Rahmens und eines CD-ROM-Sektors. Einzelbitfehler werden auf unterster Ebene, kurze Burstfehler auf Frame-Ebene korrigiert, und Restfehler werden auf Sektorebene erfaßt. Der Preis für diese hohe Zuverlässigkeit ist, daß 98 Frames mit insgesamt 588 Bits (7203 Byte) erforderlich sind, um eine Nutzdatenmenge von 2048 Byte zu befördern. Das entspricht einer Effizienz von nur 28 Prozent.

CD-ROM-Laufwerke in Single-Speed arbeiten mit 75 Sektoren/s, was einer Datenrate von 153.600 Byte/s in Modus 1 und 175.200 Byte/s in Modus 2 entspricht. Double-Speed-Laufwerke sind doppelt so schnell; und so geht es weiter bis zu den höchsten Geschwindigkeiten. Eine standardmäßige Audio-CD hat Platz für 74 Minuten Musik, was auf Modus-1-Daten umgerechnet eine Kapazität von 681.984.000 Byte ergibt. Dieser Wert wird gewöhnlich mit 650 Mbyte angegeben, weil 1 Mbyte 2^{20} Byte (1.048.576 Byte) und nicht 1.000.000 Byte entspricht.

Nicht einmal ein CD-ROM-Laufwerk mit zweiunddreißigfacher Geschwindigkeit (4.915.200 Byte/s) kommt gegen eine schnelle SCSI-2-Festplatte mit 10 Mbyte/s an, obwohl sich viele CD-ROM-Laufwerke der SCSI-Schnittstelle bedienen (es gibt auch IDE-CD-ROM-Laufwerke). Macht man sich klar, daß die Suchzeit gewöhnlich mehrere Hundert Millisekunden beträgt, liegt es auf der

Hand, daß CD-ROM-Laufwerke sich trotz ihrer hohen Kapazität nicht in der gleichen Leistungsklasse wie magnetische Festplatten bewegen.

1986 schlug Philips mit dem **Green Book** noch einmal zu und verlieh der Spezifikation die Fähigkeit zur Verschachtelung von Audio, Video und Daten in demselben Sektor – eine für Multimedia-CD-ROMs unabdingbare Eigenschaft.

Das letzte Stück im CD-ROM-Puzzle ist das Dateisystem. Damit dieselbe CD-ROM auf verschiedenen Computern laufen kann, mußte man Einigkeit über CD-ROM-Dateisysteme erzielen. Hierzu kamen die Vertreter vieler Computer-Firmen am Lake Tahoe in den High Sierras zwischen Kalifornien und Nevada zusammen und erarbeiteten ein Dateisystem, das sie **High Sierra** nannten. Später entwickelte es sich zu einem Internationalen Standard (IS 9660). Es hat drei Ebenen oder Level. Level 1 arbeitet mit Dateinamen von bis zu 8 Zeichen, wahlweise gefolgt von einer bis zu drei Zeichen langen Erweiterung (die bekannte MS-DOS-Dateinamenskonvention). Die Dateinamen dürfen nur Großbuchstaben, Zahlen und den Unterstrich enthalten. Die Verzeichnisse können eine maximale Tiefe von acht Ebenen aufweisen, ihre Namen dürfen aber keine Erweiterung enthalten. Level 1 fordert, daß jede Datei eine zusammenhängende Einheit bildet, was bei einem nur einmal beschreibbaren Medium kein Problem darstellt. Jede zu IS 9660 konforme CD-ROM kann mit einem MS-DOS-, Apple-, Unix- und praktisch jedem anderen Computer gelesen werden. CD-ROM-Verlage betrachten diese Eigenschaft als großen Vorteil.

IS 9660 Level 2 erlaubt Namen von bis zu 32 Zeichen, und Level 3 läßt auch nicht zusammenhängende Dateien zu. Die Rock-Ridge-Erweiterungen (ulkigerweise benannt nach der Stadt im Gene-Wilder-Film *Der wilde, wilde Westen*) läßt sehr lange Namen (für Unix), UIDs, GIDs und symbolische Verknüpfungen zu, doch CD-ROMs, die nicht konform zu Level 1 sind, können nicht von allen Rechnern gelesen werden.

CD-ROMs sind sehr beliebt für die Publikation von Spielen, Filmen, Enzyklopädien, Atlanten und Nachschlagewerken aller Art geworden. Die von ihnen gebotene Verbindung aus großer Speicherkapazität und extrem niedrigen Herstellungskosten macht sie für zahllose Anwendungsbereiche bestens geeignet.

2.3.8 Einmal beschreibbare CD

Anfangs war die für die Produktion einer Master-CD-ROM (wie auch einer Audio-CD) erforderliche Ausrüstung extrem teuer. Wie es in der Computerbranche nun einmal ist, bleibt nichts auf Dauer teuer. Mitte der neunziger Jahre waren CD-Recorder von der Größe eines CD-Spielers ein gängiges und in den meisten Computer-Läden vorrätiges Peripheriegerät. Beschreibbare CD-ROMs unterscheiden sich immer noch von den Magnetfestplatten, denn sind sie einmal beschrieben, können sie nicht wieder gelöscht und neu beschrieben werden. Dennoch fanden sie schnell eine Nische als Backup-Medium für große Festplatten, und sie erlaubten es Einzelpersonen oder jungen Unternehmen, eigene CD-ROMs in kleinen Serien zu fertigen oder Master für die Weitergabe an kommerzielle CD-Vervielfältigungsanlagen mit großen Stückzahlen zu produzieren. Diese Laufwerke tragen die Bezeichnung **CD-R** (**CD-Recordables**).

Physikalisch beginnen CD-Rs als Leer-CD von 120 mm aus Polykarbonat, die wie CD-ROMs aussehen, außer daß sie eine 0,6 mm breite Rille aufweisen, die den Laser beim Beschreiben führt. Die Rille hat eine sinusartige Auslenkung von 0,3 mm bei einer Frequenz von 22,05 kHz, die laufend Rückmeldungen liefert, damit die Umdrehungsgeschwindigkeit präzise überwacht und notfalls justiert werden kann. CD-Rs sehen wie gewöhnliche CD-ROMs aus, nur daß sie an der Oberseite golden statt silbern sind. Die goldene Farbe hat ihre Ursache darin, daß für die Reflexionsschicht echtes Gold anstelle des Aluminiums verwendet wird. Anders als bei den Silberscheiben, die Vertiefungen aufweisen, muß bei den CD-Rs die unterschiedliche Reflexionsfähigkeit der Pits und Lands simuliert werden. Dies erfolgt durch eine zusätzliche Farbschicht zwischen dem Polykarbonat und der reflektierenden Goldschicht (siehe Abb. 2.26). Es werden zwei Farbarten benutzt: Zyanin mit grünlichem Farbton und Phthalozyanin mit gelblichem Orangeton. Chemiker können endlos darüber debattieren, was besser ist. Diese Farben entsprechen denen, die in der Fotografie verwendet werden. Das erklärt auch, warum Kodak und Fuji wichtige Hersteller von CD-Rs sind.

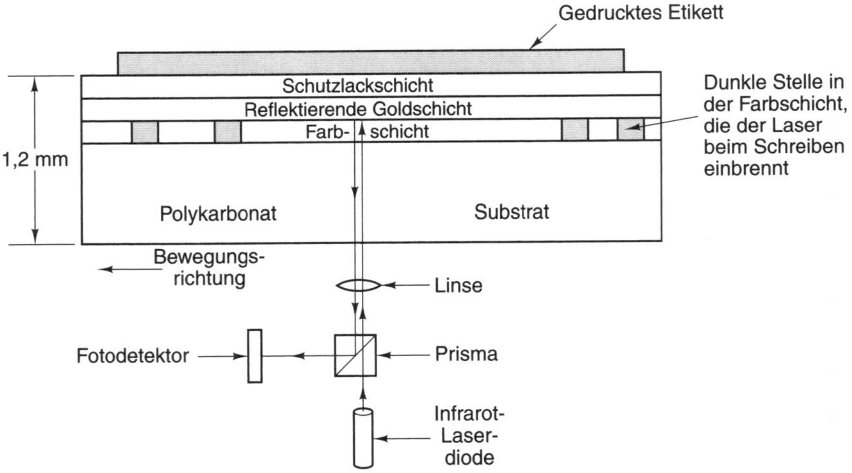

Abb. 2.26: Querschnitt durch eine CD-R und den Laser (nicht maßstabsgetreu). Die silberne CD-ROM hat eine ähnliche Struktur, verfügt aber nicht über die Farbschicht und hat anstelle der Goldschicht eine Aluminiumschicht mit Vertiefungen.

Im ursprünglichen Zustand ist die Farbschicht transparent und läßt das Laserlicht durchdringen, das dann an der Goldschicht reflektiert wird. Beim Schreiben wird der CD-R-Laser auf hohe Leistung gebracht (8–16 mW). Trifft der Strahl auf einen Farbpunkt, erhitzt sich dieser, und es wird eine chemische Bindung aufgebrochen. Diese Veränderung in der Molekülstruktur bewirkt eine dunkle Stelle. Beim Lesen (bei 0,5 mW) erkennt der Fotodetektor den Unterschied zwischen den dunklen Stellen, wo die Farbe getroffen wurde, und den Stellen, wo die Farbschicht intakt ist. Dies wird als Unterschied zwischen Pits und Lands interpretiert – auch vom gewöhnlichen CD-ROM-Leser und sogar von einem Audio-CD-Spieler.

Keine neue Art von CD könnte ohne ein Buch mit einem Farbnamen stolz ihr Haupt erheben, und so hat die CD-R ihr **Orange Book**, das 1989 publiziert wurde. Dieses Regelwerk definiert CD-Rs und ein neues Format, CD-ROM XA, das es erlaubt, CD-Rs nach und nach zu beschreiben – heute ein paar Sektoren, morgen ein paar weitere und im nächsten Monat noch einige. Eine Gruppe aufeinanderfolgend beschriebener Sektoren wird **CD-ROM-Spur** (CD-ROM Track) genannt.

Zu den frühen Einsatzarten der CD-Rs gehörte die Kodak PhotoCD. Bei diesem System bringt der Kunde seinem Fotogeschäft eine belichtete Filmrolle und seine PhotoCD und erhält die PhotoCD dann, mit den neuen Bildern darauf eingebrannt, wieder zurück. Die neuen Bilder werden durch Scannen der Negative produziert und als separate CD-ROM-Spur hinter die alten Bilder auf die PhotoCD aufgespielt. Das schrittweise Beschreiben ist notwendig, weil leere CD-Rs zu teuer sind, um für jede Filmrolle eine neue zu verwenden.

Doch das schrittweise Beschreiben führt zu einem neuen Problem. Vor dem Orange Book hatten alle CD-ROMs am Anfang ein einziges Datenträger-Inhaltsverzeichnis (**Volume Table of Contents – VTOC**). Das funktioniert aber bei schrittweisen (d.h. mehrspurigen) Schreibvorgängen nicht. Als Lösung sieht das Orange Book für jede CD-ROM-Spur ein eigenes VTOC vor. In einem VTOC können auch einige oder alle Dateien von früheren Spuren aufgelistet sein. Wenn die CD-R ins Laufwerk eingelegt ist, durchsucht das Betriebssystem alle CD-ROM-Spuren nach dem jüngsten VTOC, das den aktuellen Status der Scheibe wiedergibt. Wenn nicht alle, sondern nur einige der früheren Dateien in das aktuelle VTOC aufgenommen werden, entsteht der Eindruck, die nicht aufgenommenen Dateien seien gelöscht worden. Spuren können in **Sitzungen** (Sessions) gruppiert werden, was dann **Multisession-CD-ROMs** ergibt. Gewöhnliche Audio-CD-Spieler können mit Multisession-CDs nicht umgehen, weil sie einen einzigen VTOC am Anfang der CD erwarten.

Jede Spur muß ohne Halt in einem einzigen zusammenhängenden Vorgang geschrieben werden. Daher muß die Festplatte, von der die Daten kommen, schnell genug sein, um diese Daten auch rechtzeitig anzuliefern. Wenn die zu kopierenden Dateien über die ganze Festplatte verstreut sind, kann der Datenstrom zur CD-R durch die erforderlichen Suchzeiten zeitweilig versiegen und einen Pufferunterlauf bewirken. Pufferunterläufe produzieren hübsch schillernde (wenn auch etwas teure) Untersetzer für Ihre Drinks oder ein goldfarbenes 120-mm-Frisbee. CD-R-Software bietet meist die Option, vor dem Brennen der CD-R alle Eingabedateien zu einem einzigen zusammenhängenden 650-Mbyte-CD-ROM-Bild zusammenzufassen. Dieser Vorgang verdoppelt aber gewöhnlich die tatsächliche Schreibzeit, erfordert 650 Mbyte freien Plattenspeicher und schützt immer noch nicht vor Festplatten, die aus Panik thermisch nacheichen, wenn sie zu heiß werden.

Mit CD-Rs können Einzelpersonen und Unternehmen schnell und einfach CD-ROMs (und Audio-CDs) kopieren, meist unter Verletzung von Urheberrechten. Aus diesem Grund wurden verschiedene Methoden entwickelt, um Raubkopien dieser Art zu verhindern und es zu erschweren, eine CD-ROM mit einer anderen als der Software des Herstellers zu lesen. Bei dieser Methode werden alle Dateilängen auf der CD-ROM als Gbyte-Mehrfache aufgezeichnet, um auf diese Weise jeden Versuch scheitern zu lassen, die Dateien mit gängiger Kopier-Software auf die Festplatte zu ziehen. Die korrekten Längen sind statt dessen in die Herausgeber-Software eingebettet oder auf der CD-ROM an unerwarteter Stelle (womöglich auch noch verschlüsselt) versteckt. Bei einem anderen Verfahren werden in bestimmten Sektoren absichtlich falsche Fehlerkorrekturcodes (ECC) in der Erwartung eingesetzt, daß die Kopier-Software diese Fehler »in Ordnung bringt«. Die Anwendungs-Software prüft die ECC und verweigert die Arbeit, wenn sie korrekt sind. Weitere Möglichkeiten bestehen im Einbau nicht standardgemäßer Abstände zwischen den Spuren und anderen physikalischen »Defekten«.

2.3.9 Wiederbeschreibbare CD

Wir sind zwar alle daran gewöhnt, mit nur einmal beschreibbaren Medien, wie Papier und Fotofilm, umzugehen, doch glauben manche Branchenbeobachter, daß es einen Bedarf an mehrfach beschreibbaren CD-ROMs gibt. Eine hierfür geeignete und verfügbare Technik ist **CD-RW** (**CD-Rewritable**), die mit Medien von der gleichen Größe wie CD-R arbeitet. Statt Zyanin- oder Phthalozyanin-Farbe benutzt die CD-RW aber eine Legierung aus Silber, Indium, Antimon und Tellur als Aufzeichnungsschicht. Diese Legierung kennt zwei stabile Zustände – kristallin und amorph – mit unterschiedlicher Reflexionsfähigkeit.

CD-RW-Laufwerke benutzen Laser mit drei verschiedenen Leistungsstufen. Bei hoher Leistung schmilzt der Laser die Legierung und bringt sie vom hochreflektiven kristallinen Zustand in den niedrigreflektiven amorphen Zustand, der ein Pit repräsentiert. Mittlere Leistung schmilzt die Legierung auf und stellt ihren natürlichen kristallinen Zustand wieder her, der einem Land entspricht. Bei niedriger Leistung wird der Zustand des Materials (zum Lesen) ohne Phasenübergang abgegriffen.

Der Grund, warum die CD-RW die CD-R noch nicht abgelöst hat, ist der, daß CD-RW-Blanks sehr viel teurer als CR-R-Blanks sind. Bei Anwendungen zum Sichern von Festplatten ist die Tatsache, daß eine einmal beschriebene CD-R nicht versehentlich gelöscht werden kann, außerdem ein großes Plus.

2.3.10 DVD

Das Grundformat für CD/CD-ROMs gibt es seit 1980, die Technik wurde seitdem aber verbessert. Heute sind auch optische Platten mit höherer Kapazität wirtschaftlich herstellbar, und es besteht große Nachfrage danach. Hollywood würde nur zu gern die Videokassetten durch optische Platten ersetzen, da diese eine höhere Qualität aufweisen, billiger herzustellen sind, länger halten, in den Videogeschäften weniger Platz beanspruchen und nach dem Abspielen nicht wieder zurückgespult werden müssen. Die Unternehmen der Unterhaltungselektronik suchen nach einem neuen Umsatzrenner, und viele Computer-Unternehmen möchten ihrer Software neue Multimedia-Fähigkeiten beigeben.

Diese Verbindung aus Technologie und Nachfrage durch drei ungeheuer reiche und mächtige Industriezweige führte zur **DVD**, was ursprünglich für **Digital Video Disk** stand, heute aber offiziell als Abkürzung von **Digital Versatile Disk** gilt. DVDs sind generell wie CDs aufgebaut: Polykarbonatspritzguß-Scheiben von 120 mm mit Vertiefungen (Pits) und ebenen Stellen (Lands), die von einer Laserdiode angestrahlt und von einem Fotodetektor gelesen werden. Neu an DVDs ist folgendes:

1. Kleinere Pits (0,4 Mikron gegenüber 0,8 Mikron bei CDs)
2. Engere Spirale (0,74 Mikron zwischen Spuren gegenüber 1,6 Mikron bei CDs)
3. Roter Laser (0,65 Mikron gegenüber 0,78 Mikron bei CDs)

Zusammen steigern diese Verbesserungen die Kapazität um das Siebenfache auf 4,7 Gbyte. Ein DVD-Laufwerk mit einfacher Lesegeschwindigkeit arbeitet mit 1,4 Mbyte/s (gegenüber 150 Kbyte/s bei CDs). Leider bedeutet dieser Übergang zu Rotlasern, wie sie auch an den Kassen von Supermärkten eingesetzt werden, daß DVD-Spieler einen zweiten Laser oder aufwendige Konvertierungsoptik benötigen, um auch herkömmliche CDs und CD-ROMs lesen zu können, was vielleicht nicht alle Geräte aufweisen. Außerdem ist das Lesen von CD-Rs und CD-RWs auf einem DVD-Laufwerk eventuell nicht möglich.

Reichen 4,7 Gbyte aus? Vielleicht. Mit MPEG-2-Komprimierung (genormt in IS 13346) kann eine DVD-Disk von 4,7 Gbyte 133 Minuten Videofilm in Vollbildgröße bei hoher Auflösung (720×480) einschließlich Tonspuren in acht Sprachen sowie Untertitel in weiteren 32 Sprachen aufnehmen. Rund 92 % aller Filme, die Hollywood je hervorgebracht hat, sind weniger als 133 Minuten lang. Dennoch könnten einige Produkte, z.B. Multimedia-Spiele oder Nachschlagewerke, mehr benötigen, und Hollywood könnte mehr als nur einen Film auf dieselbe Platte bringen wollen. Daher wurden vier Formate definiert:

1. Einseitig, mit einer Schicht (single-sided, single-layer 4,7 Gbyte)
2. Einseitig, mit zwei Schichten (single-sided, dual-layer 8,5 Gbyte)

3. Zweiseitig, mit einer Schicht (double-sided, single-layer 9,4 Gbyte)
4. Zweiseitig, mit zwei Schichten (double-sided, dual-layer 17 Gbyte)

Warum so viele Formate? Mit einem Wort: Politik! Philips und Sony wollten einseitige Zwei-Schichten-Platten für die Hochkapazitätsversion, doch Toshiba und Time Warner forderten zweiseitige Ein-Schichten-Platten. Philips und Sony glaubten nicht, daß die Verbraucher Lust hätten, die Scheibe umzudrehen, und Time Warner glaubte nicht, daß zwei Schichten auf einer Seite überhaupt zum Funktionieren gebracht werden könnten. Der Kompromiß bestand nun darin, alle Kombinationen zuzulassen und die Entscheidung, welche Kombinationen überleben werden, dem Markt zu überlassen.

Bei der Zwei-Schichten-Technik befindet sich eine reflektierende Schicht am Boden und darüber eine semireflektive Schicht. Abhängig von der Fokussierung des Lasers erfolgt die Reflexion an der einen oder anderen Schicht. Die untere Schicht benötigt geringfügig größere Pits und Lands, daher ist ihre Kapazität etwas kleiner als die der oberen Schicht.

Zweiseitige Platten werden produziert, indem man zwei einseitige 0,6-mm-Platten Rücken an Rücken zusammenklebt. Damit alle Versionen die gleiche Dicke aufweisen, besteht eine einseitige Platte aus einer 0,6 mm dicken Scheibe, die auf ein leeres Substrat aufgebracht ist (oder in Zukunft vielleicht aus einem Substrat mit 133 Minuten Werbung, in der Hoffnung, daß Unentwegte neugierig darauf sein könnten, was sich da unten befinden mag). Abb. 2.27 zeigt den Aufbau einer zweiseitigen Zwei-Schichten-Platte.

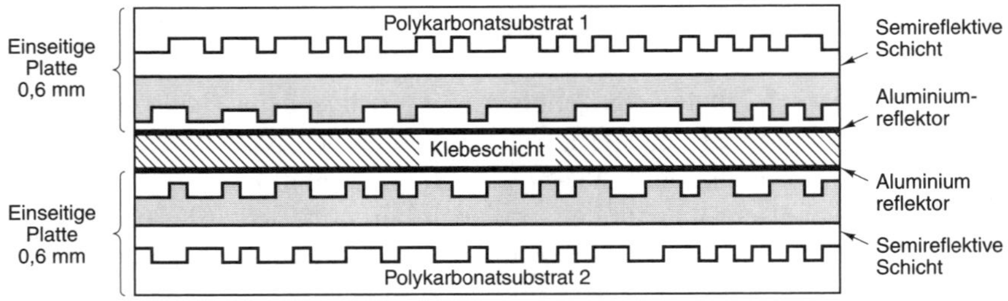

Abb. 2.27: Eine zweiseitige DVD-Platte mit zwei Schichten

Ausgearbeitet wurde DVD von einem Konsortium aus zehn Unternehmen der Unterhaltungselektronik (davon sieben japanische) in enger Zusammenarbeit mit den maßgeblichen Hollywood-Studios (von denen einige den japanischen Elektronikunternehmen im Konsortium gehören). Die Computer- und Telekommunikationsindustrie wurde nicht eingeladen, und so ergab sich als Schwerpunkt der Einsatz von DVDs für den Filmverleih und Verkaufsshows. Beispielsweise gehört zum standardmäßigen Funktionsumfang ein Überspringmechanismus von schlüpfrigen Szenen (damit Eltern einen nicht jugendfreien Film für Kleinkinder entschärfen können) in Echtzeit, Sechskanalton und »Pan-and-Scan« (Schwenken und Austasten). Durch letztere Funktion kann der DVD-Spieler dynamisch bestimmen, wie die rechte und linke Seite eines Films (mit einem Breiten/Höhenverhältnis von 3:2) zu beschneiden sind, damit er auf einem heute gängigen Fernsehgerät (mit einem Seitenverhältnis von 4:3) dargestellt werden kann.

Ein weiterer Aspekt, an den die Computer-Industrie wahrscheinlich nicht gedacht hätte, ist die absichtliche Inkompatibilität zwischen Platten für die USA und Platten für Europa (sowie weitere Standards für andere Kontinente). Hollywood verlangte dieses »Leistungsmerkmal«, weil neue Filme immer zunächst in den USA freigegeben und erst dann nach Europa ausgeliefert werden, wenn sie in den USA als Videos herauskommen. Es sollte verhindert werden, daß europäische Videoläden vorzeitig in den USA Videos kaufen und so die Kassenumsätze neuer Filme in den europäischen Kinos schmälern könnten. Wenn Hollywood die Computer-Industrie managen würde, hätten wir 3,5-Zoll-Disketten in Amerika und 9-cm-Disketten in Europa.

Falls DVD ein Erfolg wird, werden wir nicht lange auf DVD-Rs (einmal beschreibbar) und DVD-Ws (mehrfach beschreibbar) warten müssen. Der Erfolg der DVD ist aber nicht sicher, da die Kabelgesellschaften ganz andere Pläne für die Verbreitung von Filmen haben – »Video-on-Demand« über das Kabel – und die Schlacht eben erst begonnen hat.

2.4 Eingabe/Ausgabe

Wie zu Beginn dieses Kapitels erwähnt, verfügt ein Computer-System über drei Hauptkomponenten: die CPU, die Speicher (primäre und sekundäre) und die Einrichtungen für die **Ein- und Ausgabe** (Input/Output – I/O), z.B. Drukker, Scanner und Modems. Bisher haben wir CPU und Speicher behandelt. In diesem Abschnitt werden E/A-Geräte untersucht, und es wird beschrieben, wie sie an den Rest des Systems angeschlossen sind.

2.4.1 Busse

In physikalischer Hinsicht haben die meisten Personalcomputer und Workstations den in Abb. 2.28 dargestellten Aufbau. Die übliche Zusammenstellung ist ein Metallkasten mit einer großen Leiterplatte am Boden, genannt **Hauptplatine** (Motherboard, oder besser Elternboard, um politisch korrekt zu sein). Das Motherboard enthält den CPU-Chip, einige Steckplätze für DIM-Module und verschiedene unterstützende Chips. Es enthält außerdem einen längsseits eingeätzten Bus sowie Sockel zum Einstecken von E/A-Kartensteckern. Manchmal gibt es zwei Busse, einen schnellen (für moderne E/A-Karten) und einen langsamen (für ältere E/A-Karten).

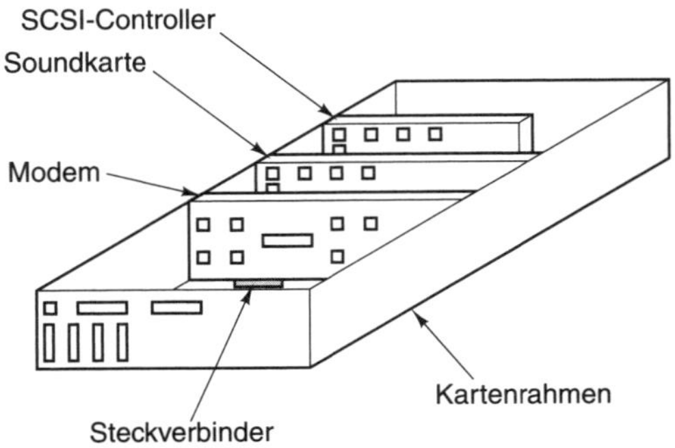

Abb. 2.28: Physischer Aufbau eines Personalcomputers

Abbildung 2.29 zeigt den logischen Aufbau eines Personalcomputers der unteren Preisklasse. Die meisten haben einen einzigen Bus für den Anschluß von CPU, Speicher und E/A-Geräten. Jedes E/A-Gerät besteht aus zwei Teilen – einen, der den größten Teil der Elektronik enthält und **Controller** genannt wird, und einen, der das eigentliche E/A-Gerät, z.B. Plattenlaufwerk, ist. Der Controller befindet sich gewöhnlich auf einer in einen freien Steckplatz eingeschobenen Steckkarte, abgesehen von den Controllern für obligatorische Geräte (wie die Tastatur), die auf dem Motherboard integriert sind. Zwar ist auch das Anzeigegerät (Monitor) obligatorisch, doch befindet sich der Video-Controller oft auf einer eigenen Steckkarte, damit der Benutzer selbst zwischen Farbe oder Monochrom, hoher oder niedriger Auflösung usw. wählen kann. Der Controller ist mit dem zugehörigen Gerät über ein Kabel mit einem Steckverbinder an der Rückseite des Computer-Gehäuses verbunden.

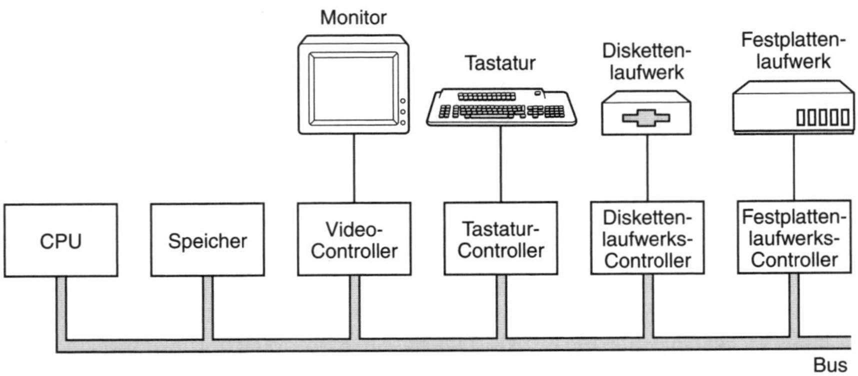

Abb. 2.29: Logischer Aufbau eines Personalcomputers

Ein Controller hat die Aufgabe, sein zugehöriges E/A-Gerät zu steuern und dessen Buszugriff zu bewerkstelligen. Benötigt beispielsweise ein Programm Daten von der Festplatte, gibt es einen Befehl an den Festplatten-Controller aus, der Such- und andere Befehle an das Laufwerk schickt. Sind Spur und Sektor gefunden, gibt das Laufwerk die Daten als seriellen Bitstrom an den

Controller aus. Der Controller muß nun den Bitstrom in Pakete aufgliedern und jedes Paket in den Speicher schreiben. Ein solches Paket besteht normalerweise aus einem oder mehreren Wörtern. Ein Controller, der Daten ohne CPU-Eingriff zum oder vom Speicher schreibt bzw. liest, führt einen sogenannten **direkten Speicherzugriff** (Direct Memory Access), besser bekannt unter der Abkürzung **DMA**, aus. Ist die Übertragung abgeschlossen, bewirkt der Controller normalerweise einen **Interrupt** und zwingt die CPU dadurch, die Ausführung des aktuellen Programms vorübergehend anzuhalten und ein spezielles Unterprogramm zu starten, das als **Interrupt-Handler** bezeichnet wird. Dieser prüft, ob es Fehler gegeben hat, ergreift eventuell erforderliche Maßnahmen und informiert das Betriebssystem darüber, daß der E/A-Vorgang beendet ist. Wenn der Interrupt-Handler seine Arbeit beendet hat, nimmt die CPU das beim Auftreten des Interrupts vorübergehend angehaltene Programm wieder auf.

Der Bus wird nicht nur von den E/A-Controllern benutzt, sondern auch von der CPU für den Abruf von Instruktionen und Daten. Was geschieht, wenn die CPU und ein E/A-Controller gleichzeitig den Bus benutzen wollen? Es gibt einen Chip mit der Bezeichnung **Bus-Arbiter**, der wie ein Schiedsrichter bestimmt, was als erstes an die Reihe kommt. Im allgemeinen haben E/A-Geräte Vorrang vor der CPU, denn Festplatten und andere Geräte mit beweglichen Teilen können nicht angehalten werden. Würde man sie zum Warten zwingen, gingen Daten verloren. Wenn gerade kein E/A-Vorgang abläuft, stehen der CPU alle Buszyklen zum Zugriff auf den Arbeitsspeicher zur Verfügung. Sobald ein E/A-Gerät läuft, wird es den Bus anfordern und auch erhalten, wenn es ihn benötigt. Dieser Vorgang heißt **Cycle-Stealing** und verlangsamt den Computer.

Dieses Design funktionierte für die ersten Personalcomputer auch recht gut, da zwischen allen Komponenten mehr oder weniger ein Gleichgewicht herrschte. Je schneller die CPU, Speicherbausteine und E/A-Geräte aber wurden, um so stärker trat ein Problem in den Vordergrund: Der Bus konnte die Arbeit nicht mehr bewältigen. In einem geschlossenen System, z.B. einer Workstation im technisch-wissenschaftlichen Bereich, sah man die Lösung darin, im nächsten Modell einfach einen neuen, schnelleren Bus zu entwikkeln. Da niemand auf die Idee kam, E/A-Geräte eines älteren Modells für das neuere zu übernehmen, ging das auch sehr gut.

In der PC-Welt gönnen sich die Benutzer oft eine schnellere CPU, wollen aber ihre alten Drucker, Scanner oder das Modem an das neue System anschließen. Außerdem war rund um ein breites Spektrum an E/A-Geräten für den IBM-PC-Bus eine riesige Industrie entstanden, die überhaupt kein Interesse daran hatte, ihre gesamten Investitionen in den Schornstein zu schreiben und wieder von vorn zu beginnen. IBM lernte dies auf die harte Tour bei der Einführung der PS/2-Serie, die den IBM-PC ablösen sollte. Der PS/2 hatte einen neuen, schnelleren Bus, doch die meisten Klon-Hersteller blieben beim alten PC-Bus, der jetzt **ISA**-Bus (**Industry Standard Architecture**) genannt wurde. Auch die meisten Hersteller von Festplatten und E/A-Geräten stellten weiterhin Controller für den alten Bus her. So fand sich IBM in der seltsamen Situation, der einzige PC-Hersteller zu sein, der nicht mehr IBM-kompatibel war. Das Unternehmen war letztlich gezwungen, wieder ISA zu unterstützen. Nebenbei bemerkt, steht ISA im Kontext von Maschinenebenen für »Instruction Set Architecture«, während es in Zusammenhang mit Bussen »Industry Standard Architecture« bedeutet.

Trotz des Marktdrucks, alles beim alten zu lassen, war der alte Bus wirklich zu langsam. Es mußte etwas geschehen. Andere Unternehmen entwickelten Maschinen mit mehreren Bussen. Einer davon war der alte ISA-Bus oder sein abwärtskompatibler Nachfolger, der **EISA**-Bus (**Extended ISA**). Der beliebteste dieser neuen Busse ist heute der **PCI**-Bus (**Peripheral Component Interconnect**). Er wurde von Intel entwickelt; das Unternehmen beschloß dann aber, die Patente zur Verfügung zu stellen, um die gesamte Industrie (einschließlich der Konkurrenz) zu ermutigen, diesen Bus zu übernehmen.

Der PCI-Bus kann in vielerlei Konfigurationen verwendet werden; eine gängige ist in Abb. 2.30 dargestellt. Hier kommuniziert die CPU über eine speziell festgelegte Hochgeschwindigkeitsleitung mit einem Speicher-Controller. Der Controller kommuniziert unmittelbar mit dem Speicher und dem PCI-Bus, so daß der Verkehr zwischen CPU und Speicher nicht über den PCI-Bus läuft. Andererseits können Peripheriegeräte mit hoher Bandbreite (d.h. hoher Datenrate), z.B. SCSI-Festplatten, direkt an den PCI-Bus angeschlossen werden. Zusätzlich hat der PCI-Bus eine Brücke zum ISA-Bus, so daß ISA-Controller und deren Geräte immer noch verwendet werden können. Ein solcher Rechner hat meist drei oder vier leere PCI-Steckplätze und weitere drei oder vier leere ISA-Steckplätze, so daß der Benutzer sowohl alte ISA-E/A-Karten (gewöhnlich für langsame Geräte) als auch neue PCI-E/A-Karten (meist für schnelle Geräte) einbauen kann.

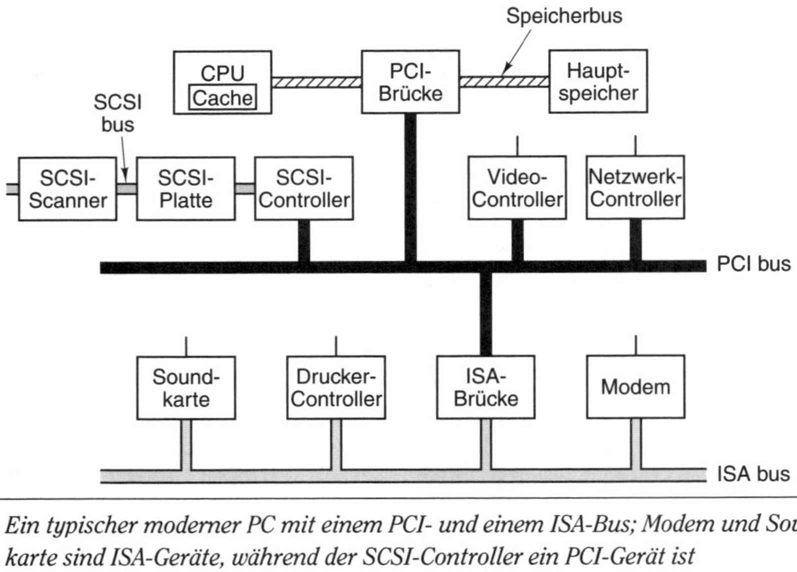

Abb. 2.30: Ein typischer moderner PC mit einem PCI- und einem ISA-Bus; Modem und Soundkarte sind ISA-Geräte, während der SCSI-Controller ein PCI-Gerät ist

Heute stehen viele Arten von E/A-Geräten zur Verfügung. Im folgenden werden einige der gängigen Geräte behandelt.

2.4.2 Terminals

Computer-Terminals bestehen aus zwei Teilen – einer Tastatur und einem Monitor. In der Welt der Großrechner sind diese Teile oft in einem einzigen Gerät vereinigt und mit dem Hauptrechner über eine serielle oder Telefonleitung verbunden. Im Flugreservierungs- und Bankwesen und in anderen großrechnerorientierten Branchen sind solche Geräte immer noch weit verbreitet. In der Welt des Personalcomputers sind Tastatur und Monitor jedoch separate Geräte. In beiden Fällen ist die Technik dieser beiden Teile aber die gleiche.

Tastaturen

Tastaturen gibt es in mehreren Varianten. Der ursprüngliche IBM-PC hatte eine Tastatur mit einem Zwei-Punkt-Schalter unter jeder Taste, der einen fühlbaren Druckpunkt hatte und ein Klickgeräusch von sich gab, wenn man die Taste tief genug drückte. Die preiswerteren Tastaturen von heute haben Tasten, die beim Drücken lediglich einen mechanischen Kontakt herstellen. Bei den besseren Modellen liegt zwischen den Tasten und der darunterliegenden Leiterplatte eine Folie aus elastomerem (gummiartigem) Material. Unter jeder Taste befindet sich eine kleine kuppelartige Wölbung, die nachgibt, wenn man die Taste drückt. Ein Stück leitfähiges Material in der Wölbung schließt den Stromkreis. Bei manchen Tastaturen befindet sich unter jeder Taste ein Magnet, der beim Anschlag der Taste durch eine Spule bewegt wird und einen Strom induziert, der erkannt werden kann. Es sind auch noch andere mechanische und elektromagnetische Methoden in Gebrauch.

Drückt man an einem Personalcomputer eine Taste, wird ein Interrupt erzeugt und der Tastatur-Interrupt-Handler startet. Der Handler liest ein Hardware-Register im Tastatur-Controller aus, um die Nummer der gedrückten Taste (1 bis 102) abzufragen. Das Loslassen der Taste bewirkt einen zweiten Interrupt. Wenn der Benutzer etwa die [⇧]-Taste (SHIFT) drückt, die [M]-Taste anschlägt und losläßt und dann die [⇧]-Taste losläßt, kann das Betriebssystem erkennen, daß das große »M« und nicht das kleine »m« gefragt war. Die Verarbeitung von Abfolgen mehrerer Tasten mit [⇧]-Taste, [Strg] und [Alt] erfolgt vollständig durch Software (auch die berüchtigte Kombination aus [Strg]/[Alt]/[Del] (bzw. [Entf]), die IBM-PCs und Klons neu startet).

CRT-Bildschirme

Ein Monitor ist ein Gehäuse mit einer **Kathodenstrahlröhre** (**Cathode Ray Tube** – **CRT**) und eigener Stromversorgung. Die CRT enthält eine Elektronenkanone, die einen Elektronenstrahl auf einen phosphoreszierenden Schirm dicht an der Vorderseite der Bildröhre schießen kann, wie in Abb.

2.31(a) dargestellt. (Farbmonitore haben drei Elektronenkanonen – je eine für Rot, Grün und Blau.) Während des horizontalen Durchlaufs streicht der Strahl in rund 50 µs über den Schirm und zeichnet eine nahezu waagerechte Linie. Danach führt er einen Zeilenrücklauf aus, um wieder an den linken Rand zu gelangen und für die nächste Horizontalablenkung bereit zu sein. Ein solches Gerät, das Zeile für Zeile ein Bild erzeugt, heißt **Rasterbildschirm** (Raster Scan).

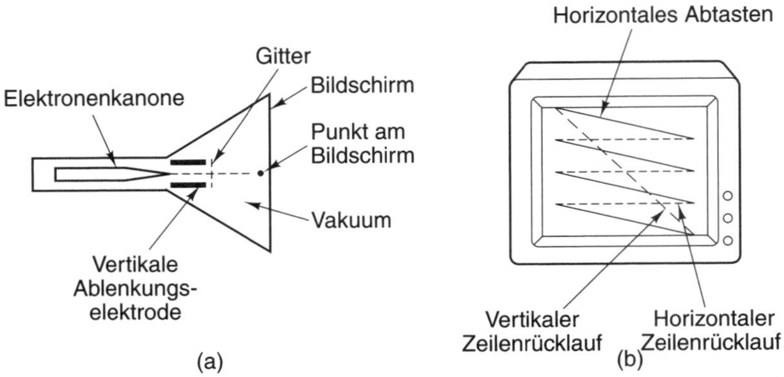

Abb. 2.31: (a) Querschnitt durch eine CRT; (b) CRT-Abtastmuster

Die waagrechte Streichbewegung des Elektronenstrahls wird von einer linear ansteigenden Spannung gesteuert, die an die links und rechts neben der Elektronenkanone angebrachten horizontalen Ablenkungselektroden angelegt wird. Die vertikale Bewegung wird von einer viel langsameren, linear ansteigenden Spannung gesteuert, die an den vertikalen Ablenkungselektroden oberhalb und unterhalb der Elektronenkanone anliegt. Nach 400 bis 1000 Streichbewegungen werden die Spannungen an den Elektroden für die vertikale und horizontale Ablenkung schnell umgekehrt, um den Strahl wieder in die linke obere Ecke zu bringen. Ein vollständiges Bild wird normalerweise 30 bis 60 Mal in der Sekunde neu auf den Bildschirm gezeichnet. Abb. 2.31(b) zeigt die Bewegungen des Elektronenstrahls. Hier haben wir zwar beschrieben, wie eine CRT elektrische Felder für die Streichbewegungen des Strahls über den Schirm einsetzt, aber viele Modelle, insbesondere bei Monitoren des oberen Leistungsbereichs, arbeiten statt dessen mit Magnetfeldern.

Damit auf dem Bildschirm ein Punktmuster entsteht, befindet sich in der CRT ein Gitter. Wenn an das Gitter eine positive Spannung angelegt wird, werden die Elektronen beschleunigt, was bewirkt, daß der Strahl auf den Schirm trifft und ihn kurz zum Leuchten anregt. Bei negativer Spannung werden die Elektronen abgestoßen und bewegen sich nicht durch das Gitter hindurch. Folglich leuchtet der Bildschirm an dieser Stelle nicht. So bewirken die an das Gitter angelegten Spannungen, daß ein entsprechendes Bitmuster auf dem Bildschirm erscheint. Auf diese Weise kann ein elektrisches Signal in ein sichtbares Bild aus hellen und dunklen Punkten umgewandelt werden.

Flachbildschirme

CRT-Bildschirme sind für Notebook-Rechner viel zu klobig und schwer. Deshalb setzt man für ihre Bildschirme eine ganz andere Technologie ein. Am gängigsten ist die **Flüssigkristallanzeige** (**Liquid Crystal Display** – **LCD**). Diese höchst komplexe Technik hat viele Varianten und unterliegt schnellen Veränderungen. Ihre Beschreibung muß daher knapp und stark vereinfacht ausfallen.

Flüssigkristalle sind viskose organische Moleküle, die wie eine Flüssigkeit fließen können, aber auch wie ein Kristall eine Raumstruktur aufweisen. Sie wurden 1888 von dem österreichischen Botaniker Friedrich Richard Rheinitzer entdeckt und erstmals in den sechziger Jahren für Anzeigen (in Taschenrechnern und Uhren) genutzt. Sind alle Moleküle in der gleichen Richtung angeordnet, hängen die optischen Eigenschaften des Kristalls von Richtung und Polarisation des einfallenden Lichts ab. Durch Anwendung eines elektrischen Felds kann die Molekülausrichtung, und somit die optischen Eigenschaften, geändert werden. Insbesondere wenn man Licht durch einen Flüssigkristall fallen läßt, kann die Intensität des durchfallenden Lichts elektrisch gesteuert werden. Diese Eigenschaft läßt sich für die Konstruktion von Flachbildschirmen nutzen.

Ein LCD-Bildschirm besteht aus zwei parallelen Glasplatten, zwischen denen sich ein hermetisch abgeschlossener Flüssigkristall befindet. An beiden Platten liegen transparente Elektroden an. Der Bildschirm wird durch natürliches oder künstliches Licht von hinten durch die rückwärtige Platte beleuchtet. An jeder Platte liegt eine transparente Elektrode an, mit der elektrische Felder im Flüssigkristall erzeugt werden. Verschiedene Teile des Bildschirms erhalten unterschiedliche elektrische Spannungen, mit denen das darzustellende Bild gesteuert wird. Vorn und hinten auf dem Bildschirm befinden sich Polarisationsfilter, denn diese Anzeigetechnik erfordert polarisiertes Licht. Abb. 2.32(a) zeigt den allgemeinen Aufbau.

Ein spezieller Anzeigetyp ist die **TN**-Anzeige (**Twisted Nematic**). Dabei weist die hintere Platte feine horizontale Rillen und die vordere vertikale Rillen auf, wie in Abb. 2.32(b) dargestellt. Liegt kein elektrisches Feld an, neigen die LCD-Moleküle dazu, sich nach den Rillen auszurichten. Da zwischen der vorderen und hinteren Ausrichtung eine Differenz von 90 Grad besteht, sind die Moleküle (und damit die Kristallstruktur) von hinten nach vorn verdreht.

An der Rückseite des Displays befindet sich ein horizontaler Polarisationsfilter. Es läßt nur horizontal polarisiertes Licht durch. An der Vorderseite befindet sich ein vertikaler Polarisationsfilter, der nur vertikal polarisiertes Licht durchläßt. Gäbe es zwischen den Platten keine Flüssigkeit, würde das vom hinteren Polarisationsfilter durchgelassene, horizontal polarisierte Licht vom vorderen Polarisationsfilter abgeblockt werden, und der Bildschirm wäre durchgängig schwarz.

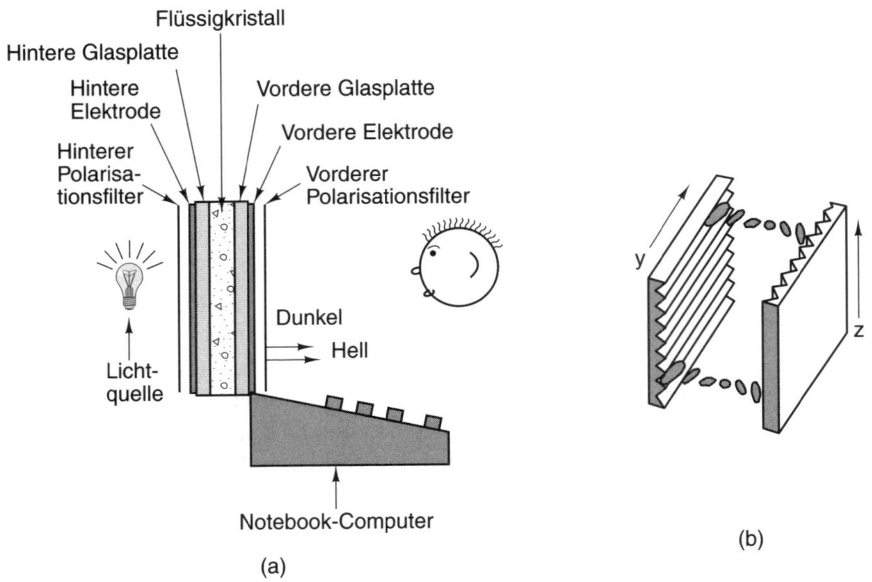

Abb. 2.32: (a) Aufbau eines LCD-Bildschirms; (b) die Rillen an der hinteren und vorderen Platte stehen in einem rechten Winkel zueinander

Die verdrehte Kristallstruktur der LCD-Moleküle lenkt das Licht um und dreht dessen Polarisation um, so daß es horizontal austritt. Wenn kein elektrisches Feld anliegt, ist der LCD-Bildschirm also durchgängig hell. Wird nun an bestimmten Stellen der Platte eine Spannung angelegt, wird die verdrehte Struktur zerstört und das Licht an dieser Stelle blockiert.

Für das Anlegen der Spannung sind zwei Verfahren üblich. In einem (billigen) **Passivmatrix-Display** (Passive Matrix Display) weisen beide Elektroden parallele Drähte auf. Bei einem Display mit 640 × 480 Bildpunkten könnte beispielsweise die hintere Elektrode 640 vertikale Drähte und die vordere 480 horizontale Drähte aufweisen. Wird nun an einen der vertikalen Drähte eine Spannung angelegt, und bringt man einen Impuls auf einen der horizontalen Drähte, kann man die Spannung in einem bestimmten Pixel ändern, so daß er kurzzeitig dunkel wird. Durch Wiederholung des Impulses bei den nächsten Pixeln kann man analog zur Funktionsweise einer CRT eine dunkle Linie zeichnen. Normalerweise wird der ganze Bildschirm 60 Mal in der Sekunde gezeichnet, um – wie bei einem CRT-Bildschirm – dem Auge ein konstantes Bild vorzutäuschen.

Das zweite allgemein verbreitete Verfahren ist das **Aktivmatrix-Display** (Active Matrix Display). Es ist teurer, liefert aber auch ein besseres Bild und gewinnt deshalb mehr und mehr an Bedeutung. Anstelle zweier rechtwinklig übereinander liegender Drähte befindet sich an jedem Bildpunkt ein winziges Schaltelement auf einer der Elektroden. Durch An- und Abschalten dieser Elemente wird auf dem Bildschirm ein beliebiges Muster aus elektrischen Spannungen erzeugt, das einem entsprechenden Bitmuster entspricht.

Damit haben wir beschrieben, wie eine Schwarzweißanzeige funktioniert. Bei Farbe kommen die gleichen allgemeinen Prinzipien zur Anwendung, im Detail ist die Technik aber viel komplizierter. Mit optischen Filtern wird das weiße Licht an jedem Pixel in Rot-, Grün- und Blauanteile zerlegt, so daß diese unabhängig voneinander dargestellt werden. Aus diesen Primärfarben läßt sich jede beliebige Farbe aufbauen.

Zeichenbild-Terminals

Es gibt drei gängige Terminaltypen: Zeichenbild-, Bitmuster- und RS-232-C-Terminals. Sie können mit beliebigen Tastaturtypen arbeiten, unterscheiden sich aber voneinander darin, wie der Computer mit ihnen kommuniziert und die Ausgabe gehandhabt wird. Diese drei Typen werden nachfolgend beschrieben.

Bei Personalcomputern kann die Ausgabe auf den Bildschirm auf zweierlei Weise organisiert sein: als Zeichenbild (Character Map) oder als Bitbild (Bitmap). Abbildung 2.33 zeigt, wie ein Zeichenbild benutzt wird, um auf dem Monitor etwas zeigen zu können. (Die Tastatur wird dabei als separate Einheit behandelt.) Auf der seriellen Kommunikationskarte befinden sich ein sogenannter **Videospeicher** (Video Memory) sowie Elektronik für den Buszugriff und die Erzeugung von Videosignalen.

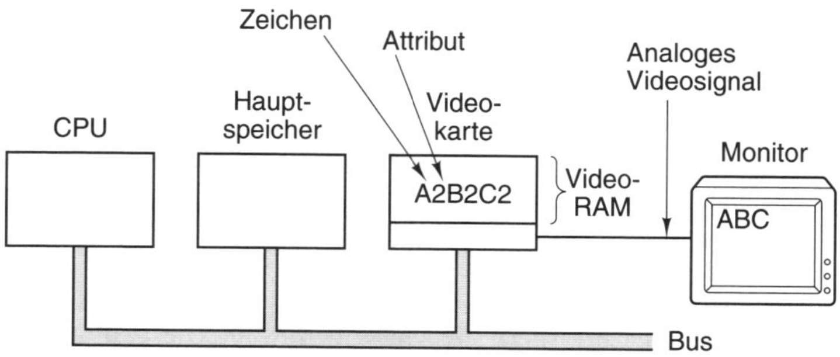

Abb. 2.33: Terminalausgabe bei einem Personalcomputer

Um Zeichen anzuzeigen, kopiert die CPU sie in den Videospeicher in jedes zweite Byte. Zu jedem Zeichen gehört ein **Attributbyte**, das beschreibt, wie das Zeichen dargestellt werden soll. Attribute sind Farbe, Helligkeit, Blinken usw. Daher benötigt eine Bildschirmseite von 25 × 80 Zeichen einen Videospeicher von 4000 Byte – 2000 für die Zeichen und 2000 für die Attribute. Manche Platinen haben mehr Speicher, um mehrere Bildschirmseiten aufnehmen zu können.

Die Aufgabe der Videokarte ist es, wiederholt Zeichen aus dem Videospeicher abzurufen und die für die Ansteuerung des Monitors erforderlichen Signale zu erzeugen. Es wird jeweils eine ganze Zeichenzeile abgefragt, so daß sich die Abtastzeilen vollständig berechnen lassen. Dabei handelt es sich ein analoges Hochfrequenzsignal, das die Abtastung des Elektronenstrahls steuert, der die Zeichen auf den Bildschirm zeichnet. Da die Platine ein Videosignal ausgibt, muß sich der Monitor wenige Meter vom Computer entfernt befinden, um Verzerrungen zu vermeiden.

Bitmap-Terminals

Eine Variante des beschriebenen Konzepts besteht darin, den Bildschirm nicht als Feld von 25 × 80 Zeichen, sondern als Feld von Bildpunkten zu betrachten, die **Pixel** genannt werden. Ein Pixel ist entweder ein- oder ausgeschaltet und stellt die Information eines Bits dar. Bei Personalcomputern kann der Bildschirm die geringe Zahl von 200 × 320 Pixel aufweisen, üblicher sind aber 480 × 640. Bei technisch-wissenschaftlichen Workstations hat der Bildschirm meist 1280 × 960 Pixel oder mehr. Terminals, die mit einem Bitmap statt eines Zeichenbilds arbeiten, nennt man **Bitmap-Terminals**. Viele Videokarten können softwaregesteuert als Zeichenbild- *und* als Bitmap-Terminals fungieren.

Das Prinzip ist das gleiche wie in Abb. 2.33, außer daß der Videospeicher als großes Bitfeld betrachtet wird. Die Software kann dort jedes beliebige Muster ablegen, das dann sofort angezeigt wird. Um Zeichen darzustellen, kann die Software beispielsweise für jedes Zeichen ein Rechteck von 9 × 14 Punkten vorsehen und die erforderlichen Bits einsetzen, um das Zeichen erscheinen zu lassen. Dadurch lassen sich verschiedene Schriftarten erzeugen und beliebig kombinieren. Die Hardware tut nichts weiter, als das Bitmuster darzustellen. Bei Farbanzeigen besteht jedes Pixel aus 8, 16 oder 24 Bits.

Bitmap-Terminals werden üblicherweise für Anzeigen mit mehreren Fenstern eingesetzt. Ein **Fenster** (Window) ist ein Bereich auf dem Bildschirm, der von einem bestimmten Programm benutzt wird. Mit mehreren Fenstern können mehrere Programme gleichzeitig laufen, und jedes stellt seine Ergebnisse unabhängig von den anderen Programmen dar.

Bitmap-Terminals zeichnen sich durch hohe Flexibilität aus, haben aber zwei Nachteile. Erstens erfordern sie viel Video-RAM. Die gängigen Auflösungen sind heute 640 × 480 (VGA), 800 × 600 (SVGA), 1024 × 768 (XVGA) und 1280 × 960. Man beachte, daß alle ein Seitenverhältnis (Breite:Höhe) von 4:3 aufweisen, damit sie dem aktuellen Verhältnis von Fernsehgeräten entsprechen. Um True-Color-Farbtiefe zu erzielen, sind für die drei Primärfarben je 8 Bits bzw. 3 Bytes pro Pixel erforderlich. Eine Anzeige von 1024 × 768 erfordert demnach einen Video-RAM von 2,3 Mbyte.

Aufgrund dieser hohen Anforderung machen einige Computer durch Verwendung einer 8-Bit-Zahl einen Kompromiß, um die gewünschte Farbe zu bezeichnen. Diese Zahl wird als Index für eine Hardware-Tabelle herangezogen, die eine **Farbpalette** aus 256 Einträgen mit je einem 24-Bit-RGB-Wert enthält. Ein solches Design, die **indexierte Farbzuweisung** (Index Color), verringert die Anforderungen an den Video-RAM um den Faktor 2/3, gestattet aber nur die Darstellung von jeweils 256 Farben auf dem Bildschirm.

Der zweite Nachteil hat mit der Geschwindigkeit zu tun. Sobald die Anwendungsprogrammierer merken, daß sie jedes einzelne Pixel in Raum und Zeit steuern können, wollen sie das auch tun. Die Daten können zwar vom Video-RAM zum Monitor kopiert werden, ohne daß sie über den Hauptsystembus laufen müssen, die Übertragung der Daten zum Video-RAM benutzt aber den Systembus. Zur Anzeige von multimedialen Ganzseiten in voller Farbe auf einem 1024 × 768-Bildschirm müssen 2,3 Mbyte an Daten je Bildrahmen in den Video-RAM kopiert werden. Bei Videofilmen müssen mindestens 25 Bildrahmen/Sekunde dargestellt werden, was einer Datenrate von insgesamt 57,6 Mbyte/s entspricht. Das ist weit mehr, als der (E)ISA-Bus bewältigen kann. Die Hochleistungs-Videokarten für IBM-PCs müssen also PCI-Karten sein, und selbst dann kommt man ohne erhebliche Kompromisse nicht aus.

Ein damit in Zusammenhang stehendes Problem ist das Scrollen des Bildschirms. Man kann alle Bits softwareseitig kopieren, doch das stellt für die CPU eine gewaltige Belastung dar. Daher sind viele Videokarten mit spezieller Hardware für das Verschieben von Bildschirmteilen durch Ändern von Basisregistern statt des Kopierens ausgestattet.

RS-232-C-Terminals

Dutzende von Unternehmen produzieren Computer und viele andere Terminals. Damit (fast) jedes Terminal mit (fast) jedem Computer benutzt werden kann, spezifizierte die **E**lectronics **I**ndustries **A**ssociation (EIA) eine Computer/Terminal-Schnittstelle mit der Bezeichnung **RS-232-C**. Jedes Terminal, das die RS-232-C-Schnittstelle unterstützt, kann an jeden Computer angeschlossen werden, der sie ebenfalls unterstützt.

RS-232-C-Terminals weisen einen standardisierten Steckverbinder mit 25 Pins auf. Der RS-232-C-Standard definiert die mechanische Größe und Form des Steckverbinders, die Spannungspegel und die Bedeutung der Signale an den Pins.

Wenn Computer und Terminal weit voneinander entfernt sind, ist nicht selten das Telefonnetz der einzig praktikable Weg, sie miteinander zu verbinden. Leider ist das Telefonnetz nicht in der Lage, die vom RS-232-C-Standard geforderten Signale zu übertragen. Es muß daher zwischen Computer und Telefon sowie zwischen Terminal und Telefon ein Gerät mit der Bezeichnung **Modem** (Modulator-Demodulator) geschaltet werden, das die Signalkonvertierung vornimmt. Wir werden uns Modems in Kürze ansehen.

Abb. 2.34 zeigt die Anordnung von Computer, Modem und Terminal unter Verwendung einer Telefonleitung. Steht das Terminal nahe genug am Computer, kann es direkt, also ohne zwischengeschaltetes Modem, mit ihm verbunden werden. Es werden dann immer noch die gleichen Steckverbinder und Kabel benutzt, nicht aber die Pins für die Modemsteuerung.

Für die Kommunikation enthalten sowohl der Computer als auch das Terminal einen Chip mit der Bezeichnung **UART (Universal Asynchronous Receiver Transmitter)** sowie eine Logikschaltung für den Buszugriff. Um ein Zeichen anzuzeigen, holt der Computer es aus dem Hauptspeicher und liefert es an den UART, der es Bit für Bit auf das RS-232-C-Kabel schiebt. Von der Wirkungsweise her ist der UART eigentlich ein parallel/serieller Wandler, denn er empfängt ein ganzes Zeichen (1 Byte) und liefert es bitweise mit einer bestimmten Geschwindigkeit aus. Außerdem fügt er jedem Zeichen ein Startbit und ein Stopbit hinzu, um Anfang und Ende des Zeichens zu kennzeichnen (bei 110 bps werden 2 Stopbits benutzt).

Im Terminal empfängt ein anderer UART die Bits und baut daraus das vollständige Zeichen auf, das dann auf dem Bildschirm angezeigt wird. Eingaben von der Tastatur des Terminals durchlaufen im Terminal eine Parallel/Seriell-Umwandlung und werden dann vom UART im Computer wieder entsprechend zusammengesetzt.

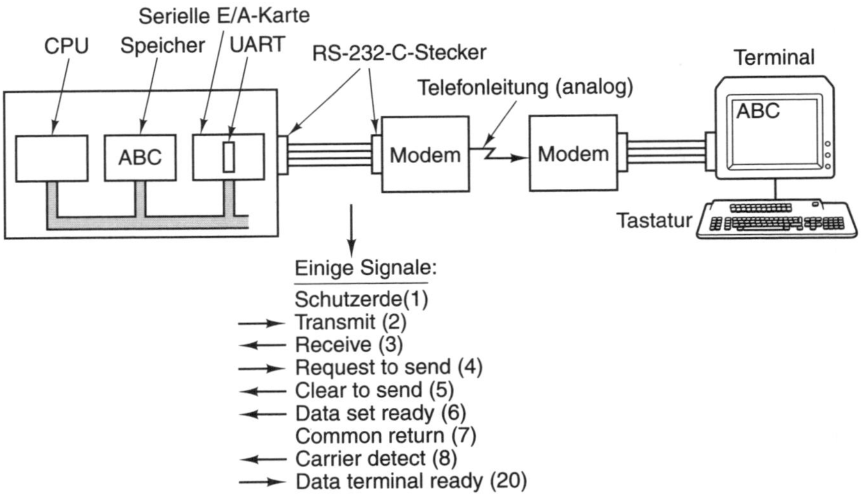

Abb. 2.34: Verbindung eines RS-232-C-Terminals mit einem Computer. Die Zahlen in Klammern in der Signalliste sind die Stiftnummern.

Der RS-232-C-Standard definiert fast 25 Signale. In der Praxis werden aber nur wenige tatsächlich verwendet (und auch davon können die meisten weggelassen werden, wenn das Terminal direkt mit dem Computer, also ohne Modem, verbunden ist). Die Pins 2 und 3 sind für das Senden bzw. Empfangen bestimmt. Jeder bewältigt einen einseitigen Bitstrom in entgegengesetzter Richtung. Wird das Terminal oder der Computer gestartet, sendet es bzw. er das Signal »Data Terminal Ready« (d.h. setzt es auf 1), um das Modem über den eingeschalteten Zustand zu informieren. Entsprechend sendet das Modem das Signal »Data Set Ready«, um seine Anwesenheit bekanntzugeben. Wenn das Terminal bzw. der Computer ein Signal senden wollen, geben sie ein »Request to Send« aus, um dazu die Erlaubnis einzuholen. Ist das Modem dazu bereit, gibt es als Antwort ein »Clear to Send« aus. Weitere Pins werden für verschiedene Status-, Test- und Zeitsteuerungsfunktionen benutzt.

2.4.3 Mäuse

Im Laufe der Zeit wurden Computer immer mehr auch von Menschen benutzt, die weniger Erfahrung mit der eigentlichen Arbeitsweise eines Computers hatten. Die Computer der ENIAC-Generation wurden nur von denen bedient, die sie gebaut hatten. In den fünfziger Jahren gingen nur bestens geschulte, professionelle Programmierer mit Computern um. Heute werden Computer allgemein von Leuten benutzt, die irgendwelche Arbeiten damit erledigen wollen und nicht wissen (oder sogar gar nicht wissen wollen), wie der Computer funktioniert und programmiert wird.

In den alten Zeiten hatten die Computer Benutzeroberflächen mit Befehlszeilen, in die man Befehle eintippen mußte. Die meisten Leute, die keine Computer-Experten sind, betrachteten die Befehlszeilen-Oberflächen als bedienerunfreundlich, wenn nicht geradezu feindlich, und so machten sich viele Computer-Anbieter daran, Benutzeroberflächen auf der Grundlage von »Zeigen und Klicken« zu entwickeln, wie beispielsweise beim Macintosh oder Windows. Dabei brauchte man eine Methode, mit der man auf den Bildschirm zeigen kann. Das übliche Verfahren hierfür erfordert ein Gerät, das Maus genannt wird.

Eine **Maus** ist ein kleines Kunststoffgehäuse, das seinen Platz gleich neben der Tastatur hat. Wenn sie auf dem Tisch hin- und hergeschoben wird, bewegt sich auf dem Bildschirm auch ein kleiner Zeiger, mit dem der Benutzer auf dort befindliche Elemente zeigen kann. Die Maus hat eine, zwei oder drei Tasten, mit denen Einträge aus Menüs ausgewählt werden können. Es gab heftige Debatten darüber, wie viele Tasten eine Maus haben sollte. Unbedarfte Benutzer sind mehr für eine einzige Taste (man kann keine falsche Taste drükken, wenn es nur eine gibt); fortgeschrittene schätzen die Möglichkeiten mehrerer Tasten, um damit allerhand interessante Dinge anstellen zu können.

Es gibt drei Arten von Mäusen: mechanische, optische und optomechanische. Die ersten Mäuse hatten zwei Gummirädchen, die an der Unterseite herausragten und deren Achsen in einem rechten Winkel zueinander standen. Wenn die Maus parallel zu ihrer Hauptachse bewegt wurde, drehte sich das eine Rädchen. Wurde sie senkrecht zur Hauptachse bewegt, drehte sich das andere. Jedes Rad steuerte einen veränderbaren Widerstand (Potentiometer). Durch Messung der Widerstandsveränderungen konnte festgestellt werden, wie stark sich jedes Rad gedreht hatte. Daraus ließ sich errechnen, wie weit die Maus in jede Richtung bewegt worden war. In der letzten Zeit wurde dieses Design weitgehend durch ein anderes ersetzt, bei der eine aus der Unterseite hervorschauende Kugel anstelle von Rädchen benutzt wird.

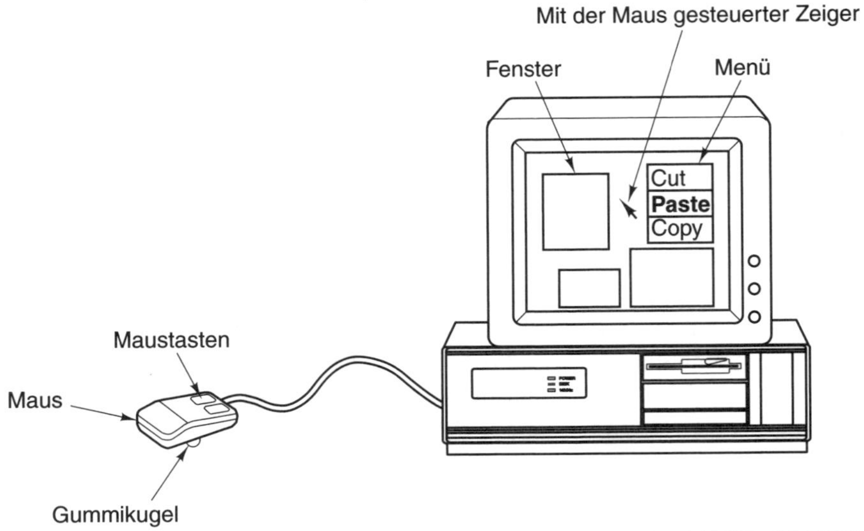

Abb. 2.35: Eine Maus wird verwendet, um auf Menüpunkte zu zeigen

Die zweite Art von Maus ist die optische. Hier gibt es keine Rädchen und keine Kugel. Statt dessen hat die optische Maus eine **LED** (**Light Emitting Diode** – Leuchtdiode) und einen Photodetektor an der Unterseite. Die optische Maus wird auf einem speziellen Kunststoffpad mit einem rechtwinkligen Gitter enger Linien benutzt. Wenn die Maus über das Gitter bewegt wird, ertastet der Photodetektor Linienübergänge, weil er die Veränderungen in der von der LED ausgehenden und reflektierten Lichtmenge wahrnimmt. In der Maus befindliche Elektronik zählt die Anzahl der Überschreitungen von Gitterlinien in jeder Richtung.

Die dritte Mausvariante ist die optomechanische. Wie die neueren mechanischen Mäuse arbeitet sie mit einer rollenden Kugel, die zwei in rechtem Winkel zueinander stehende Achsen dreht. Die Achsen sind mit Kodierern verbunden, die Schlitze aufweisen, durch die Licht dringt. Wird die Maus bewegt, rotieren die Achsen, und Lichtimpulse treffen bei den Detektoren ein, sobald ein Schlitz zwischen einer LED und dem zugehörigen Detektor kommt. Die Anzahl der aufgenommenen Lichtimpulse ist proportional zur Bewegung.

Mäuse können auf verschiedene Weise eingerichtet werden. Üblich ist aber, daß die Maus immer dann eine Sequenz aus 3 Bytes an den Computer schickt, wenn sie eine vordefinierte Strecke weit bewegt wurde (z.B. 0,01 Zoll), die manchmal auch ein **Mickey** genannt wird. Diese Zeichen kommen gewöhnlich auf einer seriellen Leitung Bit für Bit herein. Das erste Byte enthält eine vorzeichenbehaftete Ganzzahl, die angibt, um wie viele Einheiten die Maus in den letzten 100 ms auf der x-Achse bewegt wurde. Das zweite Byte liefert die entsprechende Information für die Bewegung in der y-Achse. Das dritte Byte enthält den aktuellen Status der Maustasten. Manchmal werden auch 2 Bytes für jede Koordinate benutzt.

Systemnahe Software im Computer nimmt diese Information auf, sobald sie einläuft, und konvertiert die von der Maus abgesendeten relativen Bewegungen in eine absolute Position. Danach wird auf dem Bildschirm an der Stelle, die der Mausposition entspricht, ein Pfeil angezeigt. Wenn der Pfeil auf das gewünschte Element zeigt, betätigt der Benutzer eine Maustaste, und der Computer kann feststellen, welches Element gewählt wurde, denn er »weiß« ja, wo auf dem Bildschirm sich der Mauszeiger befindet.

2.4.4 Drucker

Hat man ein Dokument erstellt oder eine Seite aus dem World Wide Web abgerufen, möchte man sie manchmal auch ausdrucken. Daher sind fast alle Computer mit einem Drucker ausgestattet. In diesem Abschnitt werden einige der gängigen Monochrom- (d.h. Schwarzweiß-) und Farbdrucker beschrieben.

Monochromdrucker

Der billigste Druckertyp ist der **Matrixdrucker**, bei dem ein Druckkopf mit 7 bis 24 elektromagnetisch aktivierbaren Nadeln über jede Druckzeile streicht. Am unteren Leistungsspektrum stehen Drucker mit sieben Nadeln, die beispielsweise 80 Zeichen in einer 5×7-Matrix auf eine Zeile bringen können. Eigentlich hat eine Druckzeile dann 7 horizontale Zeilen, die jeweils aus $5 \times 80 = 400$ Punkten bestehen. Jeder Punkt kann gedruckt oder nicht gedruckt werden, was von den zu druckenden Zeichen abhängt. Abb. 2.36(a) zeigt den Buchstaben »A«, wie er als 5×7-Matrix gedruckt aussieht.

Die Druckqualität kann durch zwei Techniken verbessert werden: Verwendung von mehr Nadeln und Drucken der überlappenden Punkte. Abb. 2.36(b) zeigt ein »A«, das mit 24 Nadeln gedruckt ist, die überlappende Punkte erzeugen. Gewöhnlich sind für überlappende Punkte mehrere Durchgänge über jede Druckzeile erforderlich. Höhere Druckqualität bedeutet daher zugleich auch längere Druckzeiten. Die meisten Matrixdrucker können in verschiedenen Betriebsarten arbeiten und erlauben verschiedene Kompromisse zwischen Druckqualität und Geschwindigkeit.

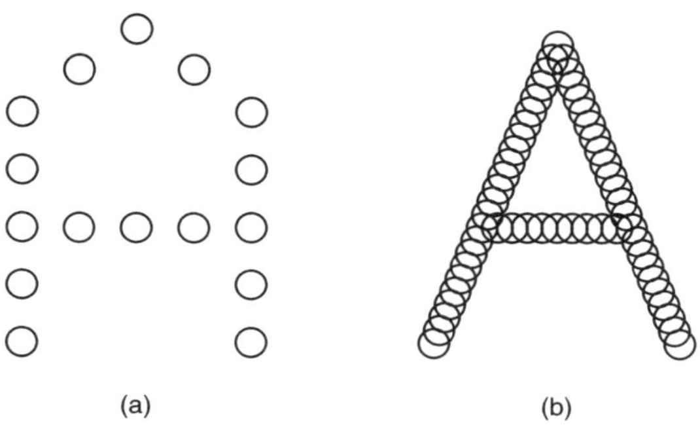

Abb. 2.36: Der Buchstabe »A« (a) als 5×7-Matrix und (b) mit 24 überlappenden Nadeln gedruckt

Matrixdrucker sind billig (besonders, was das Verbrauchsmaterial angeht) und sehr zuverlässig, aber auch langsam, laut und schwach beim Grafikausdruck. Bei modernen Systemen kommen sie in drei Anwendungsbereichen zum Einsatz. Erstens nimmt man sie gern für das Bedrucken von großen vorgedruckten Formularen (> 30 cm). Zweitens sind sie gut für das Bedrucken von kleinen Papierformaten, wie sie bei Registrierkassen, Geldautomaten, Kreditkarten-Transaktionen oder auch bei Flugzeug-Bordkarten vorkommen. Drittens sind Matrixdrucker meist immer noch die billigste Technik für das Bedrucken von mehrlagigen Formularen mit eingelegtem Durchschlagpapier.

Für das preiswerte Drucken im privaten Bereich sind die **Tintenstrahldrucker** (Inkjet Printers) am beliebtesten. Der bewegliche Druckkopf mit Tintenpatrone streicht horizontal über das Papier, während winzige Düsen Tinte ausspritzen. In jeder Düse wird ein Tintentröpfchen elektrisch bis zum Siedepunkt aufgeheizt, bis es explodiert. Der Tinte bleibt nur ein einziger Weg nach draußen – vorn aus der Düse hinaus und aufs Papier. Die Düse kühlt sich dann ab, und der so entstehende Unterdruck saugt ein weiteres Tintentröpfchen hinein. Die Geschwindigkeit des Druckers hängt davon ab, wie schnell der Aufheiz- und Abkühlzyklus wiederholt werden kann. Tintenstrahldrucker haben üblicherweise eine Auflösung zwischen 300 bis 720 **dpi (dots per inch** – Punkte pro Zoll), es gibt aber auch schon Tintenstrahler mit 1440 dpi. Diese Drucker sind billig, leise und bieten eine gute Druckqualität, sind aber ebenfalls langsam, arbeiten mit teuren Tintenpatronen und produzieren tintengetränkte Ausdrucke.

Die wohl interessanteste Entwicklung beim Druckvorgang, seit Johann Gutenberg im 15. Jahrhundert die beweglichen Lettern erfand, ist der **Laserdrucker** (Laser Printer). Diese Drucker verbinden hohe Druckqualität, Flexibilität und passable Geschwindigkeit mit annehmbaren Kosten in einem einzigen Peripheriegerät. Bei Laserdruckern kommt fast die gleiche Technik zum Einsatz wie bei Fotokopierern. Und tatsächlich bieten viele Hersteller Geräte an, die kopieren und drucken (und teilweise auch faxen) können.

Die Grundtechnik ist in Abb. 2.37 dargestellt. Das Herz des Druckers ist eine sich drehende Präzisionstrommel (oder in einigen Geräten des oberen Leistungsbereichs ein Band). Am Anfang eines jeden Seitenzyklus wird sie auf rund 1000 Volt aufgeladen und mit fotoempfindlichem Material überzogen. Dann streicht ein Laserlicht längs über die Trommel, ähnlich wie ein Elektronenstrahl in einer CRT. Die horizontale Ablenkung wird aber nicht mittels einer elektrischen Spannung erzielt, vielmehr lenkt ein sich drehender achteckiger Spiegel den Strahl über die Trommel. Der Strahl wird so moduliert, daß ein Muster aus hellen und dunklen Punkten entsteht. Die Stellen der Trommel, auf die der Strahl auftrifft, verlieren ihre elektrische Ladung.

Ist eine Linie von Punkten gezeichnet, dreht sich die Trommel einen Bruchteil eines Grads weiter, und die nächste Linie kann gezeichnet werden. Schließlich erreicht die erste Linie aus Punkten den Toner – einen Behälter mit elektrostatisch empfindlichem, schwarzem Pulver. Der Toner wird von den Punkten angezogen, die noch elektrisch geladen sind, und bewirkt so ein sichtbares Abbild dieser Linie. Etwas später auf dem Transportweg wird die mit Toner beschichtete Trommel gegen ein Blatt Papier gedrückt, wodurch das schwarze Pulver darauf übertragen wird. Dann wird das Papier durch aufgeheizte Rollen geführt, die den Toner dauerhaft aufschmelzen und somit das Bild fixieren. Etwas später auf dem Rotationsweg wird die Trommel entladen und übriggebliebener Toner abgestreift. Dadurch wird die Trommel auf einen weiteren Lade- und Beschichtungsvorgang für die nächste Seite vorbereitet.

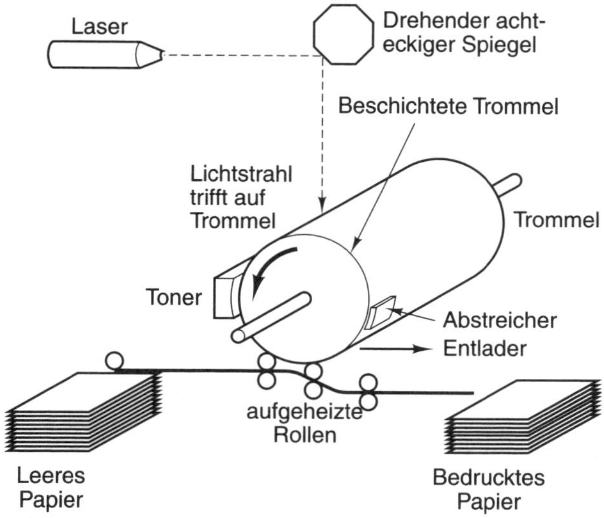

Abb. 2.37: Funktionsweise eines Laserdruckers

Es muß sicher nicht betont werden, daß dieser Prozeß eine höchst komplexe Verbindung aus Physik, Chemie, Feinmechanik und optischer Technik darstellt. Dennoch stehen komplette Baugruppen, sogenannte **Drucksysteme** (Print Engines), von mehreren Anbietern zur Verfügung. Die Hersteller von Laserdruckern kombinieren diese Engines mit ihrer eigenen Elektronik sowie Software zu einem vollständigen Drucker. Die Elektronik besteht aus einer schnellen CPU mit mehreren Mbyte RAM für die Aufnahme eines ganzseitigen Bitmaps und zahlreicher Schriftfamilien sowie mit einem ROM für die eingebaute Software. Die meisten Drucker akzeptieren Befehle für die Beschreibung der zu druckenden Seiten (im Gegensatz zur schlichten Übernahme von Bitmaps, die von der Haupt-CPU erstellt wurden). Diese Befehle werden in Sprachen wie PCL von HP oder PostScript von Adobe gegeben.

Laserdrucker mit 600 dpi und mehr können Schwarzweißfotos recht ordentlich drucken. Die dabei eingesetzte Technik ist aber komplizierter, als es auf den ersten Blick scheinen mag. Man denke sich ein mit 600 dpi gerastertes Foto, das auf einem 600-dpi-Drucker ausgedruckt werden soll. Das gerasterte Bild hat 600 × 600 Pixel pro Zoll, jedes mit einem Grauwert von 0 (weiß) bis 255 (schwarz). Der Drucker kann zwar ebenfalls 600 dpi aufs Papier bringen, jedes Pixel ist aber entweder schwarz (Toner vorhanden) oder weiß (kein Toner). Grauwerte können nicht gedruckt werden.

Die übliche Lösung für das Drucken von Grauwerten ist die **Punktschattierung** (Halftoning) wie bei gewerblich gedruckten Plakaten. Dabei wird das Bild in Halbtonzellen aufgelöst, die in der Regel aus 6 × 6 Pixeln bestehen. Jede Zelle kann zwischen 0 und 36 schwarze Punkte enthalten. Das Auge empfindet eine Zelle mit mehr Punkten dunkler als eine Zelle mit weniger Punkten. Grauwerte im Bereich von 0 bis 255 werden durch Aufteilung dieses Bereichs in 37 Zonen dargestellt. Werte von 0 bis 6 liegen in Zone 0, Werte von 7 bis 13 in Zone 1 und so weiter (Zone 36 ist etwas kleiner als die anderen, weil sich 256 nicht glatt durch 37 teilen läßt). Ist ein Grauton in Zone 0 darzustellen, wird die zugehörige Halbtonzelle auf dem Papier unbedruckt gelassen wie in Abb. 2.38(a). Ein Wert der Zone 1 wird als 1 schwarzes Pixel und ein Wert der Zone 2 wird als 2 schwarze Pixel gedruckt, wie in Abb. 2.38(b). Andere Zonenwerte sind in Abb. 2.38(c) bis (f) dargestellt. Nimmt man auf einem mit 600 dpi gerasterten Foto eine derartige Punktschattierung vor, verringert sich die effektive Bildauflösung natürlich auf 100 Zellen/Zoll. Man nennt dies die **Halbtonrasterfrequenz** (Halftone Screen Frequency). Sie wird gewöhnlich in **lpi** (lines per inch – Zeilen pro Zoll) gemessen.

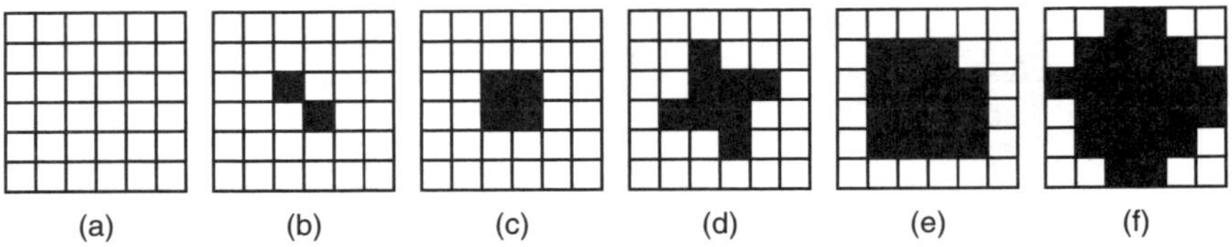

Abb. 2.38: Halbtonpunkte für verschiedene Graustufenbereiche; (a) 0–6, (b) 14–20, (c) 28–34, (d) 56–62, (e) 105–111, (f) 161–167

Farbdrucker

Farbbilder können unter zwei Aspekten betrachtet werden: durchscheinendes Licht und reflektiertes Licht. Bilder mit durchscheinendem Licht, wie die eines CRT-Monitors, werden durch lineare Überlagerung der drei additiven Primärfarben Rot, Grün und Blau aufgebaut. Bilder mit reflektiertem Licht, wie etwa Farbfotos und die Bilder in Hochglanzmagazinen, absorbieren bestimmte Wellenlängen und reflektieren den Rest. Sie bauen sich aus einer linearen Überlagerung der drei subtraktiven Primärfarben Zyan (absorbiert komplett Rot), Gelb (absorbiert komplett Blau) und Magenta (absorbiert komplett Grün) auf. Theoretisch kann jede Farbe durch Mischen von zyanblauer, gelber und magentroter Drucktinte erzeugt werden. In der Praxis ist es aber schwierig, die Tinten so rein herzustellen, daß sie zusammen das gesamte Licht absorbieren und ein reines Schwarz hervorbringen. Aus diesem Grund arbeiten fast alle Farbdrucker mit vier Tinten – Zyan, Gelb, Magenta und Schwarz. Solche Systeme nennt man **CMYK-Drucker** (aus den englischen Bezeichnungen Cyan, Magenta und Yellow; das K steht für Black, um eine Verwechslung mit Blau zu vermeiden). Demgegenüber arbeiten CRT-Monitore mit durchscheinendem Licht und dem RGB-System (für Rot, Grün, Blau).

Das gesamte Farbenspektrum, das ein Bildschirm oder Drucker hervorbringen kann, nennt man **Farbpalette** oder Farbskala (Gamut). Was die Farbpalette angeht, kommt kein Gerät an die wirkliche Welt heran. Farben von Geräten haben bestenfalls 256 Abstufungen, so daß nur 16.777.216 Farbtöne möglich sind. Unvollkommenheiten der Technologie lassen diese Zahl weiter schrumpfen, und was dann noch übrig bleibt, ist nicht gleichmäßig über das ganze Farbenspektrum verteilt. Außerdem hat die Farbwahrnehmung nicht nur mit den physikalischen Gegebenheiten des Lichts zu tun, sondern hängt stark davon ab, wie die Stäbchen und Zäpfchen in der Netzhaut des menschlichen Auges arbeiten.

Aus diesen Gründen ist die Umwandlung eines auf dem Bildschirm gut aussehenden Farbbilds in ein identisches Druckbild alles andere als einfach. Hier einige der Probleme:

1. Farbmonitore arbeiten mit durchscheinendem Licht, Farbdrucker mit reflektiertem Licht.
2. CRT-Monitore liefern 256 Abstufungen je Farbe. Farbdrucker arbeiten mit Halbtönen.
3. Monitore haben einen dunklen Hintergrund, Papier hat einen hellen Hintergrund.
4. Die RGB- und CMYK-Farbpaletten unterscheiden sich.

Farbige Druckbilder so hinzubekommen, daß sie lebensecht (oder wenigstens wie das Bildschirmbild) aussehen, erfordert feinste Geräteeinstellungen, aufwendige Software und erhebliches Erfahrungswissen seitens des Benutzers.

Für den Farbendruck kommen üblicherweise fünf Technologien zum Einsatz, die alle auf dem CMYK-System beruhen. Am unteren Ende stehen die Farbtintenstrahler. Ihre Arbeitsweise entspricht der der Schwarzweiß-Tintenstrahldrucker, sie haben aber statt einer vier Tintenpatronen (für C, M, Y und K also Zyan, Magenta, Gelb und Schwarz). Sie liefern recht ordentliche Ergebnisse bei Farbgrafiken und akzeptable Resultate bei Fotografien zu annehmbaren Kosten (die Drucker sind billig, die Tintenpatronen sind es nicht).

Die besten Ergebnisse erzielt man dabei mit Spezialtinten und -papier. Es gibt zwei Tintentypen: **Flüssigfarbtinten** (Dye-based Inks) bestehen aus einem in einer Trägerflüssigkeit aufgelösten Farbstoff. Sie liefern leuchtende Farben und fließen leicht. Ihr Hauptnachteil ist, daß sie verblassen, wenn sie ultravioletter Strahlung, die im Sonnenlicht enthalten ist, ausgesetzt werden. **Pigmenttinten** (Pigment-based Inks) dagegen enthalten feste Pigmentpartikel, die in einer Trägerflüssigkeit schweben. Die Trägerflüssigkeit verdunstet und läßt die Pigmente auf dem Papier zurück. Diese Tinten verblassen zwar nicht, sind aber auch nicht so kräftig wie die Tinten auf Flüssigfarbenbasis. Außerdem neigen die Pigmentpartikel dazu, die Düsen im Druckkopf zu verstopfen, so daß regelmäßige Reinigung nötig ist. Für den Ausdruck von Fotos ist beschichtetes oder Hochglanzpapier erforderlich. Diese Papiersorten sind so beschaffen, daß die Tintentröpfchen nicht verlaufen.

Ein Schritt weiter führt zu den **Feststoffdruckern** (Solid Ink Printer). Sie arbeiten mit vier festen Blöcken einer speziellen, wachsartigen Tinte, die zunächst in heiße Tintenbehälter eingeschmolzen werden müssen. Die Vorlaufzeit solcher Drucker kann bis zu zehn Minuten betragen, denn erst müssen die Tintenblöcke schmelzen. Die heiße Tinte wird auf das Papier gesprüht, wo sie wieder fest wird. Das Papier wird durch zwei harte Walzen geführt, um die Tinte auf dem Papier zu fixieren.

Die dritte Variante ist der Farblaserdrucker. Er funktioniert wie ein monochromer Laserdrucker; es werden aber separate C-, M-, Y- und K-Bilder in den Druckerspeicher gelegt und auf eine Trommel mit vier verschiedenen Tonern übertragen. Da generell im voraus ein vollständiges Bitmap erzeugt wird, benötigt ein Bild bei 1200×1200 dpi für eine Seite von 80 Quadratzoll 115 Millionen Pixel. Bei 4 Bit/Pixel braucht der Drucker für das Bitmap, also ohne Speicher für die internen Prozessoren, Schriftfamilien, usw. allein schon 55 Mbyte. Das macht Farblaserdrucker teuer, doch das Drucken geht schnell, die Qualität ist hoch, und die Bilder verblassen nicht im Laufe der Zeit.

Der vierte Farbdruckertyp ist der **Wachsdrucker** (Wax Printer). Er hat ein breites Band mit Wachs in vier Farben, das in seitengroße Streifen unterteilt ist. Tausende von Heizelementen schmelzen das Wachs auf das darunter vorbeiziehende Papier auf. Das Wachs wird in Form von Pixeln gemäß dem CMYK-System auf dem Papier fixiert. Wachsdrucker waren einmal der vorherrschende Druckertyp, werden jetzt aber zunehmend von den anderen Typen verdrängt, die mit billigerem Verbrauchsmaterial auskommen.

Der fünfte Typ ist der **Farbsublimationsdrucker** (Dye Sublimation Printer). Trotz des Freudschen Untertons ist »Sublimation« die wissenschaftliche Bezeichnung für den direkten Übergang vom festen in den gasförmigen Zustand eines Stoffs, ohne daß dieser die flüssige Phase durchläuft. Trockeneis (gefrorenes Kohlendioxid) ist ein bekannter Stoff, der sublimiert. Im Farbsublimationsdrucker streicht ein Träger mit den CMYK-Farbstoffen über einen thermischen Druckkopf mit Tausenden von programmierbaren Heizelementen. Die Farbstoffe verdampfen sofort und werden von einem Spezialpapier absorbiert. Jedes Heizelement kann 256 verschiedene Temperaturen erzeugen. Je höher die Temperatur, um so mehr Farbstoff wird aufgebracht und um so intensiver ist die Farbe. Anders als bei allen anderen Farbdruckern sind für jedes Pixel nahezu kontinuierliche Helligkeitsabstufungen möglich, Punktschattierung ist also nicht erforderlich. Kleine Schnappschußdrucker produzieren im Farbsublimationsprozeß auf speziellem (und teurem) Papier hochrealistische fotografische Bilder.

2.4.5 Modems

Mit der zunehmenden allgemeinen Verwendung von Computern in den vergangenen Jahren ist es heute die Regel, daß ein Computer mit einem anderen kommunizieren muß. Viele Benutzer haben beispielsweise zu Hause einen Personalcomputer, den sie zur Kommunikation mit ihrem Computer im Büro, mit einem Internet-Dienstanbieter (Internet Service Provider) oder mit einem Home-Banking-System einsetzen. Dabei wird die Telefonleitung als zugrundeliegender Kommunikationsweg benutzt.

Die Telefonleitung ist als solche aber noch nicht geeignet, Computer-Signale zu übertragen, die generell eine 1 als 3 bis 5 Volt und eine 0 als 0 Volt darstellen, wie in Abb. 2.39(a) gezeigt. Signale mit zwei Stufen erleiden erhebliche Verzerrungen, wenn sie über eine Telefonleitung für Sprachqualität übertragen werden. Die Folge sind Übertragungsfehler. Eine reine Sinusschwingung mit einer Frequenz von 1000 bis 2000 Hz, der sogenannte **Träger** (Carrier), läßt sich jedoch mit relativ geringen Verzerrungen übertragen, und dieser Umstand wird als Basis für die meisten Telekommunikationssysteme genutzt.

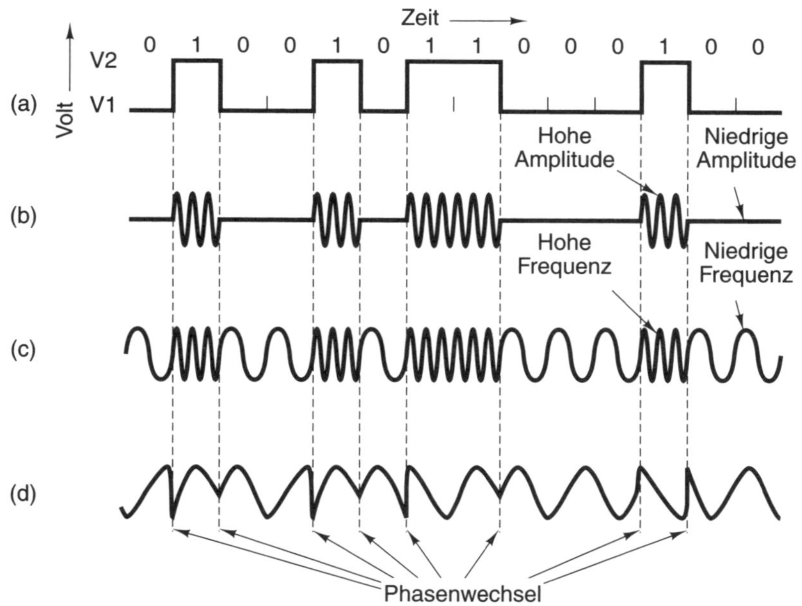

Abb. 2.39: Bitweise Übertragung der Binärzahl 01001011000100 über eine Telefonleitung; (a) zweistufiges Signal; (b) Amplitudenmodulation; (c) Frequenzmodulation; (d) Phasenmodulation

Da die Impulse einer Sinuswelle vollständig vorhersagbar sind, überträgt eine reine Sinusschwingung keinerlei Information. Eine Folge von Einsen und Nullen kann aber durch Veränderungen von Amplitude, Frequenz oder Phase übertragen werden (siehe Abb. 2.39). Dieser Vorgang wird **Modulation** genannt. Bei der **Amplitudenmodulation** (Amplitude Modulation) in Abbildung 2.39(b) arbeitet man mit zwei verschiedenen Spannungen für 0 und 1. Wenn man einer sehr langsamen Übertragung von digitalen Daten zuhört, nimmt man ein lautes Geräusch für 1 und Stille für 0 wahr.

Bei der **Frequenzmodulation** (Frequency Modulation; siehe Abb. 2.39(c)) ist der Spannungspegel gleichbleibend, während 0 und 1 durch unterschiedliche Trägerfrequenzen dargestellt werden. Wenn man frequenzmodulierten Daten zuhört, nimmt man zwei verschieden hohe Töne für 0 bzw. 1 wahr. Die Frequenzmodulation wird auch als **Frequenzumtastung** (Frequency Shift Keying) bezeichnet.

Bei der einfachen **Phasenmodulation** (Phase Modulation; siehe Abb. 2.39(d)) bleiben Amplitude und Frequenz unverändert, während die Phase der Trägerfrequenz umgekehrt (um 180 Grad verschoben) wird, wenn die Signale von 0 auf 1 oder von 1 auf 0 übergehen. In ausgefeilteren phasenmodulierten Systemen wird bei Beginn eines jeden unteilbaren Zeitintervalls die Phase der Trägerfrequenz abrupt um 45, 135, 225 oder 315 Grad verschoben, was die Übertragung von 2 Bits pro Zeitintervall ermöglicht. Dies wird **Dibit-Phasenkodierung** (Dibit Phase Encoding) genannt. Dabei könnte eine Phasenverschiebung um 45 Grad den Wert 00, um 135 Grad den Wert 01 usw. repräsentieren. Es gibt auch andere Schemata, mit denen 3 oder mehr Bits pro Zeitintervall übertragen werden können. Die Anzahl der Zeitintervalle (d.h. die Anzahl potentieller Signalveränderungen in der Sekunde) ist die **Baudrate**. Bei 2 oder mehr Bits pro Zeitintervall ist die Bitrate größer als die Baudrate. Diese beiden Begriffe werden oft verwechselt.

Wenn die zu übertragenden Daten aus einer Serie von 8-Bit-Zeichen bestehen, wäre eine Verbindung wünschenswert, die 8 Bits gleichzeitig übertragen kann – also ein Kabel mit acht Leitungspaaren. Da aber gewöhnliche Telefonleitungen nur einen Kanal zu bieten haben, müssen die Bits seriell, also hintereinander (oder in Zweiergruppen bei der Dibit-Kodierung) gesendet werden. Das Gerät, das die Zeichen vom Computer bitweise als zweistufige Signale aufnimmt und die Bits in Einer- oder in Zweiergruppen in amplituten-, frequenz- oder phasenmodulierter Form überträgt, heißt Modem. Um Beginn und Ende eines Zeichens zu kennzeichnen, wird jeweils vor einem 8-Bit-Zeichen ein Startbit und dahinter ein Stopbit gesendet, was für jedes Zeichen zusammen 10 Bit ausmacht.

Das sendende Modem schickt die einzelnen Bits, aus denen ein Zeichen besteht, in gleich großen Zeitintervallen ab. 9600 Baud bedeutet beispielsweise eine Signaländerung alle 104 µs. Ein zweites Modem am empfangenden Ende wandelt die modulierte Trägerfrequenz wieder in eine Binärzahl um. Da die Bits beim Empfänger in gleich großen Zeitintervallen einlaufen, kann das empfangende Modem – nachdem es den Beginn eines Zeichens erkannt hat – durch seinen eingebauten Taktgeber feststellen, wann es die einlaufenden Daten abfragen muß, um die einzelnen Bits zu lesen.

Moderne Modems arbeiten mit einer Datenrate von 28800 Bit/s bis 57600 Bit/s bei gewöhnlich sehr viel niedrigeren Baudraten. Dabei wird eine Kombination verschiedener Techniken mit Modulation von Amplitude, Frequenz und Phase eingesetzt, um mehrere Bits pro Baud zu senden. Fast alle Modems arbeiten im **Vollduplex**-Betrieb. Das bedeutet, daß das Modem (mit verschiedenen Frequenzen) in beiden Richtungen gleichzeitig übertragen kann. Modems oder Übertragungsleitungen, die jeweils nur in einer Richtung senden können (wie eine eingleisige Bahnlinie jeweils nur Züge in nördlicher oder südlicher Richtung bewältigen kann, nicht jedoch gleichzeitig), arbeiten **halbduplex**. Leitungen, die überhaupt nur in eine einzige Richtung übertragen können, arbeiten im **Simplex**-Betrieb.

ISDN

Anfang der achtziger Jahre entwickelten die europäischen Post- und Fernmeldegesellschaften einen Standard für digitale Telefonie mit der Bezeichnung **ISDN** (Integrated Service Digital Network – Diensteintegrierendes digitales Fernmeldenetz). Dahinter stand die Absicht, es älteren Mitbürgern zu ermöglichen, in ihren Wohnungen Warnmelder einzurichten, die mit zentralen Überwachungsbüros verbunden sein sollten, sowie etliche andere merkwürdige, nie realisierte Anwendungen. Sie machten massiv Werbung für diese Idee, ohne allzu großen Erfolg verbuchen zu können. Dann kam plötzlich das World Wide Web, und die Bevölkerung rief nach digitalem Internet-Zugriff mit viel Bandbreite. Volltreffer! Plötzlich fand ISDN seine ideale Anwendung (ohne Zutun seiner Entwickler). Mit einem Schlag wurde ISDN auch in den USA und anderswo populär.

Wenn der Kunde eines Telekommunikationsunternehmens ISDN-Teilnehmer wird, ersetzt das Unternehmen den alten, analogen Anschluß durch einen digitalen. (Tatsächlich wird die Leitung nicht ausgewechselt, nur die Geräte an beiden Enden.) Der neue Anschluß besteht aus zwei voneinander unabhängigen Digitalkanälen mit je 64000 Bit/s sowie einem Signalkanal mit 16000 Bit/s. Es gibt Geräte, die alle drei Kanäle zu einem einzigen Digitalkanal kombinieren können, der mit 144000 bps arbeitet. Für Unternehmen gibt es sogar ISDN-Anschlüsse mit 30 Kanälen.

ISDN ist nicht nur schneller als ein analoger Kanal, es ermöglicht auch den Verbindungsaufbau innerhalb von nur einer Sekunde, erfordert kein analoges Modem mehr und ist viel zuverlässiger als eine Analogverbindung. Außerdem bietet es eine Reihe zusätzlicher Möglichkeiten, die mit Analogverbindungen oft nicht zur Verfügung stehen.

Abb. 2.40 zeigt den Aufbau einer ISDN-Verbindung. Die Fernmeldegesellschaft (Carrier) stellt eine digitale Bitleitung zur Verfügung, die nichts weiter tut, als Bits zu übertragen. Was die Bits bedeuten, ist Sache von Sender und Empfänger. Die Schnittstelle zwischen den Teilnehmergeräten und den Einrichtungen der Fernmeldegesellschaft ist das NT1-Gerät mit der T-Schnittstelle an der einen und der U-Schnittstelle an der anderen Seite. In den USA muß der

Kunde ein eigenes NT1-Gerät kaufen. In vielen europäischen Ländern muß er es von der Fernmeldegesellschaft mieten.

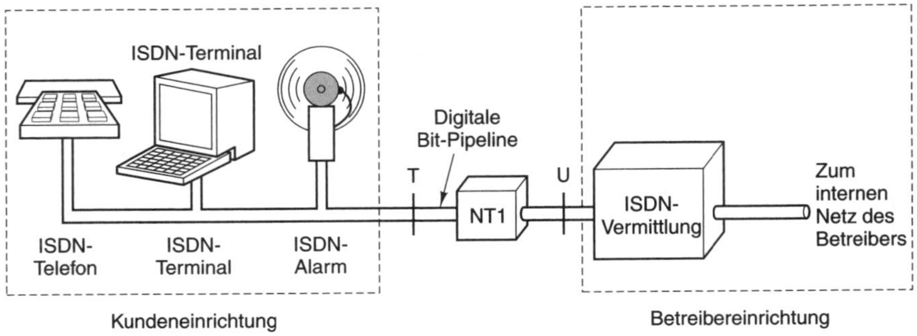

Abb. 2.40: ISDN für den Privatgebrauch

2.4.6 Zeichencodes

Jeder Computer verfügt über einen Zeichensatz, mit dem er arbeitet. Heute umfaßt dieser Satz mindestens die 26 Großbuchstaben, die 26 Kleinbuchstaben, die Zahlen 0 bis 9 und eine Reihe von speziellen Symbolen wie Leerzeichen, Punkt, Minuszeichen, Komma und Wagenrücklauf.

Um diese Zeichen in den Computer zu bringen, wird ihnen eine Zahl zugeordnet, beispielsweise a = 1, b = 2, ..., z = 26, + = 27, – = 28. Diese Zuordnung von Zeichen zu Ganzzahlen ist der **Zeichencode** (Character Code). Computer, die miteinander kommunizieren sollen, müssen den gleichen Code verwenden; andernfalls können sie einander nicht verstehen. Aus diesem Grund wurden mehrere Standards entwickelt. Zwei der wichtigsten werden nachfolgend beschrieben.

ASCII

Ein weitverbreiteter Code ist **ASCII** (American Standard Code for Information Interchange). Jedes ASCII-Zeichen hat 7 Bit, was insgesamt 128 Zeichen zuläßt. Abb. 2.41 zeigt den ASCII-Code. Die Codes 0 bis 1F (hexadezimal) sind Steuerzeichen, die nicht ausgedruckt werden.

Die meisten ASCII-Steuerzeichen dienten der Datenübertragung. Beispielsweise kann eine Nachricht aus einem SOH-Zeichen (Start of Header), einem Header, einem STX (Start of Text), dem Text selbst, einem ETX (End of Text) und einem EOT (End of Transmission) bestehen. In der Praxis werden die über Telefonleitungen und Netze gesendeten Nachrichten aber anders formatiert, so daß die ASCII-Steuerzeichen heute kaum mehr benutzt werden.

Hex	Name	Bedeutung	Hex	Name	Bedeutung
0	NUL	Null	10	DLE	Data Link Escape
1	SOH	Start Of Heading	11	DC1	Device Control 1
2	STX	Start Of Text	12	DC2	Device Control 2
3	ETX	End Of Text	13	DC3	Device Control 3
4	EOT	End Of Transmission	14	DC4	Device Control 4
5	ENQ	Enquiry	15	NAK	Negative AcKnowledgement
6	ACK	ACKnowledgement	16	SYN	SYNchronous idle
7	BEL	BELl	17	ETB	End of Transmission Block
8	BS	BackSpace	18	CAN	CANcel
9	Hat	Horizontal Tab	19	EM	End of Medium
A	LF	Line Feed	1A	SUB	SUBstitute
B	VT	Vertical Tab	1B	ESC	ESCape
C	FF	Form Feed	1C	FS	File Separator
D	CR	Carriage Return	1D	GS	Group Separator
E	SO	Shift Out	1E	RS	Record Separator
F	SI	Shift In	1F	US	Unit Separator

Hex	Zeichen	Hex	Zeichen	Hex	Zeichen	Hex	Zeichen	Hex	Zeichen	Hex	Zeichen
20	(Leerzeichen)	30	0	40	@	50	P	60	`	70	p
21	!	31	1	41	A	51	Q	61	a	71	q
22	"	32	2	42	B	52	R	62	b	72	r
23	#	33	3	43	C	53	S	63	c	73	s
24	$	34	4	44	D	54	T	64	d	74	t
25	%	35	5	45	E	55	U	65	e	75	u
26	&	36	6	46	F	56	V	66	f	76	v
27	'	37	7	47	G	57	W	67	g	77	w
28	(	38	8	48	H	58	X	68	h	78	x
29	)	39	9	49	I	59	Y	69	i	79	y
2A	*	3A	:	4A	J	5A	Z	6A	j	7A	z
2B	+	3B	;	4B	K	5B	[	6B	k	7B	{
2C	,	3C	<	4C	L	5C	\	6C	l	7C	|
2D	-	3D	=	4D	M	5D	]	6D	m	7D	}
2E	.	3E	>	4E	N	5E	^	6E	n	7E	~
2F	/	3F	?	4F	O	5F	_	6F	o	7F	DEL

Abb. 2.41: Der ASCII-Zeichensatz

Unicode

Die Computer-Industrie entwickelte sich überwiegend in den USA, was zum ASCII-Zeichensatz führte. ASCII eignet sich recht gut für Englisch, jedoch weniger gut für andere Sprachen. Französisch braucht Akzente (z.B. système); Deutsch hat Umlaute und so weiter. Einige europäische Sprachen haben Zeichen, die es im ASCII-Code überhaupt nicht gibt, wie das deutsche ß oder das dänische ø. Einige Sprachen haben ganz andere Alphabete (z.B. Russisch oder Arabisch), während einige wenige Sprachen überhaupt kein Alphabet haben (z.B. Chinesisch). Nachdem der Computer die ganze Welt eroberte und die Software-Anbieter Produkte auch in Ländern verkaufen wollen, in denen die meisten Benutzer kein Englisch sprechen, wurde ein andersartiger Zeichensatz benötigt.

Der erste Versuch, ASCII zu erweitern, war IS 646, wodurch ASCII um weitere 128 Zeichen bereichert wurde. Dadurch entstand ein 8-Bit-Code mit der Bezeichnung **Latin-1**. Die zusätzlichen Zeichen waren überwiegend lateinische Buchstaben mit Akzenten und diakritischen Zeichen. Der nächste Versuch war IS 8859, mit dem das Konzept einer **Codeseite** (Code Page) eingeführt wurde, und das 256 Zeichen für eine bestimmte Sprache oder Sprachgruppe bot. IS 8859-1 ist Latin-1, IS 8859-2 versorgt die osteuropäischen Sprachen mit lateinischem Alphabet (z.B. Tschechisch, Polnisch und Ungarisch). IS 8859-3 enthält die Zeichen für Türkisch, Maltesisch, Esperanto, Galizisch usw. Problematisch am Codeseitenkonzept ist nur, daß die Software auf dem Laufenden darüber gehalten werden muß, mit welcher Codeseite sie arbeitet. Außerdem kann man keine Sprachen auf verschiedenen Codeseiten miteinander kombinieren, und das Schema ignoriert Japanisch und Chinesisch ganz.

Einige Computer-Unternehmen beschlossen daher, das Problem durch die Bildung eines Konsortiums zu beheben, das ein neues System mit der Bezeichnung **Unicode** schaffen und dieses als internationalen Standard (IS 10646) ausrufen sollte. Unicode wird heute von einigen Programmiersprachen (z.B. Java), einigen Betriebssystemen (z.B. Windows NT) und vielen Anwendungsprogrammen unterstützt. Mit zunehmender globaler Reichweite der Computer-Industrie wird dieser Standard wohl immer mehr an Akzeptanz gewinnen.

In Unicode wird jedem Zeichen und Symbol ein eindeutiger, permanenter 16-Bit-Wert zugeordnet, der als **Codepunkt** (Code Point) bezeichnet wird. Es werden keine aus mehreren Bytes bestehenden Zeichen oder Escape-Sequenzen benutzt. Auch das Schreiben von Software wird dadurch erheblich vereinfacht, daß alle Zeichen 16-Bit-Werte sind.

Mit 16-Bit-Symbolen hat Unicode 65536 Codepunkte. Da die Sprachen der Welt zusammen ungefähr 200000 Symbole benutzen, sind die Codepunkte eine knappe Ressource, die mit Sorgfalt zugeteilt werden muß. Ungefähr die Hälfte der Codepunkte sind bereits zugeordnet, und das Unicode-Konsortium prüft laufend Vorschläge, wie der Rest aufgebraucht werden könnte. Um die

Akzeptanz von Unicode zu fördern, nutzte das Konsortium klugerweise Latin-1 für die Codepunkte 0 bis 255, so daß die Konvertierung zwischen ASCII und Unicode erleichtert wird.

Um die Verschwendung von Codepunkten zu verhindern, hat jedes diakritische Zeichen seinen eigenen Codepunkt. Es ist dann Sache der Software, dieses mit anderen Elementen zu neuen Zeichen zu kombinieren.

Der Codepunktraum ist in Bereiche unterteilt, deren Größe ein Mehrfaches von 16 Codepunkten beträgt. Jedes wichtigere Alphabet besteht in Unicode aus einer Sequenz aufeinanderfolgender Zonen. Einige Beispiele (mit der Anzahl der zugewiesenen Codepunkte) sind: Latein (336), Griechisch (144), Kyrillisch (256), Armenisch (96), Hebräisch (112), Devanagari (128), Gurmukhi (128), Oriya (128), Telugu (128) und Kannada (128). Es fällt auf, daß jede dieser Sprachen mehr Codepunkte zugeteilt bekam, als sie Zeichen hat. Dafür entschied man sich zum Teil deswegen, weil viele Sprachen für die einzelnen Buchstaben verschiedene Formen haben. So gibt es im Englischen Groß- und Kleinbuchstaben. Manche Sprachen haben drei oder mehr Formen für ihre Zeichen, je nachdem, ob der Buchstabe am Anfang, in der Mitte oder am Ende eines Worts steht.

Zusätzlich zu den Alphabeten gibt es Codepunkte für diakritische Zeichen (112), Satzzeichen (112), tief- und hochgestellte Zeichen (48), Währungssymbole (48), mathematische Symbole (256), geometrische Formen (96) und Ornamente (Dingbats – 192).

Dann folgen die Symbole für Chinesisch, Japanisch und Koreanisch. Zunächst kommen 1024 phonetische Zeichen (z.B. Katakana und Bopomofo) und dann die vereinheitlichten Han-Ideogramme (20992), die im Chinesischen und Japanischen gebraucht werden, sowie die koreanischen Hangul-Silbenzeichen (11156).

Damit sich die Benutzer Sonderzeichen für Spezialanwendungen ausdenken können, wurden 6400 Codepunkte für den lokalen Gebrauch freigehalten.

Unicode behebt zwar viele Schwierigkeiten, die sich aus der Internationalisierung ergeben, doch löst dieser Code nicht alle Probleme der Welt und versucht es auch gar nicht. So ist etwa das lateinische Alphabet alphabetisch angeordnet, die Han-Schriftzeichen liegen aber nicht in der Reihenfolge des Wörterbuchs vor. Daher kann ein englisches Programm die Wörter »dog« und »cat« prüfen und sie einfach durch Vergleich der Unicode-Werte ihres Anfangsbuchstabens alphabetisch sortieren. Ein japanisches Programm benötigt aber externe Tabellen, um zu bestimmen, welches Symbol im Wörterbuch an erster Stelle steht.

Ein weiteres Problem ist das Entstehen von ständig neuen Wörtern. Vor fünfzig Jahren hat kein Mensch Wörter wie Applet, Cyberspace, Gigabyte, Laser, Modem, Smiley oder Videoband in den Mund genommen. Neue Wörter erfordern im Englischen keine neuen Codepunkte, im Japanischen aber durchaus. Neben neuem technischen Wortgut müssen noch mindestens 20000 neue (meist chinesische) Personen- und Ortsnamen hinzugefügt werden. Blinde sind der Meinung, daß die Braille-Schrift aufgenommen werden sollte, und Gruppen mit speziellen Interessen aller Art glauben ebenfalls, daß ihnen Codepunkte zustehen. Das Unicode-Konsortium prüft und entscheidet über alle neuen, derartigen Vorschläge.

Unicode benutzt denselben Codepunkt für Zeichen, die fast gleich aussehen, aber unterschiedliche Bedeutungen haben oder im Japanischen und Chinesischen geringfügig anders geschrieben werden (als ob englische Textverarbeitungen »blue« immer wie »blew« schreiben würden, weil die beiden Wörter gleich ausgesprochen werden). Manche betrachten das als Optimierung, um kostbare Codepunkte einzusparen, andere sehen es als angelsächsischen Kulturimperialismus. (Hätten Sie gedacht, daß die Zuweisung von 16-Bit-Werten für Zeichen ein politisch höchst brisantes Thema ist?) Schlimmer noch – ein einigermaßen vollständiges japanisches Wörterbuch enthält 50000 Kanji-Zeichen (ohne Namen). Weil aber nur 20992 Codepunkte für die Han-Schriftzeichen vorgesehen sind, mußte eine Auswahl getroffen werden. Nicht alle Japaner sind der Meinung, daß ein Konsortium von Computer-Unternehmen das ideale Forum ist, um solche Entscheidungen zu treffen, selbst wenn ein paar Japaner darunter sind.

2.5 Zusammenfassung

Computer sind aus drei Komponententypen aufgebaut: Prozessoren, Speicher und E/A-Geräte. Der Prozessor hat die Aufgabe, nacheinander Instruktionen aus dem Speicher abzurufen, zu dekodieren und auszuführen. Der Zyklus aus Abruf, Dekodierung und Ausführung kann immer als Algorithmus beschrieben werden; tatsächlich wird er manchmal von einem Software-Interpreter ausgeführt, der auf einer niedrigeren Ebene läuft. Zur Steigerung der Geschwindigkeit verfügen viele Computer heute über eine oder mehrere Pipelines oder weisen eine superskalare Architektur mit mehreren, parallel arbeitenden Funktionseinheiten auf.

Systeme mit mehreren Prozessoren sind immer öfter anzutreffen. Es gibt mehrere Typen von Parallelcomputern: Bei Matrizenrechnern wird die gleiche Berechnung zur selben Zeit auf viele verschiedene Datenvorräte angewandt. Bei Mehrprozessorsystemen greifen mehrere CPUs auf einen gemeinsamen Speicher zu, und bei Mehrrechnersystemen haben mehrere Computer jeweils ihren eigenen Speicher und kommunizieren per Meldungsweitergabe.

Speicher lassen sich in Primär- und Sekundärspeicher unterteilen. Der Primärspeicher enthält das Programm, das gerade ausgeführt wird. Die Zugriffszeit ist kurz – maximal einige Dutzend Nanosekunden – und hängt nicht von der Adresse ab, auf die zugegriffen wird. Cache-Speicher reduzieren diese Zugriffszeit noch weiter. Einige solcher Speichersysteme verfügen über Korrekturcodes, um die Zuverlässigkeit zu erhöhen.

Sekundärspeicher haben demgegenüber viel längere Zugriffszeiten (Millisekunden und mehr), die zudem noch von der Position der zu lesenden oder schreibenden Daten abhängen. Magnetbänder, Magnet- und optische Platten sind die am häufigsten gebrauchten Sekundärspeicher. Magnetplatten gibt es in vielen Varianten: Disketten, Winchester-Platten, IDE- und SCSI-Festplatten und RAIDs. Zu den optischen Platten gehören CD-ROM, CD-R und DVD.

E/A-Geräte sind für die Übertragung von Daten in und aus dem Computer zuständig. Sie sind mit Prozessor und Speicher über einen oder mehrere Busse verbunden. Beispiele dafür sind Terminals, Mäuse, Drucker und Modems. Die meisten E/A-Geräte arbeiten mit dem ASCII-Zeichensatz, doch mit dem globalen Einsatz von Computern gewinnt Unicode zunehmend an Bedeutung.

2.6 Aufgaben

1. Betrachten Sie die Arbeitsweise einer Maschine mit dem Datenweg in Abb. 2.2. Nehmen Sie an, das Laden der ALU-Eingaberegister erfordert 5 ns, das Rechnen in der ALU 10 ns, und das Rückspeichern in die Hilfsregister 5 ns. Wie viele MIPS kann diese Maschine ohne Pipelining ausführen?

2. Welchen Zweck hat Schritt 2 in der Aufzählung in Abschnitt 2.1.2? Was würde geschehen, wenn man diesen Schritt ausließe?

3. Auf Computer 1 werden alle Instruktionen in 10 ns ausgeführt. Auf Computer 2 brauchen sie dazu nur 5 ns. Können Sie mit Sicherheit sagen, daß Computer 2 schneller ist? Erläutern Sie Ihre Antwort.

4. Stellen Sie sich vor, Sie müßten einen Ein-Chip-Rechner für den Einsatz in eingebetteten Systemen bauen. Der gesamte Speicher soll bereits auf dem Chip enthalten sein und die gleiche Geschwindigkeit wie die CPU aufweisen – es gibt also keine Zugriffsverzögerungen. Prüfen Sie alle in Abschnitt 2.1.4 erläuterten Prinzipien und sagen Sie, ob diese immer noch so wichtig sind (unter der Annahme, daß es nach wie vor auf hohe Geschwindigkeit ankommt).

5. Könnte man den Prozessoren in Abbildung 2.8(b) Cache-Speicher hinzufügen? Wenn ja, welche Probleme müßten vorher gelöst werden?

6. Eine bestimmte Berechnung sei hauptsächlich sequentieller Natur, d.h., jeder Schritt hängt von dem vorhergehenden ab. Wäre für diese Aufgabe ein Matrizen- oder ein Pipeline-Prozessor besser geeignet? Erklären Sie, warum.

7. Um mit der gerade erfundenen Druckerpresse konkurrieren zu können, beschließt ein bestimmtes mittelalterliches Kloster, handgeschriebene Taschenbücher in Massenproduktion herauszugeben. Dazu versammelt es viele Schreiber in einer riesigen Halle. Der Abt ruft dann das erste Wort des Buchs aus, und alle Schreiber schreiben es nieder. Dann ruft der Abt das zweite Wort aus, und alle Schreiber schreiben es nieder. Dieser Vor-

gang wird so lange wiederholt, bis das ganze Buch vorgelesen und kopiert ist. Welchem Typ eines Parallelrechners in Abschnitt 2.1.6 ist dieses System am ähnlichsten?

8. Je weiter man die fünfstufige Speicherhierarchie abwärts geht, desto länger wird die Zugriffszeit. Geben Sie eine Schätzung über das Verhältnis der Zugriffszeit auf eine optische Platte zu der Zugriffszeit auf ein Register. Nehmen Sie an, daß die CD bereits eingelegt sei.

9. Berechnen Sie die Datenrate des menschlichen Auges anhand der folgenden Angaben: Das Sichtfeld besteht aus rund 10^6 Elementen (Pixel). Jedes Pixel kann auf eine Überlagerung der drei Primärfarben – jede mit 64 Helligkeitsstufen – reduziert werden. Die zeitliche Auflösung beträgt 100 ms.

10. Die genetischen Informationen sind in allen Lebewesen als DNA-Moleküle gespeichert. Ein DNA-Molekül ist eine lineare Abfolge der vier Basis-Nukleotide *A, C, G* und *T*. Das menschliche Genom enthält rund 3×10^9 Nukleotide in Gestalt von rund 100000 Genen. Wie groß ist das gesamte Datenvolumen (in Bits) des menschlichen Genoms? Wie groß ist das Datenvolumen (in Bits) eines durchschnittlichen Gens?

11. Welche der folgenden Speicherorganisationen sind möglich? Welche sind sinnvoll? Erklären Sie Ihre Antwort.

    a. 10-Bit-Adresse, 1024 Zellen, 8-Bit-Zellengröße

    b. 10-Bit-Adresse, 1024 Zellen, 12-Bit-Zellengröße

    c. 9-Bit-Adresse, 1024 Zellen, 10-Bit-Zellengröße

    d. 11-Bit-Adresse, 1024 Zellen, 10-Bit-Zellengröße

    e. 10-Bit-Adresse, 10 Zellen, 1024-Bit-Zellengröße

    f. 1024-Bit-Adresse, 10 Zellen, 10-Bit-Zellengröße

12. Soziologen können drei Antworten auf eine typische Frage in einem Fragebogen, wie beispielsweise »Glauben Sie an den Osterhasen?« erhalten: »ja«, »nein« und »keine Meinung«. Mit diesem Gedanken im Hintergrund beschließt die Soziomagnetische Computer GmbH, einen Rechner zu bauen, der Umfragedaten bearbeiten soll. Dieser Computer hat einen ternären Speicher, d.h., jedes Byte (oder besser Tryte?) besteht aus 8 Trits, wobei ein Trit eine 0, 1 oder 2 enthalten kann. Wie viele Trits sind erforderlich, um eine 6-Bit-Zahl aufzunehmen? Geben Sie eine Formel für die Anzahl Trits an, die erforderlich ist, *n* Bits aufzunehmen.

13. Ein bestimmter Computer kann mit einem Speicher von 268.435.456 Byte ausgestattet werden. Warum würde der Hersteller eine so krumme Zahl anstelle einer viel einfacher zu merkenden Zahl wie 250.000.000 wählen?

14. Erarbeiten Sie einen Hamming-Code mit gerader Parität für die Zahlen 0 bis 9.

15. Erarbeiten Sie einen Code für die Zahlen 0 bis 9, dessen Hamming-Abstand 2 beträgt.

16. In einem Hamming-Code werden einige Bits dahingehend »verschwendet«, daß sie für das Prüfen und nicht für Informationen verwendet werden. Wie hoch ist der Prozentsatz an verschwendeten Bits für Meldungen, deren Gesamtlänge (Daten- plus Prüfbits) $2^n - 1$ beträgt? Berechnen Sie diesen Ausdruck numerisch für die Werte n von 3 bis 10.

17. Übertragungsfehler in Telefonleitungen treten oft in Bursts (viele aufeinanderfolgende verstümmelte Bits) und nicht einzeln auf. Da ein elementarer Hamming-Code aber nur Einzelfehler in einem Zeichen korrigieren kann, ist er nutzlos, wenn ein Störburst n aufeinanderfolgende Bits verstümmelt. Denken Sie sich ein Verfahren zur Übertragung von ASCII-Text über eine Leitung aus, wenn ein Störburst bis zu 100 aufeinanderfolgende Bits verstümmelt. Nehmen Sie an, daß das Mindestintervall zwischen zwei Störbursts Tausende von Zeichen beträgt. Hinweis: Denken Sie genau über die Reihenfolge der Bitübertragung nach.

18. Wie lange dauert es, eine Magnetplatte mit 800 Zylindern, jeder mit 5 Spuren zu 32 Sektoren, zu lesen? Zuerst werden alle Sektoren der Spur 0, beginnend mit Sektor 0 gelesen, dann alle Sektoren von Spur 1, beginnend mit Sektor 0 usw. Eine Umdrehung dauert 20 ms, eine Positionierung des Lesekopfs zwischen zwei benachbarten Zylindern nimmt von 10 ms bis 50 ms – im ungünstigsten Fall – Zeit in Anspruch. Der Übergang zwischen den Spuren eines Zylinders kann ohne Verzögerung erfolgen.

19. Die in Abbildung 2.19 dargestellte Platte hat 64 Sektoren/Spur und eine Drehzahl von 7200 UpM. Wie hoch ist die Dauerübertragungsrate dieser Platte für eine Spur?

20. Ein Computer hat einen Bus mit einer Zykluszeit von 25 ns, in der er ein 32-Bit-Wort aus dem Speicher lesen oder schreiben kann. Der Computer verfügt über eine Ultra-SCSI-Festplatte, die den Bus benutzt und in 40 Mbyte/s läuft. Die CPU ruft normalerweise alle 25 ns eine 32-Bit-Instruktion ab und führt sie aus. Wie stark wird die CPU von der Festplatte gebremst?

21. Stellen Sie sich vor, Sie müßten den Plattenverwaltungsteil eines Betriebssystems schreiben. Logisch stellen Sie die Platte als Sequenz von Blöcken dar, beginnend mit 0 an der Innenseite bis zu einem Maximalwert an der Außenseite. Bei der Erstellung von Dateien müssen Sie freie Sektoren zuteilen. Dabei könnten Sie von außen nach innen oder von innen nach außen vorgehen. Spielt es eine Rolle, für welche Strategie Sie sich entscheiden? Erklären Sie Ihre Antwort.

22. Die LBA-Adressierung spricht einen Sektor mit einer 24-Bit-Adresse an. Wie groß ist die größte Festplatte, die damit bewältigt werden kann?

23. RAID Level 3 kann Einzelbitfehler mit nur einem Paritätslaufwerk korrigieren. Welchen Sinn hat dann RAID Level 2? Er kann schließlich auch nur einen Fehler korrigieren, braucht aber mehr Laufwerke.

24. Wie groß ist die genaue Datenkapazität (in Byte) einer CD-ROM im Modus 2 mit dem standardmäßigen Datenvolumen von 74 Minuten?

25. Um eine CD-R zu brennen, muß der Laser mit hoher Geschwindigkeit ein- und auspulsieren. Wie groß ist die Impulsdauer in Nanosekunden bei 4facher Geschwindigkeit in Modus 1?

26. Um einen 133-Minuten-Film auf einer einseitigen Ein-Schicht-DVD zu verewigen, ist nicht unbeträchtlicher Komprimierungsaufwand erforderlich. Berechnen Sie den erforderlichen Komprimierungsfaktor. Gehen sie davon aus, daß für die Videospur 3,5 Gbyte zur Verfügung stehen, daß die Bildauflösung 720×420 Pixel mit 24-Bit-Farbtiefe beträgt und die Bilder mit 30 Bildrahmen/Sekunde dargestellt werden.

27. Der Durchsatz zwischen einer CPU und ihrem Speicher ist um Größenordnungen höher als der Durchsatz einer mechanischen Ein- und Ausgabe. Inwiefern kann dieses Ungleichgewicht zu Ineffizienz führen? Wie läßt sich das mildern?

28. Ein Bitmap-Terminal hat einen Bildschirm mit 1024×768 Pixeln. Der Bildschirm wird 75 Mal pro Sekunde neu gezeichnet. Ermitteln Sie die Impulsdauer, die einem Pixel entspricht.

29. Ein Hersteller wirbt damit, daß sein Bitmap-Farbterminal 2^{24} verschiedene Farben darstellen kann. Die Hardware hat aber nur 1 Byte für jedes Pixel. Wie ist das möglich?

30. In einer bestimmten Schriftart kann ein Monochrom-Laserdrucker 50 Zeilen zu je 80 Zeichen pro Seite ausdrucken. Ein Zeichen belegt durchschnittlich ein Kästchen von 2×2 mm, wovon rund 25 % mit Toner bedeckt sind und der Rest frei ist. Die Tonerschicht ist 25 Mikron dick. Die Tonerkassette des Druckers mißt $25 \times 8 \times 2$ cm. Wie viele Seiten können mit einer Tonerkassette bedruckt werden?

31. Wenn ein ASCII-Text mit gerader Parität asynchron mit einer Geschwindigkeit von 2880 Zeichen pro Sekunde über ein 28800-bps-Modem übertragen wird, wieviel Prozent der empfangenen Bits enthalten dann die eigentlichen Daten (im Gegensatz zum Verwaltungsaufwand [Overhead])?

32. Die Hi-Fi Modem Company hat gerade ein neues Modem mit Frequenzmodulation herausgebracht, das mit 16 statt mit zwei Frequenzen arbeitet. Jede Sekunde ist in n gleiche Zeitintervalle unterteilt, von denen jedes eine der 16 möglichen Töne enthält. Wie viele Bits pro Sekunde kann dieses Modem bei synchroner Übertragung senden?

33. Schätzen Sie, wie viele Zeichen einschließlich Leerstellen ein gewöhnliches EDV-Lehrbuch enthält. Wie viele Bits sind erforderlich, um ein Buch in ASCII mit Parität zu kodieren? Wie viele CD-ROMs werden benötigt, um eine aus 10000 Büchern bestehende EDV-Bibliothek zu speichern? Wie viele zweiseitige Zweischichten-DVDs würde man für die gleiche Bibliothek benötigen?

34. Dekodieren Sie den folgenden binären ASCII-Text: 1001001 0100000 1001100 1001111 1010110 1000101 0100000 1011001 1001111 1010101 0101110.

35. Schreiben Sie eine Prozedur *hamming* (*ascii, encoded*), die die niederwertigen 7 Bits von *ascii* in ein 11-Bit-Ganzzahl-Codewort umwandelt, das in *encoded* gespeichert wird.

36. Schreiben Sie eine Funktion *distance* (*code, n, k*), die ein Array *code* als Eingabe nimmt, das aus *n* Zeichen zu je *k* Bit besteht und den Abstand des Zeichensatzes als Ausgabe liefert. Hinweis: siehe unter »Hamming-Abstand«.

3

Die digitale logische Ebene

Unten in der Hierarchie von Abb. 1.2 liegt die digitale logische Ebene – die echte Computer-Hardware. In diesem Kapitel untersuchen wir viele Aspekte der digitalen Logik als Baustein für die Studie der höheren Ebenen, die in späteren Kapiteln behandelt werden. Dieses Thema liegt an der Grenze zwischen Informatik und Elektrotechnik. Der Stoff wird aber in sich geschlossen und selbsterklärend vorgestellt, so daß keine Kenntnisse über Hardware oder Technik erforderlich sind.

Die Grundelemente, aus denen alle digitalen Computer gebaut werden, sind erstaunlich einfach. Wir beginnen unsere Untersuchung mit einer Betrachtung dieser Grundelemente und der speziellen, zweiwertigen Algebra (boolesche Algebra), die zur Analyse dieser Elemente benutzt wird. Anschließend untersuchen wir einige grundlegenden Schaltungen, die mit Hilfe von Gates in einfachen Kombinationen gebaut werden können, darunter Schaltungen für die Durchführung von Arithmetik. Das nächste Thema ist die Kombination von Gates, um Informationen zu speichern, d.h. Speicherorganisation. Danach befassen wir uns mit dem Thema »CPU«, insbesondere damit, wie Einzelchip-CPUs Daten mit Speichern und Peripheriegeräten austauschen. Zahlreiche Beispiele aus der Industrie werden in späteren Abschnitten dieses Kapitels betrachtet.

3.1 Gates und boolesche Algebra

Digitale Schaltungen lassen sich aus einer kleinen Zahl von primitiven Elementen bauen, indem man diese auf vielfache Art und Weise kombiniert. In den folgenden Abschnitten werden diese primitiven Elemente beschrieben. Außerdem wird erklärt, wie sie sich kombinieren lassen. Es wird weiter eine mächtige mathematische Methode vorgestellt, mit der man das Verhalten dieser Elemente analysieren kann.

3.1.1 Gates

Bei einer digitalen Schaltung gibt es nur zwei logische Werte. Normalerweise stellt ein Signal zwischen 0 und 1 Volt einen Wert (z.B. eine binäre 0) und ein Signal zwischen 2 und 5 Volt einen anderen Wert (z.B. eine binäre 1) dar. Spannungen außerhalb dieser beiden Bereiche sind nicht zulässig. Winzige elektronische Geräte namens **Gates** (Gatter) können mit diesen zweiwertigen Signalen verschiedene Funktionen berechnen. Diese Gates bilden die Hardware-Grundlage, auf der alle digitalen Computer basieren.

Die Einzelheiten darüber, wie diese Gates im Innern funktionieren, sind nicht Gegenstand dieses Buchs, sondern gehören zur **Geräteebene** (Device Level), die unterhalb unserer Ebene 0 liegt. Wir schweifen jetzt aber dennoch kurz ab und werfen einen kurzen Blick auf das – einfache – Grundkonzept. Jede moderne digitale Logik beruht letztendlich auf der Tatsache, daß ein Transistor so gebaut werden kann, daß er als sehr schneller, binärer Schalter arbeitet. In Abb. 3.1(a) ist ein einzelner bipolarer Transistor (der Kreis) in eine einfache Schaltung eingebettet. Dieser Transistor hat drei Verbindungen mit der Außenwelt: den **Kollektor**, die **Basis** und den **Emitter**. Liegt die Eingangsspannung V_{in} unter einem bestimmten kritischen Wert, schaltet sich der Transistor aus und verhält sich wie ein unendlicher Widerstand. Dies veranlaßt den Ausgang der Schaltung V_{out}, einen Wert nahe V_{cc} – eine extern geregelte Spannung – anzunehmen, die normalerweise bei diesem Transistortyp bei +5 Volt liegt. Überschreitet V_{in} den kritischen Wert, schaltet sich der Transistor ein und funktioniert wie ein Draht, wodurch V_{out} nach unten zur Masse (gemäß Konvention 0 Volt) gezogen wird.

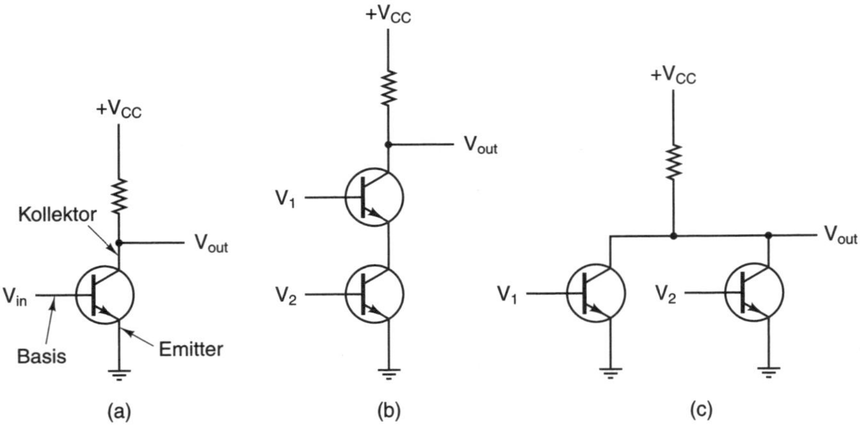

Abb. 3.1: (A) Transistor-Inverter; (b) NAND-Gate; (c) NOR-Gate

Wichtig dabei ist folgendes: Wenn V_{in} auf Low liegt, liegt V_{out} auf High, und umgekehrt. Folglich ist diese Schaltung ein Inverter, der eine logische 0 in eine logische 1 und eine logische 1 in eine logische 0 konvertiert. Der Widerstand (Resistor) – die gezackte Linie – ist nötig, um den vom Transistor gezogenen Strom zu begrenzen. Die Zeit, die benötigt wird, um von einem Zustand in den anderen umzuschalten, beträgt normalerweise ein paar Nanosekunden.

Abb. 3.1(b) zeigt zwei in Reihe geschaltete Transistoren. Liegen V_1 und V_2 auf High, leiten beide Transistoren, und V_{out} wird nach unten gezogen. Liegt einer der beiden Eingänge auf Low, schaltet der entsprechende Transistor aus, und der Ausgang geht auf High. Anders ausgedrückt: V_{out} ist auf Low, aber nur dann, wenn sowohl V_1 als auch V_2 auf High liegen.

Die beiden Transistoren in Abb. 3.1(c) sind nicht in Reihe, sondern parallel geschaltet. Liegt einer der Eingänge in dieser Konfiguration auf High, schaltet der entsprechende Transistor ein und zieht den Ausgang nach unten zur Masse. Sind beide Eingänge auf Low, bleibt der Ausgang auf High.

Diese drei Schaltungen bzw. ihre Gegenstücke bilden die drei einfachsten Gates. Sie heißen NOT, NAND und NOR. NOT-Gates nennt man oft **Inverter**. Wir benutzen die beiden Begriffe als Synonyme. Wenden wir nun die Konvention an, daß »High« (V_{cc} Volt) eine logische 1 und »Low« (Masse) eine logische 0 ist, können wir den Ausgangswert als Funktion der Eingangswerte ausdrükken. Abb. 3.2(a) bis (c) zeigt die üblicherweise für die Darstellung dieser drei Gates benutzten Symbole und die Funktion der einzelnen Schaltungen. In diesen Abbildungen sind *A* und *B* Eingänge, und *X* ist der Ausgang. Jede Reihe legt den Ausgang für eine unterschiedliche Kombination von Eingängen fest.

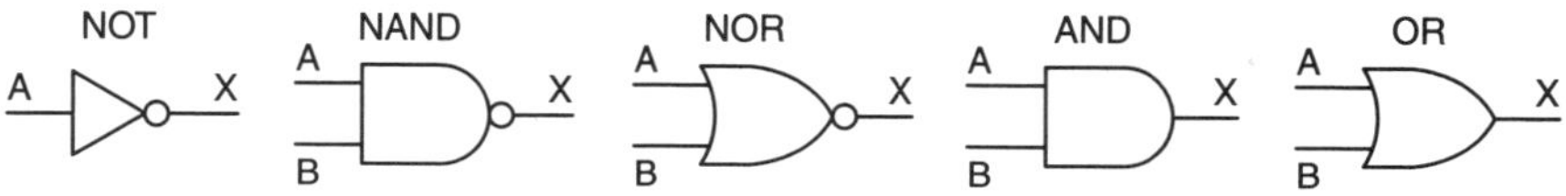

A	X
0	1
1	0

(a)

A	B	X
0	0	1
0	1	1
1	0	1
1	1	0

(b)

A	B	X
0	0	1
0	1	0
1	0	0
1	1	0

(c)

A	B	X
0	0	0
0	1	0
1	0	0
1	1	1

(d)

A	B	X
0	0	0
0	1	1
1	0	1
1	1	1

(e)

Abb. 3.2: Symbole und funktionales Verhalten der fünf grundlegenden Gates

Wird das Ausgangssignal von Abb. 3.1(b) in eine Inverter-Schaltung eingespeist, erhalten wir eine weitere Schaltung mit genau dem Gegenteil des NAND-Gates, d.h. eine Schaltung, deren Ausgang 1 ist, wenn beide Eingänge 1 sind. Eine solche Schaltung nennt man AND-Gate. Abb. 3.2(d) zeigt das entsprechende Symbol und die funktionale Beschreibung. Ebenso kann das NOR-Gate mit einem Inverter verbunden werden, um eine Schaltung zu erzielen, deren Ausgang 1 ist, wenn entweder einer oder beide Eingänge 1 sind, aber 0 ist, wenn beide Eingänge 0 sind. Das Symbol und die funktionale Beschreibung dieser Schaltung, die man »OR-Gate« nennt, sind in Abb. 3.2(e) dargestellt. Die kleinen Kreise in den Symbolen des Inverters, des NAND-Gates und des NOR-Gates nennt man **Inversionsblasen** (Inversion Bubbles). Sie werden häufig auch in anderen Zusammenhängen benutzt, um ein invertiertes Signal zu bezeichnen.

Die fünf Gates von Abb. 3.2 sind die grundlegenden Bausteine der digitalen logischen Ebene. Aus der vorhergehenden Darstellung wird klar, daß das NAND- und NOR-Gate je zwei Transistoren benötigen, während das AND- und OR-Gate jeweils drei braucht. Aus diesem Grund basieren viele Computer auf NAND- und NOR-Gates, und nicht auf den bekannteren AND- und OR-Gates. (In der Praxis werden alle Gates etwas anders implementiert, NAND und NOR sind aber dennoch einfacher als AND und OR.) Nebenbei bemerkt, können

Gates mehr als zwei Eingänge haben. Im Prinzip kann beispielsweise ein NAND-Gate beliebig viele Eingänge haben. In der Praxis sind aber mehr als acht Eingänge ungewöhnlich.

Obwohl die Konstruktion von Gates zur Geräteebene gehört, werden hier die wichtigen Herstellungstechnologien erwähnt, auf die häufig Bezug genommen wird. Die beiden wichtigsten Technologien sind **bipolar** und **MOS** (Metal Oxide Semiconductor). Die wichtigen bipolaren Typen sind **TTL** (Transistor-Transistor Logic) – seit Jahren das Arbeitspferd der digitalen Elektronik – und **ECL** (Emitter-Coupled Logic), die benutzt wird, wenn sehr hohe Geschwindigkeiten gefordert werden.

MOS-Gates sind langsamer als TTL und ECL, erfordern aber weniger Strom und nehmen viel weniger Platz ein. Deshalb können sie in großer Zahl auf engem Raum gepackt werden. MOS gibt es in vielen Varianten, darunter PMOS, NMOS und CMOS. Während MOS-Transistoren anders als bipolare Transistoren gebaut werden, ist ihre Fähigkeit, als elektronische Schalter zu funktionieren, gleich. Die meisten modernen CPUs und Speicher basieren auf der CMOS-Technologie, die mit +3,3 Volt läuft. Das ist alles, was wir über die Geräteebene festhalten wollen. Leser, die an dieser Ebene interessiert sind, finden einschlägige Literaturhinweise in Kapitel 9.

3.1.2 Boolesche Algebra

Um die Schaltungen zu beschreiben, die durch Kombination von Gates gebaut werden können, ist eine neue Art von Algebra erforderlich – eine, bei der Variablen und Funktionen nur die Werte 0 und 1 annehmen können. Eine solche Algebra nennt man **boolesche Algebra** nach ihrem Begründer, dem englischen Mathematiker George Boole (1815–1864). Genau genommen haben wir es hier eigentlich mit einer bestimmten Art von boolescher Algebra zu tun, einer **Schaltalgebra** (Switching Algebra). Der Begriff »boolesche Algebra« hat sich aber stark eingebürgert, so daß wir hier ebenfalls nicht unterscheiden.

Genauso, wie es Funktionen in der »Schulalgebra« gibt, kennt man Funktionen in der booleschen Algebra. Eine boolesche Funktion hat eine oder mehrere Eingabevariablen und führt zu einem Ergebnis, das nur von den Werten dieser Variablen abhängt. Eine einfache Funktion f läßt sich wie folgt definieren: $f(A)$ ist 1, wenn A 0 ist und $f(A)$ ist 0, wenn A 1 ist. Dies ist die NOT-Funktion von Abb. 3.2(a).

Da eine boolesche Funktion mit n Variablen nur 2^n mögliche Kombinationen von Eingabewerten hat, kann man die Funktion vollständig beschreiben, indem man eine Tabelle mit 2^n Reihen angibt, wobei jede Reihe den Wert der Funktion für eine andere Kombination von Eingangswerten angibt. Eine solche Tabelle heißt **Wahrheitstabelle** (Truth Table). Die Tabellen in Abb. 3.2 geben Beispiele. Wollen wir uns darauf festlegen, die Reihen einer Wahrheitstabelle immer in numerischer Reihenfolge (Basis 2) anzuordnen. Für zwei Variablen in der Reihenfolge 00, 01, 10 und 11 kann dann also die Funktion vollständig mit der 2^n-Bit-Binärzahl beschrieben werden, die wir erhalten, wenn wir die Ergebnisspalte der Wahrheitstabelle vertikal lesen. Das heißt: NAND ist 1110, NOR ist 1000, AND ist 0001 und OR ist 0111. Selbstverständlich gibt es nur 16 boolesche Funktionen von zwei Variablen, entsprechend den 16 möglichen 4-Bit-Ergebnisketten. Demgegenüber verfügt die gewöhnliche Algebra über eine unendliche Zahl an Funktionen von zwei Variablen, von denen sich keine dadurch beschreiben läßt, daß man eine Tabelle mit Ausgängen für alle möglichen Eingänge schreibt, weil jede Variable jeden beliebigen einer unendlichen Zahl möglicher Werte annehmen kann.

Abb. 3.3(a) zeigt die Wahrheitstabelle für eine boolesche Funktion von drei Variablen: $M = f(A, B, C)$. Diese Funktion ist die logische Mehrheitsfunktion. Das heißt, sie ist 0, wenn eine Mehrheit ihrer Eingänge 0 ist, und 1, wenn eine Mehrheit ihrer Eingänge 1 ist. Obwohl man jede boolesche Funktion vollständig mit Hilfe einer Wahrheitstabelle festlegen kann, wird diese Notation zunehmend mühsamer, je höher die Anzahl der Variablen ist. Deshalb wird häufig eine andere Notation benutzt.

A	B	C	M
0	0	0	0
0	0	1	0
0	1	0	0
0	1	1	1
1	0	0	0
1	0	1	1
1	1	0	1
1	1	1	1

(a)

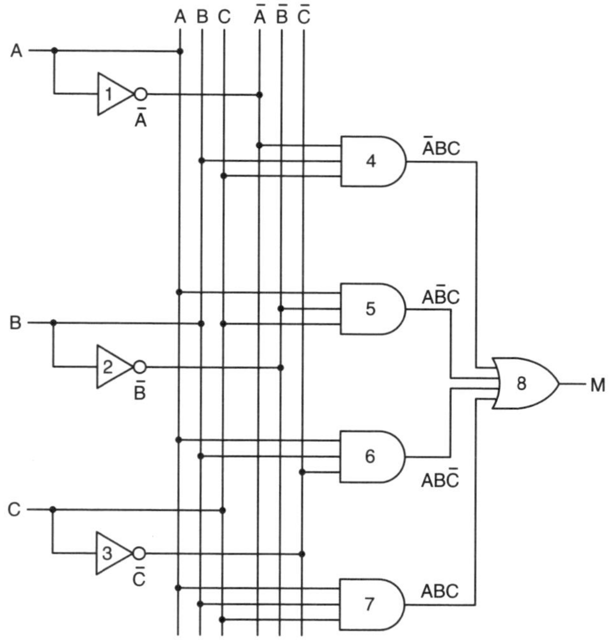

(b)

Abb. 3.3: (a) Die Wahrheitstabelle der Mehrheitsfunktion von drei Variablen; (b) eine Schaltung für (a)

Um zu sehen, wie diese andere Notation entstanden ist, beachte man, daß jede boolesche Funktion dadurch festgelegt werden kann, daß man sagt, welche Kombinationen von Eingangsvariablen einen Ausgangswert von 1 ergeben.

Für die Funktion von Abb. 3.3(a) gibt es vier Kombinationen von Eingangsvariablen, die M den Wert 1 annehmen lassen. Der Konvention entsprechend schreiben wir die Eingangsvariablen mit einem Überstrich, um anzudeuten, daß ihr Wert invertiert ist. Fehlt der Überstrich, bedeutet das einen nicht invertierten Wert. Außerdem verwenden wir eine implizierte Multiplikation bzw. einen Punkt, um ein gemitteltes AND anzudeuten, und ein Pluszeichen (+) für ein gemitteltes OR. Das heißt z.B., daß $A\overline{B}C$ nur dann den Wert 1 annimmt, wenn $A = 1$ und $B = 0$ und $C = 1$. $A\overline{B} + B\overline{C}$ ist nur 1, wenn ($A = 1$ und $B = 0$) oder ($B = 1$ und $C = 0$). Die vier Zeilen in Abb. 3.3(a), die Einserbits produzieren, sind: $\overline{A}BC$ $A\overline{B}C$ $AB\overline{C}$ und ABC. Die Funktion M ist wahr (d.h. 1), wenn eine dieser vier Bedingungen wahr ist. Folglich können wir

$$M = \overline{A}BC + A\overline{B}C + AB\overline{C} + ABC$$

als kompakte Wahrheitstabelle schreiben. Eine Funktion von n Variablen kann somit dadurch beschrieben werden, daß man einer »Summe« von höchstens 2^n n-Variablen »Produktterme« gibt. Wir werden gleich sehen, daß diese Form besonders wichtig ist, weil sie direkt zu einer Implementierung der Funktion unter Verwendung von Standard-Gates führt.

Wichtig ist die Unterscheidung zwischen einer abstrakten booleschen Funktion und ihrer Implementierung in einer elektronischen Schaltung. Eine boolesche Funktion besteht aus Variablen, z.B. A, B und C, und booleschen Operatoren, z.B. AND, OR und NOT. Sie wird mit Hilfe einer Wahrheitstabelle oder einer booleschen Funktion, wie

$$F = A\overline{B}C + AB\overline{C}$$

beschrieben. Eine boolesche Funktion kann in einer elektronischen Schaltung (oft auf unterschiedliche Weise) mit Hilfe von Signalen implementiert werden, die die Ein- und Ausgangsvariablen und Gates, wie AND, OR und NOT, darstellen. Wir verwenden allgemein die Notation AND, OR und NOT in bezug auf boolesche Operatoren, und AND, OR und NOT in bezug auf Gates, was oft aber zweideutig ist.

3.1.3 Implementierung von booleschen Funktionen

Wie erwähnt, führt die Formulierung einer booleschen Funktion als Summe von bis zu 2^n Produkttermen unmittelbar zu einer möglichen Implementierung. Anhand des Beispiels von Abb. 3.3 wird gezeigt, wie diese Implementierung erreicht wird. In Abb. 3.3(b) sind die Eingänge A, B und C an der linken Kante und die Ausgangsfunktion M an der rechten Kante dargestellt. Da Komplemente (Umkehrfunktionen) der Eingangsvariablen erforderlich sind, werden sie durch Abgreifen der Eingänge (Tapping) erzeugt und durch die mit 1, 2 und 3 beschrifteten Inverter weitergegeben. Damit das Bild nicht unübersichtlich wird, haben wir sechs vertikale Linien gezeichnet, von denen drei mit den Eingangsvariablen und drei mit deren Komplementen verbunden sind. Diese Linien bieten eine bequeme Quelle für die Eingänge zu nachfolgenden Gates. Beispielsweise benutzen die Gates 5, 6 und 7 alle A als Eingang.

Bei einer echten Schaltung würde man diese Gates wahrscheinlich direkt, ohne dazwischenliegende »vertikale« Drähte, mit A verbinden.

Die Schaltung enthält vier AND-Gates, je eines für jeden Term in der Gleichung für M (d.h. eines für jede Zeile der Wahrheitstabelle, die in der Ergebnisspalte ein 1-Bit hat). Jedes AND-Gate berechnet eine Zeile der Wahrheitstabelle. Schließlich werden alle Produktterme mit OR verknüpft, um das Endergebnis zu ermitteln.

Die Schaltung von Abb. 3.3(b) basiert auf einer Konvention, die wir wiederholt in diesem Buch verwenden: Wenn sich zwei Linien kreuzen, ist dies keine Verbindung, es sei denn, auf dem Schnittpunkt befindet sich ein dicker Punkt. Der Ausgang von Gate 3 kreuzt z.B. alle sechs vertikalen Linien, ist aber nur mit $\overline{C}$ verbunden. Man beachte, daß einige Autoren andere Konventionen verwenden.

Aus dem Beispiel von Abb. 3.3 wird deutlich, wie eine Schaltung für eine beliebige boolesche Funktion implementiert wird:

1. Schreibe die Wahrheitstabelle für die Funktion.
2. Erstelle Inverter, um das Komplement für jeden Eingang zu erzeugen.
3. Zeichne ein AND-Gate für jeden Term, mit einer 1 in der Ergebnisspalte.
4. Verdrahte die AND-Gates mit den entsprechenden Eingängen.
5. Speise den Ausgang aller AND-Gates in ein OR-Gate.

Damit haben wir aufgezeigt, wie eine boolesche Funktion mit Hilfe von NOT-, AND- und OR-Gates implementiert werden kann. Meist ist es aber praktischer, Schaltungen mit nur einer Sorte Gates zu implementieren. Zum Glück ist es nicht kompliziert, die mit dem obigen Algorithmus erzeugten Schaltungen in eine reine NAND- oder eine reine NOR-Form umzuwandeln. Für eine solche Umwandlung benötigen wir nur eine Möglichkeit, NOT, AND und OR mit Hilfe einer einzigen Gate-Art zu implementieren. Die oberste Zeile in Abb. 3.4 zeigt, wie alle drei Typen nur mit NAND-Gates implementiert werden können. Die unterste Zeile zeigt, wie dies nur mit NOR-Gates gelingt. (Das sind die einfachen, aber nicht die einzigen Möglichkeiten.)

Eine Möglichkeit, eine boolesche Funktion mit nur NAND- oder nur NOR-Gates zu implementieren, ist die Anwendung zuerst des oben beschriebenen Verfahrens, um sie mit NOT, AND und OR zu bilden. Dann ersetzt man die Gates mit mehreren Eingängen mit Hilfe von Gates mit zwei Eingängen durch gleichwertige Schaltungen. Benutzt man drei OR-Gates mit zwei Eingängen, kann $A + B + C + D$ beispielsweise als $(A + B) + (C + D)$ berechnet werden. Schließlich werden die NOT-, AND- und OR-Gates durch die Schaltungen von Abb. 3.4 ersetzt.

Im Sinne einer möglichst geringen Anzahl von Gates führt dieses Verfahren nicht zu optimalen Schaltungen, zeigt aber, daß es immer eine Lösung gibt. NAND- und NOR-Gates bezeichnet man als **komplett**, weil mit einem von beiden jede boolesche Funktion berechnet werden kann. Kein anderes Gate weist dieses Merkmal auf. Das ist ein weiterer Grund dafür, daß sie oft als Bausteine für Schaltungen benutzt werden.

3.1.4 Schaltungsäquivalenz

Entwickler von Schaltungen versuchen in der Regel, die Anzahl von Gates in ihren Produkten zu minimieren, um Komponentenkosten, PCB-Platz, Stromverbrauch usw. zu reduzieren. Zur Verringerung der Komplexität einer Schaltung muß der Entwickler eine andere Schaltung finden, die zwar die gleiche Funktion wie das Original berechnet, dies aber mit weniger Gates (oder auch einfacheren Gates, z.B. solchen mit zwei statt vier Eingängen) erreicht. Auf der Suche nach entsprechenden Schaltungen kann sich die boolesche Algebra als nützliches Werkzeug erweisen.

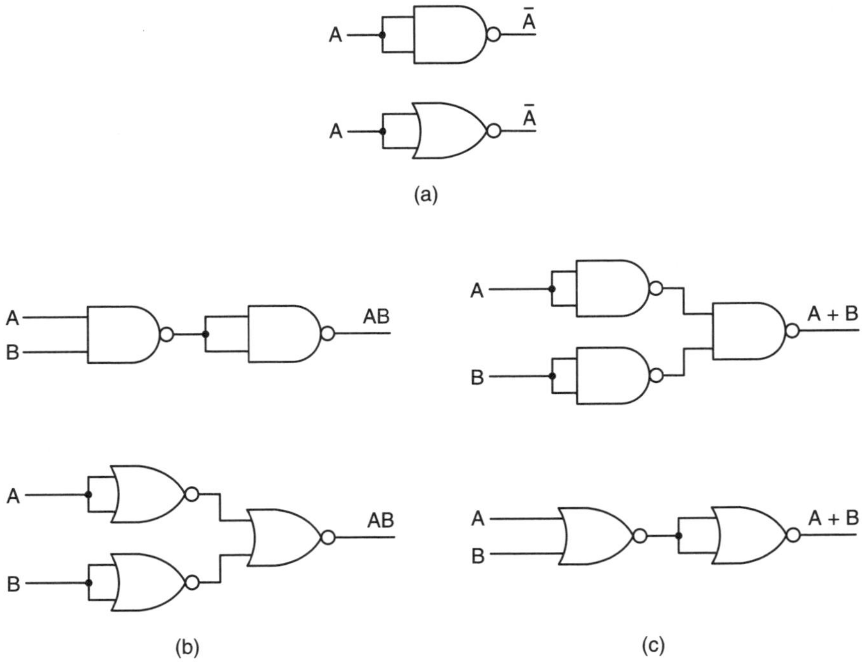

Abb. 3.4: Konstruktion von (a) NOT-, (b) AND- und (c) OR-Gates mit nur NAND- oder nur NOR-Gates

Als Beispiel dafür betrachte man die Schaltung und die Wahrheitstabelle für *AB + AC* in Abb. 3.5(a). Wir haben dies zwar noch nicht behandelt, viele Regeln der herkömmlichen Algebra treffen aber auch auf die boolesche zu. Insbesondere können *AB + AC* mit Hilfe des Distributivgesetzes in *A (B + C)* zusammengefaßt werden. Abb. 3.5(b) zeigt die Schaltung und die Wahrheitstabelle für *A (B + C)*. Da zwei Funktionen äquivalent sind, sofern sie den gleichen und nur den gleichen Ausgang für alle möglichen Eingänge haben, wird aus den Wahrheitstabellen von Abb. 3.5 leicht ersichtlich, daß *A (B + C)* das Äquivalent zu *AB + AC* ist. Ungeachtet dessen ist die Schaltung von Abb. 3.5(b) deutlich besser als die in Abb. 3.5(a), weil sie weniger Gates enthält.

Im allgemeinen kann ein Schaltungsentwickler eine Schaltung als boolesche Funktion darstellen und dann die Gesetze der booleschen Algebra auf diese Darstellung anwenden, um eine einfachere und gleichwertige Schaltung zu finden. Aus der endgültigen Darstellung läßt sich eine neue Schaltung konstruieren.

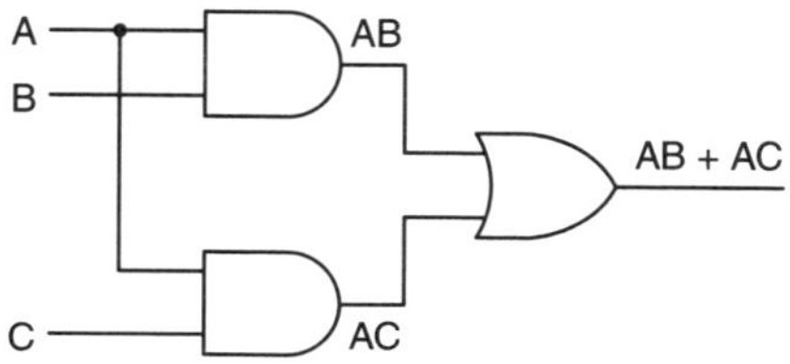

A	B	C	AB	AC	AB + AC
0	0	0	0	0	0
0	0	1	0	0	0
0	1	0	0	0	0
0	1	1	0	0	0
1	0	0	0	0	0
1	0	1	0	1	1
1	1	0	1	0	1
1	1	1	1	1	1

(a)

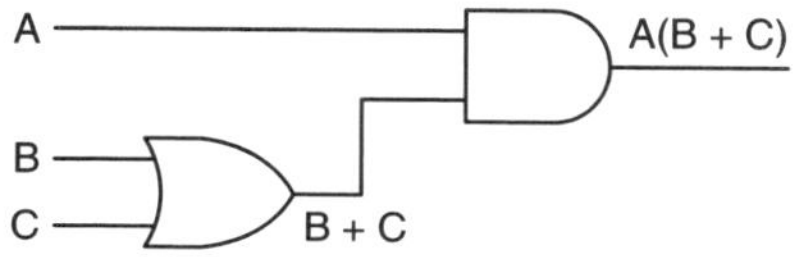

A	B	C	A	B + C	A(B + C)
0	0	0	0	0	0
0	0	1	0	1	0
0	1	0	0	1	0
0	1	1	0	1	0
1	0	0	1	0	0
1	0	1	1	1	1
1	1	0	1	1	1
1	1	1	1	1	1

(b)

Abb. 3.5: Zwei äquivalente Funktionen, (a) AB + AC, (b) A (B + C)

Für diesen Ansatz benötigen wir einige Identitäten aus der booleschen Algebra. Abb. 3.6 zeigt einige der wichtigen. Interessant ist, daß jedes Gesetz zwei Formen hat, die gegenseitige **Duale** sind. Durch Austausch von AND und OR und auch von 0 und 1 kann eine Form aus der anderen produziert werden. Alle diese Gesetze können leicht durch Aufstellung entsprechender Wahrheitstabellen bewiesen werden. Mit Ausnahme der De Morganschen Gleichung, des Absorptionsgesetzes und der AND-Form des Distributivgesetzes sind die Ergebnisse mehr oder weniger selbsterklärend. Die De Morganschen Gleichungen können auf mehr als zwei Variablen erweitert werden, z.B. $\overline{ABC} = \overline{A} + \overline{B} + \overline{C}$.

Bezeichnung	**AND-Form**	**OR-Form**
Identitätsgesetz	1A = A	0 + A = A
Nullgesetz	0A = 0	1 + A = 1
Idempotenzgesetz	AA = A	A + A = A
Inversionsgesetz	$A\bar{A} = 0$	$A + \bar{A} = 1$
Kommutativgesetz	AB = BA	A + B = B + A
Assoziativgesetz	(AB)C = A(BC)	(A + B) + C = A + (B + C)
Distributivgesetz	A + BC = (A + B)(A + C)	A(B + C) = AB + AC
Absorptionsgesetz	A(A + B) = A	A + AB = A
De Morgansche Gleichungen	$\overline{AB} = \bar{A} + \bar{B}$	$\bar{A} + \bar{B} = \overline{AB}$

Abb. 3.6: Einige Identitäten der booleschen Algebra

Die De Morganschen Gleichungen legen eine andere Schreibweise nahe. In Abb. 3.7(a) wird die AND-Form mit Negation, angedeutet durch Inversionsblasen, für Ein- und Ausgang dargestellt. Somit entspricht ein OR-Gate mit invertierten Eingängen einem NAND-Gate. Aus der dualen Form der De Morganschen Gleichungen in Abb. 3.7(b) wird deutlich, daß ein NOR-Gate als AND-Gate mit invertierten Eingängen gezeichnet werden kann. Durch Negation beider Formen der De Morganschen Gleichungen gelangen wir zu Abb. 3.7(c) und (d), den äquivalenten Darstellungen der AND- und OR-Gates. Entsprechende Symbole gibt es für mehrere variable Formen der De Morganschen Gleichungen (z.B. wird aus einem NAND-Gate mit *n* Eingängen ein OR-Gate mit *n* invertierten Eingängen).

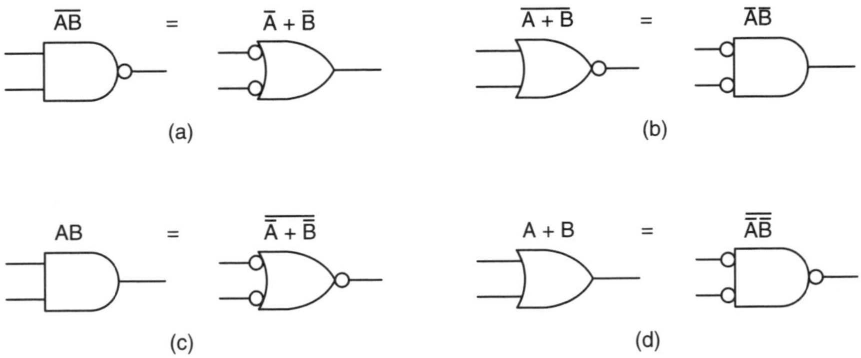

Abb. 3.7: Alternative Symbole für einige Gates: (a) NAND, (b) NOR, (c) AND, (d) OR

Mit Hilfe der Identitäten aus Abb. 3.7 und der entsprechenden für Gates mit mehreren Eingängen läßt sich die Produktsummendarstellung einer Wahrheitstabelle leicht in die reine NAND- oder die reine NOR-Form umwandeln. Als Beispiel betrachte man die EXCLUSIVE-OR-Funktion von Abb. 3.8(a). Abb.

3.8(b) zeigt die Standardproduktsummenschaltung. Um in die NAND-Form umwandeln zu können, müssen die Linien, die den Ausgang der AND-Gates mit dem Eingang des OR-Gates verbinden, mit zwei Inversionsblasen neu gezeichnet werden wie in Abb. 3.8(c). Verwenden wir nun Abb. 3.7(a), gelangen wir zu Abb. 3.8(d). Die Variablen $\overline{A}$ und $\overline{B}$ können aus A und B erzeugt werden, wenn man NAND- oder NOR-Gates mit untereinander verbundenen Eingängen nimmt. Beachten Sie, daß Inversionsblasen entlang einer Linie beliebig verschoben werden können, beispielsweise von den Ausgängen der Eingangs-Gates in Abb. 3.8(d) zu den Eingängen des Ausgangs-Gates.

A	B	XOR
0	0	0
0	1	1
1	0	1
1	1	0

(a)

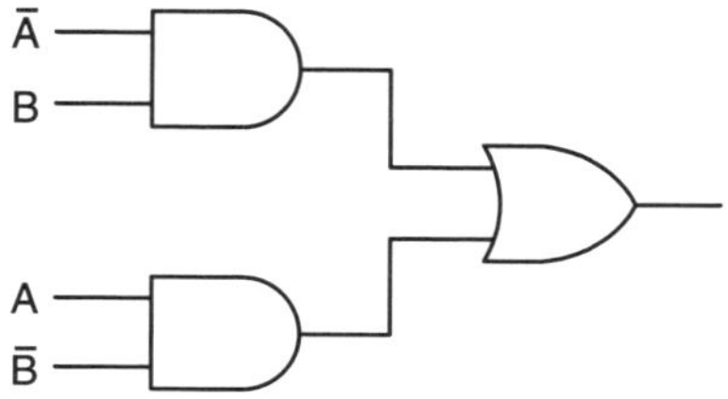

(b)

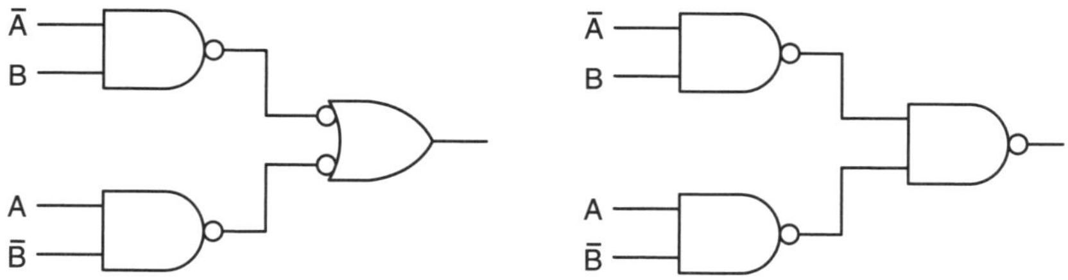

(c) (d)

Abb. 3.8: (a) Die Wahrheitstabelle für die EXCLUSIVE-OR-Funktion; (b)–(d) drei Schaltungen zu ihrer Berechnung

Abschließend zum Thema Schaltungsäquivalenz wird nun das überraschende Ergebnis aufgezeigt, daß das gleiche physische Gate verschiedene Funktionen je nach den benutzten Konventionen berechnen kann. In Abb. 3.9(a) zeigen wir den Ausgang eines bestimmten Gates F für verschiedene Eingangskombinationen. Eingänge und Ausgänge sind in Volt dargestellt. Einigen wir uns auf die Konvention, daß 0 Volt die logische 0 und 3,3 Volt oder 5 Volt die logische 1, **positive Logik** genannt, sind, dann erhalten wir die Wahrheitstabelle von Abb. 3.9(b), die AND-Funktion. Wenden wir demgegenüber die **negative Logik** an, bei der 0 Volt die logische 1 und 3,3 Volt oder 5 Volt die logische 0 sind, erhalten wir die Wahrheitstabelle von Abb. 3.9(c) bzw. die OR-Funktion.

Dies verdeutlicht, daß die zur Abbildung von Spannungen auf logische Werte gewählte Konvention von großer Bedeutung ist. Soweit nicht anders angegeben, verwenden wir ab jetzt die positive Logik, was bedeutet, daß die Begriffe »logische 1«, »wahr« und »High« sowie die Begriffe »logische 0«, »falsch« und »Low« Synonyme sind.

(a)

A	B	F
0^V	0^V	0^V
0^V	5^V	0^V
5^V	0^V	0^V
5^V	5^V	5^V

(b)

A	B	F
0	0	0
0	1	0
1	0	0
1	1	1

(c)

A	B	F
1	1	1
1	0	1
0	1	1
0	0	0

Abb. 3.9: (a) Elektrische Merkmale eines Geräts; (b) positive Logik; (c) negative Logik

3.2 Grundlegende digitale logische Schaltungen

In den vorherigen Abschnitten haben wir gesehen, wie man Wahrheitstabellen und andere einfache Schaltungen mit einzelnen Gates implementieren kann. In der Praxis werden kaum noch Schaltungen auf einer Gate-zu-Gate-Basis entwickelt, obwohl dies früher die Regel war. Heute sind Module mit einer Reihe von Gates die gängigen Bausteine. In den folgenden Abschnitten betrachten wir diese Bausteine genauer. Es wird erklärt, wie sie benutzt werden und aus einzelnen Gates entwickelt werden können.

3.2.1 Integrierte Schaltungen

Gates werden nicht einzeln, sondern in Einheiten gefertigt und verkauft, die man **integrierte Schaltungen** oder **IC** (Integrated Circuits) oder **Chips** nennt. Ein IC ist ein quadratisches Stück Silikon in der Größe von etwa 5 × 5 mm, das mit einigen Gates bestückt ist. Kleine ICs sind normalerweise auf einem rechteckigen Kunststoff- oder Keramikstück in der Abmessung 5 bis 15 mm breit und 20 bis 50 mm lang aufgebracht. An den langen Kanten befinden sich zwei parallele Reihen von Pins (Stiften), die etwa 5 mm lang sind, und die man in Stecker (Sockets) einstecken oder auf gedruckte Schaltkarten (Circuit Boards) aufschweißen kann. Jeder Pin paßt zum Ein- oder Ausgang eines Gates auf dem Chip oder zum Strom bzw. zur Masse. Die Einheiten mit zwei Pinreihen außen und IC innen tragen den technischen Fachausdruck **Dual Inline Packages** oder **DIP**. Jeder nennt sie aber Chips, so daß sich die Silikonstücke und die bestückten Einheiten von der Bezeichnung her nicht mehr unterscheiden. Die üblichen Einheiten haben 14, 16, 18, 20, 22, 24, 28, 40, 64 oder 68 Pins. Für größere Chips sind quadratische Einheiten mit Pins an allen vier Seiten oder an der Unterseite üblich.

Chips lassen sich nach der Anzahl von Gates, die sie aufweisen, in Klassen unterteilen. Diese Klassifizierung ist selbstverständlich sehr grob, dennoch aber nützlich:

- SSI-Schaltung (Small Scale Integrated): 1 bis 10 Gates
- MSI-Schaltung (Medium Scale Integrated): 10 bis 100 Gates
- LSI-Schaltung (Large Scale Integrated): 100 bis 100000 Gates
- VLSI-Schaltung (Very Large Scale Integrated): > 100000 Gates

Diese Klassen weisen unterschiedliche Merkmale auf und werden unterschiedlich benutzt.

Ein SSI-Chip enthält normalerweise zwei bis sechs unabhängige Gates, die je einzeln wie in früheren Abschnitten beschrieben benutzt werden können. Abb. 3.10 zeigt einen üblichen SSI-Chip mit vier NAND-Gates. Jedes dieser Gates hat zwei Eingänge und einen Ausgang, so daß insgesamt 12 Pins für die vier Gates nötig sind. Außerdem braucht der Chip Strom (V_{cc}) und Masse (GND), was beides von allen Gates benutzt wird. Die Einheit hat im allgemeinen nahe von Pin 1 eine Kerbe, die die Ausrichtung kennzeichnet. Um Schaltdiagramme nicht zu überladen, werden Strom, Masse und unbenutzte Gates normalerweise nicht dargestellt.

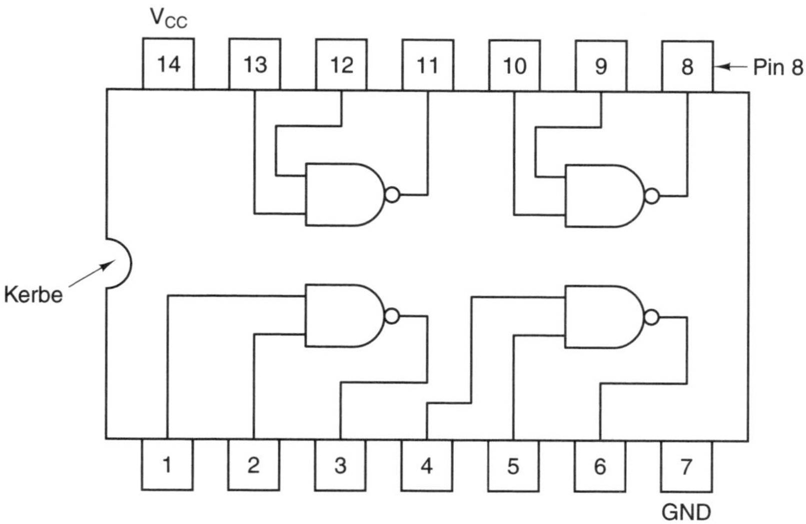

Abb. 3.10: SSI-Chip mit vier Gates

Für wenig Geld sind viele andere solcher Chips erhältlich. Jeder hat eine Handvoll Gates und bis zu 20 Pins. In den siebziger Jahren wurden Computer aus großen Mengen solcher Chips gebaut. Heute brennt man eine ganze CPU und einen großen Teil des (Cache) Speichers auf einen einzigen Chip.

Für unsere Zwecke sind alle Gates dahingehend ideal, daß der Ausgang erscheint, sobald der Eingang angewandt wird. In Wirklichkeit haben Chips eine endliche **Gate-Verzögerung** (Gate Delay), die sowohl die Signalausbreitung (Signal Propagation) durch den Chip als auch die Schaltzeit beinhaltet. Übliche Verzögerungen reichen von 1 bis 10 ns.

Nach dem derzeitigen Stand der Technik könnten fast 10 Millionen Transistoren auf einen einzigen Chip gepackt werden. Da jede Schaltung aus NAND-Gates gebaut werden kann, möchte man meinen, daß ein Hersteller einen sehr allgemeinen Chip mit 5 Millionen NAND-Gates fertigen kann. Leider würde ein solcher Chip 15.000.002 Pins benötigen. Bei einem Standardabstand von 0,1 Zoll zwischen den einzelnen Pins wäre der Chip über 18 km lang, was sich auf den Vertrieb des Chips doch sehr nachteilig auswirken würde. Die einzige Möglichkeit, die Technologie zu nutzen, ist also die Entwicklung von Schaltungen mit einem hohen Gate-Pin-Verhältnis. In den folgenden Abschnitten betrachten wir einfache MSI-Schaltungen, die intern eine Reihe von Gates auf sich vereinen, um eine nützliche Funktion zu bieten, wobei nur eine begrenzte Anzahl von externen Verbindungen (Pins) nötig ist.

3.2.2 Kombinationsschaltungen

Viele Anwendungen im Bereich der digitalen Logik erfordern eine Schaltung mit mehreren Ein- und Ausgängen, wobei die Ausgänge eindeutig durch die Stromeingänge bestimmt werden. Eine solche Schaltung nennt man **Kombinationsschaltung** (Combinational Circuit). Nicht alle Schaltungen weisen dieses Merkmal auf. Beispielsweise kann eine Schaltung, die Speicherelemente beinhaltet, Ausgänge erzeugen, die von den gespeicherten Werten und den Eingangsvariablen abhängen. Eine Schaltung, die eine Wahrheitstabelle implementiert, z.B. die von Abb. 3.3(a), ist ein typisches Beispiel einer Kombinationsschaltung. In diesem Abschnitt betrachten wir einige häufig benutzte Kombinationsschaltungen.

Multiplexer

Auf der digitalen logischen Ebene ist ein **Multiplexer** eine Schaltung mit 2^n Dateneingängen, einem Datenausgang und n Steuereingängen, die einen der Dateneingänge wählen. Der gewählte Dateneingang wird zum Ausgang geleitet. Abb. 3.11 zeigt schematisch einen Multiplexer mit acht Eingängen. Die drei Steuerleitungen A, B und C kodieren eine 3-Bit-Zahl, die definiert, welche der acht Eingangsleitungen zum OR-Gate und somit zum Ausgang geleitet wird. Ungeachtet des Werts der Steuerleitungen sind sieben der AND-Gates immer Ausgang 0; das übrige kann je nach dem Wert der gewählten Eingangsleitung Ausgang 0 oder 1 sein. Jedes AND-Gate wird durch unterschiedliche Kombinationen der Steuereingänge aktiviert. Die Multiplexer-Schaltung ist aus Abb. 3.11 ersichtlich. Fügt man Strom und Masse hinzu, läßt sich das Teil auf eine 14-Pins-Einheit packen.

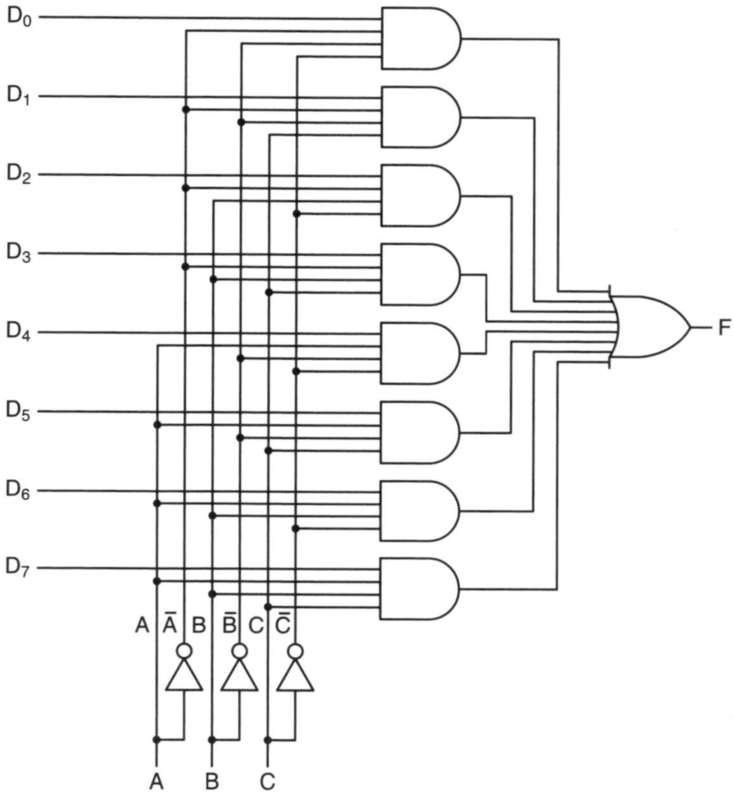

Abb. 3.11: Multiplexer-Schaltung mit acht Eingängen

Mit Hilfe des Multiplexers können wir die Mehrheitsfunktion von Abb. 3.3(a) wie in Abb. 3.12(b) implementieren. Für jede Kombination von *A*, *B* und *C* wird eine der Dateneingangsleitungen gewählt. Jeder Eingang wird entweder mit V_{cc} (logische 1) oder mit Masse (logische 0) verdrahtet. Der Algorithmus für die Verdrahtung der Eingänge ist einfach: Eingang D_i entspricht dem Wert in Zeile *i* der Wahrheitstabelle. In Abb. 3.3(a) sind die Zeilen 0, 1, 2 und 4 gleich 0, so daß die entsprechenden Eingänge geerdet sind. Die übrigen Zeilen sind 1, so daß sie mit der logischen 1 verbunden sind. Auf diese Weise kann eine beliebige Wahrheitstabelle von drei Variablen mit dem Chip von Abb. 3.12(a) implementiert werden.

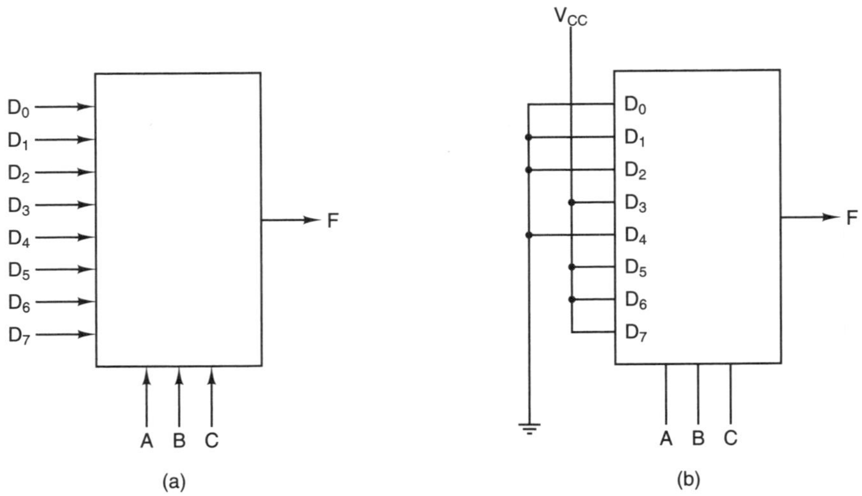

Abb. 3.12: (a) MSI-Multiplexer-Chip; (b) der gleiche Chip zur Berechnung der Mehrheitsfunktion verschaltet

Wir haben bereits gesehen, wie ein Multiplexer-Chip benutzt werden kann, um einen von mehreren Eingängen zu wählen, und wie er eine Wahrheitstabelle implementieren kann. Als weiterer Anwendungsbereich ist ein Parallel/Seriell-Datenwandler machbar. Legt man 8 Datenbits auf die Eingangsleitungen und schaltet man die Steuerleitungen sequentiell von 000 bis 111 (binär) weiter, werden diese in Reihe auf die Ausgangsleitung gelegt. Eine typische Nutzung für die Parallel/Seriell-Umwandlung ist eine Tastatur. Dabei definiert jeder Anschlag implizit eine 7- oder 8-Bit-Zahl, die seriell über eine Telefonleitung ausgegeben werden muß.

Das Gegenstück eines Multiplexers ist ein **Demultiplexer**, der je nach den Werten der n Steuerleitungen ein einzelnes Eingangssignal auf einen von 2^n Ausgängen leitet. Beträgt der Binärwert auf den Steuerleitungen k, wird Ausgang k gewählt.

Dekodierer

Als zweites Beispiel eines MSI-Chips betrachten wir eine Schaltung, die eine n-Bit-Zahl als Eingabe annimmt und sie benutzt, um genau eine der 2^n Ausgangsleitungen zu wählen (d.h. auf 1 zu setzen). Eine solche Schaltung nennt man **Dekodierer** (Decoder). Abb. 3.13 zeigt ein Beispiel mit $n = 3$.

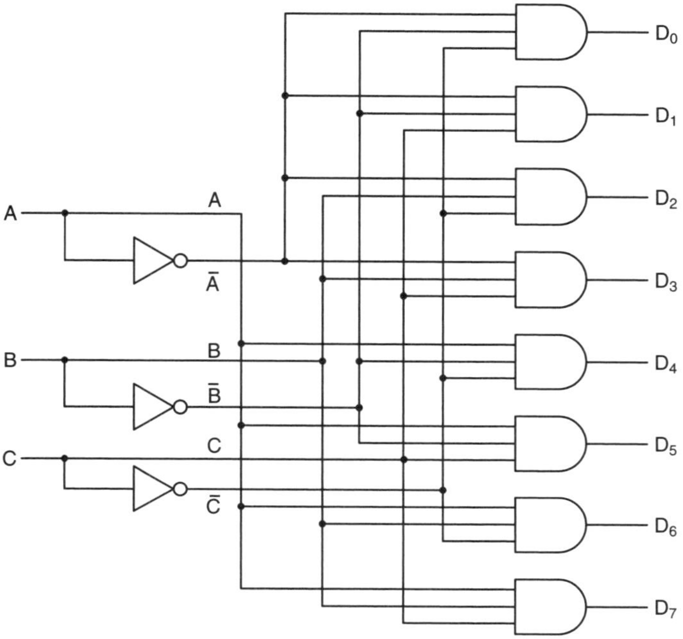

Abb. 3.13: 3-zu-8-Dekodierer-Schaltung

Um den Nutzen eines Dekodierers zu sehen, stelle man sich einen Speicher vor, der aus acht Chips mit je 1 Mbyte besteht. Chip 0 hat die Adressen 0 bis 1 Mbyte, Chip 1 die Adressen 1 Mbyte bis 2 Mbyte usw. Wird eine Adresse im Speicher dargestellt, werden die 3 höherwertigen Bits benutzt, um einen der acht Chips zu wählen. Unter Verwendung der Schaltung von Abb. 3.13 sind diese 3 Bits die drei Eingänge *A*, *B* und *C*. Je nach den Eingängen ist genau eine der acht Ausgangsleitungen D_0, ..., D_7 gleich 1, und die restlichen sind 0. Jede Ausgangsleitung aktiviert einen der acht Speicherchips. Da nur eine Ausgangsleitung auf 1 gesetzt wurde, ist nur ein Chip eingeschaltet.

Die Betriebsweise der Schaltung von Abb. 3.13 ist leicht nachvollziehbar. Jedes AND-Gate hat drei Eingänge, von denen der erste entweder *A* oder $\overline{A}$, der zweite entweder *B* oder $\overline{B}$ und der dritte entweder *C* oder $\overline{C}$ ist. Jedes Gate wird durch eine andere Eingangskombination eingeschaltet: D_0 durch *A#B#C#*, D_1 durch $\overline{AB}C$ usw.

Komparatoren

Eine weitere nützliche Schaltung ist der **Komparator** (Comparator), der zwei Eingangswörter vergleicht. Der einfache Komparator von Abb. 3.14 nimmt zwei Eingaben *A* und *B* mit einer Länge von je 4 Bits und produziert 1, falls sie gleich sind, und 0, falls sie ungleich sind. Die Schaltung basiert auf dem EXCLUSIVE-OR-Gate (XOR), das eine 0 ausgibt, wenn seine Eingänge gleich sind, und eine 1 ausgibt, wenn sie ungleich sind. Sind die beiden Eingabewörter gleich, müssen alle vier XOR-Gates 0 ausgeben. Diese vier Signale können dann mit OR verknüpft werden. Ist das Ergebnis 0, sind die Eingabewörter gleich, andernfalls nicht. In unserem Beispiel haben wir ein NOR-Gate als endgültiges Stadium zur Umkehrung der Prüfrichtung benutzt: 1 bedeutet gleich und 0 bedeutet ungleich.

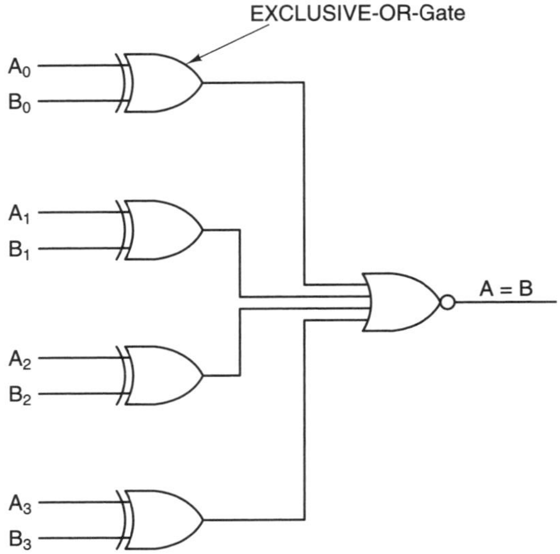

Abb. 3.14: Einfacher 4-Bit-Komparator

Programmierte Logik-Arrays

Wir haben bereits gesehen, daß beliebige Funktionen (Wahrheitstabellen) dadurch erzeugt werden können, daß man Produktterme mit AND-Gates berechnet und dann die Produkte mit OR verknüpft. Ein sehr allgemeiner Chip zur Summenbildung von Produkten ist das **programmierbare Logik-Array** (Programmable Logic Array – PLA). Abb. 3.15 zeigt ein einfaches Beispiel. Dieser Chip hat Eingangsleitungen für 12 Variablen. Das Komplement jedes Eingangs wird intern erzeugt, so daß sich insgesamt 24 Eingangssignale ergeben. Der Kern der Schaltung ist ein Array von 50 AND-Gates, die jeweils potentiell jede beliebige Untermenge von 24 Eingangssignalen als Eingabe haben können. Welches Eingangssignal an welches AND-Gate geht, wird durch eine 24 × 50-Bit-Matrix bestimmt, die vom Benutzer bereitgestellt wird. Jede Eingangsleitung zu den 50 AND-Gates enthält eine Sicherung. Bei Auslieferung sind alle 1200 Sicherungen intakt. Um die Matrix zu programmieren, brennt der Benutzer durch Anlegen einer hohen Spannung auf den Chip ausgewählte Sicherungen durch.

Der Ausgangsteil der Schaltung besteht aus sechs OR-Gates, die entsprechend den 50 Ausgängen der AND-Gates je bis zu 50 Eingänge haben. Auch hier bestimmt die vom Benutzer bereitgestellte (50 × 6) Matrix, welche der potentiellen Verbindungen tatsächlich existiert. Der Chip hat 12 Eingangspins, 6 Ausgangspins sowie Strom und Masse, d.h. insgesamt 20 Pins.

Als praktisches Beispiel eines PLAs ziehen wir wieder die Schaltung von Abb. 3.3(b) heran. Sie hat drei Eingänge, vier AND-Gates, ein OR-Gate und drei Inverter. Mit den entsprechenden internen Verbindungen kann unser PLA diese Funktion mit Hilfe seiner 12 Eingänge, vier seiner 50 AND-Gates und einem seiner sechs OR-Gates berechnen. (Die vier AND-Gates sollten $\overline{A}BC$, $A\overline{B}C$, $AB\overline{C}$ bzw. ABC berechnen. Das OR-Gate nimmt diese vier Produktterme als Eingabe an.) Wir könnten den gleichen PLA so verdrahten, daß er gleichzeitig insgesamt vier Funktionen ähnlicher Komplexität berechnet. Für diese einfachen Funktionen ist der Begrenzungsfaktor die Anzahl der Eingabevariablen; für komplexere könnten es die AND- oder OR-Gates sein.

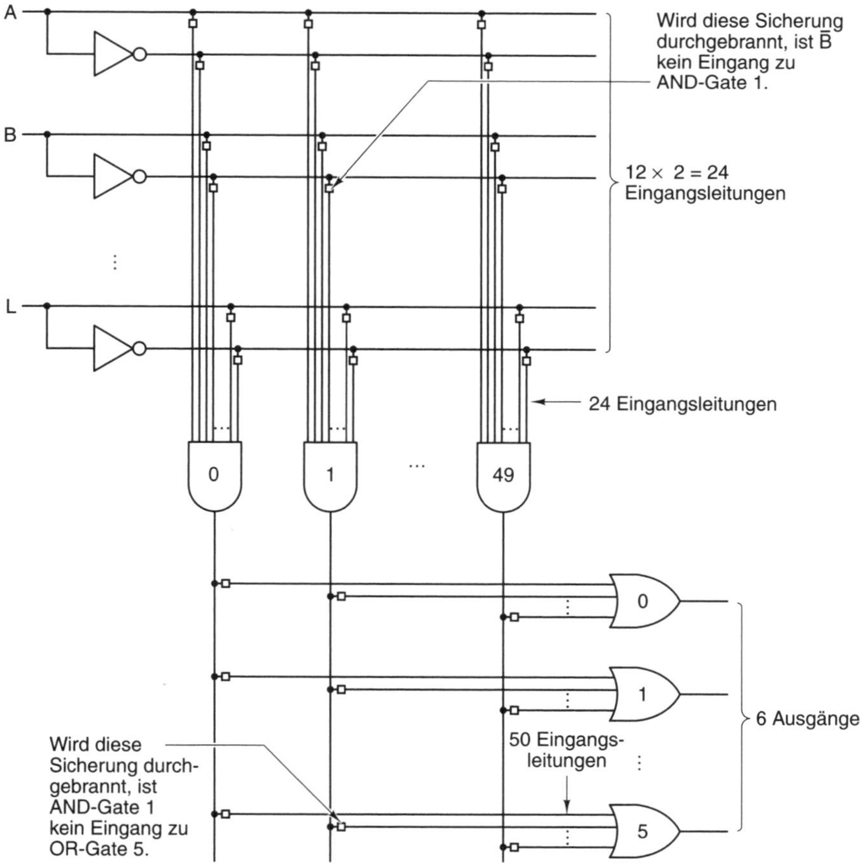

Abb. 3.15: Programmierbares Logik-Array (PLA) mit 12 Ein- und 6 Ausgängen. Die kleinen Quadrate stellen Sicherungen dar, die zur Bestimmung der zu berechnenden Funktion ausgebrannt werden können. Die Sicherungen sind in zwei Matrizen angeordnet: die obere für die AND-Gates und die untere für die OR-Gates.

Obwohl solche im Feld programmierbare PLAs noch in Gebrauch sind, werden individuell angepaßte PLAs für viele Anwendungen bevorzugt. Diese Einheiten werden vom Großabnehmer entwickelt und vom Hersteller gemäß den Kundenspezifikationen gefertigt. Sie sind billiger als die im Feld programmierbaren.

Wir können jetzt die drei verschiedenen Implementierungsmöglichkeiten der Wahrheitstabelle von Abb. 3.3(a) vergleichend gegenüberstellen. Bei SSI-Komponenten brauchen wir vier Chips. Alternativ würde ein MSI-Multiplexer-Chip (Abb. 3.12(b)) ausreichen. Schließlich könnten wir ein Viertel eines PLA-Chips benutzen. Werden viele Funktionen benötigt, ist der PLA natürlich effizienter als die anderen beiden Methoden. Für einfache Schaltungen sind die billigeren SSI- und MSI-Chips sicherlich vorzuziehen.

3.2.3 Arithmetische Schaltungen

Jetzt ist es an der Zeit, uns von den oben behandelten MSI-Allzweckschaltungen auf MSI-Kombinationsschaltungen zu verlagern, die für arithmetische Berechnungen benutzt werden. Wir beginnen mit einem einfachen 8-Bit-Schieber; dann betrachten wir einen Addierer und schließlich arithmetische Logikeinheiten, die in jedem Computer eine zentrale Rolle spielen.

Schieber

Unsere erste arithmetische MSI-Schaltung ist ein **Schieber** (Shifter) mit acht Eingängen und acht Ausgängen (siehe Abb. 3.16). Acht Eingangsbits sind auf den Leitungen D_0, ..., D_7 dargestellt. Der Ausgang, der lediglich der um ein Bit verschobene Eingang ist, ist auf den Leitungen S_0, ..., S_7 verfügbar. Die Steuerleitung *C* bestimmt die Richtung der Verschiebung; sie beträgt 0 = links und 1 = rechts.

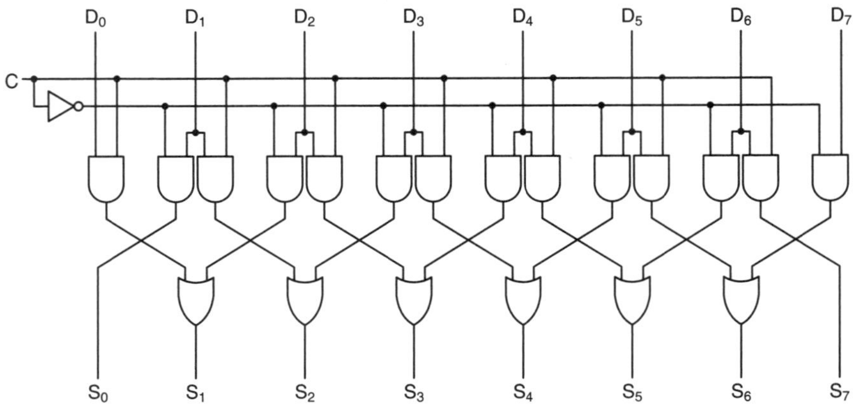

Abb. 3.16: 1-Bit-Schieber links/rechts

Um die Funktionsweise der Schaltung zu sehen, beachte man die Paare von AND-Gates für alle Bits, mit Ausnahme der Gates am Ende. Wenn $C = 1$, wird das rechte Mitglied jedes Paars eingeschaltet, wodurch das entsprechende Eingangsbit zum Ausgang gereicht wird. Da das rechte AND-Gate mit dem Eingang des OR-Gates rechts daneben verdrahtet ist, wird eine Verschiebung nach rechts durchgeführt. Wenn $C = 0$, wird das linke Mitglied des AND-Gates eingeschaltet, wodurch sich eine Verschiebung nach links ergibt.

Addierer

Ein Computer, der keine Ganzzahlen addieren kann, ist undenkbar. Folglich sind Schaltungen zur Durchführung von Additionen ein unentbehrlicher Teil jeder CPU. Die Wahrheitstabelle für eine 1-Bit-Addition ist in Abb. 3.17(a) dargestellt. Hier gibt es zwei Ausgänge, die Summe der Eingänge A und B und den Übertrag zur nächsten Stelle (nach links). Abb. 3.17(b) zeigt eine Schaltung zur Berechnung von Summe und Übertrag. Diese Schaltung heißt **Halbaddierer** (Half Adder).

A	B	Su	Über
0	0	0	0
0	1	1	0
1	0	1	0
1	1	0	1

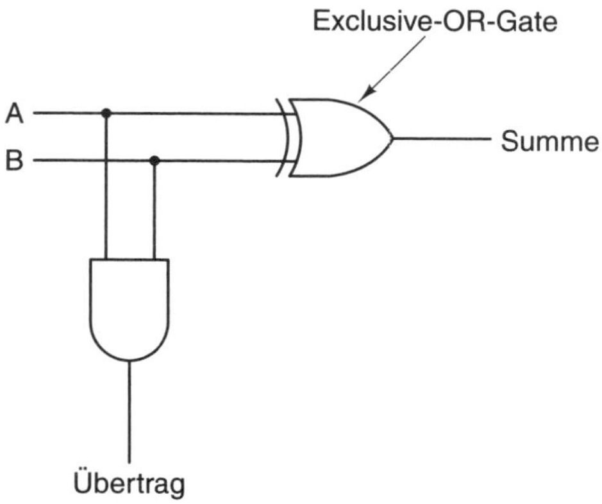

Abb. 3.17: (a) Wahrheitstabelle für eine 1-Bit-Addition; (b) Schaltung für einen Halbaddierer

Nun ist ein Halbaddierer zwar für die Addition der niederwertigen Bits zweier aus mehreren Bits bestehenden Eingabewörter geeignet, reicht aber nicht für eine Bitstelle in der Wortmitte, weil er den Übertrag an die Stelle von rechts nicht durchführt. Hier benötigt man den **Volladdierer** (Full Adder) von Abb. 3.18. Aus Sicht der Schaltung ist klar, daß ein Volladdierer aus zwei Halbaddierern besteht. Die Ausgangsleitung *Sum* ist 1, wenn eine ungerade Zahl von A, B und *Carry in* 1 sind. *Carry out* ist 1, wenn entweder A und B beide 1 sind (linker Eingang zum OR-Gate) oder eine davon 1 und das *Carry-in*-Bit ebenfalls 1 ist. Zusammen erzeugen die beiden Halbaddierer sowohl die Summen- als auch die Übertragsbits.

A	B	Carry in	Su	Carry out
0	0	0	0	0
0	0	1	1	0
0	1	0	1	0
0	1	1	0	1
1	0	0	1	0
1	0	1	0	1
1	1	0	0	1
1	1	1	1	1

(a)

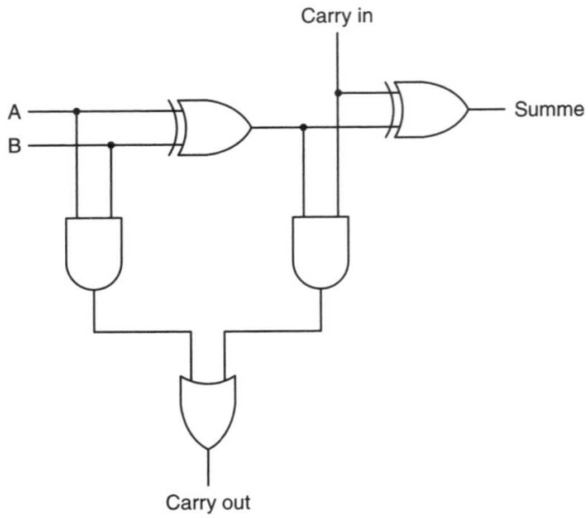

(b)

Abb. 3.18: (a) Wahrheitstabelle und (b) Schaltung für einen Volladdierer

Um einen Addierer für, sagen wir, zwei 16-Bit-Wörter zu bauen, wiederholt man lediglich die Schaltung von Abb. 3.18(b) 16 Mal. Das *Carry out* eines Bits braucht man als Übertrag in die linke Nachbarstelle. Der Übertrag in das Bit ganz rechts wird auf 0 verdrahtet. Dies nennt man **Ripple Carry Adder** (in etwa: Durchlaufübertragaddierer bzw. Addierer mit Übertragsweiterleitung), weil die Addition von 1 zu 111...111 (binär) im schlechtesten Fall so lange nicht beendet werden kann, bis der Übertrag die ganze Strecke vom ganz linken zum ganz rechten Bit durchlaufen hat. Es gibt auch Addierer, die diese Verzögerung nicht haben und somit schneller sind.

Als einfaches Beispiel eines schnelleren Addierers teilen wir einen 32-Bit-Addierer in eine untere Hälfte und eine obere Hälfte von je 16 Bits auf. Bei Beginn der Addition kann sich der obere Addierer noch nicht an die Arbeit machen, weil er noch nicht weiß, welchen Übertrag er für die 16 Additionen übernehmen muß.

Sehen Sie sich aber diese Veränderung an: Statt einer einzelnen oberen Hälfte verleihen wir dem Addierer durch Duplizierung der Hardware der oberen Hälfte parallel zwei obere Hälften. Jetzt besteht die Schaltung aus drei 16-Bit-Addierern: einer unteren Hälfte und zwei oberen Hälften *U0* und *U1*, die parallel laufen. Eine 0 wird als Übertrag in *U0* gespeist; eine 1 wird als Übertrag in *U1* gespeist. Jetzt können diese beiden gleichzeitig mit der unteren Hälfte starten, aber nur einer wird korrekt sein. Nach 16 Bitadditionen wird der in die obere Hälfte zu übernehmende Übertrag bekannt sein, so daß die richtige obere Hälfte nun aus den beiden verfügbaren Optionen ausgewählt werden kann. Auf diese Weise wird die Additionshäufigkeit um einen Faktor von Zwei verringert. Einen solchen Addierer nennt man **Carry Select Adder** (in etwa:

Übertragsauswahladdierer). Dieser Trick läßt sich wiederholen, um jeden 16-Bit-Addierer aus replizierten 8-Bit-Addierern usw. zu konstruieren.

Arithmetische Logikeinheiten

Die meisten Computer enthalten zur Durchführung von AND, OR und Addition zweier Maschinenwörter nur eine Schaltung. Normalerweise wird eine solche Schaltung für n-Bit-Wörter aus n identischen Schaltungen für die einzelnen Bitstellen gebaut. Abb. 3.19 ist ein einfaches Beispiel einer solchen Schaltung, die man **arithmetische Logikeinheit** (Arithmetic Logic Unit – ALU) nennt. Sie kann vier Funktionen, nämlich A AND B, A OR B, $\overline{B}$ oder $A + B$ berechnen, je nachdem, ob F_0 und F_1 die für die Funktionen gewählten Eingangsleitungen 00, 01, 10 oder 11 (binär) enthalten. Hier bedeutet $A + B$ die arithmetische Summe von A und B, und nicht das boolesche AND.

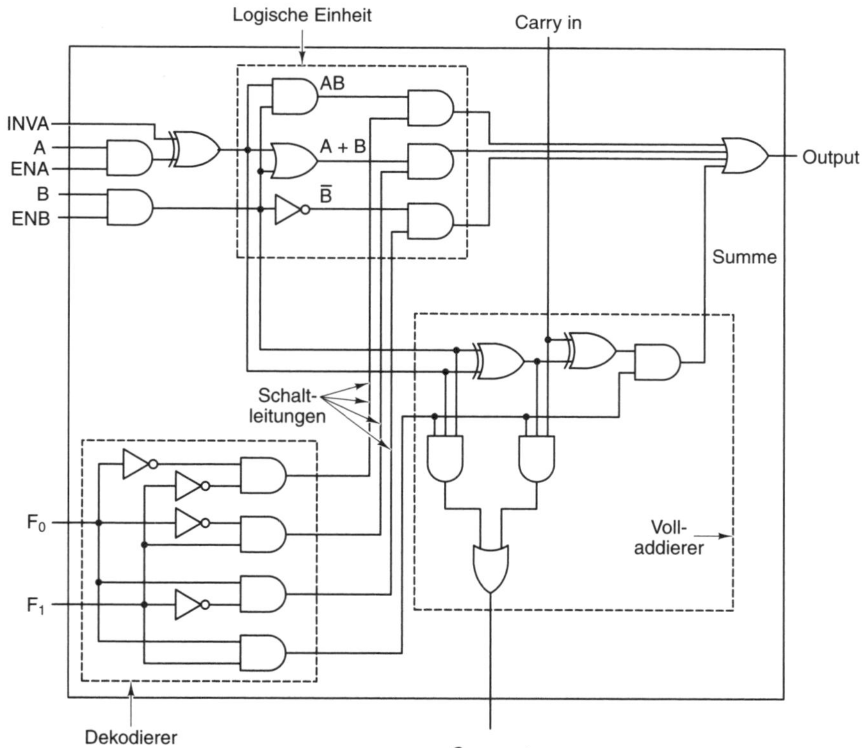

Abb. 3.19: Eine 1-Bit-ALU

In der unteren linken Ecke unserer ALU befindet sich ein 2-Bit-Dekodierer, der die Schaltsignale für die vier Operationen auf der Grundlage von F_0 und F_1 erzeugt. Je nach den Werten von F_0 und F_1 wird genau eine der vier Schaltleitungen gewählt. Die Assertion dieser Leitung erlaubt dem Ausgang der gewählten Funktion, bezüglich des Ausgangs bis zum letzten OR-Gate zu passieren.

In der oberen linken Ecke befindet sich die Logik zur Berechnung von *A* AND *B*, *A* OR *B* und $\overline{B}$; höchstens eines dieser Ergebnisse wird aber an das letzte OR-Gate weitergereicht, je nach den aus dem Dekodierer austretenden Schaltleitungen. Da genau einer der Dekodierer-Ausgänge 1 ist, wird genau eines der vier das OR-Gate steuernden AND-Gates eingeschaltet; die übrigen drei sind Ausgang 0, unabhängig von *A* und *B*.

Abgesehen davon, daß man *A* und *B* als Eingänge für logische oder arithmetische Operationen benutzen kann, ist es auch möglich, einen davon auf 0 zu zwingen, wenn man ENA bzw. ENB negiert. Außerdem erhält man $\overline{A}$ durch Assertion von INVA. Anwendungen für INVA, ENA und ENB werden in Kapitel 4 behandelt. Unter normalen Bedingungen werden ENA und ENB asseriert, um beide Eingänge einzuschalten, und INVA wird negiert. In diesem Fall werden *A* und *B* einfach unverändert in die Logikeinheit eingespeist.

In der unteren rechten Ecke der ALU befindet sich ein Volladdierer zur Berechnung der Summe von *A* und *B*, einschließlich den Überträgen, weil wahrscheinlich mehrere dieser Schaltungen letztendlich parallel verschaltet werden, um Vollwort-Operationen durchzuführen. Chips wie der in Abb. 3.19 sind im Handel erhältlich und werden als **Bit-Slice-Prozessoren** (Bitscheiben-Prozessoren) bezeichnet. Sie ermöglichen es dem Computer-Designer, eine ALU in jeder gewünschten Breite zu entwerfen. Abb. 3.20 zeigt eine 8-Bit-ALU, die sich aus acht 1-Bit-ALU-Slices zusammensetzt. Das INC-Signal ist nur für Additionen nützlich. Bei Assertion erhöht es das Ergebnis um 1, so daß es möglich ist, Summen wie $A + 1$ und $A + B + 1$ zu berechnen.

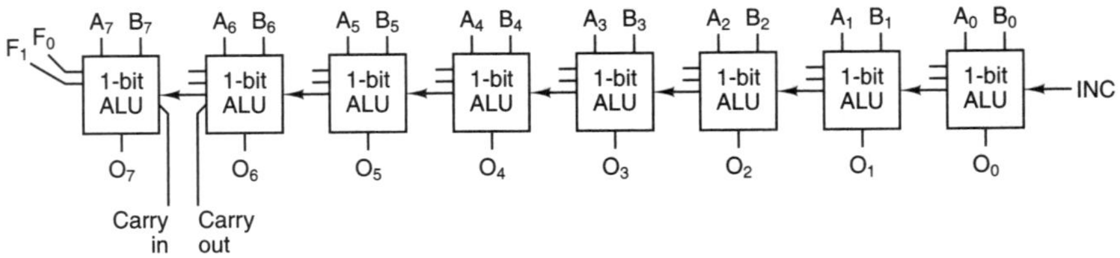

Abb. 3.20: Acht 1-Bit-ALU-Slices sind verbunden und bilden eine 8-Bit-ALU

3.2.4 Taktgeber

In vielen digitalen Schaltungen ist die Reihenfolge, in der Ereignisse passieren, von maßgeblicher Bedeutung. Zuweilen muß ein Ereignis einem anderen vorausgehen, in anderen Fällen müssen zwei Ereignisse gleichzeitig eintreten. Damit Entwickler die erforderlichen Zeitrelationen erreichen können, sind viele digitale Schaltungen mit Taktgebern zum Zwecke der Synchronisation ausgestattet. Ein **Taktgeber** (Clock) ist in diesem Zusammenhang eine Schaltung, die eine Reihe von Impulsen in einer präzisen Impulsbreite und in einem präzisen Intervall zwischen aufeinanderfolgenden Impulsen ausgibt. Das Intervall zwischen entsprechenden Kanten von zwei aufeinanderfolgenden Impulsen nennt man **Taktzykluszeit** (Clock Cycle Time). Impulsfrequenzen liegen normalerweise zwischen 1 MHz und 500 MHz und entsprechen den Taktzyklen von 1000 ns bis 2 ns. Zur Erzielung einer hohen Genauigkeit wird die Taktfrequenz normalerweise von einem Kristalloszillator gesteuert.

In einem Computer können innerhalb eines einzigen Taktzyklus viele Ereignisse ablaufen. Sollen diese Ereignisse in einer bestimmten Reihenfolge eintreten, muß der Taktzyklus in Teilzyklen aufgeteilt werden. Ein übliches Vorgehen, eine feinere Auflösung als der einfache Taktgeber zu bieten, ist die Anzapfung der primären Taktleitung und das Einfügen einer Schaltung mit einer bekannten Verzögerung, so daß ein sekundäres, zum primären phasenverschobenes Taktsignal erzeugt wird (siehe Abb. 3.21(a)). Das Taktdiagramm von Abb. 3.21(b) bietet vier Taktverweise für bestimmte Ereignisse:

1. Steigende Flanke von C1
2. Fallende Flanke von C1
3. Steigende Flanke von C2
4. Fallende Flanke von C2

Verknüpft man verschiedene Ereignisse mit den verschiedenen Flanken, läßt sich die erforderliche Abfolge umsetzen. Werden innerhalb eines Taktzyklus mehr als vier Zeitverweise benötigt, kann man mehr sekundäre Leitungen von der primären aus anzapfen und mit verschiedenen Verzögerungen belegen.

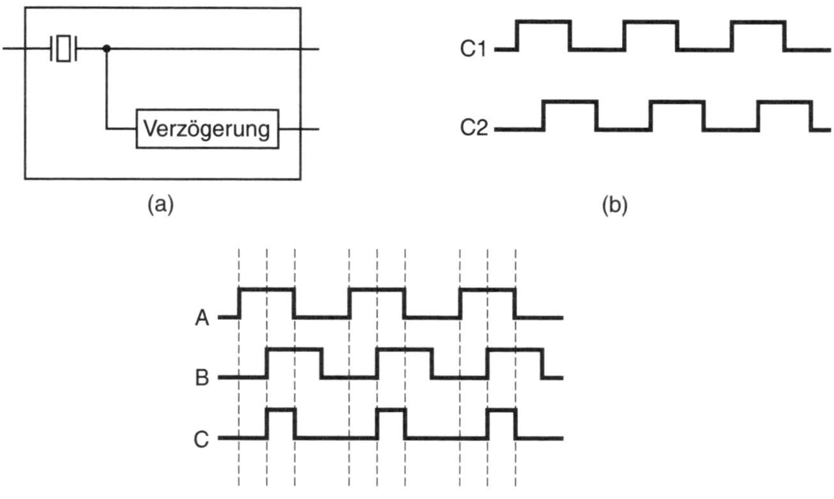

Abb. 3.21: (a) Taktgeber; (b) Taktdiagramm für den Taktgeber; (c) Erzeugung eines asymmetrischen Takts

Bei manchen Schaltungen ist man mehr an Zeitintervallen als an diskreten Zeitinstanzen interessiert. Ein Ereignis kann z.B. jederzeit eintreten, wenn C1 auf High und nicht genau an der steigenden Flanke liegt. Ein weiteres Ereignis kann nur eintreten, wenn C2 auf High liegt. Werden mehr als zwei Intervalle benötigt, stellt man mehrere Taktleitungen bereit oder die High-Zustände der beiden Taktgeber so ein, daß sie zeitlich teilweise überlappen. Im letzteren Fall lassen sich vier Intervalle unterscheiden: $\overline{C1}$ AND $\overline{C2}$, $\overline{C1}$ AND C2, C1 AND $\overline{C2}$ und C1 AND C2.

Nebenbei bemerkt sind Taktgeber symmetrisch, wobei die im High-Zustand ablaufende Zeit der Zeit entspricht, die im Low-Zustand abläuft, wie aus Abb. 3.21(b) ersichtlich ist. Um eine asymmetrische Impulsfolge zu erzeugen, wird der Basistakt mit Hilfe einer Verzögerungsschaltung verschoben und mittels AND mit dem Ursprungssignal verknüpft, wie C in Abb. 3.21(c).

3.3 Speicher

Eine wesentliche Komponente eines jeden Computers ist sein Speicher. Ohne Speicher wären Computer nicht das, was sie sind. Ein Speicher dient der Speicherung auszuführender Instruktionen und Daten. In den folgenden Abschnitten werden die grundlegenden Komponenten eines Speichersystems, mit der Gate-Ebene beginnend, behandelt, um aufzuzeigen, wie sie funktionieren und zu großen Speichern zusammengefaßt werden können.

3.3.1 Latches

Um einen 1-Bit-Speicher zu erstellen, brauchen wir eine Schaltung, die sich irgendwie vorherige Eingabewerte »merkt«. Eine solche Schaltung läßt sich aus zwei NOR-Gates bauen (siehe Abb. 3.22(a)). Analoge Schaltungen können aus NAND-Gates gebaut werden. Wir erwähnen diese nicht weiter, weil sie vom Konzept her mit den NOR-Versionen identisch sind.

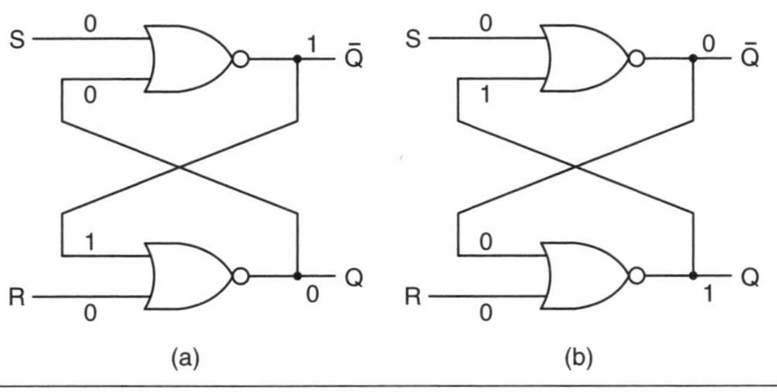

A	B	NOR
0	0	1
0	1	0
1	0	0
1	1	0

(c)

Abb. 3.22: (a) NOR-Latch im Zustand 0; (b) NOR-Latch im Zustand 1; (c) Wahrheitstabelle für NOR

Die Schaltung von Abb. 3.22(a) nennt man **SR-Latch**. Sie hat zwei Eingänge – *S* zum Setzen der Latch und *R* zum Zurücksetzen (d.h. Löschen) derselben. Ferner hat sie zwei komplementäre Ausgänge *Q* und $\overline{Q}$, wie wir gleich sehen werden. Im Gegensatz zu einer Kombinationsschaltung werden die Ausgänge der Latch nicht eindeutig durch die Stromeingänge bestimmt.

Das hat folgenden Grund: Angenommen, *S* und *R* sind 0, was sie die meiste Zeit sind. Weiter nehmen wir an, daß $Q = 0$. Da *Q* in das obere NOR-Gate zurückgespeist wird, sind seine beiden Eingänge 0; deshalb ist sein Ausgang $\overline{Q}$ 1. Die 1 wird in das untere Gate zurückgespeist, das dann die Eingänge 1 und 0 hat, woraus sich $Q = 0$ ergibt. Dieser Zustand ist konsistent und aus Abb. 3.22(a) ersichtlich.

Nun stellen wir uns vor, daß *Q* nicht 0, sondern 1 ist, während *R* und *S* immer noch 0 sind. Das obere Gate hat die Eingänge 0 und 1 und einen Ausgang $\overline{Q}$ von 0, der zum unteren Gate zurückgespeist wird. Dieser Zustand (siehe Abb. 3.22(b)) ist ebenfalls konsistent. Ein Zustand, bei dem beide Ausgänge gleich 0 sind, ist konsistent, weil er beide Gates zu zwei Nullen als Eingang zwingt, was im Falle von wahr 1 und nicht 0 als Ausgang produzieren würde. Ebenso ist es möglich, daß beide Ausgänge gleich 1 sind, weil dies die Eingänge auf 0 und 1 zwingen würde, was 0 und nicht 1 ergibt. Unsere Schlußfolgerung ist einfach: Bei $R = S = 0$ hat die Latch zwei stabile Zustände, die wir abhängig von *Q* 0 und 1 nennen.

Jetzt prüfen wir die Wirkung der Eingänge auf den Zustand der Latch. Angenommen, *S* wird 1, während $Q = 0$. Die Eingänge zum oberen Gate sind dann 1 und 0, wodurch der Ausgang $\overline{Q}$ auf 0 gezwungen wird. Dadurch werden beide Eingänge zum unteren Gate 0, was den Ausgang in 1 zwingt. Setzt man also *S* (auf 1), schaltet der Zustand von 0 in 1. Setzt man *R* auf 1, wenn sich die Latch im Zustand 0 befindet, tritt keine Wirkung ein, weil der Ausgang des unteren NOR-Gates für die Eingänge von 10 und die Eingänge von 11 je 0 ist.

Dadurch läßt sich leicht erkennen, daß das Setzen von *S* auf 1 im Zustand $Q = 1$ wirkungslos bleibt, während das Setzen von *R* die Latch in den Zustand $Q = 0$ treibt. Das heißt: Wird *S* vorübergehend auf 1 gesetzt, endet die Latch im Zustand $Q = 1$, ungeachtet des Zustands, in dem sie sich vorher befunden hat. Setzt man *R* vorübergehend auf 1, wird die Latch in den Zustand $Q = 0$ gezwungen. Die Schaltung »merkt« sich, ob *S* oder *R* zuletzt an war. Anhand dieser Eigenschaft können wir Computer-Speicher entwickeln.

Getaktete SR-Latches

Latches müssen häufig so konstruiert werden, daß sie nur in ganz bestimmten Fällen ihren Zustand ändern können. Um dieses Ziel zu erreichen, ändern wir die Basisschaltung geringfügig, wie in Abb. 3.23 aufgezeigt, um eine sogenannte **Getaktete SR-Latch** (Clocked SR Latch) zu realisieren.

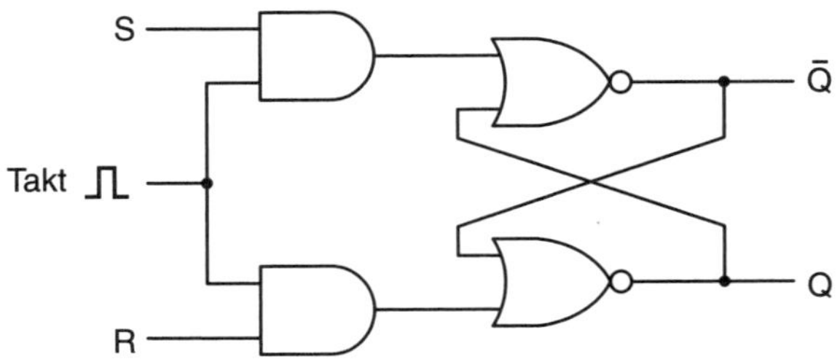

Abb. 3.23: Getaktete SR-Latch

Diese Schaltung verfügt über einen zusätzlichen Eingang, den Taktgeber, der normalerweise 0 ist. Ist der Taktgeber auf 0, geben beide AND-Gates unabhängig von S und R 0 aus, und die Latch ändert ihren Zustand nicht. Ist der Taktgeber 1, verschwindet die Wirkung der AND-Gates, und die Latch reagiert auf S und R. Das Taktsignal muß nicht durch eine Uhr gespeist werden. Die Begriffe **enable** und **strobe** sind weit verbreitet und bedeuten, daß der Takteingang 1 ist. Das bedeutet, daß die Schaltung auf den Zustand von S und R reagiert.

Bis jetzt haben wir das Problem, was passiert, wenn S und R 1 sind, übergangen. Und das aus gutem Grund: Die Schaltung wird nicht deterministisch, wenn R und S letztendlich auf 0 zurückkehren. Der einzige konsistente Zustand für $S = R = 1$ ist $Q = \overline{Q} = 0$. Sobald aber beide Eingänge auf 0 zurückkehren, muß die Latch in einen ihrer beiden stabilen Zustände springen. Fällt ein Eingang vor dem anderen auf 0 zurück, gewinnt derjenige, der am längsten in 1 verbleibt. Wenn nämlich nur ein Eingang 1 ist, erzwingt er den Zustand. Kehren beide Eingänge gleichzeitig (was sehr unwahrscheinlich ist) auf 0 zurück, springt die Latch willkürlich in einen ihrer stabilen Zustände.

Getaktete D-Latches

Das Problem der Zweideutigkeit (wenn $S = R = 1$) der SR-Latch wird am besten gelöst, wenn man seinem Auftreten vorbeugt. Abb. 3.24 zeigt eine Latchschaltung mit nur einem Eingang D. Da der Eingang zum unteren AND-Gate immer das Komplement des Eingangs zum oberen ist, entsteht das Problem, daß beide Eingänge 1 sind, überhaupt nie. Wenn $D = 1$ und der Taktgeber ist 1, wird die Latch in den Zustand $Q = 1$ getrieben. Wenn $D = 0$ und die Uhr ist 1, wird die Latch in den Zustand $Q = 0$ versetzt. Anders ausgedrückt: Ist der Taktgeber 1, wird der aktuelle Wert von D als Muster abgetastet und in der Latch gespeichert. Diese Schaltung nennt man **getaktete D-Latch** (Clocked D Latch); sie ist ein echter 1-Bit-Speicher. Der gespeicherte Wert ist stets an Q verfügbar. Um den aktuellen Wert von D in den Speicher zu laden, wird ein positiver Impuls auf die Taktleitung gelegt.

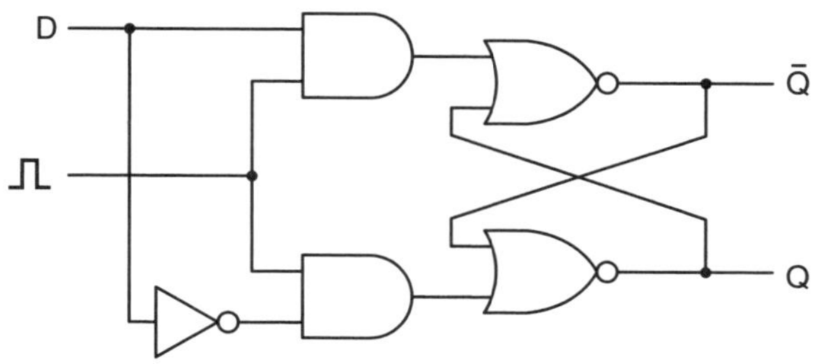

Abb. 3.24: Getaktete D-Latch

3.3.2 Flip-Flop-Schaltungen

Bei vielen Schaltungen muß man den Wert einer Leitung zu einem bestimmten Zeitpunkt abtasten und speichern. Bei dieser Variante – der **Flip-Flop-Schaltung** – tritt der Zustandsübergang nicht ein, wenn der Taktgeber 1 ist, sondern von 0 auf 1 (steigende Flanke) oder von 1 auf 0 (fallende Flanke) übergeht. Die Länge des Taktimpulses ist also unwichtig, solange die Übergänge schnell stattfinden.

Zur Verdeutlichung betrachten wir den Unterschied zwischen einer Flip-Flop-Schaltung und einer Latch genauer. Eine Flip-Flop-Schaltung wird **flankengesteuert** (edge-triggered), während eine Latch **pegelgesteuert** (level-triggered) wird. In der Literatur werden diese Begriffe häufig durcheinander gebracht. Viele Autoren verwenden »Flip-Flop-Schaltung« für eine Latch, und umgekehrt.

Für das Design einer Flip-Flop-Schaltung gibt es mehrere Ansätze. Hätte man beispielsweise die Möglichkeit, einen sehr kurzen Impuls auf der steigenden Flanke des Taktsignals zu erzeugen, könnte man diesen Impuls in eine D-Latch einspeisen. Diese Möglichkeit gibt es, und eine entsprechende Schaltung wird in Abb. 3.25(a) vorgestellt.

Auf den ersten Blick sieht es so aus, als ob der Ausgang des AND-Gates immer Null wäre, da das AND eines Signals zu seinem Gegenstück Null ist. Die Sache ist aber nicht so einfach. Durch den Inverter zieht sich eine kleine (ungleich Null) Ausbreitungsverzögerung, und genau diese Verzögerung sorgt für das Funktionieren der Schaltung. Angenommen, wir messen die Spannung der vier Meßpunkte *a*, *b*, *c* und *d*. Das an *a* gemessene Eingangssignal ist ein langer Taktimpuls (in Abb. 3.25(b) unten). Oberhalb dieses Impulses wird das an *b* gemessene Signal dargestellt. Letzteres ist sowohl invertiert als auch leicht verzögert, normalerweise um ein paar Nanosekunden, je nach dem benutzten Inverter.

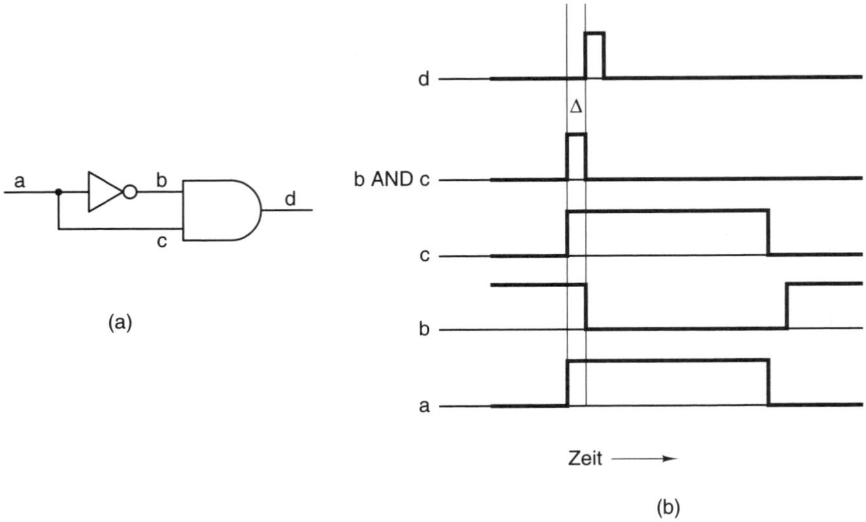

Abb. 3.25: (a) Pulsgenerator; (b) Taktgabe an vier Punkten der Schaltung

Das Signal an *c* ist ebenfalls verzögert, aber nur um die Ausbreitungszeit des Signals (also der Lichtgeschwindigkeit). Ist die physische Entfernung zwischen *a* und *c* beispielsweise 20 Mikron, ergibt sich eine Ausbreitungsverzögerung von 0,0001 ns – sicherlich ein tolerierbarer Wert im Vergleich zu der Zeit, die das Signal für die Ausbreitung durch den Inverter braucht. Das Signal an *c* ist im Grunde also identisch mit dem an *a*.

Werden die Eingänge *b* und *c* zum AND-Gate mit AND verknüpft, ist das Ergebnis ein kurzer Impuls wie in Abb. 3.25(b), wobei die Breite des Impulses Δ der Gate-Verzögerung des Inverters – normalerweise 5 ns oder weniger – entspricht. Der Ausgang zum AND-Gate ist nur dieser Impuls, verschoben um die Verzögerung des AND-Gates, wie in Abb. 3.25(b) dargestellt. Diese Zeitverschiebung bedeutet lediglich, daß die D-Latch in einer feststehenden Verzögerung nach der steigenden Flanke des Taktgebers aktiviert wird. Dies hat aber keine Wirkung auf die Pulsbreite. Bei einem Speicher mit einer Zykluszeit von 50 ns kann ein Impuls von 5 ns, der den Speicher anweist, wann die D-Leitung abzutasten ist, kurz genug sein. In diesem Fall kann die volle Schaltung Abb. 3.26 entsprechen. Dieses Flip-Flop-Schaltungsdesign ist nett; weil es leicht verständlich ist, wäre in der Praxis aber viel zu einfach.

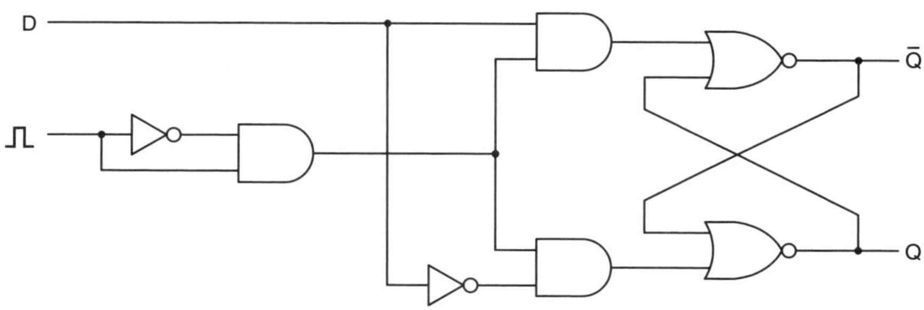

Abb. 3.26: D-Flip-Flop-Schaltung

Abb. 3.27 zeigt die Standardsymbole für Latches und Flip-Flop-Schaltungen. In Abb. 3.27(a) sehen wir eine Latch, die in ihren Zustand eintritt, wenn der Taktgeber *CK* 1 ist. Abb. 3.27(b) zeigt im Gegensatz dazu eine Latch, deren Taktgeber normalerweise 1 ist, plötzlich aber auf 0 abfällt, um den Zustand von *D* zu laden. Die Abbildungen 3.27(c) und (d) stellen keine Latches, sondern Flip-Flop-Schaltungen dar, was durch Pfeilspitzen an den Takteingängen angedeutet ist. Abb. 3.27(c) ändert den Zustand auf der steigenden Flanke des Taktimpulses (Übergang von 0 auf 1), während Abb. 3.27(d) den Zustand auf der fallenden Flanke (Übergang von 1 auf 0) ändert. Viele, aber nicht alle Latches und Flip-Flop-Schaltungen haben auch $\overline{Q}$ als Ausgang. Einige haben zwei zusätzliche Eingänge *Set* oder *Preset* (Zustand in $Q = 1$ erzwingen) und *Reset* oder *Clear* (Zustand in $Q = 0$ erzwingen).

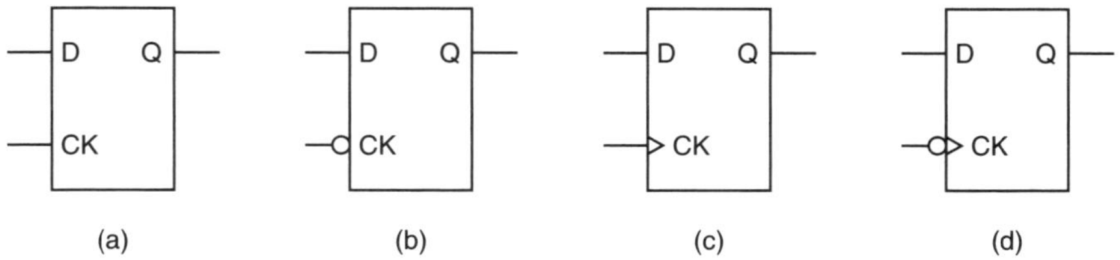

Abb. 3.27: D-Latches und Flip-Flop-Schaltungen

3.3.3 Register

Flip-Flop-Schaltungen gibt es in vielen verschiedenen Konfigurationen. Eine einfache mit zwei unabhängigen D-Flip-Flop-Schaltungen sowie Clear- und Preset-Signalen findet sich in Abb. 3.28(a). Obwohl sie auf einen 14-Pin-Chip gepackt wurden, haben die beiden Flip-Flop-Schaltungen aber keinen Zusammenhang. Eine recht unterschiedliche Anordnung weist die oktale Flip-Flop-Schaltung von Abb. 3.28(b) auf. Hier fehlen den acht (daher der Begriff »oktal«) D-Flip-Flop-Schaltungen nicht nur die $\overline{Q}$- und Preset-Leitungen. Alle Taktleitungen sind außerdem gruppiert und werden von Pin 11 gesteuert. Die Flip-Flop-Schaltungen selbst sind vom gleichen Typ wie Abb. 3.27(d), verfügen aber nicht über Inversionsblasen, weil der Inverter mit Pin 11 verbunden ist, so daß die Flip-Flop-Schaltungen bei steigendem Übergang geladen werden. Alle acht Clear-Signale sind ebenfalls gruppiert, so daß alle Flip-Flop-Schaltungen in den 0-Zustand gezwungen werden, wenn Pin 1 in 0 wechselt. Falls Sie sich jetzt fragen, warum Pin 11 am Eingang und dann wieder bei jedem CK-Signal invertiert wird, hier die Antwort: Ein Eingangssignal hat möglicherweise nicht genug Strom, um alle acht Flip-Flop-Schaltungen zu betreiben, so daß der Eingangsinverter eigentlich als Verstärker verwendet wird.

Während die Takt- und Clear-Leitungen von Abb. 3.28(b) einerseits gruppiert wurden, um Pins einzusparen, wird der Chip bei dieser Konfiguration anders als bei acht unzusammenhängenden Flip-Flop-Schaltungen benutzt. Er dient als einziges 8-Bit-Register. Alternativ können zwei solche Chips parallel zur Bildung eines 16-Bit-Registers verwendet werden. Hierfür verbindet man ihre Pins 1 und 11. In Kapitel 4 werden Register und ihre Anwendungsbereiche genauer betrachtet.

3.3.4 Speicherorganisation

Wir haben die Strecke vom einfachen 1-Bit-Speicher in Abb. 3.24 bis zum 8-Bit-Speicher in Abb. 3.28(b) zurückgelegt. Um große Speicher zu konstruieren, ist aber eine andere Organisation erforderlich, bei der man einzelne Wörter adressieren kann. Eine häufig benutzte Speicherorganisation, die dieses Kriterium erfüllt, ist in Abb. 3.29 dargestellt. Ein Speicher mit vier 3-Bit-Wörtern wird in diesem Beispiel gezeigt. Jede Operation liest oder schreibt ein volles 3-Bit-Wort. Während die gesamte Speicherkapazität von 12 Bits kaum mehr als unsere oktale Flip-Flop-Schaltung beträgt, benötigt sie weniger Pins; vor allem aber läßt sich das Design leicht auf große Speicher erweitern.

Der Speicher in Abb. 3.29 sieht auf den ersten Blick kompliziert aus, ist es dank seiner regelmäßigen Struktur aber nicht. Er hat acht Eingangs- und drei Ausgangsleitungen. Die drei Eingänge sind Daten: I_0, I_1 und I_2; zwei sind für die Adressen A_0 und A_1, und drei dienen der Steuerung: CS für Chip Select, RD zum Unterscheiden zwischen Lesen und Schreiben und OE für Output Enable. Die drei Ausgänge für Daten sind D_0, D_1 und D_2. Im Prinzip kann dieser Speicher in eine 14-Pin-Einheit gepackt werden, einschließlich Strom und Masse. Bei der oktalen Flip-Flop-Schaltung benötigt man hingegen 20 Pins.

Um diesen Speicherchip zu wählen, muß die externe Logik CS und auch RD zum Lesen auf High (logisch 1) und zum Schreiben auf Low (logisch 0) setzen. Die beiden Adreßleitungen müssen gesetzt werden, um anzuzeigen, welches der vier 3-Bit-Wörter gelesen oder geschrieben werden soll. Für eine Leseoperation werden die Dateneingangsleitungen nicht benutzt, das ausgewählte Wort wird aber auf die Datenausgangsleitungen gegeben. Bei einer Schreiboperation werden die auf den Dateneingangsleitungen vorhandenen Bits in das ausgewählte Speicherwort geladen. Die Datenausgangsleitungen werden nicht benutzt.

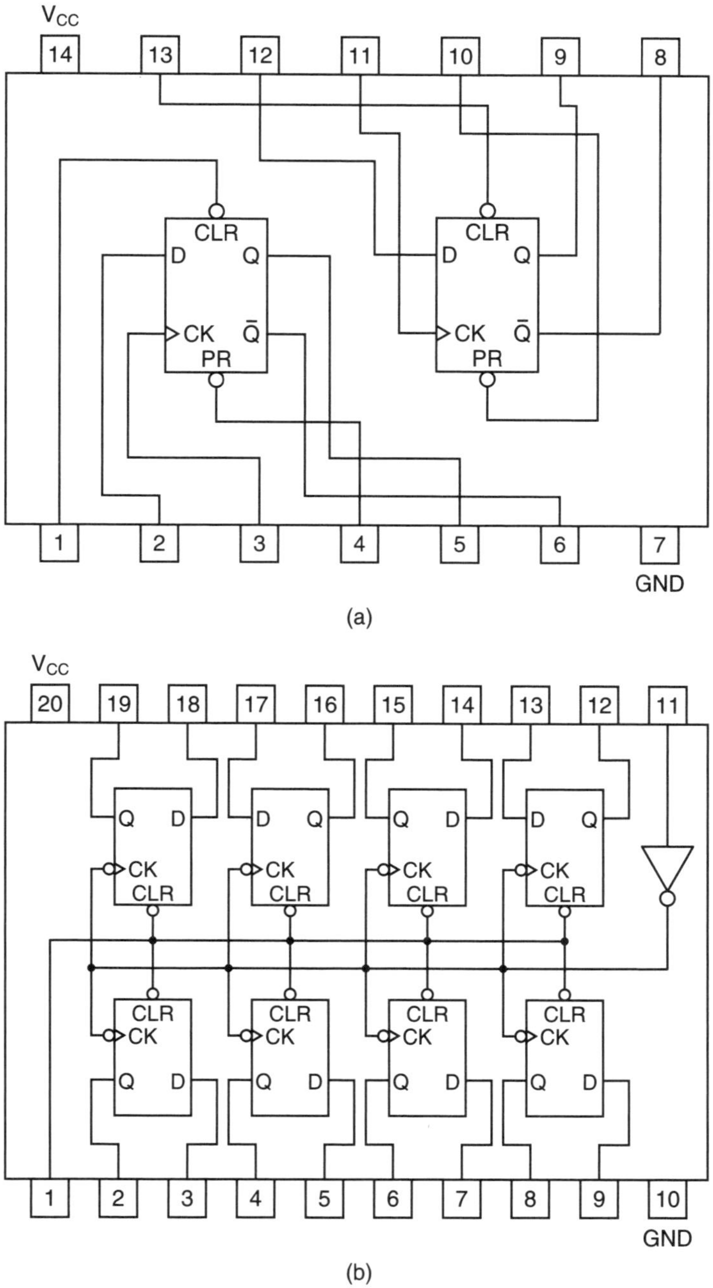

Abb. 3.28: (a) Duale D-Flip-Flop-Schaltung; (b) oktale Flip-Flop-Schaltung

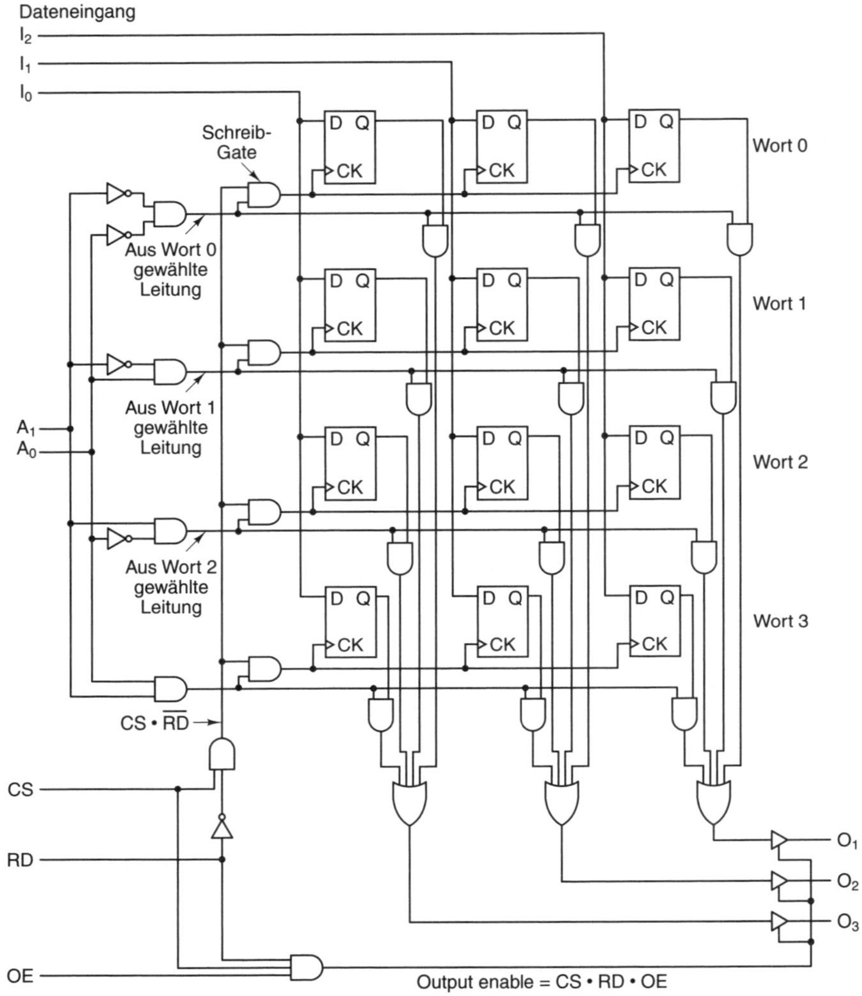

Abb. 3.29: Logikdiagramm für einen 4×3-Speicher. Jede Reihe ist eines der vier 3-Bit-Wörter. Eine Lese- oder Schreiboperation liest bzw. schreibt immer ein ganzes Wort.

Betrachten wir Abb. 3.29 näher, um die Funktionsweise zu sehen. Die vier wortgewählten AND-Gates links vom Speicher bilden einen Dekodierer. Die Eingangsinverter wurden so angeordnet, daß jedes Gate durch eine andere Adresse eingeschaltet wird (Ausgang liegt auf High). Jedes Gate steuert eine wortgewählte Leitung, und zwar von oben nach unten für die Wörter 0, 1, 2 und 3. Wird der Chip für eine Schreiboperation ausgewählt, geht die mit $CS \cdot \overline{RD}$ beschriftete vertikale Leitung auf High, wodurch eines der vier Schreib-Gates eingeschaltet wird, je nachdem, welche wortgewählte Leitung auf High ist. Die Ausgabe des Schreib-Gates steuert alle CK-Signale für das ausgewählte Wort, so daß die Eingangsdaten für das jeweilige Wort in die

Flip-Flop-Schaltungen geladen werden. Es erfolgt eine Schreiboperation nur in dem Fall, daß CS auf High und RD auf Low liegen, und auch dann wird nur das von A_0 und A_1 gewählte Wort geschrieben. Die übrigen Wörter werden nicht verändert.

Der Lesevorgang verläuft ähnlich wie der Schreibvorgang. Die Adresse wird genau so wie beim Schreiben dekodiert. Die Leitung $CS \cdot \overline{RD}$ liegt aber auf Low, so daß alle Schreib-Gates ausgeschaltet sind und keine der Flip-Flop-Schaltungen geändert wird. Statt dessen aktiviert die wortgewählte Leitung die AND-Gates, die mit den *Q*-Bits des gewählten Worts verknüpft sind. Somit gibt das gewählte Wort seine Daten auf die OR-Gates aus, die vier Eingänge haben und unten in der Abbildung erscheinen, während die anderen drei Wörter Nullen ausgeben. Folglich ist die Ausgabe der OR-Gates mit dem im gewählten Wort gespeicherten Wert identisch. Die drei nicht gewählten Wörter tragen nichts zur Ausgabe bei.

Wir hätten auch eine Schaltung auslegen können, bei der die drei OR-Gates lediglich in die drei Ausgabedatenleitungen gespeist werden. Dies führt manchmal aber zu Problemen. Wir haben gezeigt, daß die Dateneingangs- und die Datenausgangsleitungen unterschiedlich sind. In echten Speichern werden aber die gleichen Leitungen benutzt. Hätten wir die OR-Gates mit den Datenausgangsleitungen verknüpft, würde der Chip versuchen, Daten auszugeben. Er würde also jede Leitung in einen bestimmten Wert zwingen, und dies sogar bei Schreiboperationen, was mit den Eingabedaten kollidieren würde. Aus diesem Grund ist eine Möglichkeit wünschenswert, die OR-Gates mit den Datenausgangsleitungen bei Leseoperationen zu verbinden, sie bei Schreiboperationen aber völlig zu trennen. Wir benötigen einen elektronischen Schalter, der eine Verbindung in wenigen Nanosekunden aufbauen und trennen kann.

Zum Glück gibt es einen solchen Schalter. Abb. 3.30(a) zeigt das Symbol eines sogenannten **nicht invertierenden Puffers** (Noninverting Buffer). Er hat einen Dateneingang, einen Datenausgang und einen Steuereingang. Ist der Steuereingang auf High, agiert der Puffer wie ein Draht, was aus Abb. 3.30(b) ersichtlich wird. Liegt der Steuereingang auf Low, verhält sich der Puffer wie eine offene Schaltung, wie in Abb. 3.30(c). Dies hat den Effekt, als ob jemand den Datenausgang vom Rest der Schaltung mit einer Drahtschere abgeschnitten hätte. Im Gegensatz zum Gebrauch einer Drahtschere kann die Verbindung nachträglich aber in wenigen Nanosekunden wiederhergestellt werden, wenn man das Steuersignal wieder auf High setzt.

Abb. 3.30(d) zeigt einen **invertierenden Puffer** (Inverting Buffer), der sich wie ein normaler Inverter verhält, wenn die Steuerung auf High liegt, und den Ausgang von der Schaltung abtrennt, wenn die Steuerung auf Low ist. Beide Pufferarten sind **Tri-State-Geräte**, weil sie 0, 1 oder nichts (offene Schaltung) ausgeben können. Puffer verstärken außerdem Signale, so daß sie mehrere

Eingänge gleichzeitig steuern können. Sie werden manchmal aus diesem Grund in Schaltungen verwendet, obwohl ihre Schaltfähigkeiten nicht benötigt werden.

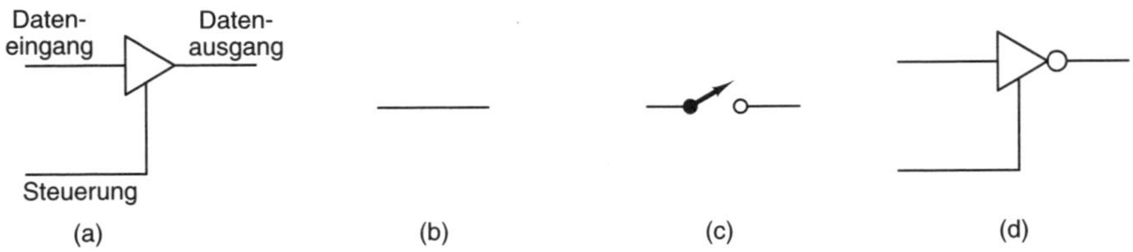

Abb. 3.30: (a) Nicht invertierender Puffer; (b) Wirkung von (a), wenn die Steuerung auf High liegt; (c) Wirkung von (a), wenn die Steuerung auf Low liegt; (d) invertierender Puffer

Wenden wir uns wieder der Speicherschaltung zu. Inzwischen dürfte klar sein, welchen Zweck die drei nicht invertierenden Puffer auf den Datenausgangsleitungen haben. Liegen CS, RD und OE auf High, ist auch das Ausgabeschaltsignal auf High, wodurch die Puffer eingeschaltet werden und ein Wort auf die Ausgangsleitungen gegeben wird. Liegt entweder CS oder RD oder OE auf Low, werden die Datenausgänge vom Rest der Schaltung getrennt.

3.3.5 Speicherchips

Angenehm an dem Speicher von Abb. 3.29 ist, daß er von seiner Größe her mühelos erweitert werden kann. Ursprünglich haben wir ihn mit 4 × 3, d.h. vier Wörtern von je 3 Bits, gezeichnet. Möchten wir ihn auf 4 × 8 erweitern, müssen wir lediglich fünf weitere Spalten von je vier Flip-Flop-Schaltungen, fünf weitere Eingangsleitungen und fünf Ausgangsleitungen hinzufügen. Rüsten wir von 4 × 3 auf 8 × 3 auf, müssen wir vier weitere Zeilen von je drei Flip-Flop-Schaltungen und eine Adreßzeile A_2 hinzufügen. Bei dieser Struktur sollte die Anzahl der Wörter im Speicher eine Potenz von 2 betragen, um maximale Effizienz bei beliebiger Bitanzahl im Wort zu erreichen.

Da sich die integrierte Schaltkreistechnik gut zur Herstellung von Chips eignet, deren interne Struktur ein wiederkehrendes, zweidimensionales Muster aufweist, sind Speicherchips der ideale Anwendungsbereich dafür. Im Zuge der Verbesserung dieser Technik steigt die Bitanzahl, die man auf einen Chip packen kann, ständig, etwa um einen Faktor von Zwei alle 18 Monate (Mooresches Gesetz). Durch größere Chips werden kleinere nicht immer veraltet, weil hinsichtlich Kapazität, Geschwindigkeit, Leistung, Preis und Schnittstellen viele Kompromisse gemacht werden müssen. In der Regel sind die derzeit erhältlichen größten Chips im Vergleich zu den älteren, kleineren pro Bit wesentlich teurer.

Der Chip kann für jede Speichergröße unterschiedlich organisiert werden. Abb. 3.31 zeigt zwei Aufbaumöglichkeiten eines 4-Mbit-Chips: 512K × 8 und

4096K × 1. (Speicherchipgrößen werden normalerweise in Bits, und nicht in Bytes angeboten. Deshalb halten wir uns ebenfalls an diese Konvention.) In Abb. 3.31(a) sind 19 Adreßleitungen erforderlich, um eines der 2^{19} Byte zu adressieren. Zum Laden oder Speichern des ausgewählten Bytes braucht man acht Datenleitungen.

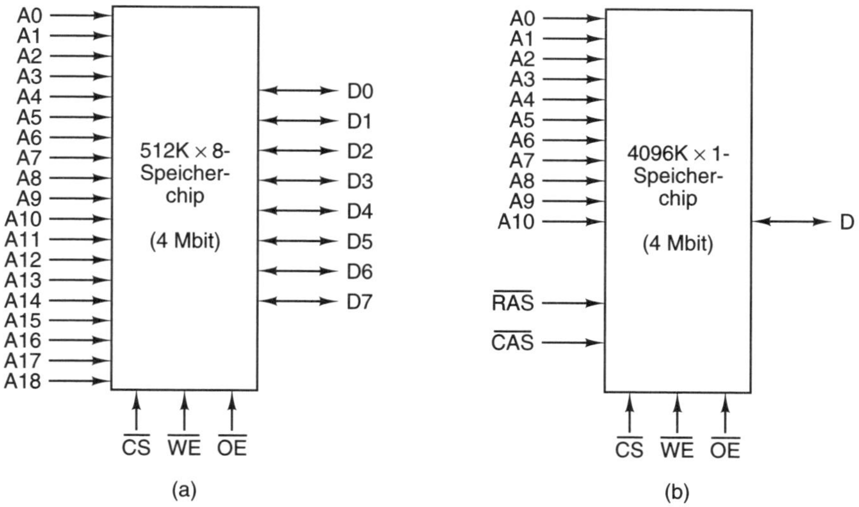

Abb. 3.31: Zwei Arten der Organisation eines 4-Mbit-Speicherchips

An dieser Stelle eine Anmerkung zur Terminologie: An einigen Pins erfolgt durch hohe Spannung eine Aktion. Bei anderen verursacht die niedrige Spannung eine Aktion. Um Verwechslungen zu vermeiden, sprechen wir im weiteren Verlauf davon, daß ein Signal **asseriert** (statt »auf High oder Low gesetzt wird«), um anzudeuten, daß es für das Bewirken einer Aktion gesetzt wird. Bei einigen Pins bedeutet Asserieren, daß sie auf High gelegt werden. Bei anderen bedeutet es, daß der Pin auf Low gesetzt wird. Bei Pins, die auf Low liegen, werden die Signalbezeichnungen mit einem Überstrich angegeben. Ein Signal namens CS wird also auf High und eines mit der Bezeichnung $\overline{CS}$ auf Low gelegt. Das Gegenteil von Asserieren ist **Negieren**. Wenn nichts Besonderes passiert, werden Pins negiert.

Zurück zu unserem Speicherchip. Da ein Computer normalerweise viele Speicherchips hat, ist ein Signal erforderlich, um den aktuell benötigten Chip zu wählen, damit er und kein anderer reagiert. Das Signal $\overline{CS}$ (Chip Select) erfüllt diesen Zweck. Es wird zur Chipaktivierung asseriert. Außerdem muß man zwischen Lese- und Schreiboperationen unterscheiden können. Das Signal $\overline{WE}$ (Write Enable) wird benutzt, um zu bezeichnen, daß Daten geschrieben, und nicht gelesen werden. Schließlich wird das Signal $\overline{OE}$ (Output Enable) zur Steuerung der Ausgangssignale asseriert. Bei Nichtasserierung wird der Chipausgang von der Schaltung getrennt.

In Abb. 3.31(b) wird ein anderes Adressierschema benutzt. Intern ist dieser Chip als Matrix von 2048 × 2048 1-Bit-Zellen organisiert, die 4 Mbit ergeben. Zur Chipadressierung wird zuerst eine Zeile ausgewählt, indem man ihre 11-Bit-Zahl auf die Adreßpins legt. Dann wird $\overline{RAS}$ (Row Address Strobe) asseriert. Anschließend wird eine Spaltennummer auf die Adreßpins gelegt und $\overline{CAS}$ (Column Address Strobe) asseriert. Der Chip reagiert durch Annahme oder Ausgabe eines Datenbits.

Große Speicherchips werden oft als $n \times n$-Matrizen ausgelegt, die durch Zeile und Spalte adressiert werden. Dieser Aufbau reduziert die benötigte Pinanzahl, verlangsamt aber auch die Adressierung des Chips, da zwei Adressierzyklen erforderlich sind – einer je Zeile und Spalte. Um einen Teil der Geschwindigkeit zurückzugewinnen, können Speicherchips mit einer Zeilenadresse, gefolgt von mehreren Spaltenadressen, eingerichtet werden, so daß aufeinanderfolgende Bits in einer Reihe adressiert werden können.

Vor Jahren wurden die größten Speicherchips allgemein wie in Abb. 3.31(b) ausgelegt. Im Zuge der Vergrößerung von Speicherwörtern von 8 auf 32 Bits und mehr wurden 1 Bit große Chips unpraktisch. Um einen Speicher mit einem 32-Bit-Wort aus 4096K × 1 großen Chips zu entwickeln, werden 32 parallele Chips benötigt. Diese 32 Chips haben eine Gesamtkapazität von mindestens 16 Mbyte, während bei Verwendung von 512K × 8-Chips nur vier parallele Chips nötig und kleine Speicher, etwa 2 Mbyte, möglich sind. Um die Verwendung von 32 Chips für einen Speicher zu vermeiden, haben die meisten Chiphersteller heute Chipfamilien mit Breiten von 1, 4, 8 und 16 Bits.

3.3.6 RAM und ROM

Alle Speicher, die wir bisher untersucht haben, können lesen und schreiben. Solche Speicher nennt man **RAMs** (Random Access Memories) – eine falsche Bezeichnung, weil alle Speicherchips zufallsgesteuerten Zugriff haben. RAMs gibt es in zwei Varianten: statisch und dynamisch. **Statische RAMs (SRAMs)** werden intern mit Schaltungen realisiert, die unserer grundlegenden D-Flip-Flop-Schaltung ähneln. Diese Speicher haben die Fähigkeit, ihre Inhalte zu behalten, solange der Strom fließt: Sekunden, Minuten, Stunden oder gar Tage. Statische RAMs sind sehr schnell. Die typischen Zugriffszeiten betragen nur wenige Nanosekunden. Aus diesem Grund sind RAMs als Cache-Speicher der Ebene 2 (Cache Level-2) sehr beliebt.

Demgegenüber werden in **dynamischen RAMs (DRAMs)** keine Flip-Flop-Schaltungen benutzt. Ein dynamischer RAM besteht aus einer Reihe von Zellen, wobei jede Zelle einen Transistor und einen winzigen Kondensator enthält. Kondensatoren können ge- und entladen werden, so daß sich Nullen und Einsen speichern lassen. Da elektrische Ladung zu Kriechverlusten neigt, muß jedes Bit in einem dynamischen RAM zur Vermeidung von Datenverlust alle paar Millisekunden **aufgefrischt** (nachgeladen) werden. Weil sich externe

Logik um die Auffrischung kümmern muß, erfordern dynamische RAMs komplexere Schnittstellen als statische. Dieser Nachteil gleicht sich in vielen Anwendungen aber durch ihre größeren Kapazitäten aus.

Dynamische RAMs benötigen nur einen Transistor und einen Kondensator pro Bit (gegenüber sechs Transistoren pro Bit beim besten statischen RAM). Deshalb haben dynamische RAMs eine sehr hohe Dichte (viele Bits pro Chip). Aus diesem Grund werden Hauptspeicher fast immer mit dynamischem RAM realisiert. Diese große Kapazität hat aber ihren Preis: Dynamische RAMs sind langsam (zig Nanosekunden). Durch eine Kombination aus statischem RAM-Cache und dynamischem RAM-Hauptspeicher wird versucht, die guten Eigenschaften von beiden zu nutzen.

Dynamische RAM-Chips sind in verschiedenen Typen erhältlich. Der älteste Typ ist der **FPM-DRAM** (FPM = Fast Page Mode); er ist immer noch in Gebrauch. Intern ist dieser DRAM als Bitmatrix organisiert. Er funktioniert mittels Präsentation einer Leitungsadresse durch die Hardware. Dann werden die Spaltenadressen durchlaufen, wie in Zusammenhang mit $\overline{RAS}$ und $\overline{CAS}$ von Abb. 3.31(b) beschrieben wurde.

FPM-DRAMs werden nach und nach durch den **EDO-DRAM** (Extended Data Output) abgelöst. Beim EDO-DRAM kann eine zweite Speicherreferenz vor Beendigung der ersten beginnen. Dieses einfache Pipelining beschleunigt eine einzelne Speicherreferenz nicht, verbessert aber die Speicherbandbreite, d.h., ein Durchschleusen von mehr Wörtern pro Sekunde ist möglich.

FPM- und EDO-Chips sind asynchron, was bedeutet, daß die Adreß- und Datenleitungen nicht durch einen einzigen Taktgeber gesteuert werden. Demgegenüber ist der **SDRAM** (Synchronous DRAM) eine Mischung aus statischem und dynamischem RAM; er wird durch einen einzelnen, synchronen Taktgeber gesteuert. SDRAMs werden häufig in großen Cache-Speichern benutzt und gelten als die bevorzugte Technologie für Hauptspeicher der Zukunft.

RAMs sind nicht die einzige Art von Speicherchips. In vielen Anwendungen, z.B. Spielzeugen, Elektrogeräten und Autos, müssen das Programm und ein Teil der Daten auch bei ausgeschaltetem Strom gespeichert bleiben. Außerdem werden weder das Programm noch die Daten nach der Installation jemals geändert. Diese Anforderungen haben zur Entwicklung von **ROMs** (Read-Only Memories) geführt, die weder absichtlich noch anderweitig geändert oder gelöscht werden können. Beim ROM werden die Daten bei der Herstellung des ROMs auf der Oberfläche eingebrannt. Will man das in einem ROM gespeicherte Programm ändern, muß man den gesamten Chip ersetzen. Es gibt keine andere Änderungsmöglichkeit.

ROMs sind viel billiger als RAMs, wenn man sie in großen Mengen bestellt, weil sich durch die Menge die Kosten für die Herstellung der Maske amortisieren. Sie sind aber unflexibel, weil man sie nach der Herstellung nicht ändern kann. Außerdem können zwischen der Bestellung und der Auslieferung viele Wochen vergehen. Um es Unternehmen zu vereinfachen, neue ROM-basierte Produkte zu entwickeln, wurde der **PROM** (Programmable ROM) erfunden. Dieser Chip arbeitet wie ein ROM, ausgenommen, daß man ihn (einmal) im Feld programmieren kann, wodurch sich die Vorlaufzeit erheblich verkürzt. Viele PROMs enthalten eine Reihe winziger Sicherungen. Diese Sicherungen können selektiv durchgebrannt werden, wenn man eine Zeile und Spalte wählt und dann auf einen der Pins Hochspannung zur Zerstörung einer bestimmten Sicherung aufbringt.

Die nächste Entwicklung dieser Linie war der **EPROM** (Erasable PROM), den man im Feld nicht nur programmieren sondern auch löschen kann. Wird das Quarzfenster in einem EPROM 15 Minuten lang einem starken ultravioletten Licht ausgesetzt, werden alle Bits auf 1 gesetzt. Gibt es im Verlauf des Designzyklus viele Änderungen, sind EPROMs weitaus wirtschaftlicher als PROMs, weil man sie wiederverwenden kann. EPROMs sind normalerweise als statische RAMs organisiert. Der 4-Mbit-EPROM 27C040 basiert beispielsweise auf einer Struktur wie in Abb. 3.31(a), die für einen statischen RAM typisch ist.

Noch besser als der EPROM ist der **EEPROM**, der gelöscht werden kann, wenn man ihn Impulsen statt in einer speziellen Kammer ultraviolettem Licht aussetzt. Außerdem kann der EEPROM vor Ort neu programmiert werden, während ein EPROM zu diesem Zweck in ein spezielles EPROM-Programmiergerät eingelegt werden muß. Als Nachteil wäre festzustellen, daß die größten EEPROMs normalerweise nur 1/64 so groß und halb so schnell sind wie übliche EPROMs. EEPROMs können nicht mit DRAMs oder SRAMs konkurrieren, weil sie zehnmal langsamer, 100 Mal kleiner und viel teurer sind. Sie werden nur in Fällen benutzt, in denen ihre Nichtflüchtigkeit entscheidend ist.

Eine neuere Art von EEPROM ist der **Flash-Speicher** (Flash Memory). Im Gegensatz zum EPROM, der durch ultraviolettes Licht gelöscht wird, und zum EEPROM, der byteweise löschbar ist, kann der Flash-Speicher blockweise gelöscht und wiederbeschrieben werden. Wie der EEPROM kann der Flash-Speicher gelöscht werden, ohne daß man ihn aus der Schaltung herausnimmt. Verschiedene Hersteller produzieren kleine gedruckte Schaltkarten, die mit etlichen Mbyte an Flash-Speicher bestückt sind und als eine Art »Film« zum Speichern von Bildern in digitalen Kameras und ähnlichen Anwendungen benutzt werden. Eines Tages lösen Flash-Speicher möglicherweise Platten ab. Das wäre angesichts ihrer Zugriffszeiten von 100 ns eine enorme Verbesserung. Das größte Konstruktionsproblem ist derzeit, daß sie verschleißen und nach etwa 10000 Löschungen unbrauchbar sind, während Platten Jahre überdauern, ganz egal, wie oft man sie löscht und neu beschreibt. Abb. 3.32 zeigt eine Übersicht der verschiedenen Speicherarten.

Typ	Kategorie	Löschung	Byte änderbar	Flüchtig	Übliche Verwendung
SRAM	Lesen/Schreiben	Elektrisch	Ja	Ja	Level-2-Cache
DRAM	Lesen/Schreiben	Elektrisch	Ja	Ja	Hauptspeicher
ROM	Nur Lesen	Nicht möglich	Nein	Nein	Großvolumige Geräte
PROM	Nur Lesen	Nicht möglich	Nein	Nein	Kleinvolumige Geräte
EPROM	Vorwiegend Lesen	UV-Licht	Nein	Nein	Herstellung von Geräteprototypen
EEPROM	Vorwiegend Lesen	Elektrisch	Ja	Nein	Herstellung von Geräteprototypen
Flash-Speicher	Lesen/Schreiben	Elektrisch	Nein	Nein	Film für digitale Kamera

Abb. 3.32: Gegenüberstellung verschiedener Speicherarten

3.4 CPU-Chips und Busse

Mit Informationen über SSI-Chips, MSI-Chips und Speicher-Chips ausgestattet, können wir nun beginnen, alle Teile zusammenzusetzen, um Komplettsysteme zu betrachten. In diesem Abschnitt werden zuerst einige allgemeine Aspekte von CPUs aus Sicht der digitalen logischen Ebene untersucht, darunter **Pinout** (die Bedeutung der Signale auf den verschiedenen Pins). Da CPUs so eng mit dem Design der von ihnen benutzten Busse verflochten sind, werden in diesem Abschnitt auch Busse vorgestellt. In späteren Abschnitten werden ausführliche Beispiele von CPUs mit den jeweiligen Bussen beschrieben.

3.4.1 CPU-Chips

Fast alle modernen CPUs befinden sich auf einem einzigen Chip. Dadurch ist ihre Interaktion mit dem restlichen System gut definiert. Jeder CPU-Chip hat eine Reihe von Pins, durch die seine gesamte Kommunikation mit der Außenwelt fließen muß. Einige Pins geben Signale von der CPU aus, andere nehmen Signale von der Außenwelt entgegen, und wieder andere können beides. Kennt man die Funktion der Pins, wird verständlich, wie die CPU mit dem Speicher und den E/A-Geräten auf der digitalen logischen Ebene interagiert.

Die Pins auf einem CPU-Chip sind drei verschiedenen Zielrichtungen zugeordnet: Adresse, Daten und Steuerung. Diese Pins sind mit ähnlichen Pins auf den Speicher- und E/A-Chips über eine Sammlung von parallelen Drähten, die man »Bus« nennt, verbunden. Um eine Instruktion zu lesen, setzt die CPU zuerst die Speicheradresse dieser Instruktion auf ihre Adreßpins. Dann asseriert sie eine oder mehrere Steuerleitungen, um den Speicher darüber zu informieren, daß ein Wort gelesen werden soll. Der Speicher reagiert, indem er das angeforderte Wort auf die Datenpins der CPU legt und ein Signal asseriert, daß die Anforderung erfüllt wurde. Sieht die CPU dieses Signal, nimmt sie das Wort an und führt die Instruktion aus.

Die Instruktion kann das Lesen oder Schreiben von Datenwörtern erfordern. In diesem Fall wird der gesamte Prozeß für jedes weitere Wort wiederholt. Die Funktionsweise von Lesen und Schreiben wird später behandelt. Vorläufig interessiert uns nur, wie die CPU mit Speicher und E/A-Geräten kommuniziert: Sie legt Signale auf ihre Pins und nimmt Signale von Pins entgegen. Eine andere Kommunikation ist nicht möglich.

Zwei der wichtigsten Parameter, mit denen die Leistung einer CPU ermittelt werden kann, sind die Anzahl von Adreß- und Datenpins. Ein Chip mit m Adreßpins kann bis zu 2^m Speicherstellen adressieren. Übliche Werte von m sind 16, 20, 32 und 64. Ein Chip mit n Datenpins kann ein n-Bit-Wort in einer Operation lesen oder schreiben. Übliche Werte von n sind 8, 16, 32 und 64. Eine CPU mit 8 Datenpins benötigt vier Operationen, um ein 32-Bit-Wort zu lesen, während eine mit 32 Datenpins die gleiche Arbeit in einer Operation erledigt. Der Chip mit 32 Datenpins ist also viel schneller, aber auch erheblich teurer.

Zusätzlich zu Adreß- und Datenpins hat jede CPU einige Steuerpins. Diese Pins steuern den Fluß und den Takt von Daten von und zur CPU; sie dienen verschiedenen Zwecken. Alle CPUs haben Pins für Strom (normalerweise +3,3 oder +5 Volt), Masse und ein Taktsignal (eine Quadratwelle). Die übrigen Pins weichen von einem Chip zum anderen aber erheblich ab. Dennoch kann man die Steuerpins grob in folgende Kategorien gruppieren:

1. Bussteuerung
2. Interrupts
3. Bus-Arbitration (Konkurrenzbereinigung bei gleichzeitigem Zugriff auf den Bus)
4. Coprozessor-Signalisierung
5. Status
6. Verschiedenes

Diese Kategorien werden weiter unten allgemein beschrieben. Betrachten wir in späteren Kapiteln Pentium II, UltraSPARC II und picoJava II-Chips, werden weitere Einzelheiten erläutert. Ein allgemeiner CPU-Chip mit diesen Signalgruppen wird in Abb. 3.33 gezeigt.

Die Bussteuerpins sind vorwiegend Ausgänge von der CPU zum Bus (und damit Eingänge in den Speicher und die E/A-Chips). Sie zeigen an, ob die CPU in den Speicher schreiben, von dort lesen oder etwas anderes machen möchte.

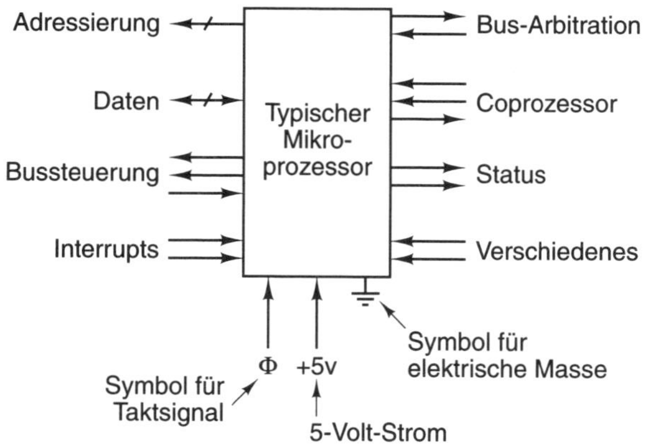

Abb. 3.33: Logisches Pinout einer typischen (hypothetischen) CPU. Die Pfeile bedeuten Ein- und Ausgangssignale. Die kurzen diagonalen Linien zeigen die Benutzung mehrerer Pins an. Für eine spezifische CPU wird die genaue Zahl angegeben.

Die Interrupt-Pins sind Eingänge von E/A-Geräten zur CPU. Bei den meisten Systemen kann die CPU ein E/A-Gerät anweisen, eine Operation zu starten, und dann etwas Nützliches tun, während das langsame E/A-Gerät seine Arbeit verrichtet. Ist der E/A-Vorgang beendet, asseriert der E/A-Controller-Chip ein Signal auf eines dieser Pins, um die CPU zu unterbrechen, damit sie sich um das E/A-Gerät kümmert, z.B. um zu prüfen, ob ein E/A-Fehler aufgetreten ist. Einige CPUs haben einen Ausgangspin zur Bestätigung von Interrupt-Signalen.

Die Bus-Arbitration-Pins werden benötigt, um den Verkehr auf dem Bus zu regeln, damit zwei Geräte an dessen gleichzeitiger Benutzung gehindert werden. In dieser Hinsicht zählt die CPU selbst als Gerät.

Einige CPU-Chips sind so ausgelegt, daß sie mit Coprozessoren, z.B. Gleitkommachips oder Grafikchips, arbeiten. Um die Kommunikation zwischen der CPU und einem Coprozessor zu vereinfachen, gibt es spezielle Pins, die verschiedene Anfragen stellen und erfüllen.

Zusätzlich zu diesen Signalen kann eine CPU verschiedene Pins haben. Einige davon dienen der Bereitstellung oder Annahme von Statusinformationen, andere setzen den Computer zurück, und wieder andere gewährleisten Kompatibilität mit älteren E/A-Chips.

3.4.2 Computer-Busse

Ein **Bus** ist ein gemeinsamer, elektrischer Weg zwischen mehreren Geräten. Busse werden nach ihrer Funktion kategorisiert. Man kann sie intern in der CPU benutzen, um Daten von und zur ALU zu befördern, oder extern, um die CPU mit einem Speicher oder E/A-Geräten zu verbinden. Jede Busart hat ihre eigenen Anforderungen und Merkmale. In diesem und in den nächsten Abschnitten konzentrieren wir uns auf Busse, die eine CPU mit dem Speicher und E/A-Geräten verbinden. Im nächsten Kapitel werden CPU-interne Busse beschrieben.

Die ersten Personalcomputer hatten einen einzigen externen Bus, den **Systembus**. Er bestand aus 50 bis 100 parallelen Kupferdrähten, die auf das Motherboard gelötet waren. In regelmäßigen Abständen befanden sich Stecker, um Speicher und E/A-Karten einzubauen. Moderne Personalcomputer haben im allgemeinen einen spezialisierten Bus zwischen der CPU und dem Speicher und (mindestens) einen weiteren für die E/A-Geräte. Abb. 3.34 zeigt ein kleines System mit einem Speicherbus und einem E/A-Bus.

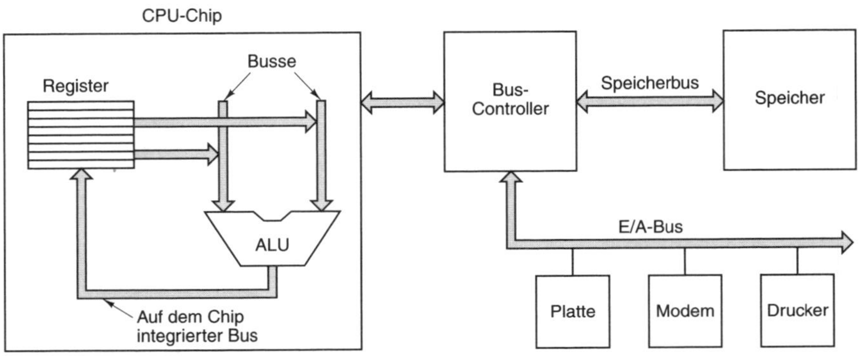

Abb. 3.34: Ein Computersystem mit mehreren Bussen

In der Literatur werden Busse zuweilen als »fette« Pfeile gezeichnet, wie in Abb. 3.34. Der Unterschied zwischen einem fetten Pfeil und einer einfachen Linie, die mit einer diagonalen Linie durchzogen und mit einer Bitzahl beschriftet ist, ist sehr gering, aber gleichwohl genau zu beachten. Sind alle Bits vom gleichen Typ, etwa alle Adreß- oder alle Datenbits, wird die kurze diagonale Linie als Symbol benutzt. Liegen Adreß-, Daten- und Steuerleitungen vor, ist ein fetter Pfeil üblich.

CPU-Entwickler können einen Chip im Grunde genommen mit jedem beliebigen Bus ausstatten. Sollen aber Platinen unterschiedlicher Hersteller an den Systembus angeschlossen werden, müssen gut definierte Regeln bezüglich der Funktionsweise des Busses beachtet werden. Diese Regeln müssen von allen anzuschließenden Geräten befolgt werden. Insgesamt nennt man das Regelwerk **Busprotokoll**. Darüber hinaus muß eine mechanische und elektrische Spezifikation vorliegen, damit Platinen verschiedener Hersteller in den Kartenrahmen passen und mit Steckern ausgestattet sind, die in die Buchsen des Motherboards passen, sowohl physisch als auch bezüglich Spannung.

In der Computer-Welt sind viele Busse verbreitet. Um einige der bekanntesten – moderne und historische – zu nennen: Omnibus (PDP-8), Unibus (PDP-11), Multibus (8086), IBM-PC-Bus (PC/XT), ISA-Bus (PC/AT), EISA-Bus (80386), Microchannel (PS/2), PCI-Bus (viele PCs), SCSI-Bus (viele PCs und Workstations), Nubus (Macintosh), Universal Serial Bus (moderne PCs), FireWire

(Verbrauchselektronik), VME-Bus (Physiklaboranlagen) und Camac-Bus (Physik). Die Welt wäre wahrscheinlich ein angenehmerer Platz, wenn alle Busse außer einem plötzlich von der Erdoberfläche verschwinden würden (na ja, wie wäre es mit allen außer zweien). Leider scheint eine Standardisierung in diesem Bereich sehr unwahrscheinlich, weil bereits zuviel in diese verschiedenen, untereinander nicht kompatiblen Systeme investiert wurde.

Wie funktionieren Busse? Einige Geräte, die man an einen Bus anschließt, sind aktiv und können Bustransfers einleiten, während andere passiv sind und auf Anfragen warten. Die aktiven nennt man **Master**, die passiven **Slaves**. Fordert die CPU einen Platten-Controller auf, einen Block zu lesen oder zu schreiben, tritt die CPU als Master und der Platten-Controller als Slave auf. Im weiteren Verlauf werden wir noch sehen, daß der Platten-Controller auch als Master auftreten kann, wenn er dem Speicher befiehlt, die von ihm vom Plattenlaufwerk gelesenen Wörter zu akzeptieren. Abb. 3.35 zeigt mehrere übliche Master/Slave-Kombinationen. Unter keinen Umständen kann ein Speicher jemals ein Master sein.

Master	**Slave**	**Beispiel**
CPU	Speicher	Instruktionen und Daten einlesen
CPU	E/A-Gerät	Datentransfer einleiten
CPU	Coprozessor	CPU übergibt dem Coprozessor Instruktionen
E/A	Speicher	DMA (Direct Memory Access)
Coprozessor	CPU	Coprozessor holt Operanden von der CPU

Abb. 3.35: Beispiele von Bus-Mastern und –Slaves

Die binären Signale, die Computer-Geräte ausgeben, sind häufig nicht stark genug, um einen Bus zu betreiben, insbesondere, wenn der Bus relativ lang ist oder viele Geräte an ihn angeschlossen sind. Aus diesem Grund werden die meisten Bus-Master mit Hilfe eines Chips an den Bus angeschlossen, den man **Bustreiber** (Bus Driver) nennt. Dabei handelt es sich im wesentlichen um einen digitalen Verstärker. Die meisten Slaves werden über einen **Busempfänger** (Bus Receiver) an den Bus angeschlossen. Für Geräte, die sowohl als Master als auch als Slave auftreten können, wird ein Kombichip namens **Bus-Transceiver** benutzt. Diese Busschnittstellen-Chips sind meist Tri-State-Geräte, damit sie gleiten (sich abtrennen) können, wenn man sie nicht braucht. Eine Alternative ist der **Open-Collector**, mit dem man die gleiche Wirkung erzielt. Asserieren zwei oder mehr Geräte an einer Open-Collector-Leitung die Leitung gleichzeitig, ist das Ergebnis das boolesche OR aller Signale. Diese Anordnung nennt man auch **Wired-OR**. Bei den meisten Bussen kommen teilweise Tri-State- und Open-Collector-Leitungen zum Einsatz, wenn die Wired-OR-Eigenschaft benötigt wird.

Wie eine CPU hat auch ein Bus Adreß-, Daten- und Steuerleitungen. Es besteht aber nicht notwendigerweise eine Eins-zu-Eins-Abbildung zwischen der

CPU und den Bussignalen. Beispielsweise haben einige CPUs drei Pins zum Kodieren der verschiedenen Operationen. Ein typischer Bus hat je eine Leitung zum Lesen des Speichers, zum Schreiben des Speichers, zum Lesen von E/A-Geräten, zum Schreiben auf E/A-Geräte usw. Zwischen der CPU und einem solchen Bus ist ein Dekodiererchip erforderlich, um das 3-Bit-kodierte Signal in getrennte Signale zu konvertieren, mit denen die Busleitungen betrieben werden können.

Design und Betrieb von Bussen sind recht komplexe Themen, denen dicke Bücher gewidmet wurden (Shanley und Anderson, 1995b; Solari, 1993; Solari und Willse, 1998). Die prinzipiellen Kriterien beim Busdesign sind Busbreite, Bustaktung, Bus-Arbitration und Busoperationen. Diese Kriterien haben großen Einfluß auf Geschwindigkeit und Bandbreite des Busses. Sie werden in den nächsten vier Abschnitten behandelt.

3.4.3 Busbreite

Die Busbreite ist der offensichtlichste Design-Parameter. Je mehr Adreßleitungen ein Bus hat, um so mehr Speicher kann die CPU direkt adressieren. Hat ein Bus n Adreßleitungen, kann eine CPU über diesen Bus 2^n verschiedene Speicherstellen adressieren. Um größere Speicher zu ermöglichen, brauchen Busse viele Adreßleitungen. Das hört sich einfacher an, als es ist.

Breite Busse erfordern mehr Kupferdrähte als schmalere. Sie beanspruchen auch mehr Platz (auf dem Motherboard) und größere Connectors. Durch diese Faktoren wird der Bus teurer. Folglich muß zwischen der maximalen Speichergröße und den Systemkosten ein Kompromiß gefunden werden. Ein System mit 64-Leitungen-Adreßbus und 2^{32} Bytes an Speicher kostet mehr als eines mit 32 Adreßleitungen und dem gleichen Speicher. Eine spätere Erweiterung ist ebenfalls nicht kostenlos.

Aus diesem Grund neigen viele Systemdesigner zu Kurzsichtigkeit, und dies mit bedauerlichen Folgen. Der ursprüngliche IBM-PC enthielt eine 8088-CPU und einen 20-Bit-Adreßbus (siehe Abb. 3.36(a)). Damit hatte der PC 20 Bits zur Adressierung eines Speichers von einem Mbyte.

Als der nächste CPU-Chip (80286) herauskam, entschloß sich Intel, den Adreßraum auf 16 Mbyte zu vergrößern, so daß vier weitere Busleitungen hinzugefügt werden mußten (ohne die ursprünglichen 20 aus Gründen der Abwärtskompatibilität zu stören); wir sehen dies in Abb. 3.36(b). Leider mußten weitere Steuerleitungen zur Unterstützung der neuen Adreßleitungen hinzugefügt werden. Als der 80386 herauskam, gab es weitere acht Adreßleitungen und noch mehr Steuerleitungen, wie wir in Abb. 3.36(c) sehen. Das daraus resultierende Design (der EISA-Bus) wäre nicht so schlampig geworden, wenn man den Bus von Anfang an mit 32 Leitungen ausgestattet hätte.

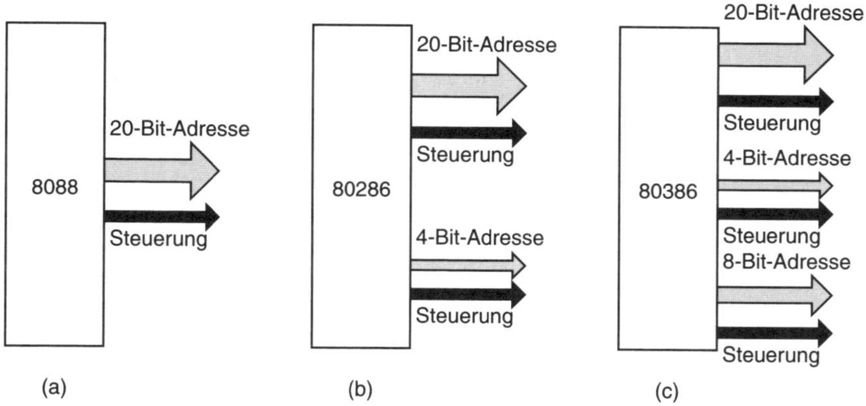

Abb. 3.36: Wachstum eines Adreßbusses im Lauf der Zeit

Nicht nur die Anzahl der Adreßleitungen neigt dazu, im Lauf der Zeit zuzunehmen, sondern auch die der Datenleitungen, allerdings aus einem anderen Grund. Es gibt zwei Möglichkeiten, die Datenbandbreite eines Busses zu erhöhen: Verringerung der Buszykluszeit (mehr Transfers/Sekunde) oder Erhöhung der Datenbusbreite (mehr Bit/Transfer). Auch eine Beschleunigung des Busses ist möglich, aber schwierig, weil die Signale in den verschiedenen Leitungen in unterschiedlichen Geschwindigkeiten fließen, was als **Bus-Skew** (Bus-Schräglauf) bezeichnet wird. Je schneller der Bus, um so höher dieser Faktor.

Ein weiteres Problem bei der Beschleunigung des Busses ist der Verlust der Abwärtskompatibilität. Ältere Platinen, die für den langsameren Bus ausgelegt wurden, funktionieren nicht am neuen Bus. Die Beseitigung der älteren Platinen bereitet Besitzern und Herstellern Kopfschmerzen. Deshalb wird die Leistung normalerweise dadurch verbessert, daß man mehr Datenleitungen hinzufügt, wie aus Abb. 3.36 ersichtlich wird. Selbstverständlich führt dieser Ansatz nicht zu einem sauberen Design. Der IBM-PC und seine Nachfolger veränderten sich beispielsweise von 8 Datenleitungen auf 16 und dann 32 am gleichen Bus.

Zur Vermeidung sehr breiter Busse entscheiden sich Designer manchmal für einen **gemultiplexten Bus**. Bei diesem Design liegen die Adreß- und Datenleitungen nicht separat, sondern z.B. 32 Leitungen für Adressen und Daten zusammen. Zu Beginn einer Busoperation werden die Leitungen für die Adresse benutzt. Später werden sie für die Daten gebraucht. Das heißt z.B. bei einem Schreibvorgang auf den Speicher, daß die Adreßleitungen zum Speicher eingerichtet werden müssen, bevor man Daten auf den Bus schicken kann. Durch Multiplexen der Leitungen reduziert sich die Bandbreite (und der Preis); es führt aber auch zu einer Verlangsamung des Systems. Busdesigner müssen diese Möglichkeiten sorgfältig abwägen.

3.4.4 Bustaktung

Busse lassen sich je nach ihrer Taktung in zwei Kategorien unterteilen. Ein **synchroner Bus** hat eine Leitung, die von einem Kristalloszillator gesteuert wird. Das Signal auf dieser Leitung besteht aus einer Quadratwelle mit einer Frequenz von 5 MHz bis 100 MHz. Alle Busaktivitäten nehmen eine Ganzzahl dieser Zyklen, die sogenannten **Buszyklen**. Die zweite Variante ist der **asynchrone Bus** ohne Mastertakt. Die Buszyklen können die benötigte Länge haben und müssen nicht unbedingt zwischen allen Gerätepaaren gleich sein. Die beiden Bustypen werden im folgenden beschrieben.

Synchrone Busse

Betrachten wir die Taktkonfiguration in Abb. 3.37(a) als Beispiel der Funktionsweise eines synchronen Busses. Bei diesem Beispiel verwenden wir einen Takt von 40 MHz, was einen Buszyklus von 25 ns ergibt. Dies mag im Vergleich zu CPU-Geschwindigkeiten von 500 MHz und mehr langsam erscheinen; es gibt aber kaum schnellere PC-Busse. Der in allen Intel-PCs vorhandene ISA-Bus läuft beispielsweise mit 8,33 MHz und auch der beliebte PCI-Bus höchstens mit 33 oder 66 MHz. Die Gründe für die Langsamkeit der heutigen Busse wurden bereits erwähnt: technische Designprobleme wie Bus-Skew und Abwärtskompatibilität.

Wir gehen in unserem Beispiel davon aus, daß das Lesen vom Speicher ab dem Zeitpunkt, an dem die Adresse stabil ist, 40 ns dauert. Wir werden gleich sehen, daß es mit diesen Parametern drei Buszyklen zum Lesen eines Worts dauert. Der erste Zyklus beginnt an der steigenden Flanke von T_1, und der dritte endet an der steigenden Flanke von T_4. Keine der steigenden oder fallenden Flanken wurde vertikal gezeichnet, weil kein elektrisches Signal seinen Wert in Nullzeit ändern kann. Bei diesem Beispiel nehmen wir an, daß die Änderung eines Signals 1 ns dauert. Alle Leitungen (Takt, Adresse, Daten, $\overline{MREQ}$, $\overline{RD}$ und $\overline{WAIT}$) werden auf der gleichen Zeitskala dargestellt.

Der Beginn von T_1 wird durch die steigende Flanke des Taktgebers bestimmt. Irgendwo auf dem Weg durch T_1 legt die CPU die Adresse des gewünschten Worts auf die Adreßleitungen. Da die Adresse im Gegensatz zum Takt kein Einzelwert ist, können wir sie in der Abbildung nicht als einzelne Leitung darstellen. Sie erscheint vielmehr in zwei Linien mit einem Kreuzpunkt an der Zeit, an der sich die Adresse ändert. Außerdem bedeutet die Schattierung vor dem Kreuzpunkt, daß der schattierte Wert nicht von Belang ist. Mit Hilfe der gleichen Schattierung kann gezeigt werden, daß der Inhalt der Datenleitungen bis weit in T_3 hinein bedeutungslos ist.

Nachdem sich die Adreßleitungen auf die neuen Werte eingependelt haben, werden $\overline{MREQ}$ und $\overline{RD}$ asseriert. Ersteres bedeutet, daß auf einen Speicher (und nicht auf ein E/A-Gerät) zugegriffen wird, während zweiteres zum Lesen und Negieren von Schreiboperationen erforderlich ist. Da der Speicher nach der Stabilisierung der Adresse (teilweise im ersten Taktzyklus) 40 ns braucht, kann er die angeforderten Daten nicht innerhalb von T_2 liefern. Damit die CPU die Daten nicht zu früh erwartet, asseriert der Speicher die Leitung $\overline{WAIT}$ zu Beginn von T_2. Diese Aktion fügt **Wartezustände** (zusätzliche Buszyklen) ein, bis der Speicher fertig ist und $\overline{WAIT}$ negiert. In unserem Beispiel wurde ein Wartezustand (T_2) eingefügt, weil der Speicher zu langsam ist. Der Speicher negiert $\overline{WAIT}$ zu Beginn von T_3, wenn er bereits sicher ist, daß die Daten im laufenden Zyklus bereitgestellt werden können.

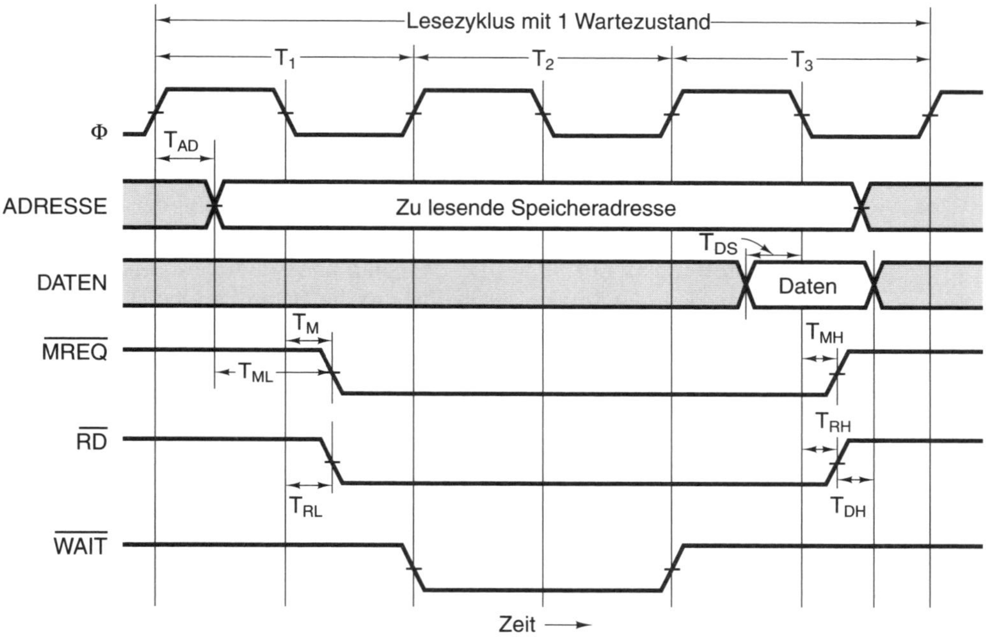

(a)

Symbol	Parameter	Min.	Max.	Einheit
T_{AD}	Adreßausgabeverzögerung		11	ns
T_{ML}	Adresse ist vor $\overline{\text{MREQ}}$ stabil	6		ns
T_M	$\overline{\text{MREQ}}$ -Verzögerung von der fallenden Kante von Φ in T_1		8	ns
T_{RL}	RD-Verzögerung von der fallenden Kante von Φ in T_1		8	ns
T_{DS}	Dateneinrichtezeit vor der fallenden Kante von Φ	5		ns
T_{MH}	$\overline{\text{MREQ}}$ -Verzögerung von der fallenden Kante von Φ in T_3		8	ns
T_{RH}	$\overline{\text{RD}}$-Verzögerung von der fallenden Kante von Φ in T_3		8	ns
T_{DH}	Datenhaltezeit von der Negation von $\overline{\text{RD}}$	0		ns

(b)

Abb. 3.37: (a) Lesetaktung bei einem synchronen Bus; (b) Spezifikation wichtiger Zeitgaben

Während der ersten Hälfte von T_3 legt der Speicher Daten auf die Datenleitungen. An der fallenden Flanke von T_3 liest die CPU die Datenleitungen und speichert den Wert in einem internen Register. Nach dem Lesen der Daten negiert die CPU $\overline{MREQ}$ und $\overline{RD}$. Bei Bedarf wird an der nächsten steigenden Flanke des Takts ein weiterer Speicherzyklus gestartet.

In der Taktspezifikation von Abb. 3.37(b) werden acht Symbole, die im Taktdiagramm vorkommen, näher erklärt. T_{AD} ist beispielsweise das Zeitintervall zwischen der steigenden Flanke von T_1 und den zu setzenden Adreßleitungen. Laut Taktspezifikation ist $T_{AD} \leq 11$ ns. Das bedeutet, der CPU-Hersteller gewährleistet, daß die CPU innerhalb eines Lesezyklus die zu lesende Adresse innerhalb von 11 ns des Mittelpunkts an der steigenden Flanke von T_1 ausgibt.

Die Taktspezifikation gibt auch vor, daß die Daten auf den Datenleitungen mindestens T_{DS} (5 ns) vor der fallenden Flanke von T_3 verfügbar sein müssen, um eine ausreichende Stabilisierungszeit bis zum Lesebeginn der CPU sicherzustellen. Die Einschränkungen auf T_{AD} und T_{DS} bedeuten, daß der Speicher im schlechtesten Fall nur 62,5 – 11 – 5 = 46,5 ns ab dem Zeitpunkt zur Verfügung hat, an dem die Adresse erscheint, um die Daten bereitzustellen. Da 40 ns auch im schlechtesten Fall ausreichen, kann ein 40-ns-Speicher immer innerhalb von T_3 reagieren. Bei einem 50-ns-Speicher müßte man allerdings einen zweiten Wartezustand einfügen und innerhalb von T_4 reagieren.

Die Taktspezifikation gewährleistet weiterhin, daß die Adresse mindestens 6 ns vor der Assertion von $\overline{MREQ}$ eingerichtet wird. Diese Zeit kann wichtig sein, falls $\overline{MREQ}$ die Chipauswahl auf dem Speicherchip ansteuert, weil einige Speicher die Einrichtung einer Adresse vor der Chipauswahl verlangen. Selbstverständlich sollte der Systemdesigner keinen Speicherchip wählen, der eine Einrichtzeit von 10 ns benötigt.

Die Einschränkungen auf T_M und T_{RL} bedeuten, daß $\overline{MREQ}$ und $\overline{RD}$ innerhalb von 8 ns am fallenden Takt von T_1 asseriert werden. Im schlechtesten Fall hat der Speicherchip nur 25 + 25 – 8 – 5 = 37 ns nach der Assertion von $\overline{MREQ}$ und $\overline{RD}$, um seine Daten auf den Bus zu bekommen. Diese Einschränkung gilt zusätzlich zum (und unabhängig vom) 40-ns-Intervall, der nach der Stabilisierung der Adresse nötig ist.

T_{MH} und T_{RH} sind die Zeitspanne nach dem Negieren von $\overline{MREQ}$ und $\overline{RD}$ nach Einlesen der Daten. T_{DH} sagt aus, wie lange der Speicher die Daten nach dem Negieren von $\overline{RD}$ auf dem Bus halten muß. Was unsere Beispiel-CPU betrifft, kann der Speicher die Daten vom Bus entfernen, sobald $\overline{RD}$ negiert wurde. Bei einigen neueren CPU-Typen müssen die Daten aber etwas länger stabil gehalten werden.

Wir möchten darauf hinweisen, daß Abb. 3.37 eine stark vereinfachte Darstellung echter Takteinschränkungen ist. In der Praxis wird stets eine große Anzahl viel wichtigerer Zeiten spezifiziert. Dennoch liefert das Beispiel einen guten Überblick über die Funktionsweise eines synchronen Busses.

Steuersignale können auf High oder Low gelegt werden. Die Entscheidung wird dem Busdesigner überlassen. Man kann dies als Hardware-Gegenstück zur Entscheidung eines Programmierers betrachten, ob er freie Plattenblöcke in einer Bitmap als Nullen oder Einsen darstellt.

Asynchrone Busse

Synchrone Busse sind dank ihrer diskreten Zeitintervalle zwar nutzungsfreundlich, bergen aber auch ihre Probleme. Erstens funktioniert alles in integralen Mehrfachen des Bustakts. Sind eine CPU und ein Speicher in der Lage, einen Transfer in 3,1 Zyklen zu bewältigen, müssen sie sich auf 4,0 ausdehnen, weil Teilzyklen verboten sind.

Noch schlimmer: Wurde ein Buszyklus gewählt und Speicher sowie E/A-Karten wurden dafür eingerichtet, lassen sich künftige technische Verbesserungen kaum nutzen. Nehmen wir an, daß ein paar Jahre nach der Entwicklung des Systems von Abb. 3.37 neue Speicher mit Zugriffszeiten von 20 ns statt 40 ns auf den Markt kommen. Für die neuen Speicher bräuchte man keine Wartezustände mehr, und die Maschine wäre wesentlich schneller. Nehmen wir weiter an, daß Speicher mit 10 ns verfügbar werden. In diesem Fall gäbe es keinen Leistungsgewinn, weil die Mindestzeit für eine Leseoperation bei diesem Design zwei Zyklen beträgt.

Formulieren wir diese Tatsache anders: Hat ein Bus eine heterogene Sammlung von Geräten, von denen einige schnell und einige langsam sind, muß er nach dem langsamsten eingerichtet werden, und das schnellste würde natürlich nie voll genutzt werden.

Eine Mischtechnologie läßt sich realisieren, wenn man sich einem asynchronen Bus zuwendet, d.h. einem Bus ohne Mastertakt wie in Abb. 3.38. Hier muß man nicht alles mit dem Taktgeber koppeln. Hat der Busmaster die Adresse, $\overline{MREQ}$, $\overline{RD}$, und ist alles andere asseriert, asseriert er ein spezielles Signal, das wir $\overline{MSYN}$ (Master SYNchronization) nennen. Erkennt der Slave dieses Signal, führt er die Arbeit so schnell wie möglich aus. Anschließend asseriert er $\overline{SSYN}$ (Slave SYNchronization).

Sobald $\overline{SSYN}$ asseriert wurde, weiß der Master, daß die Daten verfügbar sind. Er speichert sie und negiert die Adreßleitungen sowie $\overline{MREQ}$, $\overline{RD}$ und $\overline{MSYN}$. Sieht der Slave die Negation von $\overline{MSYN}$, weiß er, daß der Zyklus beendet ist. Er negiert also $\overline{SSYN}$, und wir sind wieder in der ursprünglichen Lage, in der alle Signale negiert sind und auf den nächsten Master warten.

Bei Taktdiagrammen von asynchronen (und manchmal auch von synchronen) Bussen verwendet man Pfeile, um Ursache und Wirkung anzuzeigen, wie in Abb. 3.38. Die Assertion von $\overline{MSYN}$ verursacht die Assertion der Datenleitungen und veranlaßt den Slave, $\overline{SSYN}$ zu asserieren. Die Assertion von $\overline{SSYN}$ verursacht wiederum, daß die Adreßleitungen sowie $\overline{MREQ}$, $\overline{RD}$ und $\overline{MSYN}$ negiert werden. Schließlich zieht die Negation von $\overline{MSYN}$ die Negation von $\overline{SSYN}$ nach sich, was den Lesevorgang beendet.

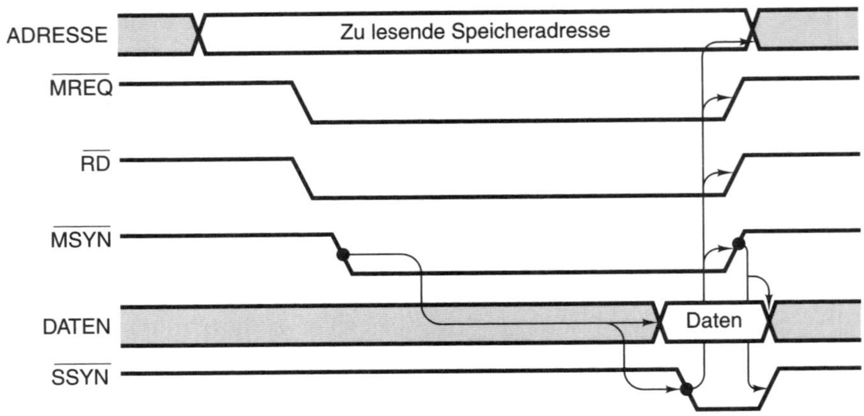

Abb. 3.38: Operation eines synchronen Busses

Eine auf diese Weise verriegelte Signalmenge nennt man ein **volles Handshake**. Der wesentliche Teil besteht aus vier Ereignissen:

1. $\overline{MSYN}$ wird asseriert.
2. $\overline{SSYN}$ wird als Reaktion auf $\overline{MSYN}$ asseriert.
3. $\overline{MSYN}$ wird als Reaktion auf $\overline{SSYN}$ negiert.
4. $\overline{SSYN}$ wird als Reaktion auf die Negation von $\overline{MSYN}$ negiert.

Daraus wird deutlich, daß volle Handshakes zeitunabhängig sind. Jedes Ereignis wird durch ein vorhergehendes Ereignis und nicht durch einen Taktimpuls ausgelöst. Ist ein bestimmtes Master/Slave-Paar langsam, kann sich das nicht auf das nächste, viel schnellere Master/Slave-Paar auswirken.

Der Vorteil eines asynchronen Bus ist nun sicherlich klar. Die meisten Busse sind aber synchron. Das ist darauf zurückzuführen, daß sich synchrone Systeme einfacher entwickeln lassen. Die CPU asseriert einfach nur ihre Signale, und der Speicher reagiert einfach nur. Es gibt keine Rückmeldung (Ursache und Wirkung). Werden die Komponenten richtig ausgewählt, funktioniert alles ohne Handshake. Außerdem wurde im Laufe der Zeit viel Geld in die synchrone Bustechnik investiert.

3.4.5 Bus-Arbitration

Bis jetzt haben wir stillschweigend angenommen, daß es nur einen Busmaster – die CPU – gibt. In Wirklichkeit müssen E/A-Chips als Busmaster auftreten, um vom Speicher zu lesen oder in den Speicher zu schreiben, und um Interrupts auszulösen. Coprozessoren müssen möglicherweise Busmaster sein. Hier stellt sich die Frage: »Was passiert, wenn zwei oder mehr Geräte gleichzeitig die Rolle des Busmasters übernehmen wollen?« Die Antwort ist, daß ein bestimmter Mechanismus, die sogenannte **Bus-Arbitration**, zur Vermeidung von Chaos erforderlich ist.

Arbitrationsmechanismen können zentraler oder dezentraler Natur sein. Betrachten wir zuerst die zentrale Arbitration. Eine bestimmte, einfache Form der zentralen Arbitration ist aus Abb. 3.39(a) ersichtlich. Bei diesem Aufbau bestimmt ein einzelner **Bus-Arbiter**, nach Manier eines Schiedsrichters, wer als nächstes an die Reihe kommt. Bei vielen CPUs ist der Arbiter in den CPU-Chip eingebaut. In anderen Fällen ist aber ein separater Chip erforderlich. Der Bus enthält eine einzelne Anfrageleitung vom Typ Wired-OR, die von einem oder mehreren Geräten asseriert werden kann. Der Arbiter kann nicht erkennen, wie viele Geräte den Bus angefordert haben. Er kann zwischen Anfragen und keine Anfragen unterscheiden.

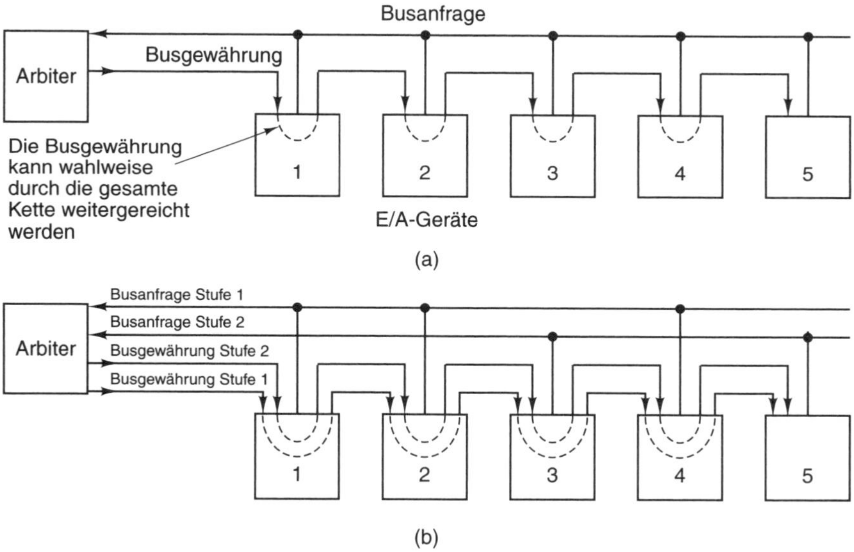

Abb. 3.39: (a) Zentraler Bus-Arbiter mit einer Stufe im Daisy-Chaining; (b) der gleiche Arbiter, jedoch mit zwei Stufen

Erhält der Arbiter eine Busanfrage, asseriert er die Busleitung, um sie bereitzustellen. Diese Leitung ist durch alle E/A-Geräte in Reihe wie ein Satz Elektrokerzen für den Christbaum verbunden. Erkennt das dem Arbiter physisch am nächsten liegende Gerät die Gewährung, prüft es, ob es eine Anfrage gestellt hat. Trifft das zu, übernimmt es den Bus, reicht die Gewährung aber nicht weiter. Hat es keine Anfrage gestellt, reicht es die Gewährung an das nächste Gerät in der Reihe weiter, das sich genauso verhält, und so weiter, bis ein Gerät die Gewährung übernimmt und den Bus beansprucht. Dies nennt man **Daisy-Chaining**. Mit ihm kann man Geräten effektiv Prioritäten entsprechend ihrer Nähe zum Arbiter zuweisen. Das nächstliegende Gerät gewinnt.

Um die impliziten Prioritäten auf der Grundlage der Entfernung vom Arbiter zu umgehen, haben viele Busse mehrere Prioritätsstufen. Für jede Stufe gibt es eine Busanfrage- und eine Busgewährungsleitung. Der Bus in Abb. 3.39(b) hat die beiden Stufen 1 und 2 (echte Busse haben oft 4, 8 oder 16 Stufen).

Jedes Gerät wird an eine der Busanfragestufen angeschlossen. Zeitkritische Geräte werden an die Leitungen mit höherer Priorität angeschlossen. In Abb. 3.39(b) haben die Geräte 1 und 2 die Priorität 1 und die Geräte 3, 4 und 5 die Priorität 2.

Werden mehrere Prioritätsstufen gleichzeitig angefordert, gibt der Arbiter nur der mit der höheren Priorität eine Gewährung aus. Unter den Geräten der gleichen Priorität kommt das Daisy-Chaining zum Einsatz. In Abb. 3.39(b) schlägt Gerät 2 Gerät 4, das seinerseits im Konfliktfall 3 schlägt. Gerät 5 hat die niedrigste Priorität, weil es am Ende der Kette mit der niedrigsten Priorität liegt.

Aus technischer Sicht ist es im übrigen nicht notwendig, die Busgewährungsleitung der Stufe 2 seriell durch die Geräte 1 und 2 zu verbinden, weil sie auf dieser Leitung keine Anfragen stellen können. Die Implementierung gestaltet sich aber einfacher, wenn alle Gewährungsleitungen durch alle Geräte statt Geräte getrennt nach Priorität verbunden werden.

Einige Arbiter verfügen über eine dritte Leitung, die ein Gerät asseriert, wenn es eine Gewährung erhalten und den Bus übernommen hat. Sobald es diese Bestätigungsleitung asseriert hat, können die Anfrage- und Gewährungsleitungen negiert werden. Dies hat zur Folge, daß andere Geräte den Bus anfordern können, während das erste Gerät den Bus noch nutzt. Bis der laufende Transfer abgeschlossen ist, wurde der nächste Busmaster bereits ausgewählt. Er kann unmittelbar im Anschluß an die Negation der Bestätigungsleitung anfangen. Zu diesem Zeitpunkt kann die nächste Arbitrationsrunde beginnen. Dieses Vorgehen erfordert eine zusätzliche Busleitung und mehr Logik in jedem Gerät, verbessert aber die Nutzung der Buszyklen.

Bei Systemen, bei denen sich der Speicher auf dem Hauptbus befindet, muß sich auch die CPU mit allen E/A-Geräten in fast jedem Zyklus um den Bus bemühen. Normalerweise erhält sie aber die niedrigste Priorität, kann also nur auf den Bus zugreifen, wenn ihn kein anderer haben will. Dies basiert auf dem Konzept, daß die CPU immer warten kann, die E/A-Geräte aber häufig schnell auf den Bus zugreifen oder ankommende Daten weitersenden müssen. Platten, die sich in hoher Geschwindigkeit drehen, kann man nicht warten lassen. Dieses Problem wird bei vielen modernen Computer-Systemen dadurch vermieden, daß man den Speicher auf einem von den E/A-Geräten getrennten Bus anordnet, so daß sich nicht alle um den Bus bemühen müssen.

Dezentrale Bus-Arbitration ist aber auch möglich. Ein Computer kann z.B. über 16 mit Prioritäten belegte Busanfrageleitungen verfügen. Möchte ein Gerät den Bus benutzen, asseriert es seine Anfrageleitung. Alle Geräte überwachen alle Anfrageleitungen. Am Ende eines jeden Buszyklus weiß also jedes Gerät, ob es die Anfrage mit der höchsten Priorität gestellt hat und damit die Erlaubnis zur Busnutzung im nächsten Zyklus erhält. Im Vergleich zur zentralen Arbitration erfordert diese Methode mehr Busleitungen, vermeidet aber die potentiellen Kosten des Arbiters. Außerdem wird die Anzahl der Geräte auf die Anzahl der Anfrageleitungen begrenzt.

Eine weitere Variante der dezentralen Bus-Arbitration ist in Abb. 3.40 dargestellt. Hier werden nur drei Leitungen benutzt, ungeachtet dessen, wie viele Geräte vorhanden sind. Die erste Busleitung ist eine Wired-OR-Leitung für die Anfrage um den Bus. Die zweite Busleitung heißt BUSY und wird vom momentanen Busmaster asseriert. Die dritte Leitung wird zur Vergabe des Bus benutzt. Sie ist im Daisy-Chaining angeordnet und führt durch alle Geräte. Der Kopf dieser Kette wird asseriert gehalten, wenn man ihn mit der 5-Volt-Stromspannung verbindet.

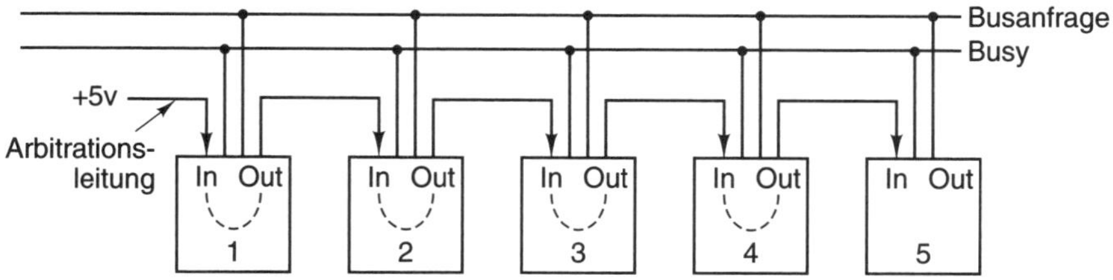

Abb. 3.40: Dezentrale Bus-Arbitration

Wenn kein Gerät den Bus beansprucht, wird die asserierte Arbitrationsleitung an alle Geräte weitergegeben. Zur Busübernahme prüft ein Gerät zuerst, ob der Bus frei ist. Dann wird das Signal IN, das es erhält, asseriert. Wird IN negiert, kann das Gerät nicht als Busmaster auftreten und negiert OUT. Wird IN asseriert, negiert das Gerät OUT, wodurch der nächste Nachbar in der Reihe erkennt, daß IN negiert wurde, so daß er sein OUT negiert. Alle weiteren Geräte in der Kette sehen also, daß IN negiert wurde, und negieren dementsprechend OUT. Hat sich der Staub gelegt, hat nur ein Gerät IN asseriert und OUT negiert. Dieses Gerät nimmt die Rolle des Busmasters ein, asseriert BUSY und OUT und beginnt mit dem Transfer.

Das Gerät ganz links hat nie Schwierigkeiten, den Bus zu bekommen. Dieses Schema ist also mit der ursprünglichen Daisy-Chain-Arbitration vergleichbar, außer daß es keinen Arbiter gibt. Daher ist es billiger, schneller und keinen Arbiter-Ausfällen ausgesetzt.

3.4.6 Busoperationen

Bisher haben wir nur gewöhnliche Buszyklen betrachtet, bei denen ein Master (in der Regel die CPU) von einem Slave (in der Regel der Speicher) liest oder dorthin schreibt. Daneben gibt es noch mehrere andere Arten von Buszyklen. Einige davon werden in diesem Abschnitt beschrieben.

Normalerweise wird je ein Wort übertragen. Kommt Caching zum Einsatz, ist es aber wünschenswert, eine ganze Cache-Zeile (d.h. 16 aufeinanderfolgende 32-Bit-Wörter) auf einmal einzulesen. Vielfach können Blocktransfers effizienter als aufeinanderfolgende einzelne Transfers ausgelegt werden. Beginnt eine Blockleseoperation, teilt der Busmaster dem Slave die Anzahl der zu übertragenden Wörter mit. Das kann er beispielsweise durch Einfügen eines Wortzählers in die Datenleitungen innerhalb von T_1. Statt nur ein Wort zurückzugeben, gibt der Slave in jedem Zyklus ein Wort aus, bis der Zähler abgelaufen ist. Abb. 3.41 zeigt eine modifizierte Version von Abb. 3.37(a), hier aber mit dem zusätzlichen Signal $\overline{BLOCK}$. Dieses Signal wird asseriert, um einen Blocktransfer anzufordern. Bei diesem Beispiel dauert eine Blockleseoperation von vier Wörtern sechs statt zwölf Zyklen.

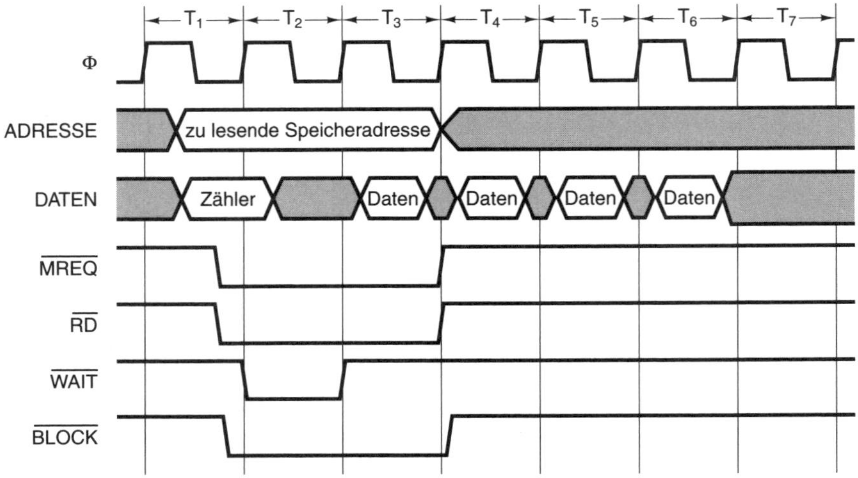

Abb. 3.41: Ein Blocktransfer

Daneben gibt es noch weitere Arten von Buszyklen. Beispielsweise muß man bei einem Mehrprozessorsystem mit zwei oder mehr CPUs am gleichen Bus oft sicherstellen, daß jeweils nur eine CPU auf eine kritische Datenstruktur im Speicher zugreift. Häufig wird diese Anordnung realisiert durch die Verwendung einer Variablen im Speicher, die 0 ist, wenn keine CPU die Datenstruktur benutzt, und andernfalls 1 beträgt. Möchte eine CPU auf die Datenstruktur zugreifen, muß sie die Variable lesen, und sie auf 1 setzen, falls sie 0 ist. Hat man Pech, lesen zwei CPUs die Variable in aufeinanderfolgenden Buszyklen, wenn beide erkennen, daß die Variable auf 0 steht, und beide sie auf 1 in der Annahme setzen, daß sie jeweils die einzige mit diesem Bemühen ist. Chaos ist die Folge dieser Ereignisse.

Um eine solche Situation zu verhindern, sind Mehrprozessorsysteme oft mit einem speziellen Buszyklus (Read-Write-Modify) ausgestattet. Dies gewährleistet, daß nur eine CPU ein Wort aus dem Speicher lesen, es prüfen, ändern und dann wieder zurückschreiben kann, ohne bei diesem Ablauf den Bus freizugeben. Diese Zyklusart hindert zwei konkurrierende CPUs, den Bus zu nutzen und sich gegenseitig zu stören.

Als weitere wichtige Methode gibt es einen Buszyklus für den Umgang mit Interrupts. Befiehlt die CPU einem E/A-Gerät eine Aktion, erwartet sie normalerweise einen Interrupt nach getaner Arbeit. Die Signalisierung des Interrupts erfordert den Bus.

Nun kann es vorkommen, daß mehrere Geräte gleichzeitig einen Interrupt veranlassen. Dabei stellen sich die gleichen Arbitrationsprobleme wie bei gewöhnlichen Buszyklen. Als übliche Lösung werden den Geräten Prioritäten zugewiesen und ein zentraler Arbiter benutzt, um den zeitkritischen Geräten den Vorrang zu gewähren. Hierfür sind Standard-Interrupt-Controller-Chips weit verbreitet. Der IBM-PC und alle seine Nachfolger benutzen den Intel-Chip 8259A (siehe Abb. 3.42).

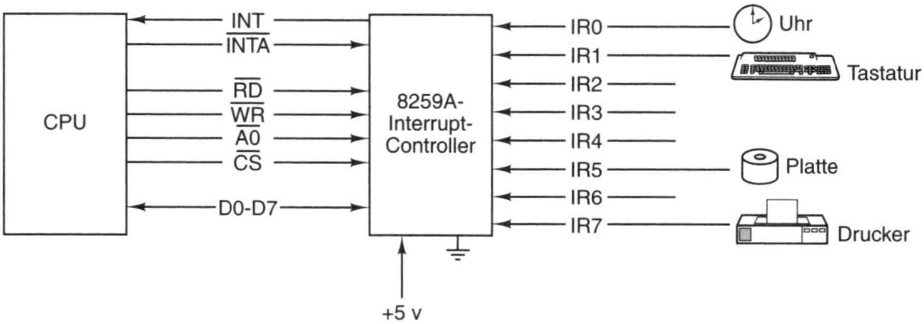

Abb. 3.42: Benutzung des Interrupt-Controllers 8259A

Bis zu acht E/A-Controller-Chips können direkt an die acht IRx-Eingänge (Interrupt Request) des 8259A angeschlossen werden. Möchte eines dieser Geräte einen Interrupt veranlassen, asseriert es seine Eingangsleitung. Im Fall der Assertion eines oder mehrerer Eingänge asseriert der 8259A INT (INTerrupt), wodurch der Interrupt-Pin auf der CPU direkt angesteuert wird. Kann die CPU mit dem Interrupt umgehen, schickt sie einen Impuls auf INTA (INTerrupt Acknowledge) an den 8259A zurück. An diesem Punkt muß der 8259A festlegen, welcher Eingang den Interrupt veranlaßt hat, indem er die Nummer dieses Eingangs auf den Datenbus ausgibt. Diese Operation erfordert einen gesonderten Buszyklus. Die CPU-Hardware benutzt diese Nummer dann als Index in einer Zeigertabelle (Pointer Table) namens **Interrupt Vectors**, um die Adresse der auszuführenden Prozedur herauszufinden, mit der der Interrupt bedient wird.

Im 8259A befinden sich mehrere Register, die von der CPU gelesen und beschrieben werden können. Hierfür benutzt die CPU gewöhnliche Buszyklen und die Pins $\overline{RD}$ (ReaD), $\overline{WR}$ (WRite), $\overline{CS}$ (Chip Select) und $\overline{A0}$. Hat die Software den Interrupt abgearbeitet und ist sie bereit, das nächste entgegenzunehmen, wird ein spezieller Code in eines der Register geschrieben. Im Anschluß daran negiert der 8259A INT, sofern er keine weiteren Interrupts anstehen hat. Diese Register können auch beschrieben werden, um den 8259A in einen von mehreren Modi zu versetzen, eine Reihe von Interrupts zu maskieren und andere Merkmale zu ermöglichen.

Sind mehr als acht E/A-Geräte vorhanden, kann der 8259A kaskadiert werden. Im Extremfall können alle acht Eingänge mit den Ausgängen von weiteren acht 8259A-Chips verbunden werden, so daß bis zu 64 E/A-Geräte in einem zweiphasigen Interrupt-Netz möglich sind. Der 8259A verfügt über ein paar Pins für die Handhabung dieser Kaskadierung, die wir der Einfachheit halber ausgelassen haben.

Damit ist das Thema »Busdesign« keinesfalls erschöpft. Die obigen Erläuterungen bieten aber eine ausreichende Grundlage für das Verständnis der wesentlichen Aspekte der Funktionsweise von Bussen und der Interaktion von CPUs und Bussen. Wir gehen vom Allgemeinen zum Speziellen über. In den nächsten Abschnitten werden einige Beispiele echter CPUs und ihrer Busse beschrieben.

3.5 Beispiele von CPU-Chips

In diesem Abschnitt werden die CPU-Chips Pentium II, UltraSPARC II und picoJava auf Hardware-Ebene beschrieben.

3.5.1 Pentium II

Der Pentium II ist der direkte Nachfolger der ursprünglich im IBM-PC benutzten 8088-CPU. Obwohl der Pentium II mit seinen 7,5 Millionen Transistoren weit von den 29.000 Transistoren des 8088 entfernt ist, ist er mit seinem Urahn voll abwärtskompatibel und kann 8088-Binärprogramme (ganz zu schweigen von Programmen, die für die dazwischenliegenden Modelle geschrieben wurden) unverändert ausführen.

Aus Sicht der Software ist der Pentium II eine volle 32-Bit-Maschine. Er hat den gleichen ISA wie 80386, 80486, Pentium und Pentium Pro, sowie die gleichen Register, gleichen Instruktionen und eine volle Implementierung des IEEE-Standards 754 für Gleitkomma auf dem Chip.

Aus Sicht der Hardware ist der Pentium II etwas mehr, weil er einen physischen Speicher von 64 Gbyte adressieren und Daten in Einheiten von 64 Bit mit dem Speicher austauschen kann. Der Programmierer kann diese 64-Bit-Transfers zwar nicht feststellen; sie machen die Maschine aber schneller als eine reine 32-Bit-Maschine.

Intern auf der Mikroarchitekturebene ist der Pentium II im Grunde ein Pentium Pro mit MMX-Instruktionen. Instruktionen der ISA-Ebene werden vom Speicher reichlich im voraus eingelesen und in RISC-ähnliche Mikrooperationen aufgeteilt. Diese Mikrooperationen werden in einem Puffer gespeichert. Sobald eine davon die zur Ausführung erforderlichen Ressourcen zur Verfügung hat, kann sie gestartet werden. Mehrere Mikrooperationen kann man im gleichen Zyklus starten, was den Pentium II zu einer superskalaren Maschine macht.

Der Pentium II hat ein zweistufiges Cache-System. Auf dem Chip ist ein Cache-Paar integriert – 16 Kbyte für Instruktionen und 16 Kbyte für Daten. Ferner gibt es einen einheitlichen Cache von 512 Kbyte auf der zweiten Ebene. Die Cache-Leitung ist 32 Byte groß. Der Cache der zweiten Ebene läuft mit der halben Taktfrequenz der CPU. CPU-Takte sind von 233 MHz aufwärts erhältlich.

Im Pentium II werden zwei primäre externe, synchrone Busse benutzt. Der Speicherbus wird benutzt, um auf den Haupt-DRAM zuzugreifen, und der PCI-Bus, um mit den E/A-Geräten zu kommunizieren. Zuweilen wird ein alter Bus mit dem PCI-Bus verbunden, damit ältere Peripheriegeräte angeschlossen werden können.

Ein Pentium II kann mit einer oder zwei CPUs ausgestattet sein, die sich einen Speicher teilen. Bei einem System mit zwei CPUs besteht folgende Gefahr: Wird ein Wort in einen Cache gelesen und dort modifiziert, dann aber nicht in den Speicher zurückgeschrieben, erhält die andere CPU beim Einlesen des Worts einen falschen Wert. Durch eine spezielle Unterstützung (Snooping) wird dieses Problem umgangen.

Ein deutlicher Unterschied zwischen dem Pentium II und allen seinen Vorgängern zeigt sich in der Zusammensetzung der Baueinheit. Vom 8088 bis zum Pentium Pro waren alle Intel-CPUs normale Chips, seitlich oder unten mit Pins, die man in Buchsen einstecken konnte. Im Gegensatz dazu weist der Pentium II etwas auf, was Intel **SEC** (**Single Edge Cartridge**) nennt. Abb. 3.43 zeigt, daß ein SEC eine relativ große Kunststoffbox ist, in der sich die CPU, der Level-2-Cache und ein Edge-Connector für den Signalexport befinden. Der Pentium II SEC hat 242 Connectors.

Während Intel zweifellos gute Gründe hatte, sich für diese Baueinheit zu entscheiden, birgt das Modell ein Problem in einer Dimension, die Intel nicht vorhersehen konnte. Anscheinend haben viele Kunden die Gewohnheit, ihre Computer aufzuschrauben und sich den CPU-Chip anzusehen. Die ersten Auslieferungen des Pentium II brachten zu Tage, daß die Kunden die CPU nicht finden konnten. Es hagelte Beschwerden. Intel löste dieses Problem durch Aufkleben eines Bilds (eigentlich eines Hologramms) des CPU-Chips auf der Vorderseite aller SEC-Boxen.

Das Power-Management ist beim Pentium II ein zentrales Thema. Die abgegebene Hitze hängt von der Taktfrequenz ab, liegt aber im Bereich von 30 bis 50 Watt. Das ist für einen Computer-Chip eine enorme Menge. Um eine Vorstellung davon zu bekommen, wie sich 50 Watt anfühlen, halte man seine Hand über (aber nicht auf!) eine schon längere Zeit eingeschaltete 50-Watt-Glühbirne. Folglich ist die SEC-Box mit einem Kühlsystem ausgestattet, das die erzeugte Hitze verteilt. Diese Eigenschaft bedeutet, daß ein Pentium II als Campingstövchen benutzt werden kann, wenn er als CPU ausgedient hat.

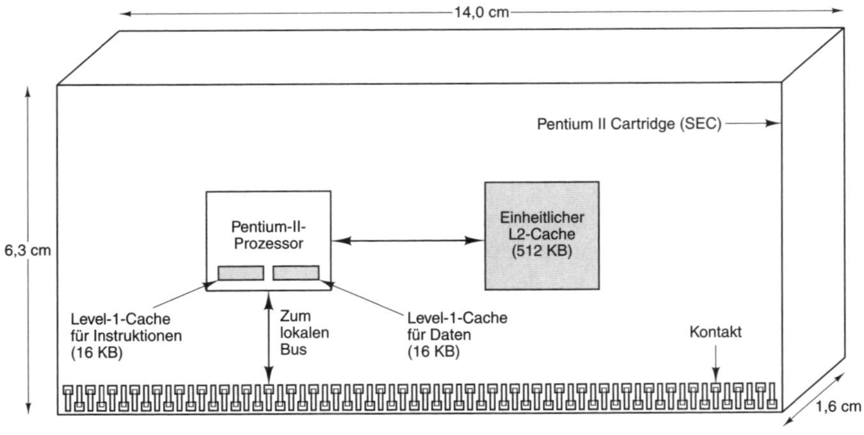

Abb. 3.43: Die SEC-Box des Pentium II

Nach den Gesetzen der Physik muß alles, was eine Menge Hitze abgibt, eine Menge Energie aufnehmen. In einem tragbaren Computer mit einer begrenzten Batterieladung ist ein hoher Energieverbrauch unerwünscht. Um dieses Problem zu lösen, hat Intel die CPU so entworfen, daß sie schlummert, wenn sie nichts tut, und in Tiefschlaf verfällt, wenn es eine Zeitlang nichts zu tun gibt. Befindet sie sich im Zustand des Tiefschlafs, werden die Cache- und Registerwerte beibehalten, die Uhr und alle internen Einheiten werden hingegen abgeschaltet. Es ist nicht bekannt, ob ein Pentium II träumt, wenn er sich im Tiefschlaf befindet.

Das logische Pinout des Pentium II

Die 242 Kantenverbinder der SEC werden für 170 Signale, 27 Stromanschlüsse (in unterschiedlichen Spannungen), 35 Masseleitungen und 10 Reserven für künftige Verwendungen benutzt. Ein Teil der logischen Signale belegt zwei oder mehr Pins (z.B. zur Anforderung der Speicheradresse), so daß es nur 53 verschiedene Pins gibt. Abb. 3.44 stellt das logische Pinout vereinfacht dar. Links in der Abbildung befinden sich die sechs wichtigen Gruppen der Speicherbussignale. Auf der rechten Seite sind verschiedene Signale. Die Bezeichnungen (alle in Großbuchstaben) entsprechen den Intel-Signalnamen. Die in Groß- und Kleinschreibung sind Sammelbezeichnungen für mehrere zusammenhängende Signale.

Intel benutzt eine eigene Namenskonvention, die man unbedingt nachvollziehen sollte. Da alle Chips für die Verwendung in Computern unserer Tage entwickelt werden, muß man Signalnamen als ASCII-Text darstellen. Die Verwendung von Überstrichen für Signale, die auf Low gelegt werden, ist zu schwierig. Deshalb hängt Intel dem Namen ein # (Raute oder Schweinegitter) an, $\overline{BPRI}$ wird also BPRI# geschrieben. Wir sehen in der Abbildung, daß die meisten Signale des Pentium II auf Low asseriert sind.

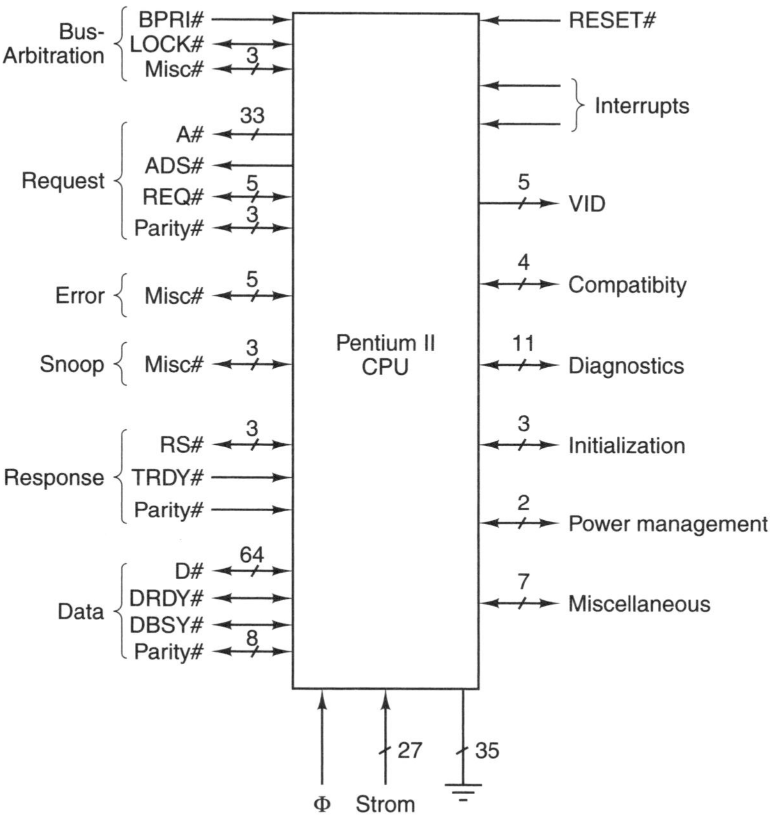

Abb. 3.44: Logisches Pinout des Pentium II. Die großgeschriebenen Namen sind die offiziellen Intel-Bezeichnungen für die verschiedenen Signale. Namen in Groß- und Kleinschreibung sind Gruppen zusammenhängender Signale.

Nun betrachten wir die Signale näher. Wir beginnen mit den Bussignalen. Die erste Signalgruppe wird zur Busanforderung benutzt (d.h. für die Bus-Arbitration). BPRI# erlaubt es einem Gerät, eine Anforderung mit hoher Priorität auszugeben, die Vorrang vor der normalen Priorität hat. Mit LOCK# kann eine CPU den Bus sperren, um andere am Zugriff zu hindern, bis sie fertig ist.

Hat die CPU oder ein anderer Busmaster die Businhaberschaft an sich genommen, kann sie mit Hilfe der nächsten Signalgruppe eine Busanfrage stellen. Die Adressen sind 36 Bit breit, die drei niederwertigen Bits müssen aber immer 0 sein; deshalb sind ihnen keine Pins zugewiesen. A# hat also nur 33 Pins. Alle Transfers sind 8 Bytes und in einer 8-Byte-Grenze angeordnet. Mit 36 Adreßbits beträgt der maximal adressierbare Speicher 2^{36}, was 64 Gbyte entspricht.

Wird eine Adresse auf einen Bus gelegt, wird das Signal ADS# asseriert, um dem Ziel (z.B. dem Speicher) mitzuteilen, daß die Adreßleitungen gültig sind. Die Art des Buszyklus (z.B. lies ein Wort oder schreibe einen Block) geht an die Leitungen REQ#. Zwei der Paritätssignale schützen A#, und eines schützt ADS# und REQ#. Die fünf Fehlerleitungen werden vom Slave zur Vermeidung von Paritätsfehlern und allen Geräten benutzt, um bestimmte andere Fehler zu melden.

Die `Snooping`-Gruppe wird in Mehrprozessorsystemen gebraucht, damit eine CPU herausfinden kann, ob sich das benötigte Wort im Cache der anderen CPU befindet. Wie der Pentium II das Snooping bewältigt, wird in Kapitel 8 beschrieben.

Die Gruppe `Response` enthält Signale für den Slave, um Rückmeldungen an den Master zu schicken. RS# enthält den Statuscode. TRDY# zeigt an, daß der Slave (das Ziel) bereit ist, Daten vom Master entgegenzunehmen. Diese Signale werden einer Paritätsprüfung unterzogen.

Die letzte Busgruppe dient dem eigentlichen Datentransfer. D# braucht man, um 8 Datenbytes auf den Bus zu legen. Wenn sie sich dort befinden, wird DRDY# asseriert, um ihre Anwesenheit anzukündigen. DBSY# wird benutzt, um der Welt mitzuteilen, daß der Bus momentan beschäftigt ist.

RESET# setzt die CPU in dem Fall zurück, daß etwas Schlimmes passiert ist. Der Pentium II läßt sich so konfigurieren, daß die Interrupts auf die gleiche Weise wie beim 8088 (zum Zwecke der Abwärtskompatibilität) benutzt werden. Er kann aber auch für eine anspruchsvollere Interrupt-Signalisierung konfiguriert werden. Dafür gibt es ein Gerät namens **APIC** (**Advanced Programmable Interrupt Controller**).

Der Pentium II unterstützt mehrere Spannungen. Man muß ihm aber sagen, welche er benutzen soll. Über die VID-Signale kann man die Stromversorgungsspannung automatisch wählen. Die Signale `Compatibility` werden benutzt, um ältere Geräte am Bus glauben zu machen, sie seien an einen 8088 angeschlossen. Die Gruppe `Diagnostics` enthält Signale für Test- und Diagnosesysteme gemäß IEEE-Standard 1149.1 für JTAG-Tests. Die Gruppe `Initialization` befaßt sich mit dem Starten des Systems. Die Gruppe `Power Management` erlaubt es, die CPU schlafen zu legen oder sie in Tiefschlaf zu versetzen. Die Gruppe `Miscellaneous` ist eine Ansammlung aus Signalen, einschließlich eines Signals, das von der CPU asseriert wird, wenn die Temperatur der CPU 130 °C erreicht. Sollte eine CPU jemals diese Temperatur erreichen, denkt sie wahrscheinlich an ihre Pensionierung und träumt von einem Leben als Campingstövchen.

Pipelining im Speicherbus des Pentium II

Moderne CPUs wie der Pentium II sind viel schneller als moderne DRAM-Speicher. Um die CPU mangels Daten vor dem Hungertod zu erretten, muß man aus dem Speicher den höchstmöglichen Durchsatz herausholen. Aus diesem Grund wird auf den Speicherbus des Pentium II ein hohes Maß an Pipelining angewandt, wobei nicht weniger als acht Bustransaktionen gleichzeitig ablaufen. Das Pipelining-Konzept wurde in Kapitel 2 in Zusammenhang mit einer Pipeline-CPU (siehe Abb. 2.4) vorgestellt, es kann aber auch auf Speicher angewandt werden.

Um Pipelining zu ermöglichen, umfassen Speicheranforderungen, die beim Pentium II **Transaktionen** heißen, sechs Phasen:

1. Bus-Arbitration
2. Anfrage (Req)
3. Fehlermeldung (Error)
4. Snooping (Snoop)
5. Antwort (Resp)
6. Daten (Data)

Nicht alle Phasen sind bei allen Transaktionen nötig. Die Phase Bus Arbitration bestimmt, welcher der potentiellen Busmaster als nächstes an der Reihe ist. In der Phase Req kann die Adresse auf den Bus gelegt und die Anfrage gestellt werden. Die Phase Error erlaubt dem Slave die Ankündigung, daß die Adresse einen Paritätsfehler hatte oder sonst etwas falsch ist. Die Phase Snoop gestattet es einer CPU, die andere auszuschnüffeln, was eigentlich nur in einem Mehrprozessorsystem nötig ist. In der Phase Resp erfährt der Master, ob er die angeforderten Daten erhält. In der Phase Data können schließlich die Daten zurückgesendet werden.

Das Geheimnis des Pipeline-Speicherbusses des Pentium II ist, daß jede Phase unterschiedliche Bussignale nutzt, so daß sie alle voneinander unabhängig sind. Die sechs benötigten Signalgruppen sind in Abb. 3.44 links dargestellt. Eine CPU kann beispielsweise versuchen, mit Hilfe der Arbitrationssignale Zugriff auf den Bus zu erhalten. Hat sie dieses Recht erhalten, gibt sie diese Busleitungen frei und beginnt, sich der Leitungen der Anfragegruppe zu bedienen. Unterdessen kann die andere CPU oder ein E/A-Gerät in die Bus-Arbitrationsphase eintreten usw. Abb. 3.45 zeigt mehrere, gleichzeitig anstehende Bustransaktionen.

Die Bus-Arbitrationsphase ist in Abb. 3.45 nicht dargestellt, weil sie nicht immer gebraucht wird. Möchte der momentane Businhaber (oft die CPU) beispielsweise eine andere Transaktion ausführen, braucht sie den Bus nicht erneut anzufordern. Sie muß lediglich wieder nach dem Bus verlangen, nachdem sie die Businhaberschaft an ein anderes Gerät abgegeben hat. Die Transaktionen 1 und 2 sind klar nachvollziehbar: fünf Phasen in fünf Buszyklen. Transaktion 3 führt eine längere Datenphase ein, beispielsweise, weil es sich um einen Blocktransfer handelt oder der adressierte Speicher einen Wartezustand eingebracht hat. Als Folge kann Transaktion 4 ihre Datenphase nicht starten, wann sie will. Sie beobachtet, daß das DBSY#-Signal immer noch asseriert ist, und wartet, bis es negiert wird. An Transaktion 5 sehen wir, daß die Antwortphase auch mehrere Buszyklen beanspruchen kann, so daß sich Transaktion 6 verzögert. In Transaktion 7 stellen wir fest, daß eine einmal in die Pipeline eingefügte Blase dort bleibt, falls weitere Transaktionen hintereinander starten. In der Praxis ist es unwahrscheinlich, daß eine neue Transaktion in jedem Buszyklus starten kann; deshalb überdauern Blasen nicht so lange.

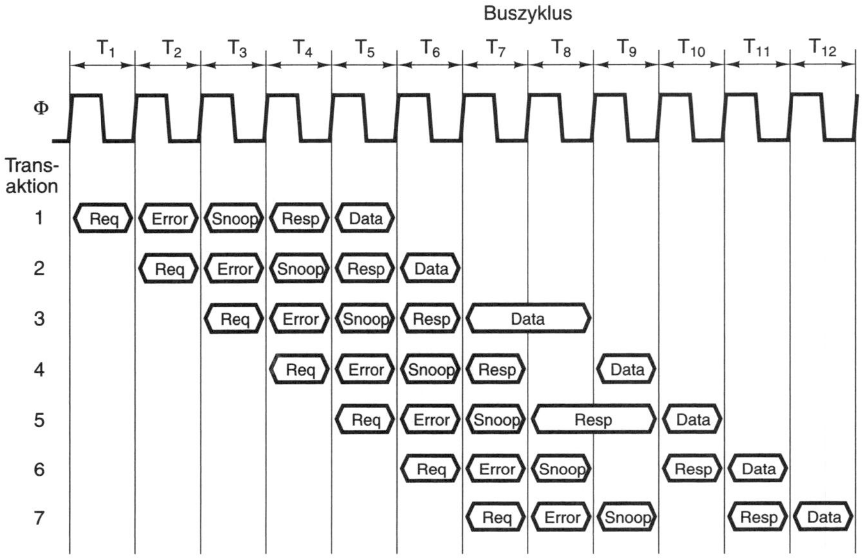

Abb. 3.45: Pipelining-Anfragen auf den Speicherbus des Pentium II

3.5.2 UltraSPARC II

Als zweites Beispiel eines CPU-Chips werden wir nun die UltraSPARC-Familie von Sun untersuchen. Dabei handelt es sich um Suns Linie der 64-Bit-SPARC-CPUs. Diese CPUs entsprechen uneingeschränkt der SPARC-Architektur Version 9, die auch 64-Bit-CPUs aufweisen. Sie werden in Sun-Workstations und -Servern sowie verschiedenen anderen Anwendungen benutzt. Zu dieser Familie zählen UltraSPARC I, UltraSPARC II und UltraSPARC III, die sich von der Architektur her sehr ähneln, aber durch Einführungsdatum und Taktgeschwindigkeit unterscheiden. Wir beziehen uns im weiteren Verlauf auf UltraSPARC II, meinen aber alle drei Modelle.

UltraSPARC II ist eine herkömmliche RISC-Maschine und voll binär kompatibel mit der 32-Bit-SPARC-Architektur V8. Sie kann die für 32-Bit-SPARC V8 geschriebenen Binärprogramme ohne Modifikation ausführen, weil die SPARC-Architektur V9 mit der SPARC-Architektur V9 abwärtskompatibel ist. Der einzige Punkt, in dem sich die beiden Architekturen unterscheiden, ist die Erweiterung von V9 um die Multimedia-Instruktionen VIS für Grafikanwendungen, MPEG-Echtzeit-Dekodierung usw.

UltraSPARC II wurde eigens dafür entwickelt, Vier-Knoten-Mehrprozessoren mit gemeinsamer Speichernutzung ohne Verwendung einer externen Schalttechnik und größeren Mehrprozessoren mit einem Minimum an externer Schalttechnik zu realisieren. Anders ausgedrückt: Ein Großteil des zum Bau eines Mehrprozessors nötigen »Klebstoffs« ist auf dem UltraSPARC-II-Chip enthalten.

Im Gegensatz zur SEC-Box des Pentium II ist die UltraSPARC-II-CPU ein – allerdings großer – Einzelchip mit 5,4 Millionen Transistoren. Er hat 787 Pins an der Unterseite; die Anordnung ist aus Abb. 3.46 ersichtlich. Diese große Pinzahl ist hauptsächlich der Nutzung von 64 Bits für Adressen und 128 Bits für Daten zuzuschreiben, teilweise aber auch auf die Arbeitsweise des Caching zurückzuführen. Viele Pins sind außerdem unbenutzt oder redundant. Die Zahl 787 wurde gewählt, um eine Zusammensetzung nach dem Industriestandard zu ermöglichen. Die Industrie glaubt scheinbar Glück zu haben, wenn sie über eine Primzahl von Pins verfügt.

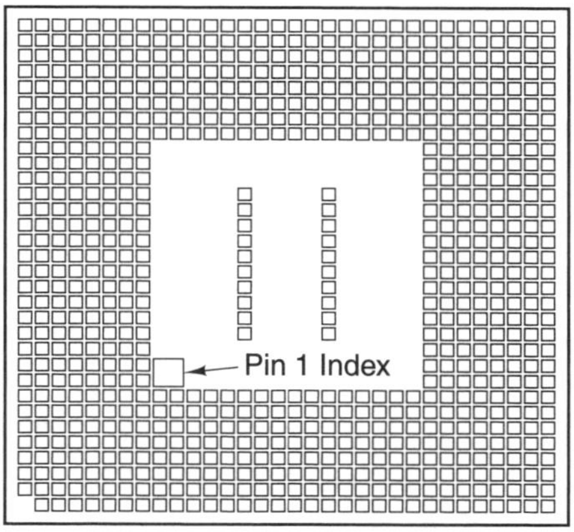

Abb. 3.46: Der CPU-Chip der UltraSPARC II

UltraSPARC II hat zwei interne Caches: 16 Kbyte für Instruktionen und 16 Kbyte für Daten. Wie der Pentium II nutzt sie ebenfalls einen Level-2-Cache außerhalb des Chips. Im Gegensatz zum Pentium II ist bei der UltraSPARC II der Level-2-Cache aber nicht in eine herstellerspezifische Box gepackt. Vielmehr wird es Systemdesignern freigestellt, im Handel erhältliche Cache-Chips als Level-2-Cache zu wählen.

Die Entscheidung, den Level-2-Cache beim Pentium II zu integrieren und bei der UltraSPARC abzutrennen, wurde teilweise auf der Grundlage technischer Optionen und teilweise aufgrund der unterschiedlichen Geschäftsmodelle von Intel und Sun getroffen. In technischer Hinsicht ist ein externer Cache flexibler (ein Cache der UltraSPARC II kann von 512 Kbyte bis 16 Mbyte reichen; der Cache des Pentium II ist auf 512 Kbyte festgesetzt). Er kann aufgrund seiner größeren Entfernung von der CPU aber auch langsamer sein. Außerdem sind mehr sichtbare Signale nötig, um den Cache zu adressieren (die 242 Kantenverbinder der SEC-Box des Pentium II beinhalten keine Signale für den Cache, da die CPU/Cache-Interaktion im Innern der Box abläuft). Die 787 Pins der UltraSPARC II beinhalten aber eine Cache-Steuerung.

Aus kommerzieller Sicht ist Intel ein Halbleiterhersteller, der seinen eigenen Level-2-Cache-Chip entwickeln, herstellen und über eine herstellerspezifische Hochleistungsschnittstelle mit der CPU verbinden kann. Sun ist demgegenüber ein Computer-Anbieter, kein Chiphersteller. Das Unternehmen entwikkelt einen Teil seiner eigenen Chips (z.B. die UltraSPARC), läßt aber von Halbleiterherstellern, wie Texas Instruments und Fujitsu, fertigen. Soweit möglich, bevorzugt Sun die Verwendung kommerziell erhältlicher Chips, die sich im Wettbewerbsumfeld bewährt haben. Die für Level-2-Cache benutzten SRAMs sind von zahlreichen Chipanbietern beziehbar, so daß für Sun keine Notwendigkeit einer Eigenentwicklung bestand. Diese Entscheidung impliziert, daß man den Level-2-Cache vom CPU-Chip unabhängig macht.

Die meisten Sun-Workstations sind mit dem **SBus**, einem synchronen 25-MHz-Bus, ausgestattet. In diesen Bus können E/A-Geräte eingesteckt werden. Für einen Speicher ist der SBus aber zu langsam, so daß Sun einen anderen Mechanismus geschaffen hat, damit (mehrere) UltraSPARC-CPUs mit (mehreren) Speichern kommunizieren können. Dieser Mechanismus heißt **UPA** (**Ultra Port Architecture**) und kann als Bus, Schalter (Switch) oder beides implementiert werden. In den verschiedenen Workstation- und Servermodellen geschieht dies auch. Die UPA-Implementierung spielt für die CPU aber keine Rolle, weil die Schnittstelle zur UPA genau definiert ist. Das ist auch die Schnittstelle, die der CPU-Chip unterstützen muß.

In Abb. 3.47 sehen wir den Kern einer UltraSPARC II mit CPU-Chip, UPA-Schnittstelle und Level-2-Cache (zwei handelsübliche SRAMs). Man sieht außerdem einen **UDB II** (**UltraSPARC Data Buffer II**). Die Funktion dieses Chips wird später erklärt. Benötigt die CPU ein Speicherwort, sucht sie zuerst in einem der (internen) Level-2-Cache. Findet sie das Wort, fährt sie in voller Geschwindigkeit mit der Ausführung fort. Findet sie das Wort nicht im ersten (Level 1) Cache, sucht sie im zweiten (Level 2).

Caching wird ausführlich in Kapitel 4 behandelt. Hier nur ein paar nützliche Worte darüber. Der Hauptspeicher ist in Cache-Leitungen (Blöcke) von 64 Byte unterteilt. Die 256 am häufigsten benutzten Instruktionsleitungen und die 256 am häufigsten benutzten Datenleitungen befinden sich im Level-1-Cache. Cache-Leitungen, die häufig benutzt werden, aber nicht in den Level-1-Cache passen, werden in den Level-2-Cache gestellt. Dieser Cache enthält eine zufällige Mischung aus Daten- und Instruktionsleitungen. Sie werden in dem Rechteck mit der Beschriftung »Daten im Level-2-Cache« gespeichert. Das System muß überblicken, welche Leitungen sich im Level-2-Cache befinden. Diese Information wird in einem zweiten SRAM (beschriftet mit »Tags im Level-2-Cache«) vorgehalten.

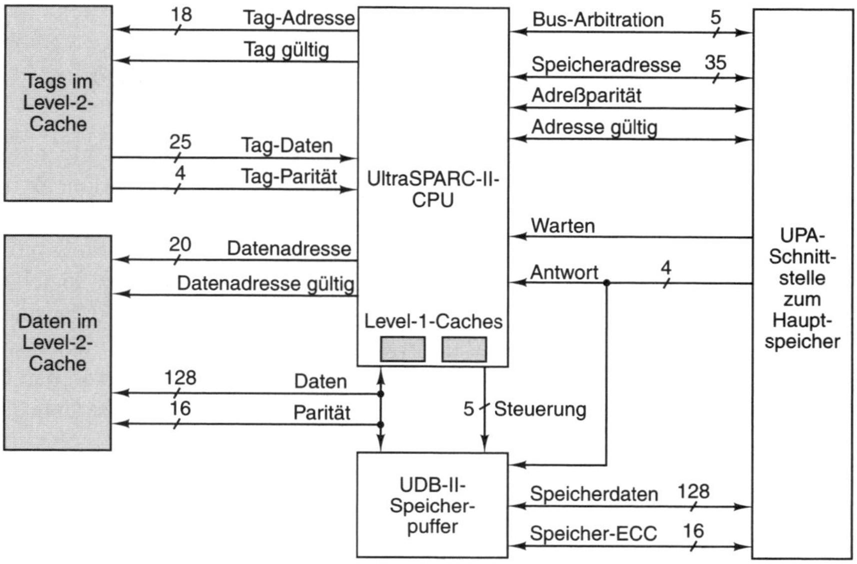

Abb. 3.47: Hauptmerkmale des Kerns einer UltraSPARC II

Schlägt eine Suche im Level-1-Cache fehl, schickt die CPU den Bezeichner (Identifier) der gesuchten Leitung (Tag-Adresse) an den Level-2-Cache. Die Antwort (Tag-Daten) liefert die Information, ob sich die Leitung im Level-2-Cache befindet. Trifft dies zu, gibt die Information auch Auskunft über den Zustand der Leitung. In diesem Fall schnappt sich die CPU die Leitung. Die Datentransfers sind 16 Byte breit, so daß vier Zyklen nötig sind, um eine ganze Leitung in den Level-1-Cache einzulesen.

Befindet sich die Cache-Zeile nicht im Level-2-Cache, muß sie über die UPA-Schnittstelle vom Hauptspeicher geholt werden. Die UPA der UltraSPARC II ist mit einem zentralen Controller implementiert. Die Adreß- und Steuersignale von der CPU (bzw. allen CPUs, falls mehrere vorhanden sind) gelangen dorthin. Für den Speicherzugriff muß die CPU zuerst die Bus-Arbitration-Pins benutzen, um die Erlaubnis zum Fortfahren zu erhalten. Wird die Erlaubnis gewährt, gibt die CPU die Speicheradreßpins aus, legt die Anfrageart fest und asseriert den für die Adresse gültigen Pin. (Diese Pins sind bidirektional, weil andere CPUs in einem UltraSPARC-II-Mehrprozessor auf entfernte Caches zur Konsistenzwahrung für alle Caches zugreifen müssen.) Die Adreß- und Buszyklen werden in zwei Zyklen auf den Adreßpins ausgegeben, wobei die Zeile aus dem ersten Zyklus und die Spalte aus dem zweiten Zyklus herausführt, wie wir aus Abb. 3.31 wissen.

Während die CPU auf die Ergebnisse wartet, kann sie mit anderen Arbeiten fortfahren. Schlägt das Einlesen einer Instruktion vom Cache beispielsweise fehl, wird die Ausführung von bereits eingelesenen Instruktionen nicht beeinträchtigt. Mehrere Transaktionen können also in der UPA gleichzeitig ausstehen. Die UPA kann zwei unabhängige Transaktionsströme (normalerweise

Lesen und Schreiben) handhaben, während mehrere Transaktionen anstehen. Dem zentralen Controller wird es überlassen, dies alles zu verfolgen und die tatsächlichen Speicheranforderungen in der effizientesten Reihenfolge anzuordnen.

Daten können vom Speicher in je 8 Byte ankommen und enthalten zum Zwecke einer höheren Zuverlässigkeit einen 16-Bit-Fehlerkorrekturcode. Eine Transaktion kann einen gesamten Cache-Block, ein Quadwort (8 Byte) oder auch weniger Bytes anfordern. Alle ankommenden Daten fließen für die Pufferung zum UDB. Der UDB koppelt die CPU noch mehr vom Speichersystem ab, so daß beide asynchron arbeiten können. Muß die CPU beispielsweise ein Wort oder eine Cache-Zeile in den Speicher schreiben, braucht sie nicht auf den UPA-Zugriff zu warten, sondern kann die Daten sofort in den UDB schreiben. Vom UDB kann sie die Daten später abrufen. Außerdem erzeugt und prüft der UDB den Fehlerkorrekturcode. Die Beschreibung der UltraSPARC II ist wie die des Pentium II stark vereinfacht und auf die notwendigen Aspekte der jeweiligen Betriebsweise beschränkt.

3.5.3 picoJava II

Pentium II und UltraSPARC II sind Beispiele von Hochleistungs-CPUs für sehr schnelle PCs und Workstations. Wenn man an Computer denkt, neigt man dazu, sich auf diese Systemart zu konzentrieren. Daneben gibt es aber noch eine ganze Welt von Computern, die weit größer ist: eingebettete Systeme. In diesem Abschnitt befassen wir uns kurz mit dieser Welt.

Die Behauptung, daß in jedem elektrischen Gerät, das mehr als 100 Euro kostet, ein Computer eingebaut ist, ist wahrscheinlich kaum übertrieben. Sicherlich sind Fernseher, Handys, elektronische Personal-Organizer, Mikrowellenherde, Camcorder, Videorecorder, Laserdrucker, Einbruchsicherungen, Hörgeräte, elektronische Spiele und andere Geräte, die man gar nicht alle aufzählen kann, heutzutage computergesteuert. Die in diesen Dingen integrierten Computer werden nach Niedrigpreisigkeit und nicht nach Leistung optimiert. Dies führt zu anderen Kompromissen als bei den vorher beschriebenen CPUs des oberen Leistungsbereichs.

Traditionell werden eingebettete Prozessoren in Assembler programmiert. Mit zunehmender Komplexität von Geräten und zunehmend schweren Folgen von Software-Fehlern wendet man sich verstärkt anderen Ansätzen zu. Insbesondere ist die Benutzung von Java als Programmiersprache für eingebettete Systeme attraktiv, weil sie sich relativ leicht schreiben läßt, einen geringen Codeumfang hat und plattformunabhängig ist. Der größte Nachteil bei der Verwendung von Java in eingebetteten Anwendungen ist die Notwendigkeit eines großen Software-Interpreters zum Ausführen des JVM-Codes durch den Java-Compiler. Außerdem dauert der Interpretationsprozeß lang.

Sun und mehrere andere Unternehmen haben sich mit diesem Problem beschäftigt und CPU-Chips entwickelt, die JVM als ihre native Instruktionsmenge benutzen. Dieser Ansatz kombiniert die Vorteile von Java als Programmiersprache, die Portabilität und kleine Größe des vom Java-Compiler produzierten JVM-Binärcodes und die schnelle Ausführung durch spezialisierte Hardware. In diesem Abschnitt wird ein moderner, auf Java basierter CPU-Chip betrachtet, der eigens für den eingebetteten Systemmarkt entwikkelt wurde.

Der CPU-Chip ist Suns picoJava II, der auf der Architektur von Suns micro-Java-701 basiert, die an andere Unternehmen lizensiert wurde. Es handelt sich um eine Einzelchip-CPU mit zwei Busschnittstellen, eine für den 64 Bit breiten Speicherbus und eine für den 32 Bit breiten PCI-Bus (siehe Abb. 3.48). Wie der Pentium II und die UltraSPARC II ist auf dem Chip ein Level-1-Cache mit 16 Kbyte für Instruktionen und 16 Kbyte für Daten. Im Gegensatz zu diesen beiden CPUs hat der Chip aber keinen Level-2-Cache, da die Kosten bei den meisten eingebetteten Systemen eines der wichtigsten Designkriterien ist. Nachfolgend wird mit microJava-701 die Sun-Implementierung von pico-Java II beschrieben. Der Chip ist gemessen an heutigen Maßstäben klein: nur 2 Millionen Transistoren für den Kern sowie weitere 1,5 Millionen für die beiden 16-Kbyte-Caches.

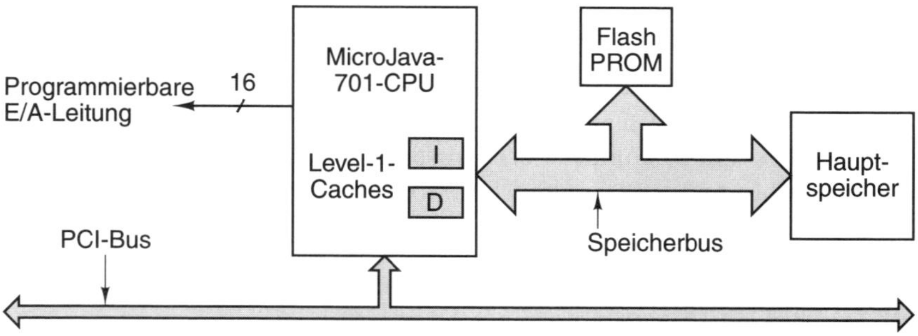

Abb. 3.48: Ein microJava-701-System

Drei Merkmale fallen in Abb. 3.48 sofort auf. Erstens nutzt microJava-701 den PCI-Bus (bei entweder 33 oder 66 MHz). Dieser Bus wurde von Intel für Pentium-Systeme im oberen Leistungsbereich entwickelt, der Prozessor ist aber unabhängig. Die Verwendung des PCI-Bus hat den Vorteil, daß man einen Standard nutzt und keinen neuen Bus entwickeln muß. Eine große Anzahl von Steckkarten ist zudem für ihn erhältlich. Für die Herstellung von Handys ist das Vorhandensein von PCI-Karten kaum von Nutzen, für Web-Fernseher und andere Geräte mit großen Abmessungen ist das aber ein Plus.

Zweitens beinhaltet ein microJava-701-System normalerweise einen Flash-PROM. Interessant daran ist, daß ein Großteil – wenn nicht das ganze Programm – für ein solches Gerät im Gerät integriert sein muß. Ein Flash-PROM ist eine gute Stelle zur Programmspeicherung. Deshalb ist es vorteilhaft, über ihn zu verfügen. Ein weiterer Chip (in der Abbildung nicht dargestellt), der in ein System integriert werden kann, enthält die für einen PC üblichen seriellen und parallelen E/A-Schnittstellen.

Drittens hat microJava-701 16 programmierbare E/A-Leitungen, an die man Knöpfe, Schalter und Lampen von Geräten anschließen kann. Ein Mikrowellenherd hat z.B. normalerweise ein numerisches Tastenfeld und ein paar Knöpfe, die man direkt an den CPU-Chip anschließen kann. Mit programmierbaren E/A-Leitungen direkt an der CPU braucht man keine programmierbaren E/A-Controller-Chips, was einfacheres Design und geringere Kosten bedeutet. Auf dem Chip befinden sich außerdem drei programmierbare Zeitgeber (Timer), die ebenfalls sehr nützlich sind, weil viele Geräte in Echtzeit arbeiten.

Der microJava-701-Chip wird in der Industriestandard-Ausführung mit 316 Pins als **BGA** (**Ball Grid Array**) ausgeliefert. Von diesen Pins werden 59 an den PCI-Bus angeschlossen. Der PCI-Bus wird später in diesem Kapitel ausführlich behandelt. Weitere 123 Pins dienen dem Speicherbus, darunter 64 unidirektionale Daten- und getrennte Adreßpins. Weitere Pins dienen der Steuerung (7), dem Timer (3), den Interrupts (11), dem Test (10) und der programmierbaren E/A (16). Einige der restlichen Pins werden (redundant) für Strom und Masse benutzt, und einige sind nicht belegt. Anderen Herstellern von picoJava-II-Systemen steht es frei, einen anderen Bus, eine andere Baueinheit usw. zu wählen.

Der Chip weist außerdem viele weitere Hardware-Merkmale auf, z.B. einen Schlafmodus, um Batterie zu sparen, einen auf dem Chip integrierten Interrupt-Controller und volle Unterstützung des IEEE-Standards 1149.1 für JTAG-Tests.

3.6 Beispielbusse

Busse sind der Klebstoff, der Computer-Systeme zusammenhält. In diesem Abschnitt werden einige beliebte Busse näher betrachtet: ISA, PCI und USB (Universal Serial Bus). Der ISA-Bus ist eine leicht erweiterte Ausführung des ursprünglichen IBM-PC-Busses. Aus Gründen der Abwärtskompatibilität ist er immer noch in allen Intel-basierten PCs vorhanden. Alle diese Rechner haben aber noch einen zweiten, schnelleren Bus – den PCI-Bus. Der PCI ist breiter als der ISA und läuft mit einer höheren Taktrate. Der USB setzt sich immer stärker als E/A-Bus für Peripheriegeräte mit niedriger Geschwindigkeit, wie Mäuse und Tastaturen, durch. Diese Busse werden im folgenden beschrieben.

3.6.1 ISA-Bus

Der IBM-PC-Bus war der De-facto-Standard in 8088-Systemen, weil ihn fast alle Hersteller von PC-Clones kopiert haben, um die große Zahl an E/A-Karten von Drittanbietern in ihren Systemen nutzen zu können. Er hatte 62 Signalleitungen, darunter 20 für eine Speicheradresse, 8 für Daten und je eine für die Assertion von Leseoperationen zum/vom Speicher und Ein-/Ausgaben. Außerdem gab es Signale für die Anfrage und Gewährung von Interrupts und die DMA-Verwendung, und das war's schon. Es war ein sehr einfacher Bus.

Physisch war der Bus auf dem PC-Motherboard aufgelötet, mit etwa einem halben Dutzend Connectors in einem Abstand von 2 cm, in die man Karten einstecken konnte. Jede Karte hatte eine Kerbe, die in einen dieser Connectors paßte. Die Kerbe hatte 31 vergoldete Streifen auf jeder Seite, durch die der elektrische Kontakt mit dem Connector hergestellt wurde.

Als IBM den 80286-PC/AT vorstellte, trat ein Problem auf. Hätte das Unternehmen einen völlig neuen 16-Bit-Bus entwickelt, hätten viele potentielle Kunden mit dem Kauf gezögert, weil die zahlreichen PC-Steckkarten von Drittanbietern nicht mit der neuen Maschine funktioniert hätten. Wäre man andererseits bei dem PC-Bus mit seinen 20 Adreß- und 8 Datenleitungen geblieben, hätte man die Fähigkeit des 80286, 16 Mbyte Speicher zu adressieren und 16-Bit-Wörter zu übertragen, nicht nutzen können.

Als Lösung entschied man sich für die Erweiterung des PC-Bus. PC-Steckkarten haben einen Edge-Connector mit 62 Kontakten, der sich aber nicht über die ganze Länge der Karte erstreckt. Als PC/AT-Lösung versah man die Karte an der Unterseite mit einem zweiten Connector neben dem ersten und änderte die AT-Schalttechnik so, daß sie beide Kartenarten unterstützte. Das allgemeine Konzept ist in Abb. 3.49 dargestellt.

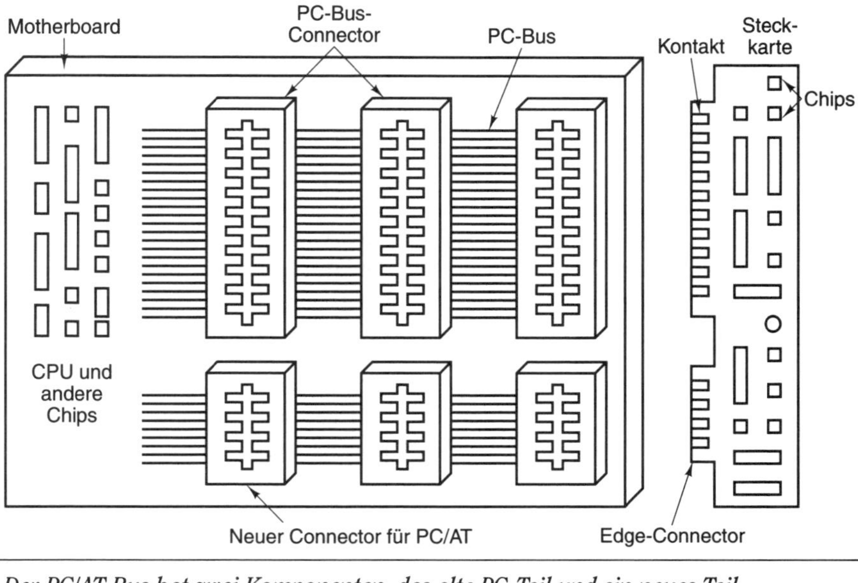

Abb. 3.49: Der PC/AT-Bus hat zwei Komponenten, das alte PC-Teil und ein neues Teil

Der zweite Connector am PC/AT-Bus enthält 36 Leitungen. Davon sind 31 für mehr Adreßleitungen, mehr Datenleitungen, mehr Interrupt-Leitungen und mehr DMA-Kanäle sowie Strom und Masse vorgesehen. Der Rest beschäftigt sich mit dem Unterschied zwischen 8-Bit- und 16-Bit-Transfers.

Als IBM die PS/2-Serie als Nachfolger des PC und PC/AT herausbrachte, entschloß sich das Unternehmen zu einem Neubeginn. Diese Entscheidung gründete teilweise auf technischen Überlegungen (der PC-Bus war zu dieser Zeit wirklich überholt), teilweise aber auch auf dem Wunsch, den Herstellern von PC-Klons ein Bein zu stellen. Diese hatten nämlich einen beängstigend großen Marktanteil. Folglich wurden die PS/2-Rechner im mittleren und oberen Leistungsbereich mit einem Bus, dem Microchannel, ausgestattet, der völlig neu und durch eine Mauer von Patenten und eine Armee von Anwälten geschützt war.

Der Rest der PC-Industrie reagierte auf diese Entwicklung mit der Übernahme eines eigenen Standards, den **ISA**-Bus (ISA = **Industry Standard Architecture**), im Grunde genommen der PC/AT-Bus mit 8,33 MHz. Dies bot den Vorteil, daß die Kompatibilität mit allen existierenden Rechnern und Karten gewahrt wurde. Er basiert auch auf einem Bus, den IBM freizügig an viele Unternehmen lizensiert hatte, damit möglichst viele Drittanbieter möglichst viele Karten für den Original-PC produzierten, was sich im nachhinein als Verhängnis für IBM herausstellte. In jedem Intel-basierten PC gibt es diesen Bus immer noch, normalerweise aber zusammen mit einem oder mehreren anderen Bussen. Der Leser findet eine umfangreiche Beschreibung in Shanley und Anderson (1995a).

Später wurde der ISA-Bus auf 32 Bits und um ein paar neue Merkmale (z.B. für Multiprocessing) erweitert. Diesen neuen Bus nannte man **EISA** (**Extended ISA**). Für ihn wurden aber nur wenige Karten produziert.

3.6.2 PCI-Bus

Im ursprünglichen IBM-PC waren die meisten Anwendungen textbasiert. Nach und nach, mit der Einführung von Windows, verbreiteten sich grafische Benutzeroberflächen. Keine dieser Anwendungen hat dem ISA-Bus viel abgefordert. Im Laufe der Zeit und vielen neuen Anwendungen, insbesondere Multimedia-Spielen, änderte sich diese Situation radikal.

Stellen wir am Beispiel von Laufbildern auf einem Bildschirm mit einer Auflösung von 1024 × 768 Pixel und hoher Farbauflösung (TrueColor = 3 Byte/Pixel) eine einfache Rechnung auf. Ein Bild einer Laufbildserie umfaßt 2,25 Mbyte an Daten. Damit die Bewegungen ruckelfrei ablaufen, sind mindestens 30 Bilder/s erforderlich, und dies bei einer Datenrate von 67,5 Mbyte/s. Schlimmer noch: Will man Videodaten von einer Festplatte, CD-ROM oder DVD ablaufen lassen, müssen sie vom Laufwerk über den Bus zum Speicher fließen. Für die Anzeige reisen die Daten dann erneut über den Bus zum Grafikadapter. Wir brauchen also eine Busbandbreite von 135 Mbyte/s allein für das Video, ohne die Bandbreite, die für die CPU und die anderen Geräte benötigt wird.

Der ISA-Bus läuft mit einer Höchstrate von 8,33 MHz und kann pro Zyklus 2 Bytes übertragen. Die maximale Bandbreite ist 16,7 Mbyte/s. Der EISA-Bus kann 4 Bytes pro Zyklus befördern und erreicht 33,3 Mbyte/s. Natürlich kommen beide nicht annähernd an die für ein Vollbildvideo nötige Menge.

In weiser Voraussicht entwickelte Intel 1990 einen neuen Bus mit einer viel höheren Bandbreite als sogar der EISA-Bus und nannte ihn **PCI-Bus** (Peripheral Component Interconnect Bus). Um seinen Einsatz voranzutreiben, patentierte Intel den PCI-Bus und stellte dann alle Patente zur freien Verfügung, damit jedes Unternehmen Peripheriegeräte dafür lizensieren konnte. Ferner gründete Intel ein Industriekonsortium, die PCI Special Interest Group, um die Zukunft des PCI-Bus zu verwalten. Diese Schritte führten dazu, daß der PCI-Bus sehr beliebt wurde. Praktisch jeder Intel-basierte Computer seit dem Pentium hat heute einen PCI-Bus, und viele andere Computer auch. Sun hat sogar eine Version der UltraSPARC, die UltraSPARC IIi, mit dem PCI-Bus ausgestattet. Der PCI-Bus wird ausführlich in Shanley und Anderson (1995b) und Solari und Willse (1998) beschrieben.

Der ursprüngliche PCI-Bus übertrug 32 Bit pro Zyklus und lief mit 33 MHz (d.h. einer Zykluszeit von 30 ns). Die Bandbreite betrug insgesamt 133 Mbyte/s. 1993 wurde der PCI 2.0 eingeführt, und 1995 kam PCI 2.1 heraus. PCI 2.2 hat Eigenschaften, die ihn für mobile Computer geeignet machen (vorwiegend zur Einsparung von Batteriestrom). Der PCI-Bus läuft mit bis zu 66 MHz und handhabt 64-Bit-Transfers. Er hat eine Bandbreite von insgesamt 528 Mbyte/s. Mit diesen Fähigkeiten ist Vollbildvideo machbar (unter der Annahme, daß die Platte und der Rest des Systems diesen Anforderungen genügen). Auf jeden Fall ist der PCI-Bus nicht der Flaschenhals bei solchen Anwendungen.

Nun hört sich eine Rate von 528 Mbyte/s zwar schnell an, ist aber nicht ganz unproblematisch. Erstens ist sie nicht gut genug für einen Speicherbus. Zweitens ist sie nicht mit den vielen alten ISA-Karten im Feld kompatibel. Intel dachte sich eine Lösung aus und entwickelte Computer mit drei oder mehr Bussen. Wir sehen in Abb. 3.50, daß die CPU mit dem Hauptspeicher über einen speziellen Speicherbus kommuniziert, und daß ein ISA-Bus an den PCI-Bus angeschlossen werden kann. Diese Anordnung erfüllt alle Anforderungen. Praktisch alle Pentium-II-Rechner weisen diese Architektur auf.

Zwei Schlüsselkomponenten bei dieser Architektur sind die Zwei-Brücken-Chips (die Intel fertigt, daher das Interesse an dem ganzen Projekt). Die PCI-Brücke verbindet die CPU, den Speicher und den PCI-Bus. Die ISA-Brücke verbindet den PCI-Bus mit dem ISA-Bus und unterstützt eine oder zwei IDE-Platten. Fast alle Pentium-II-Systeme haben einen oder mehr freie PCI-Steckplätze für neue schnelle Peripheriegeräte und einen oder mehr ISA-Steckplätze für langsame Peripheriegeräte.

Das System in Abb. 3.50 hat den großen Vorteil, daß die CPU über einen herstellerspezifischen Speicherbus bei einer sehr hohen Bandbreite zum Speicher verfügt. Der PCI-Bus hat eine sehr hohe Bandbreite für schnelle Peripherigeräte, z.B. SCSI-Platten, Grafikadapter usw., und ältere ISA-Karten können weiter benutzt werden. Die USB-Box in der Abbildung bezieht sich auf den Universal Serial Bus, der später in diesem Kapitel behandelt wird.

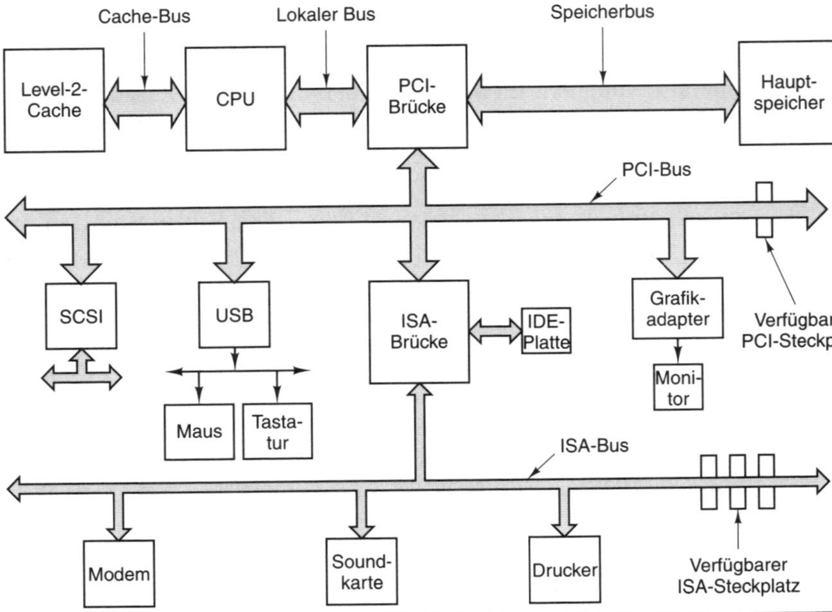

Abb. 3.50: Architektur eines typischen Pentium-II-Systems; die dickeren Busse haben mehr Bandbreite als die dünneren

Wir haben zwar ein System mit einem PCI-Bus und einem ISA-Bus dargestellt. Es sind aber auch mehrere von beiden möglich. Es sind PCI/PCI-Brückenchips erhältlich, die zwei PCI-Busse verbinden, so daß größere Systeme mit zwei oder mehr unabhängigen PCI-Bussen ausgestattet werden können. Außerdem ist es möglich, mehrere ISA-Busse über zwei oder mehr PCI/ISA-Brückenchips anzuschließen.

Es wäre angenehm, wenn es nur eine Sorte PCI-Karten gäbe. Leider ist das nicht der Fall. Für Spannung, Breite und Takt gibt es unterschiedliche Varianten. Ältere Computer nutzen meist 5 Volt, und neuere neigen zu 3,3 Volt, so daß der PCI-Bus beides unterstützt. Die Connectors sind gleich, mit Ausnahme von zwei Kunststoffplättchen, die verhindern sollen, daß man eine 5-Volt-Karte in einen 3,3-Volt-Bus, oder umgekehrt, einsteckt. Zum Glück gibt es auch universell einsetzbare Karten, die beide Spannungen unterstützen und in jeden Steckplatz eingeschoben werden können. Abgesehen von den beiden Spannungen gibt es Karten in 32- und 64-Bit-Version. Die 32-Bit-Karten haben 120 Pins. Die 64-Bit-Karten haben die gleichen 120 sowie zusätzlich 64 Pins, analog der Erweiterung des IBM-PC-Bus auf 16 Bit (siehe Abb. 3.49). Ein PCI-Bus-System, das 64-Bit-Karten unterstützt, kann auch 32-Bit-

Karten aufnehmen. Ferner können PCI-Busse mit 33 oder 66 MHz laufen. Dafür verbindet man einen Pin entweder mit der Stromversorgung oder mit der Masse. Die Connectors sind bei beiden Geschwindigkeiten die gleichen.

Wie alle PC-Busse, die auf den ursprünglichen IBM-PC zurückgehen, ist der PCI-Bus synchron. Alle Transaktionen erfolgen zwischen einem Master, der offiziell **Initiator** heißt, und einem Slave, den man **Target** nennt. Um die PCI-Pinanzahl gering zu halten, werden die Adreß- und Datenleitungen gemultiplext. Auf diese Weise sind nur 64 Pins auf PCI-Karten für die Adresse plus Datensignale erforderlich, obwohl der PCI 64-Bit-Adressen und 64-Bit-Daten unterstützt.

Die gemultiplexten Adreß- und Datenpins funktionieren wie folgt: Bei einer Leseoperation im Zyklus 1 setzt der Master die Adresse auf den Bus. In Zyklus 2 entfernt der Master die Adresse, und der Bus wird umgeschaltet, so daß ihn der Slave benutzen kann. In Zyklus 3 gibt der Slave die angeforderten Daten aus. Bei Schreiboperationen muß der Bus nicht umgeschaltet werden, weil der Master Adresse und Daten ausgibt. Die minimale Transaktion erfordert aber immer drei Zyklen. Ist der Slave nicht in der Lage, in drei Zyklen zu reagieren, kann er Wartezustände einfügen. Blocktransfers in unbegrenzter Größe und verschiedene andere Arten von Buszyklen sind ebenfalls zulässig.

PCI-Bus-Arbitration

Damit ein Gerät den PCI-Bus benutzen kann, muß es ihn zuerst in Beschlag nehmen. Die PCI-Bus-Arbitration benutzt dafür einen zentralen Bus-Arbiter (siehe Abb. 3.51). Bei den meisten Designs ist der Bus-Arbiter in einen der Brückenchips eingebaut. Jedes PCI-Gerät hat zwei bestimmte Leitungen, die vom Gerät zum Arbiter führen. Mit der Leitung REQ# wird der Bus angefordert. Leitung GNT# nimmt Busgewährungen entgegen.

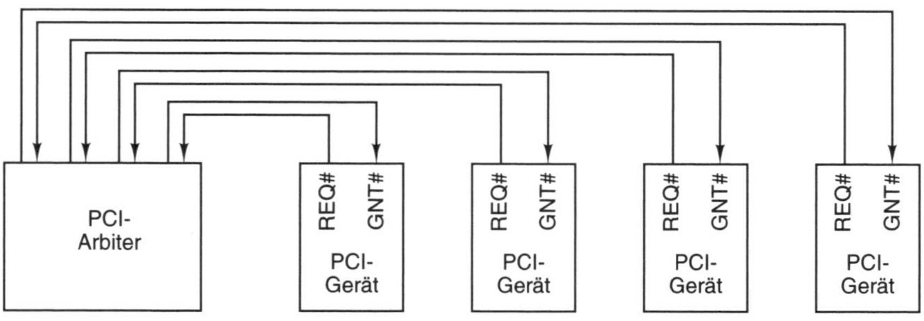

Abb. 3.51: Der PCI-Bus nutzt einen zentralen Bus-Arbiter

Um den Bus anzufordern, asseriert ein PCI-Gerät (auch die CPU zählt dazu) REQ# und wartet, bis seine GNT#-Leitung vom Arbiter asseriert wird. Dann kann das Gerät den Bus im nächsten Zyklus benutzen. Der vom Arbiter benutzte Algorithmus ist in der PCI-Spezifikation nicht definiert. Round-Robin-

Arbitration, Prioritäten-Arbitration und andere Verfahren sind zulässig. Selbstverständlich ist ein guter Arbiter fair und läßt kein Gerät ewig warten.

Die Nutzung des Bus wird für eine Transaktion gewährt, die Länge dieser Transaktion ist theoretisch aber unbegrenzt. Möchte ein Gerät eine zweite Transaktion durchführen, und wird der Bus von keinem anderen Gerät angefordert, kann es erneut starten, obwohl normalerweise zwischen zwei Transaktionen ein leerer Zyklus ablaufen muß. Unter besonderen Umständen – wenn nicht um den Bus geworben wird – kann ein Gerät Transaktionen hintereinander ausführen, ohne einen leeren Zyklus zu respektieren. Führt ein Busmaster einen sehr langen Transfer durch, und hat ein anderes Gerät währenddessen den Bus angefordert, kann der Arbiter die GNT#-Leitung negieren. In diesem Fall muß der momentane Busmaster den Bus im nächsten Zyklus freigeben. Dieses Vorgehen ermöglicht sehr lange Transfers (was effizient ist), wenn sich nur ein Kandidat um den Bus bewirbt, wobei dennoch auf Anfragen von Geräten schnell reagiert wird.

PCI-Bussignale

Der PCI-Bus hat eine Reihe von zwingenden (Abb. 3.52(a)) und eine Reihe von optionalen Signalen (Abb. 3.52(b)). Der Rest der 120 bzw. 184 Pins wird für Strom, Masse und verschiedene, damit zusammenhängende Funktionen benutzt, die hier nicht behandelt werden. In den Spalten *Master* und *Slave* sieht man, wer das Signal in einer normalen Transaktion asseriert. Wird das Signal von einem anderen Gerät asseriert (z.B. CLK [Takt]), bleiben beide Spalten leer.

Wir betrachten nun die einzelnen PCI-Bussignale und beginnen mit den zwingenden (32-Bit-)Signalen. Anschließend werden die optionalen (64-Bit-)-Signale beschrieben. Das CLK-Signal steuert den Bus. Die meisten anderen Signale sind mit diesem Signal synchron. Im Gegensatz zum ISA-Bus beginnt eine PCI-Bustransaktion an der fallenden Flanke von CLK. Das ist nicht der Anfang, sondern die Mitte des Zyklus.

Die 32 AD-Signale sind für die Adresse und die Daten (für 32-Bit-Transaktionen) bestimmt. Im allgemeinen wird die Adresse in Zyklus 1 asseriert und die Daten in Zyklus 3. Das PAR-Signal ist ein Paritätsbit für AD. Das Signal C/BE# wird für zwei verschiedene Aktionen benutzt. In Zyklus 1 enthält es den Busbefehl (1 Wort lesen, Lesen blockieren usw.). In Zyklus 2 enthält es eine Bitmap aus 4 Bits, die besagt, welche Bytes des 32-Bit-Worts gültig sind. Mit C/BE# können 1, 2 oder 3 Bytes oder das ganze Wort beliebig gelesen oder geschrieben werden.

Das Signal FRAME# wird vom Busmaster für den Start einer Bustransaktion asseriert. Es informiert den Slave darüber, daß die Adreß- und Busbefehle jetzt gültig sind. In einer Lesetransaktion wird IRDY# normalerweise gleichzeitig mit FRAME# asseriert. Dies besagt, daß der Master zur Entgegennahme der ankommenden Daten bereit ist. Bei einer Schreiboperation wird IRDY# später asseriert, wenn die Daten auf dem Bus sind.

Signal	Leitungen	Master	Slave	Erläuterung
CLK	1			Takt (33 oder 66 MHz)
AD	32	×	×	Gemultiplexte Adreß- und Datenleitungen
PAR	1	×		Adreß- oder Datenparitätsbit
C/BE	4	×		Busbefehl/Bitmap für eingeschaltete Bytes
FRAME#	1	×		Kennzeichnet, daß AD und C/BE asseriert sind
IRDY#	1	×		Lesen: Master wird akzeptieren; Schreiben: Daten liegen an
IDSEL	1	×		Wählt Konfigurationsraum statt Speicher
DEVSEL#	1		×	Slave hat seine Adresse dekodiert und ist in Bereitschaft
TRDY#	1		×	Lesen: Daten liegen an; Schreiben: Slave wird akzeptieren
STOP#	1		×	Slave möchte Transaktion sofort abbrechen
PERR#	1			Empfänger hat Datenparitätsfehler erkannt
SERR#	1			Adreßparitätsfehler oder Systemfehler erkannt
REQ#	1			Bus-Arbitration: Anforderung des Bus
GNT#	1			Bus-Arbitration: Gewährung des Bus
RST#	1			Setzt das System und alle Geräte zurück

(a)

Zeichen	Leitungen	Master	Slave	Erläuterung
REQ64#	1	×		Anfrage zur Ausführung einer 64-Bit-Transaktion
ACK64#	1		×	Gewährung für eine 64-Bit-Transaktion
AD	32	×		Weitere 32 Bit für Adresse oder Daten
PAR64	1	×		Parität für die 32 zusätzlichen Adreß-/Datenbits
C/BE#	4	×		Weitere 4 Bit für Byteeinschaltungen
LOCK	1	×		Sperren des Bus, um mehrere Transaktionen zu gewähren
SBO#	1			Treffer auf einem entfernten Cache (bei einem Mehrprozessorsystem)
SDONE	1			Snooping ausgeführt (bei einem Mehrprozessorsystem)
INTx	4			Anforderung eines Interrupts
JTAG	5			JTAG-Testsignale nach IEEE 1149.1
M66EN	1			Verdrahtung mit Strom oder Masse (66 oder 33 MHz)

(b)

Abb. 3.52: (a) Zwingende und (b) optionale PCI-Bussignale

Das Signal IDSEL bezieht sich auf die Tatsache, daß jedes PCI-Gerät über einen Konfigurationsraum von 256 Byte verfügen muß, den die anderen Geräte (durch Asserierung von IDSEL) lesen können. Dieser Konfigurationsraum enthält die Eigenschaften des Geräts. Die Plug-and-Play-Eigenschaft mancher Betriebssysteme nutzt ihn, um herauszufinden, welche Geräte sich am Bus befinden.

Nun kommen wir zu den Signalen, die vom Slave asseriert werden. DEVSEL# kündigt an, daß der Slave seine Adresse auf den AD-Leitungen erkannt hat und bereit ist, in die Transaktion einzutreten. Wird DEVSEL# nicht innerhalb eines bestimmten Zeitraums asseriert, läuft der Timer des Masters ab; der Master nimmt dann an, daß das adressierte Gerät nicht vorhanden oder ausgefallen ist.

Das Signal TRDY# wird vom Slave bei Leseoperationen für die Ankündigung asseriert, daß sich die Daten auf den AD-Leitungen befinden. Bei Schreiboperationen kündigt es an, daß er zur Datenannahme bereit ist.

Die nächsten drei Signale sind für Fehlermeldungen reserviert. STOP# wird vom Slave asseriert, wenn etwas Verheerendes passiert, und er die aktuelle Transaktion abbrechen möchte. PERR# wird benutzt, um einen Datenparitätsfehler aus dem vorherigen Zyklus zu melden. Bei einer Leseoperation wird es vom Master und bei einer Schreiboperation vom Slave asseriert. SERR# wird zum Melden von Adressier- und Systemfehlern benutzt.

Die Signale REQ# und GNT# dienen der Bus-Arbitration. Sie werden nicht vom momentanen Busmaster, sondern von einem Gerät asseriert, das Busmaster werden möchte. Das letzte zwingende Signal ist RST#. Mit ihm setzt man das System zurück, wenn der Benutzer die RESET-Taste drückt oder ein Systemgerät einen nicht reparierbaren Fehler feststellt. Die Assertion dieses Signals setzt alle Geräte zurück und startet den Computer neu.

Von den optionalen Signalen beziehen sich die meisten auf die Erweiterung von 32 auf 64 Bit. Die Signale REQ64# und ACK64# erlauben es dem Master, die Erlaubnis zur Durchführung einer 64-Bit-Transaktion einzuholen, bzw. dem Slave die Erlaubnis zu gewähren. Die Signale AD, PAR64 und C/BE# sind lediglich Erweiterungen der entsprechenden 32-Bit-Signale.

Die nächsten drei Signale haben nichts mit der Erweiterung von 32 auf 64 Bit zu tun, sondern mit Mehrprozessorsystemen – etwas, was PCI-Platinen nicht unbedingt unterstützen müssen. Mit dem Signal LOCK kann der Bus für mehrere Transaktionen gesperrt werden. Die nächsten beiden Signale beziehen sich auf Bus-Snooping zur Wahrung der Cache-Kohärenz.

Die INTX-Signale werden zur Anforderung von Interrupts benutzt. An eine PCI-Karte können bis zu vier logische Geräte angeschlossen werden. Jedes davon kann eine eigene Interrupt-Anfrageleitung haben. Die JTAG-Signale sind für das JTAG-Testverfahren gemäß IEEE-Standard 1149.1 reserviert. Das Signal M66EN wird entweder auf High oder Low für das Setzen der Taktgeschwindigkeit geschaltet. Es darf sich während des Systembetriebs nicht ändern.

PCI-Bustransaktionen

Der PCI-Bus ist eigentlich sehr einfach. Um dafür ein besseres Gefühl zu entwickeln, betrachte man das Taktdiagramm der Abb. 3.53. Hier erkennt man eine Lesetransaktion, der ein leerer Zyklus sowie eine Schreibtransaktion durch den gleichen Busmaster folgen.

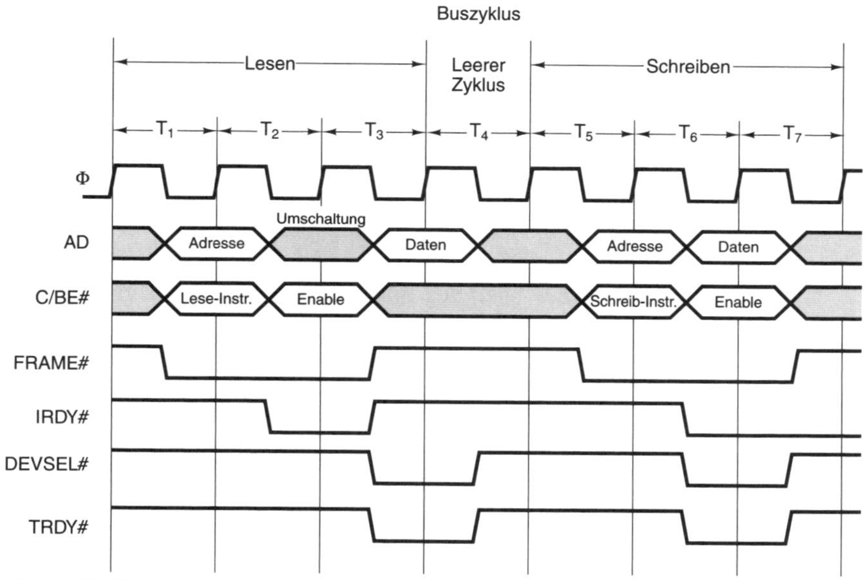

Abb. 3.53: Beispiele von PCI-Bustransaktionen (32 Bit). Die ersten drei Zyklen dienen der Leseoperation, dann folgt ein leerer Zyklus, und anschließend folgen drei Zyklen für eine Schreiboperation.

Wenn die fallende Flanke des Takts innerhalb von T_1 erfolgt, setzt der Master die Speicheradresse auf AD und den Busbefehl auf C/BE#. Dann asseriert er FRAME#, um die Bustransaktion zu starten.

Im Verlauf von T_2 puffert der Master den Adreßbus, damit dieser sich in Vorbereitung auf den Slave in T_3 umschaltet. Außerdem ändert der Master C/BE#, um anzuzeigen, welche Bytes im adressierten Wort eingeschaltet (d.h. eingelesen) werden sollen.

In T_3 asseriert der Slave DEVSEL#, damit der Master weiß, daß er die Adresse hat, und seinerseits die Antwort plant. Außerdem setzt er die Daten auf die AD-Leitungen und asseriert TRDY#, um dies dem Master mitzuteilen. Auch wenn der Slave nicht in der Lage war, so schnell zu antworten, so asseriert er dennoch DEVSEL#, um seine Anwesenheit bekanntzugeben. Er hält TRDY#

aber negiert, bis er die Daten herausnehmen kann. Dieses Verfahren bringt einen oder mehrere Wartezustände mit sich.

Bei diesem Beispiel (und oft auch in der Wirklichkeit) ist der nächste Zyklus leer. Beginnend in T_5 leitet der gleiche Master eine Schreiboperation ein. Zunächst setzt er auf die übliche Weise die Adresse und den Befehl auf den Bus. Im zweiten Zyklus setzt er die Daten. Da das gleiche Gerät die AD-Leitungen steuert, besteht keine Notwendigkeit eines Umschaltzyklus. In T_7 nimmt der Speicher die Daten an.

3.6.3 USB (Universal Serial Bus)

Der PCI-Bus eignet sich gut zum Anschließen von Hochgeschwindigkeitsperipherie an einen Computer, ist aber bei weitem zu teuer, wenn man über eine PCI-Schnittstelle für jedes langsame E/A-Gerät, z.B. eine Tastatur oder eine Maus, verfügt. Historisch wurde jedes E/A-Standardgerät auf besondere Weise an den Computer angeschlossen, mit einigen freien ISA- und PCI-Steckplätzen zum Hinzufügen neuer Geräte. Leider war dieses Verfahren von Anfang an mit Problemen behaftet. Jedes neue E/A-Gerät wird beispielsweise meist mit einer eigenen ISA- oder PCI-Karte ausgeliefert. Die Einstellung der Schalter und Brücken (Jumper) auf der Karte wird dem Benutzer überlassen. Er muß sich auch darum kümmern, daß zwischen den einzelnen Karten kein Konflikt entsteht. Der Benutzer muß das Gehäuse öffnen, die Karte vorsichtig einstekken, das Gehäuse schließen und den Rechner starten. Für viele Benutzer ist dieser Vorgang schwierig und birgt viele Fehlerquellen. Außerdem ist die Anzahl der ISA- und PCI-Steckplätze immer begrenzt (normalerweise auf zwei oder drei). Plug-and-Play-Karten ersparen dem Benutzer zwar die Einstellung der Brücken. Er muß aber trotzdem für die Installation den Computer öffnen, und die Bussteckplätze sind nach wie vor begrenzt.

Zur Lösung dieses Problem haben sich Mitte der neunziger Jahre Vertreter von sieben Unternehmen (Compaq, DEC, IBM, Intel, Microsoft, NEC und Northern Telecom) zusammengefunden, um über ein besseres Design zu beraten, wie langsame E/A-Geräte an einen Computer angeschlossen werden können. Seither sind Hunderte weiterer Unternehmen der Gruppe beigetreten. Der daraus entwickelte Standard heißt **USB** (**Universal Serial Bus**). Er wird inzwischen in vielen Computern implementiert. Der Standard wird ausführlich in Anderson (1997) und Tan (1997) beschrieben.

Mit dem USB-Projekt verfolgten die Gründungsmitglieder der USB-Arbeitsgruppe unter anderem folgende Ziele:

1. Benutzer sollen keine Schalter und Brücken auf Platinen oder Geräten setzen müssen.
2. Benutzer sollen das Gehäuse nicht zur Installation neuer E/A-Geräte öffnen müssen.
3. Es soll nur eine Kabelart für den Anschluß aller Geräte verwendet werden.

4. E/A-Geräte sollen über das Kabel mit Strom versorgt werden.
5. An einen einzigen Computer sollen sich bis zu 127 Geräte anschließen lassen.
6. Das System soll Echtzeitgeräte (z.B. Sound, Telefon) unterstützen.
7. Geräte sollen bei laufendem Computer installiert werden können.
8. Nach der Installation eines neuen Geräts soll kein Neustart des Computers erforderlich sein.
9. Der neue Bus und seine E/A-Geräte sollen preisgünstig gefertigt werden können.

Der USB erfüllt alle diese Ziele. Er wurde für langsame Geräte, z.B. Tastaturen, Mäuse, Standbildkameras, Büroscanner, digitale Telefone usw., ausgelegt. Die USB-Bandbreite ist insgesamt 1,5 Mbyte/s. Das ist für viele Geräte dieser Art ausreichend. Diese niedrige Zahl wurde mit Blick auf Kosteneindämmung gewählt.

Ein USB-System besteht aus einem **Root-Hub**, der in den Hauptbus (siehe Abb. 3.50) eingesteckt wird. Dieser Hub hat Buchsen für Kabel, über die E/A-Geräte oder Erweiterungshubs angeschlossen werden können, so daß weitere Buchsen bereitstehen. Die Topologie eines USB-Systems ist also ein Baum, dessen Wurzel der Root-Hub im Innern des Computers bildet. Die Kabel haben unterschiedliche Connectors am Hub-Ende und am Geräteende, um zu verhindern, daß man versehentlich zwei Hubs zusammensteckt.

Das Kabel besteht aus vier Drähten – zwei für Daten, einen für Strom (+5 Volt) und einen für Masse. Das Signalisierungssystem überträgt eine 0 als Spannungsübergang und eine 1 in Abwesenheit eines Spannungsübergangs, so daß lange Folgen von Nullen einen regelmäßigen Impulsstrom erzeugen.

Der Root-Hub erkennt, wenn ein neues E/A-Gerät eingesteckt wird, und unterbricht das Betriebssystem. Das Betriebssystem fragt das Gerät danach ab, um welches es sich handelt, und wieviel USB-Bandbreite es benötigt. Stellt das Betriebssystem fest, daß ausreichend Bandbreite für das Gerät vorhanden ist, weist es ihm eine eindeutige Adresse (1–127) zu. Dann lädt es diese Adresse und andere Informationen, um Register im Innern des Geräts zu konfigurieren. Auf diese Weise können neue Geräte problemlos hinzugefügt werden, ohne daß der Benutzer etwas konfigurieren oder installieren muß. Nicht initialisierte Karten beginnen mit der Adresse 0, damit auch sie angesprochen werden können. Zur Vereinfachung der Verkabelung sind in vielen USB-Geräten Hubs zur Aufnahme zusätzlicher USB-Geräte eingebaut. Ein Monitor kann beispielsweise zwei Hub-Buchsen bekommen, um den linken und rechten Lautsprecher unterzubringen.

Logisch kann das USB-System als Menge von Bit-Pipes vom Root-Hub zu den E/A-Geräten betrachtet werden. Jedes Gerät kann seine Bit-Pipe in maximal 16 Teil-Pipes für unterschiedliche Datenarten (z.B. Audio und Video) aufteilen.

Innerhalb jeder Pipe oder jeder Teil-Pipe fließen Daten vom Root-Hub zum Gerät oder umgekehrt. Zwischen den beiden E/A-Geräten fließt kein Verkehr.

Genau alle 1,00 ± 0,05 ms sendet der Root-Hub für die Synchronisation einen neuen Rahmen an alle Geräte. Ein Rahmen ist mit einer Bit-Pipe verbunden und besteht aus Paketen. Das erste Paket stammt vom Root-Hub des Geräts. Die folgenden Pakete im Rahmen können auch in diese Richtung oder vom Gerät zurück zum Root-Hub fließen. Abb. 3.54 zeigt eine Folge von vier Rahmen.

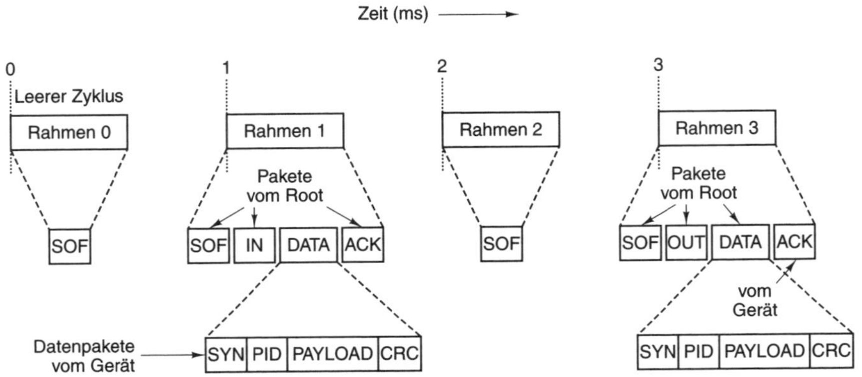

Abb. 3.54: Der USB-Root-Hub sendet alle 1,00 ms Rahmen aus

In Abb. 3.54 muß in den Rahmen 0 und 2 keine Arbeit verrichtet werden, so daß nur ein SOF-Paket (`Start of Frame`) erforderlich ist. Dieses Paket wird immer an alle Geräte gesendet. Rahmen 1 ist eine Abfrage, z.B. eine Anforderung an einen Scanner, die in einem Bild gelesenen Bits zurückzugeben. Rahmen 3 besteht aus den Zustelldaten an ein Gerät, z.B. einen Drucker.

Der USB unterstützt vier Rahmenarten: `Control`, `Isochronous`, `Bulk` und `Interrupt`. `Control`-Rahmen werden benutzt, um Geräte zu konfigurieren, Befehle an sie zu erteilen und ihren Status abzufragen. `Isochronous`-Rahmen sind für Echtzeitgeräte, wie Mikrophone, Lautsprecher und Telefone, die Daten in genauen Zeitintervallen senden oder annehmen müssen, vorgesehen. Sie haben eine genau vorherbestimmte Verzögerung, bieten im Fall von Fehlern aber keine Möglichkeit der erneuten Übertragung. `Bulk`-Rahmen werden für umfangreiche Transfers an oder von Geräten ohne Echtzeitanforderungen, z.B. Drucker, benutzt. `Interrupt`-Rahmen sind nötig, weil der USB keine Interrupts unterstützt. Statt die Tastatur bei jedem Klemmen einer Taste einen Interrupt ausgeben zu lassen, kann das Betriebssystem die Tastatur alle 50 ms abfragen, um eventuell ausstehende Tastenanschläge zu sammeln.

Ein Rahmen besteht aus einem oder mehr Paketen, die möglicherweise in beide Richtungen gesendet werden. Es gibt vier Paketarten: `Token`, `Data`, `Handshake` und `Special`. `Token`-Pakete fließen vom Root-Hub zu einem Gerät und dienen der Systemsteuerung. Die Pakete SOF, IN und OUT in Abb. 3.54

sind Token-Pakete. Das Paket SOF (Start of Frame) ist das erste in jedem Rahmen. Es kennzeichnet den Rahmenanfang. Ist keine Arbeit zu verrichten, ist SOF das einzige Paket im Rahmen. IN ist ein Token-Paket für die Abfrage von Geräten, damit diese bestimmte Daten zurückgeben. Die Felder im IN-Paket geben Auskunft darüber, welche Bit-Pipe abgefragt wird, so daß das Gerät weiß, welche Daten zurückzugeben sind (wenn es mehrere Ströme hat). OUT ist ein Token-Paket, das ankündigt, daß Daten für das Gerät folgen. SETUP (in der Abbildung nicht vorhanden) ist ein Token-Paket für die Konfiguration.

Neben dem Token-Paket gibt es noch drei weitere: DATA (für die Übertragung von 64 Byte an Informationen in beide Richtungen), HANDSHAKE und SPECIAL. Das Format eines DATA-Pakets ist aus Abb. 3.54 ersichtlich. Es besteht aus einem 8 Bit großen Synchronisierungsfeld, einem 8-Bit-Pakettyp (PID), den Nutzdaten (PAYLOAD) und einem 16-Bit-CRC (**Cyclic Redundancy Code**) zur Fehlererkennung. Drei Arten von HANDSHAKE-Paketen sind definiert: ACK (das vorherige Datenpaket wurde korrekt empfangen), NAK (ein CRC-Fehler wurde erkannt) und STALL (bitte warten, bin momentan beschäftigt).

Betrachten wir wieder Abb. 3.54. Alle 1,00 ms muß ein Rahmen vom Root-Hub gesendet werden, auch wenn keine Arbeit ansteht. Die Rahmen 0 und 2 bestehen nur aus einem SOF-Paket, aus dem hervorgeht, daß keine Arbeit anstand. Rahmen 1 ist eine Abfrage; deshalb beginnt er mit einem SOF- und einem IN-Paket vom Computer zum E/A-Gerät, gefolgt von einem DATA-Paket vom Gerät zum Computer. Das ACK-Paket teilt dem Gerät mit, welche Daten korrekt empfangen wurden. Im Fall eines Fehlers würde ein NAK an das Gerät zurückgeschickt und das Paket bei Bulk-Daten (nicht aber bei isochronen Daten) erneut übertragen werden. Der Aufbau von Rahmen 3 entspricht dem von Rahmen 1, außer daß die Daten vom Computer zum Gerät fließen.

3.7 Schnittstellen

Ein typisches kleines bis mittleres Computer-System besteht aus einem CPU-Chip, Speicherchips und einigen allesamt über einen Bus angeschlossenen E/A-Controllern. Wir haben Speicher, CPU und Busse mehr oder weniger ausführlich behandelt. Nun ist es an der Zeit, den letzten Teil des Puzzles – die E/A-Chips – zu betrachten. Diese Chips ermöglichen einem Computer die Kommunikation mit der Außenwelt.

3.7.1 E/A-Chips

E/A-Chips sind in Hülle und Fülle erhältlich, und laufend werden neue eingeführt. Zu den üblichen zählen UARTs, USARTs, CRT-Controller, Platten-Controller und PIOs. Ein **UART (Universal Asynchronous Receiver Transmitter)** ist ein Chip, der ein Byte vom Datenbus lesen und je ein Bit über eine serielle Leitung an ein Terminal ausgeben oder vom Terminal empfangen kann. UARTs unterstützen verschiedene Geschwindigkeiten und Zeichenbreiten von 5 bis 8 Bits sowie 1, 1,5 oder 2 Stoppbits. Sie bieten gerade (EVEN), ungerade (ODD) oder keine (NONE) Parität; all dies läuft unter Programmsteuerung ab. Ein **USART** (**Universal Synchronous Asynchronous Receiver Transmitter**) kann die synchrone Übertragung mit Hilfe verschiedener Protokolle handhaben und alle UART-Funktionen ausführen. Weil UART-Chips bereits in Kapitel 2 beschrieben wurden, betrachten wir hier als Beispiel eines E/A-Chips deren parallele Schnittstelle.

PIO-Chips

Ein typischer PIO-Chip (**PIO** = **Parallel Input/Output**) ist der Intel 8255A (siehe Abb. 3.55). Er hat 24 E/A-Leitungen, die als Schnittstellen für ein beliebiges, TTL-kompatibles Gerät dienen, z.B. Tastaturen, Schalter, Lampen oder Drucker. Kurz, das CPU-Programm kann auf jede Leitung eine 0 oder eine 1 schreiben oder den Eingangsstatus einer Leitung lesen, so daß große Flexibilität geboten wird. Ein kleines, CPU-basiertes System mit einem PIO kann oft eine ganze, mit SSI- oder MSI-Chips voll bestückte Platine ersetzen.

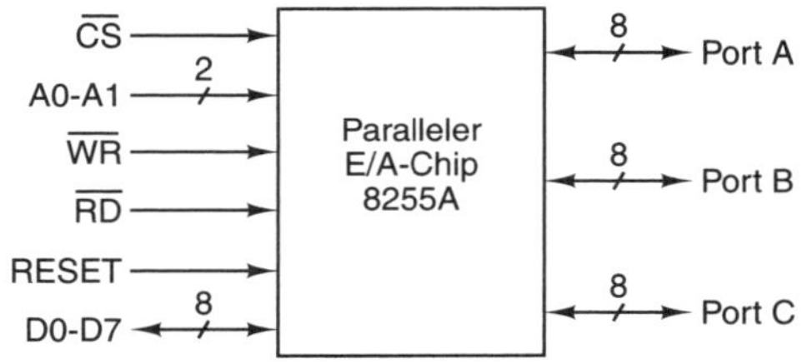

Abb. 3.55: Der PIO-Chip 8255A

Die CPU kann den 8255A auf vielerlei Weise konfigurieren, wenn sie Statusregister im Chip lädt. Wir konzentrieren uns aber auf einfachere Betriebsarten. In der einfachsten Einsatzart fungiert der 8255A als drei unabhängige 8-Bit-Ports A, B und C. Mit jedem Port steht ein 8-Bit-Register in Verbindung. Um die Leitungen eines Ports zu setzen, schreibt die CPU eine 8-Bit-Zahl in das entsprechende Register. Dann erscheint die 8-Bit-Zahl auf den Ausgangsleitungen und bleibt dort, bis das Register erneut beschrieben wird. Zur Nutzung eines Ports für Eingaben liest die CPU das entsprechende Register.

Weitere Betriebsarten bieten Handshaking mit externen Geräten. Um beispielsweise eine Ausgabe an ein nicht ständig zur Datenaufnahme bereites Gerät zu schicken, kann der 8255A an einem Ausgangsport Daten präsentieren und warten, bis das Gerät einen Impuls zurückschickt, durch den es angibt, daß es Daten angenommen hat und auf weitere wartet. Die nötige Logik, um solche Impulse zu speichern und sie für die CPU bereitzustellen, ist in der 8255A-Hardware enthalten.

Aus dem Funktionsdiagramm des 8255A ist ersichtlich, daß er zusätzlich zu 24 Pins für die drei Ports noch über acht Leitungen verfügt, die direkt an den Datenbus, eine Chipauswahlleitung, Lese- und Schreibleitungen, zwei Adreßleitungen und eine Leitung zum Zurücksetzen des Chips angeschlossen werden. Die beiden Adreßleitungen wählen einen der vier internen Register, entsprechend den Ports A, B, C und Statusregister. Im Statusregister befinden sich Bits, die ermitteln, welche Ports für Ein- und welche für Ausgaben benutzt werden. Normalerweise werden die beiden Adreßleitungen mit den niederwertigen Bits des Adreßbus verbunden.

3.7.2 Dekodierung von Adressen

Bis jetzt haben wir absichtlich ungenaue Aussagen darüber gemacht, wie die Chipauswahl auf den bisher beschriebenen Speicher- und E/A-Chips asseriert wird. Nun ist es an der Zeit, sich mit diesem Thema zu befassen. Betrachten wir einen einfachen Mikrocomputer, der aus einer CPU, einem 2K × 8-EPROM für das Programm, einem 2K × 8-RAM für die Daten und einem PIO besteht. Dieses kleine System kann als Prototyp für das Gehirn eines billigen Spielzeugs oder eines einfachen Geräts benutzt werden. Einmal in der Produktion, kann der EPROM durch einen ROM ausgetauscht werden.

Der PIO kann auf zweierlei Weise ausgewählt werden: als echtes E/A-Gerät oder als Teil des Speichers. Wählen wir ihn als E/A-Gerät, müssen wir ihn mit Hilfe einer expliziten Busleitung, die das zu adressierende E/A-Gerät und nicht den Speicher bezeichnet, auswählen. Entscheiden wir uns für einen anderen Ansatz – **Memory-mapped I/O** –, müssen wir ihm 4 Byte des Adreßraums für die drei Ports und das Steuerregister zuweisen. Die Wahl ist mehr oder weniger willkürlich. Wir entscheiden uns für das Memory-mapped I/O, weil dieser Ansatz interessante Aspekte der E/A-Schnittstellen aufdeckt.

Der EPROM, aber auch der RAM, brauchen einen Adreßraum von 2K. Der PIO benötigt 4 Byte. Unser Beispiel hat einen Adreßraum von 64K. Deshalb müssen wir uns entscheiden, wo wir die drei Geräte ansiedeln wollen. Eine Möglichkeit ist in Abb. 3.56 dargestellt. Der EPROM belegt Adressen von 2K, der RAM belegt Adressen von 32K bis 34K, und der PIO belegt die höchsten 4 Byte des Adreßraums, 65532 bis 65535. Aus Sicht des Programmierers macht es keinen Unterschied, welche Adressen wir benutzen. Für die Schnittstellen ist das aber von Bedeutung. Hätten wir uns entschieden, den PIO über den E/A-Raum zu adressieren, bräuchte er keine Speicheradressen (statt dessen aber vier E/A-Raumadressen).

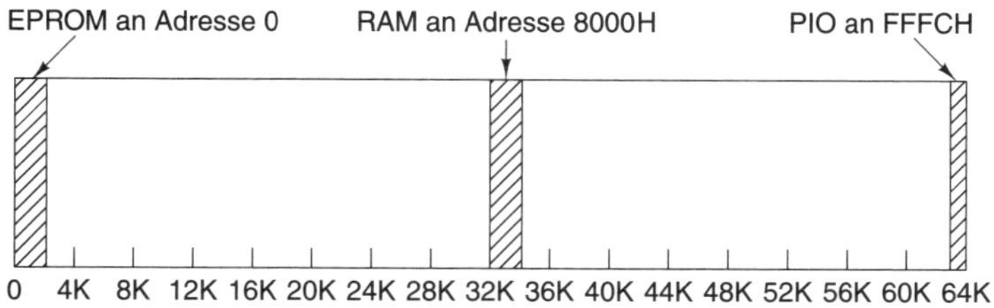

Abb. 3.56: Anordnung des EPROM, RAM und PIO in einem 64K-Adreßraum

Mit den Adreßzuweisungen von Abb. 3.56 sollte der EPROM von einer beliebigen 16-Bit-Speicheradresse im Format 00000xxxxxxxxxxx (binär) ausgewählt werden. Anders ausgedrückt: Jede Adresse, deren fünf höherwertige Bits Nullen sind, fällt in die unteren 2K des Speichers, also in den EPROM. Somit könnte die EPROM-Chipauswahl mit einem 5-Bit-Komparator verdrahtet werden, dessen Eingänge fest auf 00000 verdrahtet sind.

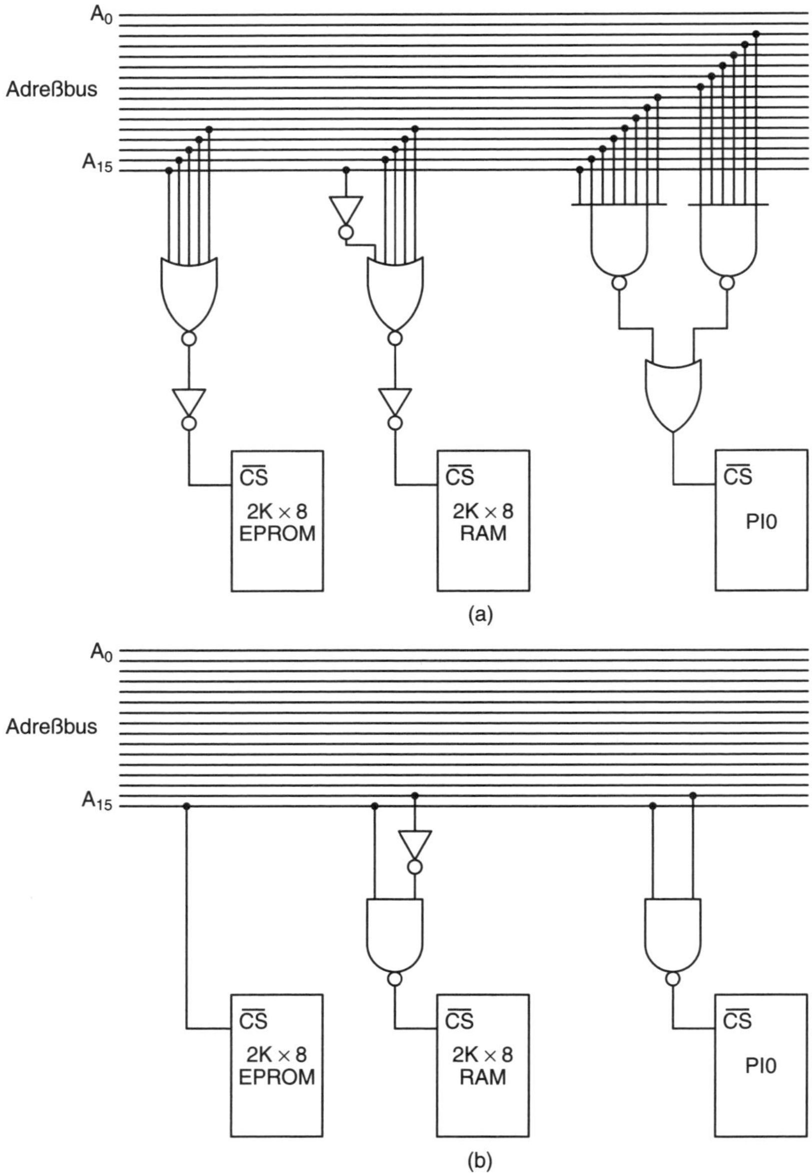

Abb. 3.57: (a) Volle Adreßdekodierung; (b) partielle Adreßdekodierung

Die gleiche Wirkung läßt sich besser erreichen, wenn man ein OR-Gate mit fünf Eingängen benutzt und die fünf Eingänge an die Adreßleitungen A11 bis A15 anschließt. Nur und nur wenn alle fünf Leitungen 0 sind, ist der Ausgang 0, so daß $\overline{CS}$ (auf Low) asseriert wird. Leider gibt es in der SSI-Standardserie kein OR-Gate mit fünf Eingängen. Das nächstliegende, das zur Verfügung steht, ist ein NOR-Gate mit acht Eingängen. Wenn wir drei Eingänge mit Masse verbinden und den Ausgang invertieren, können wir dennoch das richtige Signal herstellen, wie Abb. 3.57(a) zeigt. SSI-Chips sind so preiswert, daß es, von außergewöhnlichen Umständen abgesehen, kein Thema ist, wenn einmal einer ineffizient benutzt wird. Der Konvention zufolge werden unbenutzte Eingänge in Schaltdiagrammen nicht dargestellt.

Das gleiche Prinzip läßt sich auf den RAM anwenden. Er sollte aber auf Binäradressen im Format 10000xxxxxxxxxxx reagieren, so daß ein zusätzlicher Inverter nötig ist (siehe die Abbildung). Die PIO-Adreßdekodierung ist komplizierter, weil sie von den vier Adressen im Format 11111111111111xx gewählt wird. Eine mögliche Schaltung, die $\overline{CS}$ nur dann asseriert, wenn die richtige Adresse im Adreßbus erscheint, ist in der Abbildung dargestellt. Sie hat zwei NAND-Gates mit acht Eingängen zur Versorgung eines OR-Gates. Um die in Abb. 3.57(a) dargestellte Logik zur Adreßdekodierung mit SSI zu realisieren, benötigt man sechs Chips – die vier Chips mit acht Eingängen, ein OR-Gate und einen Chip mit drei Invertern.

Falls der Computer wirklich nur aus der CPU, zwei Speicherchips und dem PIO besteht, können wir einen Trick anwenden, um die Adreßdekodierung enorm zu vereinfachen. Alle EPROM-Adressen, und nur EPROM-Adressen, haben im höherwertigen Bit A15 eine 0. Somit genügt es, $\overline{CS}$ direkt mit A15 zu verbinden, wie in Abb. 3.57(b) dargestellt.

An diesem Punkt mag die Entscheidung, den RAM auf 8000H zu setzen, viel weniger willkürlich erscheinen. Die RAM-Dekodierung kann durchgeführt werden, wenn nur gültige Adressen im Format 10xxxxxxxxxxxxxx im RAM sind, so daß eine 2-Bit-Dekodierung ausreicht. Jede mit 11 beginnende Adresse muß eine PIO-Adresse sein. Die vollständige Dekodierlogik sind jetzt zwei NAND-Gates und ein Inverter. Da man aus einem NAND-Gate einen Inverter machen kann, wenn man einfach die beiden Eingänge miteinander verbindet, ist ein einzelner Quad-NAND-Chip mehr als ausreichend.

Die in Abb. 3.57(b) dargestellte Logik zur Adreßdekodierung heißt **partielle Adreßdekodierung** (**Partial Address Decoding**), weil die vollen Adressen nicht benutzt werden. Sie hat die Eigenschaft, daß eine Leseoperation von den Adressen 0001000000000000, 0001100000000000 oder 0010000000000000 zum gleichen Ergebnis führt. Jede Adresse in der unteren Hälfte des Adreßraums wählt den EPROM. Da die zusätzlichen Adressen nicht benutzt werden, kann nichts passieren. Will man aber einen Computer auf künftige Erweiterung auslegen (was bei einem Spielzeug kaum der Fall sein dürfte), sollte man die partielle Dekodierung vermeiden, weil sie zuviel Adreßraum belegt.

Bei einer weiteren üblichen Adreßdekodierungstechnik wird ein Dekodiererchip verwendet, z.B. wie in Abb. 3.13. Durch Verbindung der drei Eingänge mit den drei höherwertigen Adreßleitungen erhalten wir acht Ausgänge, entsprechend den Adressen in den ersten 8K, den zweiten 8K usw. Für einen Computer mit acht RAMs mit Speicherchips von je 8K × 8 bietet ein solcher Chip die gesamte Dekodierung. Für einen Computer mit acht Speicherchips von 2K × 8 reicht auch ein Dekodierer, vorausgesetzt, daß die Speicherchips jeweils an getrennten 8K-Stücken des Adreßraums angeordnet sind. (Man erinnere sich an die frühere Bemerkung, daß die Position der Speicher- und E/A-Chips innerhalb des Adreßraums eine Rolle spielt.)

3.8 Zusammenfassung

Computer werden aus integrierten Schaltchips gebaut, die winzige Schaltelemente enthalten, die man Gates nennt. Die üblichen Gates sind AND, OR, NAND, NOR und NOT. Einfache Schaltungen können direkt durch Kombination einzelner Gates mit Hilfe von SSI-Chips realisiert werden.

Komplexere Schaltungen werden mit Hilfe von MSI-Standardkomponenten gebaut, z.B. Multiplexer, Demultiplexer, Kodierer, Dekodierer, Schieber und ALUs. Mit einem PLA können beliebige boolesche Funktionen programmiert werden. Werden viele boolesche Funktionen benötigt, sind PLAs viel effizienter. Die Gesetze der booleschen Algebra lassen sich anwenden, um Schaltungen von einer Form in eine andere umzuwandeln. In vielen Fällen können auf diese Weise wirtschaftlichere Schaltungen produziert werden.

Computer-Arithmetik wird mittels Addierern durchgeführt. Ein Einzelbit-Volladdierer kann aus zwei Halbaddierern gebildet werden. Ein Addierer für ein Multibit-Wort kann gebildet werden, wenn man mehrere Volladdierer so zusammenschließt, daß der Übertrag jedes einzelnen in den jeweiligen linken Nachbarn eingespeist wird.

Die Komponenten von (statischen) Speichern sind Latches und Flip-Flop-Schaltungen, die jeweils ein Bit an Informationen speichern können. Diese Schaltungen können linear zu oktalen Latches und Flip-Flop-Schaltungen oder logarithmisch zu wortorientierten Speichern kombiniert werden. Speicher sind als RAMs, ROMs, PROMs, EPROMs, EEPROMs und Flashs erhältlich. Statische RAMs brauchen nicht aufgefrischt zu werden. Sie behalten ihre Werte, solange der Strom fließt. Dynamische RAMs müssen demgegenüber periodisch aufgefrischt werden, damit der Kriechverlust der kleinen Kondensatoren auf dem Chip kompensiert wird.

Die Komponenten eines Computer-Systems werden über Busse verbunden. Viele, aber nicht alle Pins auf einem typischen CPU-Chip steuern eine Busleitung direkt. Die Busleitungen können in Adreß-, Daten- und Steuerleitungen unterteilt werden. Synchrone Busse werden von einem Mastertakt gesteuert. Asynchrone Busse wenden zur Synchronisation des Slave mit dem Master volles Handshaking an.

Der Pentium II ist ein Beispiel einer modernen CPU. Die meisten damit ausgestatteten Systeme haben einen Speicherbus, einen PCI-Bus, einen ISA-Bus und einen USB-Bus. Der PCI-Bus kann je 64 Bit in einer Rate von 66 MHz übertragen, so daß er ausreichend schnell für fast alle Peripheriegeräte, aber nicht schnell genug für Speicher ist.

Schalter, Lampen, Drucker und viele andere E/A-Geräte können über parallele E/A-Chips, z.B. den 8255A, an Computer angeschlossen werden. Diese Chips können als Teil des E/A-Raums oder des Speicherraums konfiguriert werden. Man kann sie je nach Anwendung voll oder teilweise kodieren.

3.9 Aufgaben

1. Ein Logiker fährt in ein Drive-in-Restaurant und sagt: »Ich möchte einen Hamburger oder einen Hot-Dog und Pommes Frites.« Der Koch hat die Schule zu häufig geschwänzt und weiß nicht (oder kümmert sich nicht darum), ob »und« Vorrang vor »oder« hat. Für ihn ist das eine so gut wie das andere. Welche der folgenden Fälle sind gültige Interpretationen der Bestellung? (Im Englischen hat das Wort »or« [oder] die Bedeutung von »exclusive or« [ausschließliches oder].)

   a. Nur ein Hamburger.

   b. Nur ein Hot-Dog.

   c. Nur Pommes Frites.

   d. Ein Hot-Dog und Pommes Frites.

   e. Ein Hamburger und Pommes Frites.

   f. Ein Hot-Dog und ein Hamburger.

   g. Alle drei.

   h. Nichts – der Logiker bleibt zwar klug, fährt aber hungrig von dannen.

2. Ein Missionar hat sich in Südkalifornien verirrt und stoppt an einer Kreuzung. Er weiß, daß zwei Motorradbanden die Gegend unsicher machen. Eine davon sagt immer die Wahrheit, und die andere lügt immer. Er möchte wissen, welche Straße nach Disneyland führt. Welche Frage sollte er stellen?

3. Es gibt vier boolesche Funktionen einer einzigen Variablen und 16 Funktionen von zwei Variablen. Wie viele Funktionen von drei Variablen gibt es? Wie viele gibt es von n Variablen?

4. Benutzen Sie eine Wahrheitstabelle, um folgendes zu zeigen: P = (P AND Q) OR (P AND NOT Q).

5. Zeigen Sie, wie die AND-Funktion aus zwei NAND-Gates gebildet werden kann.

6. Benutzen Sie die De Morganschen Gleichungen, um das Komplement von $A\overline{B}$ zu ermitteln.

7. Benutzen Sie den auf drei Variablen basierten Multiplexer-Chip von Abb. 3.12, und implementieren Sie eine Funktion, deren Ausgabe die Parität der Eingaben ist, d.h., die Ausgabe ist 1, falls und nur falls eine ungerade Zahl von Eingaben 1 sind.

8. Denken Sie mal scharf nach: Der auf drei Variablen basierte Multiplexer-Chip von Abb. 3.12 kann eine beliebige Funktion von *vier* booleschen Variablen berechnen. Beschreiben Sie, wie, und zeichnen Sie als Beispiel das Logikdiagramm für die Funktion, die 0 ist, falls das englische Wort für die Zeile in der Wahrheitstabelle eine gerade Zahl von Buchstaben hat, und 1 ist, falls sie eine ungerade Zahl von Buchstaben hat (z.B. 0000 = Null = vier Buchstaben → 0; 0111 = seven = fünf Buchstaben → 1; 1101 = thirteen = acht Buchstaben → 0). Hinweis: Wenn wir die vierte Eingabevariable D nennen, können die acht Eingangsleitungen mit V_{CC}, Masse, D oder $\overline{D}$ verdrahtet werden.

9. Zeichnen Sie das Logikdiagramm eines 2-Bit-Demultiplexers, d.h. eine Schaltung, deren einzige Eingangsleitung eine der vier Ausgangsleitungen ansteuert, je nach Zustand der beiden Steuerleitungen.

10. Zeichnen Sie das Logikdiagramm eines 2-Bit-Kodierers, d.h. eine Schaltung mit vier Eingangsleitungen, von denen genau eine zu einem Zeitpunkt auf High liegt, und zwei Ausgangsleitungen, deren 2-Bit-Binärwert aussagt, welcher Eingang auf High liegt.

11. Zeichnen Sie das PLA von Abb. 3.15 ausreichend detailliert, um darzulegen, wie die logische Mehrheitsfunktion von Abb. 3.3 implementiert werden kann. Achten Sie insbesondere darauf, daß Sie darstellen, welche Verbindungen in beiden Matrizen vorhanden sind.

12. Was macht diese Schaltung?

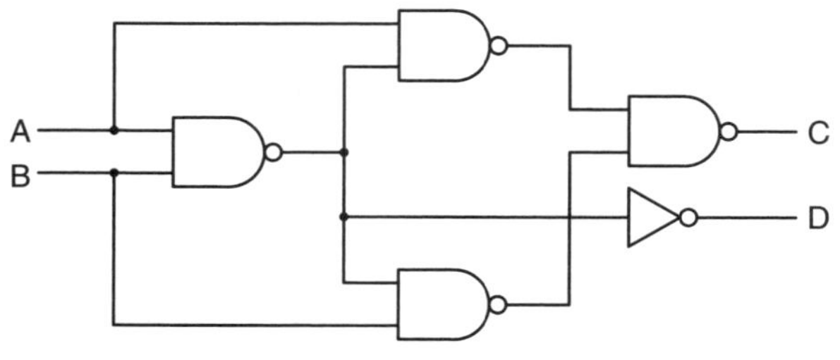

13. Ein üblicher MSI-Chip ist ein 4-Bit-Addierer. Vier dieser Chips können untereinander verbunden werden, um einen 16-Bit-Addierer zu bilden. Wie viele Pins hat der 4-Bit-Addiererchip erwartungsgemäß? Warum?

14. Ein n-Bit-Addierer kann realisiert werden, wenn man n Volladdierer in Reihe kaskadiert, wobei der Übertrag in Phase i, C_i von der Ausgabe von Phase $i - 1$ kommt. Der Übertrag in Phase 0, C_0 ist 0. Wenn jede Phase

T ns dauert, um ihre Summe und den Übertrag zu produzieren, ist der Übertrag in Phase i erst iT ns nach dem Beginn der Addition gültig. Ist n groß, kann die Zeit, bis der Übertrag die höherwertige Phase durchlaufen hat, zu lang sein. Entwerfen Sie einen Addierer, der schneller arbeitet. Hinweis: Jeder C_i kann in Operandenbits A_{i-1} und B_{i-1} sowie als Übertrag C_{i-1} ausgedrückt werden. Mit Hilfe dieser Relation ist es möglich, C_i als Funktion der Eingaben in den Phasen 0 bis $i - 1$ auszudrücken, so daß alle Überträge gleichzeitig erzeugt werden können.

15. Angenommen, alle Gates von Abb. 3.19 haben eine Verbreitungsverzögerung von 10 ns, und alle anderen Verzögerungen können ignoriert werden. Wann ist der früheste Zeitpunkt, an dem eine auf diesem Design basierte Schaltung sicher sein kann, daß sie ein gültiges Ausgabebit hat?

16. Die ALU von Abb. 3.20 kann 8-Bit-2-Komplement-Additionen ausführen. Ist sie auch in der Lage, 2-Komplement-Subtraktionen auszuführen? Falls ja, erklären Sie, wie. Andernfalls ändern Sie die ALU entsprechend ab, so daß sie auch Subtraktionen bewältigen kann.

17. Zuweilen muß eine 8-Bit-ALU, wie die in Abb. 3.20, die Konstante –1 als Ausgabe erzeugen. Führen Sie zwei Möglichkeiten auf, wie dies bewältigt werden kann. Für jede geben Sie die Werte der sechs Steuersignale an.

18. Eine 16-Bit-ALU wird aus 16 1-Bit-ALUs gebaut, die je eine Additionszeit von 10 ns haben. Angenommen, es gibt eine zusätzliche Verzögerung von 1 ns für die Verbreitung von einer ALU zur nächsten. Wie lange dauert es, bis das Ergebnis einer 16-Bit-Addition erscheint?

19. Wie lautet der Wartezustand der Eingänge S und R in eine SR-Latch, die aus zwei NAND-Gates gebaut wurde?

20. Die Schaltung von Abb. 3.26 ist eine Flip-Flop-Schaltung, die an der steigenden Flanke des Takts ausgelöst wird. Ändern Sie die Schaltung so ab, daß eine Flip-Flop-Schaltung entsteht, die an der fallenden Flanke des Takts ausgelöst wird.

21. Um die Raten für Ihren neuen Personalcomputer schneller tilgen zu können, werden Sie als Berater für Firmenneugründungen tätig, die SSI-Chips herstellen. Einer Ihrer Kunden überlegt, ob er für einen potentiell wichtigen Kunden einen Chip mit vier D-Flip-Flop-Schaltungen entwerfen soll, die jeweils Q und $\overline{Q}$ enthalten. Gemäß Kundenspezifikation sind im fraglichen Design alle vier Taktsignale verbunden. Es gibt weder Preset noch Clear. Ihre Aufgabe ist es, eine professionelle Einschätzung des Designs zu geben.

22. Der 4×3-Speicher von Abb. 3.29 nutzt 22 AND-Gates und drei OR-Gates. Angenommen, die Schaltung wird auf 256×8 erweitert. Wie viele von beiden würde man benötigen?

23. Je mehr Speicher aus einem einzigen Chip herausgequetscht wird, um so höher auch die Anzahl der für die Adressierung benötigten Pins. Oft ist

eine große Zahl von Adreßpins an einem Chip unpraktisch. Denken Sie sich eine Möglichkeit aus, um 2^n Speicherwörter mit weniger als n Pins zu adressieren.

24. Ein Computer mit einem 32 Bit breiten Datenbus benutzt dynamische RAM-Speicherchips von 1M × 1. Welche Größe (in Byte) ist der kleinste Speicher, den dieser Computer haben kann?

25. Unter Bezugnahme auf das Taktdiagramm in Abb. 3.37 nehmen wir an, daß Sie den Taktgeber um 40 ns statt um 25 ns (wie dargestellt) bei gleichen Taktbeschränkungen verlangsamt haben. Wieviel Zeit hätte der Speicher im schlechtesten Fall, um die Daten während T_3 nach der Assertion von $\overline{MREQ}$ auf den Bus zu bringen?

26. Noch einmal zurück zu Abb. 3.37. Angenommen, der Taktgeber bleibt bei 40 MHz, aber T_{AD} wird auf 16 ns erhöht. Könnten 40 ns-Speicherchips immer noch verwendet werden?

27. In Abb. 3.37(b) ist T_{ML} auf mindestens 6 ns spezifiziert. Können Sie sich einen Chip vorstellen, bei dem sie negativ ist? Anders ausgedrückt: Könnte die CPU $\overline{MREQ}$ asserieren, bevor die Adresse stabil ist? Warum bzw. warum nicht?

28. Angenommen, der Blocktransfer von Abb. 3.41 wird mit dem Bus von Abb. 3.37 durchgeführt. Wieviel mehr Bandbreite erhält man, wenn man statt einzelner Transfers einen Blocktransfer mit langen Blöcken verwendet? Nehmen Sie jetzt an, daß der Bus nicht 8 Bit, sondern 32 Bit breit ist. Beantworten Sie die Frage von neuem.

29. Beschriften Sie die Übergangszeiten der Adreßleitungen von Abb. 3.38 mit T_{A1} und T_{A2} und die Übergangszeiten von $\overline{MREQ}$ mit T_{MREQ1} und T_{MREQ2}. Schreiben Sie alle durch das volle Handshake implizierten Ungleichheiten auf.

30. Die meisten 32-Bit-Busse erlauben 16-Bit-Lese- und Schreiboperationen. Besteht Zweideutigkeit darüber, wo die Daten abgestellt werden? Erläutern Sie Ihre Antwort.

31. Viele CPUs verfügen über eine spezielle Buszyklusart für Interrupt-Bestätigungen (Acknowledge). Warum?

32. Ein 10-MHz-PC/AT erfordert vier Zyklen, um ein Wort zu lesen. Wieviel Busbandbreite verbraucht die CPU?

33. Eine 32-Bit-CPU mit den Adreßleitungen A2–A31 erfordert alle Speicherreferenzen für die Ausrichtung. Das heißt, Wörter müssen in Mehrfachen von 4 Byte und halbe Wörter in geraden Bytes adressiert werden. Bytes können sich an beliebiger Stelle befinden. Wie viele zulässige Kombinationen gibt es für Speicher-Lese-Operationen, und wie viele Pins sind erforderlich, um sie auszudrücken? Geben Sie zwei Antworten, und begründen Sie beide.

34. Warum kann der Pentium II nicht an einem 32-Bit-PCI-Bus arbeiten, ohne an Funktionsumfang einzubüßen? Schließlich bewältigen andere Computer mit einem 64-Bit-Datenbus 32 Bit, 16 Bit und sogar 8 Bit breite Transfers.

35. Angenommen, eine CPU hat einen Level-1-Cache und einen Level-2-Cache mit Zugriffszeiten von 5 bzw. 10 ns. Die Hauptspeicher-Zugriffszeit ist 50 ns. Angenommen, 20% der Zugriffe erfolgen auf den Level-1-Cache und 60% auf den Level-2-Cache. Welche durchschnittliche Zugriffszeit ergibt sich?

36. Ist es wahrscheinlich, daß ein kleines, eingebettetes System auf der Basis von picoJava II einen 8255A-Chip beinhaltet?

37. Berechnen Sie die nötige Busbreite, um einen Videofilm in 30 Rahmen/Sekunde (VGA, 640×480, TrueColor) anzuzeigen. Gehen Sie davon aus, daß die Daten zweimal den Bus passieren müssen, einmal von der CD-ROM zum Speicher und einmal vom Speicher zum Bildschirm.

38. Welches Pentium-II-Signal steuert Ihrer Meinung nach die Leitung FRAME# des PCI-Busses?

39. Welches der Signale in Abb. 3.53 ist nicht unbedingt notwendig, damit das Busprotokoll funktioniert?

40. Ein Computer hat Instruktionen, die je zwei Buszyklen erfordern – eine zum Holen der Instruktion und eine zum Holen der Daten. Jeder Buszyklus dauert 250 ns und jede Instruktion 500 ns (d.h., die interne Verarbeitungszeit ist verschwindend gering). Der Computer hat auch eine Platte mit 16 512-Byte-Sektoren pro Spur. Die Umdrehungszeit der Platte beträgt 8,092 ms. Auf welchen Prozentsatz seiner normalen Geschwindigkeit wird der Computer während eines DMA-Transfers reduziert, wenn jeder DMA-Transfer einen Buszyklus dauert? Betrachten Sie die beiden Fälle: 8-Bit- und 16-Bit-Bustransfers.

41. Die maximale Nutzlast (Payload) eines isochronen Datenpakets am USB-Bus ist 1023 Byte. Nehmen wir an, daß ein Gerät nur ein Datenpaket pro Rahmen senden darf. Wie hoch ist die maximale Bandbreite für ein einzelnes isochrones Gerät?

42. Welche Wirkung würde sich bei dem PIO von Abb. 3.57(b) ergeben, wenn man eine dritte Eingangsleitung zum NAND-Gate hinzufügt? Und was passiert, wenn man diese neue Leitung an A13 anschließt?

43. Schreiben Sie ein Programm, welches das Verhalten eines $m \times n$-Arrays mit NAND-Gates mit zwei Eingängen simuliert. Diese auf einem Chip befindliche Schaltung hat j Eingangs- und k Ausgangspins. Die Werte von j, k, m und n sind Kompilierzeit-Parameter der Simulation. Das Programm sollte mit dem Lesen einer »Verdrahtungsliste« beginnen. Jeder darin enthaltene Draht spezifiziert einen Eingang und einen Ausgang. Ein Eingang ist entweder einer der j Eingangspins oder der Ausgang eines

NAND-Gates. Ein Ausgang ist entweder einer der k Ausgangspins oder ein Eingang in ein NAND-Gate. Unbenutzte Eingänge sind logisch 1. Nach dem Lesen der Verdrahtungsliste sollte das Programm den Ausgang für jeden der möglichen 2^j Eingänge drucken. Gate-Arraychips wie dieser sind in auftragsspezifischen Schaltungen auf einem Chip weit verbreitet, weil der Großteil der Arbeit (Aufbringen des Gate-Arrays auf den Chip) unabhängig von der zu implementierenden Schaltung ist. Nur die Verdrahtung ist designspezifisch.

44. Schreiben Sie ein Programm zum Einlesen von zwei willkürlichen booleschen Ausdrücken, und stellen Sie fest, ob sie die gleiche Funktion darstellen. Die Eingabesprache sollte einzelne Buchstaben als boolesche Variablen, die Operanden AND, OR und NOT und Klammern enthalten. Jeder Ausdruck sollte in eine Eingangsleitung passen. Das Programm sollte die Wahrheitstabellen für beide Funktionen berechnen und vergleichen.

45. Schreiben Sie ein Programm, das eine Sammlung von booleschen Ausdrücken einliest und die Matrizen 24×50 und 50×6 berechnet, die zur Implementierung mit dem PLA von Abb. 3.15 erforderlich sind. Die Eingabesprache sollte die gleiche sein wie in Aufgabe 44. Geben Sie die Matrizen auf einem Zeilendrucker aus.

4

Die Mikroarchitekturebene

Die Ebene oberhalb der digitalen logischen Ebene ist die Mikroarchitekturebene. Ihre Aufgabe ist es, die darüberliegende ISA-Ebene (Instruction Set Architecture) zu implementieren, wie in Abb. 1.2 dargestellt. Das Design der Mikroarchitekturebene hängt von der zu implementierenden ISA und den Kosten- und Leistungszielen des Computers ab. Viele moderne ISAs, insbesondere RISC-Designs, verfügen über einfache Instruktionen, die normalerweise in einem einzigen Taktzyklus ausgeführt werden können. Komplexere ISAs, z.B. der Pentium II, benötigen viele Zyklen zur Ausführung einer Instruktion. Dies kann die Suche und das Lesen von Operanden im Speicher und die Rückspeicherung der Ergebnisse im Speicher erfordern. Die Reihenfolge der Operationen innerhalb einer einzigen Instruktion führt oft zu einer unterschiedlichen Art der Steuerung als derjenigen einfacher ISA-Ebenen.

4.1 Beispiel einer Mikroarchitektur

Im Idealfall müßte man bei diesem Thema mit einer Erklärung der allgemeinen Prinzipien des Mikroarchitekturdesigns beginnen. Leider gibt es keine allgemeinen Prinzipien. Jedes Design ist ein Sonderfall. Folglich beschäftigen wir uns statt dessen mit einem ausführlichen Beispiel. Als Beispiel-ISA haben wir eine Teilmenge der Java Virtual Machine (JVM) gewählt, wie in Kapitel 1 versprochen. Diese Teilmenge umfaßt nur ganzzahlige (Integer) Instruktionen. Wir nennen sie deshalb **IJVM**. Die vollständige JVM wird in Kapitel 5 beschrieben.

Wir beginnen mit der Beschreibung der Mikroarchitektur, auf die wir IJVM aufsetzen. IJVM verfügt über einige relativ komplexe Instruktionen. Viele solche Architekturen werden durch Mikroprogrammierung implementiert, wie in Kapitel 1 erwähnt. Die IJVM ist zwar klein, bietet aber einen guten Ausgangspunkt für die Beschreibung der Steuerung und Abfolge von Instruktionen.

Unsere Mikroarchitektur enthält ein Mikroprogramm (im ROM), dessen Aufgabe es ist, IJVM-Instruktionen einzulesen, zu dekodieren und auszuführen. Wir können den Sun-JVM-Interpreter für das Mikroprogramm nicht benutzen, weil wir ein winziges Mikroprogramm brauchen, das die einzelnen Gates in der Hardware effizient steuert. Dem läuft zuwider, daß der Sun-JVM-Interpreter aus Portabilitätsgründen in C geschrieben wurde und die Hardware nicht in den von uns gewünschten Details steuern kann. Da die eigentliche, benutzte Hardware nur aus den grundlegenden, in Kapitel 3 beschriebenen Komponenten besteht, sollte der Leser theoretisch nach der Lektüre dieses Kapitels in der Lage sein, einen großen Beutel voll Transistoren zu kaufen und diese Teilmenge der JVM-Maschine zu bauen. Studenten, die diese Aufgabe erfolgreich bewältigen, erhalten einen Bonus (und eine volle psychiatrische Behandlung gratis dazu).

Als praktisches Modell für das Design der Mikroarchitektur kann man sich ein Programmierproblem vorstellen, bei dem jede Instruktion auf der ISA-Ebene eine von einem Master-Programm aufzurufende Funktion ist. Bei diesem Modell ist das Master-Programm eine einfache Endlosschleife, die eine Funktion bestimmt, diese Funktion aufruft und dann von vorn beginnt, ähnlich wie in Abb. 2.3.

Das Mikroprogramm hat eine Reihe von Variablen, die man den **Zustand** (State) des Computers nennt, der allen Funktionen zugänglich ist. Jede Funktion ändert mindestens einige der Variablen, die den Zustand bilden. Beispielsweise ist der **Programmzähler** (Program Counter – PC) ein Teil dieses Zustands. Er bezeichnet die Speicherstelle, an der sich die nächste, auszuführende Funktion (d.h. ISA-Instruktion) befindet. Während der Ausführung einer Instruktion wird der Programmzähler weitergeschoben, so daß er jeweils auf die als nächste auszuführende Instruktion zeigt.

IJVM-Instruktionen sind kurz und prägnant. Jede Instruktion verfügt über ein paar Felder, normalerweise eines oder zwei, die je einem bestimmten Zweck dienen. Das erste Feld jeder Instruktion ist der **Opcode** (Kurzwort für **Operation Code**), der die Instruktion identifiziert und Auskunft darüber gibt, ob es ein `ADD` oder `BRANCH` oder etwas anderes ist. Viele Instruktionen haben ein zusätzliches Feld, das den Operanden bezeichnet. Instruktionen, die z.B. auf eine lokale Variable zugreifen, brauchen ein Feld, das angibt, um *welche* Variable es sich handelt.

Dieses Ausführungsmodell wird auch **Abruf-/Ausführungszyklus** (Fetch-Execute Cycle) genannt; es ist nützlich für Abstraktes und kann auch die Grundlage für die Implementierung von ISAs wie IJVM mit komplexen Instruktionen bilden. Wie es funktioniert, wie die Mikroarchitektur aussieht und wie sie durch die Mikroinstruktionen gesteuert wird, wird nachfolgend beschrieben. Insgesamt bildet die Liste der Mikroinstruktionen das Mikroprogramm, das wir ausführlich darstellen und beschreiben.

4.1.1 Der Datenweg

Der **Datenweg** (Data Path) ist der Teil der CPU, in dem sich die ALU, ihre Ein- und Ausgänge befinden. Der Datenweg unserer Beispielmikroarchitektur ist in Abb. 4.1 dargestellt. Sie wurde zwar für die Interpretation von IJVM-Programmen sorgfältig optimiert, entspricht aber mehr oder weniger dem in den meisten Maschinen benutzten Datenweg. Sie enthält eine Reihe von 32-Bit-Registern, denen wir symbolische Namen, z.B. `PC`, `SP` und `MDR`, zugewiesen haben. Einige dieser Namen sind jedem bekannt. Dennoch muß man unbedingt verstehen, daß diese Register nur auf der Mikroarchitekturebene (eines Mikroprogramms) zugänglich sind. Wir haben diese Namen gewählt, weil sie normalerweise einen Wert entsprechend der Variablen mit dem gleichen

Namen in der Architektur der ISA-Ebene haben. Die meisten Register können ihre eigenen Inhalte zum B-Bus steuern. Der Ausgang der ALU steuert den Schieber und dann den C-Bus, dessen Wert in eines oder mehrere Register gleichzeitig geschrieben werden kann. Vorläufig gibt es keinen A-Bus. Wir werden später einen solchen hinzufügen.

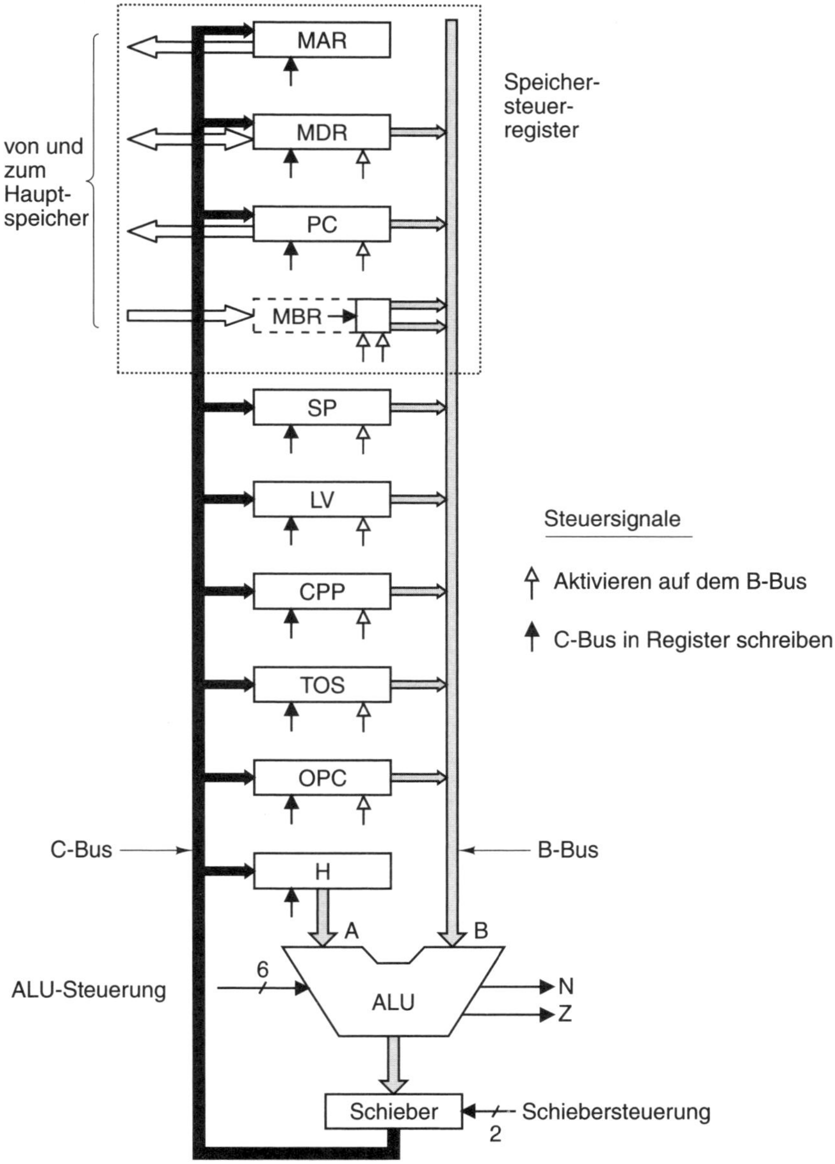

Abb. 4.1: Der Datenweg der in diesem Kapitel benutzten Beispielmikroarchitektur

Die ALU ist mit der von Abb. 3.19 und 3.20 identisch. Ihre Funktion wird durch sechs Steuerleitungen vorgegeben. Die kurze diagonale Linie mit der Beschriftung »6« in Abb. 4.1 bedeutet, daß es sechs ALU-Steuerleitungen gibt. Dies sind F_0 und F_1 für das Bestimmen der ALU-Operation, `ENA` und `ENB` für das einzelne Aktivieren der Eingänge, `INVA` für das Invertieren des linken Eingangs und `INC` für das Erzwingen eines Übertrags in das niederwertige Bit, wodurch im Ergebnis 1 addiert wird. Nicht alle 64 Kombinationen von ALU-Steuerleitungen bewirken aber etwas Nützliches.

Einige der interessanteren Kombinationen sind in Abb. 4.2 dargestellt. Nicht alle dieser Funktionen werden für die IJVM benötigt, für die volle JVM wären die meisten aber nützlich. In vielen Fällen gibt es mehrere Möglichkeiten, das gleiche Ergebnis zu erzielen. In dieser Tabelle bedeutet + ein arithmetisches Plus und – ein arithmetisches Minus. $-A$ bedeutet z.B. das Zweierkomplement von A.

F_0	F_1	ENA	ENB	INVA	INC	Funktion
0	1	1	0	0	0	A
0	1	0	1	0	0	B
0	1	1	0	1	0	$\overline{A}$
1	0	1	1	0	0	$\overline{B}$
1	1	1	1	0	0	A + B
1	1	1	1	0	1	A + B + 1
1	1	1	0	0	1	A + 1
1	1	0	1	0	1	B + 1
1	1	1	1	1	1	B – A
1	1	0	1	1	1	B – 1
1	1	1	0	1	1	–A
0	0	1	1	0	0	A AND B
0	1	1	1	0	0	A OR B
0	1	0	0	0	0	0
0	1	0	0	0	1	1
0	1	0	0	1	0	–1

Abb. 4.2: Nützliche Kombinationen von ALU-Signalen und die durchgeführten Funktionen

Die ALU von Abb. 4.1 braucht zwei Dateneingänge: einen linken (A) und einen rechten Eingang (B). An den linken Eingang ist ein Halteregister `H`, an den rechten Eingang ist der B-Bus angeschlossen, der von einer von insgesamt neun Quellen geladen werden kann, was durch die neun grauen Pfeile angedeutet ist. Ein anders konzipiertes Design mit zwei vollen Bussen erfordert Kompromisse und wird später in diesem Kapitel behandelt.

H kann zunächst durch Auswahl einer ALU-Funktion geladen werden, die sich gerade auf dem Weg vom rechten Eingang (vom B-Bus) durch den ALU-Ausgang befindet. Eine solche Funktion ist das Addieren der ALU-Eingänge, wenn nur ENA negiert wird, so daß der linke Eingang auf Null gezwungen wird. Durch Hinzufügen von Null zum Wert des B-Bus erhält man lediglich den Wert des B-Bus. Dieses Ergebnis kann dann durch den Schieber unverändert weitergegeben und in H gespeichert werden.

Zusätzlich zu den obigen Funktionen können unabhängig zwei weitere Steuerleitungen benutzt werden, um den Ausgang von der ALU zu steuern. SLL8 (Shift Left Logical) verschiebt den Inhalt um 1 Byte nach links, wodurch die acht niederstwertigen (least significant) Bit mit Nullen aufgefüllt werden. SRA1 (Shift Right Arithmetic) verschiebt den Inhalt um 1 Bit nach rechts, wodurch das höchstwertige (most significant) Bit unverändert bleibt.

Es ist ausdrücklich möglich, das gleiche Register in einem Zyklus zu lesen und zu schreiben. Man darf z.B. SP auf den B-Bus geben, den linken Eingang der ALU deaktivieren, das INC-Signal aktivieren und das Ergebnis in SP speichern, wodurch sich SP um 1 erhöht (siehe achte Zeile in Abb. 4.2). Wie kann ein Register im gleichen Zyklus gelesen und beschrieben werden, ohne Müll zu produzieren? Die Lösung ist, daß Lesen und Schreiben eigentlich zu unterschiedlichen Zeiten innerhalb des Zyklus durchgeführt werden. Bei der Wahl eines Registers als rechter ALU-Eingang wird sein Wert frühzeitig im Zyklus auf den B-Bus gelegt und verbleibt dort ständig während des gesamten Zyklus. Die ALU verrichtet dann ihre Arbeit und produziert ein Ergebnis, das durch den Schieber zum C-Bus fließt. Nahe am Ende des Zyklus, bei stabilen ALU- und Schieberausgängen, löst ein Taktsignal die Speicherung des Inhalts vom C-Bus in eines oder mehrere Register aus. Eines dieser Register kann leicht dasjenige sein, das den B-Bus mit seinem Eingang versorgt hat. Die genaue Zeitgabe des Datenwegs ermöglicht es, das gleiche Register in einem Zyklus zu lesen und zu beschreiben, wie unten beschrieben wird.

Datenwegzeiten

Der Zeitablauf dieser Ereignisse wird aus Abb. 4.3 deutlich. Hier wird am Anfang eines jeden Taktzyklus ein kurzer Impuls erzeugt. Er kann aus dem Haupttakt hergeleitet werden, wie in Abb. 3.21(c). Auf der fallenden Flanke des Impulses werden die Bits eingerichtet, die alle Gates betreiben. Dies dauert eine endliche und bekannte Zeit Δw. Dann wird das auf dem B-Bus benötigte Register gewählt und zum B-Bus gesteuert. Es dauert Δx, bis der Wert stabil ist. Dann beginnen die ALUs und der Schieber, mit gültigen Daten zu arbeiten. Nach einer weiteren Δy sind die ALU- und Schieberausgänge stabil. Nach weiterer Δz haben sich die Ergebnisse über den C-Bus zu den Registern fortgepflanzt, wo sie auf der steigenden Flanke des nächsten Impulses geladen werden können. Das Laden sollte flankengesteuert und schnell vor sich gehen, so daß sich bei einer Änderung eines der Eingangsregister eine Wirkung auf dem C-Bus erst nach dem Laden der Register zeigt. Ebenfalls auf der steigenden Flanke des Impulses hören die Register in Vorbereitung auf den nächsten Zyklus mit dem Betreiben des B-Busses auf. In der Abbildung werden MPC, MIR und der Speicher angegeben. Ihre Funktionen werden in Kürze erklärt.

Man muß sich vor Augen halten, daß zwar keine Speicherelemente im Datenweg, jedoch eine endliche Ausbreitungszeit durch ihn fließt. Die Änderung des Werts im B-Bus veranlaßt den C-Bus erst nach endlicher Zeit zu einer Änderung (aufgrund der endlichen Verzögerungen jedes Schritts). Wenn also eine Speicherung ein Eingangsregister ändert, bleibt der Wert sicher im Register verstaut, bis der (jetzt falsche) Wert, der auf den B-Bus (bzw. H) gelegt wird, die ALU erreichen kann.

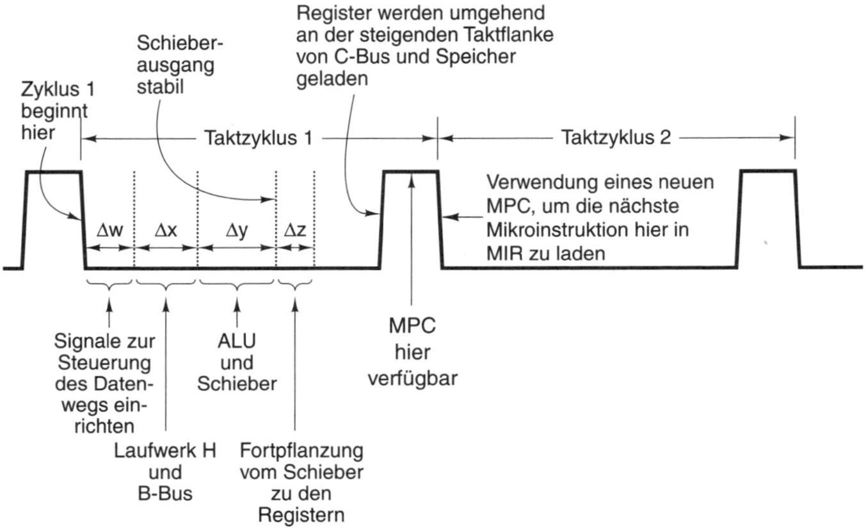

Abb. 4.3: Zeitdiagramm eines Datenwegzyklus

Damit dieses Design funktioniert, sind straffe Zeiten, langer Taktzyklus, bekannte minimale Ausbreitungszeit durch die ALU und schnelles Laden der Register vom C-Bus erforderlich. Bei sorgfältigem Auslegen kann der Datenweg aber richtig funktionieren.

Man kann den Datenwegzyklus auch unter anderen Aspekten betrachten, wenn man ihn in implizite Teilzyklen aufteilt. Der Beginn von Teilzyklus 1 wird von der fallenden Flanke des Takts ausgelöst. Die in den Teilzyklen ablaufenden Aktivitäten sind nachfolgend (mit den Längen in Klammern) aufgeführt.

1. Die Steuersignale werden eingerichtet (Δw).
2. Die Register werden in den B-Bus geladen (Δx).
3. Die ALU und der Schieber arbeiten (Δy).
4. Die Ergebnisse verbreiten sich über den C-Bus zurück zu den Registern (Δz).

An der steigenden Flanke des nächsten Taktzyklus werden die Ergebnisse in den Registern gespeichert.

Wir haben festgestellt, daß man sich die Teilzyklen am besten *implizit* vorstellen kann. Das heißt, daß es keine Taktimpulse oder andere explizite Signale gibt, um die ALU zur Arbeit anzutreiben oder die Ergebnisse in den C-Bus einzugeben. In Wirklichkeit laufen die ALU und der Schieber die ganze Zeit. Ihre Eingaben sind aber bis zu einer Zeit $\Delta w + \Delta x$ nach der fallenden Flanke des Takts Müll (Garbage). Auch ihre Ausgaben sind Müll, bis $\Delta w + \Delta x + \Delta y$ nach der fallenden Flanke des Takts abgelaufen sind. Die einzigen expliziten Signale, die den Datenweg steuern, sind die fallende Flanke des Takts, die den Datenwegzyklus startet, und die steigende Taktflanke, die die Register vom C-Bus lädt. Die übrigen Teilzyklusgrenzen werden implizit durch die inhärenten Ausbreitungszeiten der betreffenden Schaltungen vorgegeben. Der Designer muß sicherstellen, daß die Zeit $\Delta w + \Delta x + \Delta y + \Delta z$ ausreichend vor der steigenden Taktflanke liegt, damit die Registerladevorgänge die ganze Zeit funktionieren.

Speicheroperation

Unsere Maschine kann auf zweierlei Weise mit dem Speicher kommunizieren: über einen wortadressierbaren 32-Bit-Port und über einen byteadressierbaren 8-Bit-Port. Der 32-Bit-Speicherport wird von den beiden Registern `MAR` (**Memory Address Register**) und `MDR` (**Memory Data Register**) gesteuert (siehe Abb. 4.1). Der 8-Bit-Port wird von einem Register `PC` gesteuert, das 1 Byte in die niederwertigen 8 Bit von `MBR` einliest. Dieser Port kann nur Daten vom Speicher lesen, aber keine Daten in den Speicher schreiben.

Jedes dieser Register (und alle übrigen Register in Abb. 4.1) werden von einem oder zwei **Steuersignalen** (Control Signals) gesteuert. Ein offener Pfeil unter einem Register bezeichnet ein Steuersignal, das die Ausgabe des Registers auf den B-Bus aktiviert. Da `MAR` keine Verbindung zum B-Bus hat, verfügt es auch über kein Aktivierungssignal (Enable). `H` hat auch keines, weil es immer eingeschaltet ist, so daß es der einzig übrige ALU-Eingang ist.

Ein dicker schwarzer Pfeil unter einem Register bezeichnet ein Steuersignal, das das Register vom C-Bus schreibt (d.h. lädt). Da `MBR` nicht vom C-Bus geladen werden kann, hat es kein Schreibsignal (aber zwei andere Aktivierungssignale, die weiter unten beschrieben werden). Um eine Schreib-Lese-Operation vom/zum Speicher einzuleiten, müssen die entsprechenden Speicherregister geladen werden. Dann wird ein Lese- oder Schreibsignal an den Speicher ausgegeben (in Abb. 4.1 nicht dargestellt).

`MAR` enthält *Wortadressen*, so daß sich die Werte 0, 1, 2 usw. auf aufeinanderfolgende Wörter beziehen. `PC` enthält *Byteadressen*, so daß sich die Werte 0, 1, 2 usw. auf aufeinanderfolgende Bytes beziehen. Stellt man also eine 2 in `PC` und beginnt mit einer Leseoperation vom Speicher, wird Byte 2 vom Speicher gelesen und in die acht niederwertigen Bits von `MBR` gestellt. Stellt man eine 2 in MAR und beginnt man mit einer Leseoperation, werden Byte 8 bis 11 (d.h. Wort 2) vom Speicher gelesen und in MDR gestellt.

Diese Unterscheidung in der Funktionalität ist nötig, weil MAR und PC zum Verweis auf zwei verschiedene Teile im Speicher benutzt werden. Die Notwendigkeit dieser Unterscheidung wird später deutlicher. Vorläufig genügt es festzustellen, daß die MAR/MDR-Kombination für das Lesen und Schreiben von Datenwörtern auf ISA-Ebene benutzt wird und die PC/MBR-Kombination benutzt wird, um das ausführbare Programm auf der ISA-Ebene zu lesen, das sich aus einem Bytestrom zusammensetzt. Alle übrigen Register, die Adressen enthalten, benutzen wie MAR Wortadressen.

Bei der tatsächlichen Implementierung gibt es nur einen echten byteorientierten Speicher. Daß man MAR in Wörtern rechnen läßt (was aufgrund der Definitionsart von JVM sein muß), während der physische Speicher in Bytes rechnet, wird durch einen einfachen Trick erreicht. Wird MAR in den Adreßbus gestellt, werden seine 32 Bits nicht direkt auf die 32 Adreßleitungen 0 bis 31 abgebildet. Statt dessen wird MAR-Bit 0 mit der Adreßbusleitung 2, MAR-Bit 1 mit der Adreßbusleitung 3 usw. verbunden. Die oberen 2 Bits von MAR werden verworfen, weil sie nur für Wortadressen oberhalb 2^{32} gebraucht werden, die bei unserer 4-Gbyte-Maschine nicht zulässig sind. Bei dieser Abbildung wird Adresse 4 auf den Bus gelegt, wenn MAR 1 ist, Adresse 8 wird auf den Bus gelegt, wenn MAR 2 ist, usw. Dieser Trick ist aus Abb. 4.4 ersichtlich.

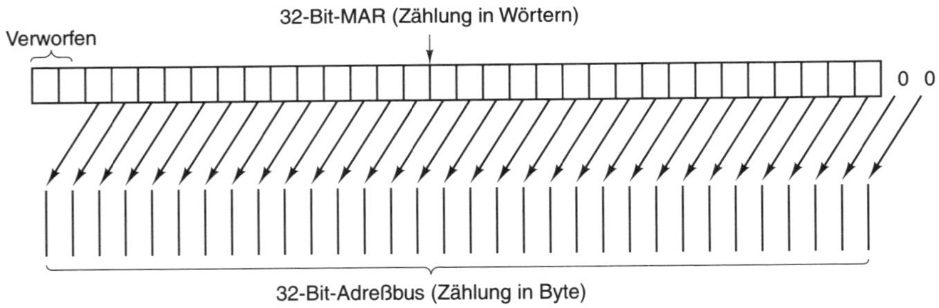

Abb. 4.4: Abbildung der Bits in MAR auf den Adreßbus

Wie bereits erwähnt, werden die vom Speicher gelesenen Daten durch den 8-Bit-Speicherport an MBR, ein 8-Bit-Register, zurückgegeben. MBR kann auf zweierlei Art und Weise auf den B-Bus kopiert werden: mit oder ohne Vorzeichen. Ist ein vorzeichenloser Wert erforderlich, enthält das auf den B-Bus gelegte 32-Bit-Wort den MBR-Wert in den acht niederwertigen Bits und Nullen in den oberen 24 Bits. Vorzeichenlose Werte sind nützlich für das Indizieren einer Tabelle oder beim Zusammensetzen einer 16-Bit-Ganzzahl aus 2 aufeinanderfolgenden (vorzeichenlosen) Bytes im Instruktionsstrom.

Bei der zweiten Option zum Umwandeln des 8-Bit-MBR in ein 32-Bit-Wort wird es als Wert mit Vorzeichen zwischen –128 und +127 behandelt. Dieser Wert wird zur Erzeugung eines 32-Bit-Worts mit dem gleichen numerischen Wert benutzt. Dies geschieht durch Duplizieren des MBR-Vorzeichenbits (das Bit ganz links) in die oberen 24 Bitpositionen des B-Bus. Diesen Prozeß nennt man **Vorzeichenerweiterung** (Sign Extension). Bei dieser Option sind die oberen 24 Bits entweder alle Nullen oder alle Einsen, je nachdem, ob das Bit ganz links im 8-Bit-MBR eine 0 oder eine 1 ist.

Die Entscheidung, ob das 8-Bit-MBR in einen 32-Bit-Wert mit oder ohne Vorzeichen auf den B-Bus umgewandelt wird, hängt davon ab, welches der beiden Steuersignale (offene Pfeile unter MBR in Abb. 4.1) asseriert wird. Die Notwendigkeit dieser beiden Optionen ist der Grund für die beiden Pfeile in der Abbildung. Daß sich das 8-Bit-MBR wie eine 32-Bit-Quelle zum B-Bus verhält, ist in der Abbildung durch den gestrichelten Rahmen links neben dem MBR angedeutet.

4.1.2 Mikroinstruktionen

Um den Datenweg von Abb. 4.1 zu steuern, brauchen wir 29 Signale. Diese Signale können in die folgenden fünf Funktionsgruppen unterteilt werden:

Neun Signale, um das Schreiben von Daten vom C-Bus in die Register zu steuern.

Neun Signale, um die Register auf dem B-Bus für den ALU-Eingang zu steuern.

Acht Signale, um die ALU- und Schieberfunktionen zu steuern.

Zwei Signale (nicht dargestellt), um Speicherlese-/-schreibvorgänge über MAR/MDR darzustellen.

Ein Signal (nicht dargestellt), um das Vorauslesen vom Speicher über PC/MBR darzustellen.

Die Werte dieser 29 Steuersignale legen die Operationen für einen Zyklus des Datenwegs fest. Ein Zyklus besteht aus Gate-Werten von den Registern zum B-Bus, wobei sich die Signale durch die ALU und den Schieber ausbreiten, zum C-Bus gelangen und schließlich die Ergebnisse in die entsprechenden Register geschrieben werden. Bei der Asserierung eines Speicherlesedatensignals wird die Speicheroperation am Ende des Datenwegzyklus gestartet, nachdem MAR geladen wurde. Die Speicherdaten sind am Ende des *folgenden* Zyklus in MBR oder MDR verfügbar und können im Zyklus *danach* benutzt werden. Anders ausgedrückt: Ein Speicherlesevorgang auf einem Port, der am Ende von Zyklus k eingeleitet wurde, liefert Daten, die nicht in Zyklus $k + 1$, sondern erst in Zyklus $k + 2$ oder später benutzt werden können.

Dieses scheinbar widersprüchliche Verhalten wird in Abb. 4.3 erklärt. Die Speichersteuersignale werden erst in Taktzyklus 1 erzeugt, nachdem MAR und PC an der steigenden Flanke des Takts gegen Ende von Taktzyklus 1 geladen wurden. Wir gehen davon aus, daß der Speicher seine Ergebnisse innerhalb eines Zyklus auf die Speicherbusse stellt, so daß MBR und/oder MDR zusammen mit den übrigen Registern an der nächsten steigenden Taktflanke geladen werden können.

Wir laden also MAR am Ende eines Datenwegzyklus und starten den Speicher kurz danach. Folglich können wir nicht erwarten, daß sich die Ergebnisse einer Leseoperation zu Beginn des nächsten Zyklus in MDR befinden, insbesondere bei knapper Breite des Taktimpulses. Die Zeit reicht einfach nicht, wenn der Speicher einen Taktzyklus beansprucht. Ein Datenwegzyklus muß zwischen dem Start eines Speicherlesevorgangs und der Verwendung des Ergebnisses liegen. Selbstverständlich können im Verlauf dieses Zyklus andere Operationen ausgeführt werden, aber eben nicht jene, die das Speicherwort brauchen.

Die Annahme, daß der Speicher für seine Arbeit einen Zyklus beansprucht, entspricht der Annahme, daß die Cache-Trefferrate 100% beträgt. Diese Annahme ist nie wahr; die durch eine Speicherzykluszeit mit variabler Länge eingeführte Komplexität geht aber über das hinaus, was wir hier behandeln wollen.

Da MBR und MDR zusammen mit allen übrigen Registern an der steigenden Flanke des Takts geladen werden, können sie bei Ausführung eines neuen Speicherlesevorgangs in den Zyklen gelesen werden. Sie geben die alten Werte aus, weil der Lesevorgang noch nicht genügend Zeit hatte, sie zu überschreiben. Dies stellt keine Zweideutigkeit dar. Bis neue Werte in MBR und MDR an der steigenden Flanke des Takts geladen werden, sind die vorherigen Werte noch da und benutzbar. Beachten Sie, daß es möglich ist, Back-to-Back-Lesevorgänge in zwei aufeinanderfolgenden Zyklen durchzuführen, weil ein Lesevorgang nur einen Zyklus dauert. Außerdem können beide Speicher gleichzeitig arbeiten. Der Versuch, dasselbe Byte gleichzeitig zu lesen und zu schreiben, führt aber zu unbrauchbaren Ergebnissen.

Nun mag es wünschenswert sein, die Ausgabe vom C-Bus in mehr als ein Register zu schreiben; es ist jedoch nie wünschenswert, mehr als ein Register gleichzeitig auf den B-Bus schreiben zu lassen. (Einige echte Implementierungen erleiden in einem solchen Fall sogar physischen Schaden.) Durch eine etwas komplexere Schalttechnik können wir zur Steuerung des B-Busses die Anzahl der Bits reduzieren, die zur Auswahl der möglichen Quellen benötigt werden. Es gibt nur neun mögliche Eingaberegister, die den B-Bus steuern können (wobei die MBR-Versionen mit und ohne Vorzeichen jeweils getrennt zählen). Deshalb können wir die B-Businformationen in vier Bits kodieren und einen Dekodierer zur Erzeugung der 16 Steuersignale benutzen, von denen sieben nicht gebraucht werden. In einem kommerziellen Design würden die Architekten sicherlich einem überwältigenden Drängen ausgesetzt sein, sich eines der Register zu entledigen, so daß drei Bits ausreichen würden. Als Akademiker leisten wir uns den ungeheuren Luxus, ein Bit zu vergeuden, um ein klareres und einfacheres Design zu ermöglichen.

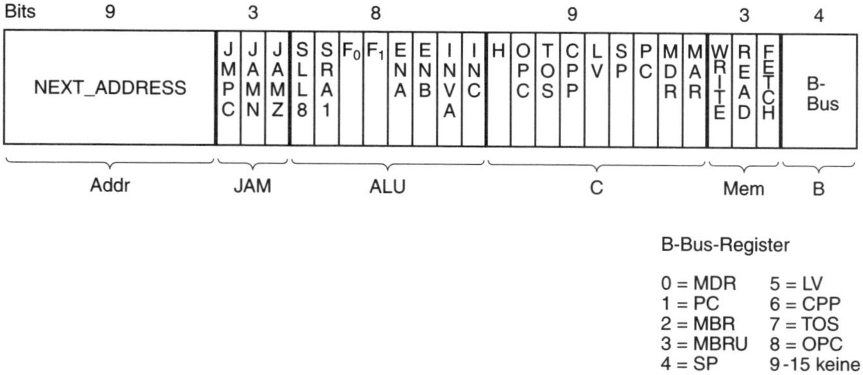

Abb. 4.5: Das Mikroinstruktionsformat für die Mic-1

An diesem Punkt können wir den Datenweg mit 9 + 4 + 8 + 2 + 1 = 24 Signalen, d.h. 24 Bits steuern. Diese 24 Bits steuern aber nur den Datenweg für einen Zyklus. Der zweite Teil der Steuerung wird davon bestimmt, was im folgenden Zyklus geschehen soll. Um dies in das Design des Controllers einzubinden, erstellen wir ein Format zum Beschreiben der Operationen, die mit Hilfe der 24 Steuerbits plus zwei zusätzlichen Feldern – `NEXT_ADDRESS` und `JAM` – ausgeführt werden sollen. Der Inhalt dieser Felder wird später beschrieben. Abb. 4.5 zeigt ein mögliches, in sechs Gruppen unterteiltes Format, das die folgenden 36 Signale enthält:

`Addr` – enthält die Adresse einer potentiellen nächsten Mikroinstruktion

`JAM` – bestimmt, wie die nächste Mikroinstruktion ausgewählt wird

`ALU` – ALU- und Schieberfunktionen

`C` – bestimmt, welche Register vom C-Bus geschrieben werden

`Mem` – Speicherfunktionen

`B` – wählt die B-Busquelle; wird wie dargestellt kodiert

Die Reihenfolge der Gruppen spielt im Grunde keine Rolle. Wir haben aber bei ihrer Anordnung darauf geachtet, daß sich möglichst wenige Linienkreuzungen in Abb. 4.6 ergeben. Linienkreuzungen in Diagrammen wie dem in Abb. 4.6 entsprechen oft den Drahtkreuzungen auf Chips, was in zweidimensionalen Entwürfen problematisch sein kann, so daß sie so oft wie möglich minimiert werden.

4.1.3 Mikroinstruktionssteuerung: Mic-1

Bisher haben wir beschrieben, wie der Datenweg gesteuert wird. Wir haben aber noch nicht beschrieben, wie man entscheidet, welche Steuersignale in jedem Zyklus aktiviert werden sollen. Dies wird mit Hilfe eines **Sequenzers** bestimmt, der die Reihenfolge von Operationen bestimmt, die für die Ausführung einer einzigen ISA-Instruktion nötig sind.

Der Sequenzer muß zwei Arten von Informationen in jedem Zyklus produzieren:

1. Zustand jedes Steuersignals im System
2. Adresse der Mikroinstruktion, die als nächstes auszuführen ist

Abb. 4.6 ist ein detailliertes Blockdiagramm der kompletten Mikroarchitektur unserer Beispielmaschine, die wir **Mic-1** nennen. Es mag zunächst überwältigend erscheinen; es lohnt sich aber, das Diagramm genau zu studieren. Wenn Sie jedes Kästchen und jede Linie in diesem Bild nachvollziehen können, haben Sie unser Konzept von der Mikroarchitekturebene verstanden. Das Blockdiagramm hat zwei Teile: den Datenweg links, den wir bereits ausführlich beschrieben haben, und den Steuerabschnitt rechts, den wir uns jetzt näher ansehen.

Das größte und wichtigste Element im Steuerteil der Maschine ist der **Steuerspeicher** (Control Store). Man kann ihn sich als Speicher vorstellen, der das komplette Mikroprogramm enthält, obwohl es manchmal als eine Menge logischer Gates implementiert wird. Im allgemeinen beziehen wir uns darauf als Steuerspeicher, um Verwechslungen mit dem Hauptspeicher zu vermeiden, auf den durch `MBR` und `MDR` zugegriffen wird. Aus funktioneller Sicht ist der Steuerspeicher aber ein Speicher, der einfach nur Mikroinstruktionen statt ISA-Instruktionen enthält. Für unsere Beispielmaschine enthält er 512 Wörter. Je ein Wort besteht aus einer 36-Bit-Mikroinstruktion wie in Abb. 4.5 dargestellt. Eigentlich sind nicht alle diese Wörter nötig. Aus Gründen, die später erläutert werden, benötigen wir aber Adressen für 512 einzelne Wörter.

In einem wichtigen Punkt unterscheidet sich der Steuerspeicher erheblich vom Hauptspeicher. Instruktionen im Hauptspeicher haben die Eigenschaft, in der Adreßreihenfolge ausgeführt zu werden (mit Ausnahme von `BRANCH`). Bei Mikroinstruktionen ist das nicht der Fall. Die Erhöhung des Programmzählers in Abb. 2.3 macht deutlich, daß die Vorgabeinstruktion, die nach der laufenden Instruktion ausgeführt werden soll, diejenige ist, die der momentanen im Speicher folgt. Mikroprogramme erfordern mehr Flexibilität (da Mikroinstruktionssequenzen normalerweise kurz sind). Deshalb weisen sie diese Eigenschaft meist nicht auf. Statt dessen legt jede Mikroinstruktion ausdrücklich ihre Nachfolgerin fest.

Da der Steuerspeicher funktionell nur ein (Nur-Lesen-)Speicher ist, braucht er sein eigenes Speicheradreß- und Speicherdatenregister. Er braucht keine Lese- und Schreibsignale, weil er ständig gelesen wird. Wir nennen das Speicheradreßregister des Steuerspeichers **MPC** (**MicroProgram Counter**). Diese Bezeichnung ist ironisch gemeint, weil die darin befindlichen Stellen ausdrücklich nicht geordnet sind, so daß das Konzept der Zählung unnütz ist (warum aber sollen wir uns gegen die gängigen Gepflogenheiten aufbäumen?). Das Speicherdatenregister nennen wir **MIR** (**MicroInstruction Regi-**

ster). Seine Funktion ist die Aufnahme der jeweiligen Mikroinstruktionen, deren Bits die Steuersignale antreiben, die den Datenweg steuern.

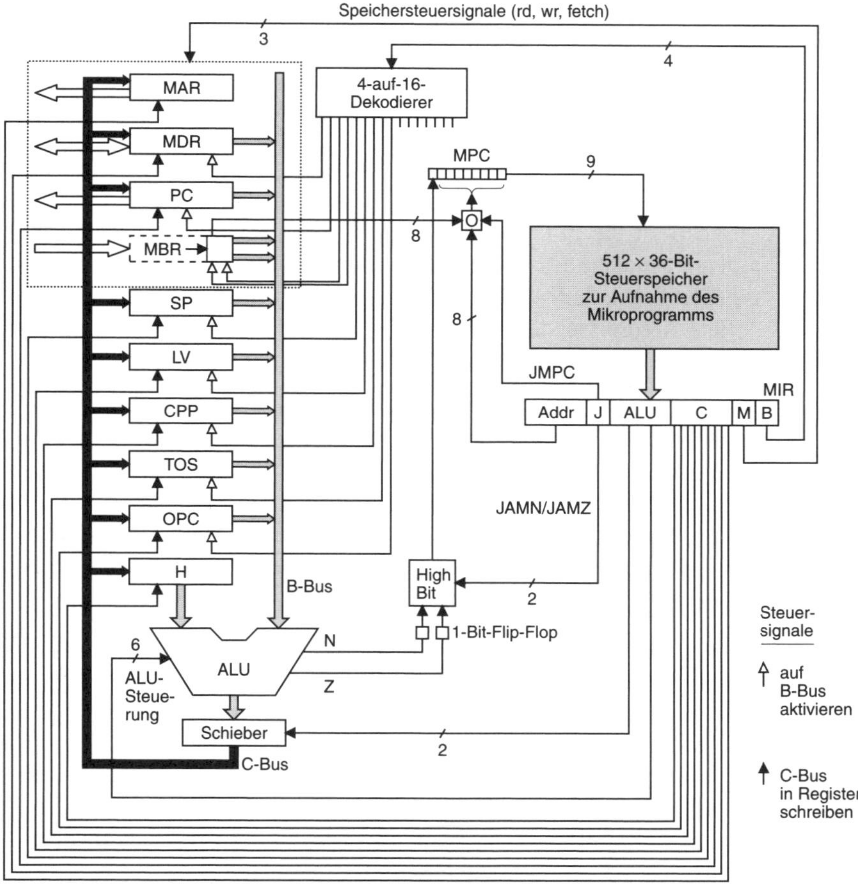

Abb. 4.6: Das komplette Blockdiagramm unserer Beispielmikroarchitektur Mic-1

Das `MIR`-Register in Abb. 4.6 enthält die gleichen sechs Gruppen wie Abb. 4.5. Die Gruppen `Addr` und `J` (für `JAM`) steuern die Auswahl der nächsten Mikroinstruktion und werden später erklärt. Die `ALU`-Gruppe enthält die acht Bits, die die ALU-Funktion wählen und den Schieber steuern. Die `C`-Bits veranlassen einzelne Register, die ALU-Ausgabe vom C-Bus zu laden. Die `M`-Bits steuern Speicheroperationen.

Die letzten 4 Bits steuern den Dekodierer, der bestimmt, was auf den B-Bus gelangt. In diesem Fall haben wir einen 4-auf-16-Standard-Dekodierer gewählt, obwohl nur neun Möglichkeiten erforderlich sind. In einem feiner abgestimmten Design könnte man einen 4-auf-9-Dekodierer benutzen. Hier wurde der Kompromiß gemacht, eine Standardschaltung aus einer Bibliothek von Schaltungen zu verwenden, statt eine genau auf diesen Fall abgestimmte zu entwickeln. Mit der Standardschaltung ist es einfacher und auch eher unwahrscheinlich, neue Fehler einzubringen. Bei der Entwicklung einer eigenen Schaltung wird weniger Chipfläche verbraucht; sie dauert aber auch länger und ist fehleranfällig.

Die Operation von Abb. 4.6 sieht wie folgt aus: Zu Beginn jedes Taktzyklus (an der fallenden Flanke des Takts in Abb. 4.3) wird MIR vom Wort in den Steuerspeicher geladen, auf den MPC verweist. Die MIR-Ladezeit wird in der Abbildung durch Δw angegeben. Denkt man in Teilzyklen, wird MIR im ersten geladen.

Nachdem die Mikroinstruktion im MIR eingerichtet wurde, breiten sich die verschiedenen Signale auf den Datenweg aus. Ein Register wird auf den B-Bus gestellt. Die ALU weiß, welche Operation auszuführen ist. Insgesamt finden viele Ereignisse statt. Dies ist der zweite Teilzyklus. Nach einem Intervall $\Delta w + \Delta x$ ab Beginn des Zyklus sind die ALU-Eingänge stabil.

Ein weiterer Δy läuft alles normal, und die Ausgaben von ALU, N, Z und Schieber sind stabil. Die N- und Z-Werte werden in einem Paar von 1-Bit-Flip-Flop-Schaltungen gespeichert. Diese Bits, wie auch alle Register, werden vom C-Bus und vom Speicher geladen, und an der steigenden Flanke des Takts nahe dem Ende des Datenwegzyklus gespeichert. Die ALU-Ausgabe wurde noch nicht gespeichert, aber in den Schieber gespeist. Die ALU- und Schieberaktivität findet in Teilzyklus 3 statt.

Nach einem weiteren Intervall Δz hat die Schieberausgabe die Register über den C-Bus erreicht. Dann können die Register nahe dem Zyklusende (an der steigenden Flanke des Taktimpulses in Abb. 4.3) geladen werden. Teilzyklus 4 setzt sich aus dem Laden der Register und der N- und Z-Flip-Flop-Schaltungen zusammen. Er endet kurz nach der steigenden Taktflanke, wenn alle Ergebnisse gespeichert wurden, die Ergebnisse der vorherigen Speicheroperationen verfügbar sind und MPC geladen wurde. Dieser Prozeß läuft und läuft, bis sich jemand langweilt und die Maschine ausschaltet.

Gleichlaufend mit dem Steuern des Datenwegs muß das Mikroprogramm bestimmen, welche Mikroinstruktion als nächste auszuführen ist, da Mikroinstruktionen nicht in der Reihenfolge ausgeführt werden, in der sie im Steuerspeicher erscheinen. Die Adreßberechnung der nächsten Mikroinstruktion beginnt, nachdem MIR geladen wurde und stabil ist. Zuerst wird das neun Bits große Feld NEXT_ADDRESS in MPC kopiert. Währenddessen wird das Feld JAM inspiziert. Hat es den Wert 000, geschieht nichts weiter. Ist die Kopie von NEXT_ADDRESS fertig, zeigt MPC auf die nächste Mikroinstruktion.

Ist mindestens ein JAM-Bit 1, steht Mehrarbeit ins Haus. Beim Setzen von JAMN wird die ein Bit große Z-Flip-Flop-Schaltung mittels OR mit dem höherwertigen Bit von MPC verknüpft. Wird entsprechend JAMZ gesetzt, wird die ein Bit große Z-Flip-Flop-Schaltung mittels OR damit verknüpft. Werden beide gesetzt, erfolgt das gleiche mit beiden. Die N- und Z-Flip-Flop-Schaltungen sind erforderlich, weil der B-Bus nach der steigenden Taktflanke (während der

Takt auf High ist) nicht mehr gesteuert wird, so daß von falschen ALU-Ausgaben ausgegangen wird. Durch Speichern der Flags, die in N und Z den ALU-Zustand kennzeichnen, werden die richtigen Werte verfügbar und für die MPC-Berechnung stabil, gleichgültig, was rund um die ALU passiert.

In Abb. 4.6 ist die Logik, die diese Berechnung ausführt, mit »High Bit« beschriftet. Sie berechnet die boolesche Funktion

F = (JAMZ AND Z) OR (JAMN AND N) OR NEXT_ADDRESS[8]

In allen Fällen kann MPC nur einen von zwei möglichen Werten annehmen:

1. Den Wert von NEXT_ADDRESS.
2. Den Wert von NEXT_ADDRESS mit dem höherwertigen Bit, das mittels OR mit 1 verknüpft ist.

Andere Möglichkeiten gibt es nicht. War das höherwertige Bit von NEXT_ADDRESS bereits 1, ist die Verwendung von JAMN oder JAMZ unnütz.

Wenn alle JAM-Bits Null sind, ist die Adresse der als nächstes auszuführenden Mikroinstruktion einfach die 9-Bit-Zahl in ihrem Feld NEXT_ADDRESS. Ist entweder JAMN oder JAMZ 1, gibt es zwei potentielle Nachfolgerinnen: NEXT_ADDRESS und NEXT_ADDRESS über OR mit 0x100 verknüpft (unter der Annahme, daß NEXT_ADDRESS ≤ 0xFF). (0x bedeutet, daß die nächste Zahl eine hexadezimale ist.) Dies wird aus Abb. 4.7 ersichtlich. Bei der momentanen Mikroinstruktion an der Stelle 0x75 ist NEXT_ADDRESS = 0x92, und JAMZ ist auf 1 gesetzt. Folglich hängt die nächste Adresse der Mikroinstruktion von dem Z-Bit ab, das in der vorherigen ALU-Operation gespeichert wurde. Ist das Z-Bit 0, kommt die nächste Mikroinstruktion von 0x92. Ist das Z-Bit 1, kommt die nächste Mikroinstruktion von 0x192.

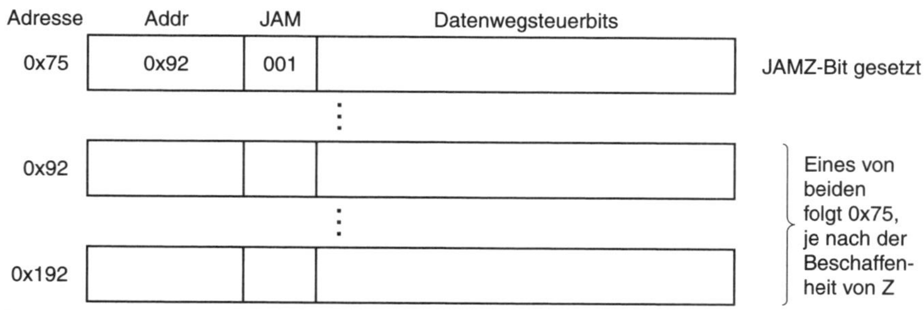

Abb. 4.7: Eine Mikroinstruktion, mit JAMZ auf 1 gesetzt, hat zwei potentielle Nachfolgerinnen

Das dritte Bit im JAM-Feld ist JMPC. Ist es gesetzt, werden die acht MBR-Bits bitweise mittels OR mit den acht niederwertigen Bits des Feldes NEXT_ADDRESS verknüpft, das von der laufenden Mikroinstruktion kommt. Das Ergebnis wird an MPC geschickt. Der Kasten mit der Beschriftung »O« in Abb. 4.6 führt eine OR-Verknüpfung von MBR mit NEXT_ADDRESS aus, falls JMPC 1 ist, gibt NEXT_ADDRESS aber nur durch MPC weiter, wenn JMPC 0 ist. Ist JMPC 1, sind die acht niederwertigen Bits von NEXT_ADDRESS normalerweise Null. Das höherwertige Bit kann 0 oder 1 sein, so daß der Wert in NEXT_ADDRESS, der mit JMPC benutzt wird, normalerweise 0x000 oder 0x100 ist. Warum man manchmal 0x000 und manchmal 0x100 benutzt, wird später erklärt.

Durch die Fähigkeit, MBR mittels OR mit NEXT_ADDRESS zu verknüpfen und das Ergebnis in MPC zu speichern, können wir effizient eine Mehrfachverzweigung (Sprung) implementieren. Man kann eine beliebige von 256 Adressen spezifizieren, die nur durch die Bits bestimmt wird, die in MBR vorhanden sind. In einer typischen Anwendung enthält MBR einen Opcode, so daß die Verwendung von JMPC zu einer eindeutigen Auswahl der als nächstes auszuführenden Mikroinstruktion für jeden möglichen Opcode führt. Diese Methode ist nützlich, um schnell direkt zu der Funktion zu verzweigen, die dem gerade eingelesenen Opcode entspricht.

Das Verständnis der Zeitgaben der Maschine ist für das folgende wichtig. Deshalb lohnt sich hier eine Wiederholung. Das geschieht am Beispiel der Teilzyklen, da sich diese am einfachsten vorstellen lassen. Die einzigen echten Taktereignisse geschehen aber an der fallenden Flanke, die den Zyklus startet, und an der steigenden Flanke, die die Register und die N- und Z-Flip-Flop-Schaltungen lädt. Betrachten Sie erneut Abb. 4.3.

In Teilzyklus 1, den die fallende Flanke des Takts einleitet, wird MIR von der momentan im MPC befindlichen Adresse geladen. In Teilzyklus 2 breiten sich die Signale von MIR aus, und der B-Bus wird vom gewählten Register geladen. In Teilzyklus 3 arbeiten die ALU und der Schieber und produzieren ein stabiles Ergebnis. In Teilzyklus 4 stabilisieren sich die Werte des C-Busses, der Speicherbusse und der ALU. An der steigenden Flanke des Takts werden die Register vom C-Bus geladen; dann werden die N- und Z-Flip-Flop-Schaltungen geladen, und MBR und MDR erhalten ihre Ergebnisse von der Speicheroperation, die am Ende des vorherigen Datenwegzyklus (falls zutreffend) begonnen hat. Sobald MBR verfügbar ist, wird MPC in Vorbereitung auf die nächste Mikroinstruktion geladen. Somit erhält MPC seinen Wert manchmal mitten im Intervall, wenn der Takt auf High liegt (aber erst nachdem MBR/MDR bereit sind). Dies kann einerseits pegelgesteuert (statt flankengesteuert) erfolgen, oder durch Flankensteuerung einer festen Verzögerung nach der steigenden Taktflanke. Entscheidend ist, daß MPC erst geladen wird, wenn die Register, von denen es abhängt (MBR, N und Z), bereit sind. Sobald der Takt fällt, kann MPC den Steuerspeicher adressieren, und ein neuer Zyklus kann beginnen.

Man beachte, daß jeder Zyklus in sich geschlossen ist. Er legt fest, was auf dem B-Bus passiert, was die ALU und der Schieber tun sollen, wo der C-Bus zu speichern ist, und wie der nächste MPC-Wert lauten sollte.

Hier eine letzte Anmerkung zu Abb. 4.6. Wir haben MPC als »echtes« Register behandelt, mit einer Speicherkapazität von neun Bits, die geladen wird, während der Takt auf High liegt. In Wirklichkeit besteht keine Notwendigkeit für ein Register. Alle seine Eingaben können direkt durch den Steuerspeicher gespeist werden. Solange sie am Steuerspeicher an der fallenden Taktflanke vorhanden sind, wenn MIR gewählt ist und ausgelesen wird, reicht das völlig aus. Es besteht keine Notwendigkeit, sie im MPC zu speichern. Aus diesem Grund kann MPC ohne Schwierigkeiten auch als **virtuelles Register** implementiert werden. Das ist lediglich eine Stelle zum Sammeln von Signalen, die einer elektronischen Schalttafel mehr als einem echten Register ähnelt. Wird MPC als virtuelles Register ausgelegt, vereinfacht sich die Zeitgabe: Nun treten Ereignisse nur an den fallenden und steigenden Flanken des Takts auf und nirgends sonst. Wenn Sie sich den MPC aber leichter als echtes Register vorstellen können, ist nichts dagegen einzuwenden.

4.2 ISA-Beispiel: IJVM

Wir entwickeln unser Beispiel und führen die ISA-Ebene der Maschine ein, die vom Mikroprogramm, das in der Mikroarchitektur von Abb. 4.6 (IJVM) läuft, interpretiert werden soll. Der Einfachheit halber nennen wir die ISA im Gegensatz zur Mikroarchitektur auch **Makroarchitektur**. Bevor wir jedoch die IJVM beschreiben, wollen wir etwas abschweifen, um dies zu begründen.

4.2.1 Stapel

Praktisch alle Programmiersprachen unterstützen das Konzept von Prozeduren (Methoden), die lokale Variablen haben. Diese Variablen sind innerhalb der Prozedur zugänglich, lassen aber nicht mehr auf sich zugreifen, sobald die Prozedur zurückgegeben wurde. Deshalb taucht die Frage auf: »Wo soll man diese Variablen im Speicher halten?«

Die einfachste Lösung, jeder Variablen eine absolute Speicheradresse zu geben, funktioniert nicht. Das Problem ist, daß sich eine Prozedur selbst aufrufen kann. Wir behandeln diese rekursiven Prozeduren in Kapitel 5. Vorläufig genügt es zu wissen, daß es unmöglich ist, die Variablen einer Prozedur in absoluten Speicherstellen zu speichern, wenn die Prozedur zweimal aktiv ist (d.h. aufgerufen wird), weil der zweite den ersten Aufruf stört.

Deshalb wird eine andere Strategie angewandt. Ein Speicherbereich namens **Stapel** (Stack) wird für Variablen reserviert. Die einzelnen Variablen erhalten darin aber keine absoluten Adressen. Vielmehr wird ein Register, sagen wir LV, so gesetzt, daß es auf die Basis der lokalen Variablen der aktuellen Prozedur zeigt. In Abb. 4.8(a) wurde eine Prozedur *A* mit den lokalen Variablen *a1*, *a2* und *a3* aufgerufen. Deshalb wurde für ihre lokalen Variablen Speicher an der Speicherstelle reserviert, auf die LV zeigt. Ein weiteres Register SP zeigt auf das höchste Wort der lokalen Variablen von *A*. Ist LV 100 und sind Wörter 4 Bytes, ist SP 108. Die Referenz auf Variablen erfolgt durch Angabe ihres Offsets (ihrer Entfernung) von LV. Die Datenstruktur zwischen LV und SP (und einschließlich beider Wörter, auf die gezeigt wird) nennt man den **lokalen Variablenrahmen** (Local Variable Frame) von *A*.

Jetzt betrachten wir, was passiert, wenn *A* eine andere Prozedur *B* aufruft. Wo sollen die vier lokalen Variablen von *B* (*b1, b2, b3, b4*) gespeichert werden? Die Antwort lautet: auf dem entsprechenden Stapel von *A*, wie in Abb. 4.8(b) dargestellt. LV wurde durch den Prozeduraufruf berichtigt, so daß es nicht mehr auf die lokalen Variablen von *A*, sondern auf die von *B* zeigt. Auf die lokalen Variablen von *B* läßt sich dadurch verweisen, daß man ihren Offset von LV angibt. Wird *C* von *B* aufgerufen, werden LV und SP erneut berichtigt, um Raum für die beiden lokalen Variablen von *C* zuzuweisen, wie aus Abb. 4.8(c) ersichtlich wird.

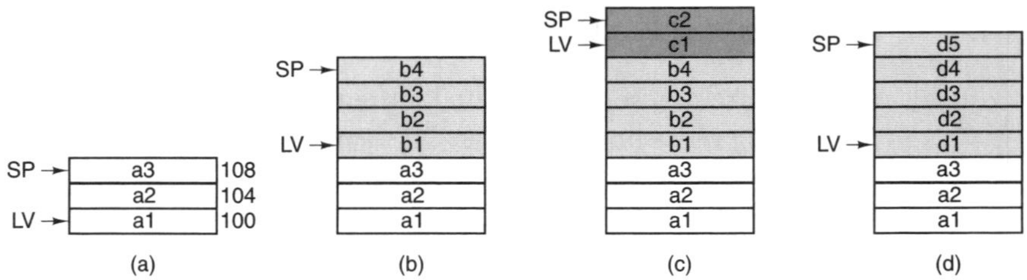

Abb. 4.8: Verwendung eines Stapels zum Speichern lokaler Variablen; (a) während A aktiv ist; (b) nachdem B von A aufgerufen wurde; (c) nachdem C von B aufgerufen wurde; (d) nachdem C und B zurückkehren und D von A aufgerufen wird

Wenn *C* zurückkehrt, wird *B* wieder aktiv und der Stapel erneut auf die Lage von Abb. 4.8(b) abgeändert, so daß LV wiederum auf die lokalen Variablen von *B* zeigt. Kehrt *B* zurück, sind wir wieder bei Abb. 4.8(a). Unter allen Bedingungen zeigt LV auf die Basis des Stapelrahmens der momentan aktiven Prozedur und SP auf dessen Spitze.

Angenommen, *A* ruft *D* mit fünf lokalen Variablen auf. In diesem Fall sind wir wieder bei Abb. 4.8(d), bei der die lokalen Variablen von *D* den gleichen Speicher wie die von *B* und teilweise von *C* benutzen. Bei dieser Speicherstruktur wird nur den momentan aktiven Prozeduren Speicher zugewiesen. Kehrt eine Prozedur zurück, wird der von ihren lokalen Variablen benutzte Speicherplatz freigegeben.

Abgesehen von der Aufnahme lokaler Variablen erfüllen Stapel einen weiteren Zweck. Sie können benutzt werden, um Operanden während der Berechnung eines arithmetischen Ausdrucks im Speicher zu halten. Wird ein Stapel auf diese Weise gebraucht, nennt man ihn **Operandenstapel** (Operand Stack). Nehmen wir beispielsweise an, *A* muß die Berechnung

```
a1 = a2 + a3;
```

vor Aufruf von *B* ausführen. Sie kann diese Summe berechnen, wenn *a2* auf den Stapel geschoben wird, wie aus Abb. 4.9(a) ersichtlich wird. Hier wurde SP um die Anzahl der Bytes in einem Wort erhöht, sagen wir 4, und der erste Operand an der Adresse gespeichert, auf die SP jetzt zeigt. Dann wird *a3* auf den Stapel geschoben, wie in Abb. 4.9(b). Nebenbei bemerkt, sind die Programmfragmente in einer anderen Schrift abgesetzt. Diese Schrift wird auch für die Codes in Assemblersprache und für Maschinenregister benutzt. Im Fließtext werden Programmvariablen und Prozeduren aber in *Kursiv* hervorgehoben. Diese Unterscheidung soll darauf hinweisen, daß Variablen und Prozedurnamen vom Benutzer gewählt werden und Opcodes und Registernamen eingebaut sind.

Die eigentliche Berechnung wird nun durch Ausführung einer Instruktion erledigt, die zwei Wörter aus dem Stapel wirft, diese addiert und das Ergebnis auf den Stapel zurückschiebt, wie aus Abb. 4.9(c) ersichtlich wird. Schließlich kann man das oberste Wort aus dem Stapel werfen und in der lokalen Variablen *a1* rückspeichern wie in Abb. 4.9(d).

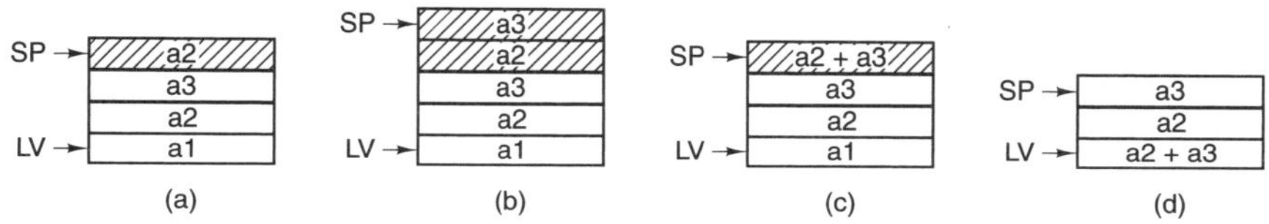

Abb. 4.9: *Verwendung eines Operandenstapels für eine arithmetische Berechnung*

Die lokalen Variablenrahmen und die Operandenstapel kann man mischen. Bei der Berechnung eines Ausdrucks wie $x^2 + f(x)$ kann sich ein Teil des Ausdrucks (z.B. x^2) bei Aufruf einer Funktion *f* auf dem Operandenstapel befinden. Das Ergebnis der Funktion verbleibt oberhalb von x^2 auf dem Stapel, so daß sie von der nächsten Instruktion addiert werden kann.

Alle Maschinen benutzen zwar einen Stapel zum Speichern lokaler Variablen. Nicht alle haben aber einen Operandenstapel wie diesen für arithmetische Berechnungen. Im Gegenteil, die meisten benutzen keinen, die JVM und die IJVM funktionieren aber so. Deshalb haben wir hier Stapeloperationen eingeführt. Wir erklären diesen Vorgang ausführlicher in Kapitel 5.

4.2.2 Das IJVM-Speichermodell

Wir werden uns nun die IJVM-Architektur ansehen. Im Grunde besteht sie aus einem Speicher, den man auf zweierlei Weise betrachten kann: als Array von 4.294.967.296 Byte (4 Gbyte) oder als Array von 1.073.741.824 Wörtern mit je 4 Byte. Im Gegensatz zu den meisten ISAs macht die JVM keine Adressen direkt auf der ISA-Ebene sichtbar. Es gibt aber mehrere implizite Adressen, die die Grundlage für einen Zeiger bilden. IJVM-Instruktionen können nur durch Indizieren dieser Zeiger auf Speicher zugreifen. Folgende Speicherbereiche sind stets definiert:

1. *Der Konstantenpool*: In diesen Bereich kann ein IJVM-Programm nicht schreiben. Er setzt sich aus Konstanten, Zeichenketten und Zeigern auf andere Bereiche des Speichers zusammen, auf die verwiesen werden kann. Er wird geladen, wenn das Programm in den Speicher überführt wird, und

kann danach nicht geändert werden. Es gibt ein implizites Register CPP, das die Adresse des ersten Worts des Konstantenpools enthält.

2. *Der lokale Variablenrahmen*: Bei jedem Aufruf einer Methode wird ein Bereich zum Speichern von Variablen während der Lebenszeit des Aufrufs zugeteilt. Das ist der **lokale Variablenrahmen** (Local Variable Frame). Am Anfang dieses Rahmens findet man die Parameter (auch »Argumente« genannt), mit denen die Methode aufgerufen wurde. Der lokale Variablenrahmen beinhaltet den Operandenstapel nicht; dieser ist abgetrennt. Aus Effizienzgründen wurde der Operandenstapel bei unserer Implementierung unmittelbar oberhalb des lokalen Variablenrahmens angesiedelt. Es gibt ein implizites Register, das die Adresse der ersten Stelle im lokalen Variablenrahmen enthält. Wir nennen dieses Register LV. Die beim Aufruf der Methode weitergegebenen Parameter werden am Anfang des lokalen Variablenrahmens gespeichert.

3. *Der Operandenstapel*: Der Stapelrahmen übersteigt garantiert nicht eine bestimmte, vom Java-Compiler im voraus berechnete Größe. Der Operandenstapelraum wird direkt oberhalb des lokalen Variablenrahmens zugeteilt, wie aus Abb. 4.10 ersichtlich wird. Bei unserer Implementierung kann man ihn sich als Teil des lokalen Variablenrahmens vorstellen. Auf jeden Fall gibt es ein implizites Register, das die Adresse des obersten Worts im Stapel enthält. Im Gegensatz zu CPP und LV ändert sich dieser Zeiger SP während der Ausführung der Methode, wenn Operanden auf den Stapel geschoben oder von ihm entfernt werden.

4. *Der Methodenbereich*: In diesem Speicherbereich befindet sich das Programm. Bei einem Unix-Prozeß nennt man ihn den »Textbereich«. Es gibt ein implizites Register, das die Adresse der als nächstes einzulesenden Instruktion enthält. Dieser Zeiger heißt »Programmzähler« (Program Counter) bzw. PC. Im Gegensatz zu anderen Speicherbereichen wird der Methodenbereich als Bytearray behandelt.

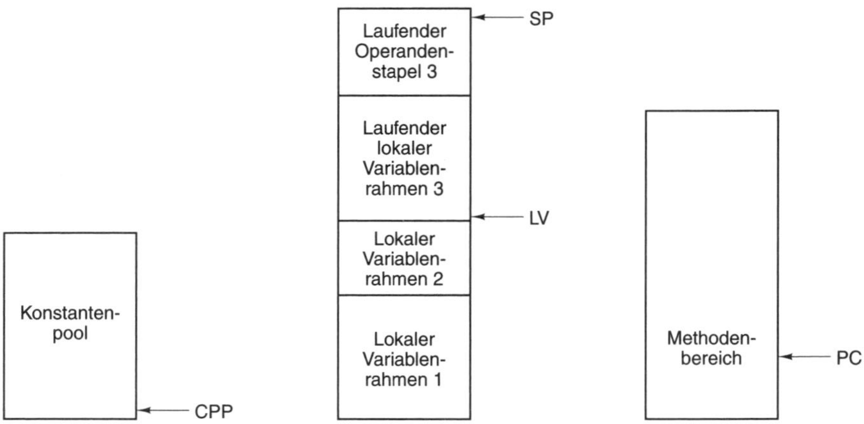

Abb. 4.10: Die verschiedenen Teile des IJVM-Speichers

In bezug auf Zeiger ist hier eine Anmerkung nötig. Die Register CPP, LV und SP sind Zeiger auf *Wörter* und nicht auf *Bytes*. Sie werden durch die Wortanzahl versetzt. Für die von uns gewählte ganzzahlige Teilmenge sind alle Referenzen auf Elemente im Konstantenpool, im lokalen Variablenrahmen und im Stapel Wörter und alle Offsets zum Indizieren dieser Rahmen Wortoffsets. Beispielsweise beziehen sich LV, LV + 1 und LV + 2 auf die ersten drei Wörter des lokalen Variablenrahmens. Demgegenüber beziehen sich LV, LV + 4 und LV + 8 auf Intervalle von vier Wörtern (16 Byte).

Im Gegensatz dazu enthält der PC eine Byteadresse. Eine Addition oder Subtraktion auf PC ändert die Adresse um die Anzahl von Bytes und nicht um die Anzahl von Wörtern. Für PC unterscheidet sich die Adressierung. Dies wird an dem speziellen Speicherport deutlich, der für PC in der Mic-1 bereitgestellt wird. Er ist nur 1 Byte breit. Die Erhöhung von PC um eins und das Einleiten einer Leseoperation führt zum Einlesen des nächsten *Bytes*. Die Erhöhung von SP um eins und das Einleiten einer Leseoperation führt zum Einlesen des nächsten *Worts*.

4.2.3 Der IJVM-Befehlsvorrat

Der IJVM-Befehlsvorrat ist in Abb. 4.11 dargestellt. Jede Instruktion besteht aus einem Opcode und manchmal aus einem Operanden, z.B. einem Speicheroffset (Memory Offset) oder einer Konstanten. In der ersten Spalte steht die hexadezimale Kodierung der Instruktion. Die zweite enthält die entsprechende Mnemonik in Assembler. In der dritten Spalte steht eine kurze Beschreibung.

Instruktionen werden bereitgestellt, um ein Wort aus verschiedenen Quellen auf den Stapel zu schieben. Diese Quellen beinhalten den Konstantenpool (LDC_W), den lokalen Variablenrahmen (ILOAD) und die Instruktion selbst (BIPUSH). Eine Variable kann auch vom Stapel geworfen und im lokalen Variablenrahmen gespeichert (ISTORE) werden. Zwei arithmetische Operationen (IADD und ISUB) sowie zwei logische (boolesche) Operationen (IAND und IOR) können mit Hilfe von zwei Wörtern, die man oben vom Stapel nimmt und die als Operanden dienen, ausgeführt werden. Bei allen arithmetischen und logischen Operationen werden zwei Wörter vom Stapel geworfen, und das Ergebnis wird auf den Stapel zurückgeschoben. Ferner stehen vier Sprunginstruktionen zur Verfügung: eine unbedingte (GOTO) und drei bedingte (IFEQ, IFLT und IF_ICMPEQ). Alle Sprunginstruktionen berichtigen den Wert von PC um die Größe ihres Offsets (16 vorzeichenbehaftete Bits), dem der Opcode der Instruktion folgt. Dieser Offset wird zur Adresse des Opcodes addiert. Außerdem gibt es IJVM-Instruktionen für das Swapping der oberen zwei Wörter auf dem Stapel (SWAP), das Duplizieren des obersten Worts (DUP) und das Entfernen dieses Worts (POP).

Hex	Mnemonik	Bedeutung
0×10	BIPUSH *byte*	Schiebe Byte auf den Stapel
0×59	DUP	Kopiere oberstes Stapelwort und schiebe es auf den Stapel zurück
0×A7	GOTO *offset*	Unbedingter Sprung
0×60	IADD	Wirf zwei Wörter vom Stapel; schiebe ihre Summe
0×7E	IAND	Wirf zwei Wörter vom Stapel; schiebe boolesches AND
0×99	IFEQ *offset*	Wirf Wort vom Stapel und verzweige, falls es Null ist
0×9B	IFLT *offset*	Wirf Wort vom Stapel und verzweige, falls es kleiner als Null ist
0×9F	IF_ICMPEQ *offset*	Wirf zwei Wörter vom Stapel; verzweige, falls gleich
0×84	IINC *varnum const*	Addiere eine Konstante zu einer lokalen Variablen
0×15	ILOAD *varnum*	Schiebe lokale Variable auf Stapel
0×B6	INVOKEVIRTUAL *disp*	Rufe eine Methode auf
0×80	IOR	Wirf zwei Wörter vom Stapel; schiebe boolesches OR
0×AC	IRETURN	Gib Integer-Wert von Methode zurück
0×36	ISTORE *varnum*	Schiebe Wort vom Stapel und speichere es in lokaler Variable
0×64	ISUB	Schiebe zwei Wörter vom Stapel; schiebe ihre Differenz
0×13	LDC_W *index*	Schiebe Konstante vom Konstantenpool auf den Stapel
0×00	NOP	Tue nichts
0×57	POP	Lösche oberstes Stapelwort
0×5F	SWAP	Vertausche die beiden obersten Stapelwörter
0×C4	WIDE	Präfixinstruktion; nächste Instruktion hat einen 16-Bit-Index

Abb. 4.11: Die IJVM-Befehlsvorrat; die Operanden byte, const *und* varnum *sind 1 Byte; die Operanden* disp, index *und* offset *sind 2 Byte*

Einige Instruktionen haben mehrere Formate, was Kurzformen für häufig verwendete Versionen ermöglicht. In IJVM haben wir zwei der möglichen Mechanismen eingebunden, die JVM für diesen Zweck benutzt. In einem Fall haben wir die Kurzform zugunsten einer allgemeineren Form weggelassen. In einem anderen Fall zeigen wir, wie die Präfixinstruktion WIDE zur Veränderung der folgenden Instruktion benutzt werden kann.

Darüber hinaus gibt es eine Instruktion (INVOKEVIRTUAL) zum Aufruf einer anderen Methode und eine weitere (IRETURN) zum Beenden der Methode und Zurückgeben der Kontrolle an die Methode, die sie aufgerufen hat. Aufgrund der Komplexität des Mechanismus haben wir die Definition geringfügig vereinfacht. Dadurch läßt sich ein klar nachvollziehbarer Mechanismus zum Aktivieren und Zurückgeben eines Aufrufs erzeugen. Die Einschränkung ist, daß wir im Gegensatz zu Java einer Methode nur den Aufruf einer Methode gestatten, die innerhalb ihres eigenen Objekts existiert. Diese Einschränkung »verkrüppelt« die Objektorientierung, ermöglicht es uns aber, einen viel einfacheren Mechanismus darzustellen, weil die Notwendigkeit ausgeklammert wird, die Methode dynamisch suchen zu müssen. (Falls Sie mit objektorientierter Programmierung nicht vertraut sind, können Sie diesen Hinweis getrost übergehen. Wir haben Java einfach in eine nicht objektorientierte Sprache, wie C oder Pascal, zurückversetzt.) Auf allen Computern außer der JVM wird die Adresse zur aufzurufenden Prozedur direkt von der CALL-Instruktion bestimmt, so daß unser Ansatz eigentlich der Normalfall und nicht die Ausnahme ist.

Der Mechanismus zum Aufrufen einer Methode sieht wie folgt aus: Zuerst schiebt der Rufende eine Referenz (Zeiger; Pointer) zum aufzurufenden Objekt auf den Stapel. (Diese Referenz ist bei der IJVM nicht nötig, weil kein anderes Objekt spezifiziert werden darf, wurde zugunsten der Konsistenz mit der JVM aber beibehalten.) In Abb. 4.12(a) ist diese Referenz mit OBJREF beschriftet. Dann schiebt der Rufende die Parameter der Methode auf den Stapel; in diesem Fall *Parameter 1*, *Parameter 2* und *Parameter 3*. Schließlich wird INVOKEVIRTUAL ausgeführt.

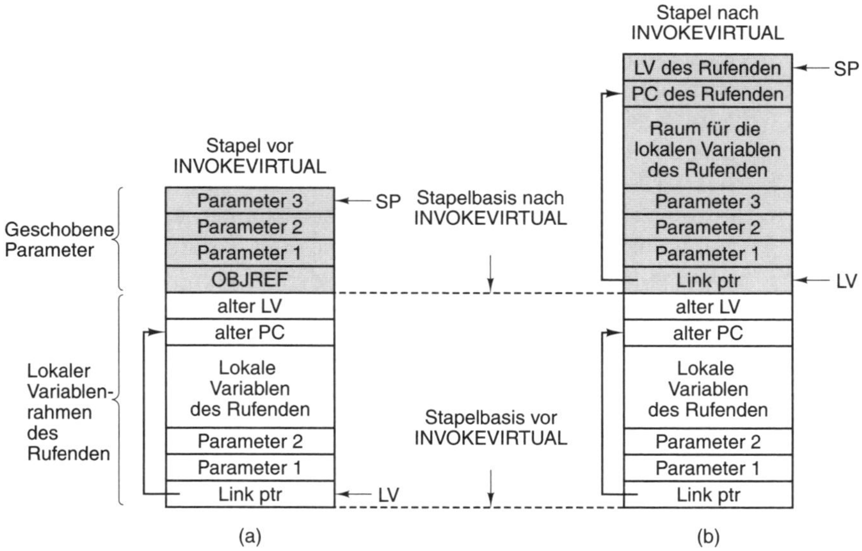

Abb. 4.12: (a) Speicher vor und (b) nach der Ausführung von INVOKEVIRTUAL

In der Instruktion INVOKEVIRTUAL befindet sich eine Versetzung, die auf die Stelle im Konstantenpool hinweist, an der sich die Anfangsadresse des Methodenbereichs für die aufzurufende Methode befindet. Während sich der Methodencode an der durch diesen Zeiger bezeichneten Stelle befindet, enthalten die ersten 4 Bytes des Methodenbereichs spezielle Daten. Die ersten 2 Bytes werden als 16-Bit-Ganzzahl interpretiert, die auf die Parameteranzahl für die Methode hinweist (die Parameter selbst wurden zuvor auf den Stapel geschoben). Für diese Zählung gilt OBJREF als Parameter: Parameter 0. Zusammen mit dem Wert von SP liefert diese 16-Bit-Ganzzahl die Position von OBJREF.

Man beachte, daß LV nicht auf den ersten echten Parameter, sondern auf OBJREF zeigt. Worauf LV zeigen soll, ist mehr oder weniger willkürlich.

Die zweiten 2 Bytes im Methodenbereich werden als weitere 16-Bit-Ganzzahl interpretiert, die auf die Größe des lokalen Variablenbereichs für die aufzurufende Methode hinweist. Dies ist erforderlich, weil ein neuer Stapel für die Methode eingerichtet wird, der unmittelbar oberhalb des lokalen Variablenrahmens beginnt. Schließlich enthält das fünfte Byte im Methodenbereich den ersten auszuführenden Opcode.

INVOKEVIRTUAL läuft wie im folgenden beschrieben und in Abb. 4.12 dargestellt ab. Die beiden vorzeichenlosen, dem Opcode folgenden Indexbytes werden benutzt, um einen Index in der Konstantenpool-Tabelle zu bilden (das erste Byte ist das höherwertige Byte). Die Instruktion berechnet die Basisadresse des neuen lokalen Variablenrahmens, indem sie die Anzahl der Parameter vom Stapelzeiger subtrahiert und LV setzt, um auf OBJREF zu zeigen. An dieser Position, an der OBJREF überschrieben wird, speichert die Implementierung die Adresse der Position, an der der alte PC gespeichert werden soll. Diese Adresse wird berechnet, wenn die Größe des lokalen Variablenrahmens (Parameter + lokale Variablen) zu der in LV enthaltenen Adresse addiert wird. Unmittelbar oberhalb der Adresse, an der der alte PC zu speichern ist, befindet sich die Adresse, an der der alte LV zu speichern ist. Direkt oberhalb dieser Adresse liegt der Anfang des Stapels für die neu aufzurufende Prozedur. SP wird so gesetzt, daß es auf den alten LV zeigt; das ist die Adresse unmittelbar unter der ersten leeren Position im Stapel. SP zeigt immer auf das oberste Wort im Stapel. Ist der Stapel leer, zeigt es auf die erste Position unter dessen Ende, weil unsere Stapel nach oben in Richtung der höheren Adressen wachsen. In unseren Abbildungen wachsen Stapel immer nach oben in Richtung der höheren Adresse am Anfang der Seite.

Die letzte Operation, die zur Ausführung von INVOKEVIRTUAL benötigt wird, ist das Setzen von PC, um auf das fünfte Byte im Methodencode-Raum zu zeigen.

Die Instruktion IRETURN kehrt die Operationen der Instruktion INVOKEVIRTUAL um, wie aus Abb. 4.13 hervorgeht. Sie hebt den zugeteilten Raum, der von der zurückkehrenden Methode benutzt wird, wieder auf und versetzt auch den Stapel in seinen früheren Zustand. Ausgenommen sind die Fälle, in denen (1) das (nun überschriebene) Wort OBJREF und alle Parameter aus dem Stapel geworfen wurden und (2) der zurückgegebene Wert oben auf den Stapel an die Stelle gesetzt wurde, die zuvor OBJREF belegt hatte. Um den alten Zustand wiederherzustellen, muß die Instruktion IRETURN die Zeiger PC und LV auf ihre alten Werte zurücksetzen können. Sie bewirkt dies durch Zugriff auf den Verknüpfungszeiger (das ist das vom aktuellen LV-Zeiger identifizierte Wort). An der Stelle, an der OBJREF ursprünglich gespeichert war, hat die Instruktion INVOKEVIRTUAL die Adresse gespeichert, die den alten PC enthält. Dieses Wort und das Wort darüber werden wiedergewonnen, um PC bzw. LV wieder auf ihre alten Werte zurückzusetzen. Der Rückgabewert, der oben im Stapel der endenden Methode gespeichert ist, wird an die Stelle kopiert, an der OBJREF ursprünglich gespeichert war, und SP wird so wiederhergestellt, daß es auf diese Stelle zeigt. Die Kontrolle wird somit an die Instruktion zurückgegeben, die unmittelbar der Instruktion INVOKEVIRTUAL folgt.

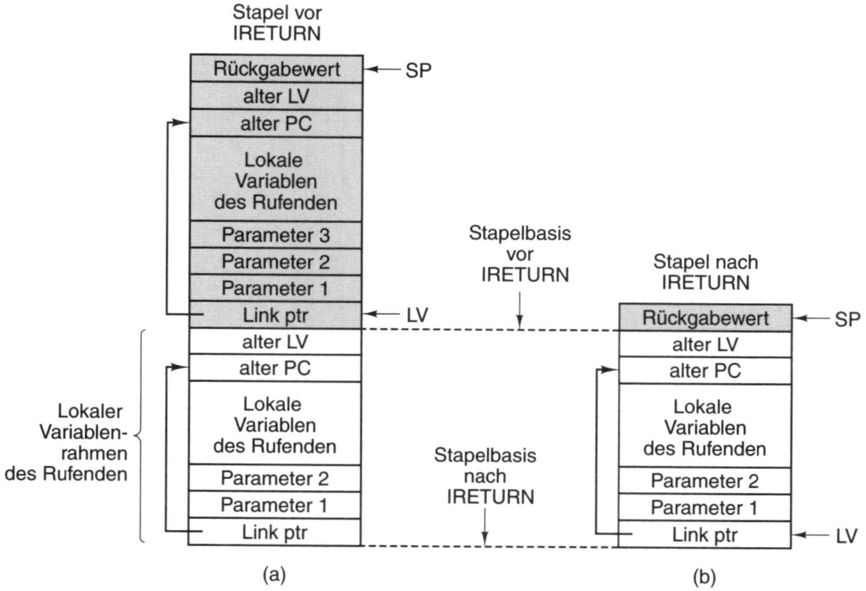

Abb. 4.13: Speicher (a) vor und (b) nach der Ausführung von IRETURN

Soweit hat unsere Maschine keine Ein-/Ausgabeinstruktionen. Wir werden auch keine hinzufügen. Sie braucht sie genauso wenig wie die JVM, und die offizielle Spezifikation der JVM erwähnt nie Ein-/Ausgaben. Theoretisch heißt das, daß eine Maschine ohne Ein- und Ausgaben »sicher« ist. (Lesen und Schreiben erfolgt bei der JVM mittels Aufrufen von speziellen Methoden, die E/A ausführen.)

4.2.4 Java in IJVM kompilieren

Wir betrachten nun die Beziehung zwischen Java und der IJVM. In Abb. 4.14(a) zeigen wir das einfache Fragment eines Java-Codes. Speist man diesen Code in einen Java-Compiler, würde er wahrscheinlich die in Abb. 4.14(b) dargestellte IJVM-Assemblersprache produzieren. Die Zeilennummern 1 bis 15 links neben dem in Assemblersprache geschriebenen Programm sind nicht Teil der Compiler-Ausgabe und ebensowenig die Kommentare (die mit // beginnen). Sie dienen der Erklärung einer späteren Abbildung. Der Java-Assembler würde dann das Assembler-Programm in das Binärprogramm von Abb. 4.14(c) übersetzen. (Eigentlich führt der Java-Compiler seine eigene Assemblierung durch und produziert das Binärprogramm direkt.) Bei diesem Beispiel nehmen wir an, daß *i* die lokale Variable 1, *j* die lokale Variable 2 und *k* die lokale Variable 3 ist.

```
i = j + k;       1         ILOAD j~       // i = j + k     0x15 0x02
if (i == 3)      2         ILOAD k~                        0x15 0x03
  k = 0;         3         IADD                            0x60
else             4         ISTORE i                        0x36 0x01
  j = j - 1;     5         ILOAD i        // if (i < 3)    0x15 0x01
                 6         BIPUSH 3                        0x10 0x03
                 7         IF_ICMPEQ L1                    0x9F 0x00 0x0D
                 8         ILOAD j        // j = j - 1     0x15 0x02
                 9         BIPUSH 1                        0x10 0x01
                 10        ISUB                            0x64
                 11        ISTORE j                        0x36 0x02
                 12        GOTO L2                         0xA7 0x00 0x07
                 13   L1:  BIPUSH 0       // k = 0         0x10 0x00
                 14        ISTORE k                        0x36 0x03
                 15   L2:
      (a)                      (b)                             (c)
```

Abb. 4.14: (a) Ein Java-Fragment; (b) die entsprechende Java-Assemblersprache; (c) das hexadezimale IJVM-Programm

Der kompilierte Code ist einfach aufgebaut. Zuerst werden *j* und *k* auf den Stapel geschoben, addiert, und das Ergebnis wird in *i* gespeichert. Dann werden *i* und die Konstante 3 auf den Stapel geschoben und verglichen. Sind sie gleich, folgt ein Sprung zu *L1*, wobei *k* auf 0 gesetzt wird. Sind sie ungleich, schlägt der Vergleich fehl, und der `IF_ICMPEQ` wird ausgeführt. Geschieht dies, wird auf *L2* verzweigt, wo sich die Teile `then` und `else` mischen.

Der Operandenstapel für das IJVM-Programm von Abb. 4.14(b) ist in Abb. 4.15 dargestellt. Bevor der Code mit der Ausführung beginnt, ist der Stapel leer, was durch die horizontale Linie oberhalb der 0 angedeutet wird. Nach dem ersten `ILOAD` befindet sich *j* auf dem Stapel, was durch das umrahmte *j* über der 1 angedeutet wird (dies bedeutet, daß Instruktion 1 ausgeführt wurde). Nach dem zweiten `ILOAD` befinden sich zwei Wörter auf dem Stapel, wie oberhalb der 2 dargestellt. Nach dem `IADD` befindet sich nur ein Wort auf dem Stapel; es enthält die Summe *j* + *k*. Wird das oberste Wort vom Stapel gestoßen und in *i* gespeichert, ist der Stapel leer, wie oberhalb der 4 angedeutet.

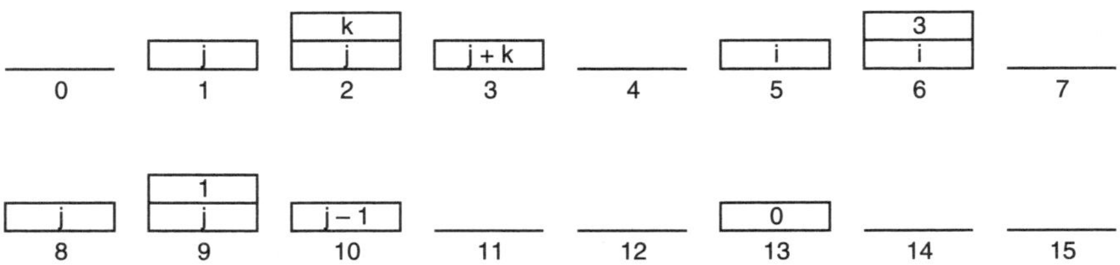

Abb. 4.15: Der Stapel nach jeder Instruktion von Abb. 4.14(b)

Instruktion 5 (`ILOAD`) beginnt mit der Anweisung `if`, wenn sie *i* (in 5) auf den Stapel schiebt. Als nächstes kommt die Konstante 3 (in 6). Nach dem Vergleich ist der Stapel wieder leer (7). Instruktion 8 ist der Beginn des Teils `else` im Fragment unseres Java-Programms. Der Teil `else` fährt bis zu Instruktion 12 fort; dort verzweigt er über den Teil `then` und geht zu Beschriftung *L2*.

4.3 Beispielimplementierung

Nachdem wir nun sowohl die Mikroarchitektur als auch die Makroarchitektur ausführlich erklärt haben, bleibt noch die Implementierung. Anders ausgedrückt: Wie sieht ein Programm aus, das auf ersterer läuft und letztere interpretiert, und wie funktioniert es? Bevor wir diese Fragen beantworten können, müssen wir die Notation, die wir zum Beschreiben der Implementierung benutzen, genau kennen.

4.3.1 Mikroinstruktionen und Notation

Im Prinzip können wir den Steuerspeicher binär in 36 Bit pro Wort beschreiben. Wie bei konventionellen Programmiersprachen ist es aber von großem Nutzen, eine Notation einzuführen, die den Kern der zu klärenden Fragen vermittelt, während die momentan nicht interessierenden Einzelheiten vernachlässigt oder noch besser automatisch gehandhabt werden. Man muß sich vor Augen halten, daß die von uns gewählte Sprache dazu dient, die Konzepte aufzuzeigen und nicht ein effizientes Design zu erleichtern. Wäre letzteres unser Ziel, würden wir eine völlig andere Notation verwenden, um die dem Designer zur Verfügung stehende Flexibilität zu steigern. Wichtig ist in diesem Zusammenhang die Wahl von Adressen. Da der Speicher nicht logisch geordnet ist, gibt es keine natürliche »nächste Instruktion« im Zuge der Abfolge von Operationen. Eine große Stärke dieser Struktur ist die Fähigkeit des Designers (oder des Assemblers), Adressen effizient auswählen zu können. Wir beginnen daher mit der Einführung einer einfachen Symbolsprache, die jede Operation umfassend beschreibt, ohne im Detail zu erklären, wie alle Adressen bestimmt wurden.

Unsere Notation legt alle Aktivitäten genau fest, die in einem einzigen Taktzyklus in einer einzigen Leitung stattfinden. Wir könnten theoretisch eine Hochsprache zur Beschreibung einer Operation verwenden. Eine zyklusweise Steuerung ist aber sehr wichtig, weil sie Gelegenheit bietet, mehrere Operationen gleichzeitig auszuführen, und sie ist für die Analyse eines jeden Zyklus nötig, damit die Operationen verständlich und überprüfbar sind. Ist das Ziel eine schnelle, effiziente Implementierung (sofern alles andere keine Rolle spielt, ist schnell und effizient immer besser als langsam und ineffizient), zählt jeder Zyklus. In einer echten Implementierung verbergen sich im Programm viele komplexe Elemente, die sich zur Einsparung eines einzigen Zyklus nicht unmittelbar einsichtiger Abfolgen oder Operationen bedienen. Will man Zyklen einsparen, gilt es, auf einen großen Kompromiß einzugehen:

Eine aus vier Zyklen bestehende Instruktion, die um zwei Zyklen reduziert werden kann, läuft letztlich doppelt so schnell. Diese Beschleunigung erzielen wir natürlich bei jeder Ausführung dieser Instruktion.

Ein möglicher Ansatz besteht in der Auflistung der Signale, die in jedem Taktzyklus aktiviert werden sollen. Angenommen, wir wollen in einem Zyklus den Wert von SP inkrementieren. Wir möchten außerdem eine Leseoperation einleiten, und die nächste Instruktion soll die sein, die sich an Position 122 im Steuerspeicher befindet. Dann können wir folgendes schreiben:

```
ReadRegister = SP, ALU = INC, WSP, Read, NEXT_ADDRESS = 122
```

wobei WSP bedeutet: »Write the SP-Register«. Diese Notation ist vollständig, aber schwer verständlich. Statt dessen verbinden wir die Operationen natürlich und intuitiv, um die Wirkung dessen zu erfassen, was passiert:

```
SP = SP + 1; rd
```

Wir nennen unsere Mikroassembler-Hochsprache »MAL« (Französisch für »übel«, das einem werden kann, der zuviel Code in dieser Sprache schreibt). MAL ist auf die Widerspiegelung der Merkmale einer Mikroarchitektur zugeschnitten. In jedem Zyklus kann jedes der Register geschrieben werden, normalerweise aber nur eines. Nur ein Register kann mittels Gate zur B-Seite der ALU geführt werden. Auf der A-Seite befinden sich die Optionen +1, 0, –1 und das Register H. Somit können wir eine einfache Zuweisungsanweisung wie in Java benutzen, um die durchzuführende Operation zu bezeichnen. Um beispielsweise etwas von SP nach MDR zu kopieren, können wir

```
MDR = SP
```

schreiben. Möchten wir die Verwendung der ALU-Funktionen, abgesehen von der Weitergabe durch den B-Bus, bezeichnen, können wir z.B.

```
MDR = H + SP
```

schreiben. Damit wird der Inhalt des H-Registers zu SP hinzugefügt und das Ergebnis in MDR geschrieben. Der Operator + ist kommutativ (was bedeutet, daß die Reihenfolge der Operanden keine Rolle spielt), so daß die obige Anweisung auch wie folgt geschrieben werden kann:

```
MDR = SP + H
```

Sie erzeugt die gleiche 36-Bit-Mikroinstruktion, auch wenn genau genommen H als ALU-Operand übrigbleiben muß.

In bezug auf die ausschließliche Verwendung von zulässigen Operationen müssen wir vorsichtig sein. Die wichtigsten zulässigen Operationen werden aus Abb. 4.16 ersichtlich, wobei SOURCE entweder MDR, PC, MBR, MBRU, SP, LV, CPP, TOS oder OPC sein kann (MBRU ist die vorzeichenlose Version von MBR). Alle diese Register können als Quellen für die ALU am B-Bus fungieren. Ebenso kann DEST entweder MAR, MDR, PC, SP, LV, CPP, TOS, OPC oder H sein; das alles sind mögliche Bestimmungsorte für die ALU-Ausgabe auf dem C-Bus. Dieses Format ist trügerisch, weil viele scheinbar vernünftige Anweisungen unzulässig sind, z.B.:

```
MDR = SP + MDR
```

Dieses Beispiel sieht absolut vernünftig aus. Es gibt aber keine Möglichkeit, es auf dem Datenweg von Abb. 4.6 in einem Zyklus auszuführen. Diese Einschränkung liegt vor, weil für eine Addition (im Gegensatz zur Erhöhung oder Reduzierung) einer der Operanden das H-Register sein muß. Der Code

```
H = H - MDR
```

mag nützlich sein, ist aber ebenfalls unbrauchbar, weil die einzig mögliche Quelle eines Subtrahenden (der abzuziehende Wert) das H-Register ist. Es wird dem Assembler überlassen, Anweisungen zu verwerfen, die gültig aussehen, aber ungültig sind.

Wir erweitern die Notation, um mehrere Zuweisungen durch Verwendung weiterer Gleichheitszeichen zuzulassen. Das Addieren von 1 zu SP und das Zurückspeichern in SP sowie das Schreiben in MDR erreichen wir z.B. wie folgt:

```
SP = MDR = SP + 1
```

Um Lese- und Schreiboperationen von 4-Byte-Datenwörtern auf Speicher anzuzeigen, setzen wir einfach rd und wr in die Mikroinstruktion. Das Einlesen eines Bytes über den 1-Byte-Port wird durch fetch bewirkt. Zuweisungen und Speicheroperationen können im selben Zyklus stattfinden. Dies wird durch Schreiben in der gleichen Zeile angedeutet.

Um Verwechslungen auszuschließen, wiederholen wir hier, daß die Mic-1 zwei Möglichkeiten des Speicherzugriffs hat. Das Lesen und Schreiben von 4-Byte-Datenwörtern mittels MAR/MDR wird in den Mikroinstruktionen durch rd bzw. wr gekennzeichnet. Das Lesen von 1-Byte-Opcodes vom Instruktionsstrom mittels PC/MBR wird in den Mikroinstruktionen durch fetch angedeutet. Beide Arten von Speicheroperationen können gleichzeitig verlaufen.

Dasselbe Register darf aber nicht im gleichen Zyklus einen Wert vom Speicher und vom Datenweg erhalten. Betrachten Sie diesen Code:

```
MAR = SP; rd
MDR = H
```

Die erste Mikroinstruktion bewirkt, daß MDR am Ende der zweiten Mikroinstruktion ein Wert vom Speicher zugewiesen wird. Die zweite Mikroinstruktion weist aber MDR gleichzeitig auch einen Wert zu. Diese beiden Zuweisungen stehen in Konflikt und sind nicht zulässig, da die Ergebnisse nicht definiert sind.

DEST = H
DEST = SOURCE
DEST = $\overline{\text{H}}$
DEST = $\overline{\text{SOURCE}}$
DEST = H + SOURCE
DEST = H + SOURCE + 1
DEST = H + 1
DEST = SOURCE + 1
DEST = SOURCE - H
DEST = SOURCE - 1
DEST = - H
DEST = H AND SOURCE
DEST = H OR SOURCE
DEST = 0
DEST = 1
DEST = -1

Abb. 4.16: Alle zulässigen Operationen; jede davon läßt sich durch Hinzufügen von »< < 8« erweitern. Dadurch wird das Ergebnis um 1 Byte nach links geschoben. Eine häufige Operation ist z.B. `H = MBR < < 8`.

Jede Mikroinstruktion muß ausdrücklich die Adresse der als nächstes auszuführenden Mikroinstruktion liefern. Im Normalfall wird eine Mikroinstruktion aber nur durch eine andere Mikroinstruktion aufgerufen, nämlich durch diejenige in der Zeile direkt über ihr. Um die Arbeit des Mikroprogrammierers zu erleichtern, weist der Mikroassembler normalerweise jeder Mikroinstruktion eine (im Steuerspeicher nicht unbedingt fortlaufende) Adresse zu und füllt das Feld NEXT_ADDRESS, so daß Mikroinstruktionen, die in aufeinanderfolgenden Zeilen geschrieben wurden, auch nacheinander ausgeführt werden.

Zuweilen muß der Mikroprogrammierer aber entweder bedingt oder nicht unbedingt verzweigen. Die Notation für unbedingte Sprünge ist einfach:

```
goto label
```

Das kann in jede Mikroinstruktion eingebunden werden, um ihre Nachfolgerin zu benennen. Die meisten Mikroinstruktionsfolgen enden z.B. mit einer Rückkehr zur ersten Instruktion in der Hauptschleife, so daß die letzte Instruktion in einer solchen Abfolge normalerweise

```
goto Main1
```

einschließt. Man beachte, daß der Datenweg für normale Operationen sogar während der Ausführung einer Mikroinstruktion, die ein `goto` enthält, verfügbar ist. Schließlich enthält jede einzelne Mikroinstruktion ein Feld

NEXT_ADDRESS. goto weist lediglich den Mikroassembler an, einen bestimmten Wert statt der Adresse dort einzufügen, wo die Mikroinstruktion der nächsten Zeile angesiedelt wurde. Im Prinzip sollte jede Zeile über eine goto-Anweisung verfügen, und sei es auch nur zur Bequemlichkeit des Mikroprogrammierers. Steht die Zieladresse in der nächsten Zeile, kann man sie weglassen.

Für bedingte Sprünge brauchen wir eine andere Notation. JAMN und JAMZ verwenden die Bits N und Z. Manchmal muß man ein Register prüfen, etwa um zu sehen, ob es Null ist. Eine Möglichkeit dafür besteht darin, es durch die ALU laufen zu lassen und in sich selbst zurückspeichern zu lassen. Der Code

```
TOS = TOS
```

sieht seltsam aus, erfüllt aber seinen Zweck (wenn die Z-Flip-Flop-Schaltung auf der Basis von TOS gesetzt wird). Damit Mikroprogramme schöner aussehen, erweitern wir jetzt MAL um zwei neue, imaginäre zuweisbare Register N und Z, z.B.:

```
Z = TOS
```

Dies führt TOS durch die ALU, wodurch die Z- (und N-) Flip-Flop-Schaltung gesetzt wird. Es erfolgt aber keine Speicherung in einem Register. Was bewirkt Z oder N als Ziel? Es weist den Mikroassembler an, alle Bits im C-Feld von Abb. 4.5 auf 0 zu setzen. Der Datenweg führt einen normalen Zyklus mit allen zulässigen normalen Operationen aus; es wird aber in kein Register geschrieben. Beachten Sie, daß es keine Rolle spielt, ob das Ziel N oder Z ist. Die vom Mikroassembler erzeugte Mikroinstruktion ist identisch. Programmierer, die absichtlich die »falsche« wählen, sollte man zur Strafe eine Woche lang an einem mit 4,77 MHz getakteten Original-IBM-PC arbeiten lassen.

Die Syntax, mit der wir den Mikroassembler anweisen, das JAMZ-Bit zu setzen, lautet:

```
if (Z) goto L1; else goto L2
```

Da die Hardware voraussetzt, daß die acht niederwertigen Bits dieser beiden Adressen identisch sind, liegt es beim Mikroassembler, solche Adressen zuzuweisen. Andererseits kann sich *L2* irgendwo in den unteren 256 Wörtern des Steuerspeichers befinden, so daß der Mikroassembler viel Freiraum hat, ein verfügbares Paar zu finden.

Normalerweise werden die beiden Anweisungen kombiniert, z.B.:

```
Z = TOS; if (Z) goto L1; else goto L2
```

Diese Anweisung bewirkt, daß MAL eine Mikroinstruktion erzeugt, in der TOS durch die ALU läuft (aber an keiner Stelle gespeichert wird), so daß ihr Wert das Z-Bit setzt. Kurz nachdem Z vom ALU-Bedingungsbit geladen wurde, wird es mittels OR mit dem höherwertigen Bit von MPC verknüpft. Dadurch wird veranlaßt, daß die Adresse der nächsten Mikroinstruktion entweder aus *L2* oder aus *L1* (was genau 256 mehr als *L2* sein muß) gelesen wird. MPC stabilisiert sich und steht nun zum Lesen der nächsten Mikroinstruktion bereit.

Schließlich brauchen wir eine Notation zur Verwendung des JMPC-Bits. Wir nehmen

```
goto (MBR OR Wert)
```

Diese Syntax weist den Mikroassembler an, *Wert* für NEXT_ADDRESS zu benutzen und das JMPC-Bit so zu setzen, daß MBR zusammen mit NEXT_ADDRESS mittels OR mit MPC verknüpft wird. Ist *Wert* 0, was der Normalfall ist, genügt es,

```
goto (MBR)
```

zu schreiben. Man beachte, daß nur die acht niederwertigen Bits von MBR mit MPC verbunden sind (siehe Abb. 4.6), so daß sich die Frage der Zeichenerweiterung (d.h. MBR gegenüber MBRU) hier nicht stellt. Außerdem muß man beachten, daß das am Ende des aktuellen Zyklus verfügbare MBR dasjenige ist, das nicht benutzt wird. Ein in *dieser* Mikroinstruktion gestarteter Lesevorgang kommt zu spät, um die Wahl der nächsten Mikroinstruktion beeinflussen zu können.

4.3.2 IJVM mit der Mic-1 implementieren

Wir sind an einem Punkt angelangt, an dem wir alle Teile zusammensetzen können. Abb. 4.17 ist das Mikroprogramm, das auf der Mic1 läuft und die IJVM interpretiert. Mit insgesamt nur 112 Mikroinstruktionen handelt es sich um ein überraschend kurzes Programm. Für jede Mikroinstruktion gibt es drei Spalten: symbolische Beschriftung, eigentlichen Mikrocode und Kommentar. Man beachte, daß aufeinanderfolgende Mikroinstruktionen sich nicht unbedingt in fortlaufenden Adressen im Steuerspeicher befinden.

Inzwischen ist der Grund für die Wahl der Namen für die meisten Register in Abb. 4.1 zweifellos klar geworden: CPP, LV und SP werden benutzt, um die Zeiger zum Konstantenpool, zu lokalen Variablen bzw. zur Oberseite des Stapels aufzunehmen, während PC die Adresse des nächsten Bytes, das aus dem Instruktionsstrom gelesen wird, hält. MBR ist ein 1-Byte-Register, das die Bytes des Instruktionsstroms aufnimmt, die nacheinander von dem zu interpretierenden Speicher einlaufen. TOS und OPC sind zusätzliche Register. Ihre Verwendung wird später beschrieben.

Zu bestimmten Zeiten enthält jedes dieser Register garantiert einen bestimmten Wert, es kann bei Bedarf aber auch als temporäres Register benutzt werden. Zu Beginn und am Ende jeder Instruktion enthält TOS den Wert der Speicherstelle, auf die SP – das oberste Wort im Stapel – zeigt. Dieser Wert ist redundant, da er immer vom Speicher gelesen werden kann. Sein Vorhandensein in einem Register spart aber oft eine Speicherreferenz. Für ein paar Instruktionen bedeutet das Vorhandensein von TOS *mehr* Speicheroperationen. Beispielsweise wirft die POP-Anweisung das oberste Wort weg. Deshalb muß sie das neueste, oben auf dem Stapel befindliche Wort vom Speicher in TOS einlesen.

Das OPC-Register ist ein temporäres Register, d.h. ein Arbeitsregister. Es erfüllt keinen vorgegebenen Zweck und wird beispielsweise benutzt, um die Adresse des Opcodes für eine Sprunginstruktion zu speichern, während für den Parameterzugriff PC erhöht wird. Außerdem findet es in den bedingten Sprunginstruktionen von IJVM als temporäres Register Verwendung.

Wie alle Interpreter hat das Mikroprogramm von Abb. 4.17 eine Hauptschleife, die Instruktionen aus dem auszuführenden Programm einliest, dekodiert und ausführt. In diesem Fall sind das IJVM-Instruktionen. Die Hauptschleife beginnt in der Zeile mit der Beschriftung Main1. Begonnen wird mit der Invariante, daß PC zuvor mit der Adresse einer Speicherstelle, an der sich ein Opcode befindet, geladen und dieser Opcode bereits in MBR eingelesen wurde. Das impliziert aber folgendes: Wenn wir zu dieser Stelle zurückkehren, müssen wir sicherstellen, daß PC dahingehend aktualisiert wurde, daß es auf den als nächstes zu interpretierenden Opcode zeigt und das Opcode-Byte selbst bereits in MBR eingelesen wurde.

Diese Folge wird zu Beginn einer jeden Instruktion ausgeführt. Deshalb sollte sie so kurz wie möglich sein. Durch sehr sorgfältiges Design der Mic-1-Hardware und -Software ist es uns gelungen, die Hauptschleife auf eine einzige Mikroinstruktion zu reduzieren. Nach dem Start der Maschine und bei jeder Ausführung dieser Mikroinstruktion wird der bereits in MBR vorhandene IJVM-Opcode ausgeführt. Die Mikroinstruktion verzweigt zu dem Mikrocode, der diese IJVM-Instruktion ausführt, und beginnt mit dem Einlesen des Bytes, das dem Opcode folgt; das kann entweder ein Operandenbyte oder der nächste Opcode sein.

Nun können wir den wahren Grund nennen, warum jede Mikroinstruktion ihre Nachfolgerin benennt, statt sie der Reihe nach ausführen zu lassen. Alle Adressen im Steuerspeicher, die Opcodes entsprechen, müssen für das erste Wort des entsprechenden Instruktionsinterpreters reserviert werden. Wir sehen in Abb. 4.11, daß der Code, der POP interpretiert, bei 0x57 beginnt, und daß der Code, der DUP interpretiert, bei 0x59 beginnt. (Warum MAL weiß, daß POP auf 0x57 zu setzen ist, ist eines der Wunder dieses Universums – möglicherweise gibt es irgendwo eine Datei, aus der das hervorgeht.)

Leider ist der Code für POP um drei Mikroinstruktionen zu lang. Setzt man ihn in aufeinanderfolgende Wörter, würde er den Beginn von DUP stören. Da alle Steuerspeicheradressen, die Opcodes entsprechen, in jedem Fall reserviert sind, müssen die Mikroinstruktionen außer der ersten in jeder Folge in Löcher zwischen reservierten Adressen gestopft werden. Aus diesem Grund gibt es viele Sprünge. Ein expliziter Mikrosprung (eine Mikroinstruktion, die alle paar Mikroinstruktionen verzweigt), um von Loch zu Loch zu springen, wäre eine riesige Verschwendung.

Um die Funktionsweise des Interpreters zu sehen, nehmen wir als Beispiel an, daß MBR den Wert 0x60 enthält, d.h. den Opcode für IADD (siehe Abb. 4.11). In der aus einer Mikroinstruktion bestehenden Hauptschleife erreichen wir drei Dinge:

1. Erhöhung von PC, wobei es weiterhin die Adresse des ersten Bytes nach dem Opcode behält.
2. Einlesen des nächsten Bytes in MBR. Dieses Byte wird früher oder später immer gebraucht, entweder als Operand für die aktuelle IJVM-Instruktion oder als nächster Opcode (wie im Fall der IADD-Instruktion, die keine Operandenbytes hat).
3. Durchführung eines Mehrfachsprungs zu der in MBR am Anfang von Main1 enthaltenen Adresse. Diese Adresse entspricht dem numerischen Wert des momentan ausgeführten Opcodes. Sie wurde von der vorherigen Mikroinstruktion dorthin gesetzt. Man beachte, daß der in dieser Mikroinstruktion eingelesene Wert im Mehrfachsprung keine Rolle spielt.

Ab hier wird das nächste Byte geholt, so daß es bis zum Beginn der dritten Mikroinstruktion verfügbar ist. Sein Gebrauch ist fakultativ; irgendwann wird es sicher benötigt, so daß es nicht schadet, es hier einzulesen.

Beschriftung	**Operationen**	**Kommentare**
Main1	PC = PC + 1; fetch; goto (MBR)	MBR hält Opcode; holte nächstes Byte; versende
nop1	goto Main1	Tue nichts
iadd1	MAR = SP = SP - 1; rd	Lies nächstes oberstes Stapelwort ein
iadd2	H = TOS	H = Stapeloberseite
iadd3	MDR = TOS = MDR + H; wr; goto Main1	Addiere die beiden obersten Wörter; schreibe sie oben in den Stapel
isub1	MAR = SP = SP - 1; rd	Lies nächstes oberstes Stapelwort
isub2	H = TOS	H = Stapeloberseite
isub3	MDR = TOS = MDR - H; wr; goto Main1	Subtrahiere; schreibe oben in den Stapel
iand1	MAR = SP = SP - 1; rd	Lies nächstes oberstes Stapelwort
iand2	H = TOS	H = Stapeloberseite
iand3	MDR = TOS = MDR AND H; wr; goto Main1	Führe AND aus; schreibe in neue Stapeloberseite
ior1	MAR = SP = SP - 1; rd	Lies nächstes oberstes Stapelwort
ior2	H = TOS	H = Stapeloberseite
ior3	MDR = TOS = MDR OR H; wr; goto Main1	Führe OR aus; schreibe in neue Stapeloberseite

Abb. 4.17: Mikroprogramm für die Mic-1

Beschriftung	**Operationen**	**Kommentare**
dup1	MAR = SP = SP + 1	Inkrementiere SP und kopiere in MAR
dup2	MDR = TOS; wr; goto Main1	Schreibe nächstes Stapelwort
pop1	MAR = SP = SP - 1; rd	Lies nächstes oberstes Stapelwort
pop2		Warte, bis neue TOS vom Speicher gelesen werden kann
pop3	TOS = MDR; goto Main1	Kopiere neues Wort in TOS
swap1	MAR = SP - 1; rd	Setze MAR auf SP – 1; lies zweites Wort vom Stapel
swap2	MAR = SP	Setze MAR auf das oberste Wort
swap3	H = MDR; wr	Speichere TOS in H; schreibe zweites Wort in neue Stapeloberseite
swap4	MDR = TOS	Kopiere alte TOS in MDR
swap5	MAR = SP - 1; wr	Setze MAR auf SP – 1; schreibe es als zweites Wort in den Stapel
swap6	TOS = H; goto Main1	Aktualisiere TOS
bipush1	SP = MAR = SP + 1	MBR = das vom Stapel zu schiebende Byte
bipush2	PC = PC + 1; fetch	Inkrementiere PC, hole nächsten Opcode
bipush3	MDR = TOS = MBR; wr; goto Main1	Erweitere Konstante um Vorzeichen, und schiebe sie auf den Stapel
iload1	H = LV	MBR enthält Index; kopiere LV in H
iload2	MAR = MBRU + H; rd	MAR = Adresse der herauszuschiebenden lokalen Variablen
iload3	MAR = SP = SP + 1	SP zeigt auf neue Stapeloberseite; bereite Schreiboperation vor
iload4	PC = PC + 1; fetch; wr	Inkrementiere PC; hole nächsten Opcode; schreibe in Stapeloberseite
iload5	TOS = MDR; goto Main1	Aktualisiere TOS
istore1	H = LV	MBR enthält Index; kopiere LV in H
istore2	MAR = MBRU + H	MAR = Adresse der lokalen Variablen, in die zu speichern ist
istore3	MDR = TOS; wr	Kopiere TOS in MDR; schreibe Wort
istore4	SP = MAR = SP - 1; rd	Lies nächstes oberstes Stapelwort ein
istore5	PC = PC + 1; fetch	Inkrementiere PC; hole nächsten Opcode
istore6	TOS = MDR; goto Main1	Aktualisiere TOS

Abb. 4.17: Mikroprogramm für die Mic-1 (Forts.)

Beschriftung	Operationen	Kommentare
wide1	PC = PC + 1; fetch; goto (MBR OR 0x100)	Mehrfachsprung mit High-Bit gesetzt
wide_iload1	PC = PC + 1; fetch	MBR enthält erstes Indexbyte; hole zweites
wide_iload2	H = MBRU << 8	H = erstes Indexbyte um 8 Bits nach links verschoben
wide_iload3	H = MBRU OR H	H = 16-Bit-Index der lokalen Variablen
wide_iload4	MAR = LV + H; rd; goto iload3	MAR = Adresse der herauszuschiebenden lokalen Variablen
wide_istore1	PC = PC + 1; fetch	MBR enthält erstes Indexbyte; hole zweites
wide_istore2	H = MBRU << 8	H = erstes Indexbyte um 8 Bit nach links verschoben
wide_istore3	H = MBRU OR H	H = 16-Bit-Index der lokalen Variablen
wide_istore4	MAR = LV + H; goto istore3	MAR = Adresse der lokalen Variablen, in die zu speichern ist
ldc_w1	PC = PC + 1; fetch	MBR enthält erstes Indexbyte; hole zweites
ldc_w2	H = MBRU << 8	H = erstes Indexbyte << 8
ldc_w3	H = MBRU OR H	H = 16-Bit-Index in Konstantenpool
ldc_w4	MAR = H + CPP; rd; goto iload3	MAR = Adresse der Konstanten im Pool
iinc1	H = LV	MBR enthält Index; kopiere LV in H
iinc2	MAR = MBRU + H; rd	Kopiere LV + Index in MAR; Lies Variable
iinc3	PC = PC + 1; fetch	Hole Konstante
iinc4	H = MDR	Kopiere Variable in H
iinc5	PC = PC + 1; fetch	Hole nächsten Opcode
iinc6	MDR = MBR + H; wr; goto Main1	Stelle Summe in MDR ab; aktualisiere Variable
goto1	OPC = PC - 1	Speichere Opcode-Adresse
goto2	PC = PC + 1; fetch	MBR = erstes Offset-Byte; hole zweites Byte
goto3	H = MBR << 8	Verschiebe und speichere vorzeichenbehaftetes erstes Byte in H
goto4	H = MBRU OR H	H = 16-Bit-Sprung-Offset

Abb. 4.17: Mikroprogramm für die Mic-1 (Forts.)

Beschriftung	Operationen	Kommentare
goto5	PC = OPC + H; fetch	Addiere Offset zu OPC
goto6	goto Main1	Warte, bis nächster Opcode geholt werden kann
iflt1	MAR = SP = SP - 1; rd	Lies nächstes oberstes Stapelwort ein
iflt2	OPC = TOS	Speichere TOS vorübergehend in OPC
iflt3	TOS = MDR	Stelle neue Stapeloberseite in TOS ab
iflt4	N = OPC; if (N) goto T; else goto F	Verzweige bei N-Bit
ifeq1	MAR = SP = SP - 1; rd	Lies nächstes oberstes Stapelwort ein
ifeq2	OPC = TOS	Speichere TOS vorübergehend in OPC
ifeq3	TOS = MDR	Stelle neue Stapeloberseite in TOS ab
ifeq4	Z = OPC; if (Z) goto T; else goto F	Verzweige bei Z-Bit
if_icmpeq1	MAR = SP = SP - 1; rd	Lies nächstes oberstes Stapelwort ein
if_icmpeq2	MAR = SP = SP - 1	Setze MAR auf das Einlesen der neuen Stapeloberseite
if_icmpeq3	H = MDR; rd	Kopiere zweites Stapelwort in H
if_icmpeq4	OPC = TOS	Speichere TOS vorübergehend in OPC
if_icmpeq5	TOS = MDR	Stelle neue Stapeloberseite in TOS ab
if_icmpeq6	Z = OPC - H; if (Z) goto T; else goto F	Falls die obersten zwei Wörter gleich sind, goto T, andernfalls goto F
T	OPC = PC - 1; fetch; goto goto2	Wie goto1; für Zieladresse nötig
F	PC = PC + 1	Überspringe erstes Offset-Byte
F2	PC = PC + 1; fetch	PC zeigt jetzt auf nächsten Opcode
F3	goto Main1	Warte auf das Holen von Opcode
invokevirtual1	PC = PC + 1; fetch	MBR = Indexbyte 1; inkrementiere PC, hole zweites Byte
invokevirtual2	H = MBRU << 8	Verschiebe und speichere erstes Byte in H
invokevirtual3	H = MBRU OR H	H = Offset des Methodenzeigers von CPP
invokevirtual4	MAR = CPP + H; rd	Hole Zeiger zur Methode vom CPP-Bereich
invokevirtual5	OPC = PC + 1	Speichere zurückgegebenen PC vorübergehend in OPC
invokevirtual6	PC = MDR; fetch	PC zeigt auf neue Methode; hole Parameterzählung
invokevirtual7	PC = PC + 1; fetch	Hole zweites Byte von Parameterzählung

Abb. 4.17: Mikroprogramm für die Mic-1 (Forts.)

Beschriftung	Operationen	Kommentare
invokevirtual8	`H = MBRU << 8`	Verschiebe und speichere erstes Byte in H
invokevirtual9	`H = MBRU OR H`	H = Parameteranzahl
invokevirtual10	`PC = PC + 1; fetch`	Hole erstes Byte von # lokalen
invokevirtual11	`TOS = SP - H`	TOS = Adresse von OBJREF – 1
invokevirtual12	`TOS = MAR = TOS + 1`	TOS = Adresse von OBJREF (LV neu)
invokevirtual13	`PC = PC + 1; fetch`	Hole zweites Byte von # lokalen
invokevirtual14	`H = MBRU << 8`	Verschiebe und speichere erstes Byte in H
invokevirtual15	`H = MBRU OR H`	H = # lokale
invokevirtual16	`MDR = SP + H + 1; wr`	Überschreibe OBJREF mit Verknüpfungszeiger
invokevirtual17	`MAR = SP = MDR;`	Setze SP, MAR auf Stelle für die Aufnahme des alten PC
invokevirtual18	`MDR = OPC; wr`	Speichere alten PC oberhalb der lokalen Variablen
invokevirtual19	`MAR = SP = SP + 1`	SP zeigt auf die Stelle, die den alten LV hält
invokevirtual20	`MDR = LV; wr`	Zeigt auf die Stelle, die den gespeicherten PC hält
invokevirtual21	`PC = PC + 1; fetch`	Speichere ersten Opcode der neuen Methode
invokevirtual22	`LV = TOS; goto Main1`	Setze LV auf das Zeigen auf LV-Rahmen
ireturn1	`MAR = SP = LV; rd`	Setze SP, MAR zurück, um Verknüpfungszeiger zu holen
ireturn2		Warte auf Leseoperation
ireturn3	`LV = MAR = MDR; rd`	Setze LV auf Verknüpfungszeiger (Lnk ptr); hole alten PC
ireturn4	`MAR = LV + 1`	Setze MAR auf das Lesen des alten LV
ireturn5	`PC = MDR; rd; fetch`	Speichere PC zurück; hole nächsten Opcode
ireturn6	`MAR = SP`	Setze MAR auf das Schreiben von TOS
ireturn7	`LV = MDR`	Speichere LV zurück
ireturn8	`MDR = TOS; wr; goto Main1`	Speichere Rückgabewert auf ursprünglicher Stapeloberseite

Abb. 4.17: Mikroprogramm für die Mic-1 (Forts.)

Falls das Byte in MBR zufällig ganz aus Nullen besteht (Opcode für eine NOP-Instruktion), hat die nächste Mikroinstruktion die Beschriftung nop1, die aus Position 0 geholt wird. Diese Instruktion tut nichts. Sie springt einfach zurück zum Anfang der Hauptschleife, wo die Abfolge wiederholt wird, dies jedoch mit einem neuen Opcode, der inzwischen in MBR eingelesen wurde.

Wir betonen noch einmal, daß die Mikroinstruktionen von Abb. 4.17 im Speicher nicht aufeinanderfolgen und Main1 nicht an Steuerspeicheradresse 0 steht (weil nop1 an Adresse 0 sein muß). Es wird dem Mikroassembler überlassen, jede Mikroinstruktion an eine geeignete Adresse zu stellen und sie mit Hilfe des Feldes NEXT_ADDRESS in kurzen Abfolgen zu verknüpfen. Jede Abfolge beginnt an der Adresse, die dem numerischen Wert des gerade interpretierten IJVM-Opcodes entspricht (d.h. POP beginnt bei 0x57). Der Rest der Abfolge kann aber an beliebiger Stelle im Steuerspeicher sein und nicht unbedingt an aufeinanderfolgenden Adressen stehen.

Nun betrachten wir die IJVM-Instruktion IADD. Die Mikroinstruktion, die zur Hauptschleife verzweigt, ist diejenige mit der Beschriftung iadd1. Diese Instruktion beginnt die für IADD spezifische Arbeit:

1. TOS ist bereits vorhanden, das nächste oberste Stapelwort muß aber vom Speicher eingelesen werden.
2. TOS muß zum nächsten obersten Speicherwort hinzugefügt werden.
3. Das Ergebnis, das auf den Stapel zu schieben ist, muß in den Speicher zurückgeschrieben und im TOS-Register gespeichert werden.

Um den Operanden vom Speicher einzulesen, muß der Stapelzeiger gesenkt und in MAR geschrieben werden. Man beachte, daß diese Adresse gleichzeitig auch die ist, die für die nächste Schreiboperation benutzt wird. Da diese Stelle nun das neue Kopfende des Stapels ist, sollte dieser Wert SP zugewiesen werden. Deshalb kann eine einzige Operation den neuen Wert von SP und MAR bestimmen, SP dekrementieren und beide Register beschreiben.

Diese Operationen werden im ersten Zyklus iadd1 durchgeführt, und die Leseoperation wird eingeleitet. Außerdem erhält MPC den Wert aus dem Feld NEXT_ADDRESS von iadd1; das ist die Adresse von iadd2, wo immer sie sich befinden mag. Dann wird iadd2 aus dem Steuerspeicher gelesen. Im zweiten Zyklus kopieren wir das oberste Stapelwort von TOS nach H, wo es dann für die Addition bereitsteht, während wir auf das Einlesen des Operanden vom Speicher warten.

Zu Beginn des dritten Zyklus iadd3 enthält MDR den aus dem Speicher geholten Addenden. In diesem Zyklus wird er zum Inhalt von H addiert und das Ergebnis in MDR und TOS zurückgespeichert. Außerdem wird eine Schreiboperation eingeleitet, um das neue oberste Stapelwort in den Speicher zurückzuspeichern. In diesem Zyklus bewirkt goto, daß es die Adresse von Main1 auf MPC zuweist und uns zum Ausgangspunkt für die Ausführung der nächsten Instruktion zurückführt.

Ist der nächste IJVM-Opcode, der nun in `MBR` enthalten ist, 0x64 (`ISUB`), findet fast die gleiche Abfolge von Ereignissen erneut statt. Nach der Ausführung von `Main1` wird die Kontrolle an die Mikroinstruktion bei 0x64 (`isub1`) abgegeben. Dieser Mikroinstruktion folgen `isub2` und `isub3` und dann wieder `Main1`. Der einzige Unterschied zwischen dieser und der vorherigen Folge ist, daß der Inhalt von `H` in `isub3` nicht zu `MDR` addiert, sondern davon subtrahiert wird.

Die Interpretation von `IAND` ist fast identisch mit `IADD` und `ISUB`. Lediglich die beiden obersten Stapelwörter werden bitweise mittels AND verknüpft und nicht addiert oder subtrahiert. Etwas ähnliches passiert mit `IOR`.

Beim IJVC-Opcode `DUP`, `POP` oder `SWAP` muß der Stapel berichtigt werden. Die `DUP`-Instruktion wiederholt einfach das oberste Stapelwort. Da der Wert dieses Worts bereits in `TOS` gespeichert ist, wird bei dieser Operation lediglich `SP` erhöht, um auf die neue Stelle zu zeigen, und `TOS` an dieser Stelle gespeichert. Die `POP`-Instruktion ist fast genauso einfach: Sie erhöht `SP`, um das oberste Stapelwort abzulegen. Damit das oberste Wort in `TOS` beibehalten wird, ist es jetzt aber nötig, das neue oberste Speicherwort zu holen und in `TOS` zu schreiben. Die `SWAP`-Instruktion tauscht die Werte an zwei Speicherstellen aus: an den beiden obersten Wörtern im Stapel. Dies wird dadurch vereinfacht, daß `TOS` bereits einen dieser Werte enthält, so daß er nicht vom Speicher geholt werden muß. Diese Instruktion wird später ausführlicher behandelt.

Die Instruktion `BIPUSH` ist etwas komplizierter, weil dem Opcode ein einzelnes Byte folgt (siehe Abb. 4.18). Es muß als vorzeichenbehaftete Ganzzahl interpretiert werden. Dieses Byte, das bereits in `Main1` in `MBR` eingelesen wurde, muß auf 32 Bit erweitert und oben auf den Stapel geschoben werden. Diese Abfolge muß daher das Byte in `MBR` auf 32 Bit erweitern und nach `MDR` kopieren. Schließlich wird `SP` erhöht und in `MAR` kopiert, so daß der Operand von oben vom Stapel ausgeschrieben werden kann. Auf seinem Weg muß dieser Operand auch in `TOS` kopiert werden. Vor der Rückkehr zum Hauptprogramm muß `PC` erhöht werden, damit der nächste Opcode in `Main1` verfügbar ist.

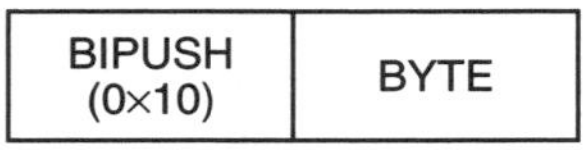

Abb. 4.18: Das Format der BIPUSH-Instruktion

Als nächstes betrachten wir die Instruktion `ILOAD`. Sie verfügt nach dem Opcode auch über ein Byte, wie aus Abb. 4.19(a) ersichtlich wird. Dieses Byte ist aber ein (vorzeichenloser) Index zur Identifizierung des auf den Stapel zu schiebenden Worts im lokalen Variablenraum. Da es nur 1 Byte gibt, können nur $2^8 = 256$ Wörter unterschieden werden, d.h. die ersten 256 Wörter im lokalen Variablenraum. Die `ILOAD`-Instruktion erfordert eine Leseoperation (um das Wort zu holen) und eine Schreiboperation (um das Wort oben auf den Stapel zu schieben). Zur Bestimmung der Adresse für die Leseoperation muß der in MBR vorhandene Offset zum Inhalt von LV addiert werden. Da MBR und LV nur durch den B-Bus zugänglich sind, wird LV zuerst (in iload1) in H kopiert und dann MBR hinzugefügt. Das Ergebnis dieser Addition wird in MAR kopiert, bevor (in iload2) eine Leseoperation eingeleitet wird.

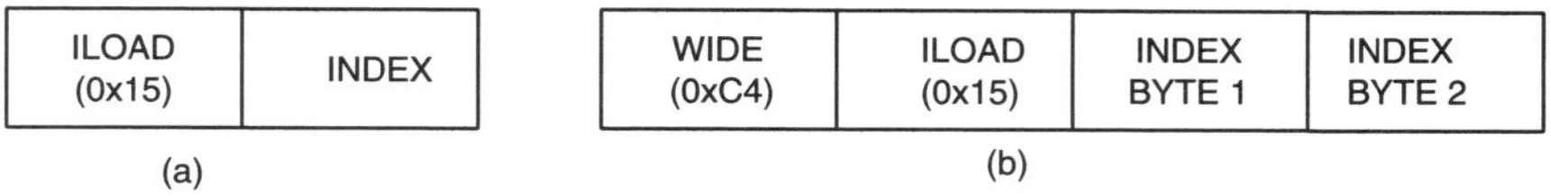

Abb. 4.19: (a) ILOAD *mit einem 1-Byte-Index; (b)* WIDE ILOAD *mit einem 2-Byte-Index*

Die Verwendung von MBR für einen Index unterscheidet sich aber geringfügig von BIPUSH, wo ein Vorzeichen verwendet wurde. Bei einem Index ist der Offset immer positiv, so daß der Byte-Offset als vorzeichenlose Ganzzahl interpretiert werden muß, im Gegensatz zu BIPUSH als vorzeichenbehaftete 8-Bit-Ganzzahl. Die Schnittstelle von MBR zum B-Bus wurde zur Ermöglichung beider Operationen sorgfältig ausgelegt. Im Fall von BIPUSH (8-Bit-Ganzzahl mit Vorzeichen) ist die richtige Operation eine Vorzeichenerweiterung. Das linke Bit im 1-Byte-MBR wird in die oberen 24 Bit auf dem B-Bus kopiert. Im Fall von ILOAD (vorzeichenlose 8-Bit-Ganzzahl) ist die richtige Operation eine Auffüllung mit Nullen. Hier werden die oberen 24 Bit auf dem B-Bus einfach mit Nullen versorgt. Diese beiden Operationen unterscheiden sich durch getrennte Signale (siehe Abb. 4.6). Im Mikrocode wird dies aus MBR (Vorzeichenerweiterung wie im Fall von BIPUSH 3) oder MBRU (vorzeichenlos, wie in iload2) angezeigt.

Bis der Speicher (in iload3) den Operanden liefert, wird SP erhöht, um den Wert zum Speichern des Ergebnisses – die neue Oberseite des Stapels – aufzunehmen. Dieser Wert wird außerdem in Vorbereitung zum Schreiben des Operanden von der Oberseite des Stapels nach MAR kopiert. PC muß erneut erhöht werden, um (in iload4) den nächsten Opcode zu holen. Schließlich wird MDR in TOS kopiert, um die neue Oberseite des Stapels (in iload5) widerzuspiegeln.

ISTORE ist die Umkehrung von ILOAD, d.h., ein Wort wird von der Oberseite des Stapels entfernt und an der Stelle gespeichert, die von der Summe aus LV und dem in der Instruktion enthaltenen Index spezifiziert wird. Sie verwendet das gleiche Format wie ILOAD, wie aus Abb. 4.19(a) ersichtlich wird, hat aber Opcode 0x36 statt 0x15. Diese Instruktion sieht etwas anders als erwartet aus, weil das oberste Stapelwort bereits (in TOS) bekannt ist, so daß es sofort weggespeichert werden kann. Das neue oberste Stapelwort muß aber trotzdem geholt werden. Deshalb ist eine Lese- und eine Schreiboperation notwendig; beide können aber in beliebiger Reihenfolge (oder, wenn möglich, gar parallel) ausgeführt werden.

ILOAD und ISTORE sind eingeschränkt, weil sie nur auf die ersten 256 lokalen Variablen zugreifen können. Das mag bei den meisten Programmen für den lokalen Variablenraum ausreichen. Selbstverständlich muß man aber auf eine Variable zugreifen können, ungeachtet, wo genau im lokalen Variablenraum sie sich befindet. Dafür benutzt die IJVM den gleichen Mechanismus wie die JVM: den speziellen Opcode `WIDE`, **Präfixbyte** genannt, dem der Opcode `ILOAD` oder `ISTORE` folgt. Bei dieser Abfolge werden die Definitionen von `ILOAD` und `ISTORE` modifiziert, d.h. mit einem 16-Bit-Index und nicht mit einem 8-Bit-Index versorgt, gefolgt vom Opcode, wie Abb. 4.19(b) zeigt.

`WIDE` wird wie üblich dekodiert und führt zu einem Sprung zu `wide1`, wo der Opcode `WIDE` abgearbeitet wird. Der Opcode zum Erweitern ist zwar bereits in `MBR` verfügbar, `wide1` holt aber das erste Byte nach dem Opcode, weil die Mikroprogrammlogik dessen Vorhandensein an dieser Stelle stets erwartet. Dann folgt ein zweiter Mehrfachsprung, nun aber mit dem Byte, das `WIDE` folgt und zum Versenden benutzt wird. Da `WIDE ILOAD` aber einen anderen Mikrocode als `ILOAD` voraussetzt, und `WIDE ISTORE` einen anderen Mikrocode erwartet als `ISTORE` usw., kann der zweite Mehrfachsprung nicht einfach den Opcode als Zieladresse benutzen, wie das bei `Main1` der Fall ist.

Statt dessen verknüpft `wide1` mittels OR 0x100 mit dem Opcode und fügt ihn in `MPC` ein. Als Ergebnis beginnt die Interpretation von `WIDE ILOAD` bei 0x115 (statt bei 0x15), die Interpretation von `WIDE ISTORE` beginnt bei 0x136 (statt bei 0x36) usw. Auf diese Weise beginnt jeder `WIDE`-Opcode bei einer um 256 (d.h. 0x100) höheren Steuerspeicheradresse als der entsprechende reguläre Opcode. Abb. 4.20 zeigt die anfängliche Abfolge der Mikroinstruktionen für `ILOAD` und `WIDE ILOAD`.

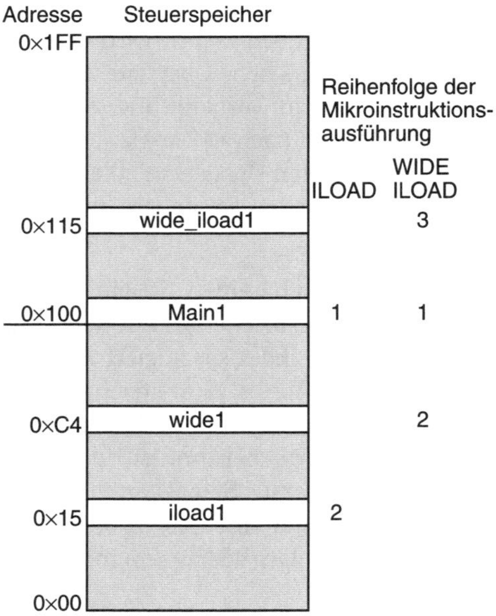

Abb. 4.20: Die anfängliche Mikroinstruktionsfolge für `ILOAD` und `WIDE ILOAD`; die Adressen sind Beispiele

Wird der Code für die Implementierung von WIDE ILOAD (0x115) erst einmal erreicht, unterscheidet er sich vom normalen ILOAD nur dadurch, daß der Index konstruiert werden muß. Dies erreicht man durch die Verkettung zweier Indexbytes, statt ein einzelnes Byte um ein Vorzeichen zu erweitern. Die Verkettung und die anschließende Addition müssen in Stufen erfolgen. Zuerst wird INDEX BYTE 1 nach H kopiert, das um 8 Bit nach links verschoben wird. Da der Index eine vorzeichenlose Ganzzahl ist, wird MBR durch MBRU mit Nullen erweitert. Nun wird das zweite Byte des Index addiert (die Addition ist identisch mit der Verkettung, da das niederwertige Byte von H jetzt Null ist). Dies garantiert, daß es zwischen den Bytes keinen Übertrag gibt. Das Ergebnis wird wieder in H gespeichert. Ab hier kann die Operation genauso wie in einem normalen ILOAD fortfahren. Statt die letzten Instruktionen von ILOAD (iload3 bis iload5) zu duplizieren, verzweigen wir einfach von wide_iload4 zu iload3. PC muß aber während der Ausführung der Instruktion zweimal erhöht werden, damit es immer auf den nächsten Opcode zeigt. Die Instruktion ILOAD und die Abfolge WIDE_ILOAD werden je einmal erhöht.

Das gleiche ergibt sich für WIDE_ISTORE: Nach der Ausführung der ersten vier Mikroinstruktionen (wide_istore1 bis wide_istore4) entspricht die Abfolge ISTORE nach den ersten beiden Instruktionen, so daß wide_istore4 zu istore3 verzweigt.

Als nächstes Beispiel betrachten wir die Instruktion LDC_W. Dieser Opcode unterscheidet sich von ILOAD auf zweierlei Weise. Erstens hat er einen vorzeichenlosen 16-Bit-Offset (wie die WIDE-Version von ILOAD). Zweitens ist er aus CPP und nicht aus LV heraus indiziert, weil er aus dem Konstantenpool und nicht aus dem lokalen Variablenrahmen lesen soll. (Eigentlich gibt es eine Kurzform von LDC_W (LDC). Wir verwenden sie aber nicht in der IJVM, weil die Langform alle möglichen Variationen der Kurzform ermöglicht, dafür aber nur 3 statt 2 Byte beansprucht.)

IINC ist außer ISTORE die einzige IJVM-Instruktion, die eine lokale Variable modifizieren kann. Dies geschieht durch Einbeziehen zweier Operanden, die je 1 Byte lang sind, wie Abb. 4.21 zeigt.

IINC (0x84)	INDEX	CONST

Abb. 4.21: Die IINC-Instruktion hat zwei verschiedene Operandenfelder

Die IINC-Instruktion benutzt INDEX, um den Offset vom Anfang des lokalen Variablenrahmens zu spezifizieren. Sie liest diese Variable, erhöht sie um CONST – einen Wert, der in der Instruktion enthalten ist – und speichert sie an die gleiche Stelle zurück. Diese Instruktion kann sich aber um einen negativen Betrag inkrementieren. CONST ist also eine vorzeichenbehaftete 8-Bit-Konstante im Bereich von –128 bis +127. Die volle JVM enthält eine WIDE-Version von IINC, bei der jeder Operand 2 Byte lang ist.

Wir kommen nun zur ersten IJVM-Sprunginstruktion: GOTO. Als einzige Funktion ändert diese Instruktion den Wert von PC, so daß sich die ausgeführte IJVM-Instruktion an der Adresse befindet, die durch Addieren des (vorzeichenbehafteten) 16-Bit-Offsets als Adresse des Sprungcodes berechnet wurde. Kompliziert ist hier, daß der Offset relativ zu dem Wert ist, den PC zu Beginn der Dekodierung der Instruktion hatte, und nicht zu dem Wert, den es nach dem Einlesen der zwei Offset-Bytes hatte.

Um dies klar zu machen, betrachten wir den Anfang von Main1 in Abb. 4.22(a). Der Opcode befindet sich bereits in MBR, PC wurde aber noch nicht erhöht. Abb. 4.22(b) zeigt die Situation zu Beginn von goto1. Inzwischen wurde PC erhöht und das erste Offset-Byte in MBR eingelesen. Eine Mikroinstruktion später – in Abb. 4.22(c) – wurde das alte PC, das auf den Opcode zeigt, in OPC gespeichert. Dieser Wert wird benötigt, weil der Offset der IJVM-Instruktion GOTO in bezug zu ihm und nicht zum aktuellen Wert von PC steht. Das ist der Grund, warum wir das OPC-Register überhaupt brauchen.

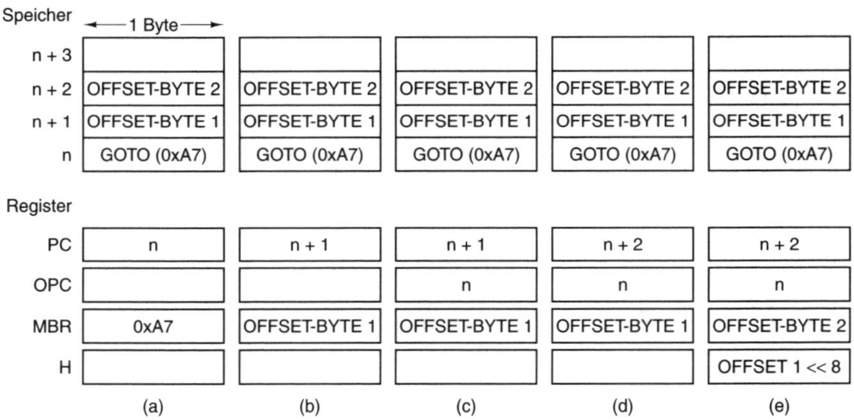

Abb. 4.22: Situation zu Beginn der verschiedenen Mikroinstruktionen; (a) Main1*; (b)* goto1*; (c)* goto2*; (d)* goto3*; (e)* goto4

Die Mikroinstruktion bei goto2 beginnt mit dem Einlesen des zweiten Offset-Bytes, was zum Start von goto3 in Abb. 4.22(d) führt. Nachdem das erste Offset-Byte um 8 Bit nach links verschoben und nach H kopiert wurde, gelangen wir zu goto4 in Abb. 4.22(e). Hier ist das erste Offset-Byte in H nach links verschoben, das zweite Offset-Byte ist in MBR und die Basis in OPC. Durch Zusammenstellen des vollen 16-Bit-Offsets in H und Addieren zur Basis erhalten wir die neue Adresse für PC in goto5. Man beachte, daß wir in goto4 MBRU für MBR benutzen, weil wir keine Vorzeichenerweiterung des zweiten Bytes wünschen. Der 16-Bit-Offset wird durch Verknüpfung der beiden Hälften mit OR erreicht. Schließlich müssen wir den nächsten Opcode einlesen, bevor wir zu Main1 zurückkehren, weil der dortige Code den nächsten Opcode von MBR erwartet. Der letzte Zyklus goto6 ist notwendig, weil die Speicherdaten rechtzeitig eingelesen werden müssen, damit sie im Verlauf von Main1 in MBR erscheinen.

Die in der IJVM-Instruktion goto benutzten Offsets sind 16-Bit-Werte mit Vorzeichen im Bereich von –32768 bis +32767. Sprünge in beide Richtungen zu Beschriftungen (Labels), die weiter weg als diese Werte sind, sind also nicht möglich. Diese Eigenschaft kann man entweder als Fehler oder als Merkmal der IJVM (und auch der JVM) betrachten. Das Fehler-Lager kann anführen, daß die JVM-Definition den Programmierstil nicht einschränken sollte. Im Merkmal-Lager kann man damit argumentieren, daß die Arbeit vieler Programmierer wesentlich besser wäre, wenn ihnen die gefürchtete Compiler-Meldung

```
Program is too big and hairy. You must rewrite it. Compilation aborted.
```

Alpträume verursachte. Leider (wie wir meinen) taucht diese Meldung nur auf, wenn eine then- oder else-Klausel 32 Kbyte übersteigt, was normalerweise mindestens 50 Seiten Java-Code bedeutet.

Nun betrachten wir die drei bedingten Sprunginstruktionen der IJVM: IFLT, IFEQ und IF_ICMPEQ. Die ersten beiden schieben das oberste Wort vom Stapel und verzweigen, falls das Wort kleiner als Null bzw. gleich Null ist. IF_ICMPEQ schiebt die beiden obersten Wörter vom Stapel und verzweigt, aber nur, falls sie gleich sind. In allen drei Fällen muß ein neues oberstes Stapelwort eingelesen und in TOS gespeichert werden.

Die Steuerung dieser drei Instruktionen ist ähnlich: Der bzw. die Operanden werden zuerst in Register gestellt. Dann wird der neue Wert oben im Stapel in TOS eingelesen. Anschließend wird getestet und verzweigt. Wir betrachten zuerst IFLT. Das zu testende Wort befindet sich bereits in TOS. Da IFLT aber ein Wort aus dem Stapel wirft, muß das neue oberste Stapelwort eingelesen und in TOS gespeichert werden. Die Leseoperation beginnt in iflt1. In iflt2 wird das zu testende Wort vorläufig in OPC gespeichert, so daß der neue Wert in Kürze in TOS gestellt werden kann, ohne daß man den aktuellen verliert. In iflt3 ist das neue oberste Stapelwort in MDR verfügbar, so daß es nach TOS kopiert wird. Schließlich wird das Wort in iflt4 getestet und – nun in OPC vorhanden – durch die ALU geschickt, ohne dort gespeichert zu werden. Dann wird das N-Bit gespeichert und getestet. Diese Mikroinstruktion umfaßt auch einen Sprung, wobei sie bei erfolgreichem Test T oder im gegenteiligen Fall F wählt.

Im erfolgreichen Fall verläuft der Rest der Operation im wesentlichen so wie am Anfang der GOTO-Instruktion. Die Abfolge wird einfach in der Mitte der GOTO-Folge in goto2 fortgesetzt. Im gegenteiligen Fall ist eine kurze Abfolge (F, F2 und F3) nötig, um den Rest der Instruktion (den Offset) zu überspringen, bevor wir zu Main1 zurückkehren, um mit der nächsten Instruktion fortzufahren.

Der Code in ifeq2 und ifeq3 folgt der gleichen Logik, benutzt aber das Z-Bit und nicht das N-Bit. In beiden Fällen muß der Assembler für MAL erkennen, daß die Adressen T und F spezieller Natur sind, und sicherstellen, daß sie an Steuerspeicheradressen angesiedelt werden, die sich nur im linken Bit unterscheiden.

Die Logik für IF-ICMPEQ ähnelt mehr oder weniger IFLT, außer daß wir hier auch den zweiten Operanden einlesen müssen. Er wird in H in if_icmpeq3 gespeichert, wo das Einlesen des neuen obersten Stapelworts beginnt. Auch hier wird das aktuelle oberste Stapelwort in OPC gespeichert und das neue in TOS installiert. Schließlich verläuft der Test in if_icmpeq6 ähnlich wie in ifeq4.

Jetzt kommen wir zur Implementierung von INVOKEVIRTUAL und IRETURN. Diese Instruktionen dienen zum Aufrufen bzw. Zurückgeben einer Prozedur, wie in Abschnitt 4.2.3 beschrieben. INVOKEVIRTUAL ist eine Folge von 22 Mikroinstruktionen; sie ist die komplexeste von uns implementierte IJVM-Instruktion. Ihre Abarbeitungsabfolge wurde in Abb. 4.12 dargestellt. Die Instruktion benutzt ihren 16-Bit-Offset, um die Adresse der aufzurufenden Methode zu ermitteln. In unserer Implementierung ist der Offset einfach ein Offset in den Konstantenpool. Diese Stelle im Konstantenpool zeigt auf die aufzurufende Methode. Man bedenke aber, daß die ersten 4 Byte jeder Methode *keine* Instruktionen sind. Vielmehr handelt es sich bei ihnen um zwei 16-Bit-Zeiger. Der erste gibt die Anzahl der Parameterwörter (einschließlich OBJREF – siehe Abb. 4.12) an. Der zweite bezeichnet die Größe des lokalen Variablenbereichs in Wörtern. Diese Felder werden durch den 8-Bit-Port eingelesen und so assembliert, als wären sie zwei 16-Bit-Offsets innerhalb einer Instruktion.

Dann wird die zum Wiederherstellen der Maschine in ihren vorherigen Zustand benötigte Verknüpfungsinformation – die Adresse des Beginns des alten lokalen Variablenbereichs und des alten PC – unmittelbar oberhalb des neu erzeugten lokalen Variablenbereichs und unterhalb des neuen Stapels gespeichert. Schließlich wird der Opcode der nächsten Instruktion eingelesen und PC erhöht, bevor die Rückkehr zu Main erfolgt, um mit der nächsten Instruktion zu beginnen.

IRETURN ist eine einfache Instruktion ohne Operanden. Sie benutzt lediglich die im ersten Wort des lokalen Variablenbereichs gespeicherte Adresse, um die Verknüpfungsinformation wieder auffinden zu können. Dann setzt sie SP, LV und PC auf die vorherigen Werte zurück und kopiert den Rückgabewert von der Oberseite des aktuellen Stapels auf die Oberseite des ursprünglichen Stapels, wie aus Abb. 4.13 ersichtlich wird.

4.4 Design der Mikroarchitekturebene

Das Design der Mikroarchitekturebene fordert wie fast alles in der Informatik viele Kompromisse ab. Computer haben viele wünschenswerte Eigenschaften, darunter Geschwindigkeit, niedrige Kosten, Zuverlässigkeit, Bedienungsfreundlichkeit, Energieanforderungen und Abmessungen. Ein Kompromiß beeinflußt die wichtigsten Entscheidungen, die der CPU-Designer treffen muß: Geschwindigkeit gegenüber Kosten. In diesem Abschnitt behandeln wir diesen Aspekt ausführlich. Wir beschreiben, welche Kompromisse eingegangen werden können, wie hoch die erreichbare Leistung ist, und zu welchem Preis bezüglich Hardware und Komplexität dies möglich ist.

4.4.1 Geschwindigkeit gegenüber Kosten

Schnellere Technologien führen zu ständigen Steigerungen der Geschwindigkeit. Dieses Thema geht jedoch über Zweck und Umfang dieses Buchs hinaus. Verbesserungen der Geschwindigkeit aufgrund eines bestimmten Aufbaus sind zwar weniger spektakulär als diejenigen aufgrund schnellerer Schaltungen, aber nicht weniger eindrucksvoll. Geschwindigkeit läßt sich mit verschiedenen Methoden messen. Mit einer bestimmten Schalttechnik und einer ISA gibt es drei grundlegende Ansätze, die Ausführungsgeschwindigkeit zu erhöhen:

1. Reduzierung der nötigen Anzahl von Taktzyklen, um eine Instruktion auszuführen.
2. Vereinfachung der Organisation, um kürzere Taktzyklen zu erreichen.
3. Überlappung der Ausführung von Instruktionen.

Die ersten beiden Methoden sind auf den ersten Blick selbsterklärend. Dennoch gibt es eine Fülle von Designmöglichkeiten, die einen großen Einfluß auf die Anzahl der Taktzyklen, der Taktperiode oder meist auf beide haben. In diesem Abschnitt zeigen wir ein Beispiel, wie Kodierung und Dekodierung einer Operation den Taktzyklus beeinflussen können.

Die Anzahl der Taktzyklen, die für die Ausführung einer Reihe von Operationen benötigt wird, nennt man **Pfadlänge** (Path Length). Manchmal läßt sich die Pfadlänge durch Hinzufügen spezieller Hardware verkürzen. Schließen wir beispielsweise einen Aufwärtszähler (vom Konzept her ein Addierer, bei dem eine Seite ständig so verdrahtet ist, daß 1 addiert wird) an PC an, brauchen wir keine ALU mehr, um PC vorzuschieben, so daß sich Zyklen vermeiden lassen. Der Preis, den wir dafür zahlen müssen, ist weitere Hardware. Diese Fähigkeit hilft aber weniger als erwartet. Bei den meisten Instruktionen sind die Zyklen, die wir zum Inkrementieren von PC verbrauchen, gleichzeitig auch Zyklen, in denen eine Leseoperation ausgeführt wird. Die anschließende Instruktion könnte ohnehin nicht früher abgearbeitet werden, weil sie von den Daten abhängt, die vom Speicher kommen.

Die Reduzierung der Anzahl von Instruktionszyklen zum Einlesen von Instruktionen setzt mehr voraus als lediglich eine weitere Schaltung, um PC zu inkrementieren. Will man das Einlesen von Instruktionen um ein nennenswertes Maß beschleunigen, muß man die dritte Technik – Überlappung der Ausführung von Instruktionen – nutzen. Das Abtrennen der Schalttechnik zum Einlesen von Instruktionen – der 8-Bit-Speicherport sowie die Register

MBR und PC – ist am wirksamsten, wenn man die Einheit funktionell unabhängig vom Hauptdatenweg auslegt. Auf diese Weise kann sie den nächsten Opcode oder Operanden eigenständig einlesen, möglicherweise auch hinsichtlich des Rests der CPU asynchron ausführen und eine oder mehrere Instruktionen vorauslesen.

Eine der zeitaufwendigsten Phasen bei der Ausführung vieler Instruktionen ist das Einlesen eines entsprechend erweiterten 2-Byte-Offsets und dessen Anhäufen (Accumulation) im H-Register als Vorbereitung auf eine Addition, beispielsweise in einem Sprung zu PC $\pm n$ Byte. Eine mögliche Lösung, durch die der Speicherport 16 Bit breit wird, erschwert die Operation in hohem Maße, weil der Speicher eigentlich 32 Bit breit ist. Die benötigten 16 Bit können sich über Wortgrenzen erstrecken, so daß auch eine einzelne Leseoperation von 32 Bit nicht unbedingt beide benötigten Bytes holt.

Die Überlappung der Ausführung von Instruktionen ist die bei weitem interessantere Lösung und bietet Potential für enorme Geschwindigkeitssteigerungen. Die einfache Überlappung von Einlesen und Ausführung einer Instruktion ist überraschend effektiv. Ausgefeiltere Techniken gehen aber noch weiter: Sie überlappen die Ausführung mehrerer Instruktionen. Einige der grundlegenden Techniken und die Begründung anspruchsvollerer Techniken werden in den folgenden Abschnitten behandelt.

Geschwindigkeit ist nur eine Seite der Medaille; Kosten sind die andere. Kosten lassen sich auch verschieden messen; eine präzise Definition ist aber problematisch. Einige Messungen sind sehr einfach, z.B. das Zählen der Komponenten. Dies hatte noch Sinn, als Prozessoren aus einzelnen Komponenten gebaut wurden, die man kaufte und zusammensetzte. Heute besteht der gesamte Prozessor aus einem einzigen Chip; größere, komplexere Chips sind aber viel teurer als kleinere, einfachere. Einzelne Komponenten, z.B. Transistoren, Gates oder Funktionseinheiten, kann man natürlich zählen. Die Zahl ist aber oft nicht so wichtig wie die Fläche, die auf der integrierten Schaltung belegt wird. Je mehr Fläche für die beinhalteten Funktionen nötig ist, um so größer der Chip. Und die Herstellungskosten des Chips steigen viel schneller, als die Bestückungsfläche zunimmt. Aus diesem Grund ziehen Designer in diesem Zusammenhang oft den Vergleich mit »Immobilien« heran, d.h. die Fläche, die für eine Schaltung gebraucht wird.

Eine der in historischer Hinsicht am häufigsten untersuchten Schaltungen ist der binäre Addierer. Es gibt Tausende von Designs, und die schnellsten sind viel schneller als die langsamsten. Sie sind auch weitaus komplexer. Der Systemdesigner muß entscheiden, ob die »Immobilie« (= höhere Geschwindigkeit) den Boden wert ist.

Addierer sind nicht die einzigen Komponenten mit vielen Optionen. Fast jede Komponente eines Systems kann schneller oder langsamer ausgelegt werden, mit einer bestimmten Kostenspanne. Die Herausforderung für den Designer ist es, die Komponenten im System zu identifizieren, die das System optimal verbessern können, indem sie es beschleunigen. Interessant ist, daß viele einzelne Komponenten durch viel schnellere Komponenten ersetzt werden können, ohne daß dies eine nennenswerte Wirkung auf die Geschwindigkeit hat. In den folgenden Abschnitten betrachten wir einige der Designfragen und der entsprechenden Kompromisse.

Einer der wichtigsten Faktoren bei der Ermittlung der Taktgeschwindigkeit ist der Arbeitsaufwand, der bei jedem Zyklus bewältigt werden muß. Selbstverständlich ist der Taktzyklus um so länger, je mehr Arbeit ansteht. Das ist aber nicht ganz so einfach, weil die Hardware ziemlich gut Dinge parallel abarbeiten kann, so daß eigentlich die Abfolge von Operationen, die in einem einzigen Taktzyklus *seriell* ausgeführt werden müssen, die Taktzykluslänge bestimmt.

Kontrollierbar ist die zu bewältigende Dekodiermenge. Wir haben beispielsweise in Abb. 4.6 gesehen, daß zwar ein beliebiges von neun Registern vom B-Bus in die ALU eingelesen werden kann, daß wir aber nur 4 Bit im Wort einer Mikroinstruktion benötigten, um festzulegen, welches Register auszuwählen ist. Leider haben diese Einsparungen ihren Preis. Die Dekodierschaltung fügt eine Verzögerung in den kritischen Pfad ein. Das Register, das seine Daten auf dem B-Bus aktivieren soll, erhält diesen Befehl also etwas später, und somit gelangen seine Daten etwas später auf den Bus. Diese Wirkung kaskadiert, wobei die ALU ihre Eingaben ein wenig später erhält und ihre Ergebnisse entsprechend später produziert. Schließlich ist das Ergebnis auf dem C-Bus verfügbar und kann etwas später in die Register geschrieben werden. Da diese Verzögerung oft der Faktor ist, der die Länge des Taktzyklus bestimmt, bedeutet das, daß der Taktgeber nicht so schnell laufen kann und der gesamte Computer ein wenig langsamer laufen muß. Somit ergibt sich ein Kompromiß zwischen Geschwindigkeit und Kosten. Die Reduzierung des Steuerspeichers um 5 Bit pro Wort geschieht auf Kosten eines langsameren Takts. Der Designer muß die Designziele beim Treffen der richtigen Entscheidung berücksichtigen. Für eine Hochleistungsimplementierung ist die Verwendung eines Dekodierers wahrscheinlich keine gute Wahl, für eine kostengünstigere möglicherweise schon.

4.4.2 Reduzierung der Ausführungspfadlänge

Die Mic-1 wurde so ausgelegt, daß sie sowohl angemessen einfach als auch angemessen schnell ist, obwohl zugegebenermaßen eine enorme Spannung zwischen diesen beiden Zielen liegt. Kurz: Einfache Maschinen sind nicht schnell und schnelle Maschinen sind nicht einfach. Die CPU der Mic-1 nutzt auch eine minimale Menge an Hardware: zehn Register, die einfache ALU von Abb. 3.19, die 32 Mal repliziert wurde, einen Schieber, einen Dekodierer, einen Steuerspeicher und ein wenig Klebstoff hier und da. Man könnte das ganze System mit weniger als 5000 Transistoren, einem Steuerspeicher (ROM) und einem Hauptspeicher (RAM) bauen.

Nachdem wir gesehen haben, wie die IJVM auf einfache Weise mit wenig Hardware in Mikrocode gebaut werden kann, ist es jetzt an der Zeit, sich nach schnelleren Implementierungen umzusehen. Wir betrachten zunächst Möglichkeiten, um die Anzahl von Mikroinstruktionen pro ISA-Instruktion (d.h. die Ausführungspfadlänge) zu verringern. Danach befassen wir uns mit weiteren Ansätzen.

Einfädeln der Interpreter-Schleife in den Mikrocode

Bei der Mic-1 besteht die Hauptschleife aus einer Mikroinstruktion, die zu Beginn jeder IJVM-Instruktion ausgeführt werden muß. In manchen Fällen ist es möglich, sie mit der vorherigen Instruktion zu überlappen. Dies wurde bereits teilweise erreicht. Wenn `Main1` ausgeführt wird, befindet sich der zu interpretierende Opcode bereits in `MBR`. Der Opcode ist dort, weil er entweder von der vorherigen Hauptschleife (falls die vorherige Instruktion keine Operanden hat) oder während der Ausführung der vorherigen Instruktion eingelesen wurde.

Dieses Konzept der Überlappung eines Instruktionsanfangs kann weitergeführt werden. In manchen Fällen läßt sich die Hauptschleife sogar tatsächlich zu nichts reduzieren. Dies kann auf folgende Art und Weise geschehen. Man betrachte jede Folge von Mikroinstruktionen, die durch einen Sprung zu `Main1` endet. An jeder dieser Stellen kann die Hauptschleifen-Mikroinstruktion an das Ende der Folge (und nicht an den Anfang der nächsten Folge) angehängt werden, wobei der Mehrfachsprung dann viele Stellen repliziert (aber immer mit der gleichen Zielmenge). In manchen Fällen kann man die Mikroinstruktion `Main1` mit vorherigen Mikroinstruktionen mischen, da diese Instruktionen nicht immer voll ausgenutzt werden.

In Abb. 4.23 ist die dynamische Folge von Instruktionen für eine `POP`-Instruktion dargestellt. Die Hauptschleife läuft vor und nach jeder Instruktion. Wir zeigen in der Abbildung nur den Ablauf nach der `POP`-Instruktion. Man beachte, daß die Ausführung dieser Instruktion vier Taktzyklen beansprucht: drei für die spezifischen Mikroinstruktionen für `POP` und eine für die Hauptschleife.

Beschriftung	**Operationen**	**Kommentare**
`pop1`	`MAR = SP = SP - 1; rd`	Lies nächstes oberstes Stapelwort ein
`pop2`		Warte, bis neues `TOS` aus dem Speicher gelesen wird
`pop3`	`TOS = MDR; goto Main1`	Kopiere neues Wort in `TOS`
`Main1`	`PC = PC + 1; fetch; goto (MBR)`	`MBR` hält den Opcode; hole nächstes Byte; versende

Abb. 4.23: Neue Mikroprogrammfolge zur Ausführung von `POP`

In Abb. 4.24 wurde die Folge auf drei Instruktionen durch Zusammenführen der Instruktionen der Hauptschleife reduziert. Dadurch nutzt man einen Taktzyklus, wenn die ALU in pop2 nicht benutzt wird, um dann in Main1 wieder einen Zyklus zu sparen. Beachten Sie, daß das Ende dieser Folge direkt mit dem entsprechenden Code für die nachfolgende Instruktion verzweigt, so daß insgesamt nur drei Zyklen notwendig sind. Dieser kleine Trick reduziert die Ausführungszeit der nächsten Mikroinstruktion um einen Zyklus, so daß beispielsweise ein nachfolgendes IADD von vier auf drei Zyklen sinkt. Dies entspricht der kostenlosen Beschleunigung des Takts von 250 MHz (4 ns Mikroinstruktionen) auf 333 MHz (3 ns Mikroinstruktionen).

Beschriftung	Operationen	Kommentare
pop1	MAR = SP = SP - 1; rd	Lies nächstes oberstes Stapelwort ein
Main1.pop	PC = PC + 1; fetch	MBR hält Opcode; hole nächstes Byte
pop3	TOS = MDR; goto (MBR)	Kopiere neues Wort in TOS; versende bei Opcode

Abb. 4.24: Erweiterte Mikroprogrammfolge zur Ausführung von POP

Die POP-Instruktion ist für diese Behandlung besonders gut geeignet, weil sie in der Mitte einen toten, von der ALU nicht genutzten Zyklus hat. Die Hauptschleife nutzt aber die ALU. Somit erfordert die Reduzierung der Instruktionslänge um eins innerhalb einer Instruktion, daß wir einen Zyklus in der Instruktion finden, in dem die ALU nicht benutzt wird. Solche toten Zyklen sind nicht üblich, kommen aber vor. Deshalb lohnt es sich, Main1 in das Ende einer jeden Mikroinstruktionsfolge einzumischen. Das kostet uns lediglich ein wenig Steuerspeicher. Somit haben wir unsere erste Technik zur Reduzierung der Pfadlänge:

Führe die Interpreter-Schleife in das Ende jeder Mikrocodefolge ein.

Architektur mit drei Bussen

Was können wir noch tun, um die Ausführungspfadlänge zu reduzieren? Eine weitere einfache Lösung bietet sich an, wenn wir zwei volle Eingangsbusse – einen A- und einen B-Bus – zur ALU verwenden, so daß wir insgesamt drei Busse erhalten. Alle (oder zumindest die meisten) der Register sollten Zugang zu beiden Eingangsbussen haben. Der Vorteil zweier Eingangsbusse ist, daß wir dann ein beliebiges Register zu einem beliebigen anderen Register in einem Zyklus addieren können. Um den Nutzen dieser Eigenschaft zu sehen, betrachte man die Mic-1-Implementierung von ILOAD in Abb. 4.25.

Beschriftung	Operationen	Kommentare
iload1	H = LV	MBR enthält Index; kopiere LV in H
iload2	MAR = MBRU + H; rd	MAR = Adresse der herauszuschiebenden lokalen Variablen
iload3	MAR = SP = SP + 1	SP zeigt auf neue Stapeloberseite; bereite Schreiboperation vor
iload4	PC = PC + 1; fetch; wr	Inkrementiere PC; hole nächsten Opcode; schreibe in Stapeloberseite
iload5	TOS = MDR; goto Main1	Aktualisiere TOS
Main1	PC = PC + 1; fetch; goto (MBR)	MBR hält Opcode; hole nächstes Byte; versende

Abb. 4.25: Der Mic-1-Code zur Ausführung von ILOAD

Wir sehen hier, daß LV in iload1 in H kopiert wird. Der einzige Grund dafür ist der, daß es dann in iload2 zu MBRU hinzugefügt werden kann. Bei unserem ursprünglichen Design mit zwei Bussen gab es keine Möglichkeit, zwei beliebige Register zu addieren. Deshalb mußte eines davon zuerst in H kopiert werden. Bei unserem neuen Design mit drei Bussen können wir einen Zyklus einsparen, was aus Abb. 4.26 ersichtlich wird. Wir haben die Interpreter-Schleife hier zu ILOAD hinzugefügt. Dadurch wird die Ausführungspfadlänge weder verringert noch vergrößert. Dennoch hat der zusätzliche Bus die gesamte Ausführungszeit von ILOAD von sechs auf fünf Zyklen verkürzt. Damit haben wir unsere zweite Technik zur Reduzierung der Pfadlänge:

Wechsle von einem Design mit zwei Bussen zu einem mit drei Bussen.

Label	Operationen	Kommentare
iload1	MAR = MBRU + LV; rd	MAR = Adresse der zu schiebenden lokalen Variablen
iload2	MAR = SP = SP + 1	SP zeigt auf neue Stapeloberseite; bereite Schreiboperation vor
iload3	PC = PC + 1; fetch; wr	Inkrementiere PC; hole nächsten Opcode; schreibe auf Stapeloberseite
iload4	TOS = MDR	Aktualisiere TOS
iload5	PC = PC + 1; fetch; goto (MBR)	MBR hält bereits Opcode; hole Indexbyte

Abb. 4.26: Drei-Bus-Code zur Ausführung von ILOAD

Instruktionsabrufeinheit (IFU)

Beide oben beschriebenen Techniken sind durchaus brauchbar. Um aber eine nennenswerte Verbesserung zu erzielen, brauchen wir etwas Radikaleres. Wir gehen einen Schritt zurück und betrachten die üblichen Teile einer Instruktion: Abrufen und Dekodieren der Felder der Instruktion. Für jede Instruktion fallen möglicherweise folgende Operationen an:

1. PC wird durch die ALU weitergereicht und erhöht.
2. PC wird zum Einlesen des nächsten Bytes in den Instruktionsstrom benutzt.
3. Operanden werden vom Speicher gelesen.
4. Operanden werden in den Speicher geschrieben.
5. Die ALU führt eine Berechnung aus, und die Ergebnisse werden zurückgespeichert.

Verfügt eine Instruktion über zusätzliche Felder (für Operanden), muß jedes Feld explizit Byte für Byte geholt und vor der Verwendung assembliert werden. Das Abrufen und Assemblieren eines Felds belegt die ALU mindestens für einen Zyklus pro Byte, um PC zu inkrementieren, und dann wieder, um den resultierenden Index oder Offset zu assemblieren. Die ALU wird fast in jedem Zyklus für eine Vielzahl von Operationen benutzt, die mit dem Holen der Instruktion und dem Assemblieren der Felder einer Instruktion zu tun haben, abgesehen von der eigentlichen »Arbeit« der Instruktion.

Um die Hauptschleife zu überlappen, muß man die ALU von einigen dieser Aufgaben befreien. Wir erreichen dies, indem wir eine zweite ALU zur Verfügung stellen, obwohl eine volle ALU für einen Großteil der Aktivität nicht nötig ist. In vielen Fällen wird die ALU einfach als Pfad benutzt, um einen Wert von einem Register in ein anderes zu kopieren. Diese Zyklen kann man ausklammern, indem man zusätzliche Datenwege einführt, die nicht durch die ALU führen. Einige Vorteile mag man daraus ziehen, daß z.B. ein Pfad von TOS zu MDR oder von MDR zu TOS geschaffen wird, da das oberste Stapelwort häufig zwischen diesen beiden Registern kopiert wird.

Bei der Mic-1 kann durch Erstellung einer unabhängigen Einheit ein Großteil der Last von der ALU genommen werden, um die Instruktionen abzurufen und zu verarbeiten. Diese Einheit heißt **IFU** (**Instruction Fetch Unit** = Instruktionsabrufeinheit); sie kann PC unabhängig inkrementieren und Bytes vom Bytestrom holen, bevor sie gebraucht werden. Diese Einheit erfordert nur einen Aufwärtszähler – eine bei weitem einfachere Schaltung als ein Volladdierer. Führt man dieses Konzept einen Schritt weiter, kann die IFU auch 8- und 16-Bit-Operanden zusammenstellen, so daß sie bei Bedarf zum sofortigen Gebrauch bereitstehen. Dies läßt sich mit mindestens zwei Methoden erreichen:

1. Man läßt die IFU jeden Opcode interpretieren, wobei sie bestimmt, wie viele zusätzliche Felder abgerufen werden müssen. Dann assembliert sie sie in einem Register, das für die Hauptausführungseinheit bereitsteht.
2. Die IFU kann die stromartige Wirkweise der Instruktionen nutzen und die nächsten 8- und 16-Bit-Stücke jederzeit verfügbar halten, gleichgültig, ob das momentan sinnvoll erscheint oder nicht. Die Hauptausführungseinheit kann dann anfordern, was immer sie benötigt.

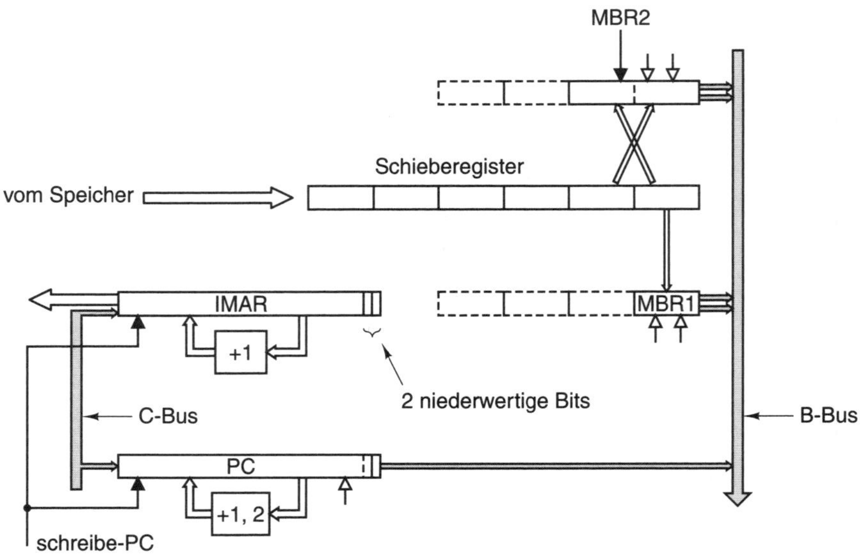

Abb. 4.27: Beispiel einer Abrufeinheit für die Mic-1

Wir zeigen die grundlegenden Elemente des zweiten Konzepts in Abb. 4.27. Statt eines einzelnen 8-Bit-MBR haben wir jetzt zwei MBR: MBR1 (8 Bit) und MBR2 (16 Bit). Die IFU führt Buch über das jeweils letzte Byte bzw. die letzten Bytes, die von der Hauptausführungseinheit verbraucht werden. Außerdem stellt sie in MBR1 das nächste Byte bereit, ebenso wie in der Mic-1, außer daß sie automatisch erkennt, wann MBR1 bereit ist, liest dann das nächste Byte voraus und sofort in MBR1 ein. Wie bei der Mic-1 hat sie zwei Schnittstellen zum B-Bus: MBR1 und MBR1U. Die erste ist um Vorzeichen auf 32 Bit, die zweite mit Nullen erweitert.

MBR2 bietet nahezu die gleiche Funktionalität, enthält aber die nächsten zwei Bytes. Es hat ebenfalls zwei Schnittstellen zum B-Bus: MBR2 und MBR2U. Die erste ist um Vorzeichen auf 32 Bit erweitert, und die zweite ist mit Nullwerten erweitert.

Die IFU ist für das Abrufen eines Bytestroms zuständig. Dies geschieht durch Nutzung eines konventionellen 4-Byte-Speicherports. Sie liest ganze 4-Byte-Wörter im voraus ein und lädt die aufeinanderfolgenden Bytes in ein Schieberegister, das sie einzeln oder paarweise in der eingelesenen Reihenfolge bereitstellt. Das Schieberegister hat die Aufgabe, eine Warteschlange aus Bytes vom Speicher aufrechtzuerhalten und MBR1 und MBR2 zu speisen.

MBR1 hält ständig das älteste Byte im Schieberegister und MBR2 die ältesten zwei Bytes (das älteste Byte links), um eine 16-Bit-Ganzzahl zu bilden (siehe Abb. 4.19(b)). Die zwei Bytes in MBR2 können von verschiedenen Speicherwörtern stammen, weil IJVM-Instruktionen sich nicht auf Wortgrenzen im Speicher ausrichten.

Sobald MBR1 gelesen wird, schiebt das Schieberegister ein Byte nach rechts. Sobald MBR2 gelesen wird, schiebt es zwei Bytes nach rechts. Dann werden MBR1 und MBR2 vom ältesten Byte bzw. von Bytepaaren nachgeladen. Ist im Schieberegister jetzt ausreichend Platz für ein weiteres ganzes Wort vorhanden, beginnt die IFU mit dem Lesen eines Speicherzyklus. Wir nehmen an, daß eines der MBR-Register beim Einlesen vom Anfang des nächsten Zyklus an aufgefüllt wird, so daß in aufeinanderfolgenden Zyklen ausgelesen werden kann.

Das Design der IFU läßt sich als **FSM** (**Finite State Machine**) modellieren (siehe Abb. 4.28). Alle FSMs bestehen aus zwei Teilen: **Zustände** (States), die als Kreise dargestellt werden, und **Übergänge** (Transitions), die als Kanten (Arcs) von einem Zustand zum anderen dargestellt werden. Jeder Zustand stellt eine mögliche Situation dar, in der sich die FSM befinden kann. Diese spezifische FSM hat sieben Zustände, entsprechend den sieben Zuständen des Schieberegisters von Abb. 4.27. Die sieben Zustände entsprechen der Anzahl an Bytes, die sich momentan im Schieberegister befinden; das ist eine Zahl zwischen 0 und 6 einschließlich.

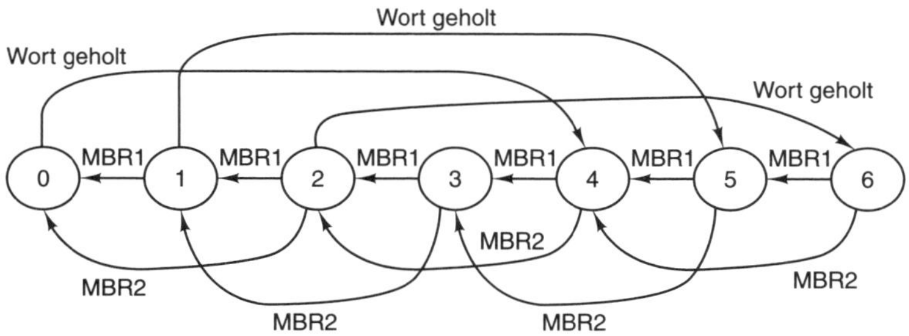

Übergänge
MBR1: findet beim Lesen von MBR1 statt
MBR2: findet beim Lesen von MBR2 statt
Wort geholt: findet statt, wenn ein Speicherwort gelesen und 4 Bytes in das Schieberegister gestellt werden

Abb. 4.28: Eine Finite-State-Machine zur Implementierung der IFU

Jede Kante stellt ein mögliches Ereignis dar. Hier können drei verschiedene Ereignisse eintreten. Das erste Ereignis ist 1 Byte, das von MBR1 eingelesen wird. Dieses Ereignis veranlaßt die Aktivierung des Schieberegisters, das ein Byte am rechten Ende herausschiebt und den Zustand um 1 reduziert. Beim zweiten Ereignis werden zwei Bytes vom MBR2 gelesen, wodurch sich der Zustand um zwei verringert. Beide Übergänge veranlassen, daß MBR1 und MBR2 erneut geladen werden. Geht die FSM in die Zustände 0, 1 oder 2 über, beginnt eine Speicherreferenz, um ein neues Wort einzulesen (in der Annahme, daß der Speicher nicht bereits mit dem Lesen eines Worts beschäftigt ist). Durch die Ankunft des Worts bewegt sich der Zustand um 4 weiter.

Um korrekt funktionieren zu können, muß die IFU blockieren, wenn sie zu etwas aufgefordert wird, das sie nicht tun kann, z.B. den Wert von MBR2 liefern, während sich im Schieberegister nur 1 Byte befindet und der Speicher noch immer mit dem Holen eines neuen Worts beschäftigt ist. Außerdem kann sie immer nur eine Aufgabe erledigen, so daß ankommende Ereignisse der Reihe nach geordnet werden müssen. Sobald sich PC ändert, muß die IFU zum guten Schluß aktualisiert werden. Solche Einzelheiten machen die Abläufe komplizierter, als wir sie dargestellt haben. Dennoch werden viele Hardware-Geräte als FSM ausgelegt.

Die IFU hat ihr eigenes Speicheradreßregister namens IMAR, das für die Speicheradressierung benutzt wird, wenn ein neues Wort eingelesen werden muß. Dieses Register hat seinen eigenen Aufwärtszähler, so daß die Haupt-ALU zu dessen Erhöhung nicht benötigt wird, wenn das nächste Wort geholt wird. Die IFU muß den C-Bus überwachen. Das heißt: Wann immer PC geladen wird, wird der neue PC-Wert nach IMAR kopiert. Da der neue Wert von PC nicht unbedingt auf einer Wortgrenze liegt, muß die IFU das nötige Wort einlesen und das Schieberegister entsprechend berichtigen.

Mit der IFU schreibt die Hauptausführungseinheit nur in PC, wenn die sequentielle Natur des Instruktionsbytestroms geändert werden muß, sowie bei einer erfolgreichen Sprunginstruktion und bei INVOKEVIRTUAL und IRETURN.

Da PC nicht mehr explizit beim Einlesen von Opcodes vom Mikroprogramm erhöht wird, muß die IFU dies besorgen. Sie erreicht dies dadurch, daß sie erkennt, wann ein Byte vom Instruktionsstrom verbraucht wurde, d.h. wann MBR1 oder MBR2 (oder ihre vorzeichenlosen Versionen) gelesen wurden. Mit PC steht ein getrennter Aufwärtszähler in Verbindung, der nach entsprechendem Byteverbrauch um 1 oder 2 inkrementieren kann. Somit enthält PC immer die Adresse des ersten noch nicht verbrauchten Bytes. Am Anfang einer jeden Instruktion enthält MBR die Adresse des Opcodes für die betreffende Instruktion.

Man beachte, daß es zwei getrennte Aufwärtszähler gibt, die verschiedene Funktionen ausführen. PC zählt *Bytes* und erhöht um 1 oder 2. IMAR zählt *Wörter* und erhöht nur um 1 (für vier neue Bytes). Wie MAR ist IMAR mit dem Adreßbus-Bit-Offset verdrahtet, wobei das IMAR-Bit 0 mit Adreßleitung 2 verbunden ist usw., um eine implizite Umwandlung von Wort- in Byteadressen auszuführen.

Wie wir gleich im Detail sehen werden, ist es von großem Vorteil, daß PC nicht in der Hauptschleife erhöht werden muß, da die Mikroinstruktion, in der PC erhöht wird, oft kaum etwas anderes macht, als eben das. Kann man diese Mikroinstruktion umgehen, läßt sich der Ausführungspfad verkürzen. Der Preis dafür ist mehr Hardware für eine schnellere Maschine, so daß unsere dritte Technik zur Reduzierung der Pfadlänge wie folgt lautet:

Lasse Instruktionen vom Speicher durch eine spezielle Funktionseinheit abrufen.

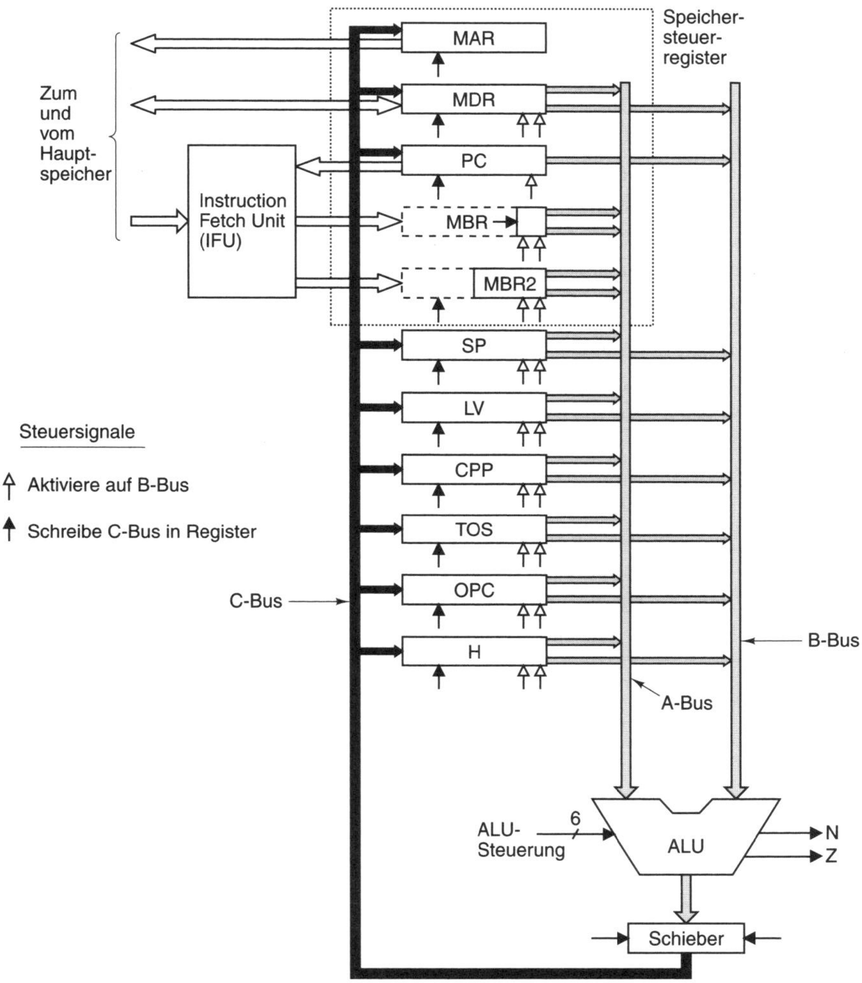

Abb. 4.29: Der Datenweg für die Mic-2

4.4.3 Design mit Vorauslesen: Mic-2

Die IFU kann die Pfadlänge einer durchschnittlichen Instruktion erheblich reduzieren. Erstens vermeidet sie die Hauptschleife vollständig, da das Ende jeder Instruktion einfach direkt zur nächsten Instruktion verzweigt. Zweitens vermeidet sie die Bindung der ALU für die Erhöhung von PC. Drittens reduziert sie die Pfadlänge, wann immer ein 16-Bit-Index oder -Ersatz berechnet wird, weil sie den 16-Bit-Wert assembliert und ihn direkt als 32-Bit-Wert an die ALU liefert, so daß keine Notwendigkeit für das Assemblieren in H besteht. Abb. 4.29 zeigt die Mic-2, eine erweiterte Version der Mic-1, bei der die IFU von Abb. 4.29 hinzugefügt wurde. Abb. 4.30 zeigt den Mikrocode für die erweiterte Maschine.

Als Beispiel für die Funktionsweise der Mic-2 betrachten wir IADD. Es liest das zweite Wort auf dem Stapel und führt die Addition wie zuvor durch. Nun muß sie aber danach nicht Main1 durchlaufen, um PC zu inkrementieren und mit der nächsten Mikroinstruktion weiterzumachen. Erkennt die IFU, daß MBR1 in iadd3 referenziert wurde, schiebt ihr internes Schieberegister alles nach rechts und lädt MBR1 und MBR2 wieder. Außerdem führt sie einen Übergang in einen Zustand durch, der unter dem momentanen liegt. Ist der neue Zustand 2, beginnt die IFU mit dem Abrufen eines Worts vom Speicher. Dies alles geschieht in der Hardware. Das Mikroprogramm muß nichts tun. Aus diesem Grund kann IADD von fünf auf drei Mikroinstruktionen gekürzt werden.

Die Mic-2 verbessert einige Instruktionen mehr als andere. LDC_W geht von neun auf nur drei Mikroinstruktionen, so daß diese Ausführungszeit um einen Faktor von drei verkürzt wird. Andererseits geht SWAP nur von acht auf sechs Mikroinstruktionen. Für die Gesamtleistung ist der Gewinn für die häufigeren Instruktionen das, was wirklich zählt. Dazu gehören ILOAD (war 6, jetzt 3), IADD (war 4, jetzt 3) und IF_ICMPEQ (war 13, jetzt 10 im vorliegenden Fall; war 10, jetzt 8 im nicht vorliegenden Fall). Um die Verbesserung zu messen, müßte man einige Benchmark-Tests durchführen. Es wird aber auch so klar, daß ein beträchtlicher Gewinn erzielt wird.

Beschriftung	**Operationen**	**Kommentare**
nop1	goto (MBR)	Verzweige zu nächster Instruktion
iadd1	MAR = SP = SP - 1; rd	Lies nächstes oberstes Stapelwort ein
iadd2	H = TOS	H = Stapeloberseite
iadd3	MDR = TOS = MDR+H; wr; goto (MBR1)	Addiere die beiden obersten Wörter; schreibe sie in neue Stapeloberseite
isub1	MAR = SP = SP - 1; rd	Lies nächstes oberstes Stapelwort ein
isub2	H = TOS	H = Stapeloberseite
isub3	MDR = TOS = MDR-H; wr; goto (MBR1)	Subtrahiere TOS von geholter TOS-1
iand1	MAR = SP = SP - 1; rd	Lies nächstes oberstes Stapelwort ein
iand2	H = TOS	H = Stapeloberseite
iand3	MDR = TOS = MDR AND H; wr; goto (MBR1)	Verknüpfe die geholte TOS-1 mittels AND mit TOS
ior1	MAR = SP = SP - 1; rd	Lies nächstes oberstes Stapelwort ein
ior2	H = TOS	H = Stapeloberseite
ior3	MDR = TOS = MDR OR H; wr; goto (MBR1)	Verknüpfe die geholte TOS-1 mittels OR mit TOS

Abb. 4.30: Mikroprogramm für die Mic-2

Beschriftung	Operationen	Kommentare
dup1	MAR = SP = SP + 1	Inkrementiere SP; kopiere in MAR
dup2	MDR = TOS; wr; goto (MBR1)	Schreibe neues Stapelwort
pop1	MAR = SP = SP - 1; rd	Lies nächstes oberstes Stapelwort ein
pop2		Warte auf Leseoperation
pop3	TOS = MDR; goto (MBR1)	Kopiere neues Wort in TOS
swap1	MAR = SP - 1; rd	Lies zweites Wort vom Stapel; setze MAR auf SP
swap2	MAR = SP	Bereite neues zweites Wort zum Schreiben vor
swap3	H = MDR; wr	Speichere neue TOS; schreibe zweites Wort in den Stapel
swap4	MDR = TOS	Kopiere alte TOS in MDR
swap5	MAR = SP - 1; wr	Schreibe alte TOS an zweite Stapelstelle
swap6	TOS = H; goto (MBR1)	Aktualisiere TOS
bipush1	SP = MAR = SP + 1	Richte MAR zum Schreiben in die neue Stapeloberseite ein
bipush2	MDR = TOS = MBR1; wr; goto (MBR1)	Aktualisiere Stapel in TOS und Speicher
iload1	MAR = LV + MBR1U; rd	Verschiebe LV + Index in MAR; lies Operanden
iload2	MAR = SP = SP + 1	Inkrementiere SP; verschiebe neuen SP in MAR
iload3	TOS = MDR; wr; goto (MBR1)	Aktualisiere Stapel in TOS und Speicher
istore1	MAR = LV + MBR1U	Setze MAR auf LV + Index
istore2	MDR = TOS; wr	Kopiere TOS für das Speichern
istore3	MAR = SP = SP - 1; rd	Dekrementiere SP; lies neue TOS
istore4		Warte auf Leseoperation
istore5	TOS = MDR; goto (MBR1)	Aktualisiere TOS
wide1	goto (MBR1 OR 0x100)	Nächste Adresse ist 0x100 mittels OR mit Opcode verknüpft
wide_iload1	MAR = LV + MBR2U; rd; goto iload2	Identisch mit iload1, jedoch Verwendung von 2-Byte-Index
wide_istore1	MAR = LV + MBR2U; goto istore2	Identisch mit istore1, jedoch Verwendung von 2-Byte-Index
ldc_w1	MAR = CPP + MBR2U; rd; goto iload2	Wie wide_iload1, jedoch Indizierung über CPP

Abb. 4.30: Mikroprogramm für die Mic-2 (Forts.)

Beschriftung	Operationen	Kommentare
iinc1	MAR = LV + MBR1U; rd	Setze MAR auf LV + Index für das Lesen
iinc2	H = MBR1	Setze H auf Konstante
iinc3	MDR = MDR + H; wr; goto (MBR1)	Inkrementiere um Konstante und aktualisiere
goto1	H = PC - 1	Kopiere PC in H
goto2	PC = H + MBR2	Addiere Offset und aktualisiere PC
goto3		Warte, bis IFU neuen Opcode holt
goto4	goto (MBR1)	Versende an nächste Instruktion
iflt1	MAR = SP = SP - 1; rd	Lies nächstes oberstes Stapelwort ein
iflt2	OPC = TOS	Speichere TOS vorübergehend in OPC
iflt3	TOS = MDR	Stelle neue Stapeloberseite in TOS ab
iflt4	N = OPC; if (N) goto T; else goto F	Verzweige bei N-Bit
ifeq1	MAR = SP = SP - 1; rd	Lies nächstes oberstes Stapelwort ein
ifeq2	OPC = TOS	Speichere TOS vorübergehend in OPC
ifeq3	TOS = MDR	Lege neue Stapeloberseite in TOS ab
ifeq4	Z = OPC; if (Z) goto T; else goto F	Verzweige bei Z-Bit
if_icmpeq1	MAR = SP = SP - 1; rd	Lies nächstes oberstes Stapelwort ein
if_icmpeq2	MAR = SP = SP - 1	Setze MAR für das Einlesen der neuen Stapeloberseite
if_icmpeq3	H = MDR; rd	Kopiere zweites Stapelwort in H
if_icmpeq4	OPC = TOS	Speichere TOS vorübergehend in OPC
if_icmpeq5	TOS = MDR	Lege neue Stapeloberseite in TOS ab
if_icmpeq6	Z = H - OPC; if (Z) goto T; else goto F	Falls die obersten beiden Wörter gleich sind, goto T, andernfalls goto F
T	H = PC - 1; goto goto2	Wie goto1
F	H = MBR2	Markiere zu verwerfende Bytes in MBR2
F2	goto (MBR1)	
invokevirtual1	MAR = CPP + MBR2U; rd	Stelle Adresse des Methodenzeigers in MAR ab
invokevirtual2	OPC = PC	Speichere zurückgegebenen PC in OPC
invokevirtual3	PC = MDR	Setze PC auf das erste Byte des Methodecodes
invokevirtual4	TOS = SP - MBR2U	TOS = Adresse von OBJREF - 1
invokevirtual5	TOS = MAR = H = TOS + 1	TOS = Adresse von OBJREF
invokevirtual6	MDR = SP + MBR2U + 1; wr	Überschreibe OBJREF mit Verküpfungszeiger

Abb. 4.30: Mikroprogramm für die Mic-2 (Forts.)

Beschriftung	Operationen	Kommentare
invokevirtual7	MAR = SP = MDR	Setze SP, MAR auf die Stelle zur Aufnahme des alten PC
invokevirtual8	MDR = OPC; wr	Bereite alten PC zum Speichern vor
invokevirtual9	MAR = SP = SP + 1	Inkrementiere SP, so daß er auf die Stelle zur Aufnahme des alten LV zeigt
invokevirtual10	MDR = LV; wr	Speichere alten LV
invokevirtual11	LV = TOS; goto (MBR1)	Setze LV für das Zeigen auf Zeroth-Parameter
ireturn1	MAR = SP = LV; rd	Setze SP, MAR zurück, um Verknüpfungszeiger (link ptr) zu lesen
ireturn2		Warte auf link ptr
ireturn3	LV = MAR = MDR; rd	Setze LV, MAR auf link ptr; lies alten PC
ireturn4	MAR = LV + 1	Setze MAR zum Zeigen auf den alten LV; lies alten LV
ireturn5	PC = MDR; rd	Speichere PC zurück
ireturn6	MAR = SP	
ireturn7	LV = MDR	Speichere LV zurück
ireturn8	MDR = TOS; wr; goto (MBR1)	Speichere Rückgabewert auf der ursprünglichen Stapeloberseite

Abb. 4.30: Mikroprogramm für die Mic-2 (Forts.)

4.4.4 Pipeline-Design: Mic-3

Die Mic-2 ist eine deutliche Verbesserung gegenüber der Mic-1. Sie ist schneller und benutzt weniger Steuerspeicher. Die Kosten für die IFU werden zweifellos mehr als ausgeglichen durch den Gewinn, der sich durch einen kleineren Steuerspeicher ergibt. Wir haben es also mit einer wesentlich schnelleren Maschine zu einem kaum höheren Preis zu tun. Nun wollen wir untersuchen, ob wir sie noch weiter verbessern können.

Wie wäre es, wenn man versucht, die Zykluszeit zu dekrementieren? Sie wird größtenteils durch die zugrundeliegende Technologie bestimmt. Je kleiner die Transistoren und die physischen Entfernungen dazwischen, um so schneller der Takt. Bei vorgegebener Technologie steht die Zeit, die zur Durchführung einer Operation über den vollen Datenweg benötigt wird, fest (zumindest aus unserer Sicht). Dennoch besteht ein gewisser Freiraum, den wir in Kürze voll ausschöpfen werden.

Als weitere Option führen wir mehr Parallelität in die Maschine ein. Vorläufig ist die Mic-2 in hohem Maß sequentiell. Sie legt Register auf ihre Busse, wartet darauf, daß die ALU und der Schieber diese verarbeiten, und schreibt dann die Ergebnisse in die Register zurück. Abgesehen von der IFU ist kaum Parallelität vorhanden. Wir nutzen also die Gelegenheit, uns dieser Möglichkeit zu bedienen.

Wie bereits erwähnt, ist der Taktzyklus durch die Zeit begrenzt, die für die Ausbreitung der Signale durch den Datenweg benötigt wird. Abb. 4.3 zeigt eine Aufteilung der Verzögerung durch die verschiedenen Komponenten im Verlauf der einzelnen Zyklen. Im eigentlichen Datenwegzyklus gibt es drei Hauptkomponenten:

1. Die Zeit, die man braucht, um die ausgewählten Register auf dem A- und B-Bus zu steuern.
2. Die Zeit, in der die ALU und der Schieber ihre Arbeit verrichten.
3. Die Zeit, bis die Ergebnisse in die Register zurückgelangen und gespeichert werden.

In Abb. 4.31 zeigen wir eine neue Architektur mit drei Bussen und der IFU, jedoch mit drei zusätzlichen Latches (Registern), von denen je eines in der Mitte jedes Busses eingeschoben wurde. Die Latches werden in jedem Zyklus beschrieben. Die Register teilen den Datenweg in getrennte Teile auf, die jetzt unabhängig voneinander arbeiten können. Wir nennen diese Architektur, **Mic-3**, unser **Pipeline-Modell**.

Wie sollten uns diese zusätzlichen Register nützen? Jetzt dauert es drei Taktzyklen, um den Datenweg zu nutzen: einen zum Laden der A- und B-Latch, einen zum Ausführen von ALU und Schieber und zum Laden der C-Latch, und einen zum Zurückspeichern der C-Latch in die Register. Sind wir verrückt geworden? (*Hinweis*: Nein). Das Einfügen der Latches hat zwei Gründe:

1. Wir können den Takt beschleunigen, weil die maximale Verzögerung jetzt kürzer ist.
2. Wir können alle Teile des Datenwegs im Lauf eines jeden Zyklus benutzen.

Durch Aufteilen des Datenwegs in drei Teile reduziert sich die maximale Verzögerung, mit dem Ergebnis einer eventuell höheren Taktfrequenz. Angenommen, wir unterteilen den Datenwegzyklus in drei Zeitintervalle; jedes ist etwa 1/3 so lang wie das Original, so daß wir die Taktgeschwindigkeit verdreifachen können. (Dies ist nicht ganz realistisch, weil wir auch zwei weitere Register in den Datenweg eingebracht haben. Als erste Annäherung an das Konzept lassen wir das aber einfach gelten.)

Da wir davon ausgegangen sind, daß alle Lese- und Schreiboperationen vom/zum Speicher aus dem Level-1-Cache bedient werden können, und daß dieser Cache aus dem gleichen Material wie die Register besteht, nehmen wir weiter an, daß eine Speicheroperation einen Zyklus dauert. In der Praxis mag dies aber nicht so einfach erreichbar sein.

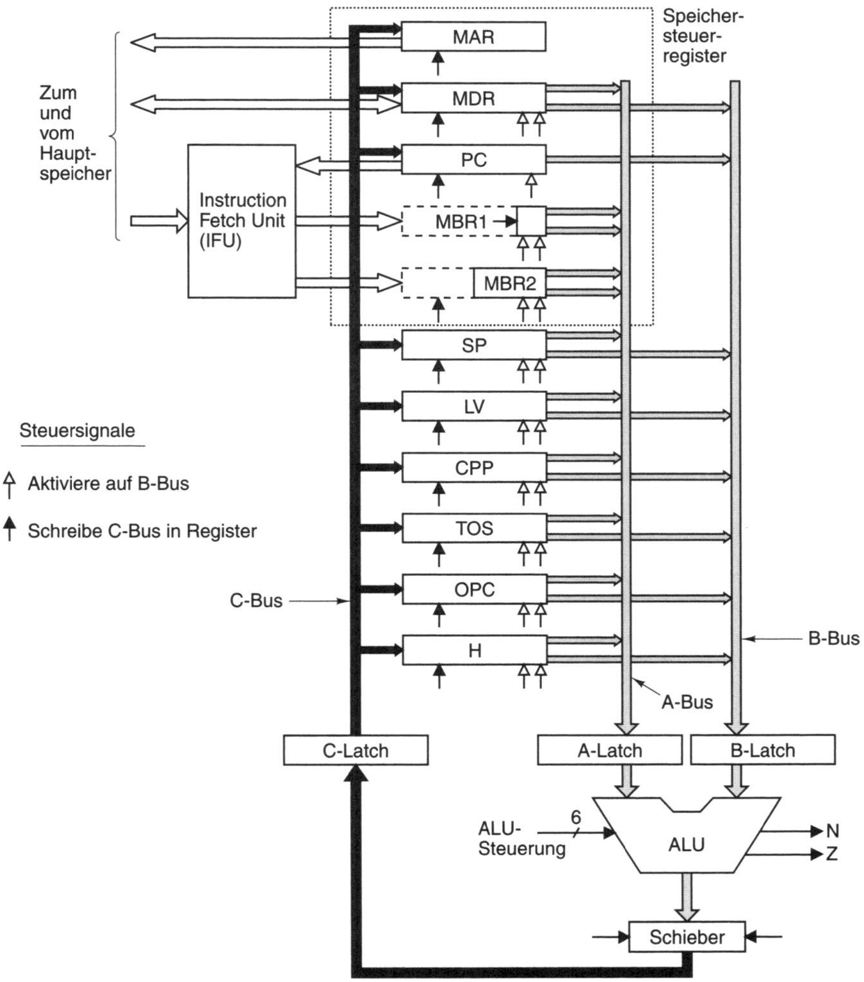

Abb. 4.31: Der Datenweg der Mic-3 mit drei Bussen

Der zweite Punkt hat weniger mit der Geschwindigkeit einer einzelnen Instruktion als mit dem Durchsatz zu tun. Bei der Mic-2 ist die ALU im ersten und im dritten Teil eines Taktzyklus untätig. Durch Teilung des Datenwegs in drei Stücke können wir die ALU in jedem Zyklus nutzen, so daß wir die dreifache Arbeitsleistung aus der Maschine herausholen.

Wie funktioniert der Datenweg der Mic-3? Bevor wir mit unserer Untersuchung beginnen, brauchen wir eine Notation für die Latches. Es bietet sich an, die Latches `A`, `B` und `C` zu nennen und sie wie Register zu behandeln, wobei wir die Einschränkungen des Datenwegs im Auge behalten. Abb. 4.32 zeigt einen Beispielcode – die Implementierung von `SWAP` für die Mic-2.

Beschriftung	Operationen	Kommentare
swap1	MAR = SP - 1; rd	Lies zweites Wort vom Stapel; setze MAR auf SP
swap2	MAR = SP	Bereite zum Schreiben des neuen zweiten Worts vor
swap3	H = MDR; wr	Speichere neue TOS; schreibe zweites Wort in den Stapel
swap4	MDR = TOS	Kopiere alte TOS in MDR
swap5	MAR = SP - 1; wr	Schreibe alte TOS an zweite Stapelstelle
swap6	TOS = H; goto (MBR1)	Aktualisiere TOS

Abb. 4.32: Der Mic-2-Code für SWAP

Jetzt implementieren wir diesen Code erneut für die Mic-3. Bekanntermaßen erfordert der Datenweg jetzt drei Zyklen: einen zum Laden von A und B, einen zum Durchführen der Operation und zum Laden von C und einen zum Zurückschreiben der Ergebnisse in die Register. Wir nennen jeden dieser Schritte einen **Mikroschritt** (Microstep).

Abb. 4.33 zeigt die Implementierung von SWAP für die Mic-3. In Zyklus 1 starten wir bei swap1 mit dem Kopieren von SP in B. Es spielt keine Rolle, was in A gelangt, weil ENA negiert wird, um 1 von B zu subtrahieren (siehe Abb. 4.2). Der Einfachheit halber zeigen wir keine Zuweisungen, die wir hier nicht benutzen. In Zyklus 2 erfolgt die Subtraktion. In Zyklus 3 wird das Ergebnis in MAR gespeichert, und die Leseoperation beginnt am Ende von Zyklus 3 (nach dem Speichern von MAR). Da Speicherlesungen jetzt einen Zyklus dauern, ist dieser erst am Ende von Zyklus 4 fertig, was durch die Zuweisung auf MDR in Zyklus 4 gezeigt wird. Der Wert in MDR kann nicht früher als in Zyklus 5 gelesen werden.

	Swap1	Swap2	Swap3	Swap4	Swap5	Swap6
1	MAR=SP-1;rd	MAR=SP	H=MDR;wr	MDR=TOS	MAR=SP-1;wr	TOS=H;goto (MBR1)
1	B=SP					
2	C=B-1	B=SP				
3	MAR=C; rd	C=B				
4	MDR=mem	MAR=C				
5			B=MDR			
6			C=B	B=TOS		
7			H=C; wr	C=B	B=SP	
8			Mem=MDR	MDR=C	C=B-1	B=H
9					MAR=C; wr	C=B
10					Mem=MDR	TOS=C
11						goto (MBR1)

Abb. 4.33: Implementierung von SWAP *für die Mic-3*

Wir kehren zu Zyklus 2 zurück und können jetzt beginnen, swap2 in Mikroschritte aufzuteilen und auch diese zu starten. In Zyklus 2 können wir SP nach B kopieren. Dann lassen wir es in Zyklus 3 durch die ALU laufen und in Zyklus 4 schließlich in MAR speichern. So weit so gut. Eines dürfte klar sein: Wenn wir in diesem Tempo fortfahren, d.h. in jedem Zyklus eine neue Mikroinstruktion beginnen, haben wir die Geschwindigkeit der Maschine verdreifacht. Dieser Gewinn ergibt sich daraus, daß wir in jedem Taktzyklus eine neue Mikroinstruktion ausgeben können und die Mic-3 dreimal so viele Taktzyklen pro Sekunde wie die Mic-2 hat. Wir haben damit eine Pipeline-CPU gebaut.

Leider stoßen wir in Zyklus 3 auf einen Haken. Wir möchten gerne die Arbeit mit swap3 beginnen; als erstes wird hier aber MDR durch die ALU laufen gelassen, und MDR ist erst zu Beginn von Zyklus 5 vom Speicher verfügbar. Daß ein Mikroschritt nicht starten kann, weil er auf ein Ergebnis wartet, das ein vorheriger Mikroschritt noch nicht produziert hat, nennt man eine **echte Abhängigkeit** (True Dependence) oder **RAW-Abhängigkeit** (RAW Dependence). Ein anderer gängiger Begriff dafür ist **Gefahren** (Hazards). RAW steht für »Read After Write« und bedeutet, daß ein Mikroschritt ein noch nicht beschriebenes Register lesen möchte. Das einzige Vernünftige ist hier, den Beginn von swap3 so lange zu verzögern, bis MDR in Zyklus 5 verfügbar ist. Den Anhaltevorgang, auf einen benötigten Wert zu warten, nennt man **Stillstand** (Stalling). Danach können wir mit dem Starten von Mikroinstruktionen in jedem Zyklus fortfahren, weil es dann keine weiteren Abhängigkeiten mehr gibt, obwohl es swap6 kaum schafft, weil sie H in dem Zyklus liest, nachdem swap3 es beschrieben hat. Hätte swap5 versucht, H zu lesen, wäre es einen Zyklus lang in Stillstand geraten.

Obwohl das Mic-3-Programm mehr Zyklen als das Mic-2-Programm beansprucht, läuft es schneller. Nennen wir die Zykluszeit der Mic-3 ΔT ns, dann erfordert die Mic-3 zur Ausführung von SWAP $11\Delta T$. Demgegenüber braucht die Mic-2 sechs Zyklen von je $3\Delta T$, d.h. insgesamt $18\Delta T$. Durch das Pipelining ist die Maschine schneller geworden, obwohl wir einmal zum Stillstand gekommen sind, um eine Abhängigkeit zu umgehen.

Pipelining ist eine Schlüsseltechnik für alle modernen CPUs; deshalb ist auch das Verstehen ihrer Funktionsweise wichtig. In Abb. 4.34 sehen wir den Datenweg von Abb. 4.31 grafisch als Pipeline. Die erste Spalte stellt Zyklus 1, die zweite Spalte stellt Zyklus 2 dar usw. (unter der Annahme, daß kein Stillstand vorkommt). Der schattierte Bereich in Zyklus 1 für Instruktion 1 bedeutet, daß die IFU mit dem Einlesen von Instruktion 1 beschäftigt ist. Einen Taktschritt weiter, in Zyklus 2, werden die von Instruktion 1 benötigten Register in die A- und B-Latches geladen, während die IFU gleichzeitig Instruktion 2 vorausliest, was wieder durch die beiden schattierten Rechtecke in Zyklus 2 dargestellt ist.

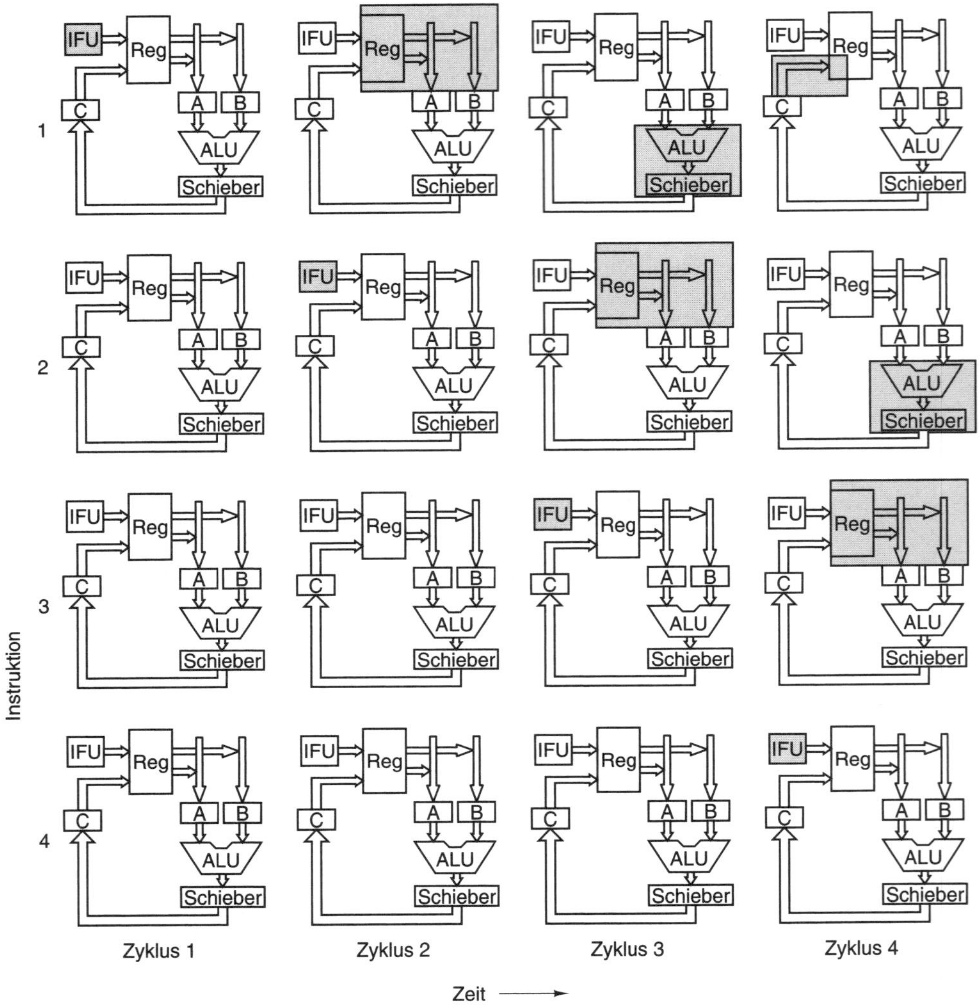

Abb. 4.34: Grafische Darstellung der Funktionsweise einer Pipeline

In Zyklus 3 benutzt Instruktion 1 die ALU und den Schieber, um ihre Operation abzuwickeln. Die A- und die B-Latches werden für Instruktion 2 geladen, und Instruktion 3 wird eingelesen. Schließlich werden in Zyklus 4 vier Instruktionen gleichzeitig abgearbeitet. Das Ergebnis aus Instruktion 1 wird gespeichert, die ALU-Arbeit für Instruktion 2 wird ausgeführt, die A- und die B-Latches werden für Instruktion 3 geladen, und Instruktion 4 wird eingelesen.

Hätten wir Zyklus 5 und weitere Zyklen dargestellt, entspräche das Muster Zyklus 4: Alle vier Teile des Datenwegs, die unabhängig laufen können, würden dies tun. Dieses Design stellt eine vierstufige Pipeline dar, mit den Stufen zum Abrufen von Instruktionen, Zugreifen auf Operanden, Ausführen von ALU-Operationen und Zurückschreiben in die Register. Sie ist mit der Pipeline in Abb. 2.4(a) vergleichbar, ihr fehlt lediglich die Dekodierstufe. Bei dieser

Methode muß besonders erwähnt werden, daß die Ausführung einer einzigen Instruktion zwar vier Taktzyklen dauert, in jedem Taktzyklus aber eine neue Instruktion gestartet und eine alte beendet wird.

Man kann Abb. 4.34 auch so betrachten, daß man jeder Instruktion horizontal über die Seite folgt. Instruktion 1 wird in Zyklus 1 von der IFU bearbeitet. In Zyklus 2 werden die Register auf den A- und B-Bus gestellt. In Zyklus 3 arbeiten die ALU und der Schieber dafür. In Zyklus 4 werden die Ergebnisse in die Register zurückgespeichert. Man beachte hier, daß es vier Abschnitte verfügbarer Hardware gibt und in jedem Zyklus eine bestimmte Instruktion nur einen davon nutzt, so daß die übrigen Abschnitte für andere Instruktionen frei sind.

Als Analogie für unser Pipeline-Design betrachten wir eine Fertigungsstraße in einer Automobilfabrik. Wir beschränken uns auf das Wesentliche dieses Modells. Jede Minute ertönt ein lauter Gong. Zu diesem Zeitpunkt werden alle Autos um eine Station auf der Fertigungsstraße weitergeschoben. An jeder Station führen die Arbeiter eine bestimmte Operation an dem momentan bei ihnen angekommenen Auto aus, z.B. Einbauen eines Lenkrads oder von Bremsen. Bei jedem Gongschlag (ein Zyklus) wird ein neues Auto am Anfang der Fertigungsstraße eingeführt, und ein fertiges Auto verläßt das Band am anderen Ende. Das heißt: Auch wenn es Hunderte von Zyklen bis zur Fertigstellung eines Autos gibt, wird in einem Zyklus ein ganzes Auto fertig. Das Werk kann ein Auto pro Minute produzieren, unabhängig davon, wie lange ein tatsächlicher Montagevorgang dauert. Das ist die Stärke des Pipelining; es läßt sich auf CPUs genauso wie auf die Autoherstellung anwenden.

4.4.5 Siebenstufige Pipeline: Mic-4

Einen Punkt haben wir bis jetzt nicht behandelt: Jede Mikroinstruktion wählt ihre eigene Nachfolgerin. Die meisten wählen einfach die nächste in der jeweiligen Folge, doch die letzte, z.B. `swap6`, führt oft einen Mehrfachsprung aus. Das verstopft die Pipeline, da weiterhin vorausgelesen wird, obwohl dies schon nicht mehr möglich ist. Wir brauchen also für diesen Fall einen Ausweg.

Unsere nächste (und letzte) Mikroarchitektur ist die Mic-4. Abb. 4.35 zeigt die Hauptteile. Wir haben aber zugunsten der Klarheit viele Einzelheiten weggelassen. Wie die Mic-3 hat sie eine IFU, die Wörter aus dem Speicher vorausliest und die verschiedenen `MBR`s pflegt.

Die IFU speist außerdem den ankommenden Bytestrom in eine neue Komponente, die **Dekodiereinheit** (Decoding Unit). Diese Einheit verfügt über einen internen ROM, der vom IJVM-Opcode indiziert wird. Jeder Eintrag (Zeile) umfaßt zwei Teile: die Länge dieser IJVM-Instruktion und einen Index in einem anderen ROM – dem Mikrooperations-ROM. Die Länge der IJVM-Instruktion gestattet es der Dekodiereinheit, den ankommenden Bytestrom in Instruktionen zu zerteilen (Parsing), so daß sie immer weiß, welche Bytes

Opcodes und welche Operanden sind. Beträgt die Länge der aktuellen Instruktion 1 Byte (z.B. POP), weiß die Dekodiereinheit, daß das nächste Byte ein Opcode ist. Ist die aktuelle Instruktion zwei Bytes lang, weiß die Dekodiereinheit, daß das nächste Byte ein Operand ist, dem unmittelbar ein weiterer Opcode folgt. Wird der Präfix WIDE erkannt, wird das nachfolgende Byte in einen speziellen WIDE-Opcode umgewandelt. Aus WIDE + ILOAD wird z.B. WIDE_ILOAD.

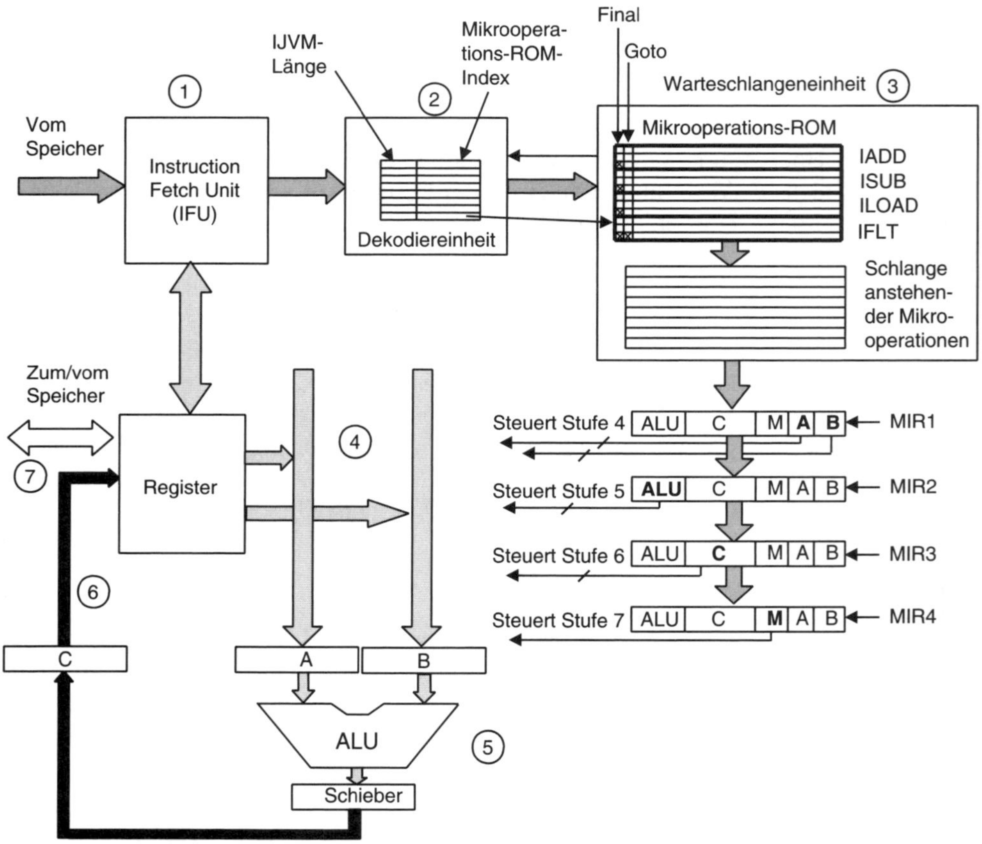

Abb. 4.35: Die Hauptkomponenten der Mic-4

Die Dekodiereinheit liefert den Index in den Mikrooperations-ROM, den es in ihrer Tabelle zur nächsten Komponente, der **Warteschlangeneinheit** (Queueing Unit) gefunden hat. Diese Einheit enthält eine Logik sowie zwei interne Tabellen, eine im ROM und eine im RAM. Der ROM enthält das Mikroprogramm, wobei jede IJVM-Instruktion eine Reihe aufeinanderfolgender Einträge hat, die man **Mikrooperationen** (Micro Operations) nennt. Die Einträge müssen geordnet sein, so daß beispielsweise ein Sprung von wide_iload2 zu iload2 in Mic-2 nicht zulässig ist. Jede IJVM-Folge muß voll ausgeschrieben sein, so daß einige Folgen doppelt erscheinen.

Mikrooperationen sind mit den Mikroinstruktionen von Abb. 4.5 vergleichbar, außer daß die Felder NEXT_ADDRESS und JAM nicht vorhanden sind. Dafür ist ein neues kodiertes Feld zur Festlegung des A-Buseingangs erforderlich. Außerdem sind zwei neue Bits vorhanden: Final und Goto. Das Bit Final wird auf die letzte Mikrooperation einer jeden IJVM-Mikrooperationsfolge gesetzt, um sie zu markieren. Das Bit Goto wird gesetzt, um Mikrooperationen zu markieren, die bedingte Mikrosprünge sind. Sie haben ein anderes Format als die normalen Mikrooperationen und setzen sich aus den JAM-Bits und einem Index im Mikrooperations-ROM zusammen. Mikroinstruktionen, die zuvor etwas mit dem Datenweg gemacht und auch einen bedingten Mikrosprung durchgeführt haben (z.B. iflt4), müssen jetzt in zwei Mikrooperationen aufgeteilt werden.

Die Warteschlangeneinheit funktioniert wir folgt: Sie empfängt einen Mikrooperations-ROM-Index von der Dekodiereinheit. Dann sucht sie die Mikrooperation und kopiert sie in eine interne Warteschlange. Anschließend kopiert sie die nächste und die übernächste Mikrooperation ebenfalls in die Warteschlange. Sie fährt so fort, bis sie auf eine mit dem Final-Bit stößt. Sie kopiert auch diese und stoppt dann. Unter der Annahme, daß sie auf keine Mikrooperation mit dem Goto-Bit gestoßen ist und immer noch genügend Platz in der Warteschlange hat, sendet die Dekodiereinheit dann ein Bestätigungssignal zurück an die Dekodiereinheit. Erkennt die Dekodiereinheit die Bestätigung, sendet sie den Index der nächsten IJVM-Instruktion an die Warteschlangeneinheit.

Auf diese Weise wird die Folge der IJVM-Instruktionen im Speicher letztendlich in eine Folge von Mikrooperationen in einer Warteschlange umgewandelt. Diese Mikrooperationen füttern die MIRs, die dann die Signale zur Steuerung des Datenwegs aussenden. Daneben gibt es aber einen weiteren Faktor: Die Felder in den einzelnen Mikrooperationen sind nicht gleichzeitig aktiv. Die Felder A und B sind im ersten Zyklus, das ALU-Feld ist im zweiten Zyklus, das C-Feld ist im dritten Zyklus aktiv, und eventuell vorkommende Speicheroperationen finden im vierten Zyklus statt.

Zur korrekten Ausführung dieser Arbeit haben wir vier unabhängige MIRs in Abb. 4.35 eingeführt. Zu Beginn eines jeden Taktzyklus (die Zeit Δw in Abb. 4.3) wird MIR3 in MIR4, MIR2 in MIR3 und MIR1 in MIR2 kopiert und MIR1 mit einer frischen Mikrooperation aus der Mikrooperationswarteschlange geladen. Die Felder A und B aus MIR1 werden benutzt, um die Register zu wählen, die die A- und B-Latches steuern, das ALU-Feld in MIR1 wird aber nicht verwendet und ist mit nichts im Datenweg verbunden.

Einen Taktzyklus später hat sich diese Mikrooperation zu MIR2 bewegt, und die Register, die sie ausgewählt haben, sitzen jetzt sicher in den A- und B-Latches und warten auf neue Abenteuer. Ihr ALU-Feld steuert jetzt die ALU. Im nächsten Zyklus schreibt ihr C-Feld die Ergebnisse in die Register zurück. Danach bewegt sie sich zu MIR4 und leitet eventuell nötige Speicheroperationen mit Hilfe des nun geladenen MAR (und MDR zum Schreiben) ein.

Eine letzte Funktion der Mic-4 bedarf einer weiteren Erklärung: Mikrosprünge. Einige IJVM-Instruktionen, z.B. `IFLT`, müssen bedingt verzweigen, z.B. auf der Grundlage des `N`-Bits. Findet ein Mikrosprung statt, kann die Pipeline nicht fortfahren. Deshalb haben wir das `Goto`-Bit in die Mikrooperation eingefügt. Stößt die Warteschlangeneinheit auf eine Mikrooperation mit diesem Bit, während sie sie in die Warteschlange kopiert, erkennt sie, daß Ärger naht, und sendet keine Bestätigung an die Dekodiereinheit. Als Ergebnis geht die Maschine an diesem Punkt in einen Stillstand, bis der Mikrosprung gelöst wurde.

Einige IJVM-Instruktionen nach dem Sprung wurden bereits in die Dekodiereinheit (aber nicht in die Warteschlangeneinheit) eingespeist, da sie kein Bestätigungssignal (d.h. Fortfahren) sendet, wenn sie auf eine Mikrooperation mit dem `Goto`-Bit stößt. Spezielle Hardware und entsprechende Mechanismen sind erforderlich, um den Unrat aufzuräumen. Dies geht aber über Zweck und Umfang dieses Buchs hinaus. Als Edsger Dijkstra seinen berühmten Brief »GOTO Statement Considered Harmful« schrieb (Dijkstra, 1968a), hatte er keine Ahnung, wie recht er haben sollte.

Wir haben seit der Mic-1 einen langen Weg zurückgelegt. Die Mic-1 war eine sehr einfache Hardware, bei der fast die gesamte Steuerung die Software bewältigte. Die Mic-4 ist ein starkes Pipeline-Design mit sieben Stufen und einer weitaus komplexeren Hardware. Die Pipeline ist schematisch in Abb. 4.36 dargestellt. Die eingekreisten Zahlen führen zu Komponenten von Abb. 4.35 zurück. Die Mic-4 liest automatisch einen Bytestrom aus dem Speicher ein, dekodiert ihn in IJVM-Instruktionen, wandelt diese in eine Folge von Mikrooperationen mit Hilfe eines ROMs um und stellt sie bei Bedarf in Warteschlangen. Die ersten drei Stufen der Pipeline können auf Wunsch mit dem Datenwegtakt verbunden werden. Es steht aber nicht immer Arbeit an. Beispielsweise kann die IFU sicherlich nicht in jedem Taktzyklus einen neuen IJVM-Opcode in die Dekodiereinheit einspeisen, weil die Ausführung von IJVM-Instruktionen mehrere Zyklen dauert und die Warteschlange schnell überlaufen würde.

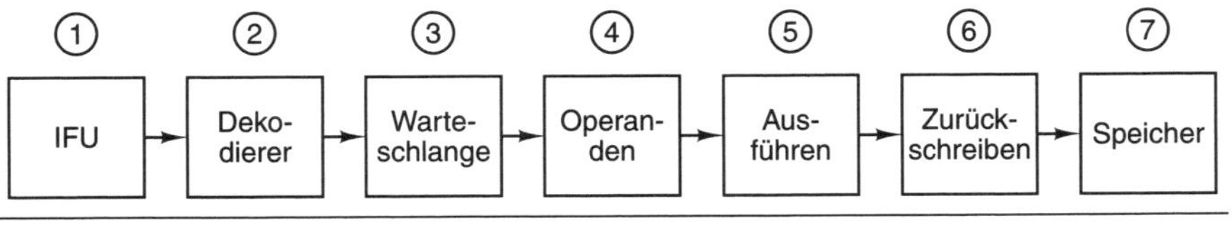

Abb. 4.36: Die Pipeline der Mic-4

In jedem Taktzyklus werden die `MIRs` vorwärts geschoben, und die Mikrooperation unten in der Warteschlange wird in `MIR1` kopiert, um deren Ausführung zu starten. Dann werden die Steuersignale von den vier `MIRs` durch den Datenweg verbreitet, was bestimmte Aktionen bewirkt. Jede `MIR` steuert einen anderen Teil des Datenwegs und somit verschiedene Mikroschritte.

Bei diesem Design haben wir die CPU mit einer gestaffelten Pipeline ausgelegt. Dies ermöglicht sehr kurze einzelne Schritte und eine hohe Taktfrequenz. Viele CPUs werden im wesentlichen auf diese Weise entwickelt, insbesondere jene, die eine ältere Instruktionsmenge (CISC) implementieren müssen. Beispielsweise ist die Pentium-II-Implementierung vom Konzept her in gewisser Weise mit der Mic-4 vergleichbar, wie wir später in diesem Kapitel noch sehen werden.

4.5 Leistungsverbesserung

Alle Computer-Hersteller möchten, daß ihre Systeme so schnell wie möglich laufen. In diesem Abschnitt betrachten wir eine Reihe ausgefeilter Techniken, die derzeit untersucht werden, um die Systemleistung (vorwiegend CPU und Speicher) zu verbessern. Aufgrund der wettbewerbsstarken Natur der Computer-Industrie liegen neuen Forschungsideen, die einen Computer beschleunigen können, und deren Umsetzung in Produkte eng beieinander. Folglich sind die meisten Ideen, die wir hier behandeln, bereits bei einer Vielzahl von Produkten in Gebrauch.

Die hier behandelten Ideen fallen in zwei grobe Kategorien: Verbesserung der Implementierung und Verbesserung der Architektur. Implementierungsverbesserungen sind Möglichkeiten, eine neue CPU oder einen Speicher zu entwickeln, damit das System ohne Änderung der Architektur schneller läuft. Eine entsprechende Änderung der Implementierung bedeutet, daß alte Programme auf der neuen Maschine laufen – ein starkes Verkaufsargument. Eine Möglichkeit, aber nicht die einzige, die Implementierung zu verbessern, ist die Verwendung eines schnelleren Takts. Leistungsgewinne vom 80386 bis zum 80486, Pentium und Pentium Pro bis zum Pentium II sind auf bessere Implementierungen zurückzuführen, da die Architektur im wesentlichen durch alle Modelle hindurch gleich geblieben ist.

Einige Verbesserungen lassen sich nur durch Veränderung der Architektur realisieren. Zuweilen verlaufen diese Änderungen stufenweise, z.B. durch Hinzufügen neuer Instruktionen oder Register, so daß alte Programme weiterhin auf den neuen Modellen laufen. Um in diesem Fall die Leistung voll auszuschöpfen, muß die Software geändert werden oder zumindest mit einem neuen Compiler, der die neuen Merkmale nutzt, neu kompiliert werden.

Alle Jubeljahre sehen auch die Designer ein, daß die alte Architektur ihr Bestes gegeben hat und weiterer Fortschritt nur möglich ist, wenn man von vorn beginnt. Die RISC-Revolution in den achtziger Jahren war ein solcher Durchbruch. Ein weiterer liegt derzeit in der Luft. Wir betrachten ein Beispiel (Intel IA-64) in Kapitel 5.

Im Rest dieses Abschnitts untersuchen wir vier verschiedene Techniken zur Verbesserung der CPU-Leistung. Wir beginnen mit drei etablierten Implementierungsverbesserungen und gehen dann zu einer über, die ein wenig Unterstützung von der Architektur braucht, um optimal zu funktionieren. Diese

Techniken sind: Cache-Speicher, Sprungvorhersage, Ausführung außer der Reihe mit Registerumbenennung und spekulative Ausführung.

4.5.1 Cache-Speicher

Wohl eine der größten Herausforderungen im Computer-Design ist seit Anbeginn die Bereitstellung eines Speichersystems, das in der Lage ist, den Prozessor mit Operanden zu versorgen, und zwar in der Geschwindigkeit, in der er sie verarbeiten kann. Die jüngste hohe Wachstumsrate in der Prozessorgeschwindigkeit kann man bei der Beschleunigung von Speichern leider nicht beobachten. Im Verhältnis zu CPUs sind Speicher im Laufe von Jahrzehnten langsamer geworden. Angesichts der enormen Bedeutung von Hauptspeichern hat dies die Entwicklung von Hochleistungssystemen stark eingeschränkt und Forschungsarbeiten zur Lösung des Problems angeregt, daß Speicher viel langsamer sind als CPUs und sich dies jedes Jahr verschlimmert.

Moderne Prozessoren stellen hohe Ansprüche an ein Speichersystem, sowohl hinsichtlich der Latenz (die Verzögerung bei der Lieferung eines Operanden) als auch hinsichtlich der Bandbreite (die Datenmenge, die pro Zeiteinheit geliefert wird). Leider liegen diese beiden Aspekte eines Speichersystems sehr über Kreuz. Viele Techniken zur Steigerung der Bandbreite erreichen ihr Ziel nur durch Senkung der Latenz. Die Pipelining-Techniken, die beispielsweise in der Mic-3 benutzt werden, lassen sich auf ein Speichersystem anwenden, so daß mehrere überlappende Speicheranfragen effizient gehandhabt werden. Leider führt dies wie bei der Mic-3 zu einer höheren Latenz für einzelne Speicheroperationen. Je höher die Taktgeschwindigkeit des Prozessors, um so schwieriger wird es, ein Speichersystem zu liefern, das Operanden in einem oder zwei Taktzyklen bereitstellen kann.

Caches bieten eine Möglichkeit, dieses Problem anzugehen. Wie wir in Abschnitt 2.2.5 gesehen haben, hält ein Cache die zuletzt benutzten Speicherwörter in einem kleinen, schnellen Speicher, so daß sich der Zugriff darauf beschleunigt. Befindet sich ein ausreichend großer Anteil der benötigten Speicherwörter im Cache, verringert sich die effektive Speicherlatenz enorm.

Eine der wirksamsten Techniken zur Verbesserung der Bandbreite *und* der Latenz ergibt sich durch die Verwendung mehrerer Caches. Bei einer sehr gut funktionierenden grundlegenden Technik wird ein getrennter Cache für Instruktionen und Daten eingeführt. Dieser sogenannte **Split-Cache** bietet mehrere Vorteile. Erstens können Speicheroperationen unabhängig in jedem Cache eingeleitet werden, so daß sich die Bandbreite des Speichersystems effektiv verdoppelt. Das ist der Grund, warum man zwei getrennte Speicherports bereitstellt, was wir in der Mic-1 getan haben: Jeder Port hat seinen eigenen Cache. Man beachte, daß jeder Cache unabhängigen Zugriff auf den Hauptspeicher hat.

Heute sind viele Speichersysteme viel komplizierter. Ein zusätzlicher Cache – der **Level-2-Cache** (auch L2-Cache) – kann zwischen dem Instruktions- und dem Daten-Cache und dem Hauptspeicher angesiedelt werden. Möglicherweise gibt es drei oder mehr Cache-Ebenen, je mehr Ansprüche an Speichersysteme gestellt werden. In Abb. 4.37 sehen wir ein System mit drei Cache-Ebenen. Der CPU-Chip selbst enthält einen kleinen Instruktions- und einen kleinen Daten-Cache, normalerweise in der Größe von 16 Kbyte bis 64 Kbyte. Dann gibt es den Level-2-Cache, der sich nicht auf dem CPU-Chip befindet, der aber in die CPU-Baueinheit, z.B. neben dem CPU-Chip, eingebunden und über einen Hochgeschwindigkeitspfad angeschlossen werden kann. Dieser Cache ist im allgemeinen vereint (unified), d.h., er umfaßt eine Mischung aus Daten und Instruktionen. Eine typische Größe für den L2-Cache reicht von 512 Kbyte bis 1 Mbyte. Der Cache der dritten Ebene befindet sich auf der Prozessorkarte und besteht aus ein paar Mbyte SRAM, was viel schneller als der DRAM-Hauptspeicher ist. Caches sind im allgemeinen inklusive. Der volle Inhalt des Level-1-Cache ist also im Level-2-Cache und der volle Inhalt des Level-2-Cache im Level-3-Cache.

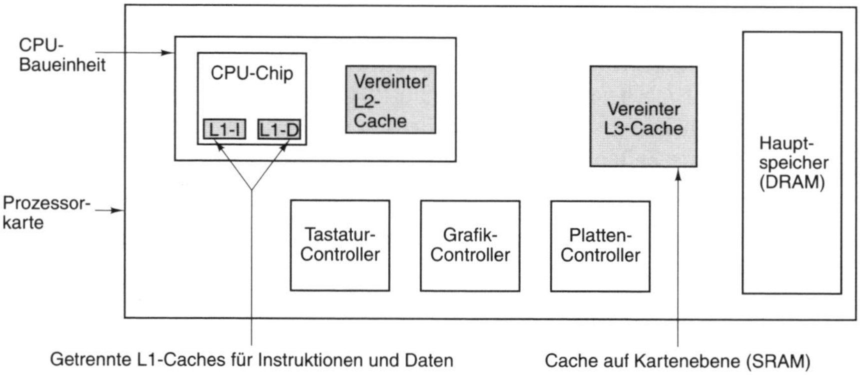

Abb. 4.37: Ein System mit drei Cache-Ebenen

Ein Cache hängt zur Erreichung seines Ziels von zwei Arten von Adreßlokalitäten ab. Die **räumliche Lokalität** (Spatial Locality) gründet auf der Beobachtung, daß auf Speicherstellen mit Adressen, die numerisch vergleichbar sind mit einer Speicherstelle, auf die kürzlich zugegriffen wurde, wahrscheinlich in der nächsten Zukunft wieder zugegriffen wird. Caches nutzen diese Eigenschaft, indem sie mehr Daten einbringen, als angefordert wurden, in der Erwartung, daß künftige Anfragen vorweggenommen werden können. Die **zeitliche Lokalität** (Temporal Locality) findet statt, wenn auf Speicherstellen, auf die kürzlich zugegriffen wurde, erneut zugegriffen wird. Dies können beispielsweise Speicherstellen nahe der Stapeloberseite oder Instruktionen in einer Schleife sein. Die zeitliche Lokalität wird in Cache-Designs vorrangig durch die Auswahl dessen genutzt, was bei einem Cache-Fehlschlag verworfen werden kann. Viele Cache-Ersetzungsalgorithmen nutzen die zeitliche Lokalität durch Verwerfen jener Einträge, auf die jüngst nicht zugegriffen wurde.

Alle Caches basieren auf dem folgenden Modell: Der Hauptspeicher ist in Blöcke mit fester Größe namens **Cache-Zeilen** (Cache Lines) aufgeteilt. Eine Cache-Zeile besteht normalerweise aus 4 bis 64 aufeinanderfolgenden Bytes. Die Zeilen sind ab 0 durchnumeriert. Bei einer Zeilengröße von 32 Byte ist Zeile 0 Byte 0 bis 31, Zeile 1 ist Byte 32 bis 63 usw. Im Cache befinden sich immer einige Zeilen. Wird auf den Speicher zugegriffen, prüft der Cache-Controller, ob das angeforderte Wort momentan im Cache ist. Trifft das zu, kann der dortige Wert benutzt werden, was einen Weg zum Hauptspeicher einspart. Ist das Wort nicht dort, wird ein Zeileneintrag aus dem Cache entfernt und die benötigte Zeile vom Speicher oder vom Cache der darunterliegenden Ebene geholt. Für diese Methode gibt es viele Variationen; alle basieren aber auf dem Konzept, daß die am häufigsten benutzten Zeilen so lange wie möglich im Cache verbleiben, um die Anzahl der Speicherzugriffe, die aus dem Cache bedient werden können, zu maximieren.

Direkt abgebildeter Cache

Der einfachste Cache ist der **direkt abgebildete Cache** (Direct-mapped Cache). Ein Beispiel eines solchen Caches mit einer Ebene wird aus Abb. 4.38(a) ersichtlich. Dieser Cache enthält 2048 Einträge. Jeder Eintrag (Zeile) im Cache kann genau eine Cache-Zeile aus dem Hauptspeicher aufnehmen. Bei einer Cache-Zeilengröße von 32 Bytes (in diesem Beispiel) nimmt der Cache 64 Kbyte auf. Jeder Cache-Eintrag besteht aus drei Teilen:

1. Das Bit `Valid` zeigt an, ob es in diesem Eintrag gültige Daten gibt. Wird das System hochgefahren (gestartet), werden alle Einträge als ungültig markiert.
2. Das Feld `Tag` besteht aus einem eindeutigen 16-Bit-Wert, der die entsprechende Zeile im Speicher, aus dem die Daten stammen, identifiziert.
3. Das Feld `Data` enthält eine Kopie der im Speicher befindlichen Daten. Dieses Feld enthält eine Cache-Zeile von 32 Byte.

In einem direkt abgebildeten Cache kann ein bestimmtes Speicherwort an einer bestimmten Stelle im Cache gespeichert werden. Unter Angabe einer Speicheradresse gibt es nur eine Stelle, an der man im Cache danach suchen muß. Ist sie dort nicht vorhanden, befindet sie sich nicht im Cache. Zum Speichern und Zurückschreiben von Daten vom Cache wird die Adresse in vier Komponenten aufgeteilt, wie in Abb. 4.38(b) dargestellt:

1. Das Feld `TAG` entspricht den `Tag`-Bits, die in einem Cache-Eintrag gespeichert sind.
2. Das Feld `LINE` gibt an, in welchem Cache-Eintrag sich die entsprechenden Daten befinden, falls sie dort sind.
3. Das Feld `WORD` gibt an, welches Wort innerhalb einer Zeile angefordert wird.

4. Das Feld BYTE wird normalerweise nicht benutzt. Wird aber nur ein einzelnes Byte angefordert, besagt dieses Feld, welches Byte aus dem Wort benötigt wird. Bei einem Cache, der nur 32-Bit-Wörter liefert, ist dieses Feld immer 0.

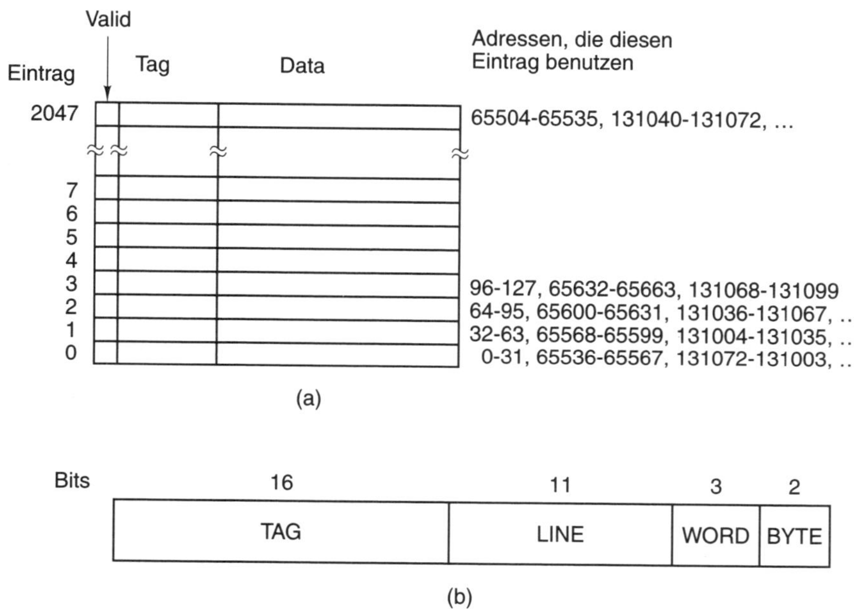

Abb. 4.38: (a) Ein direkt abgebildeter Cache; (b) eine virtuelle 32-Bit-Adresse

Produziert die CPU eine Speicheradresse, extrahiert die Hardware die elf LINE-Bit aus der Adresse und indiziert damit den Cache, um einen der 2048 Einträge zu finden. Bei gültigem Eintrag wird das TAG-Feld der Speicheradresse mit dem Tag-Feld im Cache-Eintrag verglichen. Stimmen die beiden überein, enthält der Cache-Eintrag das angeforderte Wort. Dies nennt man **Cache-Treffer** (Cache Hit). Bei einem Treffer kann das Wort aus dem Cache gelesen werden, so daß der Zugriff auf den Speicher umgangen wird. Aus dem Cache-Eintrag wird nur das angeforderte Wort extrahiert. Der Rest des Eintrags wird nicht benutzt. Ist der Cache-Eintrag ungültig oder stimmen die beiden Bezeichner nicht überein, ist der benötigte Eintrag nicht im Cache vorhanden. Dies nennt man **Cache-Fehlschlag** (Cache Miss). In diesem Fall wird die 32 Bytes lange Cache-Zeile aus dem Speicher geholt und im Cache-Eintrag gespeichert, wodurch das ersetzt wird, was sich dort befindet. Wurde der vorhandene Cache-Eintrag seit dem letzten Laden aber geändert, muß er in den Hauptspeicher zurückgespeichert werden, bevor er verworfen werden kann.

Trotz der Komplexität der Entscheidung kann der Zugriff auf ein benötigtes Wort bemerkenswert schnell passieren. Sobald die Adresse bekannt ist, ist auch die genaue Stelle des Worts bekannt, *falls es sich im Cache befindet*. Es ist also möglich, das Wort aus dem Cache zu lesen und dem Prozessor zu liefern, während gleichzeitig (durch Vergleichen der Bezeichner) ermittelt wird, ob es sich um das Wort handelt. Der Prozessor erhält also ein Wort gleichzeitig oder möglicherweise sogar, bevor er weiß, ob es das angeforderte Wort ist, aus dem Cache.

Bei diesem Abbildungsschema werden aufeinanderfolgende Speicherzeilen in aufeinanderfolgende Cache-Einträge gestellt. Bis zu 64 Kbyte an fortlaufenden Daten können im Cache gespeichert werden. Andererseits können keine zwei Zeilen, die sich in ihrer Adresse durch genau 64 Kbyte (65536 Byte) oder ein ganzzahliges Mehrfaches dieser Zahl unterscheiden, gleichzeitig im Cache gespeichert werden (weil sie den gleichen `LINE`-Wert haben). Greift ein Programm beispielsweise auf Daten an Stelle X zu und führt es als nächstes eine Instruktion aus, die Daten von Stelle $X + 65536$ (oder eine andere Stelle auf der gleichen Zeile) braucht, erzwingt die zweite Instruktion das erneute Laden des Cache-Eintrags, und das Vorhandene wird überschrieben. Wenn das recht häufig passiert, kann sich schwaches Verhalten zeigen. Im schlimmsten Fall ist das Verhalten eines Cache schlimmer, als wäre überhaupt kein Cache vorhanden, da jede Speicheroperation bedeutet, daß statt eines Worts eine ganze Cache-Zeile gelesen werden muß.

Direkt abgebildete Caches kommen am häufigsten vor. Sie sind recht effektiv, weil Kollisionen, wie die oben beschriebene, selten oder überhaupt nie vorkommen. Ein äußerst kluger Compiler kann beispielsweise Kollisionen berücksichtigen, wenn er Instruktionen und Daten im Speicher abstellt. Der oben beschriebene Sonderfall würde bei einem System mit getrennten Instruktions- und Daten-Caches nicht auftreten, weil die kollidierenden Anfragen von verschiedenen Caches bedient werden. Wir erkennen also einen zweiten Vorteil, wenn man statt einem zwei Caches hat: mehr Flexibilität in der Handhabung von Speicherkonflikten.

Teilassoziative Cache

Viele verschiedene Zeilen im Speicher konkurrieren um die gleichen Cache-Schlitze. Benutzt ein Programm den Cache von Abb. 4.38(a), um häufig Wörter an den Adressen 0 und 65536 zu holen, treten ständig Konflikte auf. Eine Lösung dieses Problems ist es, in jedem Cache-Eintrag zwei oder mehr Zeilen vorzusehen. Ein Cache mit n möglichen Einträgen für jede Adresse heißt **teilassoziativer n-Weg-Cache** (n-way Set-associative Cache). Ein assoziativer Vierweg-Cache ist in Abb. 4.39 dargestellt.

Ein teilassoziativer Cache ist von Haus aus komplizierter als ein direkt abgebildeter Cache, weil der richtige, zu prüfende Cache-Eintrag zwar aus der angeforderten Speicheradresse berechnet werden kann, eine Reihe von n Cache-Einträgen aber geprüft werden muß, um festzustellen, ob die benötigte Zeile vorhanden ist. Dennoch haben die Erfahrungen gezeigt, daß Zwei- und Vierweg-Caches gute Leistungen erbringen, für die sich diese zusätzliche Schalttechnik lohnt.

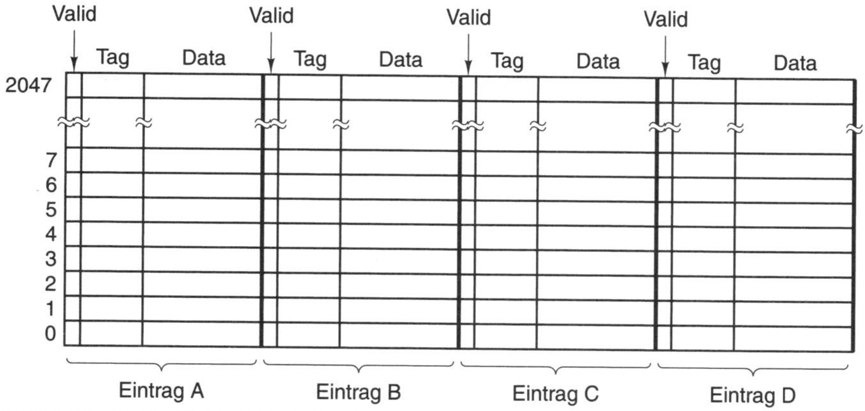

Abb. 4.39: Ein assoziativer Vierweg-Cache

Die Verwendung eines teilassoziativen Cache stellt den Designer vor eine Entscheidung: Welches der vorhandenen Elemente sollte verworfen werden, wenn ein neuer Eintrag in den Cache überführt wird? Die optimale Wahl setzt selbstverständlich einen Blick in die Zukunft voraus. **LRU (Least Recently Used)** ist aber ein recht guter Algorithmus für die meisten Zwecke. Dieser Algorithmus ordnet die Stellen, auf die von einer bestimmten Speicherstelle aus zugegriffen werden könnte. Erfolgt ein Zugriff auf die vorhandenen Zeilen, aktualisiert er seine Liste und markiert den Eintrag, auf den zuletzt zugegriffen wurde. Wenn die Zeit gekommen ist, einen Eintrag zu ersetzen, wird derjenige am Ende der Liste – auf den am längsten nicht zugegriffen wurde – verworfen.

Im Extremfall ist auch ein 2048-Weg-Cache möglich, der eine einzelne Menge von 2048 Zeileneinträgen enthält. Hier werden alle Speicheradressen auf diese einzelne Menge abgebildet, so daß die Suche einen Vergleich der Adressen mit allen 2048 im Cache befindlichen Bezeichnern (Tags) erfordert. Man beachte, daß jeder Eintrag jetzt eine Logik zur Abstimmung der Bezeichner haben muß. Da das Feld `LINE` eine Länge von 0 hat, ist das `TAG`-Feld die gesamte Adresse, außer für die Felder `WORD` und `BYTE`. Wird eine Cache-Zeile ersetzt, sind alle 2048 Stellen mögliche Kandidaten für die Ablösung. Die Führung einer geordneten Liste mit 2048 Einträgen bedeutet einen umfangreichen Buchhaltungsaufwand, was die LRU-Ersetzung undurchführbar macht. (Man bedenke, daß diese Liste bei jeder Speicheroperation und nicht nur bei jedem Fehlschlag aktualisiert werden muß.) Es überrascht, daß stark assoziative Caches in den meisten Fällen keine höhere Leistung als schwach assoziative Caches bringen, teilweise sind sie sogar schwächer. Aus diesen Gründen ist eine Teilassoziation über vier Wege hinaus ungewöhnlich.

Schreiboperationen bedeuten für Caches ein besonderes Problem. Schreibt ein Prozessor ein Wort, und befindet sich das Wort im Cache, muß er natürlich entweder das Wort aktualisieren oder den Cache-Eintrag verwerfen. Bei fast allen Designs wird der Cache aktualisiert. Was geschieht aber mit dem

Aktualisieren der Kopie im Hauptspeicher? Diese Operation kann auf später verschoben werden, wenn die Cache-Zeile zur Ablösung durch den LRU-Algorithmus bereit ist. Das ist eine schwierige Entscheidung, und keine der möglichen Optionen ist deutlich zu bevorzugen. Das sofortige Aktualisieren des Eintrags im Hauptspeicher nennt man **Write Through**. Dieser Ansatz läßt sich im allgemeinen leichter implementieren und ist zuverlässiger, weil der Speicher immer auf dem neuesten Stand ist – sicherlich nützlich, wenn beispielsweise ein Fehler auftritt und der Speicherzustand wiederhergestellt werden muß. Leider bedeutet er andererseits mehr Schreibverkehr zum Speicher, so daß bei anspruchsvolleren Implementierungen zu der als **Write Deferred** oder **Write Back** bezeichneten Alternative gegriffen wird.

Bei Schreiboperationen gibt es noch ein damit zusammenhängendes Problem: Was passiert, wenn an eine Stelle geschrieben wird, die sich momentan nicht im Cache befindet? Sollten die Daten in den Cache überführt oder einfach nur aus dem Speicher ausgeschrieben werden? Wieder sind beide Möglichkeiten nicht optimal. Bei den meisten Designs auf der Basis des Write-Deferred-Ansatzes werden Daten bei einem Cache-Fehlschlag auf eine Schreiboperation in den Cache überführt. Diese Technik nennt man **Schreibzuordnung** (Write Allocation). Demgegenüber wird bei den meisten Designs, die den Write-Through-Ansatz nutzen, bei einer Schreiboperation kein Eintrag zugeordnet, weil diese Option ein andernfalls einfaches Design erschwert. Die Schreibzuordnung hat nur Vorteile, wenn es wiederholte Schreiboperationen auf das gleiche Wort oder verschiedene Wörter innerhalb einer Cache-Zeile gibt.

4.5.2 Sprungvorhersage

Moderne Computer weisen ein tief implementiertes Pipeline-Design auf. Die Pipeline von Abb. 4.35 hat sieben Stufen. Computer im oberen Leistungsbereich können ein Pipelining von zehn oder mehr Stufen aufweisen. Pipelining funktioniert am besten mit linearem Code. Dabei kann die Leseeinheit einfach aufeinanderfolgende Wörter vom Speicher auslesen und sie im voraus an die Dekodiereinheit weiterreichen.

Dieses wunderbare Modell hat nur den kleinen Haken, daß es nicht im mindestens realistisch ist. Programme sind keine linearen Codesequenzen. Sie sind voller Sprunginstruktionen. Man betrachte die einfachen Anweisungen von Abb. 4.40(a). Die Variable *i* wird mit 0 verglichen (der in der Praxis sicherlich häufigste Test). Je nach Ergebnis wird einer weiteren Variablen *k* einer von zwei möglichen Werten zugewiesen.

Abb. 4.40(b) zeigt eine mögliche Übersetzung in Assembler. Wir untersuchen Assemblersprachen später; die Einzelheiten sind jetzt nicht wichtig. Je nach Maschine und Compiler ist ein Code wie der von Abb. 4.40(b) aber mehr oder weniger wahrscheinlich. Die erste Instruktion vergleicht *i* mit 0. Die zweite verzweigt zur Beschriftung *Else* (Beginn der `else`-Klausel), falls *i* nicht 0 ist. Die dritte Instruktion weist 1 *k* zu. Die vierte Instruktion verzweigt zu dem Code für die nächste Anweisung. Der Compiler hat ganz bequem die Beschriftung *Next* dorthin gepflanzt; folglich gibt es eine Stelle, zu der man verzweigen kann. Die fünfte Instruktion weist 2 *k* zu.

```
if (i == 0)                  CMP i,0    ; vergleiche i mit 0
   k = 1;                    BNE Else   ; verzweige zu Else, falls ungleich
else                  Then:  MOV k,1    ; verschiebe 1 in k
   k = 2;                    BR Next    ; unbedingter Sprung zu Next
                      Else:  MOV k,2    ; verschiebe 2 in k
                      Next:
```

(a) (b)

Abb. 4.40: (a) Ein Programmfragment; (b) Übersetzung in eine generische Assemblersprache

Hier gilt es zu beachten, daß zwei der fünf Instruktionen Sprünge sind. Außerdem ist eine davon, `BNE`, ein bedingter Sprung (ein Sprung, der ausgeführt wird, sofern eine Bedingung erfüllt wird – in diesem Fall Gleichheit der beiden Operanden in der vorherigen `CMP`). Die längste lineare Codesequenz sind hier zwei Instruktionen. Folglich gestaltet sich das Einlesen von Instruktionen in hoher Geschwindigkeit zur Speisung der Pipeline als schwierig.

Auf den ersten Blick sieht es aus, als ob die unbedingten Sprünge, z.B. die Instruktion `BR Next` in Abb. 4.40(b), unproblematisch sind. Schließlich besteht keine Zweideutigkeit über den einzuschlagenden Weg. Warum kann die Leseeinheit nicht einfach mit dem Lesen der Instruktionen von der Zieladresse (die Stelle, die angesprungen wird) fortfahren?

Den Ärger bereitet die Pipeline-Methode an sich. In Abb. 4.35 findet die Dekodierung von Instruktionen beispielsweise in der zweiten Stufe statt. Die Leseeinheit muß daher entscheiden, von wo als nächstes zu lesen ist, bevor sie weiß, welche Art der Instruktion sie gerade erhalten hat. Nur einen Zyklus später erfährt sie, daß sie gerade einen unbedingten Sprung entgegengenommen hat. Inzwischen hat sie aber bereits damit begonnen, die dem unbedingten Sprung folgende Instruktion zu lesen. Aus diesem Grund haben die meisten Pipeline-Maschinen (z.B. die UltraSPARC II) die Eigenschaft, die Instruktion *nach* einem unbedingten Sprung auszuführen, obwohl das nicht logisch ist. Die Stelle nach einem Sprung nennt man **Verzögerungsschlitz** (Delay Slot). Der Pentium II (und die in Abb. 4.40(b) benutzte Maschine) weisen diese Eigenschaft nicht auf. Die interne Komplexität zur Vermeidung dieses Problems ist aber oft beträchtlich. Ein optimierender Compiler versucht im allgemeinen, eine nützliche Instruktion zu finden, die er dann in den Verzögerungsschlitz stellt. Häufig ist aber nichts Geeignetes verfügbar, so daß der Compiler gezwungen ist, eine `NOP`-Instruktion dort einzufügen. Dies stellt die Richtigkeit des Programms sicher, macht es aber größer und langsamer.

Unbedingte Sprünge sind ärgerlich, bedingte sind aber noch schlimmer. Außer den Verzögerungsschlitzen, die sie auch haben, weiß die Leseeinheit hier nicht, von wo sie lesen soll; sie erfährt das erst viel später in der Pipeline. Frühe Pipeline-Maschinen sind einfach in den **Stillstand** (Stalling) eingetreten, bis bekannt wurde, ob der Sprung genommen werden soll oder nicht. Ein Stillstand über drei oder vier Zyklen hinweg bei jedem bedingten Sprung hat eine verheerende Wirkung auf die Leistung, insbesondere, wenn 20% der Instruktionen bedingte Sprünge sind.

Bei den meisten Maschinen wird deshalb wie folgt verfahren: Wenn sie auf einen bedingten Sprung stoßen, versuchen sie vorauszusagen, ob dieser genommen wird oder nicht. Es wäre sicherlich angenehm, wenn wir eine Glaskugel in einen freien PCI-Steckplatz einstecken könnten, die uns bei dieser Vorhersage behilflich wäre. Soweit hat diese Idee aber noch nichts gefruchtet.

Mangels eines solchen Peripheriegeräts hat man sich verschiedene Vorgehensweisen ausgedacht, um solche Dinge vorherzusagen. Eine einfache Methode funktioniert unter der Annahme, daß alle bedingten Sprünge rückwärts wahrgenommen und alle vorwärts nicht eingeschlagen werden. Diese Annahme hat einen Grund: Sprünge rückwärts befinden sich häufig am Ende einer Schleife. Die meisten Schleifen werden mehrmals ausgeführt. Deshalb liegt man mit der Vermutung, daß ein Sprung zurück zum Anfang der Schleife führt, meist richtig.

Der zweite Teil der Annahme ist weniger gut fundiert. Einige Sprünge vorwärts finden statt, wenn Fehlerbedingungen in der Software erkannt werden (z.B. eine Datei kann nicht geöffnet werden). Fehler sind selten, so daß die damit verbundenen Sprünge nicht genommen werden. Natürlich gibt es zahlreiche Sprünge vorwärts, die nichts mit Fehlern zu tun haben, so daß die Erfolgsrate nicht annähernd so gut ist wie bei Sprüngen rückwärts. Diese Regel ist zwar nicht überwältigend, aber besser als nichts.

Wird ein Sprung korrekt vorhergesagt, gibt es nichts besonderes zu tun. Die Ausführung fährt einfach an der Zieladresse fort. Ärger entsteht, wenn ein Sprung falsch vorhergesagt wird. Zu ermitteln, wohin er führt und wie man dorthin gelangt, ist nicht schwierig. Schwierig ist, Instruktionen ungeschehen zu machen, die bereits ausgeführt wurden, aber nicht sollten.

Diese Schwierigkeit kann auf zweierlei Weise gelöst werden. Bei der ersten werden Instruktionen, die nach einem vorhergesagten bedingten Sprung gelesen wurden, ausgeführt, bis sie versuchen, den Zustand der Maschine zu ändern (z.B. in ein Register zu speichern). Statt das Register zu überschreiben, wird der berechnete Wert in ein (geheimes) Arbeitsregister gestellt und erst in das richtige Register kopiert, wenn bekannt ist, daß die Vorhersage richtig war. Bei der zweiten Methode wird der Wert eines Registers, das überschrieben werden soll, aufgezeichnet (z.B. in einem geheimen Arbeitsregister), so daß die Maschine in den Zustand zurückgebracht werden kann, den sie zum Zeitpunkt des falsch vorhergesagten Sprungs hatte. Beide Lösungen sind komplex und setzen zu ihrer Bewältigung umfangreiche Buchführung voraus. Stößt man auf einen zweiten bedingten Sprung, bevor bekannt ist, ob der erste richtig vorhergesagt wurde, entsteht echtes Durcheinander.

Dynamische Sprungvorhersage

Selbstverständlich ist es von großem Wert, Vorhersagen richtig zu treffen, da dies der CPU die volle Laufgeschwindigkeit ermöglicht. Als Folge davon zielt heute ein großer Forschungsaufwand auf die Verbesserung von Algorithmen für die Sprungvorhersage ab (z.B. Driesen und Holzle, 1998; Juan u.a. 1998; Pan u.a., 1992; Sechrest u.a., 1996; Sprangle u.a., 1997; Yeh und Patt, 1991). Bei einer Methode führt die CPU eine History-Tabelle (in spezieller Hardware), in der sie bedingte Sprünge protokolliert, während sie stattfinden, so daß sie beim erneuten Vorkommen nachgeschlagen werden können. Die einfachste Version dieser Vorgehensweise ist in Abb. 4.41(a) dargestellt. Hier enthält die History-Tabelle einen Eintrag für jede bedingte Sprunginstruktion. Jeder Eintrag enthält die Adresse der Sprunginstruktion und ein Bit, das bezeichnet, ob der Sprung bei der letzten Ausführung genommen wurde. Durch Verwendung dieser Vorgehensweise vereinfacht sich die Vorhersage, ob ein Sprung in die gleiche Richtung führt wie beim letzten Mal. Ist die Vorhersage falsch, wird das Bit in der History-Tabelle geändert.

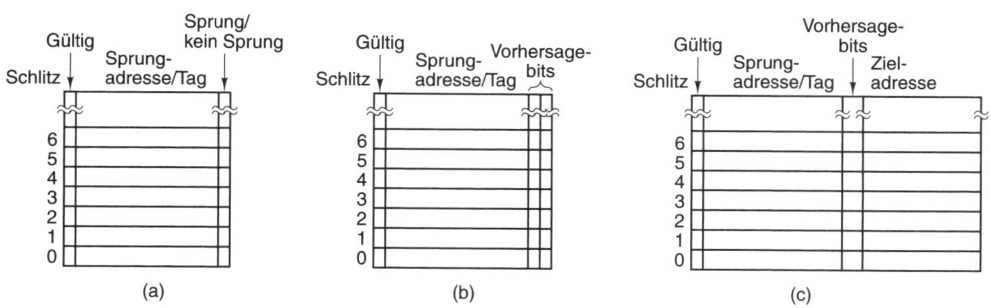

Abb. 4.41: (a) Eine 1-Bit-Sprunghistorie; (b) eine 2-Bit-Sprunghistorie; (c) eine Abbildung zwischen der Sprunginstruktions- und der Zieladresse

Die History-Tabelle kann auf vielerlei Weise organisiert werden – eigentlich entspricht es der Organisation eines Cache. Man betrachte eine Maschine mit 32-Bit-Instruktionen, die wortausgerichtet sind, so daß die zwei niederwertigen Bits jeder Speicheradresse 00 sind. Bei einer direkt abgebildeten History-Tabelle mit 2^n Einträgen können die $n + 2$ niederwertigen Bit einer Sprunginstruktion herausgezogen und um 2 Bit nach rechts geschoben werden. Diese n-Bit-Zahl kann als Index zur History-Tabelle benutzt werden. Dort erfolgt eine Prüfung, um zu ermitteln, ob die dort gespeicherte Adresse mit der Adresse des Sprungs übereinstimmt. Wie bei einem Cache besteht keine Notwendigkeit, die $n + 2$ niederwertigen Bits zu speichern, so daß sie weggelassen werden können (d.h. nur die oberen Adreßbits – der Bezeichner (Tag) – werden gespeichert). Im Fall eines Treffers wird der Sprung anhand des Vorhersagebits vorhergesagt. Ist der falsche Bezeichner vorhanden oder ist der Eintrag ungültig, handelt es sich um einen Fehlschlag, genau wie bei einem Cache. In diesem Fall läßt sich die Vorwärts-/Rückwärts-Sprungregel anwenden.

Hat die History-Tabelle beispielsweise 4096 Einträge, stehen die Sprünge an den Adressen 0, 16384, 32768, ... in Konflikt, wie bei einem Cache. Die gleiche Lösung ist auch hier möglich: ein assoziativer Zweiweg-, Vierweg- oder n-Weg-Eintrag. Wie bei einem Cache ist der begrenzende Faktor ein einzelner assoziativer n-Weg-Eintrag, der eine volle Suche voraussetzt.

Bei einer ausreichend umfangreichen Tabellengröße und Assoziation funktioniert diese Methode in den meisten Fällen. Ein systematisches Problem tritt aber immer auf. Beim endgültigen Austritt aus einer Schleife wird der Sprung am Ende falsch vorhergesagt. Noch schlimmer ist, daß diese falsche Vorhersage das Bit in der History-Tabelle ändert, das eine künftige Vorhersage von »keinem Sprung« bezeichnet. Beim nächsten Eintritt in die Schleife wird der Sprung am Ende der ersten Iteration falsch vorhergesagt. Befindet sich die Schleife in einer äußeren Schleife oder in einer häufig aufgerufenen Prozedur, kann dieser Fehler oft vorkommen.

Um diese Fehlvorhersage zu vermeiden, können wir dem Tabelleneintrag eine zweite Chance geben. Bei dieser Methode wird die Vorhersage erst nach zwei aufeinanderfolgenden falschen Vorhersagen geändert. Dieser Ansatz setzt voraus, daß sich in der History-Tabelle zwei Vorhersagebits befinden – eines für das, was der Sprung tun »soll« und eines für das, was er letztesmal getan hat, wie aus Abb. 4.41(b) ersichtlich wird.

Man kann diesen Algorithmus auch als Finite-State-Maschine mit vier Zuständen ansehen (siehe Abb. 4.42). Nach einer Reihe von aufeinanderfolgenden, erfolgreichen »Kein-Sprung«-Vorhersagen ist die FSM in Zustand 00 und sagt beim nächsten Mal »kein Sprung« voraus. Ist diese Vorhersage falsch, geht sie in den Zustand 10 über, sagt aber beim nächsten Mal wieder »kein Sprung« voraus. Erst wenn auch diese Vorhersage falsch ist, geht sie in den Zustand 11 über und sagt dann jedesmal Sprünge voraus. Das linke Zustandsbit des Zustands ist die Vorhersage, und das rechte ist das, was der Sprung beim letzten Mal getan hat. Bei diesem Design werden in der History-Tabelle nur 2 Bit benutzt. Es kann aber auch auf 4 oder 8 Bit erweitert werden.

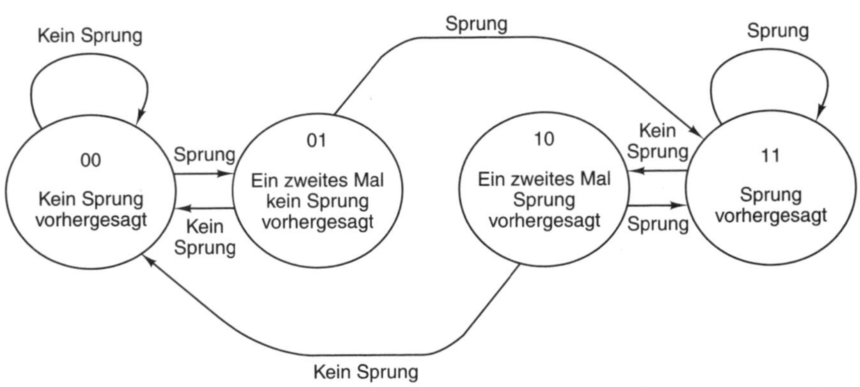

Abb. 4.42: Eine 2-Bit-Finite-State-Maschine für die Sprungvorhersage

Das ist nicht unsere erste FSM. Abb. 4.28 war ebenfalls eine solche. Im Grunde können alle unsere Mikroprogramme als FSM betrachtet werden, da jede Zeile einen bestimmten Zustand darstellt, in dem sich die Maschine befinden kann, mit gut definierten Übergängen zu einer endlichen Menge weiterer Zustände. FSMs werden häufig in allen Aspekten des Hardware-Designs verwendet.

Bisher haben wir angenommen, daß das Ziel jedes bedingten Sprungs bekannt war, entweder als explizite, anzuspringende Adresse (in der Instruktion selbst enthalten) oder als relativer Offset von der aktuellen Instruktion (d.h. eine Zahl mit Vorzeichen, die zum Programmzähler (`PC`) addiert wird). Diese Annahme gilt meist. Einige bedingte Sprunginstruktionen berechnen die Zieladresse aber durch eine Arithmetik auf Register und gehen dann dorthin. Auch wenn die FSM von Abb. 4.42 genau vorhersagt, ob der Sprung genommen wird, ist eine solche Vorhersage bei unbekannter Zieladresse unnütz. Bei einer Möglichkeit, diese Situation zu bewältigen, wird die tatsächliche, beim letzten Mal angesprungene Adresse in der History-Tabelle gespeichert, wie in Abb. 4.41(c) dargestellt. Besagt die Tabelle, daß der Sprung an Adresse 516 beim letzten Mal zu Adresse 4000 führte, und lautet die Vorhersage jetzt »Sprung«, führt der Sprung wieder zu 4000.

Bei einer weiteren Methode zur Vorhersage von Sprüngen wird verfolgt, ob die letzten *k* bedingten Sprünge genommen wurden, ungeachtet dessen, welche Instruktionen sie waren (Pan u.a., 1992). Diese *k*-Bit-Zahl wird im sogenannten **Branch History Shift Register** geführt. Sie wird parallel zu allen Einträgen einer History-Tabelle mit einem *k*-Bit-Schlüssel verglichen. Gibt es einen Treffer, wird die dort vorgefundene Vorhersage benutzt. Diese Technik funktioniert recht gut, was sicherlich etwas überraschend ist.

Statische Sprungvorhersage

Alle bisher behandelten Techniken zur Sprungvorhersage sind dynamisch, sie werden also zur Laufzeit des Programms ausgeführt. Sie passen sich auch vorteilhaft an das momentane Verhalten des Programms an. Der Nachteil dabei ist, daß sie spezielle und teure Hardware und ein komplexes Chip-Design voraussetzen.

Bei einer anderen Möglichkeit wird die Hilfe des Compilers in Anspruch genommen. Sieht der Compiler einen Zustand wie

```
for (i = 0; i < 1000000; i++) {...}
```

weiß er sehr gut, daß der Sprung am Ende der Schleife fast jedesmal genommen wird. Wenn er eine Möglichkeit hätte, dies der Hardware begreiflich zu machen, könnte man eine Menge Aufwand sparen.

Obwohl es sich hierbei um eine Änderung der Architektur (und nicht nur um eine Implementierungsfrage) handelt, verfügen einige Maschinen, z.B. die UltraSPARC II, über eine zweite Menge an bedingten Sprunginstruktionen, zusätzlich zu den üblichen (die aus Gründen der Abwärtskompatibilität benötigt werden). Die neuen enthalten ein Bit, in dem der Compiler festlegen kann, daß der Sprung seiner Meinung nach genommen (bzw. nicht genommen) wird. Trifft er auf einen davon, tut die Leseeinheit genau das, was man ihr sagt. Außerdem besteht keine Notwendigkeit, wertvollen Platz in der History-Tabelle für diese Instruktionen zu vergeuden, so daß dort Konflikte verringert werden.

Unsere letzte Technik zur Sprungvorhersage basiert auf dem Profiling (Fisher und Freudenberger, 1992). Auch dabei handelt es sich um eine statische Technik. Statt den Compiler herausfinden zu lassen, welche Sprünge genommen und welche nicht genommen werden, wird hier aber das Programm (normalerweise auf einem Simulator) ausgeführt und das Sprungverhalten erfaßt. Diese Information wird in den Compiler gespeist, der dann spezielle bedingte Sprunginstruktionen verwendet, um der Hardware mitzuteilen, was zu tun ist.

4.5.3 Ausführung außer der Reihe und Registerumbenennung

Die meisten modernen CPUs basieren sowohl auf einem Pipeline- als auch auf einem superskalaren Design, wie aus Abb. 2.6 ersichtlich wird. Das bedeutet allgemein, daß es eine Leseeinheit gibt, die Instruktionswörter aus dem Speicher herauszieht, bevor sie für die Fütterung einer Dekodiereinheit gebraucht werden. Die Dekodiereinheit gibt die dekodierten Instruktionen an die entsprechenden Funktionseinheiten zur Ausführung ab. In manchen Fällen teilt sie einzelne Instruktionen in Mikroopcodes auf, bevor sie sie an die Funktionseinheiten abgibt, je nachdem, wozu die Funktionseinheiten in der Lage sind.

Natürlich ist das Maschinen-Design am einfachsten, wenn alle Instruktionen in der Reihenfolge ausgeführt werden, in der sie gelesen werden (unter der vorläufigen Annahme, daß der zur Sprungvorhersage angewandte Algorithmus nie falsch lag). Aufgrund von Abhängigkeiten zwischen Instruktionen führt die Ausführung entsprechend der Reihenfolge aber nicht immer zu optimaler Leistung. Braucht eine Instruktion einen von der vorherigen zu berechnenden Wert, kann die zweite erst beginnen, wenn die erste den benötigten Wert produziert hat. In einem solchen Fall (einer RAW-Abhängigkeit) muß die zweite Instruktion warten. Wir werden bald sehen, daß es daneben noch weitere Abhängigkeiten gibt.

Um diese Probleme zu vermeiden und eine bessere Leistung zu erzielen, erlauben einige CPUs das Überspringen abhängiger Instruktionen zu künftigen, unabhängigen Instruktionen. Es muß nicht betont werden, daß der interne Algorithmus zur Instruktionsplanung so arbeiten muß, als ob das Programm in der geschriebenen Reihenfolge ausgeführt werden würde. Wir zeigen jetzt anhand eines ausführlichen Beispiels, wie das Umstellen von Instruktionen funktioniert.

Wir beginnen mit einer Maschine, die Instruktionen immer in der Programmreihenfolge ausgibt und auch verlangt, daß sie vollständig in der Programmreihenfolge ausgeführt werden. Die Bedeutung der zweiten Bedingung wird später deutlich.

Unsere Beispielmaschine hat acht für den Programmierer sichtbare Register, nämlich R0 bis R7. Alle arithmetischen Instruktionen benutzen drei Register: zwei für die Operanden und eines für das Ergebnis, genau wie bei der Mic-4. Wir nehmen folgendes an: Wenn eine Instruktion in Zyklus n dekodiert wird, beginnt die Ausführung in Zyklus $n + 1$. Bei einer einfachen Instruktion, z.B. einer Addition oder Subtraktion, erfolgt das Zurückschreiben in das Zielregister am Ende von Zyklus $n + 2$. Bei einer komplizierteren Instruktion, z.B. einer Multiplikation, erfolgt das Zurückschreiben am Ende von Zyklus $n + 3$. Um dem Beispiel ein realistisches Aussehen zu geben, gewähren wir der Dekodiereinheit bis zu zwei Instruktionen pro Taktzyklus. Kommerzielle superskalare CPUs können oft vier oder gar sechs Instruktionen pro Taktzyklus ausgeben.

Die Ausführungsfolge unseres Beispiels wird aus Abb. 4.43 ersichtlich. Hier zeigt die erste Spalte die Zyklusnummer und die zweite die Instruktionsnummer. In der dritten Spalte steht die dekodierte Instruktion. In der vierten Spalte erscheint die auszugebende Instruktion (bei einem Maximum von zwei pro Taktzyklus). Die fünfte Spalte gibt Auskunft über die fertiggestellte Instruktion. Bei diesem Beispiel fordern wir die Ausgabe und die Fertigstellung der Reihenfolge entsprechend. Deshalb kann Instruktion $k + 1$ erst nach Instruktion k ausgegeben werden und Instruktion $k + 1$ erst in das Zielregister geschrieben werden, nachdem Instruktion k weggeschrieben wurde. Die übrigen 16 Spalten werden weiter unten beschrieben.

Nach dem Dekodieren einer Instruktion muß die Dekodiereinheit entscheiden, ob sie sofort ausgegeben werden kann. Dafür muß sie den Status aller Register kennen. Braucht die momentane Instruktion z.B. ein Register, dessen Wert noch nicht berechnet wurde, kann sie nicht ausgegeben werden, und die CPU muß anhalten.

Wir verfolgen die Benutzung der Register mit Hilfe eines sogenannten **Scoreboards**, das erstmals in der CDC 6600 eingebaut war. Das Scoreboard hat einen kleinen Zähler für jedes Register, aus dem hervorgeht, wie oft das betreffende Register als Quelle von momentan ausgeführten Instruktionen benutzt wird. Wenn maximal 15 Instruktionen gleichzeitig ausgeführt werden, genügt ein 4-Bit-Zähler. Bei Ausgabe einer Instruktion werden die Scoreboard-Einträge für die Operandenregister erhöht. Nach dem Beenden einer Instruktion werden die Einträge gesenkt.

Außerdem hat das Scoreboard einen Zähler für jedes Register, um die Verwendung der Register als Ziele nachzuverfolgen. Da jeweils nur eine Schreiboperation zulässig ist, können diese Zähler 1 Bit breit sein. Die 16 rechten Spalten in Abb. 4.43 zeigen das Scoreboard.

Zy	#	Dekodiert	Iss	Ret	Gelesene Register 0	1	2	3	4	5	6	7	Beschriebene Register 0	1	2	3	4	5	6	7
1	1	R3=R0 * R1	1		1	1										1				
	2	R4=R0 + R2	2		2	1	1									1	1			
2	3	R5=R0 + R1	3		3	2	1									1	1	1		
	4	R6=R1 + R4			3	2	1									1	1	1		
3					3	2	1									1	1	1		
4				1	2	1	1										1	1		
				2	1	1												1		
				3																
5			4			1			1										1	
	5	R7=R1 * R2	5			2	1		1										1	1
6	6	R1=R0 – R2	–			2	1		1										1	1
7				4		1	1													1
8				5																
9			6		1		1							1						
	7	R3=R3 * R1	7		1	1	1	1						1		1				
10					1	1	1	1						1		1				
11				6		1		1								1				
12				7																
13	8	R1=R4 + R4	8						2					1						
14									2					1						
15				8																

Abb. 4.43: Operation einer superskalaren CPU mit Ausgabe und Fertigstellung von Instruktionen entsprechend ihrer Reihenfolge

Bei echten Maschinen führt das Scoreboard auch über den Gebrauch der Funktionseinheiten Buch, um zu vermeiden, daß eine Instruktion ausgegeben wird, für die keine Funktionseinheit verfügbar ist. Der Einfachheit halber gehen wir hier davon aus, daß immer eine Funktionseinheit verfügbar ist; deshalb zeigen wir diese Funktionseinheiten auf dem Scoreboard nicht.

In der ersten Zeile von Abb. 4.43 steht I1 (Instruktion 1), die R0 mit R1 multipliziert und das Ergebnis in R3 stellt. Da noch keines dieser Register benutzt wird, wird die Instruktion ausgegeben und das Scoreboard dahingehend fortgeschrieben, daß R0 und R1 gelesen und R3 beschrieben wird. Bis zum Ende von I1 kann keine nachfolgende Instruktion in eines dieser Register schreiben oder R3 lesen. Da diese Instruktion eine Multiplikation ist, endet sie am Ende von Zyklus 4. Die in jeder Zeile dargestellten Scoreboard-Werte entsprechen dem Zustand nach der Instruktionsausgabe der betreffenden Zeile. Leere Einträge sind Nullen.

Da unser Beispiel eine superskalare Maschine ist, die zwei Instruktionen pro Zyklus ausgeben kann, wird in Zyklus 1 eine zweite Instruktion (I2) ausgegeben. Sie addiert R0 und R2 und speichert das Ergebnis in R4. Um zu sehen, ob diese Instruktion ausgegeben werden kann, werden folgende Regeln angewandt:

1. Nicht ausgeben, falls ein Operand geschrieben wird (RAW-Abhängigkeit).
2. Nicht ausgeben, falls das Ergebnisregister gelesen wird (WAR-Abhängigkeit).
3. Nicht ausgeben, falls in das Ergebnisregister geschrieben wird (WAW-Abhängigkeit).

Wir haben RAW-Abhängigkeiten bereits kennengelernt. Sie treten ein, wenn eine Instruktion ein Ergebnis als Quelle benutzen muß, das eine vorherige Instruktion noch nicht produziert hat. Die beiden anderen Abhängigkeiten sind weniger wichtig. Sie betreffen im wesentlichen Ressourcenkonflikte. Bei einer **WAR-Abhängigkeit** (Write After Read) versucht eine Instruktion, ein Register zu überschreiben, das eine vorherige Instruktion möglicherweise noch liest. Die **WAW-Abhängigkeit** (Write After Write) funktioniert entsprechend. Beide können oft vermieden werden, wenn man die zweite Instruktion ihre Ergebnisse an anderer Stelle (eventuell temporär) abstellen läßt. Liegt keine der obigen drei Abhängigkeiten vor, und ist die benötigte Funktionseinheit verfügbar, wird die Instruktion ausgegeben. In diesem Fall benutzt I2 ein Register (R0), das von einer anstehenden Instruktion gelesen wird. Diese Überlappung ist aber zulässig, folglich wird I2 ausgegeben. Gleichermaßen wird I3 in Zyklus 2 ausgegeben.

Nun kommen wir zu I4, die R4 benutzen muß. Wie wir in Zeile 3 sehen, wird leider momentan in R4 geschrieben. Hier liegt eine RAW-Abhängigkeit vor, so daß die Dekodiereinheit anhält, bis R4 wieder frei ist. Während des Stillstands zieht sie keine Instruktionen aus der Leseeinheit heraus. Ist der interne Puffer der Leseeinheit voll, hört sie mit dem Vorauslesen auf.

Die nächste Instruktion in der Programmfolge, I5, stößt auf keine Konflikte mit einer der anstehenden Instruktionen. Man hätte sie dekodieren und ausgeben können, wenn nicht dieses Design die Ausgabe von Instruktionen in Reihenfolge voraussetzt.

Wir betrachten jetzt, was im Verlauf von Zyklus 3 passiert. I2 ist eine Addition (zwei Zyklen) und endet am Ende von Zyklus 3. Leider kann sie nicht vollständig ausgeführt werden (so daß R4 für I4 frei wird). Dieses Design setzt nämlich auch voraus, daß Instruktionen der Reihe nach fertiggestellt werden. Warum? Was könnte wohl passieren, wenn man jetzt in R4 speichert und es als verfügbar markiert?

Die Antwort ist komplex, aber wichtig. Angenommen, Instruktionen könnten außer der Reihe fertiggestellt werden. Wenn dann ein Interrupt stattfindet, wäre es sehr schwierig, den Zustand der Maschine für die spätere Wiederherstellung zu speichern. Insbesondere wäre die Feststellung unmöglich, alle Instruktionen seien bis zu einer gewissen Adresse ausgeführt und alle darüber hinausgehenden Instruktionen nicht. Dies nennt man ein **präzises Interrupt** (Precise Interrupt). Es ist ein wünschenswertes Merkmal einer CPU (Moudgill und Vassiliadis, 1996). Durch die Fertigstellung von Instruktionen außer der Reihe werden Interrupts ungenau; deshalb setzen einige Maschinen die Fertigstellung von Instruktionen der Reihe nach voraus.

Wir kehren zu unserem Beispiel zurück. Am Ende von Zyklus 4 können alle drei anstehenden Instruktionen fertiggestellt werden, so daß I4 in Zyklus 5 zusammen mit der neu dekodierten I5 endlich ausgegeben werden kann. Sobald sich eine Instruktion zurückzieht, muß die Dekodiereinheit prüfen, ob eine angehaltene Instruktion vorhanden ist, die jetzt ausgegeben werden kann.

In Zyklus 6 kommt I6 zum Stillstand, weil sie in `R1` schreiben muß, `R1` aber besetzt ist. Sie wird schließlich in Zyklus 9 gestartet. Die gesamte Folge von acht Instruktionen beansprucht aufgrund vieler Abhängigkeiten 15 Zyklen zur Fertigstellung, obwohl die Hardware in jedem Zyklus zwei Instruktionen ausgeben kann. Liest man aber die Spalte *Iss* von Abb. 4.43 von oben nach unten, wurden alle Instruktionen der Reihe nach ausgegeben. Ebenso zeigt die Spalte *Ret*, daß alle Instruktionen der Reihe nach fertiggestellt wurden.

Nun betrachten wir ein entgegengesetztes Design: die Ausführung außer der Reihe. Bei diesem Design können Instruktionen außer der Reihe ausgegeben und ebenso außer der Reihe fertiggestellt werden. Abb. 4.44 zeigt die gleiche Folge von acht Instruktionen, mit dem Unterschied, daß Ausgabe und Fertigstellung außer der Reihe zulässig sind.

Der erste Unterschied ergibt sich in Zyklus 3. Obwohl I4 angehalten hat, können wir I5 dekodieren und ausgeben, weil sie nicht in Konflikt mit einer anstehenden Instruktion steht. Das Überspringen von Instruktionen führt aber zu einem neuen Problem. Angenommen, I5 hätte einen Operanden benutzt, der von der übersprungenen Instruktion I4 berechnet wurde. Mit dem gegebenen Scoreboard hätten wir das nicht bemerkt. Als Folge davon müssen wir das Scoreboard erweitern, um die von den übersprungenen Instruktionen durchgeführten Speicherungen zu erfassen. Wir erreichen dies durch Hinzufügen einer zweiten Bitmap mit 1 Bit pro Register. (Diese Zähler sind in der Abbildung nicht dargestellt.) Jetzt muß die Regel für die Ausgabe von Instruktionen erweitert werden, um die Ausgabe einer Instruktion mit einem Operanden zu verhindern, der planmäßig von einer Instruktion zu speichern ist, die vorher an der Reihe war, aber übersprungen wurde.

					Gelesene Register								Beschriebene Register							
Zy	**#**	**Dekodiert**	**Iss**	**Ret**	**0**	**1**	**2**	**3**	**4**	**5**	**6**	**7**	**0**	**1**	**2**	**3**	**4**	**5**	**6**	**7**
1	1	R3=R0 * R1	1		1	1										1				
	2	R4=R0 + R2	2		2	1	1									1	1			
2	3	R5=R0 + R1	3		3	2	1									1	1	1		
	4	R6=R1 + R4	–		3	2	1									1	1	1		
3	5	R7=R1 * R2	5		3	3	2									1	1	1		1
	6	S1=R0 – R2	6		4	3	3									1	1	1		1
				2	3	3	2									1		1		1
4			4		3	4	2		1							1		1	1	1
	7	R3=R3 * S1	–		3	4	2		1							1		1	1	1
	8	S2=R4 + R4	8		3	4	2		3							1		1	1	1
				1	2	3	2		3									1	1	1
				3	1	2	2		3										1	1
5				6		2	1		3					1					1	1
6			7			2	1	1	3					1		1			1	1
				4		1	1	1	2					1		1				1
				5				1	2					1		1				
				8				1								1				
7								1								1				
8								1								1				
9				7																

Abb. 4.44: Operation einer superskalaren CPU mit Ausgabe und Fertigstellung von Instruktionen außer der Reihe

Wir betrachten wieder I6, I7 und I8 in Abb. 4.43. Hier sehen wir, daß I6 einen von I7 benutzten Wert in R1 berechnet. Wir sehen aber auch, daß der Wert nie wieder benutzt wird, weil R1 von I8 überschrieben wird. Es besteht eigentlich kein Grund, R1 als Ablage für das Ergebnis von I6 zu verwenden. Noch schlimmer: R1 ist eine schreckliche Wahl als Zwischenregister. Es ist allerdings ein absolut vernünftiges für einen Compiler oder einen Programmierer, der an den Gedanken der aufeinanderfolgenden Ausführung ohne Überlappung von Instruktionen gewöhnt ist.

In Abb. 4.44 führen wir eine neue Technik zur Lösung dieses Problems ein: die **Umbenennung von Registern** (Register Renaming). Die kluge Dekodiereinheit ändert die Verwendung von R1 in I6 (Zyklus 3) und I7 (Zyklus 4) auf ein geheimes, für den Programmierer nicht sichtbares Register S1 ab. Nun kann I6 gleichzeitig mit I5 ausgegeben werden. Moderne CPUs verfügen oft über

Dutzende geheimer Register für die Anwendung der Registerumbenennung. Mit dieser Technik kann man oft WAR- und WAW-Abhängigkeiten vermeiden.

Bei I8 benutzen wir wieder die Umbenennung von Registern. Diesmal wird `R1` in `S2` umbenannt, so daß die Addition gestartet werden kann, bevor `R1` frei ist, d.h. am Ende von Zyklus 6. Sollte es sich erweisen, daß sich das Ergebnis diesmal wirklich in `R1` befinden muß, kann der Inhalt von `S2` rechtzeitig dorthin kopiert werden. Noch besser ist, daß alle künftigen Instruktionen, die es brauchen, ihre Quellen an der Stelle auf das Register umbenennen können, wo es wirklich gespeichert ist. Auf jeden Fall konnte die I8-Addition auf diese Weise früh beginnen.

Bei vielen echten Maschinen ist die Umbenennung tief in die Organisation der Register eingebettet. Es gibt dort viele geheime Register und eine Tabelle, die die für den Programmierer sichtbaren Register auf die geheimen Register abbildet. Somit findet sich das echte Register, das beispielsweise für `R0` benutzt wird, in Eintrag 0 dieser Abbildungstabelle. Auf diese Weise gibt es kein echtes Register `R0`, lediglich eine Bindung zwischen dem Namen `R0` und einem der geheimen Register. Diese Bindung ändert sich häufig während der Ausführung, um Abhängigkeiten zu vermeiden.

Liest man die vierte Spalte der Abb. 4.44 von oben nach unten, erkennt man, daß die Instruktionen nicht der Reihe nach ausgegeben wurden. Ebensowenig wurden sie der Reihe nach fertiggestellt. Die Schlußfolgerung dieses Beispiels ist einfach: Durch Ausführung außer der Reihe und Umbenennung von Registern konnten wir die Berechnung um nahezu einen Faktor von Zwei beschleunigen.

4.5.4 Spekulative Ausführung

Im vorherigen Abschnitt haben wir das Konzept der Reihenfolgenumstellung von Instruktionen zur Verbesserung der Leistung eingeführt. Obwohl nicht ausdrücklich darauf hingewiesen wurde, konzentrierten wir uns auf die Umordnung von Instruktionen innerhalb eines einzigen Basisblocks. Nun ist es an der Zeit, dies näher zu betrachten.

Computer-Programme können in **Basisblöcke** aufgeteilt werden, wobei jeder Basisblock aus einer linearen Codefolge mit einem Eintrittspunkt oben und einem Austrittspunkt unten besteht. Ein Basisblock enthält keine Steuerstrukturen (z.B. `if`- oder `while`-Anweisungen), so daß seine Übersetzung in Maschinensprache ohne Sprünge vor sich geht. Basisblöcke werden durch Steueranweisungen verbunden.

Ein solches Programm kann als gerichteter Graph dargestellt werden, wie z.B. in Abb. 4.45. Hier berechnen wir die Summe der geraden und ungeraden Ganzzahlen bis zu einer gewissen Grenze und akkumulieren sie in *evensum* bzw. *oddsum*. Innerhalb eines jeden Basisblocks funktionieren die Umordnungstechniken des vorherigen Abschnitts gut.

Ärger entsteht, weil die meisten Basisblöcke kurz sind und ungenügend Parallelität in ihnen vorhanden ist, um sie effektiv nutzen zu können. Folglich müssen wir im nächsten Schritt die Umordnung über mehrere Basisblöcke hinweg zulassen, um möglichst alle Ausgabeschlitze zu füllen. Die größten Gewinne lassen sich erzielen, wenn eine potentiell langsame Operation im Graphen für einen frühen Start nach oben verschoben werden kann. Dies kann eine `LOAD`-Instruktion, eine Gleitkommaoperation oder gar der Beginn einer langen Abhängigkeitskette sein. Das Verschieben von Code nach oben über einen Sprung nennt man **Hoisting**.

```
evensum = 0;
oddsum = 0;
i = 0;
while (i < limit) {
    k = i * i * i;
    if ((i/2) * 2) == 0)
        evensum = evensum + k;
    else
        oddsum = oddsum + k;
    i = i + 1;
}
```
(a)

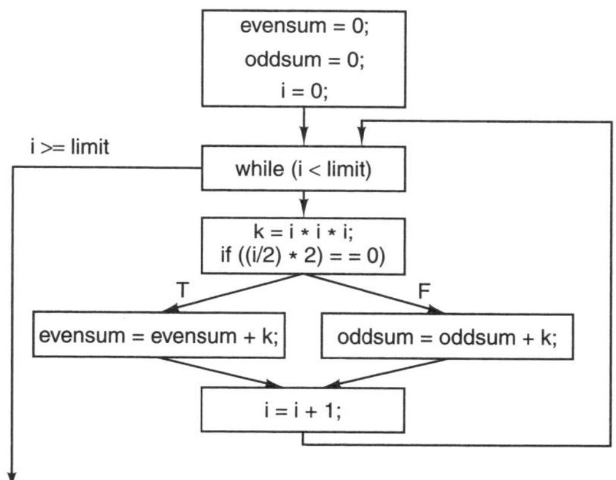

(b)

Abb. 4.45: (a) Ein Programmfragment; (b) der entsprechende Basisblockgraph

Man stelle sich vor, daß in Abb. 4.45 alle Variablen in Register, außer *evensum* und *oddsum* (mangels Register) geführt werden. Es mag dann sinnvoll erscheinen, ihre `LOAD`-Instruktionen vor der Berechnung von *k* über die Schleife zu verschieben, damit sie früh starten, so daß die Werte bei Bedarf verfügbar sind. Selbstverständlich wird in jeder Iteration nur eine gebraucht, deshalb ist die andere `LOAD` vergeudet. Werden Cache und Speicher aber als Pipeline ausgelegt und stehen Ausgabeschlitze zur Verfügung, könnte sich dies dennoch lohnen. Die Ausführung von Code, noch bevor bekannt ist, ob er überhaupt gebraucht wird, nennt man **spekulative Ausführung** (Speculative Execution). Die Anwendung dieser Technik setzt die Unterstützung von Compiler und Hardware sowie einige Architekturerweiterungen voraus. In den meisten Fällen geht die Umordnung von Instruktionen über mehrere Basisblöcke hinweg über die Fähigkeit der Hardware hinaus, so daß der Compiler die Instruktionen explizit verschieben muß.

Die spekulative Ausführung stellt uns vor einige interessante Probleme. Zum einen dürfen keine der spekulativen Instruktionen unwiderrufliche Ergebnisse zur Folge haben, weil es sich später zeigen kann, daß sie nicht ausgeführt werden durften. In Abb. 4.45 ist es falsch, *evensum* und *oddsum* einzulesen, und es ist auch korrekt, die Addition auszuführen, sobald *k* verfügbar ist (noch vor der `if`-Anweisung). Allerdings ist es falsch, die Ergebnisse in den

Speicher zurückzuspeichern. In komplizierteren Codefolgen ist es eine gängige Methode, diesen durch Umbenennen aller vom spekulativen Code benutzten Zielregister am Überschreiben von Registern zu hindern, bevor bekannt ist, ob dies überhaupt wünschenswert ist. Auf diese Weise werden nur Arbeitsregister geändert, so daß kein Problem entsteht, wenn der Code letztendlich nicht benötigt wird. Wird der Code gebraucht, werden die Arbeitsregister in die echten Zielregister kopiert. Sie können sich vorstellen, daß ein Scoreboard, das all diese Dinge verwalten muß, recht komplex ist. Mit ausreichend Hardware ist das aber machbar.

Daneben entsteht durch spekulativen Code noch ein anderes Problem, das sich nicht durch Umbenennung von Registern lösen läßt. Was passiert, wenn eine spekulativ ausgeführte Instruktion eine Ausnahme (Exception) verursacht? Ein schmerzliches, aber nicht verhängnisvolles Beispiel ist eine `LOAD`-Instruktion, die einen Cache-Fehlschlag in einer Maschine mit einer großen Cache-Zeilengröße (z.B. 256 Byte) und einen Speicher hat, der weit langsamer ist als die CPU und der Cache. Stoppt eine wirklich gebrauchte `LOAD`, gerät die Maschine über viele Zyklen hinweg in Stillstand, während die Cache-Zeile geladen wird. Die Maschine in einen Stillstand zu versetzen, weil ein nicht gebrauchtes Wort gelesen wird, ist gewiß kontraproduktiv. Zu viele solcher »Optimierungen« machen die CPU langsamer, als sie es ohne diese wäre. (Hat die Maschine einen virtuellen Speicher, der in Kapitel 6 behandelt wird, könnte eine spekulative `LOAD` sogar einen Seitenfehler verursachen. Dies würde eine Plattenoperation erfordern, um die nötige Seite herbeizubringen. Seitenfehler können sich verheerend auf die Leistung auswirken. Deshalb müssen sie unbedingt vermieden werden.)

Eine Lösung, die man in vielen modernen Maschinen vorfindet, ist eine spezielle Instruktion `SPECULATIVE-LOAD`, die versucht, das Wort aus dem Cache zu lesen, aber aufgibt, sobald sie merkt, daß es nicht dort ist. Ist der Wert vorhanden, wenn er wirklich gebraucht wird, kann er benutzt werden. Ist er aber nicht dort, muß sich die Hardware bewegen und ihn sofort herbeischaffen. Stellt sich heraus, daß der Wert nicht benötigt wird, muß man für den Cache-Fehlschlag keine Strafe zahlen.

Eine weit schlimmere Situation läßt sich mit der folgenden Anweisung veranschaulichen:

```
if (x > 0) z = y/x;
```

wobei x, y und z Gleitkommavariablen sind. Nehmen wir an, alle Variablen werden im voraus in Register eingelesen und die (langsame) Gleitkommadivision über den `if`-Test hochgeschoben. x ist leider 0, und die unzulässige resultierende Division durch Null beendet das Programm. Daraus ergibt sich, daß die Spekulation ein richtiges Programm zum Absturz gebracht hat. Noch schlimmer: Der Programmierer hat ausdrücklich Code geschrieben, um einen Fall zu verhindern, der trotzdem eintritt. Zudem tritt wahrscheinlich der große Frust beim Programmierer ein.

Bei einer möglichen Lösung werden bestimmte Instruktionsversionen benutzt, die zu Ausnahmen führen können. Zusätzlich wird ein Bit, das man **Giftbit** (Poison Bit) nennt, jedem Register hinzugefügt. Schlägt eine spezielle spekulative Instruktion fehl, statt eine Fangstelle (Trap) zu bieten, setzt sie das Giftbit im Ergebnisregister. Wird dieses Register später von einer regulären Instruktion berührt, schnappt die Falle zu (was sie tun sollte). Wird das Ergebnis aber nie benutzt, wird das Giftbit letztendlich gelöscht, und es entsteht kein Schaden.

4.6 Beispiele der Mikroarchitekturebene

In diesem Abschnitt beschreiben wir kurz Beispiele von drei modernen Prozessoren, um zu zeigen, wie diese die in diesem Kapitel untersuchten Konzepte anwenden. Dieser Teil muß notwendigerweise kurz sein, weil echte Maschinen sehr komplex sind und Millionen von Gates umfassen. Die Beispiele sind die, die wir bisher benutzt haben: Pentium II, UltraSPARC II und picoJava II.

4.6.1 Die Mikroarchitektur der Pentium-II-CPU

Der Pentium II ist im oberen Leistungsbereich der Intel-CPU-Familie angesiedelt. Er unterstützt 32-Bit-Operanden und Arithmetik sowie 64-Bit-Gleitkommaoperationen. Außerdem unterstützt er 8- und 16-Bit-Operanden und -Operationen – ein Erbe von den frühen Prozessoren der Familie. Er kann Speicher von bis zu 64 Gbyte adressieren und liest Wörter aus dem Speicher in je 64 Bit. Ein typisches Pentium-II-System ist in Abb. 3.50 dargestellt.

In Abb. 3.43 haben wir gezeigt, daß die SEC-Baueinheit des Pentium II aus zwei integrierten Schaltungen besteht: die CPU (einschließlich eines geteilten Level-1-Cache) und der vereinte Level-2-Cache. Abb. 4.46 zeigt die grundlegenden Komponenten der CPU: die Einheiten FETCH/DECODE, DISPATCH/EXECUTE und RETIRE, die zusammen als hoch angesiedelte Pipeline fungieren. Diese drei Einheiten kommunizieren über einen Instruktionspool – eine Stelle zum Halten von Informationen in bezug auf teilweise ausgeführte Instruktionen. Die im Instruktionspool befindlichen Informationen werden in einer Tabelle namens **ROB** (**ReOrder Buffer**) gespeichert. Kurz gesagt: Die FETCH/DECODE-Einheit liest Instruktionen und teilt sie in Mikrooperationen auf, die dann im ROB gespeichert werden. Die DISPATCH/EXECUTE-Einheit nimmt Mikrooperationen vom ROB entgegen und führt sie aus. Die RETIRE-Einheit vervollständigt die Ausführung jeder Mikrooperation und aktualisiert die Register. Instruktionen treten in den ROB der Reihe nach ein, können außer der Reihe ausgeführt werden, werden aber wieder der Reihe nach fertiggestellt.

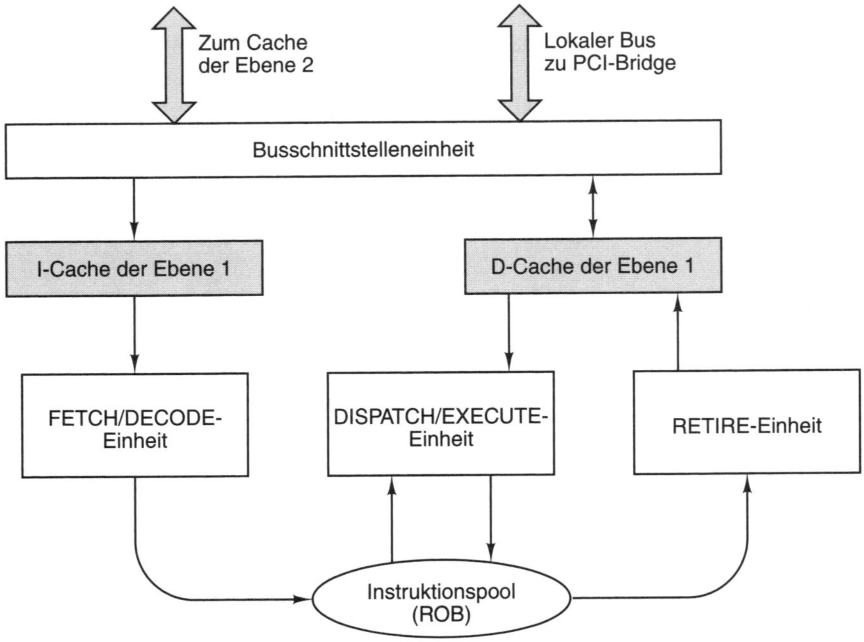

Abb. 4.46: Die Mikroarchitektur des Pentium II

Die Busschnittstelleneinheit ist zuständig für die Kommunikation mit dem Speichersystem, d.h. mit dem L2-Cache und dem Hauptspeicher. Der L2-Cache ist nicht mit dem lokalen Bus verbunden, so daß die Busschnittstelleneinheit für das Einlesen von Daten vom Hauptspeicher durch den lokalen Bus und das Laden aller Caches verantwortlich ist. Der Pentium II benutzt das MESI-Cache-Kohärenzprotokoll, das in Zusammenhang mit Multiprozessoren in Abschnitt 8.3.2 beschrieben wird.

Die FETCH/DECODE-Einheit

Diese Einheit basiert auf einem umfangreichen Pipelining-Konzept mit sieben Stufen, die in Abb. 4.47 als IFU0 bis ROB benannt sind. (Die DISPATCH/EXECUTE- und die RETIRE-Einheit verfügen über weitere fünf, so daß sich insgesamt eine zwölfstufige Pipeline ergibt.) Instruktionen treten in Stufe IFU0 in die Pipeline ein, wo ganze 32-Byte-Zeilen vom I-Cache geladen werden. Ist der interne Puffer leer, wird eine weitere Cache-Zeile einkopiert. Das Register `NEXT IP` leitet den Leseprozeß.

Da die Intel-Instruktionsmenge, häufig **IA-32** genannt, Instruktionen mit variabler Länge und vielen Formaten hat, analysiert die nächste Pipeline-Stufe IFU1 den Bytestrom, um den Beginn einer jeden Instruktion zu ermitteln. Bei Bedarf kann die IFU1 bis zu 30 IA-32-Instruktionen im voraus durchsuchen. So weit im voraus bedeutet aber leider, daß normalerweise vier oder fünf bedingte Sprünge vorgefunden werden, die nicht alle genau vorhergesagt werden können, so daß der Nutzen dieser Vorgehensweise gering ist. Die IFU2-Stufe richtet die Instruktionen aus, so daß die nächste Stufe sie leicht dekodieren kann.

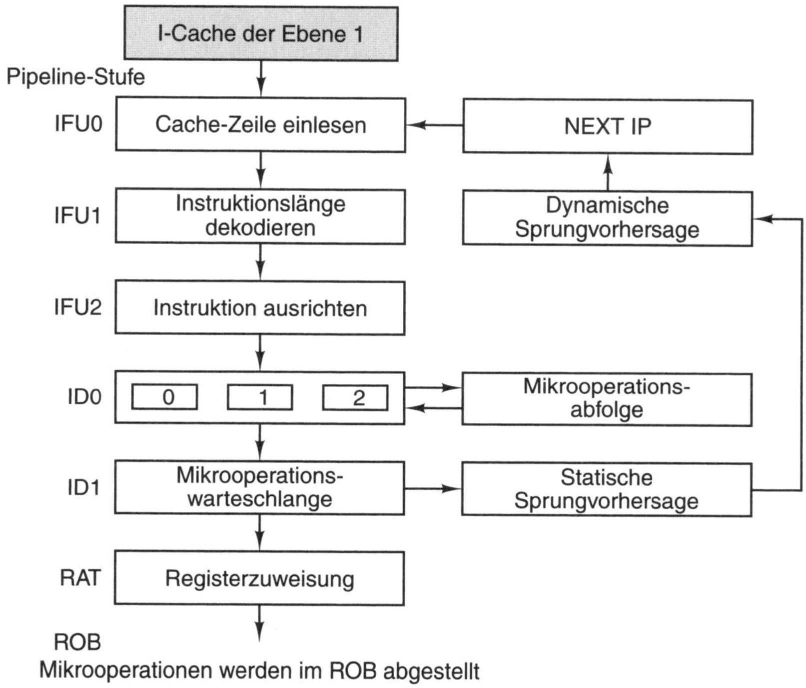

Abb. 4.47: Interne Struktur der FETCH/DECODE-Einheit (vereinfacht)

Die Dekodierung beginnt in der Stufe ID0. Beim Pentium II umfaßt die Dekodierung die Umwandlung jeder IA-32-Instruktion in eine oder mehrere Mikrooperationen wie bei der Mic-4. Die einfacheren IA-32-Instruktionen, z.B. Verschiebungen von Register zu Register, können in eine Mikrooperation übersetzt werden. Komplexere können bis zu vier Mikrooperationen beanspruchen. Ein paar sehr komplexe erfordern noch mehr und benutzen den Mikrooperationssortier-ROM zur Festlegung der Reihenfolge.

Die Stufe ID0 hat drei interne Dekodierer. Zwei davon dienen einfach Instruktionen, der dritte handhabt den Rest. Was aus der ID0-Stufe herauskommt, ist eine Folge von Mikrooperationen. Jede Mikrooperation enthält einen Opcode, zwei Quellregister und ein Zielregister.

Die Mikrooperationen werden in Stufe ID1 in eine Warteschlange gestellt, ähnlich wie bei der Warteschlangeneinheit in Abb. 4.35. Diese Stufe führt auch eine Sprungerkennung durch. Zuerst erfolgt in jedem Fall eine statische Vorhersage. Die Vorhersage hängt von mehreren Faktoren ab. Bei Sprüngen in bezug zur momentanen Instruktion werden die rückwärts gerichteten aber als zutreffend und die vorwärts gerichteten als nicht zutreffend vorhergesagt.

Dann folgt die dynamische Sprungvorhersage unter Verwendung eines historisch basierten Algorithmus, vergleichbar mit dem in Abb. 4.42, außer daß hier vier statt nur zwei historische Bits verwendet werden. Es dürfte klar sein, daß die Strafe für eine Fehlvorhersage bei einer zwölfstufigen Pipeline sehr hoch ist. Deshalb werden so viele historische Bits benutzt. Ist der Sprung nicht in der History-Tabelle, wird die statische Vorhersage angewandt.

Um WAR- und WAW-Abhängigkeiten zu vermeiden, unterstützt der Pentium II die Umbenennung, wie in Abb. 4.44 gezeigt. Die tatsächlichen Register, die in den IA-32-Instruktionen benannt werden, können in den Mikrooperationen durch ein beliebiges der 40 internen Arbeitsregister, die sich im ROB befinden, ersetzt werden. Diese Umbenennung erfolgt in der RAT-Stufe.

Schließlich werden drei Mikrooperationen pro Taktzyklus im ROB abgestellt. Die Operanden werden ebenfalls hier, soweit verfügbar, gesammelt. Sind die Operanden einer Mikrooperation und das Ergebnisregister verfügbar, und ist die Ausführungseinheit frei, kann sie ausgegeben werden. Andernfalls sitzt sie im ROB, bis alle Ressourcen vorhanden sind.

Die DISPATCH/EXECUTE-Einheit

Die DISPATCH/EXECUTE-Einheit ist in Abb. 4.48 dargestellt. Sie verwaltet die Mikrooperationen und führt sie aus, wobei sie Abhängigkeiten und Ressourcenkonflikte löst. Obwohl pro Taktzyklus (in ID0) nur drei ISA-Instruktionen dekodiert werden können, lassen sich theoretisch fünf Mikrooperationen in einem Zyklus zur Ausführung ausgeben, d.h. eine an jedem Port. Diese Rate kann nicht beibehalten werden, weil sie die Fähigkeit der RETIRE-Einheit übersteigt. Mikrooperationen können außer der Reihe ausgegeben werden, die RETIRE-Einheit hält sie aber in der Reihenfolge. Ein komplexes Scoreboard wird benutzt, um schwebende Mikrooperationen, Register und Ausführungseinheiten zu verwalten. Steht eine Mikrooperation zur Ausführung bereit, kann sie gestartet werden, auch wenn einige derjenigen, die zuvor in den ROB plaziert wurden, nicht bereit sind. Sind mehrere Mikrooperationen zur Ausführung durch die gleiche Ausführungseinheit bereit, wählt ein komplexer Algorithmus diejenige, die sich am besten zur Ausgabe eignet. Beispielsweise ist die Ausführung eines Sprungs weit wichtiger als die Ausführung einer arithmetischen Instruktion, weil sich der Sprung auf den Programmfluß auswirkt.

Die DISPATCH/EXECUTE-Einheit enthält eine Reservierungsstation und an fünf Ports angeschlossene Ausführungseinheiten. Bei der Reservierungsstation handelt es sich um eine Warteschlange mit 20 Einträgen für Mikrooperationen, die über alle ihre Operanden verfügen. Sie warten in der Reservierungsstation, bis die erforderliche Ausführungseinheit frei ist und sie an die Reihe kommen.

Von der Reservierungsstation zu den Ausführungseinheiten gibt es fünf Ports. Einige Ausführungseinheiten teilen sich einen Port, wie in der Abbildung dargestellt. Die LOAD- und STORE-Einheit leiten die entsprechenden Informationen zum Laden bzw. Speichern von Operationen ein. Zum Speichern gibt es zwei Ports. Da pro Zyklus und pro Port nur eine Mikrooperation ausgegeben werden kann, muß eine warten, wenn zwei durch den gleichen Port gehen müssen.

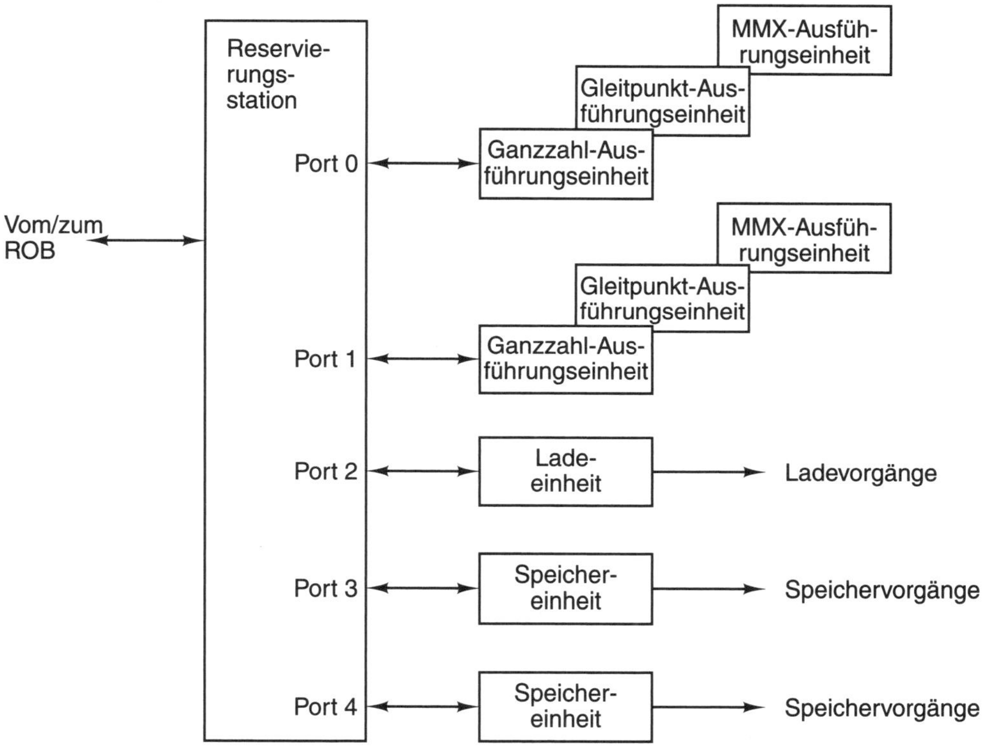

Abb. 4.48: Die DISPATCH/EXECUTE-Einheit

Die RETIRE-Einheit

Nach Ausführung einer Mikrooperation kehrt sie zuerst zur Reservierungsstation und dann in den ROB zurück, um ihre Fertigstellung abzuwarten. Die RETIRE-Einheit ist zuständig für das Senden der Ergebnisse an die richtige Stelle – an die richtigen Register, aber auch an andere Stationen in der DISPATCH/EXECUTE-Einheit, die auf einen Wert warten. Die FETCH/DECODE-Einheit führt die »offiziellen« Register, d.h. jene Werte aus vollständigen Instruktionen. Die RETIRE-Einheit verwaltet eine Reihe schwebender Register, d.h. jene Werte, die in einer noch nicht abgeschlossenen Instruktion berechnet wurden, weil vorherige Instruktionen noch nicht vollständig sind.

Die spekulative Ausführung wird vom Pentium II voll unterstützt, so daß einige Instruktionen vergeblich ausgeführt und nie fertiggestellt werden. An diesem Punkt greift die sogenannte **Rollback-Fähigkeit**. Wird festgestellt, daß eine Mikrooperation von einer IA-32-Instruktion stammt, die noch nicht ausgeführt werden sollte, wird ihr Ergebnis verworfen. Es obliegt der Retire-Einheit, diese Dinge zu verwalten. Nur »offiziell« ausgeführte Instruktionen können fertiggestellt werden, und zwar in der Programmreihenfolge, auch wenn sie außer der Reihe ausgeführt wurden.

4.6.2 Die Mikroarchitektur der UltraSPARC-II-CPU

Die UltraSPARC-Serie ist Suns Implementierung der Version 9 der SPARC-Architektur. Die verschiedenen Modelle ähneln sich; sie unterscheiden sich hauptsächlich in Leistung und Preis. Um Verwechslungen zu vermeiden, beziehen wir uns trotzdem in diesem Abschnitt auf »UltraSPARC II« und beschreiben einzelne Merkmale in Bereichen, in denen sie sich unterscheiden.

Die UltraSPARC II ist eine volle 64-Bit-Maschine mit 64-Bit-Registern und einem 64-Bit-Datenweg. Aus Gründen der Abwärtskompatibilität mit den SPARCs der Version 8 (d.h. 32 Bit) kann sie aber auch 32-Bit-Operanden handhaben und 32-Bit-SPARC-Software unverändert ausführen. Obwohl die interne Architektur auf 64 Bit basiert, ist der Speicherbus 128 Bits breit, analog zum Pentium II, der eine 32-Bit-Architektur und einen 64-Bit-Speicherbus hat, der CPU selbst aber um eine Generation voraus ist. Abb. 3.47 zeigt den Kern eines UltraSPARC-II-Systems.

Die gesamte SPARC-Serie ist von vornherein als reines RISC-Design konzipiert. Die meisten Instruktionen haben zwei Quell- und ein Zielregister, so daß sie sich gut für die Pipeline-Ausführung in einem Zyklus eignen. Es besteht kein Bedarf, alte CISC-Instruktionen in RISC-Mikrooperationen aufzuteilen, wie es der Pentium II verlangt.

Die UltraSPARC II ist eine superskalare Maschine, die vier Instruktionen pro Taktzyklus durchgängig ausgeben kann. Instruktionen werden der Reihenfolge nach ausgegeben, können aber außer der Reihe fertiggestellt werden. Dennoch sind Interrupts genau (d.h., es besteht keine Zweideutigkeit darüber, wo die Maschine war, als ein Interrupt stattfand). Spekulative Ladeoperationen werden durch Hardware in der Form einer `PREFETCH`-Instruktion unterstützt, die im Fall eines Cache-Fehlschlags keinen Fehler verursacht. Sie blockiert nicht einmal nachfolgende Speicherzugriffe. Deshalb kann ein Compiler eine oder mehrere `PREFETCH` in den Codestrom einpflanzen, noch lange bevor sie gebraucht werden, so daß sie dort bei Bedarf zur Verfügung stehen, aber ohne Strafe für den Fall, daß ein Cache-Fehlschlag eintritt.

Übersicht über die UltraSPARC II

Abb. 4.49 zeigt ein Blockdiagramm der UltraSPARC II. Alle dargestellten Komponenten befinden sich auf dem CPU-Chip, mit Ausnahme des gänzlich externen Level-2-Cache. Der I-Cache ist ein assoziativer 16-Kbyte-Zweiweg-Cache mit einer 32-Byte-Zeile, der aber trotzdem eine halbe Cache-Zeile zurückgeben kann. Eine halbe Cache-Zeile (16 Byte) enthält genau vier

Instruktionen. Alle vier können in einem Taktzyklus ausgegeben werden. Der D-Cache ist ein direkt abgebildeter, nicht zuweisender 16-Kbyte-Cache vom Typ »Write Through«, der 32-Byte-Cache-Zeilen nutzt, die in zwei 16-Byte-Teilzeilen geteilt werden.

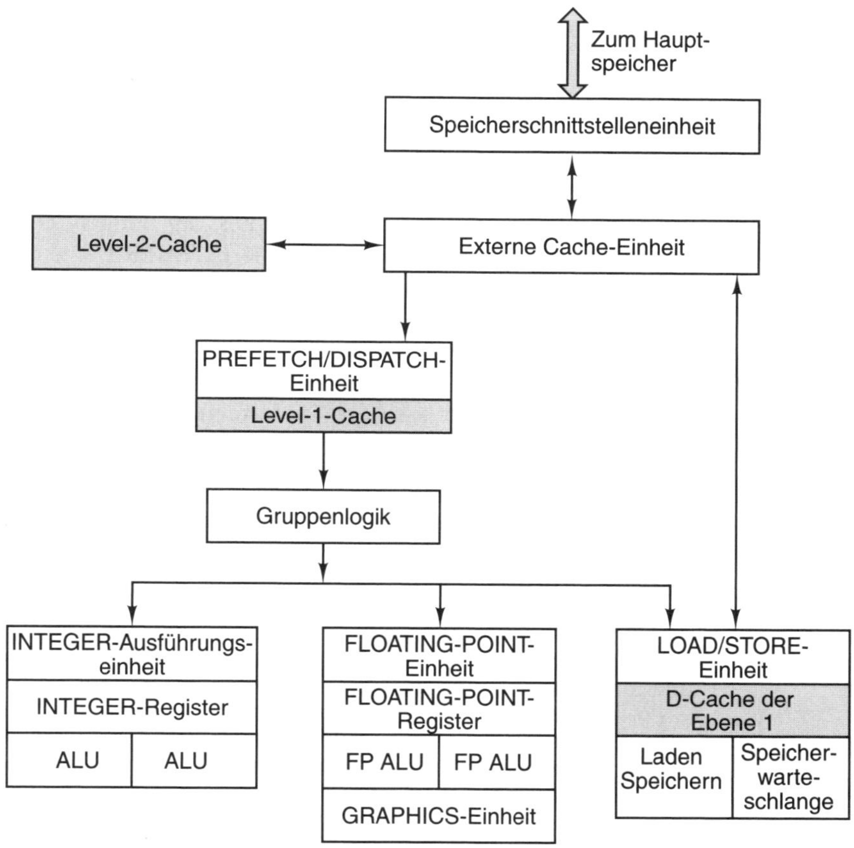

Abb. 4.49: Die Mikroarchitektur der UltraSPARC II

Die externe Cache-Einheit handhabt Cache-Fehlschläge der Ebene 1 durch Suchen nach der angeforderten Zeile im externen Cache (d.h. Level-2-Cache). Verläuft die Suche erfolgreich, wird die Zeile in den entsprechenden Level-1-Cache kopiert. Schlägt die Suche fehl, fordert die externe Cache-Einheit die Speicherschnittstelleneinheit auf, die Zeile aus dem Hauptspeicher zu holen.

Wir betrachten jetzt die Funktionseinheiten im Innern der UltraSPARC II. Die PREFETCH/DISPATCH-Einheit ähnelt der FETCH/DECODE-Einheit des Pentium II (siehe Abb. 4.46). Sie tut sich aber leichter, weil die ankommenden Instruktionen bereits Drei-Register-Mikrooperationen sind, so daß sie nicht aufgeteilt werden müssen. Die Einheit kann ohne Zeitverlust entweder vom Level-1- oder vom Level-2-Cache einlesen. Pro Taktzyklus werden vier Instruktionen gelesen.

Um die Wirkung von Sprüngen zu reduzieren, hat jede Gruppe von vier Instruktionen im I-Cache eine Adresse, die mitteilt, welche Halbzeile als nächste zu holen ist. Darüber hinaus befindet sich in der PREFETCH/DISPATCH-Einheit ein kompletter Sprungvorhersagemechanismus. Der von ihm benutzte 2-Bit-Vorhersagealgorithmus ähnelt dem in Abb. 4.42. Des weiteren verfügt die UltraSPARC II über eine Menge von Sprunginstruktionen, durch die der Compiler die Hardware anweisen kann, welcher Weg vorherzusagen ist, da er oft selbst ganz gut Bescheid weiß. Vorausgelesene Instruktionen werden in eine aus zwölf Einträgen bestehende Warteschlange gestellt, aus der die Gruppenlogik gespeist wird.

Die Gruppenlogik ist eine Einheit, die je vier Instruktionen aus der Warteschlange für die Ausgabe auswählt. Sie muß nur immer vier finden, die gleichzeitig ausgegeben werden können. Die INTEGER-Einheit hat zwei getrennte ALUs, so daß sie zwei Instruktionen parallel ausführen kann. Die FLOATING-POINT-Einheit hat ebenfalls zwei ALUs (FP ALU). Folglich kann eine Gruppe von jedem Typ zwei, aber nicht vier von einem Typ, enthalten. Für eine optimale Gruppierung müssen die Instruktionen außer der Reihe ausgegeben werden, was zulässig ist. Sie werden dann auch außer der Reihe fertiggestellt.

Die INTEGER- und die FLOATING-POINT-Einheit enthalten jeweils entsprechende Register, so daß Instruktionen ihre Operanden im Innern der Einheit herausnehmen und ihre Ergebnisse auch dort hinterlegen. Die INTEGER- und FLOATING-POINT-Register hängen nicht zusammen, so daß Werte nie von der einen zur anderen Einheit fließen müssen. Die FLOATING-POINT-Einheit enthält außerdem eine Grafikeinheit, die spezielle Instruktionen für 2D- und 3D-Grafiken, Audio und Video ausführt, analog den MMX-Instruktionen des Pentium II.

Die LOAD/STORE-Einheit handhabt `LOAD`- und `STORE`-Instruktionen. Stoßen sie auf den D-Cache der Ebene 1, werden sie ohne Verzögerung ausgeführt. Andernfalls wird die externe Cache-Einheit aufgefordert, die Zeile aus dem Level-2-Cache oder dem Hauptspeicher (bei einem `LOAD`-Fehlschlag) zu holen oder das Wort dorthin zu schreiben (bei einem `STORE`-Fehlschlag). Wäre der D-Cache ein für Schreiboperationen zugeteilter Cache, müßte die angeforderte Cache-Zeile bei einem `STORE`-Fehlschlag aus dem Level-2-Cache oder aus dem Hauptspeicher überführt werden. Unter den gegebenen Umständen wird ein zu speicherndes Einzelwort lediglich in Level-2-Cache oder, falls dies ebenfalls fehlschlägt, in den Hauptspeicher geschrieben. Um Blockierung aufgrund eines D-Cache-Fehlschlags zu vermeiden, führt die LOAD/STORE-Einheit (getrennte) Warteschlangen für schwebende `LOAD`- und `STORE`-Operationen, so daß sie mit der Verarbeitung neuer Instruktionen fortfahren kann, während sie auf die Fertigstellung alter Instruktionen wartet.

Die Pipeline der UltraSPARC II

Die UltraSPARC II basiert auf einer neunstufigen Pipeline. Wie aus Abb. 4.50 ersichtlich, unterscheiden sich einige Stufen für Ganzzahl- und Gleitkomma-Instruktionen. Die erste Stufe – falls möglich – liest Instruktionen aus dem I-Cache. Unter perfekten Bedingungen (keine Cache-Fehlschläge, keine Fehlvoraussagen, keine schwierigen Instruktionen, die richtige Instruktionsmischung usw.) kann sie mit dem Einlesen und Ausgeben von je vier Instruktionen pro Zyklus endlos fortfahren. Die Dekodierstufe fügt einige zusätzliche Bits in jede Instruktion ein, bevor sie die Instruktion in die oben erwähnte, aus zwölf Einträgen bestehende Warteschlange stellt. Diese Bits beschleunigen die spätere Verarbeitung (z.B. durch sofortige Weiterleitung derselben an die richtige Ausführungseinheit).

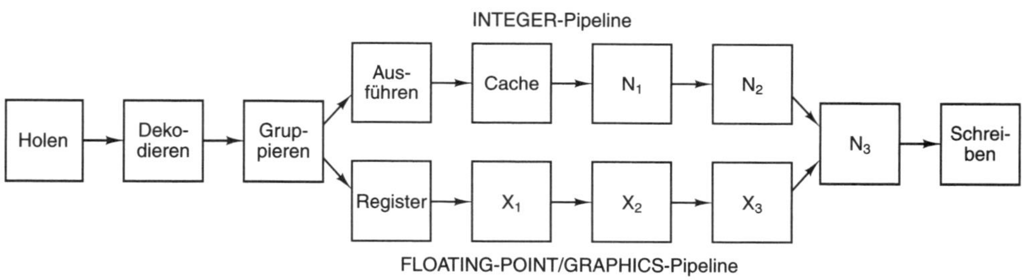

Abb. 4.50: Die Pipeline der UltraSPARC II

Die Gruppenstufe entspricht der Gruppenlogikeinheit, die oben vorgestellt wurde. Sie prüft die dekodierten Instruktionen jeweils in Vierergruppen, die sich für die gleichzeitige Ausgabe eignen.

An diesem Punkt teilen sich die Ganzzahl- und Gleitkomma-Pipelines. Stufe 4 der INTEGER-Einheit führt die meisten Instruktionen direkt in einem Zyklus aus. `LOAD`- und `STORE`-Instruktionen bedürfen einer zusätzlichen Verarbeitung in der Cache-Stufe. Die Stufen N_1 und N_2 tragen nichts zu Registerinstruktionen bei, werden aber zur Synchronisierung der beiden Pipelines eingebunden. Daß jede Ganzzahl-Instruktion ein paar Nanosekunden später fertig ist, stellt einen verhältnismäßig geringen Preis für den reibungslosen Ablauf des Pipeline-Flusses dar.

Die FLOATING-POINT-Einheit hat vier eigene Stufen, die hier beginnen. Die erste dient dem Zugriff auf die FLOATING-POINT-Register. Die nächsten drei dienen der Instruktionsausführung. Alle Gleitkomma-Instruktionen werden in drei Zyklen ausgeführt, mit Ausnahme von Divisionen (12 Zyklen) und Quadratwurzeln (22 Zyklen). Deshalb verlangsamt ein langer Strom der anderen Gleitkomma-Instruktionen nicht die Pipeline.

Die Stufe N_3, die beiden Einheiten gemeinsam ist, dient zum Auflösen von Ausnahmebedingungen, die möglicherweise auftreten, z.B. bei einer Division durch Null. Schließlich werden in der letzten Stufe die Ergebnisse in die

Register zurückgeschrieben. Diese Stufe ist vergleichbar mit der RETIRE-Einheit des Pentium II.

4.6.3 Die Mikroarchitektur der picoJava-II-CPU

Die picoJava II kann binäre JVM-Programme ohne (eine Menge) Software-Interpretation ausführen. Die meisten JVM-Instruktionen werden direkt von der Hardware in einem einzigen Taktzyklus ausgeführt. Etwa 30 JVM-Instruktionen sind mikroprogrammiert. Eine sehr kleine Anzahl von Instruktionen kann nicht von der picoJava-II-Hardware ausgeführt werden und beschert einem Software-Interpreter Fangstellen (Traps). Diese Instruktionen befassen sich normalerweise mit JVM-Merkmalen, die wir nicht behandelt haben, z.B. das Erstellen und Verwalten von komplexen Software-Objekten.

Übersicht über die picoJava II

Abb. 4.51 zeigt ein Blockdiagramm der picoJava-II-Mikroarchitektur. Sie hat einen geteilten, auf dem Chip integrierten Level-1-Cache. Der I-Cache ist optional und kann – soweit vorhanden – eine Größe von 1 Kbyte, 2 Kbyte, 4 Kbyte, 8 Kbyte oder 16 Kbyte haben. Er ist direkt abgebildet und hat eine Zeilengröße von 16 Byte. Der D-Cache ist ebenfalls optional und kann auch in den gleichen Größen vorhanden sein. Er ist ein teilassoziativer Zweiweg-Cache, ebenfalls mit einer Zeilengröße von 16 Byte. Er nutzt Writeback und Write Allocate. Jeder Cache hat einen 32 Bit breiten Pfad zum Speicherbus. Bei der microJava 701 sind beide Caches vorhanden, mit jeweils den vollen 16 Kbyte. Außerdem gehört eine optionale FLOATING-POINT-Einheit zum Design der picoJava II.

Der I-Cache speist die PREFETCH-, DECODE- und FOLDING-Einheit mit je 8 Byte. Diese Einheit ist ihrerseits an den Ausführungs-Controller und an den Hauptdatenweg (INTEGER-/FLOATING-POINT-Einheit) angeschlossen. Der Datenweg ist für Ganzzahloperationen 32 Bits breit. Er kann auch Gleitkommaoperationen mit Einzel- und Doppelpräzision nach IEEE 754 handhaben.

Der interessanteste Teil von Abb. 4.51 ist ein Registerblock, der aus 64 32-Bit-Registern besteht. Diese Register können die obersten 64 Stapelwörter der JVM-Maschine aufnehmen, wodurch sich der Zugriff auf Wörter im Stapel enorm beschleunigt. Sowohl der Operandenstapel als auch der lokale Variablenstapel können unmittelbar darunter im Registerblock geführt werden. Die Zugriffe auf den Registerblock sind »frei« (d.h., sie verursachen keine Verzögerung, während Zugriffe auf den D-Cache einen zusätzlichen Zyklus erfordern). Der Pfad zwischen der INTEGER-/FLOATING-POINT-Einheit ist 96 Bit breit und kann zwei 32-Bit-Leseoperationen vom Stapel und eine 32-Bit-Schreiboperation zum Stapel in einem Zyklus bewältigen.

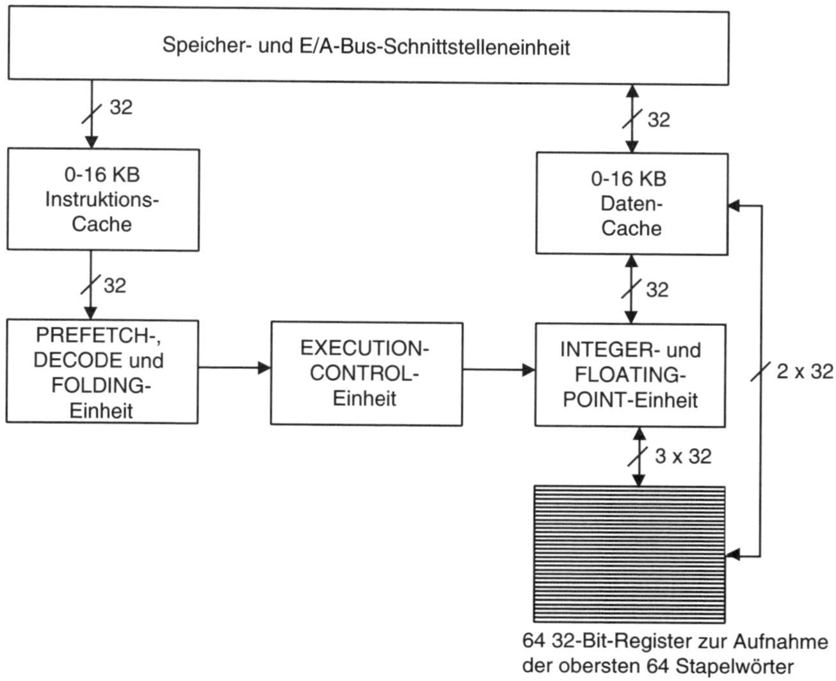

Abb. 4.51: Blockdiagramm der picoJava II mit Level-1-Cache und FLOATING-POINT-Einheit. Dies ist eine Konfiguration der microJava 701.

Besteht der Operandenstapel beispielsweise aus zwei Wörtern, können sich im Registerblock bis zu 62 Wörter von lokalen Variablen befinden. Wird ein weiteres Wort auf den Stapel geschoben, entsteht natürlich ein Problem. Eines oder mehrere Wörter weiter unten im Stapel werden durch einen Prozeß, der **Dribbling** heißt, in den Speicher zurückgeschrieben. Werden andererseits mehrere Wörter oben aus dem Operandenstapel geschoben, ist Platz im Registerblock verfügbar, so daß einige weiter unten im Stapel erneut in den Registerblock geladen werden können. Spezielle Register auf dem Chip bestimmen, wie voll der Registerblock sein muß, bevor einige Wörter unten in den Speicher geschrieben werden, und wie leer er sein darf, bevor er erneut vom Speicher geladen wird. Um das Dribbling zu vereinfachen, ohne kopieren zu müssen, funktioniert der Registerblock wie ein Ringpuffer, mit Zeigern zum niedrigsten gültigen und zum höchsten gültigen Wort. Dribbling erfolgt automatisch, sobald der Registerblock zu voll oder zu leer ist.

Die Pipeline der picoJava II

Die picoJava II hat eine sechsstufige Pipeline. Ihr Aufbau wird aus Abb. 4.52 ersichtlich. Die erste Stufe liest Instruktionen in je 8 Byte vom I-Cache in einen Instruktionspuffer mit einer Kapazität von 16 Byte ein. Die nächste Stufe dekodiert die Instruktionen und faltet (kombiniert) sie auf eine bestimmte

Weise, wie im nächsten Abschnitt beschrieben. Was aus der DECODE-Einheit heraustritt, ist eine Folge von Mikrooperationen, die je einen Opcode und drei Registernummern (zwei Quell- und ein Zielregister) enthalten. In dieser Hinsicht ähnelt die picoJava II dem Pentium II: Beide Maschinen nehmen einen Strom aus CISC-Instruktionen entgegen, die intern in eine Folge von Mikrooperationen unterteilt und in einen auf Pipeline-Basis ausgelegten RISC-Kern gespeist werden. Im Gegensatz zum Pentium II ist die picoJava II aber nicht superskalar, und die Mikrooperationen werden in der Reihenfolge ausgeführt und fertiggestellt, in der sie ausgegeben wurden. Bei einem Cache-Fehlschlag, wenn z.B. ein Operand vom Hauptspeicher geholt werden muß, versetzt sich die CPU in einen Stillstand und wartet darauf.

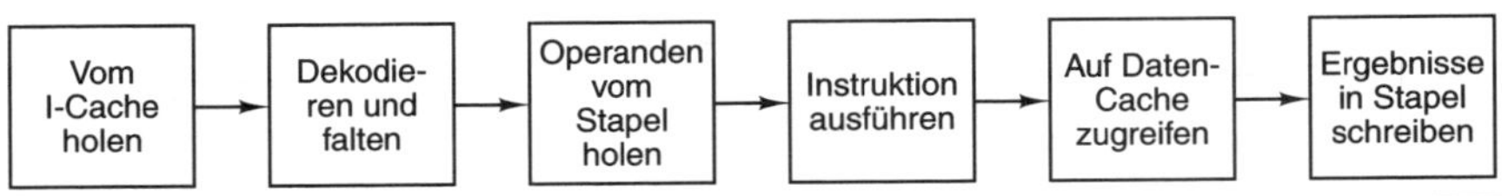

Abb. 4.52: Die picoJava II hat eine sechsstufige Pipeline

Die dritte Pipeline-Stufe holt Operanden vom Stapel (eigentlich vom Registerblock), so daß sie für die vierte Stufe – die Ausführungseinheit, in der die Instruktionen ausgeführt werden – bereit sind. Die fünfte Stufe greift bei Bedarf auf den Daten-Cache zu, beispielsweise, um Ergebnisse dort zu speichern. Die sechste Stufe schreibt Ergebnisse in den Stapel zurück.

Falten von Instruktionen

Wie oben erwähnt, ist die Dekodiereinheit in der Lage, mehrere Instruktionen zusammenzufalten bzw. zu kombinieren (**Folding**). Als Beispiel für die Funktionsweise betrachten wir die Auswertung der Anweisung

```
n = k + m;
```

Die Übersetzung für die (I)JVM kann

```
ILOAD 7
ILOAD 1
IADD
ISTORE 3
```

sein, unter der Annahme, daß *k*, *m* und *n* die lokalen Variablen 7, 1 bzw. 3 sind. Die Ausführung dieser vier Instruktionen ist in Abb. 4.53(a) dargestellt.

Unter der Annahme, daß alle drei Variablen hoch genug im Stapel liegen, so daß sie alle im Registerblock enthalten sind, braucht man zur Ausführung dieser Instruktionsfolge überhaupt keine Speicherreferenzen. Die erste Instruktion `ILOAD` 7 kopiert das Wort in die 7. lokale Variable oben im Stapel und erhöht den Stapelzeiger. `ILOAD` 1 ist ebenfalls ein Register zum Kopieren. `IADD` addiert zwei Register, und `ISTORE` kopiert ein Register in den lokalen Variablenteil des Registerblocks. Daß man sich aller Speicherreferenzen entledigt hat, ist allein schon eine große Leistungsoptimierung.

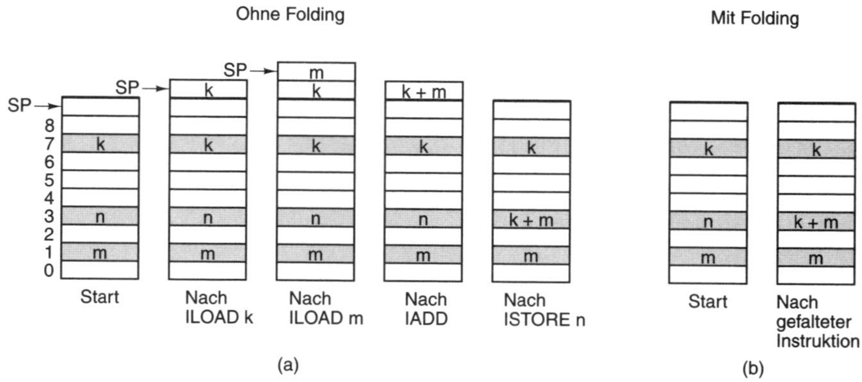

Abb. 4.53: (a) Ausführung einer aus vier Instruktionen bestehenden Folge zur Berechnung von $n = k + m$; (b) die gleiche Folge, jedoch zu einer Instruktion zusammengefaltet

Die picoJava II leistet aber noch mehr. Die Folge von vier Instruktionen bewirkt eigentlich die Addition von zwei Registern und das Speichern der Ergebnisse in einem dritten Register. Die DECODE-Einheit erkennt diese Bedingung und gibt eine einzelne Mikrooperation aus: eine `ADD`-Instruktion für drei Register. Statt vier JVM-Instruktionen, die insgesamt neun Speicherreferenzen ausmachen, haben wir hier eine einzige Mikrooperation für die Durchführung einer Addition auf drei Register, wie aus Abb. 4.53(b) ersichtlich wird. Wir erhalten folgendes Nettoergebnis: Obwohl CISC-Instruktionen mit vielen Speicherreferenzen in die Pipeline eingetreten sind, wurde lediglich eine einfache Mikrooperation ausgeführt. Das bedeutet, daß die picoJava II Java-Programme, die in die JVM kompiliert wurden, so schnell ausführen kann, als wären sie in die Maschinensprache einer RISC-Maschine im hohen Leistungsbereich kompiliert worden.

Wir haben soeben gesehen, daß die Fähigkeit, mehrere JVM-Instruktionen zu einer Mikrooperation zu kombinieren, ein entscheidender Leistungsfaktor in der Pipeline-Ausführung ist. Folglich lohnt es sich, kurz zu untersuchen, wie die DECODE-Einheit dieses Falten bewältigt. Vor dem Falten werden Instruktionen in Sechsergruppen zusammengefaßt (siehe Abb. 4.54). Die erste Gruppe enthält Instruktionen, die nicht gefaltet werden. Die zweite enthält Ladeoperationen von lokalen Variablen. Die IJVM hat eine solche Instruktion – `ILOAD`. Die JVM hat aber noch weitere. Die dritte Gruppe enthält Speicheroperationen, z.B. `ISTORE`. Die vierte und fünfte Gruppe dienen Sprüngen, mit einem bzw. zwei Operanden. Die letzte Gruppe besteht aus Instruktionen, die zwei Operanden vom Stapel schieben, eine Berechnung mit ihnen ausführen und das Ergebnis auf den Stapel zurückgeben.

Die DECODE-Einheit gibt 74-Bit-Mikrooperationen (über die Operandenabrufeinheit) an die Ausführungseinheit ab. Die meisten davon enthalten einen Opcode und drei Register und können in einem Zyklus ausgeführt werden. Während die DECODE-Einheit JVM-Instruktionen vom Instruktionspuffer einliest, konvertiert sie sie in Folgen von Mikrooperationen. Sie sieht sich aber auch nach bestimmten Mustern von JVM-Instruktionsfolgen um, die sich in eine einzige Mikrooperation falten lassen. Die Muster können bis zu vier Instruktionen lang sein. Wird ein Treffer gefunden, wird die entsprechende Mikrooperation ausgegeben, und die ursprünglichen Instruktionen werden verworfen.

Gruppe	Beschreibung	Beispiel
NF	Nicht faltbare Instruktionen	GOTO
LV	Ein Wort auf den Stapel schieben	ILOAD
MEM	Ein Wort vom Stapel werfen und im Speicher ablegen	ISTORE
BG1	Operationen, die einen Stapeloperanden verwenden	IFEQ
BG2	Operationen, die zwei Stapeloperanden verwenden	IF_CMPEQ
OP	Berechnungen mit zwei Operanden, die zu einem Ergebnis führen	IADD

Abb. 4.54: Zum Falten gruppierte JVM-Instruktionen

Abbildung 4.55 ist eine Tabelle mit einigen typischen JVM-Folgen, die sich falten lassen. Stößt die Dekodiereinheit auf eine dieser Folgen, ersetzt sie die gewöhnliche Instruktionszersetzung durch eine einzige Mikrooperation, die die Arbeit für die gesamte Folge in einem Zyklus übernimmt. Sie konvertiert beispielsweise eine aus vier Instruktionen bestehende Folge in eine ADD-Mikrooperation für drei Register (siehe Abb. 4.53). Das Falten funktioniert nur, wenn die referenzierten lokalen Variablen ausreichend nahe an der Oberseite des Stapels liegen, so daß sie im Registerblock enthalten sind.

Instruktionsfolge				Beispiel
LV	LV	OP	MEM	ILOAD, ILOAD, IADD, ISTORE
LV	LV	OP		ILOAD, ILOAD, IADD
LV	LV	BG2		ILOAD, ILOAD, IF_CMPEQ
LV	BG1			ILOAD, IFEQ
LV	BG2			ILOAD, IF_CMPEQ
LV	MEM			ILOAD, ISTORE
OP	MEM			IADD, ISTORE

Abb. 4.55: Beispiele von JVM-Instruktionsfolgen, die gefaltet werden können

Falten findet oft genug statt, so daß ein erheblicher Teil eines JVM-Programms so ausgeführt werden kann, als wäre es direkt für einen RISC-Prozessor auf Pipeline-Basis kompiliert worden. Dies verleiht der JVM Portabilität in Verbindung mit einer RISC-Hochleistungsmaschine. Messungen haben gezeigt, daß die picoJava II Java-Programme bis zu fünfmal schneller ausführt als die gleichen Programme, die in Maschinensprache auf einem Pentium der gleichen Taktrate abgearbeitet werden. Im Vergleich zur interpretierten Ausführung auf einem Pentium ergibt sich eine 15 Mal schnellere Leistung.

Die picoJava II verfügt über einen übermäßig primitiven Algorithmus zur Vorhersage von Sprüngen: Er sagt immer voraus, daß kein Sprung genommen wird. Dieses Konzept hatte den Zweck, den Chip einfach und preisgünstig zu halten, statt einen beträchtlichen Chipbereich einer Vorhersageschaltung zu widmen. Außerdem kostet eine Falschvorhersage aufgrund der Pipeline-Länge (6 Stufen, gegenüber 12 beim Pentium II) nur drei Zyklen.

4.6.4 Pentium, UltraSPARC und picoJava im Vergleich

Unsere drei Beispiele unterscheiden sich erheblich, haben aber tief im Innern überraschend viele Gemeinsamkeiten. Das sagt etwas darüber aus, wie man am besten einen Computer entwickelt. Der Pentium II verfügt über eine alte CISC-Instruktionsmenge, die Intels Ingenieure liebend gern in die Bucht von San Francisco werfen würden, wären da nicht die strengen Wasserschutzbestimmungen im Staate Kalifornien. Die UltraSPARC II ist ein reines RISC-Design mit schlanken, frechen Instruktionen. Die picoJava II ist eine Stapelmaschine mit Instruktionen variabler Länge, die von Speicherreferenzen reichlich (teuren) Gebrauch machen.

Trotz dieser enormen Unterschiede haben alle drei Maschinen sehr ähnliche Ausführungseinheiten. Alle Ausführungseinheiten nehmen Mikrooperationen entgegen, die einen Opcode, zwei Quellregister und ein Zielregister enthalten. Alle können eine Mikrooperation in einem Zyklus ausführen und haben tief strukturierte Pipelines sowie eine Sprungvorhersage. Sie verfügen über geteilte I- und D-Caches von je 16 Kbyte.

Diese interne Ähnlichkeit ist kein Zufall und auch nicht dem endlosen Stellenwechsel der Ingenieure im Silicon Valley zuzuschreiben. Wir haben in den Beispielen der Mic-3 und Mic-4 gesehen, daß es leicht und natürlich ist, einen Pipeline-Datenweg zu konstruieren, der zwei Quellregister hernimmt, sie durch eine ALU laufen läßt und die Ergebnisse in einem Register speichert. Abb. 4.34 zeigt eine grafische Darstellung dieser Pipeline. Mit den heutigen Technologien ist dies das wirksamste Design.

Unsere drei Beispielmaschinen unterscheiden sich hauptsächlich durch den Weg, auf dem sie von ihrer ISA-Instruktionsmenge zur Ausführungseinheit gelangen. Der Pentium II muß seine CISC-Instruktionen aufteilen, um sie in das Drei-Register-Format zu bringen, das die Ausführungseinheit verlangt. Das genau ist das Thema von Abb. 4.47 – das Zerstückeln großer Instruktionen in nette, saubere Mikrooperationen. Die picoJava II hat das umgekehrte Problem, nämlich wie mehrere Instruktionen zu netten, sauberen Mikrooperationen kombiniert werden können. Dafür kann sie Instruktionen falten. Die UltraSPARC II muß nichts tun, weil ihre nativen Instruktionen bereits nette, saubere Mikrooperationen sind. Deshalb sind die meisten neuen ISAs vom Typ RISC, sofern man nicht durch ein höheres Motiv (wie beispielsweise Einlesen von Java-Programmen über das Internet und Ausführen auf einer beliebigen Maschine) geleitet wird.

Ein Vergleich unseres letzten Designs, der Mic-4, mit diesen drei Beispielen aus dem wirklichen Leben ist sehr lehrreich. Die Mic-4 ähnelt am meisten dem Pentium II. Beide haben die Aufgabe, eine RISC-fremde ISA-Instruktionsmenge zu interpretieren. Beide tun dies durch Zerlegung der ISA-Instruktionen in Mikrooperationen mit einem Opcode, zwei Quellregistern und einem Zielregister. In beiden Fällen werden die Mikrooperationen zur späteren Ausführung in einer Warteschlange abgestellt. Die Mic-4 gibt streng der Reihe nach aus, führt der Reihe nach aus und stellt der Reihe nach fertig, während der Pentium II der Reihe nach ausgibt, außer der Reihe ausführt und wieder der Reihe nach fertigstellt. Die interne Struktur der Pipeline des Pentium II, insbesondere des in Abb. 4.47 dargestellten Teils, hat auch gewisse Gemeinsamkeiten mit dem Mic-4-Design.

Wir vergleichen jetzt die Mic-4 mit der picoJava II. Obwohl es logisch erscheint, daß sich diese beiden Architekturen gänzlich ähneln – schließlich interpretieren sie die gleiche ISA-Instruktionsmenge, sind sie überhaupt nicht vergleichbar. Das liegt daran, daß die DECODE-Einheiten auf entgegengesetzten Strategien basieren. Die Mic-4 nimmt jede ankommende IJVM-Instruktion und zerlegt sie sofort in Mikrooperationen, während die picoJava II versucht, mehrere IJVM-Instruktionen zu einer einzigen Mikrooperation zu kombinieren (zusammenzufalten). Die einfache Zuweisung `i = j + k` dauert bei der Mic-4 14 Zyklen und bei der picoJava II einen Zyklus. In diesem Fall ist das Falten um einen Faktor von 14 vorteilhafter. Die zweite Methode führt ganz deutlich zu einer viel schnelleren Ausführung. Andererseits ist der Faltprozeß von erheblicher Komplexität.

Die Mic-4 und die UltraSPARC II lassen sich eigentlich überhaupt nicht vergleichen, weil die UltraSPARC II als ISA-Instruktionsmenge über RISC-Instruktionen (d.h. Mikrooperationen für drei Register) verfügt. Sie müssen weder zerlegt noch kombiniert und können unverändert in je einem einzigen Datenwegzyklus ausgeführt werden.

Alle vier Maschinen weisen eine tiefe Pipeline-Struktur auf. Der Pentium II hat zwölf, die UltraSPARC II hat neun, die picoJava II hat sechs und die Mic-4 hat sieben Stufen. Der Pentium II hat mehr Stufen als die anderen, weil er schwierige Instruktionen zerlegen muß. Die UltraSPARC hat mehr, als sie eigentlich braucht, weil die INTEGER-Pipeline um zwei Stufen künstlich verlängert wurde, damit Ganzzahloperationen gleich lang wie Gleitkommaoperationen dauern. Wir schließen daraus, daß eine aus sechs oder sieben Stufen bestehende Pipeline, die Mikrooperationen für drei Register verarbeitet, mit moderner Technologie und einer nicht allzu unvernünftigen Instruktionsmenge ein Schritt in Richtung gutes Design ist. Die Mic-4 vermittelt einen guten Eindruck der Funktionsweise einer solchen Pipeline (zumindest mit einer RISC-fremden Instruktionsmenge).

4.7 Zusammenfassung

Im Kern eines jeden Computers liegt der Datenweg. Er enthält einige Register, zwei oder drei Busse und einen oder mehr Funktionseinheiten, z.B. ALUs und Schieber. Die Hauptausführungsschleife besteht aus dem Einlesen einiger Operanden aus den Registern und ihrem Versenden über die Busse zur ALU und zu einer anderen Funktionseinheit, wo sie ausgeführt werden. Die Ergebnisse werden wieder in den Registern gespeichert.

Der Datenweg läßt sich durch einen Sequenzer steuern, der Mikroinstruktionen aus einem Steuerspeicher holt. Jede Mikroinstruktion enthält Bits, die den Datenweg über einen Zyklus hinweg steuern. Diese Bits legen fest, welche Operanden auszuwählen und welche Operationen auszuführen sind, und was mit den Ergebnissen geschehen soll. Darüber hinaus spezifiziert jede Mikroinstruktion ihre Nachfolgerin dadurch, daß sie normalerweise explizit deren Adresse enthält. Einige Mikroinstruktionen ändern vor ihrer Benutzung diese Basisadresse durch Verknüpfen von Bits mittels OR mit der Adresse.

Die IJVM-Maschine ist eine Stapelmaschine mit 1-Byte-Opcodes, die Wörter auf den Stapel schieben, vom Stapel werfen und im Stapel kombinieren (z.B. addieren). Eine mikroprogrammierte Implementierung wurde für die Mic-1-Mikroarchitektur gegeben. Durch Addieren einer Einheit, die Instruktionen liest, um Bytes im Instruktionsstrom vorauszulesen, könnten viele Referenzen auf den Programmzähler vermieden werden, was die Maschine erheblich beschleunigen würde.

Für die Mikroarchitekturebene stehen viele Designs zur Verfügung. Daneben gibt es aber auch viele Kompromisse, darunter ein Design mit zwei gegenüber einem mit drei Bussen, ein Design mit kodierten gegenüber dekodierten Mikroinstruktionsfeldern, ein Design mit oder ohne Vorauslesen, flachen oder tiefen Pipelines und vieles mehr. Die Mic-1 ist eine einfache, durch Software gesteuerte Maschine mit sequentieller Ausführung und ohne Parallelität. Demgegenüber ist die Mic-4 eine Mikroarchitektur mit viel Parallelität und einer siebenstufigen Pipeline.

Es gibt verschiedene Wege, wie die Leistung sich verbessern läßt. Eine wichtige Methode ist die Verwendung eines Cache-Speichers. Häufig werden direkt abgebildete und teilassoziative Caches benutzt, um Speicherreferenzen zu beschleunigen. Die statische oder dynamische Sprungvorhersage ist wichtig, ebenso die Ausführung außer der Reihe und die spekulative Ausführung.

Unsere drei Beispielmaschinen (Pentium II, UltraSPARC II und picoJava II) unterscheiden sich extern ganz erheblich, basieren aber auf überraschend ähnlichen Ausführungseinheiten. Der Pentium II nimmt eine CISC-ähnliche Instruktionsmenge und zerlegt Instruktionen in Mikrooperationen, die in einem superskalaren Kern mit Sprungvorhersage, Ausführung außer der Reihe und Spekulation verarbeitet werden. Die UltraSPARC II ist eine moderne 64-Bit-CPU mit RISC-ähnlichen Instruktionen, ebenfalls mit Sprungvorhersage, Ausführung außer der Reihe und Spekulation. Die picoJava II ist eine einfachere Maschine für kostengünstige Geräte. Deshalb fehlt es ihr an einigen anspruchsvollen Merkmalen, wie der dynamischen Sprungvorhersage. Durch Falten von Instruktionen kann sie aber JVM-Instruktionen fast so ausführen, als wären sie registerorientierte RISC-Instruktionen. Alle drei Maschinen haben eine ähnliche Ausführungseinheit, die Mikrooperationen für drei Register bei ihrem Fluß durch eine tiefe Pipeline handhabt.

4.8 Aufgaben

1. In Abb. 4.2 wird eine Möglichkeit gezeigt, *A* als ALU-Ausgabe zu produzieren. Beschreiben Sie eine weitere Möglichkeit.

2. Bei der Mic-1 dauert es 1 ns, um `MIR` einzurichten, 1 ns, um ein Register auf den B-Bus zu steuern, 3 ns, um die ALU und den Schieber auszuführen, und 1 ns, bis sich die Ergebnisse zu den Registern zurück ausbreiten. Der Taktimpuls ist 2 ns breit. Kann diese Maschine bei 100 MHz laufen? Was geschieht bei 150 MHz?

3. In Abb. 4.6 ist das Register des B-Busses in einem 4-Bit-Feld kodiert, der C-Bus aber als Bitmap dargestellt. Was ist der Grund?

4. In Abb. 4.6 gibt es ein Kästchen mit der Beschriftung »High Bit«. Erstellen Sie dafür ein Schaltdiagramm.

5. Wenn das `JMPC`-Feld in einer Mikroinstruktion eingeschaltet ist, wird `MBR` mittels OR mit `NEXT_ADDRESS` verknüpft, um die Adresse der nächsten Mikroinstruktion zu bilden. Gibt es Umstände, in denen es sinnvoll ist, `NEXT_ADDRESS` auf 0x1FF zu setzen und `JMPC` zu verwenden?

6. Angenommen, im Beispiel von Abb. 4.14(a) wird die Anweisung

   ```
   i = 0;
   ```

   nach der `if`-Anweisung eingefügt. Wie würde der neue Assemblercode aussehen? Gehen Sie von einem optimierten Compiler aus.

7. Liefern Sie zwei verschiedene IJVM-Übersetzungen für die folgende Java-Anweisung:

   ```
   i = j + k + 4;
   ```

8. Liefern Sie die Java-Anweisung, die den folgenden IJVM-Code produziert hat:

   ```
   ILOAD j
   ILOAD k
   ISUB
   BIPUSH 6
   ISUB
   DUP
   IADD
   ISTORE i
   ```

9. Im Text wurde erwähnt, daß sich *L2* bei der binären Übersetzung der Anweisung

```
if (Z) goto L1; else goto L2
```

in den unteren 256 Wörtern des Steuerspeichers befinden muß. Wäre es nicht auch möglich, beispielsweise *L1* auf 0x40 und *L2* auf 0x140 zu setzen? Erklären Sie Ihre Antwort.

10. In dem Mikroprogramm für die Mic-1 wird `MDR` in `if_icmpeq3` in `H` kopiert und in der nächsten Zeile `TOS` davon subtrahiert. Sicherlich wäre es besser, hier mit einer Anweisung zu arbeiten:

```
if_cmpeq3  Z = MDR - TOS; rd
```

Warum wurde das nicht gemacht?

11. Wie lange braucht eine mit 200 MHz getaktete Mic-1, um die Java-Anweisung

```
i = j + k;
```

auszuführen? Geben Sie Ihre Antwort in Nanosekunden.

12. Wiederholen Sie die Antwort der vorherigen Frage, jetzt jedoch für eine mit 200 MHz getaktete Mic-2. Wie lange würde ein Programm, das 100 s auf der Mic-1 läuft, auf der Grundlage dieser Berechnung auf der Mic-2 dauern?

13. Auf einer vollen JVM-Maschine gibt es spezielle 1-Byte-Opcodes zum Laden der lokalen 0 bis 3 auf den Stapel, statt die allgemeine `ILOAD`-Instruktion zu benutzen. Wie kann IJVM abgeändert werden, um diese Instruktionen am besten zu nutzen?

14. Die Instruktion `ISHR` (Arithmetic Shift Right Integer) gibt es in der JVM, nicht aber in der IJVM. Sie benutzt die oberen beiden Werte des Stapels und ersetzt beide durch einen einzelnen Wert – das Ergebnis. Das zweite Wort von oben im Stapel ist der zu verschiebende Operand. Sein Inhalt wird um einen Wert zwischen 0 und einschließlich 31 nach rechts verschoben, je nach dem Wert der fünf am wenigsten signifikanten Bits des obersten Stapelworts (die übrigen 27 Bits des obersten Worts werden ignoriert). Das Vorzeichenbit wird um die Bitzahl, die der Verschiebungszahl entspricht, nach rechts repliziert. Der Opcode für `ISHR` lautet 122 (0x7A).

    a. Welche arithmetische Operation entspricht der Verschiebung nach rechts mit einer Zahl von 2?

    b. Erweitern Sie den Mikrocode um diese Instruktion als Teil von IJVM.

15. Die Instruktion `ISHL` (Shift Left Integer) gibt es in der JVM, nicht aber in der IJVM. Sie benutzt die obersten beiden Werte im Stapel und ersetzt die beiden durch einen einzelnen Wert – das Ergebnis. Das zweite Wort oben im Stapel ist der zu verschiebende Operand. Sein Inhalt wird um einen

Wert zwischen 0 und einschließlich 31 nach links verschoben, je nach dem Wert der fünf am wenigsten signifikanten Bits des obersten Stapelworts (die übrigen 27 Bits des obersten Worts werden ignoriert). Von rechts werden so viele Nullen eingeschoben, wie Bits verschoben werden. Der Opcode für `ISHL` lautet 120 (0x78).

a. Welche arithmetische Operation entspricht der Verschiebung nach rechts mit einer Zahl von 2?

b. Erweitern Sie den Mikrocode um diese Instruktion als Teil von IJVM.

16. Die JVM-Instruktion `INVOKEVIRTUAL` muß wissen, aus wie vielen Parametern sie besteht. Warum?

17. Schreiben Sie einen Mikrocode für die Mic-1, um die JVM-Instruktion `POPTWO` zu implementieren. Diese Instruktion entfernt zwei Wörter von der Oberseite des Stapels.

18. Implementieren Sie die JVM-Instruktion `DLOAD` für die Mic-2. Sie hat einen 1-Byte-Index und schiebt die lokale Variable an dieser Stelle auf den Stapel. Dann schiebt sie das nächsthöhere Wort auch auf den Stapel.

19. Zeichnen Sie eine Finite-State-Maschine zum Erfassen von Punkten beim Tennisspiel. Die Regeln sind beim Tennis wie folgt: Um zu gewinnen, müssen Sie mindestens vier Punkte erreichen, und Sie müssen mindestens zwei Punkte mehr als Ihr Gegner haben. Beginnen Sie mit einem Zustand (0, 0), der besagt, daß noch keiner Punkte gemacht hat. Dann fügen Sie einen Zustand (1, 0) hinzu, der bedeutet, daß *A* Punkte gemacht hat. Beschriften Sie die Kante von (0, 0) zu (1, 0) mit einem *A*. Jetzt fügen Sie einen Zustand (0, 1) ein, der besagt, daß *B* Punkte gemacht hat. Beschriften Sie die Kante von (0, 0) mit einem *B*. Fügen Sie weitere Zustände und Kanten hinzu, bis alle möglichen Zustände vorhanden sind.

20. Betrachten Sie erneut die vorherige Aufgabe. Gibt es Zustände, die man zusammenbrechen lassen könnte, ohne das Ergebnis eines Spiels zu verändern? Falls ja, welche sind gleichwertig?

21. Zeichnen Sie eine Finite-State-Maschine für eine Sprungvorhersage, die zäher ist als die in Abb. 4.42. Sie sollte Vorhersagen erst nach drei aufeinanderfolgenden Fehlvorhersagen ändern.

22. Das Schieberegister von Abb. 4.27 hat eine Höchstkapazität von 6 Byte. Könnte eine billigere Version der IFU mit einem 5-Byte-Schieberegister gebaut werden? Was geschieht bei einem 4-Byte-Schieberegister?

23. Nachdem Sie in der vorherigen Aufgabe billigere IFUs untersucht haben, beschäftigen wir uns jetzt mit teureren. Wäre es irgendwann sinnvoll, über ein viel größeres Schieberegister, etwa mit 12 Byte, zu verfügen? Warum bzw. warum nicht?

24. In dem Mikroprogramm für die Mic-2 geht der Code für `if_icmpeq6` zu `T`, wenn `Z` auf 1 gesetzt wird. Der Code bei `T` ist aber der gleiche wie `goto1`.

Hätte man `gotol` nicht direkt anspringen können? Hätte dies die Maschine beschleunigt?

25. Bei der Mic-4 bildet die Dekodiereinheit den IJVM-Opcode auf den ROM-Index ab, wo die entsprechenden Mikrooperationen gespeichert sind. Es sieht aus, als wäre es einfacher, die Dekodierstufe einfach wegzulassen und den IJVM-Opcode direkt in die Warteschlange zu stellen. Man könnte den IJVM-Opcode als Index zum ROM benutzen, so wie bei der Mic-1. Was stimmt an dieser Idee nicht?

26. Ein Computer verfügt über einen Cache mit zwei Ebenen. Wir nehmen an, daß 80% der Speicherreferenzen auf den Cache der ersten Ebene und 15% auf den der zweiten Ebene stoßen und 5% Fehlschläge sind. Die Zugriffszeiten sind 5, 15 bzw. 60 ns, wobei die Zeiten für den Level-2-Cache und den Speicher ab dem Moment beginnen, an dem bekannt ist, daß sie gebraucht werden (z.B. beginnt ein Zugriff auf den Level-2-Cache sogar erst, nachdem sich ein Fehlschlag beim Level-1-Cache ergeben hat). Wie hoch ist die durchschnittliche Zugriffszeit?

27. Am Ende von Abschnitt 4.5.1 wurde behauptet, daß die Schreibzuordnung nur einen Vorteil bringt, wenn die Wahrscheinlichkeit besteht, daß mehrere Schreiboperationen auf die gleiche Cache-Zeile erfolgen. Was geschieht, falls einer Schreiboperation mehrere Leseoperationen folgen? Wäre das nicht auch ein großer Vorteil?

28. Im ersten Entwurf dieses Buchs wurde in Abb. 4.39 statt eines assoziativen Vierweg- ein assoziativer Dreiweg-Cache dargestellt. Einer unserer Kritiker geriet fürchterlich in Wut und behauptete, dies würde die Studenten völlig verwirren, weil drei keine Potenz von zwei ist, und Computer ausschließlich binäre Operationen durchführen. Da der Kunde immer König ist, wurde die Abbildung entsprechend abgeändert. Hat der Kritiker recht? Erläutern Sie Ihre Antwort.

29. Ein Computer mit einer fünfstufigen Pipeline behandelt bedingte Sprünge dergestalt, daß er sich über die nächsten drei Zyklen hinweg in einen Stillstand versetzt, nachdem er auf einen Sprung gestoßen ist. Welchen Schaden richtet der Stillstand hinsichtlich der Leistung an, wenn 20% aller Instruktionen bedingte Sprünge sind? Ignorieren Sie alle Quellen des Stillstands mit Ausnahme der bedingten Sprünge.

30. Angenommen, ein Computer liest bis zu 20 Instruktionen im voraus. Im Durchschnitt sind vier davon aber bedingte Sprünge mit je einer Wahrscheinlichkeit von 90%, daß sie richtig vorausgesagt werden. Wie hoch ist die Wahrscheinlichkeit, daß sich das Vorauslesen auf dem richtigen Weg befindet?

31. Angenommen, wir müßten das Design der in Abb. 4.43 benutzten Maschine auf 16 statt 8 Register abändern. Anschließend ändern wir I6 für die Verwendung von `R8` als Ziel. Was passiert in den Zyklen, die bei Zyklus 6 beginnen?

32. Normalerweise verursachen Abhängigkeiten bei Pipeline-CPUs Schwierigkeiten. Gibt es Optimierungen für den Fall von WAR-Abhängigkeiten, mit denen man es verbessern könnte? Welche?

33. Schreiben Sie den Mic-1-Interpreter so um, daß `LV` jetzt auf die erste lokale Variable und nicht auf den Verknüpfungszeiger verweist.

34. Schreiben Sie einen Simulator für einen direkt abgebildeten Einweg-Cache. Erstellen Sie die Anzahl der Einträge und die Zeilengrößenparameter der Simulation. Experimentieren Sie damit, und geben Sie Ihre Beobachtungen bekannt.

5

Die ISA-Ebene (Instruction Set Architecture)

In diesem Kapitel wird die ISA-Ebene (Instruction Set Architecture) ausführlich behandelt. Sie liegt zwischen der Mikroarchitektur- und der Betriebssystemebene (siehe Abb. 1.2). Historisch wurde diese Ebene vor den anderen Ebenen entwickelt; ursprünglich war sie sogar die einzige. Bis heute ist es nicht ungewöhnlich, von dieser Ebene einfach als »Architektur« einer Maschine oder auch (irrtümlich) als »Assemblersprache« zu sprechen.

Die ISA-Ebene hat eine besondere Bedeutung, durch die sie für Systemarchitekten wichtig wird: Sie ist die Schnittstelle zwischen der Soft- und der Hardware. Obwohl es möglich ist, die Hardware direkt in C, C++, FORTRAN 90 oder in einer anderen Hochsprache geschriebene Programme ausführen zu lassen, ist das nicht ratsam. Der Leistungsvorteil der Kompilation gegenüber der Interpretation würde verlorengehen. Um von praktischem Nutzen zu sein, müssen die meisten Computer außerdem Programme ausführen können, die in vielen Sprachen, nicht nur einer, geschrieben wurden.

Bei dem von fast allen Systemdesignern übernommenen Konzept werden Programme von verschiedenen Hochsprachen in eine gemeinsame Zwischenform – die ISA-Ebene – übersetzt, und es wird Hardware entwickelt, die Programme der ISA-Ebene direkt ausführen kann. Die ISA-Ebene definiert die Schnittstelle zwischen den Compilern und der Hardware. Das ist die Sprache, die beide verstehen müssen. Die Beziehung zwischen den Compilern, der ISA-Ebene und der Hardware wird aus Abb. 5.1 ersichtlich.

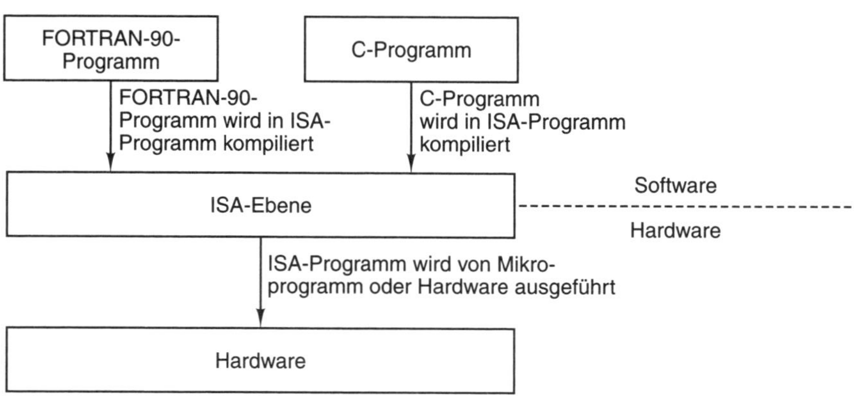

Abb. 5.1: Die ISA-Ebene ist die Schnittstelle zwischen Compiler und Hardware

Im Idealfall sprechen die Architekten bei der Entwicklung einer neuen Maschine sowohl mit den Compiler-Programmierern als auch mit den Hardware-Ingenieuren, um herauszufinden, welche Merkmale beide Seiten auf der ISA-Ebene anstreben. Wünschen die Compiler-Programmierer ein Merkmal, das die Ingenieure nicht kostengünstig implementieren können (z.B. eine Instruktion mit Sprung zur Ausführung von Gehaltsberechnungen), wird sie nicht eingebracht. Möchten die Hardware-Spezialisten andererseits ein neues Merkmal (z.B. einen Speicher, bei dem die Wörter, deren Adressen Primzahlen sind, superschnell sind), und können die Software-Spezialisten keinen entsprechenden Code zustande bringen, stirbt die Idee auf dem Zeichenbrett. Nach reichlicher Diskussion und Simulation entsteht eine perfekt optimierte ISA für die beabsichtigten Programmiersprachen, die letztlich implementiert wird.

Das ist die Theorie. Nun zur harten Wirklichkeit. Im Lauf der Entwicklung einer neuen Maschine stellen alle potentiellen Kunden zuerst folgende Frage: »Ist sie mit der Vorgängerin kompatibel?« Die zweite Frage ist: »Kann sie mein altes Betriebssystem ausführen?« Die dritte Frage lautet: »Kann sie meine vorhandenen Anwendungsprogramme ohne Modifizierung ausführen?« Lautet die Antwort auf eine dieser Fragen »Nein«, müssen die Designer reichlich Erklärungsarbeit leisten. Kunden sind nur selten bereit, ihre alte Software wegzuwerfen und von Neuem zu beginnen.

Diese Haltung erzeugt für die Computer-Architekten viel Druck, um die ISA-Ebene zwischen verschiedenen Modellen gleich zu halten oder zumindest **abwärtskompatibel** zu machen. Damit ist gemeint, daß die neue Maschine alte Programme ohne Änderung ausführen kann. Andererseits ist es absolut akzeptabel, daß die neue Maschine über neue Instruktionen und andere Merkmale verfügt, die von der neuen Software genutzt werden können. Solange die Designer mit Blick auf Abb. 5.1 die ISA mit den vorherigen Modellen abwärtskompatibel auslegen, steht es ihnen mehr oder weniger frei, mit der Hardware anzustellen, was sie wollen, weil sich kaum jemand um die echte Hardware kümmert (oder gar weiß, was sie macht). Sie können von einem mikroprogrammierten Design auf die direkte Ausführung übergehen oder Pipeline- oder superskalare Merkmale einfügen, solange sie Abwärtskompatibilität mit der vorherigen ISA wahren. Das Ziel ist dabei sicherzustellen, daß alte Programme auf der neuen Maschine laufen. Die Herausforderung ist, bessere Maschinen unter den Zwängen der Abwärtskompatibilität zu entwickeln.

Das alles soll aber nicht heißen, daß das ISA-Design keine Rolle spielt. Eine gute ISA hat erhebliche Vorteile gegenüber einer schlechten, insbesondere in bezug auf die rohe Rechenleistung gegenüber den Kosten. Bei einem ansonsten gleichwertigen Design weisen verschiedene ISAs einen Unterschied in der Leistung von bis zu 25% auf. Damit soll aber nur festgehalten werden, daß es aufgrund der Marktkräfte schwierig (wenn nicht gar unmöglich) ist, eine alte ISA wegzuwerfen und eine neue einzuführen. Dennoch entsteht hier und da eine ganz neue »Allzweck-ISA«, und noch häufiger eine für spezielle Märkte (z.B. eingebettete Systeme oder Multimedia-Prozessoren). Daher ist das Verständnis des ISA-Designs von Bedeutung.

Wodurch zeichnet sich eine gute ISA aus? Sie tut dies durch zweierlei Faktoren: Erstens sollte eine gute ISA eine Instruktionsmenge definieren, die effizient in vorhandene und künftige Technologien implementiert werden kann, so daß sich kostengünstige Designs für mehrere Generationen ergeben. Ein schlechtes Design läßt sich schwieriger implementieren, kann viel mehr Gates für die Implementierung eines Prozessors erfordern, und mehr Speicher für die Programmausführung voraussetzen. Außerdem läuft sie möglicherweise langsamer, weil die ISA Gelegenheiten zum Überlappen von Operationen verschleiert, so daß noch mehr in das Design gesteckt werden muß, um eine gleichwertige Leistung zu erzielen. Ein Design, das die Besonderheiten einer bestimmten Technologie nutzt, die sich nur über eine Generation hinweg kostengünstig implementieren lassen, kann sich als Schlag ins Wasser erweisen.

Zweitens sollte eine gute ISA ein klares Ziel für kompilierten Code bieten. Regelmäßigkeit und Vollständigkeit einer Reihe von Optionen sind wichtige Merkmale, die nicht immer in einer ISA vorhanden sind. Das sind wichtige Charakteristika für einen Compiler, der möglicherweise Schwierigkeiten hat, die beste Option aus einer Reihe begrenzter Alternativen auszuwählen, insbesondere, wenn einige scheinbar geeignete Alternativen für die ISA nicht gelten. Kurz: Da die ISA die Schnittstelle zwischen der Hard- und Software bildet, sollte sie sowohl die Hardware-Designer (läßt sich gut effizient implementieren) als auch die Software-Designer (Code läßt sich dafür leicht erzeugen) zufriedenstellen.

5.1 Übersicht über die ISA-Ebene

Wir beginnen unsere Darstellung der ISA-Ebene mit der Frage danach, was sie ist. Diese Frage ist komplizierter, als sie scheint. Im folgenden Abschnitt werden diese Frage und damit zusammenhängende Aspekte untersucht. Dann werden Speichermodelle, Register und Instruktionen beschrieben.

5.1.1 Eigenschaften der ISA-Ebene

Im Prinzip wird die ISA-Ebene danach definiert, wie sich die Maschine dem Maschinensprachprogrammierer darstellt. Da kein (normaler) Mensch heute noch in Maschinensprache programmiert, definieren wir dieses Prinzip neu, indem wir sagen, daß der Code auf ISA-Ebene das ist, was ein Compiler ausgibt (wobei wir Betriebssystemaufrufe und symbolische Assemblersprachen für den Augenblick ignorieren). Um einen Code für die ISA-Ebene zu produzieren, muß der Compiler-Schreiber wissen, um welches Speichermodell es sich handelt, welche Register vorhanden sind, welche Datentypen und Instruktionen verfügbar sind, usw. Diese Informationen zusammen definieren die ISA-Ebene.

Gemäß dieser Definition gelten Fragen darüber, ob die Mikroarchitektur mikroprogrammiert ist, ob sie auf Pipelining basiert, ob sie superskalar ist usw. nicht für die ISA-Ebene, weil sie für den Compiler-Schreiber nicht sichtbar sind. Diese Bemerkung stimmt aber nicht ganz, weil sich ein Teil dieser Eigenschaften auf die Leistung auswirkt, und das ist für den Compiler-Schreiber sehr wohl sichtbar. Man betrachte z.B. ein superskalares Design, das Back-to-Back-Instruktionen im gleichen Zyklus ausgeben kann, solange sich darin eine Ganzzahl- und eine Gleitkomma-Instruktion befinden. Wechselt der Compiler diese beiden Instruktionen aus, erhält er eine wesentlich bessere Leistung, als wenn er das nicht tun würde. Folglich sind die Einzelheiten der superskalaren Operation auf der ISA-Ebene *doch* sichtbar, so daß die Trennung zwischen den Schichten nicht so scharf wie auf den ersten Blick ist.

Bei einigen Architekturen wird die ISA-Ebene in einem formell definierten Dokument spezifiziert, das häufig von einem Industriekonsortium erarbeitet wird. Bei anderen ist das nicht der Fall. Für die SPARC Version 9 und für die JVM gibt es beispielsweise offizielle Definitionen (Weaver und Germond, 1994; Lindholm und Yellin, 1997). Mit der Definition eines Dokuments wird der Zweck verfolgt, verschiedene Implementierungen der Maschine zu realisieren, die alle genau die gleiche Software ausführen und die gleichen Ergebnisse produzieren.

Im Fall der SPARC soll es mehreren Chipanbietern ermöglicht werden, funktionell identische SPARC-Chips herzustellen, die sich nur in Leistung und Preis unterscheiden. Damit dieses Konzept funktioniert, müssen die Chipanbieter wissen, was ein SPARC-Chip (auf der ISA-Ebene) tun soll. Das Definitionsdokument beschreibt, um welches Speichermodell es sich handelt, welche Register vorhanden sind, was die Instruktionen bewirken usw., nicht aber, wie die Mikroarchitektur aussieht.

Solche Dokumente enthalten **normative** Abschnitte, die Anforderungen auferlegen, und **informative** Abschnitte, die den Leser unterstützen sollen, jedoch nicht Teil der formellen Definition sind. In den normativen Abschnitten werden durchgängig Begriffe wie *soll*, *darf nicht* oder *sollte* gebraucht, um auf Forderungen, Verbote und Vorschläge in bezug auf die Architektur hinzuweisen. Ein Satz wie beispielsweise

Die Ausführung eines reservierten Opcodes muß eine Fangstelle (Trap) auslösen

bedeutet, daß ein Programm, das einen nicht definierten Opcode ausführt, eine Fangstelle (Trap) bewirken muß; Ignorieren allein genügt nicht. Ein anderes Konzept läßt diese Aspekte möglicherweise offen. In einem solchen Fall liest sich der Satz z.B. so:

Die Wirkung der Ausführung eines reservierten Opcodes ist durch die Implementierung definiert.

Das bedeutet, daß der Compiler-Schreiber nicht mit einem bestimmten Verhalten rechnen kann und bei der Implementierung viel Freiraum besteht. Die meisten Architekturspezifikationen werden von Testreihen begleitet, um zu prüfen, ob eine Implementierung tatsächlich mit der Spezifikation übereinstimmt.

Es ist klar, warum es für die SPARC V9 ein Dokument gibt, das ihre ISA-Ebene definiert: Alle SPARC-V9-Chips sollen die gleiche Software ausführen. Aus einem ähnlichen Grund gibt es eine Definition für die JVM: damit Interpreter (bzw. Chips wie picoJava II) jedes beliebige, gültige JVM-Programm ausführen können. Es gibt keine formelle Definition für die ISA-Ebene des Pentium II, weil es Intel anderen Anbietern nicht leicht machen will, Pentium-II-Chips herzustellen. Intel ist sogar vor Gericht gegangen, um andere Hersteller am Klonen seiner Chips zu hindern.

Ein weiteres wichtiges Merkmal der ISA-Ebene ist, daß die meisten Maschinen mindestens zwei Modi aufweisen. Der **Kernel-Modus** dient der Ausführung des Betriebssystems und erlaubt die Ausführung aller Instruktionen. Der **Nutzermodus** (User Mode) dient der Ausführung von Anwendungsprogrammen und läßt die Ausführung bestimmter, empfindlicher Instruktionen (z.B. diejenigen, die den Cache direkt manipulieren) nicht zu. In diesem Kapitel konzentrieren wir uns hauptsächlich auf Instruktionen und Eigenschaften des Nutzermodus.

5.1.2 Speichermodelle

Alle Computer teilen den Speicher in Zellen mit aufeinanderfolgenden Adressen auf. Die übliche Zellengröße ist derzeit 8 Bit. In der Vergangenheit wurden aber auch Zellengrößen von 1 bis 60 Bit benutzt (siehe Abb. 2.10). Eine 8-Bit-Zelle ist ein **Byte**. Warum 8-Bit-Byte benutzt werden, ist darauf zurückzuführen, daß ASCII-Zeichen 7 Bit groß sind, so daß ein ASCII-Zeichen zuzüglich eines Paritätsbits in ein Byte paßt. Sollte sich der Unicode in der Industrie durchsetzen, basieren künftige Computer auf 16 Bit großen, durchgehend numerierten Einheiten. Schließlich ist 2^4 gegenüber 2^3 eine nette, gerade Zahl, da 4 eine Potenz von 2 ist, nicht aber 3.

Bytes werden im allgemeinen in 4-Byte- (32 Bit) oder 8-Byte-Wörter (64 Bit) gruppiert, wobei Instruktionen verfügbar sind, die ganze Wörter manipulieren. Viele Architekturen setzen voraus, daß Wörter an ihren natürlichen Grenzen ausgerichtet werden. So kann z.B. ein 4-Byte-Wort an Adresse 0, 4, 8 usw., aber nicht an Adresse 1 oder 2 beginnen. Ein 8-Byte-Wort kann an Adresse 0, 8 oder 16, aber nicht an Adresse 4 oder 6 beginnen. Abb. 5.2 zeigt die Ausrichtung von Bytewörtern.

Ausrichtung ist meist erforderlich, weil Speicher auf diese Weise effizienter arbeiten. Der Pentium II, der je 8 Byte vom Speicher holt, benutzt z.B. physikalische 36-Bit-Adressen, hat aber nur 33 Adreßbits (siehe Abb. 3.44). Das heißt, daß der Pentium II keine nicht ausgerichtete Speicherreferenz durchführen könnte, wenn er wollte, weil die drei niederwertigen Bits nicht explizit spezifiziert sind. Sie sind immer Nullen, so daß alle Speicheradressen zwangsläufig Mehrfache von 8 Byte sein müssen.

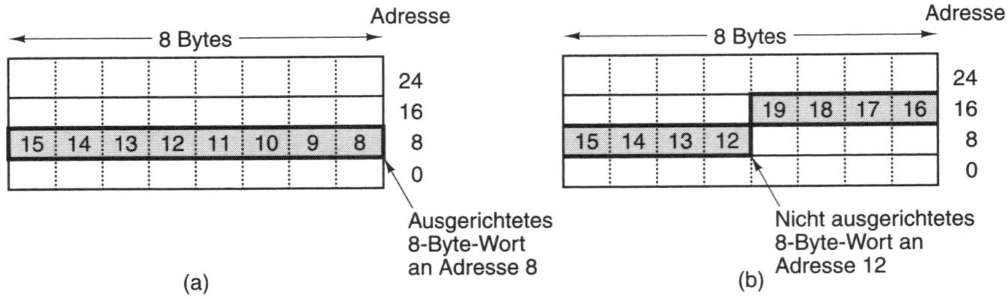

Abb. 5.2: *Ein 8-Byte-Wort in einem »little-endian«-Speicher; (a) ausgerichtet; (b) nicht ausgerichtet. Bei einigen Maschinen müssen Wörter im Speicher ausgerichtet sein.*

Diese Ausrichtung ist manchmal aber problematisch. Auf dem Pentium II können ISA-Programme auf Wörter zugreifen, die an jeder Adresse beginnen. Dieses Merkmal geht auf den 8088 zurück, der einen 1 Byte breiten Datenbus hatte (so daß die Ausrichtung von Speicherreferenzen auf 8-Byte-Grenzen nicht nötig war). Liest ein Programm auf dem Pentium II ein 4-Byte-Wort an Adresse 7, muß die Hardware eine Speicherreferenz durchführen, um die Bytes 0 bis 7 zu holen, und eine zweite, um die Bytes 8 bis 15 zu holen. Dann muß die CPU die erforderlichen 4 Byte aus den vom Speicher ausgelesenen 16 Byte herausziehen und zur Bildung eines 4-Byte-Worts in der richtigen Reihenfolge assemblieren.

Möchte man Wörter an beliebigen Adressen lesen, ist eine zusätzliche Logik auf dem Chip erforderlich, so daß sich dieser vergrößert und verteuert. Die Entwickler würden liebend gern auf ihn verzichten und statt dessen von allen Programmen wortausgerichtete Speicherreferenzen verlangen. Leider ist die Wirklichkeit anders: Sagt ein Ingenieur: »Wer braucht staubige, alte 8088-Programme, die falsche Speicherreferenzen durchführen?«, folgt von Seiten der Marketingleute prompt die Antwort: »Unsere Kunden«.

Die meisten Maschinen haben einen einzigen linearen Adreßraum auf der ISA-Ebene, der sich von Adresse 0 bis zu einem Maximum, oft 2^{32} Byte oder 2^{64} Byte, erstreckt. Einige wenige Maschinen verfügen aber über getrennte Adreßräume für Instruktionen und Daten, so daß der Abruf einer Instruktion an Adresse 8 an einen anderen Adreßraum gerichtet wird als ein Datenabruf an Adresse 8. Dieses Schema ist komplexer als bei einem einzigen Adreßraum, bietet aber zwei Vorteile. Erstens sind 2^{32}-Byte-Programme und zusätzliche 2^{32}-Byte-Daten bei nur 32-Bit-Adressen möglich. Zweitens ist es unmöglich, versehentlich das Programm zu überschreiben, weil alle Schreiboperationen automatisch an den Datenraum gerichtet werden, so daß eine potentielle Fehlerquelle wegfällt.

Man beachte, daß zwei getrennte Adreßräume für Instruktionen und Daten nicht das gleiche wie ein geteilter Level-1-Cache sind. Im ersten Fall verdoppelt sich die Gesamtmenge des Adreßraums, und Leseoperationen auf eine bestimmte Adresse führen zu unterschiedlichen Ergebnissen, je nachdem, ob eine Instruktion oder ein Datenwort gelesen werden. Bei einem geteilten Cache ist nach wie vor nur ein Adreßraum vorhanden; lediglich das Speichern erfolgt in unterschiedlichen Cache-Teilen.

Ein weiterer Aspekt des Speichermodells auf der ISA-Ebene ist die Speichersemantik. Die Erwartung, daß eine `LOAD`-Instruktion, die nach einer `STORE`-Instruktion ausgeführt wird, und auf die gleiche Adresse zugreift, die den gerade gespeicherten Wert ausgibt, ist ganz natürlich. Wir haben aber in Kapitel 4 gesehen, daß Mikroinstruktionen bei vielen Designs umgeordnet werden. Es besteht also eine echte Gefahr, daß sich der Speicher nicht wie erwartet verhält. Diese Lage verschlimmert sich noch auf einem Mehrprozessorsystem mit mehreren CPUs, die einen (möglicherweise umgeordneten) Strom an Lese- und Schreibanfragen auf einen gemeinsam genutzten Speicher ausgeben.

Dem Systemdesigner stehen mehrere Lösungen zur Verfügung. Er kann einerseits alle Speicheranfragen seriell auslegen, so daß jede fertiggestellt wird, bevor die nächste ausgegeben wird. Diese Strategie wirkt sich nachteilig auf die Leistung aus, bietet aber die einfachste Speichersemantik (alle Operationen werden strikt in der Programmreihenfolge ausgeführt).

Die gegenteilige Lösung bietet demgegenüber allgemein keinerlei Gewähr. Um dem Speicher eine Ordnung aufzuerlegen, muß das Programm eine `SYNC`-Instruktion ausführen, die so lange die Ausgabe aller neuen Speicheroperationen blockiert, bis alle vorherigen fertiggestellt sind. Dieses Design belastet die Compiler, weil diese im Detail wissen müssen, wie die zugrundeliegende Mikroarchitektur funktioniert, bietet dem Hardware-Designer aber maximalen Freiraum zur Optimierung der Speichernutzung.

Daneben sind auch Speichermodelle zwischen diesen beiden extremen Lösungen möglich, bei denen die Hardware automatisch die Ausgabe bestimmter Speicherreferenzen (z.B. die mit RAW- oder WAR-Abhängigkeit), nicht aber andere blockiert. Diese Besonderheiten, die der ISA-Ebene durch die Mikroarchitektur auferlegt werden, sind zwar lästig (zumindest für die Compiler-Schreiber und die Assemblersprachprogrammierer), liegen aber ganz im Trend der Zeit. Dieser Trend ist auf die zugrundeliegenden Implementierungen, z.B. Umordnung von Mikroinstruktionen, tiefe Pipelines, mehrere Cache-Ebenen usw., zurückzuführen. Später in diesem Kapitel werden Beispiele solcher unnatürlicher Wirkungen gezeigt.

5.1.3 Register

Alle Computer haben einige auf der ISA-Ebene sichtbare Register. Sie befinden sich dort, um die Ausführung des Programms zu steuern, Zwischenergebnisse zu speichern und für andere Zwecke. Im allgemeinen sind die auf der Mikroarchitekturebene sichtbaren Register, z.B. `TOS` und `MAR` in Abb. 4.1, auf der ISA-Ebene nicht sichtbar. Einige von ihnen, z.B. der Programmzähler (`PC`) und der Stapelzeiger, sind auf beiden Ebenen sichtbar. Andererseits sind die auf der ISA-Ebene sichtbaren Register immer auf der Mikroarchitekturebene sichtbar, weil sie dort implementiert werden.

Register auf der ISA-Ebene können grob in zwei Kategorien eingeteilt werden: Register für spezielle Zwecke und Register für allgemeine Zwecke. Die Register für spezielle Zwecke beinhalten Merkmale wie den Programmzähler und den Stapelzeiger sowie weitere Register mit je einer bestimmten Funktion. Demgegenüber sollen Register für allgemeine Zwecke wichtige lokale Variablen und Zwischenergebnisse von Berechnungen aufnehmen. Ihre Hauptfunktion ist die Bereitstellung eines schnellen Zugriffs auf häufig benutzte Daten (im Grunde zur Vermeidung von Speicherzugriffen). RISC-Maschinen mit ihren schnellen CPUs und (relativ) langsamen Speichern haben normalerweise mindestens 32 Allzweckregister, und der Trend geht bei neuen CPU-Designs zu einer noch größeren Zahl.

Bei einige Maschinen sind die Allzweckregister völlig symmetrisch und austauschbar. Sind alle Register gleich, kann ein Compiler `R1` benutzen, um ein Zwischenergebnis abzustellen; dies ginge aber ebenso gut mit `R25`. Die Wahl des Registers spielt keine Rolle.

Bei wieder anderen Maschinen sind einige Allzweckregister mehr oder weniger spezieller Natur. Der Pentium II hat beispielsweise ein Register namens `EDX`, das als allgemeines Register benutzt werden kann, aber auch die Hälfte des Produkts einer Multiplikation und die Hälfte des Dividenden einer Division aufnimmt.

Auch wenn die Allzweckregister untereinander völlig austauschbar sind, ist es für das Betriebssystem oder den Compiler die Regel, Konventionen für deren Benutzung zu beachten. Einige Register halten beispielsweise Parameter für aufgerufene Prozeduren, und andere werden als Arbeitsregister benutzt. Stellt ein Compiler eine wichtige lokale Variable in `R1` und ruft dann eine Bibliotheksprozedur auf, die `R1` für ein ihr zur Verfügung stehendes Arbeitsregister hält, befindet sich in `R1` nach der Rückkehr der Bibliotheksprozedur möglicherweise nur noch Müll. Mit systemweiten Konventionen über die Benutzung der Register haben sich Compiler und Assemblersprachprogrammierer daran zu halten.

Zusätzlich zu den Registern auf der ISA-Ebene, die für Anwendungsprogramme sichtbar sind, gibt es immer eine beträchtliche Anzahl von speziellen Registern, die nur im Kernel-Modus verfügbar sind. Diese Register steuern die verschiedenen Caches, Speicher, E/A-Geräte und andere Hardware-Merkmale der Maschine. Sie werden nur vom Betriebssystem benutzt, so daß Compiler und Benutzer nichts darüber wissen müssen.

Das **Flag-Register** bzw. **PSW** (**Programmstatuswort**) ist ein Steuerregister, das als Kernel/Nutzer-Hybrid betrachtet werden kann. Dieses Register hält verschiedene Bits, die von der CPU gebraucht werden. Die wichtigsten Bits sind die **Bedingungscodes** (Condition Codes). Diese Bits werden in jedem ALU-

Zyklus gesetzt und spiegeln den Zustand des Ergebnisses der jeweils letzten Operation wider. Zu den typischen Bedingungscodebits zählen:

N – Setzen, wenn das Ergebnis negativ war.

Z – Setzen, wenn das Ergebnis Null war.

V – Setzen, wenn das Ergebnis einen Überlauf verursachen kann.

C – Setzen, wenn das Ergebnis einen Übertrag aus dem am weitesten links stehenden Bit verursacht hat.

A – Setzen, wenn es einen Übertrag von Bit 3 (Hilfsübertrag) gab.

P – Setzen, wenn das Ergebnis gerade Parität hatte.

Die Bedingungscodes sind wichtig, weil sie von Instruktionen für Vergleiche und bedingte Sprünge (d.h. bedingte Sprunginstruktionen) verwendet werden. Beispielsweise subtrahiert die Instruktion `CMP` zwei Operanden und setzt die Bedingungscodes auf der Grundlage der Differenz. Bei gleichen Operanden ist die Differenz Null, und das Bedingungscodebit Z im PSD wird gesetzt. Eine nachfolgende `BEQ`-Instruktion (Branch Equal) testet das Z-Bit und verzweigt darauf, falls es gesetzt ist.

Das PSW enthält mehr als nur die Bedingungscodes. Der volle Inhalt ist aber je nach Maschine unterschiedlich. Typische zusätzliche Felder sind der Maschinenmodus (Kernel oder Nutzer), Trace-Bits (für die Fehlerdiagnose), CPU-Prioritätsebene und Interrupt-Schaltstatus. Oft ist das PSW im Nutzermodus lesbar, während einige Felder nur im Kernel-Modus geschrieben werden können (z.B. das Bit für Nutzer-/Kernel-Modus).

5.1.4 Instruktionen

Das Hauptmerkmal der ISA-Ebene sind ihre Maschineninstruktionen. Sie steuern die Aktionen der Maschine. Es gibt immer `LOAD`- und `STORE`-Instruktionen (in der einen oder anderen Form) zum Bewegen von Daten zwischen Speicher und Registern und `MOVE`-Instruktionen zum Kopieren von Daten zwischen den Registern. Arithmetische Instruktionen sind immer vorhanden, ebenso wie boolesche Instruktionen und Instruktionen zum Vergleichen von Datenelementen und Sprüngen zu Ergebnissen. Wir haben bereits einige typische ISA-Instruktionen beschrieben (siehe Abb. 4.11) und behandeln in diesem Kapitel viele weitere.

5.1.5 Übersicht über die ISA-Ebene des Pentium II

In diesem Kapitel behandeln wir drei sehr unterschiedliche ISA-Ebenen: IA-32 von Intel in der Verkörperung des Pentium II, die SPARC-Architektur Version 9 in der Implementierung in UltraSPARC-Prozessoren und die JVM in der Implementierung in picoJava II. Damit wird nicht beabsichtigt, die ISA-Ebenen umfassend zu beschreiben. Vielmehr sollen nur ein paar wichtige Eigenschaften einer ISA gezeigt und die entsprechenden Unterschiede von einer ISA zur anderen erläutert werden. Wir beginnen mit dem Pentium II.

Der Pentium-II-Prozessor hat sich über viele Generationen hinweg entwickelt. Er geht auf die allerersten Mikroprozessoren zurück, wie in Kapitel 1 beschrieben wurde. Die grundlegende ISA bietet volle Unterstützung für die Ausführung von Programmen, die für die 8086- und 8088-Prozessoren (die die gleiche ISA hatten) geschrieben wurden, und enthält sogar Überreste des 8080, eines 8-Bit-Prozessors, der in den siebziger Jahren sehr beliebt war. Der 8080 wurde insbesondere von Einschränkungen hinsichtlich Kompatibilität von dem noch früheren 8008 beeinflußt, der seinerseits auf dem 4004 basierte; das war ein 4-Bit-Chip, der in die Zeit zurückgeht, als die Dinosaurier noch auf der Erde umherstreiften.

Aus Sicht der Software waren die 8086 und 8088 unkomplizierte 16-Bit-Maschinen (obwohl der 8088 einen 8-Bit-Datenbus hatte). Ihr Nachfolger, der 80286, war ebenfalls eine 16-Bit-Maschine. Sein größter Vorteil war ein größerer Adreßraum, den allerdings nur wenige Programme nutzten, weil er aus 16.384 64-Kbyte-Segmenten und nicht aus einem linearen 2^{24}-Byte-Speicher bestand.

Der 80386 war die erste 32-Bit-Maschine der Intel-Familie. Alle Nachfolger (80486, Pentium, Pentium Pro, Pentium II, Celeron und Xeon) haben im wesentlichen die gleiche 32-Bit-Architektur wie der 80386, die **IA-32** heißt. Deshalb ist das die Architektur, auf die wir uns hier konzentrieren. Die einzige architektonische Änderung seit dem 80386 war die Einführung der MMX-Instruktionen in späteren Versionen des Pentium und die nachfolgende Einbindung in den Pentium II und Folgeprozessoren.

Der Pentium II kennt drei Betriebsmodi; bei zweien verhält er sich wie ein 8088. Im **Real-Modus** werden alle Merkmale, die seit dem 8088 eingeführt wurden, abgeschaltet, und der Pentium II handelt wie ein einfacher 8088. Verhält sich ein Programm falsch, stürzt die ganze Maschine einfach ab. Hätte Intel Menschen entwickelt, hätte man einfach ein Bit eingefügt, das sie in den Schimpansen-Modus zurückversetzt (der Großteil des Gehirns wäre ausgeschaltet, spricht nicht, ißt vorwiegend Bananen usw.).

Ein weiterer Schritt ist der **virtuelle 8086-Modus**, der die Ausführung von alten 8088-Programmen auf geschützte Weise ermöglicht. In diesem Modus hat das Betriebssystem die Kontrolle über die ganze Maschine. Um ein altes 8088-Programm auszuführen, erzeugt das Betriebssystem eine spezielle, isolierte Umgebung, die sich wie ein 8088 verhält, mit Ausnahme, daß statt der Maschine das Betriebssystem benachrichtigt wird, wenn das Programm abstürzt. Startet ein Windows-Benutzer ein MS-DOS-Fenster, wird das dort ausgeführte Programm im virtuellen 8086-Modus gestartet, um Windows vor dem Fehlverhalten von MS-DOS-Programmen zu schützen.

Der letzte ist ein geschützter Modus, bei dem sich der Pentium II wie ein Pentium und nicht wie ein sehr teurer 8088 verhält. Vier privilegierte Ebenen sind verfügbar und werden von Bits im PSW gesteuert. Ebene 0 entspricht dem Kernel-Modus auf anderen Computern und hat vollen Zugriff auf die Maschine. Sie wird vom Betriebssystem benutzt. Ebene 3 ist für Anwendungsprogramme reserviert. Sie blockiert den Zugriff auf bestimmte kritische Instruktionen und steuert Register, um ein fehlerhaftes Anwendungsprogramm daran zu hindern, die ganze Maschine zum Absturz zu bringen. Die Ebenen 1 und 2 werden selten benutzt.

Der Pentium II hat einen riesigen Adreßraum, wobei der Speicher in 16.384 Segmente unterteilt ist, die jeweils von Adresse 0 bis Adresse $2^{32} - 1$ reichen. Die meisten Betriebssysteme (darunter Unix und alle Versionen von Windows) unterstützen aber nur ein Segment. Deshalb sehen die meisten Anwendungsprogramme effektiv einen linearen Adreßraum von 2^{32} Byte, von dem ein Teil zuweilen vom Betriebssystem belegt wird. Jedes Byte im Adreßraum hat seine eigene Adresse bei 32 Bit langen Wörtern. Wörter werden im »little-endian«-Format gespeichert (das niederwertige Byte hat die niedrigste Adresse).

Abb. 5.3 zeigt die Register des Pentium II. Die ersten vier Register EAX, EBX, ECX und EDX sind mehr oder weniger allgemeine 32-Bit-Register, die aber alle gewisse Eigenheiten aufweisen. EAX ist das arithmetische Register. EBX hat den Zweck, Zeiger (Speicheradressen) zu halten. ECX spielt in bezug auf Schleifen eine Rolle. EDX wird für Multiplikationen und Divisionen gebraucht und nimmt zusammen mit EAX 64-Bit-Produkte und Dividenden auf. Jedes dieser Register enthält ein 16-Bit-Register in den 16 niederwertigen Bits und ein 8-Bit-Register in den 8 niederwertigen Bits. Diese Register vereinfachen die Manipulation von 16- bzw. 8-Bit-Mengen. Der 8088 und der 80286 verfügten nur über die 8- und 16-Bit-Register. Die 32-Bit-Register wurden im 80386 hinzugefügt, zusammen mit dem E-Präfix, das für »Extended« steht.

Die nächsten drei sind auch auf gewisse Weise Allzweckregister, aber mit noch mehr Eigenheiten. Die Register ESI und EDI dienen dem Halten von Zeigern zum Speicher, insbesondere für Instruktionen, die Hardware-Ketten manipulieren, wobei ESI auf die Quellkette und EDI auf die Zielkette zeigt. Das Register EBP ist ebenfalls ein Zeigerregister. Es wird normalerweise benutzt, um auf die Basis des momentanen Stapelrahmens zu zeigen, also wie LV in der IJVM. Wenn ein Register (wie EBP) benutzt wird, um auf die Basis des lokalen Stapelrahmens zu zeigen, nennt man ihn normalerweise **Rahmenzeiger** (Frame Pointer). Der ESP ist der Stapelzeiger.

Die Register der nächsten Gruppe, CS bis GS, sind Segmentregister. Größtenteils handelt es sich hierbei um elektronische Fossilien aus der Zeit, als der 8088 versuchte, 2^{20} Byte im Speicher mittels 16-Bit-Adressen zu adressieren. Kurz: Wenn der Pentium II dafür eingerichtet wird, einen einzigen linearen 32-Bit-Adreßraum zu nutzen, können sie sicher ignoriert werden. Es folgt EIP (Extended Instruction Pointer) – der Programmzähler. Zuletzt kommt EFLAGS – das PSW.

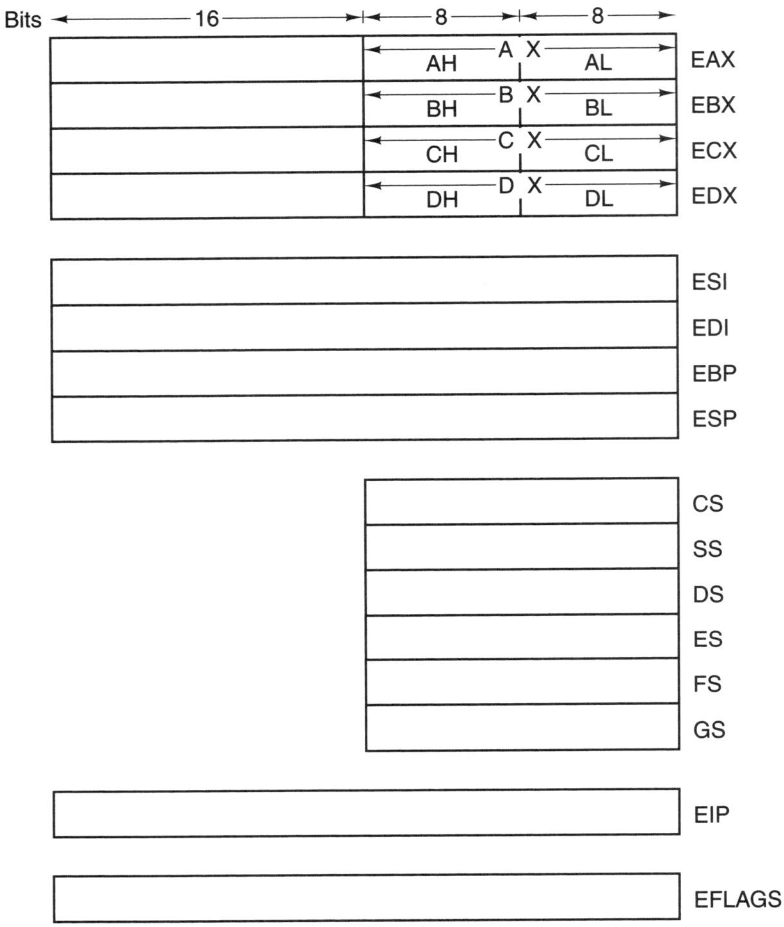

Abb. 5.3: Die primären Register des Pentium II

5.1.6 Übersicht über die ISA-Ebene der UltraSPARC II

Die SPARC-Architektur wurde erstmals 1987 von Sun Microsystems vorgestellt. Dies war eine der ersten kommerziellen RISC-Architekturen. Sie basierte auf den in Berkeley in den achtziger Jahren durchgeführten Forschungsarbeiten (Patterson, 1985; Patterson und Séquin, 1982). Die ursprüngliche SPARC war eine 32-Bit-Architektur. Die UltraSPARC II, die in diesem Kapitel beschrieben wird, ist aber eine 64-Bit-Maschine auf der Grundlage von Version 9 der Architektur. Um Konsistenz mit den übrigen Teilen des Buchs zu wahren, beziehen wir uns hier auf die UltraSPARC II; auf der ISA-Ebene sind aber alle UltraSPARCs identisch.

Die Speicherstruktur der UltraSPARC II ist sauber und einfach. Der adressierbare Speicher ist ein lineares Array von 2^{64} Byte. Leider ist dieser Speicher derart groß (18.446.744.073.709.551.616 Byte), daß ihn keine heute erhältliche Maschine implementieren kann. Die jetzigen Implementierungen haben eine Grenze hinsichtlich der Adreßgröße, die sie adressieren können (2^{44} Byte auf der UltraSPARC II). Dies wird sich bei künftigen Modellen erhöhen. Der Standard ist bei der Byteordnung »big endian«. Durch Setzen eines Bits im PSW läßt sich dies aber auf »little endian« umschalten.

Es ist wichtig, daß ISAs eine höhere Grenze haben, als die heutigen Implementierungen brauchen, weil künftige Implementierungen fast sicher die Größe des Speichers, auf den der Prozessor zugreifen kann, erhöhen müssen. Eines der größten Probleme bei erfolgreichen Architekturen ist, daß ihre ISA auf die Menge des adressierbaren Speichers begrenzt ist. In der Informatik ist der einzige Fehler, der sich nicht beheben läßt, eine ungenügende Anzahl Bits. Eines Tages werden Sie von Ihren Enkeln gefragt, wie Computer in den alten Zeiten mit nur 32-Bit-Adressen und nur 4 Gbyte an echtem Speicher überhaupt etwas zustande bringen konnten.

Das Design der SPARC-ISA ist sauber, aber recht komplex aufgrund des Registeraufbaus bei dem Versuch, Prozeduraufrufe effizienter auszulegen. Die Erfahrungen haben gezeigt, daß die Registerorganisation mehr Schwierigkeiten aufwirft als nötig, aber durch die ach so althergebrachte Abwärtskompatibilität ließ sich das nicht vermeiden.

Die UltraSPARC II hat zwei Registergruppen: 32 64-Bit-Allzweckregister und 32 Gleitkommaregister. Die Allzweckregister haben die Bezeichnungen `R0` bis `R31`, obwohl in manchen Zusammenhängen auch andere Bezeichnungen verwendet werden. Abb. 5.4 zeigt die unterschiedlichen Bezeichnungen und Funktionen dieser Register.

Register	**Andere Bezeichnung**	**Funktion**
R0	G0	Fest auf 0 verdrahtet; Speicheroperationen darauf werden ignoriert.
R1 – R7	G1 – G7	Hält globale Variablen
R8 – R13	O0 – O5	Hält Parameter für die aufzurufende Prozedur
R14	SP	Stapelzeiger
R15	O7	Arbeitsregister
R16 – R23	L0 – L7	Hält lokale Variablen für die laufende Prozedur
R24 – R29	I0 – I5	Hält ankommende Parameter
R30	FP	Zeiger auf die Basis des laufenden Stapelrahmens
R31	I7	Hält die Rückgabeadresse für die laufende Prozedur

Abb. 5.4: Die allgemeinen Register der UltraSPARC II

Alle allgemeinen Register sind 64 Bit breit und können (mit Ausnahme von `R0`, das immer 0 ist) durch eine Vielzahl von LOAD- und STORE-Instruktionen beschrieben und gelesen werden. Die in Abb. 5.4 aufgeführten Funktionsmöglichkeiten basieren teilweise auf Konvention, teilweise aber auch darauf, wie sie von der Hardware behandelt werden. Im allgemeinen ist es unklug, von dem in der Abbildung gezeigten Gebrauch abzuweichen, es sei denn, man hat den Schwarzen Gürtel als SPARC-Guru und weiß wirklich, was man tut. Der Compiler oder Programmierer muß sicherstellen, daß das Programm korrekt auf die Register zugreift und die richtigen Berechnungen darauf ausführt. So ist es beispielsweise einfach, Gleitkommazahlen in die allgemeinen Register zu laden und dann eine Ganzzahl-Addition darauf auszuführen. Diese Operation produziert natürlich blanken Unsinn, die CPU führt sie aber trotzdem gehorsam aus.

Die globalen Variablen werden zum Aufnehmen von Konstanten, Variablen und Zeigern benutzt, die in allen Prozeduren benötigt werden. Sie könnten aber genauso gut bei den Prozedureintritten und -ausgängen gespeichert und nachgeladen werden. Die Register `Ix` und `Ox` werden zur Weitergabe von Parametern an Prozeduren verwendet, um Speicherreferenzen zu vermeiden. Wie das funktioniert, wird später beschrieben.

Drei ganz bestimmte Register werden für spezielle Zwecke benutzt. Die Register `FP` und `SP` begrenzen den momentanen Rahmen. `FP` zeigt auf die Basis des momentanen Rahmens und wird zur Adressierung von lokalen Variablen benutzt, genau wie `LV` in Abb. 4.10. SP bezeichnet die aktuelle Oberseite des Stapels und schwankt, während Wörter auf den Stapel geschoben oder davon entfernt werden. Demgegenüber ändert sich `FP` nur bei Prozeduraufrufen und -rücksprüngen. Das dritte Register dieser Gruppe ist `R31`. Es wird für Prozeduraufrufe benutzt, um die Rückkehradresse zu halten.

Die UltraSPARC II hat eigentlich mehr als 32 Allzweckregister, es sind aber zu einem gegebenen Zeitpunkt nur 32 für das Programm sichtbar. Dieses Merkmal nennt man **Registerfenster** (Register Window); es dient der effizienten Unterstützung von Prozeduraufrufen und wird aus Abb. 5.5 ersichtlich. Das Grundkonzept ist es dabei, einen Stapel zu emulieren, dabei aber die Register zu benutzen. Das heißt, daß es eigentlich mehrere Registermengen gibt, genauso wie es mehrere Rahmen in einem Stapel gibt. Genau 32 allgemeine Register sind zu einem bestimmten Zeitpunkt sichtbar. Das Register `CWP` (Current Window Pointer) verfolgt, welche Registermenge momentan benutzt wird.

Die Prozeduraufrufinstruktion verbirgt die alte Registermenge und bietet eine neue Menge zur Benutzung durch die aufgerufene Prozedur mittels Dekrementierung von `CWP`. Einige Register werden aber von der aufrufenden Prozedur in die aufgerufene Prozedur übertragen. Das bietet eine effiziente Möglichkeit, Parameter zwischen Prozeduren weiterzugeben. Diese Technik funktioniert, wenn man einige Register umbenennt. Nach dem Prozeduraufruf sind die alten Ausgaberegister `R8` bis `R15` immer noch sichtbar. Sie sind jetzt aber die Eingaberegister `R24` bis `R31`. Die acht globalen Register ändern sich aber nicht, d.h., es bleibt immer der gleiche Satz Register.

Im Gegensatz zum Speicher, der fast unendlich ist (zumindest, was die Reichweite des Stapels anbelangt), gehen der Maschine die zu benutzenden Registerfenster aus, wenn Prozeduren zu tief verschachteln. An diesem Punkt wird die älteste Menge in den Speicher ausgelagert, um eine neue Menge freizumachen. Nach der Rückkehr zahlreicher Prozeduren muß eine Registermenge möglicherweise vom Speicher geholt werden. Insgesamt ist diese Komplexität sehr lästig und im Vergleich zu ihrem Nutzen viel zu mühsam. Sie hilft nur, wenn Aufrufe nicht tief verschachtelt sind.

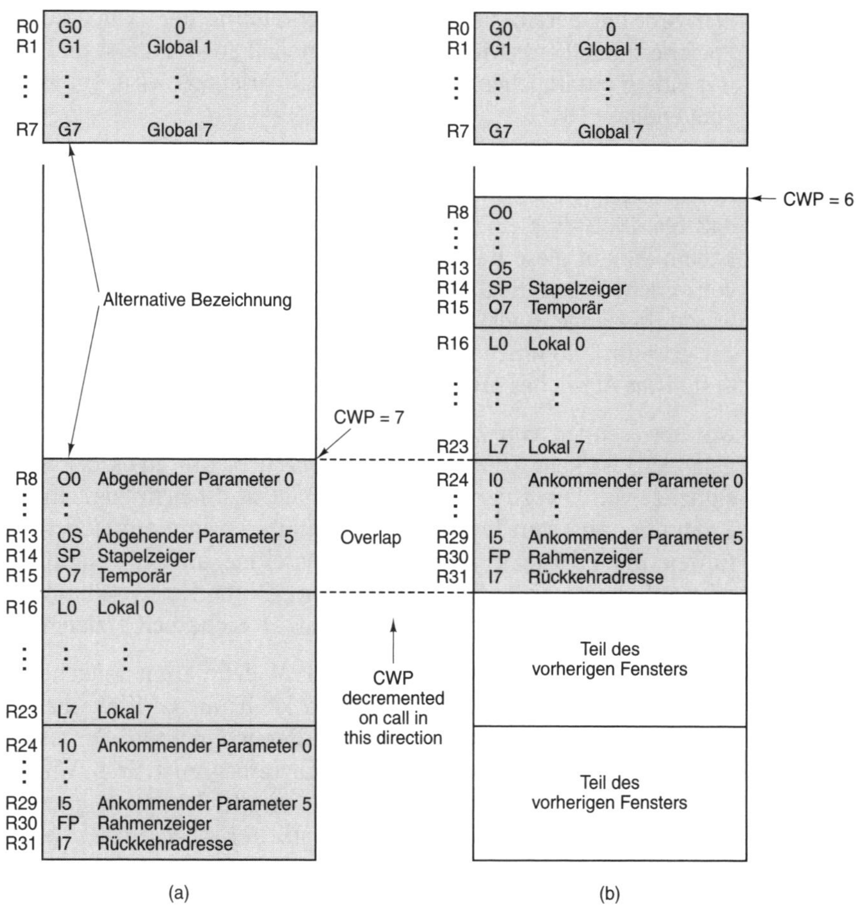

Abb. 5.5: Operation der Registerfenster der UltraSPARC II

Die UltraSPARC II hat außerdem 32 Gleitkommaregister, die entweder 32-Bit- (einfache Genauigkeit) oder 64-Bit-Werte (doppelte Genauigkeit) aufnehmen können. Es ist auch möglich, Paare dieser Register für die Unterstützung von 128-Bit-Werten (vierfache Genauigkeit) zu benutzen.

Die UU-Architektur der UltraSPARC ist eine **Load/Store-Architektur**. Das heißt, daß nur `LOAD`- und `STORE`-Operationen direkt auf den Speicher zugreifen, also Instruktionen, die Daten zwischen den Registern und dem Speicher verschieben. Alle Operanden für arithmetische und logische Instruktionen müssen von Registern kommen oder von der Instruktion (nicht vom Speicher) bereitgestellt und alle Ergebnisse in einem Register (nicht im Speicher) gespeichert werden.

5.1.7 Übersicht über die ISA-Ebene der JVM

Die ISA-Ebene der JVM ist ungewöhnlich, aber sauber und einfach. Wir haben den Großteil bereits bei unserer Beschreibung der JVM gesehen. Das JVM-Speichermodell entspricht dem IJVM-Modell aus Kapitel 4 und Abb. 4.10, aber mit einem zusätzlichen Bereich, der bald erläutert wird. Die Byteordnung ist »big endian«.

Der Speicher hat vier Hauptbereiche: den lokalen Variablenrahmen, den Operandenstapel, den Methodenbereich und den Konstantenpool. Sie wissen ja, daß die Mic-*x*-Implementierungen der IJVM die Register `LV`, `SP`, `PC` und `CPP` haben, die auf diese Bereiche zeigen. Alle Speicherzugriffe müssen als Offset von einem dieser Register erfolgen. Zeiger oder absolute Speicheradressen werden nie angewandt. Obwohl die JVM diese Register nicht voraussetzt (oder gar erwähnt), kommen die meisten Implementierungen ohne sie oder zumindest etwas Ähnliches nicht aus.

Die Abwesenheit von Zeigern, um zu lokalen Variablen und Konstanten zu gelangen, ist kein Zufall. Sie ist unerläßlich, um eines der wichtigsten Designziele von Java zu erreichen: die Fähigkeit für Benutzer, ein (binäres) JVM-Programm aus dem Internet herunterzuladen und auf sichere Weise auszuführen, ohne daß das Programm die Maschine, auf der es läuft, ausspionieren oder auf andere Weise beschädigen kann. Durch Einschränkung des Zeigergebrauchs läßt sich ein beträchtliches Maß an Sicherheit erzielen.

Wir wissen, daß keiner der in der IJVM definierten Speicherbereiche sehr groß sein kann. Der Methodenbereich kann nur 64 Kbyte betragen. Ebenso kann der von lokalen Variablen belegte Bereich nicht größer als 64 Kbyte sein. Auch der Konstantenpool ist auf 64 Kbyte begrenzt. Die JVM hat genau die gleichen Einschränkungen aus genau dem gleichen Grund: Der zum Indizieren dieser Bereiche benutzte Offset ist auf 16 Bit begrenzt.

Selbstverständlich gilt der für lokale Variablenrahmen benutzte Bereich pro Prozedur, so daß jede neu aufgerufene Prozedur für ihre eigenen lokalen Variablen 64 Kbyte zur Verfügung hat. Der Konstantenpool gilt pro Klasse, so daß jede ihre eigenen 64 Kbyte erhält. Dennoch ist kein Platz zum Speichern großer Arrays oder dynamisch erzeugter Datenstrukturen, wie Listen oder Bäume, vorhanden. Zur Lösung dieses Problems enthält die JVM einen zusätzlichen Speicherbereich, die Halde (**Heap**), die zur Speicherung dynamischer oder sehr großer Objekte zugeteilt wird. Stößt der Java-Compiler z.B. auf die Anweisung

```
int a[] = new int[4096]
```

erzeugt er einen Aufruf zum Runtime Storage Allocator, der Speicher auf der Halde zuteilt und einen Zeiger darauf zurückgibt. Folglich werden Zeiger in der JVM benutzt, aber auf sehr kontrollierte Weise, so daß Programmierer sie nicht direkt manipulieren können.

Werden auf der Halde genügend neue Datenstrukturen erzeugt, geht ihr irgendwann der Platz aus. Erkennt das Java-Laufzeitsystem, daß die Halde (fast) voll ist, aktiviert es eine Software namens **Garbage-Collector** (Müllabfuhr; Speicherbereiniger), die die Halde nach nicht mehr gebrauchten Objekten durchsucht. Dabei findet ein ausgefeilter Algorithmus Anwendung. Unbenutzte Objekte werden verworfen, um Platz auf der Halde freizumachen. Die Zuteilung mit Hilfe von `new` und die Freigabe mit Hilfe des automatischen Garbage-Collectors ist ein völlig anderes Speichermanagementkonzept als die Verwendung eines Stapels für lokale Variablen. Die beiden Techniken ergänzen sich; jede hat ihren Platz.

Die JVM hat keine Allzweckregister, die unter der Kontrolle eines Programms geladen oder gespeichert werden können. Sie ist eine reine Stapelmaschine. Das ist heutzutage zwar ungewöhnlich, führt aber zu einer einfachen, eleganten ISA, die sich außerdem leicht kompilieren läßt.

Das größte Problem bei einer Stapelmaschine ist die große Anzahl der benötigten Speicherreferenzen. Wie wir aber in Abschnitt 4.6.3 gesehen haben, läßt sich in einem ausgefeilten Design ein großer Teil davon vermeiden, wenn man mehrere JVM-Instruktionen faltet (kombiniert). Außerdem bedeutet die Einfachheit der Architektur, daß sie in einer kleinen Menge Silikon implementiert werden kann, so daß der Großteil des Chipbereichs für einen riesigen Level-1-Cache übrigbleibt, wodurch sich die Anzahl der Speicherreferenzen noch weiter reduziert. (Die picoJava II hat eine Cache-Größe von höchsten 16 Kbyte + 16 Kbyte, weil das Ziel ein billiger Chip und nicht ein schneller um jeden Preis war.)

5.2 Datentypen

Alle Computer brauchen Daten. Die meisten Computersysteme sind überhaupt nur dazu da, um Daten in Anwendungsbereichen wie Finanzwesen, Handel, Wissenschaft, Konstruktionswesen usw. zu verarbeiten. Im Computer müssen diese Daten in einer bestimmten Form dargestellt werden. Auf der ISA-Ebene werden viele verschiedene Datentypen benutzt. Diese werden nachfolgend beschrieben.

Eine besonders wichtige Frage dabei ist, ob zur Unterstützung eines bestimmten Datentyps Hardware vorhanden ist. Hardware-Unterstützung bedeutet, daß eine oder mehrere Instruktionen Daten in einem bestimmten Format erwarten und der Benutzer nicht einfach ein anderes Format auswählen kann. So haben Buchhalter z.B. die seltsame Angewohnheit, negative Zahlen mit einem Minuszeichen rechts hinter der Zahl zu schreiben, statt links vor der Zahl wie Informatiker. Angenommen, der Leiter des Rechenzentrums einer

Wirtschaftsprüfungsfirma möchte seinen Chef damit beeindrucken, daß er alle Zahlen in allen Computern auf die Verwendung des am weitesten rechts stehenden (statt des am weitesten links stehenden) Bits als Vorzeichenbit ändert. Auf den Chef würde das zweifellos einen großen Eindruck machen, weil nämlich die gesamte Software falsch laufen würde. Die Hardware erwartet bei Ganzzahlen ein bestimmtes Format und funktioniert nicht mehr richtig, wenn man ihr etwas anderes vorsetzt.

Nun betrachten wir eine andere Wirtschaftsprüfungsfirma, die gerade einen Auftrag erhalten hat, die Bundesschulden der USA (also die Summe, die die US-Regierung jedem Bürger schuldet) zu überprüfen. Die Anwendung einer 32-Bit-Arithmetik würde hier nicht funktionieren, weil die betreffenden Zahlen größer sind als 2^{32} (etwa 4 Milliarden). Eine Lösung wäre die Verwendung von zwei 32-Bit-Ganzzahlen, um jede Zahl darzustellen, was insgesamt 64 Bit ergibt. Falls die Maschine diese Art von **doppelter Genauigkeit** (Double Precision) nicht unterstützt, muß die gesamte Arithmetik in der Software durchgeführt werden. Die Reihenfolge der beiden Teile ist aber beliebig, weil das die Hardware nicht kümmert. Dieses ist ein Beispiel eines Datentyps ohne Hardware-Unterstützung und somit ohne Notwendigkeit einer Hardware-Darstellung. In den folgenden Abschnitten untersuchen wir alle Datentypen, die von der Hardware unterstützt werden, und für die deshalb bestimmte Formate nötig sind.

5.2.1 Numerische Datentypen

Datentypen lassen sich in zwei Kategorien einteilen: numerische und nicht numerische. Die wichtigsten unter den numerischen Datentypen sind die Ganzzahlen (Integer). Sie gibt es in vielen Längen, meist umfassen sie aber 8, 16, 32 und 64 Bit. Ganzzahlen zählen Dinge (z.B. die Anzahl von Schraubendrehern, die ein Baumarkt am Lager hat), identifizieren Dinge (z.B. Bankkonten) und vieles mehr. Die meisten modernen Computer speichern Ganzzahlen in der binären Zweierkomplement-Notation, allerdings wurden in der Vergangenheit auch andere Systeme angewandt. Binärzahlen werden in Anhang A erklärt.

Einige Computer unterstützen vorzeichenlose und vorzeichenbehaftete Ganzzahlen. Eine vorzeichenlose Ganzzahl hat kein Vorzeichenbit, d.h., alle Bits enthalten Daten. Dieser Datentyp hat den Vorteil eines zusätzlichen Bits. Ein 32-Bit-Wort kann z.B. eine vorzeichenlose Ganzzahl im Bereich 0 bis $2^{32} - 1$ aufnehmen. Demgegenüber kann eine vorzeichenbehaftete 32-Bit-Ganzzahl im Zweierkomplement nur Zahlen bis zu $2^{31} - 1$ handhaben, selbstverständlich aber auch negative Zahlen.

Für Zahlen, die nicht als Ganzzahl ausgedrückt werden können, z.B. 3,5, kommen Gleitkommazahlen zur Anwendung. Sie werden in Anhang B beschrieben. Sie haben eine Länge von 32, 64 oder 128 Bit. Die meisten Computer verfügen über Instruktionen für die Durchführung von Gleitkommaberechnungen. Viele Computer haben getrennte Register für die Aufnahme von Ganzzahl- und Gleitkomma-Operanden.

Einige Programmiersprachen, insbesondere COBOL, erlauben Dezimalzahlen als Datentyp. Maschinen, die COBOL-freundlich sein möchten, unterstützen oft Dezimalzahlen in der Hardware, meist durch Kodierung einer Dezimalzahl in 4 Bit und anschließender Verpackung von zwei Dezimalzahlen pro Byte (binärkodiertes Dezimalformat). Allerdings funktioniert die Arithmetik mit verpackten Dezimalzahlen nicht richtig. Deshalb braucht man spezielle Instruktionen für Dezimal/Arithmetik-Korrekturen. Diese Instruktionen müssen wissen, welchen Übertrag sie aus Bit 3 übernehmen müssen. Deshalb enthält der Bedingungscode oft ein Hilfsbit für Überträge. Übrigens: Das berüchtigte Problem mit dem Jahr 2000 (Y2K) wurde von COBOL-Programmierern angerichtet, die überzeugt waren, es wäre billiger, das Jahr in zwei Dezimalziffern, statt als 16-Bit-Binärzahl darzustellen. Welch eine Optimierung!

5.2.2 Nicht numerische Datentypen

Während die meisten frühen Computer ihren Unterhalt mit dem Abarbeiten riesiger Zahlenmengen (Number Crunching) bestritten, werden moderne Computer oft für nicht numerische Anwendungen eingesetzt, z.B. Textverarbeitung oder Datenbank-Management. Für diese Anwendungen sind andere Datentypen erforderlich, die häufig durch Instruktionen auf der ISA-Ebene unterstützt werden. In diesem Zusammenhang sind Zeichen (Characters) von großer Bedeutung. Aber nicht jeder Computer bietet dafür Hardware-Unterstützung. Die bekanntesten Zeichensätze sind ASCII und Unicode. Sie unterstützen 7-Bit- bzw. 16-Bit-Zeichen. Beide wurden in Kapitel 2 beschrieben.

Für die ISA-Ebene sind spezielle Instruktionen üblich, die Zeichenketten, d.h. aufeinanderfolgende Zeichenblöcke, handhaben. Solche Zeichenketten werden manchmal am Ende durch ein spezielles Zeichen begrenzt. Es kann aber auch ein Feld benutzt werden, das die Länge bzw. das Ende der Zeichenkette anzeigt. Die Instruktionen können Zeichenketten kopieren, suchen, bearbeiten und weitere Funktionen ausführen.

Boolesche Werte sind ebenfalls wichtig. Ein boolescher Wert kann einen von zwei Werten annehmen: wahr (true) oder falsch (false). Theoretisch kann ein einzelnes Bit mit 0 als falsch und 1 als wahr (oder umgekehrt) einen booleschen Wert darstellen. In der Praxis wird pro booleschem Wert ein Byte oder Wort benutzt, weil einzelne Bits in einem Byte keine eigenen Adressen haben und somit nicht angesprochen werden können. In einem üblichen System gilt die Konvention, daß 0 falsch und alles andere wahr bedeutet.

Es gibt einen Fall, in dem ein boolescher Wert normalerweise durch 1 Bit dargestellt wird: Dies gilt, wenn ein ganzes Array davon vorhanden ist, so daß ein 32-Bit-Wort 32 boolesche Werte aufnehmen kann. Eine solche Datenstruktur nennt man **Bitmap**; sie kommt in vielen Zusammenhängen vor. Beispielsweise kann eine Bitmap benutzt werden, um freie Blöcke auf einer Festplatte zu verfolgen. Hat die Festplatte n Blöcke, hat die Bitmap n Bit.

Unser letzter Datentyp ist der Zeiger (Pointer), bei dem es sich lediglich um eine Maschinenadresse handelt. Wir haben Zeiger bereits wiederholt erwähnt. Bei den Mic-x-Maschinen sind `SP`, `PC`, `LV` und `CPP` Beispiele von Zeigern. Der Zugriff auf eine Variable in einer festen Entfernung von einem Zeiger – `ILOAD` funktioniert z.B. so – ist bei fast allen Maschinen üblich.

5.2.3 Datentypen auf dem Pentium II

Der Pentium II unterstützt vorzeichenbehaftete Zweierkomplement-Ganzzahlen, vorzeichenlose Ganzzahlen, binärkodierte Dezimalzahlen und Gleitkommazahlen gemäß IEEE 754, wie in Abb. 5.6 aufgeführt. Aufgrund seines Ursprungs als bescheidene 8-Bit-/16-Bit-Maschine handhabt er Ganzzahlen in diesen Längen, wobei zahlreiche Instruktionen für Arithmetik, boolesche Operationen und Vergleiche vorhanden sind. Operanden müssen nicht im Speicher ausgerichtet werden. Es läßt sich aber eine bessere Leistung erzielen, wenn Wortadressen Mehrfache von 4 Byte sind.

Typ	**8 Bit**	**16 Bit**	**32 Bit**	**64 Bit**	**128 Bit**
Vorzeichenbehaftete Ganzzahl (Signed Integer)	×	×	×		
Vorzeichenlose Ganzzahl (Unsigned Integer)	×	×	×		
Binär kodierte dezimale Ganzzahl (Binary Coded Decimal Integer)	×				
Gleitkomma (Floating Point)			×	×	

Abb. 5.6: Die numerischen Datentypen des Pentium II. Die unterstützten Datentypen sind mit einem × gekennzeichnet.

Der Pentium II kann 8 Bit große ASCII-Zeichen auch sehr gut manipulieren. Er verfügt über spezielle Instruktionen zum Kopieren und Suchen von Zeichenketten. Diese Instruktionen können sowohl für Zeichenketten, deren Länge im voraus bekannt ist, als auch für Zeichenketten, deren Ende markiert ist, benutzt werden. Sie werden häufig in Zeichenkettenbibliotheken verwendet.

5.2.4 Datentypen auf der UltraSPARC II

Die UltraSPARC II unterstützt viele Datenformate (siehe Abb. 5.7). Allein für Ganzzahlen unterstützt sie vorzeichenlose und vorzeichenbehaftete 8-, 16-, 32- und 64-Bit-Operanden. Vorzeichenbehaftete Ganzzahlen nutzen das Zweierkomplement. Gleitkomma-Operanden von 32, 64 und 128 Bit sind enthalten und entsprechen dem IEEE-Standard 754 (für 32-Bit- und 64-Bit-Zahlen). Binärkodierte Dezimalzahlen werden nicht unterstützt. Alle Operanden müssen im Speicher ausgerichtet werden.

Typ	8 Bit	16 Bit	32 Bit	64 Bit	128 Bit
Vorzeichenbehaftete Ganzzahl (Signed Integer)	×	×	×	×	
Vorzeichenlose Ganzzahl (Unsigned Integer)	×	×	×	×	
Binär kodierte dezimale Ganzzahl (Binary Coded Decimal Integer)					
Gleitkomma (Floating Point)			×	×	×

Abb. 5.7: Die numerischen Datentypen der UltraSPARC II

Die UltraSPARC II ist stark registerorientiert, und fast alle Instruktionen arbeiten mit 64-Bit-Registern. Zeichen- und Zeichenketten-Datentypen werden nicht durch spezielle Hardware-Instruktionen unterstützt.

5.2.5 Datentypen auf der JVM (Java Virtual Machine)

Java ist eine stark typisierte Sprache, was bedeutet, daß jeder Operand einen bestimmten Typ und eine bestimmte Größe hat, die zur Kompilierzeit bekannt sind. Diese Typen spiegeln sich in von der JVM unterstützten Laufzeittypen wider. Die JVM unterstützt die in Abb. 5.8 aufgeführten numerischen Typen. Vorzeichenbehaftete Ganzzahlen benutzen das Zweierkomplement. Vorzeichenlose Ganzzahlen sind in Java nicht vorhanden und werden somit nicht von der JVM unterstützt. Ebensowenig werden binärkodierte Dezimalzahlen benutzt.

Typ	8 Bit	16 Bit	32 Bit	64 Bit	128 Bit
Vorzeichenbehaftete Ganzzahl (Signed Integer)	×	×	×	×	
Vorzeichenlose Ganzzahl (Unsigned Integer)					
Binär kodierte dezimale Ganzzahl (Binary Coded Decimal Integer)					
Gleitkomma (Floating Point)			×	×	

Abb. 5.8: Die numerischen Datentypen der JVM

Die JVM unterstützt Zeichen, aber nicht die traditionellen, 8 Bit großen ASCII-Zeichen, sondern die 16-Bit-Zeichen des Unicode. Zeiger werden vorwiegend für den internen Gebrauch durch den Compiler und das Laufzeitsystem begrenzt unterstützt, da Anwendungsprogramme nicht direkt auf Zeiger zugreifen können. Zeiger werden vorwiegend für Referenzen auf Objekte benutzt.

5.3 Instruktionsformate

Eine Instruktion besteht aus einem Opcode, normalerweise mit einer zusätzlichen Information, z.B. darüber, von wo Operanden kommen und wohin die Ergebnisse gehen. Die allgemeine Spezifikation, wo die Operanden sind (d.h. ihre Adressen) nennt man **Adressierung** (Addressing), die in diesem Abschnitt behandelt wird.

Abb. 5.9 zeigt mehrere mögliche Formate für Instruktionen der Ebene 2. Instruktionen haben immer einen Opcode, der den Instruktionen ihre Aktionen vorgibt. Es können keine, eine, zwei oder drei Adressen vorhanden sein.

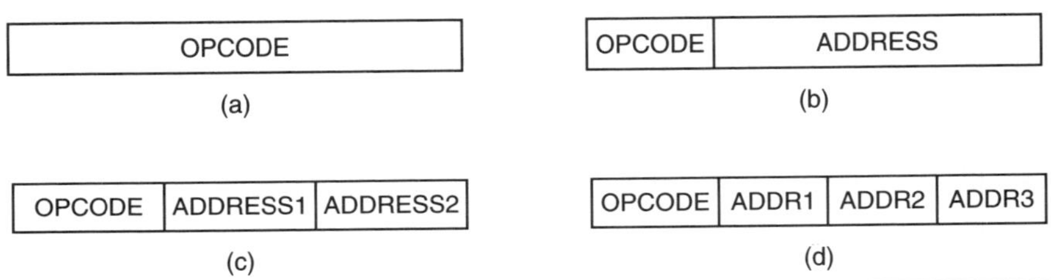

Abb. 5.9: Vier übliche Instruktionsformate: (a) Instruktion ohne Adresse; (b) Instruktion mit einer Adresse; (c) Instruktion mit zwei Adressen; (d) Instruktion mit drei Adressen

Bei einigen Maschinen sind alle Instruktionen gleich lang. Bei anderen kann es unterschiedliche Längen geben. Instruktionen können kürzer, gleich lang oder länger als die Wortlänge sein. Haben alle Instruktionen die gleiche Länge, sind sie einfacher zu handhaben und zu dekodieren. Andererseits wird Platz verschwendet, weil in diesem Fall alle Instruktionen so lang wie die längste sein müssen. Abb. 5.10 zeigt einige mögliche Beziehungen zwischen der Instruktions- und der Wortlänge.

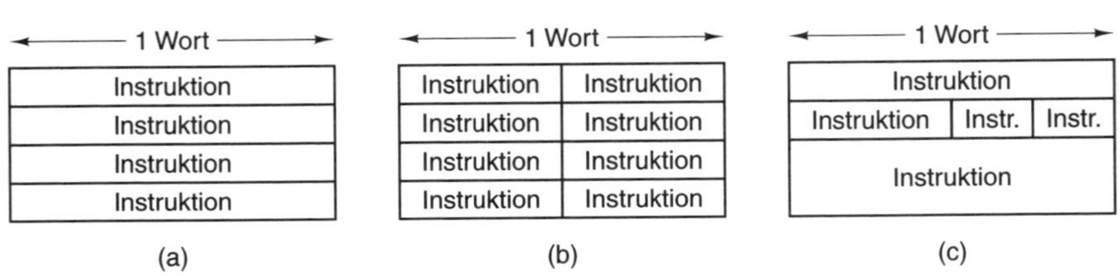

Abb. 5.10: Mögliche Beziehungen zwischen der Instruktions- und der Wortlänge

5.3.1 Designkriterien für Instruktionsformate

Müssen sich die Entwickler eines Computers für Instruktionsformate ihrer Maschine entscheiden, gilt es, eine Reihe von Faktoren zu berücksichtigen. Die Schwierigkeit dieser Entscheidung sollte nicht unterschätzt werden. Die Entscheidung über das Instruktionsformat muß beim Design eines neuen Computers frühzeitig getroffen werden. Ist der Computer kommerziell erfolgreich, kann der Befehlsvorrat 20 Jahre und mehr überleben. Die Fähigkeit, neue Instruktionen hinzuzufügen und weitere Möglichkeiten zu nutzen, die sich über eine längere Zeit ergeben, haben große Bedeutung, aber nur unter der Voraussetzung, daß die Architektur und das Unternehmen, das sie entwikkelt hat, lange genug überleben, bis die Architektur ein Erfolg wird.

Die Effizienz einer bestimmten ISA hängt stark von der Technologie ab, mit der der Computer implementiert werden soll. Diese Technologie unterliegt in der Regel im Laufe der Zeit vielen Änderungen, und einige vielversprechende ISA-Optionen stellen sich im nachhinein als Fehlschlag heraus. Sind beispielsweise die Speicherzugriffe schnell, eignet sich ein auf Stapeln basiertes Design (wie die JVM). Sind sie aber langsam, ist es von Vorteil, viele Register (wie bei der UltraSPARC II) zur Verfügung zu stellen. Leser, die glauben, daß diese Entscheidung kein Problem ist, werden gebeten, ihre Prognosen für folgendes auf einem Stück Papier aufzuschreiben: (1) eine typische CPU-Taktgeschwindigkeit und (2) eine typische RAM-Zugriffszeit für Computer, die in 20 Jahren benutzt werden. Falten Sie den Zettel fein säuberlich zusammen, und bewahren Sie ihn 20 Jahre auf. Dann lesen Sie ihn. Wer unbedingt auf Spott aus ist, kann den Zettel vergessen und seine Voraussage gleich ins Internet stellen.

Natürlich sind auch weitsichtige Designer nicht unbedingt in der Lage, alle Optionen richtig zu kombinieren. Und auch wenn sie das könnten, müßten sie kurzfristige Entwicklungen berücksichtigen. Ist eine elegante ISA ein wenig teurer als ihre häßlichen Konkurrentinnen, überlebt das Unternehmen möglicherweise nicht lang genug, um zu erleben, wann die Welt endlich diese Eleganz zu schätzen gelernt hat.

Unter der Voraussetzung, daß alle übrigen Parameter gleich sind, sind kurze Instruktionen besser als lange. Ein Programm, das aus n 16-Bit-Instruktionen besteht, nimmt nur halb so viel Speicherplatz wie eines mit n 32-Bit-Instruktionen ein. Bei ständig sinkenden Speicherpreisen ist dieser Faktor in der Zukunft möglicherweise von geringerer Bedeutung, abgesehen davon, daß sich Software schneller aufbläht, als die Speicherpreise sinken.

Des weiteren lassen sich die verkleinerten Instruktionen möglicherweise schwerer dekodieren oder überlappen. Deshalb muß die Minimierung der Instruktionsgröße sorgfältig gegen die Zeit abgewogen werden, die erforderlich ist, um die Instruktionen zu dekodieren und auszuführen.

Ein weiterer Grund für die Minimierung der Instruktionslänge ist bereits heute wichtig und wird im Zuge schnellerer Prozessoren immer wichtiger: die

Speicherbandbreite (die Anzahl von Bit/s, die der Speicher bereitstellen kann). Der eindrucksvollen Zunahme bei Prozessorgeschwindigkeiten im letzten Jahrzehnt hinkt die Erhöhung der Speicherbandbreite weit hinterher. Eine der häufigsten Einschränkungen bei Prozessoren ist, daß das Speichersystem Instruktionen und Operanden nicht so schnell bereitstellen kann, wie sie der Prozessor verarbeiten kann. Jeder Speicher hat eine Bandbreite, die durch die Technologie und das Design vorgegeben wird. Der Engpaß bei der Bandbreite trifft nicht nur auf den Hauptspeicher, sondern auch auf alle Caches zu.

Ist die Bandbreite eines Instruktions-Cache t bps und die durchschnittliche Instruktionslänge r Bit, kann der Cache höchstens t/r Instruktionen pro Sekunde liefern. Man beachte, daß das die *obere Grenze* der Rate ist, bis zu der der Prozessor Instruktionen ausführen kann, obwohl daran gearbeitet wird, auch diese scheinbar unmögliche Barriere zu durchbrechen. Es ist klar ersichtlich, daß die Rate, in der Instruktionen ausgeführt werden können (d.h. die Prozessorgeschwindigkeit) durch die Instruktionslänge begrenzt wird. Kürzere Instruktionen bedeuten einen schnelleren Prozessor. Da moderne Prozessoren in der Lage sind, mehrere Instruktionen in jedem Taktzyklus auszuführen, ist das Holen mehrerer Instruktionen pro Taktzyklus zwingend erforderlich. Dieser Aspekt des Instruktions-Cache macht die Größe von Instruktionen zu einem wichtigen Designkriterium.

Das zweite Designkriterium ist ausreichender Platz im Instruktionsformat, um alle gewünschten Operationen ausdrücken zu können. Eine Maschine mit 2^n Operationen, bei denen alle Instruktionen kleiner als n Bit sind, ist unmöglich. Es wäre einfach nicht genug Platz im Opcode vorhanden, um zu bezeichnen, welche Instruktion gebraucht wird. Die Geschichte hat uns wiederholt gelehrt, daß eine beträchtliche Menge Opcode für künftige Erweiterungen der Instruktionsmenge einberechnet werden sollte.

Das dritte Kriterium betrifft die Anzahl von Bits in einem Adreßfeld. Man betrachte das Design einer Maschine mit einem 8-Bit-Zeichen und einem Hauptspeicher, der 2^{32} Zeichen aufnehmen muß. Die Designer könnten sich für die Zuweisung aufeinanderfolgender Adressen auf Einheiten von 8, 16, 24 oder 32 Bit oder für andere Möglichkeiten entscheiden.

Man stelle sich den Fall vor, daß sich das Designteam im Streit entzweit. Die eine Gruppe ist dafür, als Basiseinheit für den Speicher 8-Bit-Bytes zu verwenden, die andere als Basiseinheit für den Speicher das 32-Bit-Wort. Die erste Gruppe würde einen Speicher von 2^{32} Byte vorschlagen, numeriert von 0, 1, 2, 3, ..., bis 4.294.967.295. Die zweite Gruppe würde einen Speicher von 2^{30} Wörtern vorschlagen, numeriert von 0, 1, 2, 3, ..., bis 1.073.741.823.

Die erste Gruppe würde darauf hinweisen, daß das Programm nicht nur die Wörter, die die Zeichen enthalten, holen muß, um zwei Zeichen in der 32-Bit-Wortorganisation zu vergleichen, sondern daß es auch jedes Zeichen von seinem Wort herausziehen muß, um sie vergleichen zu können. Dies würde zusätzliche Instruktionen kosten und Platz vergeuden. Die 8-Bit-Organisation bietet demgegenüber eine Adresse für jedes Zeichen, was den Vergleich erheblich vereinfachen würde.

Die Verfechter des 32-Bit-Worts würden mit dem Argument zurückschlagen, daß ihr Vorschlag nur 230 getrennte Adressen erfordert, was eine Adreßlänge von nur 30 Bit ergibt, während bei dem Ansatz mit 8-Bit-Bytes 32 Bit für die gleiche Speicheradressierung erforderlich sind. Eine kürzere Adresse würde eine kürzere Instruktion bedeuten, was nicht nur weniger Platz belegt, sondern auch weniger Zeit zum Holen erfordert. Zudem könnte man die 32-Bit-Adresse beibehalten, um auf einen 16-Gbyte-Speicher statt auf einen armseligen 4-Gbyte-Speicher zu referenzieren.

Dieses Beispiel zeigt, daß eine ausgefeiltere Speicherauflösung ihren Preis hat: längere Adressen und damit längere Instruktionen. Das modernste Konzept in bezug auf die Auflösung ist eine Speicherorganisation, bei der jedes Bit direkt adressierbar ist (z.B. die Burroughs B1700). Am anderen Ende dieser Bandbreite besteht ein Speicher aus sehr langen Wörtern (die Cyber-Serie von CDC z.B. hatte 60-Bit-Wörter).

Bei modernen Computersystemen ist man zu dem Kompromiß gelangt, der in gewisser Weise das Schlechteste beider Ansätze auf sich vereint. Sie brauchen alle zur Adressierung einzelner Bytes benötigten Bits; alle Speicherzugriffe lesen aber eines, zwei oder manchmal vier Wörter gleichzeitig. Das Lesen eines Bytes aus dem Speicher auf der UltraSPARC II bedeutet beispielsweise ein Minimum von 16 Byte (siehe Abb. 3.47) und wahrscheinlich eine ganze, 64 Byte große Cache-Zeile.

5.3.2 Opcode-Erweiterung

Im vorherigen Abschnitt wurde erklärt, daß kurze Adressen und eine gute Speicherauflösung gegeneinander aufgewogen werden können. In diesem Abschnitt untersuchen wir Kompromisse in bezug auf Opcodes und Adressen. Man betrachte eine $(n + k)$-Bit-Instruktion mit einem k-Bit-Opcode und einer einzelnen n-Bit-Adresse. Diese Instruktion erlaubt 2^k verschiedene Operationen und 2^n adressierbare Speicherzellen. Hilfsweise können die gleichen $n + k$ Bit in einen $(k - 1)$-Bit-Opcode und eine $(n + 1)$-Bit-Adresse zerlegt werden, was bedeutet, daß nur halb so viele Instruktionen gebraucht werden, aber entweder die doppelte adressierbare Speichermenge oder die gleiche Speichermenge mit der doppelten Auflösung. Ein $(k + 1)$-Bit-Opcode und eine $(n - 1)$-Bit-Adresse bieten mehr Operationen. Der Preis ist aber entweder eine kleinere Anzahl adressierbarer Zellen oder eine schwächere Auflösung bei der gleichen adressierbaren Speichermenge. Neben diesen einfachen sind auch ausgeklügelte Kompromisse zwischen Opcode-Bits und Adreßbits möglich. Das in den folgenden Absätzen beschriebene Verfahren heißt **Opcode-Erweiterung** (Expanding Opcode).

Das Konzept der Opcode-Erweiterung läßt sich am besten anhand eines Beispiels beschreiben. Man betrachte eine Maschine, bei der Instruktionen 16 Bit lang und Adressen 4 Bit lang sind, wie in Abb. 5.11. Diese Konstellation könnte sich für eine Maschine eignen, die 16 Register (und damit eine 4-Bit-Registeradresse) hat, auf der alle arithmetischen Operationen stattfinden. Ein mögliches Design wäre ein 4-Bit-Opcode und drei Adressen in jeder Instruktion, was 16 Drei-Adressen-Instruktionen ergibt.

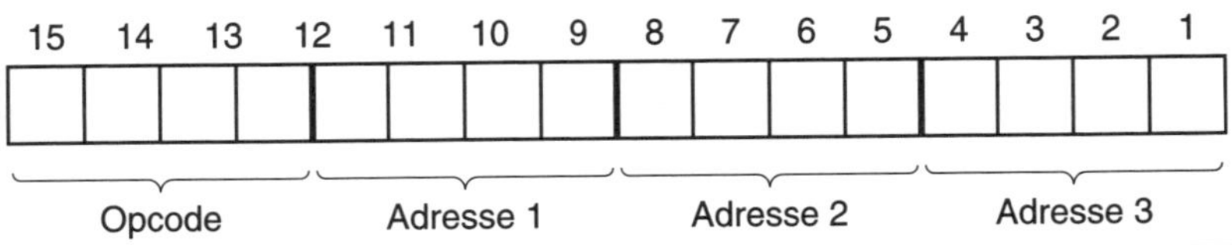

Abb. 5.11: Eine Instruktion mit einem 4-Bit-Opcode und drei 4-Bit-Adreßfeldern

Wenn aber die Designer 15 Instruktionen mit je drei Adressen, 14 Instruktionen mit je zwei Adressen, 31 Instruktionen mit je einer Adresse und 16 Instruktionen ohne Adresse brauchen, können sie die Opcodes 0 bis 14 als Instruktionen mit drei Adressen benutzen, Opcode 15 aber anders interpretieren (siehe Abb. 5.12).

Opcode 15 bedeutet, daß der Opcode in den Bits 8 bis 15 statt 12 bis 15 enthalten ist. Die Bits 3 und 4 bis 7 bilden wie gewöhnlich zwei Adressen. Die 14 Instruktionen mit zwei Adressen haben 111 in den vier am weitesten links stehenden Bits und die Zahlen von 0000 bis 1101 in den Bits 8 bis 11. Instruktionen mit 1111 in den vier am weitesten links stehenden Bits und entweder 1110 oder 1111 in den Bits 8 bis 11 werden auf besondere Weise behandelt, und zwar so, als befänden sich ihre Opcodes in den Bits 4 bis 15. Das Ergebnis sind 32 neue Opcodes. Da nur 31 gebraucht werden, wird Opcode 111111111111 dergestalt interpretiert, als befände sich der echte Opcode in den Bits 0 bis 15, was 16 Instruktionen ohne Adressen ergibt.

Im Verlauf dieser Erläuterung wurde der Opcode immer länger: Die Instruktionen mit drei Adressen haben einen 4-Bit-Opcode, die Instruktionen mit zwei Adressen einen 8-Bit-Opcode, die Instruktionen mit einer Adresse einen 12-Bit-Opcode und die Instruktionen ohne Adresse einen 16-Bit-Opcode.

Das Konzept der Opcode-Erweiterung ist ein Kompromiß zwischen dem Raum für Opcodes und dem Raum für andere Informationen. In der Praxis sind Opcode-Erweiterungen nicht so sauber und regelmäßig wie in unserem Beispiel. Die Fähigkeit, Opcodes in variablen Größen zu benutzen, läßt sich auf zweierlei Weise anwenden. Erstens kann man alle Instruktionen gleich lang halten, wenn man die kürzesten Opcodes den Instruktionen zuweist, die zum Spezifizieren anderer Dinge die meisten Bits benötigen. Zweitens kann man die Größe der *durchschnittlichen* Instruktion minimieren, wenn man Opcodes wählt, die für häufige Instruktionen am kürzesten und für seltene Instruktionen am längsten sind.

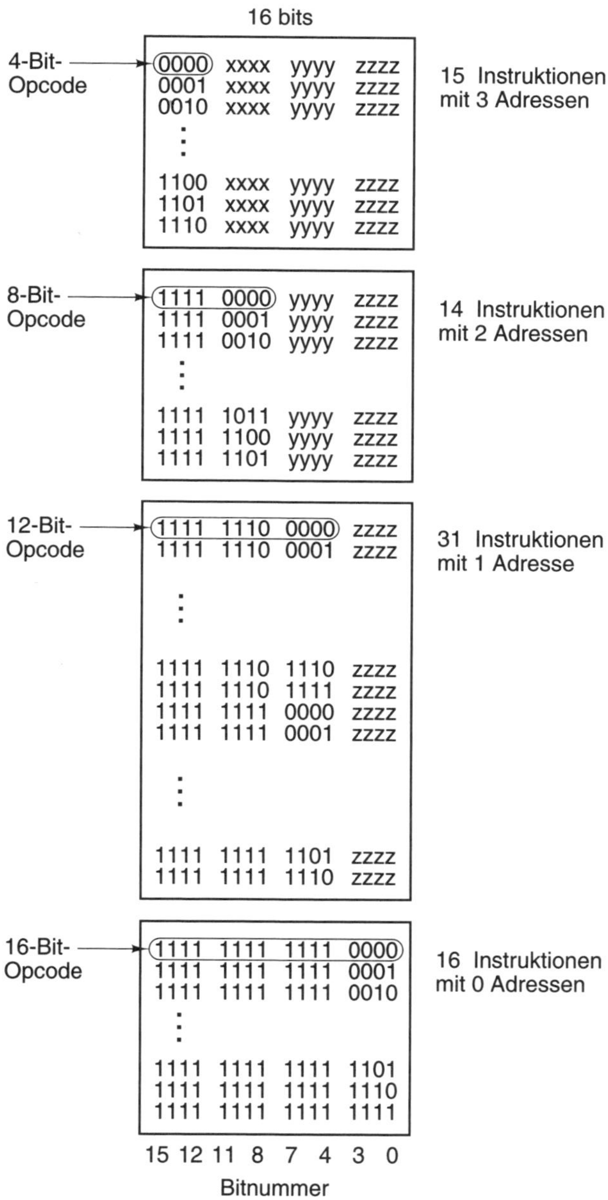

Abb. 5.12: Eine Opcode-Erweiterung, die 15 Instruktionen mit drei Adressen, 14 Instruktionen mit zwei Adressen, 31 Instruktionen mit einer Adresse und 16 Instruktionen ohne Adresse erlaubt; die mit xxxx, yyyy *und* zzzz *gekennzeichneten Felder sind 4-Bit-Adreßfelder*

Treibt man das Konzept von Opcodes mit variabler Länge auf die Spitze, läßt sich die durchschnittliche Instruktionslänge durch Kodierung jeder Instruktion auf die minimale Anzahl der benötigten Bits minimieren. Leider würde das zu Instruktionen mit unterschiedlicher Größe führen, die nicht einmal an den Bytegrenzen ausgerichtet wären. Es sind zwar ISAs bekannt, die dieses Merkmal aufwiesen (beispielsweise die vom Unglück verfolgte Intel 432). Die Ausrichtung ist aber so wichtig für die schnelle Kodierung von Instruktionen, daß dieses Maß an Optimierung fast immer kontraproduktiv ist. Dennoch wird es oft auf Byteebene angewandt. Später untersuchen wir die JVM-ISA, um unter anderem zu sehen, wie die Instruktionsformate für die Minimierung der Programmgröße sorgfältig ausgewählt wurden.

5.3.3 Instruktionsformate des Pentium II

Die Instruktionsformate des Pentium II sind sehr komplex und unregelmäßig, mit bis zu sechs Feldern in variabler Länge, von denen fünf optional sind. Das allgemeine Muster wird aus Abb. 5.13 ersichtlich. Es hat sich ergeben, weil sich die Architektur über viele Generationen entwickelt hat und in den frühen Stadien einige schlechte Optionen beinhaltete. Im Namen der Abwärtskompatibilität konnten diese frühen Entscheidungen später nicht rückgängig gemacht werden. Bei Instruktionen mit zwei Operanden gilt im allgemeinen: Ist ein Operand im Speicher, darf der andere nicht darin sein. Das bedeutet, daß es Instruktionen gibt, um zwei Register zu addieren, ein Register zum Speicher zu addieren und Speicher zu einem Register zu addieren, aber keine, um ein Speicherwort zu einem anderen Speicherwort zu addieren.

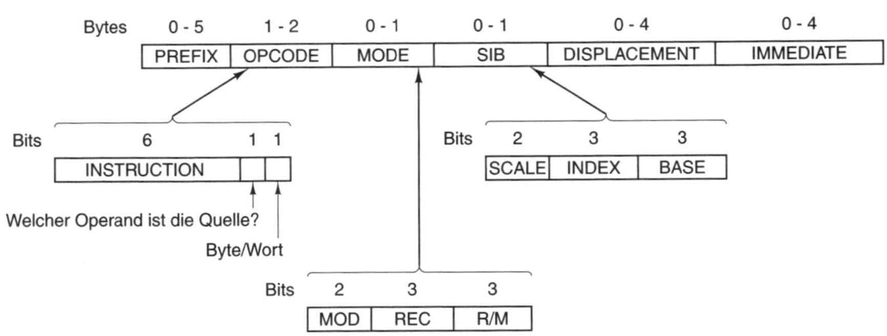

Abb. 5.13: Die Instruktionsformate des Pentium II

Bei den frühen Intel-Architekturen waren alle Opcodes 1 Byte lang, obwohl das Konzept eines **Präfixbyte** (Prefix Byte) zur Änderung einiger Instruktionen umfassend angewandt wurde. Ein Präfixbyte ist ein zusätzlicher Opcode, der am Anfang einer Instruktion eingeschoben wird, um ihre Aktion zu ändern. Die Instruktion `WIDE` in der IJVM und der JVM ist ein Beispiel eines Präfixbyte. Leider gingen Intel im Verlauf der Weiterentwicklung die Opcodes aus, so daß ein Opcode – 0xFF – als **Umschaltcode** (Escape Code) eingeführt wurde, um ein zweites Instruktionsbyte zuzulassen.

Die einzelnen Bits in den Opcodes des Pentium II liefern nicht viel Information über die Instruktion. Die einzige Struktur im Opcode-Feld ist die Benutzung des niederwertigen Bit in einigen Instruktionen, um Byte/Wort zu identifizieren, und die Benutzung des anschließenden Bit, um darauf hinzuweisen, ob die Speicheradresse (falls vorhanden) die Quelle oder das Ziel ist. Allgemein heißt das, daß der Opcode voll dekodiert werden muß, um bestimmen zu können, welche Operationsklasse auszuführen ist, und wie lang die entsprechende Instruktion ist. Das erschwert Hochleistungsimplementierungen, weil umfangreiche Dekodierung nötig ist, bevor man überhaupt feststellen kann, wo die nächste Instruktion beginnt.

Bei den meisten Instruktionen, die auf einen Operanden im Speicher referenzieren, folgt dem Opcode-Byte ein zweites Byte, das Auskunft über den Operanden gibt. Diese 8 Bit sind in ein 2 Bit großes MOD-Feld und zwei 3 Bit große Registerfelder REG und R/M aufgeteilt. Manchmal werden die ersten 3 Bit dieses Byte zur Opcode-Erweiterung benutzt, was insgesamt elf Möglichkeiten zur Operandenadressierung ergibt. Einer der Operanden muß immer ein Register sein. Logischerweise sollte sich jedes von EAX, EBX, ECX, EDX, ESI, EDI, EBP und ESP als Register spezifizieren lassen. Die Kodierregeln verbieten aber einige Kombinationen und benutzen sie für Sonderfälle. Die meisten Modi setzen ein zusätzliches Byte voraus, das als **SIB** (**Scale, Index, Base**) bezeichnet wird, um eine weitere Spezifikation zu ermöglichen. Dieses Verfahren ist nicht ideal, angesichts der unabdingbaren Abwärtskompatibilität und des Wunsches, neue nicht voraussehbare Merkmale hinzufügen zu können, aber ein guter Kompromiß.

Außerdem gibt es einige Instruktionen mit 1, 2 oder 4 Byte, um eine Speicheradresse (Verschiebung) zu spezifizieren und möglicherweise weitere 1, 2 oder 4 Byte, die eine Konstante (den unmittelbaren Operanden) enthalten.

5.3.4 Instruktionsformate der UltraSPARC II

Die ISA der UltraSPARC II besteht gänzlich aus 32-Bit-Instruktionen, die im Speicher ausgerichtet sind. Die Instruktionen sind im allgemeinen einfach; sie spezifizieren nur eine einzige Aktion. Eine typische arithmetische Instruktion spezifiziert zwei Register zur Bereitstellung der Quelloperanden und ein einziges Zielregister. Eine Variante erlaubt es der Instruktion, eine vorzeichenbehaftete 13-Bit-Konstante statt eines der Register bereitzustellen. Für eine LOAD-Operation werden zwei Register (oder ein Register und eine 13-Bit-Konstante) addiert, um die zu lesende Speicheradresse zu spezifizieren. Die Daten werden in das andere angegebene Register geschrieben.

Die ursprüngliche SPARC verfügte über eine sehr begrenzte Anzahl an Instruktionsformaten (siehe Abb. 5.14). Im Laufe der Zeit wurden neue Formate hinzugefügt. Derzeit sind es 31, und es kommen immer neue hinzu. (Möglicherweise dauert es nicht mehr lange, bis eine Firma mit der »komplexesten RISC-Maschine der Welt« wirbt.) Den Großteil der neuen Varianten erhielt man dadurch, daß man ein paar Bits von einigen Feldern abgehackt hat. Die ursprünglichen Sprünge benutzten beispielsweise Format 3 mit einem 22-Bit-Offset. Als vorhersagbare Sprünge hinzugefügt wurden, entfernte man 3 der 22 Bit und benutzte eines davon für die Sprungvorhersage und 2 zum Spezifizieren der zu benutzenden Bedingungscodebits. Übrig blieb eine 19-Bit-Verschiebung. Ein weiteres Beispiel: Es gibt viele Instruktionen zum Konvertieren von Datentypen (Ganzzahl in Gleitkomma usw.). Viele davon benutzen eine Variante von Format 1b, wobei das Feld IMMEDIATE in ein 5-Bit-Feld zerlegt wird, was das Quellregister und ein 8-Bit-Feld für weitere Opcode-Bits ergibt. Der Großteil der Instruktionen verwendet aber weiterhin die in der Abbildung aufgeführten Formate.

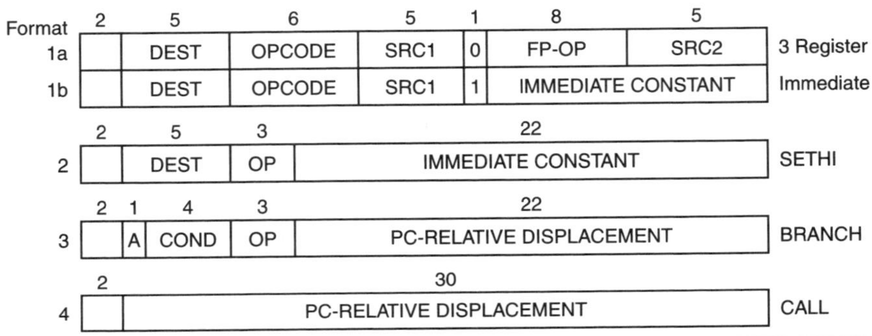

Abb. 5.14: Die Instruktionsformate der ursprünglichen SPARC

Die ersten zwei Bits jeder Instruktion dienen der Bestimmung des Instruktionsformats und informieren die Hardware darüber, wo der Rest des Opcodes zu finden ist, falls es weiteren gibt. Im Format 1a sind beide Quellen Register. In Format 1b ist eine Quelle ein Register und die andere eine Konstante im Bereich von –4096 bis +4095. Bit 13 wählt eine von beiden aus. (Das am weitesten rechts stehende Bit ist Bit 0.) In beiden Fällen ist das Ziel immer ein Register. Ausreichend Kodierraum wird für bis zu 64 Instruktionen bereitgestellt. Ein Teil davon ist für die künftige Verwendung reserviert.

Mit ausschließlich 32-Bit-Instruktionen ist es nicht möglich, eine 32-Bit-Konstante in die Instruktion einzubinden. Die Instruktion SETHI setzt 22 Bit und läßt Raum für eine weitere Instruktion, um die restlichen 10 zu setzen. Das ist die einzige Instruktion, die dieses Format benutzt.

Die nicht vorhergesagten bedingten Sprünge benutzen Format 3, bei dem das Feld COND über die zu testende Bedingung informiert. Das A-Bit dient der Vermeidung von Verzögerungsschlitzen unter bestimmten Bedingungen. Die vorhergesagten Sprünge benutzen das gleiche Format, jedoch mit einer 19-Bit-Verschiebung.

Das letzte Format dient der Instruktion CALL zum Aufrufen einer Prozedur. Diese Instruktion ist speziell, weil sie die einzige ist, bei der zur Spezifizierung einer Adresse 30 Datenbits benötigt werden. Bei dieser ISA gibt es einen einzigen 2-Bit-Opcode. Die Adresse ist die Zieladresse, geteilt durch vier, was einen Bereich von ungefähr $\pm 2^{31}$ Bytes in bezug zur momentanen Instruktion ergibt.

5.3.5 Instruktionsformate der JVM

Die meisten Formate für JVM-Instruktionen sind vergleichsweise einfach. Abb. 5.15 zeigt alle. Ihre Einfachheit ist wahrscheinlich der Tatsache zuzuschreiben, daß die JVM neu ist. Warten Sie einmal zehn Jahre ab. Alle Instruktionen beginnen mit einem 1-Byte-Opcode. Einigen davon folgt ein zweites Byte, entweder ein Index (wie in `ILOAD`), eine Konstante (wie in `BIPUSH`) oder ein Datentypbezeichner (wie in `NEWARRAY`, die ein eindimensionales Array des bezeichneten Typs auf der Halde erzeugt). Format 3 ist im wesentlichen mit dem zweiten identisch, hat jedoch anstelle einer 8-Bit-Konstante eine 16-Bit-Konstante (z.B. `WIDE ILOAD` oder `GOTO`). Format 4 wird nur für `IINC` gebraucht. Format 5 wird nur für `MULTINEWARRAY` benutzt, die ein mehrdimensionales Array auf der Halde erzeugt. Format 6 wird nur von `INVOKEINTERFACE` verwendet, die eine Methode unter bestimmten Bedingungen aufruft. Format 7 wird nur von `WIDE IINC` benutzt, um einen 16-Bit-Index und eine 16-Bit-Konstante zum Einfügen in die ausgewählte Variable bereitzustellen. Format 8 wird nur von den Instruktionen `WIDE GOTO` und `WIDE JSR` benutzt, um entfernte Sprünge und bestimmte Methodenaufrufe zu ermöglichen. Letzteren Formates bedienen sich nur zwei Instruktionen, die beide für die Implementierung der Java-Anweisung `switch` nötig sind. Kurz: Mit Ausnahme von acht spezifischen Instruktionen benutzen alle JVM-Instruktionen die kurzen, einfachen Formate 1, 2 oder 3.

Die Lage ist sogar noch besser, als sie aussieht. Die JVM-Instruktionen wurden so kodiert, daß man viele der häufigsten Instruktionen in einem einzigen Byte spezifizieren kann. Von den 256 innerhalb eines Byte möglichen Instruktionen sind viele im Grunde spezielle Fälle der allgemeinen Form einer Instruktion, der wir bei der IJVM begegnet sind.

Man betrachte beispielsweise, wie eine lokale Variable in Java geladen wird. Hierfür gibt es drei unabhängige Methoden, wobei die kürzeste die häufigsten und die längste alle möglichen Fälle abdeckt. Die JVM hat eine Instruktion `ILOAD`, die einen 8-Bit-Index benutzt, um die lokale Variable zu spezifizieren, die auf den Stapel zu schieben ist. Wir haben bereits gezeigt, daß das Präfix `WIDE` die Benutzung des gleichen Opcodes ermöglicht, um einen der ersten 65.536 Einträge in den lokalen Variablenrahmen zu spezifizieren. Die Verwendung von `WIDE ILOAD` erfordert aber 4 Byte: 1 für `WIDE`, 1 für `ILOAD` und 2 für den 16-Bit-Index. Diese Zerlegung ist durch die Tatsache gerechtfertigt, daß der Großteil von `ILOAD`-Operationen eine der ersten 256 lokalen Variablen benutzt. Das Präfix `WIDE` ist nur zur allgemeinen Ergänzung vorhanden, wird aber selten gebraucht.

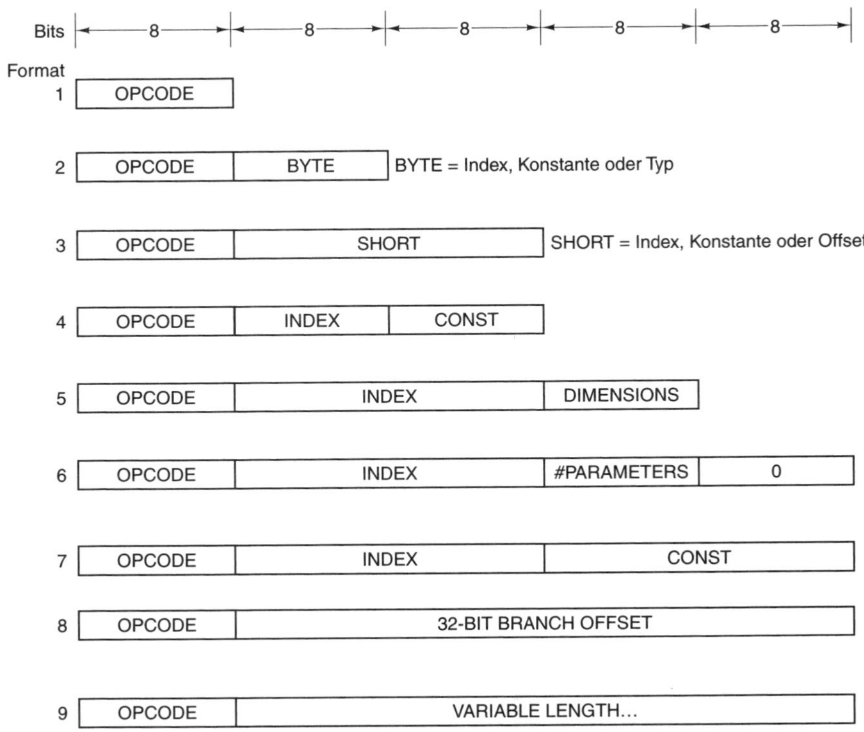

Abb. 5.15: Die Instruktionsformate der JVM

Die JVM geht noch weiter. Da die Parameter in den ersten paar Wörtern des lokalen Variablenrahmens an eine Methode weitergegeben werden, wird `ILOAD` am häufigsten für Einträge mit niedrigen Indizes verwendet. Die Designer der JVM fanden, daß diese so häufig passieren würden, daß es sich lohnt, für jede dieser Kombinationen getrennte 1-Byte-Opcodes zuzuteilen. `ILOAD_0` (0x1A) schiebt die lokale Variable 0 auf den Stapel. Das entspricht *genau* der 2-Byte-Instruktion `ILOAD 0`, außer daß sie ein Byte statt zwei Byte belegt. Ebenso schieben `ILOAD_1`, `ILOAD_2` und `ILOAD_3` (Opcodes 0x1B, 0x1C bzw. 0x1D) die lokalen Variablen 1, 2 bzw. 3 auf den Stapel. Die lokale Variable 1 kann beispielsweise auf dreierlei Weise geladen werden: `ILOAD_1`, `ILOAD 1` oder `WIDE ILOAD 1`.

Ähnliche Varianten gibt es für viele Instruktionen. Es gibt bestimmte Instruktionen, die genau `BIPUSH` für die Werte 0, 1, 2, 3, 4 und 5 sowie –1 entsprechen. Ferner gibt es spezielle Instruktionen zum Speichern von Variablen vom Stapel in die ersten vier Wörter des lokalen Variablenraums.

Diese Variationen fordern aber ihren Preis. Nur 256 eindeutige Instruktionen können in einem Byte spezifiziert werden. Die Entscheidung, vier davon für das Laden der ersten vier lokalen Variablen zu reservieren, beansprucht vier der 256 verfügbaren Instruktionen. Diese sowie die Basisinstruktion `ILOAD` beanspruchen fünf Instruktionen. Natürlich belegt auch das Präfix `WIDE` einen der 256 verfügbaren Werte (dabei ist das nicht einmal eine Instruktion, sondern nur ein Präfix), es ist aber allgemein und insofern auf viele Opcodes anwendbar.

Die Designer der JVM benutzten eine etwas andere Methode zur Festlegung des Ladevorgangs von Operanden aus dem Konstantenpool, wahrscheinlich, weil sie einen Unterschied in der Verteilung der spezifizierten Adressen erwarteten. Sie stellten zwei Versionen der Instruktion bereit: `LDC` und `LDC_W`. Die zweite Methode, die in der IJVM enthalten war, ist die allgemeine Methode, die ein beliebiges der 65.536 Wörter aus dem Konstantenpool holen kann. Die erste Methode erfordert nur einen 1-Byte-Index, kann aber nur eines der ersten 256 Wörter holen. Das heißt, daß eines der ersten 256 Wörter mit einer 2-Byte-Instruktion geholt werden kann, während ein beliebiges Wort dies mit einer 3-Byte-Instruktion erledigt. Diese beiden Optionen beanspruchen zwei der 256 Opcodes. Man beachte, daß die Instruktionsmenge sauberer und regelmäßiger geworden wäre, wenn sich die Designer für die gleiche Technik wie bei `ILOAD` entschieden hätten, d.h. Verwendung des Präfixes `WIDE` statt der Instruktion `LDC_W`. Andererseits hätte es bedeutet, daß das Holen von Konstanten über die ersten 256 hinaus nicht drei, sondern vier Byte erfordert hätte.

Die Technik der Kombination von Opcodes und Indizes zu einem einzigen Byte und die anschließende Zuteilung der 256 verfügbaren Bytes nach Gebrauchshäufigkeit wurde 1978 vom Autor vorgeschlagen (Tanenbaum, 1978), faßte aber erst zwei Jahrzehnte später Fuß.

5.4 Adressierung

Das sorgfältige Design von Opcodes ist ein wichtiger Teil der ISA. Ein großer Teil der Bits in einem Programm wird aber für die Festlegung benutzt, wo Operanden herkommen, und nicht dafür, welche Operationen auf sie ausgeführt werden. Man betrachte eine `ADD`-Instruktion, für die drei Operanden spezifiziert werden müssen: zwei Quellen und ein Ziel. (Es ist üblich, den Begriff *Operand* für alle drei zu verwenden, obwohl das Ziel eine Stelle ist, an der das Ergebnis gespeichert wird.) Auf die eine oder andere Art und Weise muß `ADD` mitteilen, wo die Operanden zu finden sind, und wo das Ergebnis abgelegt werden soll. Sind die Speicheradressen 32 Bit groß, setzt eine unbedachte Spezifikation dieser Instruktion zuzüglich zum Opcode drei 32-Bit-Adressen voraus. Die Adressen belegen weit mehr Bits als der Opcode.

Um den Umfang der Spezifikation zu reduzieren, werden zwei allgemeine Methoden angewandt. Muß ein Operand mehrmals benutzt werden, kann er in ein Register verschoben werden. Mit Hilfe eines Registers für eine Variable erreicht man einen doppelten Vorteil: Der Zugriff ist schneller, und der Operand kann mit weniger Bits spezifiziert werden. Sind 32 Register vorhanden, kann eines davon in nur 5 Bit spezifiziert werden. Kann `ADD` allein mit Registeroperanden ausgeführt werden, sind nur 15 Bit nötig, um alle drei Operanden zu spezifizieren, im Gegensatz zu 96 Bit, die man bräuchte, wenn sie alle im Speicher wären.

Natürlich fordert die Verwendung von Registern ihren Preis. Zuweilen verstärkt sich das Problem sogar durch deren Verwendung. Muß ein im Speicher befindlicher Operand zuerst in ein Register geladen werden, sind mehr Spezifikationsbits als bei der Spezifikation der Speicherstelle erforderlich. Zuerst braucht man für den Schiebevorgang eine `LOAD`-Instruktion. Dabei benötigt man nicht nur einen Opcode, sondern auch die volle Speicheradresse und die Spezifikation des Zielregisters. Wird also ein Operand nur einmal benutzt, lohnt es sich nicht, ihn in ein Register zu stellen.

Jahrelange Messungen haben glücklicherweise gezeigt, daß Operanden größtenteils wiederverwendet werden. Folglich bieten die jüngsten Architekturen zahlreiche Register, und die meisten Compiler strengen sich sehr an, um lokale Variablen in diesen Registern zur Vermeidung vieler Speicherreferenzen zu führen. Durch diese Vorgehensweise reduzierten sich sowohl Programmgröße als auch Ausführungszeit.

Bei der zweiten Methode zur Reduzierung des Spezifikationsumfangs werden einer oder mehrere Operanden implizit spezifiziert. Hierfür stehen mehrere Techniken zur Verfügung. Man kann z.B. eine einzelne Spezifikation für einen Quelloperanden und für das Ziel verwenden. Eine allgemeine `ADD`-Instruktion mit drei Adressen kann die Vorgehensweise

```
DESTINATION = SOURCE1 + SOURCE2
```

verwenden, während eine Instruktion mit zwei Adressen auf

```
REGISTER2 = REGISTER2 + SOURCE1
```

eingeschränkt sein kann. Diese Instruktion ist in dem Sinne destruktiv, als der Inhalt von `REGISTER2` nicht gewahrt wird. Wird der ursprüngliche Wert später gebraucht, muß er zuerst in ein anderes Register kopiert werden. Hier muß man in Kauf nehmen, daß Instruktionen mit zwei Adressen zwar kürzer, aber weniger allgemein sind. Jeder Designer trifft hier eine andere Wahl. Beim Pentium II werden beispielsweise auf der ISA-Ebene Instruktionen mit zwei Adressen benutzt, während sie bei der UltraSPARC II drei Adressen haben.

Nachdem wir die Anzahl der Operanden für unsere `ADD`-Instruktion von drei auf zwei reduziert haben, gehen wir einen Schritt weiter. Die ersten Computer hatten nur ein einziges Register, das als **Akkumulator** (Accumulator) bezeichnet wurde. Die `ADD`-Instruktion addierte z.B. immer ein Speicherwort zum Akkumulator, so daß nur ein Operand (der im Speicher) spezifiziert werden mußte. Diese Technik funktionierte gut bei einfachen Berechnungen. Wurden aber mehrere Zwischenergebnisse benötigt, mußte der Akkumulator zum Speicher zurückgeschrieben und dann später geholt werden. Folglich hat diese Technik ihre Anhängerschaft eingebüßt.

Wir sind von einer drei Adressen umfassenden `ADD` auf eine mit zwei Adressen und schließlich auf eine mit einer Adresse übergegangen. Was bleibt übrig?

Keine Adressen? Das ist der Fall. In Kapitel 4 wurde beschrieben, wie die IJVM einen Stapel benutzt. Die IADD-Instruktion der IJVM hat keine Adressen. Beide Quellen und das Ziel sind implizit. Wir werden nun eine Stapeladressierung genauer betrachten.

5.4.1 Adressiermodi

Bisher haben wir uns kaum darum gekümmert, wie die Bits eines Adreßfelds interpretiert werden, um den Operanden zu finden. Bei einer Variante können sie die Speicheradresse des Operanden enthalten. Zusätzlich zu dem großen zu spezifizierenden Feld für die volle Speicheradresse weist diese Methode noch die weitere Einschränkung auf, daß die Adresse zur Kompilierzeit bestimmt werden muß. Weitere liefern kürzere Spezifikationen und dynamische Bestimmung von Adressen. In den folgenden Abschnitten untersuchen wir einige dieser Phänomene, die man **Adressiermodi** (Addressing Modes) nennt.

5.4.2 Unmittelbare Adressierung

Bei der einfachsten Spezifikation eines Operanden für eine Instruktion enthält der Adreßteil der Instruktion den Operanden selbst, statt einer Adresse oder einer anderen Information über die Position des Operanden. Einen solchen Operanden nennt man **Direktoperand** (Immediate Operand), weil er automatisch mit der Instruktion vom Speicher geholt wird. Das bedeutet, daß er sofort zum Gebrauch zur Verfügung steht. Eine mögliche Direktinstruktion zum Laden von Register R1 mit der Konstanten 4 wird aus Abb. 5.16 ersichtlich.

MOV	R1	4

Abb. 5.16: Eine Direktinstruktion zum Laden von 4 in Register 1

Die unmittelbare Adressierung hat den Vorteil, daß sie für das Holen des Operanden keine zusätzliche Speicherreferenz voraussetzt. Sie hat andererseits den Nachteil, daß auf diese Weise nur eine Konstante bereitgestellt werden kann. Außerdem ist die Anzahl der Werte durch die Größe des Felds begrenzt. Dennoch wird diese Technik zum Spezifizieren kleiner ganzzahliger Konstanten in vielen Architekturen angewandt.

Direktadressierung

Bei einer weiteren Methode zum Spezifizieren eines Operanden im Speicher wird lediglich seine volle Adresse angegeben. Dies nennt man **Direktadressierung** (Direct Addressing). Wie die unmittelbare Adressierung ist auch die Direktadressierung im Gebrauch eingeschränkt: Die Instruktion greift immer genau auf die gleiche Speicherstelle zu. Während sich der Wert ändern kann, gilt dies für die Stelle nicht. Deshalb läßt sich die Direktadressierung nur für den Zugriff auf globale Variablen verwenden, deren Adresse zur Kompilierzeit bekannt ist. Dennoch verfügen viele Programme über globale Variablen, so daß dieser Modus häufig angewandt wird. Die Einzelheiten darüber, wie der Computer weiß, welche Adressen unmittelbar und welche direkt sind, werden später beschrieben.

5.4.3 Registeradressierung

Die Registeradressierung ist vom Konzept her mit der Direktadressierung identisch, spezifiziert aber statt einer Speicherstelle ein Register. Da Register dermaßen wichtig sind (aufgrund des schnellen Zugriffs und kurzer Adressen), findet man diesen Adressiermodus auf den meisten Computern vor. Viele Compiler unternehmen große Anstrengungen, um festzustellen, auf welche Variablen am häufigsten zugegriffen wird (z.B. ein Schleifenindex), und stellen diese in Registern bereit.

Dieser Adressiermodus wird einfach als **Registermodus** (Register Mode) bezeichnet. Bei Load/Store-Architekturen, z.B. bei der UltraSPARC II, nutzen fast alle Instruktionen nur ihn. Er wird nur ein einziges Mal nicht benutzt, und zwar dann, wenn ein Operand vom Speicher in ein Register (`LOAD`-Instruktion) oder von einem Register in den Speicher (`STORE`-Instruktion) verschoben wird. Doch auch bei diesen Instruktionen befindet sich einer der Operanden in einem Register – dort, wo das Speicherwort herkommt oder hingelangen muß.

5.4.4 Indirekte Registeradressierung

Bei diesem Verfahren kommt der zu spezifizierende Operand vom Speicher oder geht dorthin, seine Adresse ist aber nicht in der Instruktion, wie bei der Direktadressierung, festverdrahtet. Vielmehr befindet sich die Adresse in einem Register. Eine Adresse, die man auf diese Weise benutzt, heißt **Zeiger** (Pointer). Die indirekte Registeradressierung hat den großen Vorteil, daß sie auf Speicher referenzieren kann, ohne daß in der Instruktion eine volle Speicheradresse nötig ist. Sie kann auch verschiedene Speicherwörter bei verschiedenen Ausführungen der Instruktion benutzen.

Um zu sehen, warum die Verwendung eines unterschiedlichen Worts bei jeder Ausführung nützlich sein kann, stelle man sich eine Schleife vor, die sich durch die Elemente eines 1024 Elemente umfassenden, eindimensionalen Ganzzahl-Arrays bewegt, um die Summe der Elemente im Register `R1` zu berechnen. Außerhalb der Schleife kann ein weiteres Register, sagen wir `R2`, gesetzt werden, um auf das erste Element des Arrays zu zeigen. Es kann noch ein weiteres Register, sagen wir `R3`, gesetzt werden, um auf die erste Adresse über dem Array zu zeigen. Mit 1024 Ganzzahlen von je 4 Byte liegt die erste Adresse über dem Array auf $A + 4096$, wenn das Array bei A beginnt. Abb. 5.17 zeigt einen typischen Assembler-Code für diese Berechnung einer Zwei-Adressen-Maschine.

```
MOV R1,#0              ; Akkumuliere die Summe in R1, anfangs 0
MOV R2,#A              ; R2 = Adresse von Array A
MOV R3,#A+4096         ; R3 = Adresse des ersten Worts nach A
LOOP: ADD R1,(R2)      ; Register indirekt durch R2, um Operanden zu holen
ADD R2,#4              ; Inkrementiere R2 um ein Wort (4 Bytes)
CMP R2,R3              ; Sind wir schon fertig?
BLT LOOP               ; Falls R2 < R3, sind wir nicht fertig; daher fahre
                         fort
```

Abb. 5.17: Ein generisches Assembler-Programm zur Berechnung der Summe der Elemente eines Arrays

Bei diesem kleinen Programm benutzen wir mehrere Adressiermodi. Die ersten drei Instruktionen benutzen den Registermodus für den ersten Operanden (das Ziel) und den unmittelbaren Modus für den zweiten Operanden (eine durch das # identifizierte Konstante). Die zweite Instruktion setzt nicht den Inhalt, sondern die *Adresse* von *A* in R2. Das wird dem Assembler vom # mitgeteilt. Ebenso setzt die dritte Instruktion die Adresse des ersten Worts über dem Array in R3.

Interessant daran ist, daß die Schleife selbst keine Speicheradressen enthält. Sie benutzt Register und Register im indirekten Modus in der vierten Instruktion. In der fünften Instruktion benutzt sie Register und den unmittelbaren Modus, während sie in der sechsten Instruktion zweimal den Registermodus benutzt. BLT könnte eine Speicheradresse benutzen; wahrscheinlicher ist aber, daß sie die Adresse spezifiziert, zu der mit einem 8-Bit-Offset in bezug zur BLT-Instruktion selbst verzweigt werden soll. Durch völliges Umgehen von Speicheradressen haben wir eine kurze, schnelle Schleife produziert. Dieses Programm ist im übrigen für den Pentium II geeignet, außer daß wir die Instruktionen und Register umbenannt und die Notation so geändert haben, daß sie leichter zu lesen ist, weil die Syntax der standardmäßigen Assemblersprache des Pentium II (MASM) sich sehr in Richtung Absonderlichkeit bewegt, ein Überbleibsel aus dem früheren Leben der Maschine als 8088.

Theoretisch gibt es eine weitere Möglichkeit, diese Berechnung ohne indirekte Registeradressierung durchzuführen. Die Schleife könnte in einer Instruktion enthalten sein, um *A* zu R1 zu addieren, z.B.

```
ADD R1,A
```

Bei jeder Iteration der Schleife könnte dann die Instruktion selbst um 4 erhöht werden, so daß sie nach einer Iteration

```
ADD R1,A+4
```

lautet, und so weiter, bis sie fertig ist.

Ein Programm, das sich selbst auf diese Weise modifiziert, nennt man **selbstmodifizierendes Programm** (Self-modifying Program). Das Konzept wurde von keinem geringeren als John von Neumann erarbeitet und war auf den ersten Computern sinnvoll, die keine indirekte Registeradressierung konnten. Heutzutage gelten selbstmodifizierende Programme als fürchterlicher Stil und als kaum verständlich. Sie können außerdem nicht von mehreren Prozessen gleichzeitig benutzt werden. Darüber hinaus können sie auf Maschinen mit einem geteilten Level-1-Cache nicht einmal richtig laufen, wenn der I-Cache keine Schalttechnik zum Zurückschreiben hat (weil die Designer davon ausgingen, daß sich Programme nicht selbst modifizieren).

5.4.5 Indizierte Adressierung

Häufig ist es nützlich, auf Speicherwörter in einem bekannten Offset von einem Register aus zuzugreifen. Wir haben einige Beispiele bei IJVM gesehen, bei denen lokale Variablen referenziert werden, indem man ihren Offset von `LV` angibt. Die Adressierung von Speicher durch (explizite oder implizite) Angabe eines Registers und eines konstanten Offsets nennt man **indizierte Adressierung** (Indexed Addressing).

In der IJVM wurde für den Zugriff auf lokale Variablen ein Zeiger zum Speicher (`LV`) in einem Register sowie ein kleiner Offset in der Instruktion selbst benutzt (siehe Abb. 4.19(a)). Hierfür gibt es aber eine weitere Möglichkeit: der Speicherzeiger in der Instruktion und der kleine Offset im Register. Um zu sehen, wie das funktioniert, betrachte man folgende Berechnung. Wir haben zwei eindimensionale Arrays A und B von je 1024 Wörtern und möchten A_i AND B_i für alle Paare berechnen und diese 1024 booleschen Produkte dann mittels OR verknüpfen, um herauszufinden, ob es mindestens ein Paar in der Menge gibt, das nicht Null ist. Eine mögliche Vorgehensweise wäre, die Adresse von A in ein Register und die Adresse von B in ein zweites zu stellen und sie dann zusammen zu durchschreiten. Dies ist vergleichbar mit dem Vorgehen in Abb. 5.17. Es würde sicherlich funktionieren, könnte aber verbessert werden, wie aus Abb. 5.18 ersichtlich wird.

```
MOV R1,#0            ; Akkumuliere die Summe in R1, anfangs 0
MOV R2,#0            ; R2 = Index, i, des aktuellen Produkts: A[i] AND
                       B[i]
MOV R3,#4096         ; R3 = erster nicht benutzter Indexwert
LOOP: MOV R4,A(R2)   ; R4 = A[i]
AND R4,B(R2)         ; R4 = A[i] AND B[i]
OR R1,R4             ; Verknüpfe alle booleschen Produkte mittels OR in R1
ADD R2,#4            ; i = i + 4 (schreite in Einheiten von je einem Wort
                       = 4 Bytes weiter)
CMP R2,R3            ; Sind wir schon fertig?
BLT LOOP             ; Falls R2 < R3, sind wir nicht fertig; daher fahre
                       fort
```

Abb. 5.18: Ein generisches Assembler-Programm zur Berechnung der OR-*Verknüpfung von* A_i AND B_i *der beiden 1024 Elemente umfassenden Arrays*

Dieses Programm ist einfach. Wir brauchen hier vier Register:

1. R1 – hält das kumulierte OR der booleschen Produkttermen.
2. R2 – der Index *i*, der zum Durchlaufen der Arrays benutzt wird.
3. R3 – die Konstante 4096, die der niedrigste, nicht benutzte Wert von *i* ist.
4. R4 – ein Arbeitsregister zur Aufnahme der gebildeten Produkte.

Nach der Registerinitialisierung treten wir in die sechs Instruktionen umfassende Schleife ein. Die Instruktion bei LOOP holt A_i nach R4. Die Berechnung der Quelle benutzt hier den indizierten Modus. Ein Register R2 und eine Konstante – die Adresse von *A* – werden addiert und zum Referenzieren auf den Speicher benutzt. Die Summe dieser beiden Mengen geht in den Speicher, wird aber in keinem für den Benutzer sichtbaren Register gespeichert. Die Notation

```
MOV R4,A(R2)
```

bedeutet, daß das Ziel den Registermodus mit R4 als Register und die Quelle den indizierten Modus mit *A* als Offset und R2 als Register benutzt. Hat *A* einen Wert von beispielsweise 124300, dürfte die tatsächliche Maschineninstruktion dafür so aussehen wie in Abb. 5.19.

MOV	R4	R2	124300

Abb. 5.19: Eine mögliche Darstellung von MOV R4,A(R2)

Beim erstmaligen Durchlaufen der Schleife ist R2 gleich 0 (weil es auf diese Weise initialisiert wird), so daß sich das adressierte Speicherwort A_0 an Adresse 124300 befindet. Dieses Wort wird in R4 geladen. Beim nächsten Durchgang durch die Schleife ist R2 gleich 4, so daß sich das adressierte Speicherwort A_1 an Adresse 124304 befindet, usw.

Wie an früherer Stelle angekündigt, ist hier der Offset in der Instruktion selbst der Speicherzeiger und der Wert im Register eine kleine Ganzzahl, die während der Berechnung durchlaufen wird. Diese Vorgehensweise erfordert natürlich ein Offsetfeld in der Instruktion, das für die Aufnahme der Adresse groß genug ist, so daß dies weniger effizient ist als die andere Methode. Sie ist aber dennoch häufig die beste Methode.

5.4.6 Basisindizierte Adressierung

Einige Maschinen verfügen über einen Adressiermodus, bei dem die Speicheradresse durch Addition zweier Register sowie einen (optionalen) Offset berechnet wird. Dieser Modus wird auch **basisindizierte Adressierung** (Based-indexed Addressing) genannt. Eines der Register ist die Basis und das andere der Index. Ein solcher Modus wäre hier nützlich. Außerhalb der Schleifen könnten wir die Adresse von *A* in R5 und die Adresse von *B* in R6 abstellen. Dann könnten wir die Instruktion an *LOOP* und ihre Nachfolgerin durch

```
LOOP:  MOV R4,(R2+R5)
       AND R4,(R2+R6)
```

ersetzen. Ideal wäre ein indirekter Adressiermodus durch die Summe von zwei Registern ohne Offset. Andererseits wäre sogar eine Instruktion mit einem 8-Bit-Offset eine Verbesserung gegenüber dem ursprünglichen Code, weil wir dann beide Offsets auf 0 setzen könnten. Sind die Offsets demgegenüber immer 32 Bits, haben wir mit diesem Modus nichts gewonnen. In der Praxis haben Maschinen, die mit diesem Modus arbeiten, normalerweise aber eine Struktur mit einem 8-Bit- oder 16-Bit-Offset.

5.4.7 Stapeladressierung

Wir haben bereits mehrfach darauf hingewiesen, daß Maschineninstruktionen so kurz wie möglich sein sollten. Die allerletzte Möglichkeit der Reduzierung von Adreßlängen ist das Arbeiten ohne jegliche Adresse. In Kapitel 4 wurden Instruktionen ohne Adressen beschrieben, z.B. `IADD`, die in Verbindung mit einem Stapel benutzt werden können. In diesem Abschnitt wird die Stapeladressierung ausführlich beschrieben.

Postfix-Notation

In der Mathematik ist es seit jeher Tradition, den Operator zwischen die Operanden zu stellen, wie in $x + y$, statt hinter Operanden, wie in $x\ y\ +$. Die Ausdrucksweise mit dem Operator »zwischen« den Operanden nennt man **Infix**-Notation. Die Ausdrucksweise mit dem Operator nach den Operanden nennt man **Postfix**- oder auch **Reverse Polish Notation** (umgekehrte polnische Notation), nach dem polnischen Logiker J. Lukasiewicz (Lukasiewicz, 1958), der die Eigenschaften dieser Notation analysierte.

Die Postfix-Notation hat gegenüber der Infix-Notation zum Ausdrücken algebraischer Formeln einige Vorteile. Erstens kann jede Formel ohne Klammern geschrieben werden. Zweitens ist sie bequem beim Auswerten von Formeln auf Computern mit Stapeln. Drittens gibt es bei Infix-Operatoren Prioritäten, was willkürlich und unerwünscht ist. Wir wissen, daß $a \times b + c$ beispielsweise $(a \times b) + c$ und nicht $a \times b\ (b + c)$ bedeutet, weil bei einer Multiplikation willkürlich festgelegt wurde, daß sie Vorrang vor einer Addition hat. Hat eine Verschiebung nach links aber Vorrang vor einem booleschen `AND`? Wer weiß? Die Postfix-Notation beseitigt diesen Mißstand.

Es gibt mehrere Algorithmen für die Umwandlung von Infix-Formeln in die Postfix-Notation. Die unten angeführte ist die Anpassung eines Vorschlags von E. W. Dijkstra. Angenommen, eine Formel setzt sich aus den folgenden Symbolen zusammen: Variablen, den dyadischen (Zwei-Operanden-) Operatoren + – * /, sowie der linken und rechten Klammer. Um das Ende einer Formel zu kennzeichnen, fügen wir das Symbol $\perp$ hinter dem letzten und vor dem ersten Symbol ein.

Abb. 5.20 zeigt eine Eisenbahnlinie von New York nach Kalifornien mit einer Abzweigung in der Mitte Richtung Texas. Jedes Symbol in der Formel stellt einen Eisenbahnwaggon dar. Der Zug bewegt sich nach Westen (nach links). Kommt ein Waggon an der Weiche an, muß er kurz davor stoppen und fragen, ob er direkt nach Kalifornien weiterfahren oder einen Abstecher nach Texas machen soll. Waggons, die Variablen enthalten, fahren immer direkt nach Kalifornien und nie nach Texas. Waggons, die alle übrigen Symbole enthalten, müssen sich über den Inhalt des nächsten Waggons auf der Strecke nach Texas erkundigen, bevor sie auf die Weiche fahren.

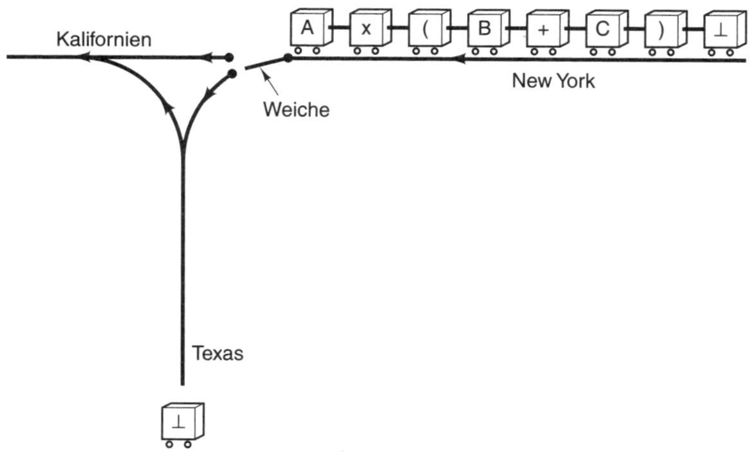

Abb. 5.20: Jeder Eisenbahnwaggon stellt ein Symbol in der Formel dar, die von der Infix- in die Postfix-Notation konvertiert werden soll

Aus der Tabelle von Abb. 5.21 wird ersichtlich, was in Abhängigkeit davon passiert, welchen Inhalt der nächste Waggon auf der Strecke nach Texas hat, und welcher Waggon vor der Weiche steht. Der erste ⊥ fährt immer nach Texas. Die Zahlen beziehen sich auf die folgenden Fälle:

1. Der Waggon an der Weiche fährt in Richtung Texas.
2. Der Waggon, der sich zuletzt auf der Strecke nach Texas befand, kehrt um und fährt nach Kalifornien.
3. Sowohl der Waggon an der Weiche als auch der Waggon, der sich zuletzt auf der Fahrt in Richtung Texas befand, werden entführt und verschwinden (d.h., beide werden gelöscht).
4. Stopp! Die sich jetzt in Kalifornien befindlichen Symbole stellen die Formel in Postfix-Notation dar, wenn man sie von links nach rechts liest.
5. Stopp! Ein Fehler ist passiert. Die ursprüngliche Formel wurde nicht richtig abgeschlossen.

Waggon an der Weiche (Spalten) / Zuletzt auf der Texas-Trasse angekommener Waggon (Zeilen)

	⊥	+	−	x	/	(	)
⊥	4	1	1	1	1	1	5
+	2	2	2	1	1	1	2
−	2	2	2	1	1	1	2
x	2	2	2	2	2	1	2
/	2	2	2	2	2	1	2
(	5	1	1	1	1	1	3

Abb. 5.21: Entscheidungstabelle für den Algorithmus zur Umwandlung von der Infix- in die Postfix-Notation

Nachdem eine Aktion eingeleitet wurde, wird ein neuer Vergleich zwischen dem Waggon an der Weiche, bei dem es sich um den gleichen wie im vorherigen Vergleich oder aber um den nächsten Waggon handeln kann, und dem Waggon, der jetzt der letzte auf der Trasse nach Texas ist, durchgeführt. Dieses Verfahren wird bis zu Schritt 4 fortgesetzt. Man beachte, daß die Texas-Trasse als Stapel benutzt wird, wobei die Steuerung eines Waggons nach Texas eine Push-Operation und die Umkehr eines bereits auf der Texas-Trasse befindlichen Waggons und dessen Umleitung nach Kalifornien eine Pop-Operation ist.

Die Reihenfolge der Variablen ist bei der Infix- und der Postfix-Notation die gleiche. Die Reihenfolge der Operatoren ist aber nicht immer identisch. Operatoren erscheinen in der Postfix-Notation in der Reihenfolge, in der sie im Verlauf der Auswertung des Ausdrucks ausgeführt werden. Abb. 5.22 zeigt Beispiele von Infix-Formeln mit dem jeweiligen Gegenstück in der Postfix-Notation.

Infix-Notation	**Postfix-Notation**
A + B × C	A B C × +
A × B + C	A B × C +
A × B + C × D	A B × C D × +
(A + B) / (C – D)	A B + C D – /
A × B / C	A B × C /
((A + B) × C + D)/(E + F + G)	A B + C × D + E F + G + /

Abb. 5.22: Beispiele von Infix-Ausdrücken mit ihren Gegenstücken in der Postfix-Notation

Auswertung von Formeln in Postfix-Notation

Die Postfix-Notation ist die ideale Notation zur Auswertung von Formeln auf einem Computer mit einem Stapel. Die Formel besteht aus n Symbolen, jeweils mit einem Operanden oder einem Operator. Der Algorithmus zur Auswertung einer in Postfix-Notation ausgedrückten Formel mit Hilfe eines Stapels ist einfach. Eine Zeichenkette der Postfix-Notation wird von links nach rechts abgetastet. Stößt man auf einen Operanden, wird er auf den Stapel geschoben. Wenn man auf einen Operator trifft, wird die entsprechende Instruktion ausgeführt.

Abb. 5.23 zeigt die Auswertung von

```
(8 + 2 × 5) / (1 + 3 × 2 - 4)
```

in der JVM. In der Postfix-Notation lautet die entsprechende Formel

```
8 2 5 × + 1 3 2 × + 4 - /
```

Wir haben in der Abbildung `IMUL` und `IDIV` als Multiplikations- bzw. Divisionsinstruktion eingeführt. Die Zahl oben auf dem Stapel ist der rechte Operand und nicht der linke. Dies ist bei Divisionen (und Subtraktionen) von Bedeutung, weil die Reihenfolge der Operanden wichtig ist (im Gegensatz zu Additionen und Multiplikationen). Anders ausgedrückt: `IDIV` wurde sorgfältig definiert, damit das erste Pushing des Zählers, dann das Pushing des Nenners und dann die Ausführung der Operation zum richtigen Ergebnis führen. Man beachte, wie einfach die Codeerzeugung von der Postfix-Notation zur (I)JVM ist: Es muß lediglich die Formel in Postfix-Notation abgetastet und eine Instruktion pro Symbol ausgegeben werden. Ist das Symbol eine Konstante oder Variable, bedeutet die Ausgabe einer Instruktion, daß sie auf den Stapel geschoben wird. Ist das Symbol ein Operator, bedeutet die Ausgabe einer Instruktion, daß die Operation ausgeführt wird.

Schritt	**Verbleibende Zeichenkette**	**Instruktion**	**Stapel**
1	8 2 5 × + 1 3 2 × + 4 – /	BIPUSH 8	8
2	2 5 × + 1 3 2 × + 4 – /	BIPUSH 2	8, 2
3	5 × + 1 3 2 × + 4 – /	BIPUSH 5	8, 2, 5
4	× + 1 3 2 × + 4 – /	IMUL	8, 10
5	+ 1 3 2 × + 4 – /	IADD	18
6	1 3 2 × + 4 – /	BIPUSH 1	18, 1
7	3 2 × + 4 – /	BIPUSH 3	18, 1, 3
8	2 × + 4 – /	BIPUSH 2	18, 1, 3, 2
9	× + 4 – /	IMUL	18, 1, 6
10	+ 4 – /	IADD	18, 7
11	4 – /	BIPUSH 4	18, 7, 4
12	– /	ISUB	18, 3
13	/	IDIV	6

Abb. 5.23: Verwendung eines Stapels zur Auswertung einer in Postfix-Notation ausgedrückten Formel

5.4.8 Adressiermodi für Sprunginstruktionen

Bisher haben wir nur Instruktionen betrachtet, die auf Daten ausgeführt werden. Sprunginstruktionen (und Prozeduraufrufe) brauchen ebenfalls Adressiermodi zum Festlegen der Zieladresse. Die Direktadressierung ist sicherlich eine Möglichkeit, wobei die Zieladresse einfach vollständig in die Instruktion einbezogen wird.

Daneben sind aber auch andere Adressiermodi sinnvoll. Die indirekte Registeradressierung erlaubt es dem Programm, die Zieladresse zu berechnen, sie in ein Register zu stellen und sich dann dorthin zu begeben. Dieser Modus bietet am meisten Flexibilität, weil die Zieladresse zur Laufzeit berechnet wird. Sie bietet auch die beste Gelegenheit, Fehler zu machen, die man fast nicht mehr finden kann.

Als Alternative bietet sich der indizierte Modus an, der eine bekannte Entfernung von einem Register versetzt. Er hat die gleichen Eigenschaften wie der indirekte Registermodus.

Eine weitere Option ist die PC-relative Adressierung. In diesem Modus wird der (vorzeichenbehaftete) Offset in der Instruktion selbst zum Programmzähler (PC) addiert, um die Zieladresse zu erhalten. Das ist einfach der indizierte Modus unter Verwendung von PC als Register.

5.4.9 Orthogonalität von Opcodes und Adressiermodi

Aus Sicht der Software sollten Instruktionen und Adressierung eine regelmäßige Struktur mit einer Mindestzahl an Instruktionsformaten aufweisen. Eine solche Struktur vereinfacht einem Compiler die Produktion guten Codes. Alle Opcodes sollten – soweit sinnvoll – alle Adressiermodi zulassen. Des weiteren sollten alle Register für alle Registermodi (einschließlich Rahmenzeiger (FP), Stapelzeiger (SP) und Programmzähler (PC)) verfügbar sein.

Als Beispiel eines sauberen Designs für eine Drei-Adressen-Maschine betrachte man die 32-Bit-Instruktionsformate von Abb. 5.24. Bis zu 256 Opcodes werden unterstützt. In Format 1 hat jede Instruktion zwei Quell- und ein Zielregister. Alle arithmetischen und logischen Instruktionen benutzen dieses Format.

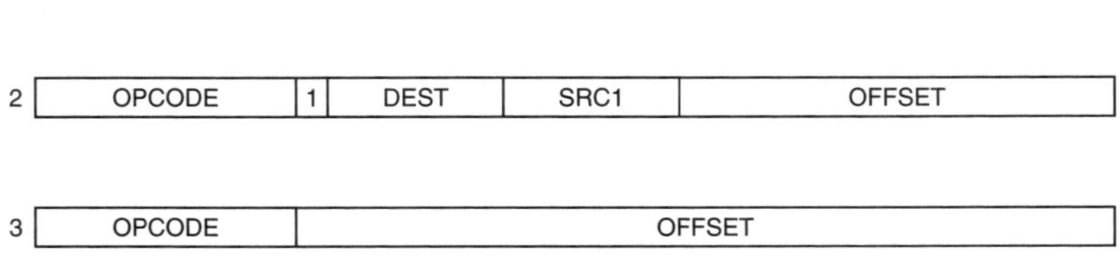

Abb. 5.24: Ein einfaches Design für die Instruktionsformate einer Drei-Adressen-Maschine

Das unbenutzte 8-Bit-Feld am Ende kann zur weiteren Differenzierung von Instruktionen benutzt werden. Beispielsweise kann man einen Opcode für alle Gleitkommaoperationen zuordnen, mit einem zusätzlichen Feld, das sie unterscheidet. Wird Bit 23 gesetzt, läßt sich Format 2 benutzen, und der zweite Operand ist nicht mehr ein Register, sondern eine unmittelbare, vorzeichenbehaftete 13-Bit-Konstante. Außerdem können die Instruktionen LOAD und STORE dieses Format benutzen, um im indizierten Modus auf den Speicher zuzugreifen.

Eine kleine Anzahl zusätzlicher Instruktionen wird benötigt, z.B. bedingte Sprünge. Sie passen aber leicht in Format 3. Ein Opcode könnte beispielsweise jedem (bedingten) Sprung, Prozeduraufruf usw. zugewiesen werden, so daß 24 Bit für einen PC-relativen Offset übrigbleiben. Unter der Annahme, daß dieser Offset in Wörtern gezählt wird, wäre der Bereich ±32 Mbyte. Außerdem könnte man ein paar Opcodes für LOAD- und STORE-Instruktionen reservieren, die lange Offsets von Format 3 brauchen. Sie wären dann nicht mehr ganz allgemein zugänglich (z.B. könnte nur R0 geladen oder gespeichert werden), würden aber selten benutzt werden.

Jetzt betrachten wir das Design für eine Zwei-Adressen-Maschine, die für beide Operanden ein Speicherwort benutzen kann. Es ist in Abb. 5.25 dargestellt. Eine solche Maschine kann ein Speicherwort zu einem Register, ein Register zu einem Speicherwort, ein Register zu einem Register oder ein Speicherwort zu einem Speicherwort addieren. Derzeit sind Speicherzugriffe relativ teuer. Deshalb ist dieses Design nicht besonders beliebt. Im Zuge weiterer Fortschritte in der Cache- oder Speichertechnologie werden Speicherzugriffe künftig sicherlich billiger. Dann dürfte dieses Design, das sich besonders leicht und effizient kompilieren läßt, gewiß interessant werden. Die PDP-11 und VAX waren sehr erfolgreiche Maschinen, die mit einem ähnlichen Design wie diesem zwei Jahrzehnte lang die Minicomputer-Welt beherrschten.

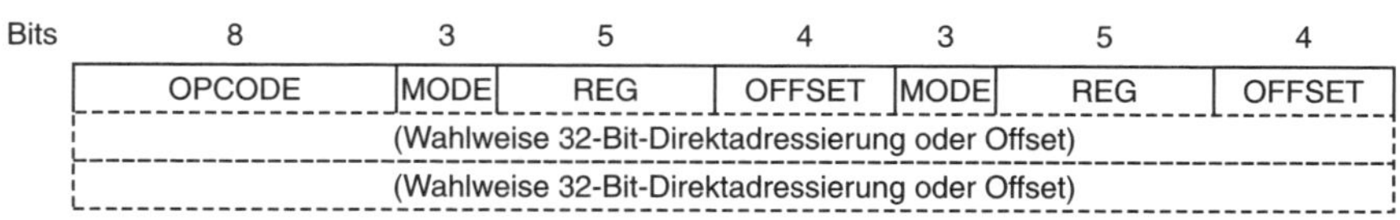

Abb. 5.25: Ein einfaches Design für die Instruktionsformate einer Zwei-Adressen-Maschine

Bei diesem Design haben wir wieder einen 8-Bit-Opcode, jetzt jedoch 12 Bit für die Spezifikation der Quelle und 12 Bit für die Spezifikation des Ziels. Für jeden Operanden geben 3 Bit den Modus, 5 Bit das Register und 4 Bit den Offset an. Mit drei Modusbits können wir den unmittelbaren, direkten, Register-, indirekten Register-, indizierten und Stapelmodus unterstützen und hätten noch Raum für zwei weitere, künftige Modi. Das ist ein sauberes, regelmäßiges Design, das sich leicht kompilieren läßt und recht flexibel ist, insbesondere, wenn sich Programmzähler, Stapelzeiger und lokale Variablenzeiger unter den allgemeinen Registern befinden, auf die zugegriffen werden kann.

Hier stellt sich nur ein Problem: Bei der Direktadressierung brauchen wir mehr Bits für die Adresse. Die PDP-11 und die VAX lösten das durch Hinzufügen eines zusätzlichen Worts zur Instruktion für die Adresse jedes direkt adressierten Operanden. Wir könnten auch einen der beiden verfügbaren Adressiermodi für einen indizierten Modus mit einem 32-Bit-Offset im Anschluß an die Instruktion benutzen. Im schlechtesten Fall, z.B. einer `ADD` von Speicher zu Speicher bei direkter Adressierung beider Operanden oder bei Anwendung der langen indizierten Form, wäre die Instruktion 96 Bit lang und würde drei Buszyklen (einen für die Instruktion, zwei für die Daten) dauern. Andererseits setzen die meisten RISC-Designs mindestens 96 Bit voraus, und sogar wahrscheinlich mehr, um ein beliebiges Wort im Speicher zu einem anderen beliebigen Wort im Speicher zu addieren, und nehmen dafür mindestens vier Buszyklen in Anspruch.

Zu Abb. 5.25 gibt es viele Alternativen. Bei diesem Design ist es möglich, die Anweisung

```
i = j;
```

in einer 32-Bit-Instruktion auszuführen, vorausgesetzt, daß sich sowohl *i* als auch *j* unter den ersten 16 lokalen Variablen befinden. Für Variablen höher als 16 muß man auf 32-Bit-Offsets übergehen. Eine Möglichkeit wäre ein anderes Format mit einem einzigen 8-Bit-Offset statt zweier 4-Bit-Offsets, zuzüglich einer Regel, die besagt, daß entweder die Quelle oder das Ziel, aber nicht beide, sie benutzen dürfen. Die Möglichkeiten und Kompromisse sind schier unbegrenzt, und Maschinen-Designer müssen für ein gutes Ergebnis viele Faktoren abwägen.

5.4.10 Adressiermodi des Pentium II

Die Adressiermodi des Pentium II sind sehr unregelmäßig und unterscheiden sich, je nachdem, ob eine bestimmte Instruktion im 16-Bit- oder im 32-Bit-Modus arbeitet. Wir ignorieren in diesem Teil den 16-Bit-Modus; der 32-Bit-Modus ist schon schlimm genug. Zu den unterstützten Modi zählen der unmittelbare, direkte, Register-, indirekte Register-, indizierte und ein spezieller Modus zur Adressierung von Array-Elementen. Problematisch ist hier, daß nicht alle Modi auf alle Instruktionen anwendbar sind und nicht alle Register in allen Modi benutzt werden können. Das erschwert die Arbeit des Compiler-Schreibers und führt zu um so schlechterem Code.

Das Byte `MODE` in Abb. 5.13 steuert die Adressiermodi. Einer der Operanden wird durch die Kombination der Felder `MOD` und `R/M` spezifiziert. Der andere ist immer ein Register und wird durch den Wert des Felds `REG` angegeben. Die 32 Kombinationen, die mit Hilfe des 2 Bit großen `MOD`-Felds und des 3 Bit großen `R/M`-Felds spezifiziert werden können, sind in Abb. 5.26 aufgeführt. Sind beide Felder beispielsweise Null, wird der Operand aus der im Register `EAX` enthaltenen Speicheradresse gelesen.

	MOD			
R/M	**00**	**01**	**10**	**11**
000	M[EAX]	M[EAX + OFFSET8]	M[EAX + OFFSET32]	EAX oder AL
001	M[ECX]	M[ECX + OFFSET8]	M[ECX + OFFSET32]	ECX oder CL
010	M[EDX]	M[EDX + OFFSET8]	M[EDX + OFFSET32]	EDX oder DL
011	M[EBX]	M[EBX + OFFSET8]	M[EBX + OFFSET32]	EBX oder BL
100	SIB	SIB mit OFFSET8	SIB mit OFFSET32	ESP oder AH
101	Direkt	M[EBP + OFFSET8]	M[EBP + OFFSET32]	EBP oder CH
110	M[ESI]	M[ESI + OFFSET8]	M[ESI + OFFSET32]	ESI oder DH
111	M[EDI]	M[EDI + OFFSET8]	M[EDI + OFFSET32]	EDI oder BH

Abb. 5.26: Die 32-Bit-Adressiermodi des Pentium II; M[x] *ist das Speicherwort an* x

Die Spalten 01 und 10 betreffen Modi, bei denen ein Register zu einem 8- oder 32-Bit-Offset addiert wird, der im Anschluß an die Instruktion folgt. Wird ein 8-Bit-Offset gewählt, wird er vor der Addition um ein Vorzeichen auf 32 Bit erweitert. Eine `ADD`-Instruktion mit `R/M` = 011, `MOD` = 01 und einem Offset von 6 berechnet beispielsweise die Summe von `EBX`, und 6 und liest das Speicherwort an dieser Adresse für einen der Operanden. `EBX` wird nicht modifiziert.

Die Spalte `MOD` = 11 stellt zwei Register zur Wahl. Für Wortinstruktionen wird die erste und für Byteinstruktionen die zweite benutzt. Man beachte, daß die Tabelle nicht ganz regelmäßig ist. Es gibt z.B. keine Möglichkeit der unmittelbaren Adressierung von `EBP` und auch keine für einen Offset von `ESP`.

Bei einigen Modi folgt dem Byte `MODE` ein zusätzliches Byte (siehe Abb. 5.13), das **SIB** (**Scale, Index, Base**). Es spezifiziert einen Skalierungsfaktor und zwei Register. Ist ein SIB-Byte präsent, wird die Operandenadresse durch Multiplikation des Indexregisters mit 1, 2, 4 oder 8 (je nach `SCALE`) berechnet und zum Basisregister addiert und schließlich in Abhängigkeit von `MOD` möglicherweise eine 8- oder 32-Bit-Verschiebung addiert. Fast alle Register können entweder als Index oder als Basis benutzt werden.

Die SIB-Modi sind nützlich für den Zugriff auf Array-Elemente. Man betrachte z.B. die Java-Anweisung

```
for (i = 0; i < n; i++) a[i] = 0;
```

wobei *a* ein Array aus 4-Byte-Ganzzahlen ist, das sich in der Nähe der momentanen Prozedur befindet. Normalerweise wird `EBP` benutzt, um auf die Basis des Stapelrahmens zu zeigen, der die lokalen Variablen und Arrays enthält (siehe Abb. 5.27). Der Compiler kann *i* in `EAX` halten. Um auf *a*[*i*] zuzugreifen, würde er einen SIB-Modus anwenden, dessen Operandenadresse die Summe von 4 × `EAX`, `EBP` und 8 war. Diese Instruktion könnte in *a*[*i*] in einer einzigen Instruktion speichern.

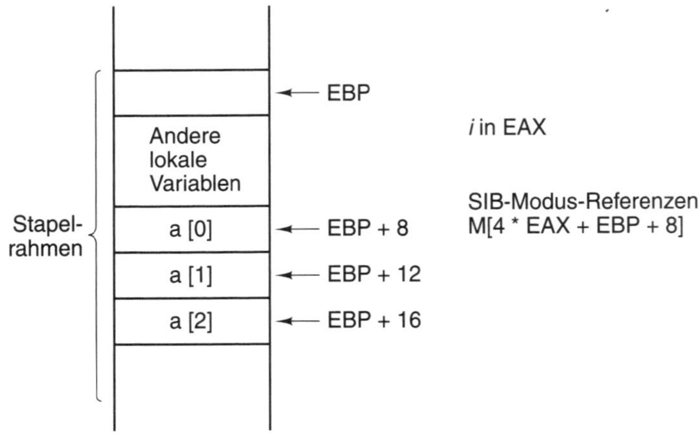

Abb. 5.27: Zugriff auf a[i]

Ist dieser Modus den ganzen Aufwand wert? Das ist schwer zu sagen. Zweifellos spart diese Instruktion bei richtiger Verwendung ein paar Zyklen. Wie oft sie benutzt wird, hängt vom Compiler und von der Anwendung ab. Problematisch ist, daß diese Instruktion eine bestimmte Menge an Chipbereich belegt, den man anders nutzen könnte, wenn es sie nicht gäbe. Man hätte beispielsweise den Level-1-Cache größer auslegen, den Chip verkleinern oder vielleicht eine höhere Taktgeschwindigkeit berücksichtigen können.

Das sind einige der Kompromisse, die Designer ständig machen sollen. Normalerweise werden umfangreiche Simulationen durchgeführt, bevor etwas in Silikon gegossen wird. Diese Simulationen setzen aber einen guten Überblick über den Arbeitsaufwand voraus. Man darf mit Sicherheit annehmen, daß die Designer des 8088 in ihrer Testreihe keinen Web-Browser einbezogen hatten. Dennoch werden ein paar Nachfolger dieses Produkts heute vorwiegend zum Web-Surfen eingesetzt, was bedeutet, daß die vor 20 Jahren getroffenen Entscheidungen (für heutige Anwendungen) völlig falsch waren. Im Namen der Abwärtskompatibilität ist es halt im nachhinein kaum möglich, etwas wieder loszuwerden, was einmal eingebunden wurde.

5.4.11 Adressiermodi der UltraSPARC II

Bei der ISA der UltraSPARC II nutzen alle Instruktionen die unmittelbare oder Registeradressierung, mit Ausnahme jener, die Speicher adressieren. Für den Registermodus sagen die 5 Bit einfach aus, welches Register zu benutzen ist. Beim unmittelbaren Modus liefert eine (vorzeichenbehaftete) 13-Bit-Konstante die Daten. Für die arithmetischen, logischen und ähnliche Instruktionen sind keine weiteren Modi vorhanden.

Drei Instruktionsarten adressieren Speicher: `LOAD`, `STORE` und eine Instruktion zur Synchronisation von Mehrprozessorsystemen. `LOAD`- und `STORE`-Instruktionen verfügen über zwei Modi zur Speicheradressierung. Der erste Modus berechnet die Summe von zwei Registern und durchläuft diese dann indirekt. Der andere ist die herkömmliche Indizierung mit einem (vorzeichenbehafteten) 13-Bit-Offset.

5.4.12 Adressiermodi der JVM

Die JVM verfügt über keine allgemeinen Adressiermodi in dem Sinne, daß jede Instruktion ein paar Bits besetzt, die Auskunft darüber geben, wie die Adresse zu berechnen ist (wie das beim Pentium II der Fall ist). Vielmehr hat jede Instruktion einen mit ihr verbundenen, spezifischen Adressiermodus. Da die JVM über keine sichtbaren Register verfügt, ist die Register- und die indirekte Registeradressierung nicht einmal möglich. Eine kleine Anzahl von Instruktionen, z.B. BIPUSH, nutzt die unmittelbare Adressierung. Als einziger weiterer Modus ist der indizierte Modus verfügbar. Er wird von ILOAD, ISTORE, LDC_W und einigen weiteren Instruktionen benutzt, um eine Variable in bezug zu einem impliziten Register, normalerweise LV oder CPP, zu spezifizieren. Sprünge verwenden ebenfalls den indizierten Modus, wobei PC als Register angenommen wird.

5.4.13 Adressiermodi im Vergleich

Wir haben in den vorherigen Abschnitten verschiedene Adressiermodi untersucht. Die des Pentium II, der UltraSPARC II und der JVM sind in Abb. 5.28 zusammengefaßt. Wie bereits erwähnt, kann aber nicht jeder Modus in jeder Instruktion benutzt werden.

Adressiermodus	**Pentium II**	**UltraSPARC II**	**JVM**
Unmittelbar	×	×	×
Direkt	×		
Register	×	×	
Register indirekt	×		
Indiziert	×	×	×
Basisindiziert		×	
Stack			×

Abb. 5.28: Vergleich von Adressiermodi

In der Praxis sind für eine effektive ISA nicht viele Adressiermodi notwendig. Da fast der gesamte, auf dieser Ebene geschriebene Code von Compilern erzeugt wird, ist der wichtigste Aspekt der Adressiermodi einer Architektur, daß die Optionen knapp und klar sind und sich die Kosten (in bezug auf die Ausführungszeit und den Codeumfang) leicht berechnen lassen. Das bedeutet im allgemeinen, daß eine Maschine eine extreme Position einnehmen muß: Sie sollte entweder jede mögliche Option oder nur eine bieten. Alles dazwischen bedeutet, daß dem Compiler Optionen vorgesetzt werden, die er nicht kennt oder nicht beherrscht.

Folglich verfügen die saubersten Architekturen im allgemeinen nur über eine kleine Anzahl von Adressiermodi mit strengen Grenzen hinsichtlich ihres Gebrauchs. In der Praxis reichen der unmittelbare, direkte, Register- und indizierte Modus für fast alle Anwendungen aus. Außerdem sollte jedes Register (lokaler Variablenzeiger, Stapelzeiger und Programmzähler inbegriffen) bei Bedarf nutzbar sein. Kompliziertere Adressiermodi können die Anzahl von Instruktionen reduzieren, was allerdings auf Kosten der Einführung von Operationsfolgen geht, die sich nicht ohne Schwierigkeiten mit anderen sequentiellen Operationen parallelisieren lassen.

Wir haben damit unsere Untersuchung der verschiedenen Kompromisse, die zwischen Opcodes und Adressen möglich sind, und der verschiedenen Adressierformen abgeschlossen. In Zusammenhang mit einem neuen Computer sollten Sie die Instruktionen und Adressiermodi prüfen, und zwar nicht nur, um zu sehen, welche verfügbar sind, sondern um die jeweiligen Entscheidungen nachzuvollziehen und zu überlegen, welche Konsequenzen sich bei anderen Entscheidungen ergeben hätten.

5.5 Instruktionstypen

Die Instruktionen auf der ISA-Ebene lassen sich grob in ein halbes Dutzend Gruppen gliedern, die sich bei den verschiedenen Maschinen mehr oder weniger ähneln, auch wenn sie sich in den Details unterscheiden können. Darüber hinaus verfügt jeder Computer über ein paar ungewöhnliche Instruktionen, die zwecks Kompatibilität mit früheren Modellen hinzugefügt wurden, oder weil der Architekt eine tolle Idee hatte, oder möglicherweise, weil eine Regierungsbehörde einen Hersteller damit beauftragt hat. In den nächsten Abschnitten werden die üblichen Kategorien beschrieben, ohne jedoch Anspruch auf Vollständigkeit zu erheben.

5.5.1 Instruktionen zur Datenbewegung

Das Kopieren von Daten von einer Stelle an eine andere ist die wichtigste aller Operationen. Mit Kopieren meinen wir das Erstellen eines neuen Objekts, das das gleiche Bitmuster wie das Original hat. Diese Verwendung des Worts »Bewegung« unterscheidet sich in gewisser Weise vom allgemeinen Sprachgebrauch. Wenn wir sagen, daß sich Herr oder Frau X von A nach B bewegt hat, meinen wir damit nicht, daß von ihm oder ihr ein identisches Duplikat in B angefertigt wurde und das Original sich noch in A befindet. Wenn wir sagen, daß der Inhalt von Speicherstelle 2000 in irgendein Register bewegt wurde, meinen wir immer, daß dort ein identisches Duplikat angelegt wurde und sich das Original nach wie vor unbeschadet in Stelle 2000 befindet. Instruktionen zur Datenbewegung müßte man eigentlich Instruktionen zur »Datenduplizierung« nennen; der Begriff »Datenbewegung« ist aber allgemein eingeführt.

Es gibt zwei Gründe, warum man Daten von einer Stelle an eine andere kopiert. Einer ist von grundlegender Bedeutung: die Zuweisung von Werten auf Variablen. Die Zuweisung

```
A = B
```

wird implementiert, wenn man den Wert an Speicheradresse *B* in Speicherstelle *A* kopiert, weil der Programmierer das so vorgesehen hat. Der zweite Grund ist die Vorbereitung der Daten für effizienten Zugriff und Gebrauch. Wir haben bereits gesehen, daß viele Instruktionen nur auf Variablen zugreifen können, wenn sie in einem Register verfügbar sind. Da es für ein Datenelement zwei mögliche Quellen (Speicher oder Register) gibt und immer zwei mögliche Ziele (Speicher oder Register) zur Verfügung stehen, gibt es vier verschiedene Kopiermöglichkeiten. Einige Computer haben vier Instruktionen für die vier Fälle. Andere haben für alle vier Fälle nur eine Instruktion. Wieder andere benutzen `LOAD`, um vom Speicher zu einem Register, `STORE`, um von einem Register zu einem Speicher, `MOVE`, um von einem Register zu einem anderen Register, und keine Instruktion, um eine Kopie von Speicher zu Speicher zu erstellen.

Instruktionen zur Datenbewegung müssen die Menge der zu bewegenden Daten auf irgendeine Weise angeben. Für einige ISAs gibt es Instruktionen zur Verschiebung variabler Datenmengen, die von 1 Bit bis zum ganzen Speicher reichen. Auf Maschinen mit fester Wortlänge beträgt die zu bewegende Menge oft genau ein Wort. Alles darunter oder darüber muß durch eine Software-Routine mit Hilfe von Verschieben und Mischen bewältigt werden. Einige ISAs bieten eine zusätzliche Fähigkeit zum Kopieren von weniger als einem Wort (normalerweise in Byte-Inkrementen) und für mehrere Wörter. Das Kopieren mehrerer Wörter ist nicht ganz einfach, insbesondere, wenn die maximale Anzahl von Wörtern groß ist, weil eine solche Operation lange dauern kann und möglicherweise unterbrochen wird. Einige Maschinen mit variablen Wortlängen verfügen über Instruktionen, die nur die Quell- und Zieladressen, nicht aber die Menge spezifizieren. Die Bewegung wird zu einem Feld in den Daten, das das Datenende markiert, fortgesetzt.

5.5.2 Dyadische Operationen

Dyadische Operationen sind jene, die zwei Operanden zur Produktion eines Ergebnisses kombinieren. Alle ISAs verfügen über Instruktionen, um Additionen und Subtraktionen mit Ganzzahlen durchzuführen. Multiplikation und Division von Ganzzahlen sind ebenfalls nahezu die Regel. Eine Erklärung, warum Computer mit arithmetischen Instruktionen ausgestattet werden, ist sicherlich nicht nötig.

Zu einer weiteren Gruppe von dyadischen Operationen zählen die booleschen Instruktionen. Obwohl 16 boolesche Funktionen von zwei Variablen existieren, haben nur wenige Maschinen – falls es überhaupt welche gibt – Instruktionen für alle 16. Normalerweise sind AND, OR und NOT vorhanden, zuweilen auch EXCLUSIVE OR, NOR und NAND.

Man braucht AND vor allem, um Bits aus Wörtern zu extrahieren. Man betrachte beispielsweise eine Maschine mit einer Wortlänge von 32 Bit, bei der vier 8-Bit-Zeichen pro Wort gespeichert werden. Nehmen wir an, man muß das zweite Zeichen von den anderen drei trennen, um es auszudrucken. Das heißt, man muß ein Wort schaffen, das dieses Zeichen in den acht am weitesten rechts stehenden Bits enthält, was man mit **rechtsbündig** (Right Justified) bezeichnet, mit Nullen in den 24 am weitesten links stehenden Bits.

Um das Zeichen herauszuziehen, wird das Wort, in dem das Zeichen enthalten ist, mittels AND mit einer Konstanten namens **Maske** (Mask) verknüpft. Als Ergebnis dieser Operation werden alle unerwünschten Bits in Nullen abgeändert, d.h. maskiert:

10110111 10111100 11011011 10001011 A
00000000 11111111 00000000 00000000 B (Maske)
00000000 10111100 00000000 00000000 A AND B

Das Ergebnis wird dann um 16 Bits nach rechts verschoben, um das Zeichen am rechten Ende des Worts zu isolieren.

OR braucht man vorrangig, um Bits in ein Wort zu packen, wobei mit Verpakkung das Gegenteil von Extraktion gemeint ist. Um die acht am weitesten rechts stehenden Bits eines 32-Bit-Worts zu ändern, ohne die übrigen 24 Bits zu stören, werden die ersten unerwünschten acht Bits maskiert. Dann wird das neue Zeichen mit OR verknüpft:

10110111 10111100 11011011 10001011 A
11111111 11111111 11111111 00000000 B (Maske)
10110111 10111100 11011011 00000000 A AND B
00000000 0000000 00000000 01010111 C
10110111 10111100 11011011 01010111 (A AND B) OR C

Die AND-Operation neigt dazu, Einsen zu entfernen, weil sich im Ergebnis nie mehr Einsen als in einem der Operanden befinden. Die OR-Operation neigt zum Einfügen von Einsen, weil es im Ergebnis immer mindestens so viele Einsen wie in dem Operanden mit den meisten Einsen gibt. Demgegenüber ist EXCLUSIVE OR symmetrisch und neigt im Durchschnitt dazu, Einsen weder einzufügen noch zu entfernen. Diese Symmetrie in bezug auf Einsen und Nullen ist gelegentlich nützlich, z.B. beim Erzeugen von Zufallszahlen.

Die meisten Computer unterstützen heute auch viele Gleitkomma-Instruktionen, die in etwa den arithmetischen Ganzzahl-Operationen entsprechen. Die meisten Maschinen bieten Gleitkommazahlen in mindestens zwei Längen: die kürzeren zur Beschleunigung und die längeren für Gelegenheiten, bei denen viele Genauigkeitsziffern benötigt werden. Aus der Vielfalt der verfügbaren Gleitkommaformate hat sich inzwischen ein Standard fast universell durchgesetzt: IEEE 754. Gleitkommazahlen und IEEE 754 werden in Anhang B beschrieben.

5.5.3 Monadische Operationen

Monadische Operationen verfügen über einen Operanden und produzieren ein Ergebnis. Da gegenüber dyadischen Operationen eine Adresse weniger angegeben werden muß, sind die Instruktionen manchmal länger, obwohl oft weitere Informationen weitergegeben werden müssen.

Instruktionen zum Verschieben oder Rotieren des Inhalts eines Worts oder Bytes sind recht nützlich und werden oft in verschiedenen Variationen bereitgestellt. Beim Verschieben werden die Bits nach links oder rechts bewegt, wobei Bits, die über das Ende des Worts hinausgeschoben werden, verlorengehen. Beim Rotieren werden die Bits an einem Ende herausgeschoben und erscheinen wieder am anderen Ende. Der Unterschied zwischen Verschieben und Rotieren wird nachfolgend verdeutlicht:

00000000 00000000 00000000 01110011 A
00000000 00000000 00000000 00011100 A um 2 Bits nach rechts verschoben
11000000 00000000 00000000 00011100 A um 2 Bits nach rechts rotiert

Verschieben und Rotieren ist sowohl nach links als auch nach rechts hilfreich. Wird ein n-Bit-Wort um k Bits nach links rotiert, ist das Ergebnis das gleiche wie beim Rotieren nach rechts um $n - k$ Bits.

Verschieben nach rechts wird oft mit Vorzeichenerweiterung durchgeführt. Das bedeutet, daß die am linken Ende des Worts frei gewordenen Positionen mit dem ursprünglichen Vorzeichenbit (0 oder 1) aufgefüllt werden. Das entspricht dem Vorgang, das Vorzeichenbit nach rechts zu ziehen. Unter anderem bedeutet das, daß eine negative Zahl negativ bleibt. Dieser Fall ist nachfolgend dargestellt; bei diesem Beispiel werden 2 Bit nach rechts verschoben:

11111111 11111111 11111111 11110000 A
00111111 11111111 11111111 11111100 A ohne Vorzeichenerweiterung verschoben
11111111 11111111 11111111 11111100 A mit Vorzeichenerweiterung verschoben

Wichtig ist das Verschieben bei Multiplikationen und Divisionen um Potenzen von 2. Wird eine positive Ganzzahl um k Bits nach links verschoben, ist das Ergebnis, bei Verhinderung eines Überlaufs, die ursprüngliche Zahl, multipliziert mit 2^k. Wird eine positive Ganzzahl um k Bits nach rechts verschoben, ist das Ergebnis die ursprüngliche Zahl, dividiert durch 2^k.

Verschiebung kann zur Beschleunigung bestimmter arithmetischer Operationen benutzt werden. Man betrachte z.B. die Berechnung von $18 \times n$ für eine positive Ganzzahl n. Da $18 \times n = 16 \times n + 2 \times n$, erhält man durch Verschieben einer Kopie von n 4 Bits nach links $16 \times n$. $2 \times n$ erhält man, indem man n 1 Bit nach links verschiebt. Die Summe dieser beiden Zahlen ist $18 \times n$. Die Multiplikation wurde durch eine Bewegung, zwei Verschiebungen und eine

Addition erreicht, was oft schneller als eine Multiplikation ist. Natürlich kann der Compiler nur damit umgehen, wenn mindestens ein Faktor eine Konstante ist.

Das Verschieben von negativen Zahlen führt auch mit Vorzeichenerweiterung zu recht unterschiedlichen Ergebnissen. Man betrachte z.B. das Verschieben der Komplementzahl von eins, –1. Verschieben um 1 Bit nach links ergibt –3, und um ein weiteres Bit nach links –7:

11111111 11111111 11111111 11111110 –1 im Einerkomplement
11111111 11111111 11111111 11111100 –1 um 1 Bit nach links verschoben = –3
11111111 11111111 11111111 11111000 –1 um 2 Bits nach links verschoben = –7

Beim Verschieben von negativen Zahlen mit Einerkomplement nach links wird nicht mit 2 multipliziert. Das Verschieben nach rechts simuliert die Division aber korrekt.

Nun betrachte man die Darstellung eines Zweierkomplements von –1. Beim Verschieben um 6 Bits nach rechts mit Vorzeichenerweiterung ergibt sich –1, was falsch ist, weil der integrale Teil von –1/64 gleich 0 ist:

11111111 11111111 11111111 11111111 –1 im Zweierkomplement
11111111 11111111 11111111 11111111 –1 um 6 Bits nach rechts verschoben = –1

Im allgemeinen führt das Verschieben nach rechts zu Fehlern, weil es die Zahl (in Richtung zur negativeren Ganzzahl) abschneidet, was bei der Arithmetik mit negativen Ganzzahlen falsch ist. Beim Verschieben nach links wird jedoch eine Multiplikation mit 2 simuliert.

Rotieren ist nützlich für das Ver- und Auspacken von Bitfolgen in/aus Wörtern. Sollen alle Bits in einem Wort getestet werden, kann man das Wort um je 1 Bit nacheinander in jede Richtung rotieren, wodurch jedes Bit in das Vorzeichenbit gestellt wird, wo es sich leicht testen läßt. Außerdem wird das Wort nach dem Testen aller Bits auf seinen ursprünglichen Wert zurückgesetzt. Die Rotation ist sauberer als das Verschieben, weil keine Informationen verlorengehen: Eine beliebige Rotationsoperation kann mit einer weiteren Rotationsoperation negiert werden.

Bestimmte dyadische Operationen kommen derart häufig zusammen mit bestimmten Operanden vor, daß ISA-Designs manchmal monadische Instruktionen beinhalten, um solche dyadischen Operationen schnell auszuführen. Das Verschieben von Null in ein Speicherwort oder Register kommt sehr häufig beim Initialisieren einer Berechnung vor. Das Verschieben von Null ist natürlich ein Sonderfall im Rahmen der allgemeinen Instruktionen für die Datenbewegung. Aus Gründen der Effizienz wird häufig eine `CLR`-Operation mit nur einer Adresse – der zu löschenden Stelle (d.h. auf Null gesetzt) – bereitgestellt.

Die Addition von 1 zu einem Wort wird ebenfalls häufig beim Zählen angewandt. Eine monadische Variante der `ADD`-Instruktion ist die `INC`-Operation, die 1 addiert. Die `NEG`-Operation ist ein weiteres Beispiel. Das Negieren von *X* ist eigentlich die Berechnung $0-X$, also eine dyadische Subtraktion. Aufgrund des häufigen Gebrauchs wird aber auch hier meist eine getrennte NEG-Instruktion bereitgestellt. Wichtig ist hier der Unterschied zwischen der arithmetischen Operation NEG und der logischen Operation NOT. Die NEG-Operation produziert die **additive Umkehr** (Additive Inverse) einer Zahl (die Zahl, die 0 ergibt, wenn man sie zum Original addiert). Die NOT-Operation invertiert einfach alle einzelnen Bits im Wort. Die Operationen ähneln sich sehr. Bei einem System, das die Darstellung des Einerkomplements anwendet, sind sie sogar identisch. (Bei der Zweierkomplement-Arithmetik wird die NEG-Instruktion ausgeführt, wenn zuerst alle einzelnen Bits invertiert und dann 1 addiert wird.)

Dyadische und monadische Instruktionen werden oft nach ihrem jeweiligen Gebrauch und nicht nach der Zahl der von ihnen benötigten Operanden gruppiert. Eine Gruppe beinhaltet die arithmetischen Operationen – Negation inbegriffen. Die andere Gruppe beinhaltet logische und Verschiebeoperationen, da diese beiden Kategorien am häufigsten zusammen zur Datenextraktion benutzt werden.

5.5.4 Vergleiche und bedingte Sprünge

Fast alle Programme brauchen eine Funktion, um ihre Daten zu testen und die Folge der auszuführenden Instruktionen auf der Grundlage der Ergebnisse zu ändern. Ein einfaches Beispiel ist die Quadratwurzelfunktion $\sqrt{x}$. Ist x negativ, führt die Prozedur zu einer Fehlermeldung; andernfalls berechnet sie die Quadratwurzel. Eine Funktion *sqrt* muß x testen und dann verzweigen, je nachdem, ob sie negativ ist oder nicht.

Häufig stellt man bedingte Sprunginstruktionen bereit, die eine Bedingung testen und zu einer bestimmten Speicheradresse verzweigen, wenn die Bedingung erfüllt wird. Zuweilen zeigt ein Bit in der Instruktion an, ob der Sprung stattfindet, falls die Bedingung erfüllt bzw. nicht erfüllt wird. Oft verhält sich die Zieladresse nicht absolut, sondern relativ zur aktuellen Instruktion.

Die am häufigsten zu testende Bedingung ist die, ob ein bestimmtes Bit in der Maschine 0 ist oder nicht. Testet eine Instruktion das Vorzeichenbit einer Zahl und verzweigt dann zu *LABEL*, falls sie 1 ist, werden die bei *LABEL* beginnenden Anweisungen ausgeführt, wenn die Zahl negativ war, und die Anweisungen, die dem bedingten Sprung folgen, falls sie 0 oder positiv war.

Viele Maschinen verfügen über Bedingungscodebits, die zur Bezeichnung bestimmter Bedingungen benutzt werden. So kann es z.B. ein Überlaufbit geben, das auf 1 gesetzt wird, sobald eine arithmetische Operation ein falsches Ergebnis ausgibt. Durch Testen dieses Bits kann man auf einen möglichen Überlauf aus der vorherigen arithmetischen Operation prüfen, so daß im zutreffenden Fall ein Sprung zu einer Fehlerroutine gemacht werden kann.

Einige Prozessoren haben ein Übertragsbit, das gesetzt wird, wenn ein Übertrag vom am weitesten links stehenden Bit erfolgt, beispielsweise bei der Addition zweier negativer Zahlen. Ein Übertrag vom am weitesten links stehenden Bit ist eher die Regel und sollte nicht mit einem Überlauf verwechselt werden. Das Testen des Übertragsbits wird bei Arithmetik mit mehrfacher Genauigkeit (d.h. bei Darstellung einer Ganzzahl in zwei oder mehr Wörtern) benötigt.

Das Testen auf Null ist bei Schleifen und für viele andere Zwecke wichtig. Wenn alle bedingten Sprunginstruktionen nur 1 Bit testen, bräuchte man einen getrennten Test für jedes Bit, um ein bestimmtes Wort auf 0 zu testen und sicherzustellen, daß keines 1 war. Um dies zu vermeiden, verfügen viele Maschinen über eine Instruktion, die ein Wort und einen Sprung testet, die Null sind. Natürlich gibt diese Lösung den Fehler lediglich an die Mikroarchitektur weiter. In der Praxis enthält die Hardware normalerweise ein Register, dessen Bits allesamt mit OR verknüpft werden, um ein einzelnes Bit zu erhalten, das aussagt, ob das Register irgendwelche 1-Bits enthält. Das *Z*-Bit von Abb. 4.1 würde man normalerweise durch `OR`-Verknüpfung aller ALU-Ausgabebits und Invertieren des Ergebnisses berechnen.

Der Vergleich zweier Wörter oder Zeichen zur Feststellung, ob sie gleich sind, bzw. welches größer ist, ist beispielsweise beim Sortieren wichtig. Um diesen Test durchzuführen, werden drei Adressen benötigt: zwei für die Datenelemente und eine für die Adresse, zu der verzweigt wird, wenn die Bedingung wahr ist. Computer mit einem Instruktionsformat, das drei Adressen pro Instruktion erlaubt, haben damit keine Schwierigkeiten. Die anderen müssen etwas unternehmen, um das Problem zu lösen.

Häufig wird eine Instruktion bereitgestellt, die einen Vergleich durchführt und zur Ergebnisaufzeichnung Bedingungsbits setzt. Eine nachfolgende Instruktion kann dann die Bedingungsbits testen und verzweigen, falls die beiden verglichenen Werte gleich bzw. ungleich waren, oder falls der erste größer war usw. Diese Vorgehensweise findet man beim Pentium II und bei der UltraSPARC II.

Beim Vergleich von zwei Zahlen sind einige Feinheiten zu beachten. Beispielsweise ist ein Vergleich nicht ganz so einfach wie eine Subtraktion. Wird eine sehr große positive Zahl mit einer sehr großen negativen Zahl verglichen, führt die Subtraktion zu einem Überlauf, weil das Ergebnis der Subtraktion nicht dargestellt werden kann. Dennoch muß die Vergleichsinstruktion ermitteln, ob der entsprechende Test erfüllt wurde, und die richtige Antwort zurückgeben; bei Vergleichen gibt es keinen Überlauf.

Ein weiterer wichtiger Punkt beim Vergleichen von Zahlen ist die Entscheidung, ob die Zahlen als vorzeichenbehaftet gelten sollen oder nicht. Drei-Bit-Binärzahlen können auf zweierlei Weise angeordnet werden, von der kleinsten zur größten:

Vorzeichenlos	Vorzeichenbehaftet
000	100 (kleinste)
001	101
010	110
011	111
100	000
101	001
110	010
111	011 (größte)

Die linke Spalte enthält die positiven Ganzzahlen 0 bis 7 in aufsteigender Reihenfolge. Die rechte Spalte enthält die vorzeichenbehafteten Zweierkomplement-Ganzzahlen –4 bis +3. Die Antwort auf die Frage »Ist 011 größer als 100?« hängt davon ab, ob die Zahlen als vorzeichenbehaftet betrachtet werden oder nicht. Die meisten ISAs haben Instruktionen für beide Anordnungen.

5.5.5 Instruktionen für Prozeduraufrufe

Eine Prozedur ist eine Gruppe von Instruktionen, die beliebige Aufgaben ausführen und an mehreren Stellen im Programm aufgerufen werden können. Der Begriff **Subroutine** wird häufig anstelle von »Prozedur« verwendet, insbesondere in bezug auf in Assemblersprache geschriebene Programme. In Java wird der Begriff **Methode** verwendet. Hat die Prozedur ihre Aufgabe beendet, muß sie zu der Anweisung hinter dem Aufruf zurückkehren. Deshalb muß eine Rückkehradresse an die Prozedur übertragen oder irgendwo gespeichert werden, damit man sie findet, wenn es Zeit für die Rückkehr ist.

Die Rückkehradresse kann an einer von drei möglichen Stellen abgestellt werden: im Speicher, in einem Register oder im Stapel. Sie an einer einzelnen, festen Speicherstelle abzustellen, ist die bei weitem schlechteste Lösung. Falls die Prozedur bei diesem Vorgehen eine andere Prozedur aufruft, würde der zweite Aufruf zum Verlust der ersten Rückkehradresse führen.

Eine leichte Verbesserung ergibt sich, wenn man die Prozeduraufrufinstruktion die Rückkehradresse im ersten Wort der Prozedur speichern läßt, wobei sich die erste ausführbare Instruktion im zweiten Wort befindet. Die Prozedur kann dann durch indirektes Verzweigen zum ersten Wort zurückkehren. Falls die Hardware den Opcode für den Sprung zusammen mit der Rückkehradresse in das erste Wort stellt, kann sie direkt dorthin springen. Ruft die Prozedur sich selbst auf, scheitert dieses Vorgehen, weil die erste Rückkehradresse vom zweiten Aufruf zerstört wird. Die Fähigkeit einer Prozedur, sich selbst aufzurufen, nennt man **Rekursion**. Sie ist sowohl für Theoretiker als auch Programmierer in der Praxis von außerordentlicher Bedeutung. Falls übrigens Prozedur *A* Prozedur *B*, Prozedur *B* Prozedur *C* und Prozedur *C* Prozedur *A* aufruft (indirekte Rekursion oder auch »Daisy-Chaining«), ist dieses Vorgehen ebenfalls zum Scheitern verurteilt.

Eine größere Verbesserung läßt sich erzielen, wenn man die Prozeduraufrufinstruktion die Rückkehradresse in einem Register abstellen läßt. Dabei wird die Verantwortung für das Speichern der Adresse an einer sicheren Stelle der Prozedur überlassen. Ist die Prozedur rekursiv, muß sie die Rückkehradresse bei jedem Aufruf an einer anderen Stelle ablegen.

Im optimalen Fall sollte die Prozeduraufrufinstruktion die Rückkehradresse auf den Stapel zurückschieben. Ist die Prozedur fertig, schiebt sie die Rückkehradresse vom Stapel und stopft sie in den Programmzähler. Ist diese Art Prozeduraufruf verfügbar, bereitet eine Rekursion keine besonderen Schwierigkeiten. Die Rückkehradresse wird automatisch so gespeichert, daß sie nicht von den vorherigen Rückkehradressen zerstört werden kann. Wir haben diese Methoden des Speicherns der Rückkehradresse in der IJVM in Abb. 4.12 gesehen.

5.5.6 Schleifensteuerung

Es ist häufig notwendig, eine Gruppe von Instruktionen in einer feststehenden Häufigkeit auszuführen. Deshalb verfügen einige Maschinen eigens über Instruktionen dafür. Bei allen bekannten Methoden wird ein Zähler verwendet, der bei jedem Durchgang durch die Schleife von einer Konstanten inkrementiert oder dekrementiert wird. Der Zähler wird außerdem bei jedem Durchgang durch die Schleife getestet. Trifft eine bestimmte Bedingung zu, wird die Schleife beendet.

Bei einer Methode wird ein Zähler außerhalb der Schleife initialisiert; unmittelbar danach beginnt die Ausführung des Schleifencodes. Die letzte Schleifeninstruktion aktualisiert den Zähler und verzweigt zur ersten Instruktion der Schleife zurück, sofern die Beendigungsbedingung noch nicht erfüllt wurde. Andernfalls wird die Schleife beendet und die erste Instruktion nach der Schleife ausgeführt. Diese Form der Schleifenabarbeitung führt am Ende der Schleife einen Test durch, wie aus Abb. 5.29(a) ersichtlich wird. (Wir konnten Java hier nicht benutzen, weil es über keine `goto`-Anweisung verfügt; deshalb ist das Beispiel in C geschrieben.)

Die Schleifenabarbeitung mit Test am Ende hat die Eigenschaft, daß die Schleife immer mindestens einmal ausgeführt wird, auch wenn n kleiner als oder gleich 0 ist. Man betrachte als Beispiel ein Programm, das Personaldatensätze in einer Firma pflegt. An einem bestimmten Punkt liest das Programm Informationen über einen Mitarbeiter. Es liest n – die Zahl der Kinder des Mitarbeiters – ein und führt eine Schleife n Mal aus, d.h. einmal pro Kind. Dabei liest es Name, Geschlecht und Geburtsdatum des Kindes, damit die Firma dem Kind entsprechende Geburtstagsgeschenke als Sozialleistung schicken kann. Hat der Mitarbeiter keine Kinder, ist n gleich 0. Die Schleife wird aber trotzdem einmal ausgeführt, so daß irrtümlich Geschenke verschickt und fehlerhafte Ergebnisse ausgegeben werden.

<pre>   i = 1;
 	
L1:   first-statement;
      •
      •
      •
      last-statement;
      i = i + 1;
      if (i < n) goto L1;</pre>
	<pre> i = 1;
	L1: if (i > n) goto L2;
	      first-statement;
	      •
	      •
	      •
	      last-statement
	      i = i + 1;
	      goto L1;
	L2:</pre>

(a)	(b)

Abb. 5.29: (a) Schleife mit Test am Ende; (b) Schleife mit Test am Anfang

Abb. 5.29(b) zeigt eine weitere Möglichkeit, diesen Test durchzuführen. Hier funktioniert er korrekt, auch wenn n kleiner als oder gleich 0 ist. Man beachte, daß der Test in den beiden Fällen unterschiedlich aussieht. Führt also eine einzelne ISA-Instruktion sowohl die Erhöhung als auch den Test durch, sind die Designer gezwungen, entweder die eine oder andere Methode zu wählen.

Welcher Code sollte für die Anweisung

```
for (i = 0; i < n; i++) {Anweisungen}
```

produziert werden? Falls der Compiler keine Information über n hat, muß er die Methode von Abb. 5.29(b) anwenden, um den Fall von $n \leq 0$ richtig handhaben zu können. Kann er aber feststellen, daß $n > 0$, wenn er beispielsweise nachsieht, wohin n zugeordnet ist, kann er den besseren Code von Abb. 5.29(a) benutzen. Der FORTRAN-Standard besagte früher, daß alle Schleifen einmal auszuführen sind, damit der effizientere Code von Abb. 5.29(a) die ganze Zeit generiert werden kann. 1977 wurde diese Schwachstelle behoben, als sogar die FORTRAN-Gemeinde allmählich realisierte, daß eine Schleifenanweisung mit einer exotischen Semantik zuweilen zu falschen Antworten führt, also nicht so gut ist, auch wenn eine Sprunginstruktion pro Schleife gespeichert wurde. C und Java kriegen das immer richtig hin.

5.5.7 Ein-/Ausgaben

Keine andere Gruppe von Instruktionen weist von einer Maschine zu einer anderen eine derart große Vielfalt auf wie die E/A-Instruktionen. Derzeit sind auf Personalcomputern drei verschiedene E/A-Konzepte in Gebrauch:

1. Programmierte E/A mit Besetzt/Warten
2. Durch Interrupts gesteuerte E/A
3. DMA-E/A

Diese drei Konzepte werden nachfolgend beschrieben.

Die einfachste E/A-Methode ist die **programmierte E/A**, die vorwiegend bei Mikroprozessoren im unteren Leistungsbereich zum Einsatz kommt, beispielsweise bei eingebetteten Systemen oder Systemen, die schnell auf externe Änderungen reagieren müssen (Echtzeitsysteme). Diese CPUs beinhalten normalerweise eine einzelne Eingabeinstruktion und eine einzelne Ausgabeinstruktion. Beide Instruktionen wählen eines der vorhandenen E/A-Geräte. Ein einzelnes Zeichen wird zwischen einem festen Register im Prozessor und dem ausgewählten E/A-Gerät übertragen. Der Prozessor muß eine ganz bestimmte Folge von Instruktionen für jedes einzelne gelesene oder geschriebene Zeichen ausführen.

Als einfaches Beispiel zur Verdeutlichung dieser Methode betrachten wir ein Terminal mit vier 1-Byte-Registern (siehe Abb. 5.30). Zwei Register werden für Eingabe, Status und Daten benutzt, und zwei dienen der Ausgabe und ebenfalls Status und Daten. Jedes hat eine eindeutige Adresse. Wird die speicherabgebildete E/A-Methode angewandt, sind alle vier Register Teil des Speicheradreßraums des Computers und können mit den üblichen Instruktionen gelesen und beschrieben werden. Andernfalls werden spezielle Instruktionen bereitgestellt, z.B. `IN` und `OUT`. In beiden Fällen wird die E/A durch Übertragen der Daten und Statusinformationen zwischen der CPU und diesen Registern ausgeführt.

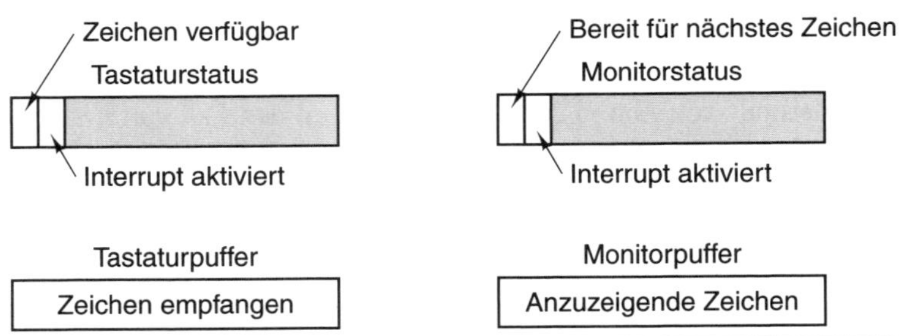

Abb. 5.30: Geräteregister für ein einfaches Terminal

Das Statusregister der Tastatur hat 2 Bits, die benutzt, und 6 Bits, die nicht benutzt werden. Das am weitesten links stehende Bit (7) wird von der Hardware auf 1 gesetzt, wenn ein Zeichen ankommt. Hat die Software zuvor Bit 6 gesetzt, wird ein Interrupt erzeugt. Andernfalls nicht (Interrupts werden später in diesem Kapitel behandelt). Um bei der programmierten E/A eine Eingabe zu erhalten, liest die CPU normalerweise in einer engen Schleife wiederholt das Statusregister der Tastatur und wartet, bis sich Bit 7 anschaltet. In diesem Fall liest die Software das Pufferregister der Tastatur, um das Zeichen zu erhalten. Das Lesen des Datenregisters der Tastatur verursacht das Zurücksetzen des Bits `CHARACTER AVAILABLE` (Zeichen verfügbar) auf 0.

Die Ausgabe funktioniert ähnlich. Um ein Zeichen auf den Bildschirm zu schreiben, liest die Software zuerst das Statusregister des Monitors, damit sie sehen kann, ob das Bit READY (bereit) auf 1 ist. Im gegenteiligen Fall schleift sie, bis das Bit auf 1 geht, was bedeutet, daß das Gerät zur Annahme eines Zeichens bereit ist. Sobald das Terminal bereit ist, schreibt die Software ein Zeichen in das Pufferregister des Monitors, wodurch es an den Bildschirm übertragen wird. Außerdem wird das Gerät veranlaßt, das Bit READY im Statusregister des Monitors zu löschen. Wird das Zeichen angezeigt und ist das Terminal vorbereitet, das nächste Zeichen zu handhaben, wird das Bit READY automatisch vom Controller wieder auf 1 gesetzt.

Als Beispiel einer programmierten E/A betrachten wir die Java-Prozedur von Abb. 5.31. Sie wird mit zwei Parametern aufgerufen: einem auszugebenden Zeichen-Array und der im Array vorhandene Anzahl von Zeichen bis zu einem Maximum von 1 K. Der Rumpf der Prozedur ist eine Schleife, die Zeichen einzeln ausgibt. Vor jedem Zeichen muß die CPU zuerst warten, bis das Gerät bereit ist. Dann wird das Zeichen ausgegeben. Die Prozeduren *in* und *out* wären normalerweise Routinen in Assemblersprache zum Lesen und Schreiben von Geräteregistern, die vom ersten Parameter festgelegt werden, der seinerseits als zweiter Parameter von oder zur Variablen spezifiziert ist. Die Division durch 128 befreit uns von den sieben niederwertigen Bits, so daß das Bit READY in Bit 0 übrigbleibt.

```
public static void output_buffer(int buf[ ], int count) {
    // Ausgabe eines Datenblocks an das Gerät
    int status, i, ready;
    for (i = 0; i < count; i++) {
        do {
            status = in(display_status_reg);          // Hole Status
            ready = (status << 7) & 0x01;              // Isoliere
                                                       das READY-Bit
        } while (ready == 1);
        out(display_buffer_reg, buf[i]);
    }
}
```

Abb. 5.31: Beispiel einer programmierten E/A

Die programmierte E/A hat den großen Nachteil, daß die CPU die meiste Zeit in einer engen Schleife verbringt und darauf wartet, daß das Gerät bereit ist. Diese Methode nennt man **Besetzt/Warten** (Busy Waiting). Hat die CPU nichts anderes zu tun (z.B. die CPU in einer Waschmaschine), ist dies ein annehmbarer Zustand (obwohl auch ein einfacher Controller oft mehrere, gleichzeitige Ereignisse überwachen muß). Steht aber weitere Arbeit an, z.B. das Ausführen von Programmen, ist dieser Zustand eine Vergeudung. Deshalb braucht man eine andere E/A-Methode.

Damit keine Zeit vergeudet wird, kann man die CPU das E/A-Gerät starten und ihm mitteilen lassen, daß am Ende ein Interrupt auszugeben ist (Abb. 5.30).

Durch Setzen des Bits `INTERRUPT ENABLE` in einem Geräteregister kann die Software die Hardware auffordern, bei bereiter E/A ein Signal auszugeben. Interrupts werden später in diesem Kapitel in Zusammenhang mit der Ablaufsteuerung ausführlich beschrieben.

Auf folgendes sei ausdrücklich hingewiesen: Bei vielen Computern wird das Interrupt-Signal erzeugt, wenn das Bit `INTERRUPT ENABLE` mit dem Bit `READY` mittels AND verknüpft wird. Falls die Software zuerst (vor dem E/A-Beginn) Interrupts aktiviert, wird in diesem Fall sofort ein Interrupt erzeugt, weil das `READY`-Bit dann auf 1 ist. Deshalb kann es notwendig sein, zuerst das Gerät zu starten und dann unmittelbar danach Interrupts zu aktivieren. Durch das Schreiben eines Bytes in das Statusregister ändert sich das `READY`-Bit nicht, weil es nur dem Lesevorgang dient.

Obwohl die durch Interrupts gesteuerte E/A im Vergleich zur programmierten E/A ein Riesenfortschritt ist, ist sie weit davon entfernt, perfekt zu sein. Das Problem ist, daß für jedes übertragene Zeichen ein Interrupt erforderlich ist. Die Verarbeitung von Interrupts ist zudem teuer. Deshalb braucht man eine Möglichkeit, sich vieler Interrupts zu entledigen.

Die Lösung geht wieder zur programmierten E/A zurück, die diesmal aber von anderer Seite ausgeführt wird. (Viele Probleme lassen sich dadurch lösen, daß man sie jemand anderem überträgt.) Abb. 5.32 zeigt, wie dies durchgeführt wird. Hier haben wir einen neuen Chip – einen **DMA**-Controller (**Direct Memory Access**) – mit Direktzugriff auf den Bus hinzugefügt.

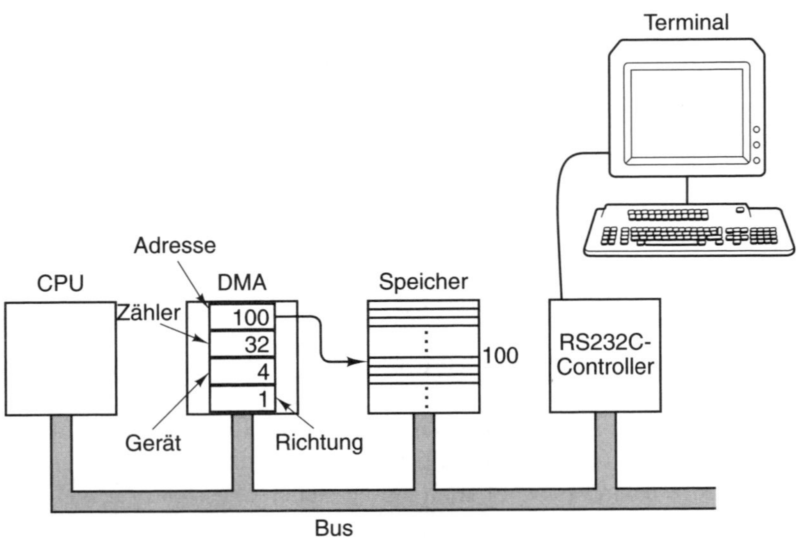

Abb. 5.32: Ein System mit einem DMA-Controller

Der DMA-Chip ist mit (mindestens) vier Registern ausgestattet, die alle durch auf der CPU laufende Software geladen werden können. Im ersten befindet sich die zu lesende oder zu schreibende Speicheradresse. Das zweite enthält die Anzahl der zu übertragenden Bytes (oder Wörter). Das dritte spezifiziert die Gerätenummer bzw. die zu benutzende E/A-Raumadresse, d.h. das gewünschte E/A-Gerät. Das vierte gibt Auskunft darüber, ob Daten zum E/A-Gerät geschrieben oder von dort gelesen werden müssen.

Um einen 32 Byte großen Block von Speicheradresse 100 an ein Terminal (z.B. Gerät 4) auszugeben, schreibt die CPU die Zahlen 32, 100 und 4 in die ersten drei DMA-Register und dann den Code für `WRITE` (z.B. 1) in das vierte (siehe Abb. 5.32). Nach der Initialisierung dieser Werte stellt der DMA-Controller eine Busanfrage, um Byte 100 vom Speicher zu lesen und dies in der Art und Weise, wie die CPU vom Speicher lesen würde. Hat der DMA-Controller dieses Byte erhalten, stellt er eine E/A-Anfrage an Gerät 4, um das Byte dorthin zu schreiben. Nach Abschluß dieser beiden Operationen inkrementiert der DMA-Controller sein Adreßregister um 1 und dekrementiert sein Zählerregister um 1. Ist das Zählerregister immer noch größer als 0, wird ein weiteres Byte vom Speicher gelesen und dann an das Gerät geschickt.

Geht die Zählung schließlich auf 0 zurück, hört der DMA-Controller mit der Übertragung von Daten auf und asseriert die Interrupt-Leitung auf dem CPU-Chip. Bei dem DMA muß die CPU lediglich ein paar Register initialisieren. Danach ist sie bis zum Abschluß des Transfers für andere Arbeiten frei. An diesem Punkt erhält sie ein Interrupt vom DMA-Controller. Einige DMA-Controller haben zwei, drei oder mehr Register, so daß sie mehrere Transfers gleichzeitig steuern können.

DMA entlastet die CPU zwar von der E/A-Arbeit, der Prozeß fordert jedoch seinen Tribut. Wird ein Hochgeschwindigkeitsgerät, z.B. eine Festplatte, von DMA gesteuert, braucht man viele Buszyklen, sowohl bei Speicher- als auch bei Gerätereferenzen. Im Verlauf dieser Zyklen muß die CPU warten (DMA hat immer Vorrang vor der CPU, weil E/A-Geräte häufig keine Verzögerungen hinnehmen). Den Vorgang, bei dem ein DMA-Controller der CPU Buszyklen wegnimmt, nennt man **Cycle-Stealing** (Zyklusklau). Dennoch überwiegt der Vorteil, keinen Interrupt pro übertragenem Byte (oder Wort) handhaben zu müssen, bei weitem den Nachteil des Zyklusklaus.

5.5.8 Instruktionen des Pentium II

In diesem und in den beiden folgenden Abschnitten werden die Instruktionsmengen unserer drei Beispielmaschinen (Pentium II, UltraSPARC und picoJava II) beschrieben. Alle drei haben einen Instruktionskern, den normalerweise Compiler generieren, sowie eine Instruktionsmenge, die selten oder nur vom Betriebssystem benutzt wird. Unsere Darstellung konzentriert sich auf die üblichen Instruktionen. Wir beginnen mit dem Pentium II.

Die Instruktionsmenge des Pentium II ist eine Mischung aus Instruktionen, die im 32-Bit-Modus sinnvoll sind, und solchen, die aus dem früheren Leben der Maschine als 8088 stammen. Abb. 5.33 zeigt eine Auswahl der üblichen Ganzzahl-Instruktionen, mit denen Compiler und Programmierer heute zu tun haben. Diese Liste ist bei weitem nicht vollständig, da sie keine Gleitkomma-, Steuer- oder die exotischeren Ganzzahl-Instruktionen (z.B. die Verwendung eines 8-Bit-Bytes in AL zur Durchführung einer Tabellensuche) enthält. Dennoch vermittelt sie einen guten Überblick über die Fähigkeiten des Pentium II.

Viele Instruktionen des Pentium II referenzieren einen oder zwei Operanden in Registern oder im Speicher. Die zwei Operanden umfassende `ADD`-Instruktion addiert beispielsweise die Quelle zum Ziel, und die einen Operanden umfassende `INC` inkrementiert (addiert 1) ihren Operanden. Einige der Instruktionen verfügen über mehrere eng zusammenhängende Varianten. Die Schiebeinstruktionen können beispielsweise nach links oder rechts verschieben und wahlweise das Vorzeichenbit gesondert behandeln. Die meisten Instruktionen haben eine Vielfalt verschiedener Kodierungen, je nach der Art der Operanden.

Abb. 5.33 zeigt die `SRC`-Felder als nicht änderbare Informationsquellen. Demgegenüber sind die `DST`-Felder Ziele, die normalerweise von der Instruktion geändert werden. Was als Quelle oder als Ziel zulässig ist, ist durch Regeln festgelegt, die sich von einer Instruktion zur nächsten unterscheiden, die wir hier aber nicht behandeln wollen. Viele Instruktionen haben drei Varianten für 8-, 16- und 32-Bit-Operanden. Sie unterscheiden sich durch unterschiedliche Opcodes und/oder ein Bit in der Instruktion. Die Liste in Abb. 5.33 hat ihren Schwerpunkt auf den 32-Bit-Instruktionen.

Der Übersichtlichkeit halber haben wir die Instruktionen in mehrere Gruppen unterteilt. Die erste Gruppe enthält Instruktionen, die Daten zwischen Registern, Speichern und dem Stapel bewegen. Die zweite Gruppe führt vorzeichenbehaftete und vorzeichenlose Arithmetik durch. Bei Multiplikationen und Divisionen wird das 64-Bit-Produkt bzw. der Dividend in `EAX` (im niederwertigen Teil) und in `EDX` (im höherwertigen Teil) gespeichert.

Die dritte Gruppe führt Berechnungen mit binärkodierten Dezimalzahlen (BCD) durch. Dabei wird jedes Byte als zwei 4-Byte-Nibble behandelt. Jedes Nibble hält eine Dezimalziffer (0 bis 9). Die Bitkombinationen von 1010 bis 1111 werden nicht benutzt. Das heißt, daß eine 16-Bit-Ganzzahl eine Dezimalzahl von 0 bis 9999 aufnehmen kann. Diese Speicherform ist zwar ineffizient, vermeidet es aber, Dezimaleingaben in das Binärformat und für die Ausgabe wieder in das Dezimalformat konvertieren zu müssen. Diese Instruktionen werden für Arithmetik mit binärkodierten Dezimalzahlen benutzt.

Die booleschen und Schiebe-/Rotationsinstruktionen manipulieren die Bits in einem Wort oder Byte unterschiedlich. Dabei stehen mehrere Kombinationen zur Verfügung.

Bewegungen

MOV DST,SRC	Verschiebe SRC nach DST
PUSH SRC	Schiebe SRC auf den Stapel
POP DST	Werfe ein Wort vom Stapel auf DST
XCHG DS1,DS2	Tausche DS1 und DS2 aus
LEA DST,SRC	Lade effektive Adresse von SRC in DST
CMOV DST,SRC	Bedingtes Verschieben

Arithmetik

ADD DST,SRC	Addiere SRC zu DST
SUB DST,SRC	Subtrahiere DST von SRC
MUL SRC	Multipliziere EAX mit SRC (vorzeichenlos)
IMUL SRC	Multipliziere EAX mit SRC (vorzeichenbehaftet)
DIV SRC	Dividiere EDX:EAX durch SRC (vorzeichenlos)
IDIV SRC	Dividiere EDX:EAX durch SRC (vorzeichenbehaftet)
ADC DST,SRC	Addiere SRC zu DST, dann addiere Übertragbit
SBB DST,SRC	Subtrahiere DST und Übertrag von SRC
INC DST	Addiere 1 zu DST
DEC DST	Subtrahiere 1 von DST
NEG DST	Negiere DST (subtrahiere es von 0)

Binärkodierte Dezimalzahlen

DAA	Dezimalberichtigung
DAS	Dezimalberichtigung für Subtraktion
AAA	ASCII-Berichtigung für Addition
AAS	ASCII-Berichtigung für Subtraktion
AAM	ASCII-Berichtigung für Multiplikation
AAD	ASCII-Berichtigung für Division

Boolesche

AND DST,SRC	Verknüpfe SRC m. booleschem AND mit DST
OR DST,SRC	Verknüpfe SRC m. booleschem OR mit DST
XOR DST,SRC	Verknüpfe SRC m. booleschem EXKL. OR mit DST
NOT DST	Ersetze DST durch Einerkomplement

Verschieben/Rotation

SAL/SAR DST,#	Verschiebe DST um # Bits nach links/rechts
SHL/SHR DST,#	Verschiebe DST logisch um # Bits nach links/rechts
ROL/ROR DST,#	Rotiere DST um # Bits nach links/rechts
RCL/RCR DST,#	Rotiere DST um # Bits durch Übertrag

Prüfen/Vergleichen

TST SRC1,SRC2	Boolesche AND-Operanden, setze Flags
CMP SRC1,SRC2	Setze Flags auf Grundlage von SRC1 - SRC2

Steuerungsübergabe

JMP ADDR	Springe zu ADDR
Jxx ADDR	Bedingte Sprünge auf Grundlage von Flags
CALL ADDR	Rufe Prozedur an ADDR auf
RET	Kehre von Prozedur zurück
IRET	Kehre von Interrupt zurück
LOOPxx	Schleife, bis Bedingung erfüllt ist
INT ADDR	Initiiere ein Software-Interrupt
INTO	Interrupt, falls Überlaufbit gesetzt ist

Zeichenketten

LODS	Lade Zeichenkette
STOS	Speichere Zeichenkette
MOVS	Verschiebe Zeichenkette
CMPS	Vergleiche zwei Zeichenketten
SCAS	Taste Zeichenketten ab

Bedingungscodes

STC	Setze Übertragungsbit in EFLAGS-Register
CLC	Lösche Übertragungsbit in EFLAGS-Register
CMC	Ergänze Übertragungsbit in EFLAGS
STD	Setze Richtungsbit in EFLAGS-Register
CLD	Lösche Richtungsbit in EFLAGS-Register
STI	Setze Interrupt-Bit in EFLAGS-Register
CLI	Lösche Interrupt-Bit in EFLAGS-Register
PUSHFD	Schiebe EFLAGS-Register auf Stapel
POPFD	Werfe EFLAGS-Register vom Stapel
LAHF	Lade AH vom EFLAGS-Register
SAHF	Speichere AH in EFLAGS-Register

Verschiedenes

SWAP DST	Ändere Endianness von DST
CWQ	Erweitere EAX auf EDX:EAX für Division
CWDE	Erweitere 16-Bit-Zahl in AX auf EAX
ENTER SIZE,LV	Erstelle Stapelrahmen mit SIZE Bytes
LEAVE	Hebe den mit ENTER erstellten Stapelrahmen auf
NOP	Keine Operation
HLT	Halt
IN AL,PORT	Gib ein Byte von PORT in AL ein
OUT PORT,AL	Gib ein Byte von AL auf PORT aus
WAIT	Warte auf einen Interrupt

SRC = Quelle
DST = Ziel
# = Verschiebungs-/Rotationszähler
LV = # Lokale

Abb. 5.33: Eine Auswahl der Ganzzahl-Instruktionen des Pentium II

Die nächsten beiden Gruppen haben mit Tests und Vergleichen zu tun; nach der jeweiligen Berechnung führen sie auf der Grundlage der Ergebnisse Sprünge aus. Die Ergebnisse von Test- und Vergleichsinstruktionen werden in verschiedenen Bits des EFLAGS-Registers gespeichert. Jxx steht für eine Instruktionsmenge, die je nach dem Ergebnis des vorherigen Vergleichs (d.h. Bits in EFLAGS) bedingt verzweigt.

Der Pentium II verfügt über mehrere Instruktionen zum Laden, Speichern, Verschieben, Vergleichen und Abtasten von Zeichenketten oder Wörtern. Diesen Instruktionen kann mit Hilfe eines speziellen Bytes – REP – ein Präfix vorangestellt werden, wodurch sie bis zur Erfüllung einer bestimmten Bedingung wiederholt werden, z.B. ECX, das nach jeder Iteration dekrementiert wird, bis 0 erreicht wird. Auf diese Weise lassen sich beliebige Datenblöcke verschieben, vergleichen usw.

Die letzte Gruppe ist eine Mischung aus Instruktionen, die in keine andere Gruppe passen. Dazu zählen Instruktionen für Konvertierungen, Stapelrahmenverwaltung, Anhalten der CPU und E/A.

Der Pentium II hat eine Reihe von **Präfixen**, von denen einer (*REP*) bereits erwähnt wurde. Jedes dieser Präfixe ist ein spezielles Byte, das den meisten Instruktionen vorangestellt werden kann, vergleichbar mit WIDE bei der IJVM. REP befiehlt der ihm folgenden Instruktion, sich so lange zu wiederholen, bis ECX bei 0 angelangt ist. REPZ und REPNZ wiederholen die Ausführung der nächstfolgenden Instruktion so oft, bis der *Z*-Bedingungscode gesetzt bzw. nicht gesetzt wird. LOCK reserviert den Bus für die gesamte Instruktion, um Synchronisation in Mehrprozessorsystemen zu ermöglichen. Weitere Präfixe werden benutzt, um eine Instruktion zu zwingen, im 16- oder 32-Bit-Modus zu arbeiten, was nicht nur die Länge der Operanden ändert, sondern auch die Adressiermodi völlig neu definiert. Schließlich hat der Pentium-II ein komplexes Segmentierungsschema mit Code-, Daten-, Stapel- und Zusatzsegmenten – alles Überreste vom 8088. Um Speicherreferenzen zur Verwendung bestimmter Segmente zu benutzen, werden ebenfalls Präfixe bereitgestellt, die uns aber hier (zum Glück) nicht kümmern.

5.5.9 Instruktionen der UltraSPARC II

Alle Ganzzahl-Instruktionen der UltraSPARC II, die ein Compiler für den Nutzermodus generieren kann, sind in Abb. 5.34 aufgeführt. Die Aufstellung enthält keine Gleitkomma- und Steuerinstruktionen (z.B. Cache-Management, Zurücksetzen des Systems) und Instruktionen in bezug auf Adreßräume, mit Ausnahme der Nutzer- bzw. der veralteten Instruktionen. Die Menge ist erstaunlich klein: die UltraSPARC II ist im Prinzip ein Computer mit einer reduzierten Instruktionsmenge.

Ladeinstruktionen

LDSB ADDR,DST	Lade vorzeichenbehaftetes Byte (8 Bits)
LDUB ADDR,DST	Lade vorzeichenloses Byte (8 Bits)
LDSH ADDR,DST	Lade vorzeichenbehaftetes Halbwort (16 Bits)
LDUH ADDR,DST	Lade vorzeichenloses Halbwort (16 Bits)
LDSW ADDR,DST	Lade vorzeichenbehaftetes Wort (32 Bits)
LDUW ADDR,DST	Lade vorzeichenloses Wort (32 Bits)
LDX ADDR,DST	Lade erweitert (64 Bits)

Speicherinstruktionen

STB SRC,ADDR	Speichere Byte (8 Bits)
STH SRC,ADDR	Speichere Halbwort (16 Bits)
STW SRC,ADDR	Speichere Wort (32 Bits)
STX SRC,ADDR	Speichere erweitert (64 Bits)

Arithmetik

ADD R1,S2,DST	Addiere
ADDCC "	Addiere and setze icc
ADDC "	Addiere mit Übertrag
ADDCCC "	Addiere mit Übertrag und setze icc
SUB R1,S2,DST	Subtrahiere
SUBCC "	Subtrahiere und setze icc
SUBC "	Subtrahiere mit Übertrag
SUBCCC "	Subtrahiere mit Übertrag und setze icc
MULX R1,S2,DST	Multipliziere
SDIVX R1,S2,DST	Vorzeichenbehaftetes Dividieren
UDIVX R1,S2,DST	Vorzeichenloses Dividieren
TADCC R1,S2,DST	Addiere mit Tag

Verschiebe-/Rotationsinstruktionen

SLL R1,S2,DST	Verschiebe n. links logisch (64 Bits)
SLLX R1,S2,DST	Verschiebe n. links logisch erweitert (64)
SRL R1,S2,DST	Verschiebe n. rechts logisch (32 Bits)
SRLX R1,S2,DST	Verschiebe n. rechts logisch erweitert (64)
SRA R1,S2,DST	Verschiebe n. rechts arithmetisch (32 Bits)
SRAX R1,S2,DST	Verschiebe n. rechts arithm. erweitert (64)

Boolesche Instruktionen

AND R1,S2,DST	Boolesches AND
ANDCC "	Boolesches AND und setze icc
ANDN "	Boolesches NAND
ANDNCC "	Boolesches NAND und setze icc
OR R1,S2,DST	Boolesches OR
ORCC "	Boolesches OR und setze icc
ORN "	Boolesches NOR
ORNCC "	Boolesches NOR und setze icc
XOR R1,S2,DST	Boolesches XOR
XORCC "	Boolesches XOR und setze icc
XNOR "	Boolesches EXCLUSIVE NOR
XNORCC "	Boolesches EXCL. NOR und setze icc

Steuerungsübergabe

BPcc ADDR	Springe mit Vorhersage
BPr SRC,ADDR	Springe zu Register
CALL ADDR	Rufe Prozedur auf
RETURN ADDR	Kehre von Prozedur zurück
JMPL ADDR,DST	Springe und verknüpfe
SAVE R1,S2,DST	Schiebe Registerfenster weiter
RESTORE "	Stelle Registerfenster wieder her
Tcc CC,TRAP#	Trap bei Bedingung
PREFETCH FCN	Lies Daten vom Speicher voraus
LDSTUB ADDR,R	Atomares Laden/Speichern
MEMBAR MASK	Speichergrenze

Verschiedenes

SETHI CON,DST	Setze Bits 10 bis 31
MOVcc CC,S2,DST	Verschiebe bei Bedingung
MOVr R1,S2,DST	Verschiebe in Register
NOP	Keine Operation
POPC S1,DST	Populationszähler
RDCCR V,DST	Lies Bedingungscode-Register
WRCCR R1,S2,V	Schreibe in Bedingungscode-Register
RDPC V,DST	Lies Programmzähler

SRC = Quellregister
DST = Zielregister
R1 = Quellregister
S2 = Quelle: Register oder unmittelbar
ADDR = Speicheradresse

TRAP# = Trap-Nummer
FCN = Funktionscode
MASK = Operationstyp
CON = Konstante
V = Registerbezeichner

CC = Bedingungscodesatz
R = Zielregister

cc = Bedingung
r = LZ, LEZ, Z, NZ, GZ, GEZ

Abb. 5.34: Die primären Ganzzahl-Instruktionen der UltraSPARC II

Die Instruktionen LOAD und STORE sind unkompliziert. Es gibt sie in den Versionen für 1, 2, 4 und 8 Byte. Wird eine Zahl von weniger als 64 Bit in ein (64-Bit-)Register geladen, kann man die Zahl mit Vorzeichen oder Nullen erweitern. Für beide Optionen stehen Instruktionen zur Verfügung.

Die nächste Gruppe dient der Arithmetik. Die Instruktionen mit CC im Namen setzen die Bedingungscodebits NZVC. Die übrigen tun das nicht. Auf CISC-Maschinen setzen die Bedingungscodes die meisten Instruktionen. Auf einer RISC-Maschine ist das aber unerwünscht, weil es den Freiraum des Compilers, Instruktionen zur Füllung der Verzögerungsschlitze zu verschieben, einschränkt. Ist die ursprüngliche Instruktionsfolge A ... B ... C, wobei A die Bedingungscodes setzt und B sie prüft, kann der Compiler C nicht zwischen A und B einfügen, wenn C die Bedingungscodes setzt. Aus diesem Grund gibt es die meisten Instruktionen in zwei Versionen, von denen der Compiler normalerweise die benutzt, die keine Bedingungscodes setzt, es sei denn, sie sollen später getestet werden. Multiplikation sowie vorzeichenbehaftete und vorzeichenlose Division werden unterstützt.

Die TAG-Arithmetik hat ein spezielles, sich selbst identifizierendes Format von 30-Bit-Zahlen. Es eignet sich für Sprachen wie Smalltalk und Prolog, bei denen Variablen nicht zur Kompilierzeit typisiert sind, sondern die Typen zur Laufzeit geändert werden können. Bei TAG-Zahlen kann der Compiler eine ADD-Instruktion erzeugen, und die Maschine bestimmt dann zur Laufzeit, ob sie eine Ganzzahl- oder eine Gleitkomma-ADD braucht.

Die Gruppe der Schiebeinstruktionen enthält eine linke und zwei rechte Verschiebungen, mit je einer 32-Bit- und einer erweiterten 64-Bit-Version. Bei SLL werden alle 64 Bit verschoben, weil es immer noch mit alter Software kompatibel ist. Schiebeinstruktionen dienen vorwiegend der Bitmanipulation. Die meisten CISC-Maschinen haben zahlreiche Schiebe- und Rotationsinstruktionen, die fast alle nutzlos sind. Kaum ein Compiler-Schreiber verbringt aus Sorge darüber schlaflose Nächte.

Die Gruppe der booleschen Instruktionen entspricht der arithmetischen Gruppe. Sie beinhaltet AND, OR, EXCLUSIVE OR, ANDN, ORN und XNORN. Der Nutzen der letzten drei ist fraglich. Sie können aber in einem Zyklus ausgeführt werden und erfordern fast keine zusätzliche Hardware. Wahrscheinlich hat man sie aus diesem Grund aufgenommen. Sogar Designer der RISC-Maschinenwelt unterliegen manchmal gewissen Versuchungen.

Die nächste Gruppe beinhaltet die Steuerinstruktionen. BPcc ist ein Instruktionsvorrat, der bei verschiedenen Bedingungen verzweigt und in der Instruktion angibt, ob der Sprung nach Meinung des Compilers genommen wird. BPr testet ein Register und verzweigt bei der erkannten Bedingung.

Für den Prozeduraufruf stehen zwei Möglichkeiten zur Verfügung. Die CALL-Instruktion benutzt Format 4 von Abb. 5.14 mit einem PC-relativen 30-Bit-*Wort*-Offset. Dieser Wert reicht aus, um jede Instruktion innerhalb von 2 Gbyte vom Aufrufer in beide Richtungen zu erreichen. Die CALL-Instruktion legt die Rückkehradresse in R15 ab, das nach dem Aufruf zu R31 wird.

Bei der zweiten Möglichkeit wird eine Prozedur mit JMPL aufgerufen; hier wird das Format 1a oder 1b benutzt, und die Rückkehradresse kann in ein beliebiges Register gestellt werden. Dies ist nützlich, wenn die Zieladresse während der Ausführung berechnet wird.

SAVE und RESTORE manipulieren das Registerfenster und den Stapelzeiger. Beide geben Fangstellen (Traps) aus, wenn das nächste (vorherige) Fenster nicht verfügbar ist.

Die letzte Gruppe enthält verschiedene Instruktionen. SETHI braucht man, weil es keine andere Möglichkeit gibt, einen unmittelbaren 32-Bit-Operanden in ein Register zu holen. Mit Hilfe von SETHI ist dies möglich, wenn die Bits 10 bis 31 gesetzt werden und die nächste Instruktion dann die restlichen Bits im unmittelbaren Format liefert.

Die Instruktion »Population Count« ist ein Rätsel. Sie zählt die 1-Bits in einem Wort. Die letzten drei Instruktionen dienen dem Lesen und Beschreiben von Registern.

Eine Reihe bekannter CISC-Instruktionen, die in dieser Liste fehlen, können leicht entweder mit G0 oder einem konstanten Operanden (Format 1b) simuliert werden. Einige findet man in Abb. 5.35. Sie werden vom Assembler der UltraSPARC II erkannt und häufig von Compilern generiert. Viele davon nutzen die Tatsache, daß G0 auf 0 festverdrahtet ist und Speicherungen darauf wirkungslos bleiben.

Instruktion	**Durchführung**
MOV SRC,DST	Verknüpfe SRC mittels OR mit G0 und speichere das Ergebnis in DST
CMP SRC1,SRC2	Subtrahiere (SUBCC) SRC2 von SRC1 und speichere das Ergebnis in G0
TST SRC	Verknüpfe SRC1 mittels ORCC mit G0 und speichere das Ergebnis in G0
NOT DST	Verknüpfe DST mittels XNOR mit G0
NEG DST	Subtrahiere (SUB) DST von G0 und speichere das Ergebnis in DST
INC DST	Addiere (ADD) 1 zu DST (unmittelbarer Operand)
DEC DST	Subtrahiere (SUB) 1 von DST (unmittelbarer Operand)
CLR DST	Verknüpfe G0 mittels OR mit G0 und speichere das Ergebnis in DST
NOP	SETHI G0 mit 0
RET	JMPL %I7+8,%G0

Abb. 5.35: Einige simulierte Instruktionen der UltraSPARC II

5.5.10 Instruktionen der picoJava II

Die ISA-Ebene der picoJava II implementiert alle 226 Instruktionen des JVM-Instruktionsvorrats sowie 115 zusätzliche Instruktionen für C, C++ und das Betriebssystem. Wir konzentrieren uns vorrangig auf die JVM-Instruktionen, da nur diese vom Java-Compiler produziert werden. Die JVM-ISA hat keine für Anwendungsprogramme sichtbaren Register oder andere Merkmale der meisten CPUs. (Die picoJava II hat 64 auf dem Chip vorhandene Register für die Oberseite des Stapels, die für Anwendungsprogramme aber nicht sichtbar sind.) Die meisten JVM-Instruktionen schieben Wörter auf den Stapel, arbeiten mit bereits auf dem Stapel befindlichen Wörtern und schieben Wörter aus dem Stapel.

Die meisten JVM-Instruktionen werden direkt von der picoJava-II-Hardware ausgeführt; einige sind aber mikroprogrammiert, und ein paar steuern einen Software-Handler für die Ausführung. Das bedeutet, daß ein kleines System auf der ISA-Ebene für das Funktionieren der Maschine erforderlich ist. Dieses Laufzeitsystem ist aber viel kleiner als der volle JVM-Interpreter und wird nur selten aktiviert. Er umfaßt Code für die Interpretation einiger komplexer Instruktionen, den Klassenlader, den Bytecode-Prüfer, den Thread-Manager und den Garbage-Collector.

Die JVM hat eine relativ kleine, übersichtliche Instruktionsmenge. Der JVM-Befehlsvorrat ist in Abb. 5.36 aufgeführt, mit Ausnahme einiger breiter, schneller und Kurzform-Instruktionen. Von diesen Ausnahmen abgesehen ist die Liste vollständig.

Die JVM-Instruktionen sind typisiert, wobei verschiedene Instruktionen zur Durchführung derselben Operation auf unterschiedliche Datentypen angewandt werden. `ILOAD` schiebt z.B. eine 32-Bit-Ganzzahl auf den Stapel, während `ALOAD` eine 32-Bit-Referenz (Zeiger) auf den Stapel schiebt. Diese strikte Typisierung ist für den korrekten Betrieb nicht notwendig, weil das Ergebnis in beiden Fällen den 32 Bits entspricht, die sich in der festgelegten Speicherstelle befinden und auf den Stapel übertragen werden. Die strikte Typisierung wird in der JVM bereitgestellt, um zur Laufzeit sicherzustellen, daß ein JVM-Binärprogramm keine Sicherheitseinschränkungen verletzt, indem es hinterlistig eine Ganzzahl in einen Zeiger verwandelt, um Zugriff auf einen Speicher zu erhalten, auf den es nicht zugreifen soll.

Wir betrachten nun die JVM-Instruktionen im einzelnen. Die erste Instruktion in der Liste ist

```
typeLOAD IND8
```

Ladeinstruktionen

typeLOAD IND8	Schiebe lokale Variable auf den Stapel
typeALOAD	Schiebe Array-Element auf den Stapel
BALOAD	Schiebe Byte von einem Array auf Stapel
SALOAD	Schiebe short von einem Array auf Stapel
CALOAD	Schiebe char von einem Array auf Stapel
AALOAD	Schiebe den Zeiger von einem Array auf Stapel

Speicherinstruktionen

typeSTORE IND8	Wirf Wert aus und speichere ihn i. d. lok. Var.
typeASTORE	Wirf Wert aus und speichere ihn im Array
BASTORE	Wirf Byte aus und speichere es im Array
SASTORE	Wirf short aus und speichere es im Array
CASTORE	Wirf char aus und speichere es im Array
AASTORE	Wirf Zeiger aus und speichere ihn im Array

Schiebeinstruktionen

BIPUSH CON8	Schiebe eine kl. Konstante auf den Stapel
SIPUSH CON16	Schiebe 16-Bit-Konstante auf den Stapel
LDC IND8	Schiebe Konstante vom Konstanten-Pool
typeCONST_#	Schiebe unmittelbare Konstante
ACONST_NULL	Schiebe einen Nullzeiger auf den Stapel

Arithmetik

typeADD	Addiere
typeSUB	Subtrahiere
typeMUL	Multipliziere
typeDIV	Dividiere
typeREM	Rest
typeNEG	Negiere

Boolesche/Verschieben

iIAND	Boolesches AND
iIOR	Boolesches OR
iIXOR	Boolesches EXCLUSIVE OR
iISHL	Verschiebe nach links
iISHR	Verschiebe nach rechts
iIUSHR	Verschiebe nach rechts vorzeichenlos

Umwandlung

x2y	Konvertiere x in y
i2c	Konvertiere Ganzzahl in Zeichen (char)
i2b	Konvertiere Ganzzahl in Byte

Stapelverwaltung

DUPxx	Sechs Instruktionen zum Duping
POP	Wirf eine Ganzzahl v. Stapel u. verwerfe sie
POP2	Wirf zwei Ganzzahlen v. Stapel u. verwerfe sie
SWAP	Vertausche d. oberen beiden Ganzzahlen a. d. St.

Vergleich

IF_ICMPrel OFFSET16	Bedingter Sprung
IF_ACMPEQ OFFSET16	Verzweige, w. 2 Zeiger gleich sind
IF_ACMPNE OFFSET16	Verzweige, w. 2 Zeiger ungleich sind
IFrel OFFSET16	Prüfe 1 Wert und verzweige
IFNULL OFFSET16	Verzweige, wenn Zeiger Null ist
IFNONNULL OFFSET16	Verzweige, wenn Zeiger n. Null ist
LCMP	Vergleiche zwei longs
FCMPL	Vergleiche 2 floats auf <
FCMPG	Vergleiche 2 floats auf >
DCMPL	Vergleiche doubles auf <
DCMPG	Vergleiche doubles auf >

Steuerungsübergabe

INVOKEVIRTUAL IND16	Methodenaufruf
INVOKESTATIC IND16	Methodenaufruf
INVOKEINTERFACE ...	Methodenaufruf
INVOKESPECIAL IND16	Methodenaufruf
JSR OFFSET16	Rufe letzte Klausel auf
typeRETURN	Gib Wert zurück
ARETURN	Gib Zeiger zurück
RETURN	Gib void zurück
RET IND8	Kehre von letzter zurück
GOTO OFFSET16	Unbedingter Sprung

Arrays

ANEWARRAY IND16	Erstelle Zeiger-Array
NEWARRAY ATYPE	Erstelle a-type-Array
MULTINEWARRAY IN16,D	Erstelle multidim-Array
ARRAYLENGTH	Hole Array-Länge

Verschiedenes

IINC IND8,CON8	Inkrementiere lokale Variable
WIDE	Wide-Präfix
NOP	Keine Operation
GETFIELD IND16	Lies Feld von Objekt
PUTFIELD IND16	Schreibe Feld in Objekt
GETSTATIC IND16	Hole statisches Feld von Klasse
NEW IND16	Erstelle ein neues Objekt
INSTANCEOF OFFSET16	Ermittle Objekttyp
CHECKCAST IND16	Prüfe Objekttyp
ATHROW	Wirf Ausnahme aus
LOOKUPSWITCH ...	Verdünne mehrwegigen Sprung
TABLESWITCH ...	Verdichte mehrwegigen Sprung
MONITORENTER	Gib eine Überwachung ein
MONITOREXIT	Verlasse eine Überwachung

IND8/16 = Index von lokalen Variablen — type, x, y = I, L, F, D
CON8/16, D, ATYPE = Konstante — OFFSET16 für Sprung

Abb. 5.36: Der JVM-Befehlsvorrat

Das ist eigentlich keine Instruktion, sondern eine Maske (Template) zum Erzeugen von Instruktionen. Die JVM ist sehr regelmäßig, so daß die Instruktionen nicht nacheinander aufgeführt werden, sondern statt dessen eine Regel für deren Erzeugung aufgeführt wird. In diesem Fall steht `type` für einen der vier Buchstaben `I`, `L`, `F` oder `D`, der dem Typ Integer, Long, Float (32-Bit-Gleitkomma) bzw. Double (64-Bit-Gleitkomma) entspricht. Das impliziert die vier Instruktionen `ILOAD`, `LLOAD`, `FLOAD` und `DLOAD`, die jeweils den 8-Bit-Index `IND8` benutzen, um eine lokale Variable aufzufinden, und einen Wert in der richtigen Länge und mit dem richtigen Typ auf den Stapel schieben. Eine dieser Instruktionen (`ILOAD`) haben wir in Zusammenhang mit IJVM beschrieben, die übrigen funktionieren ähnlich. Sie unterscheiden sich lediglich in der Anzahl der verschobenen Wörter und im Typ des Werts.

Zusätzlich zu diesen vier Ladeoperationen gibt es vier weitere, die durch `typeALOAD` impliziert werden und Array-Elemente auf den Stapel schieben. In allen vier Fällen muß der Stapel im voraus mit einem Zeiger zum Array und mit dem Index des Elements beladen werden. Diese Instruktionen werfen dann den Index und den Zeiger aus, führen eine Berechnung zur Findung des Elements durch und schieben das Element auf den Stapel. Für die Berechnung muß die Größe der Elemente bekannt sein, die vom Typ abhängt. Diese Instruktionen holen den Array-Index vom Stapel, so daß die Instruktion selbst keinen Operanden hat.

Die letzten vier Instruktionen dieser Gruppe sind auch für Array-Elemente reserviert, jedoch für andere Typen. Sie unterstützen `Byte` (8 Bit), `Short` (16 Bit), `Char` (16 Bit) und `Pointer` (32 Bit). Alles in allem gibt es also zwölf `LOAD`-Instruktionen in dieser Gruppe.

Die Instruktionen `typeSTORE` funktionieren umgekehrt wie die Instruktionen `typeLOAD`. Jede wirft ein Element aus dem Stapel und speichert es in einer lokalen Variablen. Eine davon (`ISTORE`) haben wir ebenfalls in der IJVM gesehen. Auch hier haben wir es mit Instruktionen zum Speichern von Array-Elementen zu tun. Oben auf dem Stapel befindet sich ein Wert des korrekten Typs. Darunter liegt der Index und der Zeiger zum Array. Alle drei Elemente werden von der Operation wieder entfernt.

Die Push-Instruktionen schieben Werte auf den Stapel. Wir haben `BIPUSH` bereits kennengelernt. `SIPUSH` bewirkt das gleiche, nur mit einer 16-Bit-Zahl. `LDC` schiebt einen Wert vom Konstantenpool auf den Stapel. Die nächste Instruktion stellt eine ganze Gruppe unmittelbarer Instruktionen für alle vier Basistypen (Integer, Long, Float und Double) dar. Jede enthält nur Opcode, und jeder Opcode schiebt einen bestimmten Wert in den Stapel. `ICONST_0` (Opcode 0x03) schiebt beispielsweise ein 32 Bit großes 0-Wort auf den Stapel. Natürlich läßt sich das gleiche mit `BIPUSH` erreichen. Man braucht dafür aber zwei Bytes. Durch Optimierung der häufigsten Fälle wird der Umfang von JVM-Programmen reduziert. Unterstützt werden die Ganzzahlen –1, 0, 1, 2, 3, 4, 5, die Long-Werte 0 und 1, die Float-Werte 0,0, 1,0 und 2,0 sowie die Double-Werte 0,0 und 1,0. Auf ähnliche Art und Weise schiebt `CONST_NULL` einen

Nullzeiger auf den Stapel. Durch Kombination von Opcodes mit den häufigsten Adressen in einer 1-Byte-Instruktion läßt sich die Programmgröße erheblich reduzieren sowie Speicherplatz und Zeit für die Übertragung von Java-Binärprogrammen über das Internet einsparen.

Die arithmetischen Operationen sind völlig regelmäßig, wobei sechs Operationen für jeden der vier Basistypen verfügbar sind. Die drei booleschen und die drei Schiebeoperationen sind nur für Integer und Long verfügbar. Eine Instruktion für bitweises AND auf Gleitkommazahlen würde den strikten Typenregeln der JVM völlig widersprechen. Der Eintrag `x2y` in der Tabelle ist eine Matrix von 4×4 zum Konvertieren von Instruktionen. Werte aller gültigen Typen können in jeden der übrigen Typen (nicht aber in sich selbst) konvertiert werden, so daß hier zwölf Instruktionen vorhanden sind. Eine typische ist `I2F`, die einen Integer- in einen Float-Wert umwandelt.

Die Gruppe für das Stapelmanagement umfaßt Instruktionen zum Duplizieren des obersten Werts oder von zwei Werten, die dann an verschiedenen Stellen im Stapel (nicht immer oben) abgestellt werden. Weitere Instruktionen werfen Werte aus dem Stapel und tauschen die beiden obersten.

Die Vergleichsinstruktionen werfen einen oder zwei Werte aus dem Stapel und prüfen sie. Werden zwei Werte aus dem Stapel geworfen, subtrahiert man sie voneinander, und das Ergebnis wird getestet. Beim Auswerfen eines Werts wird dessen Wert getestet. Das Suffix `rel` steht für die relationalen Operatoren `LT`, `LE`, `EQ`, `NE`, `GE` und `GT`. Instruktionen mit einem Offset verzweigen, falls der Test erfüllt wird. Die übrigen schieben ein Ergebnis auf den Stapel zurück.

Die nächste Gruppe erlaubt den Aufruf von Prozeduren und die Rückgabe von Werten. Wir haben stark vereinfachte Versionen von `INVOKEVIRTUAL` und `IRETURN` in der IJVM gesehen. Die vollen Versionen verfügen über viel mehr Optionen, und es gibt Mehrfachinstruktionen, die viele Fälle abdecken. Eine vollständige Beschreibung geht über Zweck und Umfang dieses Buchs hinaus. Interessierte Leser finden umfassende Informationen in Lindholm und Yellin (1997).

Die nächste Gruppe umfaßt vier Instruktionen zum Erzeugen ein- und mehrdimensionaler Arrays sowie zur Abfrage ihrer Länge. Arrays werden auf der Halde in der JVM gespeichert und dynamisch vom Garbage-Collector entsorgt, wenn sie nicht mehr gebraucht werden.

Die letzte Gruppe ist eine Sammlung von Überbleibseln, die jeweils einen bestimmten Zweck in bezug auf ein Java-Merkmal erfüllen. Ihre Beschreibung geht über Zweck und Umfang dieses Buchs hinaus.

An dieser Stelle folgen ein paar Bemerkungen über die ISA-Ebene und picoJava II. Es handelt sich um eine big-endian-Maschine (obwohl einige Instruktionen auf little endian abgeändert werden können). Wörter sind 32 Bit. Es gibt aber auch Instruktionen zum Handhaben von 8-, 16- und 64-Bit-Mengen. Der Stapel verläuft im Speicher abwärts, d.h. von der höchsten zur niedrigsten Adresse, im Gegensatz zur IJVM (die JVM-Spezifikation erlaubt beides).

picoJava II wurde für die Ausführung von C- und C++-Programmen, zusätzlich zu Java-Programmen, entworfen. Zur Ausführung solcher Programme ist allerdings ein Compiler erforderlich, der C oder C++ in die ISA von picoJava II konvertiert. Nachdem ein C- oder C++-Programm in der JVM kompiliert wurde, sind alle Hardware-Optimierungen, die in Kapitel 4 für Java beschrieben wurden (z.B. Folding) auch auf C oder C++ anwendbar.

Damit C- und C++-Programme auf der picoJava II laufen können, wurden der ISA-Ebene 115 zusätzliche Instruktionen hinzugefügt. Die meisten davon sind zwei oder mehr Bytes lang, und beginnen mit einem oder zwei reservierten JVM-Opcodes (0xFE und 0xFF), um anzuzeigen, daß eine erweiterte Instruktion folgt. Es folgt eine kurze Übersicht über die JVM-fremden Merkmale auf der ISA-Ebene der picoJava II.

Die picoJava II hat 25 32-Bit-Register. Vier davon sind von der Funktion her mit den Registern `PC`, `LV`, `SP` und `CPP` von IJVM identisch. Das Register `OPLIM` legt `SP` eine Grenze auf. Geht `SP` über `OPLIM` hinaus, folgt eine Fangstelle (Trap). Dieses Merkmal ist für die Darstellung des Stapels als verknüpfte Liste mit Stapel-Nibbles statt als fortlaufender Speicherblock nützlich. Das Register `FRAME` kennzeichnet das Ende der lokalen Variablen und zeigt auf das Wort, das den Programmzähler der aufgerufenen Prozedur enthält.

Weitere Register beinhalten das Programmstatuswort sowie ein Register, in dem verfolgt wird, wie weit der 64 Register umfassende Stapel-Cache gefüllt ist. Ferner werden vier Register für das Thread-Management benutzt. Außerdem gibt es vier Register für Fangstellen (Traps) und Unterbrechungspunkte (Breakpoints) sowie vier, die von C- und C++-Programmen für Prozeduraufrufe und Wertrückgaben benutzt werden. Da die picoJava II über keinen virtuellen Speicher verfügt, begrenzen zwei Register den Speicherteil, auf den das aktive Programm zugreifen darf. Dadurch wird ein böswilliges C- oder C++-Programm daran gehindert, Schaden anzurichten. Andere Register enthalten die Versionsnummer und Informationen über die Hardware-Konfiguration.

Die erweiterten Instruktionen können grob in fünf Kategorien gegliedert werden. Erstens gibt es Instruktionen zum Lesen und Schreiben der obigen Register. Zweitens gibt es Instruktionen zur Zeigermanipulation. Sie ermöglichen das Lesen beliebiger Wörter vom oder das Schreiben in den Speicher. Die meisten werfen eine Maschinenadresse vom Stapel und schieben den Inhalt des Bytes, Worts usw. dann an dieser Adresse auf den Stapel zurück. Solche Instruktionen verletzen die Typensicherheit von Java, werden für C und C++ aber benötigt. Drittens gibt es für C- und C++-Programme nützliche Instruktionen, z.B. zum Aufrufen und Zurückgeben von Prozeduren, die statt der JVM-Instruktionen benutzt werden können. Viertens gibt es Instruktionen zur Verwaltung der Hardware, z.B. den Cache. Fünftens gibt es verschiedene Instruktionen, z.B. zur Anschaltdiagnose.

Programme, die diese zusätzlichen Instruktionen benutzen, können natürlich nicht auf andere JVM-Plattformen portiert werden.

5.5.11 Befehlssätze im Vergleich

Die Befehlssätze unserer drei Beispielmaschinen unterscheiden sich erheblich. Der Pentium II ist eine klassische 32-Bit-CISC-Maschine mit zwei Adressen, einer langen Geschichte, unregelmäßigen Adressiermodi und vielen Instruktionen, die sich auf Speicher beziehen. Die UltraSPARC-II ist eine moderne 64-Bit-RISC-Maschine mit drei Adressen, einer Load/Store-Architektur, fast keinen Adressiermodi und einem kompakten, effizienten Befehlssatz. Die JVM-Architektur ist eine Stapelmaschine mit fast keinen Adressiermodi, einem regelmäßigen Befehlssatz und einer sehr dichten Instruktionskodierung.

Jede Maschine ist aus einem guten Grund so, wie sie ist. Das Design des Pentium II wurde von drei wichtigen Faktoren bestimmt:

1. Abwärtskompatibilität
2. Abwärtskompatibilität
3. Abwärtskompatibilität

Nach dem heutigen Stand der Technik würde niemand eine derart unregelmäßige Maschine mit so wenigen unterschiedlichen Registern entwickeln. Das erschwert das Schreiben von Compilern erheblich. Der Mangel an Registern zwingt die Compiler auch, ständig Variablen in den Speicher umzulagern und sie erneut zu laden, was auch bei zwei oder drei Cache-Ebenen eine teure Angelegenheit ist. Ein Kompetenznachweis der Intel-Ingenieure ist die Tatsache, daß der Pentium II trotz all der Einschränkungen dieser ISA derart schnell ist. Wie wir aber in Kapitel 4 gesehen haben, nimmt die Komplexität der Implementierung ständig zu und erfordert im Vergleich zur picoJava II die doppelte Menge an Transistoren und im Vergleich zur UltraSPARC II fast 50% mehr.

Die UltraSPARC II weist ein ISA-Design nach dem neuesten Stand der Technik auf. Sie verfügt über eine volle 64-Bit-ISA (mit einem 128-Bit-Bus), viele Register und einen Befehlssatz für Drei-Register-Operationen. Außerdem hat sie eine kleine Gruppe von `LOAD`- und `STORE`-Instruktionen. Alle Instruktionen sind gleich groß. Allerdings ist die Anzahl der Formate etwas außer Kontrolle geraten. Dennoch erweist sie sich als übersichtliche, effiziente Implementierung. Die meisten neuen Designs tendieren in Richtung der UltraSPARC II, lediglich mit weniger Instruktionsformaten.

Die JVM stammt demgegenüber aus einem völlig anderen Stall. Die ISA wurde ursprünglich so ausgelegt, daß Applets (kleine Programme) über das Internet übertragen und effizient in der Software am Ziel interpretiert werden können. Außerdem ist es ein Design für eine einzige Sprache. Dies führte zur Verwendung von Stapeln und kurzen Instruktionen, allerdings mit variabler Länge, die eine hohe Instruktionsdichte (im Durchschnitt nur 1,8 Byte pro Instruktion) aufweisen. Die Entwicklung eines Hardware-Geräts, das tatsächlich nur je eine JVM-Instruktion ausführt und dabei zwei oder drei Mal pro Instruktion auf den Speicher zugreift, wäre hinsichtlich der Leistung eine Katastrophe. Bestückt man den Chip aber mit einem 64-Wort-Stapel und kombiniert man die zahlreichen Instruktionen, so daß ganze Folgen als moderne RISC-Instruktionen mit drei Adressen ausgegeben werden, erreicht die picoJava II trotz ihrer ineffizienten ISA gute Leistungen.

Wir schließen daraus, daß der Kern eines modernen Computers eine stark auf Pipelines basierte Drei-Register-RISC-Maschine mit Load/Store-Instruktionen ist. Die UltraSPARC setzt die Maschine einfach dem Benutzer aus. Der Pentium II verbirgt sie dadurch, daß er eine ältere ISA nutzt und die CISC-Instruktionen in effizient ausführbare RISC-Mikrooperationen zerlegt. Die picoJava II verbirgt ebenfalls in ihrem Kern eine RISC-Maschine, aber genau umgekehrt wie der Pentium II: Sie kombiniert mehrere ISA-Instruktionen zu einer RISC-Instruktion.

Würde Rotkäppchen draußen im finsteren Wald auf einige Computer-Instruktionen stoßen, würde es folgendes sehen: Einige sind zu groß (die Instruktionen des Pentium II müssen zerlegt werden), einige sind zu klein (die Instruktionen der picoJava II müssen kombiniert werden), und einige sind genau richtig (die Instruktionen der UltraSPARC II werden so ausgeführt, wie sie sind). Das ist die Kurzfassung der Geschichte von Rotkäppchen und dem bösen Wolf im Wald der Informatik.

5.6 Ablaufsteuerung

Die Ablaufsteuerung (Flow Control) behandelt die Folge, in der Instruktionen dynamisch, d.h. während der Programmausführung, ausgeführt werden. Weil Sprünge und Prozeduraufrufe fehlen, werden nacheinander ausgeführte Instruktionen im allgemeinen aus aufeinanderfolgenden Speicherstellen geholt. Prozeduraufrufe verursachen eine Änderung der Ablaufsteuerung, da bei der momentan ausgeführten Prozedur gestoppt und bei der aufgerufenen Prozedur fortgefahren wird. Coroutinen beziehen sich auf Prozeduren und verursachen ähnliche Änderungen. Sie sind für die Simulation paralleler Prozesse nützlich. Fangstellen (Traps) und Interrupts verursachen bei Eintritt bestimmter Bedingungen ebenfalls eine Änderung der Ablaufsteuerung. Diese Themen werden in den folgenden Abschnitten behandelt.

5.6.1 Sequentielle Ablaufsteuerung und Sprünge

Die meisten Instruktionen ändern die Ablaufsteuerung nicht. Nach Ausführung einer Instruktion wird die als nächste im Speicher folgende geholt und ausgeführt. Nach jeder Instruktion wird der Programmzähler um die Länge der jeweiligen Instruktion inkrementiert. Beobachtet man diesen Vorgang über einen bestimmten Zeitraum hinweg, der im Vergleich zur durchschnittlichen Instruktionszeit lang ist, entspricht der Programmzähler in etwa einer linearen Zeitfunktion, weil er sich pro durchschnittlicher Instruktionszeit um die durchschnittliche Instruktionslänge inkrementiert. Anders ausgedrückt:

Die dynamische Reihenfolge, in der die Instruktionen vom Prozessor ausgeführt werden, ist identisch mit der, in der die Instruktionen im Programm-Listing erscheinen, wie aus Abb. 5.37(a) ersichtlich wird.

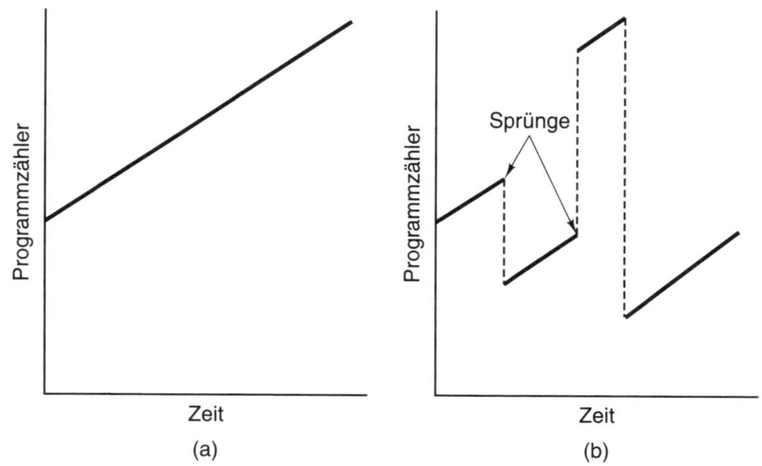

Abb. 5.37: Programmzähler als Funktion der Zeit (geglättet); (a) ohne Sprünge; (b) mit Sprüngen

Falls ein Programm Sprünge enthält, trifft dieses einfache Verhältnis zwischen der Reihenfolge, in der Instruktionen im Speicher erscheinen, und der Reihenfolge, in der sie ausgeführt werden, nicht mehr zu. In diesem Fall ist der Programmzähler nicht mehr eine sich monoton inkrementierende Zeitfunktion, wie aus Abb. 5.37(b) ersichtlich wird. Es wird also schwieriger, die Ausführungsfolge der Instruktionen aus dem Programm-Listing ohne weiteres zu erkennen. Hat der Programmierer Schwierigkeiten, die Folge zu überblicken, in der der Prozessor die Instruktionen ausführt, steigt die potentielle Fehlerquelle. Diese Beobachtung veranlaßte Dijkstra (1968a), den damals viel diskutierten Brief mit dem Titel »GO TO Statement Considered Harmful« zu verfassen, in dem er dazu anregte, auf `goto`-Anweisungen gänzlich zu verzichten. Dieser Brief führte zu einer Revolution im Bereich der strukturierten Programmierung, einer dessen Glaubenssätze lautet, `goto`-Anweisungen sollen durch besser strukturierte Formen der Ablaufsteuerung, z.B. `while`-Schleifen, ersetzt werden. Selbstverständlich kompilieren diese Programme bis hinunter zu Programmen der Ebene 2 mit möglicherweise vielen Sprüngen, weil die Implementierung von `if`, `while` und anderen Steuerstrukturen auf hoher Ebene eine Umgehungsverzweigung voraussetzt.

5.6.2 Prozeduren

Die wichtigste Technik zur Strukturierung von Programmen ist die Prozedur. In gewisser Hinsicht ändert ein Prozeduraufruf die Ablaufsteuerung genauso wie ein Sprung. Im Gegensatz zum Sprung gibt sie die Kontrolle aber an die

Anweisung oder Instruktion ab, die dem Aufruf folgt, wenn sie mit ihrer Arbeit fertig ist.

Aus anderer Sichtweise kann der Rumpf einer Prozedur aber als Definition einer neuen Instruktion auf höherer Ebene betrachtet werden. Von diesem Standpunkt aus betrachtet, kann man sich einen Prozeduraufruf selbst bei komplexer Prozedur als einzelne Instruktion vorstellen. Um ein Codefragment mit einem Prozeduraufruf zu verstehen, muß man nur wissen, *was* er macht und nicht, *wie* er das macht.

Eine besonders interessante Prozedurvariante ist die **rekursive Prozedur**, eine Prozedur, die sich direkt oder indirekt über eine Kette anderer Prozeduren selbst aufruft. Die Untersuchung rekursiver Prozeduren liefert einen guten Überblick darüber, wie Prozeduraufrufe implementiert werden, und was lokale Variablen eigentlich sind. Es folgt ein Beispiel einer rekursiven Prozedur. Es erklärt rekursive Algorithmen anhand der Lösung eines Kinderspiels, das unter dem Namen »Türme von Hanoi« bekannt wurde. In einem gewissen Kloster in Hanoi gab es drei goldene Stäbe. Ein Stab steckte in einem Stapel von 64 konzentrischen, goldenen Scheiben mit einem Loch in der Mitte, um sie auf den Stab stecken zu können. Jede Scheibe hat einen etwas kleineren Durchmesser als die Scheibe unmittelbar unter ihr. Der zweite und der dritte Stab waren ursprünglich leer. Die Mönche des Klosters sind dabei, alle Scheiben einzeln auf Stab 3 zu legen. Es darf aber nie eine größere Schreibe auf eine kleinere gelegt werden. Wenn sie damit fertig sind, so will es die Legende, ist das Ende der Welt gekommen. Wenn Sie darin unmittelbar Erfahrung bekommen wollen, können Sie auch Plastikscheiben – und weniger als 64 – nehmen; aber auch wenn Sie das Problem lösen, wird die Welt nicht untergehen. Abb. 5.38 zeigt die Anfangskonfiguration für $n = 5$ Scheiben.

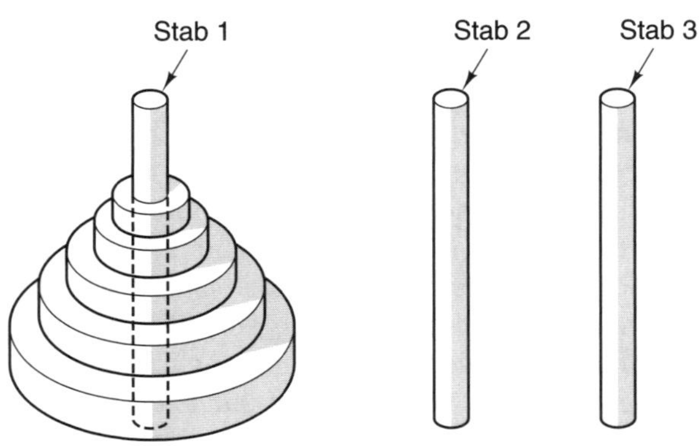

Abb. 5.38: Anfangskonfiguration der Türme von Hanoi mit fünf Scheiben

Es gibt eine einfache, einleuchtende Lösung, n Scheiben von Stab 1 auf Stab 3 zu übertragen. Zuerst werden $n - 1$ Scheiben von Stab 1 auf Stab 2 übertragen; dann wird 1 Scheibe von Stab 1 auf Stab 3 übertragen, und schließlich werden $n - 1$ Scheiben von Stab 2 auf Stab 3 übertragen. Diese Lösung wird aus Abb. 5.39 ersichtlich.

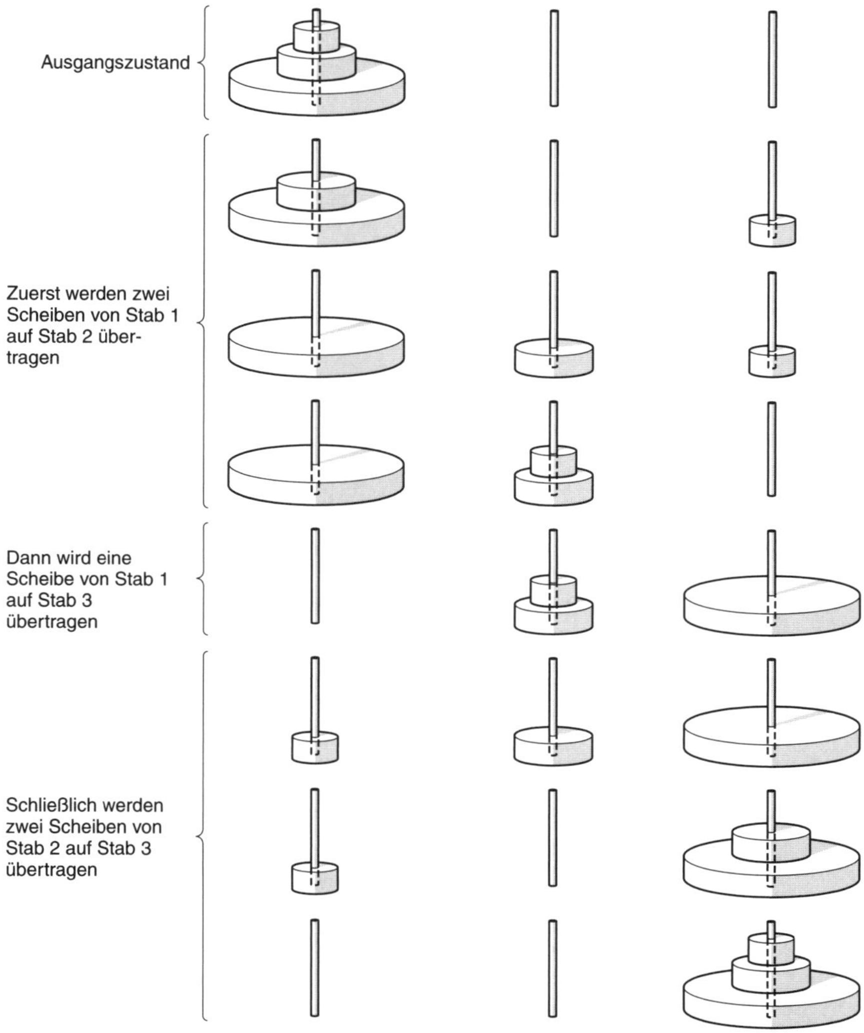

Abb. 5.39: Die zur Lösung des Problems für drei Scheiben nötigen Schritte

Zur Lösung brauchen wir eine Prozedur, um n Scheiben von Stab i auf Stab j zu übertragen. Wird diese Prozedur von

```
Tuerme(n, i, j)
```

aufgerufen, wird die Lösung ausgegeben. Die Prozedur prüft zuerst, ob $n = 1$. Trifft das zu, ist die Lösung einfach. Man verlagert einfach die eine Scheibe von i auf j. Ist $n \neq 1$, besteht die Lösung aus den drei oben behandelten Teilen, wobei es sich bei jeder um einen rekursiven Prozeduraufruf handelt.

Die vollständige Lösung ist in Abb. 5.40 dargestellt. Der Aufruf

```
Tuerme(3, 1, 3)
```

zur Lösung des Problems von Abb. 5.39 erzeugt drei weitere Aufrufe, nämlich

```
Tuerme(2, 1, 2)
Tuerme(1, 1, 3)
Tuerme(2, 2, 3)
```

Der erste und der dritte erzeugen je drei Aufrufe, also insgesamt sieben.

```
public void towers(int n, int i, int j) {
  int k

if (n == 1)
        System.out.println("Übertrage eine Scheibe von " + i + " to " + j);
    else {
        k = 6 - i - j;
        towers(n - 1, i, k);
        towers(1, i, j);
        towers(n - 1, k, j);
  }
}
```

Abb. 5.40: Eine Prozedur zur Lösung der Türme von Hanoi

Um rekursive Prozeduren nutzen zu können, brauchen wir einen Stapel zum Speichern der Parameter und der lokalen Variablen für jeden Aufruf, vergleichbar mit unserem IJVM-Beispiel. Bei jedem Prozeduraufruf wird ein neuer Stapelrahmen für die Prozedur oben auf dem Stapel zugeteilt. Der jeweils zuletzt erzeugte Rahmen ist der aktuelle. Bei unseren IJVM-Beispielen wuchs der Stapel nach oben, von der niedrigsten zur höchsten Speicheradresse.

Zusätzlich zum Stapelzeiger, der auf die Oberseite des Stapels verweist, braucht man in der Regel auch einen Rahmenzeiger FP, der auf eine feste Stelle im Rahmen zeigt. Er könnte auf den Verknüpfungszeiger verweisen, wie bei der IJVM, oder auf die erste lokale Variable. Abb. 5.41 zeigt den Stapelrahmen für eine Maschine mit einem 32-Bit-Wort. Der ursprüngliche Aufruf von *Tuerme* schiebt *n*, *i* und *j* auf den Stapel und führt eine CALL-Instruktion aus, die dann die Rückkehradresse an Adresse 1012 auf den Stapel schiebt. Beim Eintritt speichert die aufgerufene Prozedur den alten Wert von FP (1000) an 1016 auf dem Stapel und schiebt den Stapelzeiger vorwärts, um Speicher für die lokalen Variablen zuzuordnen. Bei nur einer lokalen 32-Bit-Variablen (*k*) wird SP um 4 auf 1020 erhöht. Abb. 5.41(a) zeigt die Situation zu diesem Zeitpunkt.

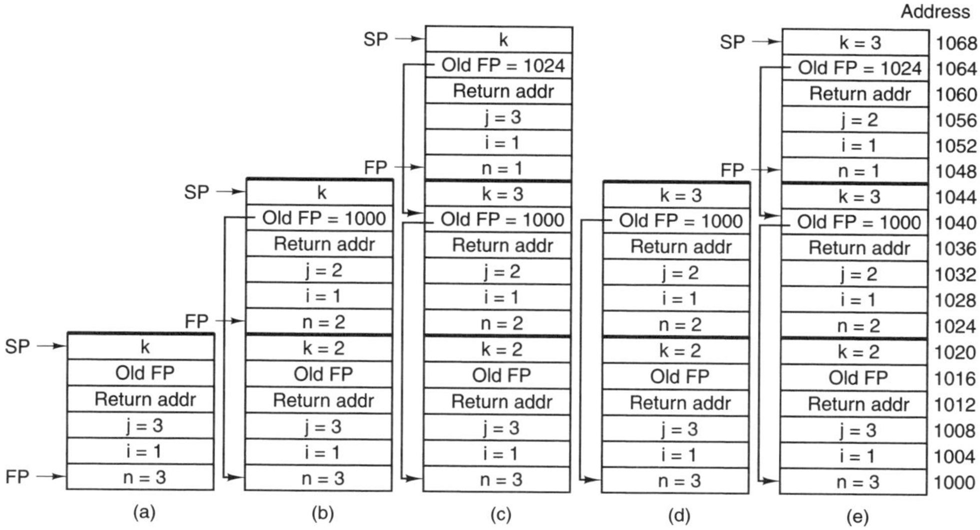

Abb. 5.41: Der Stapel an mehreren Punkten während der Ausführung von Abb. 5.40

Wird eine Prozedur aufgerufen, muß sie als erstes den vorherigen FP speichern (damit er beim Austritt der Prozedur wiederhergestellt werden kann). Dann muß sie SP nach FP kopieren und möglicherweise um ein Wort inkrementieren, je nachdem, worauf FP im neuen Rahmen zeigt. Bei diesem Beispiel zeigt FP auf die erste lokale Variable, in der IJVM verwies LV jedoch auf den Verknüpfungszeiger. Je nach Maschine werden Rahmenzeiger unterschiedlich behandelt; zuweilen werden sie unten im Stapelrahmen eingefügt, manchmal oben und teilweise auch in der Mitte wie in Abb. 5.41. In dieser Hinsicht lohnt sich ein Vergleich von Abb. 5.41 mit Abb. 4.12, um zu sehen, wie unterschiedlich der Verknüpfungszeiger gehandhabt wird. Daneben gibt es weitere Möglichkeiten. In allen Fällen ist es von großer Bedeutung, daß man später die Prozedur zurückgeben und den früheren Zustand des Stapels vor dem momentanen Prozeduraufruf wiederherstellen kann.

Der Code, der den alten Rahmenzeiger speichert, richtet auch den neuen Rahmenzeiger ein und schiebt den Stapelzeiger vorwärts, um Platz für lokale Variablen zu reservieren. Diesen Code nennt man **Prozedurprolog**. Beim Austritt der Prozedur muß der Stapel wieder aufgeräumt werden; dies nennt man den **Prozedurepilog**. Eines der wichtigsten Merkmale jedes Computers ist die Fähigkeit, Prolog und Epilog kurz und schnell handhaben zu können. Sind beide lang und langsam, kommen Prozeduraufrufe teuer zu stehen. Programmierer, für die Effizienz ein Dogma ist, vermeiden viele kurze Prozeduren und schreiben statt dessen große, schwerfällige, unstrukturierte Programme. Die Instruktionen ENTER und LEAVE des Pentium II wurden eigens dafür geschaffen, um den Prozedurprolog und -epilog effizient ablaufen lassen zu können. Natürlich haben beide für die Verwaltung der Rahmenzeiger ein spezielles

Modell. Falls der Compiler auf einem anderen Modell basiert, können diese Instruktionen nicht verwendet werden.

Doch zurück zu unserem Beispiel mit den Türmen von Hanoi. Jeder Prozeduraufruf fügt einen neuen Rahmen in den Stapel ein, und jede Prozedurrückkehr entfernt einen Rahmen aus ihm. Um die Verwendung eines Stapels bei der Implementierung von rekursiven Prozeduren zu verdeutlichen, wollen wir die Prozeduren, beginnend mit

```
Tuerme(3, 1, 3)
```

nachvollziehen. Abb. 5.41(a) zeigt den Stapel kurz nach diesem Aufruf. Die Prozedur prüft zuerst, ob $n = 1$ und entdeckt, daß $n = 3$; deshalb füllt sie k auf und gibt den Aufruf

```
Tuerme(2, 1, 2)
```

aus. Nach Beendigung dieses Aufrufs sieht der Stapel aus wie in Abb. 5.41(b). Die Prozedur beginnt erneut am Anfang (eine aufgerufene Prozedur beginnt immer am Anfang). Auch diesmal prüft sie auf $n = 1$, schlägt dabei wieder fehl und füllt deshalb erneut k auf. Dann gibt sie den Aufruf

```
Tuerme(1, 1, 3)
```

aus. Wie der Stapel jetzt aussieht, wird aus Abb. 5.41(c) ersichtlich. Der Programmzähler verweist auf den Prozeduranfang. Jetzt verläuft die Prüfung erfolgreich, und eine Zeile wird ausgegeben. Als nächstes kehrt die Prozedur zurück, indem sie sich aus dem Stapel zurückzieht und `FP` und `SP` auf den Zustand in Abb. 5.41(d) zurücksetzt. Dann fährt sie mit der Ausführung an der Rückkehradresse fort, wo der zweite Aufruf erfolgt:

```
Tuerme(1, 1, 2)
```

Hierbei wird ein neuer Rahmen in den Stapel eingefügt, wie in Abb. 5.41(e) dargestellt. Eine weitere Zeile wird ausgegeben. Nach der Rückkehr wird ein Rahmen aus dem Stapel entfernt. Die Prozeduraufrufe werden auf diese Weise fortgesetzt, bis der ursprüngliche Aufruf fertiggestellt ist und der Rahmen von Abb. 5.41(a) vom Stapel entfernt wurde. Um einen noch besseren Einblick in die Funktionsweise von Rekursionen zu erhalten, können Sie die vollständige Ausführung von

```
Tuerme(3, 1, 3)
```

mit Bleistift und Papier nachvollziehen.

5.6.3 Coroutinen

Bei der üblichen Aufrufabfolge wird klar zwischen der aufrufenden und der aufgerufenen Prozedur unterschieden. Man betrachte eine Prozedur A, die eine Prozedur B aufruft (siehe Abb. 5.42).

Prozedur B rechnet eine Weile und kehrt dann zu A zurück. Auf den ersten Blick mag man dies für symmetrisch halten, weil weder A noch B ein Hauptprogramm sind; vielmehr sind beide Prozeduren. (Prozedur *A* wurde möglicherweise vom Hauptprogramm aufgerufen, aber das ist irrelevant.) Außerdem wird zuerst die Kontrolle von *A* auf *B* – den Aufruf – und später von *B* auf *A* – die Rückkehr – übertragen.

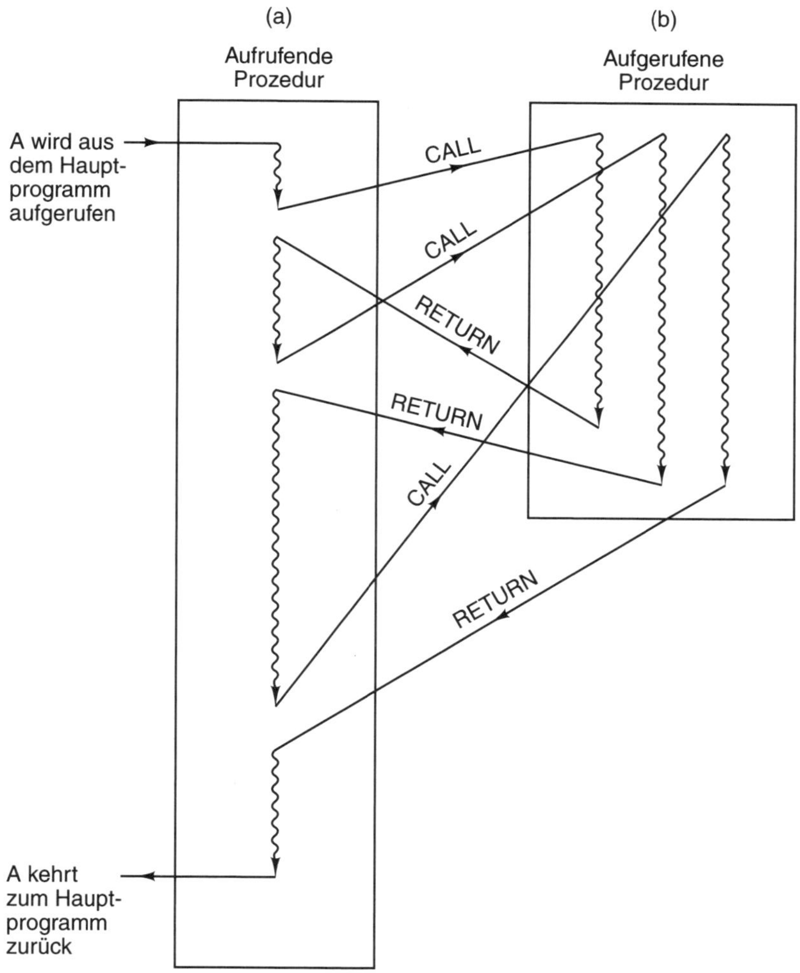

Abb. 5.42: Wird eine Prozedur aufgerufen, beginnt ihre Ausführung immer an der ersten Anweisung

Die Asymmetrie ergibt sich daraus, daß Prozedur *B* bei der Abgabe der Kontrolle von *A* an *B* am Anfang mit der Ausführung beginnt. Kehrt *B* zu *A* zurück, beginnt die Ausführung aber nicht am Anfang von *A*, sondern an der Anweisung, die dem Aufruf folgt. Läuft *A* eine Weile und ruft dann *B* erneut auf, beginnt die Ausführung wieder am Anfang von *B* und nicht an der Anweisung, die der vorherigen Rückkehr folgt. Sollte *A* im Verlauf der Ausführung *B* mehrmals aufrufen, beginnt *B* jedesmal wieder am Anfang, während *A* nie von neuem beginnt.

Dieser Unterschied spiegelt sich in der Methode wider, mit der die Kontrolle zwischen *A* und *B* weitergegeben wird. Wird *B* von *A* aufgerufen, benutzt *A* die Instruktion für Prozeduraufrufe, die die Rückkehradresse (d.h. die Adresse der Anweisung, die dem Aufruf folgt) irgendwo an einen nützlichen Platz stellt, z.B. oben auf den Stapel. Dann setzt sie die Adresse von *B* in den Programmzähler, um den Aufruf zu vervollständigen. Wenn *B* zurückkehrt, benutzt sie nicht die Prozeduraufruf-, sondern die Rückkehr-Instruktion, die einfach die Rückkehradresse vom Stapel schiebt und in den Programmzähler stellt.

Zuweilen ist es nützlich, mit zwei Prozeduren *A* und *B* zu arbeiten, die jeweils die andere als Prozedur aufruft, wie in Abb. 5.43 gezeigt. Kehrt *B* zu *A* zurück, verzweigt sie zu der Anweisung, die dem Aufruf von *B* folgt. Gibt *A* die Kontrolle an *B* ab, geht sie nicht an den Anfang (außer beim ersten Mal), sondern zu der Anweisung nach der letzten »Rückkehr«, d.h. zum letzten Aufruf von *A*. Zwei auf diese Weise arbeitende Prozeduren nennt man **Coroutinen**.

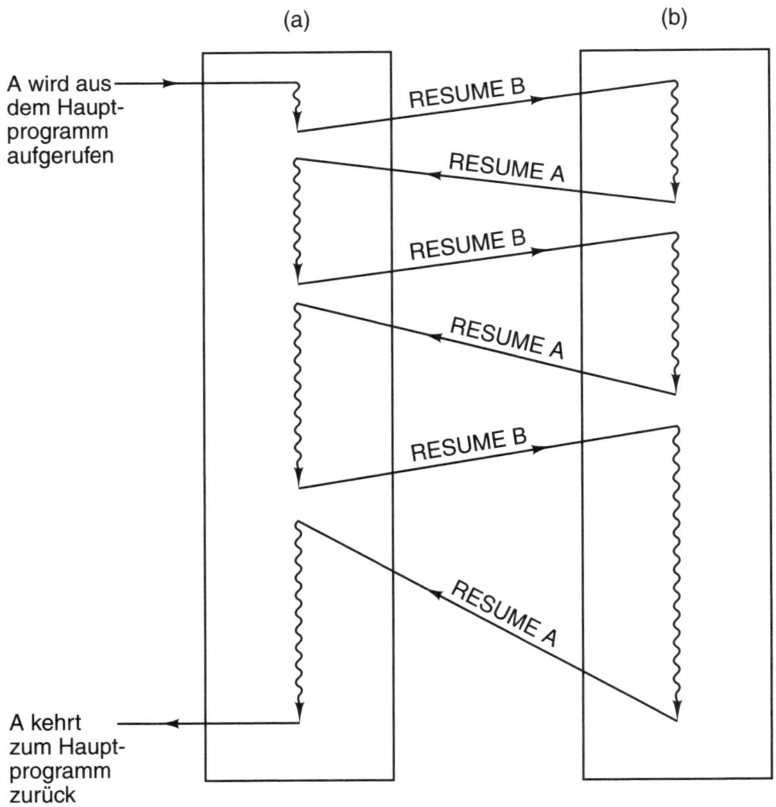

Abb. 5.43: Wird eine Coroutine wieder aufgenommen, beginnt die Ausführung an der Anweisung, an der sie beim vorigen Mal angehalten hat, und nicht am Anfang

Coroutinen werden häufig zur Simulation einer parallelen Verarbeitung auf einer einzelnen CPU benutzt. Jede Coroutine läuft quasi parallel mit den anderen, als ob sie über eine eigene CPU verfügte. Dieser Stil vereinfacht die Programmierung bestimmter Anwendungen. Außerdem ist er nützlich für das Testen von Software, die später auf einem Mehrprozessorsystem läuft.

Für den Aufruf von Coroutinen können die üblichen Instruktionen `CALL` und `RETURN` nicht benutzt werden, weil die Adresse, an die zu verzweigen ist, wie bei einer Rückkehr vom Stapel stammt. Im Gegensatz zu einer Rückkehr stellt die Coroutine aber selbst eine Rückkehradresse an beliebiger Stelle zur späteren Rückkehr ab. Hier wäre eine Instruktion nützlich, um die Oberseite des Stapels mit dem Programmzähler auszutauschen. Im einzelnen würde diese Instruktion zuerst die alte Rückkehradresse vom Stapel in ein internes Register werfen, dann den Programmzähler auf den Stapel schieben und schließlich das interne Register in den Programmzähler kopieren. Da ein Wort vom Stapel geworfen und eines daraufgeschoben wird, ändert sich der Stapelzeiger nicht. Eine solche Instruktion gibt es selten; deshalb muß sie normalerweise durch mehrere Instruktionen simuliert werden.

5.6.4 Traps

Ein **Trap** (Fangstelle) ist eine Art automatischer Prozeduraufruf, der durch eine vom Programm verursachte Bedingung eingeleitet wird. Normalerweise ist das eine wichtige, häufig vorkommende Bedingung. Ein gutes Beispiel dafür ist ein Überlauf. Bei vielen Computern findet ein Trap statt, wenn das Ergebnis einer arithmetischen Operation die größte darzustellende Zahl überschreitet. Die Ablaufsteuerung wird also nicht mehr fortgeführt, sondern es wird zu einer bestimmten Speicherstelle umgeschaltet. An dieser festen Stelle befindet sich eine Verzweigung zu einer Prozedur, die **Trap-Handler** genannt wird. Der Trap-Handler führt eine entsprechende Maßnahme aus, z.B. die Ausgabe einer Fehlermeldung. Falls das Ergebnis einer Operation innerhalb des spezifizierten Bereichs liegt, erfolgt kein Trap.

Wesentliches Merkmal eines Traps ist, daß er durch eine Ausnahmebedingung ausgelöst wird, die vom Programm selbst verursacht und von der Hardware oder vom Mikroprogramm erkannt wurde. Bei einer anderen Methode der Handhabung von Überläufen wird ein 1-Bit-Register auf 1 gesetzt, sobald sich ein solcher ereignet. Möchte der Programmierer auf Überlauf prüfen, muß er eine Instruktion wie »Verzweige, falls das Überlaufbit gesetzt wird« nach jeder arithmetischen Instruktion ausdrücklich einbinden. Diese Vorgehensweise ist aber nicht nur langsam, sondern vergeudet auch Platz. Im Vergleich zur expliziten, vom Programmierer gesteuerten Prüfung sparen Traps Zeit und Speicherplatz.

Ein Trap kann durch einen expliziten, vom Mikroprogramm (oder von der Hardware) ausgeführten Test implementiert werden. Wird ein Überlauf erkannt, wird die Trap-Adresse in den Programmzähler geladen. Was ein Trap auf einer Ebene bewirkt, kann unter der Programmkontrolle auf einer niedrigeren Ebene liegen. Läßt man das Mikroprogramm den Test ausführen, spart man im Vergleich zum expliziten Test durch den Programmierer immer noch Zeit, weil sich dies leicht gleichlaufend mit einer anderen Aufgabe durchführen läßt. Es spart auch Speicherplatz, weil die Aktion nur an einer Stelle greifen muß, z.B. in der Hauptschleife des Mikroprogramms. Sie ist völlig unabhängig davon, wie viele arithmetische Instruktionen sich im Hauptprogramm befinden.

Ein paar häufige Bedingungen, die Traps auslösen, sind: Gleitkommaüberlauf, Gleitkommaunterlauf, Ganzzahlüberlauf, Schutzverletzung, undefinierter Opcode, Stapelüberlauf, versuchter Start eines nicht existierenden E/A-Geräts, versuchtes Holen eines Worts von einer ungeraden Adresse und Teilung durch Null.

5.6.5 Interrupts

Interrupts (Unterbrechungen) sind Änderungen in der Ablaufsteuerung, die nicht vom laufenden Programm, sondern von etwas anderem – meist in Zusammenhang mit einem E/A-Gerät – verursacht werden. Ein Programm weist z.B. die Festplatte an, mit der Informationsübertragung zu beginnen, und kann die Festplatte so einrichten, daß ein Interrupt erfolgt, sobald die Übertragung beendet ist. Wie ein Trap hält ein Interrupt das laufende Programm an und gibt die Kontrolle an einen Interrupt-Handler ab, der eine bestimmte Aktion durchführt. Nach Beendigung gibt der Interrupt-Handler die Kontrolle wieder an das unterbrochene Programm zurück. Er muß den unterbrochenen Prozeß in genau demselben Zustand starten, in dem er unterbrochen wurde. Das bedeutet, daß alle internen Register auf den Zustand, der vor dem Interrupt herrschte, zurückgesetzt werden müssen.

Der entscheidende Unterschied zwischen Traps und Interrupts ist der, daß *Traps* synchron und *Interrupts* asynchron mit dem Programm laufen. Wird das Programm eine Million Mal mit der gleichen Eingabe ausgeführt, finden Traps stets an der gleichen Stelle statt, während diese bei Interrupts je nach Bedarf an verschiedenen Stellen stehen können (beispielsweise jedesmal genau dann, wenn ein Benutzer die ↵-Taste drückt). Warum Traps reproduzierbar und Interrupts nicht reproduzierbar sind, liegt daran, daß Traps direkt und Interrupts höchstens indirekt vom Programm verursacht werden.

Um die Funktionsweise von Interrupts zu veranschaulichen, betrachten wir ein häufig angeführtes Beispiel: Ein Computer möchte eine Zeichenzeile auf einem Terminal ausgeben. Die System-Software sammelt zuerst alle auszugebenden Zeichen in einem Puffer, initialisiert eine globale Variable *ptr*, die auf den Pufferanfang zeigt, und setzt eine zweite globale Variable *count*, die der Anzahl der auszugebenden Zeichen entspricht. Dann prüft sie, ob das Terminal bereit ist. Trifft das zu, gibt sie das erste Zeichen (z.B. mit Hilfe von Registern wie die in Abb. 5.30) aus. Nachdem die E/A gestartet wurde, ist die CPU für die Ausführung eines anderen Programms oder einer anderen Aufgabe frei.

Irgendwann erscheint das Zeichen auf dem Bildschirm. Der Interrupt kann nun beginnen. In vereinfachter Form werden folgende Schritte ausgeführt:

Hardware-Aktionen

1. Der Geräte-Controller asseriert eine Interrupt-Zeile auf dem Systembus, um die Interrupt-Folge zu starten.
2. Sobald die CPU bereit ist, den Interrupt abzuarbeiten, asseriert sie ein Interrupt-Bestätigungssignal auf dem Bus.
3. Erkennt der Geräte-Controller, daß sein Interrupt-Signal bestätigt wurde, gibt er eine kleine Ganzzahl auf die Datenleitungen aus, um sich zu identifizieren. Diese Zahl wird als **Interrupt-Vektor** bezeichnet.
4. Die CPU entfernt den Interrupt-Vektor vom Bus und speichert ihn vorübergehend.
5. Die CPU schiebt den Programmzähler und das PSW (Programmstatuswort) auf den Stapel.
6. Die CPU ermittelt einen neuen Programmzähler, indem sie den Interrupt-Vektor als Index zu einer Tabelle unten im Speicher benutzt. Ist der Programmzähler z.B. 4 Byte, entspricht der Interrupt-Vektor n der Adresse $4n$. Dieser neue Programmzähler zeigt auf den Anfang der Interrupt-Routine, die Interrupts für Geräte veranlaßt. Oft wird das PSW ebenfalls geladen bzw. modifiziert (z.B. um weitere Interrupts zu ermöglichen).

Software-Aktionen

1. Die Interrupt-Routine speichert zunächst alle Register, damit sie später wiederhergestellt werden können. Sie können auf dem Stapel oder in einer Systemtabelle gespeichert werden.
2. Ein Interrupt-Vektor wird im allgemeinen von allen Geräten eines bestimmten Typs benutzt. Deshalb ist noch nicht bekannt, welches Terminal den Interrupt veranlaßt hat. Die Terminal-Nummer wird aus einem Geräteregister ausgelesen.
3. An diesem Punkt können weitere Informationen über den Interrupt, z.B. Statuscodes, eingelesen werden.
4. Falls ein E/A-Fehler aufgetreten ist, kann er an diesem Punkt gehandhabt werden.
5. Die globalen Variablen *ptr* und *count* werden aktualisiert. *ptr* wird inkrementiert, um auf das nächste Byte zu zeigen; *count* wird dekrementiert, um darauf hinzuweisen, daß 1 Byte weniger auszugeben ist. Ist *count* immer noch größer als 0, sind mehr Zeichen auszugeben. Das Zeichen, auf das *ptr* jetzt verweist, wird in das Ausgabepufferregister kopiert.
6. Falls nötig, wird ein spezieller Code ausgegeben, um dem Gerät bzw. dem Interrupt-Controller mitzuteilen, daß der Interrupt verarbeitet wurde.

7. Alle gespeicherten Register werden wiederhergestellt.
8. Die Instruktion `RETURN FROM INTERRUPT` wird ausgeführt, so daß die CPU wieder in den Modus und Status zurückversetzt wird, in denen sie sich bei Eintritt des Interrupts befunden hat. Der Computer fährt dort fort, wo er wegen des Interrupts unterbrochen hat.

Ein Schlüsselkonzept in bezug auf Interrupts ist **Transparenz**. Bei einem Interrupt werden bestimmte Aktionen unternommen und Code ausgeführt. Nachdem aber alles beendet ist, sollte der Computer genau in den Zustand zurückkehren, den er innehatte, bevor der Interrupt eintrat. Eine Interrupt-Routine mit dieser Eigenschaft gilt als »transparent«. Sind alle Interrupts transparent, lassen sich Interrupts natürlich viel besser überblicken.

Hat ein Computer nur ein E/A-Gerät, laufen alle Interrupts immer so wie oben beschrieben ab, und es gibt nichts weiter zu sagen. Die meisten Computer haben aber mehrere E/A-Geräte, von denen mehrere möglicherweise gleichzeitig laufen, vielleicht sogar für verschiedene Benutzer. Bei dieser Konstellation ist die Wahrscheinlichkeit groß, daß ein zweites E/A-Gerät *seinen* Interrupt erzeugen möchte, während bereits eine Interrupt-Routine läuft.

Dieses Problem kann auf zweierlei Weise gelöst werden. Bei der ersten Methode schalten alle Interrupt-Routinen nachfolgende Interrupts ab, noch bevor sie die Register speichern. Diese Methode ist sehr einfach, weil alle Interrupts streng der Reihe nach bedient werden. Er ist aber bei Geräten problematisch, die keine oder nur geringe Verzögerungen dulden. Auf einer 9600-bps-Übertragungsleitung kommen Zeichen beispielsweise alle 1042 µs an, ob dafür nun Bereitschaft besteht oder nicht. Wurde das erste noch nicht verarbeitet, wenn das zweite ankommt, können Daten verlorengehen.

Verfügt ein Computer über zeitkritische E/A-Geräte, ist der zweite Ansatz wirksamer. Dabei wird jedem E/A-Gerät eine Priorität zugewiesen – hoch für sehr kritische und niedrig für weniger kritische Geräte. Ebenso sollte man der CPU Prioritäten zuweisen, die normalerweise durch ein Feld im PSW bestimmt werden. Verlangt ein Gerät mit der Priorität n ein Interrupt, sollte die Interrupt-Routine die Anfrage auch mit Priorität n behandeln.

Während eine Interrupt-Routine mit Priorität n läuft, wird jeder Versuch von einem Gerät mit niedrigerer Priorität abgewiesen, bis die laufende Interrupt-Routine beendet ist und die CPU wieder mit der Ausführung eines Anwendungsprogramms (Priorität 0) fortfährt. Interrupts von Geräten mit hoher Priorität sollten möglichst ohne Verzögerung bedient werden.

Da Interrupt-Routinen selbst Gegenstand von Interrupts sind, lassen sie sich am besten verwalten, wenn man alle Interrupts transparent gestaltet. Man betrachte ein einfaches Beispiel mit mehreren Interrupts. Ein Computer hat drei E/A-Geräte – einen Drucker, eine Festplatte und eine RS232-Leitung, mit der Priorität 2, 4 bzw. 5. Anfangs ($t = 0$) läuft ein Anwendungsprogramm; dann erfolgt bei $t = 10$ plötzlich ein Drucker-Interrupt. Die Interrupt Service Routine (ISR) des Druckers wird gestartet, wie aus Abb. 5.44 ersichtlich wird.

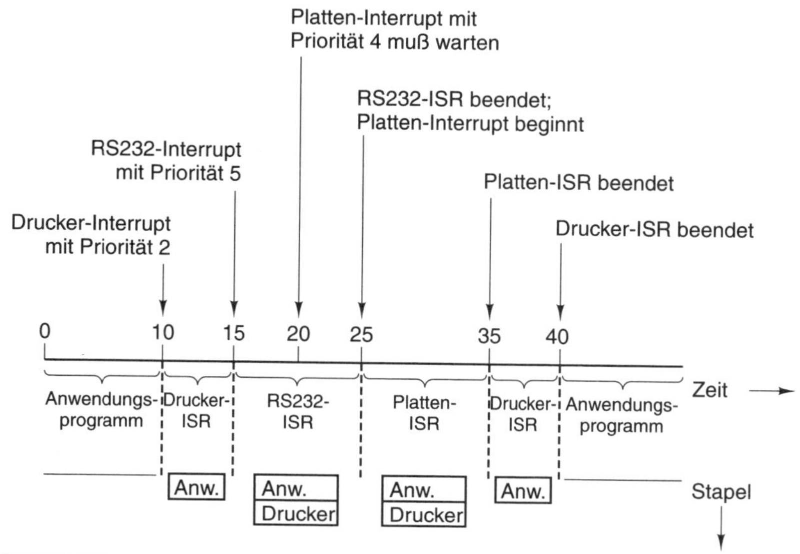

Abb. 5.44: Zeitlicher Ablauf mehrerer Interrupts

Bei t = 15 erzeugt die RS232-Leitung einen Interrupt. Da sie eine höhere Priorität (5) als der Drucker (2) hat, wird sie prompt bedient. Der Status der Maschine, die momentan die Interrupt-Routine für den Drucker ausführt, wird auf den Stapel geschoben, und die Interrupt-Routine der RS232-Leitung wird gestartet.

Ein wenig später, bei t = 20, ist die Festplatte fertig und möchte bedient werden. Ihre Priorität (4) ist aber niedriger als die der momentan laufenden Interrupt-Routine (5), so daß die CPU-Hardware dem Verlangen nicht nachkommt und die Anfrage zurückstellt. Bei t = 25 ist die RS232-Routine beendet und kehrt in den Zustand zurück, den sie vor ihrem Interrupt innehatte, nämlich die Ausführung der Interrupt-Routine des Druckers mit Priorität 2. Sobald die CPU auf Priorität 2 umschaltet, noch bevor eine Instruktion ausgeführt werden kann, wird dem Festplatten-Interrupt mit Priorität 4 stattgegeben, und die Dienstroutine der Festplatte startet. Ist sie fertig, darf die Druckerroutine fortfahren. Schließlich sind bei t = 40 alle Interrupt-Routinen fertig, und das Anwendungsprogramm fährt dort fort, wo es unterbrochen wurde.

Seit dem 8088 haben die CPU-Chips von Intel zwei Interrupt-Ebenen (Prioritäten): maskierbar und nicht maskierbar. Nicht maskierbare Interrupts werden im allgemeinen nur zum Signalisieren von Beinahe-Katastrophen, z.B. Speicherparitätsfehlern, benutzt. Alle E/A-Geräte benutzen einen maskierbaren Interrupt.

Gibt ein E/A-Gerät einen Interrupt aus, benutzt die CPU den Interrupt-Vektor zum Indizieren einer Tabelle mit 256 Einträgen, um die Adresse der Interrupt-Routine zu ermitteln. Bei den Tabelleneinträgen handelt es sich um 8 Byte große Segmentbezeichner, und die Tabelle kann an beliebiger Stelle im Speicher beginnen. Ein globales Register verweist auf ihren Anfang.

Hat die CPU nur eine Interrupt-Ebene, kann es passieren, daß beispielsweise ein Gerät mittlerer Priorität sowohl von einem mit hoher als auch von einem mit niedriger Priorität unterbrochen wird. Zur Lösung dieses Problems wird normalerweise ein externer Interrupt-Controller (z.B. 8259A) mit Intel-CPU eingesetzt. Beim ersten Interrupt mit Priorität *n* wird die CPU unterbrochen. Kommt ein weiterer Interrupt mit einer höheren Priorität an, unterbricht der Interrupt-Controller ein zweites Mal. Hat der zweite Interrupt eine niedrigere Priorität, wird er zurückgestellt, bis der erste fertig ist. Damit diese Methode funktioniert, muß der Interrupt-Controller wissen, wann die aktive Interrupt-Routine beendet ist. Deshalb muß die CPU einen Befehl senden, sobald der aktive Interrupt vollständig abgearbeitet ist.

5.7 Ausführliches Beispiel: Die Türme von Hanoi

Nachdem wir die ISA-Ebene der drei Beispielmaschinen untersucht haben, können wir alle Teile zusammensetzen, indem wir ein Beispielprogramm für alle drei betrachten. Unser Beispiel ist das Programm »Türme von Hanoi«. Abb. 5.40 ist eine Java-Version dieses Programms.

Wir schummeln aber ein bißchen. Statt der Übersetzung der Java-Version geben wir für den Pentium II und die UltraSPARC II die Übersetzung einer C-Version, um einige Probleme in Zusammenhang mit Java-E/A zu umgehen. Der einzige Unterschied liegt in der Ersetzung des Java-Aufrufs von *println* durch die C-Standardanweisung

```
printf("Übertrage eine Scheibe von %d auf %d\n", i, j)
```

Für unsere Zwecke ist die Syntax von Formatketten wie *printf* unwichtig (im Grunde wird die Kette Zeichen für Zeichen ausgedruckt, ausgenommen, daß `%d` bedeutet, »drucke die nächste Ganzzahl dezimal aus«). Relevant ist hier nur, daß die Prozedur mit drei Parametern aufgerufen wird: einer Formatkette und zwei Ganzzahlen.

Wir verwenden die C-Version für den Pentium II und die UltraSPARC II, weil die E/A-Bibliothek von Java für diese Maschinen nicht in der nativen Form verfügbar ist, die C-Bibliothek aber schon. Für die JVM benutzen wir die Java-Version. Der Unterschied ist minimal und wirkt sich nur auf eine `print`-Anweisung aus.

5.7.1 Türme von Hanoi in Assembler für den Pentium II

Abb. 5.45 liefert eine mögliche Übersetzung der C-Version der Türme von Hanoi für den Pentium II. Größtenteils ist der Code selbsterklärend. Das Register `EBP` wird als Rahmenzeiger benutzt. Die ersten beiden Wörter werden zum Verknüpfen verwendet, so daß sich der erste Parameter *n* (bzw. hier *N*, weil

MASM Groß- und Kleinschreibung berücksichtigt) an EBP + 8 befindet, gefolgt von *i* und *j* an EBP + 12 bzw. EBP + 16. Die lokale Variable *k* befindet sich an EBP + 20.

Die Prozedur beginnt mit dem Errichten des neuen Rahmens am Ende des alten. Sie erledigt dies durch Kopieren von ESP in den Rahmenzeiger EBP. Dann vergleicht sie *n* mit 1 und verzweigt zur else-Klausel, wenn $n > 1$ ist. Der then-Code schiebt drei Werte auf den Stapel: die Adresse der Formatkette, *i* und *j* und seinen eigenen Aufruf.

Die Parameter werden in der umgekehrten Reihenfolge geschoben, was bei C-Programmen notwendig ist, um den Zeiger auf die Formatkette oben auf dem Stapel zu setzen. Da *printf* eine variable Anzahl von Parametern hat, würde *printf* nicht wissen, wie tief im Stapel sich die Formatkette befindet, wenn die Parameter vorwärts geschoben werden würden.

Nach dem Aufruf wird 12 zu ESP addiert, um die Parameter vom Stapel zu schieben. Selbstverständlich werden sie nicht wirklich vom Speicher gelöscht; vielmehr werden sie durch die Berichtigung von ESP für die normalen Stapeloperationen unzugänglich.

Die bei *L1* beginnende else-Klausel ist einfach. Sie berechnet zuerst $6 - j - j$ und speichert diesen Wert in *k*. Gleichgültig, welche Werte *i* und *j* haben, ist der dritte Stab immer $6 - i - j$. Speichert man sie in *k*, erspart man sich die Mühe, sie ein zweites Mal berechnen zu müssen.

Als nächstes ruft die Prozedur sich selbst dreimal auf – jedesmal mit anderen Parametern. Nach jedem Aufruf wird der Stapel aufgeräumt. Das ist schon alles.

Rekursive Prozeduren sind anfangs für die meisten verwirrend; betrachtet man sie aber auf dieser Ebene, sind sie recht einfach. Im Prinzip passiert nichts mehr, als daß die Parameter auf den Stapel geschoben und die Prozedur aufgerufen wird.

```
            .586                    ; Kompiliere für Pentium (im Gegensatz
                                      zum 8088 usw.)
.MODEL FLAT                         ;
PUBLIC _Tuerme                      ; Exportiere 'Tuerme'
EXTERN _printf:NEAR                 ; Importiere printf
.CODE                               ;
 _Tuerme:   PUSH EBP                ; Speichere EBP (Rahmenzeiger)
            MOV EBP, ESP            ; Setze neuen Rahmenzeiger über ESP
            CMP [EBP+8], 1          ; if (n == 1)
            JNE L1                  ; Verzweige, falls n ungleich 1
            MOV EAX, [EBP+16]       ; printf(" ...", i, j);
            PUSH EAX                ; Beachte, daß die Parameter i, j und die
```

```
        MOV EAX, [EBP+12]          ; Formatkette in umgekehrter Reihenfolge
        PUSH EAX                   ; auf den Stapel geschoben werden. Das
                                     ist die C-Aufrufkonvention
        PUSH OFFSET FLAT:format    ; offset flat ist die Adresse des Formats
        CALL _printf               ; Rufe printf auf
        ADD ESP, 12                ; Entferne Parameter aus dem Stapel
        JMP Done                   ; Wir sind fertig
L1:     MOV EAX, 6                 ; Beginne k = 6 - i - j
        SUB EAX, [EBP+12]          ; EAX = 6 - i
        SUB EAX, [EBP+16]          ; EAX = 6 - i - j
        MOV [EBP+20], EAX          ; k = EAX
        PUSH EAX                   ; Beginne Tuerme(n - 1, i, k)
        MOV EAX, [EBP+12]          ; EAX = i
        PUSH EAX                   ; Schiebe i
        MOV EAX, [EBP+8]           ; EAX = n
        DEC EAX                    ; EAX = n - 1
        PUSH EAX                   ; Schiebe n - 1
        CALL _Tuerme               ; Rufe Tuerme(n - 1, i, 6 - i - j) auf
        ADD ESP, 12                ; Entferne Parameter aus dem Stapel
        MOV EAX, [EBP+16]          ; Beginne Tuerme(1, i, j)
        PUSH EAX                   ; Schiebe j
        MOV EAX, [EBP+12]          ; EAX = i
        PUSH EAX                   ; Schiebe i
        PUSH 1                     ; Schiebe 1
        CALL _Tuerme               ; Rufe Tuerme(1, i, j) auf
        ADD ESP, 12                ; Entferne Parameter aus dem Stapel
        MOV EAX, [EBP+12]          ; Beginne Tuerme(n - 1, 6 - i - j, i)
        PUSH EAX                   ; Schiebe i
        MOV EAX, [EBP+20]          ; EAX = k
        PUSH EAX                   ; Schiebe k
        MOV EAX, [EBP+8]           ; EAX = n
        DEC EAX                    ; EAX = n - 1
        PUSH EAX                   ; Schiebe n - 1
        CALL _Tuerme               ; Rufe Tuerme(n - 1, 6 - i - j, i) auf
        ADD ESP, 12                ; Berichtige Stapelzeiger
Done:   LEAVE                      ; Bereite für das Beenden vor
        RET 0                      ; Kehre zum Aufrufer zurück
.DATA
format  DB "Übertrage Scheibe von  ; Formatkette
        %d auf %d\n"
END
```

Abb. 5.45: Die Türme von Hanoi für den Pentium II

5.7.2 Türme von Hanoi in der UltraSPARC II-Assemblersprache

Wir versuchen es jetzt erneut; diesmal für die UltraSPARC II. Abb. 5.46 enthält den Code. Da der Code für die UltraSPARC II besonders schlecht lesbar ist, sogar als Assembler-Code und trotz viel Erfahrung, waren wir so frei und haben zu Beginn ein paar Symbole definiert, um ihn etwas zu säubern. Damit das funktioniert, muß man das Programm vor dem Assemblieren durch ein Programm namens *cpp*, d.h. den C-Vorprozessor, laufen lassen. Wir haben hier außerdem die Kleinschreibung benutzt, weil der Assembler der UltraSPARC II darauf besteht (für den Fall, daß ein Leser das Programm abtippen und ausführen möchte).

Vom Algorithmus her betrachtet, ist die UltraSPARC-Version mit der für den Pentium II identisch. Beide beginnen mit dem Testen von n und verzweigen dann zur `else`-Klausel, wenn $n > 1$ ist. Die Komplexität der UltraSPARC-Version entsteht größtenteils aufgrund einiger Merkmale der ISA.

Zuerst muß die UltraSPARC II die Adresse der Formatkette an *printf* weitergeben. Die Maschine kann die Adresse aber nicht einfach in das Register schieben, in dem sich der Ausgangsparameter befindet, weil es keine Möglichkeit gibt, eine 32-Bit-Konstante in einer Instruktion in ein Register zu stellen. Hierfür sind zwei Instruktionen erforderlich: *SETH* und `OR`.

Man beachte, daß keine Notwendigkeit besteht, den Stapel nach dem Aufruf zu berichtigen, weil das Registerfenster von der Instruktion `RESTORE` am Ende der Prozedur berichtigt wird. Die Fähigkeit, die Ausgangsparameter in Registern abzustellen, ohne den Speicher zu bemühen, ist ein großer Leistungsvorteil, solange der Aufruf nicht übermäßig tief ist. Im allgemeinen ist der ganze Registerfenstermechanismus aber diesen Aufwand nicht wert.

Nun beachte man die `NOP`-Instruktion nach der Verzweigung zu *Done*. Das ist ein Verzögerungsschlitz. Diese Instruktion wird immer ausgeführt, auch wenn sie einer unbedingten Sprunginstruktion folgt. Problematisch ist dabei, daß die UltraSPARC II über eine tiefe Pipeline verfügt. Bis die Hardware entdeckt, daß sie es mit einer Verzweigung zu tun hat, ist die nächste Instruktion also praktisch fertig. Herzlich willkommen in der Wunderwelt der RISC-Programmierung!

Dieses spaßige Merkmal erstreckt sich auch auf Prozeduraufrufe. Man beachte den ersten Aufruf von *Tuerme* in der `else`-Klausel. Sie setzt $n - 1$ in %o0 und %o1, führt aber den Prozeduraufruf von *Tuerme* durch, bevor der letzte Parameter an die richtige Stelle gesetzt wird. Auf dem Pentium II gibt man zuerst die Parameter weiter und führt den Aufruf aus. Hier gibt man zuerst einige Parameter weiter, führt den Aufruf aus und gibt schließlich den letzten Parameter weiter. Bis die Maschine gemerkt hat, daß sie es mit einer `CALL`-Instruktion zu tun hat, befindet sich die nächste Instruktion bereits so tief in der Pipeline, daß sie ausgeführt werden muß. Warum sollte man in diesem Fall nicht den Verzögerungsschlitz zur Weitergabe des letzten Parameters nutzen? Auch wenn die allererste Instruktion der aufgerufenen Prozedur diesen Parameter benutzt, kann er rechtzeitig an Ort und Stelle sein.

Bei *Done* sehen wir, daß die RET-Instruktion immer einen Verzögerungsschlitz hat. Dieser wird für die Instruktion RESTORE benutzt, die CWP inkrementiert, um das Registerfenster so zurückzusetzen, wie es vom Aufrufer erwartet wird.

```
#define N %i0                              /* N ist Eingabeparameter 0 */
#define I %i1                              /* I ist Eingabeparameter 1 */
#define J %i2                              /* J ist Eingabeparameter 2 */
#define K %l0                              /* K ist lokale Variable 0 */
#define Param0 %o0                         /* Param0 ist Ausgabeparameter 0 */
#define Param1 %o1                         /* Param1 ist Ausgabeparameter 1 */
#define Param2 %o2                         /* Param2 ist Ausgabeparameter 2 */
#define Scratch %l1                        /* Nebenbei: cpp verwendet die C-
                                              Konvention für Kommentare */
          .proc 04
          .global Tuerme

Tuerme:   save %sp, -112, %sp
          cmp N, 1                         ! if (n == 1)
          bne Else                         ! if (n != 1) goto Else

          sethi %hi(format), Param0        ! printf("Übertrage eine Scheibe
                                             von %d auf %d\n", i, j)
          or Param0, %lo(format), Param0   ! Param0 = Adresse der Formatkette
          mov I, Param1                    ! Param1 = i
          call printf                      ! Rufe printf VOR dem Einrichten
                                             von Parameter 2 (j) auf
          mov J, Param2                    ! Benutze zum Einrichten von Para-
                                             meter 2 den Verzögerungsschlitz
                                             nach dem Aufruf
          b Done                           ! Wir sind jetzt fertig
          nop                              ! Fülle den Verzögerungsschlitz

Else:     mov 6, K                         ! Beginne k = 6 - i - j
          sub K, J, K                      ! k = 6 - j
          sub K, I, K                      ! k = 6 - i - j

          add N, -1, Scratch               ! Beginne Tuerme(n - 1, i, k)
          mov Scratch, Param0              ! Verwerfe = N - 1
          mov I, Param1                    ! Parameter 1 = i
          call Tuerme                      ! Rufe Tuerme VOR dem Einrichten
                                             von Parameter 2 (k) auf
```

```
            mov K, Param2              ! Benutze zum Einrichten von Para-
                                         meter 2 den Verzögerungsschlitz
                                         nach dem Aufruf

            mov 1, Param0              ! Beginne Tuerme(1, i, j)
            mov I, Param1              ! Parameter 1 = i
            call Tuerme                ! Rufe Tuerme VOR dem Einrichten
                                         von Parameter 2 (j) auf
            mov J, Param2              ! Parameter 2 = j

            mov Scratch, Param0        ! Beginne Tuerme(n - 1, k, j)
            mov K, Param1              ! Parameter 1 = k
            call Tuerme                ! Rufe Tuerme VOR dem Einrichten
                                         von Parameter 2 (j) auf
            mov J, Param2              ! Parameter 2 = j

Done:       ret                        ! Kehre zurück
            restore                    ! Benutze zur Wiederherstellung der
                                         Fenster den Verzögerungsschlitz
                                         nach der Rückkehr

format:     .asciz "Übertrage eine Scheibe von %d auf %d\n"
```

Abb. 5.46: Die Türme von Hanoi für die UltraSPARC II

5.7.3 Türme von Hanoi in Assemblersprache für die JVM

Der JVM-Assemblercode für die Java-Version der Türme von Hanoi ist in Abb. 5.47 aufgeführt. Mit Ausnahme der E/A ist die Lösung relativ einfach. Dieses Programm wurde vom Java-Compiler generiert, in die symbolische Assemblersprache zurückgeführt, zur besseren Lesbarkeit überarbeitet und mit Anmerkungen versehen.

Der JVM-Compiler führt die drei Parameter *n*, *i* und *j* in der lokalen Variablen 0, 1 bzw. 2. Die lokale Variable *k* wird in 3 gehalten. Alle vier lokalen Variablen sind mit Hilfe eines 1-Byte-Opcodes, z.B. ILOAD_0, zugänglich. Als Ergebnis ist die Binärversion dieses Programms in der JVM sehr kurz (67 Byte).

Das Programm beginnt damit, daß es *n* und die Konstante 1 auf den Stapel schiebt. Dann benutzt es IF_ICMPNE, um die beiden zu vergleichen. IF_ICMPNE ist der Umkehrtest unserer IJVM-Instruktion IF_ICMPEQ. Er poppt zwei Operanden und verzweigt, falls sie sich unterscheiden.

Sind sie gleich, wird die Ausführung mit der nächsten Instruktion fortgesetzt. Die nächsten 13 Instruktionen teilen einen Kettenpuffer zu und stellen darin eine Zeichenkette zusammen, die letztendlich zur Ausgabe an *println* weitergegeben wird. Nach der Ausgabe kehrt die Prozedur zurück.

Diese 13 Instruktionen teilen – kurz gesagt – einen Kettenpuffer auf der Halde zu und füllen ihn. Die Instruktion `GETSTATIC` indiziert den Konstantenpool, um Wort 13 zu holen, das einen Zeiger zu einem Bezeichner des Kettenpuffers enthält. Die Instruktion `NEW` benutzt diesen Bezeichner, um den Kettenpuffer auf der Halde zuzuteilen. Die nächsten elf Instruktionen verketten die beiden Zeichenketten und zwei Ganzzahlen zu einer Kette in diesem Puffer und geben sie an *println* zur Ausgabe weiter.

Ist *n* nicht 1, geht die Kontrolle an *L1*. Hier wird *k* auf einfache Weise anhand der Stapelarithmetik berechnet. Dann erfolgen die drei Aufrufe nacheinander.

Die JVM verfügt über viele Instruktionen für Prozeduraufrufe. Der Compiler hat hier drei verschiedene benutzt. Alle haben einen 2-Byte-Operanden, der den Konstantenpool indiziert, um einen Zeiger zu einem Bezeichner zu ermitteln, der alles über die aufzurufende Prozedur mitteilt. Konstanten wie #10, #11 usw. sind Indizes zum Konstantenpool.

Die verschiedenen Prozeduraufrufe unterscheiden sich in bezug auf mögliche Optimierungen. Die Instruktion `INVOKESTATIC` wird benutzt, um statische, vom Benutzer geschriebene Methoden, wie *Tuerme*, aufzurufen. Demgegenüber wird `INVOKESPECIAL` verwendet, um Initialisierungsmethoden, private Methoden und Methoden der Superklasse der jeweils aktiven Klasse aufzurufen. `INVOKEVIRTUAL` wird für interne (Bibliotheks-)Aufrufe benutzt.

```
ILOAD_0                   Lokal 0 = n; schiebe n
ICONST_1               // Schiebe 1
IF_ICMPNE L1           // if (n != 1) goto L1

GETSTATIC #13          // n == 1; Dieser Code handhabt die
                          println-Anweisung
NEW #7                 // Weise der aufzubauenden Zeichenkette
                          Puffer zu
DUP                    // Dupliziere den Zeiger in den Puffer
LDC #2                 // Schiebe den Zeiger auf die Zeichenkette
                          "Übertrage eine Scheibe von"
INVOKESPECIAL #10      // Kopiere die Zeichenkette in den Puffer
ILOAD_1                // Schiebe i
INVOKEVIRTUAL #11      // Konvertiere i in die Zeichenkette und
                          hänge sie an den neuen Puffer an


LDC #1                 // Schiebe den Zeiger auf die Zeichenkette
                          " auf "
INVOKEVIRTUAL #12      // Hänge diese Zeichenkette an den Puffer
                          an
ILOAD_2                // Schiebe j
INVOKEVIRTUAL #11      // Konvertiere j in die Zeichenkette und
                          hänge sie an den Puffer an
```

```
         INVOKEVIRTUAL #15     // Konvertierung der Zeichenkette
         INVOKEVIRTUAL #14     // Rufe println auf
         RETURN                // Kehre von Tuerme zurück

L1:      BIPUSH 6              // Else-Teil: Berechne k = 6 - i - j
         ILOAD_1               // Lokale Variable 1 = i; schiebe i
         ISUB                  // Stapeloberseite = 6 - i
         ILOAD_2               // Lokale Variable 2 = j; schiebe j
         ISUB                  // Stapeloberseite = 6 - i - j
         ISTORE_3              // Lokale Variable 3 = k = 6 - i - j;
                                  Stapel ist jetzt leer

         ILOAD_0               // Beginne Arbeit an Tuerme(n - 1, i, k);
                                  schiebe n
         ICONST_1              // Schiebe 1
         ISUB                  // Stapeloberseite = n - 1
         ILOAD_1               // Schiebe i
         ILOAD_3               // Schiebe k
         INVOKESTATIC #16      // Rufe Tuerme(n - 1, 1, k) auf

         ICONST_1              // Beginne Arbeit an Tuerme(1, i, j);
                                  schiebe 1
         ILOAD_1               // Schiebe i


         ILOAD_2               // Schiebe j
         INVOKESTATIC #16      // Rufe Tuerme(1, i, j) auf

         ILOAD_0               // Beginne Arbeit an Tuerme(n - 1, k, j);
                                  schiebe n
         ICONST_1              // Schiebe 1
         ISUB                  // Stapeloberseite = n - 1
         ILOAD_3               // Schiebe k
         ILOAD_2               // Schiebe j
         INVOKESTATIC #16      // Rufe Tuerme(n - 1, k, j) auf
         RETURN                // Kehre von Tuerme zurück
```

Abb. 5.47: Die Türme von Hanoi für die JVM

5.8 Die Intel IA-64

Intel bewegt sich in Riesenschritten auf den Punkt zu, an dem aus der IA-32-ISA und aus den Prozessoren der Pentium-II-Familie der letzte Tropfen herausgequetscht ist. Neue Modelle können immer noch von Fortschritten in der Fertigungstechnik profitieren, was kleinere Transistoren (und damit höhere Taktgeschwindigkeiten) bedeutet. Neue Möglichkeiten zur Beschleunigung der Implementierung lassen sich aber immer schwieriger angesichts der Einschränkungen finden, die von der IA-32-ISA auferlegt werden.

Die einzig brauchbare Lösung scheint die Ablösung der IA-32 als Hauptentwicklungslinie und ein Übergang zu einer völlig neuen ISA zu sein. Genau das hat Intel vor. Die neue Architektur, die zusammen mit Hewlett-Packard entwickelt wird, heißt **IA-64**. Hierbei handelt es sich um eine volle 64-Bit-Maschine. Eine ganze Reihe von CPUs, in denen diese Architektur implementiert ist, wird in den nächsten Jahren erwartet. Die erste Implementierung mit dem Decknamen **Merced** (nach einem Fluß in Kalifornien benannt), ist eine High-End-CPU. Letztendlich wird es sicherlich ein ganzes CPU-Spektrum geben, von Servern im oberen Leistungsbereich bis zu Desktop-Einstiegsmodellen.

Angesichts der Bedeutung, die jeder von Intel unternommene Schritt in der Computer-Industrie hat, lohnt sich ein Blick auf die IA-64-Architektur (und damit auch auf Merced). Nebenbei bemerkt, sind die wichtigsten Konzepte der IA-64 bei Wissenschaftlern bestens bekannt. Man kann deshalb nicht ausschließen, daß sie sich auch in anderen Designs zeigen werden. Einige davon sind bereits in verschiedenen Formen bei (experimentellen) Systemen vorhanden. In den nächsten Abschnitten betrachten wir das Problem, mit dem sich Intel herumschlägt, das IA-64-Modell, mit dem dieses Problem gelöst werden soll, und einige wichtige Konzepte und Zukunftstrends.

5.8.1 Das Problem mit dem Pentium II

Das Problem mit der IA-32-Architektur ist hauptsächlich auf eine alte ISA zurückzuführen, deren Merkmale ausnahmslos nicht mit der modernen Technologie vereinbar sind. Es handelt sich um eine CISC-ISA mit Instruktionen unterschiedlicher Länge und einer Fülle verschiedener Formate, die sich nicht auf die Schnelle dekodieren lassen. Die jetzt übliche Technologie funktioniert am besten mit RISC-ISAs, die eine Instruktionslänge und Opcode mit fester Länge haben, was sich beides leicht dekodieren läßt. Die IA-32-Instruktionen können in RISC-ähnliche Mikrooperationen zur Ausführungszeit zerlegt werden, was allerdings Hardware (Chipfläche) und Zeit erfordert und dem Design außerdem unnötige Komplexität verleiht. Das ist der erste Schlag.

Die IA-32 verfügt über eine speicherorientierte ISA mit zwei Adressen. Die meisten Instruktionen greifen auf den Speicher zu, während die meisten Programmierer und Compiler davon überhaupt nichts halten. Moderne Technologien bevorzugen Load/Store-ISAs, die nur auf den Speicher zugreifen, um Operanden in Register zu holen, ansonsten aber ihre Berechnungen mit Hilfe von Registerinstruktionen mit einem Drei-Adressen-Speicher bewältigen. Angesichts der Beschleunigung der CPU-Taktraten, die wesentlich schneller steigen als die Speichergeschwindigkeiten, verschlimmert sich die Lage laufend. Das ist der zweite Schlag.

Die IA-32 hat eine kleine, unregelmäßige Registermenge. Das führt nicht nur zu einer Verstrickung der Compiler; die kleine Zahl von Allzweckregistern (vier oder sechs, je nachdem, wie man ESI und EDI zählt) verlangt zudem Zwischenergebnisse, die sich die ganze Zeit in den Speicher ergießen. Dadurch werden laufend zusätzliche Speicherreferenzen erzeugt, auch wenn es logisch nicht nötig ist. Das ist der dritte Schlag. Die IA-32 gibt sich in der ersten Runde geschlagen.

Auf zur zweiten Runde: Die kleine Anzahl von Registern verursacht viele Abhängigkeiten, insbesondere unnötige WAR-Abhängigkeiten, weil die Ergebnisse an irgendeine Stelle gehen müssen und keine zusätzlichen Register verfügbar sind. Will man den Mangel an Registern irgendwie wettmachen, muß man die Implementierung mit internen Umbenennungen versehen, was verheerende Folgen für geheime Register im Innern der Umstellungspuffer hat. Um Blockierungen bei Cache-Fehlschlägen zu vermeiden, müssen Instruktionen außer der Reihe ausgeführt werden. Die Semantik der IA-32 legt aber genaue Interrupts fest, so daß sich außer der Reihe ausgeführte Instruktionen der Reihe nach zurückziehen müssen. Das alles setzt eine komplexe Hardware voraus. Das ist der vierte Schlag.

Will man die ganze Arbeit schnell erledigen, erfordert dies eine sehr tief strukturierte Pipeline (zwölf Stufen). Andererseits bedeutet eine tiefe Pipeline, daß Instruktionen vor ihrer Beendigung elf Zyklen tief in diese eingeführt werden. Folglich ist eine sehr genaue Sprungvorhersage notwendig, um sicherzustellen, daß die richtigen Instruktionen in die Pipeline eintreten. Da eine Fehlvoraussage bedeutet, daß die Pipeline – mit einem hohen Aufwand – ausgespült wird, kann auch ein relativ geringer Anteil an Fehlvoraussagen zu einem erheblichen Leistungsabfall führen. Das ist der fünfte Schlag.

Um Probleme aufgrund von Fehlvorhersagen zu mindern, muß der Prozessor auf spekulative Ausführung übergehen, was weitere Probleme mit sich bringt, insbesondere, wenn Speicherreferenzen auf den falschen Pfad eine Ausnahme verursachen. Das ist der sechste Schlag.

Wir spielen den Wettkampf hier nicht bis zum Ende durch, weil ohnehin jetzt klar geworden sein sollte, daß wir es mit einem schwerwiegenden Problem zu tun haben. Und dabei wurde die Tatsache, daß die 32-Bit-Adressen der IA-32 einzelne Programme auf einen Speicher von 4 Gbyte begrenzen, was sich besonders auf Hochleistungsserver auswirkt, nicht einmal mit in die Erwägungen einbezogen.

Insgesamt betrachtet, läßt sich die Lage der IA-32 mit dem Zustand der Himmelsmechanik kurz vor Kopernikus vergleichen. Die damalige Theorie, die Erde stünde fest verankert und bewegungslos im Raum, während die Planeten in Epizyklen um sie kreisen, beherrschte die damalige Astronomie. Als jedoch die Beobachtungen besser wurden und deutlich immer mehr Abweichungen beobachtet wurden, kamen immer mehr Epizyklen dazu, bis das ganze Modell wegen seiner internen Komplexität in sich zusammenstürzte.

Intel befindet sich heute in einer ähnlichen Klemme. Ein großer Teil der im Pentium II befindlichen Chips ist allein für die Zerlegung von CISC-Instruktionen erforderlich. Das heißt, sie werden nur gebraucht, um mögliche parallele Ausführungen zu ermitteln, Konflikte zu lösen, Vorhersagen zu treffen, die Folgen falscher Vorhersagen zu korrigieren und weitere Verwaltungsarbeiten durchzuführen. Für die eigentliche Arbeit des Benutzers bleibt da nur wenig übrig. Man kann daraus schließen, daß Intel nur eine mögliche Lösung ansteuern kann: das ganze Ding (IA-32) entsorgen und einen sauberen Neubeginn (IA-64) starten.

5.8.2 Modell IA-64 und EPIC

Der Ausgangspunkt für die IA-64-Architektur war ein 64-Bit-RISC-Prozessor im oberen Leistungsbereich (die UltraSPARC II zählt zu den vielen heute verfügbaren Beispielen). Da IA-64 gemeinsam mit Hewlett-Packard entwickelt wurde, dürfte die PA-RISC-Architektur von HP zweifellos die wahre Grundlage gewesen sein. Alle modernen RISC-Maschinen ähneln sich aber mehr oder weniger, so daß die UltraSPARC II als unser Beispiel auch hier greift. Merced ist ein Dual-Mode-Prozessor mit der Fähigkeit, sowohl IA-32- als auch IA-64-Programme auszuführen. Wir konzentrieren uns hier aber nur auf den IA-64-Teil.

Die IA-64 ist eine Load/Store-Architektur mit 64-Bit-Adressen und 64 Bit breiten Registern. Für IA-64-Programme sind 64 allgemeine Register (und weitere für IA-32-Programme) verfügbar. Alle Instruktionen haben das gleiche feste Format: einen Opcode, zwei 6-Bit-Felder für das Quellregister, ein 6-Bit-Feld für das Zielregister und ein weiteres 6-Bit-Feld, das später beschrieben wird. Die meisten Instruktionen nehmen Zwei-Register-Operanden entgegen, führen eine Berechnung darauf aus und stellen das Ergebnis in das Zielregister zurück. Für verschiedene parallele Operationen stehen viele Funktionseinheiten zur Verfügung. So weit ist nichts Ungewöhnliches zu erkennen. Die meisten RISC-Maschinen weisen eine derartige Architektur auf.

Ungewöhnlich daran ist das Konzept der Bündelung von Instruktionen. Anders ausgedrückt: Je drei Instruktionen werden zu einem sogenannten **Bündel** (Bundle) gruppiert (siehe Abb. 5.48). Jedes 128-Bit-Bündel enthält drei 40-Bit-Instruktionen im festen Format und eine 8-Bit-Maske (Template). Mit Hilfe eines Bits, das das Ende eines Bündels bezeichnet, können mehrere Bündel verkettet werden, so daß in einem Bündel auch mehr als drei Instruktionen vorhanden sein können. Die Maske enthält Informationen darüber, welche Instruktionen sich parallel ausführen lassen. Diese Methode sowie das Vorhandensein zahlreicher Register erlaubt es dem Compiler, Instruktionsblöcke abzugrenzen und die CPU anzuweisen, sie parallel auszuführen. Das bedeutet, daß der Compiler – nicht die Hardware – die Instruktionen umordnen, auf Abhängigkeiten prüfen, die benötigten Funktionseinheiten bereitstellen und andere Aufgaben durchführen muß. Das zugrundeliegende Konzept ist dabei, daß durch Bloßlegen der internen Arbeitsschritte der Maschine und die Festlegung, Compiler-Schreiber müßten sicherstellen, daß sich jedes Bündel aus kompatiblen Instruktionen zusammensetzt, die Terminierung der RISC-Instruktionen von der Hardware (Laufzeit) auf den Compiler (Kompilierzeit) übertragen wird. Aus diesem Grund nennt man das Modell **EPIC** (**Explicitly Parallel Instruction Computing**).

Die Terminierung von Instruktionen zur Kompilierzeit hat mehrere Vorteile. Erstens kann die Hardware viel einfacher ausgelegt werden, da der Compiler nun die ganze Arbeit leistet. Dadurch lassen sich Millionen von Transistoren für andere nützliche Funktionen verwenden, z.B. für größere Level-1-Caches. Zweitens muß die Terminierung für ein bestimmtes Programm nur einmal, nämlich zur Kompilierzeit, erfolgen. Drittens kann ein Software-Anbieter einen Compiler verwenden, der Stunden mit Programmoptimierung verbringt, von dem dann alle Benutzer bei jeder Ausführung des Programms profitieren können.

Das Konzept der Bündelung von Instruktionen läßt sich für die Entwicklung einer kompletten Prozessorfamilie anwenden. Auf den CPUs im unteren Leistungsbereich kann ein Bündel z.B. den Taktzyklus ausgeben. Die CPU kann warten, bis alle Instruktionen abgearbeitet sind, und dann das nächste Bündel ausgeben. Auf CPUs im oberen Leistungsbereich können mehrere Bündel im gleichen Taktzyklus ausgegeben werden, wie bei den modernen, superskalaren Designs. Bei diesen CPUs kann der Prozessor auch mit der Ausgabe von Instruktionen aus einem neuen Bündel beginnen, bevor alle Instruktionen des vorherigen Bündels fertiggestellt sind. Natürlich muß die CPU prüfen, ob die benötigten Register und Funktionseinheiten verfügbar sind. Allerdings muß sie nicht prüfen, ob andere Instruktionen ihres eigenen Bündels mit ihr in Konflikt treten, da der Compiler sicherstellt, daß dieser Fall nicht eintreten kann.

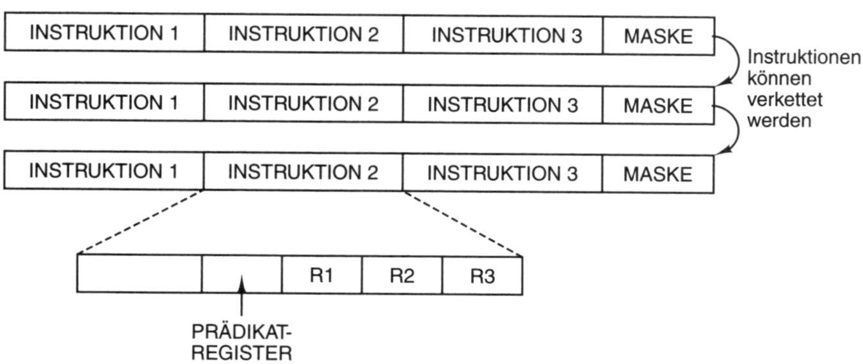

Abb. 5.48: Die IA-64 basiert auf Bündeln von je drei Instruktionen

5.8.3 Prädikation

Ein weiteres wichtiges Merkmal der IA-64 ist die neue Methode, mit der sie mit bedingten Sprüngen umgeht. Gäbe es eine Möglichkeit, sich ihrer aller zu entledigen, könnte man CPUs viel einfacher und schneller auslegen. Auf den ersten Blick kann man sich vielleicht nicht vorstellen, ohne Sprünge auszukommen, weil Programme voller `if`-Anweisungen sind. Als Alternative nutzt die IA-64 eine Technik, die **Prädikation** (Predication) genannt wird (August u.a., 1998; Hwu, 1998). Sie kann die Anzahl von Sprüngen enorm reduzieren, und wird im folgenden beschrieben.

Bei modernen Maschinen sind alle Instruktionen in dem Sinn unbedingt, als die CPU nur die Instruktion ausführt, auf die sie stößt. Hier gibt es kein internes Zögern und Zaudern. Im Gegenteil. Bei einer prädikatierten (predicated) Architektur enthalten Instruktionen Bedingungen (Prädikate), die ihnen den Zeitpunkt ihrer Ausführung mitteilen. Diese Paradigmenverlagerung von unbedingten auf prädikatierte Instruktionen ermöglicht es, sich (vieler) bedingter Sprünge zu entledigen. Statt eine Wahl zwischen einer Folge von unbedingten und einer anderen mit unbedingten Instruktionen treffen zu müssen, werden alle Instruktionen in eine einzige Folge aus prädikatierten Instruktionen eingemischt, wobei verschiedene Prädikate für verschiedene Instruktionen benutzt werden.

Um zu sehen, wie Prädikation funktioniert, beginnen wir mit dem einfachen Beispiel aus Abb. 5.49, das eine **bedingte Ausführung** – eine Vorläuferin der Prädikation – zeigt. In Abb. 5.49(a) sehen wir eine `if`-Anweisung. Abb. 5.49(b) zeigt deren Übersetzung in drei Instruktionen: Vergleich, bedingter Sprung und Schiebeinstruktion.

```
if (R1 == 0)
    R2 = R3;
```

(a)

```
    CMP R1,0
    BNE L1
    MOV R2,R3
L1:
```

(b)

```
CMOVZ R2,R3,R1
```

(c)

Abb. 5.49: (a) Eine if*-Anweisung; (b) generischer Assembler-Code für (a); (c) eine bedingte Instruktion*

In Abb. 5.49(c) entledigen wir uns des bedingten Sprungs durch Verwendung der neuen Instruktion `CMOVZ`. Diese bedingte Schiebeinstruktion prüft, ob das dritte Register `R1` gleich 0 ist. Trifft das zu, kopiert sie `R3` nach `R2`. Andernfalls tut sie nichts.

Mit einer Instruktion, die Daten kopieren kann, wenn ein Register 0 ist, haben wir einen kleinen Schritt hin zu einer Instruktion gemacht, die Daten kopieren kann, wenn ein Register nicht 0 ist; nennen wir sie `CMOVN`. Mit diesen beiden Instruktionen bewegen wir uns hin zu einer vollständig bedingten Ausführung. Man stelle sich eine `if`-Anweisung mit mehreren Zuweisungen im `then`-Teil und mehreren Zuweisungen im `else`-Teil vor. Die ganze Anweisung läßt sich in Code übersetzen, der bei falscher Bedingung ein Register auf 0 setzt und es bei wahrer Bedingung auf einen anderen Wert setzt. Nach dem Einrichten des Registers können die Zuweisungen des `then`-Teils in eine Folge von CMOVN-Instruktionen und die Zuweisungen des else-Teils in eine Folge von CMOVZ-Instruktionen kompiliert werden.

Alle Teile zusammen (Registereinrichtung, CMOVN- und CMOVZ-Instruktionen) bilden einen Basisblock ohne bedingten Sprung. Die Instruktionen können entweder vom Compiler (einschließlich Hoisting der Zuweisungen vor dem Test) oder während der Ausführung sogar umgeordnet werden. Der einzige Haken ist, daß die Bedingung bis zu dem Zeitpunkt, an dem die bedingten Instruktionen zurückgezogen werden müssen (fast am Ende der Pipeline), bekannt sein muß. Als einfaches Beispiel betrachten wir einen then- und einen else-Teil in Abb. 5.50.

Die Beispiele zeigen sehr einfache bedingte Instruktionen (die vom Pentium II stammen). Bei der IA-64 basieren demgegenüber alle Instruktionen auf der Prädikation. Das bedeutet, daß die Ausführung jeder Instruktion bedingt sein kann. Das oben erwähnte, zusätzliche 6-Bit-Feld wählt eines der 64 1-Bit-Prädikatregister. Eine if-Anweisung wird folglich in Code kompiliert, der eines der Prädikatregister bei wahrer Bedingung auf 1 setzt und es auf 0 setzt, falls sie falsch ist. Gleichzeitig und automatisch wird ein weiteres Prädikatregister auf den Umkehrwert gesetzt. Mit Hilfe der Prädikation werden die Maschineninstruktionen, die die then- und else-Klauseln bilden, zu einem Instruktionsstrom zusammengeschlossen, wobei die ersten das Prädikat und die zweiten dessen Umkehrwert benutzen.

```
if (R1 == 0) {              CMP R1,0          CMOVZ R2,R3,R1
      R2 = R3;              BNE L1            CMOVZ R4,R5,R1
      R4 = R5;              MOV R2,R3         CMOVN R6,R7,R1
} else {                    MOV R4.R5         CMOVN R8,R9,R1
      R6 = R7;              BR L2
      R8 = R9;         L1:  MOV R6,R7
}                           MOV R8,R9
                       L2:
         (a)                  (b)                  (c)
```

Abb. 5.50: (a) Eine if*-Anweisung; (b) generischer Assembler-Code für (a); (c) eine bedingte Ausführung*

Das Beispiel in Abb. 5.51 ist zwar einfach, zeigt aber das Grundkonzept, wonach Sprünge mittels Prädikation vermieden werden können. Die Instruktion CMPEQ vergleicht zwei Register und setzt das Prädikatregister P4 auf 1, wenn beide gleich sind, bzw. auf 0, wenn sie sich unterscheiden. Außerdem setzt sie ein gepaartes Register, sagen wir P5, auf die Umkehrbedingung. Jetzt können die Instruktionen für den if- und den then-Teil nacheinander aufgereiht werden, wobei jeder von einem Prädikatregister (in spitzen Klammern) abhängt. Ein beliebiger Code läßt sich dort hinstellen, solange jede Instruktion mit den richtigen Prädikaten versehen ist.

```
if (R1 == R2)
     R3 = R4 + R5;
else
     R6 = R4 - R5
```

(a)

```
     CMP R1,R2
     BNE L1
     MOV R3,R4
     ADD R3,R5
     BR L2
L1:  MOV R6,R4
     SUB R6,R5
L2:
```

(b)

```
CMPEQ R1,R2,P4
<P4> ADD R3,R4,R5
<P5> SUB R6,R4,R5
```

(c)

Abb. 5.51: (a) Eine if*-Anweisung; (b) generischer Assembler-Code für (a); (c) prädikatierte Ausführung*

Bei der IA-64 wird dieses Konzept voll ausgeschöpft, wobei Vergleichsinstruktionen zum Setzen der Prädikatregister sowie arithmetische und weitere Instruktionen verfügbar sind, deren Ausführung von einem Prädikatregister abhängt. Prädikatierte Instruktionen können nacheinander in die Pipeline gestopft werden, ohne daß Stillstände oder irgendwelche Probleme entstehen. Gerade deshalb sind sie so nützlich.

Die Prädikation funktioniert bei der IA-64 so, daß jede Instruktion tatsächlich ausgeführt wird. Ganz am Ende der Pipeline, wenn eine Instruktion sich zurückziehen soll, wird anhand einer Prüfung festgestellt, ob das Prädikat wahr ist. Trifft das zu, zieht sich die Instruktion normal zurück, und ihre Ergebnisse werden in das Zielregister geschrieben. Bei falschem Prädikat erfolgt keine Schreiboperation, und die Instruktion bleibt wirkungslos. Prädikation wird ausführlich in Dulong (1998) behandelt.

5.8.4 Spekulative Ladeoperationen

Ein weiteres Merkmal der IA-64 ist, daß sie in Anwesenheit von spekulativen `LOAD`-Operationen die Ausführung beschleunigt. Ist eine `LOAD` spekulativ und schlägt sie fehl, wird keine Ausnahme ausgeworfen; vielmehr hält sie einfach an, und ein mit dem zu ladenden Register verbundenes Bit wird entsprechend gesetzt, um das Register als ungültig zu kennzeichnen. Das entspricht dem in Kapitel 4 vorgestellten Giftbit (Poison Bit). Stellt sich heraus, daß das vergiftete Register später benutzt wird, erfolgt dann zu diesem Zeitpunkt eine Ausnahmebedingung. In allen anderen Fällen führt dies nie zu einer Ausnahme.

Normalerweise wird Spekulation dazu benutzt, den Compiler `LOAD`-Operationen vor ihrer Benutzung in Position hieven zu lassen (Hoisting). Durch den vorzeitigen Beginn werden sie möglicherweise beendet, bevor die Ergebnisse gebraucht werden. An der Stelle, an der der Compiler das gerade geladene Register benötigt, fügt er eine `CHECK`-Instruktion ein. Ist der Wert dort, verhält sich `CHECK` wie eine `NOP`, und die Ausführung wird sofort fortgesetzt. Im entgegengesetzten Fall muß die nächste Instruktion stehenbleiben. Tritt eine Ausnahme ein und ist das Giftbit an, ereignet sich die noch nicht durchgeführte Ausnahme in genau diesem Moment.

Zusammenfassend läßt sich feststellen, daß eine Maschine, die die IA-64-Architektur implementiert, ihre Geschwindigkeit aus mehreren Quellen gewinnt. Im Kern handelt es sich um eine hochmoderne RISC-Maschine mit Pipeline, Load/Store-Instruktionen und Drei-Adressen-Registern. Zusätzlich hat die IA-64 ein Modell der expliziten Parallelität, die vom Compiler verlangt, die gleichzeitig auszuführenden Instruktionen herauszufinden, ohne daß dadurch Konflikte entstehen. Außerdem muß er sie in Bündeln gruppieren. Auf diese Weise kann die CPU Bündel blind terminieren, ohne sich zu sehr anzustrengen. Durch Prädikation ist es möglich, die Anweisungen beider Sprünge einer `if`-Anweisung zu einem einzigen Strom zusammenzufassen, so daß der bedingte Sprung vermieden wird. Mit spekulativen `LOAD`-Operationen kann man Operanden im voraus holen, ohne bestraft zu werden, falls sich am Ende herausstellt, daß sie doch nicht gebraucht werden.

5.8.5 Realitätsprüfung

Unter der Voraussetzung, daß all diese Dinge erwartungsgemäß funktionieren, wird uns mit der Merced eine wirklich leistungsstarke Maschine geboten. Einige Bedenken möge man uns an dieser Stelle aber gestatten. Erstens wurde eine derart fortschrittliche Maschine noch nie gebaut, gewiß nicht für den Massenmarkt. (Die Geschichte hat uns gelehrt, daß manches aus verschiedenen Gründen schiefgehen kann, auch wenn man noch so sorgfältig plant.)

Zweitens wollen für die IA-64 geeignete Compiler geschrieben werden. Die Entwicklung eines guten Compilers für die IA-64-Architektur dürfte kein einfaches Unterfangen sein. Man bedenke außerdem, daß seit nunmehr 30 Jahren bei der Forschung im Bereich der parallelen Programmierung folgendes als der Heilige Gral gilt: die automatische Extraktion von Parallelität aus sequentiellen Programmen. Die Arbeit daran war bisher nicht erfolgreich. Hat ein Programm wenig inhärente Parallelität aufzuweisen, oder kann sie vom Compiler nicht extrahiert werden, entstehen lauter kurze IA-64-Bündel, und alle Vorteile sind auf einen Schlag verloren.

Drittens muß man davon ausgehen, daß wir es bei der IA-64 mit einem vollen 64-Bit-Betriebssystem zu tun haben werden. Windows 95 und Windows 98 sind das nicht und werden es wohl nie werden. Das bedeutet, daß diese Anwender auf Windows NT oder eine Unix-Variante umsteigen müssen. Diese Umstellung wird sicherlich nicht schmerzlos vonstatten gehen. Schließlich enthält Windows 95 noch heute, zehn Jahre nach der Einführung des 32-Bit-386ers, eine Menge 16-Bit-Code. Außerdem hat es nie die Segmentierungs-Hardware genutzt, die man seit über einem Jahrzehnt in allen Intel-CPUs vorfindet (Segmentierung wird in Kapitel 6 beschrieben). Wie lange es dauert, bis ein volles 64-Bit-Betriebssystem entsteht, ist nicht bekannt.

Viertens werden viele die IA-64 danach beurteilen, wie gut sie die alten 16-Bit-MS-DOS-Spiele ausführt. Als der Pentium Pro herauskam, hagelte es viel

Kritik aus dem einen Grund, daß er die alten 16-Bit-Programme nicht schneller als der reguläre Pentium ausführte. Da alte 16-Bit-(und sogar 32-Bit-)Programme die neuen Merkmale einer IA-64-CPU niemals nutzen werden, bringen alle Prädikatregister der Welt hier keine Abhilfe. Wer eine gewisse Verbesserung sehen will, muß sich seine gesamte Software in der für den IA-64-Modus kompilierten Fassung neu anschaffen. Manch einer wird angesichts der Kosten davor zurückschrecken.

Als letzten Punkt möge man bedenken, daß andere Anbieter (einschließlich Intel) möglicherweise mit Alternativen aufwarten, die hohe Leistung mit einer konventionelleren RISC-Architektur bieten, vielleicht mit zusätzlichen bedingten Instruktionen und einer schwächeren Form der Prädikation. Schnellere Versionen des Pentium II muß man sicherlich ebenfalls als Mitbewerber der IA-64 einbeziehen. Aller Wahrscheinlichkeit nach werden noch viele Jahre ins Land gehen, bis die IA-64 die marktbeherrschende Rolle (falls überhaupt) der heutigen IA-32 einnimmt.

5.9 Zusammenfassung

Die ISA-Ebene ist das, was sich die meisten unter »Maschinensprache« vorstellen. Auf dieser Ebene hat die Maschinen einen byte- oder wortorientierten Speicher, der aus etlichen Megabytes besteht und Instruktionen wie `MOVE`, `ADD` und `BEQ` nutzt.

Die meisten modernen Computer haben einen Speicher, der als Bytefolge organisiert ist, wobei 4 oder 8 Byte zu Wörtern gruppiert werden. Normalerweise sind auch zwischen 8 und 32 Registern vorhanden, die jeweils ein Wort enthalten. Auf einigen Maschinen (z.B. Pentium II) müssen Referenzen auf Wörter im Speicher nicht an den natürlichen Grenzen ausgerichtet werden, während das bei anderen (z.B. UltraSPARC II) notwendig ist.

Instruktionen haben im allgemeinen einen, zwei oder drei Operanden, die mit Hilfe unterschiedlicher Adressiermodi (unmittelbar, direkt, Register, Index und weitere) adressiert werden. Einige Maschinen haben eine größere Zahl an komplexen Adressiermodi. Instruktionen stehen im allgemeinen zum Bewegen von Daten, dyadischen und monadischen Operationen, darunter arithmetische und boolesche Operationen, Sprünge, Prozeduraufrufe, Schleifen und teilweise auch E/A, zur Verfügung. Typische Instruktionen bewegen ein Wort vom Speicher in ein Register (oder umgekehrt), addieren, subtrahieren, multiplizieren oder dividieren zwei Register oder ein Register und ein Speicherwort, oder vergleichen zwei Elemente in Registern oder Speichern. Nicht selten hat ein Computer weit über 200 Instruktionen in seinem Repertoire.

Die Ablaufsteuerung wird auf der Ebene 2 mit Hilfe von Sprüngen, Prozeduraufrufen, Coroutinenaufrufen, Traps, Interrupts und weiteren Primitiven bewältigt. Sprünge werden zur Beendigung einer Instruktionsfolge und zum Beginn einer neuen benutzt. Prozeduren dienen als Abstraktionsmechanismus, damit ein Teil des Programms als Einheit abgegrenzt und von mehreren Stellen aus aufgerufen werden kann. Coroutinen ermöglichen es zwei Steuer-Threads, gleichzeitig zu arbeiten. Traps werden zur Signalisierung von Ausnahmesituationen benutzt, z.B. ein arithmetischer Überlauf. Mit Hilfe von Interrupts können E/A-Prozesse parallel mit der Hauptberechnung laufen, wobei die CPU ein Signal erhält, sobald ein E/A-Prozeß beendet ist.

Die Türme von Hanoi sind ein interessantes, kleines Spiel, das als Beispiel für eine rekursive Lösung herangezogen wurde.

Die IA-64-Architektur basiert auf dem EPIC-Modell, um Programmen die Nutzung von Parallelität zu erleichtern. Zur Geschwindigkeitssteigerung nutzt sie Prädikation und spekulative `LOAD`-Operationen. Insgesamt stellt sie im Vergleich zum Pentium II einen großen Fortschritt dar, ist andererseits aber in bezug auf einen entsprechend parallelisierten Compiler problematisch.

5.10 Aufgaben

1. Auf dem Pentium II können Instruktionen eine beliebige (gerade oder ungerade) Byteanzahl enthalten. Auf der UltraSPARC II enthalten alle Instruktionen eine Ganzzahl von Wörtern, d.h. eine gerade Byteanzahl. Nennen Sie einen Vorteil der Pentium-II-Struktur.

2. Entwerfen Sie eine Opcode-Erweiterung, um alle folgenden Instruktionen in eine 36-Bit-Instruktion zu kodieren:

   Sieben Instruktionen mit zwei 15-Bit-Adressen und einer 3-Bit-Registerzahl

   500 Instruktionen mit einer 15-Bit-Adresse und einer 3-Bit-Registerzahl

   50 Instruktionen ohne Adressen und Register

3. Ist es möglich, eine Opcode-Erweiterung zu entwerfen, mit dem man folgende Instruktionen in eine 12-Bit-Instruktion kodieren kann? Ein Register ist 3 Bits breit.

   vier Instruktionen mit drei Registern

   255 Instruktionen mit einem Register

   16 Instruktionen ohne Register

4. Eine bestimmte Maschine verfügt über 16-Bit-Instruktionen und 6-Bit-Adressen. Einige Instruktionen haben eine Adresse und andere zwei. Wie hoch ist die maximale Anzahl von Instruktionen mit einer Adresse, wenn n Zwei-Adressen-Instruktionen vorhanden sind?

5. Welche Werte laden folgende Instruktionen in den Akkumulator bei einer Maschine mit einer Adresse und einem Akkumulator, mit den folgenden Speicherwerten?

   Wort 20 enthält 40

   Wort 30 enthält 50

   Wort 40 enthält 60

   Wort 50 enthält 70

   a. `LOAD IMMEDIATE 20`
   b. `LOAD DIRECT 20`
   c. `LOAD INDIRECT 20`
   d. `LOAD IMMEDIATE 30`
   e. `LOAD DIRECT 30`
   f. `LOAD INDIRECT 30`

6. Vergleichen Sie 0-, 1-, 2- und 3-Adressen-Maschinen durch Schreiben von Programmen, um

   X = (A + B × C) / (D – E × F)

   für jede der vier Maschinen zu berechnen. Die zum Gebrauch verfügbaren Instruktionen sind wie folgt:

0 Adresse	1 Adresse	2 Adressen	3 Adressen
`PUSH M`	`LOAD M`	`MOV` (X = Y)	`MOV` (X = Y)
`POP M`	`STORE M`	`ADD` (Y = X+Y)	`ADD` (X = Y+Z)
`ADD`	`ADD M`	`SUB` (X = X–Y)	`SUB` (X = Y–Z)
`SUB`	`SUB M`	`MUL` (X = X*Y)	`MUL` (X = Y*Z)
`MUL`	`MUL M`	`DIV` (X = X/Y)	`DIV` (X = Y/Z)
`DIV`	`DIV M`		

   M ist eine 16-Bit-Speicheradresse; *X*, *Y* und *Z* sind entweder 16-Bit-Adressen oder 4-Bit-Register. Die 0-Adressen-Maschine benutzt einen Stapel, die 1-Adressen-Maschine benutzt einen Akkumulator, und die anderen beiden haben 16 Register und Instruktionen für alle Kombinationen von Speicherstellen und Registern. `SUB X,Y` subtrahiert *Y* von *X*; `SUB X,Y,Z` subtrahiert *Z* von *Y* und stellt das Ergebnis in *X*. Wie viele Bits braucht jede Maschine, um *X* zu berechnen, unter der Annahme von 8-Bit-Opcodes und Instruktionslängen, die Mehrfache von 4 Bit sind?

7. Entwerfen Sie einen Adressiermechanismus, der es erlaubt, daß eine beliebige Menge von 64 Adressen, die nicht unbedingt fortlaufend sind, in einem 6-Bit-Feld eines großen Adreßraums spezifiziert werden kann.

8. Führen Sie einen Nachteil des selbstmodifizierenden Codes auf, der im Text nicht genannt wurde.

9. Konvertieren Sie die folgenden Formeln von der Infix- in die Postfix-Notation:

   a. A + B + C + D + E

   b. (A + B) × (C + D) + E

   c. (A + B) + (C × D) + E

   d. (A – B) ×(((C – D × E) / F) / G) ×H

10. Konvertieren Sie die folgenden Formeln von der Postfix- in die Infix-Notation:

    a. A B + C + D ×

    b. A B / C D / +

    c. A B C D E + × × /

    d. A B C D E × F / + G – H / × +

11. Welche der folgenden Paare von Formeln in der Postfix-Notation sind mathematisch gleich?

    a. A B + C + und A B C + +

    b. A B – C – und A B C – –

    c. A B × C + und A B C + ×

12. Schreiben Sie drei Formeln in der Postfix-Notation, die nicht in die Infix-Notation konvertiert werden können.

13. Konvertieren Sie die folgenden booleschen Ausdrücke von der Infix- in die Postfix-Notation.

    a. (A AND B) OR C

    b. (A OR B) AND (A OR C)

    c. (A AND B) OR (C AND D)

14. Konvertieren Sie die folgende Formel von der Infix- in die Postfix-Notation und generieren Sie JVM-Code, um sie auszuwerten.

    (2 × 3 + 4) – (4 / 2 + 1)

15. Die Instruktion in Assemblersprache

    ```
    MOV REG,ADDR
    ```

    bedeutet, daß ein Register vom Speicher auf dem Pentium II geladen wird. Auf der UltraSPARC II schreibt man die Instruktion zum Laden eines Registers vom Speicher aber wie folgt:

    ```
    LOAD ADDR,REG
    ```

    Warum unterscheidet sich die Operandenfolge?

16. Wie viele Register hat die Maschine, deren Instruktionsformate in Abb. 5.24 aufgeführt sind?

17. In Abb. 5.24 wird Bit 23 benutzt, um die Verwendung von Format 1 und die von Format 2 zu unterscheiden. Um die Verwendung von Format 3 zu unterscheiden, wird aber kein Bit bereitgestellt. Wie weiß die Hardware, wie es zu verwenden ist?

18. Beim Programmieren ist es üblich, daß ein Programm bestimmen muß, wo eine Variable X sich in bezug auf das Intervall von A zu B befindet. Wie viele Bedingungscodebits müßte man diese Instruktion setzen lassen, wenn eine Drei-Adressen-Instruktion mit den Operanden A, B und X verfügbar wäre?

19. Der Pentium II hat ein Bedingungscodebit, das den Übertrag von Bit 3 nach einer arithmetischen Operation verfolgt. Welchen Zweck hat es?

20. Die UltraSPARC II verfügt über keine Instruktion zum Laden einer 32-Bit-Zahl in ein Register. Normalerweise wird statt dessen eine Folge von zwei Instruktionen `SETHI` und `ADD` benutzt. Gibt es mehr als eine Möglichkeit, um eine 32-Bit-Zahl in ein Register zu laden? Erläutern Sie Ihre Antwort.

21. Einer Ihrer Freunde platzt plötzlich um 3 Uhr morgens in Ihr Zimmer, völlig außer Atem, und überrascht Sie mit einer brillanten neuen Idee: eine Instruktion mit zwei Opcodes. Sollten Sie Ihren Freund gleich zum Patentamt oder wieder zurück zum Zeichenbrett schicken?

22. Tests in der Form

    ```
    if (n == 0) ...

    if (i > j) ...

    if (k < 4) ...
    ```

    sind in der Programmierung üblich. Entwerfen Sie eine Instruktion zur effizienten Durchführung dieser Tests. Welche Felder sind in Ihrer Instruktion vorhanden?

23. Zeigen Sie für die 16-Bit-Binärzahl 1001 0101 1100 0011 die Wirkung von folgendem:

    a. einer Rechtsverschiebung von 4 Bit und Auffüllung mit Nullen

    b. einer Rechtsverschiebung von 4 Bit mit Vorzeichenerweiterung

    c. einer Linksverschiebung von 4 Bit

    d. einer Linksdrehung von 4 Bit

    e. einer Rechtsdrehung von 4 Bit

24. Wie können Sie ein Speicherwort auf einer Maschine ohne `CLR`-Instruktion löschen?

25. Berechnen Sie den booleschen Ausdruck (*A* AND *B*) OR *C* für

    A = 1101 0000 1010 1101

    B = 1111 1111 0000 1111

    C = 0000 0000 0010 0000

26. Entwerfen Sie eine Möglichkeit, um zwei Variablen *A* und *B* untereinander auszutauschen, ohne eine dritte Variable oder ein Register zu benutzen. *Hinweis*: Denken Sie über die Instruktion EXCLUSIVE OR nach.

27. Auf einem bestimmten Computer ist es möglich, eine Zahl von einem Register in ein anderes zu schieben, beide um je eine andere Menge nach links zu verschieben und die Ergebnisse in weniger Zeit zu addieren als eine Multiplikation braucht. Unter welcher Bedingung ist diese Instruktionsfolge nützlich zum Berechnen von »Konstante × Variable«?

28. Verschiedene Maschinen haben unterschiedliche Instruktionsdichten (benötigte Anzahl von Bytes zur Durchführung einer bestimmten Berechnung). Übersetzen Sie die folgenden Java-Codefragmente jeweils in Assemblersprache für den Pentium II, in Assemblersprache für die UltraSPARC II und in JVM. Dann berechnen Sie, wie viele Bytes jeder Ausdruck für die jeweilige Maschine erfordert. Nehmen Sie an, daß *i* und *j* lokale Variablen im Speicher sind, gehen Sie aber abgesehen davon in allen Fällen von den optimistischsten Annahmen aus.

    a. `i = 3;`

    b. `i = j;`

    c. `i = j - 1;`

29. Die im Text behandelten Schleifeninstruktionen dienten der Handhabung von `for`-Schleifen. Entwerfen Sie eine Instruktion, die zur Handhabung von üblichen `while`-Schleifen nützlich ist.

30. Angenommen, die Mönche in Hanoi können eine Scheibe pro Minute übertragen (sie haben es nicht eilig, die Aufgabe fertigzustellen, weil Stellenangebote für Leute mit dieser bestimmten Qualifikation in Hanoi rar sind). Wie lange brauchen sie, um die gesamte Aufgabe mit 64 Platten zu lösen? Geben Sie Ihr Ergebnis in Jahren an.

31. Warum stellen E/A-Geräte den Interrupt-Vektor auf den Bus? Wäre es möglich, diese Information statt dessen in einer Tabelle im Speicher abzulegen?

32. Ein Computer benutzt DMA zum Lesen von seiner Festplatte. Die Platte hat 64 512-Byte-Sektoren pro Spur. Die Umdrehungszeit der Platte beträgt 16 ms. Der Bus ist 16 Bit breit, und Bustransfers dauern je 500 ns. Die durchschnittliche CPU-Instruktion erfordert zwei Buszyklen. Um wieviel wird die CPU durch DMA verlangsamt?

33. Warum haben Interrupt-Routinen Prioritäten, während normale Prozeduren keine Prioritäten haben?

34. Die IA-64-Architektur umfaßt eine ungewöhnlich große Zahl an Registern (64). Stand die Entscheidung für so viele Register in Zusammenhang mit der Verwendung der Prädikation? Falls ja, auf welche Weise? Falls nicht, warum sind es dann so viele?

35. Im Text wurde das Konzept von spekulativen `LOAD`-Instruktionen behandelt. Über spekulative `STORE`-Instruktionen wurde aber nichts erwähnt. Warum nicht? Sind sie notwendigerweise die gleichen wie spekulative `LOAD`-Instruktionen, oder gibt es einen anderen Grund dafür, daß sie nicht beschrieben wurden?

36. Wenn zwei lokale Netzwerke (LANs) verbunden werden, wird zwischen den beiden ein Computer, den man Bridge (Brücke) nennt, installiert und an beide Netze angeschlossen. Jedes über eines der Netze übertragene Paket verursacht einen Interrupt auf der Bridge, damit die Bridge prüfen kann, ob das Paket weitergeleitet wurde. Wir nehmen an, es dauert 250 µs pro Paket, um den Interrupt zu handhaben und das Paket zu prüfen. Demgegenüber wird das Paket aber, falls nötig, von der DMA-Hardware weitergeleitet, ohne die CPU zu belasten. Wenn alle Pakete 1 Kbyte Umfang haben, wie hoch ist dann die maximale Datenrate auf jedem der beiden Netze, die toleriert werden kann, ohne daß die Bridge Pakete verliert?

37. In Abb. 5.41 verweist ein Rahmenzeiger auf die erste lokale Variable. Welche Information braucht das Programm, um von einer Prozedur zurückzukehren?

38. Schreiben Sie eine Subroutine in Assemblersprache, um eine vorzeichenbehaftete binäre Ganzzahl in ASCII zu konvertieren.

39. Schreiben Sie eine Subroutine in Assemblersprache, um eine Formel von der Infix- in die Postfix-Notation zu konvertieren.

40. Die Türme von Hanoi ist eine kleine, rekursive Prozedur, die Informatiker so sehr lieben. Ein weiterer Dauerbrenner ist $n!$, wobei $n! = n(n-1)!$ mit der einschränkenden Bedingung, daß $0! = 1$. Schreiben Sie eine Prozedur in der von Ihnen bevorzugten Assemblersprache, um $n!$ zu berechnen.

41. Falls Sie nicht davon überzeugt sind, daß Rekursion zuweilen unabdingbar ist, versuchen Sie, die Türme von Hanoi ohne Rekursion und ohne Simulation der rekursiven Lösung sowie unter Beibehaltung eines Stapels in einem Array zu programmieren. Seien Sie aber gewarnt, daß Sie die Lösung wahrscheinlich nicht finden.

6

Die Ebene der Betriebssystemmaschine

Ein moderner Computer besteht aus einer Reihe von Ebenen, die jeweils die darunterliegende um eine Funktionalität erweitern. Wir haben bis hierher die digitale logische, die Mikroarchitektur- und die ISA-Ebene behandelt. In diesem Kapitel wird als weitere Ebene diejenige des Betriebssystems beschrieben.

Ein **Betriebssystem** (Operating System) ist ein Programm, das aus Sicht des Programmierers eine Vielfalt neuer Instruktionen und Merkmale oberhalb und jenseits der ISA-Ebene einführt. Normalerweise wird das Betriebssystem größtenteils in Software implementiert. Theoretisch gibt es aber keinen Grund, warum man es nicht in Hardware implementieren sollte, was ja bei Mikroprogrammen (soweit sie vorhanden sind) der Fall ist. Kurz: Wir nennen die Ebene, die das Betriebssystem implementiert, die **OSM**-Ebene (**Operating System Machine**). Sie wird aus Abb. 6.1 ersichtlich.

Obwohl die OSM- und die ISA-Ebene abstrakt sind (in dem Sinn, daß sie nicht die echte Hardware-Ebene sind), besteht doch ein wichtiger Unterschied zwischen den beiden. Die Instruktionsmenge der OSM-Ebene ist ein vollständiger Vorrat an Instruktionen, die dem Anwendungsprogrammierer zur Verfügung stehen. Sie enthält fast die gesamten Instruktionen der ISA-Ebene sowie die neuen, vom Betriebssystem eingebrachten Instruktionen. Diese neuen Instruktionen nennen wir **Systemaufrufe** (System Calls). Ein Systemaufruf aktiviert einen vordefinierten Betriebssystemdienst, d.h. eine seiner Instruktionen. Bei einem typischen Systemaufruf werden Daten aus einer Datei gelesen. Wir schreiben Systemaufrufe in diesem Kapitel `klein in Letter Gothic`.

Die OSM-Ebene wird immer interpretiert. Führt ein Benutzerprogramm eine OSM-Instruktion aus, z.B. Lesen von Daten aus einer Datei, führt das Betriebssystem diese Instruktion Schritt für Schritt auf die gleiche Weise aus, wie ein Mikroprogramm dies bei einer `ADD`-Instruktion tut. Führt ein Programm aber eine Instruktion der ISA-Ebene aus, wird sie direkt von der zugrundeliegenden Mikroarchitekturebene abgearbeitet, ohne Mithilfe des Betriebssystems.

Aus Platzgründen können wir Betriebssysteme nur kurz behandeln. Wir konzentrieren uns dabei auf drei wichtige Themen. Das erste ist der virtuelle Speicher, eine Technik, die von vielen Betriebssystemen bereitgestellt wird, damit die Maschine scheinbar mehr Speicher aufweist, als sie wirklich hat. Das zweite ist die Datei-E/A, ein höheres Konzept als die E/A-Instruktionen, die wir im vorherigen Kapitel untersucht haben. Das dritte Thema ist die parallele Verarbeitung, d.h. die Ausführung, Kommunikation und Synchronisation mehrerer Prozesse. Das Prozeßkonzept ist wichtig, deshalb wird es in diesem Kapitel später ausführlich behandelt. Vorläufig kann man sich einen Prozeß als ein laufendes Programm mit all seinen Statusinformationen

(Speicher, Register, Programmzähler, E/A-Status usw.) vorstellen. Nach der allgemeinen Beschreibung dieser Prinzipien wird gezeigt, wie sie auf die Betriebssysteme unserer Beispielmaschinen – Pentium II (Windows NT) und UltraSPARC II (Unix) – anwendbar sind. Da picoJava II normalerweise für eingebettete Systeme benutzt wird, verfügt sie nicht über ein ausgeprägtes Betriebssystem.

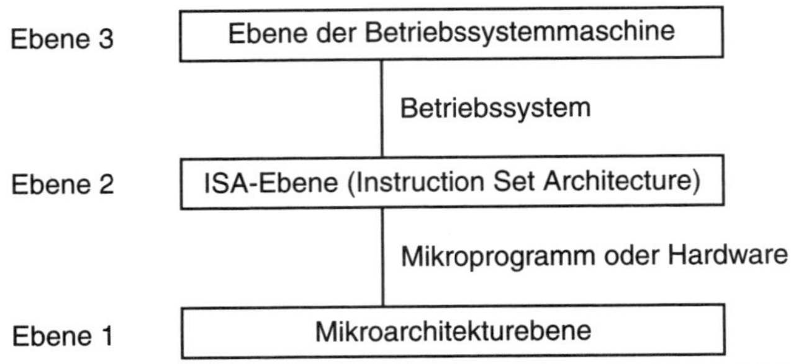

Abb. 6.1: Positionierung der Ebene der Betriebssystemmaschine

6.1 Virtueller Speicher

In den frühen Tagen des Computers waren Speicher klein und teuer. Die IBM 650, Ende der fünfziger Jahre der führende Computer für wissenschaftliche Anwendungen, hatte nur 2000 Speicherwörter. Einer der ersten ALGOL-60-Compiler wurde für einen Computer mit nur 1024 Speicherwörtern geschrieben. Eines der ersten Timesharing-Systeme lief ganz gut auf einer PDP-1 mit einer Speichergröße von insgesamt nur 4096 18-Bit-Wörtern für das Betriebssystem und die Anwendungsprogramme zusammen. Zu jener Zeit verbrachte der Programmierer viel Zeit damit, Programme in den winzigen Speicher zu quetschen. Oftmals mußte man einen Algorithmus verwenden, der wesentlich langsamer war als andere, bessere Algorithmen, und dies aus dem einfachen Grund, weil der bessere zu groß war. Das bedeutete, daß man ein Programm, das einen besseren Algorithmus nutzte, nicht in den Speicher des Computers quetschen konnte.

Traditionell löste man dieses Problem durch Verwendung eines zweiten Speichers, z.B. einer Platte. Der Programmierer zerlegte das Programm in sogenannte Stücke, **Überlagerungen** (Overlays), die jeweils in den Speicher paßten. Um das Programm auszuführen, wurde die erste Überlagerung eingebracht und eine Weile ausgeführt. War sie abgearbeitet, las es die nächste Überlagerung ein, rief sie auf, usw. Der Programmierer war dafür verantwortlich, das Programm in Überlagerungen aufzuteilen und festzulegen, wo die einzelnen Überlagerungen im zweiten Speicher angeordnet werden sollen, und wie die Überlagerungen zwischen dem Haupt- und dem Sekundärspeicher zu transportieren sind. Im allgemeinen mußte er den gesamten Überlagerungsprozeß ohne Unterstützung durch den Computer verwalten.

Diese Technik war sehr aufwendig, wurde aber dennoch jahrelang angewandt. 1961 schlugen Forscher im britischen Manchester eine Methode zur automatischen Durchführung des Überlagerungsprozesses vor (Fotheringham, 1961). Diese Methode, die man heute **virtuellen Speicher** (Virtual Memory) nennt, hatte den klaren Vorteil, daß sie den Programmierer von all diesen Verwaltungsaufgaben entlastete. Sie wurde erstmals in den sechziger Jahren auf verschiedenen Computern angewandt, vorwiegend in Verbindung mit Forschungsprojekten im Bereich des Computer-System-Designs. Anfang der siebziger Jahre war der virtuelle Speicher auf den meisten Computern verfügbar geworden. Heute haben sogar Einzel-Chip-Computer, darunter der Pentium II und die UltraSPARC II, sehr ausgeklügelte virtuelle Speichersysteme. Diese Systeme werden später in diesem Kapitel erklärt.

6.1.1 Paging

Das von der Forschungsgruppe in Manchester erarbeitete Konzept basierte auf der Trennung von Adreßraum und Speicherstellen. Man betrachte als Beispiel einen typischen Computer aus jener Zeit. Er hatte möglicherweise ein 16-Bit-Adreßfeld in seinen Instruktionen und 4096 Speicherwörter. Auf diesem Computer konnte ein Programm 65.536 Speicherwörter adressieren. Der Grund, warum es genau 65.536 (2^{16}) 16-Bit-Adressen sind, ist, daß jede einem anderen Speicherwort entspricht. Man beachte, daß die Anzahl der adressierbaren Wörter nur von der Bitanzahl in einer Adresse abhängt und nichts mit der Anzahl der tatsächlich verfügbaren Speicherwörter zu tun hat. Der **Adreßraum** (Address Space) bestand bei diesem Computer aus den Zahlen 0, 1, 2, ..., 65.535, weil das der Bereich der möglichen Adressen ist. Möglicherweise hatte der Computer aber auch weniger als 65.535 Speicherwörter.

Vor der Erfindung des virtuellen Speichers unterschied man zwischen den Adressen unter 4096 und denen bei oder über 4096. Diese beiden Teile galten als nützlicher bzw. unnützer Adreßraum, obwohl das kaum je deutlich ausgesprochen wurde (wobei die Adressen oberhalb von 4095 als unnütz galten, weil sie nicht den tatsächlichen Speicheradressen entsprachen). Man unterschied nicht zwischen Adreßraum und Speicheradressen, weil die Hardware eine Eins-zu-Eins-Entsprechung der beiden Bereiche auferlegte.

Das Konzept, den Adreßraum und die Speicheradressen zu trennen, besagt folgendes: Zu einem beliebigen Zeitpunkt können 4096 Speicherwörter direkt adressiert werden, müssen aber nicht den Speicheradressen 0 bis 4095 entsprechen. Wir könnten dem Computer z.B. »sagen«, daß ab jetzt das Speicherwort an Adresse 0 zu benutzen ist, wenn die Adresse 4096 referenziert wird. Bei einer Referenz auf Adresse 4097 ist das Speicherwort an Adresse 1 zu benutzen, bei einer Referenz auf Adresse 8191 das Speicherwort an Adresse 4095, usw. Anders ausgedrückt: Wir haben eine Abbildung des Adreßraums auf die tatsächlichen Speicheradressen definiert, wie in Abb. 6.2.

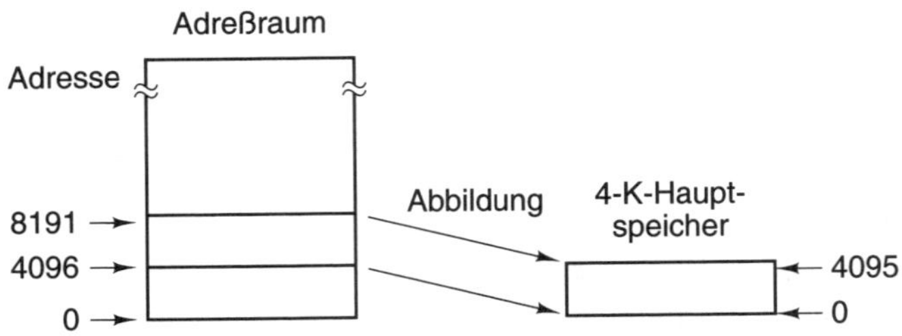

Abb. 6.2: In diesem Beispiel werden die virtuellen Adressen 4096 bis 8191 auf die Adressen 0 bis 4095 im Arbeitsspeicher abgebildet

Bei dieser Abbildung von Adressen vom Adreßraum auf die realen Speicherstellen verfügt eine 4-Kbyte-Maschine ohne virtuellen Speicher einfach über eine feste Abbildung zwischen den Adressen 0 bis 4095 und den 4096 Speicherwörtern. Eine interessante Frage ist: »Was passiert, wenn ein Programm an eine Adresse zwischen 8192 und 12287 verzweigt?« Auf einer Maschine ohne virtuellen Speicher würde das Programm einen Fehler verursachen, der eine entsprechend unhöfliche Meldung, wie »Referenzierte Speicherstelle nicht vorhanden«, ausgeben und das Programm beenden würde. Auf Maschinen mit einem virtuellen Speicher würden folgende Schritte ablaufen:

1. Der Inhalt des Arbeitsspeichers wird auf Platte gespeichert.
2. Die Wörter 8192 bis 12287 werden auf der Platte ausfindig gemacht.
3. Die Wörter 8192 bis 12287 werden in den Arbeitsspeicher geladen.
4. Die Adreßabbildung wird so geändert, daß sie die Adressen 8192 bis 12287 auf die Speicherlokationen 0 bis 4095 abbildet.
5. Die Ausführung wird fortgesetzt, als wäre nichts Ungewöhnliches passiert.

Diese Technik der automatischen Überlagerung nennt man **Paging**, und die Programmhappen, die von der Platte eingelesen werden, **Seiten** (Pages).

Adressen können vom Adreßraum auf die realen Speicheradressen aber auf durchdachtere Art und Weise abgebildet werden. Wir nennen die Adressen, die das Programm referenzieren kann, den **virtuellen Adreßraum** (Virtual Address Space) und die realen, festverdrahteten Speicheradressen den **physikalischen Adreßraum** (Physical Address Space). Eine **Speicherabbildung** (Memory Map) oder **Seitentabelle** (Page Table) referenziert virtuelle auf physikalische Adressen. Wir gehen davon aus, daß auf der Platte ausreichend Platz vorhanden ist, um den gesamten virtuellen Adreßraum (oder zumindest den zu benutzenden Teil) zu speichern.

Programme werden so geschrieben, als wäre für den ganzen virtuellen Adreßraum genügend Arbeitsspeicher vorhanden, obwohl das nicht der Fall ist. Programme können jedes beliebige Wort vom virtuellen Adreßraum laden oder dorthin speichern, oder zu einer Instruktion verzweigen, die sich an beliebiger Stelle im virtuellen Adreßraum befindet, ohne zu berücksichtigen, daß nicht genügend physikalischer Speicher vorhanden ist. Der Programmierer kann sogar Programme schreiben, ohne überhaupt zu wissen, ob virtueller Speicher vorhanden ist. Der Computer sieht einfach nur so aus, als hätte er einen großen Speicher.

Dies ist von entscheidender Bedeutung und wird später in Zusammenhang mit Segmentierung, wenn also der Programmierer über das Vorhandensein von Segmenten Bescheid wissen muß, erneut aufgegriffen. Wir betonen an dieser Stelle: Paging gaukelt dem Programmierer vor, es bestünde ein großer, kontinuierlicher, linearer Arbeitsspeicher mit der gleichen Größe wie der virtuelle Adreßraum. In Wirklichkeit kann der verfügbare Arbeitsspeicher kleiner (oder größer) als der virtuelle Adreßraum sein. Die Simulation dieses großen Arbeitsspeichers durch Paging kann vom Programm (außer bei der Ausführung von Takttests) nicht erkannt werden. Bei jeder Referenz auf eine Adresse scheint die entsprechende Instruktion oder das Datenwort vorhanden zu sein. Da der Programmierer so programmieren kann, als gäbe es Paging überhaupt nicht, gilt der Paging-Mechanismus als **transparent**.

Daß ein Programmierer ein nicht existierendes Merkmal benutzen kann, ohne sich darum zu kümmern, wie es funktioniert, ist für uns aber nicht neu. Die Instruktionsmenge auf der ISA-Ebene beinhaltet meist eine `MUL`-Instruktion, obwohl die zugrundeliegende Mikroarchitektur über ein hardwareseitiges Multiplikationsgerät verfügt. Die Illusion, daß die Maschine multiplizieren kann, wird vom Mikrocode geschaffen. Auf ähnliche Weise kann die vom Betriebssystem bereitgestellte virtuelle Maschine die Illusion schaffen, daß alle virtuellen Adressen auf echtem Speicher basieren, obwohl dies nicht zutrifft. Nur Entwickler (und Studenten) von Betriebssystemen müssen wissen, worauf die Illusion gründet.

6.1.2 Implementierung von Paging

Eine wichtige Voraussetzung für einen virtuellen Speicher ist eine Platte, auf der das komplette Programm und alle Daten geführt werden können. Konzeptionell ist es einfacher, sich die Kopie des Programms auf der Platte als Original und die hier und da in den Arbeitsspeicher überführten Teile als Kopien vorzustellen, und nicht umgekehrt. Natürlich ist es wichtig, das Original auf dem neuesten Stand zu halten. Wird die Kopie im Arbeitsspeicher geändert, sollten sich diese Änderungen (letztendlich) auch im Original widerspiegeln.

Der virtuelle Adreßraum wird in eine Reihe von Seiten gleicher Größe gegliedert. Die Größen reichen heute von 512 Byte bis 64 Kbyte pro Seite, gelegentlich werden aber auch Größen von 4 Mbyte benutzt. Die Seitengröße ist immer eine Potenz von 2. Der physikalische Adreßraum wird ebenso in Stücke aufgeteilt, wobei jedes Stück die gleiche Größe wie eine Seite hat, so daß jedes Stück Arbeitsspeicher genau eine Seite aufnehmen kann. Diese Arbeitsspeicherstücke für die Seiten nennt man **Seitenrahmen** (Page Frames). Der Arbeitsspeicher in Abb. 6.2 umfaßt nur einen Seitenrahmen. In der Praxis enthält er normalerweise Tausende.

Abb. 6.3(a) zeigt eine Möglichkeit, die ersten 64 Kbyte eines virtuellen Adreßraums in Seiten von je 4 Kbyte aufzuteilen. (Man beachte, daß wir hier von 64 Kbyte und 4-Kbyte-Adressen sprechen. Eine Adresse kann ein Byte sein, genauso gut aber ein Wort auf einem Computer, bei dem aufeinanderfolgende Wörter fortlaufende Adressen haben.) Den virtuellen Speicher von Abb. 6.3 würde man mit Hilfe einer Seitentabelle implementieren, die so viele Einträge hat, wie es Seiten im virtuellen Adreßraum gibt. Wir zeigen der Einfachheit halber nur die ersten 16 Einträge. Versucht das Programm, auf ein Wort in den ersten 64 Kbyte seines virtuellen Adreßraums zuzugreifen, ungeachtet dessen, ob es Instruktionen oder Daten holen oder Daten speichern will, erzeugt es zuerst eine virtuelle Adresse zwischen 0 und 65532 (unter der Annahme, daß Wortadressen durch 4 teilbar sein müssen). Zur Generierung dieser Adresse kann Indizierung, indirekte Adressierung und jede der üblichen Techniken angewandt werden.

Seite	Virtuelle Adressen
15	61440 – 65535
14	57344 – 61439
13	53248 – 57343
12	49152 – 53247
11	45056 – 49151
10	40960 – 45055
9	36864 – 40959
8	32768 – 36863
7	28672 – 32767
6	24576 – 28671
5	20480 – 24575
4	16384 – 20479
3	12288 – 16383
2	8192 – 12287
1	4096 – 8191
0	0 – 4095

(a)

Untere 32 Kbyte des Hauptspeichers

Seitenrahmen	Physische Adressen
7	28672 – 32767
6	24576 – 28671
5	20480 – 24575
4	16384 – 20479
3	12288 – 16383
2	8192 – 12287
1	4096 – 8191
0	0 – 4095

(b)

Abb. 6.3: (a) Die ersten 64 Kbyte des virtuellen Adreßraums, in 16 Seiten von je 4 Kbyte aufgeteilt; (b) ein in acht Seitenrahmen von je 4 Kbyte aufgeteilter 32-Kbyte-Arbeitsspeicher

Der in Abb. 6.3(b) dargestellte physikalische Speicher umfaßt acht 4-Kbyte-Seitenrahmen. Dieser Speicher kann auf 32 Kbyte begrenzt sein, weil erstens die Maschine nicht über mehr verfügt (ein in einer Waschmaschine oder in einem Mikrowellenherd eingebauter Prozessor braucht nicht mehr) oder zweitens der Rest des Speichers anderen Programmen zugeteilt wurde.

Wie kann man nun eine virtuelle 32-Bit-Adresse auf eine Adresse im physikalischen Arbeitsspeicher abbilden? Der Speicher kennt nur Arbeitsspeicheradressen, aber keine virtuellen Adressen, also muß man ihm genau das zur Verfügung stellen. Jeder Computer mit einem virtuellen Speicher hat ein Gerät zur Durchführung der virtuellen/physikalischen Abbildung. Dieses Gerät nennt man **MMU** (**Memory Management Unit**). Die MMU kann sich auf dem CPU-Chip oder auf einem getrennten Chip befinden, der eng mit dem CPU-Chip zusammenarbeitet. Da unsere Beispiel-MMU von einer virtuellen 32-Bit- auf eine physikalische 15-Bit-Adresse abbildet, braucht sie ein 32-Bit-Eingabe- und ein 15-Bit-Ausgaberegister.

Um zu sehen, wie die MMU funktioniert, betrachten wir das Beispiel in Abb. 6.4. Wird die MMU mit einer virtuellen 32-Bit-Adresse dargestellt, trennt sie die Adresse in eine 20 Bit große virtuelle Seitennummer und einen 12-Bit-Offset innerhalb der Seite (weil die Seiten in unserem Beispiel 4 Kbyte groß sind). Die virtuelle Seitennummer wird als Index zu einer Seitentabelle benutzt, um den Eintrag für die referenzierte Seite zu finden. In Abb. 6.4 befindet sich die virtuelle Seitennummer 3. Deshalb wird Eintrag 3 in der Seitentabelle gewählt.

Die MMU prüft als erstes den Eintrag der Seitentabelle, um zu sehen, ob sich die referenzierte Seite momentan im Arbeitsspeicher befindet. Schließlich können bei 2^{20} virtuellen Seiten und nur acht Seitenrahmen nicht alle virtuellen Seiten gleichzeitig im Speicher sein. Die MMU führt diese Prüfung durch, indem sie das **Present/Absent-Bit** im betreffenden Eintrag der Seitentabelle prüft. Bei unserem Beispiel ist das Bit 1, was bedeutet, daß die Seite momentan im Speicher ist.

Anschließend wird der Wert des Seitenrahmens aus dem gewählten Eintrag (in diesem Fall 6) in die oberen 3 Bit des 15-Bit-Ausgaberegisters kopiert. Drei Bit sind erforderlich, weil es im physikalischen Speicher acht Seitenrahmen gibt. Gleichzeitig mit dieser Operation werden die zwölf niederwertigen Bits der virtuellen Adresse (das Seitenoffsetfeld) in die zwölf niederwertigen Bits des Ausgaberegisters kopiert. Diese 15-Bit-Adresse wird jetzt an den Cache oder Speicher geschickt, wo sie später nachgesehen werden kann.

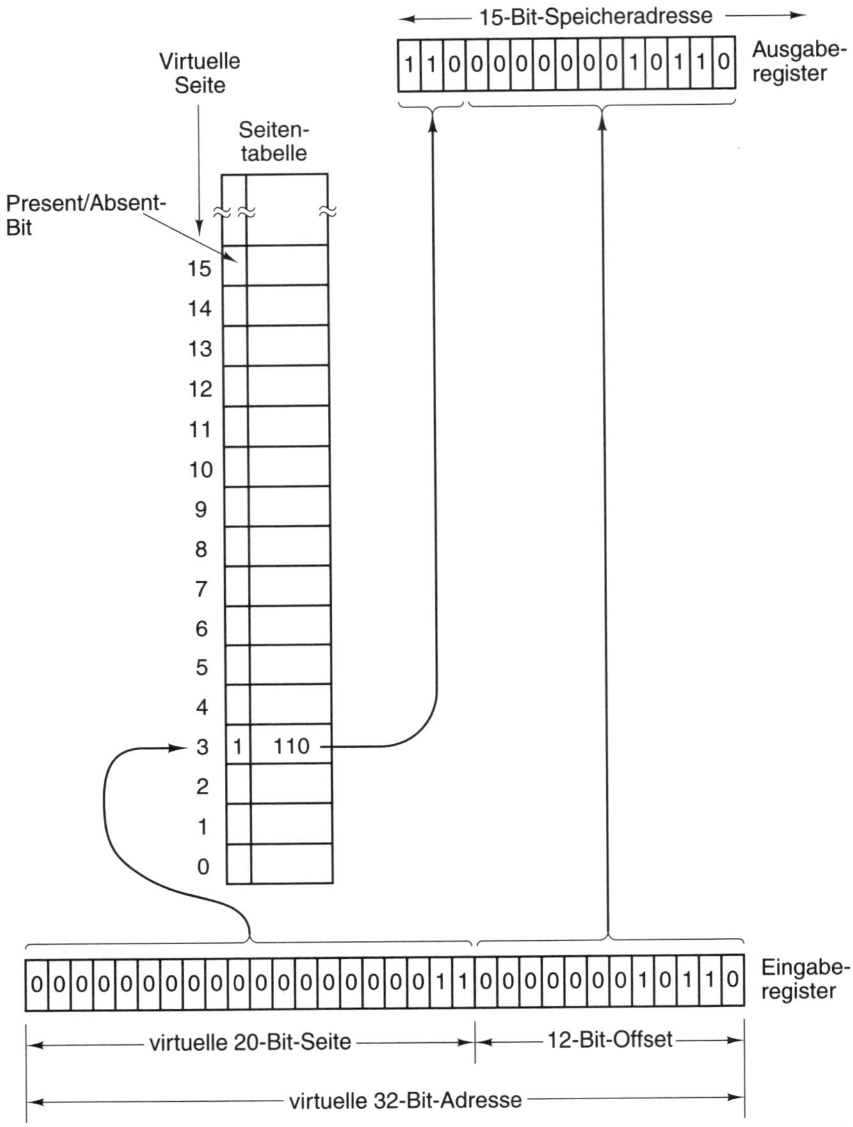

Abb. 6.4: *Bildung einer Arbeitsspeicheradresse aus einer virtuellen Adresse*

Abb. 6.5 zeigt eine mögliche Abbildung zwischen virtuellen Seiten und physikalischen Seitenrahmen. Die virtuelle Seite 0 befindet sich in Seitenrahmen 1. Die virtuelle Seite 1 befindet sich in Seitenrahmen 0. Die virtuelle Seite 2 ist nicht im Arbeitsspeicher. Die virtuelle Seite 3 ist in Seitenrahmen 2. Die virtuelle Seite 4 ist nicht im Arbeitsspeicher. Die virtuelle Seite 5 ist in Seitenrahmen 6, usw.

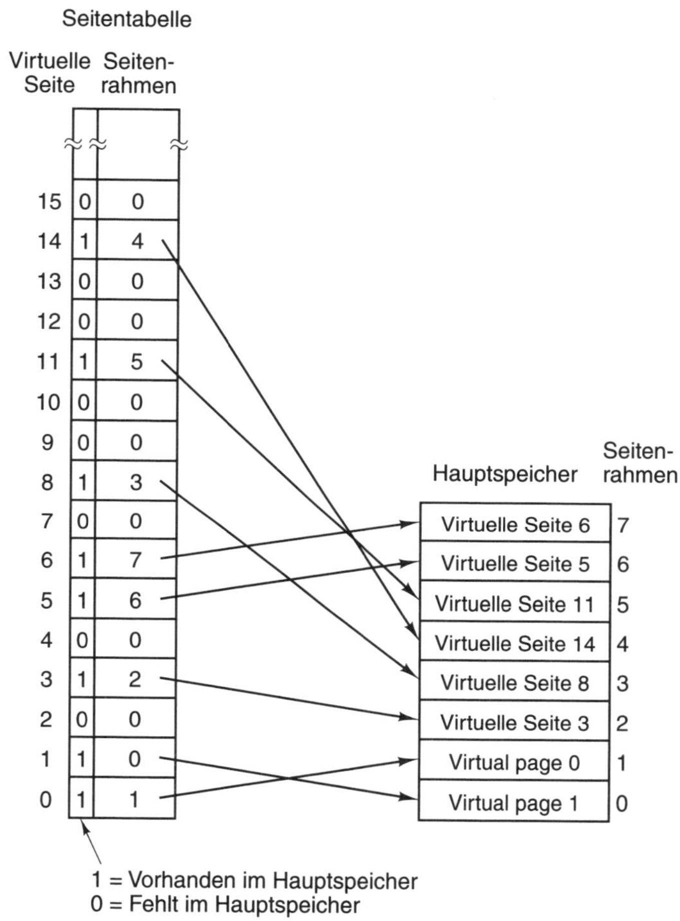

Abb. 6.5: Mögliche Abb. der ersten 16 virtuellen Seiten auf einen Arbeitsspeicher mit acht Seitenrahmen

6.1.3 Demand-Paging und Arbeitsmenge

Im vorherigen Abschnitt wurde davon ausgegangen, daß sich die referenzierte virtuelle Seite im Arbeitsspeicher befindet. Diese Annahme ist aber nicht immer richtig, weil der Arbeitsspeicher nicht für alle virtuellen Seiten Platz hat. Erfolgt eine Referenz auf eine Adresse einer Seite, die nicht im Arbeitsspeicher ist, nennt man das **Seitenfehler** (Page Fault). Nach Eintritt eines Seitenfehlers muß das Betriebssystem die erforderliche Seite von der Platte lesen, ihre neue physikalische Speicherstelle in die Seitentabelle eingeben und dann die Instruktion wiederholen, die den Seitenfehler verursacht hat.

Ein Programm, das auf einer Maschine mit einem virtuellen Speicher läuft, kann man starten, ohne daß sich auch nur ein Programmteil im Arbeitsspeicher befindet. Die Seitentabelle muß lediglich entsprechend gesetzt werden, so daß sie darauf hinweist, daß sich jede einzelne virtuelle Seite nicht im Arbeits-, sondern im Sekundärspeicher befindet. Versucht die CPU, die erste Instruktion zu holen, ergeht sofort einen Seitenfehler, so daß die Seite mit der ersten Instruktion in den Speicher geladen und in die Seitentabelle eingetragen wird. Dann kann die erste Instruktion beginnen. Hat die erste Instruktion zwei Adressen und befinden sich beide Adressen auf verschiedenen Seiten, die sich ihrerseits beide von der Instruktionsseite unterscheiden, treten zwei oder mehr Seitenfehler ein, und zwei weitere Seiten werden herbeigeholt, bevor die Instruktion schließlich ausgeführt wird. Die nächste Instruktion kann wieder mehrere Seitenfehler verursachen, usw.

Diese Betriebsart eines virtuellen Speichers nennt man **Demand-Paging** (Seitenaustauschverfahren), analog zu dem bestens bekannten Fütterungsalgorithmus für Babys: Das Baby wird gefüttert, wenn es weint (und nicht zu bestimmten Zeiten). Beim Demand-Paging werden Seiten nur überführt, wenn sie tatsächlich angefordert werden, nicht aber im voraus.

Die Frage, ob man Demand-Paging anwenden soll oder nicht, ist nur beim erstmaligen Start eines Programms von Belang. Lief das Programm eine Weile, sind die Seiten bereits im Arbeitsspeicher. Bei einem Computer mit Timesharing und Austausch von Prozessen nach 100 ms wird jedes Programm mehrmals im Verlauf seiner Ausführung neu gestartet. Da jedes Programm eine eindeutige Speicherabbildung hat, die sich beim Programmwechsel ändert, ist die Frage etwa bei einem Timesharing-System wiederholt von entscheidender Bedeutung.

Eine andere Methode basiert auf der Beobachtung, daß die meisten Programme nicht gleichmäßig auf ihren Adreßraum referenzieren, sondern sich die Referenzen meist auf eine kleine Zahl bestimmter Seiten häufen. Dabei holt eine Speicherreferenz eventuell eine Instruktion oder Daten oder speichert Daten. Zu einem Zeitpunkt t liegt eine Reihe all jener Seiten vor, die von den letzten k Speicherreferenzen benutzt wurden. Denning (1968) nannte dies die **Arbeitsmenge** (Working Set).

Da sich die Arbeitsmenge normalerweise im Verlauf der Zeit nur langsam ändert, läßt sich begründet erraten, welche Seiten benötigt werden, wenn das Programm auf der Grundlage seiner Arbeitsmenge erneut gestartet wird, die zum Zeitpunkt vorlag, als es zuletzt angehalten wurde. Diese Seiten können dann vor dem Programmstart geladen werden (sofern sie hineinpassen).

6.1.4 Seitenersetzung

Im Idealfall kann man die Arbeitsmenge, die ein Programm vorwiegend nutzt, im Speicher halten, um Seitenfehler zu reduzieren. Programmierer wissen aber selten, welche Seiten sich in der Arbeitsmenge befinden. Deshalb muß das Betriebssystem diese Menge dynamisch feststellen. Fordert ein Programm eine Seite an, die sich nicht im Arbeitsspeicher befindet, muß die angeforderte Seite von der Platte geholt werden. Um für sie Platz zu schaffen, muß aber irgendeine andere Seite auf die Platte zurückgeschickt werden. Folglich benötigt man einen Algorithmus, der die zu entfernende Seite bestimmt.

Eine Seite willkürlich auszuwählen, ist sicherlich keine gute Idee. Wählt man dabei gerade die Seite, in der sich die Instruktion für den Seitenfehler befindet, folgt sofort ein Seitenfehler, sobald man versucht, die nächste Instruktion zu holen. Die meisten Betriebssysteme versuchen vorherzusagen, welche Seiten im Speicher dahingehend am wenigsten brauchbar sind, daß sie die geringste nachteilige Wirkung auf das laufende Programm haben. Eine Möglichkeit hierfür ist es vorauszusagen, wann die nächste Referenz auf eine Seite erfolgt, und die Seite zu entfernen, deren vorhergesagte nächste Referenz am weitesten in der Zukunft liegt. Anders ausgedrückt: Statt eine Seite zu entfernen, die in Kürze wieder gebraucht wird, versucht man, eine auszuwählen, die über lange Zeit nicht gebraucht wird.

Bei einem beliebten Algorithmus wird die Seite entfernt, die schon am längsten nicht benutzt wurde, da dann die Wahrscheinlichkeit groß ist, daß sie sich nicht in der momentanen Arbeitsmenge befindet. Dieser Algorithmus heißt **LRU** (**Least Recently Used**). Er leistet normalerweise zwar gute Dienste; es gibt jedoch fatale Situationen, wie die nachfolgend beschriebene, in denen LRU kläglich versagt.

Man stelle sich ein Programm vor, das eine große Schleife ausführt, die sich über neun virtuelle Seiten auf einer Maschine erstreckt, die nur über Platz für acht Seiten im physikalischen Speicher verfügt. Erreicht das Programm Seite 7, sieht der Arbeitsspeicher aus wie in Abb. 6.6(a). Es folgt ein Versuch, eine Instruktion aus der virtuellen Seite 8 zu holen, wodurch ein Seitenfehler verursacht wird. Jetzt muß eine Entscheidung darüber getroffen werden, welche Seite man entfernt. Der LRU-Algorithmus wählte die virtuelle Seite 0, weil sie am längsten nicht mehr benutzt wurde. Die virtuelle Seite 0 wird also entfernt, und die virtuelle Seite 8 nimmt ihre Stelle ein, womit sich die in Abb. 6.6(b) dargestellte Situation ergibt.

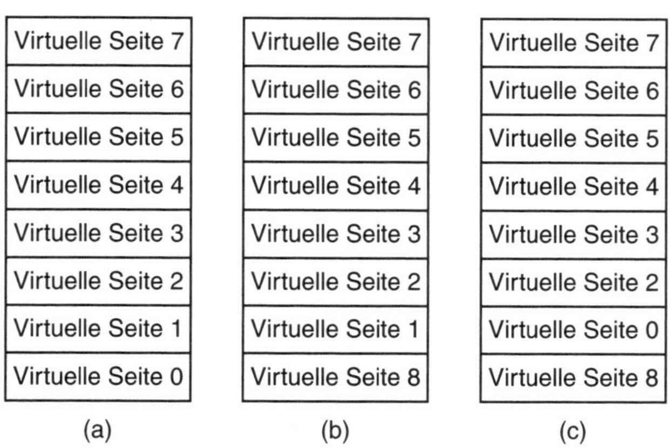

Abb. 6.6: Versagen des LRU-Algorithmus

Nachdem die Instruktionen der virtuellen Seite 8 ausgeführt wurden, verzweigt das Programm zurück zur virtuellen Seite 0 am Schleifenanfang. Dieser Schritt verursacht einen weiteren Seitenfehler. Die virtuelle Seite 0, die gerade ausgelagert wurde, muß wieder zurückgeholt werden. Der LRU-Algorithmus wählt Seite 1 zum Umlagern, und es ergibt sich die Situation wie in Abb. 6.6(c). Das Programm fährt eine Weile mit Seite 0 fort. Dann versucht es, eine Instruktion von der virtuellen Seite 1 zu holen, wodurch ein Seitenfehler ausgelöst wird. Seite 1 muß wieder hereingeholt werden, und Seite 2 wird ausgelagert.

Dieses Beispiel verdeutlicht, daß der LRU-Algorithmus ständig die schlechteste Entscheidung trifft (andere Algorithmen versagen unter ähnlichen Bedingungen aber ebenfalls). Übersteigt der verfügbare Arbeitsspeicher andererseits die Größe der Arbeitsmenge, neigt der LRU dazu, die Häufigkeit von Seitenfehlern zu minimieren.

Ein weiterer Seitenersetzungsalgorithmus ist **FIFO (First-In First-Out)**. FIFO entfernt die jeweils zuletzt geladene Seite, unabhängig davon, wann diese Seite zuletzt angefordert wurde. Für jeden Seitenrahmen gibt es einen Zähler. Anfangs werden alle Zähler auf 0 gesetzt. Nach der Bearbeitung eines Seitenfehlers wird der Zähler der momentan im Speicher befindlichen Seite um eins erhöht, während der Zähler für die gerade eingebrachte Seite auf 0 gesetzt wird. Wird es nötig, eine Seite zu entfernen, wird die mit dem höchsten Zähler gewählt. Weil ihr Zähler der höchste ist, hat sie die höchste Zahl an Seitenfehlern. Das bedeutet, daß sie vor einer der übrigen, im Speicher befindlichen Seiten geladen wurde und damit (hoffentlich) aller Wahrscheinlichkeit nach lange nicht mehr gebraucht wird.

Ist die Arbeitsmenge größer als die Anzahl der verfügbaren Seitenrahmen, führt kein Algorithmus zu guten Ergebnissen, und es ereignen sich viele Seitenfehler. Ein Programm, das viele Seitenfehler erzeugt, nennt man **Thrashing**. Es muß sicher nicht betont werden, daß Thrashing ein unerwünschtes Systemmerkmal ist. Benutzt ein Programm einen umfangreichen virtuellen Adreßraum, und andererseits eine kleine, sich nur langsam ändernde Arbeitsmenge, die in den verfügbaren Arbeitsspeicher paßt, entsteht kaum Ärger. Diese Beobachtung trifft auch dann zu, wenn das Programm im Laufe seines Lebens das Hundertfache an Wörtern vom virtuellen Speicher benutzt, als die Maschine Wörter im Arbeitsspeicher hat.

Wurde eine Seite, die man gerade umlagern will, seit dem letzten Einlesen nicht mehr geändert (was wahrscheinlich ist, wenn die Seite nicht Daten, sondern ein Programm enthält), ist es nicht nötig, sie auf die Platte zurückzuschreiben, weil eine genaue Kopie bereits dort vorhanden ist. Wurde sie demgegenüber seit dem letzten Einlesen modifiziert, stimmt die Kopie auf der Platte nicht mehr mit ihr überein, und die Seite muß aktualisiert werden.

Steht eine Möglichkeit zur Verfügung, zu erkennen, ob sich eine Seite seit dem letzten Einlesen nicht geändert hat (die Seite ist »sauber«) oder ob in ihr gespeichert wurde (die Seite ist »schmutzig«), läßt sich das Aktualisieren aller sauberen Seiten vermeiden und damit viel Zeit einsparen. Viele Computer haben in der MMU 1 Bit pro Seite, das auf 0 gesetzt wird, wenn eine Seite geladen wird, und vom Mikroprogramm oder von der Hardware auf 1 gesetzt wird, sobald in ihr eingespeichert (d.h. schmutzig) wird. Durch Überprüfen dieses Bits kann das Betriebssystem herausfinden, ob die Seite sauber oder schmutzig ist bzw. ob sie aktualisiert werden muß oder nicht.

6.1.5 Seitengröße und Fragmentierung

Für den Fall, daß das Programm und die Daten des Nutzers zufällig eine Ganzzahl an Seiten füllen, wird kein Platz verschwendet, wenn sie im Speicher sind. Ergeben sie andererseits nicht genau eine Ganzzahl von Seiten, entsteht auf der letzten Seite unbenutzter Raum. Benötigen das Programm und die Daten beispielsweise 26.000 Byte auf einer Maschine mit 4096 Byte pro Seite, sind die ersten sechs Seiten voll, was insgesamt 6 × 4096 = 24.576 Byte ergibt, während die letzte Seite 26.000 – 24.576 = 1424 Byte enthält. Da Platz für 4096 Byte pro Seite verfügbar ist, werden 2672 Byte vergeudet. Wann immer die siebte Seite im Speicher vorhanden ist, belegen diese Bytes Arbeitsspeicherplatz, erfüllen aber keine nützliche Funktion. Das Problem mit diesen verschwendeten Bytes nennt man **interne Fragmentierung** (Internal Fragmentation), weil die Verschwendung teilweise bestimmte Seiten intern betrifft.

Beträgt die Seitengröße *n* Byte, werden auf der letzten Seite eines Programms durch die interne Fragmentierung durchschnittlich *n*/2 Byte verschwendet. Dies mag darauf schließen lassen, daß man mit einer kleinen Seitengröße die Verschwendung minimieren kann. Andererseits bedeutet eine kleine Seitengröße aber viele Seiten und damit eine große Seitentabelle. Wird die Seitentabelle in der Hardware geführt, bedeutet eine große Seitentabelle, daß mehr Register als nötig zu speichern sind, wodurch sich die Kosten des Computers erhöhen. Außerdem dauert das Laden und Speichern der Register länger, wenn ein Programm gestartet oder angehalten wird.

Des weiteren wird die Bandbreite der Platte durch kleine Seiten ineffizient genutzt. Da man etwa 10 ms warten muß, bis der Transfer beginnen kann (Such- und Umdrehungsverzögerung), sind große Transfers effizienter als kleine. Bei einer Transferrate von 10 Mbyte/s dauert die Übertragung von 8 Kbyte nur 0,7 ms länger als bei 1 Kbyte.

Kleine Seiten haben aber auch einen Vorteil: Besteht die Arbeitsmenge aus einer großen Anzahl kleiner, getrennter Bereiche im virtuellen Adreßraum, ist das Thrashing möglicherweise bei einer kleinen Seitengröße geringer als bei einer großen. Man betrachte z.B. eine Matrix *A* von 10.000 × 10.000, die mit *A*[1,1], *A*[2,1], *A*[3,1] usw. in aufeinanderfolgenden 8-Byte-Wörtern gespeichert wird. Diese in Spalten geordnete Speicherung bedeutet, daß die Elemente von Zeile 1 – *A*[1,1], *A*[1,2], *A*[1,3] usw. – in einem Abstand von je 80.000 Byte beginnen. Ein Programm, das mit allen Elementen dieser Zeile umfangreiche Berechnungen durchführt, würde 10.000 Bereiche beanspruchen, die jeweils um 79.992 Byte voneinander getrennt sind. Beträgt die Seitengröße z.B. 8 Kbyte, würde man einen Speicherplatz von insgesamt 80 Mbyte benötigen, um alle benutzten Seiten vorzuhalten.

Demgegenüber erfordert eine Seitengröße von 1 Kbyte nur 10 Mbyte RAM, um alle Seiten aufzunehmen. Wäre der verfügbare Speicher 32 Mbyte groß, bestünde bei einer Seitengröße von 8 Kbyte ein Thrashing-Risiko, nicht aber bei einer Seitengröße von 1 Kbyte.

6.1.6 Segmentierung

Der oben behandelte virtuelle Speicher ist eindimensional, weil die virtuellen Adressen in einem fortlaufenden Bereich von 0 bis zu einer maximalen Adresse liegen. In bezug auf zahlreiche Probleme mögen zwei oder mehr getrennte virtuelle Adreßräume aber vorteilhafter als nur einer sein. Möglicherweise verfügt ein Compiler über viele Tabellen, die im Verlauf der Kompilation aufgebaut werden. Dazu können im einzelnen gehören:

1. Die Symboltabelle mit den Namen und Attributen von Variablen.
2. Der für das ausgegebene Listing zu speichernde Quelltext.
3. Eine Tabelle mit allen benutzten Ganzzahl- und Gleitkommakonstanten.
4. Der Zerteilungsbaum (Parsing Tree) mit der Syntaxanalyse des Programms.
5. Der für Prozeduraufrufe innerhalb des Compilers benutzte Stapel.

Jede der ersten vier Tabellen wächst im Verlauf der Kompilation ständig an. Die letzte wächst und schrumpft während der Kompilation unvorhersagbar. Bei einem eindimensionalen Speicher müßte man diesen fünf Tabellen einen fortlaufenden Bereich im virtuellen Adreßraum wie in Abb. 6.7 zuordnen.

Was passiert, wenn ein Programm außergewöhnlich viele Variablen beinhaltet? Der für die Symboltabelle im Adreßraum zugeteilte Bereich füllt sich möglicherweise, auch wenn in den anderen Tabellen genügend Platz vorhanden ist. Der Compiler könnte selbstverständlich melden, daß die Kompilation aufgrund zu vieler Variablen nicht fortgesetzt werden kann. Das wäre angesichts des ungenutzten Raums in den anderen Tabellen aber recht unfair.

Bei einer anderen Möglichkeit läßt man den Compiler Robin Hood spielen. Er nimmt Raum von den Tabellen, die viel davon übrig haben, und gibt ihn den Tabellen, in denen er knapp ist. Diese Umverteilung ist möglich, entspricht aber dem Aufwand von Überlagerungen – bestenfalls ein Ärgernis und im schlechtesten Fall eine Mühe, die sich nicht gelohnt hat.

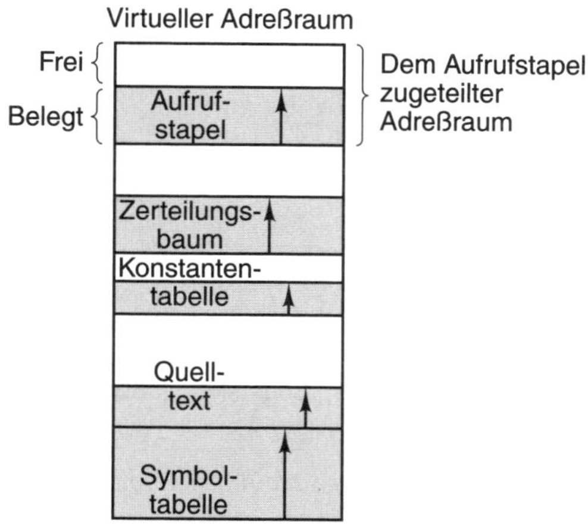

Abb. 6.7: *Bei einem eindimensionalen Adreßraum mit wachsenden Tabellen kann eine Tabelle in die andere einschlagen*

Man braucht also eine Möglichkeit, den Programmierer von der Verwaltung dieser Tabellen zu entlasten, ähnlich wie der virtuelle Speicher von der Organisation des Programms in Überlagerungen befreit.

Bei einer möglichen Lösung stellt man viele, voneinander völlig unabhängige Adreßräume bereit, die **Segmente** (Segments) genannt werden. Jedes Segment besteht aus einer linearen Folge von Adressen, von 0 bis zu einem bestimmten Maximum. Die Länge jedes Segments kann irgendwo zwischen 0 und dem zulässigen Maximum liegen. Meist haben verschiedene Segmente eine unterschiedliche Länge. Außerdem kann sich die Segmentlänge während der Ausführung ändern. Die Länge eines Stapelsegments mag sich erhöhen, wann immer etwas auf den Stapel geschoben wird, während sie sinkt, wenn etwas vom Stapel geschoben wird.

Da jedes Segment einen getrennten Adreßraum darstellt, können verschiedene Segmente unabhängig zu- und abnehmen, ohne sich gegenseitig zu beeinträchtigen. Braucht ein Stapel in einem bestimmten Segment mehr Adreßraum, kann er ihn bekommen. Natürlich kann ein Segment in Gänze aufgefüllt werden. Segmente sind normalerweise aber sehr groß, so daß dies selten der Fall ist. Um eine Adresse in diesem segmentierten bzw. zweidimensionalen Speicher zu spezifizieren, muß das Programm eine aus zwei Teilen bestehende Adresse liefern: eine Segmentnummer und eine Adresse innerhalb dieses Segments. Abb. 6.8 zeigt einen segmentierten Speicher, der für die oben beschriebenen Compiler-Tabellen benutzt wird.

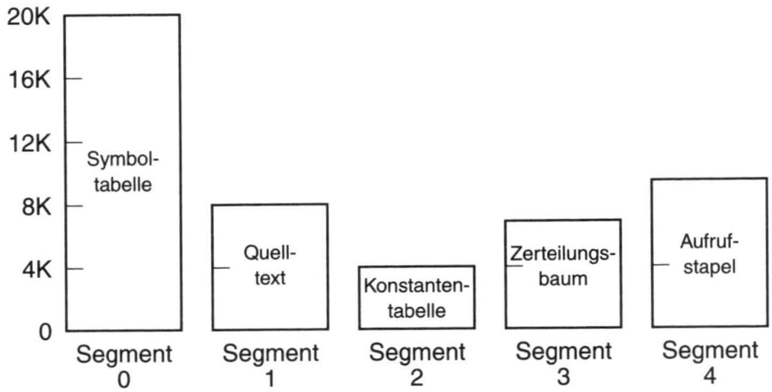

Abb. 6.8: Mit Hilfe eines segmentierten Speichers können die Tabellen unabhängig voneinander zu- und abnehmen

Man beachte, daß ein Segment eine logische Einheit ist, die der Programmierer kennt und als einzelne logische Einheit benutzt. Ein Segment kann eine Prozedur, ein Array, einen Stapel oder eine Sammlung skalierbarer Variablen enthalten, beinhaltet normalerweise aber keine Mischung unterschiedlicher Typen.

Ein segmentierter Speicher bietet neben der Vereinfachung der Handhabung von Datenstrukturen, die zu- und abnehmen, noch weitere Vorteile. Belegt jede Prozedur ein getrenntes Segment mit Adresse 0 als Anfangsadresse, vereinfacht sich die Verknüpfung von getrennt kompilierten Prozeduren. Nachdem alle Prozeduren, die ein Programm bilden, kompiliert und verknüpft wurden, benutzt der Aufruf einer Prozedur in Segment n eine zweiteilige Adresse (n, 0), um Adreßwort 0 (den Eintrittspunkt) zu adressieren.

Wird die Prozedur in Segment n anschließend geändert und erneut kompiliert, müssen keine weiteren Prozeduren geändert werden (weil keine Anfangsadressen geändert wurden), auch wenn die neue Version größer als die alte ist. Bei einem eindimensionalen Speicher liegen die Prozeduren normalerweise ohne dazwischenliegenden Adreßraum eng nebeneinander. Folglich wirkt sich die Änderung einer Prozedurgröße auf die Anfangsadresse anderer Prozeduren, die weiter auseinanderliegen, aus. Das erfordert wiederum die Änderung aller Prozeduren, die eine der verschobenen Prozeduren aufrufen, um ihre neuen Anfangsadressen aufzunehmen. Enthält ein Programm Hunderte von Prozeduren, kann dieser Prozeß sehr aufwendig sein.

Die Segmentierung vereinfacht auch die gemeinsame Nutzung von Prozeduren oder Daten durch mehrere Programme. Laufen auf einem Computer mehrere Programme parallel (entweder echt oder simuliert), die alle bestimmte Bibliotheksprozeduren nutzen, wird Arbeitsspeicher verschwendet, wenn man jedem eine eigene, private Kopie bereitstellt. Legt man jede Prozedur als separates Segment aus, lassen sie sich leicht gemeinsam nutzen, so daß man nur eine physikalische Kopie einer gemeinsam genutzten Prozedur im Arbeitsspeicher braucht. Dadurch spart man Speicherplatz.

Da jedes Segment eine logische Einheit bildet, die der Programmierer kennt, z.B. eine Prozedur, ein Array oder ein Stapel, können verschiedene Segmente mit unterschiedlichen Schutzmechanismen versehen werden. Man kann ein Prozedursegment nur zur Ausführung spezifizieren, so daß es nicht gelesen oder beschrieben werden kann. Ein Gleitkomma-Array kann beispielsweise zum Lesen/Schreiben, jedoch nicht zum Ausführen spezifiziert werden, so daß Versuche, dorthin zu verzweigen, verhindert werden. Solche Schutzmaßnahmen sind häufig beim Auffinden von Programmfehlern nützlich.

Man muß verstehen, warum solche Schutzmaßnahmen bei einem segmentierten, nicht aber bei einem eindimensionalen (d.h. linearen) Speicher Sinn machen. Bei einem segmentierten Speicher weiß der Nutzer, was sich in den einzelnen Segmenten befindet. Normalerweise enthält ein Segment nicht gleichzeitig eine Prozedur und einen Stapel, sondern das eine oder das andere. Da jedes Segment nur einen Objekttyp enthält, läßt sich für jeden einzelnen Typ ein geeigneter Schutzmechanismus definieren. Paging und Segmentierung werden in Abb. 6.9 verglichen.

Überlegung	**Paging**	**Segmentierung**
Muß der Programmierer Kenntnis davon haben?	Nein	Ja
Wie viele lineare Adreßräume sind vorhanden?	1	Viele
Kann der virtuelle Adreßraum die Speichergröße übersteigen?	Ja	Ja
Lassen sich Tabellen mit variabler Größe leicht handhaben?	Nein	Ja
Warum wurde die Technik erfunden?	Zur Simulation großer Speicher	Zur Bereitstellung mehrerer Adreßräume

Abb. 6.9: Paging und Segmentierung im Vergleich

Der Inhalt einer Seite ist in gewissem Sinn zufällig. Der Programmierer weiß nicht einmal, daß Paging stattfindet. Man könnte zwar zur Festlegung des gewünschten Zugriffs ein paar Bits in jeden Eintrag der Seitentabelle einfügen. Bei dieser Vorgehensweise müßte der Programmierer aber die Seitengrenzen seines Adreßraums verwalten. Dieses Konzept erfordert genau die Art von Verwaltung, die mit Paging abgeschafft werden soll. Da sich ein segmentierter Speicher dem Nutzer so darstellt, als befänden sich alle Segmente die ganze Zeit über im Arbeitsspeicher, können sie adressiert werden, ohne daß man sich um ihre Überlagerungen kümmern muß.

6.1.7 Implementierung der Segmentierung

Segmentierung läßt sich auf zweierlei Weise implementieren: Swapping und Paging. Beim Swapping befinden sich zu einem gegebenen Zeitpunkt einige Segmentmengen im Speicher. Bei einer Referenz auf ein Segment, das sich momentan nicht im Speicher befindet, wird dieses geholt. Ist kein Platz dafür vorhanden, müssen eines oder mehrere Segmente zuerst auf die Platte ausgelagert werden (es sei denn, eine saubere Kopie befindet sich bereits dort; in diesem Fall kann man die Speicherkopie wegwerfen). In gewissem Sinn ist das Swapping von Segmenten mit dem Demand-Paging vergleichbar: Segmente werden nach Bedarf geholt und ausgelagert.

Segmentierung wird aber anders als Paging implementiert. Sie unterscheidet sich in einem wichtigen Punkt: Seiten haben eine feste Größe, Segmente nicht. Abb. 6.10(a) zeigt das Beispiel eines physikalischen Speichers, der anfangs fünf Segmente enthält. Man betrachte, was passiert, wenn Segment 1 ausgelagert und das kleinere Segment 7 an seine Stelle gesetzt wird. Wir gelangen zu der Speicherkonfiguration von Abb. 6.10(b). Zwischen Segment 7 und Segment 2 liegt ein ungenutzter Bereich, also ein Loch. Dann wird Segment 4 durch Segment 5 (siehe Abb. 6.10(c)) und Segment 3 durch Segment 6 ersetzt (siehe Abb. 6.10(d)). Nachdem das System eine Weile lief, wird Speicher in Stücke aufgeteilt, von denen einige Segmente und andere Löcher enthalten. Dieses Phänomen nennt man **externe Fragmentierung** (External Fragmentation, auch Checkerboarding), weil außerhalb der Segmente in den dazwischenliegenden Löchern Platz verschwendet wird.

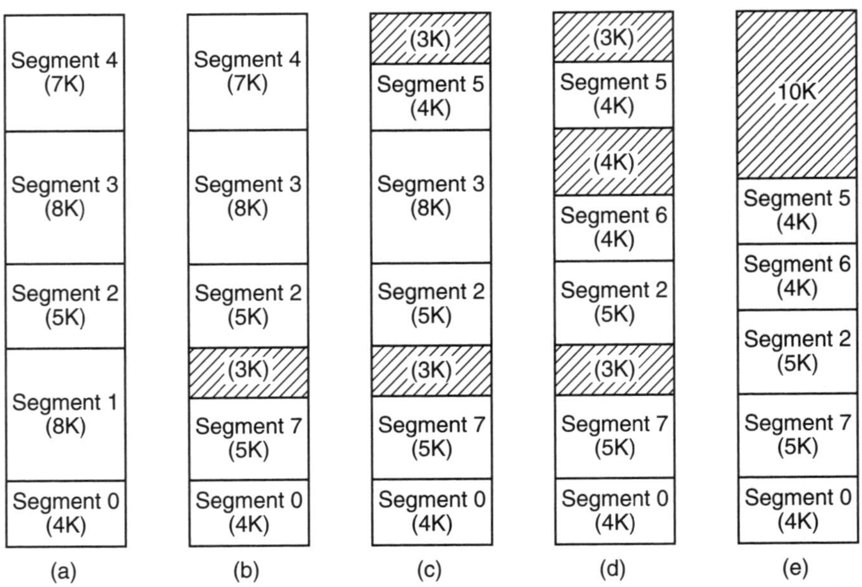

Abb. 6.10: (a) – (d) Entstehung einer externen Fragmentierung; (e) Entfernung der externen Fragmentierung durch Komprimierung

Man beachte, was passiert, wenn das Programm genau auf Segment 3 zugreift und der Speicher an einer externen Fragmentierung leidet, wie in Abb. 6.10(d). Die Löcher belegen einen Platz von 10 Kbyte, was mehr als ausreichend für Segment 3 ist. Da dieser Platz aber in viele kleine Stücke geteilt ist, kann Segment 3 einfach nicht geladen werden. Folglich muß zuerst ein anderes Segment entfernt werden.

Eine mögliche Methode zur Vermeidung der externen Fragmentierung funktioniert wie folgt: Jedesmal, wenn ein Loch entsteht, rücken die Segmente hinter dem Loch näher an Speicherstelle 0 heran, wodurch sich dieses Loch allmählich schließt und statt dessen am Ende ein größeres Loch entsteht. Man kann aber auch warten, bis die externe Fragmentierung zu einem echten Problem wird (z.B. wenn Löcher über einen bestimmten Prozentsatz des gesamten Speichers hinauswachsen). Abb. 6.10(e) zeigt, wie der Speicher von Abb. 6.10(d) nach einer Komprimierung aussieht. Mit Komprimierung wird das Ziel verfolgt, alle kleinen Lücken zu einem großen Loch zusammenzufassen, in das eines oder mehrere Segmente passen. Andererseits hat Komprimierung den Nachteil, daß dafür Zeit aufgewendet werden muß. Komprimierung nach jedem neu entstandenen Loch ist daher zu zeitaufwendig.

Ist der Zeitbedarf für die Komprimierung des Speichers unannehmbar groß, benötigt man einen Algorithmus, um zu ermitteln, welches Loch für ein bestimmtes Segment benutzt werden kann. Die Verwaltung der Löcher setzt voraus, daß man eine Liste mit den Adressen und Größen aller Löcher führt. Ein gängiger Algorithmus, den man **Best Fit** nennt, wählt das kleinste Loch, in das ein Segment paßt. Dadurch werden Löcher und Segmente so abgestimmt, daß kein Stück eines großen Lochs abgetrennt wird, das man später für ein großes Segment gebrauchen kann.

Ein weiterer häufig benutzter Algorithmus namens **First Fit** tastet die Lochliste im Ringverfahren ab und wählt das erste Loch, das für ein bestimmtes Segment groß genug ist. Dies ist natürlich weniger zeitaufwendig als die Überprüfung der gesamten Liste wie beim Best Fit. First Fit ist überraschenderweise auch in bezug auf die Gesamtleistung der bessere Algorithmus, da der Best-Fit-Algorithmus dazu neigt, viele kleine, unbrauchbare Löcher zu erzeugen (Knuth, 1997).

Beide Algorithmen neigen dazu, die durchschnittliche Lochgröße zu senken. Wird ein Segment in ein etwas größeres Loch gestellt, was meist der Fall ist (eine genaue Größenübereinstimmung ist selten), wird es in zwei geteilt. Einer wird vom Segment belegt, und der andere bildet das neue Loch. Das neue Loch ist immer kleiner als das alte. Sofern kein Kompensierungsprozeß angewandt wird, der aus kleinen Löchern wieder größere macht, entstehen sowohl beim First-Fit- als auch beim Best-Fit-Algorithmus letztendlich wieder viele kleine Löcher im Speicher.

Ein möglicher Kompensierungsprozeß läuft wie folgt ab: Sobald ein Segment aus dem Speicher entfernt wird und einer oder beide Nachbarn keine Segmente, sondern Löcher sind, werden die benachbarten Löcher zu einem großen Loch verschmolzen. Entfernt man z.B. Segment 5 aus Abb. 6.10(d), würde dieser Prozeß die beiden benachbarten Löcher und die vom Segment benutzten 4 Kbyte zu einem 11 Kbyte großen Loch vermischen.

Zu Beginn dieses Abschnitts wurde festgestellt, daß es zwei Möglichkeiten gibt, Segmentierung zu implementieren: Swapping und Paging. Bisher haben wir uns auf Swapping konzentriert. Bei diesem Vorgehen werden ganze Segmente zwischen Speicher und Platte nach Bedarf umgelagert. Bei der zweiten Implementierungsmethode wird jedes Segment in Seiten von fester Größe aufgeteilt und das Demand-Paging angewendet. Bei diesem Schema befinden sich möglicherweise einige Seiten eines Segments im Speicher und einige auf der Platte. Zur Aufteilung der Segmente in Seiten ist eine getrennte Seitentabelle pro Segment erforderlich. Da ein Segment lediglich ein linearer Adreßraum ist, sind alle bisher behandelten Techniken in bezug auf Paging auf jedes Segment anwendbar. Das einzige neue Merkmal ist hier, daß jedes Segment eine eigene Seitentabelle erhält.

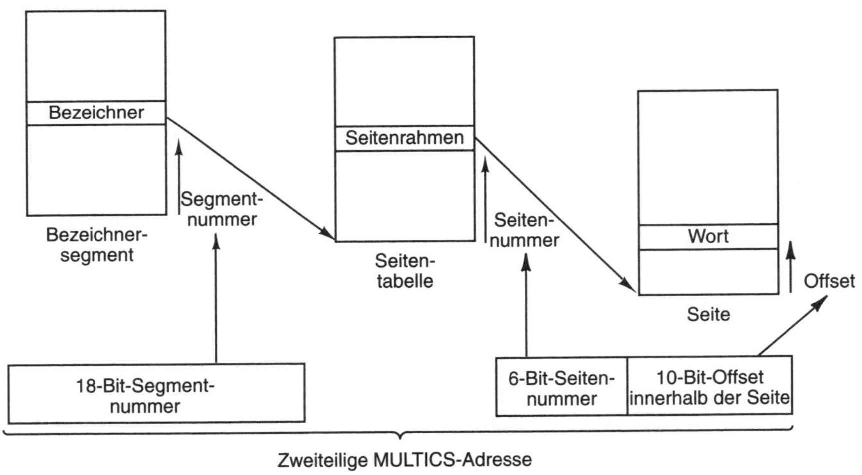

Abb. 6.11: Umwandlung einer zweiteiligen MULTICS-Adresse in eine Arbeitsspeicheradresse

Eines der ersten Betriebssysteme, das die Kombination aus Segmentierung und Paging bot, war **MULTICS** (**MULtiplexed Information and Computing Service**), das gemeinsam von M.I.T., Bell Labs und General Electric entwickelt wurde (Corbató und Vyssotsky, 1965; Organick, 1972). MULTICS-Adressen bestehen aus zwei Teilen: einer Segmentnummer und einer Adresse innerhalb des Segments. Für jeden Prozeß gab es ein Bezeichnersegment, das einen Bezeichner pro Segment enthielt. Wurde der Hardware eine virtuelle Adresse präsentiert, benutzte man die Segmentnummer als Index zum Bezeichnersegment, um den Bezeichner für das adressierte Segment zu finden (siehe Abb. 6.11). Der Bezeichner verwies auf die Seitentabelle, so daß sich jedes Segment auf die übliche Art und Weise in Seiten unterteilen ließ. Um die Leistung zu verbessern, hielt man die jeweils zuletzt benutzten Segment/Seitenkombinationen in einem hardwareseitigen **Assoziativspeicher** (Associative Memory) mit 16 Einträgen, der schnelle Suchläufe ermöglichte. Obwohl MULTICS längst dahingeschieden ist, lebt sein Geist noch weiter, weil der virtuelle Speicher aller Intel-CPUs seit dem 386 in enger Anlehnung daran modelliert wurde.

6.1.8 Der virtuelle Speicher des Pentium II

Der Pentium II hat ein ausgeklügeltes virtuelles Speichersystem, das Demand-Paging, reine Segmentierung und Segmentierung mit Paging unterstützt. Im Herzen des virtuellen Speichers befinden sich zwei Tabellen: die **LDT** (**Local Descriptor Table**) und die **GDT** (**Global Descriptor Table**). Jedes Programm hat seine eigene LDT, während eine einzige GDT von allen Programmen des Computers gemeinsam benutzt wird. Die LDT beschreibt die zu einem Programm gehörenden, lokalen Segmente, darunter den Programmcode sowie Daten, Stapel usw., während die GDT Systemsegmente, einschließlich des Betriebssystems selbst, beschreibt.

Für den Zugriff auf ein Segment lädt ein Programm auf dem Pentium II, wie in Kapitel 5 beschrieben, zuerst einen Selektor für das betreffende Segment in eines der Segmentregister. Während der Ausführung hält CS den Selektor für das Codesegment, DS hält den Selektor für das Datensegment, usw. Jeder Selektor ist eine 16-Bit-Zahl, wie aus Abb. 6.12 ersichtlich wird.

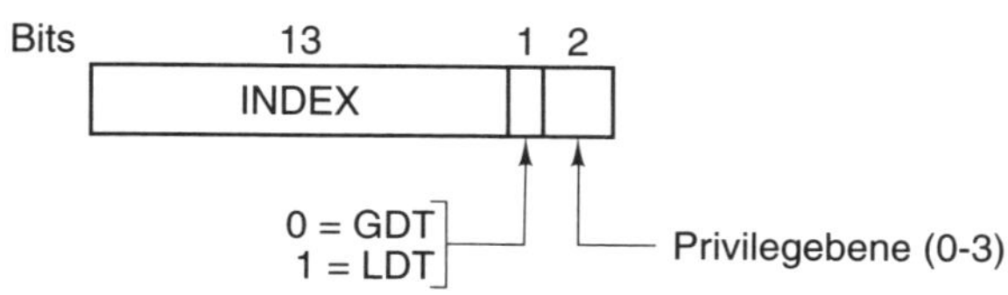

Abb. 6.12: Beispiel eines Pentium-II-Selektors

Eines der Selektorbits gibt Auskunft darüber, ob das Segment lokal oder global ist (d.h. ob es sich in der LDT oder in der GDT befindet). Dreizehn weitere Bits spezifizieren die Eintragsnummer in der LDT bzw. GDT, so daß diese Tabellen jeweils auf die Aufnahme von 8 Kbyte (2^{13}) Segmentbezeichnern begrenzt sind. Die restlichen zwei Bits beziehen sich auf Schutzmaßnahmen und werden später beschrieben.

Bezeichner 0 ist ungültig, weil er einen Trap (Fangstelle) auslöst. Er kann zwar sicher in ein Segmentregister geladen werden, um anzuzeigen, daß das Segmentregister momentan nicht verfügbar ist, löst bei Benutzung aber einen Trap aus.

Wird ein Selektor in ein Segmentregister geladen, wird der entsprechende Bezeichner aus der LDT oder GDT geholt und in internen MMU-Registern gespeichert, so daß auf ihn zugegriffen werden kann. Ein Bezeichner besteht aus 8 Byte, einschließlich der Basisadresse und Größe des Segments sowie weiterer Informationen (siehe Abb. 6.13).

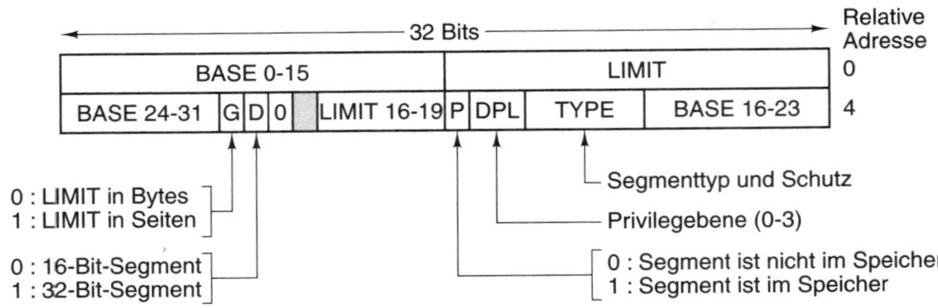

Abb. 6.13: Bezeichner für ein Pentium-II-Codesegment; Datensegmente unterscheiden sich geringfügig

Man kann den Bezeichner leicht auffinden, weil das Format des Selektors mit Bedacht ausgewählt wurde. Zuerst wird die LDT oder GDT auf der Grundlage von Selektorbit 2 gewählt. Dann wird der Selektor in ein Arbeitsregister (Scratch Register) der MMU kopiert, und die drei niederwertigen Bits werden auf 0 gesetzt, so daß die 13-Bit-Selektornummer mit acht multipliziert wird. Schließlich wird die Adresse der LDT oder GDT (die in internen MMU-Registern geführt werden) dazu addiert, was einen direkten Zeiger zum Bezeichner ergibt. Selektor 72 verweist z.B. auf Eintrag 9 der GDT, den man an Adresse GDT + 72 findet.

Wir wollen nun die Schritte nachvollziehen, durch die ein Selektor/Offset-Paar in eine physikalische Adresse konvertiert wird. Sobald die Hardware weiß, welches Segmentregister zu benutzen ist, kann sie den kompletten Bezeichner, der diesem Selektor entspricht, in ihren internen Registern suchen. Falls das Segment nicht existiert (Selektor 0) oder momentan nicht im Speicher ist (`P` ist 0), wird ein Trap ausgelöst. Beim ersten Fall handelt es sich um einen Programmfehler; beim zweiten muß man das Betriebssystem bemühen, um ihn zu holen.

Es prüft dann, ob der Offset hinter dem Ende des Segments liegt. In diesem Fall wird ein Trap ausgelöst. Logischerweise sollte sich im Bezeichner einfach ein 32-Bit-Feld befinden, das die Größe des Segments angibt. Es sind aber nur 20 Bit verfügbar; deshalb wird eine andere Methode angewandt. Ist das Feld `G` (Granularität) 0, hat das Feld `LIMIT` genau die richtige Segmentgröße – bis zu maximal 1 Mbyte. Ist es 1, gibt das Feld `LIMIT` die Segmentgröße nicht in Byte, sondern in Seiten an. Die Seitengröße ist beim Pentium II nie kleiner als 4 Kbyte, so daß 20 Bit für Segmente bis zu 2^{32} Byte ausreichen.

Falls das Segment im Speicher ist und der Offset innerhalb des definierten Bereichs liegt, addiert der Pentium II das 32-Bit-Feld `BASE` des Bezeichners zum Offset, um das zu bilden, was man eine **lineare Adresse** (Linear Address) nennt (siehe Abb. 6.14). Das `BASE`-Feld wird in drei Teile zerlegt und aus Gründen der Kompatibilität mit dem 80286, bei dem BASE nur über 24 Bit verfügt, über dem gesamten Bezeichner verteilt. Dem BASE-Feld ist es zu verdanken, daß jedes Segment an einer beliebigen Stelle innerhalb des 32 Bit großen, linearen Adreßraums beginnen kann.

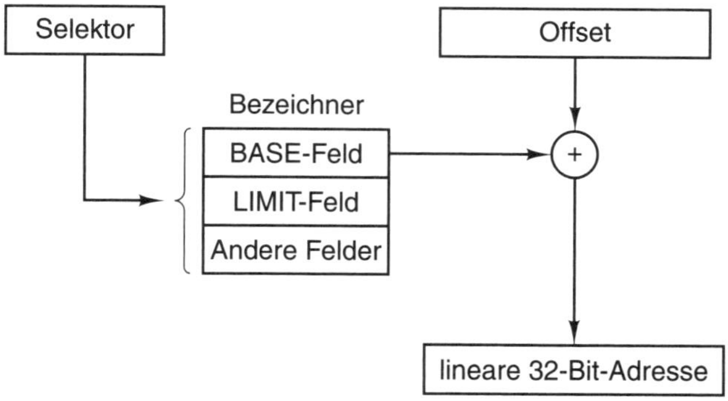

Abb. 6.14: Umwandlung eines Selektor/Offset-Paars in eine lineare Adresse

Ist Paging (über ein Bit in einem globalen Steuerregister) ausgeschaltet, wird die lineare Adresse als physikalische Adresse interpretiert und zum Lesen oder Schreiben an den Speicher geschickt. Bei ausgeschaltetem Paging handelt es sich somit um ein reines Segmentierungsschema, bei dem die Basisadresse jedes Segments in dessen Bezeichner angegeben ist. Segmente dürfen sich übrigens überlappen, was wahrscheinlich darauf zurückzuführen ist, daß es zu aufwendig und zeitraubend wäre, zu prüfen, ob sie alle voneinander getrennt sind.

Ist andererseits Paging eingeschaltet, wird die lineare Adresse als virtuelle Adresse interpretiert und mit Hilfe von Seitentabellen auf die physikalische Adresse abgebildet, etwa so wie in unseren Beispielen. Kompliziert ist dabei nur, daß ein Segment bei einer 32 Bit großen virtuellen Adresse und einer Seitengröße von 4 Kbyte 1 Million Seiten enthalten kann. Aus diesem Grund wird eine zweistufige Abbildung angewandt, um die Größe der Seitentabellen bei kleinen Segmenten zu reduzieren.

Für jedes laufende Programm gibt es ein **Seitenverzeichnis** (Page Directory), das 1024 32-Bit-Einträge umfaßt. Es befindet sich an einer Adresse, auf die ein globales Register zeigt. Jeder Eintrag in diesem Verzeichnis verweist auf eine Seitentabelle, die ebenfalls 1024 32-Bit-Einträge enthält. Die Einträge der Seitentabelle zeigen auf Seitenrahmen. Abb. 6.15 zeigt diesen Aufbau.

In Abb. 6.15(a) sehen wir eine in drei Felder gegliederte lineare Adresse: DIR, PAGE und OFF. Das Feld DIR wird zuerst als Index zum Seitenverzeichnis benutzt, um einen Zeiger zur richtigen Seitentabelle zu finden. Dann wird das Feld PAGE als Index zur Seitentabelle benutzt, um die physikalische Adresse des Seitenrahmens zu finden. Schließlich wird OFF zur Adresse des Seitenrahmens addiert, um die physikalische Adresse des adressierten Bytes oder Worts zu ermitteln.

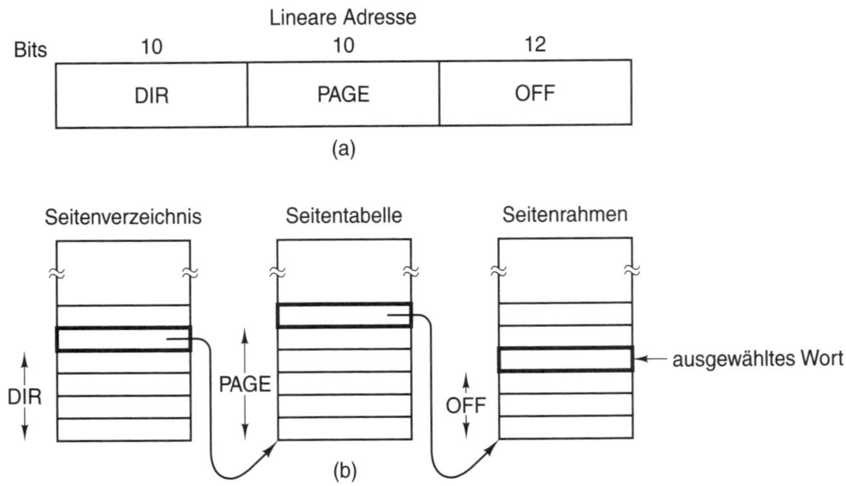

Abb. 6.15: Abbildung einer linearen auf eine physikalische Adresse

Die Einträge der Seitentabelle sind je 32 Bit groß; 20 davon enthalten die Nummer eines Seitenrahmens. Die übrigen Bits enthalten Zugriffs- und Schmutzbits, die von der Hardware zugunsten des Betriebssystems gesetzt werden, sowie Schutzbits und verschiedene Dienstbits.

Jede Seitentabelle enthält Einträge für 1024 4 Kbyte große Seitenrahmen, so daß eine Seitentabelle 4 Mbyte Speicher handhabt. Ein Segment, das kürzer als 4 Mbyte ist, erhält ein Seitenverzeichnis mit einem einzigen Eintrag, d.h. einen Zeiger zu seiner einzigen Seitentabelle. Auf diese Weise beträgt der Verwaltungsaufwand (Overhead) bei kurzen Segmenten nur zwei Seiten, statt Millionen von Seiten, was für eine einstufige Seitentabelle gelten würde.

Um wiederholte Referenzen auf den Speicher zu vermeiden, genießt die MMU des Pentium II spezielle Hardware-Unterstützung, um die jeweils zuletzt benutzte DIR/PAGE-Kombination schnell aufzufinden und auf die physikalische Adresse des entsprechenden Seitenrahmens abzubilden. Die in Abb. 6.15 aufgeführten Schritte werden nur ausgeführt, wenn die momentane Kombination nicht kürzlich benutzt wurde.

Mit etwas Denkarbeit läßt sich schnell erkennen, daß es bei der Anwendung von Paging eigentlich sinnlos ist, ein BASE-Feld im Bezeichner zu haben, das nicht Null ist. BASE bewirkt lediglich einen kleinen Offset, um einen Eintrag in der Mitte, statt am Beginn des Seitenverzeichnisses zu benutzen. Der eigentliche Grund für die Einbindung von BASE soll die reine (nicht seitenspezifische) Segmentierung erlauben und Abwärtskompatibilität mit dem alten 80286 sicherstellen, der Paging nicht unterstützte.

Folgendes Detail sollte erwähnt werden: Wenn eine bestimmte Anwendung keine Segmentierung braucht, sondern mit einem einzigen, seitenspezifischen 32-Bit-Adreßraum zufrieden ist, läßt sich das leicht realisieren. In diesem Fall kann man alle Segmentregister mit dem gleichen Selektor einrichten, in dessen Bezeichner `BASE` = 0 und `LIMIT` auf Maximum gesetzt sind. Der Instruktionsoffset ist dann die lineare Adresse, wobei nur ein Adreßraum benutzt wird – es handelt sich hier also um das traditionelle Paging.

Unsere Behandlung des virtuellen Speichers im Pentium II ist damit abgeschlossen. An dieser Stelle ein paar Worte über Sicherheit, da dieses Thema eng mit dem virtuellen Speicher verbunden ist. Der Pentium II unterstützt vier Sicherheitsebenen; Ebene 0 hat die meisten und Ebene 3 die wenigsten Privilegien. Dieses Sicherheitsschema wird aus Abb. 6.16 ersichtlich. Ein laufendes Programm befindet sich immer auf einer bestimmten Ebene, die durch ein 2-Bit-Feld im **PSW** (**Programmstatuswort**) definiert ist. Das ist ein Hardware-Register mit den Bedingungscodes und verschiedenen weiteren Statusbits. Außerdem gehört jedes Segment im System zu einer bestimmten Ebene.

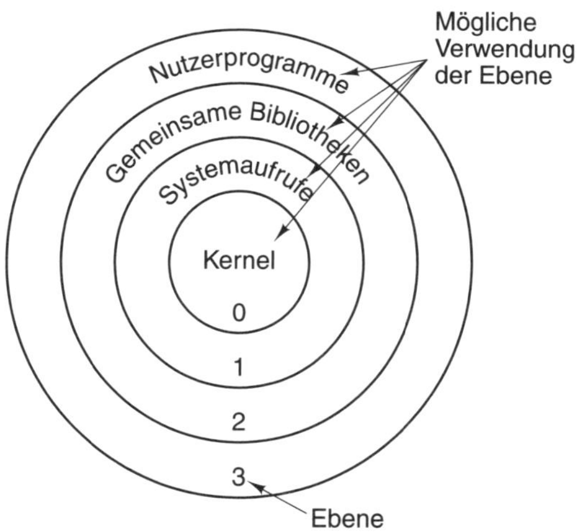

Abb. 6.16: Das Sicherheitsschema des Pentium II

Solange ein Programm sich selbst auf die Benutzung von Segmenten seiner eigenen Ebene beschränkt, ist alles in Ordnung. Auch Versuche, auf Daten einer höheren Ebene zuzugreifen, sind zulässig. Demgegenüber sind Zugriffe auf Daten einer niedrigeren Ebene unzulässig und lösen Traps (Fangstellen) aus. Versuche, Prozeduren auf einer anderen (höheren oder niedrigeren) Ebene aufzurufen, sind zulässig, werden aber sorgfältig überwacht. Um einen ebenenübergreifenden Aufruf machen zu können, muß die `CALL`-Instruktion statt einer Adresse einen Selektor enthalten. Dieser Selektor definiert einen Bezeichner namens **Call-Gate**, der die Adresse der aufzurufenden Prozedur angibt. Auf diese Weise ist es nicht möglich, in die Mitte eines beliebigen

Codesegments auf einer anderen Ebene zu verzweigen. Hierfür können nur offizielle Einstiegspunkte benutzt werden.

Abb. 6.16 zeigt eine mögliche Verwendung dieses Mechanismus. Auf Ebene 0 finden wir den Kernel des Betriebssystems, der E/A, Speichermanagement und weitere wichtige Angelegenheiten handhabt. Auf Ebene 1 befindet sich der Systemaufruf-Handler. Nutzerprogramme können hier Prozeduren aufrufen, um Systemaufrufe zu veranlassen. Es dürfen jedoch nur spezifische, geschützte Prozeduren aufgerufen werden. Ebene 2 enthält Bibliotheksprozeduren, die möglicherweise von allen laufenden Programmen gemeinsam benutzt werden. Nutzerprogramme können diese Prozeduren aufrufen, dürfen sie aber nicht ändern. Auf Ebene 3 mit der niedrigsten Sicherheitsklasse laufen schließlich die Nutzerprogramme. Wie das Speichermanagement des Pentium II ist auch sein Sicherheitssystem eng an MULTICS angelehnt.

Traps und Interrupts nutzen einen Mechanismus, der mit dem der Call-Gates vergleichbar ist. Sie referenzieren ebenfalls auf Bezeichner, statt auf absolute Adressen, und diese Bezeichner verweisen auf spezifische, auszuführende Prozeduren. Das Feld `TYPE` in Abb. 6.13 unterscheidet zwischen Code- und Datensegmenten und verschiedenen Gate-Arten.

6.1.9 Der virtuelle Speicher der UltraSPARC II

Die UltraSPARC II ist eine 64-Bit-Maschine und unterstützt einen virtuellen Speicher mit Paging auf der Grundlage von virtuellen 64-Bit-Adressen. Aus Konstruktions- und Kostengründen dürfen Programme aber nicht den vollen virtuellen 64-Bit-Adreßraum nutzen. Nur 44 Bit werden unterstützt, so daß Programme $1{,}8 \times 10^{13}$ Byte nicht überschreiten dürfen. Der erlaubte virtuelle Speicher ist in zwei Zonen von je 2^{43} Byte unterteilt; eine befindet sich ganz oben im virtuellen Adreßraum und eine unten. Das Loch dazwischen enthält Adressen, die nicht benutzt werden dürfen. Ein entsprechender Versuch führt zu einer Fehlseite.

Der maximale physikalische Speicher auf einer UltraSPARC II beträgt 2^{41} Byte bzw. etwa 2200 Gbyte, ist also groß genug für die meisten Standardanwendungen. Vier Seitengrößen werden unterstützt: 8 Kbyte, 64 Kbyte, 512 Mbyte und 4 Mbyte. Abb. 6.17 zeigt die durch diese vier Seitengrößen möglichen Abbildungen.

Aufgrund des extrem großen virtuellen Adreßraums wäre eine einfache Seitentabelle wie beim Pentium II hier nicht machbar. Die MMU der UltraSPARC II nutzt einen völlig anderen Ansatz. Sie enthält eine Hardware-Tabelle namens **TLB** (**Translation Lookaside Buffer**), die virtuelle Seitennummern auf Nummern von physikalischen Seitenrahmen abbildet. Für die 8-Kbyte-Seitengröße gibt es 2^{31} virtuelle Seitennummern, d.h. über 2 Milliarden. Natürlich können nicht alle davon abgebildet werden.

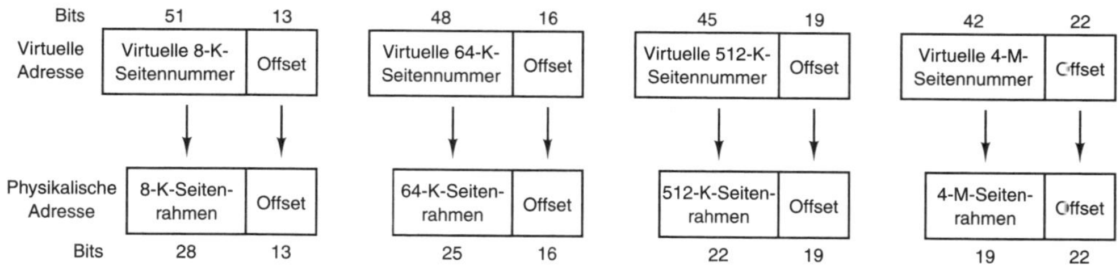

Abb. 6.17: Abbildungen von virtuellen auf physikalische Seiten auf der UltraSPARC

Statt dessen enthält die TLB nur die jeweils zuletzt benutzten virtuellen Seitennummern. Instruktions- und Datenseiten werden getrennt verfolgt, wobei die TLB die 64 zuletzt benutzten virtuellen Seitennummern jeder Kategorie enthält. Jeder TLB-Eintrag beinhaltet eine virtuelle Seitennummer und die Nummer des entsprechenden physikalischen Seitenrahmens.

Werden der MMU eine Prozeßnummer, die hier »Kontext« heißt, und eine virtuelle Adresse innerhalb dieses Kontexts präsentiert, benutzt sie eine spezielle Schalttechnik, um die darin enthaltene virtuelle Seitennummer mit allen TLB-Einträgen dieses Kontexts gleichzeitig zu vergleichen. Bei einem Treffer wird die Seitenrahmennummer dieses TLB-Eintrags mit dem Offset der virtuellen Adresse kombiniert, um eine 41 Bit große physikalische Adresse zu bilden und bestimmte Flags zu produzieren, z.B. Schutzbits. Der Aufbau der TLB wird aus Abb. 6.18(a) ersichtlich.

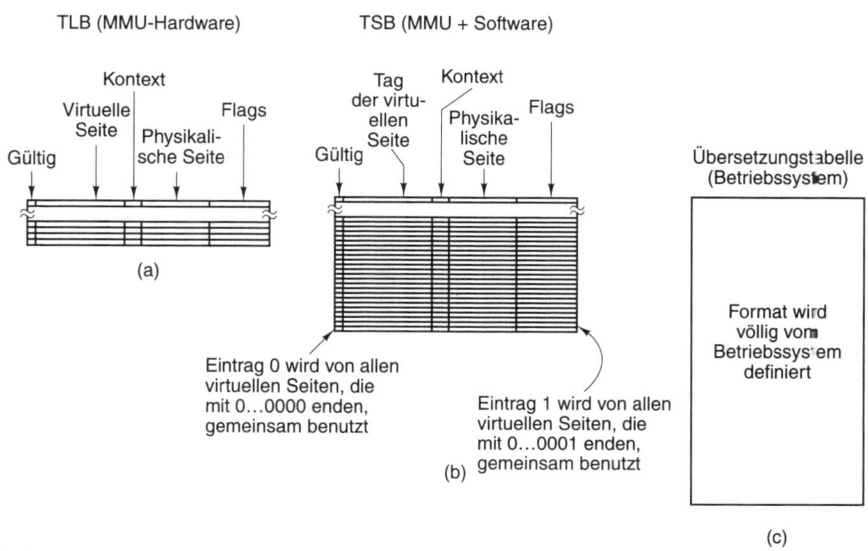

Abb. 6.18: Datenstrukturen, die bei der Übersetzung von virtuellen Adressen auf der UltraSPARC benutzt werden: (a) TLB; (b) TSB; (c) Übersetzungstabelle

Wird kein Treffer gefunden, tritt ein **TLB-Fehlschlag** (TLB Miss) auf, der einen Trap zum Betriebssystem verursacht. Die Fehlerbehandlung wird dem Betriebssystem überlassen. Man beachte, daß sich ein TLB-Fehlschlag grundsätzlich von einem Seitenfehler unterscheidet. Ein TLB-Fehlschlag kann auch dann passieren, wenn sich die angeforderte Seite im Speicher befindet. Theoretisch kann das Betriebssystem machen, was es will, um einen neuen TLB-Eintrag für die angeforderte virtuelle Seite zu laden. Zur Beschleunigung dieser wichtigen Operation wird eine gewisse Unterstützung durch die Hardware bereitgestellt, sofern die Software kooperiert.

Insbesondere wird vom Betriebssystem erwartet, einen Software-Cache für häufig benutzte TLB-Einträge in einer Tabelle namens **TSB** (**Translation Storage Buffer**) zu führen. Diese Tabelle ist als Cache organisiert, der virtuelle Seiten direkt abbildet. Jeder 16 Byte große TSB-Eintrag bezieht sich auf eine virtuelle Seite und enthält ein Gültigkeitsbit, die Kontextnummer, das Kennzeichen (Tag) der virtuellen Adresse, die Nummer der physikalischen Seite und einige Flag-Bits. Umfaßt der Cache beispielsweise 8192 Einträge, bewerben sich alle virtuellen Seiten, deren 13 niederwertige Bits auf 0000000000000 abbilden, um Eintrag 0 in der TSB. Ebenso bewerben sich alle virtuellen Seiten, deren niederwertige Bits auf 0000000000001 abbilden, um Eintrag 1 in der TSB, wie aus Abb. 6.18(b) ersichtlich wird. Die TSB-Größe wird durch die Software bestimmt und der MMU über bestimmte Register mitgeteilt, die nur für das Betriebssystem zugänglich sind.

Bei einem TLB-Fehlschlag prüft das Betriebssystem, ob der entsprechende Eintrag in der TSB die angeforderte virtuelle Seite enthält. Die MMU hilft dabei mit, indem sie die Adresse dieses Eintrags berechnet und sie in ein internes, für das Betriebssystem zugängliches MMU-Register stellt. Im Fall eines Cache-Treffers auf die TSB wird ein TLB-Eintrag ausgelagert und der benötigte TSB-Eintrag in die TLB kopiert. Die Hardware ist dabei ebenfalls behilflich, indem sie anhand eines 1 Bit großen LRU-Algorithmus einen zum Auslagern geeigneten TLB-Eintrag wählt.

Sind die TSB-Götter dem Prozeß nicht wohlgesonnen und befindet sich die angeforderte virtuelle Seite nicht im Cache, benutzt das Betriebssystem eine andere Tabelle, um Informationen über die Seite zu finden, die sich eventuell im Arbeitsspeicher befindet. Die für diesen letzten Versuch benutzte Tabelle wird **Übersetzungstabelle** (Translation Table) genannt. Da es hier keine Hardware-Mithilfe gibt, steht es dem Betriebssystem frei, jedes gewünschte Format zu verwenden. Es kann beispielsweise die virtuelle Seitennummer nach der Hashing-Methode durch eine Primzahl p teilen und den Rest als Index auf eine Tabelle mit Zeigern verwenden, die jeweils auf eine verknüpfte Liste mit virtuellen Seiteneinträgen verweisen, und p als Kontrollsumme heranziehen. Diese Einträge sind aber keine Seiten, sondern TSB-Einträge. Die Suche nach einer Seite in der Übersetzungstabelle kann ergeben, daß sich die Seite im Speicher befindet. In diesem Fall wird der TSB-Eintrag im Software-Cache aktualisiert. Sie kann aber auch den gegenteiligen Fall ergeben. Dann wird die Standardaktion in bezug auf einen Seitenfehler gestartet.

Interessant ist hier ein Vergleich der Paging-Schemata des Pentium II und der UltraSPARC II. Der Pentium II unterstützt reine Segmentierung, reines Paging und seitenspezifische Segmente. Die UltraSPARC II verfügt demgegenüber nur über Paging. Der Pentium II nutzt außerdem Hardware, um die Seitentabelle zu durchsuchen und die TLB für den Fall eines TLB-Fehlschlags neu zu laden. Die UltraSPARC II gibt bei einem TLB-Fehlschlag lediglich die Kontrolle an das Betriebssystem ab.

Dieser Unterschied ist vorrangig der Tatsache zuzuschreiben, daß der Pentium II 32-Bit-Segmente nutzt und derart kleine Segmente (nur 1 Million Seiten) mit konventionellen Seitentabellen gehandhabt werden können. Theoretisch hätte der Pentium II ein Problem, wenn ein Programm Tausende von Segmenten benutzen würde. Da aber keine Version von Windows oder Unix mehr als ein Segment pro Prozeß unterstützt, entsteht dieses Problem nicht. Demgegenüber ist die UltraSPARC II eine 64-Bit-Maschine, die bis zu 2 Milliarden Seiten umfassen kann. Deshalb funktionieren konventionelle Seitentabellen hier nicht. Künftig werden alle Maschinen virtuelle 64-Bit-Adreßräume haben, so daß Strukturen wie die der UltraSPARC zur Norm werden. Interessierte Leser finden einen Vergleich zwischen Pentium II, UltraSPARC II und vier weiteren virtuellen Speicherschemata in Jacob und Mudge (1998b).

6.1.10 Virtuelle Speicher und Caching

Auf den ersten Blick mag es den Anschein haben, daß Demand-Paging bei virtuellen Speichern und Caching nichts miteinander zu tun haben. Beide Konzepte ähneln sich aber sehr. Beim virtuellen Speicher wird das gesamte Programm auf Platte geführt und in Seiten fester Größe zerlegt. Einige Untermengen dieser Seiten befinden sich im Arbeitsspeicher. Nutzt das Programm vorwiegend die Seiten im Speicher, treten wenig Seitenfehler auf, und das Programm läuft schnell ab. Beim Caching wird das gesamte Programm im Arbeitsspeicher gehalten und in Cache-Blöcke mit fester Größe zerlegt. Einige Untermengen dieser Blöcke befinden sich im Cache. Nutzt das Programm vorwiegend die im Cache befindlichen Blöcke, gibt es wenig Cache-Fehlschläge, und das Programm läuft schnell. Von der Konzeption her sind die beiden Methoden identisch, sie arbeiten lediglich auf unterschiedlichen Ebenen der Hierarchie.

Natürlich unterscheiden sich der virtuelle Speicher und Caching in gewissem Maße. Erstens werden Cache-Fehlschläge von der Hardware gehandhabt, während Seitenfehler vom Betriebssystem bearbeitet werden. Zweitens sind Cache-Blöcke normalerweise viel kleiner als Seiten (z.B. 64 Byte gegenüber 8 Kbyte). Drittens unterscheidet sich die Abbildung zwischen virtuellen Seiten und Seitenrahmen. Seitentabellen werden auf die höherwertigen Bits der virtuellen Adressen indiziert, während ein Cache auf die niederwertigen Bits der Speicheradresse indiziert. Man muß aber berücksichtigen, daß diese Unterschiede die Implementierung betreffen. Das zugrundeliegende Konzept ähnelt sich sehr.

6.2 Virtuelle E/A-Instruktionen

Der Instruktionsvorrat der ISA-Ebene ist völlig anders als derjenige der Mikroarchitektur. Sowohl die ausführbaren Operationen als auch die für Instruktionen verfügbaren Formate unterscheiden sich auf den beiden Ebenen. Das gelegentliche Vorhandensein von ein paar gleichen Instruktionen auf beiden Ebenen ist im wesentlichen dem Zufall zuzuschreiben.

Demgegenüber enthält der Befehlsvorrat der OSM-Ebene die meisten Instruktionen der ISA-Ebene sowie zusätzlich ein paar weitere, wichtige Instruktionen und ein paar potentiell schädliche Instruktionen. Die Ein-/Ausgabe ist einer der Bereiche, in denen sich die beiden Ebenen stark unterscheiden. Dieser Unterschied hat einen einfachen Grund: Ein Benutzer, der E/A-Instruktionen der ISA-Ebene ausführen kann, könnte vertrauliche Daten lesen, die irgendwo im System gespeichert sind, auf Terminals anderer Benutzer schreiben und im allgemeinen sich selbst und anderen Ärger bereiten und nicht zuletzt die Sicherheit des Systems gefährden. Normale, geistig gesunde Programmierer möchten zudem auf der ISA-Ebene selbst keine E/A-Operationen ausführen, weil dies sehr langweilig und komplex ist. Statt dessen werden Felder und Bits in einer Reihe von Geräteregistern gesetzt. Dann wartet man, bis die Operation beendet ist, und schließlich prüft man das Ergebnis. Beispielsweise haben Platten in der Regel Geräteregisterbits, um Fehler zu erkennen und unter anderem folgende Fehlermeldungen auszugeben:

1. Disk arm failed to seek properly.
2. Nonexistent memory specified as buffer.
3. Disk I/O started before previous one finished.
4. Read timing error.
5. Nonexistent disk addressed.
6. Nonexistent cylinder addressed.
7. Nonexistent sector addressed.
8. Checksum error on read.
9. Write check error after write operation.

Tritt einer dieser Fehler auf, wird das entsprechende Bit in einem Geräteregister gesetzt. Kaum ein Benutzer möchte die Mühe auf sich nehmen, all diese Fehlerbits und umfangreiche, zusätzliche Statusinformationen zu verwalten.

6.2.1 Dateien

Eine Möglichkeit, die virtuelle E/A zu organisieren, ist die Verwendung einer Abstraktion namens **Datei** (File). In ihrer einfachsten Form besteht eine Datei aus einer Folge von Bytes, die auf ein E/A-Gerät geschrieben werden. Handelt es sich bei dem E/A-Gerät um ein Speichergerät, z.B. eine Festplatte, kann die

Datei später zurückgeschrieben werden. Ist das Gerät kein Speichergerät (z.B. ein Drucker), kann sie natürlich nicht zurückgeschrieben werden. Eine Festplatte kann viele Dateien aufnehmen, mit je einer bestimmten Datensorte, z.B. Bilder, Tabellenblätter oder Text aus einem Buchkapitel. Dateien unterscheiden sich in Länge und Eigenschaft. Die Abstraktion einer Datei erlaubt es, virtuelle E/A-Operationen auf einfache Weise zu organisieren.

Für das Betriebssystem ist eine Datei normalerweise lediglich eine Bytefolge, wie wir weiter oben beschrieben haben. Jede weitere Strukturierung wird den Anwendungsprogrammen überlassen. Dateiein-/-ausgaben erfolgen durch Systemaufrufe, um Dateien zu öffnen, zu lesen, zu schreiben und zu schließen. Bevor man eine Datei lesen kann, muß sie zuerst geöffnet werden. Durch das Öffnen einer Datei kann das Betriebssystem die Datei auf der Festplatte suchen und Informationen in den Speicher überführen, die für den Zugriff auf die Datei erforderlich sind.

Nachdem eine Datei geöffnet wurde, kann sie gelesen werden. Der Systemaufruf `read` muß mindestens folgende Parameter haben:

1. Ein Hinweis, welche geöffnete Datei zu lesen ist.
2. Ein Zeiger zu einem Puffer im Speicher, in den die Daten abzustellen sind.
3. Die Anzahl der zu lesenden Bytes.

Der Aufruf `read` stellt die angeforderten Daten in den Puffer. Normalerweise gibt er die Anzahl der tatsächlich gelesenen Bytes aus, die kleiner als die angeforderte Zahl (z.B. lassen sich aus einer 1000 Byte großen Datei nicht 2000 Byte herauslesen) sein kann.

Zu jeder geöffneten Datei gibt es einen Zeiger, der das als nächstes zu lesende Byte bezeichnet. Nach einer `read`-Operation wird der Zeiger um die Anzahl der gelesenen Bytes vorwärts geschoben, so daß aufeinanderfolgende `read`-Operationen fortlaufende Datenblöcke aus der Datei lesen. Normalerweise gibt es eine Möglichkeit, diesen Zeiger auf einen bestimmten Wert zu setzen, so daß Programme auf jeden beliebigen Teil der Datei zugreifen können. Liest ein Programm eine Datei, kann es sie schließen, um dem Betriebssystem zu verstehen zu geben, daß es die Datei nicht mehr braucht. So ermöglicht sie es dem Betriebssystem, den Tabellenraum freizugeben, der von Informationen über die Datei belegt war.

Betriebssysteme auf Großrechnern haben ein anspruchsvolleres Dateikonzept. Auf diesen Rechnern kann eine Datei eine Folge **logischer Datensätze** (Logical Records) sein, die jeweils eine genau definierte Struktur haben. Ein logischer Datensatz kann z.B. eine aus fünf Elementen bestehende Struktur aufweisen: zwei Zeichenketten (»Name« und »Abteilungsleiter«), zwei Ganzzahlen (»Abteilung« und »Büro«) und eine boolesche (»GeschlechtIstWeiblich«). Einige Betriebssysteme unterscheiden zwischen Dateien, in der alle Datensätze die gleiche Struktur aufweisen, und Dateien, die eine Mischung aus verschiedenen Datensatztypen aufweisen.

Die grundlegende virtuelle Eingabeinstruktion liest den nächsten Datensatz aus der angegebenen Datei und stellt ihn ab einer spezifizierten Adresse in den Arbeitsspeicher (siehe Abb. 6.19). Um diese Operation auszuführen, muß der virtuellen Instruktion mitgeteilt werden, welche Datei zu lesen ist und wo im Speicher der Datensatz abzustellen ist. Häufig gibt es Optionen zum Lesen eines bestimmten Datensatzes, der entweder nach seiner Position in der Datei oder durch seinen Schlüssel spezifiziert wird.

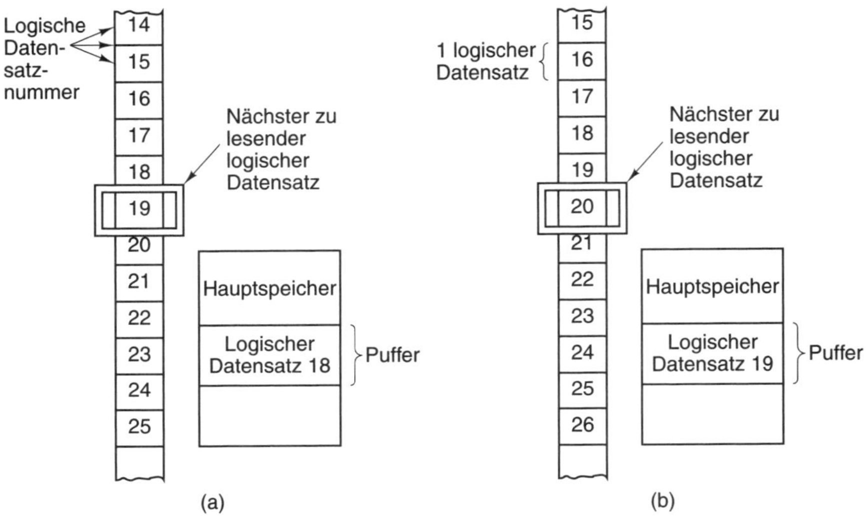

Abb. 6.19: Lesen einer aus logischen Datensätzen bestehenden Datei: (a) vor dem Lesen von Datensatz 19; (b) nach dem Lesen von Datensatz 19

Die grundlegende virtuelle Ausgabeinstruktion schreibt einen logischen Datensatz vom Speicher in eine Datei. Sequentielle `write`-Instruktionen produzieren aufeinanderfolgende logische Datensätze in der Datei.

6.2.2 Implementierung virtueller E/A-Instruktionen

Um zu verstehen, wie virtuelle E/A-Instruktionen implementiert werden, muß man zuerst untersuchen, wie Dateien organisiert und gespeichert werden. Als grundlegende Frage muß bei allen Dateisystemen zunächst die Zuordnung von Speicher geklärt werden. Die Zuordnungseinheit kann ein einzelner Plattensektor sein, sie besteht aber meist aus einem Block fortlaufender Sektoren.

Ein weiteres grundlegendes Merkmal eines Dateisystems ist, ob eine Datei in fortlaufenden Zuordnungseinheiten gespeichert wird oder nicht. Abb. 6.20 zeigt eine einfache Platte mit einer Oberfläche, die aus fünf Spuren mit je 12 Sektoren besteht. Abb. 6.20(a) zeigt ein Zuordnungsschema, bei dem der Sektor die Basiseinheit der Platzzuordnung bildet, und bei dem eine Datei aus fortlaufenden Sektoren besteht. Die fortlaufende Zuordnung von Dateiblöcken ist auf CD-ROMs üblich. Abb. 6.20(b) zeigt ein Zuordnungsschema, bei dem der Sektor die grundlegende Zuordnungseinheit bildet, bei dem jedoch eine Datei nicht unbedingt fortlaufende Sektoren belegen muß. Dies ist auf Festplatten die Norm.

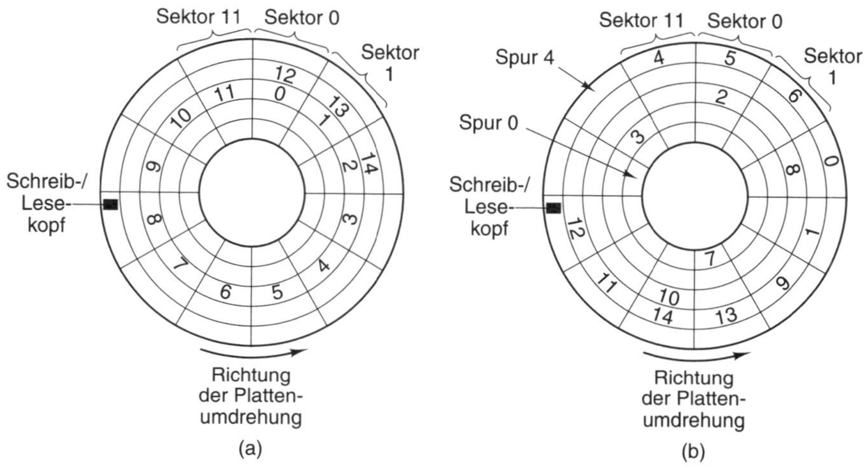

Abb. 6.20: Strategien zur Plattenzuordnung: (a) eine Datei in fortlaufenden Sektoren; (b) eine Datei in nicht fortlaufenden Sektoren

Es besteht ein wichtiger Unterschied zwischen einer Datei aus Sicht des Anwendungsprogrammierers und aus Sicht des Betriebssystems. Der Programmierer sieht die Datei als lineare Bytefolge oder logische Datensätze. Das Betriebssystem sieht die Datei als geordnete, wenn auch nicht unbedingt fortlaufende, Sammlung von Zuordnungseinheiten auf Platte.

Damit das Betriebssystem das Byte oder den logischen Datensatz *n* einer Datei auf Anfrage liefern kann, benötigt es eine Methode zum Auffinden von Dateien. Ist die Datei fortlaufend zugeteilt, muß das Betriebssystem nur die Stelle des Dateianfangs wissen, um die Position des angeforderten Bytes bzw. des logischen Datensatzes zu berechnen.

Ist die Datei nicht fortlaufend zugeteilt, kann die Position eines beliebigen Bytes oder logischen Datensatzes in der Datei nicht allein aus der Anfangsposition der Datei berechnet werden. Hierfür ist eine Tabelle namens **Dateiindex** (File Index) erforderlich, in der die Zuordnungseinheiten und ihre tatsächlichen Plattenadressen angegeben werden. Der Dateiindex kann entweder als Liste mit Adressen von Plattenblöcken (wie unter Unix) oder als Liste mit logischen Datensätzen organisiert werden. Im zweiten Fall wird jeweils die Plattenadresse und der Offset angegeben. In manchen Fällen hat jeder logische Datensatz einen **Schlüssel** (Key), den Programme statt der logischen Datensatznummer für den Zugriff auf einen Datensatz benutzen können. In diesem Fall ist die zweite Organisationsart erforderlich, wobei jeder Eintrag nicht nur die Position des Datensatzes auf der Platte, sondern auch dessen Schlüssel enthält. Diese Organisationsart ist auf Großrechnern üblich.

Bei einer weiteren Methode zum Auffinden der Zuordnungseinheiten einer Datei wird diese als verkettete Liste geführt. Jede Zuordnungseinheit enthält die Adresse ihrer Nachfolgerin. Effizient läßt sich dieses Schema z.B. so implementieren, daß die Tabelle mit allen Nachfolgeradressen im Arbeitsspeicher gehalten wird. Für eine Platte mit beispielsweise 64-Kbyte-Zuordnungseinheiten könnte das Betriebssystem im Speicher eine Tabelle mit 64-Kbyte-Einträgen führen, die jeweils den Index der Nachfolgerin bezeichnen. Belegt eine Datei z.B. die Zuordnungseinheiten 4, 52 und 19, würde in Eintrag 4 der Tabelle 52, in Eintrag 52 würde 19 und in Eintrag 19 würde ein spezieller Code (z.B. 0 oder –1) zur Kennzeichnung des Dateiendes stehen. Auf diese Weise funktionieren die Dateisysteme von MS-DOS, Windows 95 und Windows 98. Windows NT unterstützt dieses Dateisystem, hat aber auch ein eigenes System, das ähnlich wie Unix arbeitet.

Bis hierher haben wir fortlaufend und nicht fortlaufend zugeteilte Dateien behandelt, ohne allerdings zu erklären, warum diese beiden Methoden angewandt werden. Fortlaufend zugeteilte Dateien verfügen über eine einfache Blockverwaltung. Ist die maximale Dateigröße aber nicht im voraus bekannt, läßt sich diese Technik kaum anwenden. Beginnt eine Datei bei Sektor j und kann sie in fortlaufende Sektoren hineinwachsen, gerät sie möglicherweise mit einer anderen Datei in Sektor k in Konflikt, so daß sie sich nicht mehr ausdehnen kann. Ist die Datei nicht fortlaufend zugeteilt, entsteht bei einer solchen Situation kein Problem, weil weitere Blöcke irgendwo auf die Platte geschrieben werden können. Enthält eine Platte mehrere wachsende Dateien unbekannter Größe, können sie nicht alle in aufeinanderfolgenden Sektoren gespeichert werden. Das Verlagern einer Datei ist manchmal möglich, aber immer teuer.

Ist andererseits die maximale Größe aller Dateien im voraus bekannt, wie wenn eine CD-ROM gebrannt wird, kann das Aufzeichnungsprogramm im voraus Sektoren zuteilen, die genau der Länge der einzelnen Dateien entsprechen. Werden z.B. Dateien mit Längen von 1200, 700, 2000 und 900 Sektoren auf eine CD-ROM gebrannt, können sie jeweils an Sektor 0, 1200, 1900 bzw. 3900 beginnen (wobei wir hier das Inhaltsverzeichnis ignorieren). Das Auffinden eines bestimmten Dateiteils ist einfach, wenn der erste Sektor der Datei bekannt ist.

Um für eine Datei Platz auf der Platte zuzuteilen, muß das Betriebssystem darüber Buch führen, welche Blöcke verfügbar sind, und welche bereits von anderen Dateien belegt sind. Bei einer CD-ROM wird dies einmal und für alle im voraus berechnet. Bei einer Festplatte kommen und gehen Dateien ständig. Bei einer Methode wird eine Liste mit allen Löchern geführt, wobei ein Loch eine Zahl aus fortlaufenden Zuordnungseinheiten ist. Diese Liste nennt man **Freiliste** (Free List). Abb. 6.21(a) zeigt die Freiliste der Platte von Abb. 6.20(b).

Bei einer weiteren Methode wird eine Bitmap geführt, wobei ein Bit pro Zuordnungseinheit benutzt wird, wie aus Abb. 6.21(b) ersichtlich wird. Ein 1-Bit bezeichnet, daß die Zuordnungseinheit bereits belegt ist; ein 0-Bit bedeutet, daß sie frei ist.

Spur	Sektor	Anzahl Sektoren im Loch
0	0	5
0	6	6
1	0	10
1	11	1
2	1	1
2	3	3
2	7	5
3	0	3
3	9	3
4	3	8

(a)

	Sektor											
Spur	0	1	2	3	4	5	6	7	8	9	10	11
0	0	0	0	0	0	1	0	0	0	0	0	0
1	0	0	0	0	0	0	0	0	0	0	1	0
2	1	0	1	0	0	0	1	0	0	0	0	0
3	0	0	0	1	1	1	1	1	1	0	0	0
4	1	1	1	0	0	0	0	0	0	0	0	1

(b)

Abb. 6.21: Zwei Methoden der Verwaltung von verfügbaren Sektoren: (a) eine Freiliste; (b) eine Bitmap

Die erste Methode hat den Vorteil, daß sich leichter ein Loch mit einer bestimmten Länge finden läßt. Sie hat andererseits aber den Nachteil, daß man es mit variablen Größen zu tun hat. Da Dateien erstellt und gelöscht werden, schwankt die Länge der Liste zwangsläufig – ein unerwünschtes Merkmal. Die Bittabelle hat den Vorteil einer konstanten Größe. Darüber hinaus läßt sich der Status einer Zuordnungseinheit (belegt oder frei) leicht ändern, wenn das entsprechende Bit geändert wird. Die Suche eines Blocks mit einer bestimmten Größe gestaltet sich aber schwierig. Bei beiden Methoden ist es notwendig, die Zuordnungsliste bzw. die Bittabelle zu aktualisieren, wenn eine Datei auf der Platte zugeteilt oder zugeteilter Platz freigegeben wird.

Bevor wir das Thema der Implementierung von Dateisystemen verlassen, folgt ein Kommentar über die Größe der Zuordnungseinheit. Hier spielen mehrere Faktoren eine Rolle. Erstens werden Plattenzugriffe von der Suchzeit und der Drehverzögerung beeinflußt. Hat man erst einmal 10 ms aufgewendet, um den Anfang einer Zuordnungseinheit zu finden, ist es bei weitem besser, 8 Kbyte (ca. 1 ms) statt 1 Kbyte (ca. 0,125 ms) zu lesen, weil das Lesen von 8 Kbyte auf acht 1-Kbyte-Einheiten acht Suchläufe erfordert. Für die Transfereffizienz sind große Zuordnungseinheiten wünschenswert.

Ein weiterer Faktor, der für große Zuordnungseinheiten spricht, ist die Tatsache, daß kleine Zuordnungseinheiten gleichzeitig eine große Anzahl bedeuten. Viele Zuordnungseinheiten bedeuten wiederum große Dateiindizes oder umfangreiche verkettete Listentabellen im Speicher. Daß MS-DOS auf sektorübergreifende Zuordnungseinheiten umgestellt wurde, beruhte auf der Tatsache, daß Plattenadressen als 16-Bit-Zahlen gespeichert wurden. Als Platten über 64-Kbyte-Sektoren hinauswuchsen, konnte man sie nur durch eine Möglichkeit darstellen, nämlich durch die Verwendung größerer Zuordnungseinheiten, damit Zuordnungseinheiten 64 Kbyte nicht überschritten. Das erste Release von Windows 95 hatte mit dem gleichen Problem zu kämpfen; alle späteren nutzen aber 32-Bit-Zahlen. Windows 98 unterstützt beide Größen.

Andererseits spricht für kleinere Zuordnungseinheiten, daß wenige Dateien genau eine ganzzahlige Menge an Zuordnungseinheiten belegen. Deshalb wird Raum in der letzten Zuordnungseinheit von fast jeder Datei verschwendet. Ist die Datei viel größer als die Zuordnungseinheit, beträgt der verschwendete Raum im Durchschnitt die Hälfte einer Zuordnungseinheit. Je größer die Zuordnungseinheit, um so größer die Verschwendung an Raum. Ist die durchschnittliche Datei viel kleiner als die Zuordnungseinheit, wird viel Plattenplatz verschwendet. Bei Release 1 von MS-DOS oder Windows 95 beträgt die Plattenpartition 2 Gbyte, und die Zuteilungseinheiten betragen 32 Kbyte, so daß bei einer 100-Zeichen-Datei 32668 Byte an Plattenplatz verschwendet wird. Kleine Zuordnungseinheiten sind ein Argument für Speichereffizienz. Insgesamt betrachtet, wird die Transfereffizienz derzeit mehr und mehr als wichtigster Faktor betrachtet. Aus diesem Grund werden Blockgrößen im Laufe der Zeit ständig erhöht.

6.2.3 Instruktionen für die Verzeichnisverwaltung

Zur Zeit der ersten Computer befanden sich Programme und Daten auf Lochkarten, die in Aktenschränken aufbewahrt wurden. Als Programme und Daten an Größe und Anzahl zunahmen, wurde dies immer unpraktischer. Dies führte schließlich zu der Überlegung, den zweiten Speicher des Computers (z.B. die Festplatte) als Ablagestelle für Programme und Daten zu benutzen, statt sie in Schränken aufzubewahren. Informationen, die dem Computer direkt ohne menschlichen Eingriff zugänglich sind, gelten als **online**, im Gegensatz zu Informationen, die **offline** verfügbar sind, d.h. dem Computer durch den Menschen (z.B. Einlegen einer CD-ROM) zugänglich gemacht werden.

Online-Informationen sind in Dateien gespeichert, die Programmen über die oben beschriebenen E/A-Instruktionen zur Verfügung gestellt werden. Zusätzliche Instruktionen sind aber notwendig, um die online gespeicherten Informationen zu verwalten, sie in handhabbaren Einheiten zu sammeln und vor unberechtigtem Zugriff zu schützen.

Ein Betriebssystem organisiert Online-Dateien üblicherweise in **Verzeichnissen** (Directories). Abb. 6.22 zeigt ein Beispiel einer Verzeichnisorganisation. Für mindestens die folgenden Funktionen werden Systemaufrufe bereitgestellt:

1. Erstellen einer Datei und Überstellen in ein Verzeichnis
2. Löschen einer Datei aus einem Verzeichnis
3. Umbenennen einer Datei
4. Ändern des Sicherheitsstatus einer Datei

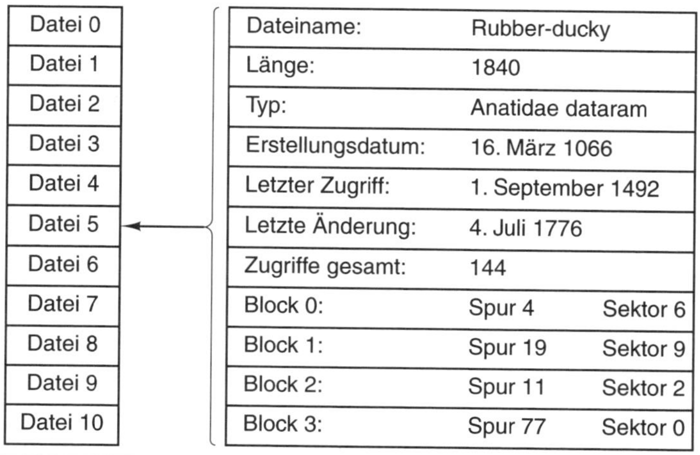

Abb. 6.22: (a) Verzeichnis mit Benutzerdateien; (b) Inhalt eines typischen Eintrags in einem Dateiverzeichnis

Es sind mehrere Sicherungsschemata in Gebrauch. Eine Methode ermöglicht es dem Inhaber einer Datei, ein geheimes Paßwort für seine Dateien anzulegen. Bei dem Versuch, auf eine so geschützte Datei zuzugreifen, muß ein Programm das Paßwort liefern, das vom Betriebssystem vor Gewährung des Dateizugriffs auf Richtigkeit geprüft wird. Bei einer weiteren Sicherungsmethode kann der Inhaber einer Datei eine Liste mit jenen definieren, denen er Zugriff auf seine Dateien gewährt.

Alle modernen Betriebssysteme gestatten es dem Benutzer, mehr als ein Dateiverzeichnis zu führen. Jedes Verzeichnis ist normalerweise selbst eine Datei und kann als solche in einem weiteren Verzeichnis aufgeführt sein, so daß ein Baum mit Verzeichnissen entsteht. Mehrere Verzeichnisse sind besonders für Programmierer nützlich, die an mehreren Projekten arbeiten. Sie können so alle Dateien in Zusammenhang mit einem Projekt in einem bestimmten Verzeichnis gruppieren. Verzeichnisse sind auch bequem für Personen, die innerhalb einer Arbeitsgruppe Dateien austauschen und gemeinsam benutzen.

6.3 Virtuelle Instruktionen für parallele Verarbeitung

Einige Berechnungen lassen sich am besten für zwei oder mehr kooperierende Prozesse programmieren, die parallel (d.h. gleichzeitig auf verschiedenen Prozessoren) laufen, statt sie in einem Prozeß auszuführen. Andere Berechnungen können in Teile zerlegt werden, die dann parallel ausgeführt werden, um die für die Gesamtberechnung notwendige Zeit zu reduzieren. Damit mehrere Prozesse parallel arbeiten können, sind bestimmte virtuelle Instruktionen erforderlich, die in diesem Abschnitt beschrieben werden.

Die Gesetze der Physik liefern einen weiteren Grund für das derzeitige Interesse an der parallelen Verarbeitung. Laut Einsteins Relativitätstheorie ist es unmöglich, elektrische Signale schneller zu übertragen als in Lichtgeschwindigkeit, die im Vakuum etwa 30 cm/ns (300 000 km/s) beträgt und weniger in Kupferdraht oder Glasfaser. Diese Grenze hat wichtige Auswirkungen auf die Computer-Struktur. Braucht eine CPU beispielsweise Daten vom Arbeitsspeicher, der 30 cm entfernt steht, dauert es mindestens 1 ns, bis die angeforderten Daten im Speicher ankommen, und eine weitere Nanosekunde, bis die Antwort zur CPU zurückgelangt. Folglich müssen Computer, die in Bruchteilen von Nanosekunden arbeiten, klein sein. Bei einem anderen Ansatz zur Beschleunigung von Computern werden Maschinen mit vielen CPUs gebaut. Ein Computer mit tausend 1-ns-CPUs kann die gleiche Rechenleistung wie eine CPU mit einer Zykluszeit von 0,001 ns aufweisen, läßt sich aber viel leichter und billiger konstruieren.

Auf einem Computer mit mehr als einer CPU kann jedem kooperierenden Prozeß eine eigene CPU zugewiesen werden, so daß die verschiedenen Prozesse gleichzeitig fortschreiten. Ist nur ein Prozessor verfügbar, kann die Wirkung der Parallelverarbeitung dadurch simuliert werden, daß man den Prozessor die einzelnen Prozesse kurzzeitig nacheinander ausführen läßt. Anders ausgedrückt: die Prozesse teilen sich den Prozessor.

Abb. 6.23 zeigt den Unterschied zwischen echter paralleler Verarbeitung mit mehr als einem physikalischen Prozessor und der simulierten parallelen Verarbeitung, bei der nur ein physikalischer Prozessor vorhanden ist. Doch auch die simulierte parallele Verarbeitung ist nützlich, da jeder Prozeß über einen eigenen, nur ihm zugedachten virtuellen Prozessor verfügt. Die Kommunikationsprobleme, die bei der echten parallelen Verarbeitung entstehen, gibt es auch im simulierten Fall.

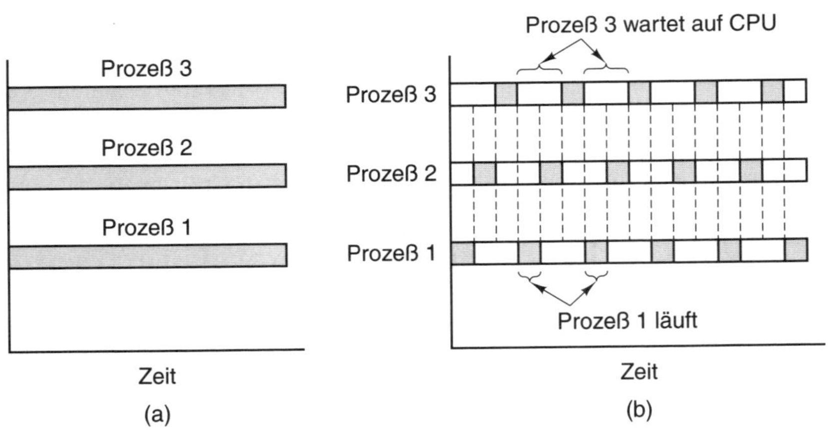

Abb. 6.23: (a) Echte parallele Verarbeitung mit mehreren CPUs; (b) parallele Verarbeitung, die durch Umschalter einer CPU zwischen drei Prozessen simuliert wird

6.3.1 Erstellen von Prozessen

Wird ein Programm ausgeführt, muß es als Teil eines Prozesses laufen. Dieser Prozeß wird ebenso wie alle weiteren durch einen Status und einen Adreßraum charakterisiert, über den das Programm und die Daten zugänglich sind. Der Status beinhaltet mindestens den Programmzähler, ein Programmstatuswort, einen Stapelzeiger und die allgemeinen Register.

Die meisten modernen Betriebssysteme erlauben das dynamische Erstellen und Beenden von Prozessen. Will man dieses Merkmal ganz ausschöpfen, um parallele Verarbeitung zu erreichen, ist ein Systemaufruf zur Erstellung neuer Prozesse erforderlich. Dieser Systemaufruf kann einen Klone des Aufrufers anfertigen oder es dem Erzeugungsprozeß erlauben, den Anfangsstatus des neuen Prozesses, einschließlich Programm, Daten und Anfangsadresse, zu spezifizieren.

In manchen Fällen behält der erstellende Prozeß (Eltern) ganz oder teilweise die vollständige Kontrolle über den erstellten Prozeß (Kind). Zu diesem Zweck gibt es virtuelle Instruktionen, damit ein Elternprozeß seine Kinder anhalten, erneut starten, prüfen und beenden kann. In anderen Fällen hat ein Elternprozeß weniger Kontrolle über seine Kinder: Nachdem ein Prozeß erstellt wurde, gibt es für den Elternprozeß keine Möglichkeit mehr, ihn zu stoppen, neu zu starten, zu prüfen oder zu beenden. Die beiden Prozesse laufen unabhängig voneinander.

6.3.2 Laufbedingungen

In vielen Fällen müssen parallele Prozesse miteinander kommunizieren und sich synchronisieren, um ihre Arbeit zu bewältigen. In diesem Abschnitt wird die Synchronisation von Prozessen geprüft, und einige Schwierigkeiten werden anhand eines ausführlichen Beispiels erklärt. Im nächsten Abschnitt wird eine Lösung für diese Schwierigkeiten vorgestellt.

Man betrachte zwei unabhängige Prozesse 1 und 2, die über einen gemeinsam genutzten Puffer im Arbeitsspeicher miteinander kommunizieren. Der Einfachheit halber nennen wir Prozeß 1 den **Erzeuger** (Producer) und Prozeß 2 den **Verbraucher** (Consumer). Der Erzeuger berechnet Primzahlen und stellt sie nacheinander im Puffer ab. Der Verbraucher entnimmt sie nacheinander vom Puffer und druckt sie aus.

Diese beiden Prozesse laufen parallel in verschiedenen Geschwindigkeiten ab. Stellt der Erzeuger fest, daß der Puffer voll ist, legt er sich schlafen. Das heißt, er stellt vorübergehend seine Arbeit ein und wartet auf ein Signal vom Verbraucher. Nachdem der Verbraucher wieder eine Zahl aus dem Puffer genommen hat, sendet er ein Signal an den Erzeuger, um ihn zu wecken und wieder beginnen zu lassen. Stellt der Verbraucher umgekehrt fest, daß der Puffer leer ist, geht er schlafen und wacht erst wieder auf, wenn der Erzeuger eine Zahl in den leeren Puffer gestellt hat.

Bei diesem Beispiel benutzen wir einen Ringpuffer für die prozeßübergreifende Kommunikation. Die Zeiger *in* und *out* werden wie folgt benutzt: *in* zeigt auf das nächste freie Wort (in das der Erzeuger die nächste Primzahl stellt) und *out* auf die nächste Zahl, die vom Verbraucher zu entnehmen ist. Wenn *in* = *out*, ist der Puffer leer (siehe Abb. 6.24(a)). Nachdem der Erzeuger einige Primzahlen erzeugt hat, sieht die Situation wie in Abb. 6.24(b) aus. Abb. 6.24(c) zeigt den Puffer, nachdem der Verbraucher ein paar Primzahlen für die Ausgabe entnommen hat. Abb. 6.24(d) bis (f) zeigen die Wirkung der laufenden Pufferaktivität. Kopf und Boden des Puffers berühren sich logisch; der Puffer läuft also um. Tritt ein plötzlicher Eingabeschub (Burst) auf, und ist *in* einmal umgelaufen und nur um ein Wort hinter *out* zurück (z.B. *in* = 52 und *out* = 53), ist der Puffer voll. Das letzte Wort wird nicht benutzt. Würde man es benutzen, könnte man nicht erkennen, ob *in* = *out* einen vollen oder leeren Puffer bedeutet.

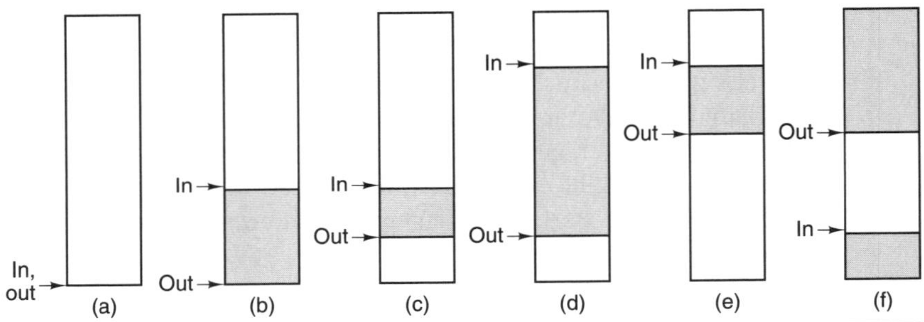

Abb. 6.24: Benutzung eines Ringpuffers

Abb. 6.25 zeigt eine einfache Möglichkeit, das Erzeuger/Verbraucher-Problem in Java zu implementieren. Bei dieser Lösung werden drei Klassen benutzt: *m*, *producer* und *consumer*. Die Klasse *m* (main) enthält einige Konstantendefinitionen, die Pufferzeiger *in* und *out* und den Puffer selbst, der bei diesem Beispiel 100 Primzahlen aufnimmt und von *buffer*[0] bis *buffer*[99] reicht.

Zur Simulation paralleler Prozesse werden bei dieser Lösung Java-Threads benutzt. Wir haben hier eine Klasse *producer* und eine Klasse *consumer*, die in der Variablen *p* bzw. *c* erzeugt (instantiiert) werden. Beide Klassen wurden von einer Basisklasse *Thread* hergeleitet, die eine Methode *run* hat. Die Klasse *run* enthält den Code für den Thread. Wird die Methode *start* eines vom Thread hergeleiteten Objekts aufgerufen, beginnt ein neuer Thread.

Jeder Thread entspricht einem Prozeß, außer daß alle Threads innerhalb eines Java-Programms im gleichen Adreßraum laufen. Dies ist praktisch, weil sie einen Puffer gemeinsam nutzen können. Hat der Computer zwei oder mehr CPUs, kann jeder Thread für eine andere CPU terminiert werden, so daß echte Parallelität möglich ist. Ist nur eine CPU vorhanden, teilen sich alle Threads zeitlich versetzt die gleiche CPU. Wir nennen den Erzeuger und den Verbraucher im weiteren Verlauf Prozesse (da wir ohnehin an parallelen Prozessen interessiert sind), obwohl Java nur parallele Threads und keine echten parallelen Prozesse unterstützt.

```
public class m {
    final public static int BUF_SIZE = 100;                     // Puffer läuft von 0 bis 99
    final public static long MAX_PRIME = 100000000000L;         // Hier anhalten
    public static int in = 0, out = 0;                          // Zeiger auf die Daten
    public static long buffer[ ] = new long[BUF_SIZE];          // Primzahlen hier speichern
    public static producer p;                                   // Name des Erzeugers
    public static consumer c;                                   // Name des Verbrauchers

    public static void main(String args[ ]) {                   // main-Klasse
        p = new producer( );                                    // Erzeuger erstellen
        c = new consumer( );                                    // Verbraucher erstellen
        p.start( );                                             // Erzeuger beginnen
        c.start( );                                             // Verbraucher beginnen
    }
    // Das ist eine Utility-Funktion für die Inkrementierung von in und out im Kreis-
verfahren
    public static int next(int k) {if (k < BUF_SIZE - 1) return(k+1); else return(0);}
}

class producer extends Thread {                                 // Erzeugerklasse
    public void run( ) {                                        // Erzeugercode
        long prime = 2;                                         // Variable wegwerfen

        while (prime < m.MAX_PRIME) {
            prime = next_prime(prime);                          // Anweisung P1
            if (m.next(m.in) == m.out) suspend( );              // Anweisung P2
            m.buffer[m.in] = prime;                             // Anweisung P3
            m.in = m.next(m.in);                                // Anweisung P4
            if (m.next(m.out) == m.in) m.c.resume( );           // Anweisung P5
        }
    }

    private long next_prime(long prime){ ... }                  // Diese Funktion berechnet
                                                                   die nächste Primzahl
}

class consumer extends Thread {                                 // Verbraucherklasse
    public void run( ) {                                        // Verbrauchercode
        long emirp = 2;                                         // Variable wegwerfen

        while (emirp < m.MAX_PRIME) {
            if (m.in == m.out) suspend( );                      // Anweisung C1
            emirp = m.buffer[m.out];                            // Anweisung C2
            m.out = m.next(m.out);                              // Anweisung C3
            if (m.out == m.next(m.next(m.in))) m.p.resume( );   // Anweisung C4
            System.out.println(emirp);                          // Anweisung C5
        }
    }
}
```

Abb. 6.25: Parallele Verarbeitung mit einer fatalen Ausführungsbedingung

Mit Hilfe der Dienstfunktion *next* können *in* und *out* ohne Schwierigkeiten erhöht werden, ohne daß man Code schreiben muß, um jedesmal die Umlaufbedingung zu prüfen. Ist der Parameter für *next* 98 oder niedriger, wird die nächsthöhere Ganzzahl zurückgegeben. Ist der Parameter 99, haben wir das Ende des Puffers erreicht, so daß 0 zurückgegeben wird.

Wir brauchen eine Möglichkeit, damit sich einer der Prozesse schlafen legt, wenn er nicht fortfahren kann. Die Java-Designer haben diese Notwendigkeit erkannt und die Methoden *suspend* (schlafen) und *resume* (aufwachen) in die Klasse *Thread* gleich ab der ersten Version von Java eingebunden. Sie werden in Abb. 6.25 benutzt.

Wir kommen jetzt zum eigentlichen Code für Erzeuger und Verbraucher. Zuerst generiert der Erzeuger eine neue Primzahl in P1. Man beachte hier die Verwendung von *m.MAX_PRIME*. Das Präfix *m.* ist nötig, um zu kennzeichnen, daß wir das in der Klasse *m* definierte *MAX_PRIME* meinen. Aus dem gleichen Grund ist dieser Präfix auch für *in*, *out*, *buffer* und *next* erforderlich.

Dann prüft der Erzeuger (in P2), ob *in* um eins hinter *out* herhinkt. Trifft dies zu (z.B. *in* = 62 und *out* = 63), ist der Puffer voll, und der Erzeuger geht schlafen, indem er in P2 *suspend* aufruft. Ist der Puffer nicht voll, wird die neue Primzahl in den Puffer (P3) eingefügt und *in* erhöht (P4). Ist der neue Wert von *in* um 1 höher als der von *out* (P5) (z.B. *in* = 17 und *out* = 16), müssen *in* und *out* vor Erhöhung von *in* gleich gewesen sein. Der Erzeuger schließt daraus, daß der Puffer leer war und der Verbraucher schlief und auch jetzt noch schläft. Deshalb ruft der Erzeuger *resume* auf, um den Verbraucher aufzuwecken (P5). Schließlich beginnt der Erzeuger, sich nach der nächsten Primzahl umzusehen.

Das Programm des Verbrauchers ist von der Struktur her ähnlich. Zunächst erfolgt ein Test (C1), um zu prüfen, ob der Puffer leer ist. Trifft dies zu, gibt es für den Verbraucher nichts zu tun, so daß er schlafen geht. Ist der Puffer nicht leer, holt er die als nächstes auszugebende Zahl (C2) und erhöht *out* (C3). Steht *out* an diesem Punkt (C4) um zwei Stellen vor *in*, muß er eine Stelle Vorsprung vor *in* gehabt haben, bevor er erhöht wurde. Da *in* = *out* – 1 einen vollen Puffer bedeutet, muß der Erzeuger schlafen; folglich weckt der Verbraucher ihn mit einem *resume* auf. Schließlich wird die Zahl ausgegeben (C5), und der Zyklus wiederholt sich.

Leider enthält dieses Design einen schwerwiegenden Fehler, wie aus Abb. 6.26 ersichtlich wird. Wir wissen, daß die beiden Prozesse asynchron und in unterschiedlichen Geschwindigkeiten laufen. Man betrachte den Fall, bei dem nur eine Zahl (in Eintrag 21) im Puffer übrig bleibt; *in* = 22 und *out* = 21, wie in Abb. 6.26(a). Der Erzeuger steht an Anweisung P1 und sieht sich nach einer Primzahl um. Der Verbraucher ist an C5 mit der Ausgabe der Zahl an Position 20 beschäftigt. Der Verbraucher beendet die Ausgabe der Zahl, führt den Test an C1 durch und nimmt die letzte Zahl an C2 aus dem Puffer. Dann erhöht er *out*. An diesem Punkt haben beide, *in* und *out*, den Wert 22. Der Verbraucher gibt die Zahl aus und geht zu C1, wo er *in* und *out* vom Speicher holt, um sie zu vergleichen, wie aus Abb. 6.26(b) ersichtlich wird.

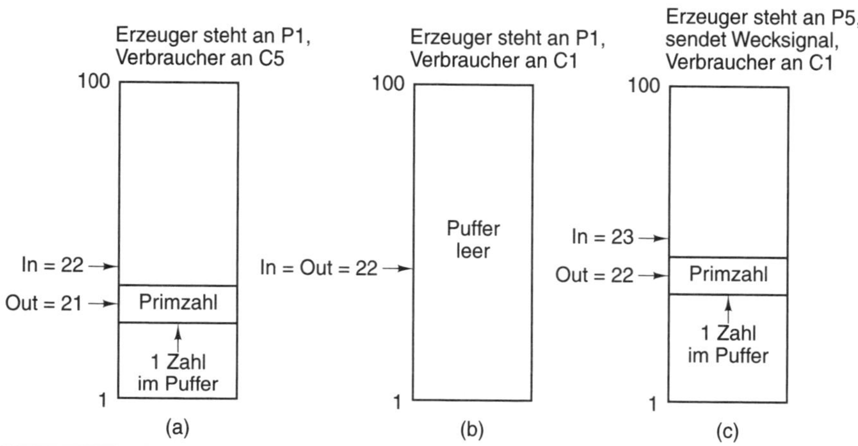

Abb. 6.26: Die Erzeuger/Verbraucher-Kommunikation schlägt fehl

In genau diesem Augenblick – nachdem also der Verbraucher *in* und *out* geholt hat und sich daran setzt, die beiden zu vergleichen – findet der Erzeuger die nächste Primzahl. Er stellt sie an P3 in den Puffer und erhöht *in* an P4. Die Werte sind jetzt: *in* = 23 und *out* = 22. An P5 entdeckt der Erzeuger, daß *in* = *next*(*out*). Anders ausgedrückt: *in* ist um eins höher als *out*, was bedeutet, daß jetzt ein Element im Puffer ist. Der Erzeuger schließt (irrtümlich) daraus, daß der Verbraucher schlafen muß. Deshalb sendet er ein Wecksignal (d.h. er ruft *resume* auf), wie aus Abb. 6.26(c) ersichtlich wird. Der Verbraucher ist aber wach, so daß das Wecksignal verlorengeht. Der Erzeuger fährt fort und sucht nach der nächsten Primzahl.

Genau zu diesem Zeitpunkt fährt der Verbraucher fort. Er hat *in* und *out* bereits vom Speicher geholt, bevor der Erzeuger die letzte Zahl in den Puffer gestellt hat. Da beide den Wert 22 haben, legt sich der Verbraucher schlafen. Dann findet der Erzeuger eine weitere Primzahl. Er prüft die Zeiger und findet *in* = 24 und *out* = 22. Er nimmt deshalb an, daß sich im Puffer zwei Zahlen befinden (wahr), und daß der Verbraucher wach ist (falsch). Der Erzeuger setzt seine Schleife fort. Letztendlich füllt sich der Puffer, und er geht schlafen. Nun schlafen beide Prozesse und wachen wahrscheinlich nie mehr auf.

Die Schwierigkeit liegt hier darin, daß zwischen dem Zeitpunkt, zu dem der Verbraucher *in* und *out* geholt hat, und dem Zeitpunkt, als er sich schlafen legte, der Erzeuger feststellte, daß *in* = *out* + 1 und folglich davon ausging, daß der Verbraucher schläft (was aber noch nicht zutraf). Er schickte dann ein Wecksignal, das verlorenging, weil der Verbraucher noch wach war. Diese Schwierigkeit nennt man **Race Condition** (Laufbedingung), weil der Erfolg der Methode davon abhängt, wer das Rennen beim Testen von *in* und *out* nach Erhöhung von *out* gewinnt.

Das Problem solcher »Laufbedingungen« ist bestens bekannt. Es ist sogar derart schwerwiegend, daß Sun mehrere Jahre nach der Einführung von Java die Klasse *Thread* geändert hat und die Aufrufe *suspend* und *resume* verwarf, weil sie zu oft zu solchen Bedingungen führten. Danach wurde eine sprachbasierte Lösung angeboten. Da wir hier aber Betriebssysteme untersuchen, befassen wir uns mit einer anderen Lösung, die viele Betriebssysteme unterstützen, darunter Unix und NT.

6.3.3 Semaphore zur Synchronisation von Prozessen

Die oben beschriebene Laufbedingung kann mindestens auf zwei Arten gelöst werden. Bei einer Lösung wird jeder Prozeß mit einem »Wecken/Warten-Bit« ausgestattet. Wird ein Wecksignal an einen noch laufenden Prozeß geschickt, wird sein Wecken/Warten-Bit gesetzt. Sobald der Prozeß schlafen geht, wird er sofort wieder gestartet, und das gesetzte Wecken/Warten-Bit wird gelöscht. Das Wecken/Warten-Bit speichert das überflüssige Wecksignal zur späteren Verwendung.

Diese Methode löst zwar die Laufbedingung im Fall von zwei Prozessen, versagt aber im allgemeinen Fall von n kommunizierenden Prozessen, weil möglicherweise bis zu $n - 1$ Wecksignale gespeichert werden müssen. Selbstverständlich könnte man jeden Prozeß mit $n - 1$ Wecken/Warten-Bits ausstatten, damit jeder im unären (monadischen) System bis zu $n - 1$ zählen kann. Diese Lösung wäre aber relativ schwerfällig.

Dijkstra (1968b) schlug eine allgemeinere Lösung für die Synchronisation paralleler Prozesse vor. An beliebiger Stelle im Speicher befinden sich zwei nicht negative, ganzzahlige Variablen, die man **Semaphore** nennt. Zwei Systemaufrufe, die mit Semaphoren arbeiten, up und down, werden vom Betriebssystem bereitgestellt. up addiert 1 zu einem Semaphor, und down subtrahiert 1 von einem.

Wird eine down-Operation auf ein Semaphor ausgeführt, die kleiner ist als 0, wird das Semaphor um 1 dekrementiert, und der Prozeß, der mit down arbeitet, fährt fort. Ist das Semaphor aber 0, läßt sich down nicht fertigstellen, und der Prozeß wird schlafen gelegt. Er schläft solange, bis der andere Prozeß ein up auf dieses Semaphor ausführt.

Die up-Instruktion prüft, ob das Semaphor 0 ist. Trifft dies zu und schläft der andere Prozeß, wird das Semaphor um 1 inkrementiert. Der schlafende Prozeß kann die unterbrochene down-Operation fertigstellen, wodurch das Semaphor auf 0 zurückgesetzt wird, so daß beide Prozesse fortfahren können. Eine up-Instruktion auf ein Semaphor, das nicht Null ist, erhöht sich um 1. Im wesentlichen bietet ein Semaphor einen Zähler zur Speicherung von Weckrufen für die künftige Verwendung, so daß sie nicht verlorengehen. Ein wesentliches Merkmal bei dieser Methode ist, daß es keinem anderen Prozeß gestattet ist, auf das Semaphor zuzugreifen, nachdem es einen Prozeß eingeleitet hat, bis der erste entweder seine Instruktion fertiggestellt oder in dem Versuch, eine down-Operation auf eine 0 auszuführen, unterbrochen wurde. Abb. 6.27 faßt die wichtigsten Merkmale der Systemaufrufe up und down zusammen.

Instruktion	**Semaphor = 0**	**Semaphor > 0**
Up	Semaphor = Semaphor + 1; Falls der andere Prozeß in dem Versuch angehalten wurde, eine down-Instruktion mit diesem Semaphor fertigzustellen, kann er down jetzt fertigstellen und fortfahren.	Semaphor = Semaphor + 1
Down	Der Prozeß wird so lange unterbrochen, bis der andere sein up auf dieses Semaphor ausführt.	Semaphor = Semaphor – 1

Abb. 6.27: Wirkung einer Semaphor-Operation

Wie bereits erwähnt, verfügt Java über eine sprachbasierte Lösung zur Handhabung von Laufbedingungen, während wir hier Betriebssysteme behandeln. Deshalb suchen wir nach einer Möglichkeit, die Verwendung von Semaphoren in Java auszudrücken, auch wenn dies nicht von der Sprache oder Standardklassen geboten wird. Wir erreichen dies durch die Annahme, daß zwei native Methoden *up* und *down* geschrieben wurden, die den up- bzw. down-Systemaufruf durchführen. Wenn wir diese mit gewöhnlichen Ganzzahlen als Parameter aufrufen, können wir Semaphore in Java-Programmen ausdrücken.

Abb. 6.29 zeigt, wie die Laufbedingung durch Verwendung von Semaphoren vermieden werden kann. Zwei Semaphore, *available*, die anfangs 100 (die Puffergröße) ist, und *filled*, die anfangs 0 ist, werden zur Klasse *m* addiert. Der Erzeuger beginnt mit der Ausführung an P1 in Abb. 6.28 und der Verbraucher mit der Ausführung an C1 wie zuvor. Der *down*-Aufruf auf *filled* hält den Verbraucher sofort an. Hat der Erzeuger die erste Primzahl gefunden, ruft er *down* mit *available* als Parameter auf, wodurch *available* auf 99 gesetzt wird. An P5 ruft er *up* mit *filled* als Parameter auf, so daß *filled* = 1 beträgt. Diese Aktion gibt den Verbraucher frei, der jetzt seinen unterbrochenen *down*-Aufruf fertigstellen kann. An diesem Punkt ist *filled* = 0, und beide Prozesse laufen.

Wir nehmen uns jetzt erneut die Laufbedingung vor. Zu einem bestimmten Zeitpunkt, wenn *in* = 22 und *out* = 21, befindet sich der Erzeuger an P1 und der Verbraucher an C5. Der Verbraucher beendet seine Arbeit und gelangt zu C1, wo er *down* mit *filled* aufruft, der vor dem Aufruf den Wert 1 und danach den Wert 0 hat. Der Verbraucher nimmt dann die letzte Zahl aus dem Puffer und erhöht *available*, was 100 ergibt. Der Verbraucher gibt die Zahl aus und geht zu C1. Kurz bevor der Verbraucher *down* aufrufen kann, findet der Erzeuger die nächste Primzahl und führt in schneller Folge die Anweisungen P2, P3 und P4 aus.

An diesem Punkt ist *filled* 0. Der Erzeuger schickt sich an, einen up-Systemaufruf darauf auszuführen, und der Verbraucher ruft entsprechend *up* auf. Wenn der Verbraucher seine Instruktion zuerst ausführt, wird er unterbrochen, bis der Erzeuger ihn (durch Aufrufen von *up*) freigibt. Wenn der Erzeuger andererseits zuerst kommt, wird das Semaphor auf 1 gesetzt und der Verbraucher überhaupt nicht unterbrochen. In beiden Fällen geht kein Wecksignal verloren. Das war natürlich unser eigentliches Ziel bei der Einführung von Semaphoren.

Semaphor-Operationen weisen als wesentliches Merkmal auf, daß sie unteilbar sind. Wurde eine Semaphor-Operation einmal eingeleitet, kann kein anderer Prozeß das Semaphor benutzen, bis der erste Prozeß entweder die Operation fertiggestellt hat oder bei dem Versuch unterbrochen wurde. Außerdem gehen mit Semaphoren keine Wecksignale verloren. Demgegenüber sind die if-Anweisungen in Abb. 6.25 nicht unteilbar. Zwischen der Auswertung der Bedingung und der Ausführung der ausgewählten Anweisung kann ein anderer Prozeß ein Wecksignal senden.

Das Problem der Prozeßsynchronisation wurde dadurch ausgeschlossen, daß man die Systemaufrufe up und down so deklariert hat, daß *up* und *down* unteilbar sind. Damit diese Operationen unteilbar sind, muß das Betriebssystem zwei oder mehr Prozesse an der gleichzeitigen Benutzung der gleichen Semaphoren hindern. Zumindest darf kein anderer Nutzercode laufen, nachdem ein up- oder down-Systemaufruf ausgegeben wurde, bis der Aufruf beendet ist. Häufig werden Semaphore dadurch implementiert, daß man Interrupts während Semaphor-Operationen ausschaltet.

Synchronisation mit Hilfe von Semaphoren ist eine Technik, die sich auf beliebig viele Prozesse anwenden läßt. Mehrere Prozesse können schlafen, um zu versuchen, einen down-Systemaufruf mit dem gleichen Semaphor fertigzustellen. Führt ein anderer Prozeß dann einen up auf dieses Semaphor aus, wird es einem der wartenden Prozesse gestattet, seinen down fertigzustellen und fortzufahren. Der Wert des Semaphors bleibt 0, und die anderen Prozesse warten weiter.

Eine Analogie soll die Verwendung von Semaphoren verdeutlichen: Stellen Sie sich eine Sportveranstaltung mit 20 Volleyball-Teams vor, aufgeteilt in zehn Spiele (Prozesse), die je auf einem eigenen Spielfeld spielen, und einen großen Korb (das Semaphor) für die Volleybälle. Leider gibt es nur sieben Volleybälle. Zu einem Zeitpunkt befinden sich zwischen null und sieben Volleybälle im Korb (das Semaphor hat einen Wert zwischen 0 und 7). Das Einwerfen eines Balls in den Korb entspricht einem up, weil es den Wert des Semaphors erhöht. Das Herausnehmen eines Balls aus dem Korb entspricht einem down, weil es den Wert des Semaphors senkt.

Zu Beginn des Wettkampfs wird von jedem Spielfeld ein Spieler zum Korb geschickt, um einen Volleyball zu holen. Sieben sind dabei erfolgreich (der Fertigstellung von down); drei müssen auf einen Volleyball warten (sie können down nicht fertigstellen). Ihre Spiele werden vorübergehend unterbrochen. Schließlich wird eines der anderen Spiele beendet und ein Ball in den Korb geworfen (ein up wird ausgeführt). Diese Operation erlaubt es einem der drei wartenden Spieler, an den Ball zu kommen (einen unterbrochenen dowr fertigzustellen), so daß ein Spiel fortgesetzt werden kann. Die anderen beiden Spiele bleiben so lange unterbrochen, bis zwei weitere Bälle in den Korb gelangen. Kommen zwei weitere Bälle zurück (zwei weitere up werden ausgeführt), können die beiden letzten Spiele fortgesetzt werden.

```
public class m {
    final public static int BUF_SIZE = 100;                    // Puffer läuft von 0 bis 99
    final public static long MAX_PRIME = 100000000000L;        // Hier anhalten
    public static int in = 0, out = 0;                         // Zeiger auf die Daten
    public static long buffer[ ] = new long[BUF_SIZE];         // Primzahlen hier speichern
    public static producer p;                                  // Name des Erzeugers
    public static consumer c;                                  // Name des Verbrauchers
    public static int filled = 0, available = 100;             // Semaphore

    public static void main(String args[ ]) {                  // main-Klasse
        p = new producer( );                                   // Erzeuger erstellen
        c = new consumer( );                                   // Verbraucher erstellen
        p.start( );                                            // Erzeuger beginnen
        c.start( );                                            // Verbraucher beginnen
    }

    // Dies ist eine Utility-Funktion für die Inkrementierung von in und out im
Kreisverfahren
    public static int next(int k) {if (k < BUF_SIZE - 1) return(k+1); else return(0);}
}

class producer extends Thread {                                // Erzeugerklasse
    native void up(int s); native void down(int s);            // Methoden für Semaphoren
    public void run( ) {                                       // Erzeugercode
        long prime = 2;                                        // Variable wegwerfen

        while (prime < m.MAX_PRIME) {
            prime = next_prime(prime);                         // Anweisung P1
            down(m.available);                                 // Anweisung P2
            m.buffer[m.in] = prime;                            // Anweisung P3
            m.in = m.next(m.in);                               // Anweisung P4
            up(m.filled);                                      // Anweisung P5
        }
    }

    private long next_prime(long prime){ ... }                 // Funktion zur Berechnung der
                                                               nächsten Primzahl
}
```

```
class consumer extends Thread {                                    // Verbraucherklasse
    native void up(int s); native void down(int s);                // Methoden für Semaphoren
    public void run( ) {                                           // Verbrauchercode
        long emirp = 2;                                            // Variable wegwerfen

        while (emirp < m.MAX_PRIME) {
            down(m.filled);                                        // Anweisung C1
            emirp = m.buffer[m.out];                               // Anweisung C2
            m.out = m.next(m.out);                                 // Anweisung C3
            up(m.available);                                       // Anweisung C4
            System.out.println(emirp);                             // Anweisung C5
        }
    }
}
```

Abb. 6.28: Parallele Verarbeitung mit Hilfe von Semaphoren

6.4 Beispiele von Betriebssystemen

In diesem Abschnitt setzen wir unsere Erklärung anhand der Beispielsysteme (Pentium II und UltraSPARC) fort. Für jedes Beispielsystem wird ein Betriebssystem betrachtet, das auf dem jeweiligen Prozessor läuft. Für den Pentium II benutzen wir Windows NT (kurz NT) und für die UltraSPARC II Unix. Da Unix einfacher und in vielerlei Hinsicht eleganter ist, beginnen wir damit. Außerdem wurde Unix zuerst entwickelt und implementiert, so daß es NT entscheidend beeinflußte. Deshalb ist unsere Reihenfolge auch in dieser Hinsicht sinnvoller.

6.4.1 Einleitung

In diesem Abschnitt werden unsere beiden Beispielbetriebssysteme, Unix und NT, vorgestellt. Beschrieben werden jeweils Geschichte, Struktur und Systemaufrufe.

Unix

Unix wurde Anfang der siebziger Jahre an den Bell Laboratories entwickelt. Die erste Version wurde von Ken Thompson für den Minicomputer PDP-7 in Assembler geschrieben. Dieser folgte bald eine Version für PDP-11, geschrieben in einer neuen Sprache namens C, die von Dennis Ritchie entwickelt und implementiert wurde. 1974 veröffentlichten Ritchie und Thompson eine Abhandlung über Unix (Ritchie und Thompson, 1974), die zweifellos Zeichen setzte und für die sie später den angesehenen »ACM Turing Award« (Ritchie, 1984; Thompson, 1984) erhielten. Die Veröffentlichung dieses Aufsatzes veranlaßte viele Universitäten, die Bell Laboratories um eine Kopie von Unix zu bitten. Da AT&T als Mutter der Bell Laboratories zu jener Zeit kartellrechtlich eingeschränkt und für das Computer-Geschäft nicht zugelassen war, hatte man keine Einwände gegen die Lizenzvergabe von Unix an Universitäten gegen Zahlung einer bescheidenen Gebühr.

Aufgrund eines der daraus entstandenen Zufälle, die oftmals die Geschichte prägen, wurde PDP-11 der bevorzugte Computer an den Informatik-Fakultäten fast aller Universitäten, und die Betriebssysteme, die mit dem PDP-11 ausgeliefert wurden, galten unter Dozenten und Studenten gleichermaßen als schrecklich. Unix füllte die Lücke in kurzer Zeit, nicht zuletzt, weil es mit dem kompletten Quellcode geliefert wurde, so daß man endlos damit herumspielen konnte, was auch passierte.

Zu den vielen Universitäten, die Unix früh anschafften, zählte auch die University of California in Berkeley. Da der komplette Quellcode verfügbar war, konnte Berkeley das System umfassend modifizieren. Die wichtigen Änderungen umfaßten vor allem die Portierung auf den VAX-Minicomputer und die Erweiterung um einen seitenspezifischen virtuellen Speicher, die Erweiterung von Dateinamen von 14 auf 255 Zeichen und die Einbindung des Netzprotokolls TCP/IP, das heute (größtenteils aufgrund der Tatsache, daß es auf Berkeley Unix basiert) im Internet benutzt wird.

Während Berkeley all diese Änderungen durchführte, fuhr AT&T selbst mit der Weiterentwicklung von Unix fort, was 1982 zu System III und dann 1984 zu System V führte. Ende der achtziger Jahre waren zwei verschiedene, nicht kompatible Versionen von Unix im Umlauf: Berkeley Unix und System V. Dies teilte die Unix-Welt in zwei Lager. Daß es keine Standards für binäre Programmformate gab, schränkte den kommerziellen Erfolg von Unix stark ein, weil es für Software-Anbieter unmöglich war, Unix-Programme in der Erwartung zu schreiben, daß sie auf jedem Unix-System laufen würden (was bei MS-DOS zwischenzeitlich absolut Routine war). Nach langem Hin und Her wurde schließlich ein Standard namens **POSIX** (**Portable Operating System-IX**) vom IEEE-Normenausschuß geschaffen. POSIX ist auch unter der IEEE-Standardnummer P1003 bekannt. Später setzte es sich als internationaler Standard durch.

Der POSIX-Standard ist in viele Teile gegliedert, die jeweils einen anderen Bereich von Unix abdecken. Der erste Teil – P1003.1 – definiert die Systemaufrufe. Der zweite Teil – P1003.2 – definiert die grundlegenden Dienstprogramme usw. Der Standard P1003.1 definiert etwa 60 Systemaufrufe, die alle konformen Systeme unterstützen müssen. Das sind die Basisaufrufe zum Lesen und Schreiben von Dateien, Erzeugen neuer Prozesse usw. Heute unterstützen fast alle Unix-Systeme die P1003.1-Systemaufrufe. Viele Unix-Systeme unterstützen daneben aber auch zusätzliche Systemaufrufe, insbesondere die, die für System V und/oder Berkeley Unix definiert wurden. Normalerweise umfaßt der POSIX-Vorrat etwa 100 Systemaufrufe. Das Betriebssystem für die UltraSPARC II basiert auf System V und heißt **Solaris**. Es unterstützt auch viele der Berkeley-Systemaufrufe.

Abb. 6.29 enthält eine grobe Gliederung der Solaris-Systemaufrufe nach der entsprechenden Kategorie. Die Aufrufe für die Datei- und Verzeichnisverwaltung sind am zahlreichsten und gehören zu den wichtigsten Kategorien. Die meisten davon stammen aus P1003.1. Ein relativ großer Teil der übrigen stammt vom System V.

Kategorie	**Beispiele**
Dateimanagement	Dateien öffnen, lesen, schreiben, schließen und sperren
Verzeichnismanagement	Verzeichnisse erstellen und löschen; Dateien verschieben
Prozeßmanagement	Prozesse vermehren, beenden, verfolgen und signalisieren
Speichermanagement	Prozesse nutzen Speicher gemeinsam; Seiten schützen
Parameter holen/setzen	Benutzer-, Gruppen- und Prozeßkennungen holen; Prioritäten setzen
Datum und Uhrzeit	Dateizugriffszeiten holen; Intervall-Timer verwenden; Profile ausführen
Vernetzung	Verbindungen aufbauen/annehmen; Nachrichten senden/empfangen
Verschiedenes	Accounting ermöglichen; Plattenquoten manipulieren; System neu starten

Abb. 6.29: Grobe Gliederung der Unix-Systemaufrufe

Ein Bereich, der größtenteils auf Berkeley Unix und nicht auf System V zurückzuführen ist, ist Vernetzung. Berkeley erfand das Konzept eines **Socket**, das den Endpunkt einer Netzverbindung bildet. Dabei diente die Telefondose in der Wand als Vorbild. Ein Unix-Prozeß kann ein Socket erstellen, sich daran anschließen und eine Verbindung zu einem Socket auf einer entfernten Maschine aufbauen. Über diese Verbindung kann es dann Daten in beiden Richtungen austauschen, normalerweise über das TCP/IP-Protokoll. Da die Vernetzungstechnik unter Unix seit Jahrzehnten eingesetzt wird, ist sie stabil und ausgereift. Sie bildet einen wichtigen Teil der Server im Internet, die unter Unix laufen.

Angesichts der zahlreichen Implementierungen von Unix kann man nur schwer über den Aufbau des Betriebssystems Aussagen treffen, da sich alle in gewisser Weise unterscheiden. Allgemein läßt sich aber die in Abb. 6.30 dargestellte Struktur auf die meisten anwenden. Unten ist eine Schicht für Gerätetreiber, die das Dateisystem von der reinen Hardware abschirmen. Ursprünglich wurde jeder Gerätetreiber als unabhängige Einheit, getrennt von allen anderen, geschrieben. Diese Anordnung führte zu einer Fülle doppelter Bemühungen, da viele Treiber sich mit Ablaufsteuerung, Fehlerbehandlung, Prioritäten, Trennung von Daten und Steuerung usw. befassen mußten. Diese Beobachtung führte Dennis Ritchie zur Entwicklung eines Rahmenwerks, das **Streams** genannt wird und als Grundlage für die Entwicklung modularer Treiber dienen sollte. Ein Stream (Strom) ermöglicht den Aufbau einer in zwei Richtungen fließenden Verbindung von einem Nutzerprozeß zu einem Hardware-Gerät und das Einfügen von Modulen auf der Strecke. Der Nutzerprozeß schiebt Daten in den Stream, die dann von jedem Modul verarbeitet oder umgewandelt werden, bis sie zur Hardware gelangen. Die umgekehrte Verarbeitung findet für ankommende Daten statt.

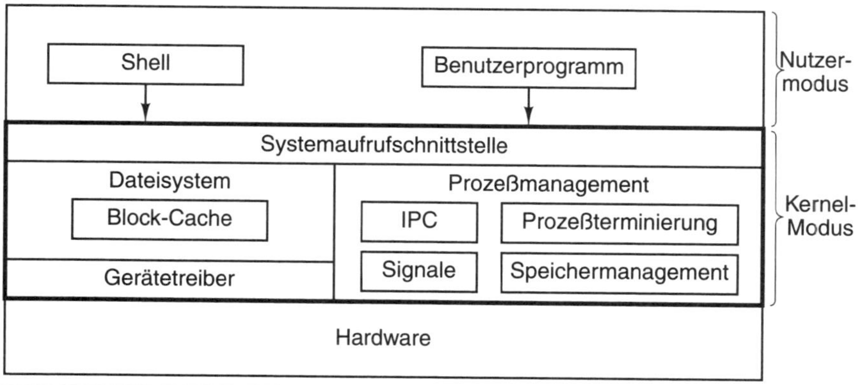

Abb. 6.30: Struktur eines typischen Unix-Systems

Oberhalb der Gerätetreiber liegt das Dateisystem. Es verwaltet Dateinamen, Verzeichnisse, die Zuordnung von Plattenblöcken, Schutzmechanismen und vieles mehr. Teil des Dateisystems ist ein **Block-Cache** für die Aufnahme von Blöcken, die zuletzt von der Platte eingelesen wurden, für den Fall, daß sie bald wieder benötigt werden. Im Lauf der Jahre kamen zahlreiche Dateisysteme zum Einsatz, darunter das Berkeley Fast File System (McKusick u.a., 1984) und logstrukturierte Dateisysteme (Rosenblum und Ousterhout, 1991; Seltzer u.a., 1993).

Der andere Teil des Unix-Kernels ist die Prozeßverwaltung. Zu ihren zahlreichen Funktionen zählt auch IPC (InterProcess Communication), die es Prozessen erlaubt, untereinander zu kommunizieren und sich zur Vermeidung von Laufbedingungen zu synchronisieren. Zahlreiche Mechanismen stehen zur Verfügung. Der Prozeßverwaltungscode handhabt auch die Prozeßterminierung (Process Scheduling), die auf Prioritäten basiert. Signale, die eine Form von (asynchronen) Software-Interrupts sind, werden ebenfalls hier verwaltet. Ferner wird die Speicherverwaltung hier durchgeführt. Die meisten Unix-Systeme unterstützen virtuelle Speicher mit Demand-Paging, teilweise mit ein paar zusätzlichen Merkmalen, z.B. der Fähigkeit mehrerer Prozesse, Regionen im Adreßraum gemeinsam zu nutzen.

Mit Unix wurde von Anfang an ein kleines System zur Steigerung von Zuverlässigkeit und Leistung angestrebt. Die ersten Versionen von Unix waren völlig textbasiert, mit Terminals, die 24 oder 25 Zeilen je 80 ASCII-Zeichen darstellen konnten. Die Benutzeroberfläche wurde von einem Nutzerprogramm namens **Shell** gehandhabt, die eine Befehlszeilenoberfläche bot. Da die Shell nicht Teil des Kernels war, ließ sich Unix leicht um neue Shells erweitern, so daß im Lauf der Zeit immer anspruchsvollere entstanden.

Später, mit der Einführung von Grafik-Terminals, wurde am M.I.T. ein Fenstersystem für Unix mit der Bezeichnung **X Windows** entwickelt. Einige Zeit später entstand eine ausgereifte **GUI** (**Graphical User Interface**) namens **Motif**, die auf X Windows aufsetzte. Durch Einhaltung der Unix-Philosophie eines kleinen Kernels läuft fast der gesamte Code von X Windows und Motif außerhalb des Kernels im Nutzermodus.

Windows NT

Der erste, 1981 eingeführte IBM-PC war mit dem Betriebssystem MS-DOS 1.0 ausgestattet, das im 16-Bit-Realmodus arbeitete und befehlszeilenorientiert war. Dieses Betriebssystem umfaßte 8 Kbyte speicherresidenten Code. Zwei Jahre danach wurde das leistungsstärkere MS-DOS 2.0 als 24-Kbyte-System eingeführt. Es umfaßte einen Befehlszeilenprozessor (Shell) mit einer Reihe von Unix entlehnten Merkmalen. Als IBM 1984 den 286-basierten PC/AT einführte, war er mit MS-DOS 3.0, einem 36-Kbyte-System, ausgestattet. Im Laufe der Jahre erwarb MS-DOS laufend neue Merkmale, blieb aber befehlszeilenorientiert.

Vom Erfolg des Apple Macintosh inspiriert, entschloß sich Microsoft, MS-DOS mit einer grafischen Benutzeroberfläche namens **Windows** auszustatten. Die ersten drei Versionen von Windows, die in Windows 3.x gipfelten, waren keine echten Betriebssysteme, sondern grafische Benutzeroberflächen, die auf MS-DOS aufsetzten, das nach wie vor die Maschine steuerte. Alle Programme liefen im gleichen Adreßraum, und ein fehlerhaftes Programm konnte das gesamte System zum Absturz bringen.

Durch das 1995 eingeführte Windows 95 schied MS-DOS noch nicht aus, sondern kam in der neuen Version 7.0. Zusammen umfaßten Windows 95 und MS-DOS 7.0 die meisten Merkmale eines ausgewachsenen Betriebssystems, darunter virtuellen Speicher, Prozeßverwaltung und Mehrprogrammbetrieb. Windows 95 war aber kein volles 32-Bit-Programm. Es enthielt große Überreste des alten 16-Bit-Codes (und teilweise 32-Bit-Code) und benutzte nach wie vor das MS-DOS-Dateisystem mit fast allen seinen Einschränkungen. Die einzige große Änderung im Dateisystem war die Unterstützung langer Dateinamen statt der in MS-DOS zulässigen 8+3-Konvention.

Sogar das 1998 eingeführte Windows 98 konnte MS-DOS immer noch nicht vertreiben, das als Version 7.1 16-Bit-Code ausführt. Ein weiterer kleiner Teil der Funktionalität wurde zwar von MS-DOS auf Windows übertragen, und ein sich für größere Platten eignendes Plattenlayout war nun Standard geworden, jedoch unterschied sich Windows 98 nicht sehr von Windows 95. Der wesentliche Unterschied war die Benutzeroberfläche, die den Desktop, das Internet und das Fernsehen enger integriert. Genau diese Integration erregte die Aufmerksamkeit des amerikanischen Justizministeriums, was zu einem Verfahren gegen Microsoft wegen unlauterer Ausnutzung einer monopolistischen Marktposition führte.

Neben all diesen Entwicklungen beschäftigte sich Microsoft auch mit einem 32-Bit-Betriebssystem, das von Grund auf neu geschrieben wurde. Es wurde **Windows New Technology** bzw. **Windows NT** genannt und zielte auf die Ablösung aller anderen Betriebssysteme für Intel-PCs ab, konnte aber nur langsam Fuß fassen, so daß es später auf den Markt im oberen Leistungsbereich umdirigiert wurde, wo es seine Nische gefunden hat. Langsam wird es auch im unteren Leistungsbereich populärer.

NT wird als Server- und Workstation-Version vertrieben. Diese beiden Versionen sind fast identisch und stammen vom gleichen Quellcode ab. Die Server-Version eignet sich für Maschinen, die als LAN-basierte Datei- und Druckserver laufen. Sie hat im Vergleich zur Workstation-Version ausgefeiltere Verwaltungsfunktionen. Die Workstation-Version eignet sich für Desktop-Rechner in Einzelplatzumgebungen. Die Server-Version hat eine Variante (Enterprise) für große Umgebungen. Die verschiedenen Versionen sind jeweils für die beabsichtigte Umgebung optimiert. Abgesehen von diesen geringen Unterschieden sind alle Versionen im wesentlichen gleich. Fast alle ausführbaren Dateien sind bei allen Versionen identisch. NT stellt selbst fest, um welche Version es sich handelt, indem es eine Variable in einer internen Datenstruktur (im Registry) liest. Den Benutzern ist es im Rahmen der Lizenzvereinbarung untersagt, diese Variable zu ändern und damit die (preisgünstigere) Workstation-Version durch die (viel teurere) Server- oder Enterprise-Version auszutauschen. Wir machen im weiteren Verlauf unserer Beschreibung keinen Unterschied zwischen diesen Versionen.

MS-DOS und alle früheren Versionen von Windows waren Einzelplatzsysteme. NT unterstützt als echtes 32-Bit-Betriebssystem Mehrprogrammbetrieb, so daß mehrere Benutzer gleichzeitig an der gleichen Maschine arbeiten können. Beispielsweise können diese sich gleichzeitig über ein Netz an einem Netzserver anmelden und jeweils auf ihre eigenen Dateien in einer geschützten Umgebung zugreifen.

NT ist ein echtes 32-Bit-Betriebssystem mit Mehrprogrammbetrieb. Es unterstützt mehrere Nutzerprozesse, die jeweils einen vollen virtuellen 32-Bit-Adreßraum mit Demand-Paging haben. Darüber hinaus wurde das System selbst durchgängig als 32-Bit-Code geschrieben.

Eine der Verbesserungen von NT gegenüber Windows 95 ist seine modulare Struktur. Sie besteht aus einem relativ kleinen Kernel, der im Kernel-Modus läuft, sowie einer Reihe von Serverprozessen, die im Nutzermodus laufen. Nutzerprozesse interagieren mit den Serverprozessen mit Hilfe des Client/Server-Modells: Ein Client sendet eine Anfragenachricht an einen Server, und der Server gibt das Ergebnis über eine zweite Nachricht an den Client zurück. Diese modulare Struktur vereinfachte die Portierung auf mehrere Computer, außer der Intel-Reihe, darunter DEC Alpha, IBM PowerPC und SGI MIPS. Aus Leistungsgründen wurde ab NT Version 4.0 aber mehr oder weniger das ganze System wieder in den Kernel zurückgestellt.

Man könnte viel über die interne Struktur und die Systemaufrufe von NT schreiben. Da unser primäres Interesse hier aber die virtuelle Maschine verschiedener Betriebssysteme (d.h. die Systemaufrufe) ist, fassen wir die Systemstruktur nur kurz zusammen und gehen dann zu den Systemaufrufen über.

Abb. 6.31 zeigt den Aufbau von NT. Es besteht aus einer Reihe von Modulen, die in Schichten angeordnet sind und zusammenarbeiten, um das Betriebssystem zu implementieren. Jedes Modul verfügt über eine bestimmte Funktion und eine definierte Schnittstelle zu den anderen Modulen. Fast alle Module sind in C geschrieben. Ein Teil der Grafikgeräteschnittstelle ist in C++ und ein winziger Teil der unteren Schichten in Assemblersprache geschrieben.

Unten befindet sich eine dünne Schicht namens **Hardware Abstraction Layer** (Hardware-Abstraktionsschicht). Ihre Aufgabe ist es, den Rest des Betriebssystems mit abstrakten Hardware-Geräten darzustellen, um die vielen Ungereimtheiten echter Hardware zu beseitigen. Zu den modellierten Geräten zählen chipexterne Caches, Timer, E/A-Busse, Interrupt- und DMA-Controller. Weil diese in idealisierter Form dem Rest des Betriebssystems ausgesetzt werden, läßt sich NT leichter auf andere Hardware-Plattformen portieren, da sich die nötigen Modifikationen größtenteils auf eine Stelle konzentrieren.

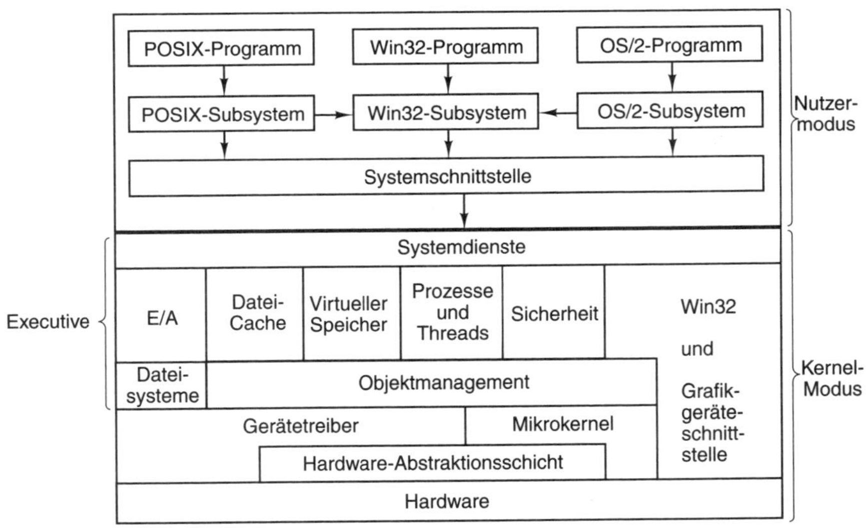

Abb. 6.31: Die Struktur von Windows NT

Oberhalb der Hardware-Abstraktionsschicht befindet sich eine Schicht mit dem Mikrokernel und den Gerätetreibern. Der Mikrokernel und alle Gerätetreiber haben direkten Zugang zur Hardware, da sie hardwareunabhängigen Code enthalten.

Der **Mikrokernel** unterstützt die primitiven Kernelobjekte, Interrupt-, Trap- und Ausnahmebehandlung, Prozeßterminierung und Synchronisation, Mehrprozessor-Synchronisation und Zeitmanagement. Mit dieser Schicht ist das

Betriebssystem ganz unabhängig von der Hardware und damit leicht portierbar. Der Mikrokernel ist ständig im Arbeitsspeicher resident und nicht präemptiv, obwohl er vorübergehend die Kontrolle an E/A-Interrupts abgeben kann.

Jeder **Gerätetreiber** kann eines oder mehrere E/A-Geräte steuern, kann aber auch Aufgaben übernehmen, die nicht mit einem bestimmten Gerät zusammenhängen, z.B. einen Datenstrom verschlüsseln oder Zugriff auf Datenstrukturen des Kernels bereitstellen. Da die Benutzer neue Gerätetreiber installieren können, besteht ein Risiko, daß sie den Kernel beeinträchtigen und das System korrumpieren. Aus diesem Grund müssen Treiber mit großer Sorgfalt entwickelt werden.

Oberhalb des Mikrokernels und der Gerätetreiber liegt der obere, **ausführbare** (executive) Teil des Betriebssystems. Dieser ist von der Architektur unabhängig und kann mit relativ geringem Aufwand auf neue Maschinen portiert werden. Er besteht aus drei Schichten.

Die unterste Schicht enthält die Dateisysteme und den Objektmanager. Die **Dateisysteme** (File Systems) unterstützen die Verwendung von Dateien und Verzeichnissen. Der **Objektmanager** (Object Manager) handhabt die dem Kernel bekannten Objekte. Dazu zählen Prozesse, Threads (einfache Prozesse innerhalb eines Adreßraums), Dateien, Verzeichnisse, Semaphoren, E/A-Geräte, Timer und viele andere. Er verwaltet auch einen Namensraum, in dem neu erstellte Objekte abgelegt und später angefordert werden können.

Die nächste Schicht setzt sich aus sechs Hauptteilen zusammen, wie aus Abb. 6.31 ersichtlich wird. Der **I/O-Manager** bildet ein Rahmenwerk für die Verwaltung von E/A-Geräten und stellt allgemeine E/A-Dienste zur Verfügung. Er benutzt die Dienste des Dateisystems, die ihrerseits die Gerätetreiber und die Dienste des Objektmanagers benutzen.

Der **Cache-Manager** führt die jeweils zuletzt benutzten Plattenblöcke im Speicher, um den Zugriff darauf zu beschleunigen, für den (wahrscheinlichen) Fall, daß sie wieder gebraucht werden. Zu seinen Aufgaben zählt es, festzustellen, welche Blöcke wahrscheinlich wieder gebraucht werden und welche nicht. NT kann für mehrere Dateisysteme konfiguriert werden. In diesem Fall arbeitet der Cache-Manager für alle, so daß nicht jedes ein eigenes Cache-Management braucht. Wird ein Block benötigt, wird er vom Cache-Manager angefordert. Verfügt er über diesen Block nicht, bemüht er das entsprechende Dateisystem. Da Dateien auf die Adreßräume von Prozessen abgebildet werden können, muß der Cache-Manager mit dem virtuellen Speichermanager zur Sicherstellung der nötigen Konsistenz interagieren.

Der **virtuelle Speichermanager** (Virtual Memory Manager) implementiert die virtuelle Speicherarchitektur mit Demand-Paging von NT. Er verwaltet die Abbildung von virtuellen Seiten auf physikalische Seitenrahmen. Dabei wendet er Schutzregeln an, die jeden Prozeß auf den Zugriff der Seiten einschränken, die zu seinem Adreßraum gehören (mit Ausnahme besonderer

Umstände). Außerdem handhabt er bestimmte Systemaufrufe, die sich auf den virtuellen Speicher beziehen.

Der **Prozeß- und Thread-Manager** handhabt Prozesse und Threads, einschließlich deren Erzeugung und Zerstörung. Er befaßt sich mit den zu deren Verwaltung nötigen Mechanismen und nicht mit Regeln für deren Benutzung.

Der **Sicherheitsmanager** (Security Manager) handhabt den ausgeklügelten Sicherheitsmechanismus von NT, der den im Orange Book definierten C2-Anforderungen des US-Verteidigungsministeriums entspricht. Das Orange Book spezifiziert viele Regeln, die ein konformes System erfüllen muß, angefangen bei der echtheitsgeprüften Anmeldung bis zur Handhabung der Zugriffskontrolle unter dem Aspekt, daß virtuelle Seiten vor deren Wiederverwendung auf Null zurückgesetzt werden müssen.

Die **Grafikgeräteschnittstelle** (Graphics Device Interface) handhabt die Bildverwaltung für Monitor und Drucker. Sie bietet Systemaufrufe, damit Nutzerprogramme auf den Monitor oder Drucker geräteunabhängig schreiben können, und umfaßt außerdem den Fenstermanager und Hardware-Gerätetreiber. In den NT-Versionen vor 4.0 befand sie sich im Nutzerraum. Aufgrund der schwachen Leistung entschloß sich Microsoft später, sie in den Kernel zu verlegen. Das Win32-Modul handhabt auch die meisten Systemaufrufe. Es befand sich zuvor ebenfalls im Nutzerraum, wurde zwecks höherer Leistung aber auch in den Kernel verlegt.

Oberhalb der Executive-Schicht befindet sich die dünne Schicht der **Systemdienste** (System Services). Ihre Aufgabe ist es, eine Schnittstelle zur Executive bereitzustellen. Sie akzeptiert echte NT-Systemaufrufe und Aufrufe anderer Teile der Executive, um sie ausführen zu lassen.

Außerhalb des Kernels liegen die Nutzerprogramme und die **Umgebungssubsysteme** (Environmental Subsystems), die bereitgestellt werden, damit Nutzerprogramme keine direkten Systemaufrufe durchführen (obwohl sie technisch dazu in der Lage sind). Vielmehr exportiert jedes Umgebungssubsystem einen (unterschiedlichen) Vorrat an Funktionsaufrufen, die ein Nutzerprogramm verwenden kann. In Abb. 6.31 sind drei Umgebungssubsysteme dargestellt: Win32 (für NT- oder Windows 95/98-Programme), POSIX (für portierte Unix-Programme) und OS/2 (für portierte OS/2-Programme).

Windows-Anwendungen benutzen die Win32-Funktionen und kommunizieren mit dem Win32-Subsystem, um Systemaufrufe ausführen zu können. Das **Win32-Subsystem** akzeptiert die Win32-Funktionsaufrufe und benutzt das Bibliotheksmodul **System Interface** (das eigentlich eine DLL-Datei ist – siehe Kapitel 7), damit die jeweiligen echten NT-Systemaufrufe ausgeführt werden.

Ferner gibt es ein **POSIX-Subsystem**, das minimale Unterstützung für Unix-Anwendungen bereitstellt. Es unterstützt kaum mehr als die P1003.1-Funktionalität. Hierbei handelt es sich um ein geschlossenes Subsystem. Dies bedeutet, daß seine Anwendungen keine Einrichtungen des Win32-Subsystems nutzen können, so daß es in seinen Aufgaben sehr eingeschränkt ist. In der

Praxis ist die Verwendung dieses Subsystems zum Portieren eines echten Unix-Programms auf NT fast unmöglich. Es wurde nur einbezogen, weil Teile der US-Regierung verlangen, daß Betriebssysteme für Regierungsrechner mit P1003.1 konform sein müssen. Dieses Subsystem muß das Win32-Subsystem für einen Teil seiner Aufgaben nutzen, ohne jedoch die volle Win32-Schnittstelle in ihre Nutzerprogramme zu exportieren.

Das OS/2-Subsystem weist ebenfalls eine begrenzte Funktionalität auf und kann in künftigen Versionen getrost weggelassen werden. Es benutzt auch das Win32-Subsystem. Außerdem gibt es ein (in der Abbildung nicht dargestelltes) MS-DOS-Umgebungssubsystem.

Nachdem wir die Struktur von NT beschrieben haben, wenden wir uns unserem Hauptthema zu: den von NT angebotenen Diensten. Diese Schnittstelle bildet die Hauptverbindung des Programmierers mit dem System. Leider hat Microsoft nie eine vollständige Liste der NT-Systemaufrufe veröffentlicht; außerdem werden sie von einer Version zur nächsten laufend geändert. Unter diesen Bedingungen ist die Entwicklung von Programmen, die direkte Systemaufrufe durchführen, nahezu unmöglich.

Was Microsoft statt dessen definiert und veröffentlicht hat, ist eine Aufrufmenge mit der Bezeichnung **Win32-API** (**Application Programming Interface**). Hierbei handelt es sich um Bibliotheksprozeduren, die Systemaufrufe teilweise direkt durchführen und zum Teil in der Bibliotheksprozedur des Nutzerraums oder im Win32-Subsystem durchführen lassen. Die Win32-API-Aufrufe ändern sich nicht mit neuen Versionen zur Förderung der Stabilität. Es gibt aber auch NT-API-Aufrufe, die sich von einer Version zur nächsten ändern können. Obwohl nicht alle Win32-API-Aufrufe NT-Systemaufrufe sind, ist es besser, sich hier auf diese statt auf die echten NT-Systemaufrufe zu konzentrieren, weil die Win32-API-Aufrufe gut dokumentiert und beständig sind.

Die Win32-API-Philosophie unterscheidet sich völlig von der Unix-Philosophie. Bei Unix sind alle Systemaufrufe öffentlich bekannt und bilden eine minimale Schnittstelle: Entfernt man auch nur eine, würde man die Funktionalität des Betriebssystems reduzieren. Die Win32-Philosophie ist es, eine sehr umfassende Schnittstelle bereitzustellen: Oft wird das gleiche auf drei oder viererlei Art und Weise bewirkt, und sie beinhaltet viele Funktionen, die deutlich keine Systemaufrufe sein sollten (und es auch nicht sind), z.B. ein API-Aufruf zur Kopie einer ganzen Datei.

Viele Win32-API-Aufrufe erzeugen verschiedene Kernelobjekte, darunter Dateien, Prozesse, Threads, Pipes usw. Jeder Aufruf, der ein Kernel-Objekt erzeugt, gibt ein Ergebnis an den Aufrufer zurück, das man **Handle** nennt. Dieses Handle kann anschließend benutzt werden, um Operationen auf das Objekt auszuführen. Handles gehören jeweils zu dem Prozeß, der das vom Handle referenzierte Objekt erzeugt hat. Sie können nicht direkt an andere Prozesse weitergegeben und dort benutzt werden (so wie Unix-Dateibezeichner nicht an andere Prozesse weitergegeben und dort benutzt werden können). Unter bestimmten Umständen ist es allerdings möglich, ein Handle zu duplizieren und es an andere Prozesse auf geschützte Weise weiterzugeben, so daß diese kontrolliert auf Objekte zugreifen können, die anderen Prozessen gehören. Jedes Objekt hat auch einen Sicherheitsbezeichner, der bestimmt, wer welche Arten von Operationen auf das Objekt ausführen darf.

NT wird manchmal als objektorientiert bezeichnet, weil es nur eine Möglichkeit gibt, Kernel-Objekte zu manipulieren: durch Aufruf von Methoden (API-Funktionen) mit den Handles. Andererseits fehlen die meisten grundlegenden Merkmale objektorientierter Systeme, z.B. Vererbung und Polymorphismus.

Die Win32-API ist mit wenigen Ausnahmen auch unter Windows 95/98 verfügbar (und im Betriebssystem Windows CE für Verbrauchselektronik). Beispielsweise verfügt Windows 95/98 über keine Sicherheitsmechanismen, so daß die API-Aufrufe, die sich auf Sicherheit beziehen, unter Windows 95/98 lediglich Fehlercodes zurückgeben. Außerdem basieren die NT-Dateinamen auf dem Unicode-Zeichensatz, der unter Windows 95/98 nicht verfügbar ist. Darüber hinaus bestehen Unterschiede in den Parametern für einige API-Funktionsaufrufe. Unter NT sind beispielsweise alle Bildschirmkoordinaten, die in Grafikfunktionen angegeben sind, echte 32-Bit-Zahlen. Unter Windows 95/98 werden nur die 16 niederwertigen Bit benutzt (aus Gründen der Abwärtskompatibilität mit Windows 3.1). Das Vorhandensein der Win32-API auf mehreren verschiedenen Betriebssystemen vereinfacht das Portieren von Programmen zwischen diesen Systemen, deutet aber auch darauf hin, daß eine gewisse Abkopplung von den eigentlichen Systemaufrufen vorliegt. Einige Unterschiede zwischen Windows 95/98 und NT sind in Abb. 6.32 zusammengefaßt.

Merkmal	**Windows 95/98**	**NT 5.0**
Win32-API?	Ja	Ja
Volles 32-Bit-System?	Nein	Ja
Sicherheit?	Nein	Ja
Geschützte Dateiabbildungen (File Mappings)?	Nein	Ja
Privater Adreßraum für jedes MS-DOS-Programm?	Nein	Ja
Plug-and-Play?	Ja	Ja
Unicode?	Nein	Ja
Prozessor	Intel 80x86	80x86, Alpha
Mehrprozessor-Unterstützung?	Nein	Ja
Re-entrant-Code im Betriebssystem?	Nein	Ja
Sind kritische Betriebssystemdaten vom Benutzer beschreibbar?	Ja	Nein

Abb. 6.32: Einige Unterschiede zwischen Windows-Versionen

6.4.2 Beispiele von virtuellen Speichern

In diesem Abschnitt wird der virtuelle Speicher unter Unix und NT beschrieben. Größtenteils ähneln sie sich aus Sicht des Programmierers.

Der virtuelle Speicher unter Unix

Das Unix-Speichermodell ist einfach. Jeder Prozeß hat drei Segmente: Code, Daten und Stapel (siehe Abb. 6.33). Bei einer Maschine mit einem einzigen, linearen Adreßraum befindet sich der Code im allgemeinen tief unten im Speicher; darauf setzen die Daten auf. Der Stapel befindet sich oben im Speicher. Der Code hat eine feste Größe, während Daten und Stapel zunehmen können, dies jedoch in entgegengesetzte Richtungen. Dieses Modell läßt sich leicht auf fast jeder Maschine implementieren und ist das von Solaris benutzte Modell.

Unterstützt die Maschine Paging, kann der gesamte Adreßraum seitenspezifisch ausgelegt werden, ohne daß die Nutzerprogramme sich dessen bewußt sind. Sie können lediglich feststellen, daß Programme größer als der physikalische Speicher der Maschine sein dürfen. Unix-Systeme, die Paging nicht unterstützen, lagern im allgemeinen ganze Prozesse zwischen Speicher und Platte um, so daß Timesharing beliebig vieler Prozesse möglich ist.

Für Berkeley-Unix ist die obige Beschreibung (virtueller Speicher mit Demand-Paging) erschöpfend. System V (und Solaris) beinhalten darüber hinaus mehrere Merkmale, die es Benutzern ermöglichen, ihren virtuellen Speicher auf anspruchsvollere Weise zu verwalten. Vor allem besteht für einen Prozeß die Möglichkeit, eine Datei ganz oder teilweise auf einen Teil seines Adreßraums abzubilden. Wird z.B. eine 12-Kbyte-Datei auf die virtuelle Adresse 144 K abgebildet, liest eine Leseoperation auf das Wort an Adresse 144 K das erste Wort der Datei. Auf diese Weise ist Datei-E/A ohne Systemaufrufe möglich. Da einige Dateien möglicherweise den virtuellen Adreßraum übersteigen, ist es auch möglich, nur einen Teil einer Datei statt der ganzen Datei abzubilden. Die Abbildung erfolgt zuerst durch Öffnen der Datei und Einlesen eines Dateibezeichners *fd*, der die abzubildende Datei identifiziert. Dann führt der Prozeß den Aufruf

```
paddr = mmap(virtual_address, length, protection, flags, fd, file_offset)
```

aus, wobei die in *length* definierte Anzahl von Bytes ab *file_offset* in der Datei auf den virtuellen Adreßraum ab *virtual_address* abgebildet wird. Alternativ kann der Parameter *flags* gesetzt werden, um das System eine virtuelle Adresse auswählen zu lassen, die es dann als *paddr* zurückgibt. Der abgebildete Bereich muß eine ganzzahlige Anzahl von Seiten umfassen und an einer Seitengrenze ausgerichtet sein. Der Parameter *protection* kann eine beliebige Kombination aus Lese-, Schreib- oder Ausführungsrecht festlegen. Die Abbildung kann später mit `unmap` entfernt werden.

Mehrere Prozesse lassen sich gleichzeitig auf die gleiche Datei abbilden. Für die gemeinsame Nutzung gibt es zwei Optionen. Bei der ersten werden alle Seiten gemeinsam genutzt, so daß die von einem Prozeß durchgeführten Schreiboperationen für alle übrigen Prozesse sichtbar sind. Diese Option bietet einen Kommunikationspfad mit hoher Bandbreite zwischen den Prozessen. Bei der zweiten Option werden die Seiten gemeinsam genutzt, solange sie von keinem Prozeß geändert wurden. Sobald jedoch ein Prozeß versucht, in eine Seite zu schreiben, erhält er einen Schutzfehler, wodurch das Betriebssystem veranlaßt wird, ihm eine private Kopie der Seite zu übergeben, damit er sie beschreiben kann. Diese Methode heißt **Copy on Write** und wird benutzt, wenn einem von mehreren Prozessen der Eindruck vermittelt werden soll, er sei der einzige auf eine Datei abgebildete Prozeß.

Der virtuelle Speicher unter Windows NT

Bei NT hat jeder Nutzerprozeß seinen eigenen virtuellen Adreßraum. Virtuelle Adressen sind 32 Bit lang, so daß jeder Prozeß einen virtuellen Adreßraum von 4 Gbyte zur Verfügung hat. Die unteren 2 Gbyte sind für den Code und die Daten des Prozesses vorgesehen, während die oberen 2 Gbyte (begrenzten) Zugriff auf den Kernel-Speicher bieten. Dies gilt nicht für die Enterprise-Version von NT, bei der eine Aufteilung von 3 Gbyte für den Benutzer und 1 Gbyte für den Kernel möglich ist. Der virtuelle Adreßraum basiert auf dem Demand-Paging mit fester Seitengröße (4 Kbyte auf dem Pentium II).

Jede virtuelle Seite kann sich in einem von drei Zuständen befinden: frei, reserviert oder belegt. **Freie** Seiten sind derzeit nicht in Gebrauch, und eine Referenz darauf löst einen Seitenfehler aus. Wird ein Prozeß gestartet, befinden sich alle seine Seiten im freien Zustand, bis das Programm und die anfänglichen Daten auf seinen Adreßraum abgebildet werden. Danach gilt die Seite als **belegt** bzw. gebunden (committed). Eine Referenz auf eine belegte Seite wird mit Hilfe der virtuellen Speicher-Hardware abgebildet und ist erfolgreich, wenn sich die Seite im Arbeitsspeicher befindet. Andernfalls erfolgt ein Seitenfehler, und das Betriebssystem sucht und holt die Seite von der Platte. Eine virtuelle Seite kann sich auch im **reservierten** Zustand befinden, was bedeutet, daß sie nicht zur Abbildung verfügbar ist, bis die Reservierung ausdrücklich aufgehoben wird. Abgesehen von diesen drei Zuständen gibt es für Seiten weitere Attribute, z.B. lesbar, beschreibbar und ausführbar. Die oberen 64 Kbyte und die unteren 64 Kbyte des Speichers sind immer frei, um Zeigerfehler aufzufangen (nicht initialisierte Zeiger sind oft 0 oder –1).

Für jede belegte Seite befindet sich eine Spiegelseite (Shadow Page) auf der Platte, wo sie geführt wird, wenn sie nicht im Arbeitsspeicher ist. Freie und reservierte Seiten haben keine Spiegelseiten, so daß Referenzen darauf zu Seitenfehlern führen (das System kann eine Seite nicht von der Platte holen, wenn sich keine Seite auf der Platte befindet). Die Spiegelseiten auf der Platte sind in einer oder mehreren Paging-Dateien angeordnet. Das Betriebssystem führt darüber Buch, welche virtuelle Seite auf welchen Teil einer Paging-Datei abgebildet ist. Für (nur ausgeführten) Programmtext enthält die ausführbare Binärdatei die Spiegelseiten. Bei Datenseiten werden spezielle Paging-Seiten verwendet.

Wie System V erlaubt auch NT die direkte Abbildung von Dateien auf Bereiche des virtuellen Adreßraums (d.h. Serien fortlaufender Seiten). Nachdem eine Datei auf den Adreßraum abgebildet wurde, kann sie über die üblichen Speicherreferenzen gelesen oder beschrieben werden.

Die Speicherabbildung von Dateien wird auf die gleiche Weise wie andere belegte Seiten implementiert, lediglich die Spiegelseiten können sich in der Plattendatei statt in der Paging-Datei befinden. Wenn also eine Datei abgebildet wird, ist die im Speicher befindliche Version möglicherweise nicht mit der Version auf der Platte identisch (aufgrund kürzlich ausgeführter Schreiboperationen auf den virtuellen Adreßraum). Hebt man die Abbildung einer Datei aber explizit auf, wird die auf der Platte befindliche Version aktualisiert.

In NT können ausdrücklich zwei oder mehr Prozesse gleichzeitig auf die gleiche Datei abgebildet werden, möglicherweise an unterschiedlichen virtuellen Adressen. Durch Lesen und Schreiben von Speicherwörtern können die Prozesse untereinander kommunizieren und Daten in hoher Bandbreite austauschen, da Kopieren nicht erforderlich ist. Die verschiedenen Prozesse haben möglicherweise unterschiedliche Zugriffsrechte. Da alle Prozesse, die eine abgebildete Datei benutzen, die gleichen Seiten gemeinsam in Gebrauch haben, werden alle Änderungen, die einer davon ausführt, sofort für die übrigen sichtbar, auch wenn die Datei auf Platte noch nicht aktualisiert wurde.

Das WIN32-API enthält eine Reihe von Funktionen, mit denen ein Prozeß seinen virtuellen Speicher verwalten kann. Die wichtigsten dieser Funktionen sind in Abb. 6.34 aufgeführt. Alle arbeiten in einem Bereich, der entweder aus einer einzigen oder einer Folge von zwei oder mehr, im virtuellen Adreßraum fortlaufenden, Seiten besteht.

Die ersten vier API-Funktionen sind selbsterklärend. Die nächsten beiden ermöglichen es einem Prozeß, sich auf bis zu 30 Seiten im Speicher fest zu verdrahten, so daß sie nicht ausgelagert werden können, um diese Eigenschaft unwirksam zu machen. Diese Fähigkeit benötigt z.B. ein Echtzeitprogramm. Das Betriebssystem begrenzt die Anzahl der Dateien, um Prozesse daran zu hindern, zu viele Dateien zu binden. NT hat außerdem in Abb. 6.34 nicht dargestellte API-Funktionen zur Verfügung, mit denen ein Prozeß auf den virtuellen Speicher eines anderen Prozesses zugreifen kann, über den er Kontrolle erhalten hat (wenn er z.B. das Handle des Prozesses besitzt).

Die letzten vier API-Funktionen dienen der Verwaltung im Speicher abgebildeter Dateien. Um eine Datei abzubilden, muß zuerst mit `CreateFileMapping` ein Dateiabbildungsobjekt erstellt werden. Diese Funktion gibt ein Handle an das Dateiabbildungsobjekt zurück und trägt wahlweise einen Namen dafür in das Dateisystem ein, so daß es von einem anderen Prozeß benutzt werden kann. Die nächsten beiden Funktionen bilden Dateien ab bzw. heben die Abbildung von Dateien auf. Die letzte Funktion kann von einem Prozeß zur Öffnung eines zuvor erstellten Dateiabbildungsobjekts benutzt werden. Auf diese Weise können zwei oder mehr Prozesse Bereiche ihrer Adreßräume gemeinsam nutzen.

API-Funktion	Bedeutung
VirtualAlloc	Reserviert oder belegt einen Bereich
VirtualFree	Gibt einen Bereich frei
VirtualProtect	Ändert den Lesen-/Schreiben-/Ausführen-Schutz eines Bereichs
VirtualQuery	Fragt den Status eines Bereichs ab
VirtualLock	Deaktiviert das Paging auf einen Bereich (d.h. der Bereich wird speicherresident)
VirtualUnlock	Läßt das übliche Paging auf einen Bereich zu
CreateFileMapping	Erzeugt ein Dateiabbildungsobjekt und weist ihm (wahlweise) einen Namen zu
MapViewOfFile	Bildet eine Datei (teilweise) auf den Adreßraum ab
UnmapViewOfFile	Entfernt eine abgebildete Datei aus dem Adreßraum
OpenFileMapping	Öffnet ein zuvor erzeugtes Dateiabbildungsobjekt

Abb. 6.34: Die wichtigen API-Funktionen zur Verwaltung des virtuellen Speichers in Windows NT

Das sind die grundlegenden API-Funktionen, auf denen der Rest des Speicherverwaltungssystems aufbaut. Beispielsweise gibt es API-Funktionen zum Zuweisen und Freigeben von Datenstrukturen auf einer oder mehreren Halden (Heaps). Halden werden zum Speichern von Datenstrukturen benutzt, die dynamisch erstellt und zerstört werden. Auf die Halden wird keine Müllabfuhr (Garbage Collection) ausgeführt. Vielmehr ist die Nutzer-Software dafür zuständig, virtuelle Speicherblöcke freizugeben, die nicht mehr gebraucht werden. (Garbage Collection bedeutet die automatische Entfernung nicht benutzter Datenstrukturen durch das System.) Der Gebrauch von Halden ist in NT mit der Funktion *malloc* unter Unix vergleichbar, außer daß es dort mehrere, unabhängig verwaltete Halden geben kann.

6.4.3 Beispiele virtueller E/A

Im Kern jedes Betriebssystems befinden sich Dienste für Nutzerprogramme, vorwiegend E/A-Dienste, z.B. zum Lesen und Schreiben von Dateien. Unix und NT bieten zahlreiche E/A-Dienste für Nutzerprogramme. Für die meisten Unix-Systemaufrufe hat NT Entsprechungen, was man im umgekehrten Fall nicht behaupten kann, weil NT über weit mehr Aufrufe verfügt, die allesamt viel komplexer als unter Unix sind.

Virtuelle E/A unter Unix

Ein Großteil der Beliebtheit des Unix-Betriebssystems kann direkt seiner Einfachheit zugeschrieben werden, die wiederum das direkte Ergebnis der Organisation des Dateisystems ist. Eine gewöhnliche Datei ist eine lineare Folge von 8-Bit-Bytes, die bei 0 beginnen und bis zu einem Maximum von $2^{32} - 1$ Byte reichen. Das Betriebssystem selbst verlangt keine bestimmte Datensatzstruktur bei Dateien, obwohl viele Nutzerprogramme ASCII-Textdateien als Folge von Zeilen betrachten, die jeweils mit einem Zeilenvorschub (Line Feed) enden.

Mit jeder geöffneten Datei ist ein Zeiger verbunden, der zum nächsten zu lesenden oder zu schreibenden Byte zeigt. Die Systemaufrufe `read` und `write` lesen bzw. schreiben Daten ab der Dateiposition, die durch den Zeiger identifiziert wird. Beide Aufrufe schieben den Zeiger nach der Operation um die Menge, die der Anzahl der übertragenen Bytes entspricht, weiter. Auf Dateien läßt sich aber auch zufallsgesteuert zugreifen, wenn man den Dateizeiger auf einen bestimmten Wert setzt.

Zusätzlich zu gewöhnlichen Dateien unterstützt das Unix-System auch spezielle Dateien, die für den Zugriff auf E/A-Geräte benutzt werden. Jedem E/A-Gerät werden normalerweise eine oder mehrere spezielle Dateien zugewiesen. Durch Lesen und Beschreiben der betreffenden speziellen Datei kann ein Programm von einem bestimmten E/A-Gerät lesen oder auf dieses Gerät schreiben. Platten, Drucker, Terminals und viele andere Geräte werden auf diese Weise gehandhabt.

Abb. 6.35 zeigt die wichtigsten Aufrufe des Unix-Dateisystems. Der Aufruf `creat` (ohne *e* am Schluß) kann zur Erstellung einer neuen Datei benutzt werden. Er ist nicht mehr unbedingt notwendig, weil die gleiche Wirkung auch mit `open` erzielt wird. `unlink` entfernt eine Datei, unter der Annahme, daß sich die Datei in nur einem Verzeichnis befindet.

`open` öffnet vorhandene (und erzeugt neue) Dateien. Das Flag `mode` gibt an, wie sie zu öffnen ist (zum Lesen, Schreiben usw.). Der Aufruf gibt eine kleine Ganzzahl namens **Dateibezeichner** (File Descriptor) zurück, der die Datei in nachfolgenden Aufrufen identifiziert. Die eigentliche Datei-E/A erfolgt mit `read` und `write`, die jeweils einen Dateibezeichner haben, der die zu benutzende Datei, einen Puffer für die ausgetauschten Daten und die Anzahl der übertragenen Bytes anzeigt. `Lseek` positioniert den Dateizeiger, so daß zufallsgesteuerte Zugriffe auf Dateien möglich sind.

`Start` gibt Informationen über eine Datei zurück, darunter Größe, Datum des letzten Zugriffs, Eigentümer usw. `Chmod` ändert den Schutzmodus einer Datei, um z.B. anderen Benutzern das Lesen einer Datei zu gestatten oder sie daran zu hindern. Mit `fcntl` sind verschiedene Operationen auf eine Datei möglich, z.B. sperren oder eine gesetzte Sperre aufheben.

Systemaufruf	**Bedeutung**
`creat(name, mode)`	Erzeugt eine Datei; *mode* legt den Schutzmodus fest
`unlink(name)`	Löscht eine Datei (unter der Annahme, daß es nur einen Link darauf gibt)
`open(name, mode)`	Öffnet bzw. erzeugt eine Datei und gibt einen Dateibezeichner zurück
`close(fd)`	Schließt eine Datei
`read(fd, buffer, count)`	Liest die durch *count* vorgegebenen Bytes in den Puffer (*buffer*)
`write(fd, buffer, count`	Schreibt die durch *count* vorgegebenen Bytes vom Puffer (*buffer*)
`Iseek(fd, offset, w)`	Verschiebt den Dateizeiger, wie von *offset* und *w* vorgegeben
`stat(name, buffer)`	Gibt Informationen über die Datei zurück
`chmod(name, mode)`	Ändert den Schutzmodus einer Datei
`fcntl(fd, cmd, ...)`	Führt verschiedene Steueroperationen aus, z.B. (teilweises) Sperren einer Datei

Abb. 6.35: Die wichtigen Aufrufe des Unix-Dateisystems

Abbildung 6.36 zeigt, wie die wichtigen Aufrufe für Datei-E/A funktionieren. Es wird der kleinste mögliche Code gezeigt; er beinhaltet nicht die erforderliche Fehlerprüfung. Vor dem Eintritt in die Schleife öffnet das Programm eine existierende Datei *data* und erstellt eine neue Datei *newf*. Jeder Aufruf gibt einen Dateibezeichner – *infd* bzw. *outfd* – zurück. Die zweiten Parameter der beiden Aufrufe sind Schutzbits, die festlegen, daß die Dateien gelesen bzw. geschrieben werden können. Beide Aufrufe geben einen Dateibezeichner zurück. Schlägt entweder `open` oder `creat` fehl, wird ein negativer Dateibezeichner zurückgegeben, der über den Fehlschlag informiert.

```
// Dateibezeichner öffnen
  infd = open("data", 0);
  outfd = creat("newf", ProtectionBits);

  // Schleife kopieren
  do {
    count = read(infd, buffer, bytes);
    if (count > 0) write(outfd, buffer, count);
  } while (count > 0);

  // Dateien schließen
  close(infd);
  close(outfd);
```

Abb. 6.36: Ein Programmfragment zum Kopieren einer Datei mit Hilfe von Unix-Systemaufrufen. Dieses Fragment ist in C geschrieben, weil Java die Systemaufrufe der unteren Ebene verbirgt, wir sie aber darstellen wollen.

Der Aufruf `read` hat drei Parameter: einen Dateibezeichner, einen Puffer und einen Bytezähler. Der Aufruf versucht, die gewünschte Anzahl von Bytes von der angegebenen Datei in den Puffer zu lesen. Die tatsächlich gelesene Byteanzahl wird in *count* zurückgegeben, die kleiner ist als *bytes*, falls die Datei zu kurz war. Der Aufruf `write` legt die neu gelesenen Bytes in der Ausgabedatei ab. Die Schleife fährt fort, bis die Eingabedatei vollständig gelesen wurde. Dann endet die Schleife, und beide Dateien werden geschlossen.

Dateibezeichner sind in Unix kleine Ganzzahlen (normalerweise unter 20). Die Dateibezeichner 0, 1 und 2 sind besonderer Natur und entsprechen **Standard Input**, **Standard Output** bzw. **Standard Error**. Normalerweise beziehen sie sich auf Tastatur, Monitor bzw. Drucker, können aber vom Benutzer auf Dateien umgelenkt werden. Viele Unix-Programme erhalten ihre Eingabe von Standard Input und schreiben die verarbeitete Ausgabe in Standard Output. Solche Programme nennt man oft **Filter**.

Mit dem Dateisystem eng verbunden ist das Verzeichnissystem. Jeder Benutzer kann über mehrere Verzeichnisse verfügen, wobei jedes Verzeichnis sowohl Dateien als auch Unterverzeichnisse enthält. Unix-Systeme werden normalerweise mit einem Hauptverzeichnis, dem **Root-Directory**, konfiguriert, das die Unterverzeichnisse *bin* (für häufig ausgeführte Programme), *dev* (für die speziellen E/A-Gerätedateien), *lib* (für Bibliotheken) und *usr* (für Nutzerverzeichnisse) enthält (siehe Abb. 6.37). Bei diesem Beispiel enthält das Verzeichnis *usr* Unterverzeichnisse für *ast* und *jim*. Das Verzeichnis *ast* enthält zwei Dateien *data* und *foo.p*, und ein Unterverzeichnis *bin*, in dem sich vier Spiele befinden.

Dateien lassen sich benennen, wenn man ihren **Pfad** (Path) vom Root-Directory aus angibt. Ein Pfad enthält eine Liste aller Verzeichnisse, die von der Root bis zur Datei durchlaufen werden, wobei die Verzeichnisnamen durch Schrägstriche getrennt werden. Der absolute Pfadname von *game2* ist beispielsweise */urs/ast/bin/game2*. Ein Pfad, der an der Root beginnt, ist ein **absoluter Pfad** (Absolute Path).

Ein laufendes Programm hat zu jedem Moment ein **Arbeitsverzeichnis** (Working Directory). Pfadnamen können sich auch auf das Arbeitsverzeichnis beziehen. In diesem Fall beginnen sie nicht mit einem Schrägstrich, um sie von absoluten Pfadnamen zu unterscheiden. Solche Pfade nennt man **relative Pfade** (Relative Paths). Ist */usr/ast* das Arbeitsverzeichnis, kann auf *game3* mit dem Pfad *bin/game3* zugegriffen werden. Mit dem Systemaufruf `link` kann ein Benutzer einen **Link** zu einer Datei eines anderes Benutzers erstellen. Im obigen Beispiel haben z.B. */usr/ast/bin/game3* und */usr/jim/jotto* Zugang zur gleichen Datei. Um Zyklen im Verzeichnissystem zu verhindern, sind Links in Verzeichnissen nicht zulässig. Die Aufrufe und `creat` erhalten entweder absolute oder relative Pfadnamen als Argumente.

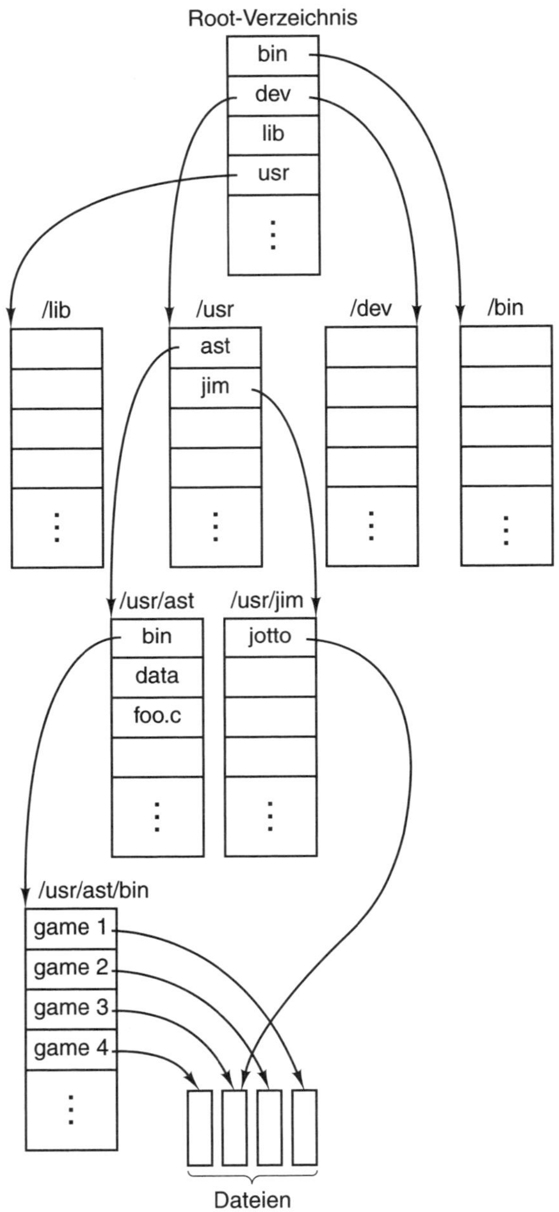

Abb. 6.37: Teil eines typischen Unix-Verzeichnissystems

Abb. 6.38 zeigt die wichtigen Systemaufrufe der Unix-Verzeichnisverwaltung. `Mkdir` erzeugt ein neues Verzeichnis, und `rmdir` löscht ein vorhandenes (leeres). Die nächsten drei Aufrufe werden zum Lesen von Verzeichniseinträgen benutzt. Der erste öffnet das Verzeichnis, der zweite liest Einträge daraus, und der dritte schließt es. `Chdir` wechselt das Arbeitsverzeichnis.

Systemaufruf	Bedeutung
mkdir(name, mode)	Erzeugt ein neues Verzeichnis
rmdir(name)	Löscht ein leeres Verzeichnis
opendir(name)	Öffnet ein Verzeichnis für das Lesen
readdir(dirpointer)	Liest den nächsten Eintrag in einem Verzeichnis
closedir(dirpointer)	Schließt ein Verzeichnis
chdir(dirname)	Wechselt vom aktuellen in das durch *dirname* angegebene Verzeichnis
link(name1, name2)	Erzeugt einen Verzeichniseintrag *name2*, der auf *name1* zeigt
unlink(name)	Entfernt *name* aus seinem Verzeichnis

Abb. 6.38: Die grundlegenden Aufrufe der Unix-Verzeichnisverwaltung

`link` erzeugt einen neuen Verzeichniseintrag, der auf eine existierende Datei zeigt. Der Eintrag */usr/jim/jotto* kann z.B. von dem Aufruf

```
link("/usr/ast/bin/game3","/usr/jim/jotto")
```

oder einem ähnlichen Aufruf mit Hilfe von relativen Pfadnamen erstellt werden, je nach dem Arbeitsverzeichnis, das den Aufruf ausführt. `unlink` entfernt einen Verzeichniseintrag. Hat die Datei nur einen Link, wird sie gelöscht. Hat sie mehrere, wird sie beibehalten. Es spielt keine Rolle, ob ein entfernter Link das Original oder eine später angefertigte Kopie ist. Nachdem der Link einmal erstellt wurde, ist er ein »Bürger erster Klasse«, der sich nicht vom Original unterscheidet. Der Aufruf

```
unlink("/usr/ast/bin/game3")
```

bewirkt, daß *game3* von nun an nur über den Pfad */usr/jim/jotto* zugänglich ist. `link` und `unlink` können auf diese Weise benutzt werden, um Dateien zwischen Verzeichnissen zu »verschieben«.

Verbunden mit jeder Datei (einschließlich Verzeichnisse, weil auch sie Dateien sind) ist eine Bitmap, die besagt, wer auf die Datei zugreifen kann. Die Map enthält drei RWX-Felder (Read, Write, eXecute) zur Steuerung von Lese-, Schreib- und Ausführungsrechten für den Eigentümer und für andere, die zur Gruppe des Eigentümers gehören, sowie für alle weiteren Benutzer. Das heißt, RWX R-X --X bedeutet, daß der Eigentümer die Datei lesen, sie beschreiben und ausführen kann (natürlich handelt es sich um ein ausführbares Programm, ansonsten wäre eXecute ausgeschaltet), während andere seiner Gruppe die Datei lesen oder ausführen und Fremde sie nur ausführen können. Mit diesen Rechten können Fremde das Programm zwar benutzen, aber nicht stehlen (kopieren), weil sie kein Leserecht haben. Die Zuweisung von Benutzern zu Gruppen erfolgt durch den Systemadministrator, der normalerweise **Superuser** genannt wird. Der Superuser hat auch das Recht, sich über die eingerichteten Schutzmechanismen hinwegzusetzen und jede Datei zu lesen, zu beschreiben und auszuführen.

Wir sehen uns nun kurz an, wie Dateien und Verzeichnisse unter Unix implementiert werden. Der Leser findet eine umfassende Beschreibung in Vahalia (1996). Verbunden mit jeder Datei (und jedem Verzeichnis, weil ein Verzeichnis ebenfalls eine Datei ist), ist ein 64-Byte-Block mit Informationen, den man **I-Node** nennt. Der I-Node teilt mit, wem die Datei gehört, welche Rechte darauf bestehen, wo die Daten zu finden sind und ähnliches. Die I-Nodes für die auf der Platte vorhandenen Dateien residieren entweder in numerischer Reihenfolge ab Plattenbeginn oder aber, falls die Platte in Zylindergruppen unterteilt ist, ab dem Anfang einer Zylindergruppe. Mit einer bestimmten I-Node-Nummer kann das Unix-System also die betreffenden I-Nodes finden, indem es einfach die entsprechende Plattenadresse berechnet.

Ein Verzeichniseintrag setzt sich aus zwei Teilen zusammen: einem Dateinamen und einer I-Node-Nummer. Führt ein Programm

```
open("foo.c",0)
```

aus, sucht das System das Arbeitsverzeichnis für den Dateinamen *foo.c*, um die I-Node-Nummer dieser Datei zu finden. Hat es die I-Node-Nummer gefunden, kann es den I-Node einlesen, der jede Auskunft über die Datei gibt.

Wird ein längerer Pfadname angegeben, werden die obigen grundlegenden Schritte mehrmals wiederholt, bis der volle Pfad analysiert ist. Um beispielsweise die I-Node-Nummer für */usr/ast/data* zu finden, durchsucht das System zuerst das Root-Verzeichnis nach dem Eintrag *usr*. Hat es den I-Node für *usr* gefunden, kann es diese Datei lesen (ein Verzeichnis ist in Unix eine Datei). In dieser Datei sucht es nach dem Eintrag *ast* und findet somit die I-Node-Nummer für die Datei */usr/ast*. Das System liest */usr/ast* und kann dann den Eintrag für *data* finden, so daß es entsprechend die I-Node-Nummer für */usr/ast/data* ermittelt. Mit der I-Node-Nummer für die Datei kann es dann alles über die Datei herausfinden.

Format, Inhalt und Layout eines I-Node variieren mehr oder weniger je nach System (insbesondere bei Netzwerken). Die folgenden Elemente kommen aber meist in jedem I-Node vor:

1. Der Dateityp, die neun RWX-Schutzbits und ein paar weitere Bits
2. Die Anzahl von Links zur Datei (Anzahl der dafür vorhandenen Verzeichniseinträge)
3. Die Identität des Eigentümers
4. Die Gruppe des Eigentümers
5. Die Dateilänge in Byte
6. Dreizehn Plattenadressen
7. Die Uhrzeit, wann die Datei zuletzt gelesen wurde
8. Die Uhrzeit, wann die Datei zuletzt beschrieben wurde
9. Die Uhrzeit, wann der I-Node zuletzt geändert wurde

Der Dateityp unterscheidet gewöhnliche Dateien, Verzeichnisse und zwei spezielle Dateiarten für blockstrukturierte und unstrukturierte E/A-Geräte. Die Anzahl von Links und die Identifizierung des Eigentümers wurden bereits beschrieben. Die Dateilänge beträgt eine 32-Bit-Ganzzahl, die für das höchste mit einem Wert belegte Byte steht. Es ist absolut zulässig, eine Datei zu erstellen, ein `lseek` an Position 1.000.000 auszuführen und 1 Byte zu schreiben, was eine Dateilänge von 1.000.001 ergibt. Die Datei würde aber *nicht* das Speichern aller »fehlenden« Bytes voraussetzen.

Die ersten zehn Plattenadressen zeigen auf Datenblöcke. Bei einer Blockgröße von 1024 Byte können Dateien mit bis zu 10.240 Byte auf diese Weise gehandhabt werden. Adresse 11 zeigt auf einen Plattenblock – den **indirekten Block**, der 256 Plattenadressen enthält. Dateien mit bis zu 10.240 + 256 × 1024 = 272.384 Byte werden auf diese Weise gehandhabt. Für noch größere Dateien zeigt Adresse 12 auf einen Block, der die Adressen von 256 indirekten Blöcken enthält, die Dateien mit bis zu 272.384 + 256 × 256 × 1024 = 67.381.248 Byte bewältigen. Ist dieser sogenannte **doppelte indirekte Block** immer noch zu klein, kann Plattenadresse 13 benutzt werden, die auf einen **dreifachen indirekten Block** mit Adressen von 256 doppelten indirekten Blökken zeigt. Mit Hilfe direkter sowie einzelner, doppelter und dreifacher indirekter Adressen lassen sich bis zu 16.843.018 Blöcke adressieren, was theoretisch eine maximale Dateigröße von 17.247.250.432 Byte ergibt. Da Dateizeiger auf 32 Bit begrenzt sind, liegt die praktische Obergrenze aber bei 4.294.967.295 Byte. Freie Plattenblöcke werden in verketteten Listen geführt. Wird ein neuer Block benötigt, entnimmt man den nächsten Block aus dieser Liste. Das hat zur Folge, daß die Blöcke jeder Datei willkürlich über die ganze Platte verteilt sind.

Um eine höhere Effizienz bei Platten-E/A zu erreichen, wird der I-Node beim Öffnen einer Datei in eine Tabelle kopiert, die sich im Arbeitsspeicher befindet und dort als unmittelbar zur Verfügung stehende Referenz verbleibt, solange die Datei geöffnet ist. Außerdem werden mehrere erst vor kurzem referenzierte Plattenblöcke im Speicher gehalten. Da die meisten Dateien sequentiell gelesen werden, kommt es oft vor, daß eine Dateireferenz den gleichen Plattenblock wie eine vorherige Referenz betrifft. Um diese Wirkung zu verstärken, versucht das System auch, den nächsten Block in einer Datei vor der Referenzierung zu lesen, um die Verarbeitung zu beschleunigen. Diese Optimierungen werden vor dem Benutzer verborgen. Gibt ein Benutzer einen `read`-Aufruf aus, wird das Programm unterbrochen, bis die angeforderten Daten im Puffer zur Verfügung stehen.

Mit diesen Hintergrundinformationen wissen wir jetzt, wie Dateiein- und -ausgaben funktionieren. `Open` veranlaßt das System, die Verzeichnisse des angegebenen Pfads zu durchsuchen. Bei erfolgreicher Suche wird der I-Node in eine interne Tabelle eingelesen. Bei `read` und `write` muß das System die Blocknummer aus der aktuellen Dateiposition berechnen. Die Plattenadressen der ersten zehn Blöcke befinden sich immer im Arbeitsspeicher (im I-Node). Blöcke mit höheren Nummern setzen das vorherige Lesen eines oder mehrerer indirekter Blöcke voraus. `lseek` ändert lediglich den aktuellen Positionszeiger, ohne eine E/A auszuführen.

`link` und `unlink` sind jetzt ebenso leicht verständlich. `link` liest sein erstes Argument, um die I-Node-Nummer zu finden. Dann erzeugt es einen Verzeichniseintrag für das zweite Argument, wobei die I-Node-Nummer der ersten Datei in diesen Eintrag geschrieben wird. Anschließend wird der Link-Zähler im I-Node um eins inkrementiert. `unlink` entfernt einen Verzeichniseintrag und dekrementiert den Link-Zähler im I-Node. Ist er Null, wird die Datei entfernt, und alle Blöcke, die sie belegt hat, werden in die Freiliste zurückgestellt.

Virtuelle E/A unter Windows NT

Von den Dateisystemen, die NT unterstützt, sind **NTFS** (**NT File System**) und **FAT** (**File Allocation Table**) die wichtigsten. NTFS ist ein neues, eigens für NT entwickeltes Dateisystem. FAT ist das alte MS-DOS-Dateisystem, das auch in Windows 95/98 benutzt wird (allerdings mit Unterstützung langer Dateinamen). Da FAT überholt ist (obwohl es heute noch von mehreren hundert Millionen Endanwendern benutzt wird), konzentrieren wir uns hier auf NTFS. Seit NT-Version 5.0 wird das in den neueren Versionen von Windows 95 und Windows 98 vorhandene FAT32-Dateisystem ebenfalls unterstützt.

In NTFS können Dateinamen bis zu 255 Zeichen lang sein. Dateinamen sind in Unicode, so daß man in Ländern, die nicht das lateinische Alphabet benutzen (z.B. Japan, Indien, Israel), Dateinamen in seiner jeweiligen Sprache schreiben kann. (NT benutzt intern in allen Bereichen Unicode; die Versionen seit NT 5.0 haben einen Binärcode für alle Länder, die gleichzeitig aber auch die jeweilige Landessprache benutzen können, weil alle Menüs, Fehlermeldungen usw. in landesspezifischen Konfigurationsdateien geführt werden.) NTFS unterstützt Groß- und Kleinschreibung (d.h., *foo* ist etwas anderes als *FOO*). Leider bietet das Win32-API keine volle Unterstützung von Groß- und Kleinschreibung für Dateinamen und nicht für alle Verzeichnisnamen, so daß Programme, die Win32 benutzen, diesen Vorteil einbüßen.

Wie bei Unix ist eine Datei lediglich eine lineare Bytefolge, allerdings bis zu einem Maximum von $2^{64} - 1$. Wie in Unix gibt es auch Dateizeiger, die aber nicht 32, sondern 64 Bit breit sind, um die maximale Dateilänge zu handhaben. Die Funktionsaufrufe des Win32-API zur Manipulation von Dateien und Verzeichnissen ähneln in etwa denen unter Unix, außer daß die meisten mehr Parameter haben und ein anderes Sicherheitsmodell vorliegt. Beim Öffnen einer Datei wird ein Handle zurückgegeben, das dann zum Lesen und Beschreiben der Datei benutzt wird. Im Gegensatz zu Unix sind Handles aber keine kleinen Ganzzahlen. Des weiteren müssen Standard Input, Standard Output und Standard Error ausdrücklich erworben werden und sind nicht als 0, 1 und 2 vordefiniert (außer im Konsolmodus, bei dem sie im voraus geöffnet werden). Abb. 6.39 zeigt die grundlegenden Funktionen des Win32-API für die Dateiverwaltung.

API-Funktion	**Unix**	**Bedeutung**
`CreateFile`	`open`	Datei erzeugen oder vorhandene Datei öffnen; Rückgabe eines Handle
`DeleteFile`	`unlink`	Vorhandene Datei löschen
`CloseHandle`	`close`	Datei schließen
`ReadFile`	`read`	Daten aus einer Datei lesen
`WriteFile`	`write`	Daten in eine Datei schreiben
`SetFilePointer`	`Iseek`	Dateizeiger auf eine bestimmte Stelle in der Datei setzen
`GetFileAttributes`	`stat`	Dateieigenschaften zurückgeben
`LockFile`	`fcntl`	Einen Bereich der Datei zur Bereitstellung des gegenseitigen Ausschlusses sperren
`UnlockFile`	`fcntl`	Sperre eines zuvor gesperrten Bereichs der Datei aufheben

Abb. 6.39: Die grundlegenden Win32-API-Funktionen für Datei-E/A. Die zweite Spalte enthält das Unix am nächsten kommende Gegenstück.

Wir betrachten jetzt diese Aufrufe kurz. `CreateFile` kann benutzt werden, um eine neue Datei zu erzeugen und ein Handle dafür zurückzugeben. Für diese API-Funktion verwendet man ein Handle, um vorhandene Dateien zu öffnen, weil es keine API-Funktion `open` gibt. Wir haben die Parameter für die API-Funktionen von NT nicht aufgeführt, weil sie so umfangreich sind. `CreateFile` hat beispielsweise die folgenden sieben Parameter:

1. Ein Zeiger zum Namen der zu erstellenden bzw. zu öffnenden Datei
2. Flags mit Informationen darüber, ob die Datei gelesen und/oder beschrieben werden kann
3. Flags mit Informationen darüber, ob mehrere Prozesse die Datei gleichzeitig öffnen können
4. Ein Zeiger zum Sicherheitsbezeichner mit Informationen, wer auf die Datei zugreifen kann
5. Flags mit Informationen darüber, was zu tun ist, wenn die Datei existiert bzw. nicht existiert
6. Flags in bezug auf Attribute, z.B. Archivieren, Komprimieren usw.
7. Das Handle einer Datei, deren Attribute für die neue Datei geklont werden sollen

Die nächsten sechs, in Abb. 6.39 aufgeführten API-Funktionen ähneln den entsprechenden Unix-Systemaufrufen. Die letzten beiden erlauben es, einen Dateibereich zu sperren bzw. die Sperre aufzuheben, um einem Prozeß garantierten gegenseitigen Ausschluß zu gewähren.

Mit Hilfe dieser API-Funktionen kann eine Prozedur geschrieben werden, um eine Datei zu kopieren, analog zur Unix-Variante in Abb. 6.1. Eine solche Prozedur (ohne jede Fehlerprüfung) ist in Abb. 6.40 dargestellt. Sie entspricht genau der Struktur von Abb. 6.36. In der Praxis müßte man dies nicht programmieren, weil `CopyFile` als API-Funktion (die etwas ähnliches als Bibliotheksprozedur ausführt) zum Kopieren von Dateien vorhanden ist.

```
// Dateien für Ein- und Ausgaben öffnen
  inhandle = CreateFile("data", GENERIC_READ, 0, NULL, OPEN_EXISTING, 0, NULL);
  outhandle = CreateFile("newf", GENERIC_WRITE, 0, NULL, CREATE_ALWAYS,
      FILE_ATTRIBUTE_NORMAL, NULL);

  // Datei kopieren
  do {
       s = ReadFile(inhandle, buffer, BUF_SIZE, &count, NULL);
      if (s > 0 && count > 0) WriteFile(outhandle, buffer, count, &ocnt, NULL);
  while (s > 0 && count > 0);

  // Dateien schließen
  CloseHandle(inhandle);
  CloseHandle(outhandle);
```

Abb. 6.40: Ein Programmfragment zum Kopieren einer Datei mit Hilfe der API-Funktionen von Windows NT. Dieses Fragment ist in C geschrieben, weil Java Systemaufrufe der unteren Ebene verbirgt, wir sie aber darstellen wollen.

NT unterstützt ein hierarchisches Dateisystem, das dem Unix-Dateisystem ähnelt. Namensteile werden aber nicht mit dem Schrägstrich (/), sondern mit dem Backslash (\) getrennt. Das ist ein Überrest aus MS-DOS. Es gibt auch in NT das Konzept eines aktuellen Arbeitsverzeichnisses bei relativen und absoluten Pfadnamen. Ein entscheidender Unterschied zu Unix ist aber, daß letzteres es zuläßt, die Dateisysteme auf verschiedenen Platten und Maschinen zusammen in einem Namensbaum (Naming Tree) zu laden, so daß die Plattenstruktur vor der Software verborgen wird. NT 4.0 weist diese Eigenschaft nicht auf. Das heißt, daß absolute Dateinamen mit einem Laufwerksbuchstaben beginnen müssen, der die logische Platte bezeichnet, z.B. *C:\windows\system\foo.dll*. Seit NT-Version 5.0 wird aber auch das Laden von Dateisystemen im Unix-Stil unterstützt.

Abb. 6.41 zeigt die grundlegenden API-Funktionen zur Verzeichnisverwaltung, auch hier wieder mit den vergleichbaren Unix-Gegenstücken. Die Funktionen sind selbsterklärend.

Man beachte, daß NT 4.0 keine Datei-Links unterstützte. Auf der Ebene des grafischen Desktops (Arbeitsplatz) wurden Shortcuts unterstützt. Diese Gebilde gehörten aber intern zum Desktop und hatten im Dateisystem keine Entsprechung. Ein Anwendungsprogramm konnte keine Datei in einem zweiten Verzeichnis eingeben, ohne die ganze Datei zu kopieren. Seit NT 5.0 werden auch Datei-Links unterstützt.

API-Funktion	Unix	Bedeutung
`CreateDirectory`	`mkdir`	Neues Verzeichnis erstellen
`RemoveDirectory`	`rmdir`	Leeres Verzeichnis entfernen
`FindFirstFile`	`opendir`	Initialisieren und mit dem Lesen der Einträge in einem Verzeichnis beginnen
`FindNextFile`	`readdir`	Nächsten Verzeichniseintrag lesen
`MoveFile`		Datei von einem Verzeichnis in ein anderes Verschieben
`SetCurrentDirectory`	`chdir`	Aktuelles Arbeitsverzeichnis wechseln

Abb. 6.41: Die grundlegenden Win32-API-Funktionen zur Verzeichnisverwaltung. Die zweite Spalte enthält die vergleichbaren Unix-Entsprechungen, soweit vorhanden.

Der Sicherheitsmechanismus von NT ist wesentlich anspruchsvoller und ausgefeilter als bei Unix. Obwohl es Hunderte von API-Funktionen für die Sicherheit gibt, führen wir nur einige auf, um einen allgemeinen Einblick zu vermitteln. Meldet sich ein Benutzer an, erhält der Anfangsprozeß ein **Access-Token** vom Betriebssystem. Dieses Access-Token enthält die **SID** (**Security-ID**) des Benutzers, d.h. eine Aufstellung der Sicherheitsgruppen, zu denen der Benutzer gehört, eventuell vorhandene Sonderrechte und ein paar weitere Elemente. Das Access-Token hat den Zweck, alle Sicherheitsinformationen an einer leicht auffindbaren Stelle zu konzentrieren. Alle von diesem Prozeß erzeugten Prozesse erben das gleiche Access-Token.

Ein Sicherheitsbezeichner (**Security Descriptor**) ist einer der Parameter, die bei Erstellung eines Objekts bereitgestellt werden können. Der Sicherheitsbezeichner enthält eine Liste, die man **ACL** (**Access Control List**) nennt. Jeder Eintrag in dieser Liste erlaubt oder verbietet bestimmte Operationen auf das Objekt durch eine SID oder Gruppe. Beispielsweise kann eine Datei einen Sicherheitsbezeichner haben, der bestimmt, daß Elinor keinen Zugriff auf die Datei hat, Ken die Datei lesen und Linda die Datei lesen und beschreiben kann, und alle Mitglieder der Gruppe XYZ die Länge der Datei lesen können, ansonsten aber nichts damit durchführen dürfen.

Versucht ein Prozeß, eine Operation auf ein Objekt mit Hilfe seines Handles auszuführen, das er bei der Öffnung des Objekts erhielt, holt sich der Sicherheitsmanager das Access-Token des Prozesses und sieht die Einträge der ACL der Reihe nach durch. Sobald er einen Eintrag findet, der mit der SID des Aufrufers oder einer Gruppe des Aufrufers übereinstimmt, wird der dort vorgefundene Zugriff als definitiv angenommen. Aus diesem Grund ist es üblich, in die ACL Einträge, die den Zugriff verwehren, vor denen einzufügen, die den Zugriff gestatten. Auf diese Weise kann ein Benutzer, dem gemäß dieser Definition der Zugriff verwehrt ist, nicht durch die Hintertür als Mitglied einer legitimen Gruppe den Zugriff erschleichen. Der Sicherheitsbezeichner enthält auch Informationen, die zur Überwachung der Zugriffe auf das Objekt benutzt werden.

Wir werfen jetzt einen kurzen Blick auf die Implementierung von Dateien und Verzeichnissen in NT. Jede Platte ist in statisch in sich geschlossene Volumes unterteilt, die den Plattenpartitionen in Unix entsprechen. Jedes Volume enthält Dateien, Verzeichnis-Bitmaps und weitere Datenstrukturen zur Verwaltung seiner Informationen. Jedes Volume ist als lineare Folge von **Clustern** organisiert. Ein Cluster hat eine feste Größe pro Volume, die je nach Größe des Volume im Bereich von 512 Byte bis 64 Kbyte liegt. Cluster werden durch ihren Offset vom Anfang des Volume mit Hilfe von 64-Bit-Zahlen referenziert.

Die wichtigste Datenstruktur in jedem Volume ist die **MFT** (**Master File Table**), die für jede Datei und jedes Verzeichnis eines Volume einen Eintrag enthält. Diese Einträge entsprechen den I-Nodes in Unix. Die MFT selbst ist eine Datei und kann als solche an jede beliebige Stelle innerhalb des Volume abgestellt werden. Das bedeutet, daß hier das Problem nicht entsteht, das Unix mit fehlerhaften Plattenblöcken mitten in den I-Nodes hat.

Die MFT ist in Abb. 6.42 dargestellt. Sie beginnt mit einem Header, der Informationen über das Volume enthält, z.B. Zeiger zum Root-Verzeichnis, zur Boot-Datei, zur Bad-Block-Datei, zur Freilistenverwaltung usw. Danach folgt ein 1-Kbyte-Eintrag pro Datei oder Verzeichnis; die Cluster-Größe kann 2 Kbyte oder mehr betragen. Jeder Eintrag enthält alle Metadaten (Verwaltungsinformationen) über die Datei bzw. das Verzeichnis. Wie aus Abb. 6.42 ersichtlich wird, sind mehrere Formate zulässig.

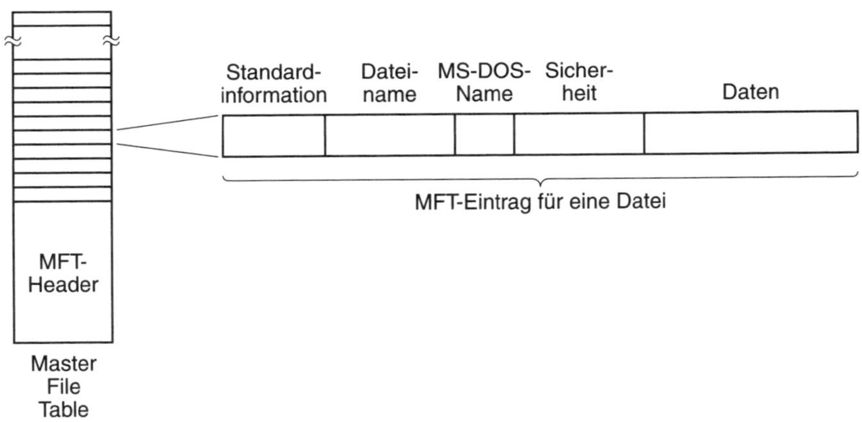

Abb. 6.42: Die MFT (Master File Table) von Windows NT

Das Feld »Standard Information« enthält Informationen, z.B. die von POSIX benötigten Zeitstempel, die Anzahl der festverdrahteten Links, die Nur-Lesen- und Archivbits usw. Dieses Feld hat eine feste Länge und ist immer vorhanden. Die Länge des Dateinamens ist variabel und kann bis zu 255 Unicode-Zeichen betragen. Damit solche Dateien auch für alte 16-Bit-Programme zugänglich sind, nehmen Dateien auch einen MS-DOS-Namen an, der aus acht alphanumerischen Zeichen, wahlweise gefolgt von einem Punkt und einer drei alphanumerische Zeichen langen Erweiterung besteht. Entspricht der tatsächliche Dateiname der MS-DOS-Namensregel 8+3, wird kein zweiter MS-DOS-Name benutzt.

Anschließend folgen die Sicherheitsinformationen. In Versionen bis einschließlich NT 4.0 enthielt das Feld »Security« den aktuellen Sicherheitsbezeichner. Seit NT 5.0 befinden sich alle Sicherheitsinformationen in einer einzigen Datei, so daß dieses jetzt einfach auf den relevanten Teil dieser Datei zeigt.

Bei kleinen Dateien sind die Dateidaten selbst im MFT-Eintrag enthalten, wodurch man sich für den Holvorgang einen Plattenzugriff spart. Dieses Konzept heißt **Immediate File** (Mullender und Tanenbaum; 1987). Bei etwas größeren Dateien enthält dieses Feld Zeiger zu Clustern, in denen sich die Daten befinden, oder, was häufiger vorkommt, in aufeinanderfolgenden Clustern, so daß eine Cluster-Nummer und eine Länge eine beliebige Menge von Dateidaten darstellen können. Ist ein einzelner MFT-Eintrag für die aufzunehmenden Informationen nicht ausreichend, können weitere Einträge mit ihm verkettet werden.

Die maximale Dateigröße beträgt 2^{64} Byte. Um sich vorzustellen, wie groß eine 2^{64}-Byte-Datei ist, stelle man sich eine Datei vor, die binär ausgelesen wurde, wobei jede 0 oder 1 ein mm lang ist. Die 2^{67}-mm-Liste wäre 15 Lichtjahre lang und würde weit über das Sonnensystem hinausreichen, bis Alpha Centauri und zurück.

Das NTFS-Dateisystem verfügt über viele weitere interessante Eigenschaften, darunter Datenkompression und Fehlertoleranz mit Hilfe atomarer Transaktionen. Ausführliche Informationen darüber findet der Leser in Solomon (1998).

6.4.4 Beispiele der Prozeßverwaltung

Sowohl Unix als auch NT erlauben die Aufteilung eines Jobs in mehrere Prozesse, die (quasi) parallel laufen und miteinander wie das an früherer Stelle beschriebene Erzeuger/Verbraucher-Beispiel kommunizieren können. In diesem Abschnitt wird beschrieben, wie Prozesse in den beiden Systemen verwaltet werden. Beide Systeme unterstützen außerdem Parallelität innerhalb eines Prozesses mit Hilfe von Threads, so daß auch dieses Thema behandelt wird.

Prozeßverwaltung unter Unix

Ein Unix-Prozeß kann jederzeit einen Teilprozeß (Subprocess) erstellen, der eine genaue Wiedergabe von sich selbst ist, indem er den Systemaufruf `fork` ausführt. Dabei wird der ursprüngliche Prozeß **Elternprozeß** (Parent) und der neue **Kindprozeß** (Child) genannt. Gleich nach `fork` sind die beiden Prozesse identisch und teilen sich sogar die gleichen Dateibezeichner. Von da an geht jeder seiner Wege und macht unabhängig vom anderen, was er will.

In vielen Fällen jongliert der Kindprozeß mit den Dateibezeichnern auf gewisse Weise und führt dann den Systemaufruf `exec` aus, der sein Programm und seine Daten durch das Programm und die in einer ausführbaren Datei befindlichen Daten austauscht, die als Parameter für den Aufruf `exec` spezifiziert sind. Tippt ein Benutzer am Terminal z.B. *xyz* ein, führt der Befehlsinterpreter zur Erstellung eines Kindprozesses (Shell) `fork` aus. Dieser Kindprozeß führt dann `exec` aus, um das *xyz*-Programm auszuführen.

Die beiden Prozesse laufen parallel (mit oder ohne `exec`), es sei denn, der Elternprozeß wartet, bis der Kindprozeß fertig ist, bevor er fortfährt. Möchte der Elternprozeß warten, führt er entweder den Systemaufruf `wait` oder `waitpid` auf, wodurch er so lange unterbrochen wird, bis das Kind `exit` ausführt und damit beendet ist. Anschließend fährt der Elternprozeß fort.

Prozesse können `fork` beliebig oft ausführen, so daß ein Baum (Tree) mit Prozessen entsteht. In Abb. 6.43 hat z.B. Prozeß *A* zweimal `fork` ausgeführt, womit er die beiden Kinder *B* und *C* erzeugt hat. Dann hat auch *B* zweimal und C einmal `fork` ausgeführt, so daß letztendlich ein Baum mit sechs Prozessen entstanden ist.

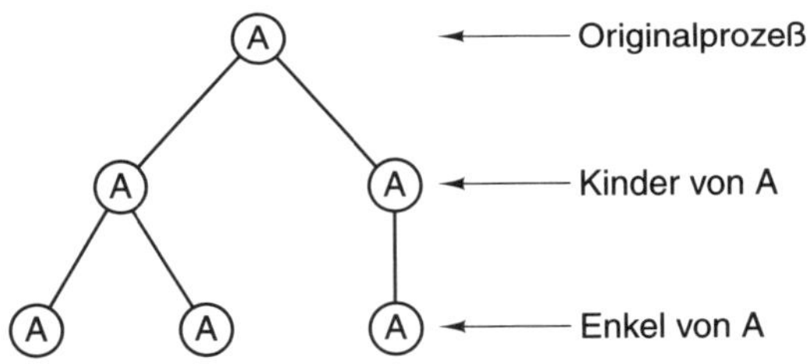

Abb. 6.43: Ein Prozeßbaum unter Unix

Prozesse können unter Unix über eine Struktur miteinander kommunizieren, die als **Pipe** bezeichnet wird. Eine Pipe ist eine Art Puffer, in den ein Prozeß einen Datenstrom schreiben bzw. aus dem er einen anderen entnehmen kann. Bytes werden aus einer Pipe immer in der Reihenfolge geholt, in der sie geschrieben wurden. Hier ist kein zufallsgesteuerter Zugriff möglich. Pipes halten keine Nachrichtengrenzen ein. Wenn also z.B. ein Prozeß vier 128-Byte-Schreiboperationen und der andere eine 512-Byte-Leseoperation durchführt, erhält der Leser alle Daten auf einmal, ohne Hinweis darauf, daß sie in mehreren Operationen geschrieben wurden.

In System V und Solaris haben Prozesse eine andere Möglichkeit: Sie kommunizieren mittels **Nachrichtenschlangen** (Message Queues). Ein Prozeß kann mit `msgget` eine neue Nachrichtenschlange erstellen oder eine existierende öffnen. Mit Hilfe einer Nachrichtenschlange kann ein Prozeß Nachrichten mit `msgsnd` senden und mit `msgrecv` empfangen. Die auf diese Weise gesendeten Nachrichten unterscheiden sich von den Daten, die in eine Pipe gestopft wurden, ganz erheblich. Erstens werden Nachrichtengrenzen eingehalten, während eine Pipe lediglich ein Bytestrom ist. Zweitens haben Nachrichten Prioritäten, so daß wichtige Nachrichten weniger wichtige überspringen können. Drittens sind sie typisiert, was bedeutet, daß für `msgrecv` auf Wunsch ein bestimmter Typ definiert werden kann.

Bei einem weiteren Kommunikationsmechanismus teilen sich zwei oder mehr Prozesse einen Bereich ihres jeweiligen Adreßraums. Unix handhabt diesen gemeinsam genutzten Speicher durch Abbildung der gleichen Seiten auf den virtuellen Adreßraum aller betreffenden Prozesse. Daraus ergibt sich, daß eine Schreiboperation durch einen Prozeß in den gemeinsam genutzten Bereich sofort für die übrigen Prozesse sichtbar ist. Dieser Mechanismus bietet einen Kommunikationspfad mit sehr hoher Bandbreite zwischen den Prozessen. Die hierfür relevanten Systemaufrufe erhalten Namen wie `shmat` und `shmop`.

Ein weiteres Merkmal von System V und Solaris ist die Unterstützung von Semaphoren. Sie funktionieren im wesentlichen wie in Zusammenhang mit dem Erzeuger/Verbraucher-Beispiel beschrieben.

Alle mit POSIX konformen Unix-Systeme bieten darüber hinaus die Möglichkeit mehrerer Threads innerhalb eines Prozesses. Diese Kontroll-Threads, die man normalerweise nur **Threads** nennt, sind schlanke Prozesse, die sich einen gemeinsamen Adreßraum und alles damit Zusammenhängende teilen, z.B. Dateibezeichner, Umgebungsvariablen und Timer. Jeder Thread hat aber seinen eigenen Programmzähler, eigene Register und eigene Stapel. Wird ein Thread blockiert (er muß also vorübergehend anhalten, bis eine laufende E/A fertig ist, oder ein anderes Ereignis eintritt), können die übrigen Threads des gleichen Prozesses dennoch weiterlaufen. Zwei Threads im gleichen Prozeß, die als Erzeuger und Verbraucher arbeiten, ähneln den beiden Thread-Prozessen, die sich ein Speichersegment mit einem Puffer teilen, sind aber mit diesen nicht identisch.

Die Unterschiede haben damit zu tun, daß im zweiten Fall jeder Prozeß über seine eigenen Dateibezeichner usw. verfügt, während diese Elemente im ersten Fall gemeinsam genutzt werden. Wir haben die Verwendung von Java-Threads in Zusammenhang mit dem Erzeuger/Verbraucher-Beispiel beschrieben. Oft benutzt das Java-Laufzeitsystem je einen Betriebssystem-Thread für jeden seiner Threads, es muß aber nicht so vorgehen.

Als Beispiel für die Nützlichkeit von Threads betrachte man einen WWW-Server. Ein solcher Server führt möglicherweise einen Cache mit häufig benutzten Webseiten im Arbeitsspeicher. Kommt eine Anfrage für eine im Cache befindliche Seite, wird sie sofort ausgegeben. Andernfalls wird sie von der Platte geholt, was länger dauert (normalerweise 20 ms). Während dieser Zeit ist der Prozeß blockiert und kann neu ankommende Anfragen nicht bedienen, auch wenn sich diese Webseiten im Cache befinden.

Dieses Problem kann man mit mehreren Threads innerhalb des Serverprozesses lösen, die sich alle den Webseiten-Cache teilen. Ist ein Thread blockiert, können andere Threads neue Anfragen bearbeiten. Um eine Blockierung ohne Threads zu verhindern, könnte man mehrere Serverprozesse laufen lassen, was andererseits aber eine Replikation des Cache bedeutet, so daß wertvoller Speicherplatz verschwendet wird.

Der mit **pthreads** bezeichnete Unix-Standard ist in POSIX (P1003.1C) definiert. Er umfaßt Aufrufe zur Verwaltung und Synchronisation von Threads. Es ist nicht definiert, ob Threads vom Kernel oder gänzlich im Nutzerraum verwaltet werden. Die häufig benutzten Thread-Aufrufe sind in Abb. 6.44 aufgeführt.

Thread-Aufruf	**Bedeutung**
pthread_create	Neuen Thread im Adreßraum des Aufrufers erzeugen
pthread_exit	Aufrufenden Thread beenden
pthread_join	Auf Beendigung eines Threads warten
pthread_mutex_init	Neuen Mutex erzeugen
pthread_mutex_destroy	Mutex zerstören
pthread_mutex_lock	Mutex sperren
pthread_mutex_unlock	Sperre eines Mutex aufheben
pthread_cond_init	Bedingungsvariable erzeugen
pthread_cond_destroy	Bedingungsvariable zerstören
pthread_cond_wait	Auf eine Bedingungsvariable warten
pthread_cond_signal	Auf eine Bedingungsvariable wartenden Thread freigeben

Abb. 6.44: Die grundlegenden Thread-Aufrufe der POSIX-Definition

Wir wollen die in Abb. 6.44 aufgeführten Thread-Aufrufe kurz beschreiben. Der erste Aufruf `pthread_create` erzeugt einen neuen Thread. Nach der erfolgreichen Fertigstellung läuft ein weiterer Thread im Adreßraum des Aufrufers, zusätzlich zu den bereits vorhandenen. Ein Thread, der seine Arbeit getan hat und sich zurückziehen möchte, ruft `pthread_exit` auf. Ein Thread kann `pthread_join` aufrufen, wenn er warten will, bis ein anderer Thread beendet hat. Ist der Thread, auf den gewartet wird, bereits fertig, wird mit `pthread_join` sofort beendet; andernfalls wird blockiert.

Threads können sich mit Hilfe von Sperren, die man als **Mutexe** bezeichnet, synchronisieren. Normalerweise wacht ein Mutex über eine Ressource, z.B. einen von zwei Threads gemeinsam benutzten Puffer. Um sicherzustellen, daß jeweils nur ein Thread auf die gemeinsame Ressource zugreift, wird von Threads erwartet, daß sie den Mutex sperren, bevor sie die Ressource beanspruchen, und ihn wieder entriegeln, sobald sie fertig sind. Solange alle Threads diesem Protokoll gehorchen, lassen sich Laufbedingungen vermeiden. Wie Semaphore können Mutexe nur die Werte 0 und 1 annehmen. Die Bezeichnung »Mutex« ist eine Verschmelzung der Wörter »mutual exclusion« (gegenseitige Ausschließung), weil sie sich gegenseitig von der Benutzung einer Ressource ausschließen.

Mutexe können mit den Aufrufen `pthread_mutex_init` bzw. `pthread_mutex_destroy` erzeugt bzw. zerstört werden. Ein Mutex kann sich in einem von zwei Zuständen befinden: gesperrt oder entsperrt. Versucht ein Thread, einen entsperrten Mutex (mit `pthread_lock`) zu sperren, wird die Sperre gesetzt, und der sperrende Thread fährt fort. Versucht er aber, einen bereits gesperrten Mutex zu sperren, wird er blockiert. Ist der sperrende Thread mit der gemeinsamen Ressource fertig, muß er durch Aufruf von `pthread_mutex_unlock` den entsprechenden Mutex entsperren.

Mutexe dienen dem kurzzeitigen Sperren, z.B. Schutz einer gemeinsam genutzten Variablen. Sie erfüllen nicht den Zweck einer langfristigen Synchronisation, z.B. um zu warten, bis ein Bandlaufwerk frei ist. Für diese Fälle stehen **Bedingungsvariablen** (Condition Variables) zur Verfügung. Sie werden mit den Aufrufen `pthread_cond_init` und `pthread_cond_destroy` erzeugt bzw. zerstört.

Eine Bedingungsvariable wird benutzt, wenn man einen Thread auf sie warten läßt, während sie von einem anderen signalisiert wird. Hat ein Thread z.B. festgestellt, daß das von ihm benötigte Bandlaufwerk besetzt ist, kann er `pthread_cond_wait` auf eine Bedingungsvariable ausführen, die alle Threads in Zusammenhang mit dem Bandlaufwerk vereinbart haben. Ist der Thread, der das Bandlaufwerk gerade benutzt, (möglicherweise Stunden später) mit seiner Arbeit fertig, benutzt er `pthread_cond_signal`, um genau einen Thread freizugeben, der auf diese Bedingungsvariable (wenn überhaupt vorhanden) wartet. Falls keiner darauf wartet, geht das Signal verloren. Bedingungsvariablen zählen anders als Semaphore. Darüber hinaus sind weitere Operationen für Threads, Mutexe und Bedingungsvariablen definiert.

Prozeßverwaltung unter Windows NT

NT unterstützt mehrere Prozesse, die kommunizieren und sich synchronisieren können. Jeder Prozeß enthält mindestens einen Thread, der seinerseits mindestens eine Faser (»Fiber« – ein dünner Thread) enthält. Zusammen bieten Prozesse, Threads und Fasern einen allgemeinen Vorrat an Werkzeugen zur Verwaltung von Parallelität, und das sowohl auf Ein- als auch auf Mehrprozessorsystemen.

Neue Prozesse werden mit der API-Funktion `CreateProcess` erzeugt. Diese Funktion hat zehn Parameter mit jeweils zahlreichen Optionen. Dieses Design ist deutlich komplizierter als das Unix-Schema, bei dem `fork` keine und `exec` nur drei Parameter hat, nämlich Zeiger zum Namen der auszuführenden Datei, das (analysierte) Befehlszeilen-Parameter-Array und die Umgebungsketten. Die zehn Parameter für `CreateProcess` sind, grob beschrieben, wie folgt:

1. Ein Zeiger zum Namen der ausführbaren Datei
2. Die Befehlszeile (vor dem Parsing)
3. Ein Zeiger zu einem Sicherheitsbezeichner für den Prozeß

4. Ein Zeiger zu einem Sicherheitsbezeichner für den ersten Thread
5. Ein Bit mit Informationen darüber, ob der neue Prozeß die Handles des Erzeugers erbt
6. Verschiedene Flags (z.B. Fehlermodus, Priorität, Debugging, Konsolen)
7. Ein Zeiger zu den Umgebungsketten
8. Ein Zeiger zum Namen des aktuellen Arbeitsverzeichnisses für den neuen Prozeß
9. Ein Zeiger zu einer Struktur, die das erste Bildschirmfenster beschreibt
10. Ein Zeiger zu einer Struktur, die 18 Werte an den Aufrufer zurückgibt

NT erzwingt keine Eltern/Kind- oder eine andere Hierarchie. Alle Prozesse werden gleichrangig erzeugt. Da aber einer von den 18 Parametern, die dem erzeugenden Prozeß zurückgegeben werden, ein Handle zum neuen Prozeß ist (was beträchtliche Kontrolle über den neuen Prozeß gibt), besteht eine implizite Hierarchie dahingehend, wer ein Handle zu wem besitzt. Diese Handles können zwar nicht direkt an andere Prozesse weitergegeben werden; es gibt aber für einen Prozeß die Möglichkeit, ein für einen anderen Prozeß geeignetes Handle zu schneidern und es ihm dann zu geben, so daß die implizite Prozeßhierarchie meist nicht lange anhält.

In NT wird jeder Prozeß zunächst mit nur einem Thread erzeugt. Ein Prozeß kann aber später weitere Threads erzeugen. Es ist einfacher, Threads als Prozesse zu erzeugen. `CreateThread` hat nur sechs statt zehn Parameter: den Sicherheitsbezeichner, die Stapelgröße, die Anfangsadresse, einen benutzerdefinierten Parameter, den Anfangszustand des Threads (bereit oder blockiert) und die Kennung (ID) des Threads. Ein Thread wird vom Kernel erzeugt, so daß er alle Threads bestens kennt (d.h., sie werden nicht rein im Nutzerraum implementiert, wie das bei anderen Systemen der Fall ist).

Führt der Kernel Terminierung (Scheduling) durch, sucht er sich nicht nur den als nächstes auszuführenden Prozeß, sondern auch den Thread des betreffenden Prozesses aus. Das bedeutet, daß der Kernel immer weiß, welche Threads bereit und welche blockiert sind. Da Threads Kernel-Objekte sind, verfügen sie über Sicherheitsbezeichner und Handles. Da ein Handle für einen Thread an einen anderen Prozeß weitergegeben werden kann, ist es möglich, daß ein Prozeß die Threads eines anderen Prozesses kontrolliert. Dieses Merkmal ist beispielsweise beim Debugging nützlich.

In NT sind Threads relativ teuer, weil die Umschaltung (Switch) eines Threads den Ein- und Ausgang in/vom Kernel voraussetzt. Zur Bereitstellung einer sehr geringen Pseudoparallelität bietet NT **Fasern** (Fibers), die Threads ähneln, jedoch von dem Programm, das sie erzeugt hat (oder dessen Laufzeitsystem), im Nutzerraum verwaltet werden. Ein Thread kann mehrere Fasern, ebenso wie ein Prozeß mehrere Threads haben kann, außer wenn eine Faser logisch blockiert. In diesem Fall stellt sie sich selbst in die Warteschlange der blockierten Fasern und wählt eine andere Faser, die im Kontext mit ihrem Thread ausgeführt werden soll. Der Kernel hat keine Kenntnis von diesem Übergang, weil der Thread weiterläuft, auch wenn er zuerst eine und dann eine weitere Faser ausführt. Der Kernel verwaltet nur Prozesse und Threads, aber keine Fasern. Fasern sind beispielsweise nützlich, wenn Programme, die ihre eigenen Threads verwalten, auf NT portiert werden.

Prozesse können auf vielerlei Art kommunizieren, darunter mit Pipes, benannten Pipes, Mailslots, Sockets, entfernten Prozeduraufrufen und gemeinsamen Dateien. Pipes können den Byte- oder den Nachrichtenmodus innehaben, der zur Erzeugungszeit gewählt wird. Pipes im Bytemodus arbeiten wie unter Unix. Im Nachrichtenmodus arbeitende Pipes ähneln sich, halten aber Nachrichtengrenzen ein, so daß vier Schreiboperationen von 128 Byte als vier 128-Byte-Nachrichten und nicht als eine 512-Byte-Nachricht gelesen werden, wie das bei Pipes im Bytemodus der Fall ist. Benannte Pipes haben die gleichen Modi wie reguläre Pipes. Sie können auch in einer vernetzten Umgebung benutzt werden; dies gilt aber nicht für reguläre Pipes.

Mailslots sind eine Eigenschaft von NT und unter Unix nicht vorhanden. Sie sind in gewisser Hinsicht mit Pipes vergleichbar. Zum einen sind sie einwegig, während Pipes zweiwegig sind. Sie können auch über ein Netzwerk benutzt werden, müssen aber die Zustellung nicht garantieren. Schließlich erlauben sie dem sendenden Prozeß, eine Nachricht an viele und nicht nur an einen Empfänger rundzusenden (Broadcasting).

Sockets entsprechen Pipes, außer daß sie normalerweise Prozesse auf unterschiedlichen Rechnern verbinden. Sie können aber auch benutzt werden, um Prozesse auf demselben Rechner zu verbinden. Im allgemeinen ist es kaum von Vorteil, eine Socket-Verbindung über eine Pipe oder eine benannte Pipe für die Kommunikation innerhalb derselben Maschine zu benutzen.

Entfernte Prozeduraufrufe (Remote Procedure Calls) bieten eine Möglichkeit, daß z.B. Prozeß A veranlassen kann, daß Prozeß B eine Prozedur im Adreßraum von B im Auftrag von A aufruft und das Ergebnis an A zurückgibt. Hierbei gelten in bezug auf die Parameter verschiedene Einschränkungen. Unter anderem ist es sinnlos, einen Zeiger an einen anderen Prozeß weiterzugeben.

Prozesse können nicht zuletzt einen Speicher gemeinsam nutzen, wenn sie ihn gleichzeitig auf die gleiche Datei abbilden. Alle Schreiboperationen, die ein Prozeß ausführt, erscheinen dann in den Adreßräumen der anderen Prozesse. Mit Hilfe dieses Mechanismus läßt sich der in unserem Erzeuger/Verbraucher-Beispiel gemeinsam genutzte Puffer leicht implementieren.

Ähnlich wie zahlreiche Kommunikationsmechanismen zwischen Prozessen bietet NT auch zahlreiche Synchronisationsmechanismen, darunter Semaphore, Mutexe, kritische Abschnitte und Ereignisse. Alle genannten Mechanismen arbeiten mit Threads, aber nicht mit Prozessen. Wenn also ein Thread bei einem Semaphor blockiert, wirkt sich dies nicht auf andere Threads in diesem Prozeß (soweit vorhanden) aus, so daß sie fortfahren können.

Ein Semaphor wird mit der API-Funktion `CreateSemaphore` erzeugt, die sie auf einen bestimmten Wert initialisieren und auch einen Höchstwert definieren kann. Semaphore sind Kernel-Objekte und haben als solche Sicherheitsbezeichner und Handles. Das Handle für ein Semaphor kann mit `DuplicateHandle` dupliziert und an einen anderen Prozeß weitergegeben werden, so daß sich mehrere Prozesse auf dem gleichen Semaphor synchronisieren können. Aufrufe für `up` und `down` sind vorhanden, haben allerdings seltsame Namen – `ReleaseSemaphore` (`up`) und `WaitForSingleObject` (`down`). Außerdem ist es möglich, für `WaitForSingleObject` einen Timer zu setzen, so daß der aufrufende Thread irgendwann freigegeben werden kann, auch wenn das Semaphor auf 0 bleibt (obwohl Timer erneute Laufbedingungen einführen).

Mutexe haben auch Kernel-Objekte, die zur Synchronisation benutzt werden. Sie sind aber einfacher als Semaphore, weil sie keine Zähler haben. Sie sind im wesentlichen Sperren. Die API-Funktion `WaitForSingleObject` wird dabei zum Sperren und `ReleaseMutex` zum Entsperren benutzt. Wie bei Semaphoren können auch bei Mutexen Handles dupliziert und zwischen Prozessen weitergegeben werden, so daß Threads in verschiedenen Prozessen auf den gleichen Mutex zugreifen können.

Der dritte Synchronisationsmechanismus basiert auf **kritischen Bereichen** (Critical Sections), die mit Mutexen vergleichbar sind, jedoch zum Adreßraum des erzeugenden Threads gehören. Da kritische Bereiche keine Kernel-Objekte sind, haben sie keine Handles und Sicherheitsbezeichner, so daß sie nicht zwischen Prozessen weitergegeben werden können. Sie werden mit `EnterCriticalSection` gesperrt und mit `LeaveCriticalSection` entsperrt. Diese API-Funktionen werden direkt im Nutzerraum ausgeführt. Daher sind sie viel schneller als Mutexe.

Der letzte Synchronisationsmechanismus, der Kernel-Objekte nutzt, ist das **Ereignis** (Event). Ein Thread kann mit `WaitForSingleObject` auf ein Ereignis warten. Er kann einen einzelnen Thread, der auf ein Ereignis wartet, mit `SetEvent` freigeben. Mit `PulseEvent` kann er alle auf ein Ereignis wartenden Threads freigeben. Ereignisse gibt es in verschiedenen Varianten mit unterschiedlichen Optionen.

Ereignisse, Mutexe und Semaphore können benannt und wie benannte Pipes im Dateisystem gespeichert werden. Zwei oder mehr Prozesse können sich synchronisieren, wenn sie das gleiche Ereignis, den gleichen Mutex oder das gleiche Semaphor öffnen, statt das Objekt erzeugen und das Handle für die anderen duplizieren zu müssen, obwohl dies sicherlich auch eine Möglichkeit wäre.

6.5 Zusammenfassung

Das Betriebssystem kann als Interpreter für bestimmte nicht auf der ISA-Ebene vorhandene Merkmale der Architektur betrachtet werden. Dazu zählen virtuelle Speicher, virtuelle E/A-Instruktionen und Einrichtungen für die parallele Verarbeitung.

Ein virtueller Speicher ist eine Eigenschaft der Architektur mit dem vorrangigen Zweck, Programmen die Nutzung von mehr Adreßraum zu gestatten, als physikalischer Speicher in der Maschine vorhanden ist, oder einen konsistenten und flexiblen Mechanismus zum Schutz und zur gemeinsamen Nutzung von Speicher zu ermöglichen. Er kann als reines Paging, als reine Segmentierung oder als eine Kombination von beidem implementiert werden. Beim reinen Paging wird der Adreßraum in gleich große virtuelle Seiten zerlegt. Einige dieser Seiten werden auf physikalische Seitenrahmen abgebildet und andere nicht. Eine Referenz auf eine abgebildete Seite wird von der MMU in die korrekte physikalische Adresse übersetzt. Eine Referenz auf eine nicht abgebildete Seite löst einen Seitenfehler aus. Sowohl der Pentium II als auch die UltraSPARC II haben ausgeklügelte MMUs, die virtuelle Speicher und Paging unterstützen.

Die wichtigste auf dieser Ebene vorhandene E/A-Abstraktion ist die Datei. Eine Datei besteht aus einer Folge von Bytes oder logischen Datensätzen, die gelesen und geschrieben werden können, ohne Kenntnis über die Funktionsweise von Platten, Bändern oder anderen E/A-Geräten zu haben. Auf Dateien kann sequentiell und zufallsgesteuert nach Datensatznummer oder mit einem Schlüssel zugegriffen werden. Um sie zu gruppieren, werden Verzeichnisse benutzt. Dateien können in fortlaufenden Sektoren oder über die ganze Platte verteilt gespeichert werden. Im zweiten bei Festplatten üblichen Fall werden Datenstrukturen benötigt, um alle Blöcke einer Datei zu finden. Freier Speicherplatz auf der Platte kann mit Hilfe einer Freiliste oder einer Bitmap verwaltet werden.

Die parallele Verarbeitung, die von den meisten Systemen unterstützt wird, läßt sich durch Simulation mehrerer Prozessoren, die sich eine CPU teilen, darstellen. Die unkontrollierte Interaktion zwischen Prozessen kann zu Laufbedingungen führen. Zur Lösung dieses Problems werden Synchronisationsmöglichkeiten benutzt, von denen Semaphore ein einfaches Beispiel sind. Mit Hilfe von Semaphoren lassen sich Erzeuger/Verbraucher-Probleme einfach und elegant beseitigen.

Zwei Beispiele anspruchsvoller Betriebssysteme sind Unix und NT. Beide unterstützen Paging, auf Speicher abgebildete Dateien und hierarchische Dateisysteme, bei denen sich Dateien aus Bytefolgen zusammensetzen. Ferner unterstützen beide Prozesse und Threads und bieten dafür Synchronisationsmöglichkeiten.

6.6 Aufgaben

1. Warum interpretiert ein Betriebssystem nur einige der Instruktionen auf der Ebene 3, während ein Mikroprogramm dies bei allen Instruktionen der ISA-Ebene tut?
2. Eine Maschine hat einen 32 Bit großen, byteadressierbaren virtuellen Adreßraum. Die Seitengröße beträgt 8 Kbyte. Wie viele Seiten an virtuellem Adreßraum gibt es?
3. Ein virtueller Speicher hat eine Seitengröße von 1024 Wörtern, acht virtuellen Seiten und vier physikalischen Seitenrahmen. Die Seitentabelle sieht wie folgt aus:

Virtuelle Seite	Seitenrahmen
0	3
1	1
2	nicht im Arbeitsspeicher
3	nicht im Arbeitsspeicher
4	2
5	nicht im Arbeitsspeicher
6	0
7	nicht im Arbeitsspeicher

   a. Erstellen Sie eine Liste mit allen virtuellen Adressen, die zu Seitenfehlern führen.

   b. Wie lauten die physikalischen Adressen für 0, 3728, 1023, 1024, 1025, 7800 und 4096?

4. Ein Computer hat einen virtuellen Adreßraum von 16 Seiten, aber nur vier Seitenrahmen. Anfangs ist der Speicher leer. Ein Programm referenziert die virtuellen Seiten in folgender Reihenfolge:

   0, 7, 2, 7, 5, 8, 9, 2, 4

   a. Welche Referenzen verursachen einen Seitenfehler bei LRU?

   b. Welche Referenzen verursachen einen Seitenfehler bei FIFO?

5. In Abschnitt 6.1.3 wurde ein Algorithmus zur Implementierung der FIFO-Seitenersetzung vorgestellt. Erarbeiten Sie eine effizientere Strategie. *Hinweis*: Man kann den Zähler in der neu geladenen Seite aktualisieren und alle anderen unverändert lassen.

6. Bei den im Buch behandelten Paging-Systemen ist der Handler für Seitenfehler Teil der ISA-Ebene und somit nicht im Adreßraum eines Programms der OSM-Ebene vorhanden. In Wirklichkeit belegt dieser Handler aber auch Seiten und kann unter gewissen Umständen (z.B. bei der FIFO-Seitenersetzung) ebenfalls entfernt werden. Was würde passieren, wenn der Handler für Seitenfehler bei Eintritt einer solchen Bedingung nicht vorhanden wäre? Wie könnte man das beheben?

7. Nicht alle Computer haben ein Hardware-Bit, das automatisch gesetzt wird, wenn eine Seite darauf geschrieben wird. Dennoch ist es hilfreich, die Seiten zu verfolgen, die geändert wurden, damit man nicht vom schlechtesten Fall ausgehen muß, d.h. alle Seiten nach Gebrauch auf die Platte zurückschreiben muß. Wir nehmen an, daß jede Seite über Hardware-Bits verfügt, um den getrennten Zugriff zum Lesen, Schreiben und Ausführen zu haben. Wie kann das Betriebssystem verfolgen, welche Seiten sauber und welche schmutzig sind?

8. Ein segmentierter Speicher hat Paging-Segmente. Jede virtuelle Adresse hat eine 2 Bit große Segmentnummer, eine 2 Bit große Seitennummer und einen 11-Bit-Offset innerhalb der Seite. Der Arbeitsspeicher umfaßt 32 Kbyte, aufgeteilt in 2-Kbyte-Seiten. Jedes Segment leistet entweder Nur-Lesen, Lesen/Ausführen, Lesen/Schreiben oder Lesen/Schreiben/Ausführen. Die Seitentabellen und Zugriffsrechte sehen wie folgt aus:

Segment 0		Segment 1		Segment 2		Segment 3	
Nur Lesen		Lesen/Ausführen		Lesen/ Schreiben/ Ausführen		Lesen/Schreiben	
Virtuelle Seite	Seitenrahmen	Virtuelle Seite	Seitenrahmen			Virtuelle Seite	Seitenrahmen
0	9	0	auf Platte	Seitentabelle nicht im Arbeitsspeicher		0	14
1	3	1	0			1	1
2	auf Platte	2	15			2	6
3	12	3	8			3	auf Platte

Geben Sie für jeden der folgenden Zugriffe auf den virtuellen Speicher an, welche physikalische Adresse berechnet wird. Falls ein Fehler passiert, nennen Sie die Art des Fehlers.

Zugriff	*Segment*	*Seite*	*Offset innerhalb der Seite*
1. Daten holen	0	1	1
2. Daten holen	1	1	10
3. Daten holen	3	3	2047
4. Daten speichern	0	1	4
5. Daten speichern	3	1	2
6. Daten speichern	3	0	14
7. Dorthin verzweigen	1	3	100
8. Daten holen	0	2	50
9. Daten holen	2	0	5
10. Dorthin verzweigen	3	0	60

9. Einige Computer erlauben E/A direkt zum Nutzerraum. Ein Programm kann dabei z.B. einen Plattentransfer zu einem Puffer starten, der sich in einem Nutzerprozeß befindet. Führt dies zu Problemen, falls Komprimierung angewandt wird, um den virtuellen Speicher zu implementieren? Begründen Sie Ihre Antwort.

10. Betriebssysteme, die speicherabgebildete Dateien erlauben, setzen immer voraus, daß Dateien an den Seitengrenzen abgebildet werden. Bei 4-Kbyte-Seiten kann eine Datei z.B. ab der virtuellen Adresse 4096, nicht aber ab 5000 abgebildet werden. Nennen Sie die Ursache.

11. Wird auf dem Pentium II ein Segmentregister geladen, wird der entsprechende Bezeichner geholt und in einen sichtbaren Teil des Segmentregisters geladen. Warum haben sich Ihrer Meinung nach die Intel-Designer dafür entschieden?

12. Auf dem Pentium II referenziert ein Programm das lokale Segment 10 mit einem Offset von 8000. Das Feld BASE von LDT-Segment 10 enthält 10000. Welchen Eintrag im Seitenverzeichnis benutzt der Pentium II? Wie lautet die Seitennummer? Wieviel beträgt der Offset?

13. Erläutern Sie einige mögliche Algorithmen zum Entfernen von Segmenten aus einem segmentierten Speicher ohne Paging.

14. Vergleichen Sie die interne mit der externen Fragmentierung. Was kann unternommen werden, um beide zu erleichtern?

15. Supermärkte haben ständig mit einem Problem zu kämpfen, das mit der Seitenersetzung in virtuellen Speichersystemen vergleichbar ist. Sie verfügen über begrenzte Regalfläche, während ständig mehr Artikel in das Angebot aufgenommen werden müssen. Wird ein wichtiges neues Produkt eingeführt, muß ein vorhandenes entfernt werden, um für das neue Platz zu schaffen. Als Ersetzungsalgorithmen bieten sich hier LRU und FIFO an. Welchen würden Sie anwenden?

16. Warum sind Cache-Blöcke immer viel kleiner, oft um das Hundertfache, als virtuelle Speicherseiten?

17. Warum setzen viele Dateisysteme voraus, daß eine Datei mit einem Systemaufruf `open` ausdrücklich geöffnet werden muß, bevor sie gelesen wird?

18. Vergleichen Sie die Methode mit der Bitmap und die mit der Freiliste zum Verwalten des freien Platzes auf einer Platte mit 800 Zylindern, die je 5 Spuren mit 32 Sektoren hat. Wie viele Löcher entstehen, bis die Lochliste größer als die Bitmap ist? Gehen Sie davon aus, daß die Zuordnungseinheit der Sektor ist und ein Loch einen 32-Bit-Tabelleneintrag beansprucht.

19. Um die Plattenleistung abschätzen zu können, ist ein Modell zur Speicherzuordnung hilfreich. Wir nehmen an, daß die Platte als linearer Adreßraum mit $N >> 1$ Sektoren betrachtet wird, die aus einer Reihe von Datenblöcken, dann einem Loch, dann einer weiteren Reihe von Dateiblöcken usw. besteht. Wenn Messungen ergeben, daß die Wahrscheinlichkeitsverteilung der Daten- und Lochlänge gleich groß ist – die Wahrscheinlichkeit ist 2^{-i}, daß eine von beiden sich im i-Sektor befindet – wie hoch ist dann die erwartete Anzahl von Löchern auf der Platte?

20. Auf einem bestimmten Computer kann ein Programm so viele Dateien wie nötig erzeugen und alle Dateien können während der Ausführung dynamisch wachsen, ohne daß das Betriebssystem irgendwelche Vorabinformationen über die endgültige Größe liefert. Halten Sie es für möglich, daß Dateien in fortlaufenden Sektoren gespeichert werden? Begründen Sie Ihre Antwort.

21. Betrachten Sie die folgende Methode, bei der ein Betriebssystem Semaphor-Instruktionen implementieren kann. Wenn sich die CPU anschickt, ein `up` oder `down` auf ein Semaphor (eine ganzzahlige Variable im Speicher) auszuführen, setzt sie zuerst die CPU-Priorität oder Maskenbits so, daß alle Interrupts aktiviert sind. Dann holt sie das Semaphor, modifiziert es und verzweigt entsprechend. Schließlich deaktiviert sie die Interrupts wieder. Funktioniert diese Methode in folgenden Fällen?

    a. Es gibt nur eine CPU, die alle 100 ms zwischen Prozessen wechselt.

    b. Es gibt zwei CPUs, die sich einen Speicher teilen, in dem sich das Semaphor befindet.

22. Die Firma Nevercrash Operating System hat von einigen ihrer Kunden Beschwerden über das letzte Release erhalten, das Semaphoren-Operationen beinhaltet. Die Kunden halten es für inakzeptabel, daß Prozesse »bei der Arbeit schlafen« (blockieren). Da die Prämisse der Firma absolute Kundenzufriedenheit lautet, hat sie eine Lösung ausgearbeitet und `up` und `down` eine dritte Operation `peek` hinzugefügt. `peek` prüft einfach das

Semaphor, ohne es zu ändern oder den Prozeß zu blockieren. Auf diese Weise können Programme, bevor sich ein Prozeß auf unmoralische Weise schlafen legt, zuerst das Semaphor darauf prüfen, ob die Ausführung eines `down` sicher ist. Funktioniert diese Lösung, wenn drei oder mehr Prozesse das Semaphor benutzen? Funktioniert sie, wenn zwei Prozesse das Semaphor benutzen?

23. Erstellen Sie eine Tabelle, aus der hervorgeht, welche der Prozesse P1, P2 und P3 laufen, und welche als Funktion der Zeit von 0 bis 1000 ms blokkiert sind. Alle drei Prozesse führen `up`- und `down`-Instruktionen mit dem gleichen Semaphor aus. Wenn zwei Prozesse blockiert sind und eine `up`-Instruktion ausgeführt wird, wird der Prozeß mit der niedrigeren Nummer erneut gestartet, d.h., P1 hat Vorrang vor P2 und P3 usw. Anfangs laufen alle drei, und das Semaphor ist auf 1.

    Bei t = 100 führt P1 ein `down` aus
    Bei t = 200 führt P1 ein `down` aus
    Bei t = 300 führt P2 ein `up` aus
    Bei t = 400 führt P3 ein `down` aus
    Bei t = 500 führt P1 ein `down` aus
    Bei t = 600 führt P2 ein `up` aus
    Bei t = 700 führt P2 ein `down` aus
    Bei t = 800 führt P1 ein `up` aus
    Bei t = 900 führt P1 ein `up` aus

24. Bei einem Flugreservierungssystem muß sichergestellt sein, daß eine Datei, die gerade von einem Prozeß benutzt wird, von keinem anderen benutzt werden kann. Andernfalls könnten zwei verschiedene Prozesse, die für zwei verschiedene Reisebüros arbeiten, versehentlich den letzten Platz eines Flugs buchen. Entwerfen Sie eine Synchronisationsmethode mit Hilfe von Semaphoren, die sicherstellt, daß nur jeweils ein Prozeß auf eine Datei zugreifen kann (unter der Annahme, daß die Prozesse der Regel gehorchen).

25. Um die Implementierung von Semaphoren auf einem Computer mit mehreren CPUs zu ermöglichen, die einen Speicher gemeinsam nutzen, bieten die Computer-Entwickler oft je eine Instruktion zum Testen und Setzen von Sperren (Test und Set Lock). `TSL X` testet den Bereich X. Ist der Inhalt Null, wird er in einem einzigen, unteilbaren Speicherzyklus auf 1 gesetzt und die nächste Instruktion übersprungen. Ist er nicht Null, agiert `TSL` wie ein no-op. Mit Hilfe von `TSL` ist es möglich, die Prozeduren *lock* (Sperren) und *unlock* (Entsperren) mit folgenden Eigenschaften zu schreiben. *lock(x)* prüft, ob x gesperrt ist. Trifft dies nicht zu, sperrt sie x und gibt die Kontrolle zurück. Ist x bereits gesperrt, wartet sie, bis die Sperre aufgehoben wird. Dann sperrt sie x und gibt die Kontrolle zurück. *unlock* hebt eine vorhandene Sperre auf. Falls alle Prozesse die Semaphor-Tabelle vor deren Verwendung sperren, kann nur jeweils ein Prozeß mit Variablen und Zeigern spielen, so daß Laufbedingungen vermie-

den werden. Schreiben Sie *lock* und *unlock* in Assemblersprache. (Beziehen Sie alle Ihrer Meinung nach nötigen Annahmen ein.)

26. Nennen Sie die Werte von *in* und *out* für einen Ringpuffer mit einer Länge von 65 Wörtern nach jeder der folgenden Operationen. Beide beginnen bei 0.

    a. 22 Wörter werden eingefügt
    b. 9 Wörter werden entfernt
    c. 40 Wörter werden eingefügt
    d. 17 Wörter werden entfernt
    e. 12 Wörter werden eingefügt
    f. 45 Wörter werden entfernt
    g. 8 Wörter werden eingefügt
    h. 11 Wörter werden entfernt

27. Wir nehmen an, eine Unix-Version benutzt 2-Kbyte-Plattenblöcke und speichert 512 Plattenadressen pro indirektem Block (einzeln, doppelt und dreifach). Wie hoch wäre die maximale Dateigröße? (Gehen Sie davon aus, daß die Dateizeiger 64 Bit breit sind.)

28. Wir nehmen an, der Unix-Systemaufruf

    ```
    unlink("/usr/ast/bin/game3")
    ```

    wird im Kontext von Abb. 6.37 ausgeführt. Beschreiben Sie genau, welche Änderungen im Verzeichnissystem gemacht werden.

29. Stellen Sie sich vor, Sie müßten das Unix-System auf einem Mikrocomputer mit wenig Arbeitsspeicher implementieren. Sie kommen auch nach reiflichen Überlegungen nicht mit dem Speicher aus, so daß Sie einen Systemaufruf zufällig auswählen, um ihn zum Nutzen der Allgemeinheit zu opfern. Sie haben `pipe` ausgesucht, der die Pipes erzeugt, die benutzt werden, um Byteströme von einem Prozeß zu einem anderen zu schicken. Besteht trotzdem irgendeine Möglichkeit, die E/A-Umlenkung zu implementieren? Wäre das mit Pipelines möglich? Beschreiben Sie das Problem und mögliche Lösungen.

30. Der Ausschuß für die faire Verwendung von Dateibezeichnern organisiert einen Protest gegen das Unix-System, weil dieses jedesmal den Dateibezeichner mit der niedrigsten, momentan nicht benutzten Nummer zurückgibt. Folglich werden Dateibezeichner mit höheren Nummern kaum benutzt. Der Ausschuß plant die Rückgabe der niedrigsten Nummer, die noch nicht vom Programm benutzt wird, und nicht die momentan nicht in Gebrauch befindliche niedrigste Nummer. Man behauptet, dies ließe sich leicht implementieren, würde sich nicht auf vorhandene Programme auswirken und wäre fairer. Was glauben Sie?

31. In NT kann eine Liste zur Zugriffskontrolle dergestalt eingerichtet werden, daß Roberta überhaupt keinen Zugriff auf eine Datei hat, während alle anderen uneingeschränkt auf sie zugreifen können. Wie wird das Ihrer Meinung nach implementiert?

32. Beschreiben Sie zwei Möglichkeiten, Erzeuger/Verbraucher-Probleme mit Hilfe gemeinsam genutzter Puffer und Semaphoren in NT zu programmieren. Überlegen Sie, wie der gemeinsame Puffer in beiden Fällen implementiert werden kann.

33. Es ist üblich, Seitenersetzungsalgorithmen in Simulationen auszutesten. Zu diesem Zweck schreiben Sie einen Simulator für einen seitenbasierten virtuellen Speicher für eine Maschine mit 64 1-Kbyte-Seiten. Der Simulator soll eine einzige Tabelle mit 64 Einträgen, also einen pro Seite, führen, die die physikalische Seitennummer enthalten, die der jeweiligen virtuellen Seite entspricht. Der Simulator soll eine Datei einlesen, die virtuelle Adressen, mit je einer Adresse pro Zeile, in Dezimalform enthält. Falls sich die entsprechende Seite im Speicher befindet, wird lediglich ein Seitentreffer aufgezeichnet. Falls sie nicht im Speicher ist, rufen Sie eine Seitenersetzungsprozedur auf, um die zu entfernende Seite auszuwählen (d.h. ein Eintrag in der Tabelle wird überschrieben) und einen Seitenfehlschlag (Page Miss) aufzuzeichnen. Tatsächlich findet kein Seitentransport statt. Erzeugen Sie eine Datei, die aus zufälligen Adressen besteht, und testen Sie die Leistung sowohl mit LRU als auch mit FIFO. Anschließend erzeugen Sie eine Adreßdatei, in der x Prozent der Adressen vier Byte höher sind als die vorherigen (um Lokalität zu simulieren). Führen Sie Tests mit verschiedenen Werten von x durch, und berichten Sie über die Ergebnisse.

34. Schreiben Sie ein Programm für Unix oder NT, das als Eingabe den Namen eines Verzeichnisses nimmt. Das Programm soll eine Liste mit den im Verzeichnis vorhandenen Dateien in je einer getrennten Zeile ausgeben. Nach dem Dateinamen geben Sie die Größe der Datei aus. Geben Sie die Dateinamen in der Reihenfolge aus, in der sie im Verzeichnis erscheinen. Nicht benutzte Schlitze im Verzeichnis sollten ebenfalls (als unbenutzt) in der Liste aufgeführt werden.

7

Die Ebene der Assemblersprache

In Kapitel 4, 5 und 6 wurden drei verschiedene Ebenen behandelt, die bei den meisten modernen Computern vorhanden sind. In diesem Kapitel wird eine weitere Ebene beschrieben, die ebenfalls für alle modernen Computer von Belang ist: die Ebene der Assemblersprache. Diese Ebene unterscheidet sich von den drei bisher erörterten Ebenen in einer wichtigen Hinsicht: Sie wird durch Übersetzung und nicht durch Interpretation implementiert.

Programme, die ein Nutzerprogramm von einer Sprache in eine andere konvertieren, nennt man **Übersetzer** (Translator). Die Sprache, in der das Programm geschrieben wurde, ist die **Quellsprache** (Source Language), und diejenige, in die es konvertiert wird, die **Zielsprache** (Target Language). Beide Sprachen definieren bestimmte Ebenen. Ist ein Prozessor verfügbar, der Programme direkt in der Quellsprache ausführen kann, besteht keine Notwendigkeit, das Quellprogramm in die Zielsprache zu übersetzen.

Die Übersetzung ist nötig, wenn ein Prozessor (in Form von Hardware oder als Interpreter) für die Zielsprache, nicht aber für die Quellsprache verfügbar ist. Wurde die Übersetzung korrekt durchgeführt, produziert die Ausführung des übersetzten Programms genau das gleiche Ergebnis wie die Ausführung des Quellprogramms, wenn ein Prozessor dafür verfügbar gewesen wäre. Folglich ist es möglich, eine neue Ebene zu implementieren, für die es keinen Prozessor gibt, wenn man die für diese Ebene geschriebenen Programme zuerst in eine Zielebene übersetzt und die sich ergebenden Programme anschließend auf dieser ausführt.

Wichtig ist die Unterscheidung zwischen Übersetzung und Interpretation. Bei der Übersetzung wird das ursprüngliche Programm in seiner Quellsprache nicht direkt ausgeführt. Es wird zuvor in ein entsprechendes Programm konvertiert, das **Objektprogramm** (Object Program) oder **ausführbares Binärprogramm** (Executable Binary Program) genannt wird. Dieses Objektprogramm wird erst nach der Übersetzung ausgeführt. Bei der Übersetzung werden zwei Schritte unterschieden:

1. Erzeugung eines entsprechenden Programms in der Zielsprache
2. Ausführung des neu erzeugten Programms

Diese beiden Schritte finden nicht gleichzeitig statt. Der zweite Schritt beginnt erst nach Beendigung des ersten. Bei der Interpretation gibt es nur einen Schritt: die Ausführung des ursprünglichen Quellprogramms. Hier muß nicht zuerst ein entsprechendes Programm generiert werden. Manchmal wird das Quellprogramm aber in eine Zwischenform konvertiert (z.B. Java-Bytecode), damit es sich leichter interpretieren läßt.

Bei der Ausführung des Objektprogramms treten nur drei Ebenen in Erscheinung: die Mikroarchitekturebene, die ISA-Ebene und die Ebene der Betriebssystemmaschine. Folglich befinden sich zur Laufzeit im Speicher des Computers drei Programme: das Objektprogramm des Nutzers, das Betriebssystem und das Mikroprogramm (wenn überhaupt vorhanden). Vom ursprünglichen Quellprogramm sind keine Spuren mehr vorhanden. Die Anzahl der zur Ausführungszeit vorhandenen Ebenen kann sich folglich von der Anzahl der Ebenen unterscheiden, die vor der Übersetzung vorhanden waren. Man beachte aber, daß wir eine Ebene durch die Instruktionen und die für den Programmierer verfügbaren linguistischen Gebilde (und nicht durch die Implementierungstechnik) definieren, während andere Autoren teilweise stärker zwischen den durch Interpretation und den durch Übersetzung implementierten Ebenen unterscheiden.

7.1 Einführung in die Assemblersprache

Übersetzer lassen sich je nach der Beziehung zwischen der Quell- und Zielsprache grob in zwei Gruppen unterteilen. Ist die Quellsprache im wesentlichen die symbolische Darstellung einer numerischen Maschinensprache, nennt man den Übersetzer **Assembler** und die Quellsprache **Assemblersprache** (Assembly Language). Handelt es sich bei der Quellsprache um eine Hochsprache, z.B. Java oder C, und bei der Zielsprache entweder um eine numerische Maschinensprache oder die symbolische Darstellung einer solchen, wird der Übersetzer als **Compiler** bezeichnet.

7.1.1 Was ist eine Assemblersprache?

Eine reine Assemblersprache produziert von jeder Anweisung genau eine Maschineninstruktion. Anders ausgedrückt: Es gibt eine Eins-zu-Eins-Entsprechung zwischen den Maschineninstruktionen und den Anweisungen im Assembler-Programm. Enthält jede Zeile des Assembler-Programms genau eine Anweisung und jedes Maschinenwort genau eine Maschineninstruktion, erzeugt ein Assembler-Programm mit n Zeilen ein Maschinensprachprogramm mit n Wörtern.

Warum man im Gegensatz zur Programmierung in (hexadezimaler) Maschinensprache eine Assemblersprache benutzt, liegt daran, daß es sich in Assemblersprache viel leichter programmieren läßt. Die Verwendung von symbolischen Namen und Adressen anstelle von binären oder oktalen macht einen riesigen Unterschied aus. Die meisten merken sich Abkürzungen wie `ADD`, `SUB`, `MUL` und `DIV` für Addition, Subtraktion, Multiplikation bzw. Division, aber nicht die entsprechenden, von der Maschine benutzten numerischen Werte. Schreibt der Programmierer in Assemblersprache, muß er sich nur die symbolischen Namen merken, weil der Assembler sie in die Maschineninstruktionen übersetzt.

Das gleiche Prinzip ist auf Adressen anwendbar. Der Programmierer kann in Assemblersprache symbolische Namen für Speicherstellen angeben und die Bereitstellung der richtigen numerischen Werte dem Assembler überlassen. Würde der Programmierer in Maschinensprache arbeiten, müßte er in jedem Fall die numerischen Werte von Adressen angeben. Aus diesen Gründen programmiert heute niemand mehr in Maschinensprache, wie noch vor Jahrzehnten, als es noch keine Assembler gab.

Abgesehen von der Eins-zu-Eins-Abbildung der in Assemblersprache geschriebenen Anweisungen in Maschineninstruktionen haben Assemblersprachen noch ein Merkmal, das sie von den Hochsprachen unterscheidet. Der Assembler-Programmierer hat Zugriff auf alle Merkmale und Instruktionen, die auf der Zielmaschine verfügbar sind. Der Hochsprachenprogrammierer hat das nicht. Hat die Zielmaschine beispielsweise ein Überlaufbit, kann es direkt von einem Assembler-Programm, nicht aber z.B. von einem Java-Programm getestet werden. Ein solches Programm kann jede Instruktion des Instruktionsvorrats der Zielmaschine ausführen, was für ein Hochsprachenprogramm nicht gilt. Kurz: Alles, was in Maschinensprache ausgeführt werden kann, läßt sich auch in Assemblersprache realisieren, während umgekehrt viele Instruktionen, Register und ähnliche Merkmale bei der Hochsprachenprogrammierung nicht verfügbar sind. Sprachen zur Systemprogrammierung, wie C, sind oft eine Mischung dieser Typen, wobei die Syntax einer Hochsprache mit einem Großteil des Zugriffs der Maschinensprache auf eine Maschine kombiniert wird.

Als letzter Unterschied wäre hervorzuheben, daß ein Assembler-Programm nur auf einer Maschinenfamilie laufen kann, während ein in einer Hochsprache geschriebenes Programm potentiell auf vielen Maschinen lauffähig ist. Für viele Anwendungen ist die Fähigkeit, Software von einer Maschine auf eine andere zu portieren, von größter Bedeutung.

7.1.2 Wofür braucht man eine Assemblersprache?

In Assemblersprache zu programmieren, ist schwierig. Darüber sollte man sich völlig im klaren sein. Sie ist nichts für Leute mit schwachen Nerven. Außerdem dauert das Schreiben eines Programms in Assemblersprache viel länger als in einer Hochsprache. Auch das Debugging dauert viel länger, und das Programm läßt sich nicht so einfach pflegen.

Warum sollte jemand unter diesen Bedingungen überhaupt in Assemblersprache programmieren? Dafür gibt es zwei Gründe: Leistung und Zugriff auf die Maschine. Erstens kann ein versierter Assembler-Programmierer oft viel kompakteren und schnelleren Code produzieren, als das einem Hochsprachenprogrammierer gelingt. Bei einigen Anwendungen sind Geschwindigkeit und Größe von eminenter Bedeutung. Viele eingebettete Anwendungen, z.B. der Code für eine Smart-Card, ein Funktelefon, einen Gerätetreiber usw., und die inneren Schleifen von leistungskritischen Anwendungen fallen in diese Kategorie.

Zweitens brauchen bestimmte Prozeduren vollständigen Zugriff auf die Hardware, was Hochsprachen kaum leisten können. In diese Kategorie fallen beispielsweise die Interrupt- und Trap-Handler der unteren Ebene in einem Betriebssystem und die Geräte-Controller in vielen eingebetteten Echtzeitsystemen.

Der erste Grund für die Programmierung in Assemblersprache (zur Erzielung hoher Leistung) ist normalerweise der wichtigere. Deshalb betrachten wir ihn genauer. Bei den meisten Programmen ist ein kleiner Prozentsatz des Gesamtcodes für einen großen Prozentsatz der Ausführungszeit zuständig. Normalerweise nimmt 1% des Programms 50% der Ausführungszeit und 10% des Programms 90% der Ausführungszeit in Beschlag.

Nehmen wir an, es dauert zehn Programmierer-Jahre, um ein Programm in einer Hochsprache zu schreiben, und das resultierende Programm braucht 100 s, um einen bestimmten, typischen Benchmark-Test auszuführen. (**Benchmark** ist ein Testprogramm, das zum Vergleichen von Computern, Compilern usw. benutzt wird.) Das Schreiben des ganzen Programms in Assemblersprache kann aufgrund der niedrigeren Produktivität der Assembler-Programmierung 50 Programmierer-Jahre erfordern. Das endgültige Programm führt den Benchmark-Test möglicherweise in etwa 33 s aus, weil ein cleverer Programmierer einen cleveren Compiler um einen Faktor von 3 übertrifft (obwohl über diese Zahlen viel gestritten wird). Dies ist in Abb. 7.1 dargestellt.

Auf der Grundlage der obigen Beobachtung, daß nur ein winziger Bruchteil des Codes für die meiste Ausführungszeit zuständig ist, bietet sich eine andere Methode an. Das Programm wird zuerst in einer Hochsprache geschrieben. Dann wird in einer Meßreihe ermittelt, welche Teile des Programms die längste Ausführungszeit benötigen. Solche Messungen beinhalten unter anderem normalerweise die Verwendung des Systemtakts, um die Verweilzeit in jeder Prozedur und damit die Häufigkeit der Ausführung jeder Schleife zu berechnen.

Nehmen wir als Beispiel an, daß 10% des gesamten Programms für 90% der Ausführungszeit zuständig sind. Das bedeutet, daß bei einem 100-s-Job 90 s in diesen kritischen 10% und 10 s in den restlichen 90% des Programms aufgewendet werden. Die kritischen 10% können verbessert werden, wenn man diesen Teil in Assemblersprache schreibt. Dieser Prozeß wird **Tuning** genannt; er ist in Abb. 7.1 dargestellt. Hier werden fünf zusätzliche Programmierer-Jahre benötigt, um die kritischen Prozeduren umzuschreiben; ihre Ausführungszeit wird aber von 90 s auf 30 s reduziert.

Aufschlußreich ist ein Vergleich des Hochsprache/Assemblersprache-Mischansatzes mit der reinen Assembler-Version (siehe Abb. 7.1). Die Assembler-Version ist etwa 20% schneller (33 s gegenüber 40 s), aber zu mehr als dem dreifachen Preis (50 Programmierer-Jahre gegenüber 15 Programmierer-Jahren). Der Vorteil des Mischansatzes wird allein schon daraus deutlich, daß das Umschreiben einer bereits getesteten Prozedur von der Hochsprache in Assembler-Code viel einfacher ist als das Schreiben der gleichen Prozedur in Assembler-Code von Anfang an. Anders ausgedrückt: Die Schätzung von 5 Programmierer-Jahren für das Umschreiben der kritischen Prozeduren ist äußerst konservativ. Würde diese Umkodierung tatsächlich nur 1 Programmierer-Jahr erfordern, läge das Kostenverhältnis zwischen dem Mischansatz und dem reinen Assembler-Ansatz bei einem Verhältnis von 4 zu 1 zugunsten des Mischansatzes.

	Programmierer-Jahre, um ein Programm zu schreiben	**Programmausführungszeit in Sekunden**
Assemblersprache	50	33
Hochsprache	10	100
Mischansatz vor dem Tuning		
Kritische 10%	1	90
Restliche 90%	9	10
Gesamt	10	100
Mischansatz nach dem Tuning		
Kritische 10%	6	30
Restliche 90%	9	10
Gesamt	15	40

Abb. 7.1: *Vergleich der Programmierung in Assemblersprache und Hochsprache mit und ohne Tuning*

Ein Programmierer, der eine Hochsprache benutzt, muß sich nicht damit befassen, Bits hin- und herzuschieben, und erhält außerdem zuweilen Einblicke in die Probleme, die zu *echten* Leitungsverbesserungen führen. Dies ergibt sich beim Programmieren in Assemblersprache nur selten; hier wird normalerweise versucht, für die Einsparung von ein paar Zyklen mit Instruktionen zu jonglieren.

Zwei gut dokumentierte Erfahrungsberichte, die sich im Verlauf der Entwicklung von MULTICS ergaben, unterstreichen dies. Graham (1970) berichtete über eine PL/I-Prozedur, die in drei Monaten umgeschrieben wurde, wobei die neue Version 26 Mal kleiner und 50 Mal schneller als das Original ist. Eine weitere wurde 20 Mal kleiner und 40 Mal schneller bei einem Arbeitsaufwand von zwei Monaten. Corbató (1969) beschrieb den kompilierten Code einer PL/I-Prozedur, der in weniger als einem Monat von 50.000 auf 10.000 Wörter reduziert werden konnte. Ein E/A-Controller schrumpfte bei einem Arbeitsaufwand von vier Monaten von 65.000 auf 30.000 kompilierte

Codewörter, was die Geschwindigkeit um einen Faktor von 8 verbesserte. Der entscheidende Punkt ist hier, daß die Hochsprachenprogrammierung eine globale Sicht bietet. Daher ist die Wahrscheinlichkeit größer, daß man Erkenntnisse gewinnt, die gegenüber dem Arbeiten in Assemblersprache zu völlig anderen und weit besseren Algorithmen führen.

Ungeachtet dieser (und vieler ähnlicher) Erfahrungen gibt es nach wie vor mindestens vier gute Gründe, warum man sich mit Assemblersprache befassen sollte. Erstens gilt, daß der Erfolg oder Mißerfolg eines großen Projekts davon abhängen kann, ob man aus einer kritischen Prozedur Leistungsverbesserungen um einen Faktor von 2 oder 3 herausquetschen kann. Deshalb ist es wichtig, bei echtem Bedarf guten Assembler-Code zu schreiben.

Zweitens ist Assembler-Code für Umgebungen mit Speichermangel oft die einzige Alternative. Smart-Cards enthalten zwar eine CPU, aber die wenigsten verfügen über einen Speicher von einem Megabyte und noch weniger über eine Festplatte fürs Paging. Trotz ihrer begrenzten Ressourcen müssen sie komplexe kryptographische Berechnungen durchführen. In Anwendungen eingebettete Prozessoren haben aus Kostengründen oft einen minimalen Speicher. Digitale Personal-Assistants und andere batteriebetriebene drahtlose, elektronische Geräte haben meist kleine Speicher, um Batteriestrom zu sparen. Deshalb ist kleiner, effizienter Code auch hier eine Notwendigkeit.

Drittens muß ein Compiler eine vom Assembler benutzte Ausgabe produzieren oder den Assembler-Prozeß selbst durchführen. Deshalb ist es wichtig, die Assemblersprache zu beherrschen, um die Funktionsweise von Compilern zu verstehen. Irgendjemand muß ja schließlich auch einen Compiler (und seinen Assembler) schreiben.

Schließlich erweitert das Studium der Assemblersprache den Blick auf die echte Maschine. Für Studenten der Computer-Architektur ist das Schreiben eines Assembler-Codes die einzige Möglichkeit, ein Gefühl dafür zu bekommen, wie sich Maschinen wirklich auf der architektonischen Ebene darstellen.

7.1.3 Format einer Anweisung in Assemblersprache

Obwohl die Struktur einer Anweisung in Assemblersprache gut die Struktur der von ihr dargestellten Maschineninstruktion widerspiegelt, haben Assemblersprachen für verschiedene Maschinen und verschiedene Ebenen viel Ähnlichkeit miteinander, so daß eine allgemeine Assemblersprache beschrieben werden kann. Abb. 7.2 zeigt Fragmente eines in Assemblersprache geschriebenen Programms für Pentium II, Motorola 680x0 und (Ultra)SPARC, das die Berechnung $N = I + J$ durchführt. Bei allen drei Beispielen führen die Anweisungen oberhalb der Leerzeile die Berechnung durch. Die Anweisungen unter der Leerzeile sind Befehle für den Assembler, um Speicher für die Variablen I, J und N zu reservieren, und keine symbolischen Darstellungen von Maschineninstruktionen.

Label	**Opcode**	**Operanden**	**Kommentare**
FORMULA:	MOV	EAX, I	; Register EAX = I
	ADD	EAX, J	; Register EAX = I + J
	MOV	N, EAX	; N = I + J
I	DW	3	; Reserviere 4 auf 3 initialisierte Bytes
J	DW	4	; Reserviere 4 auf 4 initialisierte Bytes
N	DW	0	; Reserviere 4 auf 0 initialisierte Bytes

(a)

Label	**Opcode**	**Operanden**	**Kommentare**
FORMULA	MOVE.L	I, D0	; Register D0 = I
	ADD.L	J, D0	; Register D0 = I + J
	MOVE.L	D0, N	; N = I + J
I	DC.L	3	; Reserviere 4 auf 3 initialisierte Bytes
J	DC.L	4	; Reserviere 4 auf 4 initialisierte Bytes
N	DC.L	0	; Reserviere 4 auf 0 initialisierte Bytes

(b)

Label	**Opcode**	**Operanden**	**Kommentare**
FORMULA:	SETHI	%HI(I),%R1	! R1 = höherwertige Bits der Adresse von I
	LD	[%R1+%LO(I)],%R1	! R1 = I
	SETHI	%HI(J),%R2	! R2 = höherwertige Bits der Adresse von J
	LD	[%R2+%LO(J)],%R2	! R2 = J
	NOP		! Warte, bis J vom Speicher kommt
	ADD	%R1,%R2,%R2	! R2 = R1 + R2
	SETHI	%HI(N),%R1	! R1 = höherwertige Bits der Adresse von N
	ST	%R2,[%R1+%LO(N)]	! R1 = höherwertige Bits der Adresse von N
I:	.WORD 3		! Reserviere 4 auf 3 initialisierte Bytes
J:	.WORD 4		! Reserviere 4 auf 4 initialisierte Bytes
	.WORD 0		! Reserviere 4 auf 0 initialisierte Bytes

(c)

Abb. 7.2: Berechnung von N = I + J; (a) Pentium II; (b) Motorola 680x0; (c) SPARC

Für die Intel-Familie gibt es mehrere Assembler mit jeweils einer anderen Syntax. In diesem Kapitel benutzen wir die Assemblersprache Microsoft MASM für unsere Beispiele. Obwohl wir uns auf den Pentium II konzentrieren, gilt alles gleichermaßen für 386, 486, Pentium und Pentium Pro. Für die SPARC beruhen unsere Beispiele auf dem Sun-Assembler. Auch hier gilt alles, was beschrieben wird, auch für die früheren (32-Bit-)Versionen der SPARC. Der Einheitlichkeit halber benutzen wir Großbuchstaben für Opcodes und Register (Pentium-II-Konvention) in allen Beispielen, obwohl der Sun-Assembler Kleinbuchstaben erwartet.

Anweisungen haben in Assemblersprache vier Teile: ein Label-Feld, ein Operationsfeld (Opcode), ein Operandenfeld und ein Kommentarfeld. Label, die benutzt werden, um symbolische Namen für Speicheradressen bereitzustellen, werden für ausführbare Anweisungen benötigt, damit man zu den Anweisungen verzweigen kann. Sie werden außerdem für Datenwörter benötigt, damit die dort gespeicherten Daten für den symbolischen Namen zugänglich sind. Ist eine Anweisung beschriftet, beginnt das Label (normalerweise) in Spalte 1.

Jeder der drei Teile von Abb. 7.2 hat vier Label: *FORMULA*, *I*, *J* und *N*. Man beachte, daß die SPARC-Assemblersprachen einen Doppelpunkt nach jedem Label verlangen, während das bei Motorola nicht der Fall ist. Die Intel erfordert Doppelpunkte bei Code-Labeln, aber nicht bei Daten-Labeln. Dieser Unterschied hat aber keine grundlegende Bedeutung. Die Designer der verschiedenen Assembler haben eben oft einen unterschiedlichen Geschmack. Nichts an der zugrundeliegenden Architektur läßt darauf schließen, daß eine Option besser als die andere ist. Die Notation mit dem Doppelpunkt hat den Vorteil, daß ein Label allein in einer Zeile stehen kann, mit dem Opcode in Spalte 1 der nächsten Zeile. Dieser Stil ist manchmal praktisch für Compiler. Ohne den Doppelpunkt gäbe es keine Möglichkeit, ein allein in einer Zeile stehendes Label von einem allein in einer Zeile stehenden Opcode zu unterscheiden.

Ein ungünstiges Merkmal bei einigen Assemblern ist die Begrenzung der Label auf sechs oder acht Zeichen. Demgegenüber erlauben die meisten Hochsprachen die Verwendung von beliebig langen Namen. Lange, gut gewählte Namen machen Programme viel besser lesbar und für andere verständlicher.

Jede der Maschinen hat einige Register, die jeweils aber ganz anders bezeichnet wurden. Die Pentium-II-Register haben Namen wie `EAX`, `EBX`, `ECX` usw. Die Motorola-Register werden unter anderem `D0`, `D1`, `D2` usw. genannt. Die SPARC-Register haben mehrere Namen. Wir benutzen hier `%R1` und `%R2`.

Das Opcode-Feld enthält entweder eine symbolische Abkürzung für den Opcode, falls die Anweisung eine symbolische Darstellung für eine Maschineninstruktion ist, oder einen Befehl für den Assembler selbst. Die Wahl eines entsprechenden Namens ist Geschmackssache, und Designer von Assemblersprachen treffen oft unterschiedliche Entscheidungen. Die Designer des Intel-Assemblers entschieden sich für die Verwendung von `MOV` sowohl zum Laden eines Registers vom Speicher als auch zum Ablegen eines Registers im Speicher. Die Designer des Motorola-Assemblers wählten `MOVE` für beides. Im Gegensatz dazu entschieden sich die Designer des SPARC-Assemblers für die Verwendung von `LD` für ersteres und `ST` für zweiteres. Auch hier hat die jeweilige Wahl nichts mit der zugrundeliegenden Maschine zu tun.

Demgegenüber ist die Notwendigkeit, beginnend mit `SETHI` für den Speicherzugriff zwei Maschineninstruktionen zu benutzen, ein inhärentes Merkmal der SPARC-Architektur, weil virtuelle Adressen 32 Bit (SPARC Version 8) bzw. 44 Bit (SPARC Version 9) sind, Instruktionen aber höchstens 22 Datenbits aufnehmen können. Somit sind immer zwei Instruktionen erforderlich, um alle Bits einer vollen virtuellen Adresse zu liefern.

```
SETHI %HI(I),%R1
```

nullt die oberen 32 Bit und die unteren 10 Bit von (64-Bit-)Register `R1`. Dann stellt sie die oberen 22 Bit der 32-Bit-Adresse von I in die Bitpositionen 10 bis 31 von `R1`. Die nächste Instruktion

```
LD [%R1+%LO(I)],%R1
```

addiert `R1` und die niederwertigen 10 Bit der Adresse von *I*, um die volle Adresse von *I* zu bilden, holt dieses Wort aus dem Speicher und stellt es in `R1`. Bei einem Schönheitswettbewerb mit einer Skala von 1 bis 10 würden diese Instruktionen etwa –20 Punkte machen; die SPARC wurde aber nicht wegen der Schönheit ihrer Assemblersprache entwickelt. Sie wurde für Hochgeschwindigkeitsausführung ausgelegt, und dieses Ziel erreicht sie auch.

Die Pentium-Familie, die 680x0 und die SPARC erlauben Byte-, Wort- und lange Operanden. Wie weiß der Assembler, welche Länge zu benutzen ist? Auch hier haben die Assembler-Designer jeweils unterschiedliche Lösungen gewählt. Auf dem Pentium II haben Register mit unterschiedlicher Länge andere Namen, was bedeutet, daß `EAX` benutzt wird, um 32-Bit-Elemente zu bewegen. `AX` wird benutzt, um 16-Bit-Elemente zu bewegen; `AL` und `AH` werden benutzt, um 8-Bit-Elemente zu bewegen. Der Motorola-Assembler addiert demgegenüber ein Suffix *.L* für lang, *.W* für Wort und *.B* für Byte zu jedem Opcode, statt Untermengen von `D0` usw. andere Namen zu geben. Die SPARC benutzt andere Opcodes für die verschiedenen Längen (z.B. `LDSB`, `LDSH` und `LDSW` zum Laden vorzeichenbehafteter Bytes, halber Wörter und Wörter zu einem 64-Bit-Register). Alle drei Vorgehensweisen sind gültig; aber auch hier weisen sie wieder auf die willkürliche Natur des Sprachdesigns hin.

Die drei Assembler unterscheiden sich außerdem darin, wie sie Raum für Daten reservieren. Die Designer der Intel-Assemblersprache wählten `DW` (Define Word); später wurde dann `.WORD` als Alternative hinzugefügt. Den Motorola-Designern gefiel `DC` (Define Constant). Die SPARC-Entwickler bevorzugten von Anfang an `.WORD`. Auch diese Unterschiede sind willkürlich.

Das Operandenfeld einer in Assemblersprache geschriebenen Anweisung wird benutzt, um die Adressen und Register festzulegen, die von der Maschineninstruktion als Operanden benutzt werden. Das Operandenfeld einer Instruktion zur Addition von Ganzzahlen sagt aus, was zu was zu addieren ist. Das Operandenfeld einer Sprunginstruktion gibt Auskunft darüber, wohin zu verzweigen ist. Register, Konstanten, Speicherstellen usw. können Operanden sein.

Pseudoinstruktion	**Bedeutung**
SEGMENT	Beginnt ein neues Segment (Text, Daten usw.) mit bestimmten Attributen
ENDS	Beendet das aktuelle Segment
ALIGN	Steuert die Ausrichtung der nächsten Instruktion bzw. der nächsten Daten
EQU	Legt ein neues Symbol fest, das einem bestimmten Ausdruck entspricht
DB	Weist einem oder mehreren (initialisierten) Bytes Speicherplatz zu
DD	Weist einem oder mehreren (initialisierten) 16-Bit-Halbwörtern Speicherplatz zu
DW	Weist einem oder mehreren (initialisierten) 32-Bit-Wörtern Speicherplatz zu
DQ	Weist einem oder mehreren (initialisierten) 64-Bit-Doppelwörtern Speicherplatz zu
PROC	Beginnt eine Prozedur
ENDP	Beendet eine Prozedur
MACRO	Beginnt eine Makrodefinition
ENDM	Beendet eine Makrodefinition
PUBLIC	Exportiert einen in diesem Modul definierten Namen
EXTERN	Importiert einen Namen aus einem anderen Modul
INCLUDE	Holt und bezieht eine andere Datei ein
IF	Beginnt eine bedingte Assemblierung auf Grundlage eines bestimmten Ausdrucks
ELSE	Beginnt eine bedingte Assemblierung, falls die obige IF-Bedingung falsch war
ENDIF	Beendet eine bedingte Assemblierung
COMMENT	Legt ein neues Zeichen für den Kommentarbeginn fest
PAGE	Erzeugt einen Seitenumbruch im Listing
END	Beendet das Assemblerprogramm

Abb. 7.3: Einige im Pentium-II-Assembler (MASM) verfügbare Pseudoinstruktionen

Das Kommentarfeld bietet Programmierern einen Platz, wohin sie hilfreiche Erklärungen über das Programm für andere Programmierer schreiben können, die möglicherweise das Programm später benutzen oder ändern müssen. Ein Assembler-Programm ohne eine solche Dokumentation ist fast unverständlich für jeden Programmierer und oft auch den Autor selbst. Das Kommentarfeld dient ausschließlich dem menschlichen Gebrauch. Es hat auf den Assembler-Prozeß oder auf das generierte Programm keinerlei Wirkung.

7.1.4 Pseudoinstruktionen

Zusätzlich zur Spezifikation, welche Maschineninstruktionen auszuführen sind, kann ein Assembler-Programm auch Befehle für den Assembler selbst beinhalten, z.B. die Aufforderung, einen Speicherplatz zuzuordnen oder eine neue Seite im Listing auszuwerfen. Befehle für den Assembler nennt man **Pseudoinstruktionen** (Pseudoinstructions oder Assembler Directives). Mit `DW` in Abb. 7.2(a) haben wir bereits eine typische Pseudoinstruktion gesehen. Ein paar weitere Pseudoinstruktionen sind in Abb. 7.3 aufgeführt. Sie stammen aus dem MASM-Assembler von Microsoft für die Intel-Familie.

Die Pseudoinstruktion `SEGMENT` startet ein neues Segment, während `ENDS` eines beendet. Es ist zulässig, ein Testsegment mit Code zu starten, dann ein Datensegment zu starten, dann zum Textsegment zurückzukehren usw.

`ALIGN` erzwingt die nächste Zeile, normalerweise Daten, auf eine Adresse, die ein Mehrfaches des Arguments ist. Hat das aktuelle Segment beispielsweise bereits 61 Byte an Daten, wird nach `ALIGN 4` als nächste Adresse 64 zugeordnet.

`EQU` wird benutzt, um einem Ausdruck einen symbolischen Namen zu geben. Nach der Pseudoinstruktion

```
BASE EQU 1000
```

kann das Symbol `BASE` z.B. an beliebiger Stelle anstelle von 1000 benutzt werden. Der Ausdruck, der `EQU` folgt, kann mehrere definierte Symbole umfassen, die mit arithmetischen oder anderen Operationen kombiniert werden, z.B. in

```
LIMIT EQU 4 * BASE + 2000
```

Die meisten Assembler, einschließlich MASM, setzen voraus, daß ein Symbol definiert wird, bevor es in einem Ausdruck wie diesem benutzt wird.

Die nächsten vier Pseudoinstruktionen `DB`, `DD`, `DW` und `DQ` ordnen Speicher für eine oder mehrere Variablen in der Größe von 1, 2, 4 oder 8 Byte zu.

```
TABLE DB 11, 23, 49
```

ordnet beispielsweise Raum für 3 Byte zu und initialisiert sie auf 11, 23 und 49. Sie definiert außerdem das Symbol *TABLE* und setzt es gleich der Adresse, an der 11 gespeichert ist.

Die Pseudoinstruktionen PROC und ENDP definieren den Anfang bzw. das Ende von Assembler-Prozeduren. Prozeduren in Assemblersprache haben die gleiche Funktion wie Prozeduren in anderen Programmiersprachen. MACRO und ENDM begrenzen den Umfang einer Makrodefinition. Makros werden später in diesem Kapitel behandelt.

Die nächsten beiden Pseudoinstruktionen PUBLIC und EXTERN steuern die Sichtbarkeit von Symbolen. Es ist üblich, Programme als Sammlung von Dateien zu schreiben. Häufig muß eine Prozedur in einer Datei eine Prozedur aufrufen oder auf ein Datenwort zugreifen, die bzw. das zu einer anderen Datei gehört. Um solche dateiübergreifenden Referenzen zu ermöglichen, wird ein Symbol, das für andere Dateien verfügbar ist, mit Hilfe von PUBLIC exportiert. Um den Assembler daran zu hindern, sich über die Benutzung eines Symbols zu beschweren, das nicht in der aktuellen Datei definiert ist, kann das Symbol als EXTERN deklariert werden. Dadurch wird dem Assembler mitgeteilt, daß es in einer anderen Datei definiert ist. Symbole, die in keiner dieser Pseudoinstruktionen deklariert sind, haben den Gültigkeitsbereich der lokalen Datei. Diese Vorgabe bedeutet, daß z.B. die Verwendung von *FOO* in mehreren Dateien keinen Konflikt verursacht, weil jede Definition zu ihrer eigenen Datei gehört.

Die Pseudoinstruktion INCLUDE veranlaßt den Assembler, eine andere Datei zu holen und sie komplett in die aktuelle einzubeziehen. Solche einbezogenen Dateien enthalten oft Definitionen, Makros und andere Elemente, die in mehreren Dateien gebraucht werden.

Viele Assembler, der MASM inbegriffen, unterstützen bedingtes Assemblieren. In dem folgenden Beispiel

```
WORDSIZE EQU 16
IF WORDSIZE GT 16
WSIZE: DW 32
ELSE
WSIZE: DW 16
ENDIF
```

wird ein einzelnes 32-Bit-Wort zugeordnet und dessen Adresse *WSIZE* aufgerufen. Das Wort wird entweder auf 32 oder 16 initialisiert, je nach dem Wert von *WORDSIZE*, in diesem Fall 16. Normalerweise wird diese Konstruktion benutzt, um ein Programm zu schreiben, das auf 16-Bit- (z.B. 8088) oder 32-Bit-Maschinen (z.B. Pentium II) assembliert werden kann. Schreibt man den ganzen maschinenabhängigen Code zwischen IF und ENDIF in Klammern, kann man durch Ändern einer einzigen Definition, nämlich *WORDSIZE*, das Programm automatisch auf das Assemblieren beider Größen setzen. Mit dieser Methode ist es möglich, ein Quellprogramm für mehrere (verschiedene) Zielmaschinen vorzuhalten, was die Software-Entwicklung und -Pflege vereinfacht. In vielen Fällen werden alle maschinenabhängigen Definitionen, wie *WORDSIZE*, in einer einzelnen Datei gesammelt, wobei verschiedene Versionen für unterschiedliche Maschinen angelegt werden. Durch Einbindung der richtigen Definitionsdatei läßt sich das Programm ohne Schwierigkeiten von neuem für andere Maschinen rekompilieren.

Die Pseudoinstruktion `COMMENT` erlaubt es dem Benutzer, den Kommentarbegrenzer durch etwas anderes als das Semikolon auszutauschen. `PAGE` wird benutzt, um das Listing zu steuern, das der Assembler bei Bedarf produzieren kann. `END` kennzeichnet das Programmende.

MASM umfaßt noch viele weitere Pseudoinstruktionen. Andere Pentium-II-Assembler verwenden einen anderen Vorrat an Pseudoinstruktionen, weil sie nicht von der zugrundeliegenden Architektur, sondern vom Geschmack des Assembler-Schreibers bestimmt werden.

7.2 Makros

Assembler-Programmierer müssen häufig Instruktionsfolgen mehrmals innerhalb eines Programms wiederholen. Dies läßt sich einfach bewältigen, wenn man die erforderlichen Instruktionen immer wieder an den nötigen Stellen schreibt. Bei langen Folgen oder sehr häufigem Vorkommen wird diese Methode allerdings sehr mühsam.

Bei einer anderen Methode wird diese Folge in eine Prozedur umgewandelt, die dann bei Bedarf aufgerufen wird. Diese Strategie hat den Nachteil, daß eine Instruktion für einen Prozeduraufruf notwendig ist und eine Rückgabeinstruktion jedesmal ausgeführt werden muß, wenn die Folge gebraucht wird. Sind die Folgen kurz, z.B. zwei Instruktionen, werden aber häufig benutzt, kann der Overhead des Prozeduraufrufs das Programm erheblich verlangsamen. Makros bieten eine einfache, effiziente Lösung für dieses Problem.

7.2.1 Definition, Aufruf und Erweiterung eines Makros

Eine Makrodefinition ist eine Möglichkeit, einem Stück Text einen Namen zu geben. Nach der Makrodefinition kann der Programmierer den Makronamen anstelle des Programmteils schreiben. Ein Makro ist folglich eine Abkürzung für einen Text. Abb. 7.4(a) zeigt ein Assembler-Programm für den Pentium II, das den Inhalt der Variablen *p* und *q* zweimal ersetzt. Diese Folgen können als Makros definiert werden, wie aus Abb. 7.4(b) ersichtlich wird. Nach der Definition wird jedes Vorkommen von *SWAP* durch die folgenden vier Zeilen ersetzt:

```
MOV EAX,P
MOV EBX,Q
MOV Q,EAX;
MOV P,EBX
```

Der Programmierer hat *SWAP* als Abkürzung für die vier obigen Anweisungen definiert.

Verschiedene Assembler verfügen zwar über geringfügig unterschiedliche Notationen zur Definition von Makros, sie erfordern aber alle die gleichen grundlegenden Teile einer Makrodefinition:

1. Ein Makro-Header für den Namen des zu definierenden Makros.
2. Der Rumpf des Makros, der den Ersetzungstext enthält.
3. Eine Pseudoinstruktion, die das Ende der Definition kennzeichnet (z.B. ENDM).

Stößt der Assembler auf eine Makrodefinition, speichert er sie in einer Makrodefinitionstabelle zur späteren Verwendung ab. Wann immer der Name des Makros (*SWAP* in dem Beispiel von Abb. 7.4) ab diesem Punkt als Opcode erscheint, ersetzt der Assembler es durch den Text, der im Makrorumpf enthalten ist. Die Verwendung eines Makronamens als Opcode wird **Makroaufruf** (Macro Call) und die Ersetzung durch den im Makrorumpf enthaltenen Text **Makroerweiterung** (Macro Expansion) genannt.

Die Makroerweiterung erfolgt während des Assemblierungsprozesses und nicht bei der Ausführung des Programms. Es ist wichtig, dies zu wissen. Das Programm in Abb. 7.4(a) und das in Abb. 7.4(b) produzieren genau den gleichen Maschinensprachecode. Betrachtet man nur das Maschinenspracheprogramm, läßt sich nicht feststellen, ob Makros an der Generierung beteiligt waren. Das ist darauf zurückzuführen, daß die Makrodefinitionen vom Assembler verworfen werden, sobald die Makroerweiterung abgeschlossen ist. Im generierten Programm befindet sich keine Spur mehr von ihnen.

```
MOV     EAX,P
MOV     EBX,Q
MOV     Q,EAX
MOV     P,EBX

MOV     EAX,P
MOV     EBX,Q
MOV     Q,EAX
MOV     P,EBX
```

(a)

```
SWAP    MACRO
        MOV EAX,P
        MOV EBX,Q
        MOV Q,EAX
        MOV P,EBX
        ENDM

        SWAP

        SWAP
```

(b)

Abb. 7.4: Assembler-Code zum zweimaligen Austausch von P und Q; (a) ohne Makro; (b) mit Makro

Makroaufrufe sind nicht mit Prozeduraufrufen zu verwechseln. Der wesentliche Unterschied ist der, daß ein Makroaufruf eine Instruktion ist, die den Assembler anweist, den Makronamen durch den Makrorumpf zu ersetzen. Ein Prozeduraufruf ist eine Maschineninstruktion, die in das Objektprogramm eingefügt wird und später für den Prozeduraufruf ausgeführt wird. Abb. 7.5 stellt Makro- und Prozeduraufrufe vergleichend gegenüber.

Eigenschaft	**Makroaufruf**	**Prozeduraufruf**
Wann erfolgt der Aufruf?	Bei Assemblierung	Bei Programmausführung
Wird der Rumpf an jeder Aufrufstelle in das Objektprogramm eingefügt?	Ja	Nein
Wird eine Prozeduraufrufinstruktion in das Objektprogramm eingefügt und später ausgeführt?	Nein	Ja
Muß nach dem Aufruf eine Rückgabeinstruktion verwendet werden?	Nein	Ja
Wie viele Kopien des Rumpfes erscheinen im Objektprogramm?	Eine pro Makroaufruf	1

Abb. 7.5: Makro- und Prozeduraufrufe im Vergleich

Von der Konzeption her kann man sich das Assemblieren am besten als einen Prozeß von zwei Durchläufen vorstellen. Im ersten Durchlauf werden alle Makrodefinitionen gespeichert und die Makroaufrufe erweitert. Im zweiten Durchlauf wird der resultierende Text verarbeitet, als wäre er im Originalprogramm vorhanden. Das heißt, das Quellprogramm wird eingelesen und dann in ein anderes Programm umgewandelt, in dem keine Makrodefinitionen mehr vorhanden sind und alle Makroaufrufe durch den jeweiligen Rumpftext ersetzt wurden. Die daraus resultierende Ausgabe ist ein Assembler-Programm, das überhaupt keine Makros enthält und wie üblich in den Assembler gespeist wird.

Hierbei ist zu beachten, daß ein Programm eine Zeichenkette ist, die Buchstaben, Ziffern, Leerzeichen, Satzzeichen und »Wagenrückläufe« (Carriage Return; Beginn einer neuen Zeile) enthält. Die Makroerweiterung bewirkt das Ersetzen bestimmter Teilketten dieser Kette durch andere Zeichenketten. Ein Makro ist also eine Technik zur Manipulation von Zeichenketten, ungeachtet ihrer Bedeutung.

7.2.2 Makros mit Parametern

Die oben beschriebene Makrotechnik kann benutzt werden, um Programme zu kürzen, in denen dieselbe Instruktionsfolge mehrmals vorkommt. Häufig enthält ein Programm aber mehrere Instruktionsfolgen, die fast, aber nicht ganz identisch sind, wie aus Abb. 7.6(a) ersichtlich wird. Hier tauscht die erste Folge *P* und *Q* und die zweite *R* und *S* gegeneinander aus.

```
MOV    EAX,P
MOV    EBX,Q
MOV    Q,EAX
MOV    P,EBX

MOV    EAX,R
MOV    EBX,S
MOV    S,EAX
MOV    R,EBX
```

(a)

```
CHANGE    MACRO P1, P2
          MOV EAX,P1
          MOV EBX,P2
          MOV P2,EAX
          MOV P1,EBX
          ENDM

          CHANGE P, Q

          CHANGE R, S
```

(b)

Abb. 7.6: Fast identische Anweisungsfolgen; (a) ohne Makro; (b) mit Makro

Makro-Assembler handhaben das Vorkommen nahezu identischer Folgen, indem sie Makrodefinitionen erlauben, **formale Parameter** (Formal Parameters) bereitzustellen und Makroaufrufen **aktuelle Parameter** (Actual Parameters) liefern zu lassen. Bei der Erweiterung eines Makros wird jeder formale Parameter, der im Makrorumpf erscheint, durch den entsprechenden aktuellen Parameter ausgetauscht. Die aktuellen Parameter werden in das Operandenfeld des Makroaufrufs gestellt. Abb. 7.6(b) zeigt das Programm von Abb. 7.6(a), das mit Hilfe eines Makros mit zwei Parametern umgeschrieben wurde. Die Symbole *P1* und *P2* sind die formalen Parameter. Jedes *P1* mit einem Makrorumpf wird durch den ersten aktuellen Parameter ersetzt, wenn das Makro erweitert wird. Ebenso wird *P2* durch den zweiten aktuellen Parameter ersetzt. In dem Makroaufruf

```
CHANGE P, Q
```

ist *P* der erste und *Q* der zweite aktuelle Parameter. Das heißt, daß die von beiden Teilen in Abb. 7.6 produzierten ausführbaren Programme identisch sind.

7.2.3 Weitere Funktionen

Die meisten Makroprozessoren verfügen über eine Reihe weiterer Funktionen, um dem Assembler-Programmierer das Leben zu erleichtern. In diesem Abschnitt betrachten wir ein paar ausgewählte derartige MASM-Funktionen. Ein Problem, das bei allen Assemblern auftritt, die Makros unterstützen, ist das Duplizieren von Labels. Ein Makro enthält z.B. eine bedingte Sprunginstruktion und ein Label, zu dem verzweigt wird. Wird dieses Makro zweimal oder häufiger aufgerufen, wird das Label dupliziert, was zu einem Assembler-Fehler führt. Bei einer möglichen Lösung liefert der Programmierer ein anderes Label bei jedem Aufruf als Parameter. Eine weitere Lösung (unter MASM) ist die Deklaration eines Labels als `LOCAL`, wobei der Assembler automatisch bei jeder

Erweiterung des Makros ein anderes Label erzeugt. Bei einigen Assemblern gilt die Regel, daß numerische Label automatisch lokal sind.

MASM und die meisten anderen Assembler erlauben die Definition von Makros innerhalb anderer Makros. Dieses Merkmal ist in Verbindung mit bedingtem Assemblieren sehr nützlich. Normalerweise wird das gleiche Makro in beiden Teilen einer IF-Anweisung definiert, z.B.:

```
M1  MACRO
    IF WORDSIZE GT 16
M2    MACRO
      ...
      ENDM
    ELSE
M2    MACRO
    ....
      ENDM
    ENDIF
      ENDM
```

In beiden Fällen wird Makro *M2* definiert. Die Definition hängt aber davon ab, ob das Programm auf einer 16-Bit- oder einer 32-Bit-Maschine assembliert wird. Wird *M1* nicht aufgerufen, wird *M2* überhaupt nicht definiert.

Schließlich können Makros andere Makros aufrufen, darunter auch sich selbst. Ist ein Makro rekursiv, d.h., es ruft sich selbst auf, muß es an sich selbst einen Parameter weitergeben, der bei jeder Erweiterung geändert wird, und das Makro muß den Parameter testen und die Rekursion bei Erreichen eines bestimmten Werts beenden. Andernfalls kann der Assembler in eine endlose Schleife geraten. Falls das passiert, muß der Assembler ausdrücklich vom Benutzer abgebrochen werden.

7.2.4 Makrotechnik in einem Assembler implementieren

Um eine Makrotechnik zu implementieren, muß ein Assembler zwei Funktionen durchführen können: Makrodefinitionen speichern und Makroaufrufe erweitern. Diese beiden Funktionen werden im folgenden erklärt.

Der Assembler muß eine Tabelle mit allen Makronamen führen. Zusammen mit jedem Namen wird ein Zeiger zu seiner gespeicherten Definition angelegt, so daß sie bei Bedarf geholt werden kann. Einige Assembler verfügen über eine getrennte Tabelle für Makronamen und andere über eine kombinierte Opcode-Tabelle, in der sich alle Maschineninstruktionen, Pseudoinstruktionen und Makronamen befinden.

Bei einer Makrodefinition erfolgt ein Tabelleneintrag mit dem Namen des Makros, der Anzahl der formalen Parameter und einem Zeiger zu einer anderen Tabelle – der Makrodefinitionstabelle, in der sich der Makrorumpf befindet. Eine Liste mit den formalen Parametern wird ebenfalls zu diesem Zeitpunkt zusammengestellt und später bei der Verarbeitung der Definition verwendet. Dann wird der Makrorumpf eingelesen und in der Makrodefinitionstabelle gespeichert. Formale Parameter, die sich innerhalb des Makrorumpfes befinden, werden mit einem speziellen Symbol gekennzeichnet. Beispielsweise sieht die interne Darstellung der Makrodefinition von *CHANGE* mit Semikolon als »Wagenrücklauf« und dem kaufmännischen Und-Zeichen (&) als Symbol für den formalen Parameter wie folgt aus:

```
MOV EAX,&P1; MOV EBX,&P2; MOV &P2,EAX; MOV &P1,EBX;
```

In der Makrodefinitionstabelle ist der Makrorumpf eine einfache Zeichenkette.

Im ersten Assemblierdurchlauf werden die Opcodes durchsucht und die Makros erweitert. Sobald eine Makrodefinition vorkommt, wird sie in der Makrotabelle gespeichert. Bei einem Makroaufruf bricht der Assembler vorübergehend das Einlesen vom Eingabegerät ab und beginnt, statt dessen den gespeicherten Makrorumpf zu lesen. Die aus dem gespeicherten Makrorumpf extrahierten formalen Parameter werden durch die aktuellen Parameter, die im Aufruf bereitgestellt werden, ersetzt. Das kaufmännische Und-Zeichen vor den formalen Parametern vereinfacht es dem Assembler, sie zu erkennen.

7.3 Der Assemblierungsprozeß

In den folgenden Abschnitten wird kurz beschrieben, wie ein Assembler funktioniert. Obwohl jede Maschine eine andere Assemblersprache hat, ähnelt sich der Assemblierungsprozeß mehr oder weniger auf allen Maschinen, so daß es möglich ist, ihn allgemein zu beschreiben.

7.3.1 Assembler mit zwei Durchläufen

Da ein Assembler-Programm aus einer Reihe von einzeiligen Anweisungen besteht, mag es zunächst natürlich erscheinen, den Assembler eine Anweisung lesen, in die Maschinensprache übersetzen und schließlich die erzeugte Maschinensprache in eine Datei ausgeben zu lassen, zusammen mit dem entsprechenden Listing, das – soweit vorhanden – in eine andere Datei geschrieben wird. Dieser Prozeß würde sich dann so oft wiederholen, bis das gesamte Programm übersetzt ist. Leider funktioniert diese Strategie nicht.

Man betrachte den Fall, bei dem die erste Anweisung ein Sprung zu *L* ist. Der Assembler kann diese Anweisung erst assemblieren, wenn er die Adresse von Anweisung *L* kennt. Anweisung *L* mag sich aber ziemlich am Ende des Programms befinden, so daß es für den Assembler unmöglich ist, die Adresse zu finden, ohne daß er zuerst fast das gesamte Programm liest. Diese Schwierigkeit wird **Forward Reference** (Vorwärtsreferenz) genannt, weil ein Symbol *L* benutzt wird, bevor es definiert wurde. Es erfolgt also eine Referenz auf ein Symbol, dessen Definition erst später stattfindet.

Vorwärtsreferenzen lassen sich auf zweierlei Weise handhaben. Erstens kann der Assembler das Quellprogramm tatsächlich zweimal lesen. Jedes Lesen des Quellprogramms nennt man einen **Durchlauf** (Pass). Ein Übersetzer, der das Eingabeprogramm zweimal liest, heißt entsprechend **Two-Pass Translator**. Im ersten Durchlauf eines Zwei-Durchlauf-Assemblers werden die Definitionen von Symbolen, einschließlich der Anweisungslabel, zusammengetragen und in einer Tabelle gespeichert. Bis der zweite Durchlauf beginnt, sind die Werte aller Symbole bekannt. Auf diese Weise bleibt keine Vorwärtsreferenz übrig, und jede Anweisung kann direkt gelesen, assembliert und ausgegeben werden. Dieser Ansatz setzt zwar einen zweiten Durchlauf durch die Eingabe voraus, ist konzeptionell aber einfach.

Bei der zweiten Methode wird das Assembler-Programm einmal gelesen und in eine Zwischenform konvertiert, und diese Zwischenform wird in einer Tabelle gespeichert und im Speicher vorgehalten. Dann folgt der zweite Durchgang über die Tabelle und nicht über das Quellprogramm. Ist genügend Speicher (bzw. virtueller Speicher) vorhanden, spart dieses Vorgehen E/A-Zeit. Muß ein Listing produziert werden, muß die gesamte Quellanweisung, einschließlich aller Kommentare, gespeichert werden. Ist kein Listig nötig, läßt sich die Zwischenform auf das Nötige reduzieren.

Bei beiden Vorgehensweisen werden im ersten Durchlauf alle Makrodefinitionen gespeichert und die Aufrufe der Reihe nach aufgelöst. Deshalb wird die Definition der Symbole und die Erweiterung der Makros im allgemeinen in einem Durchlauf besorgt.

7.3.2 Erster Durchlauf

Als wichtigste Funktion wird im ersten Durchlauf eine Tabelle zusammengestellt, die man **Symboltabelle** nennt, und in der sich die Werte aller Symbole befinden. Ein Symbol ist entweder ein Label oder ein Wert, dem ein symbolischer Name mit Hilfe einer Pseudoinstruktion zugewiesen wird, z.B.

```
BUFSIZ EQU 8192
```

Bei der Zuweisung eines Werts zu einem Symbol im Label-Feld einer Instruktion muß der Assembler die Adresse kennen, die diese Instruktion während der Ausführung des Programms hat. Um die Adressen der zu assemblierenden Instruktionen zur Ausführungszeit zu verwalten, führt der Assembler beim Assemblieren eine Variable mit der Bezeichnung **ILC** (**Instruction Location Counter**). Diese Variable wird zu Beginn des ersten Durchlaufs auf 0 gesetzt und um die Instruktionslänge für jede verarbeitete Instruktion erhöht, wie aus Abb. 7.7 ersichtlich wird. Dieses Beispiel trifft auf den Pentium II zu. Wir führen anschließend keine Beispiele für SPARC (und Motorola) auf, weil die Unterschiede zwischen den Assemblersprachen nicht wichtig sind, so daß ein Beispiel genügt.

Label	Opcode	Operanden	Kommentare	Länge	ILC
MARIA:	MOV	EAX,I	EAX = I	5	100
	MOV	EBX, J	EBX = J	6	105
ROBERTA:	MOV	ECX, K	ECX = K	6	111
	IMUL	EAX, EAX	EAX = I * I	2	117
	IMUL	EBX, EBX	EBX = J * J	3	119
	IMUL	ECX, ECX	ECX = K * K	3	122
MARILYN:	ADD	EAX, EBX	EAX = I * I + J * J	2	125
	ADD	EAX, ECX	EAX = I * I + J * J + K * K	2	127
STEPHANY:	JMP	DONE	Verzweige zu DONE	5	129

Abb. 7.7: Der ILC verwaltet die Adressen, an die die Instruktionen im Speicher geladen werden. Bei diesem Beispiel belegen die Anweisungen vor MARIA 100 Byte.

Bei den meisten Assemblern werden im ersten Durchlauf mindestens drei Tabellen benutzt: die Symboltabelle, die Pseudoinstruktionstabelle und die Opcode-Tabelle. Bei Bedarf kann eine Literal-Tabelle benutzt werden. Die Symboltabelle hat pro Symbol einen Eintrag (siehe Abb. 7.8). Symbole werden definiert, indem man sie entweder als Label benutzt oder explizit definiert (z.B. `EQU`). Jeder Eintrag in der Symboltabelle enthält das Symbol selbst (oder einen Zeiger darauf), seinen numerischen Wert und manchmal weitere Informationen. Diese zusätzlichen Informationen können z.B. folgende sein:

1. Die Länge des mit dem Symbol in Verbindung stehenden Datenfelds.
2. Die Umladungsbits (ändert das Symbol seinen Wert, wenn das Programm an einer anderen Adresse geladen wird, als der Assembler erwartet?).
3. Informationen darüber, ob das Symbol außerhalb der Prozedur zugänglich sein soll oder nicht.

Symbol	Wert	Weitere Informationen
MARIA	100	
ROBERTA	111	
MARILYN	125	
STEPHANY	129	

Abb. 7.8: Eine Symboltabelle für das Programm von Abb. 7.7

Die Opcode-Tabelle enthält mindestens einen Eintrag für jeden symbolischen Opcode (Mnemonik) in der Assemblersprache. Abb. 7.9 zeigt einen Teil einer Opcode-Tabelle. Jeder Eintrag enthält den symbolischen Opcode, zwei Operanden, den numerischen Wert des Opcodes, die Instruktionslänge und eine Typnummer, die Opcodes je nach der Anzahl und Art der Operanden in Gruppen einteilt.

Opcode	Erster Operand	Zweiter Operand	Hexadezimaler Opcode	Instruktions-länge	Instruktions-klasse
AAA	—	—	37	1	6
ADD	EAX	immed32	05	5	4
ADD	reg	reg	01	2	19
AND	EAX	immed32	25	5	4
AND	reg	reg	21	2	19

Abb. 7.9: Auszüge aus der Opcode-Tabelle für einen Pentium-II-Assembler

Als Beispiel betrachte man Opcode `ADD`. Enthält eine `ADD`-Instruktion `EAX` als ersten Operanden und eine 32-Bit-Konstante (`immed32`) als zweiten, dann wird Opcode 0x05 benutzt, und die Instruktionslänge beträgt 5 Byte. (Konstanten, die in 8 oder 16 Bit ausgedrückt werden können, benutzen andere Opcodes.) Wird `ADD` mit zwei Registern als Operanden benutzt, ist die Instruktion 2 Byte, und der Opcode ist 0x01. Die (willkürliche) Instruktionsklasse 19 würde man bei allen Opcode/Operanden-Kombinationen benutzen, die auf den gleichen Regeln basieren und auf die gleiche Weise wie `ADD` mit zwei Registeroperanden auszuführen sind. Die Instruktionsklasse bezeichnet eine Prozedur innerhalb des Assemblers, die aufgerufen wird, um alle Instruktionen eines bestimmten Typs zu verarbeiten.

Bei einigen Assemblern können Programmierer Instruktionen mit Hilfe der unmittelbaren Adressierung schreiben, auch wenn keine entsprechende Instruktion in der Zielsprache vorhanden ist. Solche »pseudounmittelbaren« Instruktionen werden wie folgt gehandhabt: Der Assembler weist für den unmittelbaren Operanden am Ende des Programms Speicher zu und erzeugt eine Instruktion, die darauf referenziert. Der IBM-Großrechner 3090 hat z.B. keine unmittelbaren Instruktionen. Dennoch kann der Programmierer

```
L 14,=F'5'
```

schreiben, um Register 14 mit einer vollen Wortkonstanten 5 zu laden. Auf diese Weise vermeidet er, ausdrücklich eine Pseudoinstruktion schreiben zu müssen, um ein auf 5 initialisiertes Wort zuzuordnen, es mit einem Label zu versehen und das Label dann in der `L`-Instruktion zu benutzen. Konstanten, für die der Assembler automatisch Speicher reserviert, nennt man **Literale**. Darüber hinaus erspart sich der Programmierer ein wenig Schreibarbeit, da Literale die Lesbarkeit eines Programms dadurch verbessern, daß sie den Wert der Konstanten in der Quellanweisung kenntlich machen. Im ersten Durchlauf muß eine Tabelle aller im Programm benutzten Literale zusammengestellt werden. Alle drei von uns verwendeten Beispiel-Computer verfügen über unmittelbare Instruktionen, so daß ihr jeweiliger Assembler keine Literale bereitstellt. Unmittelbare Instruktionen sind heute im Gegensatz zu früher üblich. Möglicherweise hat der reichliche Gebrauch von Literalen den Maschinen-Designern deutlich gemacht, daß die unmittelbare Adressierung eine gute Idee war. Werden Literale benötigt, wird beim Assemblieren eine Literal-

Tabelle geführt, in die bei jedem Vorkommen eines Literals ein neuer Eintrag erfolgt. Nach dem ersten Durchlauf wird diese Tabelle sortiert, und Duplikate werden entfernt.

Abb. 7.10 zeigt eine Prozedur, die als Grundlage für den ersten Durchlauf eines Assemblers dienen könnte. Der Programmierstil ist allein schon bemerkenswert. Die Prozedurnamen wurden gewählt, um brauchbare Hinweise darauf zu liefern, was die Prozeduren ausführen. Abb. 7.10 stellt einen Umriß des ersten Durchlaufs dar, der zwar nicht vollständig ist, aber einen guten Ausgangspunkt bildet. Er ist ausreichend kurz, so daß er leicht verständlich ist und verdeutlicht, was im nächsten Schritt folgen muß, nämlich das Schreiben der darin benutzten Prozeduren.

```
public static void pass_one( ) {
    // Diese Prozedur ist ein Umriß des ersten Durchlaufs eines einfachen Assemblers
    boolean more_input = true;                  // Ein Flag, das den ersten Durchlauf anhält
    String line, symbol, literal, opcode;       // Felder der Instruktion
    int location_counter, length, value, type;  // Verschiedene Variablen
    final int END_STATEMENT = -2;               // Signalisiert das Ende der Eingabe

    location_counter = 0;                       // Assembliert die erste Instruktion bei 0
    initialize_tables( );                       // Allgemeine Initialisierung

    while (more_input) {                        // more_input wird von END auf false gesetzt
        line = read_next_line( );               // Hole eine Eingabezeile
        length = 0;                             // Anzahl Bytes in der Instruktion
        type = 0;                               // Gibt den Instruktionstyp (Format) an

        if (line_is_not_comment(line)) {
            symbol = check_for_symbol(line);    // Hat diese Zeile ein Label?
            if (symbol != null)                 // Falls ja, erfasse Symbol und Wert
                enter_new_symbol(symbol, location_counter);
            literal = check_for_literal(line);  // Enthält die Zeile ein Literal?
            if (literal != null)                // Falls ja, trage sie in Tabelle ein
                enter_new_literal(literal);

            // Ermittle jetzt den Opcode-Typ.  -1 bedeutet, daß der Opcode ungültig ist.
            opcode = extract_opcode(line);      // Suche die Opcode-Mnemonik
            type = search_opcode_table(opcode); // Finde Format, z.B. OP REG1,REG2
            if (type < 0)                       // Handelt es sich um eine Pseudo-
                                                   instruktion, falls es kein Opcode ist?
                type = search_pseudo_table(opcode);
            switch(type) {                      // Ermittle die Länge dieser Instruktion
                case 1: length = get_length_of_type1(line);  break;
                case 2: length = get_length_of_type2(line);  break;
```

```
            // Weitere Fälle hier
        }
    }

    write_temp_file(type, opcode, length, line); // Nützliche Information für den zweiten
                                                  Durchlauf
    location_counter = location_counter + length; // Aktualisiere loc_ctr
    if (type == END_STATEMENT) {                 // Sind wir mit der Eingabe fertig?
        more_input = false;                      // Falls ja, führe Aufräumarbeiten (House-
                                                  keeping) durch
        rewind_temp_for_pass_two( );             // z.B. Zurückspulen der temporären Datei
        sort_literal_table( );                   // und Sortieren der Literal-Tabelle
        remove_redundant_literals( );            // sowie Entfernen von Duplikaten aus der
                                                  Tabelle
    }
  }
}
```

Abb. 7.10: Erster Durchlauf eines einfachen Assemblers

Einige dieser Prozeduren sind relativ kurz, z.B. *check_for_symbol*, die lediglich das Symbol als Zeichenkette zurückgibt, falls es eines gibt, und null, wenn es keines gibt. Andere Prozeduren, z.B. *get_length_of_type1* und *get_length_of_type2*, können länger sein und andere Prozeduren aufrufen. Im allgemeinen gibt es nicht nur zwei Typen; die Zahl hängt vielmehr von der zu assemblierenden Sprache und der Anzahl der Instruktionstypen ab.

Diese Art der Strukturierung von Programmen bietet außer der einfacheren Programmierung weitere Vorteile. Wird der Assembler von einer Gruppe geschrieben, können verschiedene Prozeduren unter den Programmierern aufgeteilt werden. Alle (lästigen) Details, die Eingabe zu holen, werden in *read_next_line* versteckt. Sollte sich etwas ändern, z.B. aufgrund einer Änderung des Betriebssystems, wirkt sich dies nur auf eine Sekundärprozedur aus; die Prozedur *pass_one* selbst muß aber nicht geändert werden.

Wird das Programm gelesen, muß im ersten Durchlauf jede Zeile analysiert (geparst) werden, um den Opcode (z.B. ADD) nach Typ (im Grunde das Muster der Operanden) zu ermitteln und die Länge der Instruktion zu berechnen. Diese Information wird auch im zweiten Durchlauf benötigt. Deshalb ist es möglich, sie explizit auszuschreiben, um zu vermeiden, die Zeile beim nächsten Mal von Anfang an erneut parsen zu müssen. Allerdings bedeutet das Umschreiben der Eingabedatei weitere E/A. Ob es besser ist, zur Vermeidung von Parsing mehr E/A durchzuführen oder umgekehrt, hängt von der relativen Geschwindigkeit der CPU und der Platte, der Effizienz des Dateisystems und weiteren Faktoren ab. Bei diesem Beispiel schreiben wir eine temporäre Datei aus, die den Typ, den Opcode, die Länge und die tatsächliche Eingabezeile enthält. Das ist die Zeile, die im zweiten Durchlauf anstelle der rohen Eingabedatei gelesen wird.

Nachdem die Pseudoinstruktion END gelesen wurde, ist der erste Durchlauf beendet. Die Symboltabelle und die Literal-Tabellen können, falls nötig, an diesem Punkt sortiert werden. Die sortierte Literal-Tabelle kann auf doppelte Einträge geprüft werden, die man dann entfernt.

7.3.3 Zweiter Durchlauf

Der zweite Durchlauf erzeugt das Objektprogramm und gibt möglicherweise das Assembler-Listing aus. Darüber hinaus muß der zweite Durchlauf bestimmte Informationen ausgeben, die der Linker zum Verketten von Prozeduren, die zu unterschiedlichen Zeiten assembliert werden, in einer einzigen ausführbaren Datei braucht. Abb. 7.11 zeigt die schematische Darstellung einer Prozedur für den zweiten Durchlauf.

Die Operation des zweiten Durchlaufs ähnelt derjenigen des ersten mehr oder weniger: Er liest und verarbeitet die Zeilen nacheinander. Da wir den Typ, den Opcode und die Länge zu Beginn jeder Zeile (in der temporären Datei) geschrieben haben, werden alle diese Elemente eingelesen, so daß wir einiges an Parsing sparen. Die Hauptarbeit der Codeerzeugung wird von den Prozeduren *eval_type1*, *eval_type2* usw. besorgt. Jede einzelne handhabt ein bestimmtes Muster, z.B. einen Opcode und zwei Registeroperanden. Sie erzeugt den Binärcode für die Instruktion und gibt sie als *Code* zurück. Dann wird er ausgegeben. Wahrscheinlicher ist, daß *write_code* einfach den kumulierten Binärcode puffert und die Datei in großen Blöcken auf die Platte schreibt, um den Plattenverkehr zu verringern.

Die ursprüngliche Quellanweisung und der Objektcode, die davon (hexadezimal) erzeugt wurden, können dann ausgegeben oder zur späteren Ausgabe in einen Puffer überstellt werden. Nach der Berichtigung des ILC wird die nächste Anweisung geholt.

```
public static void pass_two( ) {
    // Diese Prozedur ist ein Umriß des zweiten Durchlaufs eines einfachen Assemblers
    boolean more_input = true;                  // Ein Flag, das den ersten Durchlauf anhält
    String line, opcode;                        // Felder der Instruktion
    int location_counter, length, type;         // Verschiedene Variablen
    final int END_STATEMENT = -2;               // Signalisiert das Ende der Eingabe
    final int MAX_CODE = 16;                    // Maximale Byteanzahl des Codes pro In-
                                                   struktion
    byte code[ ] = new byte[MAX_CODE];          // Hält den pro Instruktion erzeugten Code

    location_counter = 0;                       // Assembliert die erste Instruktion bei 0

    while (more_input) {                        // more_input wird von END auf false gesetzt
        type = read_type( );                    // Hole Typenfeld der nächsten Zeile
        opcode = read_opcode( );                // Hole Opcode-Feld der nächsten Zeile
        length = read_length( );                // Hole Längenfeld der nächsten Zeile
```

```
        line = read_line( );                        // Hole die aktuelle Eingabezeile

        if (type != 0) {                            // Typ 0 gilt für Kommentarzeilen
            switch(type) {                          // Erzeuge den Ausgabecode
                case 1: eval_type1(opcode, length, line, code);  break;
                case 2: eval_type2(opcode, length, line, code);  break;
                // Weitere Fälle hier
            }
        }

        write_output(code);                         // Schreibe den Binärcode
        write_listing(code, line);                  // Drucke eine Zeile im Listing aus
        location_counter = location_counter + length; // Aktualisiere loc_ctr
        if (type == END_STATEMENT) {                // Sind wir mit der Eingabe fertig?
            more_input = false;                     // Falls ja, führe Aufräumarbeiten (House-
                                                    // keeping) durch
            finish_up( );                           // Krimskrams
        }
    }
}
```

Abb. 7.11: Zweiter Durchlauf eines einfachen Assemblers

Bis jetzt wurde angenommen, daß das Quellprogramm keine Fehler enthält. Jeder, der schon einmal ein Programm geschrieben hat, in welcher Sprache auch immer, weiß, daß das eine unrealistische Annahme ist. Die häufigsten Fehler sind unter anderem:

1. Ein nicht definiertes Symbol wurde benutzt.
2. Ein Symbol wurde mehr als einmal definiert.
3. Der Name im Opcode-Feld ist kein zulässiger Opcode.
4. Ein Opcode wurde nicht mit genügend Operanden bereitgestellt.
5. Ein Opcode wurde mit zu vielen Operanden bereitgestellt.
6. Eine Oktalzahl enthält eine 8 oder 9.
7. Ein ungültiges Register wurde benutzt (z.B. ein Sprung zu einem Register).
8. Die `END`-Anweisung fehlt.

Programmierer sind im Ausdenken neuer Fehlerarten recht erfinderisch. Undefinierte Symbolfehler sind häufig auf Tippfehler zurückzuführen. Deshalb sollte ein Assembler herausfinden können, welche der definierten Symbole den undefinierten am meisten ähneln und diese benutzen. Für die Korrektur der meisten anderen Fehler gibt es kaum Abhilfe. Die beste Lösung für den

Assembler liegt wohl darin, bei einer fehlerhaften Anweisung eine Fehlermeldung auszugeben und mit der Assemblierung fortzufahren.

7.3.4 Die Symboltabelle

Im ersten Durchlauf des Assembler-Prozesses kumuliert der Assembler Informationen über Symbole und ihre Werte, die in der Symboltabelle zum Durchsuchen im zweiten Durchlauf gespeichert werden müssen. Die Symboltabelle kann auf vielerlei Weise aufgebaut werden. Wir beschreiben einige davon nachfolgend. Bei allen wird versucht, einen **Assoziativspeicher** (Associative Memory) zu simulieren, der konzeptionell eine Menge von Symbol/Wert-Paaren darstellt. Der Assoziativspeicher erhält ein Symbol und muß dafür den Wert produzieren.

Die einfachste Technik ist die Implementierung der Symboltabelle als Feldpaare, von denen das erste Element das Symbol (oder darauf zeigt) und das zweite der Wert ist (oder darauf zeigt). Mit einem Symbol durchsucht die Symboltabellenroutine die Tabelle linear, bis sie einen Treffer findet. Diese Methode läßt sich leicht programmieren, ist aber langsam, weil durchschnittlich stets die Hälfte der Tabelle durchsucht werden muß.

Bei einer weiteren Methode wird die Symboltabelle nach Symbolen sortiert. Dann wird der **binäre Suchalgorithmus** angewandt, um sie nach einem Symbol zu durchsuchen. Dieser Algorithmus arbeitet so, daß er den mittleren Eintrag der Tabelle mit dem Symbol vergleicht. Steht das Symbol alphabetisch vor dem mittleren Eintrag, muß sich das Symbol in der ersten Hälfte der Tabelle befinden. Folgt das Symbol alphabetisch dem mittleren Eintrag, muß es in der zweiten Hälfte der Tabelle gesucht werden. Entspricht das Symbol dem mittleren Eintrag, wird die Suche beendet.

Unter der Annahme, daß der mittlere Eintrag nicht das gesuchte Symbol ist, wissen wir zumindest, welche Hälfte der Tabelle danach zu durchsuchen ist. Die binäre Suche kann jetzt auf die richtige Hälfte angewandt werden, was entweder zu einem Treffer oder zum richtigen Viertel der Tabelle führt. Wendet man den Algorithmus rekursiv an, kann eine Tabelle mit n Einträgen in ungefähr $\log_2 n$ Versuchen durchsucht werden. Natürlich ist diese Methode viel schneller als die lineare Suche, setzt aber voraus, daß die Tabelle in sortierter Reihenfolge geführt wird.

Eine völlig andere Art der Simulation eines Assoziativspeichers ist eine Technik, die als **Hash-Coding** (Schlüsselfunktion) bezeichnet wird. Diese Methode setzt eine »Hash«-Funktion voraus, die Symbole auf Register im Bereich von 0 bis $k - 1$ abbildet. Dabei werden die ASCII-Codes der in den Symbolen vorkommenden Zeichen multipliziert, wobei man einen möglichen Überlauf ignoriert und den sich ergebenden Modulo k nimmt oder ihn durch eine Primzahl dividiert. Fast jede Eingabefunktion, die eine gleichmäßige Verteilung der Hash-Werte ergibt, ist im Prinzip geeignet. Symbole können gespeichert werden, wenn man eine Tabelle führt, die sich aus k **Buckets** (Eimer) zusammensetzt, die von 0 bis $k - 1$ durchnumeriert sind. Alle Symbol/Wertpaare, deren Symbol als i berechnet wurden, werden in einer verketteten Liste gespeichert, auf die Schlitz i der Hash-Tabelle zeigt. Bei n Symbolen und k Schlitzen in der Hash-Tabelle hat die Liste eine durchschnittliche Länge von n/k. Wählt man k etwa gleich n, lassen sich Symbole durchschnittlich in einer Suche auffinden. Durch Berichtigung von k können wir die Tabellengröße auf Kosten langsamerer Suchläufe reduzieren. Hash-Coding ist in Abb. 7.12 dargestellt.

Andy	14025	0
Anton	31253	4
Cathy	65254	5
Dick	54185	0
Erik	47357	6
Frances	56445	3
Frank	14332	3
Gerrit	32334	4
Hans	44546	4
Henri	75544	2
Jan	17097	5
Jaco	64533	6
Maarten	23267	0
Reind	63453	1
Roel	76764	7
Willem	34544	6
Wiebren	34344	1

(a)

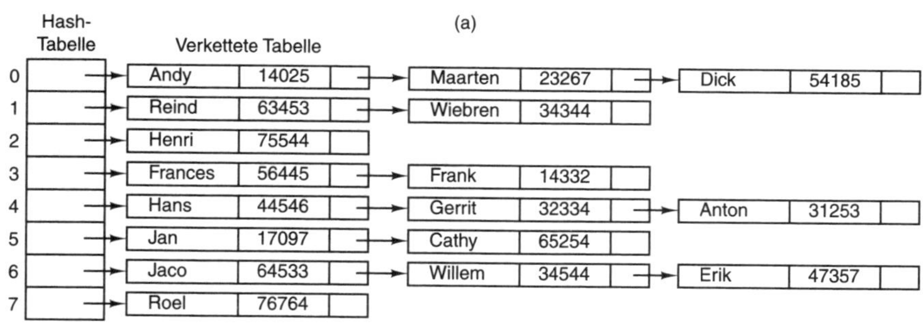

(b)

Abb. 7.12: Hash-Coding; (a) Symbole, Werte und die aus den Symbolen hergeleiteten Hash-Codes; (b) Hash-Tabelle mit acht Einträgen und verkettete Listen mit Symbolen und Werten

7.4 Binden und Laden

Die meisten Programme beinhalten mehr als eine Prozedur. Compiler und Assembler übersetzen im allgemeinen je eine Prozedur und schreiben die übersetzte Ausgabe auf Platte. Bevor das Programm ausgeführt werden kann, müssen alle übersetzten Prozeduren zusammengesucht und korrekt gebunden werden. Ist kein virtueller Speicher verfügbar, muß das gebundene Programm explizit auch in den Arbeitsspeicher geladen werden. Programme, die diese Funktionen ausführen, tragen unterschiedliche Bezeichnungen, unter anderem **Linker** (Binder), **Linking Loader** und **Linkage Editor**. Die vollständige

Übersetzung eines Quellprogramms umfaßt zwei Schritte, wie aus Abb. 7.13 ersichtlich wird:

1. Kompilation bzw. Assemblieren der Quellprozeduren
2. Binden der Objektmodule

Der erste Schritt wird vom Compiler oder Assembler und der zweite vom Binder durchgeführt.

Die Übersetzung der Quellprozedur in ein Objektmodul stellt eine Änderung der Ebene dar, weil die Quell- und die Zielsprache unterschiedliche Instruktionen und je eine andere Notation haben. Der Bindeprozeß stellt aber keine Änderung der Ebene dar, weil sowohl die Eingabe als auch die Ausgabe des Binders Programme für die gleiche virtuelle Maschine sind. Der Binder hat die Aufgabe, die getrennt übersetzten Prozeduren zusammenzutragen und zu binden, damit sie als eine Einheit ausgeführt werden können, die man **ausführbares Binärprogramm** (Executable Binary Program) nennt. Unter MS-DOS, Windows 95/98 und NT haben die Objektmodule die Erweiterung *.obj*. Ausführbare Binärprogramme haben die Erweiterung *.exe*. Unter Unix haben Objektmodule die Erweiterung *.o*, und ausführbare Binärprogramme haben keine.

Compiler und Assembler übersetzen jede Quellprozedur aus gutem Grund als getrennte Einheit. Würde ein Compiler oder Assembler eine Reihe von Quellprozeduren lesen und unmittelbar ein fertig ausführbares Maschinensprache-programm produzieren, müßte man für den Fall, daß sich eine Anweisung in einer Quellprozedur ändert, alle Quellprozeduren erneut übersetzen.

Wird die in Abb. 7.13 dargestellte Technik der Objekt/Modul-Trennung angewandt, muß nur die modifizierte Prozedur erneut übersetzt werden. Es müssen dann aber alle Objektmodule wieder gebunden werden. Das Binden verläuft normalerweise viel schneller als die Übersetzung. Deshalb läßt sich mit einem aus zwei Schritten bestehenden Prozeß (Übersetzen und Binden) bei der Entwicklung eines Programms viel Zeit sparen. Dieser Gewinn ist insbesondere bei Programmen mit Hunderten oder gar Tausenden von Modulen wichtig.

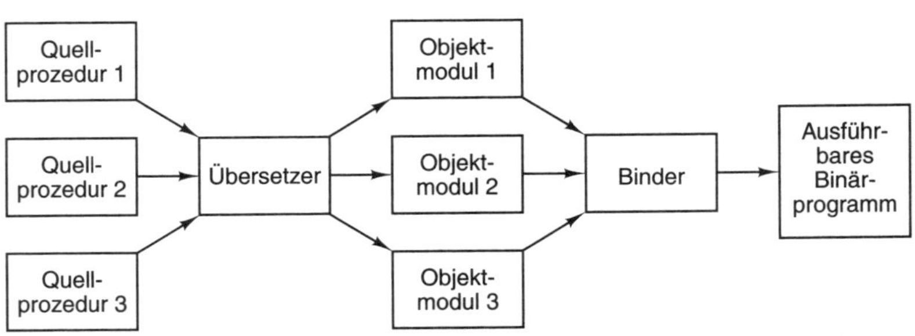

Abb. 7.13: Die Erzeugung eines ausführbaren Binärprogramms aus einer Sammlung unabhängig übersetzter Quellprozeduren erfordert einen Binder

7.4.1 Aufgaben des Binders

Zu Beginn des ersten Durchlaufs eines Assembler-Prozesses wird der Zähler für die Instruktionsstellen auf 0 gesetzt. Dieser Schritt basiert auf der Annahme, daß das Objektmodul während der Ausführung an der (virtuellen) Adresse 0 angesiedelt ist. Abb. 7.14 zeigt vier Objektmodule für eine generische Maschine. Bei diesem Beispiel beginnt jedes Modul mit einer `BRANCH`-Instruktion zu einer `MOVE`-Instruktion innerhalb des Moduls.

Um das Programm ausführen zu können, bringt der Binder die Objektmodule in einen Arbeitsspeicher, um das ausführbare Binärprogramm abzubilden, wie aus Abb. 7.15(a) ersichtlich wird. Dadurch entsteht ein genaues Abbild des virtuellen Adreßraums des ausführbaren Programms im Innern des Binders. Außerdem werden alle Objektmodule an den richtigen Stellen positioniert. Ist nicht genügend (virtueller) Speicher vorhanden, um das gesamte Abbild zu erzeugen, kann eine Plattendatei benutzt werden. Normalerweise wird ein kleiner Bereich des Speichers, der an Adresse Null beginnt, für Interrupt-Vektoren, Kommunikation mit dem Betriebssystem, Abfangen nicht initialisierter Zeiger oder für andere Zwecke verwendet, so daß Programme oft oberhalb von 0 beginnen. In dieser Abbildung beginnen Programme (willkürlich) an Adresse 100.

Das Programm von Abb. 7.15(a) wurde zwar in das Abbild der ausführbaren Binärdatei geladen, ist aber noch nicht zur Ausführung bereit. Was würde passieren, wenn man die Ausführung mit der Instruktion am Anfang von Modul *A* beginnt? Das Programm würde nicht wie gewünscht zur `MOVE`-Instruktion verzweigen, weil diese sich jetzt an Adresse 300 befindet. Aus dem gleichen Grund würden alle Instruktionen für Speicherreferenzen fehlschlagen.

Dieses **Umladungsproblem** (Reloction Problem) tritt auf, weil jedes Objektmodul in Abb. 7.14 einen getrennten Adreßraum darstellt. Bei einer Maschine mit einem segmentierten Adreßraum, z.B. Pentium II, kann jedes Objektmodul theoretisch einen eigenen Adreßraum haben, wenn es in sein eigenes Segment gestellt wird. OS/2 ist jedoch das einzige Betriebssystem für den Pentium II, das dieses Konzept unterstützt. Alle Versionen von Windows und Unix unterstützen nur linearen Adreßraum, so daß alle Objektmodule in einen einzigen Adreßraum eingemischt werden müssen.

Außerdem funktionieren auch die Instruktionen für Prozeduraufrufe in Abb. 7.15(a) nicht. Der Programmierer hatte geplant, das Objektmodul *B* an Adresse 400 aufzurufen. Da jede Prozedur aber unabhängig übersetzt wird, kann der Assembler nicht wissen, welche Adresse in die Instruktion `CALL B` einzufügen ist. Die Adresse von Objektmodul *B* wird erst zur Bindezeit bekannt. Das ist das Problem der **externen Referenz** (External Reference). Der Binder kann beide genannten Probleme lösen.

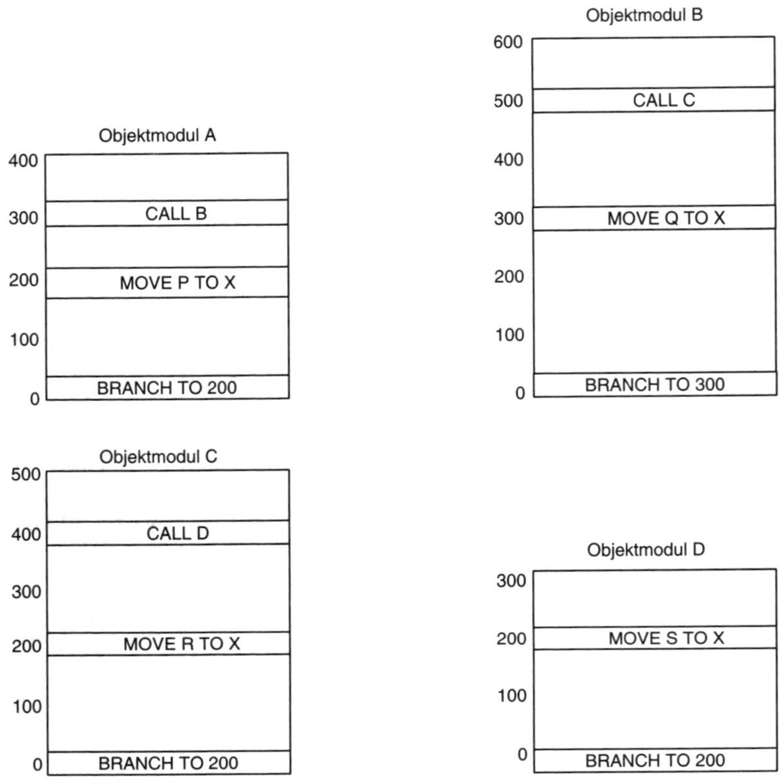

Abb. 7.14: Jedes Modul hat seinen eigenen Adreßraum, beginnend bei 0

Der Binder mischt die getrennten Adreßräume der Objektmodule in folgenden Schritten zu einem einzigen, linearen Adreßraum zusammen:

1. Er erstellt eine Tabelle mit allen Objektmodulen und ihren Längen.
2. Auf der Grundlage dieser Tabelle weist er jedem Objektmodul eine Anfangsadresse zu.
3. Er sucht alle Instruktionen für Speicherreferenzen zusammen und addiert zu jeder eine **Umladungskonstante** (Relocation Constant), die der Anfangsadresse des betreffenden Moduls entspricht.
4. Er sucht alle Instruktionen zusammen, die andere Prozeduren referenzieren, und fügt die Adresse dieser Prozeduren an der entsprechenden Stelle ein.

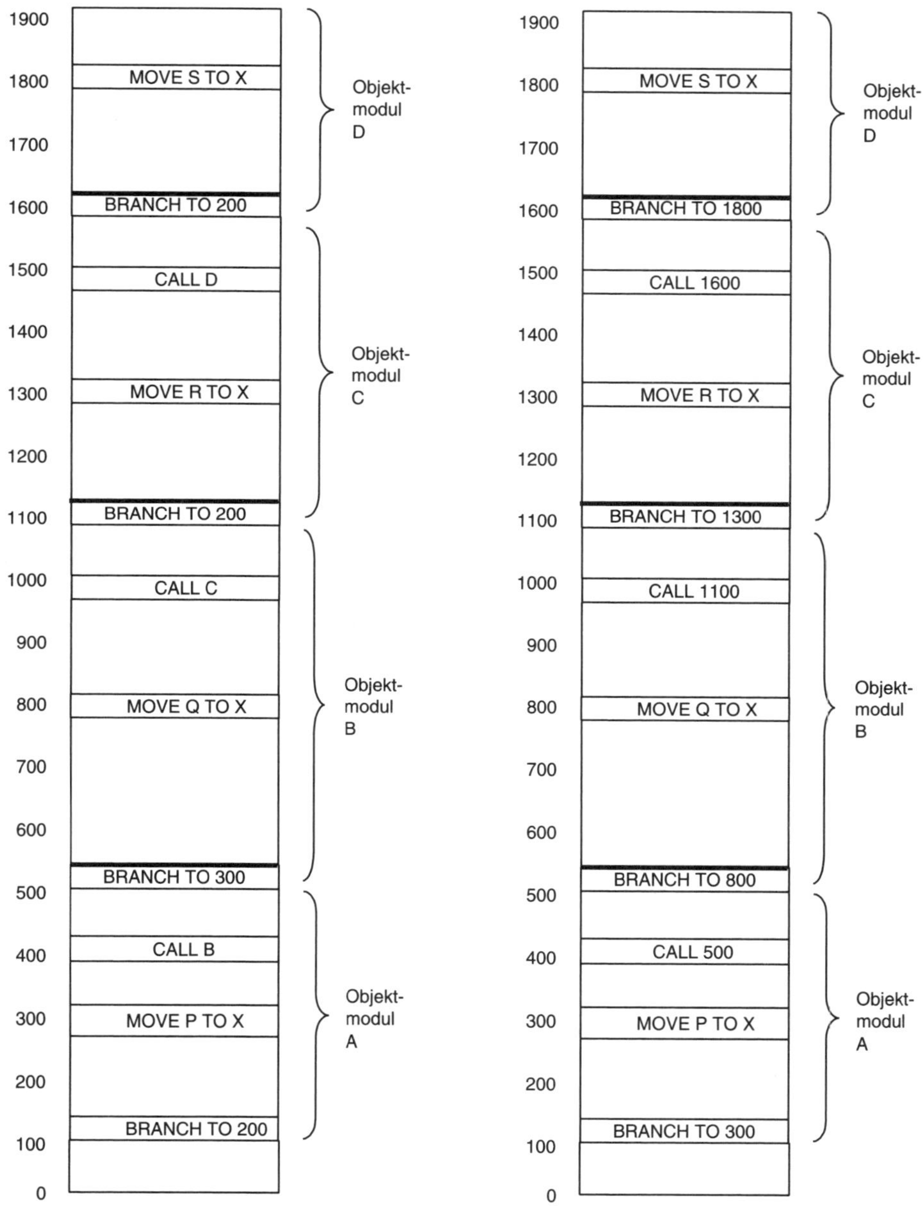

Abb. 7.15: (a) Die Objektmodule von Abb. 7.14, nachdem sie in das binäre Abbild gestellt wurden, jedoch vor Umladung und Bindung. (b) Die gleichen Objektmodule nach dem Binden und Umladen. Zusammen bilden sie ein ausführbares Binärprogramm.

Die in Schritt 1 erstellte Objektmodultabelle zeigt die nachfolgend aufgeführten Module von Abb. 7.15. Sie enthält den Namen, die Länge und die Anfangsadresse jedes Moduls:

Modul	**Länge**	**Anfangsadresse**
A	400	100
B	600	500
C	500	1100
D	300	1600

Abb. 7.15(b) zeigt, wie der Adreßraum von Abb. 7.15(a) aussieht, nachdem der Binder diese Schritte ausgeführt hat.

7.4.2 Struktur eines Objektmoduls

Objektmodule umfassen oft sechs Teile, wie aus Abb. 7.16 ersichtlich wird. Der erste Teil enthält den Namen des Moduls, bestimmte Informationen für den Binder, z.B. die Länge verschiedener Modulteile, und manchmal das Assembler-Datum.

Modulende
Umladungswörterbuch
Maschineninstruktionen und -konstanten
Externe Referenztabelle
Eingangspunkttabelle
Identifizierung

Abb. 7.16: Die interne Struktur eines von einem Übersetzer produzierten Objektmoduls

Der zweite Teil des Objektmoduls ist eine Liste mit Symbolen, die im Modul definiert sind, und die andere Module referenzieren können, sowie ihrer Werte. Besteht das Modul beispielsweise aus einer Prozedur namens *bigbug*, enthält die Eingangspunkttabelle die Zeichenkette »bigbug«, gefolgt von der entsprechenden Adresse. Der Assembler-Programmierer bezeichnet, welche Symbole als **Eingangspunkte** (Entry Points) deklariert werden sollen, indem er eine Pseudoinstruktion gebraucht, wie z.B. `PUBLIC` in Abb. 7.3.

Der dritte Teil des Objektmoduls besteht aus einer Liste mit Symbolen, die im Modul benutzt werden, jedoch in anderen Modulen definiert sind, sowie eine Liste mit den Maschineninstruktionen, die für die Symbole zu verwenden sind. Der Binder braucht letztere, um die richtigen Adressen in die Instruktionen einfügen zu können, die außerhalb der Symbole benutzt werden. Eine Prozedur kann andere, unabhängig übersetzte Prozeduren aufrufen, wenn sie die Namen der aufzurufenden Prozeduren als `EXTERN` deklariert. Der Assembler-Programmierer zeigt an, welche Symbole als **extern** deklariert werden sollen, indem er eine Pseudoinstruktion wie `EXTERN` in Abb. 7.3 verwendet. Bei manchen Computern werden Eingangspunkte und externe Referenzen in einer Tabelle geführt.

Der vierte Teil des Objektmoduls beinhaltet den assemblierten Code und Konstanten. Das ist der einzige Teil des Objektmoduls, der in den auszuführenden Speicher geladen wird. Die anderen fünf Teile werden vom Binder benutzt und vor Beginn der Ausführung verworfen.

Der fünfte Teil des Objektmoduls ist das Umladungswörterbuch (Relocation Dictionary). Wie aus Abb. 7.15 ersichtlich wird, muß zu den Instruktionen, die Speicheradressen enthalten, eine Umladungskonstante hinzugefügt werden. Da der Linker nicht ohne weiteres feststellen kann, welche Datenwörter in Teil 4 Maschineninstruktionen und welche Konstanten enthalten, werden in dieser Tabelle Informationen über die umzulagernden Adressen bereitgestellt. Diese Informationen können die Form einer Bittabelle, mit einem Bit pro potentiell umzulagernder Adresse, oder die Form einer expliziten Liste der umzulagernden Adressen haben.

Der sechste Teil kennzeichnet das Modulende. Er enthält manchmal eine Prüfsumme, um beim Lesen des Moduls auftretende Fehler zu erkennen, und die Adresse, an der die Ausführung beginnen soll.

Die meisten Binder erfordern zwei Durchläufe. Im ersten Durchlauf liest der Binder alle Objektmodule und stellt eine Tabelle mit den Modulnamen und -längen sowie eine globale Symboltabelle, die alle Eingangspunkte und externe Referenzen enthält, zusammen. Im zweiten Durchlauf werden die Objektmodule einzeln gelesen, umgelagert und verbunden.

7.4.3 Bindezeit und dynamische Umladung

Bei einem Mehrprogrammsystem kann ein Programm in den Arbeitsspeicher eingelesen, eine Weile ausgeführt, auf Platte geschrieben und dann wieder in den Arbeitsspeicher durch erneutes Ausführen zurückgeschrieben werden. Bei einem großen System mit zahlreichen Programmen läßt sich nicht so leicht sicherstellen, daß ein Programm jedesmal in die gleichen Stellen zurückgeschrieben wird.

Abb. 7.17 zeigt, was passieren kann, wenn das bereits umgelagerte Programm von Abb. 7.15(b) erneut geladen wird, diesmal aber an Adresse 400 und nicht an Adresse 100, an der es der Binder ursprünglich positioniert hatte. Alle Speicheradressen sind jetzt falsch. Außerdem wurde die Umladungsinformation inzwischen längst verworfen. Im gegenteiligen Fall wäre es sehr aufwendig, bei jeder Ausführung des Programms alle Adressen erneut umladen zu müssen.

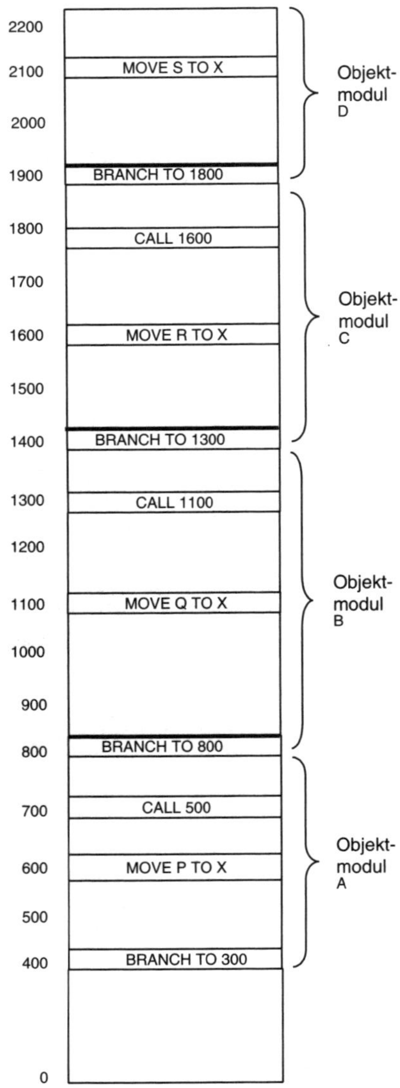

Abb. 7.17: Das umgelagerte Binärprogramm von Abb. 7.15(b) wurde um 300 Adressen nach oben geschoben. Viele Instruktionen referenzieren jetzt eine falsche Speicheradresse.

Das Problem, Programme zu bewegen, die bereits gebunden und umgelagert wurden, ist eng mit der Zeit verbunden, zu der die endgültige Bindung der symbolischen Namen mit absoluten physischen Speicheradressen fertiggestellt wird. Wenn ein Programm geschrieben wird, enthält es symbolische Namen für Speicheradressen, z.B. `BR L`. Die Zeit, in der die tatsächliche, *L* entsprechende Adresse im Arbeitsspeicher ermittelt wird, nennt man **Bindezeit** (Binding Time). Für die Bindezeit stehen mindestens sechs Möglichkeiten zur Verfügung:

1. Wenn das Programm geschrieben wird.
2. Wenn das Programm übersetzt wird.
3. Wenn das Programm verbunden wird, jedoch vor dem Laden.
4. Wenn das Programm geladen wird.
5. Wenn ein Basisregister, das zum Adressieren benutzt wird, geladen wird.
6. Wenn die Instruktion, in der sich die Adresse befindet, ausgeführt wird.

Wird eine Instruktion, die eine Speicheradresse enthält, nach dem Binden verschoben, ist sie nicht mehr richtig (unter der Annahme, daß das Objekt, auf das sie sich bezieht, ebenfalls verschoben wurde). Erzeugt der Übersetzer als Ausgabe ein ausführbares Binärprogramm, hat die Bindung zum Zeitpunkt der Übersetzung stattgefunden, und das Programm muß an der Adresse ausgeführt werden, die der Übersetzer erwartet. Die im vorherigen Abschnitt beschriebene Bindemethode bindet symbolische Namen mit absoluten Adressen; deshalb schlägt das Verschieben von Programmen nach dem Binden fehl, wie aus Abb. 7.17 ersichtlich wird.

In unmittelbarem Zusammenhang damit stehen zwei weitere Faktoren: zum einen der Zeitpunkt, zu dem symbolische Namen mit virtuellen Adressen gebunden werden, und zum anderen der Zeitpunkt, zu dem virtuelle Adressen mit physischen Adressen gebunden werden. Die Bindung ist erst komplett, nachdem beide Operationen stattgefunden haben. Mischt der Binder die getrennten Adreßräume der Objektmodule in einen einzelnen linearen Adreßraum ein, erzeugt er damit einen virtuellen Adreßraum. Umladung und Bindung dienen dem Binden symbolischer Namen mit spezifischen virtuellen Adressen. Dies trifft unabhängig von der Existenz eines virtuellen Speichers zu.

Nehmen wir an, daß der Adreßraum von Abb. 7.15(b) auf Paging-Grundlage ausgelegt wäre. Es ist klar, daß die virtuellen Adressen, die den symbolischen Namen *A*, *B*, *C* und *D* entsprechen, bereits ermittelt wurden, auch wenn ihre physischen Adressen im Arbeitsspeicher vom Inhalt der Seitentabelle zum Zeitpunkt ihrer Verwendung abhängen. Ein ausführbares Binärprogramm ist eigentlich eine Bindung von symbolischen Namen mit virtuellen Adressen.

Jeder Mechanismus, der das Abbilden von virtuellen Adressen auf physische Adressen im Arbeitsspeicher erlaubt, vereinfacht das Verschieben von Programmen im Arbeitsspeicher, auch nachdem sie mit einem virtuellen Adreßraum gebunden wurden. Einer dieser Mechanismen ist Paging. Nachdem ein Programm in den Arbeitsspeicher verlegt wurde, muß man nur seine Seitentabelle ändern, nicht aber das Programm selbst.

Als weiterer Mechanismus gilt die Verwendung eines Umladungsregisters zur Laufzeit. Die CDC 6600 und ihre Nachfolger hatten ein solches Register. Bei Maschinen, die diese Umladungstechnik anwenden, zeigt das Register immer auf die physische Speicheradresse des momentanen Programmbeginns. Alle

Speicheradressen erhalten das Umladungsregister von der Hardware, bevor sie an den Speicher geschickt werden. Der gesamte Umladungsprozeß ist für die Nutzerprogramme nicht sichtbar. Sie wissen nicht einmal, daß er stattfindet. Wird ein Programm verschoben, muß das Betriebssystem das Umladungsregister aktualisieren. Dieser Mechanismus ist weniger allgemeiner Natur als Paging, weil das gesamte Programm als Einheit verschoben werden muß (es sei denn, es gibt getrennte Umladungsregister für Code und Daten, wie beim Intel 8088, so daß zwei Einheiten verschoben werden müssen).

Ein dritter Mechanismus ist bei Maschinen möglich, die auf Speicher bezüglich des Programmzählers zugreifen. Wann immer ein Programm in den Arbeitsspeicher geladen wird, muß nur der Programmzähler aktualisiert werden. Ein Programm, bei dem alle Speicherreferenzen entweder relativ zum Programmzähler stehen oder absolut (z.B. zu E/A-Geräteregistern an absoluten Adressen) sind, wird als **positionsunabhängig** bezeichnet. Eine positionsunabhängige Prozedur kann an jede beliebige Stelle im virtuellen Adreßraum ohne Notwendigkeit einer Umladung gestellt werden.

7.4.4 Dynamisches Binden

Die in Abschnitt 7.4.1 beschriebene Bindestrategie hat die Eigenschaft, daß alle Prozeduren, die ein Programm aufrufen kann, gebunden werden müssen; erst dann kann die Ausführung des Programms beginnen. Auf einem Computer mit virtuellem Speicher nutzt die Fertigstellung aller Bindungen vor dem Beginn der Ausführung die vollen Fähigkeiten des virtuellen Speichers nicht vollständig aus. Viele Programme verfügen über Prozeduren, die nur unter ungewöhnlichen Bedingungen aufgerufen werden. Compiler haben beispielsweise Prozeduren zum Kompilieren selten benutzter Anweisungen oder zur Behandlung seltener Fehlerbedingungen.

Eine flexiblere Methode, getrennt kompilierte Prozeduren zu binden, ist das Binden jeder Prozedur zum Zeitpunkt ihres ersten Aufrufs. Dieser Prozeß heißt **dynamische Bindung** (Dynamic Linking). Er wurde erstmals in MULTICS eingesetzt, dessen Implementierung in gewisser Weise immer noch unübertroffen ist. In den nächsten Abschnitten wird das dynamische Binden auf mehreren Systemen beschrieben.

Dynamisches Binden in MULTICS

Der Prozeß des dynamischen Binden bei MULTICS findet in Verbindung mit jedem Programm bei einem Segment statt, das als **Linkage Segment** bezeichnet wird. Dieses Element enthält einen Informationsblock für jede Prozedur, die aufgerufen werden kann. Der Informationsblock beginnt mit einem Wort, das für die virtuelle Adresse der Prozedur reserviert ist, gefolgt von dem als Zeichenkette gespeicherten Prozedurnamen.

Bei der dynamischen Bindung werden Prozeduraufrufe in der Quellsprache in Instruktionen übersetzt, die indirekt das erste Wort des entsprechenden Bindungsblocks adressieren, wie aus Abb. 7.18(a) ersichtlich wird. Der Compiler füllt dieses Wort entweder mit einer ungültigen Adresse oder mit einem speziellen, einen Trap auslösenden Bitmuster.

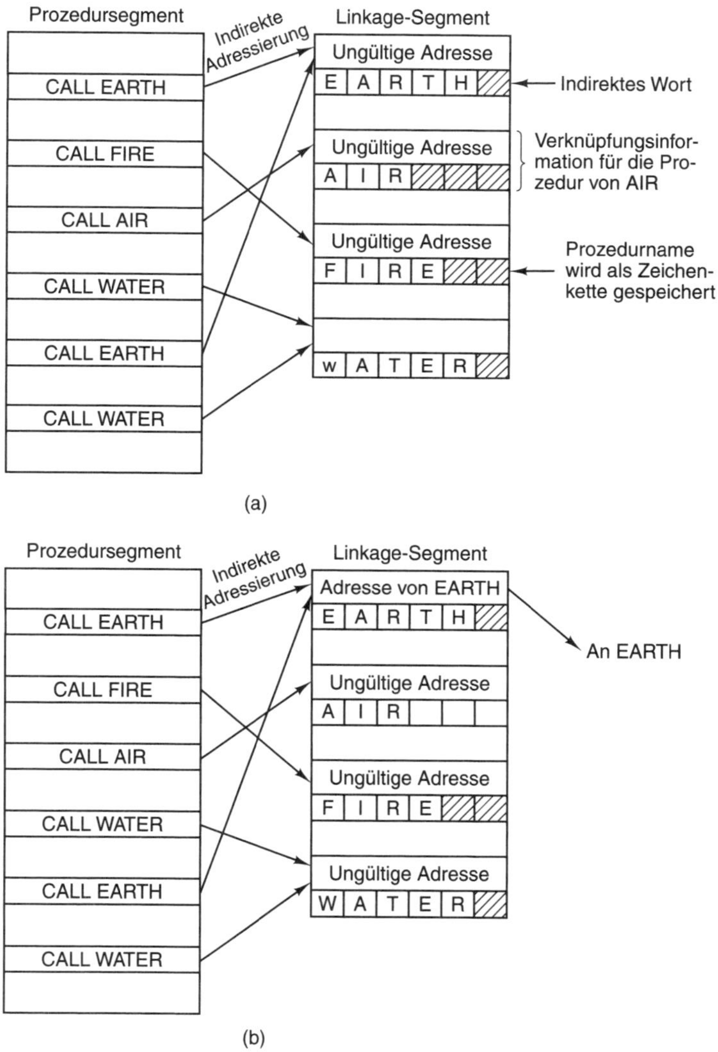

Abb. 7.18: Dynamisches Binden; (a) vor dem Aufruf von EARTH*; (b) nach dem Aufruf und der Bindung von* EARTH

Wird eine Prozedur in einem anderen Segment aufgerufen, verursacht der Versuch, das ungültige Wort indirekt zu adressieren, einen Trap zum dynamischen Binder. Der Binder durchsucht die Zeichenkette des Worts nach der ungültigen Adresse und das Dateiverzeichnis des Nutzers nach einer kompilierten Prozedur mit diesem Namen. Dieser Prozedur wird dann normalerweise in ihrem eigenen, privaten Segment eine virtuelle Adresse zugewiesen.

Diese virtuelle Adresse überschreibt die ungültige Adresse im Bindungssegment, wie in Abb. 7.18(b) dargestellt. Anschließend wird die Instruktion, die zum Bindungsfehler geführt hat, erneut ausgeführt, damit das Programm ab der Stelle fortfahren kann, an der es durch den Trap unterbrochen wurde.

Alle dieser Prozedur folgenden Referenzen werden ohne Bindungsfehler ausgeführt, weil das indirekte Wort jetzt eine gültige virtuelle Adresse enthält. Folglich wird der dynamische Binder nur beim ersten Aufruf einer Prozedur aktiviert, und danach nicht mehr.

Dynamisches Binden in Windows

Alle Versionen von Windows, auch NT, unterstützen das dynamische Binden in großem Umfang. Hier hat die dynamische Bindung ein spezielles Dateiformat, das als **DLL** (**Dynamic Link Library**) bezeichnet wird. DLLs können Prozeduren, Daten oder beides enthalten. Sie werden häufig benutzt, um es zwei oder mehr Prozessen zu gestatten, Bibliotheksprozeduren oder Daten gemeinsam zu nutzen. Viele DLLs haben die Erweiterung *.dll*. Daneben gibt es aber auch andere, z.B. *.drv* (für Treiberbibliotheken) und *.fon* (für Fontbibliotheken).

In der üblichen Form ist eine DLL eine Bibliothek, die sich aus einer Sammlung von Prozeduren zusammensetzt, die in den Speicher geladen werden und mehreren Prozessen gleichzeitig zugänglich sind. Abb. 7.19 zeigt zwei Programme, die sich eine DLL-Datei teilen, die vier Prozeduren *A*, *B*, *C* und *D* enthält. Programm 1 benutzt Prozedur *A*, Programm 2 benutzt Prozedur *C*, beide könnten aber auch die gleiche Prozedur benutzen.

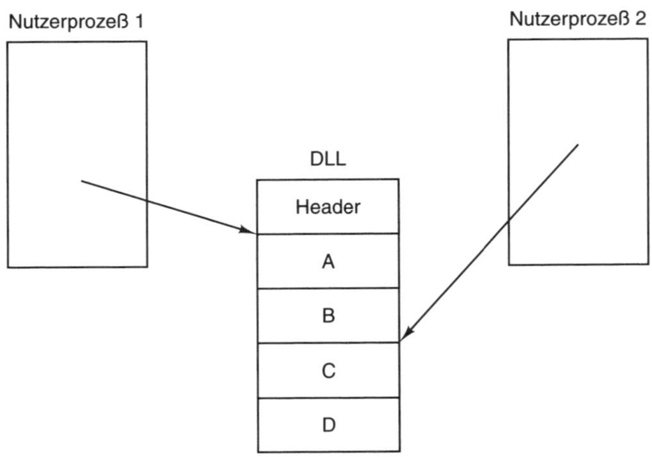

Abb. 7.19: Benutzung einer DLL-Datei von zwei Prozessen

Eine DLL wird vom Binder aus einer Sammlung von Eingabedateien gebildet. Die Zusammenstellung einer DLL-Datei ist mit der eines ausführbaren Binärprogramms vergleichbar, außer daß ein spezielles Flag zum Binder gesetzt wird, um ihn anzuweisen, eine DLL zu erstellen. DLLs werden häufig aus Bibliotheksprozeduren erstellt, die erwartungsgemäß von mehreren Prozessen benötigt werden. Die Schnittstellenprozeduren für die Aufrufbibliothek und für große Grafikbibliotheken sind Beispiele häufiger DLLs in Windows. Die Verwendung von DLLs hat den Vorteil, daß im Speicher und auf der Platte Platz gespart wird. Würde man eine häufig benutzte Bibliothek mit jedem Programm binden, das sie nutzt, würde sie in vielen ausführbaren Binärprogrammen auf der Platte und im Speicher erscheinen, so daß viel Platz verschwendet wird. Mit DLLs erscheint jede Bibliothek nur einmal auf der Platte und einmal im Speicher.

Abgesehen von der Platzersparnis vereinfacht diese Methode die Aktualisierung von Bibliotheksprozeduren, auch nachdem die Programme, die sie benutzen, bereits kompiliert und gebunden wurden. Bei kommerziellen Software-Paketen, für die Benutzer keinen Quellcode haben, bedeutet die Verwendung von DLLs, daß der Software-Anbieter Fehler in den Bibliotheken beheben kann, indem er einfach neue DLL-Dateien über das Internet verteilt, ohne den Binärcode des Programms ändern zu müssen.

Der wesentliche Unterschied zwischen einer DLL und einem ausführbaren Binärprogramm ist der, daß eine DLL nicht aus sich heraus gestartet und ausgeführt werden kann (weil sie kein Hauptprogramm hat). Außerdem hat sie andere Informationen in ihrem Header. Darüber hinaus beinhaltet eine DLL mehrere zusätzliche Prozeduren, die nicht mit den in der Bibliothek befindlichen Prozeduren in Zusammenhang stehen. Beispielsweise gibt es eine Prozedur, die automatisch aufgerufen wird, sobald ein neuer Prozeß mit der DLL gebunden wird, und eine weitere, die automatisch aufgerufen wird, sobald die Bindung eines Prozesses aufgehoben wird. Diese Prozeduren können Speicher zuordnen und die Zuordnung aufheben oder andere von der DLL benötigte Ressourcen (Betriebsmittel) verwalten.

Ein Programm kann auf zweierlei Weise mit einer DLL gebunden werden. Bei der ersten Art, die als **implizite Bindung** (Implicit Linking) bezeichnet wird, wird das Nutzerprogramm statisch mit einer speziellen Datei, der **Importbibliothek** (Import Library), gebunden, die von einem Dienstprogramm erzeugt wird, das bestimmte Informationen aus der DLL herauszieht. Die Importbibliothek liefert einen Hinweis, der dem Nutzerprogramm den Zugriff auf die DLL ermöglicht. Ein Nutzerprogramm kann mit mehreren Importbibliotheken gebunden werden. Wenn ein Programm die implizite Bindung anwendet, wird es zur Ausführung in den Speicher geladen. Windows prüft, welche DLL es benutzt, und ob sie sich alle bereits im Speicher befinden. Werden einige benutzt, die noch nicht im Speicher sind, lädt es diese sofort (aber nicht unbedingt vollständig, weil sie bereits dem Paging unterzogen wurden). Anschließend werden die Datenstrukturen in den Importbibliotheken geändert, damit aufgerufene Prozeduren gefunden werden können. In gewissem Sinn entspricht dies den Änderungen in Abb. 7.18. Außerdem müssen sie auf den virtuellen Adreßraum des Programms abgebildet werden. An diesem Punkt ist das Nutzerprogramm zur Ausführung bereit und kann die Prozeduren in den DLLs aufrufen, als wären sie statisch mit ihm gebunden.

Die zweite Methode ist die **explizite Bindung** (Explicit Linking). Dieser Ansatz setzt keine Importbibliotheken voraus und löst nicht das Laden von DLLs gleichzeitig mit dem Nutzerprogramm aus. Vielmehr erzeugt das Nutzerprogramm zur Laufzeit einen Aufruf, um sich mit einer DLL zu binden. Dann erzeugt es weitere Aufrufe, um die Adressen der benötigten Prozeduren zu holen. Danach kann es die Prozeduren aufrufen. Zum Schluß erzeugt es einen letzten Aufruf, um die Bindung zur DLL aufzuheben. Danach kann die DLL aus dem Speicher entfernt werden.

Wichtig ist hier, daß eine Prozedur in einer DLL keine eigene Identität hat (wie etwa ein Thread oder ein Prozeß). Sie läuft im Thread des Aufrufers und benutzt den Stapel des Aufrufers für ihre lokalen Variablen. Sie kann prozeßspezifische, statische Daten haben (sowie gemeinsam genutzte Daten) und sich andernfalls genauso wie eine statisch gebundene Prozedur verhalten. Der wesentliche Unterschied ist dabei, wie ihre Bindung durchgeführt wird.

7.4.5 Dynamisches Binden in Unix

Das Unix-System basiert auf einem Mechanismus, der im wesentlichen mit den DLLs von Windows identisch ist. Man nennt ihn **gemeinsam genutzte Bibliothek** (Shared Library). Wie bei einer DLL-Datei handelt es sich dabei um eine Archivdatei, die mehrere Prozeduren oder Datenmodule enthält, die zur Laufzeit im Speicher vorhanden sind und mit mehreren Prozessen gleichzeitig gebunden werden können. Die C-Standardbibliothek und ein Großteil des Vernetzungscodes sind gemeinsam genutzte Bibliotheken.

Unix unterstützt nur die implizite Bindung, so daß eine gemeinsam genutzte Bibliothek aus zwei Teilen besteht: einer **Host-Bibliothek** (Host Library), die statisch mit der ausführbaren Datei gebunden ist, und eine **Zielbibliothek** (Target Library), die zur Laufzeit aufgerufen wird. Die Konzepte entsprechen im wesentlichen DLLs, lediglich die Details unterscheiden sich.

7.5 Zusammenfassung

Obwohl die meisten Programme in einer Hochsprache geschrieben werden können und sollten, gibt es gelegentlich Fälle, in denen zumindest teilweise eine Assemblersprache benötigt wird. Programme für tragbare Computer mit schwachen Ressourcen, z.B. Smart-Cards, eingebettete Prozessoren in Geräten und tragbare, digitale Personal-Assistants sind potentielle Kandidaten. Ein Assembler-Programm ist die symbolische Darstellung eines Maschinenspracheprogramms. Es wird von einem Assembler in die Maschinensprache übersetzt.

Ist eine extrem schnelle Ausführung für den Erfolg einer Anwendung entscheidend, bedarf es eines besseren Ansatzes, als das ganze Programm in Assemblersprache zu schreiben. Bei dem sogenannten Mischansatz wird das ganze Programm zuerst in einer Hochsprache geschrieben und dann wird gemessen, für welche Teile die meiste Zeit aufgewendet wird. Schließlich werden nur die Programmteile umgeschrieben, die das Programm am häufigsten nutzt. In der Praxis ist normalerweise ein kleiner Codeanteil für einen großen Teil der Ausführung zuständig.

Viele Assembler verfügen über eine Makrotechnik, mit der es dem Programmierer möglich ist, für häufig benutzte Codefolgen symbolische Namen zu verwenden. Normalerweise können diese Makros auf einfache Weise parametriert werden. Makros werden anhand eines Algorithmus implementiert, der Literalketten verarbeitet.

Die meisten Assembler zeichnen sich durch zwei Durchläufe aus. Im ersten Durchlauf wird eine Symboltabelle für Label, Literale und explizit deklarierte Bezeichner erstellt. Die Symbole können unsortiert sein und dann linear durchsucht werden. Sie werden zuerst sortiert und dann in einer Binärsuche durchsucht, oder man wendet Hashing an. Müssen keine Symbole im ersten Durchlauf gelöscht werden, ist Hashing normalerweise die beste Methode. Im zweiten Durchlauf wird der Code erzeugt. Einige Pseudoinstruktionen werden im ersten und andere im zweiten Durchlauf ausgeführt.

Unabhängig assemblierte Programme können gebunden werden, um ein ausführbares Binärprogramm zu erstellen. Diese Arbeit wird vom Binder besorgt. Seine Aufgaben sind vorwiegend das Umladen und Binden von Namen. Die dynamische Bindung ist eine Technik, bei der bestimmte Prozeduren erst bei tatsächlichem Aufruf gebunden werden. DLLs unter Windows und gemeinsam genutzte Bibliotheken unter Unix nutzen die dynamische Bindung.

7.6 Aufgaben

1. Bei einem bestimmten Programm nimmt 1% des Codes 50% der Ausführungszeit in Beschlag. Vergleichen Sie die folgenden drei Strategien hinsichtlich Programmier- und Ausführungszeit. Gehen Sie von der Annahme aus, daß es 100 Mann-Monate dauert, um es in C zu schreiben, und daß der Assembler-Code zehnmal schwieriger zu schreiben und viermal effizienter ist.

   a. Gesamtes Programm in C

   b. Gesamtes Programm in Assemblersprache

   c. Zuerst alles in C, dann Umschreiben des wichtigsten 1% in Assembler

2. Treffen die Eigenschaften, die auf Assembler mit zwei Durchläufen zutreffen, auch auf Compiler zu?
   a. Angenommen, daß die Compiler Objektmodule produzieren, und nicht Assembler-Code.
   b. Angenommen, daß die Compiler eine symbolische Assemblersprache produzieren.
3. Schlagen Sie eine Möglichkeit vor, die es Assembler-Programmierern erlaubt, Synonyme für Opcodes zu definieren. Wie könnte man dies implementieren?
4. Alle Assembler für Intel-CPUs haben als ersten Operanden die Zieladresse und als zweiten die Quelladresse. Welche Probleme müßte man im umgekehrten Fall lösen?
5. Kann das folgende Programm in zwei Durchläufen assembliert werden? EQU ist eine Pseudoinstruktion, die das Label mit dem Ausdruck im Operandenfeld abgleicht.

```
A EQU B
B EQU C
C EQU D
D EQU 4
```

6. Die Firma Dirtcheap Software Co. plant die Produktion eines Assemblers für einen Computer mit einem 48-Bit-Wort. Um die Kosten in Grenzen zu halten, hat sich der Projektleiter, Dr. Scrooge, dazu entschlossen, die Länge der zulässigen Symbole einzugrenzen, so daß jedes Symbol in einem einzigen Wort gespeichert werden kann. Scrooge hat festgelegt, daß Symbole nur aus Buchstaben bestehen dürfen, ausgenommen den Buchstaben Q, der verboten ist (um die Besorgnis der Firma um Effizienz für die Kunden zu demonstrieren). Wie lang ist das Symbol maximal? Beschreiben Sie Ihr Kodierschema.
7. Welcher Unterschied besteht zwischen einer Instruktion und einer Pseudoinstruktion?
8. Gibt es einen Unterschied zwischen dem ILC (Instruction Location Counter) und dem Programmzähler, und wenn ja, welchen? Schließlich verwalten beide die nächste Instruktion eines Programms.
9. Erarbeiten Sie die Symboltabelle, nachdem die folgenden Pentium-II-Anweisungen abgelaufen sind. Der ersten Anweisung wurde Adresse 1000 zugewiesen.

```
EVEREST:        POP BX          (1 BYTE)
KIAS D2:        PUSH BP         (1 BYTE)
WHITNEY:        MOV BP,SP       (2 BYTES)
MCKINLEY:       PUSH X          (3 BYTES)
FUJI:           PUSH SI         (1 BYTE)
KIBO:           SUB SI,300      (3 BYTES)
```

10. Können Sie sich Umstände vorstellen, in denen es eine Assemblersprache erlaubt, daß ein Label einem Opcode (z.B. *MOV* als Label) entsprechen kann? Erläutern Sie Ihre Antwort.

11. Erarbeiten Sie die nötigen Schritte, um »Berkeley« mit Hilfe einer Binärsuche in der folgenden Liste zu suchen: Ann Arbor, Berkeley, Cambridge, Eugene, Madison, New Haven, Palo Alto, Pasadena, Santa Cruz, Stony Brook, Westwood und Yellow Springs. Zum Berechnen des mittleren Elements einer Liste mit einer geraden Anzahl von Elementen benutzen Sie das Element unmittelbar nach dem mittleren Index.

12. Ist es möglich, mit Hilfe einer Binärsuche eine Tabelle zu durchsuchen, deren Größe eine Primzahl ist?

13. Berechnen Sie den Hash-Code für jedes der folgenden Symbole, indem Sie die Buchstaben (A = 1, B = 2 usw.) addieren, und den resultierenden Modulo als Größe der Hash-Tabelle verwenden. Die Hash-Tabelle hat 19, von 0 bis 18 durchnumerierte Schlitze.

    els, jan, jelle, maaike

    Erzeugt jedes Symbol einen eindeutigen Hash-Wert? Wie kann das Kollisionsproblem behoben werden, falls das nicht der Fall ist?

14. Die im Buch beschriebene Hash-Kodiermethode faßt alle Einträge, die den gleichen Hash-Code haben, zu einer verketteten Liste zusammen. Bei einer anderen Methode gibt es nur eine einzige Tabelle mit n Schlitzen, wobei jeder Tabellenschlitz Platz für einen Schlüssel und seinen Wert (oder Zeiger, die darauf verweisen) bietet. Wenn der Hashing-Algorithmus einen Schlitz erzeugt, der bereits voll ist, wird mit einem zweiten Hashing-Algorithmus ein weiterer Versuch unternommen. Ist dieser ebenfalls voll, wird ein weiterer Versuch gestartet, usw., bis ein leerer gefunden wird. Wie viele Versuche sind durchschnittlich nötig, um ein neues Symbol einzugeben, falls der Anteil der vollen Schlitze R ist?

15. Im Zuge technologischer Weiterentwicklungen könnte es eines Tages möglich sein, einen Chip mit Tausenden identischer CPUs zu bestücken, mit jeweils ein paar Wörtern im lokalen Speicher. Wenn alle CPUs drei gemeinsam genutzte Register lesen und beschreiben können, wie läßt sich dann ein Assoziativspeicher implementieren?

16. Der Pentium II hat eine segmentierte Architektur mit mehreren unabhängigen Segmenten. Ein Assembler kann für diese Maschine eine Pseudoinstruktion `SEG N` zur Verfügung haben, die den Assembler anweist, nachfolgenden Code und Daten in Segment N abzustellen. Hat diese Struktur irgendeinen Einfluß auf den ILC (Instruction Location Counter)?

17. Programme sind oft an mehrere DLLs gebunden. Wäre es nicht effizienter, alle Prozeduren einfach in eine große DLL zu stellen und dann eine Bindung zu ihr herzustellen?

18. Kann eine DLL auf die virtuellen Adreßräume zweier Prozesse an unterschiedlichen virtuellen Adressen abgebildet werden? Welche Probleme entstehen, falls dies möglich ist? Können sie gelöst werden? Was kann im gegenteiligen Fall unternommen werden, um sie zu vermeiden?

19. Zum (statischen) Binden gibt es unter anderem folgende Möglichkeit: Vor dem Abtasten (Scanning) der Bibliothek stellt der Binder eine Liste mit den erforderlichen Prozeduren zusammen, d.h. mit den in den zu bindenden Modulen als `EXTERN` definierten Namen. Dann durchläuft der Binder die Bibliothek linear und entnimmt jede Prozedur, die in der Namensliste vorkommt. Funktioniert dies? Begründen Sie den gegenteiligen Fall. Wie kann Abhilfe geschaffen werden?

20. Kann ein Register als aktueller Parameter in einem Makroaufruf benutzt werden? Was ist mit einer Konstanten? Begründen Sie beide Fälle.

21. Sie arbeiten gerade an der Implementierung eines Makro-Assemblers. Aus ästhetischen Gründen hat Ihr Chef angeordnet, daß Makrodefinitionen nicht ihren Aufrufen vorausgehen dürfen. Welche Auswirkungen hat diese Entscheidung auf die Implementierung?

22. Denken Sie sich eine Möglichkeit aus, um einen Makro-Assembler in eine endlose Schleife zu stellen.

23. Ein Binder liest fünf Module mit einer Länge von 200, 800, 600, 500 bzw. 700 Wörtern. Wie lauten die Umladungskonstanten, wenn man die Module in dieser Reihenfolge lädt?

24. Schreiben Sie ein Symboltabellenpaket, das aus zwei Routinen besteht: *enter(symbol, wert)* und *lookup(symbol, wert)*. Die erste Routine fügt neue Symbole in die Tabelle ein, und die zweite sucht sie heraus. Verwenden Sie eine Hash-Kodierform.

25. Schreiben Sie einen einfachen Assembler für den Mac-1-Computer aus Kapitel 4. Zusätzlich zur Abarbeitung der Maschineninstruktionen sehen Sie auch eine Einrichtung zum Zuweisen von Konstanten auf Symbole zur Assemblierzeit sowie eine Möglichkeit vor, eine Konstante zu einem Maschinenwort zu assemblieren.

26. Erweitern Sie den Assembler von Aufgabe 25 um eine einfache Makrotechnik.

8

Parallele Rechnerarchitekturen

Computer werden zwar immer schneller, es werden aber auch ständig höhere Anforderungen an sie gestellt. Astronomen wollen die gesamte Geschichte des Universums vom Urknall bis zum Untergang simulieren. Die Pharmazie möchte Medikamente für bestimmte Krankheiten auf ihren Computern entwickeln, statt eine Legion Ratten dafür zu opfern. Flugzeugbauer würden möglicherweise treibstoffarme Produkte konstruieren, wenn Computer die ganze Arbeit übernehmen könnten, ohne daß man Prototypen für Windkanalversuche bauen muß. Kurz: Wieviel Leistung auf dem Computer auch verfügbar ist, für viele Benutzer, insbesondere für Wissenschafter, Ingenieure und Industrie, reicht sie nie aus.

Obwohl die Taktraten ständig steigen, kann die Geschwindigkeit von Schaltungen nicht unendlich erhöht werden. Die Lichtgeschwindigkeit ist bereits ein Hauptproblem für Designer von Hochleistungsrechnern, und die Aussicht, daß sich Elektronen und Photonen schneller bewegen, ist düster. Die Wärmeabstrahlung macht aus Supercomputern moderne Klimaanlagen. Schließlich wird im Zuge der schrumpfenden Größe von Transistoren irgendwann jeder Transistor so wenig Atome in sich bergen, daß sich quantenmechanische Wirkungen (z.B. die Heisenbergsche Unschärferelation) als großes Problem erweisen werden.

Um also ständig höhere Anforderungen bewältigen zu können, wenden sich Computer-Designer vermehrt Parallelrechnern zu. Während es wahrscheinlich unmöglich ist, einen Computer mit einer CPU und einer Zykluszeit von 0,001 ns zu bauen, könnte es sehr gut möglich sein, einen mit 1000 CPUs und je einer Zykluszeit von 1 ns zu konstruieren. Dabei sind die CPUs zwar langsamer als im ersten Beispiel, die gesamte Rechenleistung ist theoretisch aber die gleiche. Hier liegt die Hoffnung.

Parallelität kann auf verschiedenen Ebenen eingeführt werden. Auf der Instruktionsebene können z.B. Pipelining und superskalare Designs angewandt werden, um die Leistung gegenüber einem rein sequentiellen Design um einen Faktor von 10 zu steigern. Will man allerdings einen Faktor von 100 oder 1000 oder gar einer Million erreichen, müssen ganze CPUs oder zumindest ein großer Teil davon wiederholt werden, damit sie alle effizient zusammenarbeiten. Hier liegt die Herausforderung.

In diesem Kapitel werden die Design-Prinzipien für Parallelrechner beschrieben und verschiedene Beispiele vorgeführt. Alle diese Maschinen bestehen aus Verarbeitungs- und Speicherelementen. Die Designs unterscheiden sich darin, wie viele Elemente jeweils vorhanden sind, um welche es sich handelt, und wie sie untereinander verbunden sind. Einige Designs basieren auf einer relativ kleinen Zahl an leistungsstarken Komponenten, während andere eine große Zahl schwächerer nutzen. Daneben gibt es auch Designs zwischen den beiden Extremen. Im Bereich der parallelen Architektur wurde eine Menge Forschungsarbeit geleistet. Wir können in diesem Kapitel lediglich eine Übersicht geben. Weitere Informationen findet der Leser in Loshin (1994), Pfister (1998), Sima u.a. (1997) und Wilkinson (1994).

8.1 Design-Kriterien für Parallelrechner

Bei der Beschäftigung mit einem neuen parallelen Computer-System müssen zunächst drei grundlegende Fragen beantwortet werden:

1. In welchem Bereich liegen Art, Größe und Anzahl der Verarbeitungselemente?
2. In welchem Bereich liegen Art, Größe und Anzahl der Speichermodule?
3. Wie sind die Verarbeitungs- und Speicherelemente zusammengeschlossen?

Wir wollen nun alle drei Punkte nacheinander betrachten. Die Verarbeitungselemente können von minimalen ALUs bis zu vollständigen CPUs reichen, mit Größen im Bereich von einem kleinen Chipteil bis zu einem Kubikmeter an Elektronik pro Element. Ist das Verarbeitungselement ein Chipteil, kann man einen Computer natürlich mit einer großen Zahl solcher Elemente bestücken, möglicherweise sogar einer Million. Handelt es sich beim Verarbeitungselement um einen vollständigen Computer mit eigenem Speicher und E/A-Geräten, sind die Größen natürlich geringer, obwohl schon Systeme mit fast 10.000 CPUs installiert worden sind. Parallelrechner werden vermehrt aus kommerziell erhältlichen Teilen – insbesondere gilt das für CPUs – gebaut. Die Fähigkeiten und Grenzen solcher Teile haben einen großen Einfluß auf das Design.

Speichersysteme werden oft in Module unterteilt, die unabhängig voneinander, aber parallel arbeiten, so daß auf viele CPUs gleichzeitig zugegriffen werden kann. Diese Module können klein (Kbyte) oder groß (Mbyte) und eng mit den CPUs integriert sein oder sich auf einer anderen Schaltkarte befinden. Da große dynamische Speicher (DRAMs) normalerweise viel langsamer als CPUs sind, werden häufig ausgeklügelte Cache-Systeme verwendet, um den Speicherzugriff zu beschleunigen. Vielfach werden zwei, drei und sogar vier Cache-Ebenen benutzt.

Obwohl zwischen CPU- und Speicher-Designs eine gewisse Bandbreite besteht, unterscheiden sich parallele Systeme meist durch die Zusammenstellung der Teile. Die Verbindungsmethoden lassen sich grob in zwei Kategorien unterteilen: statisch und dynamisch. Bei den statischen werden einfach alle Komponenten fest verbunden, z.B. als Stern, Ring oder Gitter. Bei den dynamischen Verbindungsmethoden werden alle Teile zu einem Vermittlungsnetz verbunden, das Nachrichten zwischen den Komponenten dynamisch weiterleiten kann. Beide haben bestimmte Stärken und Schwächen, wie wir gleich sehen werden.

Die Betrachtung von Parallelrechnern als eine Sammlung von Chips, die auf die eine oder andere Art miteinander verbunden sind, entspricht dem Bottom-up-Ansatz. Demgegenüber würde man sich beim Top-down-Ansatz die Frage stellen: »Was soll parallel laufen?« Auch hier gibt es wieder eine Reihe von Möglichkeiten. Einige Parallelrechner führen mehrere unabhängige Jobs gleichzeitig aus. Diese Jobs haben nichts miteinander zu tun und kommunizieren auch nicht. Ein typisches Beispiel ist ein Computer mit 8 bis 64 CPUs für ein großes Timesharing-System unter Unix mit Tausenden von räumlich entfernten Benutzerstationen. Die bei Banken (z.B. automatisierte Schalterterminals) oder Fluggesellschaften (z.B. Reservierungssysteme) üblichen Transaktionsverarbeitungssysteme und große Webserver fallen in diese Kategorie ebenso wie unabhängige Simulationen mit verschiedenen Parametern.

Ein ganz anderer Punkt auf diesem Spektrum ist der Parallelrechner, der für einen einzigen Auftrag benutzt wird, der sich aus vielen parallelen Prozessen zusammensetzt. Als Beispiel betrachte man ein Schachprogramm, das ein bestimmtes Brett analysiert, indem es eine Liste mit zulässigen Zügen generiert und dann parallele Prozesse einleitet, um jedes neue Brett (rekursiv) parallel zu analysieren. Die Parallelität ist hier nicht die Bedienung vieler Benutzer, sondern die Beschleunigung einer einzigen Problemlösung.

Fährt man auf diesem Spektrum fort, gelangt man zu Maschinen, bei denen die Parallelität durch ein hohes Maß an Pipelining oder vielen ALUs erreicht wird, die gleichzeitig mit demselben Instruktionsstrom arbeiten. In diese Kategorie fallen numerische Supercomputer mit spezieller Hardware für die Vektorverarbeitung. Hier muß nicht ein Hauptproblem gelöst werden; vielmehr arbeiten alle Rechnerteile eng am gleichen Aspekt des Problems zusammen (es werden z.B. verschiedene Elemente zweier gleicher Vektoren parallel addiert).

Worin sich diese drei Beispiele unterscheiden, läßt sich nicht genau festlegen; meist ist es aber die sogenannte **Korngröße** (Grain Size). Bei Timesharing-Systemen mit vielen CPUs ergibt sich ein hohes Maß an Parallelität: ein komplettes Nutzerprogramm. Die parallele Ausführung großer Teile einer Software mit wenig oder keiner Kommunikation zwischen diesen Teilen nennt man **grobkörnige Parallelität** (Coarse-grained Parallelism). Das Gegenteil davon, wie man es beispielsweise bei der Vektorverarbeitung findet, wird als **feinkörnige Parallelität** (Fine-grained Parallelism) bezeichnet.

Die Korngröße bezieht sich auf Algorithmen und Software, hat aber eine direkte Entsprechung in der Hardware. Systeme mit einer kleinen Zahl großer, unabhängiger CPUs, die bei niedriger Geschwindigkeit miteinander verbunden sind, nennt man **lose gekoppelt** (loosely coupled). Ihr Gegenstück sind **eng gekoppelte** (tightly coupled) Systeme, bei denen die Komponenten im allgemeinen kleiner sind und enger zusammenstehen und meist über Verbindungsnetze mit hoher Bandbreite interagieren. In den meisten Fällen eignen sich lose gekoppelte Systeme am besten für Probleme mit grobkörniger Parallelität. Umgekehrt lassen sich Probleme mit feinkörniger Parallelität am besten mit eng gekoppelten Systemen lösen. Andererseits gibt es so viele Algorithmen bei Soft- und Hardware, daß man diese Regel bestenfalls als allgemeinen Hinweis betrachten kann. Die große Palette an Problemgrößen und Möglichkeiten der Systemkopplung hat zu vielen verschiedenen Architekturen geführt, die in diesem Kapitel beschrieben werden.

In den folgenden Abschnitten werden einige Designfragen für Parallelrechner beschrieben. Wir beginnen mit Kommunikationsmodellen und Verbindungsnetzen. Dann werden Leistungs- und Software-Fragen behandelt. Wir schließen mit einem Abschnitt über die Taxonomie von Parallelrechnerarchitekturen, die als Grundlage für den Aufbau des restlichen Kapitels dienen.

8.1.1 Kommunikationsmodelle

Bei jedem parallelen Computer-System müssen CPUs, die an unterschiedlichen Teilen der gleichen Aufgabe arbeiten, für den Informationsaustausch miteinander kommunizieren. Wie sie kommunizieren sollen, ist im Bereich der Rechnerarchitektur höchst umstritten. Mit Mehrprozessor- und Mehrrechnersystemen wurden zwei verschiedene Designs entwickelt und implementiert. Diese beiden Designs werden in diesem Abschnitt beschrieben.

Mehrprozessorsysteme

Bei diesem Design teilen sich alle CPUs einen gemeinsamen physischen Speicher, wie aus Abb. 7.1(a) ersichtlich wird. Ein System, das auf einem gemeinsamen Speicher wie diesem basiert, nennt man **Mehrprozessorsystem** (Multiprocessor oder auch Shared Memory System).

Das Mehrprozessormodell erstreckt sich bis in die Software. Alle Prozesse, die in einem Mehrprozessorsystem zusammenarbeiten, können einen virtuellen Adreßraum, der auf einen gemeinsamen Speicher abgebildet wird, gemeinsam nutzen. Jeder Prozeß kann ein Speicherwort lesen oder schreiben, wenn er einfach eine `LOAD`- oder `STORE`-Instruktion ausführt. Mehr ist nicht nötig. Zwei Prozesse können miteinander kommunizieren, wenn einer Daten in den Speicher schreibt und den anderen dazu veranlaßt, diese auszulesen.

Die Möglichkeit der Kommunikation von zwei (oder mehr) Prozessen durch einfaches Lesen und Schreiben vom/in den Speicher ist der Grund, warum Mehrprozessorsysteme so beliebt sind. Dieses Modell ist für Programmierer leicht verständlich und läßt sich auf zahlreiche Probleme anwenden. Man betrachte beispielsweise ein Programm, das ein Bitmap-Bild prüft und alle darin befindlichen Objekte auflistet. Eine Kopie des Bilds bleibt im Speicher, wie aus Abb. 8.1(b) ersichtlich wird. Jede der 16 CPUs führt einen einzigen Prozeß aus, dem einer der 16 Bereiche für die Analyse zugewiesen wurde. Dennoch hat jeder Prozeß Zugriff auf das ganze Bild, was wichtig ist, weil einige Objekte mehrere Bereiche belegen. Stellt ein Prozeß fest, daß sich eines seiner Objekte über eine Bereichsgrenze hinaus erstreckt, folgt er dem Objekt in den nächsten Bereich, indem er die Wörter dieses Bereichs liest. Bei diesem Beispiel werden einige Objekte von mehreren Prozessen entdeckt, so daß am Ende eine gewisse Koordination nötig ist, um festzustellen, wie viele Häuser, Bäume und Flugzeuge vorhanden sind.

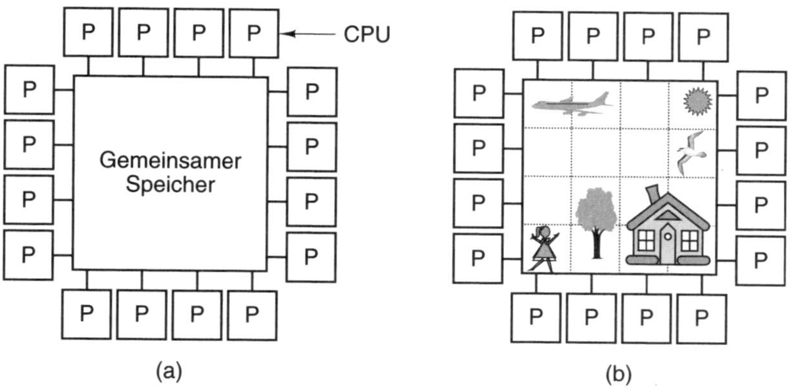

Abb. 8.1: (a) Ein Mehrprozessorsystem mit 16 CPUs, die sich einen Speicher teilen; (b) ein Bild mit 16 Bereichen, die jeweils von einer anderen CPU analysiert werden

Mehrprozessorsysteme werden von vielen Anbietern vertrieben. Einige Beispiele sind Sun Enterprise 10000, Sequent NUMA-Q, SGI Origin 2000 und HP/Convex Exemplar.

Mehrrechnersysteme

Bei diesem Design für parallele Architekturen hat jede CPU einen eigenen Speicher, auf den keine der anderen CPUs zugreifen kann. Dieses Design nennt man **Mehrrechnersystem** (Multicomputer oder auch Distributed Memory System). Abb. 8.2(a) zeigt ein Beispiel. Mehrrechnersysteme sind häufig (aber nicht immer) lose gekoppelt. Dieses System unterscheidet sich vom Mehrprozessorsystem vor allem darin, daß jede CPU einen privaten, lokalen Speicher hat, auf den es mit `LOAD`- und `STORE`-Instruktionen zugreifen kann, der aber für keine andere CPU mittels dieser Instruktionen zugänglich ist. Mehrprozessorsysteme haben also einen physischen Adreßraum für alle CPUs, während bei Mehrrechnersystemen ein physischer Adreßraum pro CPU vorhanden ist.

Da die einzelnen CPUs eines Mehrrechnersystems nicht einfach durch Lesen und Schreiben eines gemeinsamen Speichers miteinander kommunizieren können, ist ein anderer Kommunikationsmechanismus erforderlich. Die CPUs tauschen Nachrichten über das Verbindungsnetz miteinander aus. Beispiele von Mehrrechnersystemen sind IBM SP/2, Intel/Sandia Option Red und Wisconsin COW.

Das Fehlen eines gemeinsamen Hardware-Speichers bei einem Mehrrechnersystem hat erhebliche Auswirkungen auf die Software-Struktur. Ein einziger Adreßraum, den alle Prozesse durch einfaches Ausführen von `LOAD`- und

STORE-Instruktionen lesen können, ist bei einem Mehrrechnersystem unmöglich. Stellt beispielsweise CPU 0 von Abb. 8.1(b) (in der linken oberen Ecke) fest, daß sich Teile ihres Objekts auf den Bereich erstrecken, der CPU 1 zugeteilt ist, kann sie dennoch im Speicher weiterlesen, um die Nase des Flugzeugs zu erreichen. Macht andererseits CPU 0 von Abb. 8.2(b) die gleiche Feststellung, kann sie nicht einfach den Speicher von CPU 1 lesen. Sie muß etwas völlig anderes unternehmen, um auf die benötigten Daten zugreifen zu können.

Sie muß (irgendwie) feststellen, welche CPU die von ihr benötigten Daten hat und dieser eine Nachricht senden, mit der sie eine Kopie der Daten anfordert. Anschließend blockiert (wartet) sie, bis sie eine Antwort erhält. Kommt die Nachricht bei CPU 1 an, wird sie von der sich dort befindlichen Software analysiert, und die nötigen Daten werden zurückgeschickt. Kommt die Antwort bei CPU 0 an, wird die blockierte Software freigegeben und kann weiterarbeiten.

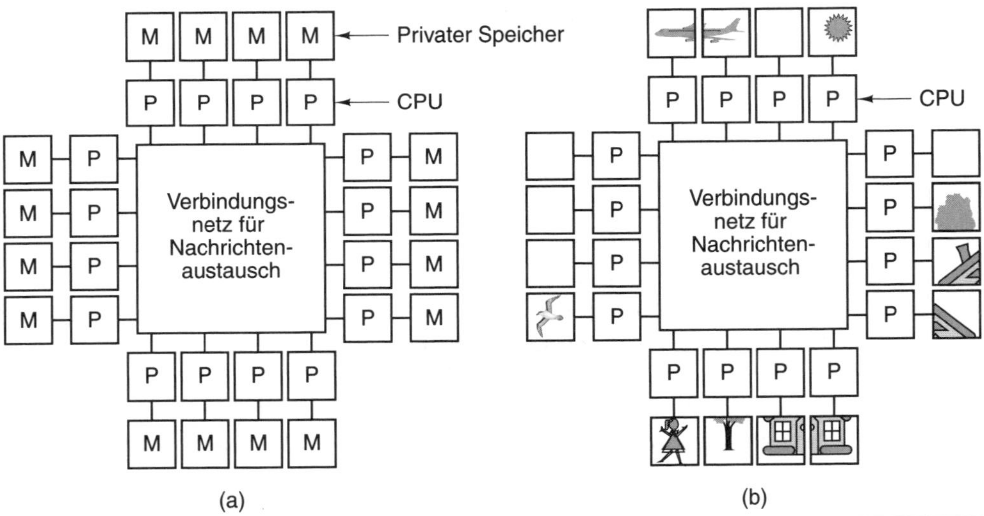

Abb. 8.2: (a) Ein Mehrrechnersystem mit 16 CPUs, die jeweils einen privaten Speicher haben; (b) das Bitmap-Bild von Abb. 8.1, auf 16 Speicher verteilt

Bei einem Mehrrechnersystem benutzen die kommunizierenden Prozesse oft Software-Primitive wie `send` und `receive`. Das verleiht der Software eine andere, viel kompliziertere Struktur als bei einem Mehrprozessorsystem. Es bedeutet auch, daß die richtige Aufteilung und Bereitstellung der Daten an optimalen Stellen bei einem Mehrrechnersystem ein entscheidender Faktor ist. Dieser Aspekt ist bei einem Mehrprozessorsystem weniger wichtig, weil sich die Anordnung nicht auf die Richtigkeit oder Programmierbarkeit, wohl aber auf die Leistung auswirkt. Kurz: Die Programmierung eines Mehrrechnersystems ist viel schwieriger als die eines Mehrprozessorsystems.

Unter diesen Bedingungen stellt sich die Frage, warum man Mehrrechnersysteme baut, obwohl sich Mehrprozessorsysteme leichter programmieren lassen. Die Antwort ist einfach: große Mehrrechnersysteme lassen sich bei gleicher CPU-Anzahl einfacher und billiger als Mehrprozessorsysteme bauen. Die Implementierung eines auch von ein paar hundert CPUs gemeinsam genutzten Speichers ist ein komplexes Unterfangen, während die Konstruktion eines Mehrrechnersystems mit 10.000 CPUs und mehr keine Schwierigkeiten bereitet.

Wir haben also ein Dilemma: Mehrprozessorsysteme lassen sich schwieriger bauen, sind aber leichter zu programmieren, während bei Mehrrechnersystemen das Gegenteil zutrifft. Diese Beobachtung hat zu umfangreichen Bemühungen um die Konstruktion von Mischsystemen (Hybrid Systems) geführt, die sich sowohl leicht bauen, als auch leicht programmieren lassen. Diese Arbeiten haben zu der Erkenntnis geführt, daß gemeinsame Speicher unterschiedlich implementiert werden können, was jeweils bestimmte Vor- und Nachteile nach sich zieht. Ein Großteil der Forschungsarbeiten im Bereich der Parallelrechnerarchitekturen bezieht sich heute auf die Verschmelzung von Mehrprozessor- und Mehrrechnerarchitekturen zu hybriden Formen, die die Stärken beider Welten aufweisen. Das vorrangige Ziel ist dabei, **skalierbare** (scalable) Designs zu entwickeln. Das bedeutet, daß sie auch bei zunehmender CPU-Anzahl die gleiche Leistung erbringen.

Eine Methode zur Entwicklung solcher Hybridsysteme hat zur Grundlage, daß moderne Computersysteme nicht monolithisch sind, sondern aus Schichten bestehen – genau das Thema dieses Buchs. Diese Einsicht eröffnet die Möglichkeit, den gemeinsamen Speicher auf einer beliebigen mehrerer Schichten zu implementieren, wie aus Abb. 8.3 ersichtlich wird. Abb. 8.3(a) zeigt einen gemeinsamen Speicher, der hardwareseitig als echter Mehrprozessor implementiert wurde. Bei diesem Design gibt es eine einzige Kopie des Betriebssystems mit einer Reihe von Tabellen, insbesondere der Speicherzuordnungstabelle (Memory Allocation Table). Braucht ein Prozeß mehr Speicher, fordert er ihn beim Betriebssystem an, das seine Tabelle nach einer freien Seite durchsieht und sie dann auf den Adreßraum des Aufrufers abbildet. Was das Betriebssystem anbelangt, gibt es nur einen Speicher. Es verwaltet softwareseitig, welcher Prozeß welche Seite besitzt. Die verschiedenen Möglichkeiten, einen gemeinsamen Speicher hardwareseitig zu implementieren, werden später beschrieben.

Bei einer zweiten Möglichkeit wird Mehrrechner-Hardware benutzt, und das Betriebssystem simuliert den gemeinsamen Speicher, indem es einen systemweiten virtuellen Adreßraum zur gemeinsamen Nutzung bereitstellt. Bei dieser Methode, die **DSM** (**Dsitributed Shared Memory** – verteilter Speicher) (Li, 1988; Li und Hudak, 1986, 1989) genannt wird, befindet sich jede Seite in einem der Speicher von Abb. 8.2(a). Jede Maschine hat ihren eigenen virtuellen Speicher und eigene Seitentabellen. Führt eine CPU eine `LOAD`- oder `STORE`-Operation auf eine Seite aus, die sie nicht hat, erfolgt ein Trap zum Betriebssystem. Das Betriebssystem sucht die Seite und fordert von der CPU, die sie momentan hat, die Freigabe; dann sendet sie die Seite über das Verbindungsnetz an die anfragende CPU, und die Faltungsinstruktion beginnt wieder. Das Betriebssystem bearbeitet Seitenfehler nur vom entfernten Speicher und nicht von der Platte. Für den Benutzer sieht die Maschine so aus, als verfüge sie über einen gemeinsam genutzten Speicher. DSM wird später in diesem Kapitel beschrieben.

Bei einer dritten Möglichkeit wird ein (eventuell sprachspezifisches) Laufzeitsystem auf Nutzerebene in Form eines gemeinsam genutzten Speichers implementiert. Bei diesem Ansatz bietet die Programmiersprache eine gewisse Abstraktion des gemeinsamen Speichers, der vom Compiler und vom Laufzeitsystem implementiert wird. Das Linda-Modell basiert beispielsweise auf der Abstraktion eines gemeinsamen Tupelraums (Datensätze, in denen sich Felder befinden). Prozesse auf einer beliebigen Maschine können ein Tupel von einem gemeinsamen Tupelraum eingeben oder ein Tupel auf den gemeinsamen Tupelraum ausgeben. Da der Zugriff auf den Tupelraum vollständig in der Software (das Linda-Laufzeitsystem) überwacht wird, ist keine Unterstützung durch spezielle Hardware oder das Betriebssystem erforderlich.

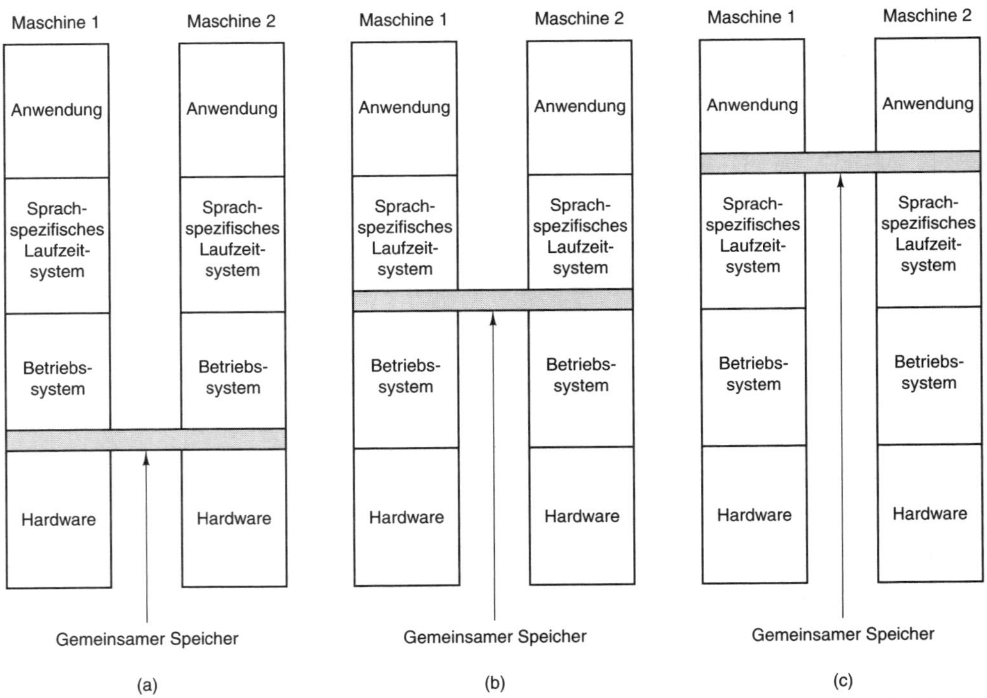

Abb. 8.3: Verschiedene Ebenen, auf denen ein gemeinsamer Speicher implementiert werden kann; (a) Hardware; (b) Betriebssystem; (c) sprachspezifisches Laufzeitsystem

Ein weiteres Beispiel ist ein sprachspezifischer gemeinsamer Speicher, der durch das Laufzeitsystem implementiert wird: das Orca-Modell mit gemeinsamen Datenobjekten. Beim Orca-System teilen sich Prozesse generische Objekte statt Tupel und können objektspezifische Methoden auf sie ausführen. Ändert eine Methode den internen Zustand eines Objekts, muß das Betriebssystem sicherstellen, daß alle Kopien des Objekts auf allen Maschinen gleichzeitig aktualisiert werden. Da Objekte ein strenges Software-Konzept sind, kann auch hier die Implementierung durch das Laufzeitsystem mit Unterstützung durch das Betriebssystem oder Hardware realisiert werden. Linda und Orca werden später in diesem Kapitel beschrieben.

8.1.2 Verbindungsnetze

In Abb. 8.2 haben wir Mehrrechnersysteme kennengelernt, die über ein Verbindungsnetz zusammengeschlossen sind. Diese Verbindungsnetze werden in diesem Abschnitt genauer beschrieben. Interessant ist in diesem Zusammenhang, daß Mehrprozessoren- und Mehrrechnersysteme sich in dieser Hinsicht sehr ähneln, weil Mehrprozessorsysteme oft mehrere Speichermodule haben, die ebenfalls mit einem anderen und mit den CPUs verbunden werden müssen. Die Beschreibung in diesem Abschnitt trifft also häufig auf beide Systemarten zu.

Daß sich die Verbindungsnetze der beiden Systemarten ähneln, liegt daran, daß ganz unten bei beiden ein Nachrichtenaustausch stattfindet. Auch bei einer Maschine mit einer CPU gilt: Wenn der Prozessor ein Wort lesen oder schreiben möchte, asseriert er bestimmte Zeilen (Leitungen) auf dem Bus und wartet auf eine Antwort. Diese Aktion entspricht im Grunde einem Nachrichtenaustausch: Der Initiator sendet eine Anfrage und wartet auf eine Antwort. Bei großen Mehrprozessorsystemen besteht die Kommunikation zwischen CPU und entferntem Speicher fast immer darin, daß die CPU eine Nachricht, die man **Paket** (Packet) nennt, an den Speicher sendet, um Daten anzufordern, und der Speicher ein Antwortpaket zurückschickt.

Verbindungsnetze können sich aus bis zu fünf Komponenten zusammensetzen:

1. CPUs
2. Speichermodule
3. Schnittstellen
4. Verbindungen
5. Schalter (Switches)

Wir haben in diesem Buch bereits CPUs und Speicher ausführlich beschrieben und gehen hier nicht mehr darauf ein. Im Grunde sind sie die Endpunkte jeder Kommunikation. Schnittstellen sind die Geräte, über die Nachrichten von und zu CPUs und Speichern fließen. In vielen Designs ist eine Schnittstelle ein Chip oder eine Platine, die an den lokalen Bus der CPU angeschlossen ist und mit dem Bus und dem lokalen Speicher (soweit vorhanden) kommunizieren kann. Oft befindet sich im Innern ein programmierbarer Prozessor und ein RAM, den nur sie benutzt. Normalerweise kann die Schnittstelle verschiedene Speicher lesen und beschreiben, um Datenblöcke zu bewegen.

Die Verbindungen sind die physischen Kanäle, über die Bits fließen. Sie können elektrische oder optische Glasfaser und seriell (1 Bit breit) oder parallel (mehr als 1 Bit breit) sein. Jede Verbindung hat eine maximale Bandbreite. Das ist die pro Sekunde übertragene Anzahl von Bits. Verbindungen können simplex (unidirektional), halbduplex (jeweils eine Richtung) oder vollduplex (beide Richtungen gleichzeitig) sein.

Schalter (Switches) sind Geräte mit mehreren Ein- und mehreren Ausgabeports. Kommt ein Paket an einem Switch mit einem Eingabeport an, werden einige Bits im Paket benutzt, um den Ausgabeport zu wählen, über den das Paket zu versenden ist. Ein Paket kann nur 2 oder 4 Byte umfassen, aber auch viel länger sein (z.B. 8 Kbyte).

Eine gewisse Analogie besteht zwischen einem Verbindungsnetz und den Straßen einer Stadt. Die Straßen sind die Verbindungen. Jede hat eine oder zwei Richtungen, eine maximale Datenrate (Geschwindigkeitsbeschränkung) und Breite (Anzahl von Spuren). Die Kreuzungen sind die Switches. An jeder Kreuzung hat ein ankommendes Paket (Fußgänger oder Fahrzeug) die Wahl eines Ausgabeports (Straße), je nach dem gewünschten Ziel.

Bei der Auslegung oder Analyse eines Verbindungsnetzes sind mehrere Bereiche von Belang. Da ist zum einen die Topologie, d.h. die Anordnung der Komponenten. Weiter geht es darum, wie die Vermittlung funktioniert und die Bewerbung um Ressourcen gehandhabt wird. Drittens ist von Belang, welcher Routing-Algorithmus benutzt wird, um Nachrichten effizient an ihr Ziel zu befördern. Diese Punkte werden nachfolgend kurz erläutert.

Topologie

Die Topologie eines Verbindungsnetzes bestimmt, wie die Verbindungen und Switches angeordnet werden, z.B. als Ring oder als Gitter. Topologien können in Graphen modelliert werden, wobei die Verbindungen als Kanten und die Switches als Knoten dargestellt werden (siehe Abb. 8.4). Jeder Knoten in einem Verbindungsnetz (bzw. seinem Graphen) verfügt über eine gewisse Anzahl an Verbindungen. Mathematiker nennen die Anzahl von Verbindungen den **Grad** (Degree) eines Knotens, während Ingenieure sie als **Fanout** (Ausgangslastfaktor) bezeichnen. Im allgemeinen gilt die Regel: je größer der Fanout, um so mehr Routing-Optionen sind vorhanden, und um so größer ist die Fehlertoleranz, d.h. die Fähigkeit, den Betrieb auch bei Ausfall einer Verbindung durch Umleitung fortzusetzen. Hat jeder Knoten k Kanten bei korrekter Verdrahtung, kann das Netz so ausgelegt werden, daß es voll betriebsfähig bleibt, auch wenn $k - 1$ Verbindungen ausfallen.

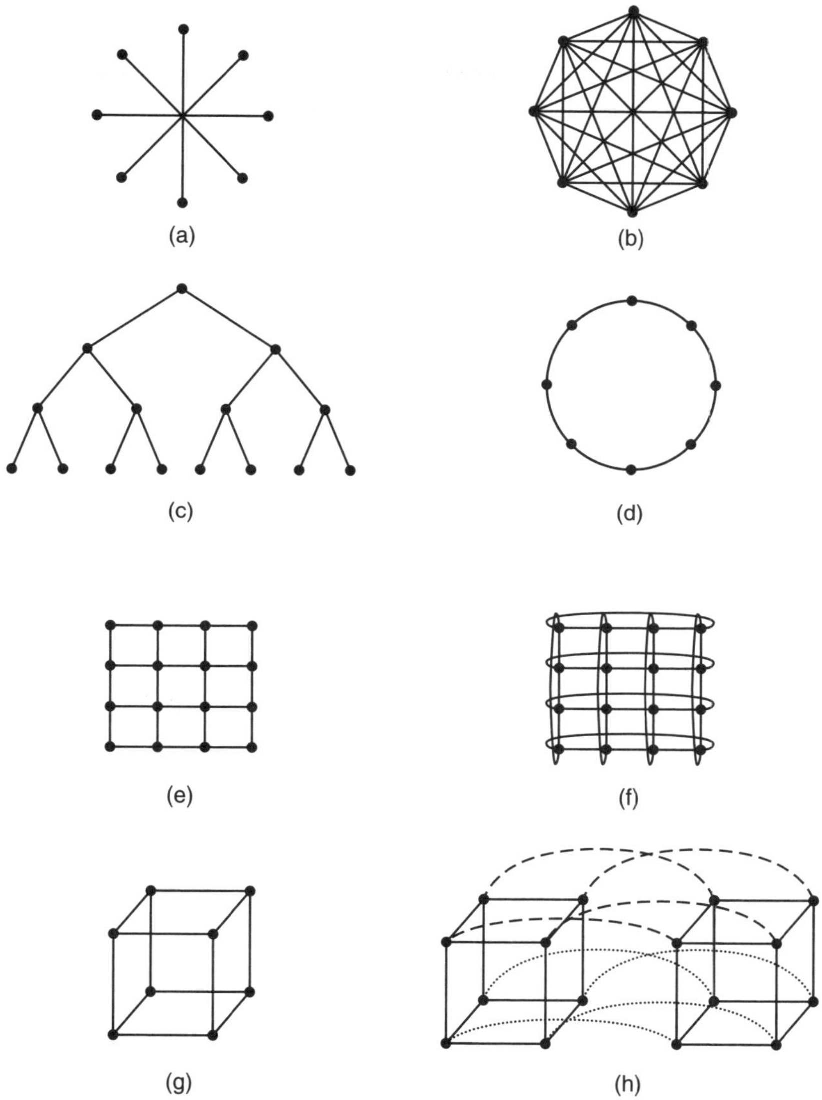

Abb. 8.4: Verschiedene Topologien; die dicken Punkte stellen Switches dar. CPUs und Speicher sind nicht dargestellt. (a) Stern; (b) kompletter Zusammenschluß; (c) Baum; (d) Ring; (e) Gitter; (f) doppelter Torus; (g) Würfel; (h) ein 4-D-Hyperwürfel

Eine weitere Eigenschaft eines Verbindungsnetzes (bzw. seines Graphen) ist der **Durchmesser** (Diameter). Messen wir die Entfernung zwischen zwei Knoten anhand der Anzahl von Kanten, die überquert werden müssen, um von einem zum nächsten zu gelangen, dann ist der Durchmesser eines Graphen die Entfernung zwischen den beiden Knoten, die am weitesten auseinander liegen (d.h. die beiden mit der größten Entfernung zwischen ihnen). Der Durchmesser eines Verbindungsnetzes hängt von der Verzögerung beim Senden von Paketen von CPU zu CPU oder von der CPU zum Speicher im schlechtesten Fall ab, weil jeder Abschnitt (Hop) über die Verbindung eine endliche Zeit dauert. Je kleiner der Durchmesser, um so besser ist im schlechtesten Fall die Leistung. Wichtig ist auch die durchschnittliche Entfernung zwischen zwei Knoten, da sie sich auf die durchschnittliche Transitzeit eines Pakets bezieht.

Eine weitere wichtige Eigenschaft eines Verbindungsnetzes ist seine Übertragungskapazität, d.h. die Anzahl der Daten, die pro Sekunde befördert werden können. Ein nützliches Maß dieser Kapazität ist die **Bisektionsbandbreite** (Bisection Bandwidth). Um diese Menge zu berechnen, müssen wir zuerst (konzeptionell) das Netz in zwei gleiche Teile (bezüglich der Anzahl von Knoten, ohne unverbundene Teile) aufteilen, indem wir eine Reihe von Kanten aus dem Graphen entfernen. Dann berechnen wir die gesamte Bandbreite der entfernten Kanten. Es gibt sicher verschiedene Möglichkeiten, das Netz in zwei gleiche Hälften zu teilen. Die Bisektionsbandbreite ist das Minimum aller möglichen Aufteilungen. Diese Zahl bedeutet z.B. folgendes: Wenn die Bisektionsbandbreite z.B. 800 Bit/s beträgt und viel Kommunikation zwischen den beiden Hälften fließt, kann der gesamte Durchsatz im schlechtesten Fall auf nur 800 Bit/s begrenzt sein. Viele Designer halten die Bisektionsbandbreite für die wichtigste Meßgröße eines Verbindungsnetzes. Viele Verbindungsnetze werden mit dem Ziel ausgelegt, die Bisektionsbandbreite zu maximieren.

Verbindungsnetze können durch ihre **Dimensionalität** (Dimensionality) charakterisiert werden. Für unsere Zwecke wird die Dimensionalität durch die Auswahlmöglichkeiten bestimmt, die vorhanden sind, um von der Quelle zum Ziel zu gelangen. Hat man überhaupt keine Wahl (wenn also nur ein Pfad von jeder Quelle zu jedem Ziel vorhanden ist), hat das Netz eine Nulldimension. Ist eine Dimension vorhanden, bei der eine Auswahl getroffen werden kann, z.B. um von Ost nach West zu gelangen, ist das Netz eindimensional. Sind zwei Achsen vorhanden, kann ein Paket nach Osten oder Westen bzw. nach Norden oder Süden fließen. In diesem Fall hat das Netz zwei Dimensionen, usw.

Abb. 8.4 zeigt mehrere Topologien. Hier sind nur die Verbindungen (Linien) und Switches (Punkte) dargestellt. Die Speicher und CPUs (hier nicht dargestellt) würde man mit Schnittstellen an die Switches anschließen. Abb. 8.4(a) zeigt eine Sternkonfiguration mit Nulldimension, bei der man CPUs und Speicher an die äußeren Knoten anschließen würde; der mittlere würde nur die Vermittlung übernehmen. Mit diesem einfachen Design wäre bei einem großen System der mittlere Switch wahrscheinlich ein größerer Engpaß. Außerdem ist es aus Sicht der Fehlertoleranz ein schwaches Design, weil bei einem Ausfall des mittleren Switches das gesamte System zusammenbrechen würde.

Abb. 8.4(b) zeigt ein weiteres Design mit Nulldimension, das jedoch als sogenannter **voller Zusammenschluß** (Full Interconnect) am anderen Ende des Spektrums angesiedelt ist. Hier ist jeder Knoten direkt mit jedem anderen Knoten verbunden. Dieses Design maximiert die Bisektionsbandbreite, minimiert den Durchmesser und weist eine entschieden bessere Fehlertoleranz auf (es kann bis zu sechs Verbindungen verlieren und dennoch voll betriebsfähig bleiben). Leider erfordert die Anzahl von Verbindungen für k Knoten $k(k-1)/2$, so daß die Konfiguration bei einer großen Zahl k leicht außer Kontrolle gerät.

Eine dritte Topologie mit Nulldimension ist der in Abb. 8.4(c) dargestellte **Baum** (Tree). Problematisch ist bei diesem Design, daß die Bisektionsbandbreite der Verbindungskapazität entspricht. Da das Verkehrsaufkommen nahe der Baumspitze normalerweise hoch ist, können sich die oberen Knoten als Engpässe erweisen. Bei einer Methode, dieses Problem zu lösen, erhöht man die Bisektionsbandbreite, wenn man die oberen Verbindungen mit mehr Bandbreite ausstattet. Beispielsweise die Verbindungen der untersten Ebene haben eine Kapazität b, die der nächsten Ebene eine Kapazität $2b$ und die der oberen Ebene $4b$. Ein solches Design nennt man einen **fetten Baum** (Fat Tree). Es wird in kommerziellen Mehrrechnersystemen angewandt, z.B. beim (inzwischen verstorbenen) CM-5 von Thinking Machines.

Der **Ring** in Abb. 8.4(d) ist nach unserer Definition eine eindimensionale Topologie, weil jedes verschickte Paket die Wahl hat, nach links oder rechts zu gehen. Das **Maschen**- oder **Gitternetz** (Mesh oder Grid) von Abb. 8.4(e) weist ein zweidimensionales Design auf, das in vielen kommerziellen Systemen angewandt wird. Es ist sehr regelmäßig, leicht auf beträchtliche Größen skalierbar und hat einen Durchmesser, der sich nur als Quadratwurzel der Knotenanzahl erhöht. Eine Variante des Maschennetzes ist der **doppelte Torus** (Double Torus) von Abb. 8.4(f). Hierbei handelt es sich um eine Masche mit verbundenen Kanten. Es ist nicht nur fehlertoleranter als das Maschennetz, sondern hat auch einen geringeren Durchmesser, weil die entgegengesetzten Ecken hier in nur zwei Abschnitten (Hops) miteinander kommunizieren können.

Der **Würfel** (Cube) von Abb. 8.4(g) ist eine regelmäßige dreidimensionale Topologie. Wir haben einen $2 \times 2 \times 2$ Würfel dargestellt, allgemein könnte das aber ein Würfel von $k \times k \times k$ sein. In Abb. 8.4(h) haben wir einen vierdimensionalen Würfel aus zwei dreidimensionalen Würfeln gebildet, bei dem die Ecken entsprechend verbunden sind. Durch Klonen der Struktur von Abb. 8.4(h) könnten wir einen fünfdimensionalen Würfel bilden und die entsprechenden Knoten verbinden, um einen Block aus vier Würfeln zu bilden. Um auf sechs Dimensionen überzugehen, könnten wir den Block mit vier Würfeln wiederholen und die entsprechenden Knoten verbinden, usw. Ein n-dimensionaler Würfel, den man auf diese Weise bildet, wird **Hyperwürfel** (Hypercube) genannt. Viele Parallelrechner basieren auf dieser Topologie, weil der Durchmesser linear mit der Dimensionalität zunimmt. Anders ausgedrückt: Der Durchmesser ist der Zweierlogarithmus der Knotenanzahl, so daß z.B. ein zehndimensionaler Hyperwürfel 1024 Knoten, aber einen Durchmesser von nur 10 hat, was hervorragende Verzögerungsmerkmale bietet. Demgegenüber haben 1024 in einer Masche von 32×32 angeordnete Knoten einen Durchmesser von 62, d.h. sechsmal schlechter als der Hyperwürfel. Ein kleiner

Durchmesser fordert beim Hyperwürfel als Preis, daß der Fanout und damit die Anzahl von Verbindungen (und die Kosten) viel höher sind. Trotzdem wird der Hyperwürfel häufig für Hochleistungssysteme gewählt.

Vermittlung

Ein Verbindungsnetz besteht aus Switches und Verbindungsleitungen. Abb. 8.5 zeigt ein kleines Netz mit vier Switches. Jeder Switch hat bei diesem Beispiel vier Eingabe- und vier Ausgabeports. Darüber hinaus hat jeder einige CPUs und Verbindungsschaltungen (in der Abbildung nicht vollständig dargestellt). Der Switch hat die Aufgabe, Pakete anzunehmen, die an einem Eingabeport ankommen, und sie über den richtigen Ausgabeport weiterzusenden.

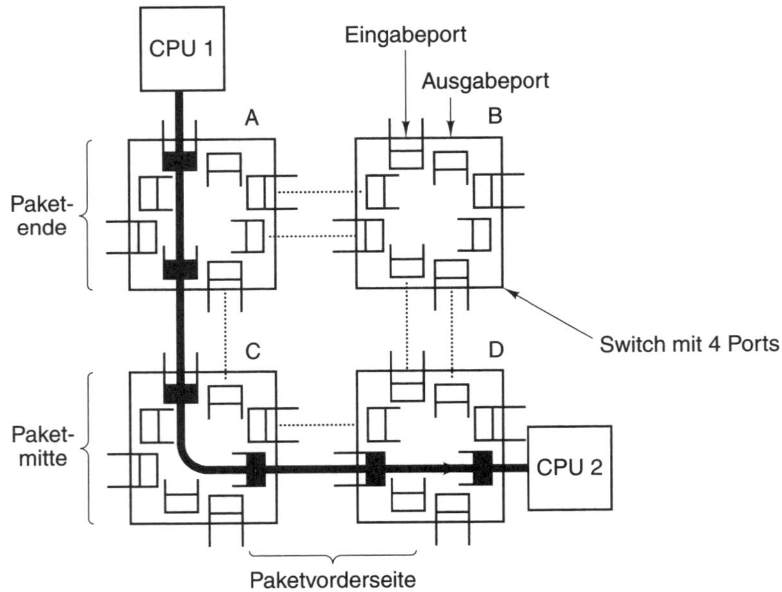

Abb. 8.5: Ein Verbindungsnetz in Form eines quadratischen Gitters mit vier Switches; nur zwei der angeschlossenen CPUs sind dargestellt

Jeder Ausgabeport ist über eine serielle oder parallele Verbindung an einen Eingabeport angeschlossen, der zu einem anderen Switch gehört (in Abb. 8.5 durch gepunktete Linien dargestellt). Serielle Verbindungen übertragen je ein Bit einzeln. Parallele Verbindungen übertragen mehrere Bits gleichzeitig und verfügen außerdem über Signale zur Steuerung der Verbindung. Bei gleicher Taktrate weisen parallele Verbindungen eine höhere Leistung auf als serielle, arbeiten aber mit einem **Bitversatz** (Skew), um sicherzustellen, daß alle Bits gleichzeitig ankommen; außerdem sind sie viel teurer.

Mehrere Vermittlungsstrategien sind möglich. Bei einer Strategie, die man **Leitungsvermittlung** (Circuit Switching) nennt, wird der gesamte Pfad, von der Quelle bis zum Ziel, vor dem Versenden eines Pakets im voraus reserviert.

Alle Ports und Puffer werden beansprucht, so daß bei Beginn der Übertragung alle nötigen Ressourcen garantiert verfügbar sind und Bits in voller Geschwindigkeit von der Quelle durch alle Switches bis zum Ziel fließen können. Abb. 8.5 zeigt die Leitungsvermittlung, mit einer von CPU 1 nach CPU 2 reservierten Leitung (in der Abbildung durch den fetten, gebogenen Pfeil gekennzeichnet). Hier wurden drei Eingabe- und drei Ausgabeports reserviert.

Die Leitungsvermittlung ist vergleichbar mit der Reservierung einer Strecke für einen Umzug durch eine Stadt, wobei die Polizei alle Nebenstraßen mit Barrikaden sperrt. Sie erfordert Planung im vorhinein. Wurde aber alles planmäßig organisiert, kann die Marschkolonne sich mit voller Geschwindigkeit vorwärtsbewegen, ohne vom Verkehr beeinträchtigt zu werden. Nachteilig daran ist, daß Vorausplanung erforderlich ist und der gesamte übrige Verkehr ausgesperrt wird, auch wenn keine Umzugsteilnehmer (Pakete) in Sicht sind.

Eine zweite Vermittlungsstrategie ist die **Speicher-** oder **Paketvermittlung** (Packet Switching oder Store-and-Forward Switching). Hier ist keine Reservierung im voraus erforderlich. Statt dessen sendet die Quelle ein vollständiges Paket an den ersten Switch, der es ebenso vollständig speichert. In Abb. 8.6(a) ist CPU 1 die Quelle, und das mit Ziel zu CPU 2 fließende Paket wird zuerst in Switch A zwischengespeichert. Nachdem der Switch A ein ganzes Paket entgegengenommen und gespeichert hat, wird es an Switch C weitergeleitet, was aus Abb. 8.6(b) ersichtlich wird. Ist das gesamte Paket in Switch C angekommen, wird es zu Switch D weitergeleitet (siehe Abb. 8.6(c)). Schließlich wird es an das Ziel – CPU 2 – befördert. Hier ist kein Einrichten und kein Reservieren von Ressourcen im voraus nötig.

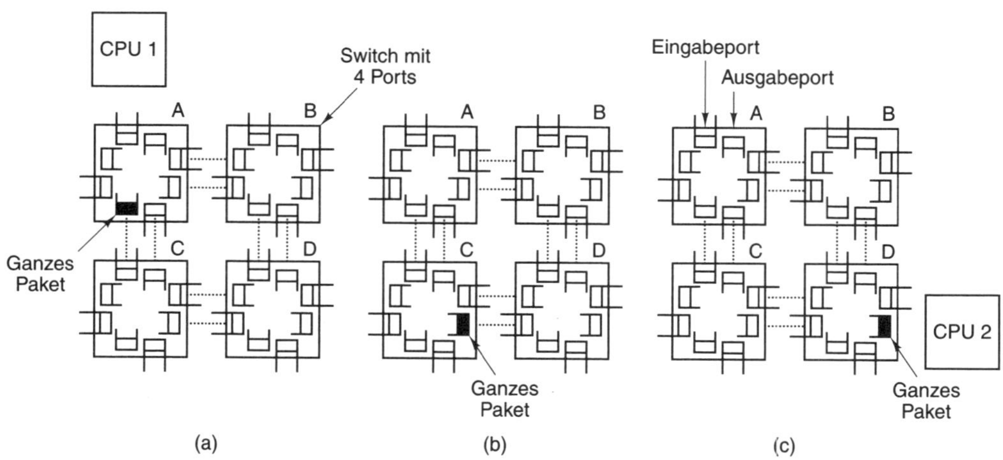

Abb. 8.6: Beispiel einer Speichervermittlung

Speicher-Switches müssen Pakete puffern. Wenn nämlich eine Quelle (z.B. eine CPU, ein Speicher oder ein anderer Switch) ein Paket präsentiert, ist der erforderliche Ausgabeport möglicherweise gerade mit der Übertragung eines anderen Pakets beschäftigt. Ist keine Möglichkeit zum Puffern vorhanden, würden ankommende Pakete fallengelassen, was zu einem unzuverlässigen Verbindungsnetz führen würde. Drei Pufferstrategien kommen zum Einsatz. Bei der ersten, sogenannten **Eingabepufferung** (Input Buffering) stehen einer oder mehrere Puffer mit jedem Eingabeport in Form einer FIFO-Warteschlange zur Verfügung. Kann das Paket am Kopf der Warteschlange nicht übertragen werden, weil der benötigte Ausgabeport besetzt ist, wartet es einfach.

Dieses Design ist in einer Hinsicht problematisch: Wenn ein Paket auf einen Ausgabeport wartet, bleibt das Paket hinter ihm stecken, auch wenn es an einen freien Port gerichtet ist. Diesen Fall nennt man **Head-of-Line Blocking**. Er ist vergleichbar mit einer Autoschlange auf einer zweispurigen Straße, die im Stau steht, weil das erste Auto nach links einbiegen möchte, zuerst aber Gegenverkehr passieren lassen muß. Auch wenn das zweite und die nachfolgenden Autos geradeaus fahren möchten, müssen sie warten, bis der Linksabbieger freie Fahrt hat.

Das Head-of-Line Blocking kann durch **Ausgabepufferung** (Output Buffering) umgangen werden. Bei diesem Design stehen die Puffer nicht für die Eingabe-, sondern für die Ausgabeports zur Verfügung. Fließen die Bits eines ankommenden Pakets herein, werden sie in einem Puffer gespeichert, der zum richtigen Ausgabeport gehört. Auf diese Weise können Pakete mit Ziel nach Port m keine Pakete blockieren, die nach Port n fließen.

Sowohl bei der Eingabe- als auch bei der Ausgabepufferung steht eine feste Anzahl an Puffern pro Port zur Verfügung. Müssen mehr Pakete gespeichert werden, als Platz vorhanden ist, werden Pakete fallengelassen. Diese Situation kann durch Anwendung der sogenannten **gemeinsamen Pufferung** (Common Buffering) verbessert werden. Dabei wird ein globaler Pufferpool dynamisch nach Bedarf für Ports zugewiesen. Dieses Vorgehen setzt allerdings eine komplexere Verwaltung der Puffer voraus und ermöglicht es einer belegten Verbindung, alle Puffer mit Beschlag zu belegen, so daß andere Verbindungen warten müssen. Außerdem muß jeder Switch in der Lage sein, das größte Paket aufzunehmen, möglicherweise auch mehrere Pakete in maximaler Größe, so daß sich der Speicherbedarf erhöht und die maximale Paketgröße nach unten getrieben wird.

Die Speichervermittlung ist zwar flexibel und effizient, birgt aber das Problem erhöhter Latenz (Verzögerung) durch das Verbindungsnetz. Nehmen wir an, daß die Zeit, um ein Paket in Abb. 8.6 um einen Abschnitt weiter zu befördern, T ns beträgt. Da das Paket viermal kopiert werden muß (nach A, C, D und an die Ziel-CPU), um von CPU 1 zu CPU 2 zu gelangen, und das keine Kopie beginnen kann, bevor die vorherige abgeschlossen ist, beträgt die Latenz durch das Verbindungsnetz $4T$. Eine Lösung besteht darin, ein Mischnetz mit einigen Eigenschaften der Leitungsvermittlung und einigen der Paketvermittlung zu entwerfen. Beispielsweise kann jedes Paket logisch in kleinere Einheiten zerlegt werden. Sobald die erste Einheit bei einem Switch ankommt, kann sie zum nächsten Switch befördert werden, auch wenn das Schwanzende des Pakets noch nicht angekommen ist.

Diese Methode unterscheidet sich von der Leitungsvermittlung dahingehend, daß keine Ressourcen von Ende zu Ende im voraus reserviert werden müssen. Folglich ist ein Wettbewerb um Ressourcen (Ports und Puffer) möglich. Wenn beim **virtuellen Cut-Through-Routing** die erste Einheit eines Pakets nicht weiterkommt, strömt der Rest des Pakets weiterhin ein. Im schlechtesten Fall wandelt sich die Vorgehensweise wieder zur ineffizienten Speichervermittlung. Wenn die erste Einheit bei einem anderen Ansatz, dem **Wormhole-Routing**, nicht weiterkommt, wird die Quelle angewiesen, mit der Übertragung aufzuhören, so daß sich die Stücke eines Pakets möglicherweise über zwei oder drei Switches streuen. Werden die nötigen Ressourcen verfügbar, kann das Paket weiterbefördert werden.

Beide Vermittlungslösungen nutzen eine Technik, die man in gewissem Sinn mit den Pipelining-Instruktionen einer CPU vergleichen kann. In einem bestimmten Augenblick führt jeder Switch nur einen kleinen Teil der ganzen Arbeit durch. Zusammen erreichen sie aber eine höhere Leistung als einer allein.

Routing-Algorithmus

In jedem Netz mit einer oder mehreren Dimensionalitäten müssen Entscheidungen darüber getroffen werden, wie Pakete von der Quelle zum Ziel geleitet werden sollen. Häufig gibt es mehrere Wege. Die Regel, die bestimmt, welche Folge von Knoten ein Paket von der Quelle zum Ziel überqueren muß, nennt man **Routing-Algorithmus** (Routing Algorithm).

Da meist mehrere Pfade verfügbar sind, werden gute Routing-Algorithmen benötigt. Ein guter Routing-Algorithmus kann die Last über mehrere Verbindungen verteilen, um die verfügbare Bandbreite optimal auszulasten. Weiter muß der Routing-Algorithmus Verklemmungen im Verbindungsnetz vermeiden. Eine **Verklemmung** (Deadlock) tritt ein, wenn mehrere im Transit befindliche Pakete gleichzeitig Ressourcen so in Anspruch nehmen, daß keines von ihnen weiterkommt und alle für ewig blockiert bleiben.

Ein Beispiel einer Verklemmung in einem leitungsvermittelten Verbindungsnetz ist in Abb. 8.7 dargestellt. (Eine Verklemmung kann auch in paketvermittelten Netzen vorkommen, läßt sich in leitungsvermittelten Netzen aber besser darstellen.) Hier versucht jede CPU, ein Paket an die diagonal gegenüberliegende CPU zu senden. Jeder ist es gelungen, die Ein- und Ausgabeports ihres lokalen Switches sowie einen Eingabeport auf dem nächsten Switch zu reservieren. Keine ist aber in der Lage, an den nötigen Ausgabeport des zweiten Switches zu kommen. Deshalb warten sie, bis dieser Port verfügbar ist. Leider beginnen alle vier CPUs diesen Prozeß gleichzeitig, so daß alle blockiert werden und das Netz für immer hängt.

Bei Routing-Algorithmen unterscheidet man zwischen Quellrouting oder verteiltem Routing. Beim **Quellrouting** (Source Routing) bestimmt die Quelle die gesamte Route durch das Verbindungsnetz im voraus, ausgedrückt als Liste von Portnummern, die an jedem Switch auf der Strecke zu benutzen sind. Führt der Pfad durch *k* Switches, enthalten die ersten *k* Bytes jedes Pakets die nötigen *k* Ausgabeportnummern, 1 Byte pro Port. Erreicht das Paket einen Switch, wird das erste Byte entnommen und zur Ermittlung dafür herangezogen, welcher Port zu benutzen ist. Der restliche Teil des Pakets wird dann zum richtigen Port geleitet. An jedem Abschnitt auf dem Pfad wird das Paket um 1 Byte kürzer, wobei jeweils eine neue Portnummer entfernt und die nächste gewählt wird.

Beim **verteilten Routing** (Distributed Routing) trifft jeder Switch eine Entscheidung darüber, an welchen Port jedes ankommende Paket zu senden ist. Trifft er die gleiche Entscheidung für jedes an ein bestimmtes Ziel gerichtete Paket, gilt das Routing als **statisch** (static). Berücksichtigt er den laufenden Verkehr, gilt das Routing als **adaptiv** (adaptive).

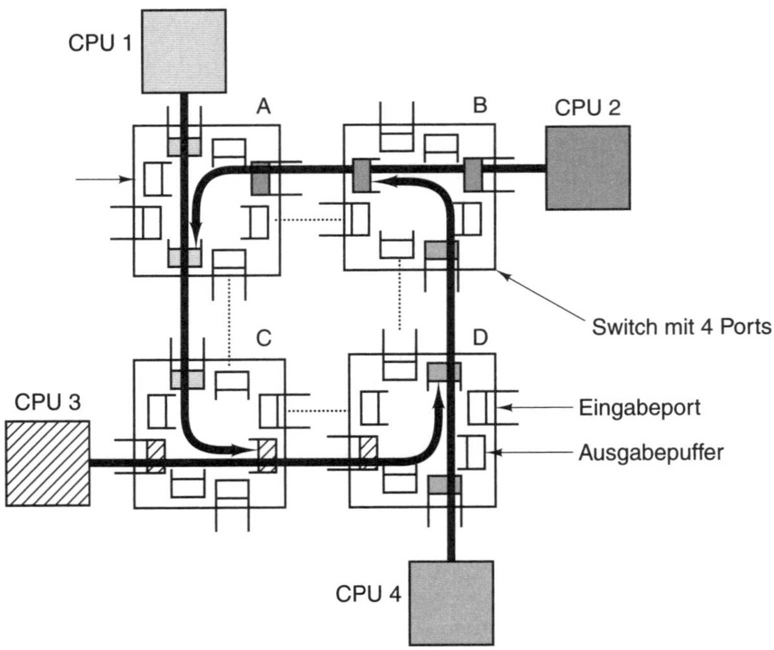

Abb. 8.7: Verklemmung in einem leitungsvermittelten Verbindungsnetz

Ein beliebter Routing-Algorithmus für rechteckige Maschen mit mehreren Dimensionen, der dafür bekannt ist, daß keine Verklemmungen vorkommen, ist das **dimensionale Routing** (Dimensional Routing). Bei diesem Algorithmus wird das Paket zuerst entlang der x-Achse zur richtigen Koordinate, dann entlang der y-Achse zur richtigen Koordinate und so weiter für die höheren Dimensionen geleitet. Um beispielsweise von (3, 7, 5) nach (6, 9, 8) zu gelangen, würde das Paket zuerst von $x = 3$ nach $x = 6$ durch (4, 7, 5), (5, 7, 5) und (6, 7, 5) befördert werden. Dann würde es den Weg entlang der y-Achse über (6, 8, 5) und (6, 9, 5) einschlagen. Schließlich würde es entlang der z-Achse nach (6, 9, 6), (6, 9, 7) und (6, 9, 8) fließen. Dieser Algorithmus verhindert die Zyklen, die zu einer Verklemmung führen.

8.1.3 Leistung

Der Grund für die Entwicklung von Parallelrechnern ist eine höhere Geschwindigkeit im Vergleich zu einer Einprozessormaschine. Wenn er dieses einfache Ziel nicht erreicht, lohnt sich der Aufwand nicht. Außerdem sollte dieses Ziel kostenwirksam erreicht werden. Eine Maschine, die doppelt so schnell ist wie eine mit einem Prozessor, aber 50 Mal mehr kostet, dürfte kein Absatzschlager werden. In diesem Abschnitt werden einige Leistungsfragen in Verbindung mit Parallelrechnerarchitekturen behandelt.

Hardware-Meßgrößen

Aus Sicht der Hardware sind die interessierenden Leistungsmeßgrößen die CPUs und E/A-Geschwindigkeiten und die Leistung des Verbindungsnetzes. Die CPUs und die E/A-Geschwindigkeiten sind die gleichen wie beim Einprozessorfall, so daß die interessanten Schlüsselparameter bei einem parallelen System die sind, die den Zusammenschluß der Komponenten betreffen. Hier gibt es zwei wichtige Elemente: Latenz und Bandbreite.

Die Umlauflatenz ist die Zeit, die eine CPU braucht, um ein Paket zu senden und eine Antwort zu erhalten. Wird das Paket an einen Speicher gesendet, ist das Latenzmaß die Zeit zum Lesen oder Schreiben eines Worts oder Wortblocks. Wird es an eine andere CPU gesendet, ist das Maß die Kommunikationszeit zwischen Prozessoren für Pakete dieser Größe. Normalerweise gilt die interessierende Latenz für minimale Pakete, oft ein Wort oder eine kleine Cache-Zeile.

Die Latenz setzt sich aus mehreren Faktoren zusammen und unterscheidet sich bei der Leitungs- und Speichervermittlung und bei den verschiedenen Routing-Algorithmen. Bei der Leitungsvermittlung ist die Latenz die Summe der Einrichtzeit und der Übertragungszeit. Um eine Leitung einzurichten, muß ein Testpaket für die Reservierung der Ressourcen gesendet werden. Dann erfolgt eine Rückmeldung. Anschließend muß das Datenpaket assembliert werden. Ist es bereit, können die Bits in voller Geschwindigkeit fließen. Ist also die gesamte Einrichtzeit T_s, die Paketgröße p Bits und die Bandbreite b Bit/s, beträgt die Latenz in einer Richtung $T_s + p/b$. Handelt es sich um eine Vollduplexleitung, fällt für die Antwort keine Einrichtzeit an, so daß die minimale Latenz zum Senden eines p Bitpakets und Erhalten einer p Bitantwort $T_s + 2p/b$ s beträgt.

Bei der Paketvermittlung ist es nicht nötig, ein Testpaket im voraus an das Ziel zu senden. Hier ist aber eine interne Einrichtzeit zum Assemblieren des

Pakets T_a erforderlich. Die Übertragungszeit in eine Richtung beträgt hier $T_a + p/b$. Das ist aber nur die Zeit zum Holen des Pakets in den ersten Switch. Es tritt eine endliche Verzögerung innerhalb des Switches T_d, ein; dann wird der Prozeß zum nächsten Switch wiederholt usw.. Die Verzögerung T_d setzt sich aus der Verarbeitungszeit und der Verzögerung für das Einstellen in die Warteschlange, bis der Ausgabeport frei wird, zusammen. Sind n Switches vorhanden, beträgt die gesamte Latenz in eine Richtung $T_a + n(p/b + T_d) + p/b$, wobei der letzte Term für die Kopie vom letzten Switch zum Ziel anfällt.

Unidirektionale Latenzen beim virtuellen Cut-Through- und Wormhole-Algorithmus liegen im besten Fall nahe bei $T_a + p/b$, weil kein Testpaket zum Einrichten einer Leitung und auch keine Verzögerung durch die Speichervermittlung anfällt. Im Grunde ist das hier die anfängliche Einrichtzeit zum Assemblieren des Pakets zuzüglich der Zeit, um die Bits aus der Tür zu schieben. In allen Fällen muß eine Ausbreitungsverzögerung hinzugefügt werden, die normalerweise aber gering ist.

Die zweite Hardware-Meßgröße ist die Bandbreite. Viele parallele Programme, insbesondere in den Naturwissenschaften, bewegen große Datenmengen, so daß die Anzahl von Bytes/s, die das System bewegen kann, ein kritischer Leistungsfaktor ist. Für die Bandbreite gibt es mehrere Meßgrößen. Wir haben eine davon bereits gesehen: die Bisektionsbandbreite. Eine weitere ist die **Aggregat-Bandbreite** (Aggregate Bandwidth). Sie wird durch Addition der Kapazitäten aller Verbindungen berechnet. Diese Zahl ergibt die Höchstzahl von Bits, die gleichzeitig im Transit sein können. Eine weitere wichtige Meßgröße ist die durchschnittliche Bandbreite, die von jeder CPU abgeht. Ist jede CPU in der Lage, 1 Mbyte/s auszugeben, nutzt es wenig, wenn das Verbindungsnetz eine Bisektionsbandbreite von 100 Gbyte/s hat. Die Kommunikation ist darauf begrenzt, wieviel Daten jede CPU ausgeben kann.

In der Praxis läßt sich die theoretische Bandbreite nicht einmal annähernd erreichen. Viele Overhead-Quellen reduzieren die Kapazität. So besteht z.B. immer ein gewisser Overhead in Verbindung mit jedem Paket: Es muß assembliert werden, sein Header muß zusammengestellt werden, und es muß auf den Weg geschickt werden. Beim Übertragen von 1024 4-Byte-Paketen wird nie die gleiche Bandbreite wie bei einem 4096-Byte-Paket erreicht. Um niedrige Latenzen zu erreichen, müßte man kleine Pakete versenden, da große die Leitungen und die Switches zu lange blockieren. Somit besteht ein Konflikt zwischen dem Erreichen niedrigerer durchschnittlicher Latenzen und einer hohen Auslastung der Bandbreite. Bei einigen Anwendungen ist der eine Faktor wichtiger als der andere, bei anderen Anwendungen gilt der umgekehrte Fall. Allerdings ist es immer möglich, mehr Bandbreite zu kaufen (durch weitere, breitere Leitungen), während man keine niedrigeren Latenzen kaufen kann. Folglich ist es im allgemeinen besser, sich hinsichtlich kürzestmöglicher Latenzen zu irren und sich dann später um die Bandbreite zu kümmern.

Software-Meßgrößen

Hardware-Meßgrößen wie Latenz und Bandbreite beziehen sich auf die Leistungsfähigkeit der Hardware. Benutzer haben aber eine andere Sichtweise. Sie möchten wissen, um wie viel schneller ihre Programme auf einem Parallelrechner im Vergleich zu einem Einprozessor-Computer laufen können. Für sie ist Beschleunigung die wichtigste Meßgröße: Wie viel schneller läuft ein Programm auf einem System mit n Prozessoren gegenüber einem System mit einem Prozessor. Normalerweise werden diese Ergebnisse in Graphen wie dem von Abb. 8.8 dargestellt. Hier sehen wir mehrere verschiedene parallele Programme, die auf einem Multicomputersystem laufen, der 64 Pentium-Pro-CPUs umfaßt. Jede Kurve zeigt die Beschleunigung eines Programms mit k CPUs als Funktion von k. Die perfekte Beschleunigung ist durch die gepunktete Linie gekennzeichnet, bei der das Programm durch die Benutzung von k CPUs pro k k mal schneller wird. Nur wenige Programme erreichen die perfekte Beschleunigung, einige kommen aber nahe daran. Das N-Körperproblem läßt sich gut damit vergleichen, ebenso wie Awari (ein afrikanisches Brettspiel). Andererseits läuft das Invertieren einer bestimmten Skyline-Matrix nicht mehr als fünfmal schneller ab, gleichgültig, wie viele CPUs verfügbar sind. Die Programme und Ergebnisse werden in Bal u.a. (1998) behandelt.

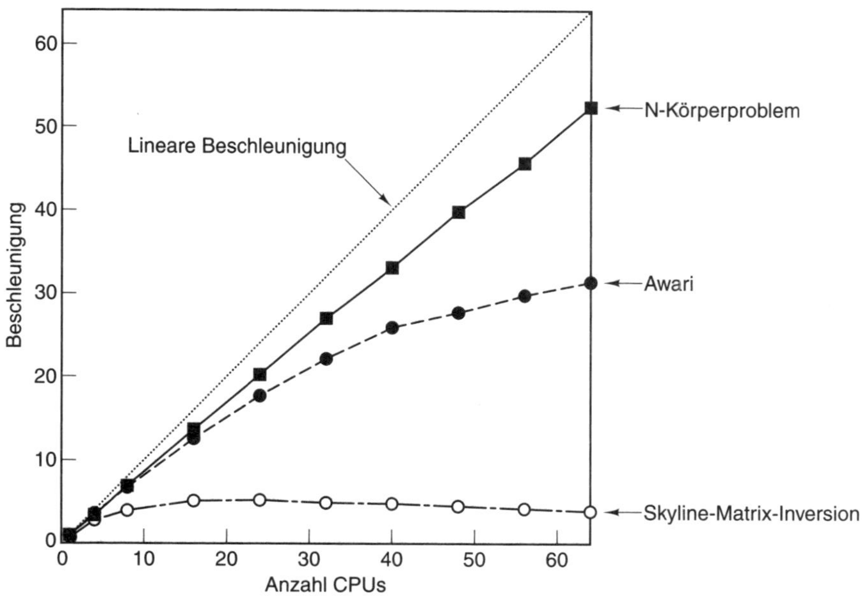

Abb. 8.8: Echte Programme erreichen weniger als die perfekte Beschleunigung, die durch die gepunktete Linie gekennzeichnet ist

Warum die perfekte Beschleunigung nahezu unmöglich erreicht werden kann, ist teilweise darauf zurückzuführen, daß fast alle Programme eine gewisse sequentielle Komponente haben; meist ist das die Initialisierungsphase, das Einlesen von Daten oder das Erfassen der Ergebnisse. Die Verfügbarkeit vieler CPUs bietet hier keine Abhilfe. Wir nehmen an, ein Programm läuft T s auf einem Einprozessorsystem, wobei ein Bruchteil f dieser Zeit sequentieller Code und ein Bruchteil $(1-f)$ potentielle Parallelisierbarkeit ist, wie aus Abb. 8.9(a) ersichtlich wird. Kann letzterer Code auf n CPUs ohne Overhead ausgeführt werden, läßt sich seine Ausführungszeit bestenfalls von $(1-f)T$ auf $(1-f)T/n$ reduzieren, wie in Abb. 8.9(b). Dies ergibt eine gesamte Ausführungszeit für den sequentiellen und den parallelen Teil von $fT + (1-f)T/n$. Die Beschleunigung betrifft nur die Ausführungszeit T des ursprünglichen Programms, geteilt durch diese neue Ausführungszeit:

$$\textit{Beschleunigung} = \frac{n}{1+(n-1)f}$$

Für $f = 0$ erhalten wir eine lineare Beschleunigung, während für $f > 0$ aufgrund der sequentiellen Komponente keine perfekte Beschleunigung möglich ist. Dieses Ergebnis ist als **Amdahls Gesetz** bekannt.

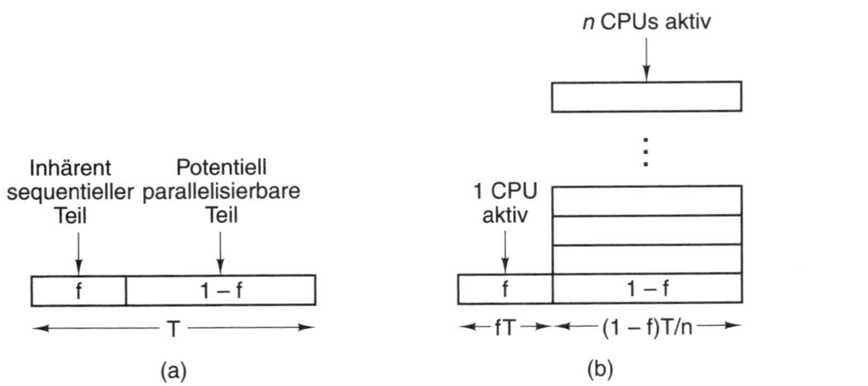

Abb. 8.9: (a) Ein Programm hat einen sequentiellen und einen parallelisierbaren Teil; (b) Wirkung der parallelen Ausführung eines Teils des Programms

Amdahls Gesetz ist nicht der einzige Grund, warum sich die perfekte Beschleunigung fast nie erreichen läßt. Kommunikationslatenzen ungleich Null, endliche Kommunikationsbandbreiten und ineffiziente Algorithmen können ebenfalls eine Rolle spielen. Aber auch wenn 1000 CPUs verfügbar wären, können nicht alle Programme so geschrieben werden, daß sie derart viele CPUs benutzen, und der Overhead, um sie alle zu starten, kann beträchtlich sein. Es führt auch der beste Algorithmus oft nicht zu der gewünschten Parallelisierung, so daß ein weniger optimaler Algorithmus für den parallelen Fall benutzt werden muß. Bei vielen Anwendungen ist es also wünschenswert, daß das Programm n-mal schneller läuft, auch wenn dafür $2n$ CPUs erforderlich sind. CPUs sind nicht mehr so teuer. Außerdem leben viele Firmen in anderen Geschäftsbereichen mit weit weniger als einer hundertprozentigen Effizienz.

Hohe Leistung erreichen

Als unkomplizierteste Möglichkeit zur Leistungsverbesserung bietet sich an, einfach weitere CPUs an das System anzuschließen. Diese Erweiterung muß aber unter Vermeidung von Engpässen erfolgen. Ein System, das um mehrere CPUs erweitert werden kann, und bei dem man dann entsprechend mehr Rechenleistung erhält, nennt man **skalierbar**.

Um einige der Wirkungen von Skalierbarkeit zu sehen, betrachte man vier CPUs, die über einen Bus verbunden sind, wie in Abb. 8.10(a). Abb. 8.10(b) zeigt, daß das System um weitere 12 auf insgesamt 16 CPUs erweitert wurde. Beträgt die Bandbreite des Busses b Mbyte/s, haben wir durch Vervierfachen der CPU-Anzahl die verfügbare Bandbreite pro CPU von $b/4$ Mbyte/s auf $b/16$ Mbyte/s reduziert. Ein solches System ist natürlich nicht skalierbar.

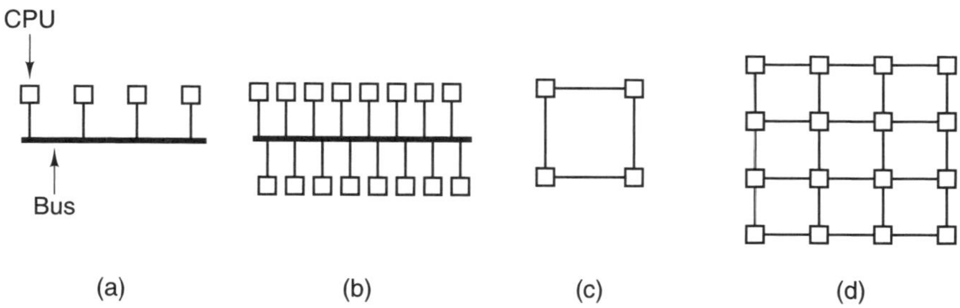

Abb. 8.10: (a) Ein busbasiertes System mit 4 CPUs; (b) ein busbasiertes System mit 16 CPUs; (c) ein gitterbasiertes System mit 4 CPUs; (d) ein gitterbasiertes System mit 16 CPUs

Jetzt führen wir das gleiche noch einmal durch, jedoch mit einem gitterbasierten System, wie aus Abb. 8.10(c) und 8.10(d) ersichtlich wird. Bei dieser Topologie erhalten wir durch Hinzufügen neuer CPUs auch neue Verbindungen, so daß sich durch die Erweiterung des Systems keine Reduzierung der Aggregat-Bandbreite pro CPU ergibt, wie das beim busbasierten System der Fall ist. Das Verhältnis zwischen Verbindungen und CPUs erhöht sich von 1,0 mit 4 CPUs (4 CPUs, 4 Verbindungen) auf 1,5 bei 16 CPUs (16 CPUs, 24 Verbindungen). Das bedeutet, daß wir durch den Anschluß weiterer CPUs die Aggregat-Bandbreite pro CPU verbessern.

Selbstverständlich ist die Bandbreite nicht der einzige Faktor. Durch Anschließen weiterer CPUs an den Bus erhöht sich nicht der Durchmesser des Verbindungsnetzes oder die Latenz für den Fall, daß kein Verkehr vorhanden ist, während dies beim Anschluß weiterer CPUs an die Masche sehr wohl zutrifft. Bei einem Gitter von $n \times n$ beträgt der Durchmesser $2(n-1)$, so daß sich im schlechtesten (und durchschnittlichen) Fall die Latenz grob entsprechend der Quadratwurzel der CPU-Anzahl erhöht. Bei 400 CPUs ist der Durchmesser 38, bei 1600 CPUs ist er 78, was bedeutet, daß sich bei der vierfachen CPU-Anzahl der Durchmesser und damit auch die durchschnittliche Latenz ungefähr verdoppelt.

Im Idealfall sollte ein skalierbares System die gleiche durchschnittliche Bandbreite pro CPU und eine konstante durchschnittliche Latenz aufweisen, wenn man weitere CPUs anschließt. In der Praxis ist die Wahrung einer ausreichenden Bandbreite pro CPU machbar, aber in allen praktischen Designs steigt die Latenz mit der Größe. Logarithmisches Wachstum, wie bei einem Hyperwürfel, ist in etwa das Beste, was sich hier erreichen läßt.

Das Problem mit der steigenden Latenz im Zuge der Systemerweiterung ist, daß Latenz bei fein- und mittelkörnigen Anwendungen meist eine fatale Auswirkung auf die Leistung hat. Braucht ein Programm Daten, die noch nicht in seinem lokalen Speicher sind, entsteht oft eine beträchtliche Verzögerung, um diese Daten zu holen. Je größer das System, um so höher ist diese Verzögerung, wie wir gerade gesehen haben. Dieses Problem trifft gleichermaßen auf Mehrprozessor- und Mehrrechnersysteme zu, weil der physische Speicher in beiden Fällen auf weit gestreute Module aufgeteilt ist.

Als Folge davon unternehmen System-Designer oft große Anstrengungen, um die Latenz zu reduzieren oder zumindest zu verbergen. Hierbei wenden sie verschiedene Techniken an. Eine solche Technik ist die Datenreplikation. Können Kopien eines Datenblocks an mehreren Stellen geführt werden, lassen sich die Zugriffe von diesen Stellen beschleunigen. Eine Möglichkeit der Replikation ist das Caching, bei dem eine oder mehrere Kopien von Datenblöcken nahe an der Nutzungsstelle und nahe an der Stelle geführt werden, zu der sie »gehören«. Bei einer weiteren Strategie werden mehrere Partnerkopien – Kopien, die einen gleichwertigen Status haben – im Gegensatz zur asymmetrischen Primär-/Sekundärbeziehung wie beim Caching geführt. Werden mehrere Kopien geführt, gleichgültig, in welcher Form, sind wichtige Fragen, wo, wann und von wem die Datenblöcke abgestellt werden. Die Antworten reichen von der dynamischen Anordnung auf Anfrage durch die Hardware bis zur absichtlichen Anordnung zur Ladezeit gemäß Compiler-Direktiven. In allen Fällen ist Konsistenz ein wichtiger Faktor.

Eine zweite Technik zum Verbergen von Latenz ist das **Vorauslesen** (Prefetching). Kann ein Datenelement vorausgelesen werden, bevor es gebraucht wird, läßt sich der Vorausleseprozeß mit der normalen Ausführung überlappen. Wird das Element gebraucht, steht es dann zur Verfügung. Vorauslesen ist automatisch oder unter Programmsteuerung möglich. Wenn ein Cache nicht nur das referenzierte Wort, sondern eine ganze Cache-Zeile liest, in der sich das Wort befindet, liegt die Wahrscheinlichkeit nahe, daß die übrigen Wörter auch bald gebraucht werden.

Vorauslesen läßt sich auch explizit steuern. Wenn der Compiler merkt, daß er bestimmte Daten braucht, kann er sie mit einer expliziten Instruktion holen und diese Instruktion ausreichend anordnen, daß die Daten rechtzeitig zur Verfügung stehen. Diese Strategie setzt voraus, daß der Compiler eine umfassende Kenntnis der zugrundeliegenden Maschine und ihrer Taktung hat. Außerdem muß er Kontrolle darüber haben, wo alle Daten angeordnet werden. Solche spekulativen `LOAD`-Instruktionen funktionieren am besten, wenn mit Sicherheit bekannt ist, daß die Daten früher oder später benötigt werden. Ein Seitenfehler aufgrund einer LOAD-Instruktion für einen Pfad, der letztlich nicht gebraucht wird, kommt teuer zu stehen.

Eine dritte Technik zum Verbergen von Latenz ist **Multithreading**. Die meisten modernen Systeme unterstützen das Multiprogramming-Konzept, bei dem mehrere Prozesse gleichzeitig (bzw. quasi parallel auf Timesharing-Basis) laufen können. Ist die Vermittlung zwischen diesen Prozessen ausreichend schnell, indem man beispielsweise jedem eine eigene Speicherabbildung und Hardware-Register gibt, kann die Hardware schnell auf einen anderen Prozeß umschalten, der bei blockierendem Prozeß zum Fortfahren bereit ist, weil er auf die Ankunft entfernter Daten wartet. Im begrenzten Fall führt die CPU die erste Instruktion des ersten Threads, dann die zweite Instruktion des zweiten Threads usw. aus. Auf diese Weise kann man die CPU laufend beschäftigen, auch angesichts langer Speicherlatenzen bei den einzelnen Threads.

Einige Maschinen durchlaufen die einzelnen Prozesse automatisch, wobei sie nach jeder Instruktion umschalten, um lange Latenzen zu verbergen. Einer der ersten Supercomputer, der CDC 6600, führte dieses Konzept zu einem Extrem. In der Werbung wurde das System damit gepriesen, daß es die parallele Ausführung von zehn peripheren Verarbeitungseinheiten unterstützt. In Wirklichkeit gab es nur einen peripheren Prozessor, der zehn simulierte, indem er Instruktionen von jedem nach dem »Round-Robin-Verfahren« ausführte, d.h. zuerst eine Instruktion vom peripheren Prozessor 1, dann eine vom peripheren Prozessor 2 usw.

Als vierte Technik zum Verbergen von Latenz werden nicht blockierende Schreiboperationen angewandt. Normalerweise wartet die CPU bei der Ausführung einer STORE-Instruktion, bis die Instruktion fertig ist, und fährt erst dann fort. Bei nicht blockierenden Schreiboperationen wird die Speicheroperation gestartet, das Programm fährt aber trotzdem fort. Diese Fortführung ist bei einer LOAD-Operation schwieriger, läßt sich aber durch Ausführung außer der Reihe ebenfalls realisieren.

8.1.4 Software

In diesem Kapitel werden zwar primär Parallelrechnerarchitekturen behandelt, ein paar Worte über Software sind hier aber trotzdem angebracht. Ohne parallele Software ist parallele Hardware schließlich sinnlos. Deshalb berücksichtigen gute Hardware-Designer bei der Entwicklung von Hardware auch Software-Aspekte. Eine umfassende Darstellung der Software für Parallelrechner findet der Leser in Wilkenson und Allen (1999).

Für die Produktion von Software für Parallelrechner gibt es vier allgemeine Vorgehensweisen. Ein Extrem ist das Hinzufügen spezieller numerischer Bibliotheken zu andernfalls normalen sequentiellen Sprachen. Beispielsweise kann eine Bibliotheksprozedur zum Invertieren einer großen Matrix oder zum Lösen differentialer Gleichungen aus einem sequentiellen Programm heraus aufgerufen werden. Dann führt die Prozedur ihre Arbeit auf einem parallelen Prozessor aus, ohne daß der Programmierer über das Vorhandensein von Parallelität überhaupt etwas weiß. Schwierig gestaltet sich bei diesem Ansatz, daß Parallelität nur in ein paar Prozeduren angewandt werden kann; der Großteil des Codes bleibt sequentiell.

Bei der zweiten Methode werden spezielle Bibliotheken hinzugefügt, die Kommunikations- und Steueroperationen enthalten. Hier ist der Programmierer für das Erzeugen und Verwalten der Parallelität in einer konventionellen Programmiersprache zur Verwendung dieser zusätzlichen Primitiven zuständig.

Im nächsten Schritt werden ein paar spezielle Konstrukte zu vorhandenen Programmiersprachen hinzugefügt, z.B. die Fähigkeit, neue parallele Prozesse leicht verzweigen zu lassen, die Iterationen einer Schleife parallel ausführen zu lassen oder arithmetische Berechnungen auf alle Elemente eines Vektors gleichzeitig durchzuführen. Dies wird häufig angewandt, und zahlreiche Programmiersprachen wurden modifiziert, um eine gewisse Parallelität zu erlauben.

Am anderen Ende der Palette wird beim vierten Konzept eine völlig neue Sprache, speziell für die parallele Verarbeitung, erfunden. Die Erfindung einer neuen Sprache hat den deutlichen Vorteil, daß sie sich gut zur parallelen Programmierung eignet. Der Nachteil tritt aber ebenfalls deutlich zutage: Der Programmierer muß zuerst eine neue Sprache lernen. Die meisten Programmierer wissen mit ihrer Zeit sicherlich etwas besseres anzufangen. Die meisten neuen parallelen Sprachen sind imperativ (Instruktionen modifizieren Zustandsvariablen), einige sind aber funktional, logikbasiert oder objektorientiert.

Inzwischen wurden so viele neue Bibliotheken, Erweiterungen und neue Sprachen für die parallele Programmierung erfunden, daß sie sich über ein breites Spektrum von Möglichkeiten erstrecken, so daß es unmöglich ist, sie alle vernünftig zu klassifizieren. Wir versuchen statt dessen, uns auf die fünf wichtigsten Faktoren zu konzentrieren, die den Kern jeder Software für Parallelrechner bilden:

1. Steuermodelle
2. Granuläre Parallelität
3. Rechenparadigmen
4. Kommunikationsmethoden
5. Synchronisationsprimitive

Diese fünf Faktoren werden in den folgenden Abschnitten beschrieben.

Steuermodelle

Die wahrscheinlich wichtigste Entscheidung, die bei Software getroffen werden muß, ist die, ob es einen oder mehrere Steuer-Threads geben soll. Beim Modell mit nur einem Thread gibt es ein Programm und einen Programmzähler, aber mehrere Datenmengen. Die einzelnen Instruktionen werden auf alle Datenmengen gleichzeitig, aber von unterschiedlichen Prozessen ausgeführt.

Als Beispiel stelle man sich ein Wetterprogramm vor, bei dem die Temperatur stündlich von Tausenden entfernter Sensoren gemessen und dann pro Sensor durchschnittlich ermittelt werden muß. Gibt das Programm die Instruktion

```
LADE DIE TEMPERATUR VON 1.00 UHR IN REGISTER R1
```

aus, führt sie jeder Prozessor auf seinen eigenen Daten und seinem eigenen `R1` aus. Wenn später das Programm die Instruktion

```
ADDIERE DIE TEMPERATUR VON 2.00 UHR ZU REGISTER R1
```

ausgibt, wird sie wieder von jedem Prozessor auf seinen eigenen Daten ausgeführt. Am Ende der Berechnung hat jeder Prozessor die mittlere Temperatur für einen anderen Sensor berechnet.

Bei diesem Programmiermodell sind die Auswirkungen auf die Hardware enorm. Jedes Verarbeitungselement ist hier im Grunde eine ALU und ein Speicher, ohne eigenständige Logik zum Dekodieren der Instruktionen. Vielmehr holt eine einzige zentrale Einheit die Instruktionen und weist die ALU-Einheiten an, was als nächstes zu tun ist.

Beim entgegengesetzten Modell gibt es mehrere Steuer-Threads, die je über einen eigenen Programmzähler, eigene Register und lokale Variablen verfügen. Jeder Steuer-Thread führt sein eigenes Programm auf seinen eigenen Daten aus. Dabei kommuniziert oder synchronisiert er sich von Zeit zu Zeit möglicherweise mit anderen Steuer-Threads. Von diesem Grundkonzept gibt es viele Varianten. Insgesamt bilden sie das vorherrschende Modell für die parallele Verarbeitung. Deshalb konzentrieren wir uns vorwiegend auf das parallele Rechnen mit mehreren Steuer-Threads.

Granuläre Parallelität

Steuerparallelität kann auf unterschiedlichen Ebenen realisiert werden. Auf der untersten Ebene können einzelne Maschineninstruktionen Parallelität enthalten (z.B. IA-64). Auf dieser Ebene sind sich die Programmierer normalerweise der Parallelität nicht bewußt; sie wird vom Compiler oder von der Hardware verwaltet.

Eine Ebene höher gelangen wir zur **Blockebenen-Parallelität** (Block-level Parallelism), die dem Programmierer die explizite Kontrolle darüber bietet, welche Anweisungen sequentiell und welche parallel auszuführen sind. Eine der elegantesten Möglichkeiten, diese Art von Parallelität auszudrücken, findet sich bei ALGOL 68, wo

```
begin Anweisung-1; Anweisung-2; Anweisung-3 end
```

benutzt wurde, um einen Block mit (beispielsweise) drei beliebigen Anweisungen sequentiell ausführen zu lassen. Demgegenüber wurde

```
begin Anweisung-1, Anweisung-2, Anweisung-3 end
```

benutzt, um die gleichen drei Anweisungen parallel auszuführen. Durch sorgfältige Verwendung von Semikolons, Kommas, Klammern und **begin/end**-Begrenzern ließen sich beliebige Kombinationen von sequentieller und paralleler Ausführung ausdrücken.

Eine etwas gröbere Körnigkeit von Parallelität ist gegeben, wenn es möglich ist, eine Prozedur aufzurufen und dabei den Aufrufer nicht warten zu lassen. Nicht warten bedeutet, daß der Aufrufer und der Aufgerufene parallel ausgeführt werden. Befindet sich der Aufrufer in einer Schleife, die bei jeder Iteration eine Prozedur aufruft und auf keine von ihnen warten muß, kann eine große Zahl von parallelen Prozeduren gleichzeitig gestartet werden.

Bei einer weiteren Form von Parallelität benutzt man eine Methode für einen Prozeß, um die Verzweigung mehrerer **Threads** oder **Miniprozesse** (Lightweight Processes) zu erzeugen, die alle im Adreßraum dieses Prozesses laufen. Jeder Thread hat seinen eigenen Programmzähler, seine Register und Stapel, teilt sich den Rest des Adreßraums (und alle globalen Variablen) aber mit allen übrigen Threads. (Im Gegensatz zu Threads teilen sich verschiedene Prozesse keinen gemeinsamen Adreßraum.) Threads laufen unabhängig voneinander, möglicherweise auf unterschiedlichen CPUs. Bei manchen Systemen kennt das Betriebssystem alle Threads und übernimmt die Thread-Terminierung. Bei anderen Systemen führt jeder Nutzerprozeß seine eigene Thread-Terminierung und -Verwaltung durch, und das Betriebssystem weiß nicht einmal etwas von diesen Threads.

In der grobkörnigsten Form von Parallelität arbeiten mehrere unabhängige Prozesse an der Lösung eines Problems zusammen. Im Gegensatz zu Threads, die sich einen gemeinsamen Adreßraum teilen, machen das unabhängige Prozesse nicht, so daß sie eng zusammenarbeiten müssen, was bedeutet, daß das Problem in relativ große Happen – einen für jeden Prozeß – zerlegt werden muß. Unabhängige Prozesse bieten aber auch die beste Gelegenheit zur Nutzung umfangreicher Parallelität, insbesondere auf Mehrrechnersystemen.

Rechenparadigmen

Die meisten parallelen Programme, insbesondere solche mit zahlreichen Threads oder unabhängigen Prozessen, benutzen das eine oder andere zugrundeliegende Paradigma, um ihre Arbeit zu strukturieren. Solche Paradigmen stehen in großer Zahl zur Verfügung; die beliebtesten werden in diesem Abschnitt beschrieben.

Ein verallgemeinertes Konzept eines parallelen Programms umfaßt einen Steuer-Thread und mehrere Ausführungseinheiten. Dieses Paradigma heißt **SPMD** (**Single Program Multiple Data**) und basiert darauf, daß mehrere unabhängige Prozesse allesamt das gleiche Programm ausführen, dies jedoch mit unterschiedlichen Datenmengen. Im Gegensatz zu dem Beispiel mit der Temperaturmessung bewegen sie sich hier nicht getrennt in dicht aufeinanderfolgenden Einzelinstruktionen, sondern synchron bis hinunter zur letzten Instruktion. Das heißt, daß jeder einzelne die gleiche Berechnung durchführt, aber in seinem Tempo.

Ein zweites Paradigma ist die in Abb. 8.11(a) dargestellte **Pipeline** mit drei Prozessen. In den ersten Prozeß werden Daten eingespeist, der sie umwandelt und für den zweiten Prozeß zum Lesen ausgibt, usw. Ist der Datenstrom lang (z.B. bei einer Videopräsentation), sind möglicherweise alle Prozessoren gleichzeitig beschäftigt. Unix-Pipelines funktionieren auf diese Weise und können als getrennte Prozesse parallel auf einem Mehrrechner- oder Mehrprozessorsystem ausgeführt werden.

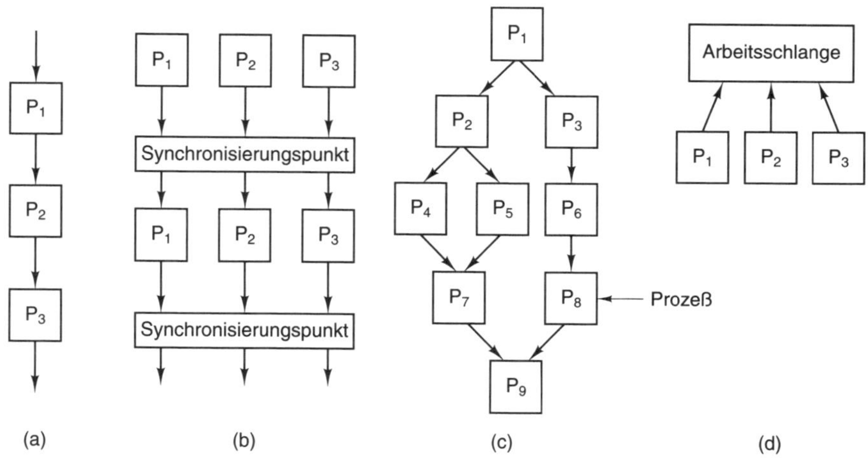

Abb. 8.11: Rechenparadigmen; (a) Pipeline; (b) Phasenberechnung; (c) Divide and Conquer (teile und beherrsche); (d) Replizierter Arbeiter

Ein weiteres Paradigma ist die Berechnung von Abb. 8.11(b), bei der die Arbeit in Phasen aufgeteilt wird, z.B. Iterationen einer Schleife. Während jeder Phase arbeiten mehrere Prozesse parallel. Ist einer beendet, wartet er aber, bis alle übrigen fertig sind, bevor er mit der nächsten Phase beginnt. Ein viertes Paradigma ist das in Abb. 8.11(c) gezeigte **Divide and Conquer**. Dabei startet zunächst ein Prozeß und splittet dann auf andere Prozesse, an die er einen Teil seiner Arbeit abgeben kann. Eine passende Analogie hierzu wäre ein Bauunternehmer, der einen Auftrag erhält und Teile des Projekts an Subunternehmer vergibt, z.B. Maurer, Elektriker, Klempner, Maler usw. Die Subunternehmer können die ihnen übertragenen Arbeiten ihrerseits an andere Fachfirmen weitergeben.

Unser letztes Paradigma ist das Prinzip des **replizierten Arbeiters** (Replicated Worker Principle) von Abb. 8.11(d), das auch **Task Farm** genannt wird. Hier gibt es eine zentrale Arbeitsschlange, aus denen Arbeiter bestimmte Aufgaben herausnehmen und ausführen. Erzeugt eine Aufgabe neue Aufgaben, werden diese in die zentrale Schlange gestellt. Sobald ein Arbeiter mit der momentanen Arbeit fertig ist, holt er sich eine neue aus der Schlange. Dieses Paradigma kann auch mit einem aktiven, übergeordneten Manager implementiert werden, der die Arbeiten vergibt, statt daß sie von den Arbeitern nach eigenem Ermessen geholt werden.

Kommunikationsmethoden

Wird ein Programm in Teile, z.B. parallel laufende Prozesse, zerlegt, müssen die Teile (Prozesse) meist miteinander kommunizieren. Diese Kommunikation kann auf zweierlei Weise erfolgen: mit gemeinsam genutzten Variablen oder durch expliziten Nachrichtenaustausch. Bei der ersten Methode haben alle Prozesse Zugang zum gemeinsamen logischen Speicher und können durch Lesen und Schreiben kommunizieren. Ein Prozeß kann z.B. eine Variable setzen und ein anderer sie lesen.

Bei einem Mehrprozessorsystem können Variablen von mehreren Prozessen gemeinsam benutzt werden, wenn man die gesamte Seite auf den Adreßraum jedes Prozesses abbildet. Dann können die gemeinsamen Variablen mit Hilfe der üblichen `LOAD`- und `STORE`-Maschineninstruktionen gelesen und geschrieben werden. Die gemeinsame Nutzung von Variablen ist auch auf einem Mehrrechnersystem ohne gemeinsam genutzten physischen Speicher möglich, wenn auch etwas komplizierter. Wie wir oben gesehen haben, unterstützt Linda die Notation eines gemeinsam genutzten Tupelraums, sogar auf einem Mehrrechnersystem, und Orca das Konzept der gemeinsam genutzten Objekte über die Maschinengrenzen hinaus. Die gemeinsame Nutzung eines Adreßraums auf einem Mehrrechnersystem und Paging über das Verbindungsnetz ist eine weitere Möglichkeit. Kurz: Man kann Prozesse über gemeinsam genutzte Variablen sowohl auf Mehrprozessor- als auch auf Mehrrechnersystemen kommunizieren lassen.

Eine Alternative dazu ist die Kommunikation durch expliziten Nachrichtenaustausch. Bei diesem Modell benutzen die Prozesse Primitive, z.B. `send` und `receive`, um zu kommunizieren. Ein Prozeß führt eine `send`-Operation aus und benennt den anderen Prozeß als Ziel. Führt dieser eine `receive`-Operation aus, wird die Nachricht in seinen Adreßraum kopiert.

Der Nachrichtenaustausch hat viele Variationen, bei denen aber ausnahmslos `send` und `receive` benutzt werden, um Nachrichten zu übertragen. Sie werden im allgemeinen als Systemaufrufe implementiert. Das Thema wird später in diesem Kapitel ausführlicher behandelt.

Ein weiterer wichtiger Faktor beim Nachrichtenaustausch ist die Anzahl der Empfänger. Im einfachsten Fall gibt es einen Sender und einen Empfänger –

bezeichnet als **Punkt-zu-Punkt-Nachrichtenaustausch** (Point-to-Point Message Passing). In anderen Fällen muß eine Nachricht allen Prozessen (**Broadcasting**) oder nur bestimmten Prozessen (**Multicasting**) zugestellt werden.

Nachrichtenaustausch läßt sich auf einem Mehrprozessorsystem leicht implementieren; man kopiert lediglich vom Sender zum Empfänger. Somit sind die Faktoren des physischen, gemeinsam genutzten Speichers (Mehrprozessor- versus Mehrrechnersystem) und des logischen, gemeinsam genutzten Speichers (Kommunikation über gemeinsam genutzte Variablen versus expliziten Nachrichtenaustausch) getrennt. Alle vier Kombinationen sind sinnvoll und können implementiert werden. Sie sind in Abb. 8.12 aufgeführt.

Physisch (Hardware)	**Logisch (Software)**	**Beispiele**
Mehrprozessor	Gemeinsame Variablen	Bildbearbeitung wie in Abb. 8.1
Mehrprozessor	Nachrichtenaustausch	Nachrichtenaustausch wird mit Puffern im Speicher simuliert
Mehrrechner	Gemeinsame Variablen	DSM, Linda, Orca usw. auf einer SP/2 oder in einem PC-Netzwerk
Mehrrechner	Nachrichtenaustausch	PVM oder MPI auf einer SP/2 oder in einem PC-Netzwerk

Abb. 8.12: Kombinationen der physischen und logischen gemeinsamen Nutzung

Synchronisationsprimitive

Parallele Prozesse müssen nicht nur kommunizieren, sondern oft auch ihre Aktionen synchronisieren. Ein Beispiel für Synchronisation ist der Fall, wenn Prozesse logisch Variablen gemeinsam nutzen und dabei sicherstellen müssen, daß kein anderer Prozeß eine gemeinsame Datenstruktur auslesen will, während ein Prozeß in sie hineinschreibt. Anders ausgedrückt: Es ist eine Form des **gegenseitigen Ausschlusses** (Mutual Exclusion) erforderlich, um zu vermeiden, daß mehrere Prozesse gleichzeitig die gleichen Daten benutzen.

Um den gegenseitigen Ausschluß sicherzustellen, stehen verschiedene Software-Primitive zur Verfügung, darunter Semaphore, Sperren, Mutexe und kritische Abschnitte. Sie alle erlauben es einem Prozeß, die exklusive Nutzung einer bestimmten Ressource (gemeinsame Variable, E/A-Gerät usw.) anzufordern. Wird die Genehmigung dazu erteilt, kann der Prozeß die Ressource benutzen. Fordert ein zweiter Prozeß die gleiche Ressource an, während sie noch vom ersten benutzt wird, wird seine Anfrage abgewiesen bzw. blockiert, bis der erste Prozeß die Ressource freigegeben hat.

Als zweite Operationsart zur Synchronisation, die in vielen parallelen Programmen benötigt wird, gibt es die Möglichkeit, daß alle Prozesse blockieren, bis eine bestimmte Phase der Arbeit abgeschlossen ist, wie aus Abb. 8.11(b) ersichtlich wird. Eine übliche Primitive ist hier die **Barriere** (Barrier). Stößt ein Prozeß auf eine Barriere, wird er so lange blockiert, bis alle Prozesse dort angeschlagen haben. Kommt der letzte an, werden alle Prozesse gleichzeitig freigegeben und können fortfahren.

8.1.5 Taxonomie paralleler Computer

Man könnte noch viel über Software für Parallelrechner schreiben, jedoch geht dies über Zweck und Umfang dieses Buchs hinaus. Wir wenden uns daher wieder unserem Thema – der Architektur von Parallelrechnern – zu. Im Lauf der Jahre wurden viele Varianten von Parallelrechnern entwickelt, so daß die Frage ganz natürlich ist, ob es eine Möglichkeit gibt, sie zu kategorisieren. Viele Forscher haben sich an einer geeigneten Taxonomie versucht, dies aber mit gemischten Ergebnissen (Flynn, 1972; Gajski und Pier, 1985; Trelaeven, 1985). Leider muß der Carl von Linné [1] im parallelen Rechenbereich erst noch erscheinen. Als einziges Schema wird das von Flynn häufig angewandt, und auch seines ist bestenfalls eine grobe Annäherung (siehe Abb. 8.13).

Instruktionsströme	**Datenströme**	**Bezeichnung**	**Beispiele**
1	1	SISD	Klassische von-Neumann-Maschine
1	Mehrere	SIMD	Vektor-Supercomputer, Array-prozessor
Mehrere	1	MISD	–
Mehrere	Mehrere	MIMD	Mehrprozessor, Mehrrechner

Abb. 8.13: Flynns Taxonomie paralleler Computer

Flynns Klassifizierung basiert auf zwei Konzepten: Instruktionsströme und Datenströme. Ein Instruktionsstrom entspricht einem Programmzähler. Ein System mit n CPUs hat n Programmzähler und somit n Instruktionsströme.

Ein Datenstrom besteht aus einer Operandenmenge. Das Beispiel mit der Berechnung von Temperaturen beinhaltet mehrere Datenströme, d.h. je einen pro Sensor.

In gewissem Umfang sind die Instruktions- und Datenströme unabhängig, so daß es vier Kombinationen gibt (siehe Abb. 8.13). SISD ist lediglich der klassische, sequentielle von-Neumann-Computer. Er hat einen Instruktionsstrom, einen Datenstrom und führt jeweils nur eine Aktion aus. SIMD-Maschinen haben eine Steuereinheit, die je eine Instruktion ausgibt. Sie haben aber mehrere ALUs, um jede Instruktion mit mehreren Datenmengen gleichzeitig auszuführen. Der ILLIAC IV (Abb. 2.8) ist der Prototyp von SIMD-Maschinen.

---

1 Carl von Linné (1707–1778) war ein schwedischer Biologe, der das heute zur Klassifizierung aller Pflanzen und Tiere in Reich, Stamm, Klasse, Ordnung, Familie, Gattung und Spezies benutzte System entwickelt hat.

Moderne SIMD-Maschinen werden vorwiegend bei wissenschaftlichen Berechnungen eingesetzt.

MISD-Maschinen sind eine etwas seltsame Kategorie mit mehreren Instruktionen, die am gleichen Datenelement arbeiten. Es ist nicht klar, ob es solche Maschinen gibt, allerdings halten einige Pipeline-Maschinen für MISDs.

Schließlich haben wir die MIMD-Maschinen, bei denen es sich lediglich um mehrere unabhängige CPUs handelt, die als Teil eines größeren Systems arbeiten. Die meisten parallelen Prozessoren fallen in diese Kategorie. Sowohl Mehrprozessor- als auch Mehrrechnersysteme sind MIMD-Maschinen.

Flynns Taxonomie hört hier auf; wir haben sie in Abb. 8.14 aber fortgeführt. SIMD wurde in zwei Untergruppen aufgeteilt. Die erste betrifft numerische Supercomputer und andere Maschinen, die mit Vektoren arbeiten und auf jedes Vektorelement die gleiche Operation ausführen. Die zweite Untergruppe betrifft parallele Typen, wie ILLIAC IV, bei denen eine Master-Steuereinheit Instruktionen an viele unabhängige ALUs rundsendet (Broadcasting).

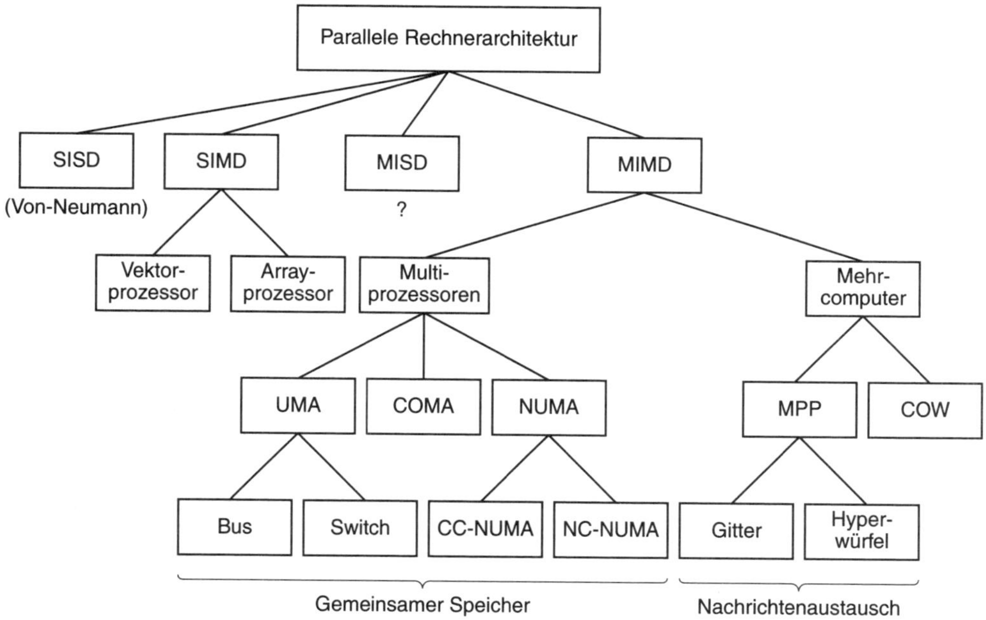

Abb. 8.14: Eine Taxonomie paralleler Computer

In unserer Taxonomie wurde die MIMD-Kategorie in Mehrprozessorsysteme (Maschinen mit gemeinsamem Speicher) und Mehrrechnersysteme (Maschinen mit Nachrichtenaustausch) aufgeteilt. Wir unterscheiden zwischen drei Sorten von Mehrprozessorsystemen, je nach Implementierung des gemeinsamen Speichers. Sie werden **UMA (Uniform Memory Access)**, **NUMA (NonUniform Memory Access)** und **COMA (Cache Only Memory Access)** genannt. Diese Kategorien ergeben sich, weil der Speicher bei großen Mehrprozessorsystemen normalerweise in mehrere Module unterteilt ist. Bei UMA-Maschinen hat jede CPU die gleiche Zugriffszeit auf jedes Speichermodul. Anders ausgedrückt: Jedes Speicherwort kann genauso schnell wie jedes andere Speicherwort gelesen werden. Falls das technisch nicht machbar ist, werden die schnellsten Referenzen an die langsamsten angepaßt, so daß der Programmierer keinen Unterschied sieht. Das genau ist hier die Bedeutung von »uniform«. Durch diese Uniformität wird die Leistung vorhersagbar – ein wichtiger Faktor beim Schreiben effizienten Codes.

Auf ein NUMA-Mehrprozessorsystem trifft diese Eigenschaft nicht zu. Oft ist hier ein Speichermodul nahe bei jeder CPU angesiedelt, und der Zugriff auf dieses Speichermodul geschieht viel schneller als auf andere. Darum spielt es aus Leistungsgründen eine Rolle, wo Code und Daten plaziert werden. COMA-Maschinen sind ebenfalls nicht uniform, aber auf eine andere Art und Weise. Diese Typen und ihre Unterkategorien werden später ausführlich beschrieben.

Die andere Hauptkategorie von MIMD-Maschinen setzt sich aus den Mehrrechnersystemen zusammen, die im Gegensatz zu den Mehrprozessorsystemen keinen gemeinsamen Primärspeicher auf der Architekturebene haben. Anders ausgedrückt: Das Betriebssystem kann bei einer Mehrrechner-CPU nicht auf den Speicher zugreifen, der an eine andere CPU angeschlossen ist, indem es einfach eine `LOAD`-Instruktion ausführt. Es muß eine explizite Nachricht senden und auf Antwort warten. Die Fähigkeit des Betriebssystems, ein entferntes Wort allein mittels einer `LOAD`-Instruktion zu lesen, ist genau der Punkt, durch den sich Mehrprozessor- von Mehrrechnersystemen unterscheiden. Wie bereits erwähnt, können Nutzerprogramme auch auf einem Mehrrechnersystem möglicherweise mit `LOAD`- und `STORE`-Instruktionen auf entfernten Speicher zugreifen. Jedoch handelt es sich hier um eine vom Betriebssystem und nicht von der Hardware vorgegaukelte Illusion. Dieser Unterschied ist nicht gleich zu sehen, aber wichtig. Da Mehrrechnersysteme keinen direkten Zugriff auf entfernte Speicher haben, werden sie manchmal auch **NORMA** (**NO Remote Memory Access**) genannt.

Mehrrechnersysteme lassen sich grob in zwei Kategorien gliedern. Zur ersten Kategorie gehören die **MPPs** (**Massively Parallel Processors**); das sind teure Supercomputer mit vielen CPUs, die über ein herstellerspezifisches Hochgeschwindigkeits-Verbindungsnetz eng gekoppelt sind. Bekannte Beispiele dafür sind Cray T3E und IBM SP/2.

Die zweite Kategorie umfaßt die üblichen PCs oder Workstations, die möglicherweise in Gestellrahmen montiert und über kommerziell erhältliche Verbindungstechnologie verbunden sind. Logisch besteht kein großer Unterschied, abgesehen davon, daß riesige Supercomputer mehrere Millionen Dollar kosten und anders als vernetzte PCs eingesetzt werden, die der Benutzer für einen Bruchteil des Preises eines MPPs selbst zusammenbauen kann. Diese mehr oder weniger selbstgestrickten Maschinen werden unter verschiedenen Bezeichnungen gehandelt, darunter **NOW** (**Network of Workstations**) und **COW** (**Cluster of Workstations**).

In den folgenden Abschnitten werden die wichtigen Kategorien – SIMD, MIMD/Mehrprozessoren und MIMD/Mehrrechner – ausführlicher beschrieben. Ziel ist dabei ein guter Überblick über den jeweiligen Typ, seine Unterkategorien und seine wichtigsten Designprinzipien. Zur Erläuterung werden mehrere Beispiele herangezogen.

8.2 SIMD-Computer

SIMD-Computer (Single Instruction stream Multiple Data stream) werden zur Lösung rechenintensiver Probleme in Wissenschaft und Ingenieurwesen mit regelmäßigen Datenstrukturen, z.B. Vektoren und Arrays, eingesetzt. Diese Maschinen zeichnen sich dadurch aus, daß eine einzige Steuereinheit Instruktionen einzeln ausführt, während jede Instruktion mit mehreren Datenelementen arbeitet. Die beiden wichtigsten Arten von SIMD-Computern sind Array- und Vektorprozessoren, die im folgenden ausführlich erklärt werden.

8.2.1 Arrayprozessoren

Das Konzept eines Arrayprozessors wurde bereits vor über 40 Jahren entwickelt (Unger, 1958). Es dauerte aber zehn Jahre, bis der erste, der ILLIAC IV, tatsächlich gebaut und (für die NASA) eingesetzt werden konnte. Seitdem haben mehrere Firmen Arrayprozessoren – einschließlich CM-2 und Maspar MP-2 von Thinking Machines – gebaut. Besonders erfolgreich am Markt war aber keiner.

Ein **Arrayprozessor** basiert auf dem Grundkonzept, daß eine Steuereinheit zur Lenkung vieler Verarbeitungselemente Signale bereitstellt (siehe Abb. 2.7). Jedes Verarbeitungselement besteht aus einer CPU oder einer erweiterten ALU und normalerweise einem lokalen Speicher. Da alle Teile von einer Steuereinheit gesteuert werden, marschieren die Verarbeitungselemente in dicht geschlossenen Gliedern.

Obwohl alle Arrayprozessoren diesem allgemeinen Modell folgen, gibt es daneben eine Reihe von Designfragen über die entsprechenden Unterschiede. Dies gilt erstens für die Struktur des Verarbeitungselements. Es kann sehr einfach und sehr komplex sein. Am unteren Ende handelt es sich bei den Verarbeitungselementen kaum um mehr als eine 1-Bit-ALU, wie im Fall der CM-2. Bei dieser Maschine nahm jede ALU zwei 1-Bit-Operanden aus ihrem lokalen Speicher und ein Bit aus ihrem Programmstatuswort (z.B. das Übertragsbit). Das Ergebnis der Operation waren ein Datenbit und einige Flag-Bits. Um eine ganzzahlige 32-Bit-Addition durchzuführen, mußte die Steuereinheit eine 1-Bit-ADD-Instruktion 32 Mal rundsenden. Bei 600 ns pro Instruktion dauerte es 19,2 µs, um eine Ganzzahl-Addition auszuführen – langsamer als beim ursprünglichen IBM-PC. Mit dem vollen Komplement von 65.536 Verarbeitungselementen ergab dies allerdings über 3 Milliarden Additionen/Sekunde, d.h. eine effektive Addierzeit von 300 Picosekunden.

Zu den weiteren Optionen für das Verarbeitungselement zählen eine 8-Bit-ALU, eine 32-Bit-ALU oder eine leistungsstärkere Einheit mit Gleitkommafähigkeit. In gewissem Umfang hängt die Entscheidung, was man in das Verarbeitungselement stellt, von den Zielen der Maschine ab. Für reine Zahlenfresser (Number Crunchers) ist Gleitkomma sinnvoll (obwohl die Kosten sicherlich die Anzahl an Verarbeitungselementen beträchtlich reduziert), während für das Informations-Retrieval meist keine Gleitkommafähigkeit nötig ist.

Die zweite Designfrage betrifft die Verbindung der Verarbeitungselemente. Im Prinzip sind fast alle in Abb. 8.4 dargestellten Topologien potentielle Kandidaten. Rechteckige Gitter sind beliebt, weil sie gut zu vielen zweidimensionalen Problemen mit Matrizen und Bildern passen und sich gut höher skalieren lassen, weil durch Hinzufügen weiterer Prozessoren automatisch die Bandbreite steigt.

Die dritte Designfrage lautet, wieviel lokale Autonomie die Verarbeitungselemente haben. Bei der von uns beschriebenen Designart bestimmt die Steuereinheit, welche Instruktion auszuführen ist. Bei vielen Arrayprozessoren kann aber jedes Verarbeitungselement selbst entscheiden, ob es eine Instruktion ausführen will oder nicht, meist auf der Grundlage lokaler Daten, wie Bedingungscodebits. Dieses Merkmal fügt beträchtliche Flexibilität hinzu. Da Arrayprozessoren eine ungewisse Zukunft haben, gehen wir hier nicht weiter darauf ein.

8.2.2 Vektorprozessoren

Die zweite SIMD-Variante ist der kommerziell viel erfolgreichere **Vektorprozessor** (Vector Processor). Eine von Seymour Cray für Cray Research (jetzt Teil von Silicon Graphics) entwickelte Maschinenfamilie, deren erste die Cray-1 im Jahr 1976 war und die sich über die Modelle C90 und T90 fortsetzte, hat den wissenschaftlichen Rechenbereich über Jahrzehnte hinweg beherrscht. In diesem Abschnitt werden die grundlegenden Prinzipien dieser Hochleistungsrechner untersucht.

Eine typische Zahlenfresser-Anwendung ist voller Anweisungen wie

```
for (i = 0; i < n; i++) a[i] = b[i] + c[i];
```

wobei *a*, *b* und *c* **Vektoren** (Vectors), d.h. Zahlenreihungen – normalerweise als Gleitkomma – sind. Die Schleife sagt dem Computer, daß die *i*ten Elemente von *b* und *c* addiert werden müssen und das Ergebnis im *i*ten Element von a zu speichern ist. Technisch gesehen legt das Programm fest, daß die Elemente sequentiell addiert werden müssen; normalerweise spielt die Reihenfolge aber keine Rolle.

Eine mögliche SIMD-Architektur, die sich für diese Art von Vektorverarbeitung gut eignet, ist in Abb. 8.15 dargestellt. Diese Maschine nimmt zwei Vektoren mit n Elementen als Eingabe und arbeitet mit den entsprechenden Elementen parallel mit Hilfe einer Vektor-ALU, die alle n Elemente gleichzeitig behandeln kann. Sie produziert ein Vektorergebnis. Die Ein- und Ausgabevektoren können im Speicher oder in speziellen Vektorregistern gespeichert werden.

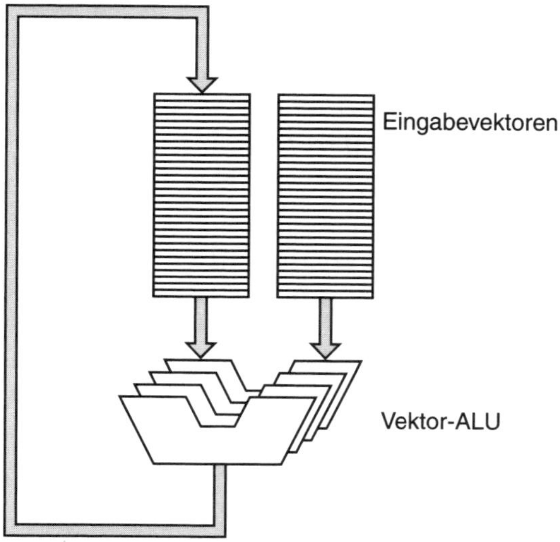

Abb. 8.15: Eine Vektor-ALU

Vektorrechner müssen auch skalare (keine Vektor-)Operationen und gemischte Vektor/Skalar-Operationen ausführen. Die grundlegenden Vektoroperationen sind in Abb. 8.16 aufgeführt. Die erste, f_1, führt eine Operation, z.B. eine Kosinus- oder Quadratwurzelberechnung, auf jedes Element eines einzelnen Vektors aus. Die zweite, f_2, nimmt einen Vektor als Eingabe und produziert einen skalaren als Ausgabe. Ein typisches Beispiel ist die Addition aller Elemente. Die dritte, f_3, führt eine dyadische Operation mit zwei Vektoren durch, z.B. das Addieren entsprechender Elemente. Die vierte, f_4, kombiniert einen skalaren Operanden mit einem Vektoroperanden. Ein typisches Beispiel ist die Multiplikation jedes Elements eines Vektors mit einer Konstanten. Manchmal geht es schneller, von Skalar in Vektor zu konvertieren, dessen Werte jeweils dem Skalaren entsprechen, und dann die Operation auf zwei Vektoren auszuführen.

Alle gewöhnlichen Vektoroperationen können mit diesen Methoden gebildet werden. Beispielsweise besteht das innere Produkt (Punktprodukt) von zwei Vektoren aus der vorherigen Multiplikation der entsprechenden Elemente (f_3), gefolgt von der Addition des Ergebnisses (f_2).

Operation	**Beispiele**
$A_i = f_1(B_i)$	f_1 = Kosinus, Quadratwurzel
Skalar = $f_2(A)$	f_2 = Summe, Minimum
$A_i = f_3(B_i, C_i)$	f_3 = Addition, Subtraktion
$A_i = f_4(\text{skalar}, B_i)$	f_4 = multipliziere B_i mit einer Konstanten

Abb. 8.16: Verschiedene Kombinationen von Vektor- und Skalaroperationen

In der Praxis werden nur wenige Supercomputer so gebaut wie in Abb. 8.15 dargestellt. Das ist nicht auf technische (man könnte sicherlich solche Maschinen bauen), sondern auf wirtschaftliche Erwägungen zurückzuführen. Ein Design mit beispielsweise 64 ALUs mit sehr hohen Geschwindigkeiten wäre auch für einen Supercomputer zu teuer.

Die normalerweise angewandte Methode ist die Kombination von Vektorverarbeitung mit Pipelining. Gleitkommaoperationen sind recht komplex, da sie mehrere Schritte zur Fertigstellung voraussetzen und jede aus mehreren Schritten bestehende Operation eine Kandidatin für eine Pipeline-Implementierung ist. Gleitkomma-Arithmetik wird in Anhang B beschrieben.

Als Beispiel einer Gleitkomma-Pipeline betrachte man Abb. 8.17. Bei diesem Beispiel hat eine normalisierte Zahl eine Mantisse von größer als oder gleich 1, aber weniger als 10. Hier soll $9{,}212 \times 10^{11}$ von $1{,}082 \times 10^{32}$ subtrahiert werden.

Um zwei Gleitkommazahlen zu subtrahieren, muß man sie zuerst korrekt einstellen, so daß ihre Exponenten den gleichen Wert haben. Bei diesem Beispiel können wir entweder den Subtrahenden (die Zahl, die von einer anderen abgezogen wird) in $0{,}9212 \times 10^{12}$ oder den Minuenden (die Zahl, von der abgezogen werden soll) in $10{,}82 \times 10^{11}$ konvertieren. Im allgemeinen birgt jede Umwandlung gewisse Risiken. Die Inkrementierung eines Exponenten kann zu einem Unterlauf der Mantisse führen und die Dekrementierung einen Überlauf der Mantisse verursachen. Der Unterlauf ist weniger kritisch als der Überlauf, weil eine unterlaufene Zahl einen Näherungswert von 0 bedeuten kann. Wir schlagen deshalb den ersten Weg ein. Nach der Berichtigung beider Exponenten auf 12 haben wir die in Schritt 2 von Abb. 8.17 aufgeführten Werte. Als nächstes führen wir die Subtraktion und dann die Normalisierung des Ergebnisses durch.

Schritt	**Bezeichnung**	**Werte**
1	Hole Operanden	$1{,}082 \times 10^{12} - 9{,}212 \times 10^{11}$
2	Stelle Exponent korrekt ein	$1{,}082 \times 10^{12} - 0{,}9212 \times 10^{12}$
3	Führe Subtraktion aus	$0{,}1608 \times 10^{12}$
4	Normalisiere Ergebnis	$1{,}608 \times 10^{11}$

Abb. 8.17: Die Schritte einer Gleitkommasubtraktion

Pipelining läßt sich auf die am Anfang dieses Abschnitts angeführte `for`-Schleife anwenden. In Abb. 8.18 sehen wir einen auf Pipelining basierten Gleitkommaaddierer mit vier Stufen. In jedem Zyklus holt die erste Stufe ein Operandenpaar. Dann berichtigt die zweite Stufe den Exponenten des kleineren, um ihn an den größeren anzupassen. Die dritte Stufe führt die Operation aus, und die vierte normalisiert das Ergebnis. Auf diese Weise rollt in jedem Zyklus ein Ergebnis aus der Pipeline.

	Zyklus						
Stufe	**1**	**2**	**3**	**4**	**5**	**6**	**7**
Hole Operanden	B_1, C_1	B_2, C_2	B_3, C_3	B_4, C_4	B_5, C_5	B_6, C_6	B_7, C_7
Stelle Exponent korrekt ein		B_1, C_1	B_2, C_2	B_3, C_3	B_4, C_4	B_5, C_5	B_6, C_6
Führe Operation aus			B_1, C_1	B_2, C_2	B_3, C_3	B_4, C_4	B_5, C_5
Normalisiere Ergebnis				B_1, C_1	B_2, C_2	B_3, C_3	B_4, C_4

Abb. 8.18: Ein auf Pipelining basierter Gleitkommaaddierer

Zwischen der Verwendung von Pipelining für Operationen auf Vektoren und der Verwendung von Pipelining für die allgemeine Ausführung von Instruktionen besteht ein großer Unterschied: Bei Operationen auf Vektoren gibt es keine Sprünge. Jeder Zyklus wird voll ausgelastet, und es werden keine Schlitze verschwendet.

Der Vektor-Supercomputer Cray-1

Typische Supercomputer haben mehrere ALUs, die sich jeweils auf eine bestimmte Operation spezialisieren und alle parallel arbeiten können. Als Beispiel betrachten wir einen der ersten Supercomputer, die Cray-1. Er ist zwar nicht mehr im Einsatz, hat aber eine einfache RISC-ähnliche Architektur, durch die er sich gut als Studienobjekt eignet. Außerdem lebt diese Architektur in vielen modernen Vektor-Supercomputern weiter.

Wie alle RISC-Maschinen weist die Cray-1 ein typisches Merkmal auf: Sie ist registerorientiert, wobei die meisten 16-Bit-Instruktionen aus einem 7-Bit-Opcode und drei 3-Bit-Registerzahlen für die drei Operanden bestehen. Wie aus Abb. 8.19 ersichtlich wird, sind fünf Varianten von Registern vorhanden. Die acht 24-Bit-Register A werden als Adreßspeicher verwendet. Die 64 24-Bit-Register B werden zum Aufnehmen der A-Register benutzt, wenn sie nicht gebraucht werden, statt sie in den Speicher zurückzuschreiben. Die acht 64-Bit-Register S dienen für die Aufnahme von skalaren Mengen (Ganzzahl und Gleitkomma). Die in diesen Registern vorhandenen Werte können als Operanden für Ganzzahl- und Gleitkommaoperationen benutzt werden. Die 64 64-Bit-Register T dienen als Zusatzspeicher für die S-Register, auch hier wieder der Anzahlbegrenzung von `LOAD`- und `STORE`-Instruktionen.

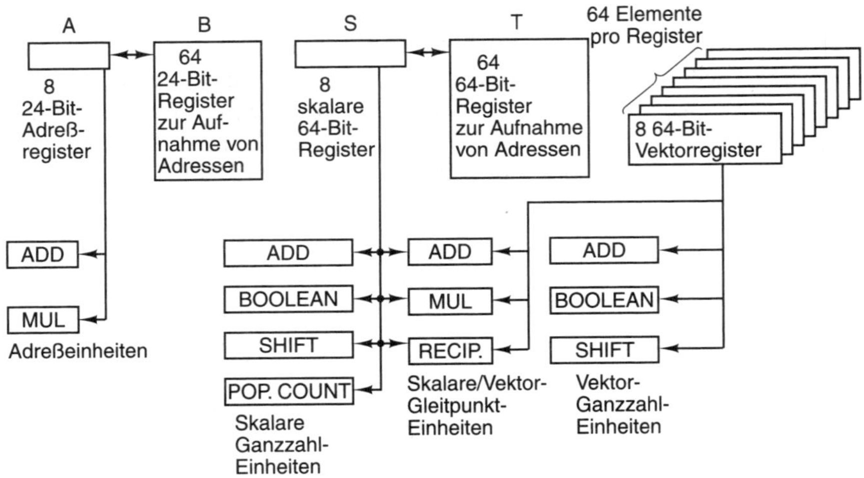

Abb. 8.19: Register und Funktionseinheiten der Cray-1

Der interessanteste Aspekt an den Registern der Cray-1 ist die Gruppe aus acht Vektorregistern. Jedes Register kann einen aus 64 Elementen bestehenden Gleitkommavektor aufnehmen. Zwei Vektoren können in einer 16-Bit-Instruktion addiert, subtrahiert oder multipliziert werden. Division ist nicht möglich, Kehrwerte können aber berechnet werden. Die Vektorregister können vom Speicher geladen und im Speicher gespeichert werden; solche Transfers sind aber teuer und sollten besser nicht ausgeführt werden. Alle Vektoroperationen nutzen Registeroperanden.

Nicht alle Supercomputer weisen das RISC-ähnliche Merkmal auf, daß alle Operanden sich in Registern befinden müssen. Der CDC Cyber 205 führte z.B. Operationen auf Vektoren im Speicher aus. Diese Methode ermöglichte beliebig lange Vektoren, verlangsamte den Rechner aber sehr, weil der Speicher einen großen Engpaß darstellte.

Die Cray-1 hat zwölf verschiedene Funktionseinheiten, wie aus Abb. 8.19 ersichtlich wird. Zwei davon sind für 24-Bit-Adreßarithmetik und vier für Ganzzahloperationen auf 64-Bit-Ganzzahlskalare reserviert. Wie sein Vorgänger, der CDC 6600, hat die Cray-1 keine Einheit für Multiplikationen mit Ganzzahlen (wohl aber eine für die Gleitkomma-Multiplikation). Die restlichen sechs Einheiten arbeiten allesamt mit Vektoren und sind intern stark auf Pipelining ausgelegt. Die Additions-, Multiplikations- und Umkehreinheiten arbeiten mit skalaren Gleitkommazahlen und Vektoren.

Wie viele andere Vektorrechner erlaubt die Cray-1 **Verkettungsoperationen** (Chaining Operations). Um beispielsweise

R1 = R1 * R2 + R3

zu berechnen, wobei `R1`, `R2` und `R3` Vektorregister sind, kann man die Vektormultiplikation Element für Element durchführen, das Ergebnis an irgendeiner Stelle speichern und dann die Vektoraddition durchführen. Nachdem die ersten Elemente multipliziert wurden, kann das Produkt bei der Verkettung direkt zum Addierer zusammen mit dem ersten Element von R3 fließen. Eine Zwischenspeicherung ist nicht erforderlich. Durch diese Technik verbessert sich die Leistung erheblich.

Als letzte Bemerkung über die Cray-1 ist ein Blick auf ihre absolute Leistung interessant. Sie war mit 80 MHz getaktet und hatte einen Arbeitsspeicher von 8 Mbyte. In ihrer Zeit (Mitte bis Ende der siebziger Jahre) war sie der leistungsstärkste Computer der Welt. Heute gibt es keinen PC mehr mit einer derart niedrigen Taktrate und einem so kleinen Speicher. Dieser Hinweis belegt, wie schnell sich die Computer-Industrie weiterentwickelt.

8.3 Mehrprozessoren mit gemeinsamem Speicher

Wir haben in Abb. 8.14 gesehen, daß MIMD-Systeme in Mehrprozessor- und Mehrrechnersysteme unterteilt werden können. In diesem Abschnitt untersuchen wir Mehrprozessorsysteme. Mehrrechnersysteme sind Thema des nächsten Abschnitts. Ein Mehrprozessorsystem ist ein Rechner mit mehreren CPUs und einem einzigen Adreßraum, der für alle CPUs sichtbar ist. Er führt eine Kopie des Betriebssystems mit einer Reihe von Tabellen aus, darunter Tabellen, die verwalten, welche Speicherseiten belegt und welche frei sind. Blokkiert ein Prozeß, speichert seine CPU seinen Zustand in den Betriebssystemtabellen und sucht in diesen Tabellen einen anderen Prozeß zum Ausführen. Auf diese Weise unterscheidet sich ein Mehrprozessor- von einem Mehrrechnersystem.

Wie alle Computer braucht ein Mehrprozessor E/A-Geräte, z.B. Platten, Netzwerkadapter und andere Geräte. Bei manchen Mehrprozessorsystemen haben nur bestimmte CPUs Zugriff auf die E/A-Geräte und üben somit eine spezielle E/A-Funktion aus. Bei anderen hat jede CPU gleichrangigen Zugriff auf jedes E/A-Gerät. Hat jede CPU gleichrangigen Zugriff auf alle Speichermodule und alle E/A-Geräte und gilt sie für das Betriebssystem als austauschbar durch eine der anderen CPUs, wird das System als **SMP** (**Symmetric MultiProcessor**) bezeichnet. Die folgende Beschreibung bezieht sich auf diesen Systemtyp.

8.3.1 Speichersemantik

Obwohl alle Mehrprozessorsystemen den CPUs das Bild eines einzigen, gemeinsam genutzten Adreßraums vermitteln, gibt es oft viele Speichermodule, die jeweils einen Teil des physischen Speichers halten. CPUs und Speicher werden oft durch ein komplexes Verbindungsnetz verbunden (siehe Abschnitt 8.1.2). Mehrere CPUs können versuchen, ein Speicherwort gleichzeitig zu lesen, während mehrere andere CPUs das gleiche Wort schreiben und einige der Anfragenachrichten einander möglicherweise im Transit überholen und in einer anderen Reihenfolge zugestellt werden, als sie ausgegeben wurden. Zu diesem Problem kommt noch das Vorhandensein mehrerer Kopien einiger

Speicherblöcke (z.B. in Caches) hinzu. Jetzt kann sich leicht Chaos einstellen, wenn man keine Maßnahmen ergreift. In diesem Abschnitt wird beschrieben, was gemeinsamer Speicher wirklich bedeutet, und wie Speicher vernünftig unter diesen Umständen reagieren können.

Eine Möglichkeit, die Speichersemantik zu betrachten, ist es, sie als Vertrag zwischen der Software und der Speicher-Hardware anzusehen (Adve und Hill, 1990). Stimmt die Software zu, sich an bestimmte Regeln zu halten, ist der Speicher entsprechend einverstanden, bestimmte Ergebnisse zu liefern. Die Auseinandersetzung konzentriert sich dann auf die Bedeutung der Regeln. Diese Regeln nennt man **Konsistenzmodelle** (Consistency Models), von denen viele erarbeitet und implementiert wurden.

Um sich das Problem besser vorstellen zu können, nehmen wir an, daß CPU 0 den Wert 1 in ein Speicherwort und wenig später CPU 1 den Wert 2 in das gleiche Speicherwort schreibt. Jetzt liest CPU 2 das Wort und erhält den Wert 1. Soll der Besitzer seinen Rechner zur Reparatur bringen? Das hängt davon ab, was der Speicher zugesagt hat (was also sein Vertrag ist).

Strikte Konsistenz

Das einfachste Modell ist die **strikte Konsistenz** (Strict Consistency). Hier gibt jede Leseoperation an einer Stelle x immer den Wert zurück, der zuletzt in x geschrieben wurde. Dieses Modell ist der Liebling der Programmierer; es ist aber unmöglich, es anders zu implementieren, als mit einem einzigen Speichermodul, das schlichtweg alle Anfragen nach dem Prinzip »wer zuerst kommt, wird zuerst bedient« ohne Caching und ohne Datenreplikation abfertigt. Bei einer solchen Implementierung ist der Speicher natürlich ein enormer Engpaß, so daß das Modell leider kein geeigneter Kandidat ist.

Sequentielle Konsistenz

Das nächstbeste Modell nennt man **sequentielle Konsistenz** (Sequential Consistency; Lamport, 1979). Es basiert auf dem Konzept, daß in Anwesenheit mehrerer Lese- und Schreibanfragen eine gewisse Speicherverschränkung (Interleaving) für alle Anfragen von der Hardware (nicht deterministisch) gewählt wird, daß aber alle CPUs die gleiche Reihenfolge sehen.

Zur Illustration betrachten wir ein Beispiel. Angenommen, CPU 1 schreibt den Wert 100 in Wort x, und 1 ns später schreibt CPU 2 den Wert 200 in Wort x. 1 ns nach der Ausgabe der zweiten Schreiboperation (die nicht unbedingt schon beendet sein muß) lesen zwei weitere CPUs, 3 und 4, das Wort x zweimal in schneller Folge, wie aus Abb. 8.20(a) ersichtlich wird. Drei mögliche Reihenfolgen der sechs Ereignisse (zwei Schreib- und vier Leseoperationen) sind in Abb. 8.20(b) bis (d) dargestellt. In Abb. 8.20(b) erhält CPU 3 (200, 200) und CPU 4 (200, 200). In Abb. 8.20(c) erhalten sie (100, 200) bzw. (200, 200). In Abb. 8.20(d) erhalten sie (100, 100) bzw. (200, 100). Alle genannten und weitere nicht dargestellte Möglichkeiten sind zulässig.

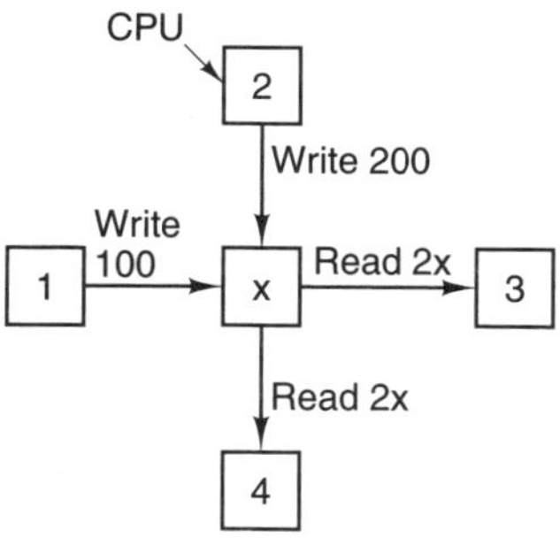

(a)

(b)	(c)	(d)
W100	W100	W200
W200	R3 = 100	R4 = 200
R3 = 200	W200	W100
R3 = 200	R4 = 200	R3 = 100
R4 = 200	R3 = 200	R4 = 100
R4 = 200	R4 = 200	R3 = 100

Abb. 8.20: *(a) Zwei CPUs schreiben und zwei CPUs lesen ein gemeinsames Speicherwort; (b) bis (d) drei Möglichkeiten, die beiden Schreib- und die vier Leseoperationen zeitlich verschränken zu lassen*

Das wesentliche Merkmal der sequentiellen Konsistenz wird nachfolgend erläutert: Gleichgültig, was passiert, läßt ein auf der sequentiellen Konsistenz basierter Speicher nie zu, daß CPU 3 (100, 200) bekommt, während CPU 4 (200, 100) erhält. In diesem Fall wird gemäß CPU 4 die Schreiboperation von 100 durch CPU 1 fertiggestellt, bevor CPU 2 ihre Schreiboperation von 200 ausführt. Soweit ist das noch korrekt. Es würde aber auch bedeuten, daß gemäß CPU 3 die Schreiboperation von 200 durch CPU 4 fertiggestellt wird, bevor CPU 1 ihre 100 schreibt. Für sich genommen ist auch dieses Ergebnis möglich. Problematisch ist, daß die sequentielle Konsistenz eine einzige, globale, für alle CPUs sichtbare Reihenfolge aller Schreiboperationen gewährleistet. Stellt CPU 3 fest, daß 100 zuerst geschrieben wurde, muß auch CPU 4 diese Reihenfolge sehen.

Die sequentielle Konsistenz ist zwar eine weniger mächtige Regel als die strikte Konsistenz, ist aber dennoch nützlich. Sie besagt, daß mehrere gleichzeitige Ereignisse in echter, möglicherweise durch Zeit und Gelegenheit bestimmter Reihenfolge eintreten müssen, aber alle Prozessoren die gleiche Reihenfolge beachten. Diese Aussage mag zwar selbstverständlich klingen; es werden aber noch Konsistenzmodelle beschrieben, die nicht einmal das garantieren.

Prozessorkonsistenz

Ein lockereres Konsistenzmodell, das sich aber auf großen Mehrprozessoren leichter implementieren läßt, ist die **Prozessorkonsistenz** (Processor Consistency; Goodman, 1989). Sie weist zwei Eigenschaften auf:

1. Schreiboperationen von einer CPU werden von allen anderen CPUs in der Reihenfolge gesehen, in der sie ausgegeben werden.
2. Schreiboperationen auf jedes Speicherwort sind für alle CPUs in der Reihenfolge sichtbar, in der sie beschrieben werden.

Beide Punkte sind aus folgendem Grund wichtig: Wenn CPU 1 Schreiboperationen mit den Werten 1A, 1B und 1C auf eine Speicherstelle in dieser Folge ausgibt, dann sehen sie alle anderen Prozessoren auch in dieser Reihenfolge. Anders ausgedrückt: Jeder andere Prozessor, der 1A, 1B und 1C in einer engen Schleife beobachtet, wenn er die geschriebenen Wörter liest, sieht nie den von 1B geschriebenen Wert und dann den von 1A geschriebenen Wert usw. Punkt Zwei besagt, daß jedes Speicherwort einen eindeutigen Wert haben muß, nachdem es von mehreren CPUs beschrieben wurde und schließlich stoppt. Alle müssen sich darüber einigen, welche CPU als letzte an der Reihe war.

Sogar mit diesen Einschränkungen bleibt für den Designer noch viel Flexibilität. Man betrachte, was passiert, wenn CPU 2 die Schreiboperationen 2A, 2B und 2C ausgibt, während CPU 1 gleichzeitig drei Schreiboperationen ausgibt. Andere CPUs, die mit dem Lesen des Speichers beschäftigt sind, beobachten eine gewisse Verschränkung der sechs Schreiboperationen, z.B. 1A, 1B, 2A, 2B, 1C, 2C oder 2A, 1A, 2B, 2C, 1B, 1C oder viele andere. Die Prozessorkonsistenz gewährleistet *nicht*, daß jede CPU die gleiche Reihenfolge sieht (anders als bei der sequentiellen Konsistenz, bei der dies gewährleistet wird). Folglich ist es für die Hardware absolut legitim, sich so zu verhalten, daß einige CPUs die erste obige Reihenfolge sehen, einige die zweite und einige wieder andere. Garantiert wird *lediglich*, daß keine CPU eine Folge sieht, bei der 1B vor 1A usw. kommt. Die Reihenfolge, in der jede CPU ihre Schreiboperation ausführt, wird von überall aus beobachtet.

Schwache Konsistenz

Unser nächstes Modell, die **schwache Konsistenz** (Weak Consistency), bietet nicht einmal die Gewähr, daß Schreiboperationen einer einzigen CPU in Reihenfolge gesehen werden (Dubois u.a., 1986). Bei einem auf der schwachen Konsistenz basierten Speicher sieht eine CPU möglicherweise 1A vor 1B, und eine andere sieht 1A nach 1B. Um das Chaos ein wenig zu ordnen, verfügen diese Speicher über Synchronisationsvariablen oder eine Synchronisationsoperation. Bei Ausführung einer Synchronisation werden alle schwebenden Schreiboperationen beendet, und keine neue gestartet, bis alle alten fertig sind und die Synchronisation selbst beendet ist. Dabei spült die Synchronisation in gewissem Sinn die Pipeline aus und bringt den Speicher in einen stabilen Zustand ohne schwebende Operationen. Synchronisationsoperationen sind selbst sequentiell konsistent. Wenn mehrere CPUs sie also ausgeben, wird eine Reihenfolge gewählt, wobei aber alle CPUs die gleiche Reihenfolge sehen.

Bei der schwachen Konsistenz wird die Zeit in gut definierte Epochen aufgeteilt, die durch die (sequentiell konsistenten) Synchronisationen begrenzt sind, wie aus Abb. 8.21 ersichtlich wird. Es wird keine relative Reihenfolge für 1A und 1B gewährleistet, und verschiedene CPUs sehen die beiden Schreiboperationen möglicherweise in einer anderen Reihenfolge, d.h., eine CPU sieht vielleicht 1A und dann 1B und eine andere 1B und dann 1A. Dies ist zulässig. Allerdings sehen alle CPUs 1B vor 1C, weil die erste Synchronisationsoperation verlangt, daß 1A, 1B und 2A fertiggestellt werden, bevor 1C, 2B, 3A oder 3B starten dürfen. Das bedeutet, daß die Software mit Hilfe von Synchronisationsoperationen der Abfolge von Ereignissen eine gewisse Ordnung auferlegen kann, allerdings nicht kostenlos, weil das Ausspülen der Speicher-Pipeline einige Zeit erfordert.

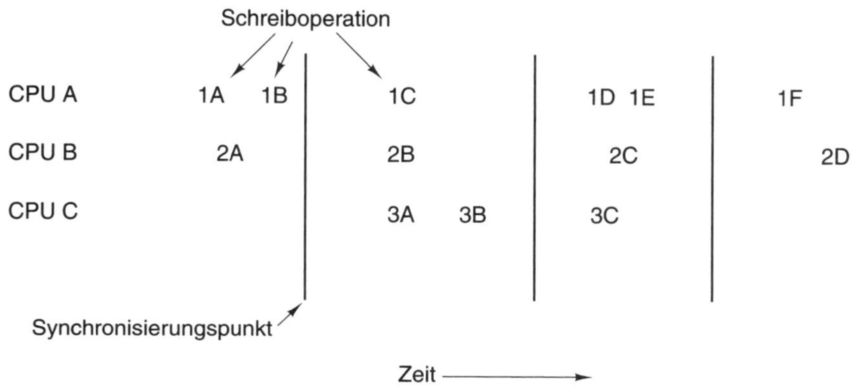

Abb. 8.21: Ein auf der schwachen Konsistenz basierter Speicher benutzt Synchronisationsoperationen, um die Zeit in sequentielle Epochen aufzuteilen

Freigabekonsistenz

Die schwache Konsistenz ist recht ineffizient, weil sie alle schwebenden Speicheroperationen fertigstellen und dabei alle neuen zurückhalten muß. Dies läßt sich mit der **Freigabekonsistenz** (Release Consistency) verbessern (Gharachorloo u.a., 1990). Dieses Konzept basiert auf folgendem Modell: Wenn ein Prozeß eine kritische Region verläßt, besteht nicht unbedingt ein Zwang, alle Schreiboperationen sofort bis zum Ende durchzuführen. Es muß lediglich sichergestellt werden, daß sie beendet sind, bevor ein Prozeß erneut in diese kritische Region eintritt.

Bei diesem Modell wird die von der schwachen Konsistenz gebotene Synchronisationsoperation in zwei Operationen zerlegt. Zum Lesen oder Schreiben einer gemeinsamen Datenvariablen muß eine CPU (d.h. ihre Software) zuerst eine `acquire`-Operation auf die Synchronisationsvariable ausführen, um exklusiven Zugriff auf die gemeinsamen Daten zu erhalten. Dann kann die CPU sie benutzen und nach Gutdünken lesen und schreiben. Wenn die CPU fertig ist, führt sie eine `release`-Operation auf die Synchronisationsvariable aus, um mitzuteilen, daß sie fertig ist. Durch `release` sind schwebende Schreiboperationen nicht gezwungen, sofort zu beenden, sie selbst ist aber nicht abgearbeitet, bis das bei allen vorher ausgegebenen Schreiboperationen der Fall ist. Zudem werden neue Speicheroperationen nicht am sofortigen Start gehindert.

Bei der Ausgabe der nächsten `acquire` wird geprüft, ob alle vorherigen `release`-Operationen ausgeführt sind. Ist das nicht der Fall, wird die `acquire` zurückgehalten, bis alle fertig sind (und somit alle Schreiboperationen fertig sind, bevor sie alle ausgeführt sind). Wenn die nächste `acquire` also ausreichend spät nach der letzten `release` erfolgt, muß sie nicht warten, bevor sie startet, und der Eintritt in die kritische Region ist ohne Verzögerung möglich. Findet sie zu früh nach einer `release` statt, wird die `acquire` (und alle Instruktionen, die ihr folgen) so lange verzögert, bis alle schwebenden `release` beendet sind, so daß gewährleistet ist, daß die Variablen in der kritischen Sektion aktualisiert wurden. Diese Methode ist etwas komplizierter als die schwache Konsistenz, bietet aber den großen Vorteil, daß Instruktionen für die Konsistenzwahrung nicht so oft verzögert werden.

8.3.2 UMA-busbasierte SMP-Architekturen

Die einfachsten Mehrprozessorsysteme basieren auf einem einzigen Bus, wie aus Abb. 8.22(a) ersichtlich wird. Zwei oder mehr CPUs und eines oder mehrere Speichermodule nutzen den gleichen Bus zur Kommunikation. Möchte eine CPU ein Speicherwort lesen, prüft sie zuerst, ob der Bus besetzt ist. Ist der Bus frei, setzt die CPU die Adresse des gewünschten Worts auf den Bus, asseriert ein paar Steuersignale und wartet, bis der Speicher das gewünschte Wort auf den Bus stellt.

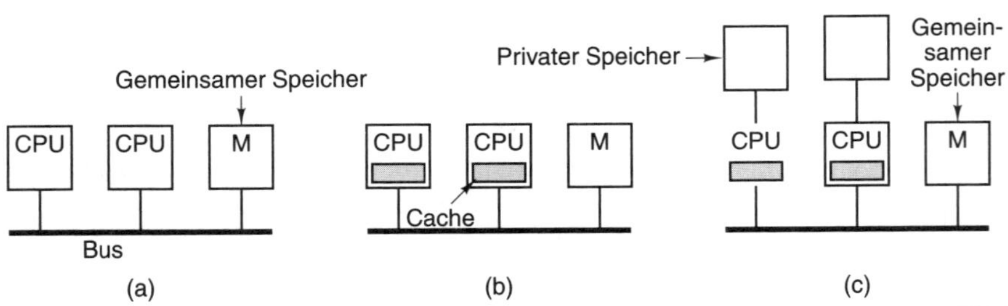

Abb. 8.22: Drei busbasierte Mehrprozessorsysteme; (a) ohne Caching; (b) mit Caching; (c) mit Caching und privaten Speichern

Ist der Bus besetzt, wenn eine CPU vom Speicher lesen oder dorthin schreiben möchte, wartet sie einfach, bis der Bus frei wird. Genau das ist bei diesem Design problematisch. Mit zwei oder drei CPUs läßt sich der Konkurrenzbetrieb um den Bus noch bewältigen. Bei 32 oder 64 CPUs ist dies nicht mehr tragbar. Das gesamte System wäre von der Bandbreite des Busses begrenzt, und die meisten CPUs wären einen Großteil der Zeit untätig.

Dieses Problem kann gelöst werden, wenn man jede CPU wie in Abb. 8.22(b) mit einem Cache ausstattet. Der Cache kann sich auf dem CPU-Chip, neben dem CPU-Chip, auf der Prozessorkarte oder auf einer Kombination aller drei befinden. Da jetzt viele Leseoperationen vom lokalen Cache bedient werden können, ist das Verkehrsaufkommen am Bus viel geringer, und das System kann mehr CPUs unterstützen.

Eine weitere Möglichkeit ist das Design in Abb. 8.22(c), bei dem jede CPU nicht nur einen Cache, sondern auch einen lokalen, privaten Speicher hat, auf den sie über einen bestimmten (privaten) Bus zugreift. Um diese Konfiguration optimal zu nutzen, sollte der Compiler alle Programmtexte, Zeichenketten, Konstanten und andere schreibgeschützten Daten, Stapel und lokale Variablen in die privaten Speicher stellen. Der gemeinsame Speicher wird dann nur für schreibbare gemeinsame Variablen benutzt. In den meisten Fällen reduziert diese sorgfältige Anordnung den Busverkehr, verlangt vom Compiler aber aktive Mitarbeit.

Snooping-Caches

Während die obigen Leistungsargumente sicherlich zutreffen, haben wir bisher ein grundlegendes Problem ein wenig zu schnell abgehandelt. Wir nehmen an, der Speicher ist sequentiell konsistent. Was passiert, wenn CPU 1 eine Zeile in ihrem Cache hat und CPU 2 dann versucht, ein Wort aus der gleichen Cache-Zeile zu lesen? In Abwesenheit spezieller Regeln würde sie auch eine Kopie in ihren Cache erhalten. Im Prinzip ist es akzeptabel, daß die gleiche Zeile zweimal im Cache abgestellt wird. Wir nehmen weiter an, daß CPU 1 die Zeile modifiziert und dann CPU 2 unmittelbar danach die Kopie der Zeile aus ihrem Cache liest. Sie erhält **abgestandene Daten** (Stale Data) und verletzt somit die Vereinbarung zwischen Software und Speicher. Das auf CPU 2 laufende Programm freut sich sicher nicht.

Dieses Problem, das in der Literatur mit **Cache-Kohärenz** (Cache Coherence) oder **Cache-Konsistenz** (Cache Consistency) bezeichnet wird, ist von großer Bedeutung. Ohne Lösung läßt sich Caching nicht anwenden, und busorientierte Mehrprozessorsysteme wären auf zwei oder drei CPUs begrenzt. Wegen der großen Bedeutung dieses Problems wurden im Lauf der Jahre viele Lösungen erarbeitet (z.B. Goodman, 1983; Papamarcos und Patel, 1984). Diese Caching-Algorithmen, die man **Cache-Kohärenzprotokolle** (Cache Coherence Protocols) nennt, unterscheiden sich zwar in den Details, verhindern aber alle, daß verschiedene Versionen der gleichen Cache-Zeile gleichzeitig in zwei oder mehr Caches erscheinen.

Bei allen Lösungen wird der Cache-Controller so ausgelegt, daß er den Bus belauschen, alle Busanfragen von anderen CPUs und Cache überwachen und in bestimmten Fällen Maßnahmen ergreifen kann. Diese Geräte nennt man **Snooping-Caches** (oder Snoopy Caches), weil sie den Bus »beschnüffeln«. Die von den Caches, CPUs und Speichern implementierten Regeln, die verhindern sollen, daß verschiedene Datenversionen in mehreren Caches auftauchen, bilden das Cache-Kohärenzprotokoll. Die Transfer- und Speichereinheit für den Cache ist eine **Cache-Zeile** (Cache Line), die normalerweise 32 oder 64 Byte beträgt.

Als einfachstes Cache-Kohärenzprotokoll gilt das **Write-Through**. Es wird am leichtesten verständlich, wenn man die vier in Abb. 8.23 dargestellten Fälle unterscheidet. Wenn eine CPU versucht, ein Wort zu lesen, das noch nicht in ihrem Cache ist (also ein Lesefehlschlag), lädt ihr Cache-Controller die Zeile, die dieses Wort enthält, in den Cache. Die Zeile wird vom Speicher bereitgestellt, der bei diesem Protokoll immer auf dem aktuellen Stand ist. Anschließende Leseoperationen (d.h. Lesetreffer) können aus dem Cache bedient werden.

Aktion	**Lokale Anfrage**	**Entfernte Anfrage**
Lesefehlschlag	Hole Daten aus dem Speicher	
Lesetreffer	Benutze Daten aus dem lokalen Cache	
Schreibfehlschlag	Aktualisiere Daten im Speicher	
Schreibtreffer	Aktualisiere Cache und Speicher	Invalidiere Cache-Eintrag

Abb. 8.23: Das »Write-Through« genannte Cache-Kohärenzprotokoll; die leeren Felder bedeuten, daß keine Aktion stattfindet

Bei einem Schreibfehlschlag wird das geänderte Wort in den Arbeitsspeicher geschrieben. Die Zeile, die das referenzierte Wort enthält, wird *nicht* in den Cache geladen. Bei einem Schreibtreffer wird der Cache aktualisiert und das Wort außerdem in den Arbeitsspeicher durchgeschrieben. Dieses Protokoll bewirkt im wesentlichen, daß alle Schreiboperationen dazu führen, daß das geschriebene Wort die Speicher durchläuft, so daß diese zu jeder Zeit aktualisiert sind.

Wir betrachten diese Aktionen jetzt erneut, diesmal jedoch aus Sicht des Snooping-Cache, dargestellt in der rechten Spalte von Abb. 8.23. Wir nennen den Cache, der die Aktionen ausführt, Cache 1 und den Snooping-Cache Cache 2. Schlägt Cache 1 bei einer Leseoperation fehl, fordert er den Bus auf, ihm eine Zeile vom Speicher zu holen. Cache 2 sieht das, unternimmt aber nichts. Erreicht Cache 1 einen Lesetreffer, wird die Anfrage lokal bedient, und es folgt keine Busanfrage, so daß Cache 2 nichts von den Lesetreffern von Cache 1 mitbekommt.

Schreiboperationen sind interessanter. Führt CPU 1 eine Schreiboperation aus, stellt Cache 1 sowohl bei Fehlschlägen als auch bei Treffern eine Schreibanfrage an den Bus. Bei allen Schreiboperationen prüft Cache 2, ob er das zu schreibende Wort hat. Im gegenteiligen Fall handelt es sich aus seiner Sicht um einen entfernten Anfrage-/Schreibfehlschlag, und er unternimmt nichts. (Um diesen komplizierten Schritt zu verstehen, beachte man, daß in Abb. 8.23 ein entfernter Fehlschlag bedeutet, daß das Wort nicht im Snooping-Cache vorhanden ist. Es spielt keine Rolle, ob es sich im Cache des Urhebers befand oder nicht. Somit kann eine einzelne Anfrage lokal ein Treffer und beim Schnüffeln ein Fehlschlag sein, und umgekehrt.)

Nehmen wir weiter an, daß Cache 1 ein Wort schreibt, das im Cache von Cache 2 vorhanden *ist* (entfernter Anfrage-/Schreibtreffer). Unternimmt Cache 2 nichts, erhält er abgestandene Daten. Folglich kennzeichnet er den

Cache-Eintrag, der das neu modifizierte Wort enthält, als ungültig. Er entfernt also das Element aus dem Cache. Da alle Caches sämtliche Busanfragen ausschnüffeln, wann immer ein Wort geschrieben wird, ist die Nettowirkung, daß es im Cache des Urhebers und im Speicher aktualisiert und aus allen anderen Caches entfernt wird. Auf diese Weise wird inkonsistenten Versionen vorgebeugt.

Natürlich steht es der CPU von Cache 2 frei, das gleiche Wort im nächsten Zyklus zu lesen. In diesem Fall liest Cache 2 das aktualisierte Wort aus dem Speicher. An diesem Punkt haben Cache 1, Cache 2 und der Speicher identische Kopien davon. Wenn jetzt eine der CPUs schreibt, wird der Cache der anderen geleert und der Speicher aktualisiert.

Von diesem Basisprotokoll gibt es mehrere Varianten. Zum Beispiel invalidiert der Snooping-Cache bei einem Schreibtreffer seinen Eintrag mit dem Wort, das geschrieben wird. Er kann aber auch den neuen Wert akzeptieren und seinen Cache aktualisieren, statt ihn als ungültig zu kennzeichnen. Konzeptionell entspricht die Aktualisierung des Cache einer Invalidierung, der das Lesen des Worts aus dem Speicher folgt. Bei allen Cache-Protokollen muß zwischen einer **Aktualisierungs-** (Update Strategy) und einer **Invalidierungsstrategie** (Invalidate Strategy) gewählt werden. Die Leistung dieser Protokolle ist je nach Last unterschiedlich. Aktualisierungsnachrichten befördern Nutzdaten (Payloads) und sind daher umfangreicher als Invalidierungsnachrichten, können aber künftige Cache-Fehlschläge verhindern.

Bei einer weiteren Variante wird der Snooping-Cache bei Schreibfehlschlägen geladen. Dies wirkt sich nicht auf die Korrektheit des Algorithmus, sondern nur auf die Leistung aus. Die Frage lautet hier: »Wie groß ist die Wahrscheinlichkeit, daß ein gerade geschriebenes Wort bald wieder geschrieben wird?« Ist sie groß, muß etwas über das Laden des Cache bei Schreibfehlschlägen festgehalten werden, was man als **Write-Allocate Policy** bezeichnet. Ist sie gering, ist es besser, bei Schreibfehlschlägen nicht zu aktualisieren. Wird das Wort bald *gelesen*, wird es durch den Lesefehlschlag ohnehin geladen. Es beim Schreibfehlschlag zu laden, bringt nicht viel.

Wie viele einfache Lösungen ist auch diese ineffizient. Jede Schreiboperation geht über den Bus zum Speicher, so daß der Bus auch bei einer bescheidenen CPU-Anzahl zum Engpaß wird. Um den Busverkehr in Grenzen zu halten, wurden andere Cache-Protokolle entwickelt. Ihnen ist gemeinsam, daß nicht alle Schreiboperationen direkt durch den Speicher fließen. Wird eine Cache-Zeile modifiziert, wird statt dessen im Cache ein Bit gesetzt, das bezeichnet, daß die Cache-Zeile, nicht aber der Speicher richtig ist. Letztendlich muß eine solche schmutzige Zeile in den Speicher zurückgeschrieben werden, möglicherweise aber nach vielen Schreiboperationen auf diese Zeile. Dieses Protokoll ist unter dem Begriff **Write-back-Protokoll** bekannt.

Das Cache-Kohärenzprotokoll MESI

Ein beliebtes Write-back-Protokoll auf Basis der Cache-Kohärenz heißt **MESI**, nach den Anfangsbuchstaben der Namen der vier Staaten, in denen es benutzt wird (Papamarcos und Patel, 1984). Es basiert auf dem früheren **Write-once-Protokoll** (Goodman, 1983). Das MESI-Protokoll wird im Pentium II und in vielen anderen CPUs zum Ausschnüffeln des Busses benutzt. Jeder Cache-Eintrag kann einen der folgenden vier Zustände einnehmen:

1. Ungültig (Invalid) – Der Cache-Eintrag enthält keine gültigen Daten.
2. Gemeinsam (Shared) – Die Zeile kann sich in mehreren Caches befinden; der Speicher ist aktuell.
3. Exklusiv (Exclusive) – Die Zeile befindet sich in keinem anderen Cache; der Speicher ist aktuell.
4. Modifiziert (Modified) – Der Eintrag ist gültig; der Speicher ist ungültig; es gibt keine Kopien.

Beim Hochfahren der CPU werden alle Cache-Einträge als ungültig gekennzeichnet. Beim ersten Lesen des Speichers wird die referenzierte Zeile in den Cache der CPU geholt, die den Speicher liest, und mit dem E-Zustand (Exclusive) gekennzeichnet, da sie die einzige Kopie in einem Cache ist, wie aus Abb. 8.24(a) ersichtlich wird; hier liest CPU 1 Zeile *A*. Anschließende Leseoperationen dieser CPU benutzen den Cache-Eintrag und gehen nicht über den Bus. Eine andere CPU kann die gleiche Zeile ebenfalls holen und im Cache speichern. Durch Schnüffeln sieht die ursprüngliche Inhaberin (CPU 1) aber, daß sie nicht mehr die einzige ist und kündigt auf dem Bus an, daß sie ebenfalls über eine Kopie verfügt. Beide Kopien werden mit dem S-Zustand (Shared) gekennzeichnet, wie in Abb. 8.24(b) dargestellt. Der S-Zustand bedeutet, daß die Zeile in einem oder mehreren Caches zum Lesen bereitsteht und der Speicher aktuell ist. Liest anschließend eine CPU eine Zeile, die sich im S-Zustand befindet und in ihrem Cache steht, wird der Bus nicht benutzt, und es erfolgt keine Zustandsänderung.

Nun betrachte man, was passiert, wenn CPU 2 in die Cache-Zeile schreibt, die sich im S-Zustand befindet. Sie gibt ein I-Signal (Invalid) auf den Bus aus, womit alle anderen CPUs angewiesen werden, ihre Kopien zu verwerfen. Die zwischengespeicherte Kopie geht in den M-Zustand (Modified) über, wie aus Abb. 8.24(c) ersichtlich wird. Die Zeile wird nicht in den Speicher geschrieben. Falls sich eine Zeile im E-Zustand befindet, wenn sie geschrieben wird, ist kein Bussignal erforderlich, um die anderen Cache-Kopien als ungültig zu deklarieren, weil bekannt ist, daß keine weiteren Kopien vorliegen.

Nun beobachten wir, was passiert, wenn CPU 3 die Zeile liest. CPU 2, die jetzt die Zeile benutzt, weiß, daß die Kopie im Speicher nicht gültig ist. Deshalb asseriert sie ein Bussignal, um CPU 3 zum Warten anzuweisen, bis sie ihre Zeile in den Speicher zurückgeschrieben hat. Wenn sie fertig ist, holt CPU 3 eine Kopie, und die Zeile wird in beiden Caches in den S-Zustand versetzt, wie in Abb. 8.24(d) gezeigt. Danach schreibt CPU 2 wieder die Zeile, wodurch die Kopie im Cache von CPU 3 in den I-Zustand geht, wie in Abb. 8.24(e).

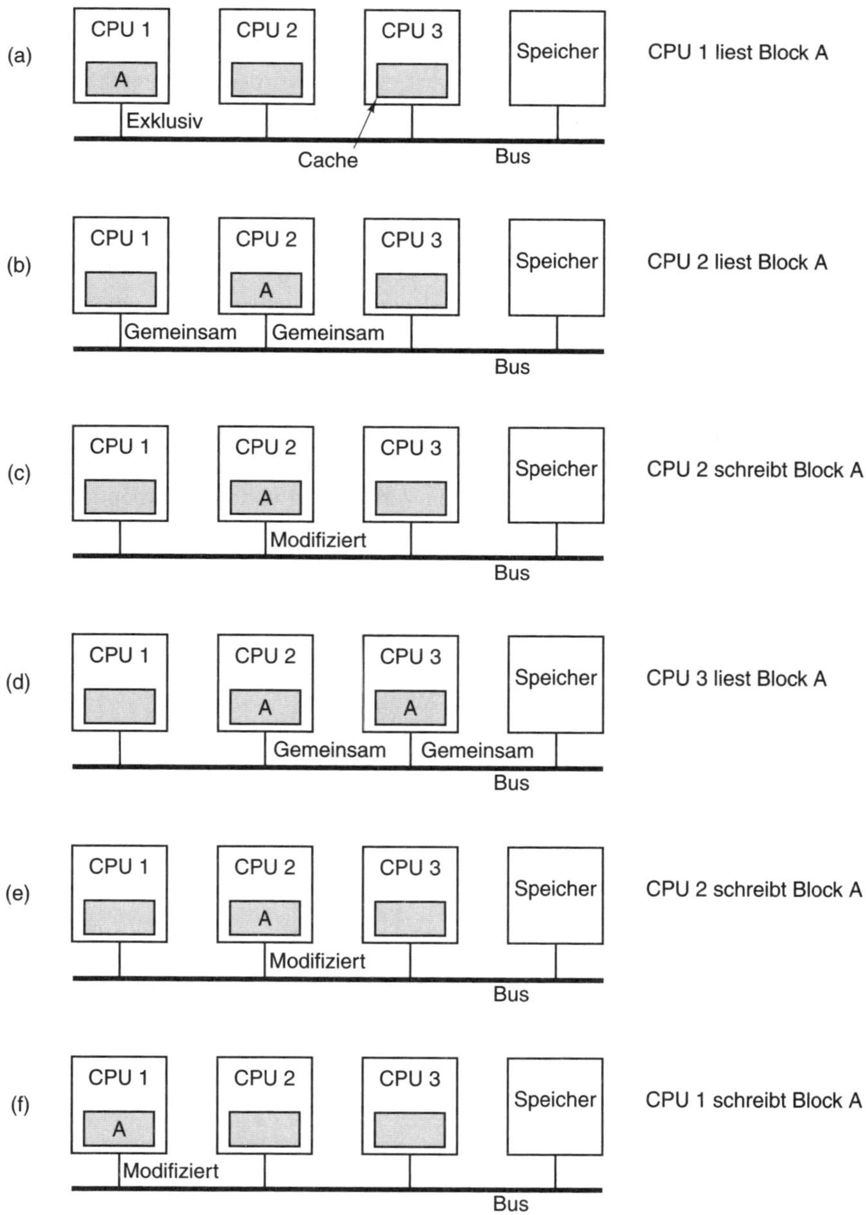

Abb. 8.24: Das Cache-Kohärenzprotokoll MESI

Schließlich schreibt CPU 1 ein Wort in diese Zeile. CPU 2 sieht, daß ein Schreibversuch gestartet wurde, und asseriert ein Bussignal, mit dem CPU 1 zum Warten angewiesen wird, bis sie ihre Zeile in den Speicher zurückgeschrieben hat. Danach setzt sie ihre eigene Kopie in den I-Zustand, da sie weiß, daß eine andere CPU sie gerade modifiziert. Nun liegt der Fall vor, daß eine CPU in eine nicht im Cache befindliche Zeile schreibt. Bei Anwendung der Write-allocate Policy wird die Zeile in den Cache geladen und in den M-Zustand gesetzt wie in Abb. 8.24(f). Wird die Write-allocate Policy nicht angewandt, wird direkt in den Speicher geschrieben und die Zeile in keinen Cache gestellt.

8.3.3 UMA-Mehrprozessorsysteme mit Kreuzschienenschaltern

Auch wenn man alle Optimierungsmöglichkeiten ausschöpft, wird die Größe eines UMA-Mehrprozessorsystems durch Verwendung eines Busses auf 16 oder 32 CPUs begrenzt. Um diese Anzahl zu erhöhen, ist eine andere Art eines Verbindungsnetzes erforderlich. Als einfachste Technik für den Anschluß von n CPUs an k Speicher bietet sich der in Abb. 8.25 dargestellte **Kreuzschienenschalter** (Crossbar Switch) an. Kreuzschienenschalter werden seit Jahrzehnten in Telefonnetzen für die Verbindung von ankommenden mit abgehenden Leitungen benutzt.

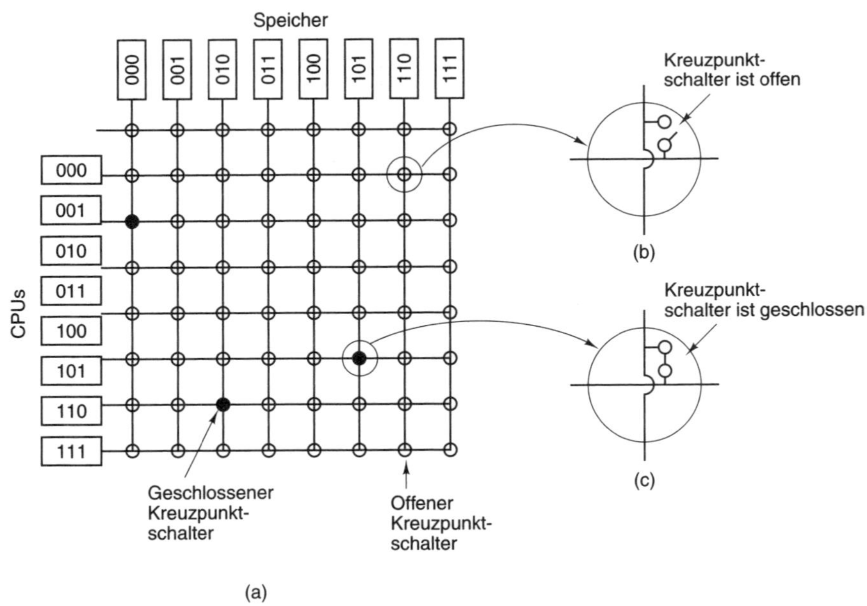

Abb. 8.25: (a) Ein Kreuzschienenschalter 8 × 8; (b) ein offener Kreuzpunkt; (c) ein geschlossener Kreuzpunkt

An jeder Kreuzung einer horizontalen (ankommenden) und vertikalen (abgehenden) Leitung befindet sich ein **Kreuzpunkt** (Crosspoint). Ein Kreuzpunkt ist ein kleiner Schalter, der elektrisch geöffnet oder geschlossen werden kann, je nachdem, ob die horizontalen und vertikalen Leitungen zu verbinden sind. In Abb. 8.25(a) sehen wir drei gleichzeitig geschlossene Kreuzpunkte, d.h. Verbindungen zwischen den (CPU, Speicher) Paaren (001, 000), (101, 101) und (110, 010). Hier wären viele andere Kombinationen möglich.

Eine der angenehmen Eigenschaften eines Kreuzschienenschalters ist, daß er ein **nicht blockierendes Netz** (Nonblocking Network) ermöglicht, was bedeutet, daß keiner CPU jemals die gewünschte Verbindung verwehrt wird, wenn ein Kreuzpunkt bzw. eine Leitung bereits belegt ist (unter der Annahme, daß das Speichermodul selbst verfügbar ist). Außerdem ist keine Planung im voraus nötig. Auch wenn sieben Verbindungen bestehen, ist es immer möglich, die restliche CPU mit dem restlichen Speicher zu verbinden. Später werden Verbindungsschemata beschrieben, die diese Merkmale nicht aufweisen.

Eine der unangenehmsten Eigenschaften des Kreuzschienenschalters ist die Tatsache, daß die Anzahl von Kreuzpunkten n^2 steigt. Mit 1000 CPUs und 1000 Speichermodulen brauchen wir eine Million Kreuzpunkte. Ein derart großer Kreuzschienenschalter ist nicht machbar. Dennoch eignen sich Kreuzschienenschalter gut für mittelgroße Systeme.

Sun Enterprise 10000

Als Beispiel eines UMA-Mehrprozessors mit Kreuzschienenschalter betrachten wir die Sun Enterprise 10000 (Charlesworth, 1998; Charlesworth u.a., 1998). Dieses System besteht aus einem einzigen Schrank mit bis zu 64 CPUs. Der Kreuzschienenschalter, der hier **Gigaplane-XB** heißt, befindet sich auf einer Schaltkarte mit acht Steckplätzen in Schlitzen auf jeder Seite. Jeder Steckplatz kann eine enorme Prozessorkarte (40 × 50 cm) aufnehmen, die vier 333-MHz UltraSPARC CPUs und 4 Gbyte RAM umfaßt. Aufgrund der engen Zeitvorgaben und der niedrigen Latenz der Kreuzschiene ist der Zugriff auf Speicher außerhalb der Platine nicht langsamer als auf einen, der sich auf der Platine befindet.

Mit einem einzigen Bus wäre der gesamte prozessor- und speicherübergreifende Verkehr nicht machbar. Deshalb wird bei der Enterprise 10000 eine andere Strategie angewandt. Erstens gibt es einen Kreuzschienenschalter 16 × 16 zum Bewegen von Daten zwischen Speicher und Cache. Die Cache-Zeilen sind 64 Byte und die Kreuzschiene ist 16 Byte breit, so daß das Bewegen einer Cache-Zeile vier Zyklen in Anspruch nimmt. Der Kreuzschienenschalter arbeitet von Punkt zu Punkt, so daß er nicht benutzt werden kann, um die Cache-Konsistenz zu wahren.

Aus diesem Grund gibt es außer dem Kreuzschienenschalter vier Adreßbusse, die zum Schnüffeln benutzt werden, wie aus Abb. 8.26 ersichtlich wird. Jeder Bus wird für ¼ des physikalischen Adreßraums genutzt, so daß zwei Adreßbits benutzt werden, um den auszuschnüffelnden Bus zu wählen. Hat eine CPU einen Lesefehlschlag erlitten und muß sie vom Speicher lesen, wird die Adresse auf den entsprechenden Adreßbus gestellt, um herauszufinden, ob sie sich vielleicht in einem entfernten Cache befindet. Alle 16 Karten schnüffeln alle vier Adreßbusses gleichzeitig aus. Wenn also keine Antwort kommt, ist die Zeile in keinem Cache und muß vom Speicher geholt werden.

Das Holen vom Speicher erfolgt Punkt zu Punkt in jeweils 16 Byte über den Kreuzschienenschalter. Der Buszyklus beträgt 12 ns (83,3 MHz), und jeder Adreßbus kann in jedem zweiten Buszyklus beschnüffelt werden, d.h. insgesamt 167 Millionen Snooping-Aktionen/s. Jede Snooping-Aktion erfordert eventuell die Übertragung einer 64 Byte großen Cache-Zeile, so daß auf dem Kreuzschienenschalter ein Transfer von 9,93 Gbyte/s anliegt (1 Gbyte = $1{,}0737 \times 10^9$ Byte und nicht 10^9 Byte). Eine 64 Byte große Cache-Zeile kann durch den Kreuzschienenschalter in vier Buszyklen (48 ns) befördert werden, was eine Bandbreite von 1,24 Gbyte/s pro Transfer ergibt. Da der Kreuzschienenschalter 16 Transfers gleichzeitig handhaben kann, beträgt seine maximale Bandbreite 19,87 Gbyte/s. Das ist ausreichend, um mit der Snooping-Rate Schritt zu halten, auch wenn man den Konkurrenzbetrieb um den Kreuzschienenschalter berücksichtigt, durch die sich die praktische gegenüber der theoretischen Bandbreite um etwa 60% reduziert.

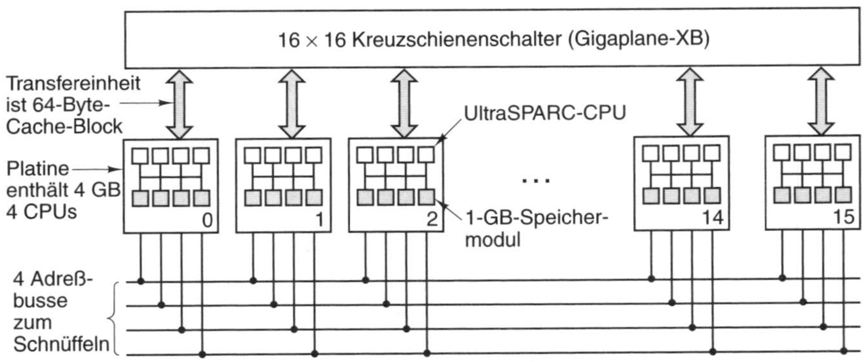

Abb. 8.26: Der symmetrische Mehrprozessor der Sun Enterprise 10000

Die Enterprise 10000 schöpft deutlich die obere Grenze aus. Sie benutzt vier parallele Snooping-Busse und einen sehr breiten Kreuzschienenschalter für den Datentransfer. Um über 64 CPU hinauszugehen, ist eine noch komplexere Strategie erforderlich.

8.3.4 UMA-Mehrprozessorsysteme mit mehrstufigen Vermittlungsnetzen

Diese »noch komplexere Strategie« kann auf dem bescheidenen 2 × 2-Switch von Abb. 8.27(a) basieren. Dieser Switch verfügt über zwei Ein- und zwei Ausgänge. Auf einer beliebigen Eingangsleitung ankommende Nachrichten können auf eine beliebige Ausgangsleitung geschaltet werden. Für unsere Zwecke enthalten Nachrichten bis zu vier Teile, wie aus Abb. 8.27(b) ersichtlich wird. Das Feld *Module* bezeichnet den zu benutzenden Speicher. Das Feld *Address* spezifiziert eine Adresse in einem Modul. Das Feld *Opcode* bezeichnet die Operation, z.B. READ oder WRITE. Das optionale Feld *Value* kann einen Operanden enthalten, z.B. ein 32-Bit-Wort, das bei einer WRITE zu schreiben ist. Der Switch inspiziert das *Module*-Feld und ermittelt anhand seines Inhalts, ob die Nachricht an *X* oder *Y* zu senden ist.

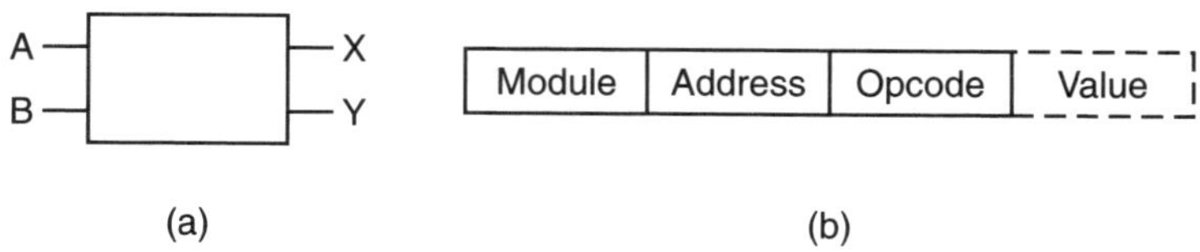

Abb. 8.27: (a) Ein 2 × 2-Switch; (b) ein Nachrichtenformat

Unsere 2 × 2-Switches können unterschiedlich angeordnet werden, um größere **mehrstufige Vermittlungsnetze** (Multistage Switching Networks) aufzubauen (Adams u.a., 1987; Bhuyan u.a., 1989; Kumar und Reddy, 1987). Eine Möglichkeit ist das **Omega-Netz** der schlichtesten Touristenklasse, das in Abb. 8.28 dargestellt ist. Hier haben wir acht CPUs über zwölf Switches an acht Speicher angeschlossen. Im allgemeineren Fall würden wir für n CPUs und n Speicher $\log_2 n$ Stufen mit je $n/2$ Switches pro Stufe benötigen, was insgesamt $(n/2)\log_2 n$ Switches ergibt. Das ist wesentlich besser als n^2 Kreuzschienen, insbesondere bei einem Wert von n.

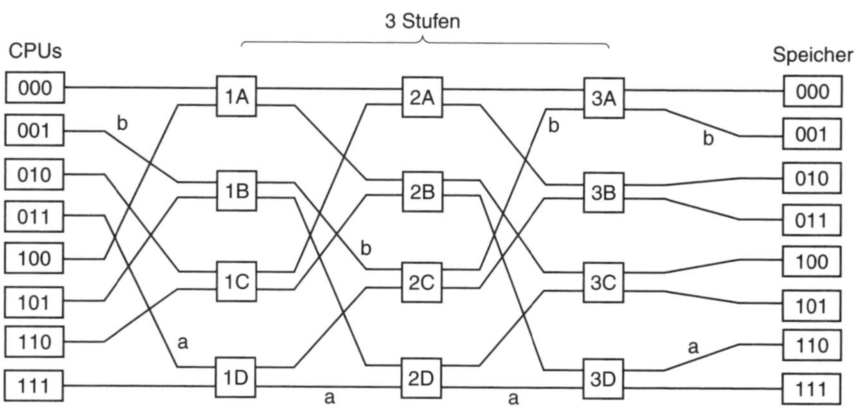

Abb. 8.28: Ein Omega-Vermittlungsnetz

Das Verdrahtungsmuster des Omega-Netzes wird oft als »Perfect Shuffle« bezeichnet, weil die Mischung der Signale in jeder Stufe einem Kartenspiel ähnelt, das in zwei Hälften geteilt und dann Karte für Karte gemischt wird. Um zu sehen, wie ein Omega-Netz funktioniert, nehmen wir an, daß CPU 011 ein Wort aus Speichermodul 110 lesen will. Sie sendet eine READ-Nachricht an Switch 1D mit dem Wert 110 im Feld *Module*. Der Switch entnimmt das erste Bit (am weitesten links) aus 110 und benutzt es für das Routing. Eine 0 leitet an den oberen und eine 1 an den unteren Ausgang. Dieses Bit ist 1. Daher wird die Nachricht über den unteren Ausgang an 2D geleitet.

Alle Switches der zweiten Stufe, darunter 2D, benutzen das zweite Bit zum Routing. Es ist wieder 1, so daß die Nachricht jetzt über den unteren Ausgang an 3D geleitet wird. Hier wird das dritte Bit getestet und als 0 befunden. Folglich geht die Nachricht über den oberen Ausgang heraus und kommt wunschgemäß bei Speicher 110 an. Die von dieser Nachricht zurückgelegte Strecke ist in Abb. 8.28 mit dem Buchstaben *a* gekennzeichnet.

Wenn die Nachricht bereits durch das Vermittlungsnetz fließt, werden die Bits am linken Ende der Modulnummer nicht mehr benötigt. Sie können einem guten Zweck zugeführt werden, z.B. um dort die ankommende Leitungsnummer aufzuzeichnen, so daß die Antwort ihren Weg zurückfindet. Für die Strecke *a* werden die Eingangsleitungen 0 (der obere Eingang zu 1D), 1 (der obere Eingang zu 2D) und 1 (der untere Eingang zu 3D) benötigt. Die Antwort wird mit Hilfe von 011 zurückgeleitet, wobei diesmal nur von rechts nach links gelesen wird.

Während dieser Ereignisse möchte CPU 001 ein Wort in Speichermodul 001 schreiben. Hier passiert das gleiche; die Nachricht wird jeweils über den oberen, den oberen und den unteren Ausgang weitergeleitet. Diese Strecke ist in Abb. 8.28 mit dem Buchstaben *b* gekennzeichnet. Wenn die Nachricht ankommt, steht in ihrem *Module*-Feld 001, d.h. die zurückgelegte Strecke. Da bei diesen beiden Anfragen nicht die gleichen Switches, Leitungen und Speichermodule benutzt werden, können sie parallel ablaufen.

Jetzt möchte CPU 000 in der obigen Situation gleichzeitig auf Speichermodul 000 zugreifen. Ihre Anfrage steht mit der von CPU 001 auf Switch 3A in Konflikt. Eine von den beiden muß warten. Im Gegensatz zum Kreuzschienenschalter ist das Omega-Netz ein **blockierendes Netz** (Blocking Network). Das bedeutet, daß nicht jede Kombination aus Anfragen gleichzeitig verarbeitet werden kann. Konflikte können hinsichtlich der Benutzung einer Leitung oder eines Switches ebenso wie zwischen Anfragen *zum* und Antworten *vom* Speicher eintreten.

Zweifellos ist es hier wünschenswert, die Speicherreferenzen gleichmäßig über die Module zu verteilen. Eine hierfür häufig angewandte Technik benutzt die niederwertigen Bits als Modulnummer. Man betrachte beispielsweise einen byteorientierten Adreßraum für einen Computer, der vorwiegend auf 32-Bit-Wörter zugreift. Die zwei niederwertigen Bits sind normalerweise 00, die nächsten drei Bits sind normalerweise gleichmäßig verteilt. Durch Verwendung dieser drei Bits als Modulnummer befinden sich fortlaufend adressierte Wörter in fortlaufenden Modulen. Ein Speichersystem, bei dem sich fortlaufende Wörter in verschiedenen Modulen befinden, gilt als **verschränkt** (interleaved). Verschränkte Speicher maximieren die Parallelität, weil die meisten Speicherreferenzen sich an fortlaufende Adressen richten. Außerdem ist es möglich, nicht blockierende Vermittlungsnetze zu entwickeln, die mehrere Strecken von jeder CPU zu jedem Speichermodul bieten, so daß sich der Verkehr besser verteilt.

8.3.5 NUMA-Mehrprozessorsysteme

Inzwischen dürfte klar sein, daß UMA-Mehrprozessorsysteme mit nur einem Bus im allgemeinen auf ein paar Dutzend CPUs begrenzt sind und Mehrprozessorsysteme mit Kreuzschienen oder Vermittlungsnetzen eine Menge (teurer) Hardware benötigen, ohne viel an Größe dazuzugewinnen. Um mehr als 100 CPUs anschließen zu können, muß noch etwas dazukommen. Normalerweise ist das ein Konzept, bei dem alle Speichermodule die gleiche Zugriffszeit haben. Dieses Konzept weisen die **NUMA**-Mehrprozessorsysteme (**Non-Uniform Memory Access**) auf. Wie ihre UMA-Cousinen stellen sie über alle CPUs hinweg einen Adreßraum bereit. Im Gegensatz zu UMA-Maschinen ist der Zugriff auf lokale Speichermodule aber viel schneller als auf entfernte. Das bedeutet, daß alle UMA-Programme unverändert auf NUMA-Maschinen laufen, die Leistung aber schlechter als auf einer UMA-Maschine in der gleichen Taktrate ist.

NUMA-Maschinen zeichnen sich durch drei wichtige Merkmale aus, die sie von anderen Mehrprozessorsystemen abheben:

1. Es gibt einen einzigen, für alle CPUs sichtbaren Adreßraum.
2. Der Zugriff auf entfernten Speicher erfolgt mit Hilfe von `LOAD`- und `STORE`-Instruktionen.
3. Der Zugriff auf entfernten Speicher ist langsamer als auf lokalen Speicher.

Wenn die Zugriffszeit auf einen entfernten Speicher nicht verborgen ist (weil es kein Caching gibt), nennt man das System **NC-NUMA**. Sind kohärente Caches vorhanden, wird das System als **CC-NUMA** bezeichnet, zumindest in der Hardware-Welt. Software-Entwickler nennen dieses System meist **Hardware-DSM**, weil es im Grunde einem mittels Software verteilten, gemeinsamen Speicher entspricht, jedoch durch die Hardware mit Hilfe einer kleinen Seitengröße implementiert wird.

Eine der ersten NC-NUMA-Maschinen (obwohl die Bezeichnung noch nicht geprägt worden war) war die Carnegie-Mellon Cm*; eine vereinfachte Variante ist in Abb. 8.29 dargestellt (Swan u.a., 1977). Sie bestand aus einer Sammlung von LSI-11-CPUs mit je einem Speicher, der über einen lokalen Bus adressiert wurde. (Die LSI-11 war eine Einchip-Version der DEC PDP-11, ein in den siebziger Jahren beliebter Minicomputer). Außerdem waren die LSI-11-Systeme über einen Systembus verbunden. Wenn eine Speicheranfrage bei der (speziell modifizierten) MMU ankam, wurde geprüft, ob sich das angeforderte Wort im lokalen Speicher befand. War es vorhanden, wurde eine Anfrage über den lokalen Bus gesendet, um das Wort zu holen. Andernfalls wurde die Anfrage über den Systembus zu dem System weitergeleitet, in dem sich das

Wort befand, das dann antwortete. Selbstverständlich dauerte es im zweiten Fall länger als im ersten. Ein Programm konnte zwar aus einem entfernten Speicher heraus ausgeführt werden, aber es dauerte zehnmal länger, als wenn das gleiche Programm aus dem lokalen Speicher ausgeführt wurde.

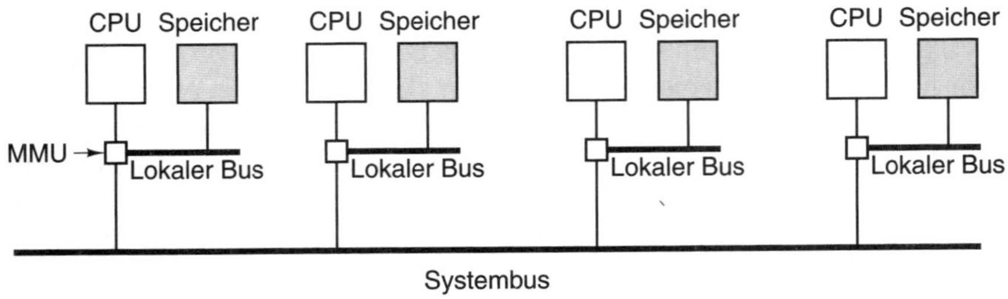

Abb. 8.29: Eine NUMA-Maschine mit zwei Busebenen; die Cm war das erste Mehrprozessorsystem, das dieses Design aufwies*

Die Speicherkohärenz ist bei einer NC-NUMA-Maschine gewährleistet, weil es kein Caching gibt. Jedes Speicherwort lebt nur an einer Stelle, so daß kein Risiko besteht, daß eine Kopie abgestandene Daten enthält; es gibt keine Kopien. Selbstverständlich spielt es jetzt eine große Rolle, welche Seite sich in welchem Speicher befindet, weil die Leistungseinbuße aufgrund einer falschen Stelle entsprechend hoch ist. Folglich nutzen NC-NUMA-Maschinen ausgefeilte Software, um Seiten unter maximaler Leistung zu bewegen.

Im Regelfall gibt es einen Hintergrundprozeß (Daemon), den man **Seitenscanner** (Page Scanner) nennt, und der alle paar Sekunden läuft. Er ist dafür zuständig, die Nutzungsstatistik zu prüfen und in Zusammenhang mit der Leistungsverbesserung Seiten hin- und herzuschieben. Erscheint eine Seite am falschen Platz, hebt der Seitenscanner ihre Abbildung auf, so daß die nächste Referenz darauf zu einem Seitenfehler führt. In diesem Fall wird entschieden, wo die Seite einzustellen ist – möglicherweise in einem anderen Speicher. Um Thrashing zu vermeiden, wird gewöhnlich eine Regel angewandt, die besagt, daß eine einmal angeordnete Seite für die Dauer ΔT dort eingefroren werden muß. Für diesen Fall wurden verschiedene Algorithmen untersucht; jedoch kam man zu dem Schluß, daß keiner unter allen Bedingungen zu optimaler Leistung führt (LaRowe und Ellis, 1991).

8.3.6 Cachekohärente NUMA-Mehrprozessorsysteme

Mehrprozessordesigns wie das in Abb. 8.29 lassen sich nicht gut skalieren, weil sie kein Caching bieten. Daß man jedesmal auf einen entfernten Speicher zugreifen muß, wenn ein nicht lokales Speicherwort angefordert wird, bedeutet einen wesentlichen Leistungseinbruch. Würde man das Design um Caching erweitern, müßte man auch für Cache-Kohärenz sorgen. Eine Möglichkeit, Cache-Kohärenz bereitzustellen, ist das Ausschnüffeln des Systembus. Technisch wäre dies nicht schwierig. Wie wir aber in bezug auf die

Enterprise 10000 gesehen haben, reizen 64 CPUs auch mit vier Snooping-Bussen und einem sehr schnellen, 16 Byte breiten Kreuzschienenschalter für den Datenverkehr die Größenkapazität bis zur Grenze aus. Um wirklich große Mehrprozessorsysteme zu bauen, braucht man eine ganz andere Methode.

Als beliebtester Ansatz für die Entwicklung großer **CC-NUMA**-Mehrprozessorsysteme (**Cache Coherent NUMA**) gilt derzeit der **verzeichnisbasierte Mehrprozessor** (Directory-based Multiprocessor). Bei diesem Konzept wird eine Datenbank geführt, die darüber Auskunft gibt, wo sich die einzelnen Cache-Zeilen befinden, und in welchem Zustand sie sind. Bei einer Referenz auf eine Cache-Zeile wird die Datenbank abgefragt, um sie zu finden und festzustellen, ob sie sauber oder schmutzig (modifiziert) ist. Da diese Datenbank bei jeder Instruktion, die auf den Speicher referenziert, abgefragt werden muß, muß sie sich in einer extrem schnellen, speziellen Hardware befinden, die in einem Bruchteil eines Buszyklus reagieren kann.

Wir betrachten als einfaches (hypothetisches) Beispiel ein System mit 256 Knoten, die sich je aus einer CPU und einem 16 Mbyte RAM zusammensetzen, wobei der RAM über einen lokalen Bus mit der CPU verbunden ist. Der Gesamtspeicher beträgt 2^{32} Byte, aufgeteilt in 2^{26} Cache-Zeilen von je 64 Byte. Der Speicher ist statisch auf die Knoten zugeordnet, wobei sich 0 bis 16 Mbyte in Knoten 0, 16 Mbyte bis 32 Mbyte in Knoten 1 befinden usw. Die Knoten sind über ein Verbindungsnetz verbunden, wie aus Abb. 8.30(a) ersichtlich wird. Das Verbindungsnetz könnte ein Gitter, ein Hyperwürfel oder eine andere Topologie sein. Jeder Knoten enthält außerdem die Verzeichniseinträge für die 2^{18} 64 Byte großen Cache-Zeilen, einschließlich seinem 2^{24}-Byte-Speicher. Für den Augenblick gehen wir davon aus, daß eine Zeile in höchstens einem Cache gehalten werden kann.

Um zu sehen, wie das Verzeichnis funktioniert, verfolgen wir eine `LOAD`-Instruktion von CPU 20, die eine Cache-Zeile referenziert. Zuerst gibt die CPU die Instruktion an ihre MMU aus, die sie in eine physische Adresse übersetzt, z.B. 0x24000108. Die MMU teilt diese Adresse in drei Teile auf, wie aus Abb. 8.30(b) ersichtlich wird. Dezimal geschrieben sind die drei Teile Knoten 36, Zeile 4 und Offset 8. Die MMU sieht, daß das Speicherwort von Knoten 36 und nicht von Knoten 20 angefordert wird, und sendet eine Anfragenachricht durch das Verbindungsnetz zum Heimatknoten der Zeile, d.h. 36, in der sie ihn fragt, ob sich Zeile 4 in seinem Cache befindet, und falls ja, an welcher Stelle.

Kommt die Anfrage bei Knoten 36 über das Verbindungsnetz an, wird sie an die Verzeichnis-Hardware weitergeleitet. Die Hardware indiziert ihre Tabelle mit 2^{18} Einträgen, einen pro Cache-Zeile, und extrahiert Eintrag 4. Abb. 8.30(c) zeigt, daß die Zeile nicht im Cache ist. Deshalb holt die Hardware Zeile 4 vom lokalen RAM, sendet sie an Knoten 20 zurück und aktualisiert den Verzeichniseintrag 4, um anzuzeigen, daß sich die Zeile jetzt im Cache von Knoten 20 befindet.

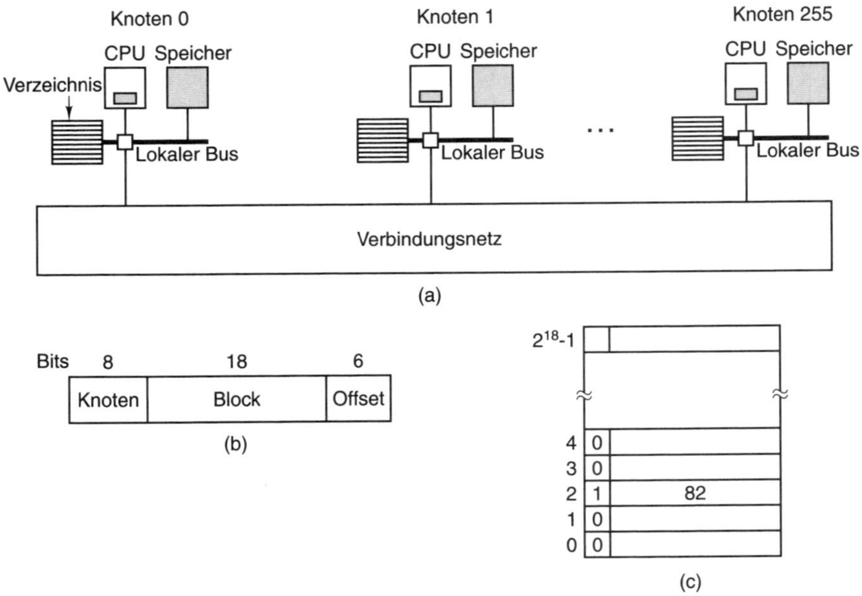

Abb. 8.30: (a) Ein verzeichnisbasiertes Mehrprozessorsystem mit 256 Knoten; (b) Aufteilung einer 32-Bit-Speicheradresse in Felder; (c) das Verzeichnis von Knoten 36

Mit einer zweiten Anfrage wird Zeile 2 von Knoten 36 angefordert. In Abb. 8.30(c) sehen wir, daß diese Zeile im Cache von Knoten 82 ist. Jetzt könnte die Hardware den Verzeichniseintrag 2 aktualisieren, um bekanntzugeben, daß sich die Zeile nun an Knoten 20 befindet, und dann eine Nachricht an Knoten 82 senden und ihn anweisen, die Zeile an Knoten 20 abzugeben und seinen Cache zu invalidieren. Man beachte, daß auch bei einem »Mehrprozessor mit gemeinsamem Speicher« ein umfangreicher Nachrichtenaustausch stattfindet.

Nebenbei wollen wir an dieser Stelle schnell berechnen, wieviel Speicher von den Verzeichnissen belegt wird. Jeder Knoten hat 16 Mbyte RAM und 2^{18} 9-Bit-Einträge, um diesen RAM zu verwalten. Der Verzeichnis-Overhead beträgt also etwa 9×2^{18} Bit, geteilt durch 16 Mbyte bzw. ca. 1,76%, was im allgemeinen akzeptabel ist (allerdings haben wir es hier mit einem Hochgeschwindigkeitsspeicher zu tun, durch den sich die Kosten erhöhen). Auch bei 32-Byte-Cache-Zeilen wäre der Overhead nur 4%. Bei 128-Byte-Cache-Zeile würde er unter 1% liegen.

Dieses Design wird dadurch beschränkt, daß eine Zeile nur in einem Knoten zwischengespeichert werden kann. Um Zeilen in den Cache mehrerer Knoten zu stellen, müßte man sie alle auffinden können, z.B. um sie zu invalidieren oder zu aktualisieren. Hierfür stehen mehrere Optionen zur Verfügung, um Caching gleichzeitig an mehreren Knoten zu ermöglichen.

Bei einer Option erhält jeder Verzeichniseintrag *k* Felder zum Festlegen anderer Knoten, so daß jede Zeile in den Cache von bis zu *k* Knoten gespeichert werden kann. Es ist auch möglich, die Knotennummer in unseren einfachen Design durch eine Bitmap mit einem Bit pro Knoten zu ersetzen. Bei dieser Option ist die Anzahl der Kopien nicht begrenzt, jedoch steigt der Overhead beträchtlich. Mit einem Verzeichnis mit 256 Bit für jede 64 Byte (512 Bit) große Cache-Zeile ergibt sich ein Overhead von über 50%. Bei einer dritten Möglichkeit wird ein 8-Bit-Feld in jedem Verzeichniseintrag beibehalten und als Kopf einer verketteten Liste benutzt, die alle Kopien der Cache-Zeile zu einem Thread verkettet. Diese Strategie setzt zusätzlichen Speicher in jedem Knoten für die Zeiger der Kettenliste voraus. Außerdem muß die verkettete Liste verwaltet werden, um alle Kopien bei Bedarf auffinden zu können. Jede Option hat bestimmte Vor- und Nachteile, und alle drei werden in echten Systemen angewandt.

Um das Verzeichnisdesign weiter zu verbessern, kann man verfolgen, ob die Cache-Zeile sauber (Heimatspeicher ist aktuell) oder schmutzig ist (das Heimatverzeichnis ist nicht aktuell). Kommt eine Leseanfrage für eine saubere Cache-Zeile an, kann der Heimatknoten die Anfrage aus dem Speicher bedienen, ohne sie an einen Cache weiterreichen zu müssen. Eine Leseanfrage für eine schmutzige Cache-Zeile muß jedoch an den Knoten weitergeleitet werden, in dem sich die Cache-Zeile befindet, weil nur er eine gültige Kopie hat. Ist nur eine Cache-Kopie zulässig, wie in Abb. 8.30, bietet diese Methode keinen Vorteil, weil für jede neue Anfrage eine Nachricht an die existierende Kopie gesendet werden muß, um sie zu invalidieren.

Natürlich impliziert die Verwaltung der Aktualität jeder einzelnen Cache-Zeile, daß der Heimatknoten informiert werden muß, wenn eine Cache-Zeile auch bei nur einer Cache-Kopie modifiziert wird. Bei mehreren Kopien müssen im Fall der Modifikation einer Kopie alle übrigen invalidiert werden, so daß ein Protokoll erforderlich ist, um Laufbedingungen zu vermeiden. Um beispielsweise eine gemeinsam genutzte Cache-Zeile zu modifizieren, muß einer der Inhaber möglicherweise den exklusiven Zugriff anfordern, *bevor* er sie modifizieren kann. Durch eine solche Anfrage müßten alle übrigen Kopien invalidiert werden, bevor die Anfrage gewährt werden kann. Weitere Leistungsoptimierungen für CC-NUMA-Maschinen werden in Stenstrom u.a. (1997) vorgestellt.

Das Stanford-Mehrprozessorsystem DASH

Als erstes verzeichnisbasiertes CC-NUMA-Mehrprozessorsystem wurde der **DASH** (**Directory Architecture for SHared Memory**) an der Stanford-Universität im Rahmen eines Forschungsprojekts entwickelt (Lenoski u.a., 1992). Er weist ein übersichtliches Design auf und hat eine Reihe von kommerziellen Produkten beeinflußt, darunter SGI Origin 2000. Deshalb lohnt es sich, das System kurz zu beschreiben. Wir konzentrieren uns auf den 64-CPU-Prototyp, der tatsächlich gebaut wurde. Das Design ist aber leicht auf größere Maschinen skalierbar.

Abb. 8.31(a) zeigt ein vereinfachtes Diagramm des DASH-Prototyps. Er setzt sich aus 16 Clustern mit je einem Bus, vier MIPS R3000 CPUs, 16 Mbyte am globalen Speicher und einigen E/A-Geräten (Platten usw.) zusammen, die in der Abbildung nicht dargestellt sind. Jede CPU beschnüffelt ihren lokalen Bus, aber keinen der übrigen Busse. Die lokale Kohärenz wird durch Schnüffeln gewahrt. Für globale Kohärenz ist ein anderer Mechanismus erforderlich, weil es hier kein globales Schnüffeln gibt.

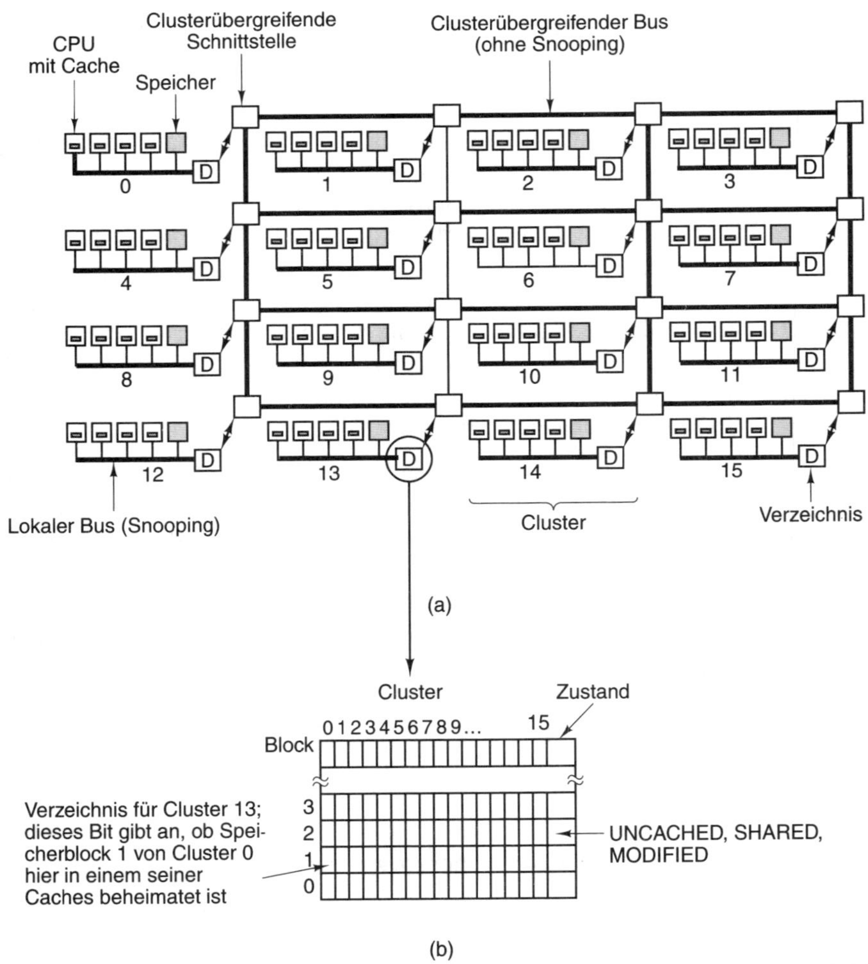

Abb. 8.31: (a) Die DASH-Architektur; (b) ein DASH-Verzeichnis

Insgesamt ist im Prototyp ein Adreßraum von 256 Mbyte verfügbar, aufgeteilt in 16 Regionen von je 16 Mbyte. Der globale Speicher von Cluster 0 enthält die Adressen 0 bis 16 Mbyte. Der globale Speicher von Cluster 1 enthält die Adressen 16 Mbyte bis 32 Mbyte, usw. Der Speicher basiert auf Caching und überträgt in Einheiten von 16-Byte-Zeilen, so daß jeder Cluster 1 Mbyte Speicherzeilen innerhalb seines Adreßraums hat.

Jeder Cluster verfügt über ein Verzeichnis, in dem festgehalten wird, welche andere Cluster momentan Kopien seiner Zeilen enthalten. Da jeder Cluster 1 Mbyte Speicherzeilen besitzt, hat er 1 Mbyte Einträge in seinem Verzeichnis, d.h. einen pro Zeile. Jeder Eintrag enthält eine Bitmap mit einem Bit pro Cluster, das darüber Auskunft gibt, ob sich die Zeile des jeweiligen Clusters momentan in dessen Cache befindet. Außerdem enthält der Eintrag ein 2-Bit-Feld, das über den Zustand der Zeile informiert.

1 Mbyte Einträge von je 18 Bit bedeutet, daß die Gesamtgröße jedes Verzeichnisses über 2 Mbyte ist. Mit 16 Clustern ist der gesamte Speicherbedarf für die Verzeichnisse knapp über 36 Mbyte bzw. ca. 14% von 256 Mbyte. Bei einer Erhöhung der CPU-Anzahl pro Cluster würde sich die für die Verzeichnisse erforderliche Speichermenge nicht ändern. Mit mehr CPUs pro Cluster amortisieren sich die Kosten des Verzeichnisspeichers und damit des Bus-Controllers also über diese große CPU-Anzahl, so daß sich die Kosten pro CPU verringern. Deshalb hat jeder Cluster mehrere CPUs.

Beim DASH ist jeder Cluster an eine Schnittstelle angeschlossen, über die der Cluster mit allen anderen Clustern kommunizieren kann. Die Schnittstellen sind ihrerseits über clusterübergreifende Verbindungen (primitive Busse) in einem rechteckigen Gitter verbunden, wie aus Abb. 8.31(a) ersichtlich wird. Je mehr Cluster an das System angeschlossen werden, um so mehr clusterübergreifende Verbindungen gibt es, so daß sich die Bandbreite erhöht und das System skaliert. Das clusterübergreifende Verbindungssystem nutzt das Wormhole-Routing. Das heißt, daß der erste Teil eines Pakets weitergesendet werden kann, bevor das ganze Paket angekommen ist, wodurch sich die Verzögerung an jedem Abschnitt (Hop) reduziert. Das System hat eigentlich zwei clusterübergreifenden Verbindungsarten (in der Abbildung nicht dargestellt): eine für Anfrage- und eine für Antwortpakete. Die clusterübergreifenden Verbindungen können nicht beschnüffelt werden.

Jede Cache-Zeile kann sich in einem der drei folgenden Zustände befinden:

1. `UNCACHED` – Die einzige Kopie der Zeile befindet sich in diesem Speicher.
2. `SHARED` – Der Speicher ist aktuell; die Zeile kann sich in mehreren Caches befinden.
3. `MODIFIED` – Der Speicher ist falsch; die Zeile befindet sich nur in einem Cache.

Der Zustand einer Cache-Zeile wird im Feld *State* ihres Verzeichniseintrags gespeichert, wie aus Abb. 8.31(b) ersichtlich wird.

Die DASH-Protokolle basieren auf Eigentum (Ownership) und Invalidierung. Eine Cache-Zeile hat zu jedem Zeitpunkt einen eindeutigen Eigentümer. Bei Zeilen im Zustand UNCACHED oder SHARED ist der Heimatcluster der Zeile ihr Eigentümer. Bei Zeilen im Zustand MODIFIED ist der Cluster, der die einzige Kopie davon hält, der Eigentümer. Bevor man eine SHARED-Zeile beschreiben kann, muß man zuerst alle vorhandenen Kopien finden und invalidieren. An diesem Punkt greifen die Verzeichnisse.

Um die Funktionsweise dieses Mechanismus zu sehen, betrachten wir zuerst, wie eine CPU ein Speicherwort liest. Sie prüft zunächst ihren eigenen Cache. Ist das Wort nicht darin vorhanden, richtet sie eine Anfrage an den lokalen Clusterbus, um herauszufinden, ob eine andere CPU im Cluster über die Zeile verfügt, in der sich das Wort befindet. Ist dies der Fall, wird die Zeile von Cache zu Cache übertragen und in den Cache der anfragenden CPU gestellt. Hat die Zeile den Zustand SHARED, wird eine Kopie angefertigt. Ist sie im Zustand MODIFIED, wird das Heimatverzeichnis darüber informiert, daß die Zeile jetzt in SHARED übergegangen ist. In beiden Fällen wird die Instruktion durch einen Cache-Treffer bedient, was sich aber nicht auf die Bitmap eines Verzeichnisses auswirkt (weil das Verzeichnis 1 Bit pro Cluster und nicht 1 Bit pro CPU hat).

Ist die Zeile in keinem Cache des Clusters vorhanden, wird ein Anfragepaket an den Heimatcluster der Zeile gesendet, der durch Überprüfung der oberen vier Bits der Speicheradresse ermittelt werden kann. Der Heimatcluster kann ebenso der Cluster des Anfragers sein. In diesem Fall wird die Nachricht nicht physisch versendet. Die Hardware, die das Verzeichnis im Heimatcluster verwaltet, sieht den Zustand der Zeile in ihren Tabellen nach. Ist er UNCACHED oder SHARED, holt die Hardware die Zeile aus ihrem globalen Speicher und sendet sie an den anfragenden Cluster. Dann aktualisiert sie ihr Verzeichnis. Sie setzt also die Zeile auf den Zustand CACHED im Cluster des Anfragers.

Befindet sich die angeforderte Zeile im Zustand MODIFIED, sucht die Verzeichnis-Hardware die Identität des Clusters, der die Zeile innehat, und leitet die Anfrage dorthin. Dieser Cluster sendet sie dann an den anfragenden Cluster und setzt seine eigene Kopie auf SHARED, weil sie jetzt ja von beiden benutzt wird. Außerdem sendet er eine Kopie zurück an den Heimatcluster, damit der Speicher entsprechend aktualisiert und der Zeilenzustand auf SHARED geändert werden kann.

Schreiboperationen laufen anders ab. Bevor eine Schreiboperation ausgeführt werden kann, muß die CPU, die schreiben will, sicherstellen, daß sie die Eigentümerin der einzigen Kopie der Cache-Zeile im System ist. Befindet sich die Zeile bereits in ihrem Cache und hat die Zeile den Zustand MODIFIED, kann sie die Schreiboperation sofort ausführen. Hat sie zwar die Zeile, befindet sich diese aber im Zustand SHARED, wird zuerst ein Paket an den Heimatcluster gesendet, um die Invalidierung aller Kopien anzufordern.

Ist die Cache-Zeile nicht bei der anfragenden CPU vorhanden, richtet sie eine Anfrage an den lokalen Bus, ob sie möglicherweise im Besitz einer ihrer Nachbarinnen ist. Trifft das zu, erfolgt ein Transfer von Cache zu Cache (oder von Speicher zu Cache). Befindet sich die Zeile im Zustand SHARED, müssen alle weiteren Kopien, soweit vorhanden, vom Heimatcluster invalidiert werden.

Falls der lokale Nachrichtenaustausch nicht zur Bereitstellung einer Kopie führt und die betreffende Zeile an anderer Stelle beheimatet ist, wird ein Paket an den Heimatcluster gesendet. Hier unterscheidet man zwischen drei Fällen: Ist die Zeile im Zustand UNCACHED, wird sie als MODIFIED markiert und an den Anfrager gesendet. Ist sie im Zustand SHARED, werden alle Kopien invalidiert, und die Prozedur für UNCACHED wird durchgeführt. Ist sie im Zustand MODIFIED, wird die Anfrage an den entfernten Cluster weitergeleitet, der die Zeile momentan hat (falls nötig). Dieser Cluster bedient die Anfrage und invalidiert dann seine eigene Kopie.

Die Wahrung der Speicherkonsistenz ist in DASH relativ komplex und langsam. Ein einziger Speicherzugriff kann den Austausch einer größeren Zahl von Paketen erfordern. Um den Speicher konsistent zu halten, kann der Zugriff außerdem erst vervollständigt werden, nachdem alle Pakete bestätigt wurden, was sich natürlich nachteilig auf die Leistung auswirken kann. Um diese Probleme zu vermeiden, nutzt DASH verschiedene spezielle Techniken, z.B. zwei clusterübergreifende Verbindungsarten, Pipelining für Schreiboperationen und Freigabe, anstelle sequentieller Konsistenz als Speichermodell.

Das Mehrprozessorsystem Sequent NUMA-Q

Die DASH-Maschine hatte zwar großen Einfluß auf spätere Entwicklungen, war aber nie ein kommerzielles Produkt. Angesichts der heutigen Bedeutung von CC-NUMA-Mehrprozessorsystemen lohnt sich hier ein Blick auf ein kommerzielles Produkt. Wir verwenden die Sequent-Maschine NUMA-Q 2000 als Beispiel, weil sie ein interessantes, wichtiges Cache-Kohärenzprotokoll namens **SCI** (**Scalable Coherent Interface**) nutzt. Dieses Protokoll wurde in IEEE 1596 standardisiert und wird auch in mehreren anderen CC-NUMA-Maschinen angewandt.

NUMA-Q basiert auf dem Standard-**Quad-Board**, das von Intel vertrieben wird und vier Pentium-Pro-CPU-Chips und bis zu 4 Gbyte RAM aufweist. Jede dieser CPUs hat einen Level-1- und einen Level-2-Cache. Die Kohärenz dieser Cache wird durch Schnüffeln des auf dem Quad-Board integrierten lokalen Busses (534 Mbyte/s) mit Hilfe des MESI-Protokolls gewahrt. Die Cache-Zeilen belaufen sich auf 64 Byte. Abb. 8.32 zeigt das NUMA-Q-Mehrprozessorsystem.

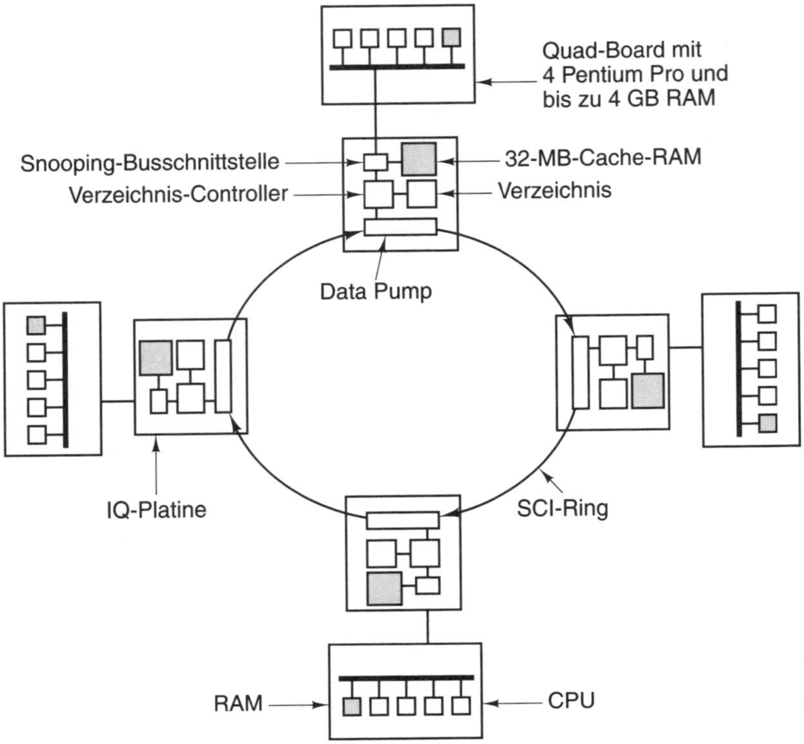

Abb. 8.32: Das NUMA-Q-Mehrprozessorsystem

Die Systemgröße wird über die vier CPUs hinaus erweitert, wenn man eine Netz-Controller-Karte in einen dafür vorgesehenen Steckplatz des Quad-Boards einschiebt. Diese Netz-Controller-Karte, die als **IQ-Link-Board** bezeichnet wird, ist der Klebstoff, der aus allen Quad-Boards einen einzelnen Mehrprozessor macht. Seine Hauptaufgabe ist es, das SCI-Protokoll zu implementieren. Auf jedem IQ-Link-Board befindet sich ein 32-Mbyte-Cache, ein Verzeichnis zur Verwaltung des Cache-Inhalts, eine Snooping-Schnittstelle zum lokalen Bus (auf dem Quad-Board) und ein angepaßter Chip namens **Data Pump** (Datenpumpe), der IQ-Link-Boards miteinander verbindet. Wie der Name andeutet, pumpt dieser Chip Daten von der Eingabe- zur Ausgabeseite, wobei die Daten mit Ziel zum eigenen Knoten zurückbehalten und andere Daten unverändert weitergeleitet werden.

Zusammen bilden alle verbundenen IQ-Link-Boards einen Ring (siehe Abb. 8.32). Das SCI-Protokoll wahrt die Kohärenz aller Caches der IQ-Link-Boards über den Ring. Es weiß nichts vom MESI-Protokoll, das benutzt wird, um Kohärenz zwischen den vier CPUs und dem 32-Mbyte-Cache der einzelnen Knoten zu wahren, so daß dieses Design wie bei der DASH-Maschine zwei Kohärenzprotokollebenen aufweist.

Sequent entschied sich für die Verwendung des SCI-Protokolls, um einzelne Quad-Boards zu verbinden, weil SCI als Ablösung des Bus in großen Mehrprozessor- und Mehrrechnersystemen (z.B. NUMA-Q) ausgelegt wurde. SCI unterstützt die in Mehrprozessoren nötige Cache-Kohärenz, gleichzeitig aber auch den schnellen Blocktransfer, den Mehrrechnersysteme erfordern. Es kann bis zu 64 Kbyte-Knoten mit je einem Adreßraum von bis zu 2^{48} Byte handhaben. Das größte NUMA-Q-System setzt sich aus 63 Quad-Boards zusammen, die 252 CPUs und einen physischen Speicher von fast 2^{38} Byte enthalten, was weit unter der SCI-Grenze liegt.

Der Ring, der die IQ-Link-Boards verbindet, richtet sich nach dem SCI-Protokoll. Eigentlich handelt es sich nicht um einen Ring, sondern um einzelne Punkt-zu-Punkt-Kabel. Er ist 18 Bit breit, mit je 1 Taktbit, 1 Flag-Bit und 16 Datenbits, die alle parallel gesendet werden. Die Verbindungen sind mit 500 MHz getaktet, was eine Datenrate von 1 Gbyte/s ergibt. Über die Verbindungen fließen Pakete, die je einen 14-Byte-Header, 0, 16, 64 oder 256 Datenbytes und eine 2-Byte-Prüfsumme haben. Der Verkehr setzt sich aus Anfrage- und Antwortpaketen zusammen.

Der physische Speicher wird in der NUMA-Q 2000 auf die Knoten aufgeteilt, so daß jede Speicherseite eine Heimatmaschine hat. Jedes Quad-Board kann bis zu 4 Gbyte RAM aufnehmen, und die Cache-Zeilen belaufen sich auf 64 Byte, so daß jedes Quad-Board 2^{26} Cache-Zeilen enthalten kann. Eine nicht in Gebrauch befindliche Cache-Zeile wird immer nur an einer Stelle abgestellt – in ihrem Heimatspeicher.

Cache-Zeilen befinden sich aber oft in einem oder mehreren entfernten Caches, so daß jeder Knoten eine **lokale Speichertabelle** (Local Memory Table) mit 2^{26} Einträgen braucht, um alle Cache-Zeilen zu verwalten, wo immer sie auch sein mögen. Eine Möglichkeit wäre ein Bitmap pro Eintrag, aus dem hervorgeht, welche IQ-Link-Boards eine bestimmte Zeile besitzen. Auf diese Weise funktioniert DASH. Diese Bitmap ist im SCI-Protokoll aber nicht vorgesehen, weil sie sich nicht gut skalieren läßt. (Da SCI 64 Kbyte-Knoten handhaben kann, wären 2^{26} Verzeichniseinträge mit je 64 Kbyte-Bits viel zu teuer.)

Statt der Verwendung einer Bitmap werden alle Kopien einer Cache-Zeile in einer doppelt verketteten Liste verknüpft. Der Eintrag in der lokalen Speichertabelle des Heimatknotens besagt, in welchem Knoten sich der Kopf der Liste befindet. Auf der NUMA-Q 2000 reicht eine 6-Bit-Zahl aus, weil es höchstens 63 Knoten gibt. Bei einem maximal konfigurierten SCI-System wäre eine 16-Bit-Zahl ausreichend. In beiden Fällen funktioniert diese Methode bei großen Systemen weit besser als eine Bitmap im DASH-Stil mit 63 oder 64 Kbyte-Bit. Durch diese Eigenschaft ist SCI besser skalierbar als ein DASH-Design.

Zusätzlich zur lokalen Speichertabelle hat jedes IQ-Link-Board ein Verzeichnis mit einem Eintrag pro Cache-Zeile, die es momentan besitzt. Da der Cache 32 Mbyte aufnimmt und Cache-Zeilen 64 Byte betragen, kann jedes IQ-Link-Board bis zu 2^{19} Cache-Zeilen beherbergen. Jedes Verzeichnis hat somit 2^{19} Einträge, d.h. einen pro Cache-Zeile.

Ist eine Zeile in nur einem Cache vorhanden, zeigt die lokale Speichertabelle des Heimatknotens auf den Knoten, zu dem dieser Cache gehört. Wird die Zeile später in den Cache eines zweiten Knotens gestellt, veranlaßt das SCI-Protokoll das Heimatverzeichnis, auf den neuen Eintrag zu zeigen, der seinerseits auf den alten Eintrag zeigt. Auf diese Weise wird eine aus zwei Elementen bestehende Liste gebildet. Stoßen weitere Knoten als Benutzer der gleichen Zeile dazu, werden sie dem Kopf der Liste hinzugefügt. Alle Knoten, in deren Cache sich die Zeile befindet, werden so zu einer beliebig langen Kette verknüpft. Diese Verkettung ist in Abb. 8.33 dargestellt. Bei diesem Beispiel handelt es sich um eine Cache-Zeile, die sich in den Knoten 4, 9 und 22 befindet.

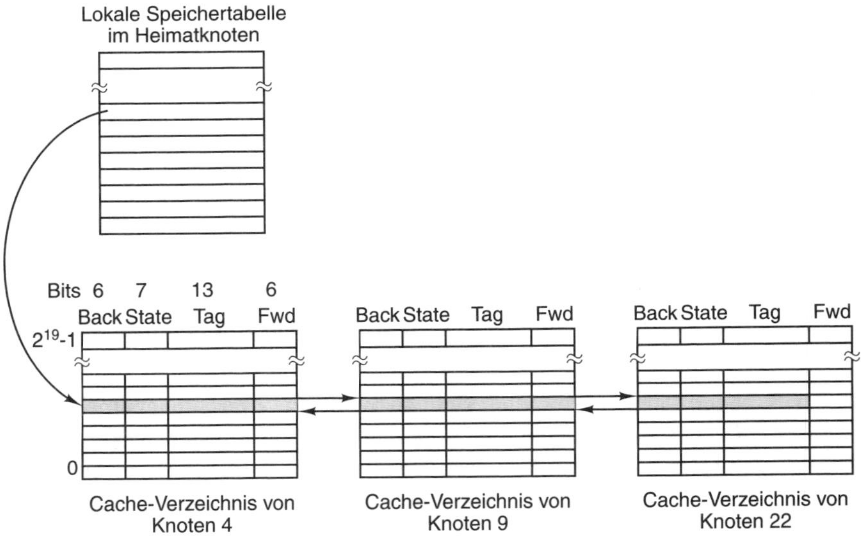

Abb. 8.33: SCI verkettet alle Inhaber einer bestimmten Cache-Zeile in einer doppelten Kettenliste. Bei diesem Beispiel ist eine Zeile in drei Knoten vorhanden.

Jeder Verzeichniseintrag besteht aus 36 Bits. Sechs Bits zeigen auf den Knoten, der die vorherige Zeile in der Kette enthält. Sechs weitere Bits zeigen auf den Knoten, der die nächste Zeile in der Kette enthält. Eine Null bezeichnet das Ende der Kette. Deshalb umfaßt das maximal bestückte System 63 und nicht 64 Knoten. Sieben Bits werden benötigt, um den Zeilenzustand aufzuzeichnen. 13 Bits werden schließlich für das Tag-Feld benutzt, das die Zeile identifiziert. Da das größte NUMA-Q2000-System $63 \times 2^{32} \approx 2^{38}$ Byte RAM umfaßt, gibt es fast 2^{32} Cache-Zeilen. Die Cache werden direkt abgebildet, was bedeutet, daß für 2^{32} Cache-Zeilen, die auf 2^{19} Cache-Einträge abgebildet sind, insgesamt 2^{13} Zeilen auf jeden Eintrag abgebildet werden müssen. Folglich wird ein 13-Bit-Tag benötigt, um die jeweils vorhandene Zeile zu identifizieren.

Jede Cache-Zeile hat in ihrem Heimatspeicher eine feste Position. Diese Zeilen können sich in einem von drei möglichen Zuständen befinden: UNCACHED,

SHARED und MODIFIED. In der SCI-Terminologie werden diese Zustände HOME, FRESH bzw. GONE genannt. Um unnötige Komplikationen zu vermeiden, bleiben wir bei den zuerst genannten Begriffen, da wir sie bereits in einem früheren Abschnitt benutzt haben. Der Zustand UNCACHED bedeutet, daß die Zeile in keinem Cache der IQ-Link-Boards vorhanden ist. Sie könnte sich aber in einem lokalen Cache eines Quad-Boards befinden. Der Zustand SHARED bedeutet, daß die Zeile mindestens im Cache eines IQ-Link-Boards vorhanden ist, möglicherweise auch in mehreren, und daß der Speicher auf dem aktuellen Stand ist. Der Zustand MODIFIED bedeutet, daß die Zeile im Cache eines IQ-Link-Boards vorhanden ist und dort möglicherweise geändert wurde, so daß der Speicher wahrscheinlich nicht aktuell ist.

Blöcke im Cache der IQ-Link-Boards können sich in einem von 29 stabilen Zuständen oder in einem von zahlreichen Übergangszuständen befinden. Um den Zustand einer Cache-Zeile aufzuzeichnen, sind 7 Bit erforderlich (siehe Abb. 8.33). Jeder stabile Zustand setzt sich aus zwei Feldern zusammen. Das erste Feld macht eine Aussage darüber, ob die Zeile der Kopf, der Schwanz oder ein mittleres Mitglied oder der einzige Eintrag der Liste ist. Im zweiten Feld stehen Informationen darüber, ob die Zeile sauber, exklusiv usw. ist.

Das SCI-Protokoll definiert drei Operationen für die Listenverwaltung: Hinzufügen eines Knotens zu einer Liste, Entfernen eines Knotens aus einer Liste und Löschen aller Knoten, außer einem. Die dritte Operation wird angewendet, wenn eine gemeinsam genutzte Zeile modifiziert und damit exklusiv wird.

In bezug auf Komplexität definiert das SCI-Protokoll drei Optionen. In der minimalen Version erlaubt das Protokoll nur eine Kopie einer Zeile in einem Cache, wie in Abb. 8.30. Das typische Protokoll erlaubt das Zwischenspeichern einer Zeile im Cache einer unbegrenzten Anzahl von Knoten. Das volle Protokoll definiert verschiedene Zusatzmerkmale zur Leistungsverbesserung. NUMA-Q implementiert das typische Protokoll. Daher wird diese Version im folgenden behandelt.

Wir betrachten die Behandlung einer READ-Instruktion. Kann die CPU, die diese Instruktion ausführt, die Cache-Zeile nicht auf ihrem eigenen Board finden, wird die Anfrage vom IQ-Link-Board auf ihrem Knoten erfaßt. Dieses IQ-Link-Board sendet ein Anfragepaket an das Heimat-Board, das dann den Zustand der Zeile ermittelt. Ist der Zustand UNCACHED, wird er auf SHARED gesetzt und die Zeile aus dem Speicher zurückgegeben. Anschließend wird die lokale Speichertabelle im Heimatknoten aktualisiert, so daß sie danach eine Liste mit einem Element enthält, das auf den Knoten zeigt, in dessen Cache sich die Zeile jetzt befindet.

Wir gehen jetzt vom Zustand SHARED aus. Die Zeile wird auch vom Speicher zurückgegeben, und der neue Knoten erscheint jetzt als Kopf der Liste. Seine Nummer wird also in dem Verzeichniseintrag im Heimatknoten gespeichert. Der Verzeichniseintrag des anfragenden Knotens wird so gesetzt, daß er auf den alten Kopfknoten zeigt. Durch diese Prozedur verlängert sich die Liste um einen Eintrag, wobei der neue Cache nun der erste Eintrag ist.

Jetzt fahren wir unter der Annahme fort, daß sich die Zeile im MODIFIED-Zustand befindet. Das Heimatverzeichnis kann die Zeile nicht aus dem Speicher zurückgeben, weil dort keine aktuelle Version vorhanden ist. Es informiert statt dessen das anfragende IQ-Link-Board, in welchem Cache sich die Zeile befindet, und gibt die Anweisung, die Zeile von dort zu holen. Außerdem ändert es die lokale Speichertabelle, so daß der betreffende Eintrag auf die neue Stelle zeigt.

Die Verarbeitung einer WRITE-Instruktion sieht natürlich etwas anders aus. Steht der anfragende Knoten bereits auf der Liste, muß er alle anderen Einträge löschen, so daß er als einziger übrigbleibt. Falls er nicht auf der Liste steht, muß er ebenfalls alle anderen Einträge löschen und der Liste dann als einziger Eintrag beitreten. In allen Fällen ist er am Ende der einzige gültige Eintrag in der Liste und der Knoten, auf den das Heimatverzeichnis zeigt. Die einzelnen Schritte zur Ausführung von READ- und WRITE-Instruktionen sind recht kompliziert, weil das Protokoll korrekt arbeiten muß, auch wenn mehrere Maschinen inkompatible Operationen auf die gleiche Zeile ausführen. Deshalb gibt es derart viele Übergangszustände. Eine umfassende Beschreibung des Protokolls geht aber über Zweck und Umfang dieses Buchs hinaus. Es wird ausführlich im IEEE 1596 beschrieben.

8.3.7 COMA-Mehrprozessorsysteme

NUMA- und CC-NUMA-Maschinen haben den Nachteil, daß Referenzen auf entfernte Speicher viel langsamer sind als auf lokale Speicher. Bei CC-NUMA wird dieser Leistungsunterschied bis zu einem gewissen Grad durch Caching verborgen. Falls der Umfang an benötigten entfernten Daten die Cache-Kapazität weit übersteigt, kommen Cache-Fehlschläge bei schwacher Leistung häufig vor.

Obwohl es UMA-Maschinen gibt, die eine hervorragende Leistung aufweisen, z.B. die Sun Enterprise 10000, sind sie allgemein in der Größe begrenzt und sehr teuer. NUMA-Maschinen lassen sich auf etwas größere Konfigurationen skalieren, erfordern aber die manuelle oder halbautomatische Anordnung von Seiten, und dies oft mit gemischten Ergebnissen. Das Problem ist, daß sich schwer voraussagen läßt, welche Seiten wo benötigt werden. Auf jeden Fall sind Seiten oft zu groß, um sie leicht bewegen zu können. CC-NUMA-Maschinen, z.B. die Sequent NUMA-Q, können eine schwache Leistung zeigen, wenn viele CPUs auf eine Menge entfernter Daten zugreifen. Insgesamt betrachtet, sind diese Designs stark eingeschränkt.

Bei einem anderen Mehrprozessordesign wird versucht, alle diese Probleme zu vermeiden, indem man den Arbeitsspeicher jeder CPU als Cache benutzt. Bei diesem Design, das man **COMA** (**Cache Only Memory Access**) nennt, haben die Seiten wie bei den NUMA- und CC-NUMA-Maschinen keine festen Heimatmaschinen. Im Gegenteil: Seiten haben überhaupt keine Bedeutung.

Statt dessen wird der physische Adreßraum in Cache-Zeilen aufgeteilt, die nach Bedarf im System migrieren. Blöcke haben keine Heimatmaschinen. Wie Nomaden in manchen Ländern der Dritten Welt ist für sie die Heimat dort, wo sie gerade sind. Einen Speicher, der nur die gerade benötigten Seiten an sich zieht, nennt man **Attraktionsspeicher** (Attraction Memory). Durch Verwendung des Haupt-RAMs als großen Cache erhöht sich die Trefferrate und damit die Leistung.

Wie immer hat auch diese Medaille eine Kehrseite. COMA-Systeme stellen uns vor zwei neue Probleme:

1. Wie kann man Cache-Zeilen finden?
2. Was passiert, wenn eine Zeile aus dem Speicher gelöscht wird und dies die letzte Kopie ist?

Das erste Problem bezieht sich auf folgenden Fall: Nachdem die MMU eine virtuelle in eine physische Adresse übersetzt hat, läßt es sich nur mit Schwierigkeiten feststellen, ob sich die Zeile, wenn sie nicht im echten Hardware-Cache ist, überhaupt im Arbeitsspeicher befindet. Die Paging-Hardware hilft hier nicht weiter, weil jede Seite aus vielen einzelnen Cache-Zeilen besteht, die unabhängig umherwandern. Aber auch wenn bekannt wäre, daß sich eine Zeile nicht im Hauptspeicher befindet, wo ist sie dann? Die Heimatmaschine kann man nicht fragen, weil es keine gibt.

Zur Lösung dieses Problems wurden einige Vorschläge erarbeitet. Um zu sehen, ob eine Cache-Zeile im Arbeitsspeicher ist, kann man ausschließlich zu diesem Zweck Hardware installieren, um den Bezeichner (Tag) jeder einzelnen Cache-Zeile zu verwalten. Die MMU könnte dann den Bezeichner der benötigten Zeile mit denen vergleichen, die sich für alle Cache-Zeilen im Speicher befinden, und auf einen Treffer hoffen. Bei dieser Lösung ist also zusätzliche Hardware erforderlich.

Bei einer weiteren Lösung werden ganze Seiten abgebildet, wobei aber nicht alle Cache-Zeilen vorhanden sein müssen. Bei dieser Lösung würde die Hardware eine Bitmap pro Seite benötigen. Dabei würde man ein Bit pro Cache-Zeile verwenden, um die An- oder Abwesenheit der Zeile anzuzeigen. Ist bei diesem Design, das **Simple COMA** heißt, eine Cache-Zeile präsent, muß sie an der richtigen Position auf der Seite sein. Ist sie nicht vorhanden, führt jeder Versuch, sie zu benutzen, zu einem Trap, damit die Software die Zeile suchen und herbeiholen kann.

Dies führt uns zur Suche von wirklich weit entfernten Zeilen. Die Lösung dieses Problems kann wie folgt aussehen: Jede Seite erhält eine Heimatmaschine in bezug auf ihren Verzeichniseintrag, nicht aber in bezug auf den Ort, wo sich ihre Daten befinden. Dann kann eine Nachricht an die Heimatmaschine gesendet werden, um wenigstens die Cache-Zeile zu finden. Weitere Methoden sehen die Organisation von Speichern als Baum und die nach oben gerichtete Suche vor, bis die Zeile gefunden wird.

Das zweite Problem hat damit zu tun, die letzte Kopie nicht zu löschen. Wie in CC-NUMA kann sich eine Cache-Zeile in mehreren Knoten gleichzeitig befinden. Im Fall eines Cache-Fehlschlags muß eine Zeile geholt werden, was normalerweise bedeutet, daß eine andere Zeile entfernt werden muß. Was passiert, wenn gerade diese Zeile die letzte Kopie ist? In diesem Fall kann sie nicht entfernt werden.

Ein Lösungsvorschlag ist, zum Verzeichnis zurückzugehen und nachzusehen, ob weitere Kopien vorhanden sind. Ist das der Fall, kann man die Zeile problemlos wegwerfen. Andernfalls muß sie an einen anderen Ort gebracht werden. Bei einer anderen Lösung wird eine Kopie jeder Cache-Zeile als Master-Kopie beschriftet, die nie weggeworfen wird. Bei dieser Lösung muß man nicht das Verzeichnis prüfen. Insgesamt gesehen verspricht COMA im Vergleich zu CC-NUMA eine bessere Leistung. Andererseits wurden erst wenige COMA-Maschinen entwickelt, so daß mehr Erfahrung nötig ist. Die beiden bisher entwickelten COMA-Maschinen sind die KSR-1 (Burkhardt u.a., 1992) und die Data Diffusion Machine (Hagersten u.a., 1992). Weitere Informationen über COMA-Maschinen findet der Leser in Falsafi und Wood (1997), Joe und Hennessy (1994), Morin u.a. (1996) und Saulsbury u.a. (1995).

8.4 Mehrrechnersysteme mit Nachrichtenaustausch

Wir haben in Abb. 8.14 gesehen, daß die beiden Varianten von MIMD-Parallelprozessoren Mehrprozessor- und Mehrrechnersysteme sind. Im vorherigen Abschnitt wurden Mehrprozessorsysteme beschrieben. Es wurde festgestellt, daß Mehrprozessorsysteme dem Betriebssystem den Eindruck vermitteln, als gäbe es einen gemeinsamen Speicher, der mit Hilfe gewöhnlicher `LOAD`- und `STORE`-Instruktionen zugänglich ist. Dieser gemeinsame Speicher läßt sich unterschiedlich implementieren, darunter Snooping-Busse, Kreuzschienenschalter, mehrstufige Vermittlungsnetze und verschiedene Methoden auf der Grundlage von Verzeichnissen. Dennoch können die für ein Mehrprozessorsystem geschriebenen Programme auf jede beliebige Stelle im Speicher zugreifen, ohne auch nur das geringste über die interne Topologie oder das Implementierungsschema zu wissen.

Andererseits haben Mehrprozessorsysteme ihre Grenzen. Deshalb sind Mehrrechnersysteme wichtig. Erstens lassen sich Mehrprozessorsysteme nicht auf große Konfigurationen skalieren. Wir haben die enorme Hardware-Menge gesehen, die Sun zusammengestellt hat, um die Enterprise 10000 auf 64 CPUs zu skalieren. Die Sequent NUMA-Q erreicht 256 CPUs, aber auf Kosten einer nicht gleichförmigen Speicherzugriffszeit. Demgegenüber werden nachfolgend zwei Mehrrechnersysteme beschrieben, die 2048 bzw. 9152 CPUs haben. Es wird noch Jahre dauern, bis ein kommerzielles Mehrprozessorsystem mit 9000 Knoten gebaut wird. Bis dahin wird man dann Mehrrechnersysteme mit 100.000 Knoten benutzen.

Darüber hinaus kann der Konkurrenzbetrieb um Speicherzugriff bei einem Mehrprozessorsystem die Leistung stark beeinträchtigen. Wenn 100 CPUs gleichzeitig versuchen, ständig dieselben Variablen zu lesen und zu schreiben, kann die Bewerbung um Speicher, Busse und Verzeichnisse zu einer beträchtlichen Leistungseinbuße führen.

Als Folge dieser und weiterer Faktoren ist das Interesse an Entwicklung und Einsatz von Parallelrechnern groß, bei denen jede CPU ihren eigenen, privaten Speicher hat, der für die übrigen CPUs nicht direkt zugänglich ist. Das sind Mehrrechnersysteme. Die in den CPUs eines Mehrrechnersystems laufenden Programme interagieren mit Hilfe von Operationen, wie `send` und `receive`. Sie leiten also explizit Nachrichten weiter, weil sie nicht mit `LOAD`- und `STORE`-Instruktionen gegenseitig auf ihre Speicher zugreifen können. Dieser Unterschied ändert das Programmiermodell von Grund auf.

Jeder Knoten in einem Mehrrechnersystem besteht aus einer oder ein paar CPUs, einem RAM (der möglicherweise von den CPUs eines bestimmten Knotens gemeinsam genutzt wird), einer Platte und/oder weiteren E/A-Geräten sowie einem Kommunikationsprozessor. Die Kommunikationsprozessoren sind über ein Hochgeschwindigkeits-Verbindungsnetz wie in Abschnitt 8.1.2 beschrieben verbunden. Viele verschiedene Topologien, Vermittlungsmethoden und Routing-Algorithmen werden angewandt. Alle Mehrrechnersysteme haben aber gemeinsam, daß der Kommunikationsprozessor benachrichtigt wird, wenn ein Anwendungsprogramm das `send`-Primitiv ausführt, und einen Block von Benutzerdaten an die Zielmaschine überträgt (möglicherweise nach einer Anfrage und Erhalt einer Bestätigung). Abb. 8.34 zeigt ein generisches Mehrrechnersystem.

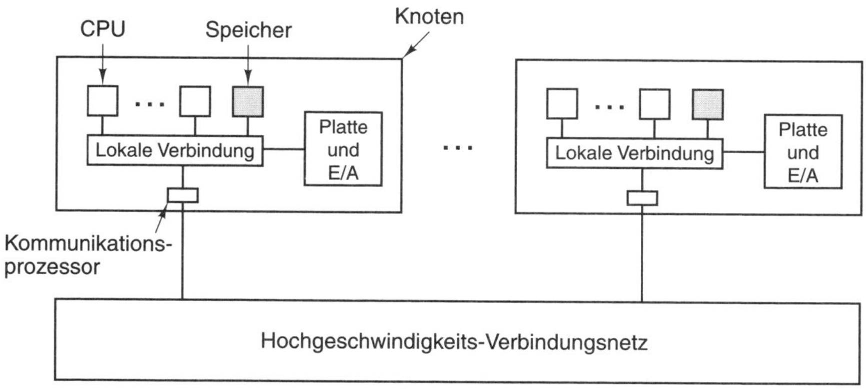

Abb. 8.34: Ein generisches Mehrrechnersystem

Mehrrechnersysteme gibt es in allen möglichen Formen und Größen. Deshalb läßt sich keine allgemein gültige Taxonomie aufstellen. Dennoch ragen zwei allgemeine Varianten heraus: MPP und COW. Sie werden in den folgenden Abschnitten beschrieben.

8.4.1 MPP – Massiv parallele Prozessorsysteme

Die erste Kategorie sind die **massiv parallelen Prozessorsysteme** (MPP – Massively Parallel Processors) – riesige Supercomputer, die Millionen kosten. Sie werden in Wissenschaft, Ingenieurwesen und Industrie für sehr umfangreiche Berechnungen, zur Handhabung enormer Transaktionsmengen pro Sekunden oder zum Data-Warehousing (Speichern und Verwalten riesiger Datenbanken) eingesetzt. Anfangs wurden MPPs vorwiegend im wissenschaftlichen Bereich eingesetzt; heute sind sie aber auch in kommerziellen Umgebungen zu finden. In gewissem Sinn sind diese Maschinen die Nachfolger der mächtigen Großrechner (Mainframes) der sechziger Jahre. (Der Vergleich hinkt aber und entspricht der Behauptung eines Paläontologen, ein Schwarm Spatzen seien die Nachfolger des *Tyrannosaurus Rex*.) Größtenteils haben MPPs SIMD-Maschinen, Vektor-Supercomputer und Arrayprozessoren am oberen Ende der digitalen Nahrungskette abgelöst.

Die meisten dieser Maschinen setzen Standard-CPUs als Prozessoren ein. Auf der Beliebtheitsskala ganz oben stehen die Intel-Pentium-Familie, Sun UltraSPARC, IBM RS/6000 und DEC Alpha. MPPs heben sich vor allem dadurch ab, daß sie ein herstellerspezifisches Verbindungsnetz mit hoher Leistung nutzen, um Nachrichten mit niedriger Latenz und hoher Bandbreite auszutauschen. Beides ist wichtig, weil die meisten Nachrichten klein sind (bei weitem geringer als 256 Byte), große Nachrichten (mehr als 8 Kbyte) aber das größte Verkehrsaufkommen ausmachen. MPPs sind auch reichlich mit herstellerspezifischer Software und Bibliotheken ausgestattet. MPPs zeichnen sich außerdem durch ihre enorme E/A-Kapazität aus. Bei allen Problemen, die als groß genug angesehen werden, um ein MPP zu verdienen, müssen riesige Datenmengen verarbeitet werden, die sich oft im Terabyte-Bereich bewegen. Diese Daten müssen auf viele Platten verteilt und in großer Geschwindigkeit in der Maschine bewegt werden.

Als weiteres spezifisches Merkmal wäre die Sensibilität der MPP gegenüber Fehlertoleranz zu nennen. Bei Tausenden von CPUs sind mehrere Ausfälle pro Woche unvermeidbar. Ein Programmabbruch nach 18 Stunden Lauf aufgrund einer ausgefallenen CPU ist inakzeptabel, insbesondere, wenn man so etwas jede Woche erwarten muß. Das heißt, daß große MPPs immer mit spezieller Hard- und Software ausgestattet sind, die das System überwachen, Fehler erkennen und beheben.

Angenehm wäre es jetzt, die allgemeinen Prinzipien des MPP-Designs zu untersuchen. Die Wahrheit ist, daß es einfach zu viele Prinzipien gibt. Im Grunde genommen ist ein MPP eine Sammlung aus mehr oder weniger standardisierten Rechenknoten, die über eine der schnellen Verbindungsoptionen, die wir bereits beschrieben haben, miteinander verbunden sind. Wir wenden uns statt dessen zwei konkreten MPP-Beispielen zu: Cray T3E und Intel/Sandia Option Red.

Cray T3E

Der Cray T3E, Nachfolger der T3D, ist der jüngste Sproß der Familie der Cray-Supercomputer, deren Vorfahre der revolutionäre 6600 der sechziger Jahre ist. Die verschiedenen Modelle (T3E, T3E-900 und T3E-1200) sind von der Architektur her identisch. Sie unterscheiden sich nur in Preis und Leistung (z.B. 600, 900 oder 1200 MegaFLOPs pro CPU). Ein MegaFLOP ist 1 Million Gleitkommaoperationen pro Sekunde. Im Gegensatz zu 6600 und Cray-1, die kaum Parallelität aufwiesen, sind diese Maschinen mit bis zu 2048 CPUs pro System massiv parallel. Wir beziehen uns mit dem Begriff »T3E« auf die gesamte Familie allgemein. In bezug auf Leistung werden Zahlen jedoch für die T3E-1200 angegeben. Diese Maschinen werden von Cray Research, einem Geschäftsbereich von Silicon Graphics, vertrieben und in Anwendungsbereichen wie Klimamodellierung, Entwicklung von Medikamenten, Suche nach Ölvorkommen usw. eingesetzt.

In dem T3E wird als CPU die DEC Alpha 21164 eingesetzt. Das ist ein superskalarer RISC-Prozessor, der vier Instruktionen pro Taktzyklus ausgeben kann. Er läuft je nach Modell mit 300, 450 oder 600 MHz. Die Taktgeschwindigkeit ist im Grunde der vorrangige Unterschied zwischen den verschiedenen T3E-Modellen. Bei der Alpha handelt es sich um eine 64-Bit-Maschine mit 64-Bit-Registern. Die virtuellen Adressen sind auf 43 Bit und die physischen auf 40 Bit begrenzt, was bedeutet, daß auf einen physischen Speicher von bis zu 1 Tbyte zugegriffen werden kann.

Jede Alpha hat zwei Cache-Ebenen auf dem Chip. Der Level-1-Cache stellt 8 Kbyte für Instruktionen und 8 Kbyte für Daten zur Verfügung. Der Level-2-Cache ist ein gemeinsamer, teilassoziativer Dreiweg-Cache von 96 Kbyte für Instruktionen und Daten. Es gibt keinen Cache auf Platinenebene. Die Cache-Einheiten halten nur Instruktionen und Daten aus dem lokalen RAM, der bis zu 2 Gbyte pro CPU umfangreich sein kann. Mit einem Maximum von 2048 CPUs kann das System einen Gesamtspeicher von bis zu 4 Tbyte haben.

Jede Alpha ist durch eine spezielle Schalttechnik gekapselt, die man **Shell** nennt (siehe Abb. 8.35). Die Shell enthält Speicher, Kommunikationsprozessor und 512 spezielle Register, die als **E-Register** bezeichnet werden. In diese Register können entfernte Speicheradressen geladen werden, um Wörter (oder Blöcke von acht Wörtern) von entfernten Speichern zu lesen bzw. dorthin zu schreiben. Damit hat die T3E Zugriff auf entfernten Speicher, aber nicht über die normalen `LOAD`- und `STORE`-Instruktionen. Das macht sie in gewissem Sinn hybrid, d.h. zu einer Mischung zwischen einer NC-NUMA-Maschine und einem MPP. Sie ist aber trotzdem mehr ein MPP, weil das Betriebssystem sehr wohl Kenntnis davon hat, daß es nicht einfach einen entfernten Speicher wie einen lokalen lesen und beschreiben kann. Speicher-Kohärenz ist gewährleistet, weil die vom entfernten Speicher gelesenen Wörter nicht im Cache abgelegt werden. Folglich befindet sich die einzige Kopie auf dem entfernten Speicher.

Die T3E-Knoten werden auf zweierlei Weise verbunden, wie aus Abb. 8.35 ersichtlich wird. Die vorrangige Verbindungsart ist ein Vollduplex-3D-Torus. Beispielsweise kann ein System mit 512 Knoten als Würfel von $8 \times 8 \times 8$ konfiguriert werden. Jeder Knoten im 3D-Torus hat sechs Verbindungen zu anderen Knoten, nämlich zu seinen Nachbarn im Norden, Osten, Süden und Westen sowie nach oben und unten. Die Transferrate dieser Verbindungen beträgt 480 Mbyte/s in jede Richtung.

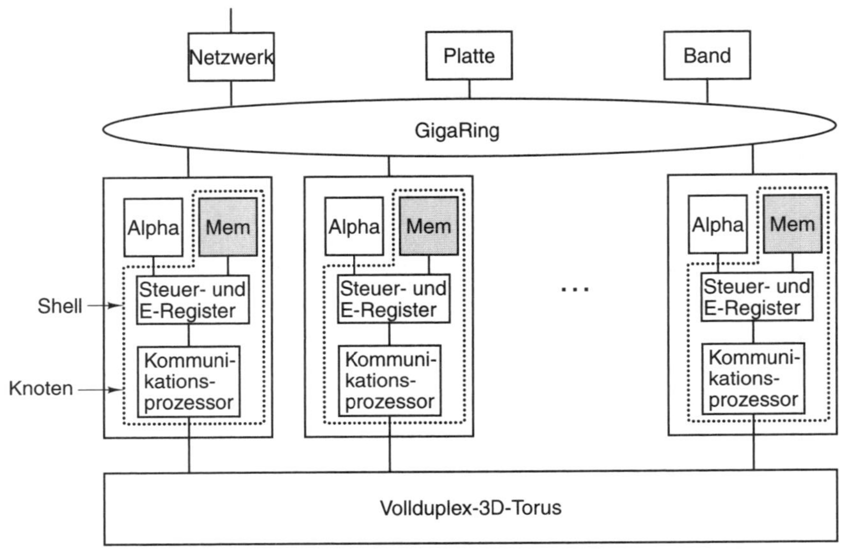

Abb. 8.35: Der Cray T3E

Die Knoten können auch über einen oder mehrere GigaRinge verbunden werden. Ein **GigaRing** ist ein paketvermitteltes E/A-Subsystem mit hoher Bandbreite. Die Knoten kommunizieren untereinander und mit Netzen, Platten und anderen Peripheriegeräten, indem sie Pakete mit bis zu 256 Byte darüber versenden. Jeder GigaRing setzt sich aus zwei gegenläufigen, 32 Bit breiten Ringen mit speziellen E/A-Knoten zusammen, an die CPU-Knoten angeschlossen werden. Die E/A-Knoten haben Steckplätze für Netzwerkkarten (z.B. HIPPI, Ethernet, ATM, FDDI oder Fibre-Channel), Platten, Bänder und andere Geräte.

Bei potentiell 2048 Knoten in einem T3E-System gibt es regelmäßig Ausfälle. Um dieses Problem in den Griff zu bekommen, verfügt das System für je 128 Nutzerknoten über einen Reserveknoten. Ein ausgefallener Knoten kann bei laufendem Systembetrieb durch einen Reserveknoten ersetzt werden, ohne daß das System neu hochgefahren werden muß. Zusätzlich zu Nutzer- und Reserveknoten sind einige Knoten ausschließlich für Betriebssystem-Server reserviert, weil die Nutzerknoten nicht das volle Betriebssystem ausführen, sondern nur einen auf das nötige Minimum reduzierten Kernel. Als Betriebssystem wird eine Unix-Version gefahren.

Intel/Sandia Option Red

Rechner im oberen Leistungsbereich und das Militär sind in den USA seit 1943, als die Armee John Mauchley mit der Entwicklung von ENIAC, dem ersten modernen elektronischen Computer der Welt beauftragte, eng verflochten. In Fortsetzung dieser engen Beziehung nahm das US-Verteidigungsministerium Mitte der neunziger Jahre ein ehrgeiziges Programm in Angriff, um den Stand der Technik bei Supercomputern voranzutreiben. Es wurden Pläne für fünf MPPs gemacht, die in Geschwindigkeiten von 1, 3, 10, 30 bzw. 100 Teraflops/s laufen sollten. Das heißt im Vergleich zum landläufigen Computer: 100 Teraflops (1014 Gleitkommaoperationen/s) ist das 500.000fache der Leistung eines mit 200 MHz getakteten Pentium Pro.

Im Gegensatz zur Cray T3E, die man als kommerzielles Produkt erwerben kann (und die Geld bringt), handelte es sich bei diesen Teraflop-Maschinen um einmalige Systeme, für die das US-Verteidigungsministerium, in das die entsprechenden nationalen Forschungseinrichtungen eingegliedert sind, Aufträge im Rahmen einer Ausschreibung vergab. Den Zuschlag erhielten zuerst Intel, dann IBM. Da diese Maschinen für den militärischen Bereich gedacht waren (vorwiegend, um Kernexplosionen zu simulieren), dachte sich ein Beamter mit besonders viel Vorstellungskraft patriotische Namen für die ersten drei aus: Rot (Red), Weiß (White) und Blau (Blue). Er hat sich nur in der Reihenfolge geirrt: Die 1-TFlop/s-Maschine (die im Dezember 1996 im Sandia National Laboratory installiert wurde) heißt **Option Red**, und die nächsten beiden heißen **Option Blue** (1999) bzw. **Option White** (1999). Im Rest dieses Abschnitts konzentrieren wir uns auf die erste Teraflop-Maschine, die Option Red.

Die Option-Red-Maschine hat 4608 in einer 3D-Masche angeordnete Knoten. Die CPUs befinden sich auf zwei unterschiedlichen Platinenarten. Die **Kestrel**-Platinen werden als Rechenknoten und die **Eagle**-Platinen als Dienst-, Platten-, Netz- und Boot-Knoten benutzt. Insgesamt gibt es 4536 Rechenknoten, 32 Dienstknoten, 32 Plattenknoten, 6 Netzknoten und 2 Boot-Knoten.

Die in Abb. 8.36(a) dargestellte Kestrel-Platine enthält zwei logische Knoten mit je zwei CPUs (Pentium Pro, 200 MHz) und einen gemeinsamen RAM von 64 Mbyte. Jeder Kestrel-Knoten hat seinen eigenen lokalen 64-Bit-Bus und einen eigenen **NIC** (**Network Interface Chip**). Die beiden NICs sind miteinander verbunden, so daß eigentlich nur einer an das Verbindungsnetz angeschlossen ist, um das Gehäuse kompakter zu halten (die Maschine soll eine Stellfläche von 160 m^2 beanspruchen). Die Eagle-Platinen sind ebenfalls mit Pentium-Pro-CPU bestückt, allerdings nur mit je einer. Sie haben auch zusätzliche E/A-Fähigkeiten.

Die Platinen sind über eine Gitterstruktur von 32 × 38 × 2 verbunden, die in Form von zwei 32 × 38 großen Flächen angeordnet sind, wobei alle entsprechenden Knoten untereinander verbunden sind (die Gittergröße wurde durch Umfangszwänge in bezug auf das Gehäuse vorgegeben, so daß nicht alle Gitterpunkte Platinen haben). An jedem Gitterpunkt befindet sich ein angepaßter Router-Chip mit sechs Anschlüssen: Nord, Ost, Süd, West, zur anderen Fläche und zu einer Kestrel- oder Eagle-Platine. Jeder Anschluß kann 400 Mbyte/s gleichzeitig in jede Richtung befördern. Zur Verringerung der Latenz basieren die Router-Chips auf dem Wormhole-Routing.

Das dimensionale Routing wird angewandt, wobei Pakete zuerst potentiell auf die andere Fläche, dann nach Ost-West, Nord-Süd und schließlich zur richtigen Fläche bewegt werden, falls sie dort nicht schon gelandet sind. Der Grund für zwei Bewegungen zwischen den Flächen ist Fehlertoleranz. Angenommen, ein Paket muß nur zu einem Nachbarn einen Abschnitt weiter nördlich gehen, diese Verbindung ist aber defekt. Die Nachricht kann statt dessen zur anderen Fläche fließen, dann einen Abschnitt nach Norden und wieder zurück zur gleichen Fläche. Auf diese Weise umgeht sie die ausgefallene Verbindung.

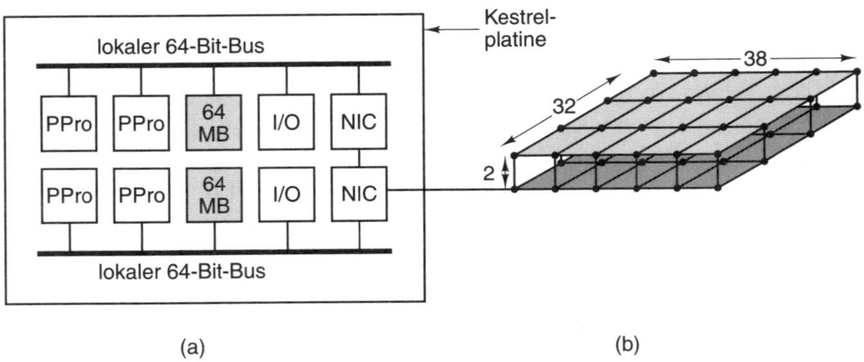

Abb. 8.36: Das Intel/Sandia Option Red System; (a) die Kestrel-Platine; (b) das Verbindungsnetz

Das System ist logisch in vier Partitionen aufgeteilt: Dienst, Rechnen, E/A und System. Bei den Dienstknoten handelt es sich um allgemeine Unix-Timesharing-Maschinen, damit Programmierer ihre Programme schreiben und debuggen können. Die Rechenknoten leisten Schwerstarbeit (d.h., sie fahren die großen, numerischen Anwendungen, für die man die Maschine gebaut hat). Sie führen kein volles Unix-System aus, sondern einen Mikrokernel mit der Bezeichnung **Cougar**. Die E/A-Knoten verwalten die 640 Platten mit einem Datenvolumen von über 1 Tbyte. Ferner sind zwei unabhängige E/A-Knotenreihen vorhanden, einer für geheime Militärsachen und der andere für nicht geheimes Material. Die beiden Reihen werden manuell in das System ein- bzw. vom System ausgelagert. Es ist also jeweils nur eine Reihe in Betrieb, um zu verhindern, daß geheimes Material in die Reihe des nicht geheimen überwandert. Die Systemknoten dienen dem Systemstart.

8.4.2 COW – Workstation-Cluster

Die zweite Art von Mehrrechnersystemen ist **COW** (**Cluster of Workstations**) bzw. **NOW** (**Network of Workstations**) (Anderson u.a., 1995; Martin u.a., 1997). Ein solches System setzt sich im typischen Fall aus ein paar hundert PCs oder Workstations zusammen, die über eine handelsübliche Netzwerkkarte verbunden sind. Sie unterscheiden sich von einem MPP, wie sich ein Großrechner von einem PC unterscheidet. Beide haben eine CPU, einen RAM, Platten, ein Betriebssystem usw. Auf dem Großrechner läuft alles lediglich viel schneller ab (wenn man vom Betriebssystem einmal absieht). In bezug auf Qualität sowie Einsatz- und Verwaltungsart besteht aber ein riesiger Unterschied. Derselbe Unterschied trifft auf MPP gegenüber COW zu.

Die treibende Kraft hinter einem COW-System ist Technologie. Die bei einem MPP eingesetzten CPUs sind handelsübliche Einheiten, die jeder kaufen kann. Die T3E ist mit Alpha-CPUs ausgestattet, und in der Option-Red-Maschine stecken Pentium-Pro-CPUs. Soweit ist das nichts Besonderes. Sie benutzen außerdem reguläre DRAMs und laufen unter Unix. Immer noch nichts Besonderes.

Ursprünglich war das wichtigste Element, durch das sich ein MPP besonders auszeichnet, die Hochgeschwindigkeitsverbindung. Inzwischen haben die kommerziellen Produkte aber durch innovative Neuzugänge aufgeholt. Beispielsweise hat die Forschungsgruppe des Autors ein COW-System zusammengesetzt, das **DAS** heißt und 128 Knoten umfaßt, in denen sich je ein mit 200 MHz getakteter Pentium Pro und ein 128-Mbyte-RAM befinden (siehe `http://www.cs.vu.nl/~bal/das.html`). Die Knoten sind über einen 2D-Torus verbunden. Die Verbindungen können 160 Mbyte/s in beide Richtungen gleichzeitig übertragen. Diese Spezifikationen unterscheiden sich kaum von denen der Option-Red: Die Verbindungen sind in etwa halb so schnell, der RAM pro Knoten ist aber doppelt so groß. Der einzige echte Unterschied ist der, daß Sandia ein größeres Budget hat. Technisch gesehen sind die beiden Systeme praktisch gleich.

Im Vergleich zum MPP läßt sich ein COW leichter bauen, weil er gänzlich aus kommerziellen Komponenten an Ort und Stelle zusammengesetzt werden kann. Diese Teile werden in großen Stückzahlen produziert; dadurch sind sie relativ preisgünstig. Sie unterliegen außerdem einem starken Wettbewerb, was die Leistung nach oben und den Preis nach unten drückt. Insgesamt betrachtet dürften COW-Systeme wahrscheinlich MPP-Systeme weiter in eine immer enger werdende Nische drücken, in dem Maße, wie PCs aus Großrechnern esoterische Elemente mit Seltenheitswert gemacht haben.

Unter den vielen COW-Varianten ragen zwei heraus: zentrale und dezentrale. Ein zentraler COW ist ein Workstation- oder PC-Cluster, der sich in einem großen Schrank befindet und in einem Raum steht. Teilweise ist die Baueinheit viel kompakter als üblich, um die Stellfläche und die Kabellänge zu reduzieren. Im typischen Fall sind die Maschinen homogen und haben außer

Netzkarten und möglicherweise Platten keine Peripheriegeräte. Gordon Bell, der die PDP-11 und die VAX entwickelt hat, nannte solche Maschinen **kopflose Workstations** (Headless Workstations), weil sie keine Eigentümer haben. Wir waren versucht, sie kopflose COWs (Kühe) zu nennen, besannen uns dann aber eines anderen, um nicht zu viele heilige Kühe abzuschrecken.

Dezentrale COW-Systeme bestehen aus Workstations oder PCs, die beliebig in einem Gebäude oder Campus verteilt sind. Die meisten von ihnen verbringen den Tag und vor allem die Nacht untätig. Normalerweise sind sie über ein LAN verbunden. Sie sind meist heterogen und verfügen über eine volle Palette an Peripheriegeräten. Allerdings ist ein COW-System mit 1024 Mäusen nicht besser als eines ohne Maus. Vor allen Dingen haben viele von ihnen einen Eigentümer, der emotionell mit seinen Maschinen verbunden ist und jeden Astronomen davon abhalten will, auf ihnen den Urknall zu simulieren. Der Einsatz untätiger Workstations zur Bildung eines COW-Systems bedeutet auf jeden Fall, daß man eine Möglichkeit hat, Jobs von einer Maschine zur anderen migrieren zu lassen, falls ihre Eigentümer sie zurückfordern wollen. Die Migration von Jobs ist möglich, erhöht aber die Komplexität der Software.

8.4.3 Job-Scheduling

Eine Frage liegt auf der Hand: »Welcher Unterschied besteht zwischen einem dezentralen COW und einem LAN voller Benutzermaschinen?« Die Antwort hat nicht mit der Hardware, sondern mit Software und Einsatzart zu tun. In einem LAN haben die Benutzer persönliche Maschinen, die sie für ihre jeweiligen Arbeiten einsetzen. Demgegenüber ist ein dezentrales COW-System ein gemeinsam genutztes Betriebsmittel, dem die Benutzer Jobs übertragen können, für deren Ausführung mehrere CPUs nötig sind. Um Anfragen von mehreren Benutzern zu handhaben, die jeweils mehrere CPUs beanspruchen, braucht ein COW-System (ungeachtet, ob zentral oder dezentral) einen Job-Scheduler (Auftragsprioritätssteuergerät).

Beim einfachsten Modell verlangt der Job-Scheduler, daß die Anzahl der benötigten CPUs in jedem Job angegeben wird. Die Jobs werden dann strikt nach der FIFO-Regel ausgeführt, wie aus Abb. 8.37(a) ersichtlich wird. Nach dem Beginn eines Jobs wird bei diesem Modell geprüft, ob genügend CPUs verfügbar sind, um den nächsten, in der Eingabeschlange stehenden Job zu beginnen. Ist das der Fall, wird er gestartet, dann der nächste usw. Andernfalls wartet das System, bis weitere CPUs frei werden. Nebenbei bemerkt: Wir haben dieses COW-System mit acht CPUs ausgelegt. Es könnte genauso gut aber auch über 128 CPUs verfügen, die in Einheiten von 16 (was CPU-Achtergruppen ergibt) oder in einer anderen Kombination zugewiesen werden.

Bei einem besseren Job-Scheduling-Algorithmus wird das Head-of-Line Blocking durch Überspringen nicht passender Jobs vermieden; an ihrer Stelle wird der erste ausgesucht, der paßt. Ist ein Job abgeschlossen, wird die Warteschlange mit den restlichen Jobs in FIFO-Reihenfolge durchgesehen. Dieser Algorithmus führt zu dem Ergebnis von Abb. 8.37(b).

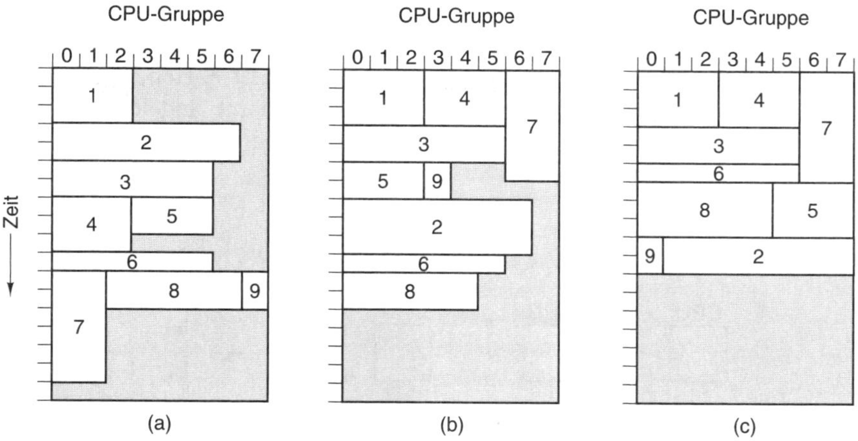

Abb. 8.37: Job-Scheduling eines COW-Systems: (a) FIFO; (b) ohne Head-of-Line Blocking; (c) Tiling. Die schattierten Bereiche sind untätige CPUs.

Ein noch ausgefeilterer Job-Scheduling-Algorithmus verlangt von jedem eingereichten Job, seinen Bedarf anzugeben, d.h. wie viele CPUs für wie viele Minuten benötigt werden. Mit diesen Informationen kann der Job-Scheduler versuchen, das CPU-Zeitrechteck zu fächern (Tile). Dieses »Tiling« ist besonders wirksam, wenn Jobs tagsüber abgegeben werden, aber nachts auszuführen sind. Auf diese Weise sammelt der Job-Scheduler alle Informationen über alle Jobs im voraus und kann sie in der optimalen Reihenfolge ausführen, wie in Abb. 8.37(c) dargestellt.

Wir haben damit zwei Extremfälle aus der Mehrrechnerwelt beschrieben. Dazwischen liegen riesige firmenspezifische MPP- und einfache selbstgestrickte COW-Systeme, und zwischen diesen wiederum viel Leere. Viele Computer-Anbieter verstehen sich auf den Zusammenbau von COW-Systemen aus handelsüblichen Komponenten, die sie als Komplettsysteme verkaufen. Folglich verzeichnet dieser Markt ein hohes Wachstum.

Kommerzielle Verbindungsnetze

Da COW-Systeme mit der Qualität der kommerziell erhältlichen Netzkarten stehen und fallen, verdienen diese Steckkarten bzw. ihre Technologien einige Beachtung. Unser erstes Beispiel ist das Ethernet, das es in drei Versionen gibt: langsam, mittel und schnell (oder fachmännisch ausgedrückt: Classic-Ethernet, Fast-Ethernet und Gigabit-Ethernet). Diese drei Varianten laufen in 10, 100 bzw. 1000 Mbps (1,25, 12,5 und 125 Mbyte/s). Alle drei sind in bezug auf Medien, Paketformat und Protokolle bei unterschiedlicher Leistung kompatibel.

Jeder über ein Ethernet angeschlossener Computer hat einen Ethernet-Chip, normalerweise in Form einer Steckkarte. In der ersten, einfachsten Form wurde ein Draht von der Karte mitten durch ein dickes Kupferkabel geschoben. Man nannte dies **Vampir-Tap** (wer sonst außer einem Vampir würde in ein Koaxialkabel beißen?). Später kamen dünnere Kabel und T-Stecker auf den Markt. In allen Fällen werden Ethernet-Karten an alle Maschinen elektrisch angeschlossen, etwa vergleichbar mit angelöteten Steckverbindern. Abb. 3.38(a) zeigt eine Konfiguration mit drei Maschinen, die über ein Ethernet verbunden sind.

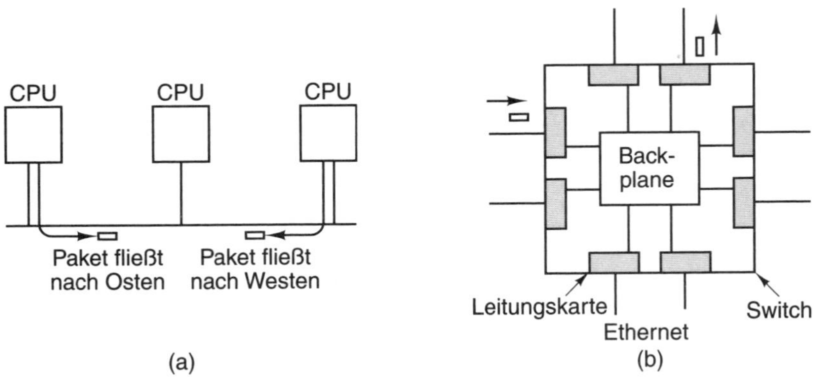

Abb. 8.38: (a) Drei Computer an einem Ethernet; (b) ein Ethernet-Switch

Möchte eine Maschine laut dem grundlegenden Ethernet-Protokoll ein Paket senden, hört sie zuerst das Kabel ab, um festzustellen, ob momentan eine andere Maschine überträgt. Ist das Kabel frei, sendet sie das Paket ab. Andernfalls wartet der Sender, bis die Übertragung beendet ist. Beginnen zwei Sender gleichzeitig mit der Übertragung, ereignet sich eine Kollision. Beide erkennen die Kollision, halten an, warten eine zufallsgesteuerte Zeitperiode und versuchen dann erneut zu übertragen. Falls sich eine zweite Kollision ereignet, verhalten sich beide Sender wieder auf die gleiche Weise, so daß sich die mittlere Wartezeit bei jeder weiteren Kollision verdoppelt.

Das einfache Ethernet in Abb. 8.38(a) ist dahingehend problematisch, daß Vampir-Taps leicht brechen. Das Entdecken eines Kabelfehlers oder -bruchs ist zudem harte Arbeit. Aus diesem Grund wurde ein modifiziertes Design erarbeitet, bei dem ein Kabel von jeder Maschine in einen zentralen **Hub** führt. Die Designs sind aus elektrotechnischer Sicht identisch, es läßt sich jedoch leichter warten, weil Kabel aus dem Hub einzeln herausgezogen werden können, bis man das fehlerhafte gefunden hat.

Früher führte von jedem Computer ein Kabel in den Maschinenraum, bis als drittes Design das **Switched-Ethernet** entwickelt wurde, das in Abb. 8.38(b) dargestellt ist. Hier ist anstelle des Hub ein Gerät vorhanden, in dem sich ein Hochgeschwindigkeits-Backplane befindet, in das **Leitungskarten** (Line Cards) eingesteckt werden. Jede Leitungskarte unterstützt eines oder mehrere Ethernets, und je nach Ethernet-Klasse gibt es Leitungskarten für die verschiedenen Geschwindigkeiten.

Kommt ein Paket an einer Leitungskarte an, wird es so lange zwischengespeichert, bis die Leitungskarte Zugriff zum Backplane erhält, das mehr oder weniger wie ein Bus funktioniert. Wurde das Paket auf die Leitungskarte befördert, an die der Zielrechner angeschlossen ist, kann das Paket weiterbefördert werden. Hat jede Leitungskarte nur ein Ethernet, an das nur eine Maschine angeschlossen ist, gibt es keine Kollisionen mehr. Ein Paket kann aber verlorengehen, wenn der Puffer der Leitungskarte überläuft. Als Verbindungskomponente für ein Mehrrechnersystem hat ein Switched-Ethernet der Gigabit-Klasse mit einer Maschine pro Ethernet und einem sehr schnellen Backplane eine potentielle Leistung (zumindest in bezug auf die Bandbreite), die einem Viertel derjenigen von Verbindungen einer T3E gleichkommt, aber wesentlich weniger als ein Viertel kostet.

Das hört sich zu schön an, um wahr zu sein? Stimmt genau. Bei einer großen Zahl von Leitungskarten ist ein Backplane zu einem angemessenen Preis nicht in der Lage, die Last zu bewältigen. Deshalb müssen mehrere Maschinen an jedes Ethernet angeschlossen werden, so daß man wieder mit Kollisionen zu kämpfen hat. In bezug auf das Preis-Leistungs-Verhältnis ist das Switched-Ethernet der Gigabit-Klasse aber ein ernstzunehmender Konkurrent.

Eine zweite Anschlußtechnik ist **ATM** (**Asynchronous Transfer Mode**). ATM wurde von einem weltweiten Konsortium von Telefongesellschaften und anderen interessierten Mitgliedern zur Ablösung des heutigen Telefonsystems durch ein voll digitales erfunden. Als zugrundeliegendes Konzept sollte jedes Telefon und jeder Computer der Welt über eine fehlerfreie, digitale Bit-Pipe mit einer Geschwindigkeit von zuerst 155 Mbps und später 622 Mbps verbunden werden. Kurz: All dies war leichter gesagt als getan. Trotzdem fertigen viele Unternehmen heute Steckkarten für PCs, die mit 155 oder 622 Mbps laufen. Die höhere der beiden Geschwindigkeiten, die man **OC-12** nennt, dürfte für den Zusammenschluß eines Mehrrechnersystems ausreichen.

Das aus einer ATM-Platine herausführende Kabel wird in einen ATM-Switch eingesteckt. Das ist ein mit dem Ethernet-Switch vergleichbares Gerät. Bei ihm kommen Pakete an und werden auf Leitungskarten gepuffert, bis sie über die abgehende Leitungskarte an das Ziel übertragen werden. Ethernet und ATM unterscheiden sich aber in einigen wichtigen Punkten.

Da ATM als Ablösung des Telefonsystems konzipiert wurde, ist es verbindungsorientiert. Bevor ein Paket an das Ziel gesendet werden kann, muß die Quellmaschine eine virtuelle Leitung von der Quelle durch einen oder mehrere ATM-Switches zum Ziel aufbauen. Abb. 8.39 zeigt zwei virtuelle Leitungen. Demgegenüber nutzt Ethernet keine virtuellen Leitungen. Da der Aufbau einer virtuellen Leitung geraume Zeit dauert, muß jede Maschine in einem Mehrrechnersystem normalerweise zu Beginn eine virtuelle Leitung zu jeder anderen Maschine aufbauen und durch die Sitzung hindurch benutzen. Pakete, die in Folge über eine virtuelle Leitung gesendet werden, werden nie außer der Reihe zugestellt. Die Puffer der Leitungskarten können aber genau wie beim Switched-Ethernet überlaufen, so daß bei beiden Techniken die Zustellung nicht garantiert ist.

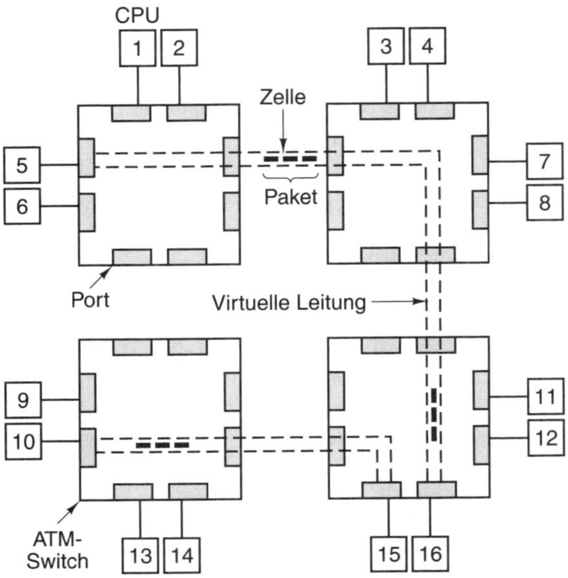

Abb. 8.39: An vier ATM-Switches sind 16 CPUs angeschlossen; hier sind zwei virtuelle Leitungen dargestellt

Als weiteres Unterscheidungsmerkmal zwischen ATM und Ethernet kann Ethernet ganze Pakete (bis zu 1500 Datenbytes) als Block übertragen. Bei ATM werden alle Pakete in 53 Byte große Zellen zerlegt. (ATM wurde von einem Ausschuß entwickelt – was konnte man da anderes erwarten?) Fünf dieser Bytes sind Header-Felder. Diese Felder identifizieren die virtuelle Leitung, über die diese Zelle übertragen wird, um welche Zelle es sich handelt, welche Priorität sie hat und weitere Elemente. Der Nutzdatenteil ist 48 Byte groß. Die Zerstückelung der Pakete in Zellen und die erneute Zusammenstellung am anderen Ende erfolgt durch die Hardware.

Unser drittes Beispiel eines kommerziellen Verbindungsnetzes ist Myrinet, eine von einer Firma in Kalifornien produzierte Steckkarte, die bei vielen COW-Designern besonders beliebt ist (Boden u.a., 1995). Myrinet basiert insofern auf dem gleichen Modell wie Ethernet und ATM, als die Steckkarte an einen Switch angeschlossen wird und der Switch in einer beliebigen Topologie installiert werden kann. Die Myrinet-Verbindungen sind vollduplex und ermöglichen 1,28 Gbps in jeder Richtung. Die Paketgröße ist nicht durch die Hardware begrenzt, und die Switches sind volle Kreuzschienen, so daß sie niedrige Latenz und hohe Bandbreite aufweisen.

Interessant für COW-Designer ist am Myrinet, daß die Steckkarten eine programmierbare CPU und einen relativ großen RAM enthalten. Myrinet wird zwar mit einem Standardbetriebssystem ausgeliefert, zahlreiche Arbeitsgruppen an Universitäten haben aber ihre eigenen Versionen geschrieben. Viele davon enthalten zusätzliche Merkmale, durch die sich die Funktionalität erweitert und die Leistung verbessert (Blumrich u.a., 1995; Pakin u.a., 1997; Verstoep u.a., 1996). Zu den typischen Merkmalen zählen Schutzmechanismen, Ablaufsteuerung, zuverlässiges Broadcasting und Multicasting und die Fähigkeit, einen Teil des Anwendungscodes auf der Karte auszuführen.

8.4.4 Kommunikationssoftware für Mehrrechnersysteme

Die Programmierung eines Mehrrechnersystems erfordert spezielle Software, normalerweise Bibliotheken, zur Handhabung der prozeßübergreifenden Kommunikation und Synchronisation. In diesem Abschnitt werden einige Aspekte dieser Software beschrieben. Größtenteils laufen die gleichen Software-Pakete auf MPPs und COWs, so daß sich Anwendungen leicht zwischen den Plattformen portieren lassen.

Auf Systemen mit Nachrichtenaustausch laufen zwei oder mehr Prozesse unabhängig voneinander. Ein Prozeß produziert z.B. einige Daten, die von einem oder mehreren anderen verbraucht werden. Es besteht keine Garantie, daß der bzw. die Empfänger alle Daten aufnehmen können, die der Sender erzeugt, da jeder sein eigenes Programm fährt.

Die meisten Nachrichtenaustauschsysteme bieten zwei Operationen (normalerweise Bibliotheksaufrufe) – `send` und `receive`; es sind aber noch weitere Semantikarten möglich. Die drei wichtigsten Varianten sind:

1. Synchroner Nachrichtenaustausch
2. Gepufferter Nachrichtenaustausch
3. Nicht blockierender Nachrichtenaustausch

Falls der Sender beim **synchronen Nachrichtenaustausch** (Synchronous Message Passing) ein `send` ausführt, der Empfänger aber noch kein `receive` ausgeführt hat, blockiert (unterbricht) der Sender, bis der Empfänger dies tut. Dann wird die Nachricht kopiert. Erhält der Sender die Kontrolle nach dem Aufruf zurück, weiß er, daß die Nachricht gesendet und korrekt empfangen wurde. Diese Methode basiert auf der einfachsten Semantik und setzt kein Puffern voraus. Sie hat aber den entscheidenden Nachteil, daß der Sender so lange blockiert, bis der Empfänger die Nachricht erhalten und bestätigt hat.

Wird beim **gepufferten Nachrichtenaustausch** (Buffered Message Passing) eine Nachricht gesendet, bevor der Empfänger bereit ist, wird die Nachricht an einer beliebigen Stelle zwischengespeichert, z.B. in einer Mailbox, bis der Empfänger sie entnimmt. Hier kann der Sender nach einem `send` fortfahren, auch wenn der Empfänger mit etwas anderem beschäftigt ist. Da die Nachricht tatsächlich übertragen wurde, kann der Sender den Nachrichtenpuffer sofort wieder benutzen. Diese Methode reduziert die Wartezeit auf der Senderseite. Sobald das System die Nachricht gesendet hat, kann der Sender fortfahren. Er hat aber keine Gewähr, daß die Nachricht korrekt empfangen wurde. Auch bei zuverlässiger Kommunikation könnte der Empfänger abgestürzt sein, bevor er die Nachricht entgegengenommen hat.

Beim **nicht blockierenden Nachrichtenaustausch** (Nonblocking Message Passing) kann der Sender sofort nach dem Aufruf fortfahren. Die Bibliothek weist lediglich das Betriebssystem an, den Aufruf später auszuführen, wenn es Zeit hat. Die Folge davon ist, daß der Sender selten, wenn überhaupt, blockiert wird. Nachteilig ist bei dieser Methode, daß der Sender, falls er nach dem `send` fortfährt, den Nachrichtenpuffer möglicherweise nicht wiederverwenden kann, falls die Nachricht noch nicht gesendet wurde. Der Sender muß irgendwie herausfinden, wann er den Puffer wieder benutzen kann. Ein mögliches Konzept ist die zyklische Abfrage des Systems. Eine weitere ist die Verwendung eines Interrupts. Beide Lösungen vereinfachen die Software nicht.

In den beiden nächsten Abschnitten werden zwei Nachrichtenaustauschsysteme kurz beschrieben, die auf vielen Mehrrechnersystemen benutzt werden: PVM und MPI. Sie sind nicht die einzigen, werden aber häufig angewandt. PVM wurde zuerst entwickelt und hat sich vor Jahren als De-facto-Standard durchgesetzt. Inzwischen ist aber auch MPI beliebt.

PVM – Parallel Virtual Machine

PVM (**Parallel Virtual Machine**) ist ein als Public-Domain erhältliches Nachrichtenaustauschsystem, das für Unix-basierte COW-Systeme entwickelt wurde (Geist u.a., 1994; Sunderram, 1990). Es wurde seither auf viele andere Plattformen portiert, darunter die meisten kommerziellen MPPs. Es ist ein in sich geschlossenes System und beinhaltet Prozeßverwaltung und E/A-Unterstützung.

PVM setzt sich aus zwei Teilen zusammen: einer vom Benutzer aufrufbaren Bibliothek und einem Daemon-Prozeß, der die ganze Zeit über auf allen Maschinen des Mehrrechnersystems läuft. Wird PVM gestartet, stellt es durch Lesen einer Konfigurationsdatei zuerst fest, welche Maschinen zu seinem virtuellen Mehrrechnersystem gehören. Auf einer davon wird ein PVM-Daemon gestartet. Maschinen lassen sich durch Ausgabe von Befehlen an der PVM-Konsole hinzufügen und entfernen.

In PVM können mit dem Konsolbefehl

```
spawn -count n prog
```

n parallele Prozesse gestartet werden. Jeder Prozeß führt *prog* aus. PVM bestimmt die Plazierung der Prozesse. Der Benutzer kann dies aber mit Argumenten im Befehl `spawn` übergehen. Durch Aufruf von *Pvm_spawn* können Prozesse auch aus einem laufenden Prozeß heraus gestartet werden. Prozesse lassen sich in Gruppen organisieren, wobei die Gruppenmitgliedschaft sich dynamisch während der Ausführung ändert.

Die Kommunikation wird in PVM mit expliziten Nachrichtenaustauschoperationen so abgewickelt, daß es Maschinen mit unterschiedlichen Zahlendarstellungen erlaubt ist, miteinander zu kommunizieren. Jeder PVM-Prozeß hat zu jeder Zeit einen aktiven Sendepuffer und einen aktiven Empfangspuffer. Um eine Nachricht zu senden, ruft ein Prozeß Bibliotheksprozeduren auf, um Werte in den aktiven Sendepuffer zu stellen. Diese Werte sind selbsterklärend, so daß der Empfänger sie erkennen und in sein eigenes Format konvertieren kann.

Nachdem die Nachricht assembliert wurde, ruft der Sender die Bibliotheksprozedur *pvm_send* auf, bei der es sich um ein blockierendes `send` handelt. Dem Empfänger stehen mehrere Optionen zur Verfügung. Die einfachste ist *pvm_recv*, die den Empfänger so lange blockiert, bis eine geeignete Nachricht ankommt. Wird der Aufruf zurückgegeben, befindet sich die Nachricht bereits im aktiven Empfangspuffer. Sie kann mit entsprechenden Prozeduren ausgepackt und in Werte konvertiert werden, die sich für die betreffende Maschine eignen. Ist ein Empfänger darüber besorgt, daß er möglicherweise ewig blokkiert wird, kann er *pvm_trecv* aufrufen. Dadurch wird der Empfänger für ein bestimmtes Intervall blockiert. Kommt aber innerhalb dieser Zeit keine geeignete Nachricht an, läuft der Timer ab, und ein Fehler wird gemeldet. Eine weitere Option ist *pvm_nrecv*, die eine sofortige Rückgabe entweder mit einer Nachricht oder mit einem Hinweis, daß keine Nachricht angekommen ist, bewirkt. Dieser Aufruf kann wiederholt ausgeführt werden, um zu prüfen, ob Nachrichten vorliegen.

Zusätzlich zu diesen Primitiven für Punkt-zu-Punkt-Nachrichten unterstützt PVM auch Broadcasting (*pvm_bcast*) und Multicasting (*pvm_mcast*). Beim Broadcasting wird eine Nachricht an alle Prozesse einer Gruppe, beim Multicasting nur an bestimmte Prozesse gesendet.

Die Synchronisation zwischen den Prozessen erfolgt mit *pvm_barrier*. Ruft ein Prozeß diese Prozedur auf, blockiert er so lange, bis eine vorgegebene Anzahl von anderen Prozessen ebenfalls die Barriere erreicht und den gleichen Aufruf ausgegeben haben. Weitere PVM-Aufrufe sind für die Host-, Gruppen- und Pufferverwaltung sowie für Signalisierung, Statusprüfung und verschiedene Funktionen verfügbar. Insgesamt gesehen ist PVM ein einfaches, unkompliziertes und bedienungsfreundliches Paket, das auf den meisten Parallelrechnern verfügbar und daher sehr beliebt ist.

MPI – Message-Passing Interface

Ein zweites Kommunikationspaket für Mehrrechnersysteme ist **MPI (Message-Passing Interface)**. MPI enthält viel mehr Funktionen und ist komplexer als PVI. Es enthält mehr Bibliotheksaufrufe, weitere Optionen und mehr Parameter pro Aufruf. Der ersten Version von MPI, die jetzt als MPI-1 bezeichnet wird, folgte 1997 die Version MPI-2. MPI-1 wird nachfolgend kurz vorgestellt. Anschließend werden die Neuerungen von MPI-2 zusammenfassend beschrieben. Ausführliche Informationen über MPI findet der Leser in Gropp u.a. (1994) und Snir u.a. (1996).

Im Gegensatz zu PVM befaßt sich MPI-1 nicht mit dem Erstellen oder Verwalten von Prozessen. Das Erzeugen von Prozessen wird dem Benutzer überlassen, wofür ihm lokale Systemaufrufe zur Verfügung stehen. Die erzeugten Prozesse werden in statischen Prozeßgruppen arrangiert, die sich nicht ändern. Mit diesen Gruppen arbeitet MPI.

MPI gründet auf vier orthogonalen Konzepten: Communicators, Nachrichtendatentypen, Kommunikationsoperationen und virtuelle Topologien. Ein **Communicator** ist eine Prozeßgruppe mit einem Kontext. Ein Kontext ist ein Label, das etwas identifiziert, z.B. eine Ausführungsphase. Beim Senden und Empfangen von Nachrichten kann der Kontext benutzt werden, um nicht zusammenhängende Nachrichten von anderen fernzuhalten.

Die Nachrichten sind typisiert, und es werden viele Datentypen unterstützt, darunter Zeichen, kurze, reguläre und lange Ganzzahlen, Gleitkommazahlen mit einfacher und doppelter Genauigkeit usw. Außerdem ist es möglich, aus diesen weitere Typen herzuleiten.

MPI unterstützt zahlreiche Kommunikationsoperationen, von denen die wichtigste zum Senden von Nachrichten wie folgt lautet:

```
MPI_Send(buffer, count, data_type, destination, tag, communicator)
```

Dieser Aufruf sendet einen Puffer mit der in *count* festgelegten Anzahl von Elementen im angegebenen Datentyp an das Ziel. Das Feld *tag* beschriftet die Nachricht, so daß der Empfänger dadurch bestimmen kann, daß er nur genau diese Nachricht entgegennehmen möchte. Das letzte Feld identifiziert die Prozeßgruppe, zu der das Ziel gehört (das Feld *destination* ist lediglich ein Index zu einer Prozeßliste der spezifizierten Gruppe). Dem Empfang einer Nachricht dient folgender Aufruf:

```
MPI_Recv(&buffer, count, data_type, source, tag, communicator, &status)
```

Dieser Aufruf kündigt an, daß sich der Empfänger nach einer Nachricht eines bestimmten Typs von einer bestimmten Quelle mit einem bestimmten Bezeichner (*tag*) umsieht.

MPI unterstützt vier grundlegende Kommunikationsmodi. Modus 1 ist *synchronous,* bei dem der Sender erst mit dem Senden beginnen kann, wenn der Empfänger `MPI_Recv` ausgegeben hat. Modus 2 ist *buffered,* bei dem diese Einschränkung nicht gilt. Modus 3 ist *standard,* der von der Implementierung abhängt und entweder *synchronous* oder *buffered* sein kann. Modus 4 ist *ready,* bei dem der Sender behauptet, daß der Empfänger verfügbar ist (wie im *synchronous*-Modus); es wird aber keine Prüfung durchgeführt. Diese Primitiven gibt es jeweils in einer blockierenden und in einer nicht blockierenden Version; es gibt also insgesamt acht. Nur zum Empfangen gibt es Primitiven in der blockierenden und nicht blockierenden Variante.

MPI unterstützt Gruppenkommunikation (*Broadcast, Scatter/Gather, Total Exchange, Aggregation* und *Barrier*). Bei allen diesen Varianten müssen alle Prozesse einer Gruppe den Aufruf mit kompatiblen Argumenten ausgeben. Andernfalls wird ein Fehler gemeldet. Bei einer typischen Form dieser Gruppenkommunikation sind Prozesse in einem Baum angeordnet, in dem Werte sich von den Blättern bis zur Wurzel fortpflanzen. Dabei findet eine gewisse Verarbeitung statt, z.B. das Addieren von Werten.

Das vierte Grundkonzept von MPI ist die **virtuelle Topologie** (Virtual Topology). Dabei können Prozesse als Baum, Ring, Gitter, Torus oder in einer anderen Topologie angeordnet werden. Dies bietet die Möglichkeit, Kommunikationspfade zu benennen und damit die Kommunikation zu vereinfachen.

Zusätzlich zu diesen Merkmalen bietet MPI-2 dynamische Prozesse, entfernten Speicherzugriff, nicht blockierende Gruppenkommunikation, skalierbare E/A-Unterstützung, Echtzeitverarbeitung und viele neue Funktionen, die über Zweck und Umfang dieses Buchs hinausgehen. Im wissenschaftlichen Anwendungsbereich herrscht ein harter Konkurrenzkampf zwischen PVM und MPI. Die Befürworter von PVM führen als Argumente die einfachere Anwendung und das leichte Erlernen der Funktionen des Produkts an, während die Freunde von MPI darauf hinweisen, daß das Produkt mächtiger ist und vor allem ein formeller Standard ist.

8.4.5 Gemeinsamer Speicher auf Anwendungsebene

An unseren Beispielen ist deutlich erkennbar, daß sich Mehrrechnersysteme auf größere Konfigurationen skalieren lassen als Mehrprozessorsysteme. Die Sun Enterprise 10000 mit maximal 64 CPUs und die NUMA-Q mit bis zu 256 CPUs sind repräsentativ für große UMA- bzw. NUMA-Mehrprozessorsysteme. Demgegenüber unterstützt die T3E-Maschine bis zu 2048 CPUs und die Option Red gar 9416 CPUs. Man kann über die Bedeutung dieser Zahlen endlos debattieren. Jedenfalls gelangt man zu dem Schluß, daß Mehrrechnersysteme viel größer als Mehrprozessorsysteme sein können. Das war immer schon so und wird auch künftig so sein.

Mehrrechnersysteme haben aber keinen gemeinsamen Speicher auf der Architekturebene, was zur Entwicklung von Nachrichtenaustauschsystemen wie PVM und MPI geführt hat. Vielen Programmierern gefällt dieses Modell nicht besonders. Sie ziehen die Illusion eines gemeinsamen Speichers vor, auch wenn ein solcher nicht wirklich vorhanden ist. Das Erreichen dieses Ziels würde das Beste beider Welten vereinen: umfangreiche, preisgünstige Hardware (zumindest pro Knoten) und einfache Programmierung. Das ist der heilige Gral des parallelen Rechnens.

Viele Wissenschaftler sind zu dem Schluß gelangt, daß gemeinsamer Speicher auf der Architekturebene zwar nicht gut skalierbar ist, daß man dieses Ziel aber auf andere Art erreichen kann. In Abb. 8.3 haben wir gesehen, daß es weitere Ebenen gibt, auf denen ein gemeinsamer Speicher implementiert werden kann. In den folgenden Abschnitten werden einige Möglichkeiten vorgestellt, um gemeinsamen Speicher in das Programmiermodell eines Mehrrechnersystems einzubringen, der auf der Hardware-Ebene nicht vorhanden ist.

DSM – Distributed Shared Memory

Eine Klasse gemeinsamer Speichersysteme auf Anwendungsebene ist das seitenbasierte System. Man nennt es **DSM** (**Distributed Shared Memory**). Es basiert auf einem einfachen Konzept: eine Gruppe von CPUs in einem Mehrrechnersystem teilt sich einen seitenbasierten, virtuellen Adreßraum. In der einfachsten Version wird jede Seite im RAM einer CPU geführt. Abb. 8.40(a) zeigt einen gemeinsamen, virtuellen Adreßraum mit 16 Seiten, die sich auf vier CPUs verteilen.

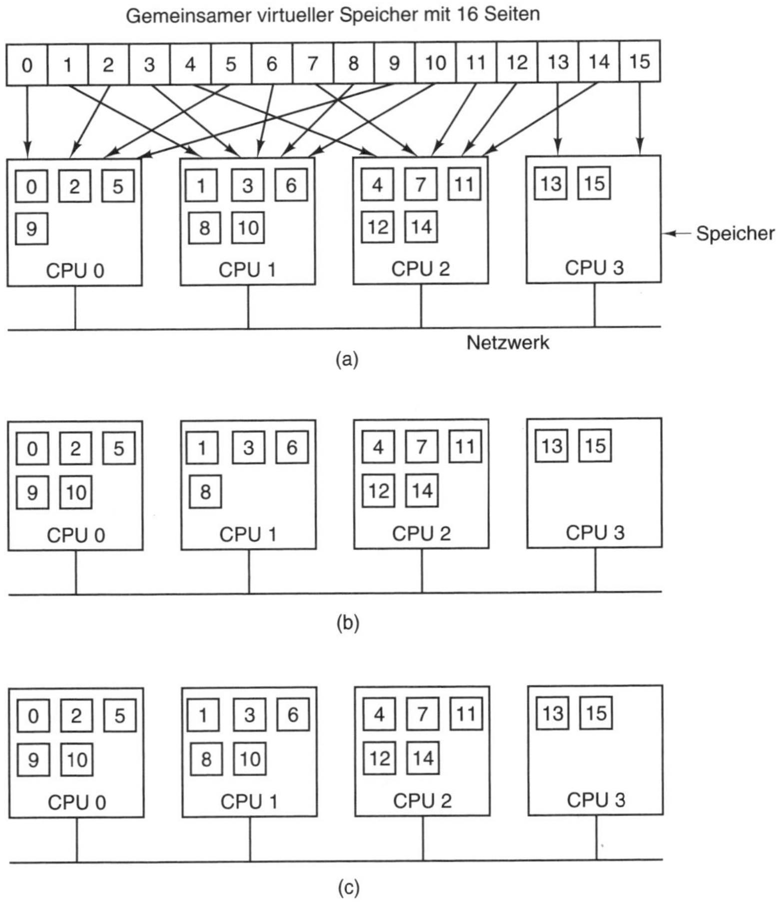

Abb. 8.40: Ein virtueller Adreßraum, in dem 16 Seiten auf vier Knoten eines Mehrrechnersystems verteilt sind; (a) Ausgangssituation; (b) nachdem CPU 0 Seite 10 angefordert hat; (c) nachdem CPU 1 Seite 10 angefordert hat, hier aber unter der Annahme, daß die Seite nur gelesen werden darf

Referenziert eine CPU eine Seite in ihrem eigenen, lokalen RAM, läuft die Lese- oder Schreiboperation ohne weitere Verzögerung ab. Befindet sich die referenzierte Seite aber in einem entfernten Speicher, wird ein Seitenfehler ausgelöst. Die fehlende Seite wird hier aber nicht von einer Platte herbeigeholt; vielmehr sendet das Laufzeit- oder Betriebssystem eine Nachricht an den Knoten, der die Seite hat, um ihre Abbildung aufzuheben und sie herüberzuschicken. Nachdem sie angekommen ist, wird sie abgebildet, und die Instruktion wird erneut wie bei einem normalen Seitenfehler gestartet. In Abb. 8.40(b) sehen wir den Moment, nachdem CPU 0 einen Seitenfehler wegen Seite 10 erhalten hat. Die Seite wird von CPU 1 zu CPU 0 überführt.

Dieses Grundkonzept wurde erstmals in IVY (Li und Hudak, 1986, 1989) implementiert. Es bietet einen sequentiell konsistenten Speicher, der uneingeschränkt auf einem Mehrrechnersystem gemeinsam nutzbar ist. Die Leistung läßt sich durch viele Optimierungen verbessern. Die erste in IVY realisierte Optimierung erlaubt es, daß als schreibgeschützt markierte Seiten gleichzeitig auf mehreren Knoten präsent sein dürfen. Im Fall eines Seitenfehlers wird eine Kopie der Seite an die Maschine gesendet, die diesen Fehler ausgelöst hat. Das Original bleibt aber an derselben Stelle, weil keine Gefahr eines Konflikts besteht. Die Situation bei zwei CPUs, die beide eine schreibgeschützte Seite (Seite 10) benutzen, ist in Abb. 8.40(c) dargestellt.

Die Leistung ist aber trotz dieser Optimierung nicht akzeptabel, insbesondere, wenn ein Prozeß aktiv ein paar Wörter oben in eine Seite und ein anderer auf einer anderen CPU aktiv ein paar Wörter unten in die Seite schreibt. Da es von der Seite nur eine Kopie gibt, muß die Seite ständig hin- und hergeschoben werden, was man als **False Sharing** bezeichnet.

Dieses Problem läßt sich auf unterschiedliche Art und Weise lösen. Beim Treadmarks-System wurde beispielsweise auf einen sequentiell konsistenten Speicher zugunsten der Freigabekonsistenz verzichtet (Amza, 1996). Potentiell beschreibbare Seiten können gleichzeitig auf mehreren Knoten präsent sein. Vor der Ausführung einer Schreiboperation muß ein Prozeß aber ein `acquire` ausführen, um seine Absicht anzuzeigen. An diesem Punkt werden alle Kopien außer der letzten invalidiert. Es werden keine weiteren Kopien angefertigt, bis das entsprechende `release` ausgeführt wird. Erst dann läßt sich die Seite wieder gemeinsam benutzen.

Als zweite Optimierung wird im Treadmarks-System zunächst jede beschreibbare Seite in den Nur-Lesen-Modus versetzt. Beim ersten Schreibversuch auf die Seite wird ein Schutzfehler ausgelöst, und das System erzeugt von der Seite eine Kopie, die man **Twin** nennt. Dann wird die Seite in den Lesen/Schreiben-Modus versetzt, so daß sie nun auch mit voller Geschwindigkeit beschrieben werden kann. Wird später ein entfernter Seitenfehler ausgelöst, und muß die Seite dorthin übermittelt werden, erfolgt ein wortweiser Vergleich zwischen der aktuellen Seite und der Kopie (Twin). Es werden nur die Wörter gesendet, die sich geändert haben, so daß sich die Nachrichtengröße reduziert.

Im Fall eines Seitenfehlers muß die fehlende Seite gesucht werden. Hierfür gibt es verschiedene Lösungen, darunter einige, die in NUMA- und COMA-Maschinen angewandt werden, z.B. (heimatbasierte) Verzeichnisse. Im Grunde sind die meisten, in DSM realisierten Lösungen auch auf NUMA und COMA anwendbar, weil DSM lediglich eine Software-Implementierung von NUMA oder COMA ist, bei der jede Seite wie eine Cache-Zeile behandelt wird.

DSM ist ein Forschungsbereich, der viel Interesse erweckt. Zu den interessanten Systemen zählen CASHMERE (Kontothanassis u.a., 1997; Stets u.a., 1997), CRL (Johnson u.a., 1995), Shasta (Scales u.a., 1996) und Treadmarks (Amza, 1996; Lu u.a., 1997).

Linda

Seitenbasierte DSM-Systeme, wie IVY und Treadmarks, nutzen die MMU-Hardware zum Abfangen von Zugriffen auf fehlende Seiten. Weil nur die Änderungen anstelle ganzer Seiten ausgetauscht werden, ändert sich aber nichts daran, daß Seiten eine unnatürliche Maßeinheit für die gemeinsame Nutzung sind. Deshalb wird viel mit anderen Methoden experimentiert.

Eine solche Methode ist Linda. Hier wird für Prozesse auf mehreren Maschinen ein stark strukturierter, verteilter Speicher zur gemeinsamen Nutzung bereitgestellt (Carriero und Gelernter, 1986, 1989). Zugegriffen wird auf diesen Speicher mit Hilfe eines kleinen Operationsvorrats, um den bekannte Sprachen, z.B. C und FORTRAN, erweitert werden können, um parallele Sprachen zu bilden, in diesem Fall C-Linda und FORTRAN-Linda.

Das gemeinsame Konzept hinter Linda ist ein abstrakter **Tupelraum** (Tuple Space), der über das gesamte System hinweg global für alle Prozesse zugänglich ist. Ein Tupelraum entspricht einem globalen gemeinsamen Speicher, jedoch mit einer bestimmten, eingebauten Struktur. Der Tupelraum enthält eine bestimmte Anzahl von **Tupeln**, die sich jeweils aus einem oder mehreren Feldern zusammensetzen. Bei C-Linda sind u.a. Feldtypen für Ganzzahlen, lange Ganzzahlen und Gleitkommazahlen sowie zusammengesetzte Typen, z.B. Arrays (einschließlich Zeichenketten) und Strukturen (aber keine anderen Tupel) vorhanden. Abb. 8.41 zeigt beispielhaft drei Tupel.

```
("abc", 2, 5)
("matrix-1", 1, 6, 3.14)
("Familie", "ist Schwester", Carolyn, Elinor)
```

Abb. 8.41: Drei Linda-Tupel

Für Tupel stehen vier Operationen zur Verfügung. Die erste ist `out`; sie stellt ein Tupel in den Tupelraum, z.B.:

```
out("abc", 2, 5);
```

Bei diesem Beispiel wird das Tupel ("abc", 2, 5) in den Tupelraum gestellt. Die Felder von `out` sind normalerweise Konstanten, Variablen oder Ausdrücke wie in

```
out("matrix-1", i, j, 3.14);
```

Hier wird ein Tupel mit vier Feldern ausgegeben, von denen das zweite und dritte durch die aktuellen Werte der Variablen *i* und *j* bestimmt werden.

Tupel werden mit dem `in`-Primitiv aus dem Tupelraum geholt. Sie werden nicht nach Name oder Adresse, sondern nach Inhalt adressiert. Die Felder von `in` können Ausdrücke oder formale Parameter sein, z.B.:

```
in("abc", 2, ? i);
```

Bei dieser Operation wird der Tupelraum nach einem Tupel »durchsucht«, das die Zeichenkette "abc", die Ganzzahl 2 und ein drittes Feld enthält, in dem eine Ganzzahl steht (unter der Annahme, daß *i* eine Ganzzahl ist). Wird ein solches Tupel gefunden, wird es aus dem Tupelraum genommen und der Variablen *i* der Wert des dritten Felds zugewiesen. Der Abgleich und die Entnahme sind atomar, so daß von zwei Prozessen, die gleichzeitig die gleiche `in`-Operation ausführen, nur einer erfolgreich ist, es sei denn, es sind zwei oder mehr passende Tupel vorhanden. Der Tupelraum kann sogar mehrere Kopien des gleichen Tupels enthalten.

Der von `in` angewandte Abgleichsalgorithmus ist einfach. Die Felder des `in`-Primitivs, die man zusammen **Maske** (Template) nennt, werden (konzeptionell) mit den entsprechenden Feldern jedes Tupels im Tupelraum verglichen. Um einen Treffer zu finden, müssen alle drei folgenden Bedingungen erfüllt sein:

1. Die Maske und das Tupel haben die gleiche Anzahl von Feldern.
2. Die Typen der entsprechenden Felder sind gleich.
3. Jede Konstante oder Variable in der Maske stimmt mit ihrem Tupelfeld überein.

Formale Parameter werden durch ein Fragezeichen, gefolgt von einem Variablennamen oder einem Typ angegeben. Sie werden nicht in den Abgleich einbezogen (außer bei der Typprüfung), obwohl diejenigen, die einen Variablennamen enthalten, nach einem Treffer zugewiesen werden.

Ist kein passendes Tupel vorhanden, wird der aufrufende Prozeß so lange unterbrochen, bis ein anderer Prozeß das benötigte Tupel einfügt. Anschließend wird der Aufrufer automatisch aktiviert und erhält das neue Tupel. Da Prozesse automatisch blockiert und freigegeben werden, spielt es keine Rolle, welcher von zwei Prozessen, von denen einer ein Tupel ausgibt und der andere es eingibt, zuerst an die Reihe kommt.

Abgesehen von `out` und `in` verfügt Linda auch über `read`, ein mit `in` identisches Primitiv, außer daß es das Tupel nicht aus dem Tupelraum entfernt.

Ferner gibt es das Primitiv `eval`, das bewirkt, daß seine Parameter parallel ausgewertet werden und das resultierende Tupel im Tupelraum abgestellt wird. Dieser Mechanismus kann zur Durchführung einer beliebigen Berechnung benutzt werden. Auf diese Weise werden in Linda parallele Prozesse erzeugt.

Ein übliches Programmierparadigma in Linda ist das sogenannte **Replicated Worker Model** (Modell des replizierten Arbeiters). Dieses Modell basiert auf dem Konzept eines **Task-Bag**, d.h. einem Container voller anstehender Jobs. Der Hauptprozeß beginnt, wenn man eine Schleife ausführt, die

```
out("task-bag", job);
```

enthält, wobei bei jeder Iteration eine andere Jobbeschreibung in den Tupelraum ausgegeben wird. Jeder Arbeiter (Worker) beginnt, wenn er mit

```
in("task-bag", ?job);
```

ein Tupel mit einer Jobbeschreibung erhält. Dann führt er den Job aus. Wenn er fertig ist, erhält er einen weiteren. Neue Arbeiten können auch während der Ausführung in den Task-Bag gestellt werden. Auf diese einfache Weise wird die Arbeit dynamisch auf die Arbeiter verteilt. Jeder Arbeiter ist die ganze Zeit über beschäftigt, ohne daß dabei viel Overhead entsteht.

Von Linda gibt es verschiedene Implementierungen auf Mehrrechnersystemen. Ein wichtiger Faktor ist bei allen, wie die Tupel auf die Maschinen verteilt werden sollen und man sie bei Bedarf wiederfindet. Zu den verschiedenen Möglichkeiten zählen Broadcasting und Verzeichnisse. Ein weiterer wichtiger Faktor ist Replikation. Diese Faktoren werden in Bjornson (1993) beschrieben.

Orca

Bei einem etwas anderen Ansatz zur Implementierung eines gemeinsamen Speichers auf Anwendungsebene für Mehrrechnersysteme werden als Austauscheinheit »richtige« Objekte statt Tupel verwendet. Objekte verfügen über einen internen (verborgenen) Zustand und Methoden für diesen Zustand. Wenn man dem Programmierer den direkten Zugriff auf den Zustand verwehrt, eröffnen sich viele Möglichkeiten der gemeinsamen Nutzung durch Maschinen, die selbst keinen physischen, gemeinsamen Speicher haben.

Ein objektbasiertes System, das die Illusion eines gemeinsamen Speichers auf Mehrrechnersystemen vermittelt, ist Orca (Bal, 1991; Bal u.a., 1992; Bal und Tanenbaum, 1988). Orca ist eine herkömmliche Programmiersprache (auf der Basis von Modula 2), die um neue Merkmale erweitert wurde: Objekte und die Fähigkeit, neue Prozesse zu erzeugen. Ein Orca-Objekt ist ein abstrakter Datentyp, vergleichbar mit einem Objekt in Java oder einem Paket in Ada. Es kapselt interne Datenstrukturen und vom Benutzer geschriebene Methoden, namens **Operationen**. Objekte sind passiv, d.h., sie enthalten keine Threads, an die man Nachrichten senden könnte. Statt dessen greifen Prozesse auf die internen Daten eines Objekts zu, wenn sie seine Methoden aufrufen.

Jede Orca-Methode besteht aus einer Liste mit Guard/Anweisungsblock-Paaren. Ein Guard ist ein boolescher Ausdruck, der keine Nebeneffekte enthält. Ein leerer Guard ist identisch mit dem Wert *true*. Wird eine Operation aufgerufen, werden ihre Guards allesamt in nicht festgelegter Reihenfolge ausgewertet. Sind alle *false*, wird der Aufrufprozeß so lange verzögert, bis einer *true* wird. Wird ein Guard gefunden, der auf *true* auswertet, wird der ihm folgende Anweisungsblock ausgeführt. Abb. 8.42 zeigt ein Objekt *stack* mit zwei Operationen, *push* und *pop*.

```
Object implementation stack;
    top:integer;                              # Speicher für den Stapel
    stack: array [integer 0..N-1] of integer;

    operation push(item: integer);            # Funktion, die nichts zurückgibt
    begin
        stack[top] := item;                   # Schiebe Element (item) auf den
                                                Stapel
        top := top + 1;                       # Inkrementiere den Stapelzeiger
    end;

    operation pop( ): integer;                # Funktion, die eine Ganzzahl
                                                zurückgibt
    begin
        guard top > 0 do                      # Suspendiere, falls der Stapel leer
                                                ist
            top := top - 1;                   # Dekrementiere den Stapelzeiger
            return stack[top];                # Gib oberstes Element (top) zurück
        od;
    end;

begin
    top := 0;                                 # Initialisierung
end;
```

Abb. 8.42: Das vereinfachte Orca-Objekt stack *mit internen Daten und zwei Operationen*

Nachdem *stack* definiert wurde, können Variablen dieses Typs deklariert werden, z.B.:

```
s, t: stack;
```

Diese Deklaration erzeugt zwei Stapelobjekte und initialisiert die Variable *top* in beiden auf 0. Die ganzzahlige Variable *k* kann mit der Anweisung

```
s$push(k);
```

auf den Stapel geschoben werden usw. Die Operation *pop* hat einen Guard. Deshalb führt ein Versuch, eine Variable von einem leeren Stapel zu werfen, zur Unterbrechung des Aufrufers, bis ein anderer Prozeß etwas auf den Stapel geschoben hat.

Orca hat eine **fork**-Anweisung, mit der ein neuer Prozeß auf einem vom Benutzer festgelegten Prozessor erzeugt werden kann. Der neue Prozeß führt die in der **fork**-Anweisung benannte Prozedur aus. Parameter, einschließlich Objekte, können an den neuen Prozeß weitergegeben werden. Auf diese Weise werden Objekte auf Maschinen verteilt. Die Anweisung

```
for i in 1 .. n do fork foobar(s) on i; od;
```

erzeugt z.B. einen neuen Prozeß auf den Maschinen 1 bis n, wobei auf jeder das Programm *foobar* ausgeführt wird. Während diese n neuen Prozesse (und ihr Elternprozeß) parallel ausgeführt werden, kann jeder von ihnen Elemente auf den gemeinsamen Stapel s schieben oder davon entfernen, als würden alle auf einem Mehrprozessor mit gemeinsamem Speicher laufen. Das Laufzeitsystem hat die Aufgabe, die Illusion eines gemeinsamen Speichers aufrechtzuerhalten, obwohl eigentlich keiner vorhanden ist.

Auf gemeinsame Objekte ausgeführte Operationen sind atomar und sequentiell konsistent. Für den Fall, daß mehrere Prozesse Operationen auf das gleiche gemeinsame Objekt fast gleichzeitig ausführen, gewährleistet das System eine gewisse Reihenfolge, die alle Prozesse sehen.

Orca integriert gemeinsame Daten und Synchronisation auf eine Weise, die es bei seitenbasierten DSM-Systemen nicht gibt. Zwei Arten der Synchronisation sind in parallelen Programmen erforderlich. Die erste ist die Synchronisation durch gegenseitigen Ausschluß, um zwei Prozesse daran zu hindern, gleichzeitig dieselbe kritische Region auszuführen. In Orca entspricht jede Operation auf ein gemeinsames Objekt einer kritischen Region, weil das System gewährleistet, daß das Endergebnis genauso ist, als wären alle kritischen Regionen gleichzeitig (d.h. sequentiell) ausgeführt. In dieser Hinsicht entspricht ein Orca-Objekt der verteilten Form eines Überwachungsprogramms (Hoare, 1975).

Die zweite Variante ist die Bedingungssynchronisation, bei der ein Prozeß wartet, bis eine bestimmte Bedingung eintritt. In Orca wird die Bedingungssynchronisation mit Guards umgesetzt. In dem Beispiel von Abb. 8.42 wird ein Prozeß, der versucht, ein Element aus einem leeren Stapel zu werfen, solange unterbrochen, bis der Stapel nicht mehr leer ist.

Das Orca-Laufzeitsystem handhabt die Replikation, Migration und Konsistenz von Objekten und den Aufruf von Operationen. Ein Objekt kann sich in einem von zwei Zuständen befinden: Einzelkopie oder Replikat. Ein Objekt mit dem Zustand einer Einzelkopie existiert nur auf einer Maschine, so daß alle entsprechenden Anfragen dorthin gesendet werden. Ein Replikat ist auf allen Maschinen vorhanden, auf denen es von einem Prozeß benutzt wird. Dadurch vereinfachen sich Leseoperationen (weil sie lokal ausgeführt werden können), allerdings zum Preis aufwendigerer Aktualisierungen. Wird eine Operation ausgeführt, die ein repliziertes Objekt modifiziert, muß sie zuerst eine Folgenummer von einem dafür zuständigen, zentralen Prozeß einholen. Dann wird eine Nachricht an jede Maschine gesendet, die eine Kopie des Objekts besitzt, womit sie angewiesen werden, die Operation auszuführen. Da alle Aktualisierungen dieser Art Folgenummern haben, führen alle Maschinen die Operationen einfach in dieser Abfolge aus, so daß sequentielle Konsistenz gewährleistet ist.

Globe

Die meisten DSM-, Linda- und Orca-Implementierungen laufen auf lokalen Systemen, d.h. innerhalb eines Gebäudes oder Campus. Es ist aber auch möglich, ein System mit gemeinsamem Speicher auf Anwendungsebene für ein Mehrrechnersystem zu entwickeln, das weltweit läuft. Eines dieser Systeme ist Globe, bei dem ein Objekt im Adreßraum mehrerer Prozesse gleichzeitig, möglicherweise in unterschiedlichen Kontinenten, auffindbar ist (Kermarrec u.a., 1998; Van Stehen u.a., 1999). Um auf die Daten eines gemeinsamen Objekts zuzugreifen, müssen Benutzerprozesse seine Methoden durchlaufen, so daß verschiedene Objekte über unterschiedliche Implementierungsstrategien verfügen können. Bei einer Variante kann beispielsweise eine Einzelkopie von Daten dynamisch bei Bedarf angefordert werden (gut geeignet bei Daten, die häufig von einem einzigen Besitzer aktualisiert werden). Bei einer weiteren Variante befinden sich alle Daten in jeder Kopie des Objekts, und Aktualisierungen werden über ein zuverlässiges Multicast-Protokoll versendet.

Was Globe auf gewisse Weise ehrgeizig erscheinen läßt, ist sein Ziel, auf eine Milliarde Benutzer und eine Trillion (möglicherweise mobiler) Objekte zu skalieren. Das Auffinden und Verwalten von Objekten und die Skalierung sind kritische Aspekte. Globe bewältigt sie über ein allgemeines Rahmenwerk, bei dem jedes Objekt zusätzlich zu den globalen auch über seine eigenen Strategien in bezug auf Replikation, Sicherheit usw. verfügt. Dies vermeidet das Problem mit der Größe, in die alles hineinpassen muß, mit dem andere Systeme zu kämpfen haben. Gleichzeitig wird durch gemeinsamen Speicher eine bequeme Programmierung geboten.

Weitere über WANs verteilte Systeme sind z.B. Globus (Foster und Kesselman, 1998a; Foster und Kesselman, 1998b) und Legion (Grimshaw und Wulf, 1996; Grimshaw und Wulf, 1997). Sie bieten aber nicht die Illusion eines gemeinsamen Speichers wie Globe.

8.5 Zusammenfassung

Parallelrechner lassen sich in zwei Hauptkategorien unterteilen: SIMD und MIMD. SIMD-Maschinen führen je eine Instruktion parallel auf viele Datenmengen aus. Zu diesen Typen zählen Arrayprozessoren und Vektorrechner. MIMD-Maschinen, die beim parallelen Rechnen vorherrschen, führen verschiedene Programme auf verschiedenen Maschinen aus. MIMD-Maschinen lassen sich in zwei Gruppen gliedern: Mehrprozessorsysteme, die sich einen Primärspeicher teilen, und Mehrrechnersysteme, bei denen das nicht zutrifft. Beide Systemarten haben CPUs und Speichermodule, die über verschiedene Hochgeschwindigkeitsnetze verbunden werden. Über diese Netze tauschen CPUs und Speicher sowie CPUs untereinander Anfrage- und Antwortpakete aus. Es sind viele Topologien bekannt, darunter Gitter, Torus, Ring und Hyperwürfel.

Bei allen Mehrprozessorsystemen ist einer der wichtigsten Faktoren das zur Wahrung der Speicherkonsistenz unterstützte Modell. Übliche Modelle sind z.B. sequentielle Konsistenz, Prozessorkonsistenz, schwache Konsistenz und Freigabekonsistenz. Mehrprozessorsysteme lassen sich unter anderem mit einem Snooping-Bus realisieren, z.B. mit Hilfe des MESI-Protokolls. Ferner sind Designs mit Kreuzschienen und Vermittlungsnetzen möglich. Weitere Möglichkeiten sind auf Verzeichnissen basierte NUMA- und COMA-Maschinen.

Mehrrechnersysteme lassen sich grob in MPPs und COWs unterteilen, obwohl die Grenzen eher willkürlich sind. Ein MPP ist ein riesiges kommerzielles System, z.B. die Cray T3E oder Intel/Sandia Option Red. Diese Systeme nutzen herstellereigene Hochgeschwindigkeitsverbindungen. Demgegenüber wird ein COW-System aus kommerziellen Standardkomponenten gebaut, z.B. Ethernet, ATM oder Myrinet.

Mehrrechnersysteme werden häufig mit Hilfe eines Nachrichtenaustauschpakets programmiert, z.B. PVM oder MPI. Diese beiden Produkte unterstützen Bibliotheksaufrufe zum Senden und Empfangen von Nachrichten und viele weitere Optionen. Beide setzen auf das vorhandene Betriebssystem auf.

Ein anderer Ansatz ist die Verwendung eines gemeinsamen Speichers auf Anwendungsebene, z.B. das seitenbasierte DSM-System, ein Tupelraum wie in Linda oder Objekte wie in Orca und Globe. DSM simuliert einen gemeinsamen Speicher auf Seitenebene, so daß es einer NUMA-Maschine ähnelt, allerdings mit einem viel größeren Overhead bei entfernten Referenzen. Linda, Orca und Globe schaffen beim Benutzer die Illusion eines (eingeschränkten) gemeinsamen Speichers unter Verwendung von Tupeln, lokalen Objekten bzw. globalen Objekten.

8.6 Aufgaben

1. Eines Morgens ruft die Königin eines gewissen Bienenstocks alle ihre Arbeiterbienen zusammen und teilt ihnen mit, daß an diesem Tag Ringelblumennektar zu sammeln ist. Die Arbeiterinnen fliegen in verschiedene Richtungen von dannen und suchen nach Ringelblumen. Handelt es sich hier um ein SIMD- oder ein MIMD-System?

2. Berechnen Sie für jede in Abb. 8.4 dargestellte Topologie den Durchmesser des Netzes.

3. Ermitteln Sie für jede in Abb. 8.4 dargestellte Topologie das Maß an Fehlertoleranz, definiert als maximale Anzahl von Verbindungen, die verlorengehen können, ohne das Netz in zwei Teile zu teilen.

4. Betrachten Sie die doppelte Torustopologie von Abb. 8.4(f), jedoch erweitert auf eine Größe von $k \times k$. Wie groß ist der Durchmesser des Netzes? *Hinweis*: Betrachten Sie ungerade k und gerade k getrennt.

5. Ein Verbindungsnetz hat die Form eines Würfels von $8 \times 8 \times 8$. Jede Verbindung hat eine Vollduplex-Bandbreite von 1 Gbyte/s. Wie hoch ist die Bisektionsbandbreite des Netzes?

6. Bei einem Verbindungsnetz in der Form eines rechteckigen Gitters, das vier Switches breit und drei Switches hoch ist, beginnen Pakete in der oberen linken Ecke und fließen in Richtung untere rechte Ecke, wobei sie eine von mehreren verschiedenen Routen wählen können. Numerieren Sie die obere Switch-Reihe mit 1 bis 4, die nächste Reihe mit 5 bis 8 und die untere Reihe mit 9 bis 12. Führen Sie alle Routen auf, über die sich Pakete nur nach rechts oder unten bewegen, beginnend bei 1 und endend bei 12.

7. Amdahls Gesetz beschreibt die Begrenzung der potentiell erreichbaren Beschleunigung eines Parallelrechners. Berechnen Sie die maximal mögliche Beschleunigung als Funktion von f im Zuge der Annäherung der CPU-Anzahl an unendlich. Welche Auswirkungen hat diese Grenze auf $f = 0.1$?

8. Abb. 8.10 zeigt, daß die Skalierung bei einem Bus fehlschlägt, bei einem Gitter aber erfolgreich ist. Wir nehmen an, daß jeder Bus oder jede Verbindung eine Bandbreite b hat. Berechnen Sie die durchschnittliche Bandbreite pro CPU für jeden der vier Fälle. Dann skalieren Sie jedes System auf 64 CPUs und wiederholen die Berechnungen. Was ist die Grenze im Zuge der Annäherung der CPU-Anzahl an unendlich?

9. Die Firma 2D Computer verfügt über ein Produkt, das sich aus n speicherseits getrennten Computern zusammensetzt, die in einem Quadratgitter angeordnet sind. Eines nachts hat der Leiter der Abteilung für Topologieentwicklungen eine Idee für ein neues Produkt: ein dreidimensionales Gitter, bei dem die n Prozessoren in einem perfekten Würfel angeordnet sind (z.B. ist das mit 4096 möglich).

   a. Welchen Einfluß hat diese Änderung auf die Verzögerung im schlechtesten Fall?

   b. Welchen Einfluß hat diese Änderung auf die gesamte Bandbreite?

10. In der Beschreibung der Modelle zur Wahrung der Speicherkonsistenz wurde behauptet, daß ein Konsistenzmodell als eine Art von Vertrag zwischen Software und Speicher betrachtet werden kann. Warum ist ein solcher Vertrag erforderlich?

11. Ein Vektorprozessor wie die Cray-1 verfügt über arithmetische Einheiten mit vierstufigen Pipelines. Jede Stufe dauert 1 ns. Wie lange dauert es, zwei Vektoren mit je 1024 Elementen hinzuzufügen?
12. Gegeben sei ein Mehrprozessorsystem mit einem gemeinsam genutzten Bus. Was passiert, wenn zwei Prozessoren versuchen, genau im selben Augenblick auf den globalen Speicher zuzugreifen?
13. Gegeben sei ein Snooping-Cache, der aus technischen Gründen Adreßleitungen, aber keine Datenleitungen beschnüffeln kann. Würde sich diese Änderung auf das *Write-Through*-Protokoll auswirken?
14. Als einfaches Modell eines busbasierten Mehrprozessorsystems ohne Caching stellen Sie sich vor, daß jeweils eine von vier Instruktionen auf den Speicher zugreift und eine Speicherreferenz den Bus über eine ganze Instruktionszeit belegt. Bei besetztem Bus wird die anfragende CPU in eine FIFO-Warteschlange gestellt. Um wieviel schneller würde ein 64-CPU-System gegenüber einem 1-CPU-System laufen?
15. Das MESI-Protokoll für Cache-Kohärenz definiert vier Zustände. Andere gleichartige Protokolle kennen nur drei Zustände. Welchen der vier MESI-Zustände könnte man opfern, und welche Folgen würden sich bei jeder Wahl ergeben? Wenn Sie nur drei Zustände wählen müßten, welche wären das?
16. Gibt es irgendwelche Situationen beim MESI-Protokoll für Cache-Kohärenz, in denen eine Cache-Zeile im lokalen Cache vorhanden ist, trotzdem aber eine Bustransaktion nötig ist? Erläutern Sie Ihre Antwort.
17. Angenommen, ein gemeinsamer Bus hat n CPUs. Die Wahrscheinlichkeit, daß eine der CPUs versucht, den Bus in einem bestimmten Zyklus zu benutzen, ist p. Wie stehen die Chancen, daß
    a. der Bus untätig ist (0 Anfragen)?
    b. genau eine Anfrage gestellt wird?
    c. mehr als eine Anfrage gestellt wird?
18. Die CPUs der Sun Enterprise 10000 sind auf 333 MHz getaktet, die Snooping-Busse laufen aber nur mit 83,3 MHz. Bei 64 CPUs ist klar, daß die Busse die Last nicht bewältigen können. Trotzdem funktioniert die Maschine. Erklären Sie den Grund.
19. Im Textteil wurde berechnet, daß die Kapazität des Kreuzschienenschalters ausreicht, um 167 Millionen Snooping-Aktionen/s durchzuführen, wenn 16 Platinen an ihn angeschlossen sind, sogar wenn man berücksichtigt, daß durch den Konkurrenzbetrieb um Zugriff die praktische Bandbreite auf 60% des theoretischen Werts sinkt. Kann eine kleine Enterprise 10000 mit nur vier Platinen (16 CPUs) immer noch mit voller Geschwindigkeit laufen?

20. Angenommen, das Kabel zwischen Switch 2A und Switch 3B im Omega-Netz bricht. Wer wird von wem getrennt?

21. Speicherreferenzen, auf die besonderes viele Referenzen ausgeführt werden (»Hot Spots«) stellen in mehrstufigen Vermittlungsnetzen deutlich ein Problem dar. Sind sie auch in busbasierten Systemen ein Problem?

22. Ein Omega-Vermittlungsnetz verbindet 4096 RISC-CPUs, die je eine Zykluszeit von 60 ns haben, mit 4096 unendlich schnellen Speichermodulen. Die Vermittlungselemente haben jeweils eine Verzögerung von 5 ns. Wie viele Verzögerungsschlitze werden von einer LOAD-Instruktion benötigt?

23. Betrachten Sie eine Maschine mit einem Omega-Vermittlungsnetz wie die in Abb. 8.28. Angenommen, das Programm und der Stapel für Prozessor i werden in Speichermodul i geführt. Schlagen Sie eine geringfügige Änderung in der Topologie vor, die zu einem großen Leistungsunterschied führt (die IBM RP3 und BBN Butterfly nutzen diese modifizierte Topologie). Welchen Nachteil hat Ihre neue Topologie im Vergleich zum Original?

24. Bei einem NUMA-Mehrprozessorsystem dauern lokale Speicherreferenzen 20 ns und entfernte 120 ns. Ein Programm führt während seiner Ausführung insgesamt N Speicherreferenzen durch, davon 1% auf eine Seite P. Diese Seite ist anfangs entfernt, und es dauert C ns, um sie lokal zu kopieren. Unter welchen Bedingungen sollte die Seite dorthin kopiert werden, wenn keine besondere Benutzung durch andere Prozessoren vorliegt?

25. Ein DASH-System hat einen Speicher von b Byte, verteilt auf n Cluster. Jeder Cluster enthält p Prozessoren. Die Größe der Cache-Zeilen beträgt c Byte. Entwickeln Sie eine Formel für die gesamte Speichermenge, die Verzeichnissen gewidmet wird (ausschließlich der beiden Zustandsbits pro Verzeichniseintrag).

26. Betrachten Sie ein CC-NUMA-Mehrprozessorsystem wie das in Abb. 8.30, jedoch mit 512 Knoten von je 8 Mbyte. Welcher prozentuale Overhead ergibt sich durch die Verzeichnisse bei Cache-Zeilen von 64 Byte? Erhöht sich der Overhead mit zunehmender Anzahl an Knoten bzw. sinkt er oder bleibt er gleich?

27. Welche Operation ist der schlechteste Fall (am zeitintensivsten) bei SCI?

28. Ein auf SCI basierter Mehrprozessor hat 63 Knoten, eine 32 Byte große Cache-Zeile und einen Adreßraum von insgesamt 2^{32} Byte. Der Cache in jedem Knoten ist 1 Mbyte. Wie viele Bytes werden in jedem Cache-Verzeichnis benötigt?

29. Schlagen Sie eine Änderung der NUMA-Q-2000-Implementierung dahingehend vor, daß 64 statt 63 Knoten möglich sind. Warum hat Sequent Ihrer Meinung nach als Höchstzahl 63 und nicht 64 gewählt?

30. Im Textteil wurden drei Varianten von `send` beschrieben: synchron, blockierend und nicht blockierend. Nennen Sie eine vierte Methode, die dem blockierenden `send` ähnelt, aber etwas andere Eigenschaften aufweist. Führen Sie einen Vorteil und einen Nachteil Ihrer Methode im Vergleich zum blockierenden `send` auf.

31. Betrachten Sie ein Mehrrechnersystem, das in einem Netz mit Hardware-Broadcasting läuft, z.B. Ethernet. Warum spielt das Verhältnis zwischen Leseoperationen (diejenigen, die keine internen Zustandsvariablen aktualisieren) und Schreiboperationen (diejenigen, die interne Zustandsvariablen aktualisieren) eine Rolle?

32. Viele der Faktoren beim Mehrprozessordesign sind auch für gemeinsame Speicher auf Anwendungsebene relevant. Einer davon betrifft die Methode der Invalidierung gegenüber der Aktualisierung. Welche Methode wird beim Orca-System angewandt?

9

Leseliste und Bibliographie

In den Kapitel 1 bis 8 wurden zahlreichen Themen in unterschiedlichen Einzelheiten behandelt. Aus Platzmangel wurden einige Themen weniger ausführlich behandelt als andere. In diesem Kapitel finden Sie Vorschläge über weiterführende Literatur (9.1) und ein alphabetisches Verzeichnis der in diesem Buch herangezogenen Literatur (9.2).

9.1 Lesenswerte Literatur

9.1.1 Einführung und allgemeine Werke

Hamacher u.a., *Computer Organization*, 4. Aufl.
Traditionelles Lehrbuch über Computer-Organisation (CPU, Speicher, E/A, Arithmetik und Peripherie). Die Beispiele basieren hauptsächlich auf 68000 und PowerPC.

Hayes, *Computer Architecture and Organization*, 3. Aufl.
Weiteres traditionelles Lehrbuch über Computer-Organisation, wie Hamacher u.a., jedoch mit stärkerem Hang zu Hardware. Themenschwerpunkt: CPU, Datenweg, Mikroprogrammierung, Pipelines, Speicherorganisation und E/A.

Patterson, und Hennessy, *Computer Organization and Design*, 2. Aufl.
Mit fast 1000 Seiten bietet dieses monumentale Buch umfassendes Material über Computer-Architektur, insbesondere das Design von RISC-CPUs. Schwerpunktmäßig wird behandelt, wie man durch Pipeling und andere Techniken hohe Leistung erreichen kann.

Price, »A History of Calculating Machines«
Moderne Computer fanden mit Babbage im 19. Jahrhundert ihren Anfang, der Mensch rechnet aber schon seit Anbeginn der Zivilisation. Dieser faszinierende Artikel folgt den Spuren der Geschichte von Mathematik und Rechnen vom 3. Jahrhundert v. Chr. bis zum Beginn des 20. Jahrhunderts.

Slater, *Portraits in Silicon*
Warum hat Dennis Ritchie seine Doktorarbeit nicht an der Harvard abgegeben? Warum wurde Steve Jobs zum Vegetarier? Die Antworten liegen in diesem faszinierenden Buch mit Kurzbiographien von 34 Persönlichkeiten, von Charles Babbage bis Donald Knuth, die die Computer-Industrie nachhaltig geprägt haben.

Stallings, *Computer Organization and Architecture*, 4. Aufl,
Allgemeines Lehrbuch über Computer-Architektur, dessen Themen teilweise auch in diesem Buch abgedeckt werden.

Wilkes, *Computers Then and Now*
Eine persönliche Geschichte über Computer von 1946 bis 1968 von einem der Pioniere im Computer-Design und Erfinder der Mikroprogrammierung. Wilkes schreibt über die frühen Kämpfe zwischen den »Raumkadetten« der automatischen Programmierung (Compiler vor der FORTRAN-Ära) und den Traditionalisten, die nicht von der oktalen Programmierung lassen wollten.

9.1.2 Lektüre zur Organisation von Computersystemen

Ng, *Advances in Disk Technology: Performance Issues*
Das Ende der Magnetplatte wird seit 20 Jahren vorausgesagt, es gibt sie aber immer noch. Diesem Dokument zufolge wird sie zügig weiterentwickelt, so daß es sie noch Jahre geben wird.

Messmer, *The Indispensible PC Hardware Book*, 3. Aufl.
Mit 1384 Seiten (in 36 Kapitel und 13 Anhänge gegliedert) mag man dieses Buch für entbehrlich halten oder nicht; jedenfalls ist es dick. Es deckt ungefähr alles, von 80x86-Prozessoren, Speichern, Bussen, Zusatzchips und Peripherie, bis ins größte Detail ab. Wer das Buch von Norton und Goodman (nächster Eintrag) gelesen hat und mit der nächsten Stufe weitermachen möchte, dem empfiehlt sich dieses Buch.

Norton, und Goodman, *Inside the PC*, 7. Aufl.
Die meisten Bücher über PC-Hardware werden für Elektrotechniker geschrieben und sind für softwareorientierte Leute schwer lesbar. Nicht so dieses hier. Es beschreibt PC-Hardware technisch ausführlich, aber verständlich. Themenschwerpunkte: CPUs, Speicher, Busse, Platten, Monitore, E/A-Geräte, mobile PCs, Vernetzung und mehr. Ein seltenes, lesenswertes Werk.

Pilgrim, *Build Your Own Pentium II PC*
Wenn Sie sich zur Gilde derjenigen erheben möchten, die mit Schraubendreher und Bauteilen ihren eigenen Computer bauen, lesen Sie dieses Buch. Es beschreibt ausführlich alle PC-Komponenten, wie sie funktionieren und welche Alternativen es gibt.

9.1.3 Lektüre zur digitalen logischen Ebene

Floyd, *Digital Fundamentals*, 6. Aufl.
Für hardwareorientierte Leser, die ihr Studium der digitalen logischen Ebene erweitern wollen, empfiehlt sich dieses riesige, gut illustrierte Buch im Vierfarbdruck als wertvolle Grundlage.

Katayama, *Trends in Semiconductor Memories*
Speicher sind zwar nicht so schnell wie CPUs, die Speichertechnik schläft aber nicht. In diesem Artikel werden viele Neuentwicklungen der DRAM-Technologie beschrieben.

Mano und Kime, *Logic and Computer Design Fundamentals*
Dieses Buch weist nicht das elegante Layout von Floyds Buch auf, ist aber ein gleichwertiger Leitfaden für die digitale logische Ebene. Es deckt Kombinations- und sequentielle Schalttechniken, Register, Speicher, CPU-Designs und E/A ab.

Mazidi und Mazidi, *The 80x86 IBM PC and Compatible Computers*, 2. Aufl.
Wer sich insbesondere für Chips interessiert, die in einem PC stecken können, ist mit diesem Buch gut bedient. Es beschreibt alle wichtigen Chips sowie die IBM-PC-Hardware und Programmierung in Assemblersprache.

McKee u.a., *Smarter Memory: Improving Bandwidth for Streamed References*
Gegenüber CPUs haben sich Speicher im Lauf der Jahrzehnte verlangsamt. In diesem Dokument werden verschiedene Fragen in bezug auf Speicherleistung mit einer möglichen Lösung beschrieben.

Nelson u.a., *Digital Logic and Circuit Analysis and Design*
Ein weiteres umfassendes Buch über digitale Logik, das Kombinations- und sequentielle Schalttechniken im Detail abdeckt.

Triebel, *The 80386, 80486, and Pentium Processor*
Dieses Buch läßt sich nicht leicht einstufen, weil es Hardware, Software und Schnittstellen abdeckt. Da der Autor bei Intel arbeitet, lassen wir es als Hardware-Buch gelten. Auf 915 Seiten werden Prozessoren, Speicher, E/A-Geräte und Schnittstellen für 80-x86-Chips beschrieben.

9.1.4 Lektüre zur Mikroarchitekturebene

Handy, *The Cache Memory Book*, 2. Aufl.
Das Cache-Design ist so wichtig, daß es inzwischen zahlreiche Bücher darüber gibt. Dieses beschreibt logische gegenüber physischen Caches, Zeilengrößen, verschiedene Methoden wie Write-Through gegenüber Write-Back, und Software-Aspekte. Ein ganzes Kapitel wurde der Cache-Kohärenz in Mehrprozessorsystemen gewidmet.

Johnson, *Superscalar Microprocessor Design*
Für Leser, die an den Details superskalarer CPU-Designs interessiert sind, ist dieses Buch ein guter Ausgangspunkt. Es behandelt Einlesen und Dekodieren von Instruktionen, Fragen in bezug auf die Ausführung von Instruktionen außer der Reihe, Umbenennung von Registern, Reservierungsstationen, Sprungvorhersage und viele weitere wichtige Themen.

Normoyle u.a., *UltraSPARC IIi: Expanding the Boundaries of a System on a Chip*
Die UltraSPARC IIi ist eine PCI-Busversion der UltraSPARC II. Die Designer beschreiben in diesem Dokument, wie sie funktioniert.

McGhan und O'Connor, *picoJava: A Direct Execution Engine for Java Bytecode*
Dieses Dokument bietet eine gute Grundlage als kurze Einführung in die Mikroarchitektur des picoJava-Designs (d.h. des microJava-701-Chips). Beschrieben werden u.a. Blockdiagramme, Pipelines und verschiedene Optimierungen.

Shriver und Smith, *The Anatomy of a High-Performance Microprocessor: A Systems Perspective*
Dieses Buch untersucht einen modernen CPU-Chip auf der Mikroarchitekturebene. Beschrieben wird der AMD-K6-Chip, ein Pentium-Klon, mit Schwerpunkt auf Pipelining, Instruktionsterminierung und Leitungsoptimierung.

Sima, *Superscalar Instruction Issues*
Fragen über superskalare Instruktionen werden in modernen CPUs immer wichtiger. Einige in diesem Buch nur angeschnittene Fragen werden in diesem Dokument ausführlich beschrieben.

Wilson, *Challenges and Trends in Processor Design*
Gibt es überhaupt noch Prozessordesign? Ganz gewiß! Sechs CPU-Spitzenarchitekten von Sun, Cyrix, Motorola, Mips, Intel und Digital beschreiben hier, wohin das CPU-Design ihrer Meinung nach in den nächsten Jahren führen wird. Heute eine lesenswerte, im Jahr 2008 sicherlich eine höchst amüsante Lektüre.

9.1.5 Lektüre zur ISA-Ebene

Antonakos, *The Pentium Microprocessor*
Die ersten neun Kapitel dieses Buchs befassen sich mit der Programmierung des Pentium in Assemblersprache, die letzten beiden mit der Pentium-Hardware. Es enthält außerdem Code-Fragmente und eine umfassende BIOS-Beschreibung.

Paul, *SPARC Architecture, Assembly Language, Programming, and C*
Wunder über Wunder! Hier ist ein Buch über Programmierung in Assemblersprache, das nichts mit der Intel-Familie 80x86 zu tun hat, sondern von der SPARC ausgeht.

Weaver und Germond, *The SPARC Architecture Manual, Version 9*
Im Zuge der zunehmenden Internationalisierung der Computer-Industrie werden Standards wichtiger denn je, deshalb sollte man sie kennen. Diese Definition der SPARC-Version 9 vermittelt einen guten Hintergrund über den Standard und die Funktionsweise der 64-Bit-SPARC.

9.1.6 Lektüre zur Ebene der Betriebssystemmaschine

Hart, *Win32 System Programming*, Reading
Im Gegensatz zu fast allen anderen Büchern über Windows taucht dieses hier nicht in die grafische Benutzeroberfläche ab, ja erwähnt sie nicht einmal. Es konzentriert sich vielmehr auf Systemaufrufe unter Windows und deren Benutzung für Dateizugriff, Speicherverwaltung, Prozeßverwaltung, prozeßübergreifende Kommunikation, Threads, E/A und andere Themen.

Jacob und Mudge, *Virtual Memory: Issues of Implementation*
Hier findet der Leser eine gute, moderne Einführung in virtuelle Speicher. Die Autoren erklären verschiedene Seitentabellen- und TLB-Strukturen sowie das Konzept für MIPS-, PowerPC- und Pentium-Prozessoren.

Korn, *Porting UNIX to Windows NT*
Hier beschreibt ein kompetenter Autor, warum das Portieren von Unix nach NT nicht so leicht ist, wie man vielleicht vermutet, obwohl NT derart viele Systemaufrufe hat.

McKusick u.a., *The Design and Implementation of the 4.4 BSD Operating System*
Anders als die meisten Bücher über Unix beginnt dieses hier mit einem Foto der vier Autoren in einer USENIX-Konferenz. Drei von ihnen schrieben viel über 4.4 BSD und gelten als Meister auf diesem Gebiet. Das Buch beschreibt u.a. Systemaufrufe, Prozesse, E/A und Vernetzung.

Ritchie und Thompson, *The UNIX Time-Sharing System*
Das ist das veröffentlichte Originaldokument über Unix, das sich immer noch zu lesen lohnt. Aus diesem kleinen Samen hat sich ein ausgezeichnetes Betriebssystem entwickelt.

Solomon, *Inside Windows NT*, 2. Aufl.
Für alle, die wissen möchten, wie das NT-Innenleben funktioniert, ist das eines der besten Bücher. Es behandelt Systemarchitektur, Systemmechanismen, Prozesse, Threads, Speicherverwaltung, Sicherheit, E/A, Caches, Dateisystem und viele andere Themen.

Tanenbaum und Woodhull, *Operating Systems: Design and Implementation*, 2. Aufl.
Im Gegensatz zu den meisten Büchern über Betriebssysteme, die sich nur mit der Theorie befassen, deckt dieses hier alle relevanten Theorien ab und illustriert sie anhand echter Codes des Unix-ähnlichen Betriebssystems MIMIX, das auf dem IBM-PC und anderen Rechnern läuft. Ein Anhang enthält den mit zahlreichen Kommentaren versehenen Quellcode.

9.1.7 Lektüre zur Ebene der Assemblersprache

Irvine, *Assembly Language for Intel-Based Computers*, 3. Aufl.
Die Programmierung von Intel-CPUs in Assemblersprache ist das Thema dieses Buchs, das auch E/A-Programmierung, Makros, Dateien, Verknüpfungen, Interrupts und viele damit zusammenhängende Themen abdeckt.

Saloman, *Assemblers and Loaders*
Alles, was man über Assembler sowie Binder und Lader wissen muß, wird in diesem Buch beschrieben.

9.1.8 Lektüre zur Architektur von Parallelrechnern

Adve und Gharachorloo, *Shared Memory Consistency Models: A Tutorial*
Viele moderne Computer, insbesondere Mehrprozessorsysteme, unterstützen ein im Vergleich zur sequentiellen Konsistenz schwächeres Speichermodell. Dieses Lehrbuch behandelt verschiedene Modelle und ihre Funktionsweise. Außerdem werden zahlreiche Mythen über schwach konsistente Speicher abgebaut.
Almasi und Gottlieb, *Highly Parallel Computing*, 2. Aufl.

Dieses Buch bietet einen guten Einblick in paralleles Rechnen, einschließlich Verbindungsnetze, Architektur, Compiler, Modelle und Anwendungen. Die Autoren haben eine gute Ausgewogenheit zwischen Hardware, Software und Anwendungen gefunden.

Hill, *Multiprocessors Should Support Simple Memory-Consistency Models*
Gelockerte Speichersemantik ist ein viel diskutiertes Thema in bezug auf das Design von Speichern für Mehrprozessorsysteme. Schwächere Modelle erlauben gewisse Hardware-Optimierungen, z.B. Speicherreferenzen außer der Reihe. Die Autoren diskutieren viele Fragen bezüglich Speicherkonsistenz und ziehen eine interessante Schlußfolgerung.

Hwang und Xu, *Scalable Parallel Computing*
Den Autoren ist mit diesem Buch eine umfassende, gut lesbare Beschreibung über paralleles Rechnen gelungen, wobei sie Software- und Hardware-Aspekte behandeln.

Pfister, *In Search of Clusters*, 2. Aufl.
Die Definition eines Clusters (ein Bündel zusammenarbeitender Computer) folgt zwar erst auf Seite 72, beinhaltet aber scheinbar alle üblichen Mehrprozessor- und Mehrrechnersysteme. Der Autor beschreibt Hardware, Software, Leistung und Verfügbarkeit beider Welten. Ist man auf Seite 500 angekommen, empfindet man den salopp-witzigen Schreibstil des Autors allerdings nur noch als Ärgernis.

Snir u.a., *MPI: The Complete Reference Manual*
Der Titel sagt alles: Wer MPI-Programmierung lernen will, hat mit diesem das richtige Buch gefunden. Es deckt Punkt-zu-Punkt- und kollektive Kommunikation, Communicators, Umgebungsverwaltung und viele weitere Themen ab.

Stenstrom u.a., Trends in Shared Memory Multiprocessing«
Obwohl man sich Mehrprozessorsysteme mit gemeinsamer Speichernutzung vorwiegend als Supercomputer für massive wissenschaftliche Berechnungen vorstellt, hat dieser Anwendungsbereich nur einen winzigen Marktanteil. Die Autoren diskutieren, wo der Markt für diese Maschinen wirklich liegt und welchen Einfluß dies auf ihre Architektur hat.

9.1.9 Lektüre zu Binär- und Gleitkommazahlen

Cody, *Analysis of Proposals for the Floating-Point Standard*
Vor einigen Jahren wurde die von der IEEE entwickelte Gleitkommaarchitektur zum De-facto-Standard für alle modernen CPU-Chips. Der Autor diskutiert alle wichtigen Fragen in Zusammenhang mit dem Standardisierungsprozeß.

Garner, *Number Systems and Arithmetic*
Dieses Lehrbuch beschreibt ausgefeilte Konzepte für Binärarithmetik und wird jedem empfohlen, der alles über arithmetische Berechnungen zu wissen glaubt.

IEEE, *Proc. of the n-th Symposium on Computer Arithmetic*
Im Gegensatz zur landläufigen Meinung ist Arithmetik ein aktiver Forschungsbereich, in dem zahlreiche wissenschaftliche Abhandlungen für und von Experten geschrieben werden. Diese Reihe präsentiert Neuerungen auf dem Gebiet der Hochgeschwindigkeitsaddition und -multiplikation, VLSI-Arithmetik-Hardware, Coprozessoren, Fehlertoleranz, Runden usw.

Knuth, *The Art of Computer Programming: Seminumerical Algorithms*, 3. Aufl.
Dieses Material sollte eingehend studiert werden, denn es bietet viel Wissenswertes über Stellenzahlensysteme, Gleitkommaarithmetik, Arithmetik mit mehrfacher Genauigkeit und Zufallszahlen.

Wilson, *Floating-Point Survival Kit*
Der Autor bietet eine angenehme Einführung in Gleitkommazahlen und Standards für alle, die glauben, die Welt höre bei 65.535 auf. Einige bekannte Gleitkomma-Benchmarks, darunter *Linpack*, werden ebenfalls behandelt.

9.2 Literaturverzeichnis

Adams, G. B. III, Agrawal, D. P. und Siegel, H. J.: »A Survey and Comparison of Fault-Tolerant Multistage Interconnection Networks«, *IEEE Computer Magazine*, Band 20, S. 14–17, Juni 1987

Adve, S. V. und Gharachorloo, K.: »Shared Memory Consistency Models: A Tutorial«, IEEE Computer Magazine, Band 29, S. 66–76, Dez. 1996

Adve, S. V. und Hill, M.: »Weak Ordering: A New Definition«, *Proc. 17th Ann. Int'l. Symp. on Computer Arch.*, ACM, S. 2–14, 1990

Agerwala, T. und Cocke, J.: »High Performance Reduced Instruction Set Processors«, IBM T. J. Watson Research Center Technical Report RC12434, 1987

Almasi, G. S. und Gottlieb, A.: *Highly Parallel Computing*, 2. Aufl., Redwood City, CA, Benjamin/Cummings, 1994

Amza, C., Cox, A., Dwarkadas, S., Keleher, P., Lu, H., Rajamony, R., Yu, W., Zwaenepoel, W.: »TreadMarks: Shared Memory Computing on a Network of Workstations«, *IEEE Computer Magazine*, Band 29, S. 18–28, Feb. 1996

Anderson, D.: *Universal Serial Bus System Architecture*, Reading, MA, Addison-Wesley, 1997

Anderson, T. E., Culler, D. E., Patterson, D. A. und das NOW-Team: »A Case for NOW (Networks of Workstations),» *IEEE Micro Magazine*, Band 15, S. 54–64, Feb. 1995

Antonakos, J. L.: *The Pentium Microprocessor*, Upper Saddle River, NJ, Prentice Hall, 1997

August, D. I., Connors, D. A., Mshlke, S. A., Sias, J. W., Crozier, K. M., Cheng, B.-C., Eaton, P. R., Olaniran, Q. B. und Hwu, W.-M.: »Integrated Predicated and Speculative Execution in the IMPACT EPIC Architecture«, *Proc. 25th Ann. Int'l. Symp. on Computer Arch.*, ACM, S. 227–237, 1998

Bal, H. E.: *Programming Distributed Systems*, Hemel Hempstead, England, Prentice Hall Int'l., 1991

Bal, H. E., Bhoedjang, R., Hofman, R., Jacobs, C., Langendoen, K., Ruhl, T. und Kaashoek, M. F.: »Performance Evaluation of the Orca Shared Object System«, *ACM Trans. on Computer Systems*, Band 16, S. 1–40, Feb. 1998

Bal, H. E., Kaashoek, M. F. und Tanenbaum, A. S.: »Orca: A Language for Parallel Programming of Distributed Systems«, *IEEE Trans. on Software Engineering*, Band 18, S. 190–205, März 1992

Bal, H. E. und Tanenbaum, A. S.: »Distributed Programming with Shared Data«, *Proc. 1988 Int'l. Conf. on Computer Languages*, IEEE, S. 82–91, 1988

Bhuyan, L. N., Yang, Q. und Agrawal, D. P.: »Performance of Multiprocessor Interconnection Networks«, *IEEE Computer Magazine*, Band 22, S. 25–37, Feb. 1989

Bjornson, R. D.: »Linda on Distributed Memory Multiprocessors«, Dissertation, Yale Univ., 1993

Blumrich, M. A., Dubnicki, C., Felten, E. W., Li, K. und Mesarina, M. R.: »Virtual Memory Mapped Network Interfaces«, *IEEE Micro Magazine*, Band 15, S. 21–28, Feb. 1995

Boden, N. J., Cohen, D., Felderman, R. E., Kulawik, A. E., Seitz, C. L., Seizovic, J. N. und Su, W.-K.: »Myrinet: A Gigabit per second Local Area Network«, *IEEE Micro Magazine*, Band 15, S. 29–36, Feb. 1995

Bouknight, W. J., Denenberg, S. A., Mcintyre, D. E., Randall, J. M., Sameh, A. H. und Slotnick, D. L.: »The Illiac IV System«, *Proc. IEEE*, S. 369–388, April 1972

Burkhardt, H., Frank, S., Knobe, B. und Rothnie, J.: »Overview of the KSR-1 Computer System«, Technical Report KSR-TR-9202001, Kendall Square Research Corp., Cambridge, MA, 1992

Carriero, N. und Gelernter, D.: »The S/Net's Linda Kernel«, *ACM Trans. on Computer Systems*, Band 4, S. 110–129, Mai 1986

Carriero, N. und Gelernter, D.: »Linda in Context«, *Comm. of the ACM*, Band 32, S. 444–458, April 1989

Charlesworth, A.: »Starfire: Extending the SMP Envelope«, *IEEE Micro Magazine*, Band 18, S. 39–49, Jan./Feb. 1998

Charlesworth, A., Phelps, A., Williams, R. und Gilbert, G.: »Gigaplane-XB: Extending the Ultra Enterprise Family«, *Proc. Hot Interconnects V*, IEEE, 1998

Cody, W. J.: »Analysis of Proposals for the Floating-Point Standard«, *IEEE Computer Magazine*, Band 14, S. 63–68, März 1981

Cohne, D.: »On Holy Wars and a Plea for Peace«, *IEEE Computer Magazine*, Band 14, S. 48–54, Okt. 1981

Corbato, F. J.: »PL/1 as a Tool for System Programming«, *Datamation*, Band 15, S. 68–76, Mai 1969

Corbato, F. J. und Vyssotsky, V. A.: »Introduction and Overview of the MULTICS System«, *Proc. FJCC*, S. 185–196, 1965

Denning, P. J.: »The Working Set Model for Program Behavior«, *Comm. of the ACM*, Band 11, S. 323–333, Mai 1968

Dijkstra, E. W.: »GOTO Statement Considered Harmful«, *Comm. of the ACM*, Band 11, S. 147–148, März 1968a

Dijkstra, E. W.: »Co-operating Sequential Processes«, in: *Programming Languages*, F. Genuys (Hrsg.), New York, Academic Press, 1968b

Driesen, K. und Holzle, U.: »Accurate Indirect Branch Prediction«, *Proc. 25th Ann. Int'l. Symp. on Computer Arch.*, ACM, S. 167–177, 1998

Dubois, M., Scheurich, C. und Briggs, F. A.: »Memory Access Buffering in Multiprocessors«, *Proc. 13th Ann. Int'l. Symp. on Computer Arch.*, ACM, S. 434–442, 1986

Dulong, C.: »The IA-64 Architecture at Work«, *IEEE Computer Magazine*, Band 31, S. 24–32, Juli 1998

Faggin, F., Hoff, M. E., Jr., Mazor, S. und Shima, M.: »The History of the 4004«, *IEEE Micro Magazine*, Band 16, S. 10–20, Dez. 1996

Falsafi, B. und Wood, D. A.: »Reactive NUMA. A Design Unifying S-COMA and CC-NUMA«, *Proc. 25th Ann. Int'l. Symp. on Computer Arch.*, ACM, S. 229–240, 1997

Fisher, J.A. und Freudenberger, S. M.: »Predicting Conditional Branch Directions from Previous Runs of a Program«, *Proc. 5th Int'l. Conf. on Arch. Support for Prog. Lang. and Operating Syst.*, ACM, S. 85–95, 1992

Floyd, T. L.: *Digital Fundamentals*, 6. Aufl., Upper Saddle River, NJ, Prentice Hall, 1997

Flynn, M. J.: »Some Computer Organizations and Their Effectiveness«, *IEEE Trans. on Computers*, Band C-21, S. 948–960, Sep. 1972

Foster, I. und Kesselman, C.: »The Globus Project: A Status Report«, *IPPS/SPDP '98 Heterogeneous Computing Workshop*, IEEE, S. 4–18, 1998b

Fotheringham, J.: »Dynamic Storage Allocation in the Atlas Computer Including an Automatic Use of a Backing Store«, *Comm. of the ACM*, Band 4, S. 435–436, Okt. 1961

Gajski, D. D. und Pier, K.-K.: »Essential Issues in Multiprocessor Systems«, *IEEE Computer Magazine*, Band 18, S. 9–27, Juni 1985

Garner, H. L.: »Number Systems and Arithmetic«, in: *Advances in Computers*, Band 6. F. Alt und M. Rubinoff (Hrsg.), New York, Academic Press, S. 131–194, 1965

Geist, A., Beguelin, A., Dongarra, J., Jiang, W., Mancheck, R. und Sunderram, V.: *PVM: Parallel Virtual Machine – A User's Guide and Tutorial for Networked Parallel Computing*, Cambridge, MA, M.I.T. Press, 1994

Gharachorloo, K., Lenoski, D., Laudon, J., Gibbons, P., Gupta, A. und Hennessy, J.: »Memory Consistency and Event Ordering in Scalable Shared-Memory Multiprocessors«, *Proc. 17th Ann. Int'l. Symp. on Computer Arch.*, ACM, S. 15–26, 1990

Goodman, J. R.: »Using Cache Memory to Reduce Processor Memory Traffic«, *Proc. 10th Ann. Int'l. Symp. on Computer Arch.*, ACM, S. 124–131, 1983

Goodman, J. R.: »Cache Consistency and Sequential Consistency«, Tech. Rep. 61, IEEE Scalable Coherent Interface Working Group, IEEE, 1989

Graham, R.: »Use of High Level Languages for System Programming«, Project MAC Report TM-13, Project MAC, MIT, Sep. 1970

Grimshaw, A. S. und Wulf, W.: »Legion: A View from 50,000 Feet«, *Proc. Fifth Int'l. Symp. on High-Performance Distributed Computing*, IEEE, S. 89–99, Aug. 1996

Grimshaw, A. S. und Wulf, W.: »The Legion Vision of a Worldwide Virtual Computer«, *Comm. of the ACM*, Band 40, S. 39–45, Jan. 1997

Gropp, W., Lusk, E. und Skjellum, A.: »Using MPI: Portable Parallel Programming with the Message Passing Interface«, Cambridge, MA, M.I.T. Press, 1994

Hagersten, E., Landin, A., Haridi, S.: »DDM – A Cache-Only Memory Architecture«, *IEEE Computer Magazine*, Band 25, S. 44–54, Sep. 1992

Hamacher, V. V., Vranesic, Z. G. und Zaky, S. G.: *Computer Organization*, 4. Aufl., New York, McGraw-Hill, 1996

Hamming, R. W.: »Error Detecting and Error Correcting Codes«, *Bell Syst. Techn. J.*, Band 29, S. 147–160, April 1950

Handy, J.: *The Cache Memory Book*, 2. Aufl., Orlando, FL, Academic Press, 1998

Hart, J. M.: *Win32 System Programming*, Reading, MA, Addison-Wesley, 1997

Hayes, J. P.: *Computer Architecture and Organization*, 3. Aufl., New York, McGraw-Hill, 1998

Hennessy, J. L.: »VLSI Processor Architecture«, *IEEE Trans. on Computers*, Band C-33, S. 1221–1246, Dez. 1984

Hill, M.: »Multiprocessors Should Support Simple Memory-Consistency Models«, *IEEE Computer Magazine*, Band 31, S. 28–34, Aug. 1998

Hoare, C. A. R.: »Monitors, An Operating System Structuring Concept«, *Comm. of the ACM*, Band 17, S. 549–557, Okt. 1974; Erratum in *Comm. of the ACM*, Band 18, S. 95, Feb. 1975

Hwang, K. und Xu, Z.: *Scalable Parallel Computing*, New York, McGraw-Hill, 1998

Hwu, W.-M.: »Introduction to Predicated Execution«, *IEEE Computer Magazine*, Band 31, S. 49–50, Jan. 1998

Irvine, K.: *Assembly Language for Intel-Based Computers*, 3. Aufl., Upper Saddle River, NJ, Prentice Hall, 1999

Jacob, B. und Mudge, T.: »Virtual Memory: Issues of Implementation«, *IEEE Computer Magazine*, Band 31, S. 33–43, Juni 1998a

Jacob, B. und Mudge, T.: »Virtual Memory in Contemporary Microprocessors«, *IEEE Micro Magazine*, Band 18, S. 60–75, Juli/Aug. 1998b

Joe, T. und Hennessy, J. L.: »Evaluating the Memory Overhead Required for COMA Architectures«, *Proc. 21th Ann. Int'l. Symp. on Computer Arch.*, ACM, S. 82–93, 1994

Johnson, K. L., Kaashoek, M. F. und Wallach, D. A.: »CRL: High-Performance All-Software Distributed Shared Memory«, *Proc. 15th Symp. on Operating Systems Principles*, ACM, S. 213–228, 1995

Johnson, M.: *Superscalar Microprocessor Design*, Upper Saddle River, NJ, Prentice Hall, 1991

Juan, T., Sanjeevan, S. und Navarro, J. J.: »Dynamic History-Length Fitting: A Third Level of Adaptivity for Branch Prediction«, *Proc. 25th Ann. Int'l. Symp. on Computer Arch.*, ACM, S. 155–166, 1998

Katayama, Y.: »Trends in Semiconductor Memories«, *IEEE Micro Magazine*, S. 10–17, Nov./Dez. 1997

Kermarrec, A.-M., Kuz, I., Van Stehen, M. und Tanenbaum, A. S.: »A Framework for Consistent Replicated Web Objects«, *Proc. 18th Int'l. Conf. on Distr. Computing Syst.*, IEEE, S. 276–284, 1998

Knuth, D. E.: »An Empirical Study of FORTRAN Programs«, *Software – Practice & Experience*, Band 1, S. 105–133, 1971

Knuth, D. E.: *The Art of Computer Programming: Fundamental Algorithms*, 3. Aufl., Reading, MA, Addison-Wesley, 1997

Knuth, D. E.: *The Art of Computer Programming: Seminumerical Algorithms*, 3. Aufl., Reading, MA, Addison-Wesley, 1998

Kontothanassis, L., Hunt, G., Stets, R., Hardavellas, N., Cierniad, M., Parthasarathy, S., Meira, W., Dwarkadas, S. und Scott, M.: »VM-Based Shared Memory on Low Latency Remote Memory Access Networks«, *Proc. 24th Ann. Int'l. Symp. on Computer Arch.*, ACM, S. 157–169, 1997

Korn, D.: »Porting UNIX to Windows NT«, *Proc. Winter 1997 USENIX Conf.*, S. 43–57, 1997

Kumar, V. P. und Reddy, S. M.: »Augmented Shuffle-Exchange Multistage Interconnection Networks«, *IEEE Computer Magazine*, Band 20, S. 30–40, Juni 1987

Lamport, L.: »How to Make a Multiprocessor Computer That Correctly Executes Multiprocess Programs«, *IEEE Trans. on Computers*, Band C-28, S. 690–691, Sep. 1979

LaRowe, R. P. und Ellis, C. S.: »Experimental Comparison of Memory Management Policies for NUMA Multiprocessors«, *ACM Trans. on Computer Systems*, Band 9, S. 319–363, Nov. 1991

Lenoski, D., Laudon, J., Gharachorloo, K., Weber, W.-D., Gupta, A., Hennessy, J., Horowitz, M. und Lam, M.: »The Stanford Dash Multiprocessor«, *IEEE Computer Magazine*, Band 25, S. 63–79, März 1992

Li, K.: »IVY: A Shared Virtual Memory System for Parallel Computing«, *Proc. 1988 Int'l. Conf. on Parallel Proc. (Band II)*, IEEE, S. 94–101, 1988

Li, K. und Hudak, P.: »Memory Coherence in Shared Virtual Memory Systems«, *ACM Trans. on Computer Systems*, Band 7, S. 321–359, Nov. 1989

Li, K. und Hudak. P.: »Memory Coherence in Shared Virtual Memory Systems«, *Proc. 5th Ann. ACM Symp. on Prin. of Distr. Computing*, ACM, S. 229–239, 1986

Lindholm, T. und Yellin, F.: *The Java Virtual Machine Specification*, Reading, MA, Addison-Wesley, 1997

Loshin, D.: *High Performance Computing Demystified*, Cambridge, MA, AP Prof., 1994

Lu, H., Cox, A. L., Dwarkadas, S., Rajamony, R., und Zwaenepoel, W.: »Software Distributed Shared Memory Support for Irregular Applications«, *Proc. 6th Conf. on Prin. and Practice of Parallel Progr.*, S. 48–56, Juni 1997

Lukasiewicz, J.: *Aristotle's Syllogistic*, 2. Aufl., Oxford, Oxford University Press, 1958

Mano, M. M. und Kime, C. R.: *Logic and Computer Design Fundamentals*, Upper Saddle River, NJ, Prentice Hall, 1997

Martin, R. P., Vahdat, A. M., Culler, D. E. und Anderson, T. E.: »Effects of Communication Latency, Overhead, and Bandwidth in a Cluster Architecture«, *Proc. 24th Ann. Int'l. Symp. on Computer Arch.*, ACM, S. 85–97, 1997

Mazidi, M. A. und Mazidi, J. G.: *The 80x86 IBM PC and Compatible Computers*, 2. Aufl., Upper Saddle River, NJ, Prentice Hall, 1998

McGhan, H. und O'Connor, J. M.: »picoJava: A Direct Execution Engine for Java Bytecode«, *IEEE Computer Magazine*, Band 31, Okt. 1998

McKee, S. A., Klenke, R. H., Wright, K. L., Wulf, W. A., Salinas, M. H., Aylor, J. H. und Batson, A. P.: »Smarter Memory: Improving Bandwidth for Streamed References«, *IEEE Computer Magazine*, Band 31, S. 54–63, Juli 1998

McKusick, M. K., Bostic, K., Karels, M. und Quarterman, J. S.: »The Design and Implementation of the 4.4 BSD Operating System«, Reading, MA, Addison-Wesley, 1996

McKusick, M. K., Joy, W. M., Leffler, S. J. und Fabry, R. S.: »A Fast File System for UNIX«, *ACM Trans. on Computer Systems*, Band 2, S. 181–197, Aug. 1984

Messmer, H.-P.: *The Indispensible PC Hardware Book*, 3. Aufl., Reading, MA, Addison-Wesley, 1997

Morgan, C.: *Portraits in Computing*, New York, ACM Press, 1997

Morin, C., Gefflaut, A., Banatre, M. und Kermarrec, A.-M.: »COMA: An Opportunity for Building a Fault-Tolerant Scalable Shared Memory Multiprocessor«, *Proc. 24th Ann. Int'l. Symp. on Computer Arch.*, ACM, S. 65, 1996

Moudgill, M. und Vassiliadis, S.: »Precise Interrupts«, *IEEE Micro Magazine*, Band 16, S. 58–67, Feb. 1996

Mullender, S. J. und Tanenbaum, A. S.: »Immediate Files«, *Software – Practice and Experience*, Band 14, S. 365–368, 1984

Nelson, V. P., Nagle, H. T., Carroll, B. D. und Irwin, J. D.: *Digital Logic and Circuit Analysis and Design*, Upper Saddle River, NJ, Prentice Hall, 1995

Ng, S. W.: »Advances in Disk Technology: Performance Issues«, *IEEE Computer Magazine*, Band 31, S. 75–81, Mai 1998

Normoyle, K. B., Csoppenszky, M. A., Tzeng, A., Johnson, T. P., Furman, C. D. und Mostoufi, J.: »UltraSPARC IIi: Expanding the Boundaries of a System on a Chip«, *IEEE Micro Magazine*, Band 18, S. 14–24, März/April 1998

Norton, P. und Goodman, J.: *Inside the PC*, 7. Aufl., Indianapolis, IN, Sams, 1997

O'Connor, J. M. und Tremblay, M.: »PicoJava-I: The Java Virtual Machine in Hardware«, *IEEE Micro Magazine*, Band 17, S. 45–53, März/April 1997

Organick, E.: *The MULTICS System*, Cambridge, MA, M.I.T. Press, 1972

Pakin, S., Karamcheti, V. und Chien, A. A.: »Fast Messages (FM): Efficient, Portable Communication for Workstation Cluster and Massively-Parallel Processors«, *IEEE Concurrency*, Band 5, S. 60–73, April-Juni 1997

Pan, S.-T., So, K. und Rahmeh, J. T.: »Improving the Accuracy of Dynamic Branch Prediction Using Branch Correlation«, *Proc. 5th Int'l. Conf. on Arch. Support for Prog. Lang. and Operating Syst.*, ACM, S. 76–84, Okt. 1992

Papamarcos, M. und Patel, J.: »A Low Overhead Coherence Solution for Multiprocessors with Private Cache Memories«, *Proc. 11th Ann. Int'l. Symp. on Computer Arch.*, ACM, S. 348–354, 1984

Patterson, D. A.: »Reduced Instruction Set Computers«, *Comm. of the ACM*, Band 28, S. 8–21, Jan. 1985

Patterson, D. A., Gibson, G. und Katz, R.: »A case for redundant arrays of inexpensive disks (RAID)«, *Proc. ACM SIGMOD Int'l. Conf. on Management of Data*, ACM, S. 109–166, 1988

Patterson, D. A. und Hennessy, J. L.: *Computer Organization and Design*, 2. Aufl., San Francisco, CA, Morgan Kaufmann, 1998

Patterson, D. A. und Sequin, C. H.: »A VLSI RISC«, *IEEE Computer Magazine*, Band 15, S. 8–22, Sep. 1982

Paul, R. P.: *SPARC Architecture, Assembly Language, Programming, and C*, Upper Saddle River, NJ, Prentice Hall, 1994

Pfister, G. F.: *In Search of Clusters*, 2. Aufl., Upper Saddle River, NJ, Prentice Hall, 1998

Pilgrim, A.: *Build Your Own Pentium II PC*, New York, McGraw-Hill, 1998

Pountain, D.: »Pentium: More RISC than CISC«, *Byte*, Band 18, S. 195–204, Sep. 1993

Price, D.: »A History of Calculating Machines«, *IEEE Micro Magazine*, Band 4, S. 22–52, Feb. 1984

Radin, G.: »The 801 Minicomputer«, *Computer Arch. News*, Band 10, S. 39–47, März 1982

Ritchie, D. M. und Thompson, K.: »The UNIX Time-Sharing System«, *Comm. of the ACM*, Band 17, S. 365–375, Juli 1974

Rosenblum, M. und Ousterhout, J. K.: »The Design and Implementation of a Log-Structured File System«, *Proc. 13th Symp. on Operating System Principles*, ACM, S. 1–15, 1991

Saloman, D.: *Assemblers and Loaders*, Upper Saddle River, NJ, Prentice Hall, 1993

Saulsbury, A., Wilkinson, T., Carger, J. und Landin, A.: »An Argument for Simple COMA«, *Proc. of First IEEE Symp. on High-Performance Comp. Arch.*, IEEE, S. 276–285, 1995

Scales, D. J., Gharachorloo, K. und Thekkath, C. A.: »Shasta: A Low-Overhead Software-Only Approach for Supporting Fine-Grain Shared Memory«, *Proc. 7th Int'l. Conf. on Arch. Support for Prog. Lang. and Oper. Syst.*, ACM, S. 174–185, 1996

Sechrest, S., Lee, C.-C. und Mudge, T.: »Correlation and Aliasing in Dynamic Branch Predictors«, *Proc. 23th Ann. Int'l. Symp. on Computer Arch.*, ACM, S. 22–32, 1996

Seltzer, M., Bostic, K., McKusich, M. K. und Staelin, C.: »An Implementation of a Log-Structured File System for UNIX«, *Proc. Winter 1993 USENIX Technical Conf.*, S. 307–326, 1993

Shanley, T. und Anderson, D.: *ISA System Architecture*, Reading, MA, Addison-Wesley, 1995a

Shanley, T. und Anderson, D.: *PCI System Architecture*, 3. Aufl., Reading, MA, Addison-Wesley, 1995b

Shriver, B. und Smith, B.: *The Anatomy of a High-Performance Microprocessor: A Systems Perspective*, Los Alamitos, CA, IEEE Computer Society, 1998

Sima, D.: »Superscalar Instruction Issues«, *IEEE Micro Magazine*, Band 17, S. 28–39, Sep./Okt. 1997

Sima, D., Fountain, T., Kacsuk, P.: *Advanced Computer Architectures: A Design Space Approach*, Reading, MA, Addison-Wesley, 1997

Slater, R.: *Portraits in Silicon*, Cambridge, MA, M.I.T. Press, 1987

Smith, A. J.: »Cache Memories«, *Computing Surveys*, Band 14, S. 473–530, Sep. 1982

Snir, M., Otto, S. W., Huss-Lederman, S., Walker, D. W. und Dongarra, J.: *MPI: The Complete Reference Manual*, Cambridge, MA, M.I.T. Press, 1996

Solari, E.: *ISA & EISA Theory and Operation*, San Diego, CA, Annabooks, 1993

Solari, E. und Willse, G.: *PCI Hardware and Software Architecture and Design*, 4. Aufl., San Diego, CA, Annabooks, 1998

Solomon, D. A.: *Inside Windows NT*, 2. Aufl., Redmond, WA, Microsoft Press, 1998

Sprangle, E., Chappell, R. S., Alsup, M., Patt, Y. N.: »The Agree Predictor: A Mechanism for Reducing Negative Branch History Interference«, *Proc. 24th Ann. Int'l. Symp. on Computer Arch.*, ACM, S. 284–291, 1997

Stallings, W.: *Computer Organization and Architecture*, 4. Aufl., Upper Saddle River, NJ, Prentice Hall, 1996

Stenstrom, P., Hagersten, E., Lilja, D. J., Martonosi, M. und Venugopal, M.: »Trends in Shared Memory Multiprocessing«, *IEEE Computer Magazine*, Band 30, S. 44–50, Dez. 1997

Stets, R., Dwarkadas, S., Hardavellas, N., Hunt, G., Kontothanassis, L., Parthasarathy, S. und Scott, M.: »CASHMERE-2L: Software Coherent Shared Memory on Clustered Remote-Write Networks«, *Proc. 16th Symp. on Operating Systems Principles*, ACM, S. 170–183, 1997

Sunderram, V. B.: »PVM: A Framework for Parallel Distributing Computing«, *Concurrency: Practice and Experience*, Band 2, S. 315–339, Dez. 1990

Swan, R. J., Fuller, S. H. und Siewiorek, D. P.: »Cm* – A Modular Multiprocessor«, *Proc. NCC*, S. 645–655, 1977

Tan, W. M.: *Developing USB PC Peripherals*, San Diego, CA, Annabooks, 1997

Tanenbaum, A. S.: »Implications of Structured Programming for Machine Architecture«, *Comm. of the ACM*, Band 21, S. 237–246, März 1978

Tanenbaum, A. S. und Woodhull, A. W.: *Operating Systems: Design and Implementation*, 2. Aufl., Upper Saddle River, NJ, Prentice Hall, 1997

Thompson, K.: »UNIX Implementation«, *Bell Syst. Tech. J.*, Band 57, S. 1931–1946, Juli-Aug. 1978

Treleaven, P.: »Control-Driven, Data-Driven, and Demand-Driven Computer Architecture«, *Parallel Computing*, Band 2, 1985

Tremblay, M. und O'Connor, J. M.: »UltraSPARC I: A Four-Issue Processor Supporting Multimedia«, *IEEE Micro Magazine*, Band 16, S. 42–50, April 1996

Triebel, W. A.: *The 80386, 80486, and Pentium Processor*, Upper Saddle River, NJ, Prentice Hall, 1998

Unger, S. H.: »A Computer Oriented Toward Spatial Problems«, *Proc. IRE*, Band 46, S. 1744–1750, 1958

Vahalia, U.: *UNIX Internals*, Upper Saddle River, NJ, Prentice Hall, 1996

Van der Poel, W. L.: »The Software Crisis, Some Thoughts and Outlooks«, *Proc. IFIP Congr. 68*, S. 334–339, 1968

Van Steen, M., Homburg, P. C. und Tanenbaum, A. S.: »The Architectural Design of Globe: A Wide-Area Distributed System«, *IEEE Concurrency*, 1999

Verstoep, K., Langedoen, K. und Bal, H. E.: »Efficient Reliable Multicast on Myrinet«, *Proc. 1996 Int'l. Conf. on Parallel Processing*, IEEE, S. 156–165, 1996

Weaver, D. L. und Germond, T.: *The SPARC Architecture Manual, Version 9*, Upper Saddle River, NJ, Prentice Hall, 1994

Wilkes, M. V.: »Computers Then and Now«, *J. ACM*, Band 15, S. 1–7, Jan. 1968

Wilkes, M. V.: »The Best Way to Design an Automatic Calculating Machine«, *Proc. Manchester Univ. Computer Inaugural Conf.*, 1951

Wilkinson, B.: *Computer Architecture: Design and Performance*, 2. Aufl., Upper Saddle River, NJ, Prentice Hall, 1994

Wilkinson, B. und Allen, M.: *Parallel Programming: Techniques and Applications Using Networked Workstations and Parallel Computers*, Upper Saddle River, NJ, Prentice Hall, 1999

Wilson, J.: »Challenges and Trends in Processor Design«, *IEEE Computer Magazine*, Band 31, S. 39–48, Jan. 1998

Wilson, P.: »Floating-Point Survival Kit«, *Byte*, Band 13, S. 217–226, März 1988

Yeh, T.-Y. und Patt, Y.-N.: »Two-Level Adaptive Training Branch Prediction«, *Proc. 24th Int'l. Symp. on Microarchitecture*, ACM/IEEE, S. 51–61, 1991

Anhang A: Binärzahlen

Computer benutzen eine andere Arithmetik als Menschen. Der wichtigste Unterschied ist der, daß Computer mit Zahlen arbeiten, deren Genauigkeit endlich und fest ist. Weiter benutzen die meisten Computer zur Darstellung von Zahlen das Binär- und nicht das Dezimalsystem. Das sind die Themen dieses Anhangs.

A.1 Zahlen mit endlicher Genauigkeit

Bei der Durchführung arithmetischer Rechenoperationen denkt man gewöhnlich kaum darüber nach, wie viele Dezimalziffern zur Darstellung einer Zahl nötig sind. Physiker können berechnen, daß es 10^{78} Elektronen im Universum gibt, ohne sich darum kümmern zu müssen, daß 79 Dezimalziffern nötig sind, um diese Zahl voll auszuschreiben. Wer den Wert einer Funktion mit Bleistift und Papier berechnet und die Lösung mit sechs Dezimalstellen braucht, hält einfach sieben oder acht Zwischenergebnisse, oder wie viele auch immer nötig sind, fest. Das Problem, daß Papier für siebenstellige Zahlen nicht groß genug ist, stellt sich nie.

Bei Computern stellt sich das Problem unterschiedlich dar. Normalerweise wird die zum Speichern einer Zahl verfügbare Speichermenge zum Zeitpunkt der Entwicklung des Computers festgesetzt. Mit geringem Aufwand kann der Programmierer Zahlen doppelt, dreifach oder gar um ein Vielfaches größer darstellen als diese festgesetzte Höhe. Dadurch ändert sich aber nicht die Art dieser Schwierigkeit. Die endliche Natur des Computers zwingt uns dazu, nur mit Zahlen umzugehen, die mit einer festen Zahl von Ziffern dargestellt werden können. Das sind **Zahlen mit endlicher Genauigkeit** (Finite-precision Numbers).

Um die Eigenschaften von Zahlen mit endlicher Genauigkeit zu untersuchen, betrachten wir die Menge der positiven Ganzzahlen, die durch drei Dezimalziffern ohne Dezimalpunkt und ohne Vorzeichen darstellbar sind. Diese Menge ist genau 1000 Mitglieder groß: 000, 001, 002, 003, ..., 999. Aufgrund dieser Einschränkungen ist es unmöglich, bestimmte Zahlenarten auszudrücken, z.B.:

1. Zahlen, die größer sind als 999
2. Negative Zahlen
3. Brüche
4. Irrationale Zahlen
5. Komplexe Zahlen

Eine wichtige Eigenschaft der Arithmetik bei der Menge aller Ganzzahlen ist, daß die Operationen Addition, Subtraktion und Multiplikation abgeschlossen sind. Anders ausgedrückt: Für jedes Paar der Ganzzahlen i und j sind $i + j$, $i - j$ und $i \times j$ ebenfalls Ganzzahlen. Die Ganzzahlenmenge ist in bezug auf Division nicht geschlossen, weil es Stellenwerte von i und j gibt, für die i/j nicht als Ganzzahl ausgedrückt werden kann (z.B. 7/2 und 1/0).

Zahlen mit endlicher Genauigkeit sind in bezug auf jede Grundrechenart nicht geschlossen, wie unten mit Hilfe von dreistelligen Dezimalzahlen als Beispiel aufgezeigt:

600 + 600 = 1200	(zu groß)
003 – 005 = –2	(negativ)
050 × 050 = 2500	(zu groß)
007 / 002 = 3,5	(keine Ganzzahl)

Die Verletzungen können in zwei sich gegenseitig ausschließende Klassen unterteilt werden: Operationen, deren Ergebnis größer ist als die größte Zahl der Menge (Überlauffehler) oder die kleiner sind als die kleinste Zahl der Menge (Unterlauffehler), sowie Operationen, deren Ergebnis weder zu groß noch zu klein, sondern einfach kein Mitglied der Menge ist. Von den vier oben aufgeführten Verletzungen sind die ersten drei Beispiele von Fall 1 und die vierte ist ein Beispiel von Fall 2.

Da Computer endliche Speicher haben und deshalb notwendigerweise Zahlen mit endlicher Genauigkeit berechnen müssen, sind die Ergebnisse bestimmter Berechnungen aus Sicht der klassischen Mathematiker schlichtweg falsch. Ein Rechengerät, das die falsche Antwort liefert, auch wenn es sich im perfekten Betriebszustand befindet, mag zunächst seltsam erscheinen. Der Fehler ist aber die logische Konsequenz seiner endlichen Natur. Einige Computer haben spezielle Hardware, die Überlauffehler erkennt.

Die Algebra von Zahlen mit endlicher Genauigkeit unterscheidet sich von der normalen Algebra. Als Beispiel betrachte man das Assoziativgesetz:

$$a + (b - c) = (a + b) - c$$

Wir wollen nun beide Seiten für $a = 700$, $b = 400$, $c = 300$ auswerten. Um die linke Seite zu berechnen, berechnen wir zuerst $(b - c)$, was 100 ergibt. Dann addieren wir diesen Betrag zu a, was 800 ergibt. Um die rechte Seite zu berechnen, berechnen wir zuerst $(a + b)$, was einen Überlauf in der endlichen Arithmetik von dreistelligen Ganzzahlen ergibt. Das Ergebnis kann von der benutzten Maschine abhängen, wird aber nicht 1100 betragen. 300 von einer anderen Zahl als 1100 zu subtrahieren, ergibt nicht 800. Das assoziative Gesetz greift nicht. Die Reihenfolge der Operationen ist wichtig.

Als weiteres Beispiel betrachte man das Distributivgesetz:

$a \times (b - c) = a \times b - a \times c$

Wir werten beide Seiten für $a = 5$, $b = 210$, $c = 195$ aus. Die linke Seite ist 5×15, was 75 ergibt. Die rechte Seite ist nicht 75, weil $a \times b$ überläuft.

Nach diesen Beispielen könnte man zu dem Schluß kommen, daß Computer zwar Allzweckgeräte sind, sie für arithmetische Operationen aber durch ihre endliche Natur völlig ungeeignet sind. Diese Schlußfolgerung trifft selbstverständlich nicht zu. Sie veranschaulicht aber noch einmal, wie wichtig es ist, zu verstehen, wie Computer arbeiten und welche Grenzen sie haben.

A.2 Basiszahlensysteme

Eine gewöhnliche Dezimalzahl, mit der jeder vertraut ist, besteht aus einer Kette aus Dezimalziffern und möglicherweise einem Dezimalkomma. Die allgemeine Form und ihre übliche Interpretation sind in Abb. A.1 dargestellt. Wir haben 10 als Basis der Potenzierung gewählt, weil wir Dezimal- oder Basis-10-Zahlen benutzen. In Zusammenhang mit Computern ist es häufig praktisch, eine Basiszahl zu benutzen, die nicht 10 ist. Die wichtigsten Basiszahlen sind 2, 8 und 16. Die auf diesen aufbauenden Zahlensysteme nennt man **binär** (binary), **oktal** (octal) und **hexadezimal** (hexadecimal).

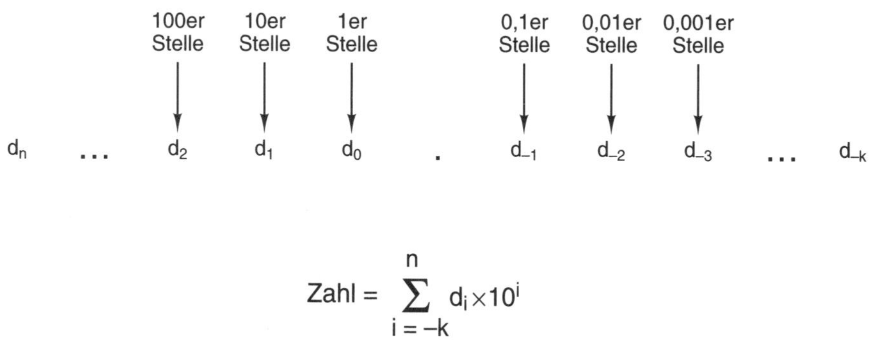

Abb. A.1: Die allgemeine Darstellung einer Dezimalzahl

Für ein Zahlensystem mit der Basis k braucht man k verschiedene Symbole, um die Ziffern 0 bis $k - 1$ darzustellen. Dezimalzahlen werden aus den zehn Dezimalziffern

0 1 2 3 4 5 6 7 8 9

gebildet. Demgegenüber werden diese zehn Ziffern für Binärzahlen nicht benutzt. Binärzahlen werden ausnahmslos aus den beiden Binärziffern

0 1

gebildet. Oktalzahlen werden aus den acht Oktalziffern

0 1 2 3 4 5 6 7

gebildet. Zur Darstellung hexadezimaler Zahlen sind 16 Ziffern erforderlich. Somit braucht man sechs neue Symbole. Per Konvention benutzt man die Großbuchstaben A bis F für die sechs Ziffern nach 9. Folglich werden hexadezimale Zahlen aus den folgenden Ziffern gebildet:

0 1 2 3 4 5 6 7 8 9 A B C D E F

Die Bezeichnung »Binärziffer«, mit der man eine 1 oder eine 0 meint, wird normalerweise durch **Bit** ersetzt. Abb. A.2 zeigt die Dezimalzahl 2001 binär, oktal und hexadezimal. Die Zahl 7B9 ist natürlich hexadezimal, weil das Symbol B nur in hexadezimalen Zahlen vorkommen kann. Die Zahl 111 kann aber in jedem der vier beschriebenen Zahlensysteme vorkommen. Um Zweideutigkeit zu vermeiden, schreibt man solche Zahlen mit einer tiefgestellten 2, 8, 10 oder 16, um die Basis anzudeuten, wenn dies nicht klar aus dem Kontext hervorgeht.

Binär	1 1 1 1 1 0 1 0 0 0 1
	$1\times2^{10}+1\times2^{9}+1\times2^{8}+1\times2^{7}+1\times2^{6}+0\times2^{5}+1\times2^{4}+0\times2^{3}+0\times2^{2}+0\times2^{1}+1\times2^{0}$
	1024 + 512 + 256 + 128 + 64 + 0 +16 + 0 + 0 + 0 + 1
Oktal	3 7 2 1
	$3\times8^{3}+7\times8^{2}+2\times8^{1}+1\times8^{0}$
	1536 + 448 + 16 + 1
Dezimal	2 0 0 1
	$2\times10^{3}+0\times10^{2}+0\times10^{1}+1\times10^{0}$
	2000 + 0 + 0 + 1
Hexadezimal	7 D 1
	$7\times16^{2}+13\times16^{1}+1\times16^{0}$
	1792 + 208 + 1

Abb. A.2: Die Zahl 2001 in binärer, oktaler und hexadezimaler Form

Als Beispiel der binären, oktalen, dezimalen und hexadezimalen Notation betrachte man Abb. A.3 mit einer Sammlung nicht negativer Ganzzahlen, die jeweils in einem dieser vier verschiedenen Systeme ausgedrückt werden. Möglicherweise entdeckt ein Archäologe in tausenden Jahren diese Tabelle und hält sie für den Rosetta-Stein[1] für Zahlensysteme des frühen und späten zwanzigsten Jahrhunderts.

1 Basaltstein aus der ptolemäischen Periode (196 v.Chr.), den Soldaten der Armee Napoleons in Rosetta (heute Rashid) im Nildelta 1799 entdeckten. Der Stein gilt als Schlüssel zur Entzifferung ägyptischer Hieroglyphen. Auf dem Stein werden zwar drei Skripte (Hieroglyphen, Demotisch (Altägyptisch) und Griechisch), aber nur zwei Sprachen dargestellt. Der Rosetta-Stein wird häufig mit Sprachübersetzung assoziiert. Er befindet sich im British Museum in London.

Dezimal	Binär	Oktal	Hex
0	0	0	0
1	1	1	1
2	10	2	2
3	11	3	3
4	100	3	3
5	101	5	5
6	110	6	6
7	111	7	7
8	1000	10	8
9	1001	11	9
10	1010	12	A
11	1011	13	B
12	1100	14	C
13	1101	15	D
14	1110	16	E
15	1111	17	F
16	10000	20	10
20	10100	24	14
30	11110	36	1E
40	101000	50	28
50	110010	62	32
60	111100	74	3C
70	1000110	106	46
80	1010000	120	50
90	1011010	132	5A
100	11001000	144	64
1000	1111101000	1750	3E8
2989	101110101101	5655	BA

Abb. A.3: Dezimalzahlen und ihr binäres, oktales bzw. hexadezimales Gegenstück

A.3 Umwandlung von einer Basis in eine andere

Die Umwandlung zwischen Oktal- oder Hexadezimalzahlen und Binärzahlen ist leicht. Um eine Binärzahl in eine Oktalzahl umzuwandeln, trennt man sie in Gruppen von drei Bits, wobei die drei Bits, die unmittelbar links (oder rechts vom Dezimalkomma (oft Binärpunkt genannt), stehen, eine Gruppe bilden. Die drei Bits unmittelbar links daneben bilden dann eine weitere Gruppe usw. Jede Gruppe von drei Bits kann direkt in eine einzige Oktalziffer – 0 bis 7 – konvertiert werden, gemäß der Umwandlung in den ersten Zeilen von Abb. A.3. Eventuell müssen führende oder nachgezogene Nullen eingefügt werden, um eine Gruppe auf drei volle Bit aufzufüllen. Die Umwandlung von Oktal nach Binär ist ebenso einfach. Jede Oktalzahl wird einfach durch ihre entsprechende 3-Bit-Binärzahl ersetzt. Die Umwandlung von Hexadezimal in Binär ist im Grunde identisch mit der Oktal-/Binärumwandlung, außer daß jede hexadezimale Ziffer einer Gruppe von vier Bits und nicht drei Bits entspricht. Abb. A.4 zeigt einige Beispiele.

Beispiel 1

Hexadezimal	1 9 4 8 . B 6
Binär	0 0 0 1 1 0 0 1 0 1 0 0 1 0 0 0 . 1 0 1 1 0 1 1 0 0
Oktal	1 4 5 1 0 . 5 5 4

Beispiel 2

Hexadezimal	7 B A 3 . B C 4
Binär	0 1 1 1 1 0 1 1 1 0 1 0 0 0 1 1 . 1 0 1 1 1 1 0 0 0 1 0 0
Oktal	7 5 6 4 3 . 5 7 0 4

Abb. A.4: Beispiele der Umwandlung von Oktal nach Binär und Hexadezimal nach Binär

Die Umwandlung von Dezimal- in Binärzahlen kann auf zweierlei Weise erfolgen. Die erste Methode ergibt sich direkt aus der Definition von Binärzahlen. Die größte Potenz von 2, die kleiner ist als die Zahl, wird von der Zahl abgezogen. Der Vorgang wird dann mit der Differenz wiederholt. Nachdem die Zahl in Potenzen von 2 zerlegt wurde, kann die Binärzahl mit Einsen in den Bitpositionen, die den Potenzen bei der Zerlegung von 2 entsprechen, und Nullen an anderer Stelle zusammengesetzt werden.

Bei der zweiten Methode (die nur für Ganzzahlen gilt) wird die Zahl durch 2 geteilt. Der Quotient wird direkt unter die Originalzahl und der Rest (0 oder 1) neben den Quotienten geschrieben. Dann wird der Vorgang so lange mit dem Quotienten wiederholt, bis die Zahl 0 erreicht ist. Daraus ergeben sich zwei Zahlenspalten – die Quotienten und die Reste. Beginnend von unten können wir nun die Binärzahl direkt aus der Restspalte ablesen. Abb. A.5 zeigt ein Beispiel der Dezimal-/Binärumwandlung.

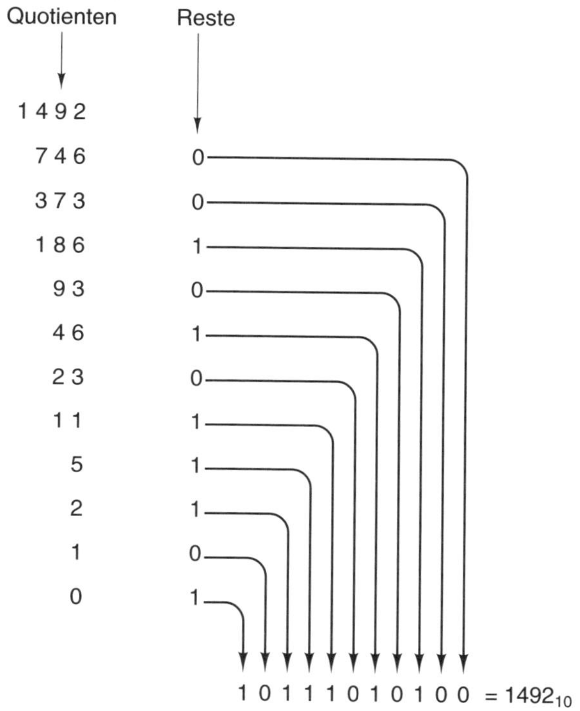

Abb. A.5: Umwandlung der Dezimalzahl 1492 in Binär durch sukzessives Halbieren von oben nach unten. Zum Beispiel ergibt 93 geteilt durch 2 einen Quotienten von 46 und einen Rest von 1; das Ergebnis wird in der Zeile darunter eingetragen.

Binäre Ganzzahlen lassen sich ebenfalls auf zweierlei Weise in die Dezimalform konvertieren. Bei einer Methode werden die Potenzen von 2 summiert, entsprechend den 1-Bits in der Zahl, z.B.:

10110 ist $2^4 + 2^2 + 2^1 = 16 + 4 + 2 = 22$

Bei der zweiten Methode wird die Binärzahl vertikal geschrieben, und zwar je ein Bit pro Zeile, beginnend mit dem ganz linken Bit unten. Die unterste ist die Zeile 1, diejenige über ihr ist die Zeile 2 usw. Die Dezimalzahl wird in einer parallelen Spalte neben der Binärzahl gebildet. Man schreibt zunächst 1 in Zeile 1. Der Eintrag in Zeile n besteht aus zweimaligem Eintrag von Zeile $n - 1$ plus dem Bit auf Zeile n (entweder 0 oder 1). Der Eintrag in der obersten Zeile liefert die Antwort. Abb. A.6 zeigt ein Beispiel dieser Methode zur Binär-/Dezimalumwandlung.

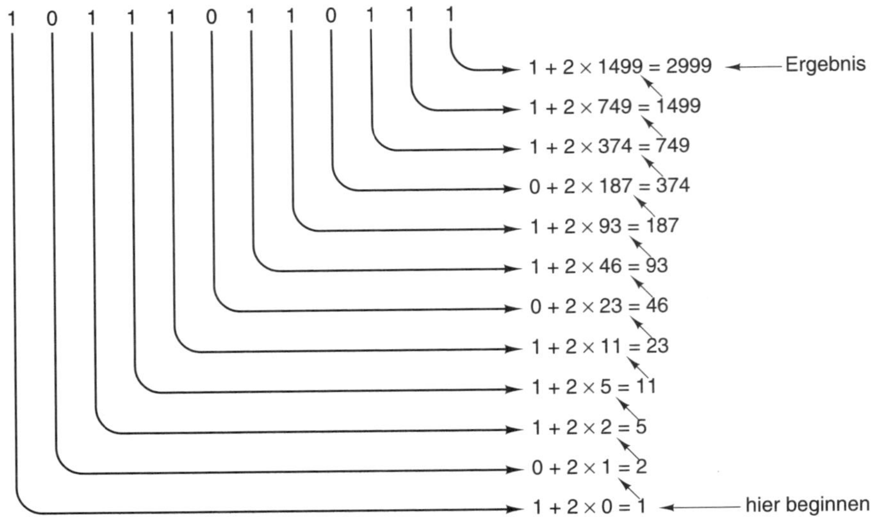

Abb. A.6: Umwandlung der Binärzahl 101110110111 in die Dezimalform durch sukzessives Verdoppeln, beginnend von unten. Jede Zeile wird gebildet, indem diejenige unter ihr verdoppelt und das entsprechende Bit addiert wird. Zum Beispiel ist 749 zweimal 374 zuzüglich des einen Bits auf der gleichen Zeile wie 749.

Die Umwandlung von der dezimalen in die oktale und von der dezimalen in die hexadezimale Form wird erreicht, wenn man entweder zuerst in Binär und dann in das gewünschte System konvertiert oder Potenzen von 8 oder 16 subtrahiert.

A.4 Negative Binärzahlen

Für die Darstellung von negativen Zahlen in digitalen Computern wurden in unterschiedlichen Epochen der Computer-Geschichte vier verschiedene Systeme angewandt. Eines ist die **Größendarstellung mit Vorzeichen** (Signed Magnitude). Bei diesem System ist das ganz linke Bit das Vorzeichenbit (0 ist + und 1 ist –), und die restlichen Bits enthalten die absolute Größe der Zahl.

Das **Einerkomplement** (one's complement) genannte zweite System hat ebenfalls ein Vorzeichenbit, wobei 0 für Plus und 1 für Minus benutzt wird. Um eine Zahl zu negieren, ersetzt man jede 1 durch eine 0 und jede 0 durch eine 1. Dies gilt auch für das Vorzeichenbit. Dieses System ist überholt.

Das dritte System, das man **Zweierkomplement** (two's complement) nennt, hat ebenfalls ein Vorzeichenbit, 0 für Plus und 1 für Minus. Die Negierung einer Zahl erfolgt in zwei Schritten. Zuerst wird wie beim zweiten System jede 1 durch eine 0 und jede 0 durch eine 1 ersetzt. Anschließend wird 1 zum Ergebnis addiert. Die binäre Addition entspricht der dezimalen Addition, außer daß ein Übertrag erzeugt wird, wenn die Summe größer als 1 und kleiner als 9 ist. Beispielsweise erfolgt die Umwandlung von 6 in das Zweierkomplement in zwei Schritten:

00000110 (+6)

11111001 (–6 im Einerkomplement)

11111010 (–6 im Zweierkomplement)

Ergibt sich vom ganz linken Bit ein Übertrag, wird er weggeworfen.

Das vierte System, das man bei m-Bit-Zahlen **3-Überschußcode** oder Stibitz-Code (Excess 2^{m-1}) nennt, stellt eine Zahl dar, indem die Zahl als Summe von sich selbst und 2^{m-1} gespeichert wird. Für 8-Bit-Zahlen $m = 8$ wird das System beispielsweise mit »Überschuß 128« bezeichnet und eine Zahl wird als ihr echter Wert plus 128 gespeichert. Aus –3 wird somit $-3 + 128 = 125$, und –3 durch die 8-Bit-Binärzahl für 125 (01111101) dargestellt. Die Zahlen von –128 bis +127 entsprechen 0 bis 255, die sich alle als positive 8-Bit-Ganzzahl ausdrücken lassen. Interessant ist, daß dieses System mit dem Zweierkomplement identisch ist, bei dem das Vorzeichenbit umgedreht ist. Abb. A.7 zeigt Beispiele mit negativen Zahlen in allen vier Systemen.

Die Größendarstellung mit Vorzeichen und das Einerkomplement haben zwei Darstellungen für Null: eine Plus-Null und eine Minus-Null. Dies ist natürlich unerwünscht. Beim Zweierkomplement entsteht dieses Problem nicht, weil das Zweierkomplement von Plus-Null ebenfalls Plus-Null ist. Demgegenüber hat das Zweierkomplement eine unterschiedliche Singularität. Das aus einer 1 und nur 0en bestehende Bitmuster ist sein eigenes Komplement. Als Ergebnis ist der Bereich der positiven und negativen Zahlen unsymmetrisch. Es gibt eine negative Zahl ohne positives Gegenstück.

Der Grund für diese Probleme ist nicht schwer zu finden: Wir möchten ein Kodiersystem mit zwei Eigenschaften:

1. Nur eine Darstellung für Null
2. Genauso viele positive wie negative Zahlen

Das Problem ist, daß eine Zahlenmenge mit gleich vielen positiven wie negativen Zahlen und nur einer Null eine ungerade Anzahl von Gliedern hat, während m Bits eine gerade Anzahl von Bitmustern ermöglichen. Es entsteht immer entweder ein Bitmuster zu viel oder eines zu wenig, ungeachtet dessen, welche Darstellung man wählt. Dieses zusätzliche Bitmuster kann für –0, für eine große negative Zahl oder für etwas anderes benutzt werden. Wie immer man es aber benutzt, es ist stets ein Ärgernis.

N dezimal	N binär	–N Größendarstellung mit Vorzeichen	–N Einer-komplement	–N Zweier-komplement	3-Über-schußcode
1	00000001	10000001	11111110	11111111	01111111
2	00000010	10000010	11111101	11111110	01111110
3	00000011	10000011	11111100	11111101	01111101
4	00000100	10000100	11111011	11111100	01111100
5	00000101	10000101	11111010	11111011	01111011
6	00000110	10000110	11111001	11111010	01111010
7	00000111	10000111	11111000	11111001	01111001
8	00001000	10001000	11110111	11111000	01111000
9	00001001	10001001	11110110	11110111	01110111
10	00001010	10001010	11110101	11110110	01110110
20	00010100	10010100	11101011	11101100	01101100
30	00011110	10011110	11100001	11100010	01100010
40	00101000	10101000	11010111	11011000	01011000
50	00110010	10110010	11001101	11001110	01001110
60	00111100	10111100	11000011	11000100	01000100
70	01000110	11000110	10111001	10111010	00111010
80	01010000	11010000	10101111	10110000	00110000
90	01011010	11011010	10100101	10100110	00100110
100	01100100	11011010	10011011	10011100	00011100
127	01111111	11111111	10000000	10000001	00000001
128	–	–	–	10000000	00000000

Abb. A.7: Darstellung von negativen 8-Bit-Zahlen in vier Systemen

A.5 Binärarithmetik

Die Additionstabelle für Binärzahlen ist in Abb. A. 8 aufgeführt.

Addend	0	0	1	1
Summand	+0	+1	+0	+1
Summe	0	1	1	0
Übertrag	0	0	0	1

Abb. A.8: Additionstabelle in Binärform

Beginnend mit dem ganz rechten Bit und durch Addieren der entsprechenden Bits im Addenden und im Summanden können zwei Binärzahlen addiert werden. Falls ein Übertrag entsteht, wird er genau wie bei der dezimalen Arithmetik auf eine Position nach links übertragen. Bei der Einerkomplement-Arithmetik wird ein Übertrag, der bei der Addition der ganz linken Bits entsteht, zum ganz rechten Bit addiert. Das ist der sogenannte Schiebeübertrag (end-around carry). Bei der Zweierkomplement-Arithmetik wird ein Übertrag, der bei der Addition der ganz linken Bits entsteht, einfach weggeworfen. Abb. A. 9 zeigt Beispiele der Binärarithmetik.

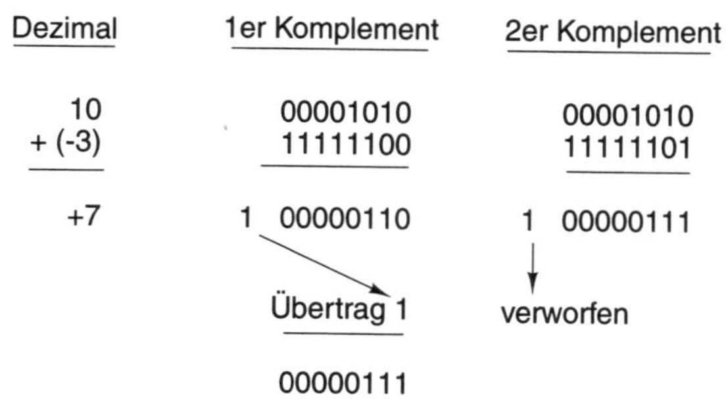

Abb. A.9: Addition im Einerkomplement und im Zweierkomplement

Falls Addend und Summand gegensätzliche Vorzeichen haben, kann kein Überlauffehler eintreten. Wenn sich bei gleichem Vorzeichen ein Ergebnis mit einem gegensätzlichen Vorzeichen ergibt, ergibt sich ein Überlauffehler und damit ein falsches Resultat. Sowohl bei der Einerkomplement- als auch bei der Zweierkomplement-Arithmetik ergeben sich Überläufe, falls sich der Übertrag auf das Vorzeichenbit von dem Übertrag aus dem Vorzeichenbit unterscheidet. Die meisten Computer wahren den Übertrag aus dem Vorzeichenbit, der Übertrag in das Vorzeichenbit ist jedoch aus der Antwort nicht ersichtlich. Aus diesem Grund wird normalerweise ein spezielles Überlaufbit bereitgestellt.

A.6 Aufgaben

1. Konvertieren Sie die folgenden Zahlen in die Binärform: 1984, 4000, 8192.
2. Wie lautet 1001101001 (binär) dezimal, oktal, hexadezimal?
3. Welche der folgenden Darstellungen sind gültige hexadezimale Zahlen? BED, CAB, DEAD, DECADE, ACCEDED, BAG, DAD.
4. Stellen Sie die Dezimalzahl 100 unter Benutzung der Basiszahlen von 2 bis 9 dar.
5. Wie viele verschiedene positive Ganzzahlen können in *k* Ziffern mit Hilfe von *r* Basiszahlen ausgedrückt werden?
6. Die meisten können unter Zuhilfenahme ihrer Finger nur bis 10 zählen. Computer-Wissenschaftler machen das besser. Wie hoch können Sie mit beiden Händen zählen, wenn Sie jeden Finger als ein Binärbit betrachten, wobei der ausgestreckte Finger 1 und der geschlossene Finger 0 bedeutet? Wie hoch können Sie mit beiden Händen und beiden Füßen zählen? Nun benutzen Sie beide Hände und beide Füße und den großen Zeh des linken Fußes als Vorzeichenbit für Zweierkomplement-Zahlen. Was ist der Bereich der ausdrückbaren Zahlen?
7. Führen Sie die folgenden Berechnungen auf 8-Bit-Zahlen im Zweierkomplement aus:

00101101	11111111	00000000	11110111
+01101111	+11111111	−11111111	−11110111

8. Wiederholen Sie die Berechnung der vorherigen Aufgabe, jedoch im Einerkomplement.
9. Betrachten Sie die folgenden Additionsaufgaben für 3-Bit-Binärzahlen im Zweierkomplement. Geben Sie für jede Summe folgendes an:
   a) Ob das Vorzeichenbit des Ergebnisses 1 ist.
   b) Ob die 3 niederwertigen Bits 0 sind.
   c) Ob ein Überlauf eingetreten ist.

000	000	111	100	100
+001	+111	+110	+111	+100

10. Vorzeichenbehaftete Dezimalzahlen, die sich aus n Ziffern zusammensetzen, können in $n + 1$ Ziffern ohne Vorzeichen dargestellt werden. Positive Zahlen haben 0 als ganz linke Ziffer. Negative Zahlen werden gebildet, indem jede Ziffer von 9 subtrahiert wird. Das negative Gegenstück von 014725 ist folglich 985274. Das sind Zahlen im Neunerkomplement; sie sind analog den Binärzahlen im Einerkomplement. Drücken Sie folgendes als dreistellige Neunerkomplement-Zahlen aus: 6, –2, 100, –14, –1, 0.

11. Ermitteln Sie die Regel für die Addition von Neunerkomplement-Zahlen, und führen Sie dann folgende Additionen durch:

0001	0001	9997	9241
+9999	+9998	+9996	+0802

12. Das Zehnerkomplement entspricht dem Zweierkomplement. Eine negative Zahl im Zehnerkomplement wird gebildet, wenn man 1 zur entsprechenden Neunerkomplement-Zahl addiert, wobei man einen möglichen Übertrag ignoriert. Wie lautet die Regel für die Zehnerkomplement-Addition?

13. Stellen Sie die Multiplikationstabellen für Basis-3-Zahlen zusammen.

14. Multiplizieren Sie 0111 und 0011 in Binärform.

15. Schreiben Sie ein Programm, das eine vorzeichenbehaftete Dezimalzahl als ASCII-Zeichenkette annimmt und ihre Darstellung im Zweierkomplement binär, oktal und hexadezimal ausgibt.

16. Schreiben Sie ein Programm, das zwei 32 Zeichen große ASCII-Zeichenketten, die Nullen und Einsen enthalten, die jeweils eine 32-Bit-Binärzahl im Zweierkomplement darstellen, annimmt. Das Programm sollte die Summen als 32 Zeichen große ASCII-Kette aus Nullen und Einsen ausgeben.

Anhang B: Gleitkommazahlen

Bei vielen Berechnungen ist der benutzte Zahlenbereich sehr groß. In der Astronomie kann eine Berechnung z.B. die Masse des Elektrons, 9×10^{-28} Gramm, und die Masse der Sonne, 2×10^{33} Gramm, umfassen, also einen Bereich von über 10^{60}. Diese Zahlen können wie folgt dargestellt werden:

0000000000000000000000000000000000,0000000000000000000000000009

2000000000000000000000000000000000,0000000000000000000000000000

Dabei würde man alle Berechnungen so durchführen, daß man 34 Ziffern links und 28 Stellen rechts vom Dezimalkomma schreibt. Dadurch wären 62 signifikante Ziffern im Ergebnis möglich. Auf einem Binärrechner könnte man Arithmetik mit mehrfacher Genauigkeit benutzen, um ausreichend Signifikanz bereitzustellen. Die Masse der Sonne ist aber nicht einmal bis auf fünf signifikante Ziffern bekannt, ganz zu schweigen von 62. Tatsächlich können (oder müssen) nur wenige Messungen auf genau 62 signifikante Ziffern durchgeführt werden. Es wäre zwar möglich, alle Zwischenergebnisse auf 62 signifikante Ziffern zu halten und dann 50 oder 60 davon wegzuwerfen, bevor man die Endergebnisse ausgibt. Man würde damit aber wertvolle CPU-Zeit und Speicher verschwenden.

Benötigt wird ein System zur Darstellung von Zahlen, bei denen der Bereich der ausdrückbaren Zahlen nicht von der Anzahl der signifikanten Ziffern abhängt. Ein solches System wird in diesem Anhang behandelt. Es basiert auf der üblicherweise in Physik, Chemie und Ingenieurwesen angewandten wissenschaftlichen Notation.

B.1 Grundlagen der Gleitkommaarithmetik

Eine Möglichkeit, den Zahlenbereich von der Genauigkeit zu trennen, ist es, Zahlen in der bekannten wissenschaftlichen Notation

$$n = f \times 10^e$$

auszudrücken, wobei f die **Mantisse** und e eine positive oder negative Ganzzahl (**Exponent**) ist. Die Computer-Version dieser Notation wird mit **Gleitkomma** (Floating Point) bezeichnet. Nachfolgend werden einige Beispiele derartiger Zahlen aufgeführt:

3,14	= 0,314	$\times 10^1$	= 3,14	$\times 10^0$
0.000001	= 0,1	$\times 10^{-5}$	= 0,1	$\times 10^{-6}$
1941	= 0,1941	$\times 10^4$	= 1,941	$\times 10^3$

Der Bereich wird tatsächlich von der Ziffernanzahl im Exponent bestimmt, während die Genauigkeit von der Anzahl der Ziffern in der Mantisse bestimmt wird. Da es für eine bestimmte Zahl mehr als eine Darstellungsweise gibt, wird normalerweise eine Form als Standard gewählt. Um die Eigenschaften dieser Methode der Zahlendarstellung herauszufinden, betrachte man eine Darstellung R mit einer vorzeichenbehafteten dreistelligen Mantisse im Bereich von $0{,}1 \leq |f| < 1$ oder Null und einem zweistelligen Exponenten mit Vorzeichen. Der Bereich dieser Zahlen erstreckt sich von $+0{,}100 \times 10^{-99}$ bis $+0{,}999 \times 10^{+99}$. Das ist ein Bereich von fast 199 Größenordnungen. Dennoch sind nur fünf Ziffern und zwei Vorzeichen nötig, um eine Zahl zu speichern.

Gleitkommazahlen können benutzt werden, um das reelle Zahlensystem der Mathematik zu modellieren, allerdings mit einigen Unterschieden. Abb. B.1 zeigt ein stark übertriebenes Schema einer Zeile mit reellen Zahlen, die in sieben Regionen aufgeteilt ist:

1. Große negative Zahlen kleiner als $-0{,}999 \times 10^{99}$
2. Negative Zahlen zwischen $-0{,}999 \times 10^{99}$ und $-0{,}100 \times 10^{-99}$
3. Kleine negative Zahlen mit Größen kleiner als $0{,}100 \times 10^{-99}$
4. Null
5. Kleine positive Zahlen mit Größen kleiner als $0{,}100 \times 10^{-99}$
6. Positive Zahlen zwischen $0{,}100 \times 10^{-99}$ und $0{,}999 \times 10^{99}$
7. Große positive Zahlen größer als $0{,}999 \times 10^{99}$

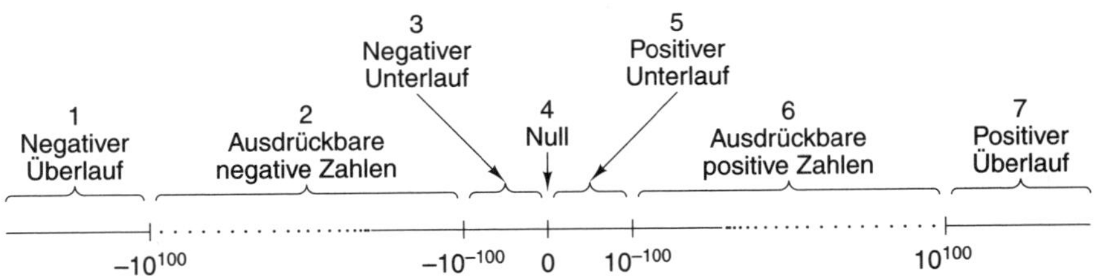

Abb. B.1: Die Zeile mit den reellen Zahlen kann in sieben Bereiche aufgeteilt werden

Ein wichtiger Unterschied zwischen den Zahlen, die mit drei Mantissen- und zwei Exponentenziffern dargestellt werden können, und den reellen Zahlen ist der, daß erstere nicht benutzt werden können, um eine Zahl im Bereich von 1, 3, 5 oder 7 auszudrücken. Ist das Ergebnis einer arithmetischen Operation eine Zahl im Bereich von 1 oder 7, z.B. $10^{60} \times 10^{60} = 10^{120}$, ergibt sich ein **Überlauffehler** (Overflow Error), und die Lösung ist falsch. Dies ist auf die endliche Natur der Darstellung von Zahlen zurückzuführen und unvermeidbar. Auch ein Ergebnis im Bereich von 3 oder 5 kann nicht ausgedrückt werden. Dieser Fall führt zu einem **Unterlauffehler** (Underflow Error). Ein Unterlauffehler ist nicht so schwerwiegend wie ein Überlauffehler, weil 0 oft eine zufriedenstellende Näherung an Zahlen in den Bereichen 3 und 5 ist. Ein Banksaldo von 10^{-102} Dollar ist kaum besser als einer von 0.

Ein weiterer wichtiger Unterschied zwischen Gleitkommazahlen und reellen Zahlen ist die Dichte. Zwischen zwei beliebigen reellen Zahlen x und y liegt eine andere reelle Zahl, ungeachtet dessen, wie nahe x an y ist. Dies liegt daran, daß bei reellen Zahlen x und y, $z = (x + y)/2$ als eine reelle Zahl dazwischen liegt. Die reellen Zahlen bilden ein Kontinuum.

Gleitkommazahlen bilden demgegenüber kein Kontinuum. In dem obigen System mit fünf Ziffern und zwei Vorzeichen lassen sich genau 179.100 positive und 179.100 negative Zahlen sowie 0 (die auf vielerlei Weise ausgedrückt werden kann), also insgesamt 358.201 Zahlen darstellen. Von der unendlichen Menge der reellen Zahlen zwischen -10^{+100} und $+0{,}999 \times 10^{99}$ können nur 358.201 mit dieser Notation beschrieben werden. Sie werden durch die Punkte in Abb. B.1 symbolisiert. Das Ergebnis einer Berechnung kann eine der anderen Zahlen sein, auch wenn es im Bereich von 2 oder 6 ist. Zum Beispiel kann $+0{,}100 \times 10^{3}$, geteilt durch 32, in unserem Darstellungssystem nicht *genau* ausgedrückt werden. Kann das Ergebnis einer Berechnung nicht in der benutzten Zahlendarstellung ausgedrückt werden, ist es naheliegend, die nächstfolgende ausdrückbare Zahl zu benutzen. Diesen Vorgang nennt man **Rundung** (Rounding).

Der Abstand zwischen benachbarten ausdrückbaren Zahlen ist nicht über den gesamten Bereich von 2 oder 6 konstant. Die Trennung zwischen $+0{,}998 \times 10^{99}$ und $0{,}999 \times 10^{99}$ ist viel größer als diejenige zwischen $0{,}998 \times 10^{0}$ und $0{,}999 \times 10^{0}$. Wird die Trennung zwischen einer Zahl und ihrer Nachfolgerin aber als Prozentsatz dieser Zahl ausgedrückt, gibt es keine systematische Variation im Bereich von 2 oder 6. Der durch die Rundung eingebrachte **relative Fehler** (Relative Error) ist also bei kleinen und großen Zahlen ungefähr gleich.

Obwohl die vorhergehende Erläuterung auf einem Darstellungssystem mit einer dreistelligen Mantisse und einem zweistelligen Exponenten basiert, gelten die Schlußfolgerungen auch für andere Darstellungssysteme. Eine Änderung der Ziffernanzahl in der Mantisse oder im Exponenten verschiebt lediglich die Grenzen der Bereiche 2 und 6 und ändert die Anzahl der darin ausdrückbaren Punkte. Erhöht man die Ziffernanzahl in der Mantisse, erhöht sich die Punktdichte, so daß sich die Genauigkeit von Näherungen verbessert. Durch Erhöhen der Anzahl von Ziffern im Exponenten erhöht sich die Größe der Bereiche 2 und 6, während die Bereiche 1, 3, 5 und 7 schrumpfen. Abb. B.2 zeigt die ungefähren Grenzen von Bereich 6 für dezimale Gleitkommazahlen mit verschiedenen Mantissen- und Exponentengrößen.

Ziffern in der Mantisse	Ziffern im Exponent	Untere Grenze	Obere Grenze
3	1	10^{-12}	10^{9}
3	2	10^{-102}	10^{99}
3	3	10^{-1002}	10^{999}
3	4	10^{-10002}	10^{9999}
4	1	10^{-13}	10^{9}
4	2	10^{-103}	10^{99}
4	3	10^{-1003}	10^{999}
4	4	10^{-10003}	10^{9999}
5	1	10^{-14}	10^{9}
5	2	10^{-104}	10^{99}
5	3	10^{-1004}	10^{999}
5	4	10^{-10004}	10^{9999}
10	3	10^{-1009}	10^{999}
20	3	10^{-1019}	10^{999}

Abb. B.2: Die ungefähren unteren und oberen Grenzen von ausdrückbaren (nicht normalisierten) dezimalen Gleitkommazahlen

In Computern wird eine Variation dieser Darstellung angewandt. Aus Gründen der Effizienz erfolgt die Potenzierung auf der Basis 2, 4, 8 oder 16 statt 10. In diesem Fall besteht die Mantisse aus einer Kette binärer, Basis-4-, oktaler oder hexadezimaler Ziffern. Ist die Ziffer ganz links dieser Ziffern Null, können alle Ziffern um eine Stelle nach links verschoben werden, und der Exponent wird um 1 erhöht, ohne daß sich der Wert der Zahl ändert (was einen Unterlauf verhindert). Eine Mantisse mit einer ganz linken Ziffer von nicht Null gilt als **normalisiert** (normalized).

Normalisierte Zahlen sind den nicht normalisierten im allgemeinen vorzuziehen, weil es nur eine normalisierte Form gibt, jedoch mehrere nicht normalisierte. Abb. B.3 zeigt Beispiele von normalisierten Gleitkommazahlen für die Basis-2-Potenzierung. Bei diesen Beispielen werden eine 16-Bit-Mantisse (mit Vorzeichenbit) und ein 7-Bit-Exponent in der 64-Überschluß-Notation dargestellt. Der Basispunkt befindet sich links neben dem höchstwertigen Mantissenbit, d.h. rechts neben dem Exponenten.

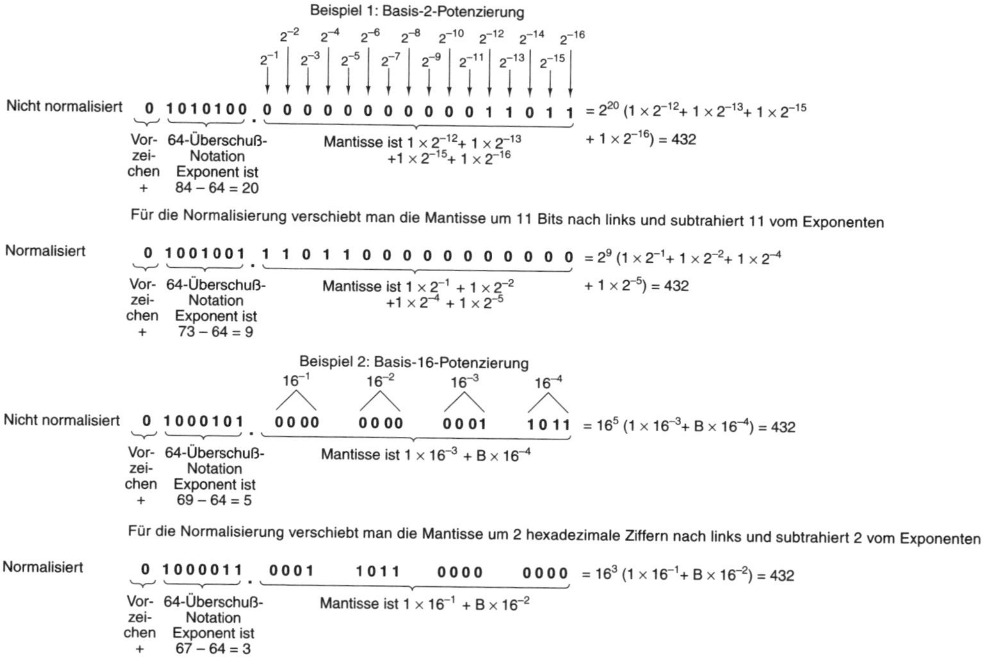

Abb. B.3: Beispiele normalisierter Gleitkommazahlen

B.2 IEEE-Standard 754 für Gleitkommaarithmetik

Bis etwa 1980 hatte jeder Computer-Hersteller sein eigenes Gleitkommaformat, die sich selbstverständlich alle unterschieden. Noch schlimmer war, daß einige davon falsch rechneten, weil die Gleitkommaarithmetik einige Feinheiten in sich birgt, die dem durchschnittlichen Hardware-Designer nicht geläufig sind.

Um diesen Zustand zu verbessern, rief die IEEE Ende der siebziger Jahre einen Ausschuß zur Standardisierung von Gleitkommaarithmetik ins Leben. Ziel war dabei nicht nur, den Austausch von Gleitkommadaten zwischen verschiedenen Computern zu ermöglichen, sondern auch Hardware-Designern ein korrektes Modell zur Verfügung zu stellen. Die resultierende Arbeit führte zum IEEE-Standard 754 (IEEE, 1985). Die meisten CPUs (auch Intel, SPARC und JVM – unsere Beispielmaschinen) haben heute Gleitkomma-Instruktionen, die diesem Standard entsprechen. Im Gegensatz zu vielen Standards, die als mehr oder minder großer Wischiwaschi-Kompromiß niemandem gefallen, ist dieser nicht schlecht. Größtenteils ist das auf die Arbeit eines einzelnen – des Mathematikprofessors William Kahan an der Berkeley-Universität – zurückzuführen. Der Standard wird in den folgenden Abschnitten beschrieben.

Der IEEE-Standard 754 definiert drei Formate: einfache Genauigkeit (32 Bits), doppelte Genauigkeit (64 Bits) und erweiterte Genauigkeit (80 Bits). Das Format mit erweiterter Genauigkeit dient der Reduzierung von Rundungsfehlern. Es wird vorwiegend in Gleitkommaarithmetik-Einheiten benutzt. Daher wird es hier nicht weiter behandelt. Die beiden Formate für einfache und doppelte Genauigkeit nutzen die Basis-2 für Mantissen und die Überschuß-Notation für Exponenten (siehe Abb. B.4).

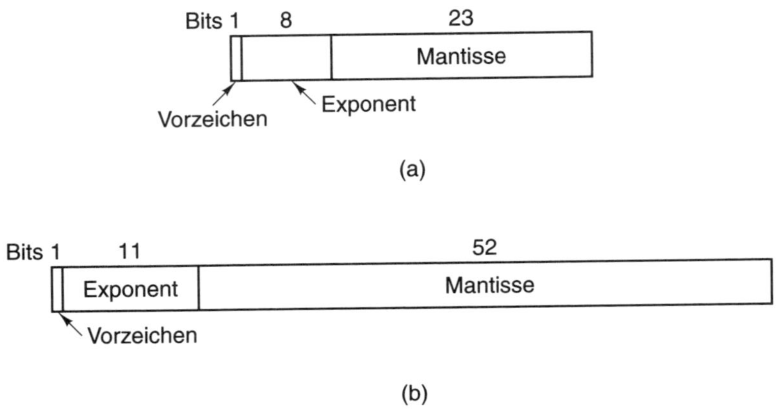

Abb. B.4: Die IEEE-Gleitkommaformate (a) in einfacher und (b) in doppelter Genauigkeit

Beide Formate beginnen mit einem Vorzeichenbit für die Zahl als Ganzes, wobei 0 positiv und 1 negativ ist. Dann kommt der Exponent, unter Verwendung von Überschuß-127 für die einfache und Überschuß-1023 für die doppelte Genauigkeit. Die Minimum- (0) und Maximum-Exponenten (255 und 2047) werden nicht für normalisierte Zahlen benutzt. Sie dienen einer besonderen Verwendung (siehe unten). Schließlich haben wir die Mantissen – 23 bzw. 52 Bits.

Eine normalisierte Mantisse beginnt mit einem Binärpunkt, gefolgt von einem 1-Bit und dem Rest der Mantisse. Entsprechend einer Gepflogenheit, die mit der PDP-11 begann, erkannten die Autoren des Standards, daß das führende 1-Bit in der Mantisse nicht gespeichert werden muß; man kann einfach von seinem Vorhandensein ausgehen. Folglich definiert der Standard die Mantisse in einer etwas unüblichen Weise. Es gibt ein impliziertes 1-Bit, einen implizierten Binärpunkt und dann entweder 23 oder 52 beliebige Bits. Sind alle 23 bzw. 52 Mantissenbits Nullen, hat die Mantisse den numerischen Wert 1.0. Sind alle Einsen, ist die Mantisse numerisch etwas kleiner als 2.0. Um Verwechslungen mit einer konventionellen Mantisse zu vermeiden, nennt man die Kombination aus dem implizierten 1-Bit, dem implizierten Binärpunkt und den 23 bzw. 52 expliziten Bits **Signifikant** (Significand) und nicht Mantisse. Alle normalisierten Zahlen haben einen Signifikanten s im Bereich $1 \leq s < 2$.

Die numerischen Merkmale der Gleitkommazahlen gemäß dem IEEE-Standard sind in Abb. B.5 aufgeführt. Als Beispiel betrachte man die Zahlen 0,5, 1 und 1,5 im normalisierten Format mit einfacher Genauigkeit. Sie sind hexadezimal als 3F000000, 3F800000 bzw. 3FC00000 dargestellt.

Merkmal	**Einfache Genauigkeit**	**Doppelte Genauigkeit**
Bits im Vorzeichen	1	1
Bits im Exponent	8	11
Bits in der Mantisse	23	52
Bits insgesamt	32	64
Exponentensystem	Überschuß 127	Überschuß 1023
Exponentenbereich	–126 bis +127	–1022 bis +1023
Kleinste normalisierte Zahl	2^{-126}	2^{-1022}
Größte normalisierte Zahl	ca. 2^{128}	ca. 2^{1024}
Dezimalbereich	ca. 10^{-38} bis 10^{38}	ca. 10^{-308} bis 10^{308}
Kleinste denormalisierte Zahl	ca. 10^{-45}	ca. 10^{-324}

Abb. B.5: Merkmale von IEEE-Gleitkommazahlen

Als traditionelle Probleme bei Gleitkommazahlen gelten Unterlauf, Überlauf und nicht initialisierte Zahlen. Im IEEE-Standard wurde zur Bewältigung dieser Probleme teilweise das Konzept vom CDC-Rechner 6600 entlehnt. Zusätzlich zu normalisierten Zahlen sieht der Standard vier weitere numerische Typen vor, die nachfolgend beschrieben werden (siehe Abb. B.6).

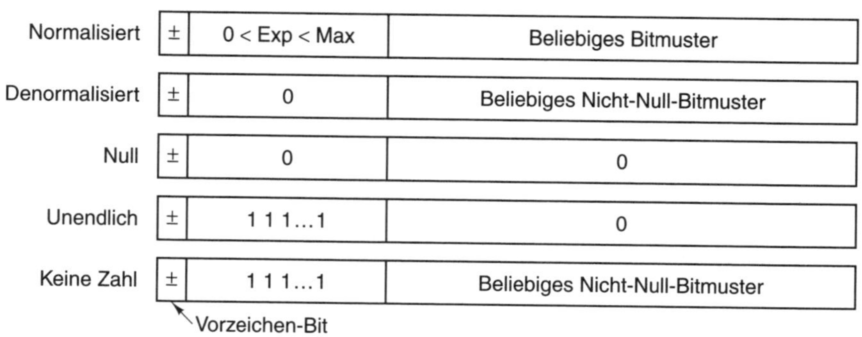

Abb. B.6 Numerische Typen nach IEEE 754

Ein Problem entsteht, wenn das Ergebnis einer Berechnung eine Größe hat, die kleiner als die kleinste normalisierte Gleitkommazahl ist, die in diesem System dargestellt werden kann. Früher basierte Hardware größtenteils auf einem von zwei üblichen Ansätzen: Setze das Ergebnis einfach auf Null zurück und fahre fort, oder löse eine Fehlerbedingung durch Gleitkommaunterlauf aus. Beide Methoden sind nicht zufriedenstellend. Deshalb hat IEEE sogenannte **denormalisierte Zahlen** (Denormalized Numbers) erfunden. Diese Zahlen haben einen Exponenten von 0 und eine Mantisse, die durch die nachfolgenden 23 bzw. 52 Bits vorgegeben wird. Das implizite 1-Bit links neben dem Binärpunkt wird dann zur 0. Denormalisierte Zahlen können von normalisierten unterschieden werden, weil bei den normalisierten kein Exponent von 0 zulässig ist.

Die kleinste normalisierte Zahl mit einfacher Genauigkeit hat eine 1 als Exponent und eine 0 als Mantisse und stellt $1{,}0 \times 2^{-126}$ dar. Die größte denormalisierte Zahl hat eine 0 als Exponent und in der Mantisse nur Einsen und stellt etwa $0{,}9999999 \times 2^{-127}$ dar, also fast das gleiche. Man beachte jedoch, daß diese Zahl eine Signifikanz von nur 23 Bits gegenüber 24 bei allen normalisierten Zahlen hat.

Reduziert sich das Ergebnis im Verlauf der Berechnungen weiter, bleibt der Exponent fest auf 0; die ersten paar Bits der Mantisse werden aber Null, so daß sich sowohl der Wert als auch die Anzahl der signifikanten Bits in der Mantisse reduzieren. Die kleinste denormalisierte Zahl, die nicht Null ist, besteht aus einer 1 im niedrigstwertigen Bit, und alle übrigen sind 0. Der Exponent stellt 2^{-127} und die Mantisse 2^{-23} dar, so daß sich ein Wert von 2^{-150} ergibt. Diese Methode bietet einen sanften Unterlauf, wenn auf Signifikanz verzichtet wird, statt auf 0 zu springen, wenn das Ergebnis nicht als normalisierte Zahl ausgedrückt werden kann.

Die beiden bei dieser Methode vorhandenen Nullen, eine positive und eine negative, werden vom Vorzeichenbit bestimmt. Beide haben einen Exponenten von 0 und eine Mantisse von 0. Auch hier ist das Bit links neben dem Binärpunkt implizit eine 0 und keine 1.

Ein Überlauf läßt sich nicht so elegant handhaben, weil keine Bitkombinationen übrig sind. Statt dessen steht eine spezielle Darstellung für Unendlichkeit zur Verfügung: ein ganz aus Nullen bestehender Exponent (bei normalisierten Zahlen nicht zulässig) und eine Mantisse von 0. Diese Zahl kann als Operand benutzt werden. Sie verhält sich gemäß den üblichen mathematischen Regeln für unendlich. Zum Beispiel ergibt unendlich plus etwas unendlich, und eine endliche Zahl geteilt durch unendlich ergibt Null. Ebenso ergibt eine endliche Zahl, geteilt durch Null, unendlich.

Was ist, wenn man Unendlichkeit durch Unendlichkeit teilt? Das Ergebnis ist unbestimmt. Um diesen Fall zu handhaben, steht ein spezielles Format mit der Bezeichnung **NaN** (**Not a Number** = keine Zahl) zur Verfügung, das ebenfalls als Operand mit vorhersagbaren Ergebnissen benutzt werden kann.

B.3 Aufgaben

1. Konvertieren Sie die folgenden Zahlen in das einfachgenaue IEEE-Format. Geben Sie die Ergebnisse als acht hexadezimale Ziffern aus.

   a. 9

   b. 5/32

   c. –5/32

   d. 6.125

2. Konvertieren Sie die folgenden einfachgenauen IEEE-Gleitkommazahlen von Hexadezimal in Dezimal:

   a. 42E48000H

   b. 3F880000H

   c. 00800000H

   d. C7F00000H

3. Das Format von einfachgenauen Gleitkommazahlen hat auf dem 370-Rechner einen 7-Bit-Exponenten im Überschuß-64-System und eine Mantisse, die 24 Bits zuzüglich ein Vorzeichenbit enthält, mit dem Binärpunkt am linken Ende der Mantisse. Die Potenzierungsbasis ist 16. Die Reihenfolge der Felder ist Vorzeichenbit, Exponent, Mantisse. Drücken Sie die Zahl 7/64 als normalisierte, hexadezimale Zahl in diesem System aus.

4. Die nachfolgend aufgeführten Gleitkommazahlen setzen sich aus einem Vorzeichenbit, einem Überschuß 64, einem Basis-2-Exponenten und einer 16-Bit-Mantisse zusammen. Normalisieren Sie diese Zahlen.

   a. 0 1000000 0001010100000001

   b. 0 0111111 0000001111111111

   c. 0 1000011 1000000000000000

5. Um zwei Gleitkommazahlen zu addieren, müssen Sie die Exponenten (durch Verschieben der Mantisse) berichtigen, damit sie gleich sind. Dann können Sie die Mantissen addieren und das Ergebnis falls nötig normalisieren. Addieren Sie die einfachgenauen IEEE-Zahlen 3EE00000H und 3D800000H, und drücken Sie das normalisierte Ergebnis hexadezimal aus.

6. Die Firma Geizhals Computer GmbH hat sich entschieden, eine Maschine mit 16-Bit-Gleitkommazahlen einzuführen. Das Modell 0.001 hat ein Gleitkommaformat mit einem Vorzeichenbit, einem 7 Bit großen Überschuß-64-Exponenten und einer 8-Bit-Mantisse. Das Modell 0.002 hat ein Vorzeichenbit, einen 5 Bit großen Überschuß-16-Exponenten und eine

10-Bit-Mantisse. Beide benutzen die Basis-2-Potenzierung. Was sind die kleinsten und größten positiven, normalisierten Zahlen bei beiden Modellen? Wie viele Dezimalziffern ungefähr beträgt die Genauigkeit bei beiden? Würden Sie eines davon kaufen?

7. In einer bestimmten Situation kann eine Operation auf zwei Gleitkommazahlen eine drastische Reduzierung der Anzahl der signifikanten Bits im Ergebnis verursachen. Warum ist das der Fall?

8. Bestimmte Gleitkommachips haben eine eingebaute Quadratwurzel-Instruktion. Ein möglicher Algorithmus ist iterativ (z.B. Newton-Raphson). Iterative Algorithmen benötigen eine anfängliche Näherung, die sich dann laufend verbessert. Wie kann man eine schnelle nähernde Quadratwurzel einer Gleitkommazahl erreichen?

9. Schreiben Sie eine Prozedur, um zwei einfachgenaue IEEE-Gleitkommazahlen zu addieren. Jede Zahl wird durch ein 32 Elemente großes boolesches Array dargestellt.

10. Schreiben Sie eine Prozedur, um zwei einfachgenaue Gleitkommazahlen zu addieren, die Basis-16 für den Exponenten und Basis-2 für die Mantisse benutzen, die aber kein implizites 1-Bit links neben dem Binärpunkt brauchen. Eine normalisierte Zahl hat 0001, 0010, ..., 1111 als die vier höchstwertigen Bits der Mantisse, aber nicht 0000. Eine Zahl wird normalisiert, indem die Mantisse um vier Bits nach links verschoben und 1 zum Exponenten addiert wird.

Stichwortverzeichnis

E

J

M